AF830175

Guttentagsche Sammlung
Nr. 83 Deutscher Reichsgesetze Nr. 83
Kommentare und erläuterte Textausgaben

Reichsgesetz

über den

Versicherungsvertrag

nebst dem zugehörigen Einführungsgesetz

Vom 30. Mai 1908

Siebente, vollkommen neubearbeitete Auflage
(20. bis 23. Tausend)

Von

Dr. jur. E. Bruck
ord. Professor der Rechte an der Universität Hamburg

Berlin und Leipzig 1932

Walter de Gruyter & Co.

vormals G. J. Göschen'sche Verlagshandlung / J. Guttentag, Verlagsbuchhandlung
Georg Reimer / Karl J. Trübner / Veit & Comp.

Das Manuskript
ist am 1. Februar 1932 abgeschlossen

Archiv-Nr. 211083

Inhaltsübersicht.

Abkürzungen.

ADHGB. .... Allgemeines Deutsches Handelsgesetzbuch (1861).

ADS. .... Allgemeine Deutsche Seeversicherungsbedingungen (1919).

ADSp. .... Allgemeine Deutsche Spediteurbedingungen (1930).

AG. .... Amtsgericht.

AllgEinbruchdiebstahlVersbdg. ... Bedingungen der dem Verband der Einbruchdiebstahlversicherungs-Gesellschaften angehörigen Anstalten (Sammlung Bd. 5. 2. S. 118; VA. 1910. 79, 1922. 137).

AllgExportkreditVersbdg. ... Allgemeine Bedingungen für die Exportkreditversicherung A (VA. 1930. 148).

AllgFeuerVersbdg. .. Allgemeine Feuerversicherungs-Bedingungen (VA. 1931. 146).

AllgGlasVersbdg. ... Allgemeine Bedingungen (Verbandsbedingungen; Sammlung Bd. 5. 2. S. 148; VA. 1910. 79, 1922. 139, 1924. 48).

AllgHaftpflichtVersbdg. ... Allgemeine Versicherungsbedingungen für Haftpflichtversicherung (VA. 1922. 120).

AllgHagelVersbdg. ... Allgemeine Versicherungsbedingungen für Hagelversicherungs-Aktiengesellschaften (Sammlung Bd. 5. 2. S. 33; VA. 1909. 155).

AllgTodesfallVersbdg. Allgemeine Versicherungsbedingungen für die Todesfallversicherung (VA. 1909. 92).

AllgUnfallVersbdg. .. Allgemeine Versicherungsbedingungen für Einzel-Unfallversicherung (VA. 1921. 102).

AllgViehVersbdg. ... Allgemeine Versicherungsbedingungen für die Viehlebensversicherung (Sammlung Bd. 5. 2. S. 78; VA. 1909. 39).

AllgWasserleitungsschädenVersbdg. ... Allgemeine Versicherungsbedingungen für die Versicherung gegen Wasserleitungsschäden (Sammlung Bd. 5. 2. S. 156; VA. 1910. 79).

ALR. .... Allgemeines Landrecht für die Preußischen Staaten.

Annalen .... Annalen des gesamten Versicherungswesens, Leipzig.

Apt .... Gutachten der Ältesten der Kaufmannschaft von Berlin. Berlin 1907 (I), Berlin 1910 (II), Berlin 1914 (III).

ArchBürgR. .... Archiv für bürgerliches Recht, Berlin.

Archiv .... Archiv für Versicherungswirtschaft, Berlin.

AssJhrb. .... Assekuranz-Jahrbuch, Wien.

AssKompaß .... Assekuranz-Kompaß, Jahrbuch für Versicherungswesen, Berlin-Wien.

BadNotZ. . . . . Badische Notariats-Zeitung.

Bank-Archiv . . . . Bank-Archiv, Zeitschrift für Bank- und Börsenwesen, Berlin.

Bankwissenschaft . . . . Bankwissenschaft, Halbmonatsschrift für Bank-, Börsen- und Finanzierungsfragen, Berlin.

Baumgartner . . . . Die Gerichtspraxis in Versicherungssachen, Straßburg 1895.

Begr. . . . . Begründung zu dem Entwurf eines Versicherungsvertragsgesetzes (Reichstagsdrucksache Nr. 364, 12. Legislaturperiode I Sess. 1907).

BGB. . . . . Bürgerliches Gesetzbuch.

BGBl. . . . . Bundes-Gesetzblatt.

Bolze . . . . Die Praxis des Reichsgerichts in Civilsachen, Leipzig.

Bruck . . . . Das Privatversicherungsrecht, Mannheim-Berlin-Leipzig 1930.

Bruck Friedensvertrag Die Behandlung der Versicherungsverträge in dem Friedensvertrag von Versailles, Berlin 1920.

Bruck Interesse . . . . . Zum Begriff des Interesses im Versicherungsrecht (Reichsgerichtspraxis im deutschen Rechtsleben, Reichsgerichts-Festschrift Bd. 4. 123).

Bruck Zwischenstaatliches Versicherungsrecht . . . Zwischenstaatliches Versicherungsrecht, Mannheim 1924.

Bruck-Dörstling . . . . . Das Recht des Lebensversicherungsvertrages, Mannheim 1924.

BSchG. . . . . Gesetz betreffend die privatrechtlichen Verhältnisse der Binnenschiffahrt.

BuschArch. . . . . Archiv für Theorie und Praxis des Allgemeinen Deutschen Handels- und Wechselrechts, Leipzig.

Deutsche RückversZtg. Deutsche Rückversicherungs-Zeitung, Berlin.

Deutsche VersPresse . Deutsche Versicherungs-Presse, Berlin.

Deutsche VersZtg. . . . Deutsche Versicherungs-Zeitung, Berlin.

DJT. . . . . Verhandlungen des Deutschen Juristentages, Berlin.

DJZ. . . . . Deutsche Juristen-Zeitung, Berlin.

Domizlaff - v. Liebig - Berliner . . . Die Allgemeinen Feuerversicherungs-Bedingungen, Berlin 1930.

EG. . . . . Einführungsgesetz.

Ehrenberg . . . . Versicherungsrecht, Leipzig 1893.

Ehrenzweig . . . . Die Rechtsordnung der Vertragsversicherung, Wien 1929.

EVO. . . . . Eisenbahn-Verkehrsordnung.

FGG. . . . . Reichsgesetz über die Angelegenheiten der freiwilligen Gerichtsbarkeit.

G. . . . . Gesetz.

Gerhard . . . . Kommentar zum Deutschen Reichsgesetz über den Versicherungsvertrag (zusammen mit Hagen, v. Knebel-Döberitz, Broecker, Manes), Berlin 1908.

GmbHG. . . . . Gesetz betreffend die Gesellschaften mit beschränkter Haftung.

GO. . . . . Gewerbeordnung.

Gruchot .... Beiträge zur Erläuterung des Deutschen Rechts, Berlin.
GrünhutZ. .... Zeitschrift für das Privat- und öffentliche Recht der Gegenwart, Wien.
GVG. .... Gerichtsverfassungsgesetz.
Hacke .... Die Rechtsprechung des Reichsgerichts, des Reichsoberhandelsgerichts und des Bundesoberhandelsgerichts auf dem Gebiete des Versicherungsrechts (ausschließlich des Seeversicherungsrechts), Berlin 1910.
HAG. .... Handelsappellationsgericht.
Hagen .... Das Versicherungsrecht. In Ehrenbergs HB., Leipzig 1922.
HansRGZ. .... Hanseatische Rechts- und Gerichts-Zeitschrift, Hamburg-Mannheim-Berlin. A = Abt. A; B = Abt. B.
HansRZ. .... Hanseatische Rechts-Zeitschrift, Mannheim-Hamburg-Berlin-Leipzig.
HG. .... Handelsgericht.
HGB. .... Handelsgesetzbuch.
HGZ. .... Hamburgische Gerichtszeitung, Hamburg 1861—1868; Hamburgische Handelsgerichtszeitung, Hamburg 1868 bis 1879; Hanseatische Gerichtszeitung, Hamburg 1880 ff.
HRR. .... Höchstrichterliche Rechtsprechung, Berlin.
IherJ. .... Iherings Jahrbücher für die Dogmatik des bürgerlichen Rechts, Jena.
Intern. VersKongreß. Internationaler Kongreß für Versicherungs-Wissenschaft.
JR. .... Juristische Rundschau für die Privatversicherung, Berlin.
JTV. .... Mitteilungen des Internationalen Transport-Versicherungs-Verbandes, Berlin.
Judicium .... Vierteljahrsschrift für die gesamte Zivilrechtspflege, Mannheim-Berlin-Leipzig.
JW. .... Juristische Wochenschrift, Berlin.
KaufmG. .... Kaufmannsgericht.
KB. I .... Bericht der VIII Kommission des Deutschen Reichstags vom 7. Dezember 1906 (Drucksache Nr. 602).
KB. II .... Bericht der XII Kommission des Deutschen Reichstags vom 30. Januar 1908 (Drucksache Nr. 626).
KG. .... Kammergericht.
Kisch .... Handbuch des Privatversicherungsrechtes, München 1920 ff.
KO. .... Konkursordnung.
Könige-Petersen .... Gesetz über die privaten Versicherungsunternehmungen vom 12. Mai 1901, 3. Auflage, Berlin 1927.
LG. .... Landgericht.
LZ. .... Leipziger Zeitschrift für Deutsches Recht, München-Berlin-Leipzig.
MalßZ. .... Zeitschrift für Versicherungsrecht, Leipzig.
Masius .... Rundschau, Blätter für Versicherungswissenschaft, Versicherungsrecht und bemerkenswerte Vorgänge im Versicherungswesen, Leipzig.
Mitteilungen .... Mitteilungen für die öffentlichen Feuerversicherungs-Anstalten, Berlin.

OAG. .... Oberappellationsgericht.
ObGH. .... Oberster Gerichtshof.
ObLG. .... Bayerisches Oberstes Landgericht.
Öffentlr. Versicherung Die öffentlichrechtliche Versicherung, Berlin.
ÖRevue.............. Österreichische Revue, Wien.
ÖZ. .... Österreichische Zeitschrift für öffentliche und private Versicherung, Wien.
OG. .... Obergericht.
OLG. .... Oberlandesgericht.
OVG. .... Oberverwaltungsgericht.
Praxis.............. Praxis des Privat-Versicherungsrechts, Berlin.
Praxis des Versicherungsrechts ... Praxis des Versicherungsrechts, Beilage zu „Versicherung und Geldwirtschaft", Berlin (1925 bis 1927), und zu „Die öffentlichrechtliche Versicherung", Berlin (1928 ff.).
Raiser .... Kommentar der allgemeinen Feuerversicherungs-Bedingungen, Berlin 1930.
Recht .... Das Recht, Rundschau für den Deutschen Juristenstand, Hannover.
RFH. .... Sammlung der Entscheidungen und Gutachten des Reichsfinanzhofs, München.
RG. .... Reichsgericht.
RGBl. .... Reichsgesetzblatt.
RGZ. .... Entscheidungen des Reichsgerichts in Zivilsachen, Leipzig.
RGR.Kommentar ... Das Bürgerliche Gesetzbuch mit besonderer Berücksichtigung der Rechtsprechung des Reichsgerichts, erläutert von Busch, Erler usw., 6. Auflage, Berlin 1928.
RG.Strafsachen ..... Entscheidungen des Reichsgerichts in Strafsachen, Leipzig.
RJA. .... Entscheidungen in Angelegenheiten der freiwilligen Gerichtsbarkeit und des Grundbuchwesens, Berlin.
RKraftf. .... Das Recht des Kraftfahrers, Düsseldorf.
Ritter .... Das Recht der Seeversicherung, Hamburg 1922/1924.
Roelli .... Kommentar zum schweizerischen Bundesgesetz über den Versicherungsvertrag vom 2. April 1908, Bern 1914.
ROHG. .... Reichsoberhandelsgericht. / Die Entscheidungen des ROHG., Erlangen.
Rspr. .... Die Rechtsprechung der OLG. auf dem Gebiete des Zivilrechts, Leipzig.
RVO. .... Reichsversicherungsordnung.
Sammlung .... Sammlung von Versicherungsbedingungen deutscher Versicherungsanstalten, Berlin 1913.
SaskiZ. .... Saski'sche Zeitschrift für das Versicherungswesen, Leipzig.
Seuffert .... (J. A. Seuffert's) Archiv für Entscheidungen der obersten Gerichte in den deutschen Staaten, München.
Staub .... Kommentar zum HGB., 12./13. Auflage, Berlin und Leipzig 1926.
Stein-Jonas .... Die Zivilprozeßordnung für das Deutsche Reich, 14. Auflage, Tübingen 1929.
StGB. .... Strafgesetzbuch.

UnlWG.	Reichsgesetz gegen den unlauteren Wettbewerb.
VA., VA.*	Veröffentlichungen des Reichsaufsichtsamts für Privatversicherung, Berlin; * bedeutet Anhang zu diesen Veröffentlichungen; angeführt nach dem Druckjahr.
VAG.	Gesetz über die Beaufsichtigung der privaten Versicherungsunternehmungen und Bausparkassen.
VerglO.	Vergleichsordnung.
VerkehrsrR.	Verkehrsrechtliche Rundschau, Berlin.
Veröffentlichungen	Veröffentlichungen des Deutschen Vereins für Versicherungs-Wissenschaft, Berlin.
VersArchiv	Das Versicherungsarchiv, Wien.
Versicherungsagent	Der Versicherungsagent, Berlin.
VersLex.	Versicherungs-Lexikon, 3. Auflage, Berlin 1930.
VersPost	Versicherungs-Post, Berlin.
VersPraxis	Versicherungspraxis, Berlin.
Verswissenschaftl. Mitteilungen	Versicherungswissenschaftliche Mitteilungen, Wien.
VersWochenschrift, VW.	Versicherungs-Wochenschrift, Berlin.
VStG.	Versicherungssteuergesetz.
VuGeldwirtschaft	Versicherung und Geldwirtschaft, Berlin.
VVG.	Gesetz über den Versicherungsvertrag.
Wallmann	Wallmann's Versicherungs-Zeitschrift, Berlin-Lankwitz.
Warneyer	Die Rechtsprechung des Reichsgerichts, Leipzig.
WO.	Wechselordnung.
WuR.	Wirtschaft und Recht der Versicherung, Beiheft zu „Mitteilungen"; ab 1925 zu „Versicherung und Geldwirtschaft"; ab 1929 zu „Die öffentlichrechtliche Versicherung."
Z.	Zeitschrift für die gesamte Versicherungs-Wissenschaft, Berlin.
ZBH.	Zentralblatt für Handelsrecht, Berlin.
ZBlfdDR., RZB.	Zentralblatt für das Deutsche Reich.
ZHR.	Zeitschrift für das gesamte Handelsrecht und Konkursrecht, Stuttgart.
ZIPR.	Zeitschrift für internationales Privatrecht, Leipzig.
ZPO.	Zivilprozeßordnung.
ZVG.	Gesetz über die Zwangsversteigerung und die Zwangsverwaltung.
ZVR.	Zeitschrift für Versicherungsrecht und Wissenschaft, Straßburg.
ZVW.	Zeitschrift für Versicherungswesen, Berlin.

Allgemeine Vorbemerkungen.

I. Rechtsquellen des Privatversicherungsrechts. II. Auslegungsgrundsätze. III. Nachgiebiges und zwingendes Recht. IV. Begriff des Versicherungsvertrags. V. Der Versicherungsvertrag als Handelsgeschäft.

I. Die Rechtsquellen des Privatversicherungsrechts.

Schrifttum: Behrend ZHR. Bd. 55. 1; Bruck 3 ff., 16 ff.; 1.
Ehrenberg Z. 1903. 315; Koenige LZ. 1907. 620; Kübel MaIß Z. Bd. 1. 321, Bd. 2. 1; Prange Kritische Betrachtungen zu dem Entwurf eines VVG., Leipzig 1904; Veröffentlichungen Heft 2; Zehnter ArchBürgR. Bd. 20. 1.

I. Reichsgesetze.

1. Die wichtigste Rechtsquelle ist das Reichsgesetz über den 2.
Versicherungsvertrag (VVG.) nebst seinem Einführungsgesetz.

Um die Mitte des 19. Jahrhunderts beginnen die Versuche zur Kodifikation des Privatversicherungsrechts. Zu erwähnen sind der württembergische Entwurf eines HGB. (1839), der preußische Entwurf eines HGB. (1857), der bayerische Entwurf eines BGB. (1860/61), der Dresdner Entwurf eines Allgemeinen deutschen Obligationsrechts (1866) und schließlich der im amtlichen Auftrage von Bähr ausgearbeitete Entwurf eines Gesetzes über den Versicherungsvertrag (1893), im ArchBürgR. Bd. 7. 1 ff. veröffentlicht.

Auch in dem im Jahre 1874 aufgestellten Plan für die Ausarbeitung eines BGB. war im Anschluß an die zu bewirkende Revision des HGB. die Regelung des Privatversicherungsrechts vorgesehen. Sie ist im Laufe der Zeit aufgegeben worden, weil das in Aussicht genommene Reichsgesetz über die privaten Versicherungsunternehmungen bis zum Inkrafttreten des BGB. nicht fertiggestellt werden konnte. Infolgedessen hielt zunächst Art. 75 EGBGB. die landesgesetzlichen Vorschriften, die das Versicherungsrecht betreffen, noch aufrecht, soweit nicht in dem BGB. besondere Bestimmungen getroffen sind.

3. Die Entstehungsgeschichte des VVG. beginnt mit dem Entwurf von 1902, der im engeren Kreise einer gutachtlichen Beratung unterzogen worden ist. Im Mai 1903 hat das Reichsjustizamt den Entwurf eines Gesetzes über den Versicherungsvertrag nebst den Entwürfen eines zugehörigen Einführungsgesetzes und eines Gesetzes betreffend Abänderung der Vorschriften des HGB. über die Seeversicherung (Vorentwurf) veröffentlicht (Amtliche Ausgabe bei Guttentag 1903). Der auf Grund der an ihm geübten Kritik umgearbeitete Vorentwurf ist im Oktober 1904 dem Bundesrat vorgelegt worden. Der Bundesrat hat an ihm eine Reihe von Änderungen vorgenommen. In dieser Fassung ist der Entwurf nebst Begründung am 28. November 1905 dem Reichstag vorgelegt worden (Drucksache Nr. 22 11. Leg.Periode II. Session 1905/1906). Nach der ersten Lesung am 22. und 23. Januar 1906 ist der Entwurf an die VIII. Kommission verwiesen worden, die ihn in zwei Lesungen beraten, eine Reihe von Änderungen vorgenommen und am 7. Dezember 1906 einen ausführlichen schriftlichen Bericht (KB. I) erstattet hat. Zu einer weiteren Beratung der Vorlage im Plenum ist es infolge Auflösung des Reichstags nicht mehr gekommen. Am 29. April 1907 ist der Entwurf nebst Begründung in der von der Kommission beschlossenen Fassung, abgesehen von dem zu dem jetzigen § 169 gestellten Antrag, erneut dem Reichstag zur Beschlußfassung zugegangen. Seine erste Lesung am 27. November 1907 hat mit seiner Überweisung an die XII. Kommission geendigt. Auch sie hat zwei Lesungen abgehalten, aber nur wenige Änderungen vorgenommen. Der von ihr erstattete schriftliche Bericht ist vom 30. Januar 1908 datiert (KB. II). Der Reichstag hat den Entwurf sodann in der ihm von der Kommission gegebenen Fassung in zweiter Lesung am 1. und 2. Mai und in dritter Lesung am 7. Mai 1908 unverändert angenommen. Das Gesetz nebst dem zugehörigen Einführungsgesetz ist unter dem 30. Mai 1908 (RGBl. 263) gleichzeitig mit dem Gesetz betreffend Änderung der Vorschriften des Handelsgesetzbuchs über die Seeversicherung (RGBl. 307), veröffentlicht worden. Beide Gesetze sind am 1. Januar 1910 in Kraft getreten (EG. Art. 1).

Das VVG. ist geändert:

a) durch Reichsgesetz vom 20. Dezember 1911 (RGBl. 985) § 10 Abs. 1, das die in § 190 den eingeschriebenen Hilfskassen eingeräumte Sonderstellung beseitigt hat,

b) durch Verordnung vom 12. Februar 1924 (RGBl. I 65), die § 39 abgeändert hat.

4. Das VVG. gilt, abgesehen von der Verordnung vom 12. Februar 1924 in Danzig (Verfassung der Freien und Hansestadt Danzig vom 15./27. November 1920 Art. 115 Abs. 2), im Memelgebiet (Memel-

gebietsverordnung vom 15. Februar 1920, ABl. 1), im Saargebiet, in den ehemaligen preußischen, jetzt zu Polen gehörenden Gebieten (Menkes HansRZ. 1927. 893), in Elsaß-Lothringen, trotzdem im übrigen Frankreich das Gesetz vom 13. Juli 1930 gilt (Loi du 1er juin 1924 Art. 66—72; Capitant Revue Générale des assurances terrestres 1930. 817).

2. Das BGB. befaßt sich mit versicherungsrechtlichen Fragen aus- 5.
drücklich nur an wenigen Stellen (§§ 330—332, 1045, 1046, 1127—1130; Verordnung vom 15. Januar 1919, RGBl. 72, § 2 Nr. 2). Auf den Versicherungsvertrag finden jedoch insbesondere die Vorschriften des ersten Buchs und des allgemeinen Teils des zweiten Buchs grundsätzlich Anwendung.

3. Das HGB. §§ 778 ff. ist die Rechtsquelle für die Seeversicherung, 6.
jedoch in der praktischen Handhabung durch die ADS. verdrängt. Außerdem kommen aus dem HGB. vornehmlich die §§ 1 Abs. 2 Nr. 3, 343, 363 Abs. 2 in Betracht.

4. Das VAG. enthält eine Reihe privatrechtlicher Vorschriften, 7.
so namentlich über die Versicherungsvereine auf Gegenseitigkeit (§§ 15 ff.), über die Folgen der Zahlungsschwierigkeiten des Versicherers und des Konkurses des Lebensversicherers sowie anderer Versicherer ähnlicher Art für die Versicherungsverhältnisse (§§ 77 ff., 88 f.).

II. Über die noch geltenden Landesgesetze §§ 191, 192, 193, 8.
Art. 2 EG.

III. Die an und für sich mögliche Entstehung von Gewohnheits- 9.
recht wird durch die zahlreichen Beschränkungen der Vertragsfreiheit und durch das der Aufsichtsbehörde verliehene Recht zur Genehmigung der Allgemeinen Versicherungsbedingungen gehemmt.

IV. Die Verkehrssitte (§§ 157, 242 BGB., 346 HGB.) ist 10.
Rechtsquelle nicht gegenüber den Allgemeinen Versicherungsbedingungen, die die Verkehrsübung widerspiegeln (Ritter 6), wohl aber gegenüber dem Gesetz. So ist die Erklärung der Annahme des Antrags auf Abschluß einer Versicherung dem Antragsteller gegenüber verkehrsüblich (Bem. 20 zu § 1).

V. Versicherungsbedingungen, die entweder All- 11.
gemeine oder Besondere sind. Die Unterscheidung beruht auf der materiellen Bedeutung, nicht auf der Benennung der Bedingungen (RG. 31. 3. 25 JW. 1926. 554). Daher sind beispielsweise die Zusatzbedingungen der Allgemeinen Feuerversicherungsbedingungen für die Landwirtschaft, die Allgemeinen Sicherheitsvorschriften für Fabriken und gewerbliche Anlagen (VA. 1911. 223, 1912. 132), die Bedingungen für die Neuwertversicherung (VA. 1930. 141) sachlich Allgemeine Ver-

sicherungsbedingungen. Dagegen sind die in den verschiedenen Versicherungszweigen verwendeten Sonderbedingungen (Klauseln), selbst wenn sie typischen Inhalt haben, keine Allgemeinen Versicherungsbedingungen (Raiser 44).

12. 1. Allgemeine Versicherungsbedingungen sind typische Geschäftsbedingungen, die ein für allemal im voraus zur Erleichterung massenhaften Abschlusses aufgestellt und zum Inhalt der abzuschließenden Verträge gemacht zu werden pflegen (RGZ. Bd. 58. 152). Es besteht keine Notwendigkeit oder gar Verpflichtung, jedem Versicherungsvertrag Allgemeine Versicherungsbedingungen zugrunde zu legen, es reicht die Bezugnahme auf das VVG. aus. Beispielsweise werden Reiselebensversicherungen ohne Versicherungsbedingungen abgeschlossen (VA. 1923. 45).

Die Allgemeinen Versicherungsbedingungen werden ausdrücklich dem Versicherungsvertrag zugrunde gelegt. Sie gelten jedoch auch als stillschweigend vereinbart, da der Versicherungsnehmer damit rechnen muß, daß sich der Versicherer bei dem massenhaften Abschluß von Versicherungsverträgen solcher Bedingungen bedient (OLG. Frankfurt 16. 3. 27 VA. 1928. 236 Nr. 1745; OLG. Hamm 25. 6. 28 JR. 1929. 83; Raiser 51). Da die Allgemeinen Versicherungsbedingungen gegebenenfalls zusammen mit den Besonderen Versicherungsbedingungen die lex contractus bilden, so können sie nur durch ausdrückliche oder stillschweigende Willenseinigung der Parteien abgeändert werden. Ändert der Versicherer die von ihm verwendeten Allgemeinen Versicherungsbedingungen ab, so haben die Änderungen nicht ohne weiteres rückwirkende Kraft. Die beim Inkrafttreten des Gesetzes vom 19. Juli 1923, RGBl. I 684, bestehenden Versicherungsverträge konnten unter den Voraussetzungen des in der Zwischenzeit aufgehobenen § 67 a VAG. auch hinsichtlich der Allgemeinen Versicherungsbedingungen geändert werden. Will der Versicherer die Möglichkeit hierzu für Verträge haben, die später abgeschlossen worden sind, so bedarf es eines Vorbehalts bei Eingehung des Versicherungsverhältnisses.

13. Die Allgemeinen Versicherungsbedingungen brauchten Bestimmungen nur insoweit zu enthalten, als das Gesetz schweigt oder insoweit von dem Gesetz abgewichen wird. Tatsächlich enthalten sie vielfach Wiederholungen gesetzlicher Vorschriften. Über ihren Inhalt § 10 Abs. 1 VAG. Bei Versicherungsvereinen auf Gegenseitigkeit können die in den Allgemeinen Versicherungsbedingungen zu regelnden Gegenstände in der Satzung Aufnahme finden (§ 10 Abs. 2 VAG.).

14. Die Allgemeinen Versicherungsbedingungen bedürfen in den aufsichtspflichtigen Versicherungszweigen als Bestandteil des Geschäftsplans der aufsichtsbehördlichen Genehmigung (§§ 5 Abs. 3 Nr. 2,

13 S. 1 VAG.). Die Genehmigung hat grundsätzlich deklaratorische Bedeutung. Sie bestätigt, daß vom Standpunkt der Aufsichtsbehörde aus keine Bedenken gegen die Ingebrauchnahme der Bedingungen bestehen. Weder hat die fehlende Genehmigung die Rechtsungültigkeit der trotzdem abgeschlossenen Verträge zur Folge (OLG. Karlsruhe 10. 4. 02 DJZ. 1903. 58; OLG. Frankfurt 10. 11. 20 VA. 1922* 67 Nr. 1222; anders Liertz Mitteilungen 1916. 304), noch kann durch die Genehmigung einem allgemeinen Rechtsprinzipien oder zwingenden Vorschriften des Gesetzes (AllgVorbem. 26 ff.) widersprechenden Rechtssatz Rechtsgültigkeit verliehen werden. Die Aufsichtsbehörde kann aber bei Ingebrauchnahme nicht genehmigter Bedingungen einschreiten (§§ 81, 87 Abs. 1 VAG.). Ausnahmsweise hat die Genehmigung rechtsbegründende Kraft, so bei Festsetzung einer Geschäftsgebühr (§ 40 Abs. 2 S. 3), bei Bestimmungen über die Berechnung entgehenden Gewinns in der Feuerversicherung (§ 89 Abs. 2 S. 1), bei Festsetzung des Höchstbetrags für die Leistung des Versicherers bei der Kindertodesfallversicherung (§ 159 Abs. 3 S. 2), des Abzuges von der Prämienreserve (§§ 174 Abs. 4 S. 2, 176 Abs. 4 S. 2), bei Abgrenzung der Lebensversicherungen, die als Versicherungen mit kleineren Beträgen zu gelten haben (§ 189 Abs. 2). — Die von Verbänden aufgestellten, von Versicherern verwendeten, von der Aufsichtsbehörde genehmigten Versicherungsbedingungen unterliegen nicht der besonderen Kartellaufsicht (Verordnung vom 2. November 1923, RGBl. I 1067, 1090, § 19).

Die Allgemeinen Versicherungsbedingungen sind revisibel (RG. 15.
13. 12. 12 Bd. 81. 117, 29. 1. 15 Bd. 86. 162, 3. 7. 17 Bd. 90. 378, 8. 10. 18 Bd. 94. 26, 3. 6. 19 Bd. 96. 148, 9. 7. 20 Bd. 100. 29, 8. 6. 23 Bd. 108. 188, 19. 9. 24 JW. 1926. 553, 31. 3. 25 JW. 1926. 554, 13. 4. 26 JW. 1926. 1947, 7. 6. 29 JW. 1929. 2705 und an vielen anderen Stellen). Aber natürlich sind die Allgemeinen Versicherungsbedingungen nur revisibel, wenn sich ihr Geltungsbereich über den Bezirk des Berufungsgerichts erstreckt (§ 549 Abs. 1 ZPO.; RG. 3. 7. 28 JR. 1928. 229), eine Voraussetzung, die der Regel nach erfüllt ist.

2. Besondere Versicherungsbedingungen sind von Fall zu 16.
Fall vereinbarte Bedingungen, die auf die Eigentümlichkeiten des einzelnen Versicherungsverhältnisses und auf die besonderen Wünsche des einzelnen Versicherungsnehmers abgestellt sind.

Besondere Versicherungsbedingungen, die für den Versicherungs- 17.
nehmer günstiger als die Allgemeinen Versicherungsbedingungen sind, sind in den aufsichtspflichtigen Versicherungszweigen unbeschränkt, insoweit sie ungünstiger sind, nur bei Beobachtung von § 10 Abs. 3 VAG. zulässig. Die Nichtbeobachtung hat keinen Einfluß auf die Rechts-

gültigkeit der Bedingungen oder des Vertrags, sondern kann nur ein Einschreiten der Aufsichtsbehörde auslösen (§§ 81, 87 Abs. 1 VAG.).

18. Die Besonderen Versicherungsbedingungen gehen als Sonderbestimmungen den Allgemeinen Versicherungsbedingungen (die geschriebenen den gedruckten Versicherungsbedingungen) vor (RG. 14. 11. 04 Bd. 59. 158, 8. 6. 10 LZ. 1910. 785, 7. 5. 20 Masius 1920. 271, 20. 2. 29 HansRGZ.A. 1929. 288, JR. 1929. 118).

19. Die Besonderen Versicherungsbedingungen sind grundsätzlich irrevisibel (RG. 27. 10. 16 VA. 1917* 21 Nr. 981, LZ. 1917. 137, 3. 4. 17 VA. 1917* 67 Nr. 1008, LZ. 1917. 977, 29. 11. 18 VA. 1921* 82 Nr. 1168, 12. 6. 25 JW. 1925. 1998, 27. 10. 25 JR. 1925. 313, 7. 1. 30 JR. 1930. 54). Sie sind ausnahmsweise revisibel, wenn ihre Nachprüfung infolge ihres Verhältnisses zu den Allgemeinen Versicherungsbedingungen notwendig wird (RG. 14. 3. 22 Z. 1923. 221) oder wenn es sich um Klauseln mit typischem Inhalt (AllgVorbem. 11) handelt (RG. 14. 1. 30 JR. 1930. 75).

II. Auslegungsgrundsätze.

20. 1. Im allgemeinen ist der Sprachgebrauch des BGB. und der sonstigen Reichsgesetze für die Auslegung von Begriffen, die im Gesetz verwendet sind, maßgebend. Jede Abweichung muß sich aus seinem System und Inhalt zwingend ergeben (RG. 28. 4. 14 Bd. 84. 409, 411). So sind die Begriffe Gefahr, Interesse, Obliegenheit, Veräußerung anders als in anderen Reichsgesetzen zu verstehen.

21. 2. Die in den Allgemeinen und Besonderen Versicherungsbedingungen verwendeten gesetzlichen Begriffe sind ebenso wie in dem Gesetz selbst zu verstehen. Ausnahmsweise kann sich aus dem Sinn der Bedingungen ergeben, daß gesetzestechnische Ausdrücke anders zu verstehen sind. Wenn es beispielsweise in § 1 Abs. 2 S. 2 der AllgTodesfallVersbdg. heißt „Die Anfechtung der Versicherung ist . . . zulässig“, so kann nur gemeint sein, daß sich der Versicherer auf die Nichterfüllung bestimmter Voraussetzungen nicht mehr berufen kann, wenn eine gewisse Frist verstrichen ist (Bruck-Dörstling 31).

22. 3. Sind die Versicherungsbedingungen in sich nicht widerspruchsvoll, so darf nur angenommen werden, daß sie dem Parteiwillen nicht entsprechen, wenn erwiesen ist, daß die Parteien etwas anderes übereinstimmend gewollt haben, oder wenn aus den Umständen hervorgeht, daß sie das Erklärte nicht gewollt haben können.

23. 4. Widerspruchsvolle Versicherungsbedingungen sind nicht nach dem buchstäblichen Sinne, sondern nach dem wirklichen Sinne (§ 133 BGB.) gemäß der Verkehrssitte (§ 157 BGB.) aus-

zulegen (OLG. Augsburg 31. 10. 14 LZ. 1915. 76; RG. 13. 11. 18 Recht 1919 Nr. 1299; RGZ. Bd. 98. 122). — Entscheidend ist nicht die Zeit der Abfassung der Versicherungsbedingungen, sondern die Zeit des Vertragsabschlusses (OLG. Düsseldorf 6. 3. 22 HansRZ. 1922. 554), nicht der an der Niederlassung des Versicherers, sondern der an dem Wohnsitz des Versicherungsnehmers herrschende Sprachgebrauch (RG. 3. 10. 84 Seuffert Bd. 40. 146 Nr. 94). — Da sich die Versicherungsbedingungen an die Allgemeinheit wenden, so sind sie so zu verstehen, wie sie von einem unbefangenen Laien im redlichen Verkehr des täglichen Lebens verstanden werden (RG. 22. 12. 03 VA. 1904. 69 Nr. 47, 30. 3. 06 LZ. 1907. 231, 24. 4. 08 LZ. 1908. 708, 21. 11. 19 Bd. 97. 189, 28. 11. 19 Bd. 97. 207, 7. 1. 30 JR. 1930. 54; OLG. Colmar 18. 3. 04 VA. 1904. 141 Nr. 57; KG. 6. 5. 25 VA. 1926. 159 Nr. 1506). Wenn nicht ohne weiteres zu erkennen ist, daß es sich um einen den offenbaren Sinn entstellenden Druckfehler handelt, kann sich der Versicherungsnehmer auf den Wortlaut der Versicherungsbedingungen verlassen (OLG. Hamburg 12. 7. 28 JR. 1930. 186). — Auslegungsmittel sind die von dem Versicherer herausgegebenen Druckschriften, Prospekte u. ä. (OLG. München 12. 7. 05 VA. 1906* 86 Nr. 235; RG. 21. 12. 09 VA. 1910* 7 Nr. 494, LZ. 1910. 322, 5. 5. 11 VA. 1912* 7 Nr. 644), ferner der Antrag auf Abschluß der Versicherung (ROHG. Bd. 3. 339), ferner das Verhalten des Versicherers gegenüber dem Versicherungsnehmer im Rahmen eines früheren oder des bestehenden Versicherungsverhältnisses. So kann die kulante Regulierung von Schadensfällen präjudiziell sein (LG. I Berlin LZ. 1911. 166; anders KG. 27. 2. 12 JRV. 1912. 87 Nr. 165). — Ergeben sich trotz alledem Unklarheiten, die auch bei Heranziehung der übrigen Versicherungsbedingungen nicht zu beheben sind (RG. 2. 1. 17 Recht 1917 Nr. 554), so ist die für den Versicherungsnehmer günstigere Auslegung entscheidend, da der Versicherer als Verfasser und auf Grund seiner größeren Erfahrung dafür sorgen muß, daß die Versicherungsbedingungen nur eindeutig verstanden werden können (ROHG. Bd. 5. 110, 242, Bd. 8. 70; RG. 9. 9. 82 Bd. 10. 158, 4. 5. 87 Bd. 18. 143, 11. 3. 97 Hacke Bd. 1. 225, 3. 5. 97 ebenda 230, 11. 11. 04 VA. 1905* 12 Nr. 95, 8. 10. 18 Bd. 94. 26, 14. 3. 19 JW. 1919. 680, 11. 2. 21 JW. 1921. 1079, 26. 2. 27 JR. 1927. 108, 11. 3. 27 Bd. 116. 274, JW. 1927. 1588 und an vielen anderen Stellen). Aber dieser Grundsatz bedeutet nicht, daß eine mißverständliche Erklärung des Versicherers stets so auszulegen ist, wie sie der Versicherungsnehmer verstanden hat, sondern er bedeutet, daß die Erklärung so auszulegen ist, wie sie der Versicherungsnehmer nach Treu und Glauben und mit Rücksicht auf die Verkehrssitte verstehen konnte; eine willkürliche Auffassung des Versicherungsnehmers ist für den Versicherer belanglos (RG. 11. 3. 27 Bd. 116. 274, JW. 1927. 145, HansRZ. 1927. 417, VA. 1929. 1 Nr. 1785). Sind die Versicherungsbedingungen von dem Versicherungsnehmer abgefaßt, so ist der Grundsatz unanwendbar. — Der Versicherer kann die für ihn günstigere Auslegung nicht um deswillen beanspruchen, weil sie von ihm bei Aufstellung der Versicherungsbedingungen beabsichtigt war (RG. 12. 11. 15 Recht 1916 Nr. 15).

III. Nachgiebiges und zwingendes Recht.

24. Schrifttum: Bruck 20 ff., VersPraxis 1926. 3; Ehrenzweig 3 ff. und Festgabe für Prange, Berlin 1926, 66; KV. I Anlage 1 (Zusammenstellung der zwingenden Vorschriften).

25. 1. Das Gesetz enthält grundsätzlich nachgiebiges Recht. In erster Linie bestimmen sich die Rechtsverhältnisse nach den freien Vereinbarungen der Parteien (Allgemeine, Besondere Versicherungsbedingungen). Die gesetzlichen Vorschriften kommen nur insoweit zur Anwendung, als nichts anderes verabredet ist. Der ausnahmslosen Durchführung dieses Grundsatzes stehen mit Rücksicht darauf, daß der Versicherungsnehmer der wirtschaftlich schwächere und unerfahrenere Teil zu sein pflegt, erhebliche Bedenken entgegen. Infolgedessen ist eine Reihe von Bestimmungen mit relativ oder absolut zwingender Kraft — Beschränkungen der Vertragsfreiheit (§§ 187, 188) — ausgestattet.

26. a) Relativ zwingende Bestimmungen sind solche, welche kraft ausdrücklicher Vorschrift zum Nachteil bestimmter Personen nicht abgeändert werden können. Geschützt werden der Versicherungsnehmer (§§ 5, 6, 12, 31, 32, 33, 34 Abs. 2, 42, 65, 92, 109, 110, 154 Abs. 2, 172, 178, 183), der Erwerber der versicherten Sache (§§ 72, 114), ausnahmsweise jeder Dritte (§§ 11, 14, 47 S. 2). Eine Abwandlung zuungunsten des Geschützten hat nur zur Folge, daß sich die Rechtslage nach der gesetzlichen Vorschrift, nicht nach der Vereinbarung bestimmt. Auf die Verletzung kann sich nur der Geschützte berufen. Im Prozeß ist sie von Amts wegen zu berücksichtigen (Schweighäuser HansRZ. 1920. 119; anders Heine LZ. 1912. 301). — Die §§ 99—107 sind zwingend, gehören aber nicht zu den im VVG. vorgesehenen Beschränkungen der Vertragsfreiheit. Ihr zwingender Charakter ergibt sich daraus, daß über das Recht des Dritten nicht im Wege eines Vertrags zwischen Versicherungsnehmer und Versicherer verfügt werden kann (Bruck Note 20 zu § 3).

27. b) Absolut zwingende Bestimmungen sind solche, auf deren Verletzung sich jeder berufen kann. Ihre Überschreitung ist ausdrücklich mit Nichtigkeit bedroht, wobei sich die Nichtigkeit auf den

ganzen Vertrag (§§ 51 Abs. 2, 59 Abs. 3, 159 Abs. 2, 3, 179 Abs. 3) oder nur auf die betreffende Vereinbarung (§§ 8, 64 Abs. 1 S. 1, Abs. 3, 81, 87, 89, 184 Abs. 1 S. 1, Abs. 3) erstreckt, oder die Nichtigkeit ergibt sich ohne weiteres aus der Natur des Rechtssatzes (§§ 4 Abs. 1, 15, 98, 170) namentlich, weil er dem öffentlichen Recht angehört (§§ 13, 48, 157). Im Prozeß ist die absolut zwingende Bestimmung gleichfalls von Amts wegen zu berücksichtigen.

2. Die Beschränkungen der Vertragsfreiheit bleiben bei der 28. Transportversicherung von Gütern, bei der Kreditversicherung und bei gewissen anderen Versicherungszweigen, bei der laufenden Versicherung und bei freiwilligen Versicherungen, die bei einer öffentlichen Versicherungsanstalt genommen werden, außer Anwendung (§§ 187, 188, 192 Abs. 2). Insoweit herrscht Vertragsfreiheit hinsichtlich aller relativ zwingenden und solcher absolut zwingenden Bestimmungen, die Beschränkungen der Vertragsfreiheit zum Gegenstand haben. Daher kommen auch für sie zur Anwendung §§ 4 Abs. 1, 13, 15, 48, 51 Abs. 2, 59 Abs. 3, 64 Abs. 1 S. 1.

Bei der kleineren Lebensversicherung und bei Versicherungen kleinerer Gegenseitigkeitsvereine können mit Genehmigung der Aufsichtsbehörde abweichende Bestimmungen von einigen relativ zwingenden Vorschriften getroffen werden (§ 189).

3. Über die Berücksichtigung der zwingenden Bestimmungen bei 29. einem Versicherungsvertrag, der sich nach ausländischem Recht richtet, Bruck, Zwischenstaatliches Versicherungsrecht, 41 ff.

IV. Begriff des Versicherungsvertrags.

Schrifttum: Bruck 49 ff.; Ehrenberg LZ. 1907. 161, 30. VersLex.[2] 1377; Ehrenzweig 10 ff.; Emminghaus Masius 1906. 333; v. Gierke ZHR. Bd. 86. 144; Gobbi ZVW. Bd. 2. 465, Bd. 3. 246; Hoppe Versicherungsarchiv 1931 Heft Nr. 3. 1; Hülsse Z. 1903. 539; Hupka ZHR. Bd. 66. 546; Krosta, Über den Begriff der Versicherung, Berlin 1911; Ritter 12; Schmidt-Rimpler, Beiträge zum Wirtschaftsrecht, Marburg 1931. 1211.

Der im Gesetz nicht bestimmte, für Theorie und Praxis unentbehr- 31. liche Begriff des Versicherungsvertrags muß einheitlich für das gesamte Gebiet der Privatversicherung — von Manes, Versicherungswesen, Leipzig und Berlin 1930 Bd. 1. 13 ff. Individualversicherung im Gegensatz zu der Sozialversicherung genannt — aufgestellt werden.

Der Versicherungsvertrag ist ein entgeltlicher Vertrag, kraft dessen der eine Teil (Versicherer) selbständig eine Gefahr trägt und infolgedessen zur Deckung eines ungewissen Bedarfs des anderen Teils (Versicherungsnehmers) bei Eintritt eines bestimmten Ereignisses oder für einen Zeitpunkt eine geldliche oder geldeswerte Leistung zusichert und bei dem die Leistung mindestens des einen Teils nach Höhe und/oder Zeitpunkt von ungewissen Umständen abhängt.

32. 1. Der Versicherungsvertrag ist ein selbständiger Vertrag. Seine Selbständigkeit zeigt sich darin, daß die dem Versicherer obliegende Hauptleistung — die Gefahrtragung — sich aus einer besonderen Vereinbarung ergeben muß, also in keinem inneren Zusammenhang mit einem anderen Rechtsgeschäft stehen darf (RG. 14. 1. 16 Bd. 88. 29).

Demnach liegt kein Versicherungsvertrag vor, wenn jemand eine Gefahr kraft gesetzlicher Bestimmung (§§ 270, 300, 379, 446, 447, 450, 459, 480, 483, 484, 588, 811, 2380 u. a. BGB., §§ 384, 407, 408, 425 ff. HGB. [Wertdeklaration beim Frachtvertrag RGZ. Bd. 28. 140]) oder kraft besonderer im inneren Zusammenhang mit einem anderen Vertrag getroffenen Abrede übernimmt. Derartige Abreden sind beispielsweise die vom Kürschner bei Annahme zur Aufbewahrung von Pelzen übernommene Verpflichtung, sie frei von Mottenschäden zurückzugeben, die für bestimmte Zeit vom Uhrmacher übernommene Garantie für richtigen Gang der verkauften Uhr, die Verpflichtung des Glasfabrikanten zum Ersatz von Bruchschäden an den gelieferten Gläsern (VA. 1904. 19), der Abonnementsvertrag auf ärztliche Leistung (VA. 1910. 125), auf Lieferung von Glaserarbeiten (KG. 29. 6. 25 VA. 1927. 226 Nr. 1595), die Garantie einer Auskunftei für richtige Auskünfte (VA. 1913. 195), die Brautaussteuer mit Spareinkauf (VA. 1913. 96), die Unternehmung für Instandhaltung und Überwachung von Elektromotoren (VA. 1927. 176), von sonstigen Maschinen (VA. 1930. 156), der Telephonschutzvertrag (VA. 1928. 165).

Dagegen liegt ein Versicherungsvertrag vor, wenn jemand die Verpflichtung übernimmt, eine Gefahr zu tragen, ohne daß die Übernahme in einem inneren Zusammenhang mit seinen sonstigen Verpflichtungen gegenüber dem anderen steht. So bei der Verbindung eines Warenbetailgeschäfts mit einer Lebensversicherung (VA. 1907. 81), einer Reiseunfallversicherung als Prämie für Kunden gewerblicher Betriebe (VA. 1909. 179, 1927. 137), einer Verbindung von Dienstleistungen mit einer Pensionsversicherung (RG. 14. 1. 16 Bd. 88. 29). Glasinstandhaltungsverträge sind Versicherungsverträge, wenn der Ersatz zerstörter Scheiben die Hauptleistung, die Instandhaltung der Scheiben Nebenleistung ist (LG. I Berlin JW. 1931. 3231).

Vor allem liegt bei der Abonnentenversicherung, der Versicherung der Bezieher von Zeitungen oder Zeitschriften in dieser Eigenschaft, ein Versicherungsverhältnis vor, wobei es keinen Unterschied macht, ob eine besondere Prämie als Entgelt für den Versicherungsschutz erhoben wird oder ob ein bestimmter Teil des Bezugsgeldes als Prämie zu betrachten ist (RG. Strafsachen 23. 9. 02 Bd. 35. 346, 27. 2. 03 Bd. 36. 124). In der Form der Abonnentenversicherung wird hauptsächlich Unfall-, ab und zu Sterbegeld- und Haftpflicht-, neuestens auch Viehversicherung betrieben. Sie kommt in zwei Arten vor. Entweder ist der Verleger der Zeitung oder Zeitschrift gleichzeitig auch der Versicherer, oder der Verleger nimmt eine Versicherung für fremde Rechnung (§§ 74 ff.), bei der die Bezieher die Versicherten sind. Über die Abonnentenversicherung und den Umfang ihrer Beaufsichtigung VA. 1902. 15, 1905. 68, 1909. 84, 1916. 99, 1919. 99, 1922. 109, 1923. 57, 1927. 118, 138, 1928. 93, 1929. 102, 1931. 91; Ermann WuR. 1927 Heft 5; Hagen Bd. 1. 336; K. Hagen Z. 1910. 277; Josef ORev. 1922. 49; Sauer LZ. 1909. 205; Schneider Z. 1909. 704, 1910. 286; Denkschrift über die Abonnentenversicherung, Drucksachen des Reichstags 1912/1913 Nr. 644. Über Allgemeine Versicherungsbedingungen für die Sterbegeld-Weiterversicherung ehemaliger Abonnenten VA. 1931. 94. — Der Vertrieb von Zeitschriften im Umherziehen kann strafbar sein (KG. 20. 10. 25 VA. 1926* 18 Nr. 1534, ObLG. 27. 6. 27 VA. 1929. 17 Nr. 1799); ein Verstoß berührt jedoch nicht die zivilrechtliche Gültigkeit des Versicherungsvertrags. — Erweist sich, daß kein Teil des Bezugsgeldes als Prämie angesprochen werden kann, so ist mangels Entgeltlichkeit kein Versicherungsverhältnis vorhanden (Ehrenberg JR. 1929. 25).

2. Der Versicherungsvertrag ist ein entgeltlicher Vertrag (RG. 14. 1. 16 Bd. 88. 29; OLG. Dresden 26. 3. 14 VA. 1915* 19 Nr. 864). Ohne Entgelt ist niemals eine Versicherung, sondern ein anderes Rechtsgeschäft (möglicherweise eine Schenkung) gegeben. Das Entgelt heißt Prämie oder Beitrag (§ 1 Abs. 2). Es soll auch in der Zuführung von Versicherungsnehmern bestehen können (KG. 4. 11. 31 HansRGZA. 1932. 33; nicht eindeutig KG. 1. 2. 30 JR. 1930. 184). 33.

3. Der Versicherungsvertrag ist ein privatrechtlicher Vertrag, 34.
und zwar ein Konsensualvertrag, den der Versicherer mit dem Versicherungsnehmer abschließt. Infolgedessen ist die Selbstversicherung (jemand trägt den durch den Eintritt des Versicherungsfalls tatsächlich oder nur der Vorstellung nach verursachten Bedarf ganz oder teilweise selbst) rechtlich keine Versicherung, weil sie nicht auf vertraglicher Grundlage beruht. — Die Vereinbarung zwischen natürlichen oder juristischen Personen sowie Personenvereinigungen, gewisse Verluste oder Schadensverbindlichkeiten gemeinsam zu tragen, die den Gegenstand einer Versicherung bilden können, ist keine Versicherung im Sinne des Gesetzes, wohl aber des VStG. (§ 2 Abs. 1).

35. 4. Durch jeden Versicherungsvertrag wird ein ungewisser Bedarf befriedigt (Gobbi 465, Hupka 556, 560, Hülsse 544 und viele andere; anders namentlich Ehrenberg LZ. 167). Aber die Bedarfsbefriedigung hat verschiedene funktionelle Bedeutung. In der Schadensversicherung ist der Bedarf konkretisiert durch den infolge eines bestimmten Ereignisses verursachten Vermögensschaden, in der Lebensversicherung wird die Bedarfsdeckung abstrakt zugesichert, ohne daß es für den Umfang der Geldleistung des Versicherers darauf ankommt, ob und in welchem Ausmaße ein Vermögensschaden eingetreten ist.

In der Schadensversicherung kann nur der Bedarf des durch den Eintritt des Versicherungsfalls Geschädigten, des Versicherten, versichert werden. Der Versicherte kann der Versicherungsnehmer, braucht es aber nicht zu sein (Versicherung für fremde Rechnung §§ 74 ff.). Auch in der Personenversicherung ist der Versicherungsnehmer von dem Versicherten zu unterscheiden, wenn derjenige, der den Vertrag mit dem Versicherer abschließt (Versicherungsnehmer), ein anderer ist als derjenige, auf dessen Person die Versicherung genommen wird (§§ 159, 179).

Versicherungsnehmer und Versicherter sind weiter zu unterscheiden von demjenigen, dem der Anspruch aus dem Versicherungsvertrag zusteht (Zessionar, Pfandgläubiger, Vollstreckungsgläubiger). Der von dem Versicherungsnehmer bezeichnete Empfänger der geldlichen Leistung des Versicherers heißt in der Lebens- und Unfallversicherung der Bezugsberechtigte (§§ 166, 180), der von dem Zessionar zu unterscheiden ist.

36. 5. Durch jeden Versicherungsvertrag muß ein ungewisser Bedarf befriedigt werden. Die Ungewißheit bedeutet in Hinblick auf das den Bedarf auslösende Ereignis, daß die Möglichkeit des Eintritts eines gewissen Ereignisses (Gefahr) bestehen muß.

Die Ungewißheit des konkret (Schadensversicherung) oder abstrakt (Lebensversicherung) zu befriedigenden Bedarfs ist in der Mehrzahl der Fälle dadurch von vornherein gegeben, daß die Versicherungsverträge für die Zukunft wirken: objektive Ungewißheit. Jedoch ermöglicht die Rückwärtsversicherung (§ 2), auch für die Vergangenheit Versicherung zu nehmen; bei ihr tritt an Stelle der objektiven die subjektive Ungewißheit.

Die Ungewißheit kann absolut sein: der Eintritt des in dem Versicherungsvertrag vorgesehenen Ereignisses ist möglich, nicht notwendig. Es ist ferner ungewiß, wann der Versicherungsfall eintritt bzw. sich der Bedarf einstellt. Die absolute Ungewißheit, ob und wann der Versicherungsfall eintritt, gilt ausnahmslos in dem ganzen Bereich der Schadensversicherung (es ist ungewiß, ob und wann das feuerversicherte Haus brennt, die gegen Einbruchdiebstahl versicherten Sachen gestohlen werden, das versicherte Schiff beschädigt wird), der Unfallversicherung, der Kranken-, Invaliditätsversicherung und der Todesfall-Risikoversicherung (Bem. 5 vor § 159). Abgesehen von der Todesfall-Risikoversicherung kommt noch die Ungewißheit über den Umfang des sich einstellenden Bedarfs hinzu. Die Ungewißheit kann relativ sein: es ist nur ungewiß, wann der Versicherungsfall eintritt, oder es ist nur ungewiß, ob er eintritt. Versicherungszweige, in welchen außerdem Ungewißheit über die Höhe der den Versicherer treffenden Geldleistung herrscht, gibt es bisher nicht, da die Bedarfsdeckung eine abstrakte, keine konkrete ist. Eine Ungewißheit nur über den Zeitpunkt des Eintritts des Versicherungsfalls besteht bei der reinen Todesfallversicherung und bei der gemischten Lebensversicherung (Bem. 5 vor § 159). Eine Ungewißheit nur darüber, ob der Versicherungsfall eintritt, besteht bei der Erlebensfallversicherung (Bem. 5 vor § 159). Bei der Lebensversicherung mit festem Auszahlungstermin ist sogar der Zeitpunkt feststehend, an dem die Geldleistung des Versicherers zu bewirken ist; bei ihr ist aber ungewiß, wie lange Prämien zu zahlen sind, da die Prämienzahlung mit dem Tode des Versicherten aufhört (Dörstling HansRZ. 1918. 688, 694, Hupka 583).

6. Der Versicherer nimmt an dem durch Eintritt des Versicherungs- 37.
falls verursachten Bedarf nur durch den Versicherungsvertrag und nach Maßgabe seines Inhalts teil. Insoweit trägt er die Gefahr, d. h. die sich aus einer gewissen Gefahrslage ergebende Möglichkeit der Entstehung eines Bedarfs. Die Gefahrtragung besteht nicht allein in der Verpflichtung des Versicherers zu einer bestimmten geldlichen oder geldeswerten Leistung, sondern in der gesamten Tätigkeit des Versicherers, soweit sie auf Bereitstellung und Erfüllung der Verpflichtungen aus dem Vertrag gerichtet ist. Diesem Gedanken wird häufig auch äußerlich dadurch Rechnung getragen, daß in den Versicherungsbedingungen die Rede davon ist: der Versicherer „gewährt Versicherungsschutz" (Raiser 59). Gefahrtragung und Prämie (Beitrag) stehen sich gegenüber. Hieraus ergeben sich u. a. der Grundsatz von der Unteilbarkeit der Prämie (Bem. 6 vor § 35), die besonderen Wirkungen, die bei Nichtzahlung einer Folgeprämie (§ 39) ausgelöst werden, die Rechte des Versicherungsnehmers bei Unsicherwerden des Versicherers (Bruck 706 ff.).

7. Planmäßigkeit des Versicherungsbetriebs ist 38.
im Gegensatz zu dem VAG. kein essentiale, sondern naturale des Versicherungsvertrags, wie auch die geschichtliche Entwicklung des Versicherungswesens beweist (Ritter 17). Im übrigen hat die Frage praktisch kaum eine Bedeutung, da vereinzelter Abschluß höchst selten ist und nur noch ab und zu in der Transport- (See-), Kredit- und Kursverlustversicherung vorkommen mag. Daher besteht versicherungsrechtlich wohl kein Unterschied zwischen Rentenversicherung und gelegentlichem Rentenvertrag (der Leibrentenvertrag §§ 759 ff. BGB. ist ein

Vertrag besonderer Art, kein Versicherungsvertrag; beruht er auf Schenkung, so würde ihm außerdem das Merkmal der Entgeltlichkeit fehlen [RGZ. Bd. 28. 313]). Dasselbe gilt von der Kreditversicherung und der entgeltlichen selbstschuldnerischen Bürgschaft; der akzessorische Charakter der (selbstschuldnerischen oder nicht selbstschuldnerischen) Bürgschaft spricht ebensowenig wie bei der Kreditversicherung gegen die Annahme eines Versicherungsvertrags (ROHG. Bd. 5. 332). Die entgeltliche Garantieübernahme ist Versicherung (ROHG. Bd. 12. 66). Auch der Hypothekenschutzvertrag kann einen Versicherungsvertrag darstellen. Über weitere Grenzfälle zwischen Versicherungsvertrag und anderen Verträgen Bruck Note 25 zu § 6.

V. Der Versicherungsvertrag als Handelsgeschäft.

39. Die gewerbsmäßige Übernahme von Versicherungen gegen Prämie ist Handelsgewerbe, der Versicherer ist Kaufmann (§ 1 Abs. 2 Nr. 3 HGB.). Der Versicherungsvertrag ist Handelsgeschäft, auch wenn nur ein Teil Kaufmann ist (§ 345 HGB.), er ist beiderseitiges Handelsgeschäft, wenn beide Teile Kaufleute sind und der Versicherungsvertrag zum Betrieb des Handelsgewerbes gehört (§§ 343, 344 HGB.).

Der (große) Versicherungsverein auf Gegenseitigkeit ist kein Kaufmann, wird aber handelsrechtlich wie ein Kaufmann behandelt (§ 16 VAG.). Betreibt er Versicherungen gegen feste Prämien (§ 21 Abs. 2 VAG.), so ist er insoweit Kaufmann (RG. 21. 10. 91 Bd. 28. 313). Kleinere Versicherungsvereine auf Gegenseitigkeit (§ 53 VAG.) sind niemals Kaufleute.

Ist der Versicherungsvertrag für beide Teile ein Handelsgeschäft, so gehören Rechtsstreitigkeiten vor die Kammer für Handelssachen (§ 95 Nr. 1 GVG.).

Reichsgesetz über den Versicherungsvertrag.

Vom 30. Mai 1908 (RGBl. 263).

Wir Wilhelm, von Gottes Gnaden Deutscher Kaiser, König von Preußen usw.

verordnen im Namen des Reichs, nach erfolgter Zustimmung des Bundesrats und des Reichstags, was folgt:

Erster Abschnitt.
Vorschriften für sämtliche Versicherungszweige.

Erster Titel.
Allgemeine Vorschriften.

Vorbemerkung: Die Allgemeinen Vorschriften behandeln in § 1 wesentliche Begriffsmerkmale der Schadens- und der Personenversicherung, in § 2 die Rückwärtsversicherung, in §§ 3 bis 5 den Versicherungsschein, in § 6 die Obliegenheiten, in § 7 die kalendermäßige Versicherungsdauer, in § 8 die stillschweigende Verlängerung des Versicherungsverhältnisses, in § 9 die Versicherungsperiode, in § 10 die dem Versicherer nicht mitgeteilte Wohnungsänderung des Versicherungsnehmers, in § 11 eine Vereinbarung über die Fälligkeit der Leistung des Versicherers, in § 12 die Verjährung und die Klagefrist, in § 13 den Konkurs des Versicherers, in § 14 den Konkurs des Versicherungsnehmers, in § 15 die Versicherung unpfändbarer Sachen.

§ 1. Bei der Schadensversicherung ist der Versicherer verpflichtet, nach dem Eintritte des Versicherungsfalls dem Versicherungsnehmer den dadurch verursachten Vermögensschaden nach Maßgabe des Vertrags zu ersetzen. Bei der Lebensversicherung und der Unfallversicherung sowie bei anderen Arten der Personenversicherung ist der Versicherer verpflichtet, nach dem Eintritte des Versicherungsfalls den vereinbarten Betrag an Kapital oder Rente zu zahlen oder die sonst vereinbarte Leistung zu bewirken.

Der Versicherungsnehmer hat die vereinbarte Prämie zu entrichten. Als Prämien im Sinne dieses Gesetzes gelten auch die bei Versicherungsunternehmungen auf Gegenseitigkeit zu entrichtenden Beiträge.

A. Die Einteilung der Versicherungszweige.

1. Schrifttum: Bruck 61 ff., 63 ff.; Dorn, Festgabe für Manes, 1; Hagen Bd. 1. 305; Kisch Bd. 3. 4.

2. I. Das Gesetz (Abs. 1) teilt alle Versicherungszweige, d. h. typische Versicherungsverträge gegen eine generell gleiche Gefahr, auf in Schadensversicherungen und in Personenversicherungen. Das unterscheidende Merkmal soll darin bestehen, daß bei der Schadensversicherung nach Eintritt des Versicherungsfalls der durch Eintritt des Versicherungsfalls verursachte Vermögensschaden nach Maßgabe des Vertrags zu ersetzen ist, während bei der Personenversicherung nach Eintritt des Versicherungsfalls der vereinbarte Betrag an Kapital oder Rente zu zahlen oder die sonst vereinbarte Leistung zu bewirken ist. Diese Einteilung ist aus mehreren Gründen nicht schlüssig.

Das allein unterscheidende Merkmal ist die funktionelle Bedeutung der Bedarfsdeckung (AllgVorbem. 35). Die eine Gruppe von Versicherungszweigen baut sich auf dem System der konkreten Bedarfsdeckung auf: der Versicherer ersetzt höchstens den tatsächlich entstandenen Bedarf. Die andere Gruppe von Versicherungszweigen baut sich auf dem System der abstrakten Bedarfsdeckung auf: der Versicherer verpflichtet sich zu einer fest vereinbarten Leistung ohne Rücksicht, ob und in welchem Umfang tatsächlich ein Bedarf entstanden ist. Ein Versicherungszweig kann nach dem einen oder nach dem anderen System betrieben werden, sofern nicht gesetzliche Bestimmungen entgegenstehen. Beispielsweise werden Unfall-, Kranken-, Invaliditäts-, Sterbegeldversicherung nach dem System der konkreten oder nach dem System der abstrakten Bedarfsdeckung betrieben (vgl. auch § 12 VAG.).

3. Die in dem Gesetz durchgeführte Unterscheidung in Schadensversicherung und in Personenversicherung genügt wissenschaftlichen Anforderungen auch insofern nicht, als bei der Schadensversicherung auf die Folgen des eingetretenen Versicherungsfalls, bei der Personenversicherung auf den Gegenstand der Versicherung abgestellt ist (Dorn 31, Ehrenzweig 11). Wird der Gegenstand der Versicherung als Unterscheidungsmerkmal gewählt, so ist es richtiger, der Personenversicherung die Sachversicherung gegenüberzustellen. Da aber diese in den früheren Auflagen des Buchs vorgenommene Unterscheidung, abgesehen davon, daß sie ungenau ist — nicht die Sache, sondern das Interesse ist versichert, es stehen sich also Interesseversicherung und Personenversicherung gegenüber — zu Mißverständnissen Veranlassung gegeben hat, so soll den praktischen Bedürfnissen des Buchs entsprechend die gesetzliche Terminologie beibehalten werden.

4. II. 1. Bei der Schadensversicherung hat der Versicherer dem Versicherungsnehmer den durch Eintritt des Versicherungsfalls verursachten Vermögensschaden nach Maßgabe des Vertrags zu ersetzen (Abs. 1 S. 1). Die Entstehung eines Schadens ist Voraussetzung für die geldliche oder geldeswerte Leistung des Versicherers, der tatsächliche Umfang des Schadens begrenzt seine

Leistung (§ 55). Der Schadensversicherer ersetzt somit einen konkreten Schaden, aber auch ihn nur nach Maßgabe des Vertrags: seine Leistung ist geringer als der entstandene Schaden, wenn Unterversicherung (§ 56) vorliegt. Der Vertrag bestimmt ferner, ob der Versicherer Schadensersatz durch Geldleistung oder Wiederherstellung zu leisten hat (§ 49) oder was er sonst leisten muß.

Die Einteilung der Schadensversicherung läßt sich nach zwei einander durchkreuzenden Unterscheidungsmerkmalen vornehmen. 5.

a) Da bei der Schadensversicherung nicht eine Sache, sondern ein Interesse versichert ist (Bem. 2 ff. vor § 51), so ergeben sich nach dem Gegenstand, auf den sich das versicherte Interesse bezieht, verschiedene Untergruppen. Das versicherte Interesse bezieht sich auf bestimmte Sachen (Feuer-, Vieh-, Transportversicherung usw.) oder auf bestimmte Rechte (Hypothekenversicherung, die gegenwärtig in Deutschland nicht betrieben wird, Kursverlust-, Kredit-, Frachtversicherung) oder auf bestimmte Anwartschaften (Gewinn-, Provisionsversicherung) oder auf das ganze Vermögen (Haftpflicht-, Rückversicherung).

b) Nach der Art des versicherten Interesses ergeben sich zwei Untergruppen: Versicherung des Substanzinteresses oder des Gewinninteresses.

2. Bei der Personenversicherung zahlt der Versicherer bei Eintritt eines eine Person betreffenden Ereignisses den vereinbarten Betrag an Kapital oder Rente oder bewirkt die sonst vereinbarte Leistung (Abs. 1 S. 2), wobei unter vereinbart auch der Betrag zu gelten hat, der sich wie bei der Tontinenversicherung aus der Ansammlung von Prämien, Zinsen, Zinseszinsen ergibt. Die Leistung ist abstrakt zugesichert, ohne daß es darauf ankommt, ob und in welchem Ausmaß ein nachweisbarer Vermögensschaden entstanden ist. Das Ereignis kann in der Person des Versicherungsnehmers oder eines anderen (§§ 159, 179) oder mehrerer Personen eintreten. Es kann das Leben, den Personenstand (Geburt, Konfirmation, Verheiratung), die Gesundheit (Krankheit, Unfall), die Erwerbsfähigkeit (Invalidität [Versicherung gegen die Folgen natürlichen Verbrauchs der Arbeitskraft RG. 21. 11. 24 VA. 1925. 74 Nr. 1377], Arbeitslosigkeit) betreffen. 6.

Die Einteilung der Personenversicherung ergibt zwei Untergruppen. 7.

a) Lebensversicherung (Personenversicherung im engeren Sinne): die Leistung des Versicherers ist in der Art von dem Leben einer Person abhängig, daß die seitens des Versicherers zu tragende Gefahr aus der Ungewißheit der Dauer dieses Lebens entspringt. Sie teilt sich in die Gruppe der reinen Todesfallversicherung, in die Gruppe der reinen Erlebensfallversicherung und in die Gruppe der gemischten Versicherungen (Bem. 5 vor § 159).

In der Gruppe der Todesfallversicherungen ist zu unterscheiden zwischen Kapitalversicherungen, bei denen der Eintritt der Verpflichtung des Versicherers zur Zahlung des vereinbarten Kapitals gewiß ist, und in solche, bei denen eine derartige Gewißheit nicht besteht (Bem. 6 vor § 159).

b) Personenversicherung im weiteren Sinne: die Leistung des Versicherers steht in keiner Abhängigkeit von der Dauer des menschlichen Lebens.

D. Der Abschluß des Versicherungsvertrags.

8. Schrifttum: Basler Z. 1914. 623; Bruck 161 ff.; Bruck-Dörstling 10; Demelius Z. 1907. 436, 1909. 128; Hagen Bd. 1. 309.

Der Abschluß des Versicherungsvertrags bestimmt sich nach §§ 145 ff. BGB. Das Gesetz hat nur in wenigen Beziehungen ergänzend eingegriffen.

9. I. 1. Der Antrag auf Abschluß eines Versicherungsvertrags, auf Änderung oder Verlängerung eines bestehenden, auf Wiederinkraftsetzung eines früher in Kraft befindlichen Versicherungsvertrags ist ein Antrag im Sinne der §§ 145 ff. BGB. (OLG. Dresden 13. 5. 08 LZ. 1908. 956). Gegen die von Demelius a. a. O. vertretene Vorvertragstheorie Bruck 161; Bem. 5 vor § 108; Bem. 9 zu § 187.

10. 2. Antragsteller ist gewöhnlich der Versicherungsnehmer, wenn auch der Versicherer vielfach die Anregung gibt, so durch Übersendung von Werbeschriften oder sonstigen Drucksachen, die jedoch für die Auslegung der Versicherungsbedingungen von Bedeutung werden können (AllgVorbem. 23). Enthalten die Druckschriften falsche Angaben über die Dividendenaussichten, so kann ein Verstoß gegen § 3 UnlWG. vorliegen (LG. I Berlin VA. 1927. 30 Nr. 1546). Über Nettokostenaufstellungen VA. 1919. 160, 1921. 81, 1922. 88, 206, 1928. 123. Dagegen ist der Versicherer von vornherein der Antragsteller bei der Automatenversicherung und bei der Kuponpolice (Bem. 10 zu § 3).

11. Der Versicherungsnehmer muß eine geschäftsfähige physische Person oder eine juristische Person des privaten oder öffentlichen Rechts sein. Auch mehrere physische (z. B. Vater und Mutter) oder juristische Personen, Gesellschafter, Miterben usw. können zusammen oder einzeln jeder für sich oder der eine für den anderen oder für alle den Antrag stellen. Rechtsgeschäftliche Vertretung des Antragstellers ist zulässig (OLG. Königsberg 6. 5. 19 Seuffert Bd. 75. 127 Nr. 75).

Ist der Versicherungsnehmer geschäftsunfähig ((§§ 104, 105 BGB.), so ist der von ihm gestellte Antrag nichtig (RG. 9. 12. 15 LZ. 1916. 1470).

Ist der Versicherungsnehmer beschränkt geschäftsfähig (§§ 106, 114 BGB.), so bedarf er der Einwilligung seines gesetzlichen Vertreters (§ 107 BGB.). Der Mitwirkung des Vormundschaftsgerichts bedarf es nicht in der Lebensversicherung im Hinblick auf § 165 (KG. 24. 4. 29 JR. 1929. 246; anders KG. 3. 11. 28 JR. 1929. 15, HansRGZ. A. 1929. 19, VA. 1932. 14 Nr. 2244), ferner in dem ganzen Bereich der Versicherung bei einmaliger Prämienzahlung und bei laufender Prämienzahlung, sofern das Vertragsverhältnis nicht länger als ein Jahr nach Erreichung der Großjährigkeit des Mündels fortdauern soll. In allen übrigen Fällen ist vormundschaftsgerichtliche

Genehmigung notwendig (§ 1822 Nr. 5 BGB.; Bruck-Dörstling 12). Solange sich der Antrag wegen fehlender Genehmigung des gesetzlichen Vertreters in der Schwebe befindet (§ 108 BGB.), kann der Versicherer den Vertrag nur widerrufen, wenn er die Minderjährigkeit nicht gekannt oder der Antragsteller wahrheitswidrig die Einwilligung des gesetzlichen Vertreters behauptet hat. Der Vertrag ist voll wirksam, wenn die Voraussetzungen des § 110 BGB. erfüllt sind.

Ist der Versicherungsnehmer eine Ehefrau, so bedarf sie 12. für ihre Antragstellung nicht der Mitwirkung des Ehemannes, aber die Haftung für die mit dem Antrag übernommenen Verbindlichkeiten ist nach den Güterrechtssystemen verschieden. Die Ehefrau haftet bei Gütertrennung mit ihrem gesamten Vermögen, andernfalls mit ihrem Vorbehaltsgut. Besteht Verwaltungs- und Nutznießungsgemeinschaft, so haftet sie auch mit ihrem eingebrachten Gut, wenn der Ehemann der Antragstellung zugestimmt hat (§ 1399 BGB.); der Ehemann als solcher ist nicht berechtigt, für die Ehefrau, d. h. mit verbindlicher Wirkung für ihr Vermögen, den Antrag zu stellen (§ 1375 BGB.). Bei allgemeiner Gütergemeinschaft bedarf es einer Vereinbarung im Ehevertrag, wenn der Anspruch aus der Versicherung ausschließliches Eigentum der Ehefrau werden soll (§§ 1438, 1440 BGB.). Gehört der Anspruch zum gemeinschaftlichen Vermögen und stellt die Ehefrau ohne Zustimmung des Ehegatten den Antrag, so haftet das Gesamtgut nur für die aus der Antragstellung erwachsenden Verbindlichkeiten (§ 1460 BGB.). Über die selbständige Antragstellung der Ehefrau §§ 1405, 1452, 1462 BGB.

3. Eine gesetzliche Bestimmung über die Form des Antrags besteht nicht. 13. Aber seit langem erfordert die Technik der meisten Versicherungszweige, den Antrag auf einem von dem Versicherer im voraus aufgestellten Schein — Antragsschein, Antragspapier — schriftlich zu stellen, der außer dem Vertragsangebot auch die Fragen nach den gefahrerheblichen Umständen und die Anzeigen des Anzeigepflichtigen (§§ 16 ff.) enthält. Die Verbindung des Vertragsangebots mit den Anzeigen gefahrerheblicher Umstände ist rein äußerlich; werden die Anzeigen nicht, nicht vollständig, nicht richtig erstattet, so wird das Zustandekommen des Vertrags hierdurch nicht berührt. Anstatt des Antragstellers kann sein bevollmächtigter Vertreter den Antrag unterschreiben (RG. 3. 12. 26 JW. 1927. 10, VA. 1928. 6 Nr. 1663). Der Vertreter kann auch mit dem Namen des Vertretenen unterschreiben (RGZ. Bd. 74. 69). Vielfach muß die Unterschrift des Antragstellers von dem Agenten beglaubigt werden. Durch Annahme des nicht unterschriebenen oder sonst mangelhaften Antrags wird der Mangel geheilt (OLG. Kiel 24. 11. 22 VA. 1924* 12 Nr. 1300).

4. Der Antrag muß unzweideutig gestellt sein, damit der andere 14. durch seine Erklärung oder schlüssige Handlung annehmen oder ablehnen kann. Die Höhe der Prämie braucht nicht zahlenmäßig angegeben zu werden, da sie sich nach dem Geschäftsplan (OLG. Dresden 13. 5. 08 LZ. 1908. 956) des Versicherers, nötigenfalls nach der Üblichkeit oder Billigkeit bestimmt (Ehrenzweig 19), im übrigen muß aber der Antrag so beschaffen sein, daß bei seiner

Annahme Einigung über alle wesentlichen Vertragspunkte herbeigeführt ist (§ 154 Abs. 1 BGB.).

15. 5. Der Antrag ist an einen bestimmten oder an mehrere bestimmte Versicherer zu richten. Er kann unter Anwesenden (z. B. durch Fernsprecher oder an der Börse) oder unter Abwesenden gestellt werden. In dem letzten Fall ist der Antrag in dem Zeitpunkt wirksam, in dem er dem Antragsgegner zugeht (§ 130 BGB.). Da der zuständige Vermittelungsagent zur Entgegennahme von Anträgen befugt ist (§ 43 Nr. 1; Ausnahme § 47), so ist der Antrag wirksam, wenn ihn der Agent entgegengenommen hat.

16. 6. Nur durch Anordnung der Aufsichtsbehörde kann noch gefordert werden, daß dem Antragsteller ein Stück der maßgebenden Allgemeinen Versicherungsbedingungen oder der Satzung des Versicherungsvereins auf Gegenseitigkeit gegen eine besondere Empfangsbescheinigung ausgehändigt wird (Reichsgesetz vom 19. Juli 1923, RGBl. I 684, Art. I Nr. 1). Ein Verstoß hat keine privatrechtliche Bedeutung, sondern kann nur Einschreiten der Aufsichtsbehörde auslösen (LG. Colmar VA. 1905 *87 Nr. 150).

17. 7. Wird der Antrag an den anwesenden Versicherer gerichtet, so muß er ihn, ausgenommen ind er Feuerversicherung (Bem. 2 ff. zu § 81), sofort annehmen oder ablehnen (§ 147 Abs. 1 BGB.). Im übrigen ist der Antragsteller so lange an seinen Antrag gebunden, bis er den Eingang der Antwort des Antragsgegners unter regelmäßigen Umständen erwarten darf (§ 147 Abs. 2 BGB.; RG. 4. 11. 25 JR. 1925. 330). Diese Umstände erfordern nach der Eigenart der Versicherung gewöhnlich einen längeren Zeitraum. Zur Vermeidung von Unklarheiten wird in den Allgemeinen Versicherungsbedingungen ausdrücklich die Annahmefrist bestimmt (§ 148 BGB.), innerhalb deren gegebenenfalls die Annahmeerklärung des Versicherers dem Antragsteller zugegangen sein muß. Die in den genehmigten Allgemeinen Versicherungsbedingungen vorgesehene Annahmefrist kann nur unter Beobachtung des § 10 Abs. 3 VAG. verlängert werden. In der Feuerversicherung muß die Annahmefrist fest bestimmt sein, wenn von der gesetzlichen Frist (zwei Wochen) abgewichen wird (Bem. 7 zu § 81). Innerhalb der Annahmefrist, einer vertraglichen oder gesetzlichen Ausschlußfrist, deren Berechnung sich aus §§ 187 Abs. 1, 188, 193 BGB. ergibt, hat die Annahme des Versicherers dem Antragsteller zuzugehen; der Versicherer darf sich hierbei nicht des vereinfachten aus § 10 sich ergebenden Verfahrens bedienen (Bem. 3 zu § 10). § 149 BGB. findet Anwendung (§ 81 Abs. 1 S. 2). Die Annahmefrist beginnt mit dem Zugehen des Antrags bei dem Antragsgegner oder dessen Vertreter (§ 130 BGB.), bei Vermittelung des Vertrags durch einen Agenten mit Entgegennahme des Antrags durch ihn (§ 43 Nr. 1; Ausnahme § 47), in der Lebensversicherung mit ärztlicher Untersuchung mit dem Tage der vertrauensärztlichen Untersuchung (OLG. Kiel 16. 6. 25 JR. 1925. 319, VA. 1926. 118 Nr. 1476; Bruck-Dörstling 22), in der Feuerversicherung mit der Absendung des Antrags (§ 81 Abs. 2). — Für den Antrag des Versicherers kommt grundsätzlich nur § 147 Abs. 2 BGB. zur Anwendung. — Die verspätete Annahme des Antrags-

gegners gilt ebenso wie Annahme unter Erweiterung, Einschränkung oder Änderung als neuer Antrag, den die Gegenseite unter Beobachtung der sich aus § 147 Abs. 2 BGB. ergebenden Frist annehmen kann (§ 150 BGB.; OLG. Nürnberg 26. 3. 13 VA. 1913* 118 Nr. 770; KG. 15. 3. 22 HansRZ. 1922. 416, 28. 10. 25 JR. 1925, 331, VA. 1927. 21 Nr. 1537, 3. 11. 26 JR. 1927. 16, 9. 5. 28 VA. 1929. 217 Nr. 1871).

18. 8. Die Bindung des Antragstellers wird — abgesehen von ihrem nicht üblichen Ausschluß bei der Antragstellung — beseitigt, wenn dem Antragsgegner oder seinem Vertreter vorher oder gleichzeitig ein Widerruf zugeht (§ 130 Abs. 1 S. 2 BGB.). Stirbt der Antragsteller nach der Antragstellung oder wird er geschäftsunfähig, so bleibt der Antrag wirksam (§ 153 BGB.). Die Annahme muß jedoch den Erben oder dem gesetzlichen Vertreter des Antragstellers gegenüber erklärt werden. Nur in der Todesfallversicherung ist das Leben des Versicherten und seine nicht erhebliche Erkrankung oder Verletzung Voraussetzung für das Zustandekommen des Vertrags (vgl aber Bem. 10 zu § 16).

19. 9. Über das Recht des Antragstellers, Abschriften seiner Erklärungen zu fordern, Bem. 20 zu § 3.

II. Die Annahme des Antrags auf Abschluß, Änderung, Verlängerung, Wiederinkraftsetzung eines Versicherungsvertrags.

20. 1. Da der Versicherungsvertrag ein Konsensualvertrag ist, so kommt er in dem Augenblick zustande, in dem sich der Antragsgegner mit dem Antragsteller über alle Punkte geeinigt hat, über die nach der Erklärung auch nur einer Partei eine Vereinbarung getroffen werden soll (§ 154 Abs. 1 BGB.). Beispielsweise ist ein Lebensversicherungsvertrag nicht zustande gekommen, wenn keine Einigung über die Versicherungssumme erzielt ist (OLG. Düsseldorf 16. 6. 30 JR. 1930. 355). Die das Versicherungswesen im allgemeinen beherrschende Verkehrssitte erfordert, daß die Annahme dem Antragsteller gegenüber erklärt wird (§ 151 S. 1 BGB.; RG. 23. 9. 21 HansRZ. 1921. 895; KG. 15. 2. 22 HansRZ. 1922. 415, 8. 11. 22 HansRZ. 1923. 217, 17. 6. 25 JR. 1925. 265, HansRZ. 1926. 53, VA. 1926. 13 Nr. 1531), nur in der Hagelversicherung pflegt nach den Allgemeinen Versicherungsbedingungen der Antrag als angenommen zu gelten, wenn er nicht innerhalb einer gewissen Frist abgelehnt wird. Der Antragsteller kann jedoch auf die Annahmeerklärung verzichten (KG. 17. 1. 23 JR. 1924. 37). Durch die Annahme des Antrags gegenüber dem Antragsteller wird der formelle Versicherungsbeginn herbeigeführt (OLG. Nürnberg 26. 3. 13 VA. 1913* 118 Nr. 770), der vor allem von dem materiellen Beginn der Versicherung (Bem. 2 zu § 38) zu unterscheiden ist. Hat der Versicherer, Abschlußagent (§ 45) oder sein sonstiger Vertreter anzunehmen, dann ist der Vertrag in dem Zeitpunkt formell abgeschlossen, in dem dem Versicherungsnehmer oder seinem Vertreter die besondere Erklärung des Versicherers, Abschlußagenten oder seines sonstigen Vertreters hierüber zugegangen oder sein Wille durch schlüssige Handlungen (z. B. Anbieten des Versicherungsscheins) kundgetan ist (OLG. Frankfurt 12. 3. 09 Praxis Bd. 3. 120; KG. 17. 2. 11 Rspr. Bd. 24. 217; OLG. Hamm 25. 6. 28 JR. 1929. 83). Agent (ROHG. Bd. 5. 110,

115) oder Makler als solche sind zur Entgegennahme der Erklärung für den Versicherungsnehmer nicht befugt. Wird der Vertrag durch Annahme seitens des Versicherungsnehmers oder seines Vertreters abgeschlossen, dann ist der Vertrag formell zustande gekommen, wenn die Annahmeerklärung des Versicherungsnehmers oder seines Vertreters dem Versicherer, Abschlußagenten oder seinem sonstigen Vertreter zugegangen oder sein Wille durch schlüssige Handlungen (z. B. durch Einlösung des Versicherungsscheins) kundgetan ist. — Der Landeshauptbevollmächtigte bedarf zum Abschluß von Lebensversicherungsverträgen der vorausgegangenen, in dem Vertrag zum Ausdruck zu bringenden Genehmigung der Zentralleitung der Unternehmung (§ 147 Abs. 2 VAG.), der Reichshauptbevollmächtigte ist zum selbständigen Abschluß von Versicherungsverträgen mit Versicherungsnehmern im Inland und über inländische Grundstücke befugt (§ 106 Abs. 2 Nr. 3 VAG.).

21. 2. Die Annahme bedarf gesetzlich **keiner** besonderen **Form**; insbesondere ist nirgends bestimmt, daß der Versicherungsvertrag erst durch Aushändigung des Versicherungsscheins zustande kommt (KG. 28. 10. 25 JR. 1925. 331, VA. 1927. 21 Nr. 1537). Die Annahme kann aber vertraglich an eine bestimmte Form gebunden werden, z. B. Beurkundung des Vertrags (KG. 3. 5. 30 JR. 1930. 302).

22. 3. Ob sich **Antrag und Annahme decken**, ist nicht buchstabengemäß, sondern sinngemäß zu ermitteln (RG. 8. 10. 20 HansRZ. 1920. 708). Hinsichtlich von Nebenpunkten und der Höhe der Prämie (oben Bem. 14) kann die Annahmeerklärung Lücken des Antrags ausfüllen. Weicht die Annahme von dem Antrag ab, dann gilt die Annahme als Ablehnung verbunden mit einem neuen Antrag (§ 150 Abs. 2 BGB.).

Die Annahme weicht von dem Antrag ab, wenn Erstattung von Nebenkosten, die in den Versicherungsbedingungen nicht vorgesehen sind, gefordert wird (OLG. Dresden 13. 5. 08 LZ. 1908. 956); wenn die Termine für die Prämienzahlung, für den materiellen Beginn der Versicherung geändert werden (RG. 8. 10. 09 VA. 1910* 16 Nr. 500); wenn die Dauer der Prämienzahlung geändert wird (VA. 1912. 103); wenn die Höchstbeträge der Haftung für das einzelne Transportmittel geändert werden (KG. 26. 4. 22 HansRZ. 1922. 851); wenn die Annahme bedingt erfolgt, z. B. die Abonnentenversicherung von der eigenhändigen Unterschrift der Abonnementsquittung (OLG. Braunschweig 17. 6. 10 VA. 1911* 12 Nr. 572; anders OLG. Hamburg 27. 4. 12 LZ. 1912. 714 als Obliegenheit), die Versicherung des Kraftwagens davon abhängig gemacht wird, daß die Steuerung einwandfrei arbeitet (KG. 26. 10. 27 JR. 1927. 348); wenn der Abschluß einer Lebensversicherung zu normalen Prämien beantragt ist und in den Versicherungsschein eine höhere als die Normalprämie eingesetzt wird (OLG. Düsseldorf 3. 10. 29 JR. 1929. 398, HansRGZ. A. 1930. 220, VA. 1930. 304 Nr. 2057); wenn der Versicherungsnehmer einen Antrag auf Hagelversicherung mit Durchschnittsprämien gestellt hat, der Versicherer aber glaubte, einen Antrag zu gestaffelten Prämiensätzen annehmen zu sollen (KG. 6. 11. 29 JR. 1930. 61); wenn das Inkrafttreten eines Feuerversicherungsvertrags von der Einrichtung einer Feuerlöschanlage abhängig gemacht wird (OLG. Frankfurt 17. 2. 30 JR. 1930. 241). — Ob der Versicherer für den Vermittelungsagenten haftet, der den Antragsteller arglistig bestimmt, einen unbedingten Antrag zu unterschreiben, während der Wille des Antragstellers dahin ging, einen Versicherungsvertrag unter der Bedingung zu schließen, z. B. daß er auf sein Gut ein Hypothekendarlehen erhält, hängt von den Umständen des Falles ab (RG. 23. 2. 28 VA. 1929. 189 Nr. 1849).

Trotz sich äußerlich deckender Erklärungen ist der Vertragsabschluß nicht er- **23.**
folgt, wenn jede Partei mit den Erklärungen einen verschiedenen Sinn verbindet oder wenn die eine Partei die andere Partei mißverstanden hat, wobei jedoch jede Partei die Erklärung so gegen sich gelten lassen muß, wie sie von der Allgemeinheit verstanden wird und wie sie nach Treu und Glauben zu verstehen ist (RGRKommentar Bem. 2 zu § 155 BGB.). Ein beachtlicher Einigungsmangel (§ 155 BGB.) liegt beispielsweise vor, wenn nicht feststeht, was mit co-insurance gemeint ist (OLG. Hamburg 13. 10. 25 HansRZ. 1926. 57, JW. 1926. 384; vgl. ferner OLG.Hamburg 20. 2. 31 HansRGZ. A. 1931. 289); wenn ein Luftfahrzeug versichert ist „nach dem Typenflug, bis zu 10 Starts zum Einfliegen, Überführungsflug nach Memel mit Zwischenlandung und Abnahmeflügen" und mit dem Begriff „Typenflug" kein bestimmter Sinn verbunden worden ist (RG. 11. 3. 27 Bd. 116. 274, JW. 1927. 1588).

4. Über die Bedeutung des Ortes des Vertragsabschlusses **24.**
für das auf den Vertrag anzuwendende Recht Bruck, Zwischenstaatliches Versicherungsrecht 8.

5. Die Annahmeerklärung kann gemäß § 130 Abs. 1 S. 2 BGB. **25.**
widerrufen werden.

6. Der Versicherer, Abschlußagent oder sein sonstiger Vertreter ist zu einer **26.**
Mitteilung der Ablehnung des Antrags rechtlich nicht verpflichtet, da er kein Geschäftsbesorger (§§ 663 BGB., 362 HGB.) ist. Tatsächlich pflegt die Ablehnung mitgeteilt zu werden.

7. Der Versicherer ist nicht verpflichtet, den an ihn gerichteten **27.**
Antrag auf Abschluß eines neuen Vertrags anzunehmen. Infolgedessen kann der Antragsteller Schadensersatzansprüche wegen verspäteter Annahme oder Nichtannahme gegen ihn nur erheben, wenn der Tatbestand des § 826 BGB. gegeben ist. Anders KG. 15. 11. 30 JR. 1931. 40, VA. 1931. 250 Nr. 2207 und ihm folgend Moschel JW. 1931. 3177: schon von der Annahme des Antrags zur Prüfung ab bestehe ein vorläufiges Vertragsverhältnis. Selbst wenn also keine Rückwärtsversicherung zustande gekommen noch eine Deckungszusage abgegeben ist, soll der Versicherer unter Umständen für einen vor dem Vertragsabschluß eingetretenen Schadensfall haften. Dieser Auffassung muß widersprochen werden. Sie führt dazu, daß der Versicherer unter dem Gesichtspunkt der culpa in contrahendo haftet, selbst wenn er den Antrag schließlich abgelehnt hat. — Handelt es sich dagegen um die Änderung, Verlängerung eines bestehenden oder um die Wiederinkraftsetzung eines Ver-

trages, so ist der Versicherer nach Treu und Glauben verpflichtet, tunlichst bald zu antworten (RG. 13. 7. 21 VA. 1923* 56 Nr. 1281, 17. 1. 23 JR. 1924. 37; OLG. Hamm 4. 12. 30 JR. 1931. 324, HansRGZ. A. 1931. 657).

28. 8. Ein bedingter Vertragsabschluß, der zulässig ist, ist kein Beweis gegen die Selbständigkeit der Gefahrtragung (AllgVorbem. 32), denn die Gefahrtragung als solche bleibt unberührt, bedingt ist nur ihr Beginn (verkannt von Rudloff JR. 1929. 276, Lesser ebenda 329). So kann der Abschluß eines Lebensversicherungsvertrags durch die Übertragung von Prozeßvertretungen bedingt sein; wird die Bedingung nicht erfüllt, dann ist auch der Versicherungsvertrag nicht zustande gekommen (OLG. Königsberg 30. 5. 30 JR. 1930. 317).

29. 9. Die Deckungszusage (Deckungserklärung).

Schrifttum: Bruck 172, JR. 1926. 97, 157, JW. 1927. 169; Clasen JR. 1926. 293; Gottschalk HansRZ. 1922. 521, Z. 1925. 200, JR. 1926. 141; Manes JW. 1921. 515.

Die Deckungszusage, die abgesehen von der Lebens- und Glas- (VA. 1929. 148) Versicherung in allen Versicherungszweigen vorkommt, ist die Erklärung des Versicherers, des Abschlußagenten (OLG. Marienwerder 12. 11. 26 VA. 1929. 11 Nr. 1794) oder seines sonstigen Vertreters, den an ihn gerichteten Antrag auf Abschluß, Änderung eines Versicherungsvertrags vorläufig anzunehmen, ohne daß bereits über alle wesentlichen Vertragspunkte Einigung besteht. Duldet der Versicherer, daß Angestellte einer Schwester-Unternehmung Deckungszusagen erteilen, so muß der Versicherer haften, wenn der Rechtsschein gegen ihn ist, also der Versicherungsnehmer nach Treu und Glauben annehmen durfte, daß der Angestellte von ihm bevollmächtigt sei (RG. 16. 6. 31 Bd. 133. 97, VA. 1932. 199 Nr. 2278, JW. 1931. 3202). Die Deckungszusage ist von der Deckungsbestätigung zu unterscheiden, durch die der Versicherer bestätigt, daß der Versicherte bei Abschluß einer neuen Versicherung im Anschluß an eine bestehende Versicherung ununterbrochen versichert bleibt (RG. 27. 11. 26 JR. 1927. 42).

Für die Form der Deckungszusage bestehen ebensowenig gesetzliche Vorschriften wie für den Abschluß eines sonstigen Versicherungsvertrags. Die mündliche Deckungszusage eines Abschlußagenten bleibt gültig, wenn das ihm intern gegebene Verbot zur Erteilung mündlicher Deckungszusagen von dem Versicherungsnehmer nicht gekannt worden ist (§ 47; OLG. Marienwerder 12. 11. 26 VA. 1929. 11 Nr. 1794). Ist vertraglich schriftliche Form für die Erteilung von Deckungszusagen vorgesehen, so kann die Berufung des Versicherers auf den Mangel der Form nach den Fallumständen einen Verstoß gegen Treu und Glauben darstellen (OLG. München 27. 3. 31 VA. 1932. 205 Nr. 2283).

Das durch die Deckungszusage geschaffene und während ihres Bestandes vorhandene Versicherungsverhältnis bestimmt sich nach den besonderen Vereinbarungen, die bei Abgabe der Deckungszusage getroffen sind (RG. 6. 7. 23 VA. 1924* 73 Nr. 1329), es bestimmt sich ferner nach den in Betracht kommenden Allgemeinen Versicherungsbedingungen, wenn auf sie ausdrücklich Bezug genommen ist (OLG. Königsberg 19. 1. 26 VA. 1927. 24 Nr. 1540) oder wenn sie als Grundlage der Rechtsbeziehungen der Parteien anzusehen sind, etwa weil die Parteien bereits Versicherungsverträge derselben Art abgeschlossen haben, hilfsweise bestimmt es sich nach dem Gesetz.

Der materielle Beginn (Bem. 2 zu § 38) der Deckungszusage kann wie bei jedem anderen Versicherungsverhältnis sofort mit dem formellen Beginn, der Abgabe der Erklärung, einsetzen ohne Rücksicht darauf, ob in diesem Zeitpunkt die ganze Prämie gezahlt oder eine Prämienanzahlung geleistet ist. Er kann aber auch gleichfalls in Übereinstimmung mit sonstigen Versicherungsverhältnissen davon abhängig sein, daß die Prämie oder eine Prämienrate gezahlt ist (OLG. Königsberg 19. 1. 26 VA. 1927. 24 Nr. 1540; KG. 11. 12. 26 HansRZ. 1927. 138). Die Stundung der ersten Prämie (Prämienrate) ist für die Deckungszusage nicht begriffswesentlich, kommt aber auch außerhalb von der Transport- (und See-) Versicherung dem Zweck der Deckungszusage entsprechend, sofortigen Versicherungsschutz zu schaffen, häufiger vor.

Die Versicherungsdauer kann von vornherein zeitlich beschränkt sein entweder kalendermäßig auf einen bestimmten Zeitraum oder dadurch, daß das Ende des durch die Deckungszusage herbeigeführten Versicherungsschutzes ausdrücklich auf den Zeitpunkt gelegt wird, in dem der endgültige Versicherungsvertrag zustande kommt, oder dem Versicherungsnehmer erklärt wird, daß der Versicherer die Gefahrtragung weiterhin nicht übernimmt, oder der Versicherungsnehmer den Antrag des Versicherers auf Abschluß des endgültigen Versicherungsvertrags ablehnt (§ 150 Abs. 2 BGB.; RG. 16. 10. 23 Bd. 107. 198, VA. 1924* 74 Nr. 1330, HansRZ. 1923. 923; KG. 7. 2. 31 VA. 1932. 217 Nr. 2294).

Folgt der Deckungszusage das Zustandekommen des endgültigen Versicherungsvertrages nicht nach, weil die zur Zeit der Abgabe der Deckungszusage noch nicht vorhandene Einigung über alle wesentlichen Vertragspunkte später nicht erreicht wird (KG. 15. 3. 22 HansRZ. 1922. 416) oder weil der Versicherer erklärt, den endgültigen Vertrag nicht abschließen zu wollen, so hört der Versicherungsschutz spätestens mit dem endgültigen Scheitern der Verhandlungen oder mit dem Zugehen der Erklärung des Versicherers auf. Daß der Versicherer während des Bestandes des durch die Deckungszusage geschaffenen Versicherungsverhältnisses haftet, ist ebenso selbstverständlich (OLG. Kiel 16. 3. 22 JW. 1922. 1342; KG. 7. 2. 31 JR. 1931. 148), wie daß er Anspruch hat auf die vereinbarte oder übliche Prämie, welche auf den Zeitraum entfällt, während dessen die Versicherung bestand (teilweise anders KG. 16. 6. 23 VA. 1924* 11 Nr. 1298).

Folgt der Deckungszusage das Zustandekommen des endgültigen Versicherungsvertrags nach, so setzt sich das Versicherungsverhältnis unmittelbar fort. Hat der Versicherer bei Erteilung der Deckungszusage die Prämie gestundet und jede zeitliche Begrenzung des durch die Deckungszusage geschaffenen Versicherungsschutzes unterlassen, so entsteht die Frage, ob durch die spätere Aufforderung des Versicherers zur

Einlösung des Versicherungsscheins der Versicherungsschutz in der Weise unterbrochen wird, daß der Versicherer erst wieder haftet, wenn seiner Aufforderung Folge geleistet worden ist. Anders gefaßt: Ist die Prämie, die bei Zustandekommen des endgültigen Versicherungsvertrags fällig ist, eine Erst-Prämie (§ 38) oder in Hinblick darauf, daß bereits die Deckungszusage das Versicherungsverhältnis geschaffen hat, eine Folge-Prämie, also eine Prämie, die nach Beginn der Versicherung (§ 39) zu entrichten ist? Das RG. vertritt die Auffassung, daß es sich um eine erste Prämie (§ 38) handelt, mithin bei nicht sofortiger Einlösung des Versicherungsscheins der Versicherungsschutz unterbrochen wird (RG. 19. 3. 26 Bd. 113. 150, VA. 1927. 224 Nr. 1593, HansRZ. 1926. 373, HGZ. 1926. 112, JR. 1926. 115, JW. 1926. 1553, 24. 9. 26 JW. 1927. 169, HansRZ. 1926. 813, JR. 1926. 295, VA. 1928. 2 Nr. 1660, 24. 9. 26 Bd. 114. 321, VA. 1928. 1 Nr. 1659 und ihm folgend OLG. Hamburg 11. 5. 25 HansRZ. 1925. 685; KG. 24. 6. 25 JR. 1925. 225; OLG. Kiel 14. 7. 27 JR. 1927. 302; Raiser 235 f.). Dieser Ansicht kann nicht zugestimmt werden, da sie dem Willen der Parteien nach einem einheitlichen zusammenhängenden Versicherungsschutz, der technischen Behandlung — der Versicherungsschein umfaßt auch den Zeitraum, in dem nur der durch die Deckungszusage geschaffene Versicherungsschutz bestand; die Prämie wird gleichfalls einheitlich für die gesamte Dauer des Versicherungsschutzes berechnet — und auch dem schutzbedürftigen Interesse des Versicherungsnehmers zuwiderläuft. Solange also nicht das Verfahren nach § 39 durchgeführt ist, muß der Versicherer weiter haften, weil er die Prämie gestundet hat, und zwar haftet er entweder auf Grund der Deckungszusage, wenn die materielle Dauer der durch sie geschaffenen Versicherung noch nicht abgelaufen ist, oder auf Grund des endgültig zustande gekommenen Versicherungsvertrags (OLG. Hamburg 4. 1. 26 HansRZ. 1926. 171, JR. 1926. 73; OLG. Köln 14. 4. 26 JR. 1926. 166, VA. 1927. 235 Nr. 1603; RG. 18. 5. 87 Bd. 19. 216; Bruck JW. 1927. 169, Bühring Z. 1924. 293, Gottschalk Z. 1925. 200, JR. 1926. 141; VA. 1922. 136). Mit Rücksicht auf die vielen Unklarheiten und Zweifel, die die Erteilung einer Deckungszusage in sich schließt, hat das Aufsichtsamt empfohlen, die Deckungszusage schriftlich und so zu erteilen, daß aus ihr hervorgeht, auf welchen Versicherungsantrag sich die Deckungszusage bezieht, für welchen Zeitraum sie gilt, wann die Prämie zu zahlen ist, welche Folgen eine verspätete Prämienzahlung hat, welche Allgemeinen oder Besonderen Bedingungen für die Deckungszusage zu gelten haben usw. (VA. 1928. 95). Die Hansaspeicher-Vereinigung hat 1926 folgende Klausel eingeführt: „Im Börsenverkehr tritt eine vorläufige Deckungszusage, sofern nicht ein späterer Beginn ausdrücklich vereinbart worden ist, bei Abgabe sofort in Kraft. Die Prämie ist innerhalb einer Frist von zehn Tagen nach Aushändigung des Versicherungsscheins zu zahlen. Nach Ablauf dieser Frist ist der Versicherer außer Haftung." Über ein anderes Muster einer Deckungszusage Raiser 239.

Der Makler genügt zunächst seinem Auftrage durch Beschaffung einer Deckungszusage, muß aber dem Versicherungsnehmer mitteilen, daß kein endgültiger Versicherungsvertrag abgeschlossen ist (OLG. Hamburg 13. 1. 22 HansRZ. 1922. 348, Seuffert Bd. 78. 34 Nr. 22).

§ 2. Die Versicherung kann in der Weise genommen werden, daß sie in einem vor der Schließung des Vertrags liegenden Zeitpunkte beginnt.

Weiß in diesem Falle der Versicherer bei der Schließung des Vertrags, daß die Möglichkeit des Eintritts des Versicherungsfalls schon ausgeschlossen ist, so steht ihm ein Anspruch auf die Prämie nicht zu. Weiß der Versicherungsnehmer bei der Schließung des Vertrags, daß der Versicherungsfall schon eingetreten ist, so ist der Versicherer von der Verpflichtung zur Leistung frei; dem Versicherer gebührt, sofern er nicht bei der Schließung von dem Eintritte des Versicherungsfalls Kenntnis hatte, die Prämie bis zum Schlusse der Versicherungsperiode, in welcher er diese Kenntnis erlangt.

Wird der Vertrag durch einen Bevollmächtigten oder einen Vertreter ohne Vertretungsmacht geschlossen, so kommt in den Fällen des Abs. 2 nicht nur die Kenntnis des Vertreters, sondern auch die des Vertretenen in Betracht.

Schrifttum: Bruck 387 ff.; Hagen Bd. 1. 387; Kisch Bd. 2. 117; Ritter 208. 1.

I. Der Versicherungsschutz wirkt sich regelmäßig für die Zukunft aus. Die Leistungspflicht des Versicherers wird durch Ereignisse ausgelöst, die nach dem materiellen Beginn (Bem. 2 zu § 38) der Versicherung eintreten: Vorwärtsversicherung. Das entspricht dem Erfordernis der Ungewißheit der Versicherung, da die in der Vergangenheit liegenden Begebenheiten objektiv nicht mehr ungewiß sind. Aus praktischen Gründen wird seit alters her von diesem Grundsatz abgewichen. Die Versicherung kann bei subjektiver Ungewißheit auch in der Art genommen werden, daß sie auf einen vor Schließung des Vertrags liegenden Zeitpunkt zurückwirkt: Rückwärtsversicherung. 2.

Die Rückwärtsversicherung ist zu unterscheiden von der in der Lebensversicherung gebräuchlichen Vordatierung, bei der der technische Versicherungsbeginn (Bem. 4 vor § 35) vor dem formellen (Bem. 20 zu § 1) und dem materiellen (Bem. 2 zu § 38) Versicherungsbeginn liegt. Ihre Bedeutung beschränkt sich, abgesehen davon, daß der Prämienberechnung das Lebensalter zugrunde gelegt wird, das dem technischen Versicherungsbeginn entspricht (OLG. Hamburg 6. 10. 20 HansRZ. 1920. 707), darauf, daß der Prämienschuldner eine Prämie für die Vergangenheit zahlt. Durch die Vordatierung wird der materielle Versicherungsbeginn auf einen Zeitpunkt vor Entrichtung der ersten Prämie (RG. 26. 1. 11 Bd. 75. 377, 4. 10. 12 Bd. 80. 139) oder der Beginn von Sperrfristen (Bruck-Dörstling 29) nicht vorverlegt. — Über die Vorausdeckung in der Hagelversicherung Bem. 5 vor § 108. 3.

II. 1. Die Hauptanwendungsgebiete der Rückwärtsversicherung sind die Transport- (See- § 5 ADS.) Versicherung, wenn z. B. ein schon auf 4.

der Reise befindliches Schiff, Gut von dem Beginn der Reise an versichert wird, die Haftpflichtversicherung (Bem. 14 zu § 149). Auch bei der Feuer- und Diebstahlversicherung, z. B. von überseeischen Lägern, und bei der Kreditversicherung (OLG. Stuttgart 7. 5. 03 Rspr. Bd. 7. 159) kommt sie vor. Selbst die Personenversicherung ist der Rückwärtsversicherung nicht verschlossen, aber natürlich mit Beschränkung auf die Fremdversicherung (§§ 159 Abs. 2 ff., 179 Abs. 2 ff.; A. schließt eine Todesfall- oder Unfallversicherung auf das Leben des auf einer Überseereise befindlichen B. auf Grund der vorher von B. erteilten Einwilligung ab; OLG. Hamburg 24. 5. 02 Rspr. Bd. 6. 251).

5. 2. Die Rückwärtsversicherung muß stets ausdrücklich **vereinbart** sein oder als vereinbart gelten können (OLG. Hamburg 18. 11. 27 HansRGZ. A. 1928. 103, JR. 1928. 73). Ihr materieller Beginn wird kalendermäßig oder durch den Tag der Antragstellung oder sonstwie, z. B. durch den Beginn der Reise, festgelegt. Die Versicherung kann in der Weise genommen werden, daß sie nur Rückwärtsversicherung ist, weil sich die materielle Dauer der Versicherung nur auf die Vergangenheit erstreckt, oder daß die Versicherung Rückwärts- und Vorwärtsversicherung ist, weil sich die materielle Dauer der Versicherung auf Vergangenheit und Zukunft erstreckt.

Ist streitig, ob und in welchem Umfang Rückwärtsversicherung vereinbart ist, so hat der, welcher Folgerungen hieraus zieht, den **Beweis** zu erbringen; im Zweifelsfall ist anzunehmen, daß keine Rückwärtsversicherung abgeschlossen worden ist, da sie die Ausnahme von der die Regel bildenden Vorwärtsversicherung darstellt.

III. Bei dem formellen Versicherungsbeginn (Bem. 20 zu § 1) kann bereits der Versicherungsfall eingetreten sein oder sich bereits die Unmöglichkeit des Eintritts des Versicherungsfalls herausgestellt haben. In dem ersten Fall ist zu unterscheiden, ob nur Rückwärtsversicherung oder ob neben Rückwärtsversicherung auch Vorwärtsversicherung vereinbart ist.

A. **Der Versicherungsfall ist** zur Zeit des formellen Versicherungsbeginns **bereits eingetreten.**

1. Es ist **nur Rückwärtsversicherung** vereinbart.

6. a) **Beide Parteien wissen,** daß sich der Versicherungsfall ereignet hat: der Vertrag ist als Versicherungsvertrag ungültig (§ 785 Abs. 2 HGB.; unrichtig OLG. Naumburg 12. 2. 21 JW. 1921. 687; RG. 15. 11. 30 JR. 1931. 40). Der Versicherer kann von dem Versicherungsnehmer oder von dem sonstigen Prämienschuldner insbesondere keine Prämie, der Versicherungsnehmer (Versicherter) von dem Versicherer insbesondere nicht die Entschädigungsleistung fordern. Ob sich der Vertrag als anderes Rechtsgeschäft aufrechterhalten läßt (§§ 117 Abs. 2, 140 BGB.), ist Tatfrage (OLG. Hamburg 28. 6. 84 Seuffert Bd. 40. 338 Nr. 227).

7. b) **Nur der Versicherer weiß,** daß sich der Versicherungsfall ereignet hat: der Versicherungsvertrag ist in vollem Umfange wirksam (Abs. 2 S. 2). Die Nichtkenntnis des Versicherungsnehmers wird der objektiven Ungewißheit gleichgeachtet. Der Versicherer hat insbesondere die vertraglich über-

nommene Leistung zu bewirken, der Prämienschuldner insbesondere die vertraglich übernommene oder die übliche Prämie zu entrichten.

c) Nur der Versicherungsnehmer weiß, daß sich der Versicherungsfall ereignet hat: der Versicherer ist ohne weiteres leistungsfrei (Abs. 2 S. 2 erster Halbsatz; OLG. Köln 21. 1. 26 JR. 1926. 91, LZ. 1926. 596), bei rückkaufsfähigen Todesfallversicherungen zur Auszahlung der Rückvergütung (§§ 173, 176) verpflichtet. Dem Versicherungsnehmer schadet seine Kenntnis (OLG. Nürnberg 26. 3. 13 VA. 1913* 118 Nr. 770, Mitteilungen 1914. 92). Der Versicherer behält den Anspruch auf die Prämie, aber nicht über den Schluß der Versicherungsperiode (§ 9) hinaus, in welcher er von dem Eintritt des Versicherungsfalls Kenntnis erhält (Abs. 2 S. 2 zweiter Halbsatz). Über die Kenntnis des Versicherten bei Versicherung für fremde Rechnung § 79. 8.

d) Beide Parteien wissen nicht, daß sich der Versicherungsfall ereignet hat: der Versicherungsvertrag ist voll wirksam. 9.

2. Es ist Rückwärtsversicherung und Vorwärtsversicherung vereinbart.

a) Zur Zeit des formellen Versicherungsbeginns hat sich bereits ein Versicherungsfall ereignet, welcher den Totalschaden verursacht hat (das überseeische Lager ist völlig verbrannt): der Versicherungsvertrag ist als Vorwärtsversicherung gegenstandslos geworden. 10.

b) Zur Zeit des formellen Versicherungsbeginns hat sich bereits ein Versicherungsfall ereignet, welcher einen Schaden, aber keinen Totalschaden verursacht hat (das überseeische Lager ist von Feuer beschädigt). Es ist zu unterscheiden:

α) Beide Parteien wissen, daß sich der Versicherungsfall ereignet hat: der Versicherungsvertrag ist als Vorwärtsversicherung wirksam (Bgr.; OLG. Stettin 24. 2. 30 JR. 1930. 420). Da er aber als Rückwärtsversicherung unwirksam ist, so muß eine entsprechende Herabsetzung der Prämie stattfinden. Wird die Folge der durch den früher eingetretenen Versicherungsfall herbeigeführten Beeinträchtigung des versicherten Interesses nicht beseitigt, so kann Überversicherung vorhanden sein (§ 51). Der bereits eingetretene Versicherungsfall ist kein Versicherungsfall im rechtlichen Sinne, infolgedessen vermindert sich nicht die Haftung des Feuer-, Hagel-, Viehversicherers (§§ 95, 112, 119; Bem. 3 zu § 95) und der Feuer-, Hagel-, Haftpflichtversicherer kann nicht kündigen, da er in Kenntnis des eingetretenen Schadensfalls den Vertrag abgeschlossen hat (§§ 96, 113, 158; Bem. 3 zu § 96), ferner sind nicht die Abwendungs- und Minderungspflicht (§ 62), die Schadensanzeigepflicht (§ 33) zu erfüllen. 11.

β) Nur der Versicherer weiß, daß sich der Versicherungsfall ereignet hat: der Versicherungsvertrag ist in vollem Umfange wirksam. Der Feuer-, Hagel-, Viehversicherer haftet für einen späteren Versicherungsfall nur bis zur Höhe des Restbetrages der Versicherungssumme, dafür gebührt ihm nur eine verminderte Prämie (§§ 95, 112, 119). Der Versicherer kann von dem ihm 12.

gegebenenfalls zustehenden Kündigungsrecht keinen Gebrauch machen, weil er bei Vertragsabschluß gewußt hat, daß sich der Versicherungsfall ereignet hat.

13. γ) Nur der Versicherungsnehmer weiß, daß sich der Versicherungsfall ereignet hat: der Versicherungsvertrag ist als Vorwärtsversicherung wirksam, sofern sich nicht der Versicherer auf schuldhafte Verletzung der vorvertraglichen Anzeigepflicht (§§ 16 ff.) oder auf arglistige Täuschung (§ 123; §§ 823 Abs. 2, 826 BGB.) berufen kann. Dagegen ist Anfechtung wegen Irrtums, insoweit der Irrtum die Tatsachen betrifft, daß der Versicherungsfall bereits eingetreten ist oder nicht mehr eintreten kann, ausgeschlossen. Im übrigen oben Bem. 11. Über die Kenntnis des Versicherten bei der Versicherung für fremde Rechnung § 79.

14. δ) Beide Parteien wissen nicht, daß sich der Versicherungsfall ereignet hat: der Versicherungsvertrag ist als Rückwärtsversicherung und als Vorwärtsversicherung wirksam.

15. B. 1. Die Unmöglichkeit des Eintritts des Versicherungsfalls steht schon in dem Augenblick fest, in dem die Versicherung rückwirkend beginnt (z. B. die am 15. Februar mit Wirkung vom 1. Januar versicherte Schiffsreise ist nicht angetreten worden): die Rechtslage ist ähnlich der, wenn dem Vertrag kein versicherbares Interesse zugrunde liegt. Da der Versicherungsfall niemals eintreten kann, so entfällt jeder Anspruch auf eine Leistung des Versicherers. Der Versicherer kann eine angemessene Geschäftsgebühr ohne Rücksicht auf die Kenntnis oder Nichtkenntnis der einen Partei oder beider Parteien verlangen (vgl. § 68 Abs. 1).

2. Die Unmöglichkeit des Eintritts des Versicherungsfalls stellt sich erst nach dem materiellen Beginn der Rückwärtsversicherung, aber vor dem formellen Versicherungsbeginn heraus. Über den Wegfall der Gefahr nach dem materiellen Versicherungsbeginn Bem. 13 zu § 68.

16. a) Beide Parteien wissen, daß der Versicherungsfall nicht mehr eintreten kann: der Vertrag ist als Versicherungsvertrag ungültig, vor allem hat der Versicherer keinen Anspruch auf Prämie (Abs. 2 S. 1; oben Bem. 6).

17. b) Nur der Versicherer weiß, daß der Versicherungsfall nicht mehr eintreten kann: ob der Vertrag als Versicherungsvertrag gültig ist, kann zweifelhaft sein, da der Versicherer tatsächlich keine Gefahr trägt, andererseits der Versicherungsnehmer glaubt, daß der Versicherungsfall eintreten kann. Jedenfalls hat der Versicherer keinen Anspruch auf Prämie (Abs. 2 S. 1).

18. c) Nur der Versicherungsnehmer weiß, daß der Versicherungsfall nicht mehr eintreten kann: der Versicherer behält den Anspruch auf Prämie, aber nicht über das Ende der Versicherungsperiode hinaus, welche lief, als die Möglichkeit der Entstehung des Versicherungsfalls wegfiel. Über die Kenntnis des Versicherten bei der Versicherung für fremde Rechnung § 79.

19. d) Beide Parteien wissen nicht, daß der Versicherungsfall nicht mehr eintreten kann: der Versicherer behält den Anspruch auf Prämie, aber nicht über das Ende der Versicherungsperiode hinaus, welche lief, als die Möglichkeit der Entstehung des Versicherungsfalls wegfiel.

IV. 1. Ob der Versicherungsvertrag als Versicherungsvertrag voll oder teilweise wirksam, ob er unwirksam ist, bestimmt sich nach dem wirklichen Wissen, der Kenntnis (Bem. 21 zu § 16) der einen oder anderen Partei oder beider Parteien, bei der Versicherung für fremde Rechnung nach der Kenntnis des Versicherungsnehmers und des Versicherten (§ 79 Abs. 2, anders nach Abs. 3 und 4), nicht nach dem Kennenmüssen. Weder dem Versicherer noch dem Versicherungsnehmer, bei der Versicherung für fremde Rechnung auch nicht dem Versicherten, liegt eine Erkundigungspflicht ob. Wodurch und von wem die Kenntnis erlangt wird, ist belanglos. Arglistige Nichtkenntnis steht der Kenntnis gleich. Bei mehreren Versicherern kommt es auf die Kenntnis eines jeden von ihnen an, selbst wenn einer von ihnen die Führung hat, da sich die Führungsklausel nicht auf die Kenntnis von Umständen bei Vertragsabschluß erstreckt. Bei mehreren Versicherungsnehmern schadet die Kenntnis des einen allen übrigen. Die Kenntnis des Vermittelungsagenten steht der Kenntnis des Versicherers nicht gleich (§ 44), dagegen aber die Kenntnis des Abschlußagenten. — Wer sich darauf beruft, daß der andere Teil Kenntnis gehabt hat, muß diese Kenntnis beweisen (Ritter 220). 20.

Erfolgt der Vertragsabschluß nicht durch den Versicherer und den Versicherungsnehmer, sondern — auf der einen oder auf der anderen Seite oder auf beiden Seiten — durch Vertreter, so käme nach § 166 Abs. 1 BGB. nur die Kenntnis des Vertreters in Betracht; es käme auch auf die Kenntnis des Vertretenen an, wenn der Bevollmächtigte nach bestimmten Weisungen des Vertretenen gehandelt hat (§ 166 Abs. 2 BGB.). Für das Versicherungsrecht ist eine Erweiterung dieser Bestimmung zum Schutz gegen unredliche Handlungsweise notwendig. Infolgedessen wird ebenso wie bei der vorvertraglichen Anzeigepflicht (§ 19) auf die Kenntnis des Vertreters und des Vertretenen abgestellt (Abs. 3). Wird also der Vertrag von einem Bevollmächtigten oder von einem Vertreter ohne Vertretungsmacht abgeschlossen, so kommt es auch auf die Kenntnis des Vertretenen an. — Wird der Vertrag von einem gesetzlichen Vertreter abgeschlossen, so entscheidet gemäß § 166 Abs. 1 BGB. nur die Kenntnis des Vertreters (Bgr.), es sei denn, daß der Vertretene arglistig den Vertreter zum Abschluß des Vertrags bestimmt hat (Kisch 124; weitergehend Ritter 226). 21.

2. Wie der Versicherungsnehmer bei Abschluß des Versicherungsvertrags zur Anzeige der ihm bekannten gefahrerheblichen Umstände verpflichtet ist und ihm die Kenntnis solcher Umstände schadet, wenn er sie nicht rechtzeitig anzeigt (§§ 16 ff.), so schadet ihm bei Vereinbarung einer Rückwärtsversicherung die Kenntnis von dem bereits eingetretenen Versicherungsfall und von der Unmöglichkeit seines Eintritts. Der allgemeinen vorvertraglichen Anzeigepflicht entspricht bei Abschluß einer Rückwärtsversicherung die Offenbarungspflicht, die als eine Unterart der vorvertraglichen Anzeigepflicht zu betrachten ist (Ritter 221 f.), sich aber in verschiedenen Beziehungen von ihr unterscheidet (Bruck 392). Ebenso wie die Anzeigepflicht ist die Offenbarungspflicht eine Obliegenheit (Bem. 4 zu § 6). Daraus folgt, daß der Versicherungsnehmer die Kenntnis Dritter, deren er sich bei Erfüllung der Offenbarungspflicht bedient, 22.

nur insoweit zu vertreten hat, als der Dritte Wissensvertreter (Bem. 13 zu § 6) ist oder das Gesetz ausdrücklich das Wissen Dritter dem Wissen des Versicherungsnehmers gleichstellt (Abs. 3; oben Bem. 21).

23. 3. Der maßgebende Zeitpunkt für die Kenntnis des Versicherers und des Versicherungsnehmers und der dritten Personen, deren Kenntnis in Betracht kommt, ist der Augenblick des formellen Versicherungsbeginns (Bem. 20 zu § 1, Bem. 31 zu § 16; Bruck HansRZ. 1925. 177, 182; OLG. Stuttgart 25. 10. 26 VA. 1929. 57 Nr. 1832, JR. 1927. 97), selbst wenn der Vertragsabschluß bedingt erfolgte. Die Kenntnis, die die Parteien über den Eintritt des Versicherungsfalls oder über die Unmöglichkeit seines Eintritts bis zu diesem Zeitpunkt erlangen, müssen sie gegen sich gelten lassen, anderenfalls treten die vorgesehenen Rechtsnachteile ein (RG. 23. 9. 21 HansRZ. 1921. 895; OLG. Nürnberg 26. 3. 13 VA. 1913* 118 Nr. 770, Mitteilungen 1914. 92; OLG. Hamburg 2. 11. 21 HansRZ. 1922. 61).

24. 4. Nach Abs. 2 S. 2 ist der Versicherer von der Verpflichtung zur Leistung frei, wenn der Versicherungsnehmer zur Zeit des Vertragsabschlusses weiß, daß der Versicherungsfall schon eingetreten ist. Es fragt sich, ob diese Bestimmung — die nicht zu den ausdrücklichen Beschränkungen der Vertragsfreiheit gehört — durch Parteivereinbarung aufgehoben werden kann: kann sich also der Versicherer im Rahmen eines Versicherungsvertrags auch für den Fall zu einer Leistung verpflichten, daß er und der Versicherungsnehmer zur Zeit des Vertragsabschlusses wissen, daß der Versicherungsfall bereits eingetreten ist?

Das RG. bejaht die Frage. Nachdem es am 16. 11. 20 (Bd. 100. 222, JW. 1921. 835, VA. 1922* 21 Nr. 1185, HansRZ. 1921. 100) eine derartige Vereinbarung für rechtlich zulässig erklärt hat, hat es am 9. 2. 26 (JW. 1926. 1820, VA. 1927. 15 Nr. 1531 b, HansRZ. 1926. 255, LZ. 1926. 635, JR. 1926. 64) ausdrücklich ausgesprochen: wenn Versicherer und Versicherungsnehmer vereinbaren, ohne daß der Versicherer eine Deckungszusage (Bem. 29 zu § 1) erteilt hat, daß „der zwischen Antragstellung und Vertragsabschluß eingetretene und vor dem Vertragsabschluß beiden Parteien bekanntgewordene Schadensfall noch mit in die Versicherung einbezogen" wird, so ist eine solche Vereinbarung im Rahmen der Rückwärtsversicherung zulässig. Ebenso und teilweise dem RG. folgend KG. 28. 2. 20 JR. 1925. 264, 17. 6. 25 JR. 1925. 265, VA. 1927. 13 Nr. 1531 a, HansRZ. 1926. 53, 16. 6. 26 JR. 1926. 232, VA. 1928. 49 Nr. 1699, 23. 6. 26 JR. 1926. 231, VA. 1927. 291 Nr. 1645; OLG. Köln 28. 2. 25 JR. 1925. 149; OLG. Nürnberg 26. 5. 26 JR. 1926. 200.

Die Ansicht ist nicht richtig, weil sie sich über den Begriff des Versicherungsfalls als eines objektiv oder subjektiv ungewissen Ereignisses hinwegsetzt. § 785 Abs. 2 HGB. sagt: Waren beide Teile von dem Sachverhältnis, nämlich daß zur Zeit des Vertragsabschlusses der zu ersetzende Schaden bereits eingetreten ist, unterrichtet, so ist der Vertrag als Versicherungsvertrag ungültig. Dieser Rechtssatz ist selbstverständlich, denn er folgt ohne weiteres aus dem Begriff der versicherungsrechtlichen Gefahr. Daher ist er in das Gesetz nicht übernommen worden. „Für den Entwurf führen die Vorschriften des § 2 Abs. 2 in ihrem Zusammenhange zu einem sachlich übereinstimmenden Ergebnisse" (Bgr. § 2). Es braucht daher nicht untersucht zu werden, ob der Versicherte einen unredlichen Gewinn erhält, wenn der Versicherer entschädigt, sondern entscheidend ist, daß eine Rückwärtsversicherung nur gültig ist, wenn subjektiv ungewiß ist, ob der Versicherungsfall bereits eingetreten ist. Ob der Vertrag als ein anderer Vertrag aufrechterhalten werden kann (§ 140 BGB.), ist eine andere Frage, als Schenkung wird er nicht aufrechtzuerhalten sein (Bruck JW. 1926. 1820, Fuld BuGeldwirtschaft 1926. 329, Gerhard 22d, Pfeiffer JR. 1925. 266, 1926. 82, Ritter 213. Anders Hagen 387 Anm. 4, Kisch JW. 1921. 835 [beide ohne nähere Begründung], Kramer JR. 1927. 297).

§ 3. Der Versicherer ist verpflichtet, eine von ihm unterzeichnete Urkunde über den Versicherungsvertrag (Versicherungsschein) dem Versicherungsnehmer auszuhändigen.

Ist ein Versicherungsschein abhanden gekommen oder vernichtet, so kann der Versicherungsnehmer von dem Versicherer die Ausstellung einer Ersatzurkunde verlangen. Unterliegt der Versicherungsschein der Kraftloserklärung, so ist der Versicherer erst nach der Kraftloserklärung zur Ausstellung verpflichtet.

Der Versicherungsnehmer kann jederzeit Abschriften der Erklärungen fordern, die er mit Bezug auf den Vertrag abgegeben hat. Der Versicherer hat ihn bei der Aushändigung des Versicherungsscheins auf dieses Recht aufmerksam zu machen.

Die Kosten der Ersatzurkunde sowie der Abschriften hat der Versicherungsnehmer zu tragen und auf Verlangen vorzuschießen.

Schrifttum: Bruck 215 ff.; Hagen Bd. 1. 350; v. Oertzen 1.
Z. 1911. 822, 1001; Ritter 293.

I. Der Versicherungsvertrag kommt formlos zustande 2.
(RG. 6. 5. 22 HansRZ. 1922. 931); die Beobachtung schriftlicher Form kann vereinbart werden (RG. 13. 1. 22 Mitteilungen 1922. 109). Seine Gültigkeit ist insbesondere nicht durch die Ausstellung des Versicherungsscheins bedingt (Bem. 21 zu § 1). Der Versicherer ist aber zur Aushändigung des Versicherungsscheins ohne weiteres verpflichtet (Abs. 1).

1. Die Verpflichtung zur Aushändigung hat ihre Grundlage in dem 3.
zustande gekommenen Vertrag. Zwangsvollstreckung: §§ 883, 886, 888 ZPO., Verjährung: § 12 Abs. 1.

2. Die Aushändigung, die auch durch den Vermittelungsagenten 4.
(§ 43 Nr. 3; Ausnahme § 47) oder Makler erfolgen kann, hat an den Versicherungsnehmer oder an den von ihm zur Empfangnahme Bevollmächtigten, bei mehreren Versicherungsnehmern an den, der durch das vorliegende Vertragsverhältnis hierzu ermächtigt ist, zu geschehen. Der Versicherte bei der Versicherung für fremde Rechnung (§ 75 Abs. 1 S. 2) und bei der Versicherung auf die Person

eines anderen (§§ 159, 179) kann die Aushändigung auch nicht an den Versicherungsnehmer verlangen.

5. 3. Auszuhändigen ist an dem für die Leistungen des Versicherers bestimmten Leistungsort (Bem. 9 zu § 49), sofern nicht der Schein dem Versicherungsnehmer auf Kosten und Gefahr des Versicherers überschickt oder durch den Agenten, Makler überreicht oder bei dem Agenten, Makler zur Verfügung gestellt wird.

6. 4. Abgesehen von der Kostenregelung für Ersatzurkunden und Abschriften (Abs. 4) ist im übrigen über die Kosten des Vertragsabschlusses gesetzlich nichts bestimmt, mithin trägt an und für sich jeder Teil die ihm erwachsenden Kosten, die der Ausstellung und Aushändigung des Versicherungsscheins also an sich der Versicherer (KB. I 6). Vertraglich wird jedoch gewöhnlich vereinbart, daß der Versicherungsnehmer diese Kosten (Aufnahmegebühr, Eintrittsgeld) in einem gewissen Umfange übernimmt. Wird die Erstattung von Kosten verlangt, dann sind sie in den aufsichtspflichtigen Versicherungszweigen ausdrücklich in den Allgemeinen Versicherungsbedingungen oder in dem Antragsschein anzugeben und in ein angemessenes Verhältnis zu bringen (VA. 1909. 161; über die Gebühren in der Schadensversicherung VA. 1928. 145, 1929. 140, 1932. 141). Die Aufnahmegebühr, das Eintrittsgeld, die zwar rechtlich keine Prämie sind, stehen ihr aber in den wichtigsten Beziehungen rechtlich gleich (Bem. 3 vor § 35).

7. 5. Auf Ausstellung des Versicherungsscheins kann verzichtet werden; so wird z. B. in der Schlachtviehversicherung auf andere Weise für ausreichende Klarstellung gesorgt (VA. 1907. 10).

II. Der Versicherungsschein ist eine von dem Versicherer unterzeichnete Urkunde über den Versicherungsvertrag.

8. 1. Der Versicherungsschein muß als Urkunde über den Versicherungsvertrag seinen wesentlichen Inhalt enthalten, so vor allem die Bezeichnung der vertragschließenden Parteien, der versicherten Person, des versicherten Interesses, der Gefahr, gegen welche versichert wird, die technische (Bem. 4 vor § 35) und die formelle (Bem. 2 zu § 7) Versicherungsdauer, die Versicherungssumme, die Höhe und Fälligkeitsdaten der Prämie, die Besonderen Versicherungsbedingungen. In den aufsichtspflichtigen Versicherungszweigen sind die Allgemeinen Versicherungsbedingungen in den Schein aufzunehmen (VA. 1911. 211, 1922. 96, 1925. 20, 1927. 134). Über die Beifügung von Antragsabschriften zum Versicherungsschein in der Haftpflichtversicherung § 7 AllgHaftpflichtVersbdg., in der Unfallversicherung § 15 AllgUnfallVersbdg. (VA. 1924. 34).

9. 2. Der Versicherungsschein ist von dem Versicherer bezw. allen Mitversicherern oder dem Vertreter des Versicherers zu unterschreiben. Mechanische oder ähnliche Vervielfältigung der Unterschrift ist zulässig (RG. 27. 2. 23 Bd. 106. 330, VA. 1924* 3 Nr. 1293; Raiser 195). Anders die Ansicht des Reichsaufsichtsamts, nach der eine Unterzeichnung auf mechanischem Wege nur bei entsprechendem Vorbehalt in den Bedingungen zulässig ist (VA. 1928. 168). — Kein Versicherungsschein ist der Versicherungsausweis, den bei der

Abonnentenversicherung die mit dem Vertriebe der Zeitschrift betraute Buchhandlung dem Bezieher der Zeitschrift aushändigt, sofern der Verleger der Zeitschrift nicht zugleich der Versicherer ist, denn der Ausweis wird nur von der Buchhandlung unterzeichnet oder unterstempelt (RG. 25. 2. 31 JR. 1931. 223).

3. Eine besondere Form des Versicherungsscheins stellt die Kupon- 10.
police, Blockpolice (Schneider Z. 1918. 312) dar, die den Inhalt des einzelnen Vertrags typisiert. Sie war ursprünglich namentlich in der Einbruchdiebstahl-, Schlachtviehversicherung üblich, scheint sich aber in Hinblick auf die erhebliche Betriebsvereinfachung weiter auszudehnen (VA. 1910. 117, 1924. 22, 54).

III. Die rechtliche Natur des Versicherungsscheins, des über Änderung des Vertrags ausgestellten Scheins und des Verlängerungsscheins ist verschieden.

1. Der Versicherungsschein ist stets Beweisurkunde (Bestätigungs- 11.
schreiben) für Abschluß und Inhalt des Vertrags. Eine Beweisfunktion kann ihm nur zukommen, wenn der Vertrag spätestens mit seiner Aushändigung zustande kommt (RG. 9. 1. 26 VA. 1927. 60 Nr. 1570), nicht wenn in seiner Übersendung ein Antrag des Versicherers auf Abschluß, Änderung, Verlängerung des Vertrags zu erblicken ist (§ 150 BGB.). Seine Ausstellung durch den Versicherer erbringt den Beweis gemäß § 416 ZPO. dafür, daß die Erklärungen von dem Versicherer herrühren (RG. 21. 1. 21 VA. 1922* 51 Nr. 1209), nicht auch dafür, daß die Erklärungen vollständig sind (RG. Recht 1917 Nr. 1776; anders OLG. Hamburg 22. 5. 17 Recht 1917 Nr. 1509). Der Versicherungsschein verliert seine Beweiskraft, wenn nicht mehr festzustellen ist, aus welchen Stücken er bestanden hat, in welchem Zustand er sich bei seiner Aushändigung befunden hat, insbesondere welche Anlagen ihm beigelegen haben (OLG. Frankfurt 17. 2. 30 JR. 1930. 241). — Über den Widerspruch gegen die Richtigkeit des Scheins § 5.

Neben dem Schein können Verabredungen bestehen, die beabsichtigt oder unbeabsichtigt keine Aufnahme in ihm gefunden haben. Beispiele: Inkrafttreten des Versicherungsvertrags bei Abschluß einer gewissen Zahl von Verträgen (ROHG. Bd. 6. 94); Inkrafttreten des Versicherungsvertrags abhängig von der Auflösung eines anderen Vertrags (RG. 17. 11. 08 LZ. 1909. 324); Abreden über Gewährung eines Darlehens (RG. 10. 12. 07 VA. 1908* 47 Nr. 380, 13. 10. 08 VA. 1910* 5 Nr. 492; OLG. Colmar 27. 11. 09 VA. 1910* 6 Nr. 493); Verbindung der Lebensversicherung mit einer Invaliditätsversicherung (OLG. Dresden 2. 2. 11 VA. 1911* 42 Nr. 592); Abschluß einer Haftpflichtversicherung abhängig von der zuvorigen Regulierung einer Unfallangelegenheit (OLG. Karlsruhe 4. 11. 11 VA. 1912* 45 Nr. 661); Vereinbarung einer Sicherheitsvorschrift im Sinne des § 32 (anders RG. 24. 1. 08 VA. 1908* 104 Nr. 422). Will der Versicherer insbesondere Nebenabreden mit Agenten ausschließen (Bem. 6 zu § 47) oder nur bei Beobachtung einer gewissen Form z. B. schriftlich zulassen, so ist eine diesbezügliche Abmachung in den Schein oder in die ihm zugrunde liegenden Versicherungsbedingungen (z. B.

§ 7 AllgHaftpflichtVersbdg., § 15 AllgUnfallVersbdg.) aufzunehmen (RG. 16. 5. 11 VA. 1912* 47 Nr. 662 [Beitritt zu einem Verein als Bedingung für den Versicherungsvertrag], 8. 6. 20 VA. 1921* 37 Nr. 1138, HansRZ. 1920. 718, JW. 1920. 896; Bruck-Dörstling 281).

12. 2. Der Versicherungsschein ist stets Schuldschein (§§ 371, 952 Abs. 1 BGB.; RG. 14. 3. 02 Bd. 51. 83, 85, 24. 5. 07 Bd. 66. 158, 163. Anders KG. 18. 10. 22 HansRZ. 1923. 214). Daher kann der Versicherer von seiner Rückgabe die Bewirkung seiner geldlichen oder geldeswerten Leistung abhängig machen (einfache Einlösungsklausel; Bem. 3 zu § 4).

Eigentümer des Scheins ist der Versicherungsnehmer, wenn der Anspruch aus dem Vertrage abgetreten ist der Zessionar, bei Versicherung für fremde Rechnung der Versicherte als Gläubiger der Forderung. Das Recht an dem Schein folgt grundsätzlich dem Recht aus dem Schein (§ 952 Abs. 1 BGB.); eine gegenüber § 952 BGB. abweichende Regelung kommt im Versicherungsverkehr nicht vor (OLG. Hamburg 29. 11. 09 LZ. 1910. 251).

Das auf grund Gesetzes (§ 273 BGB.) oder Vertrags bestehende Zurückbehaltungsrecht hat obligatorische, nicht dingliche Wirkung (RG. 14. 3. 02 Bd. 51. 83; Bruck 220 f.). Es wirkt gegen den Versicherungsnehmer und gegen seine Gesamtrechtsnachfolger, gegen den Nachlaßpfleger (KG. 23. 9. 18 JW. 1919. 117), nicht gegen Dritte, die originäre Rechte an dem Schein erworben haben. Insbesondere kann der Zessionar von dem Besitzer, obschon ein Zurückbehaltungsrecht besteht, die Herausgabe des Scheins verlangen (§ 952 BGB.; RG. 6. 6. 93 Baumgartner 928; OLG. Hamburg 29. 11. 09 LZ. 1910. 251; anders Schröder HansRZ. 1919. 405). Das Zurückbehaltungsrecht versagt auch gegenüber dem Bezugsberechtigten, wenn er das Recht auf die Geldleistung des Versicherers und damit auf den Versicherungsschein erworben hat.

13. 3. Der Versicherungsschein wird durch die Inhaberklausel zu einem Legitimationspapier im Sinne von § 808 BGB. (§ 4 Abs. 1; RG. 24. 5. 07 VA. 1908* 10 Nr. 356, 15. 4. 21 JW. 1922. 166 in Übereinstimmung mit der vorgesetzlichen Rechtsprechung ROHG. Bd. 9. 241; RGZ. Bd. 22. 215; OLG. Oldenburg 5. 7. 02, OLG. Hamburg 2. 5. 03 Rspr. Bd. 8. 86, 87). Die Inhaberklausel kann verschiedenen Inhalt haben. In der Lebensversicherung verleiht sie der Zahlung des Versicherers an den Inhaber des Scheins befreiende Wirkung und gewährt dem Versicherer das Recht, den Inhaber auch zur Verfügung über alle Ansprüche aus dem Versicherungsvertrag als legitimiert behandeln zu können (Bruck-Dörstling 265 ff.). Über die Inhaberklausel in der vertraglichen Seeversicherung § 14 Abs. 2 S. 2 ADS.

14. 4. Transportversicherungsscheine können Orderpapiere, also Wertpapiere sein (§ 363 Abs. 2 HGB.). Das Recht aus dem Schein folgt dem Recht an dem Schein. Der Versicherer kann mit befreiender Wirkung an denjenigen zahlen, der sich durch eine zusammenhängende Kette von Indossamenten als Eigentümer des Scheins ausweist (§ 365 HGB.). Über die Einwendungen, die der Versicherer dem legitimierten Besitzer entgegensetzen kann, Bruck 223.

5. Eine besondere Bedeutung kommt dem Besitz des Versicherungsscheins 15.
bei der Versicherung für fremde Rechnung zu (§§ 75 Abs. 2, 76 Abs. 2).

IV. Ist der Versicherungsschein, der über Änderung des Vertrags ausgestellte 16.
Schein oder der Verlängerungsschein abhanden gekommen oder vernichtet, so kann der Versicherungsnehmer die *Ausstellung einer Ersatzurkunde* von dem Versicherer verlangen (Abs. 2 S. 1). *Abhanden gekommen* ist der Versicherungsschein, wenn der unmittelbare Besitzer ohne seinen Willen und ohne sein Zutun den Besitz verliert (RGZ. Bd. 54. 68; RG. 21. 1. 21 Bd. 101. 225, VA. 1922* 74 Nr. 1225, JW. 1921. 1547). Die Kosten (VA. 1910. 85) der Ersatzurkunde hat der Versicherungsnehmer zu tragen und auf Verlangen vorzuschießen (Abs. 4). Bis zu ihrer Erstattung kann der Versicherer die Aushändigung der Urkunde verweigern. — Die übrigen Voraussetzungen für Ausstellung einer Ersatzurkunde sind verschieden.

1. Ist der *Versicherungsschein nur Beweisurkunde*, 17.
dann kann sich der Versicherer mit dem glaubhaften Nachweis des Versicherungsnehmers begnügen, daß der Schein in Verlust geraten ist, sofern nicht in den Versicherungsbedingungen ein anderes Verfahren (z. B. Aufruf in Zeitungen) vorgesehen ist. Jedoch kann gerichtliches Aufgebotsverfahren niemals gefordert werden.

2. Ist der *Versicherungsschein Legitimationspapier* 18.
im Sinne von § 808 BGB., so ist er vorbehaltlich anderweitiger Bestimmungen (so in der Lebensversicherung *Bruck-Dörstling* 282) im Aufgebotsverfahren für kraftlos zu erklären (Abs. 2 S. 2). Über das gerichtliche Aufgebotsverfahren §§ 946 ff., 1003 ZPO.

3. *Orderpolicen* können nur im gerichtlichen Aufgebotsverfahren 19.
für kraftlos erklärt werden. Ist das Verfahren eingeleitet, dann kann der Berechtigte, wenn er bis zur Kraftloserklärung Sicherheit bestellt, Zahlung der Entschädigungsleistung von dem Versicherer verlangen (§ 365 Abs. 2 HGB.).

V. Der Versicherungsnehmer kann jederzeit *Abschriften seiner* 20.
Erklärungen fordern, die er mit Bezug auf den Vertrag abgegeben hat (Abs. 3 S. 1). Es kommen insbesondere in Betracht Anzeigen, die der Versicherungsnehmer bei Vertragsabschluß oder später über Gefahrumstände erstattet hat (Bgr.), ferner der Antrag auf Vertragsabschluß, die Anzeige des Versicherungsfalles, die Schadensberechnung, die Benennung eines Bezugsberechtigten, Kündigungserklärungen, die Veränderungsanzeige, der Schuldschein bei Vorauszahlungen (Bem. 12 zu § 176) usw. gehören hierher, nicht dagegen ein ärztlicher Bericht, den sich der Lebens- oder Unfallversicherer erstatten läßt (Bgr.), das von dem Versicherer aufgenommene Schadensprotokoll (*Weiler* VuGeldwirtschaft 1927. 113), wohl aber ein ärztliches oder sonstiges Zeugnis, das der Versicherungsnehmer selbst beigebracht hat. Der Versicherungsnehmer hat das Recht, auch mehrere Abschriften der einzelnen Erklärung zu verlangen; unter Umständen steht diesem Verlangen § 266 BGB. entgegen. Der Versicherungsnehmer ist bei Aushändigung des Scheins von dem Versicherer ausdrücklich auf dieses Recht aufmerksam zu machen (Abs. 3 S. 2). Es ist somit ein

besonderer Hinweis auf dem Versicherungsschein oder auf dem Umschlag, welcher für ihn verwendet wird, oder auf einem besonderen dem Schein oder Umschlag beigegebenen Zettel notwendig (VA. 1910. 31). Die Kosten der Abschriften (VA. 1910. 85) hat der Versicherungsnehmer zu tragen und auf Verlangen vorzuschießen (Abs. 4; oben Bem. 6). — Das Verlangen nach Einsicht der Originalpapiere richtet sich nach §§ 810, 811 BGB. (VA. 1917. 91). Ein wichtiger Grund für die Vorlegung an dem Wohnsitz des Versicherungsnehmers ist dessen Gebrechlichkeit (LG. Karlsruhe ZVW. 1913. 2).

21. VI. Über die rückwirkende Kraft Art. 4 Nr. 1 EG.

§ 4. **Wird ein Versicherungsschein auf den Inhaber ausgestellt, so treten die im § 808 des Bürgerlichen Gesetzbuchs*) bestimmten Wirkungen ein.**

Ist im Vertrage bestimmt, daß der Versicherer nur gegen Rückgabe des Versicherungsscheins zu leisten hat, so genügt, wenn der Versicherungsnehmer behauptet, zur Rückgabe außerstande zu sein, das öffentlich beglaubigte Anerkenntnis, daß die Schuld erloschen sei. Diese Vorschrift findet keine Anwendung, wenn der Versicherungsschein der Kraftloserklärung unterliegt.

1. Schrifttum: Bem. 1 zu § 3.

2. I. Im Bereich des Gesetzes (AllgVorbem. 28) kann ein Versicherungsschein durch die Inhaberklausel nur zum Legitimationspapier im Sinne von § 808 BGB. werden (Abs. 1; Bem. 13 zu § 3).

3. II. 1. Der Versicherer kann die Bewirkung seiner geldlichen oder geldeswerten Leistung von der Rückgabe des Versicherungsscheins abhängig machen: einfache Einlösungsklausel (Bem. 12 zu § 3). Es kann aber auch ausdrücklich vereinbart sein, daß der Versicherer nur gegen Rückgabe des Versicherungsscheins leisten darf: verstärkte Einlösungsklausel (Abs. 2 S. 1). Leistet alsdann der Versicherer ohne Rückgabe des Versicherungsscheins, so macht er sich dem gutgläubigen Inhaber des Versicherungsscheins schadensersatzpflichtig, wenn der, an den der Versicherer geleistet hat, materiell zur Empfangnahme der Leistung nicht berechtigt war. Die Rückgabe hat an dem Leistungsort (Bem. 9 zu § 49) zu erfolgen. Behauptet der Versicherungsnehmer (Empfangsberechtigte),

---

*) § 808 **BGB.** Wird eine Urkunde, in welcher der Gläubiger benannt ist, mit der Bestimmung ausgegeben, daß die in der Urkunde versprochene Leistung an jeden Inhaber bewirkt werden kann, so wird der Schuldner durch die Leistung an den Inhaber der Urkunde befreit. Der Inhaber ist nicht berechtigt, die Leistung zu verlangen.

Der Schuldner ist nur gegen Aushändigung der Urkunde zur Leistung verpflichtet. Ist die Urkunde abhanden gekommen oder vernichtet, so kann sie, wenn nicht ein anderes bestimmt ist, im Wege des Aufgebotsverfahrens für kraftlos erklärt werden. Die im § 802 für die Verjährung gegebenen Vorschriften finden Anwendung.

zur Rückgabe des Versicherungsscheins außerstande zu sein, so genügt das öffentlich beglaubigte (§ 129 BGB.) Anerkenntnis, daß die Schuld erloschen ist (Abs. 2 S. 1; § 371 BGB.). Die Kosten der Beglaubigung hat der Versicherungsnehmer (Empfangsberechtigte) zu tragen.

2. Unterliegt der Versicherungsschein der gerichtlichen Kraftloserklärung 4.
(Bem. 18, 19 zu § 3), dann genügt nicht das bloße Anerkenntnis, sondern der Versicherungsschein muß, bevor der Versicherer leistet, gerichtlich für kraftlos erklärt werden (Abs. 2 S. 2).

§ 5. Auf eine Vereinbarung, nach welcher die Annahme des Versicherungsscheins die Wirkung haben soll, daß der Inhalt des Scheins als von dem Versicherungsnehmer genehmigt gilt, kann sich der Versicherer nur berufen, wenn durch die Vereinbarung dem Versicherungsnehmer eine Frist von mindestens einem Monate für die Erhebung eines Widerspruchs gegen die Richtigkeit des Scheines gewährt ist und der Versicherungsnehmer innerhalb dieser Frist Widerspruch nicht erhoben hat. Das Recht des Versicherungsnehmers, die Genehmigung wegen Irrtums anzufechten, kann durch eine solche Vereinbarung nicht ausgeschlossen werden.

Schrifttum: Bruck 224 ff.; Kebenburg JR. 1929. 2; Kisch 1.
IherJ. Bd. 68. 233; Wolff LZ. 1919. 1097. Weiteres Schrifttum Bem. 1 zu § 3.

I. Der Inhalt des Versicherungsscheins, des über 2.
Änderung des Vertrags ausgestellten Scheins, des Verlängerungsscheins kann von den Vereinbarungen, die tatsächlich getroffen sind, abweichen.

Vertraglich kann der Versicherer verpflichtet sein, den Versicherungsnehmer bei Aushändigung des Versicherungsscheins schriftlich darauf aufmerksam zu machen, wenn der Versicherungsschein abweichend von den Angaben des Versicherungsnehmers im Antragsschein ausgefertigt ist (§ 8 S. 2 AllgFeuerVersbdg., § 7 AllgHaftpflichtVersbdg., § 15 AllgUnfallVersbdg.). Naturgemäß kann es sich hierbei nur um eine gewollte Abweichung handeln. Eine solche ist nicht gegeben, wenn die Abweichung ausdrücklich oder stillschweigend als vereinbart gilt wie die Hinzufügung der Allgemeinen oder sonstiger typischer Versicherungsbedingungen (Raiser 196). Die Verpflichtung des Versicherers zum Hinweis auf die Abweichung ist eine Nebenpflicht, deren Verletzung gegebenenfalls Schadensersatzansprüche erzeugt (Raiser 197).

In der Übersendung des abweichenden Scheins liegt ein Antrag des Versicherers, den der Versicherungsnehmer annehmen oder ablehnen kann (§ 150 Abs. 2 BGB.; KG. 15. 3. 22 HansRZ. 1922. 416). Nimmt der Versicherungsnehmer an, so treten an die Stelle der früher getroffenen die nunmehr schriftlich festgelegten Vereinbarungen, wobei es von den Umständen des einzelnen Falles abhängt, ob Schweigen als Annahme zu bewerten ist. Stillschweigende Annahme kann sich beispielsweise aus der Zahlung der Prämie (RG. 27. 11. 03 VA. 1904. 77 Nr. 52) oder aus dem sonstigen Verhalten des Versicherungsnehmers (RG. 1. 6. 11 Wallmann Bd. 45. 2353; OLG. Königsberg 15. 12. 25 VA. 1927. 23 Nr. 1539) ergeben. Erhebt der Versicherungsnehmer Einwendungen, so muß der Versicherer beweisen, daß sich der Inhalt des Scheins mit den getroffenen Vereinbarungen deckt. Die Beweisführung wird dem Versicherer erschwert, je später die Richtigstellung gefordert wird, andererseits muß dem Versicherungsnehmer eine genügende Frist zur Prüfung des Scheins gelassen werden. Dem Ausgleich der sich widerstreitenden Interessen dient die Widerspruchsklausel.

3. II. 1. Die Widerspruchsklausel muß ausdrücklich vereinbart werden. Sie ist tatsächlich in die Versicherungsbedingungen aller Versicherungszweige aufgenommen. Es würde jedoch ausreichen, wenn sie nur in dem Antragsschein oder gelegentlich der Abschlußverhandlungen verabredet ist. Sie kann auch stillschweigend als vereinbart angenommen werden (OLG. Düsseldorf 13. 12. 11 VA. 1912* 41 Nr. 658).

4. 2. Der Widerspruch ist eine empfangsbedürftige, rechtsgestaltende Willenserklärung, die dem Versicherer (Abschlußagent § 45), seinem Vertreter, bei mehreren Versicherern einem jeden von ihnen, selbst wenn einer die Führung hat (anders Raiser 200), zugegangen sein muß (§ 130 BGB.). Der Vermittelungsagent ist zu ihrer Entgegennahme befugt (§ 43 Nr. 2; Ausnahme § 47).

5. 3. Widersprechen kann der Versicherungsnehmer, bei mehreren ein jeder von ihnen, sein Vertreter, sein Rechtsnachfolger (Erbe, Zessionar, Konkursverwalter usw.). Der Minderjährige bedarf nicht der Einwilligung seines gesetzlichen Vertreters (§ 107 BGB.). Dritte (der Versicherte bei der Versicherung für fremde Rechnung und bei der Versicherung auf die Person eines anderen [§§ 159, 179], der Pfandgläubiger, Vollstreckungsgläubiger, Bezugsberechtigte) und der Versicherer sind zum Widerspruch nicht befugt. — Bedient sich der Widerspruchsberechtigte bei Einlegung des Widerspruchs der Hilfe Dritter, so haftet er für sie nach § 278 BGB.

6. 4. Der Widerspruch muß innerhalb einer Frist, die mindestens einen Monat in dem Bereich der Beschränkungen der Vertragsfreiheit (AllgVorbem. 26, 28), in der Hagelversicherung mindestens eine Woche (§ 109) zu betragen hat, eingelegt werden. Die Widerspruchsfrist, deren Berechnung sich aus §§ 187 Abs. 1, 188 Abs. 2, 193 BGB. ergibt, ist eine vertragliche Ausschlußfrist. Ist eine kürzere als eine einmonatige oder einwöchige Frist vereinbart, so treten die an den Ablauf der Frist geknüpften Wirkungen nicht ein. Eine vertragliche Verlängerung der Frist ist zulässig. Die Frist beginnt mit der Annahme — die Versicherungsbedingungen sprechen gewöhnlich von der Aushändigung (Bem. 6 zu § 35) — des Versicherungsscheins. Annahme ist nicht Zugehen (§ 130 BGB.), sondern der Vorgang, durch den der zum Widerspruch Berechtigte die tatsächliche Möglichkeit zur Nachprüfung des Inhalts des Scheins erlangt (Bruck-Dörstling 36). Auch nach Eintritt des Versicherungsfalls kann noch widersprochen werden, sofern die Frist noch nicht abgelaufen ist. Die Versäumung der Frist ist entschuldbar (Bem. 21 zu § 12).

5. Der Widerspruch ist gesetzlich formfrei, vertraglich gewöhnlich schriftlich 7. zu erklären.

6. Er braucht nur zum Ausdruck zu bringen, daß der Inhalt 8. des Scheins mit den tatsächlich getroffenen Vereinbarungen nicht übereinstimmt; die Aufzählung der verschiedenen Unstimmigkeiten und ihre Begründung sind rechtlich unnötig (anders Raiser 200). In beiden Richtungen kann der Widerspruch auch noch nach Ablauf der Frist ergänzt werden. Auch aus dem Verhalten des Widerspruchsberechtigten kann hervorgehen, daß er Widerspruch einlegen will. Ob die wortlose Zurücksendung des Versicherungsscheins als Widerspruch zu gelten hat, ist Tatfrage (OLG. Hamburg HGZ. 1905. 180 Nr. 82). — Bei mangelndem Zustandekommen des Versicherungsvertrags braucht der Versicherungsnehmer nicht gegen den Inhalt des Versicherungsscheins zu widersprechen (OLG. Düsseldorf 3. 10. 29 HansRGZ. A. 1930. 220).

7. Der frist- (und form-) gerechte Widerspruch bewirkt, daß die Beweis- 9. vermutung des Versicherungsscheins (Bem. 11 zu § 3) in vollem Umfange entkräftet ist, es sei denn, daß ausdrücklich nur gegen einen Teil des Scheins widersprochen ist. Der Vertrag gilt nunmehr als so zustande gekommen wie tatsächlich verabredet; der Vertragsabschluß als solcher bleibt unberührt. Der Versicherer muß nunmehr beweisen, daß der Inhalt des Scheins den tatsächlichen Verabredungen entspricht (RG. 6. 11. 29 JR. 1930. 61).

8. Ist der Widerspruch berechtigt, dann hat der Versicherer einen 10. neuen bzw. berichtigten Schein auszustellen. Erweist sich der Widerspruch als unberechtigt, dann hat der Widersprechende dem Versicherer den ihm entstandenen Schaden zu ersetzen (§ 276 BGB.).

9. Zurücknahme des Widerspruchs, nachdem er dem Widerspruchs- 11. empfänger zugegangen ist, ist infolge seiner Natur als Gestaltungsrecht ausgeschlossen, aber in der Zurücknahme kann der Antrag auf Abänderung des tatsächlich abgeschlossenen Vertrags entsprechend seinem verbrieften Inhalt liegen.

10. Wird der Widerspruch verspätet, nicht in gehöriger Form oder 12. überhaupt nicht erhoben, dann gilt der Inhalt des Scheins als vom Versicherungsnehmer genehmigt. Der Vertrag gilt mit Rückwirkung auf den Augenblick seines Abschlusses als mit dem Inhalt zustande gekommen, den der Schein widergibt (RG. 1. 6. 11 Deutsche VersZ. 1911. 420). Eine Abänderung des Scheins ist nur noch im Wege der Anfechtung (unten Bem. 13) möglich. Nebenabreden bleiben neben dem Schein bestehen (Bem. 11 zu § 3). Die Genehmigung hat keinen Einfluß auf Verstöße des Scheins gegen relativ und absolut zwingende Vorschriften des Gesetzes (AllgVorbem. 26, 27).

11. Die in der Nichterhebung oder in der nicht ge- 13. hörigen Erhebung des Widerspruchs liegende stillschweigende Genehmigung kann wie die ausdrücklich erklärte Genehmigung von dem Versicherungsnehmer wegen Irrtums angefochten werden (S. 2), auch Anfechtung wegen arglistiger Täuschung oder Drohung (§§ 123, 124 BGB.) ist zulässig. Der Anfechtungsberechtigte (Widerspruchsberechtigte; Bem. 5) muß sich im Irrtum über die Bedeutung seines Schweigens oder über den Inhalt des Scheins befunden haben (Kisch 274). Das Anfechtungsrecht

bestimmt sich nach §§ 119 ff. BGB.; der Anfechtende kann dem Versicherer nach § 122 BGB. schadensersatzpflichtig sein, z. B. wenn der Versicherer einen Schaden erleidet, weil er, im Vertrauen auf das Schweigen des Versicherungsnehmers, eine dem unrichtigen Schein entsprechende Rückversicherung genommen hat (Ritter 308). Zur Entgegennahme der Anfechtungserklärung ist der Vermittelungsagent befugt (§ 43 Nr. 2; Ausnahme § 47). Die Beweislast hat der Anfechtende. Nach erfolgreich durchgeführter Anfechtung tritt dieselbe Wirkung ein, die ein berechtigter Widerspruch hervorruft.

14. III. Die Anfechtung der stillschweigenden oder ausdrücklichen Genehmigung ist von der Anfechtung des ganzen Vertrags zu unterscheiden. Jene vernichtet die Genehmigung der einseitig von dem Versicherer vorgenommenen Vertragsänderung, läßt jedoch den Vertragsabschluß als solchen unberührt, diese führt zu einer Beseitigung des ganzen Vertrags. Beispiele: OLG. Posen 9. 5. 04 VA. 1904. 170 Nr. 75, OLG. Frankfurt 10. 11. 20 VA. 1922* 67 Nr. 1222 (Irrtum über die Person des Versicherers); OLG. Köln 17. 5. 09 Praxis Bd. 3. 4 (Irrtum über die Sicherheit des Versicherers); RG. 15. 3. 04 Wallmann Bd. 38. 1581 (Irrtum über die Art der Versicherung); OLG. Stuttgart 23. 2. 06 VA. 1906* 84 Nr. 234 (Irrtum über den Inhalt der ausgehändigten Versbdg.); KG. 12. 6. 18 VA. 1919* 28 Nr. 1080, 20. 11. 26 VA. 1928. 24 Nr. 1677, JR. 1927. 15, HansRZ. 1927. 98 (Irrtum über die Höhe der Prämie oder Nachschußprämie); OLG. Hamm 13. 6. 23 VA. 1924* 13 Nr. 1301 (Ausschluß der stillschweigenden Verlängerung des Vertrags; OLG. Stuttgart 27. 4. 31 HRR. 1932 Nr. 1 (Irrtum über den Begriff des Bonus in der Lebensversicherung). — Irrtum über das gültige Zustandekommen des Vertrags als Irrtum über eine Voraussetzung OLG. Köln 7. 7. 26 JR. 1926. 252.

15. IV. Auch der Versicherer kann den Vertrag wegen Irrtums usw. nach §§ 119 ff. BGB. anfechten, so bei Irrtum über die Person des Versicherungsnehmers, des Versicherten, die Höhe der Prämie, der Versicherungssumme, über den Umfang des Versicherungsschutzes (OLG. Düsseldorf 22. 3. 28 VA. 1929. 262 Nr. 1916), niemals über anzeigepflichtige Umstände (Bem. 24 zu § 16). — Behauptet der Versicherer, sich bei Berechnung von bezahlten Prämien oder bei ihrem Fälligkeitsdatum oder bei dem Fälligkeitstermin der Versicherungssumme geirrt zu haben, dann liegt nicht Irrtum im Beweggrund vor (RG. 8. 6. 20 VA. 1921* 37 Nr. 1138, JW. 1920. 896, HansRZ. 1920. 718; anders KG. 1. 11. 19 VA. 1921* 7 Nr. 1119).

16. V. § 5 ist in dem Bereich der Beschränkungen der Vertragsfreiheit (AllgVorbem. 26,28) relativ zwingend.

§ 6. Ist im Vertrage bestimmt, daß bei Verletzung einer Obliegenheit, die vor dem Eintritte des Versicherungsfalls dem Versicherer gegenüber zu erfüllen ist, der Versicherer zum Rücktritte berechtigt oder von der Verpflichtung zur Leistung frei sein soll, so tritt die vereinbarte Rechtsfolge nicht ein, wenn die Verletzung als eine unverschuldete anzusehen ist.

Ist eine solche Bestimmung für den Fall getroffen, daß eine Obliegenheit verletzt wird, die nach dem Eintritte des Versicherungsfalls dem Versicherer gegenüber zu erfüllen ist, so tritt die Rechtsfolge nicht ein, wenn die Verletzung weder auf Vorsatz noch auf grober Fahrlässigkeit beruht.

Auf eine Vereinbarung, durch welche von diesen Vorschriften zum Nachteile des Versicherungsnehmers abgewichen wird, kann sich der Versicherer nicht berufen.

Schrifttum: Bruck 276 ff., Z. 1926. 180. 1.

I. Der versicherungsrechtliche Begriff der Obliegenheit ist verhältnismäßig jung. 2. Er findet sich zuerst in § 114 des Allg. Plan hamburgischer Seeversicherer (1847), taucht dann in § 136 der Allg. Seeversicherungsbedingungen (1867) wieder auf und ist schließlich von den modernen Versicherungsgesetzen übernommen worden. Er gehört zu den Zentralbegriffen der Versicherung, denn es ist kein Versicherungsvertrag denkbar, der nicht die Erfüllung mindestens einer Obliegenheit erfordert. Das Vorkommen der Obliegenheiten in den verschiedenen Versicherungszweigen hängt eng mit der Gefahrslage zusammen. In der Lebens- und in der Hagelversicherung gibt es hauptsächlich Anzeigepflichten, die übrigen Versicherungszweige kennen einen mehr oder minder langen Katalog verschiedenartigster Obliegenheiten, der in der Transport- (und See-) Versicherung des Kasko den größten Umfang erreicht. Die Obliegenheiten sind die dem Versicherungsrecht charakteristischen Pflichten des Versicherungsnehmers, die er vom Zeitpunkt der Antragstellung an die ganze Vertragsdauer hindurch bis zur letzten Abwicklung der sich aus dem Versicherungsverhältnis ergebenden Ansprüche zu erfüllen hat. — Es gibt keine Obliegenheiten des Versicherers (Bruck ZVW. 1927. 12).

II. 1. Die rechtliche Natur der Obliegenheit ist bestritten.

Nach der Verbindlichkeitstheorie (vor allem Ritter 37) ist 3. die Obliegenheit eine Verbindlichkeit im herkömmlichen Sinne, wenn auch „von besonderer Art und besonderer Kraft". Sie wird hergeleitet aus der Terminologie des Gesetzes („Verpflichtung"), aus der fehlerhaften Gleichstellung der Anzeigepflicht mit der Prämienzahlungspflicht, die sich die Vgr. hat zuschulden kommen lassen. Der Wortlaut kann nicht entscheidend sein, denn die Obliegenheit unterscheidet sich erheblich von einer Verbindlichkeit: sie stellt keinen Anspruch des Versicherers dar, dessen Erfüllung er erzwingen kann. Daher ist die Prämienzahlungspflicht keine Obliegenheit, sondern eine Leistungspflicht (Bem. 2 zu § 35). Die Nichterfüllung einer Obliegenheit löst keinen Anspruch des Versicherers auf Schadensersatz aus, sofern nicht gleichzeitig der Tatbestand einer unerlaubten Handlung gegeben ist (§§ 823 Abs. 2, 826 BGB.; verkannt von RG. 21. 2. 13 Warneyer 1913 Nr. 270; KG. 29. 10. 09 Praxis Bd. 3. 104). Im Gegenteil: durch Nichterfüllung einer Obliegenheit verbessert sich die Stellung des Versicherers, da er dauernd oder zeitweilig von der Verpflichtung zur Leistung befreit wird oder sonstige Erleichterungen erfährt. Die Obliegenheiten erhalten, wenn sie erfüllt werden, dem Berechtigten die aus dem Vertrag erworbenen Rechte, sie sind keine Schutznormen im Sinne des § 823 Abs. 2 BGB.

4. Nach der Voraussetzungstheorie (Bruck, Hagen, Kisch und Andere) ist die Obliegenheit eine Voraussetzung für die Leistung oder das sonstige Tun des Versicherers. Aus technischen Gründen muß der Versicherer verlangen, daß eine bestimmte Gefahrslage als Grundlage des Vertrages angenommen und aufrechterhalten wird. Infolgedessen fordert er, daß der Versicherungsnehmer ihm bei Vertragsabschluß alle gefahrerheblichen Umstände anzeigt, daß er ein gewisses durch Gesetz oder Vertrag bestimmt umgrenztes (daher ist die Assekuranztreue keine Obliegenheit Gottschalk HansRZ. 1925. 577, 582) Verhalten, das sich in den diesem auferlegten Obliegenheiten widerspiegelt, beobachtet (RG. 12. 10. 17 ZVW. 1917. 464). Abgesehen von unbedeutenden Ausnahmen (z. B. § 10) ergeben sich alle Obliegenheiten aus einer bestimmten Gefahrslage. Jede Änderung im Verhalten des Versicherungsnehmers gegenüber dem Versicherer zieht eine Änderung im Verhalten des Versicherers gegenüber dem Versicherungsnehmer nach sich. Das Verhalten des Versicherungsnehmers ist somit Voraussetzung für das Verhalten des Versicherers: die Obliegenheiten sind zum Vertragsinhalt erhobene Voraussetzungen für die Bewirkung oder den Umfang der Leistung oder für das sonstige Tun des Versicherers. So die herrschende Ansicht in Schrifttum (Angaben bei Bruck 282) und in Rechtsprechung (RG. 28. 6. 04 Bd. 58. 342, 21. 12. 05 Bd. 62. 190, 29. 1. 09 VA. 1909* 51 Nr. 455, JW. 1909. 198, LZ. 1909. 403, 2. 12. 13 VA. 1914* 41 Nr. 805, LZ. 1914. 582, 1. 12. 14 VA. 1915* 31 Nr. 871, 31. 5. 21 Bd. 102. 215, 8. 10. 26 JW. 1927. 763, JR. 1926. 307, HansRZ. 1926. 935, 19. 6. 31 Bd. 133. 117, 122, JR. 1931. 252, HansRGZ. A. 1931. 483, JW. 1931. 3189, VA. 1932. 229 Nr. 2304; OLG. Hamm 25. 2. 10 VA. 1911* 115 Nr. 632, 14. 1. 20 VA. 1922* 46 Nr. 1205; KG. 20. 3. 20 VA. 1922* 46 Nr. 1204, 25. 9. 20 VA. 1921* 80 Nr. 1167; OLG. Düsseldorf 8. 11. 16 VA. 1917* 15 Nr. 977; OLG. Königsberg 29. 3. 12 VA. 1912* 117 Nr. 703; OLG. Posen 25. 5. 14 VA. 1914* 74 Nr. 828).

Die Obliegenheiten sind namentlich zu unterscheiden von Ausschlußklauseln, durch die der Versicherer von vornherein die Übernahme gewisser Gefahren ausschließt, und von bedingten Vertragsabschlüssen (Bem. 22 zu § 1), denn das Rechtsverhältnis ist unbedingt eingegangen, aber das Verhalten des Versicherers hat ein gewisses Verhalten des Versicherungsnehmers zur Voraussetzung.

5. 2. Die Obliegenheiten trennen sich dem Inhalt nach in Anzeigepflichten (Auskunftspflichten) und in sonstige Verhaltungspflichten. Die Anzeigepflichten fordern in bestimmten Fällen Anzeigen (§§ 2, 16 ff., 23 ff., 33, 34, 58, 71, 90, 92, 110, 121, 146, 153, 171, 182 usw.), während die sonstigen Verhaltungspflichten bald ein positives Tun (beispielsweise die Einrichtung einer Feuerlöschanlage, ferner §§ 122, 138 usw.), bald ein Unterlassen (beispielsweise §§ 93, 111 usw.), bald ein Tun und ein Unterlassen (§ 62 usw.) verlangen.

Die Obliegenheiten trennen sich der Regelung nach in gesetzlich geordnete und nur vertraglich geordnete. Die gesetzliche Ordnung ist vollständig (§§ 2, 10, 16 ff., 23 ff., 71, 104) oder unvollständig (§§ 33, 34, 62, 93, 97, 111 und andere). Für die vertragliche Ordnung stellt das Gesetz eine im Bereich der Beschränkungen der Vertragsfreiheit geltende generelle Bestimmung auf (Abs. 1 und 2).

Die Obliegenheiten trennen sich in solche, die nur objektiv einen gewissen Tatbestand voraussetzen, und in solche, bei denen es außerdem auf einen subjektiven Tatbestand ankommt.

III. 1. Da die Obliegenheiten Voraussetzungen sind, so können sie von 6.
jedem erfüllt werden. Der Versicherer kann Erfüllung nicht bloß durch seinen Vertragsgegner verlangen, sondern muß die Erfüllung durch jeden anderen gleichfalls anerkennen, denn es kommt nach dem Zweck der Obliegenheiten nur darauf an, daß er gewisse Anzeigen erhält oder daß ein gewisses Verhalten ihm gegenüber beobachtet wird. Daher kann sich der Versicherer auf die Verletzung der vorvertraglichen Anzeigepflicht, der Gefahrstandspflicht, der Schadensanzeigepflicht, der Anzeigepflicht bei Veräußerung der versicherten Sache usw. nicht berufen, wenn er von dem nicht angezeigten Umstand auf anderem Wege rechtzeitig Kenntnis erlangt hat oder die Unrichtigkeit der Anzeige kennt (§§ 16 Abs. 3, 17 Abs. 2, 24 Abs. 2, 28 Abs. 2, 33, 71). Auch bei den sonstigen Verhaltungspflichten ist Erfüllung durch Dritte zulässig. Insofern sie ein Unterlassen fordern (z. B. Gefahrstandspflicht, Veränderungsverbot), kommt es naturgemäß nur auf das Verhalten des Versicherungsnehmers, auf das Verhalten Dritter nur in beschränktem Umfang (unten Bem. 14) an. Aber tatsächlich ist die Erfüllung der Obliegenheiten häufig nur dem Versicherungsnehmer möglich, nur er hat ein Interesse an ihrer Erfüllung. Insoweit kann man von einem Träger der Obliegenheit sprechen, und da die Nichterfüllung der Obliegenheit dem Versicherungsnehmer zum Nachteil gereicht, auch von einem Verpflichteten.

2. Die Art der Erfüllung der Obliegenheiten ergibt sich aus ihrem 7.
Inhalt. Die Anzeigen (Auskünfte) sind Wissenserklärungen (RG. 28. 6. 04 Bd. 58. 342, 346). Bei den sonstigen Verhaltungspflichten bestimmt sich von Fall zu Fall, worin die Handlung oder Unterlassung besteht. Die Obliegenheiten sind grundsätzlich (Ausnahme namentlich § 34) ohne weiteres zu erfüllen. Sie sind an dem Leistungsort zu erfüllen (Bem. 2 zu § 36). Die Anzeigepflichten (Auskunftspflichten) sind ihrer Natur nach Bringschulden.

3. Die Beweislast bestimmt sich, sofern sich nicht aus den Versicherungs- 8.
bedingungen anderes ergibt, folgendermaßen: Behauptet der Versicherer, daß eine Obliegenheit nicht oder nicht gehörig erfüllt ist, so ist er hierfür beweispflichtig (RG. 16. 3. 06 Praxis Bd. 2. 120, 18. 1. 27 JR. 1927. 40; OLG. Jena 14. 7. 09 LZ. 1909. 956; OLG. Hamburg 21. 6. 11 LZ. 1912. 247. Anders ROHG. Bd. 2. 247, Bd. 11. 132, 133; RGZ. Bd. 1. 303). Sind die für den Fall der Verletzung der Obliegenheit vorgesehenen Folgen an ein Verschulden des Versicherungsnehmers und/oder an einen gewissen Kausalzusammenhang (Bem. 9) geknüpft, so hat der Versicherungsnehmer zu beweisen,

daß ihn kein Verschulden trifft oder daß kein Kausalzusammenhang gegeben ist (RG. 30. 5. 24 VA. 1926. 150 Nr. 1499, 18. 1. 27 JR. 1927. 40).

9. IV. Die Verletzung der Obliegenheit braucht nicht kausal für Eintritt und Umfang des Versicherungsfalls zu sein, sofern es sich um Anzeigepflichten (Auskunftspflichten) handelt; vgl. aber § 21. Der Versicherer kann sich auf ihre Verletzung berufen ohne Rücksicht darauf, ob die Verletzung mit dem möglicherweise bereits eingetretenen Versicherungsfall im Zusammenhang steht oder nicht. Dagegen ist bei der Mehrzahl der Obliegenheiten, die sonstige Verhaltungspflichten zum Inhalt haben, Kausalzusammenhang notwendig (§§ 25 Abs. 3, 28 Abs. 2, 32 S. 2, 125; § 10 AllgUnfallVersbdg.).

10. V. 1. Die Nichterfüllung von Obliegenheiten hat ganz verschiedene Wirkungen.

Sie kann den Verlust des Anspruchs des Versicherungsnehmers (Anspruchsberechtigten) auf die Leistung des Versicherers nach sich ziehen: Verwirkungsklausel. Der Verlust zeigt sich darin, daß der Versicherer dem Versicherungsnehmer gegenüber (nicht aber dem Hypotheken- und dem ihm gleichgestellten Gläubiger [§§ 101, 106] gegenüber) von der Verpflichtung zur Leistung frei ist oder vom Vertrage zurücktreten kann. Unter der Leistungsfreiheit des Versicherers ist nicht nur der Untergang des in concreto entstandenen Versicherungsanspruchs des Versicherungsnehmers mit oder ohne gleichzeitiges Erlöschen des Versicherungsverhältnisses zu verstehen, sondern auch die Berechtigung des Versicherers zu der Zurückbehaltung seiner Leistung so lange, bis die Obliegenheit erfüllt ist. Letzteres gilt aber nur, wenn die Erfüllung der Obliegenheit dauernd ausgeschlossen erscheint (§ 813 Abs. 1 S. 1 BGB.; RG. 19. 6. 31 Bd. 133. 117, JR. 1931. 252, HansRGZ. A. 1931. 483, JW. 1931. 3189, VA. 1932. 229 Nr. 2304; Bruck Öffentlr. Versicherung 1931. 241). Ist die Verwirkungsfolge vertraglich vereinbart, so kann sie im Bereich der Beschränkungen der Vertragsfreiheit (AllgVorbem. 26, 28) nur eintreten, wenn die Verletzung der Obliegenheit verschuldet ist, wobei der Grad des Verschuldens verschieden abgestuft ist: bei Obliegenheiten, die vor Eintritt des Versicherungsfalls zu erfüllen sind, reicht jeder Grad des Verschuldens aus (Abs. 1), während bei Obliegenheiten, die nach Eintritt des Versicherungsfalls zu erfüllen sind, die Verletzung auf Vorsatz oder auf grober Fahrlässigkeit beruhen muß (Abs. 2). Indem das Gesetz verschuldete Verletzung fordert, knüpft es vor allem an die vorgesetzliche Rechtsübung an (ROHG. Bd. 1. 112, Bd. 2. 183, Bd. 4. 59, 63, Bd. 11. 134; RGZ. Bd. 10. 158, Bd. 26. 61, 64, Bd. 62. 190 und anderswo), bringt aber auch die vertragliche Regelung in Übereinstimmung mit der gesetzlichen. Daraus, daß der Verlust des Anspruchs auf die Leistung des Versicherers von einem Verschulden abhängig gemacht ist, kann nicht gefolgert werden, daß derjenige, der die Obliegenheit zu erfüllen hat, Schuldner im Sinne von § 276 BGB. ist (so Ritter 34). Es liegt zwar eine äußerliche Ähnlichkeit zwischen der Nichterfüllung von Obliegenheiten und der Vertretungspflicht des Schuldners einer Leistung oder Unterlassung vor, aber die Unterschiede zwischen der juristischen Natur der Obliegenheit und des Anspruchs werden hierdurch nicht verwischt. Im Gegenteil beweist die ausdrückliche Anordnung eines besonderen Verschuldens, daß die

Obliegenheit keine Verbindlichkeit ist (Bem. 3), denn andernfalls hätte es dieser Anordnung nicht bedurft. Die Berufung auf die Leistungsfreiheit schließt keinen Verstoß gegen Treu und Glauben in sich (OLG. Düsseldorf 21. 10. 26 VA. 1928. 38 Nr. 1689).

Die Nichterfüllung der Obliegenheit kann aber auch viel weniger schwerwiegende Folgen auslösen. So kann der Versicherer berechtigt sein zur Prämienerhöhung, zur Beobachtung eines gewissen Verhaltens in seinem Geschäftsbetrieb (§§ 10, 104), es kann die Verteilung der Beweislast zum Nachteil des Versicherungsnehmers (§§ 93, 110) und manches andere mehr eintreten. Alsdann kommt es nicht auf Verschulden an, jedenfalls zwingt der Gesetzgeber nicht hierzu, sondern es entscheidet die Tatsache, ob die Obliegenheit erfüllt ist oder nicht erfüllt ist.

2. a) Aus der juristischen Natur der Obliegenheit als Voraussetzung ergibt 11.
sich, daß die Frage, inwieweit der Versicherungsnehmer für das Verhalten Dritter einzustehen hat, überhaupt nicht aufgeworfen werden kann, insoweit die Folgen der Nichterfüllung auch ohne Verschulden eintreten. Da es bei dieser Gruppe nicht auf das Verschulden des Versicherungsnehmers ankommt, so kann erst recht nicht auch das Verschulden Dritter irgendeinen Einfluß ausüben. Entscheidend ist nur, ob die Obliegenheit erfüllt ist oder nicht.

b) Bei der anderen Gruppe von Obliegenheiten, die verschuldet nicht 12.
erfüllt sein müssen, damit gewisse Folgen eintreten können, kann eine Haftung für den Dritten als Erfüllungsgehilfen (§ 278 BGB.) niemals in Betracht kommen (so Ritter 35; OLG. Darmstadt 15. 3. 20 HansRZ. 1920. 711; OLG. Kiel 12. 2. 26 VA. 1928. 64 Nr. 1711 a, JR. 1926. 106). Es ist vielmehr folgendermaßen zu unterscheiden:

α) Anzeigepflichten (Auskunftspflichten). In An- 13.
wendung des in §§ 2 Abs. 3, 19, 79 Abs. 1, 161, 179 Abs. 4 ausgesprochenen Grundsatzes muß sich der Versicherungsnehmer in allen Fällen auch die Kenntnis des Dritten, der sein Wissensvertreter ist, anrechnen lassen (Raiser 157). Wissensvertreter ist derjenige, der mit Erstattung der Anzeigen und Auskünfte aus eigenem Wissen betraut ist. Der Versicherungsnehmer hat also vor allem für seinen gesetzlichen Vertreter und für seinen rechtsgeschäftlich bestellten Vertreter und für seinen Vertreter ohne Vertretungsmacht einzustehen (RG. 28. 6. 04 Bd. 58. 342, 21. 12. 05 Bd. 62. 190, VA. 1906* 98 Nr. 244, 12. 12. 19 Bd. 97. 279, VA. 1921* 56 Nr. 1151, 8. 3. 21 Bd. 101. 402, 8. 10. 26 JW. 1927. 763, JR. 1926. 307, HansRZ. 1926. 935 aber unter entsprechender Anwendung des § 166 Abs. 1 BGB.).

Kommt der Dritte nur als Bote zur Übermittelung der Anzeigen (Auskünfte) in Betracht (RG. 2. 12. 13 VA. 1914* 41 Nr. 805; OLG. Düsseldorf 8. 11. 16 VA. 1917* 15 Nr. 977), dann kann dem Anzeigepflichtigen die nicht gehörige (falsche, verspätete, unterlassene) Übermittelung nur zugerechnet werden, wenn er es an der nötigen Sorgfalt bei Auswahl und bei Überwachung des Boten hat fehlen lassen, ihn also eigenes Verschulden trifft. Ist — und das ist der Regelfall — vertraglich bestimmt, daß Anzeigen (Auskünfte) nur dann rechtlich wirksam sind, wenn sie dem Versicherer zugegangen sind, so entscheidet in dem Verhältnis des Versicherungsnehmers zu dem Versicherer allerdings die bloße Tatsache des Zugehens, wenn an das Nichtzugehen nicht die Verwirkungsfolge (Bem. 10) geknüpft ist. Ist der Versicherer vertraglich leistungsfrei oder zum Rücktritt berechtigt, wenn die Anzeige nicht, nicht gehörig, nicht zur rechten Zeit zu seiner Kenntnis gelangt, so muß im Bereich der Beschränkungen der Vertragsfreiheit (AllgVorbem. 26, 28) Abs. 1 und 2 zur Anwendung kommen. Der Versicherer kann sich somit auf seine Leistungsfreiheit oder auf sein Rücktrittsrecht nicht berufen, wenn das von dem Boten begangene Versehen nicht als Verschulden im Sinne des Abs. 1 oder im Sinne des Abs. 2 dem Anzeigepflichtigen angerechnet werden kann (Agent als Bote: OLG. Stuttgart 27. 3. 30 JR. 1930. 385). Alle übrigen Folgen können auch im Bereich der Beschränkungen der Vertragsfreiheit von der Tatsache des Zugehens der Anzeige bei dem Versicherer selbst abhängig gemacht werden.

Ist der Dritte Vertreter und Bote, dann hängt die Haftung des Anzeige- (Auskunfts-) pflichtigen davon ab, in welcher Eigenschaft der Dritte gefehlt hat.

β) Sonstige Verhaltungspflichten.

14. Eine Haftung des Versicherungsnehmers für seinen Repräsentanten, d. h. für „Personen, welche in dem Betriebe, zu dem das versicherte Risiko gehört, auf Grund eines Vertretungs- oder anderen Verhältnisses an Stelle des Versicherten stehen" (RG. 22. 10. 95 Bd. 37. 149, 18. 10. 01 Bd. 51. 20, 4. 6. 13 Bd. 83. 43, VA. 1913* 131 Nr. 779; Raiser 182, Ritter 32) ist abzulehnen. Sie findet in dem geltenden Recht (KG. 5. 4. 19 VA. 1919* 64 Nr. 1105) keine Stütze und kann insbesondere auch nicht aus § 166 BGB. abgeleitet werden, da sich das für Willenserklärungen gegebene Prinzip wohl auf Wissenserklärungen, nicht aber auf sonstige Verhaltungspflichten übertragen läßt (OLG. Düsseldorf 6. 12. 26 JR. 1927. 18; anders RG. 25. 9. 25 HansRZ. 1925. 939, 941, JR. 1925. 282, Seuffert Bd. 80. 21 Nr. 12). Auch das Gesetz kennt gegensätzlich zu Wissenserklärungen keine Bestimmung, die sich selbst zur entsprechenden Anwendung eignet. Hat der Versicherungsnehmer den Dritten, dessen er sich zur Erfüllung der Obliegenheiten bedient, sorgfältig ausgewählt und überwacht, dann hat er alles getan, was er nach Lage der Dinge zu tun verpflichtet ist (RG. 1. 12. 14 VA. 1915* 31 Nr. 871, 31. 5. 21 Bd. 102. 215, VA. 1923* 21 Nr. 1247, JW. 1922. 34). Es entspricht dem Sicherungszweck der Versicherung, daß er auch gegen Folgen des unvorhersehbaren Verhaltens Dritter geschützt wird (Bem. 10 zu § 61).

15. Der Versicherungsnehmer haftet nur für sein eigenes Verhalten. Hat er das siebente, aber nicht das achtzehnte Lebensjahr vollendet, dann kann ihm die Nichterfüllung der Verhaltungspflicht, sofern sie verschuldet sein muß, nur zugerechnet werden, wenn er die zu der Erkenntnis der Verantwortlichkeit erforderliche Einsicht besitzt (§ 828 Abs. 2 BGB.). Ist der Versicherungsnehmer eine juristische Person, so hat die Nichterfüllung der Verhaltungspflicht durch deren Organ als solches die gleichen Folgen wie das ent-

sprechende Verhalten einer natürlichen Person. Der Versicherungsnehmer, der eine natürliche Person ist, haftet nicht für seinen gesetzlichen Vertreter und für den ihm in dieser Hinsicht gleichzustellenden Konkursverwalter, Testamentsvollstrecker, Nachlaßverwalter. Auch eine Haftung für den rechtsgeschäftlich bestellten Vertreter oder für einen Vertreter ohne Vertretungsmacht kommt nicht in Betracht. Der Versicherungsnehmer haftet somit nicht für Dritte (KG. 28. 4. 23 VA. 1924* 91 Nr. 1347, HansRZ. 1923. 531, 24. 5. 24 JR. 1925. 286; OLG. Posen 25. 5. 14 VA. 1914* 74 Nr. 828). Nur durch vertragliche Vereinbarung kann das Verhalten Dritter dem Verhalten des Versicherungsnehmers gleichgestellt werden.

§ 7. Ist die Dauer der Versicherung nach Tagen, Wochen, Monaten oder nach einem mehrere Monate umfassenden Zeitraume bestimmt, so beginnt die Versicherung am Mittage des Tages, an welchem der Vertrag geschlossen wird. Sie endigt am Mittage des letzten Tages der Frist.

Schrifttum: Bruck 229 ff., 235 ff. 1.

I. 1. Die formelle Versicherungsdauer ist der Zeitraum, 2. für den das Vertragsverhältnis eingegangen wird. Sie beginnt mit dem formellen Versicherungsbeginn (Bem. 20 zu § 1) und endigt spätestens mit dem sich kalendermäßig (Zeitversicherung) oder aus der Art der versicherten Unternehmung (Versicherung für die Dauer einer Reise, einer Ausstellung, eines Stapellaufs, eines Krieges, eines Pferderennens [OLG. Königsberg 29. 10. 26 VA. 1928. 39 Nr. 1690] usw.) ergebenden Zeitpunkt.

2. Eine zeitlich unbeschränkte formelle Versicherungsdauer ist 3. nicht üblich. Versicherungsverträge mit Verlängerungsklausel (§ 8) können tatsächlich eine unbestimmte Zeit hindurch dauern.

Versicherungsverträge auf Lebenszeit kommen naturgemäß bei gewissen Kombinationen der Lebensversicherung, so namentlich bei der reinen Todesfallversicherung, und in der Unfallversicherung gegen Unglücksfälle auf Eisenbahnen und Dampfschiffen (Bedenken gegen ihre Erweiterung VA. 1913. 104) vor. Auch die Anschluß-Haftpflichtversicherung (Bem. 15 zu § 149) stellt einen lebenslänglichen Versicherungsvertrag dar. Den Abschluß sonstiger lebenslänglicher Schadensversicherungsverträge hat das Reichsaufsichtsamt bislang nicht genehmigt. Vieh- und Hagel-Versicherungsverträge werden gewöhnlich auf fünf oder sechs Jahre, Unfall- und Haftpflicht-Versicherungsverträge auf fünf oder zehn Jahre, Feuerversicherungsverträge auf fünf bis zwölf Jahre abgeschlossen (VA. 1909. 158).

II. 1. Die materielle Versicherungsdauer ist der Zeitraum 4. des Versichertseins, der Gefahrtragung des Versicherers. Sie nimmt grundsätzlich (Ausnahme Möller WuR. 1931. 33, 74 f.) ihren Anfang mit dem materiellen Beginn der Versicherung (Bem. 2 zu § 38) und endigt mit dem Aufhören der Gefahrtragung seitens des Versicherers. Eine gesetzliche Festlegung der materiellen Versicherungsdauer ist nur in der Transportversicherung erfolgt

(§§ 134 Abs. 2, 135, 136, 138). Im übrigen ist ihre Bestimmung den Parteivereinbarungen überlassen.

5. 2. a) Der Tag des materiellen Beginns ergibt sich in der Transportversicherung aus gesetzlichen Bestimmungen (§§ 134 Abs. 2 S. 1, 136, 138 Abs. 1 S. 1), in allen übrigen Versicherungszweigen aus den von Fall zu Fall zu treffenden Vereinbarungen. In Betracht kommen Vereinbarungen, durch die ausdrücklich der materielle Beginn vor den formellen Beginn (§ 2) oder nach den formellen Beginn gelegt wird. Entscheidend kann ferner die Entrichtung der Erst-Prämie sein (Bem. 7 zu § 38).

Bei Zeitversicherungen, das sind Versicherungen, deren Dauer nach Tagen, Wochen, Monaten oder nach einem mehrere Monate umfassenden Zeitraum bestimmt ist, ergibt sich der materielle Beginn aus dem Versicherungsschein, wobei jedoch der Zeitbestimmung verschiedene Bedeutung zukommt (Bem. 8 zu § 38).

6. b) Neben dem Tag bedarf auch die Stunde des materiellen Beginns der Festlegung. Die Festlegung kann ausdrücklich erfolgen. Die Stunde kann sich aber auch aus sonstigen Vereinbarungen ergeben. Lautet die Vereinbarung „für die Zeit von 12 Monaten, beginnend am 1. Januar bis zum 31. Dezember", so beginnt die Versicherung mit dem Anfang des ersten und endigt mit dem Ablauf des letzten Tages der Frist (§ 187 Abs. 2 BGB.; Ritter 630).

In allen übrigen Fällen soll die Versicherung am Mittage des Tages, an dem der Vertrag geschlossen worden ist, beginnen und am Mittage des letzten Tages der Frist endigen. Da aber am Abschlußtage keinesfalls immer die Versicherung beginnt (namentlich nicht bei der Rückwärtsversicherung § 2), so kann der Mittag des Abschlußtages nur dann in Betracht kommen, wenn die Versicherung an dem Abschlußtage beginnt (anders Bühring HansRZ. 1926. 161, 170, der formellen und materiellen Versicherungsbeginn gleichzustellen scheint). Durch die Festlegung der Mittagsstunde ist ein Zeitpunkt gefunden, der jeden Zweifel ausschließt, denn ohne diese Festlegung würde der Zeitpunkt des Vertragsabschlusses, der sich oftmals schwer und unsicher ermitteln läßt, entscheidend sein. Im übrigen versagt jedoch die Bestimmung des § 7 (Bruck JW. 1925. 561, 564). Infolgedessen empfiehlt sich zur Abschneidung von Zweifeln, Tag und Stunde des materiellen Beginns stets ausdrücklich zu vereinbaren.

7. III. § 7, der nicht zwingend ist, enthält keine Auslegungsvorschrift für alle im Gesetz vorkommenden Fristen, sondern ergänzt unvollständige Vereinbarungen über Anfang und Ende der materiellen Versicherungsdauer. Sobald jedoch gesetzlich an den Ablauf bestimmter Fristen, z. B. der Zahlungsfrist (Bem. 20 β zu § 39), das vorzeitige Ende der materiellen Versicherungsdauer geknüpft ist, bleiben die allgemeinen bürgerlichrechtlichen Vorschriften (§§ 188 Abs. 2, 193 BGB.) in Kraft, da hierdurch nur das Ende, nicht auch der Anfang und somit auch nicht die Dauer des Versicherungsschutzes bestimmt wird.

8. IV. Über die Beziehungen zwischen formeller, materieller (Bem. 4), technischer (Bem. 4 vor § 35) Versicherungsdauer Bruck 239 ff., JW. 1925. 561.

§ 8. Eine Vereinbarung, nach welcher ein Versicherungsverhältnis als stillschweigend verlängert gilt, wenn es nicht vor dem Ablaufe der Vertragszeit gekündigt wird, ist insoweit nichtig, als sich die jedesmalige Verlängerung auf mehr als ein Jahr erstrecken soll.

Schrifttum: Bem. 1 zu § 7. 1.

I. 1. Eine stillschweigende Verlängerung der formellen und materiellen Versicherungsdauer (§ 7) tritt unter zwei Voraussetzungen ein:

a) Die stillschweigende Verlängerung muß ausdrücklich vereinbart 2. sein: Verlängerungsklausel. Vgl. dagegen § 139. Ist sie nicht vereinbart, dann kann eine stillschweigende Verlängerung nicht in Betracht kommen (JRV. 1919. 47; OLG. Celle 8. 7. 26 JR. 1926. 335).

b) Der Versicherungsvertrag darf vor Ablauf der Ver- 3. sicherungsdauer (Vertragszeit) von der einen oder von der anderen Partei nicht auf Grund vertraglicher Bestimmung gekündigt sein. Die Kündigung steht im freien Belieben jeder Partei. Sie ist keine Obliegenheit des Versicherungsnehmers (RG. 12. 10. 17 ZVW. 1917. 464). Die Kündigungserklärung muß bis zum Ablauf der Versicherungsdauer dem Empfänger zugehen. Ist z. B. ein Jollenkreuzer für die Zeit vom 29. Mai 1926 mittags 12 Uhr bis dahin 1927 mit der Maßgabe versichert, daß der Vertrag nach Ablauf dieser Zeit stillschweigend auf ein Jahr fortgesetzt wird, falls nicht einen Monat vor dessen Ablauf mittels eingeschriebenen Briefs gekündigt ist, so ist eine Kündigung des Versicherungsnehmers, die dem Versicherer am 29. April 1927 nachmittags zwischen 5 und 6 Uhr durch Einschreibebrief zugeht, verspätet (LG. I Berlin JR. 1928. 206; Gottschalk JR. 1928. 82). Die Kündigung ist oftmals vertraglich an eine bestimmte Form geknüpft (Bem. 19 zu § 38). Über die Kündigungsfristen, die als angemessen gelten können (Viehversicherung: ein Monat; Mobiliarfeuerversicherung: ein Monat; Gebäudefeuerversicherung: drei Monate; besonderes gilt für die Hagelversicherung) VA. 1905. 115, 1906. 95, 1909. 107, 158. Über die Kündigungsfristen in der Haftpflichtversicherung § 10 I AllgHaftpflichtVersbdg., in der Unfallversicherung § 18 I AllgUnfallVersbdg. Durch Stillschweigen auf eine verspätete Kündigung braucht der Versicherer nicht sein Einverständnis zu erkennen zu geben (RG. 19. 1. 15 VA. 1915* 10 Nr. 860). Bei unvollständiger Kündigung, z. B. bei fehlender Genehmigung des Hypothekengläubigers, soll der Versicherer den Versicherungsnehmer unverzüglich auf den Mangel aufmerksam machen (VA. 1916. 9). Unterbleibt die Kündigung, so verlängert sich der Vertrag stillschweigend (OLG. Breslau 18. 3. 31 VA. 1932. 5 Nr. 2238).

Abgesehen von dem vertraglichen Kündigungsrecht steht dem Versicherungs- 4. nehmer ein außerordentliches Kündigungsrecht zu, wenn sich der Versicherer trotz abgeschlossenem Vertrag weigert, ihm künftighin Versicherungsschutz zu gewähren. Ein solches Verhalten soll eine positive Vertragsverletzung darstellen, welche nach §§ 325, 326 BGB. zum Rücktritt vom Vertrag berechtigen würde, wenn die Vorschriften über gegenseitige Verträge unverändert auf den Versicherungsvertrag zur Anwendung gelangten. Aus der Natur des

Versicherungsverhältnisses als Dauerverhältnis ergibt sich, daß an Stelle des Rücktrittsrechts ein sofortiges Kündigungsrecht tritt. Würde der Versicherungsnehmer zurücktreten können, dann würde der Versicherer seinen Anspruch auf Prämie für die Zeit bis zum Rücktritt verlieren, ein Ergebnis, das den Grundsätzen der Versicherungstechnik widerspricht (RG. 7. 7. 28 JR. 1928. 276, VA. 1930. 51 Nr. 1961, HansRGZ. A. 1928. 580; Bem. 11 zu § 20, Bem. 7 zu § 22). Vgl. aber § 346 S. 2 BGB. Zu demselben Ergebnis, daß der Versicherungsnehmer ein sofortiges Kündigungsrecht hat, wenn der Versicherer die Gefahrtragung nicht übernimmt oder die weitere Gefahrtragung ablehnt, kommt man auch ohne Annahme einer positiven Vertragsverletzung, wenn man von der richtigen Ansicht ausgeht, daß die Gefahrtragung die Hauptleistung des Versicherers ist (AllgVorbem. 37). Erfüllt der Versicherer die ihm obliegende Leistung nicht, so kann der Versicherungsnehmer Schadensersatz wegen Nichterfüllung (§§ 276, 283 BGB.) verlangen oder er kann auf sofort kündigen (§ 242 BGB.) oder er kann auf Erfüllung bestehen.

5. 2. Die stillschweigende Verlängerung erstreckt sich jedesmal stets nur auf höchstens ein Jahr; eine anderweitige Vereinbarung ist insoweit nichtig, als sich die Verlängerung auf mehr als ein Jahr erstrecken soll. Der ursprüngliche Vertrag läuft weiter, sofern sich nicht bereits ein Totalschaden ereignet hat.

6. 3. Die stillschweigende Verlängerung ist kein neuer Vertragsabschluß, daher ist die vorvertragliche Anzeigepflicht (§ 16) nicht erneut zu erfüllen (unbestimmt RG. 26. 4. 21 VA. 1923* 29 Nr. 1255), wohl aber gegebenenfalls die Pflicht zur Anzeige gefahrerhöhender Umstände (§§ 23 ff.), ferner ist die Ausstellung eines besonderen Erneuerungsscheins unnötig (VA. 1911. 28), die nach der Verlängerung fällige Prämie ist eine Folge-Prämie (OLG. Dresden 29. 1. 26 JR. 1926. 57, HansRZ. 1926. 329; Bem. 5 vor § 35), der Beginn der Versicherung (Bem. 2 zu § 38) und der sich nach ihm bestimmende Versicherungswert ist auf den Beginn der ursprünglichen Versicherung abzustellen (RG. 3. 2. 26 Bd. 112. 384, JR. 1926. 64, JW. 1926. 1439, VA. 1926. 63 Nr. 1572).

7. II. In der Übersendung eines Verlängerungsscheins auf mehrere Jahre liegt ein Vertragsantrag an den Versicherungsnehmer (LG. Neustrelitz VA. 1914* 71 Nr. 826). Soweit solche Vereinbarungen nur zur Umgehung des § 8 dienen (z. B. bei Abschluß des Versicherungsvertrags läßt der Versicherer von dem Versicherungsnehmer den Antrag auf Verlängerung stellen), sind sie nichtig. — Wird während der Laufzeit eines Versicherungsvertrags bei dem gleichen Versicherer ein Antrag auf Abschluß eines neuen umfassenderen Versicherungsvertrags gestellt, wogegen der alte Versicherungsvertrag erlöschen soll, so hört der Versicherungsschutz aus dem alten Vertrag nicht schon mit dem formellen Beginn, sondern erst mit dem materiellen Beginn des neuen Vertrags auf (OLG. Köln 17. 10. 30 JW. 1930. 3648 mit bedenklicher Begründung).

8. III. Von der stillschweigenden Verlängerung sind auch die ausdrücklich vereinbarte Verlängerung eines Versicherungsvertrags und die

Vereinbarung eines neuen Vertrags, wenn auch in diesem auf einzelne Bestimmungen des alten Vertrags verwiesen wird, zu unterscheiden (RG. 11. 11. 27 VA. 1929. 5 Nr. 1789). Über die Verpflichtung zur Nachversicherung in der Viehversicherung Bem. 9 vor § 116. Von der stillschweigenden Verlängerung ist ferner eine Vereinbarung zu unterscheiden, der gemäß der Versicherer trotz Beendigung des Versicherungsvertrags durch Kündigung seitens des Versicherungsnehmers das Recht hat, die Fortsetzung des Vertrags für die vertraglich bestimmte Zeit zu fordern (OLG. Königsberg 28. 1. 30 VA. 1931. 6 Nr. 2100, JR. 1930. 386, JW. 1930. 3649, bestätigt von RG. 27. 2. 31 JR. 1931. 101).

IV. § 8 ist absolut zwingend (AllgVorbem. 27). Seine rückwirkende Kraft 9.
ergibt sich aus Art. 3 EG. (Bem. 3 zu Art. 3). Ist ein Versicherungsvertrag 1909 auf zehn Jahre mit der Vereinbarung abgeschlossen, daß er als stillschweigend verlängert gilt, wenn er nicht drei Monate vor Ablauf gekündigt wird, so findet, wenn er nicht gekündigt ist, § 8 bereits bei Beginn der ersten Verlängerung (1919), nicht erst bei der zweiten Verlängerung (1929) Anwendung, da durch Unterlassung der Kündigung der Versicherungsvertrag dem Gesetz unterworfen wird (VA. 1910. 13, 86, 1911. 114; RG. 28. 10. 10 VA. 1911* 5 Nr. 568). Auf den verlängerten Vertrag kommen die gesetzlichen Verjährungsvorschriften zur Anwendung (OLG. Hamburg 29. 11. 18 VA. 1919* 31 Nr. 1082).

§ 9. Als Versicherungsperiode im Sinne dieses Gesetzes gilt, falls nicht die Prämie nach kürzeren Zeitabschnitten bemessen ist, der Zeitraum eines Jahres.

Schrifttum: Bruck 249 ff. 1.

I. 1. Versicherungsperiode ist der Zeitraum, nach welchem 2.
die Berechnung der Prämie erfolgt. Der Zeitraum kann kalendermäßig bestimmt sein oder sich aus der Art der versicherten Unternehmung (Bem. 2 zu § 7) ergeben. Die Versicherungsperiode kann niemals länger als ein Jahr, wohl aber kürzer sein, wenn die Prämie nach kürzeren Zeitabschnitten berechnet ist. Infolgedessen bleibt bei ratenweiser Entrichtung einer Jahresprämie die Versicherungsperiode ein Jahr. Desgleichen ist die Versicherungsperiode ein Jahr, auch wenn die Prämie für einen längeren Zeitraum berechnet ist, z. B. eine einmalige Prämie für eine mehrjährige Versicherung. Eine Änderung der Zahlungsweise kann als Änderung der Versicherungsperiode gelten (RG. 20. 6. 02 Praxis Bd. 1. 41, 46). Erstreckt sich die technische Versicherungsdauer (Bem. 4 vor § 35) auf mehrere Jahre, so zerfällt sie in eine dementsprechende Anzahl von Versicherungsperioden. Der Beginn der ersten oder der einzigen Versicherungsperiode fällt mit dem technischen Versicherungsbeginn zusammen. Er pflegt willkürlich von den Parteien bestimmt zu werden. In der Hagelversicherung umfaßt der Natur der Sache nach jede Versicherungsperiode den Zeitraum eines Wirtschaftsjahres; gewöhnlich beginnt die Haftung für Schäden an Wintersaaten nicht schon mit der Aussaat, sondern erst mit dem 1. Januar oder mit dem 1. März, und demgemäß verschiebt sich auch der Lauf der Versicherungsperiode.

3. 2. Die Bedeutung der Versicherungsperiode tritt namentlich bei der Anwendung des Grundsatzes von der Unteilbarkeit der Prämie (Bem. 6 vor § 35) in die Erscheinung. Die Versicherungsperiode ist ferner bestimmend für die Herabsetzung der Versicherungssumme bei Doppelversicherung (§ 60 Abs. 2), für die Heraufsetzung oder für die Herabsetzung der vereinbarten Prämie (§§ 41 Abs. 1, 51 Abs. 1, 60 Abs. 2, 95, 119), für die Beschränkung der Haftung des Hagelversicherers bei Eintritt mehrerer Versicherungsfälle (§ 112), für den Zeitpunkt der Kündigung des Versicherungsnehmers oder des Versicherers (§§ 30 Abs. 2, 96 Abs. 2 S. 3, 113, 114, 158 Abs. 2 S. 3).

4. II. § 9 ist insoweit zwingend, als das Gesetz durch zwingende Vorschriften Rechte der Parteien mit dem Ablauf der Versicherungsperiode begrenzt; alsdann darf keine längere Periode als ein Jahr festgesetzt werden (Bgr.).

§ 10. Hat der Versicherungsnehmer seine Wohnung geändert, die Änderung aber dem Versicherer nicht mitgeteilt, so genügt für eine Willenserklärung, die dem Versicherungsnehmer gegenüber abzugeben ist, die Absendung eines eingeschriebenen Briefes nach der letzten dem Versicherer bekannten Wohnung. Die Erklärung wird in dem Zeitpunkte wirksam, in welchem sie ohne die Wohnungsänderung bei regelmäßiger Beförderung dem Versicherungsnehmer zugegangen sein würde.

Hat der Versicherungsnehmer die Versicherung in seinem Gewerbebetriebe genommen, so finden bei einer Verlegung der gewerblichen Niederlassung die Vorschriften des Abs. 1 entsprechende Anwendung.

1. Schrifttum: Bruck-Dörstling 274.

2. I. Willenserklärungen müssen dem Empfänger zugegangen sein (§ 130 BGB.). Der Empfänger muß die Möglichkeit ihrer Kenntnisnahme haben. Zur Vermeidung von Weiterungen und Kosten, die verursacht werden, wenn dem Versicherer der Aufenthalt des Versicherungsnehmers unbekannt ist, sieht § 10 eine vereinfachte Zustellung von Willenserklärungen, die dem Versicherungsnehmer gegenüber abzugeben sind, vor. Eine entsprechende Vorschrift gilt für die Gebäudeversicherung (§ 104).

II. Die vereinfachte Zustellung hat drei Voraussetzungen:

3. 1. a) Sie greift nur Platz für empfangsbedürftige Willenserklärungen des Versicherers, also vor allem für Mahnung, für Rücktritt, für Kündigung, für Ablehnung einer Entschädigungsleistung usw. Die Willenserklärungen des Versicherers stehen in einem Gegensatz zu den dem Versicherer obliegenden Leistungen, so zu der Aushändigung des Versicherungsscheins oder von Ersatzurkunden, zu Zahlungen aller Art (Entschädigung, Rückvergütung, Rückgewähr von Prämien, Vorauszahlung usw.); ihrer kann sich der Versicherer nicht dadurch entledigen, daß er sie an die letzte ihm bekannte Wohnung sendet,

sondern er hat sie gegebenenfalls öffentlich zu hinterlegen (Bem. 6 zu § 49). Die Willenserklärungen müssen im Rahmen des bereits zustande gekommenen Vertrags abzugeben sein, daher findet das vereinfachte Verfahren keine Anwendung bei dem Abschluß eines neuen, der Verlängerung oder der Änderung eines bestehenden, der Wiederinkraftsetzung eines aufgehobenen Vertrags (Bruck-Dörstling 275, Gottschalk ZVW. 1912. 201; anders Worms Z. 1909. 532).

b) Die Erklärung muß von dem Versicherer, dem Abschlußagenten (§ 45) oder seinem sonstigen Vertreter abgegeben werden. 4.

c) Erklärungsempfänger ist der Versicherungsnehmer, dem ausdrücklich für gewisse Erklärungen der Hypothekengläubiger gleichgestellt wird (§ 104). Da aber das vereinfachte Zustellungsverfahren der Erleichterung des Geschäftsbetriebs des Versicherers dienen und den umständlichen Weg der öffentlichen Zustellung unnötig machen soll, so ist dem Versicherer dasselbe Recht gegenüber allen zu gewähren, die mit ihm auf Grund und im Rahmen des Versicherungsvertrags in Beziehung treten, so gegenüber den Rechtsnachfolgern des Versicherungsnehmers, seinen Erben, dem Zessionar, dem Versicherten, allen, denen Mahnung und Kündigung (Bem. 15 zu § 39) zugehen muß (Bruck-Dörstling 276). 5.

2. Der Versicherungsnehmer muß seine Wohnung geändert oder seine gewerbliche Niederlassung verlegt haben (Abs. 2). Wohnung ist nicht gleichbedeutend mit Wohnsitz (§ 7 BGB.). Unter Wohnungsänderung ist die Aufgabe der bisherigen Wohnung (gewerblichen Niederlassung) oder die Änderung der „Adresse“, d. h. der Stelle, an die bisher der Versicherer Mitteilungen richtete, zu verstehen (Toop ZVW. 1915. 299, 317, Z. 1916. 471). Der Wohnsitz kann hierbei unverändert bleiben (OLG. Karlsruhe 7. 7. 30 Badische Rechtspraxis 1930. 107). 6.

3. Der Versicherungsnehmer muß unterlassen haben, die Wohnungsänderung dem Versicherer mitzuteilen.

a) Die Mitteilungspflicht ist eine Obliegenheit (Bem. 4 zu § 6), die vor oder nach Eintritt des Versicherungsfalls dem Versicherer gegenüber zu erfüllen ist. 7.

b) Träger der Mitteilungspflicht ist der Versicherungsnehmer auch bei der Versicherung für fremde Rechnung, sein Rechtsnachfolger, bei mehreren Versicherungsnehmern ein jeder von ihnen, sofern sie nicht gemeinsam ein Interesse versichern, bei Veräußerung der versicherten Sache der Erwerber, sobald er in das Versicherungsverhältnis eingetreten ist. 8.

c) Die Mitteilung ist Wissenserklärung. Willensmängel oder Mängel in der Geschäftsfähigkeit sind ohne Einfluß. Mithin entscheidet die Tatsache, ob die Mitteilung ordnungsgemäß gemacht ist oder nicht. Auch ein beschränkt Geschäftsfähiger oder ein Geschäftsunfähiger kann die Mitteilung machen. 9.

d) Die Anzeige ist an den Versicherer, an den Abschlußagenten (§ 45; Ausnahme § 47) oder an einen sonstigen Vertreter, bei mehreren Ver- 10.

sicherern an einen jeden von ihnen, sofern nicht einer die Führung hat, zu richten; der Vermittelungsagent ist zu ihrer Entgegennahme befugt (§ 43 Nr. 2; Ausnahme § 47).

11. e) Die Form der Mitteilung ist nicht gesetzlich, regelmäßig vertraglich geregelt. Gewöhnlich ist schriftliche Form vereinbart.

12. f) Die Mitteilung muß spätestens bis zu dem Augenblick, in dem der Versicherer eine Erklärung abgeben will, erfolgt sein.

13. g) Da die Folgen unterlassener Mitteilung auch ohne Verschulden des Mitteilungspflichtigen eintreten, so ist die Frage, ob und inwieweit der Versicherungsnehmer für das Verhalten Dritter, deren Hilfe er sich bei Erstattung der Mitteilung bedient, aufzukommen hat, gegenstandslos. Es entscheidet lediglich die Tatsache, ob der Versicherer die Mitteilung erhalten hat (Bem. 11 zu § 6). Auf welche Weise er die Kenntnis erlangt, ist belanglos. Eine Mitteilung, die ihm von dritter Seite, z. B. dem Agenten, zugeht, muß er gelten lassen. Jedoch steht die Kenntnis des Vermittelungsagenten der Kenntnis des Versicherers nicht gleich (§ 44; OLG. Karlsruhe 7. 7. 30 Badische Rechtspraxis 1930. 107). Eine Erkundigungspflicht für den Versicherer besteht nicht; sein Kennenmüssen ist seiner Kenntnis nicht gleichgestellt. In der Mitteilung, daß der Versicherungsnehmer zu den Fahnen einberufen ist, liegt die Anzeige der Wohnungsänderung (RG. 10. 1. 17 VA. 1918* 8 Nr. 1019).

14. III. 1. Die Folgen unterlassener Mitteilung bestehen darin, daß zur Abgabe der Willenserklärung die Absendung eines eingeschriebenen Briefes (Postkarte, Drucksache usw.) an die letzte dem Versicherer bekannte Wohnung des Erklärungsempfängers genügt (Abs. 1 S. 1). Die Erklärung wird wirksam, auch wenn sie als unbestellbar zurückkommt, in dem Zeitpunkt, in welchem sie ohne die Wohnungsänderung bei regelmäßiger Beförderung dem Erklärungsempfänger zugegangen sein würde (Abs. 1 S. 2).

15. 2. Die Kosten der Einschreibesendung hat der Versicherer zu tragen. — Der Versicherer hat zu beweisen, daß er die Erklärung eingeschrieben abgesandt hat, der Erklärungsempfänger, daß dem Versicherer die neue Wohnung bekannt war.

16. IV. Der Versicherer kann sich auch, wenn die Voraussetzungen des § 132 Abs. 2 BGB. erfüllt sind, der öffentlichen Zustellung (§§ 203 ff. ZPO.) bedienen.

§ 11. Auf eine Vereinbarung, nach welcher die Leistung des Versicherers erst mit der Feststellung des Anspruchs durch Anerkenntnis, Vergleich oder rechtskräftiges Urteil fällig werden soll, kann sich der Versicherer nicht berufen.

1. I. Die früher übliche (RG. 19. 1. 91 Seuffert Bd. 46. 453 Nr. 282, 3. 1. 94 Bd. 32. 342; OLG. Stettin 20. 4. 05 VA. 1905* 77 Nr. 145) Vereinbarung, daß die geldliche oder geldeswerte Leistung des Versicherers erst mit Feststellung des Anspruchs durch Anerkenntnis, Vergleich oder rechtskräftiges Urteil

fällig wird, ist unwirksam. Der Versicherer kann sich daher beispielsweise nicht auf eine Vereinbarung berufen, nach der für ihn keine Verpflichtung zur Leistung besteht, bevor er den Bestand und den Umfang der Schadensforderung anerkannt hat, oder bevor im Falle einer sich ergebenden Meinungsverschiedenheit richterliche Entscheidung erfolgt ist (RG. 18. 10. 22 HansRZ. 1923. 214). — Über die Fälligkeit der Leistung Bem. 7 zu § 49, über die Sonderregelung in der Haftpflichtversicherung Bem. 2 zu § 154.

II. § 11 ist relativ ausnahmsweise zugunsten jedes Dritten zwingend 2.
(AllgVorbem. 26, 28) und rückwirkend (Art. 4 Nr. 2 EG.). Er bleibt bei der Transportversicherung von Gütern außer Anwendung (RG. 6. 6. 25 JW. 1925. 255, 7. 1. 28 JW. 1928. 61, VA. 1929. 261 Nr. 1914; bedenklich RG. 23. 4. 27 VA. 1928. 273 Nr. 1771 Autokaskoversicherung).

§ 12. Die Ansprüche aus dem Versicherungsvertrage verjähren in zwei Jahren, bei der Lebensversicherung in fünf Jahren. Die Verjährung beginnt mit dem Schlusse des Jahres, in welchem die Leistung verlangt werden kann.

Ist im Vertrage bestimmt, daß der Versicherer von der Verpflichtung zur Leistung frei sein soll, wenn der Anspruch auf die Leistung nicht innerhalb einer bestimmten Frist gerichtlich geltend gemacht wird, so beginnt die Frist erst, nachdem der Versicherer dem Versicherungsnehmer gegenüber den erhobenen Anspruch unter Angabe der mit dem Ablaufe der Frist verbundenen Rechtsfolge schriftlich abgelehnt hat. Die Frist muß wenigstens sechs Monate betragen.

Auf eine Vereinbarung, durch welche die Verjährung der Ansprüche gegen den Versicherer erleichtert oder von den Vorschriften des Abs. 2 zum Nachteile des Versicherungsnehmers abgewichen wird, kann sich der Versicherer nicht berufen.

Schrifttum zu Abs. 2: Bruck 408 ff.; Clasen JW. 1928. 147; 1.
Bruck-Dörstling 287; Gottschalk Mitteilungen 1916. 180, 1918. 180, HansRZ. 1922. 122.

I. An Stelle der Verjährungsfristen des BGB. treten andere 2.
Fristen, und zwar eine Frist von zwei Jahren, bei der Lebensversicherung (Bem. 5 ff. vor § 159) von fünf Jahren (Abs. 1 S. 1).

1. Die Verjährung, die vertraglich nicht ausgeschlossen werden kann 3.
(§ 225 S. 1 BGB.), ist von der Klagefrist (Bem. 9) zu unterscheiden (OLG. Hamburg 29. 11. 18 VA. 1919* 31 Nr. 1082). Nach Vollendung der Verjährung kann der Verpflichtete die Leistung verweigern (§ 222 Abs. 1 BGB.). Der Verpflichtete kann jederzeit auf die Einrede der Verjährung verzichten. Die Verjährung ist nicht von Amts wegen zu berücksichtigen.

2. Der Verjährung unterliegen alle Ansprüche aus dem 4.
Versicherungsvertrag, vor allem also der Anspruch des Versicherers auf Ent-

richtung der Prämie samt Nebenkosten, von Verzugszinsen, der Anspruch des Versicherungsnehmers auf Aushändigung des Versicherungsscheins oder einer Ersatzurkunde (§ 3), auf Auszahlung der geldlichen Leistung des Versicherers, auf Gewährung der geldeswerten Leistung des Versicherers, auf Gewährung des Rechtsschutzes in der Haftpflichtversicherung, der Rückvergütung (§ 176), auf Ersatz von Aufwendungen, des Verzugsschadens (RG. 9. 6. 25 Bd. 111. 102, JR. 1925. 212, VA. 1926. 84 Nr. 1450; OLG. Köln 26. 11. 29 Praxis des Versicherungsrechts 1930. 42). — Dagegen verjähren nach §§ 195 ff. BGB. der Rückforderungsanspruch des zurückgetretenen Versicherers (Bem. 11 zu § 20), der Ausgleichsanspruch mehrerer Versicherer (§ 59 Abs. 2; anders nach § 48 ADS. Ritter 699), der Ersatzanspruch gegen Dritte (§ 67), Ansprüche aus ungerechtfertigter Bereicherung.

5. 3. Die Verjährung beginnt mit dem Schluß des Jahres, in welchem die Leistung verlangt werden kann (Abs. 1 S. 2), nicht mit der Entstehung des Anspruchs (§ 198 BGB.). Besteht für die Entrichtung der Prämie eine Zahlungsfrist (Bem. 8 zu § 35), dann tritt die Verjährung nicht mit dem Schluß des Jahres ein, in dem die Prämie fällig ist, sondern in dem der Ablauf der Zahlungsfrist liegt. Wann die geldliche Leistung des Versicherers verlangt werden kann, bestimmt sich in den Versicherungszweigen verschieden (Bem. 7 zu § 49). Das Verlangenkönnen ist auch von der Kenntnis des eingetretenen Versicherungsfalls abhängig. Es wäre ein unmögliches Ergebnis (so Hagen 625), wenn der Anspruch auf die geldliche oder geldeswerte Leistung des Versicherers eher verjährt sein könnte, als der Anspruchsberechtigte überhaupt erfährt, daß der Versicherungsfall eingetreten ist. Der erste Tag der Verjährungsfrist ist der erste Januar des auf das Jahr, in dem die Leistung verlangt werden kann, folgenden Kalenderjahres.

6. 4. Die Verjährungsfrist beträgt zwei oder fünf Jahre; ihre Berechnung ergibt sich aus §§ 187 ff. BGB.; über Hemmung und Unterbrechung §§ 202—217 BGB. Beispiel für § 211 Abs. 2 BGB.: RG. 17. 12. 30 JR. 1931. 128. Die Anerkennung einer Prämienforderung (§ 208 BGB.) kann wirksam auch gegenüber einem Vermittelungsagenten erfolgen (OLG. Hamburg 20. 3. 31 HansRGZ. A. 1931. 487). — Die Verjährung der Ansprüche gegen den Versicherer kann niemals auf eine kürzere als auf eine zwei- oder fünfjährige Frist bemessen werden, denn darin liegt eine Erleichterung der gesetzlich festgelegten Verjährung (Abs. 3). Dagegen könnte die Frist für die Verjährung der Ansprüche gegen den Versicherungsnehmer nicht verlängert, aber abgekürzt werden (§ 225 S. 2 BGB.).

7. 5. Die Geltendmachung der Verjährungseinrede seitens des Versicherers (des Versicherungsnehmers) versagt, wenn er selbst ohne Arglist den Versicherungsnehmer (den Versicherer) veranlaßt hat, die Frist unbenutzt verstreichen zu lassen (OLG. Düsseldorf 30. 4. 25 JR. 1925. 333, VA. 1926. 141 Nr. 1491; RG. 8. 12. 25 JR. 1926. 4).

8. II. Jede Verzögerung in der Erledigung zweifelhafter Ansprüche erschwert die zuverlässige Feststellung der maßgebenden Tatsachen und beeinträchtigt

zugleich die Übersicht über den wahren Stand des Vermögens des Versicherers (Bgr.). Zur Vermeidung dieser Nachteile muß der Anspruch auf die geldliche oder geldeswerte Leistung, falls er von dem Versicherer abgelehnt wird, innerhalb einer bestimmten Frist — Klagefrist — geltend gemacht werden (Abs. 2).

1. Die Klagefrist ist eine vertragliche Ausschlußfrist. So auch **9.**
bereits das vorgesetzliche Recht, selbst wenn die Frist als Verjährungsfrist bezeichnet war (ROHG. Bd. 2. 395, Bd. 8. 408, Bd. 12. 204, Bd. 25. 50; LG. Bromberg VA. 1905* 69 Nr. 135; OLG. Königsberg 24. 9. 07 Praxis Bd. 2. 75; RG. 1. 2. 10 VA. 1910* 113 Nr. 564, JW. 1910. 244, 20. 6. 11 VA. 1913* 3 Nr. 711, 25. 2. 13 VA. 1913* 81 Nr. 749). Die Geltendmachung des Anspruchs innerhalb einer bestimmten Frist ist keine Obliegenheit (OLG. Kassel 30. 9. 27 VA. 1929. 12 Nr. 1795; OLG. Breslau 9. 2. 28 JR. 1928. 93; Gottschalk HansRZ. 122 und Andere. Anders v. Gierke LZ. 1909. 721, 739; Heine LZ. 1912. 301, 308 und Andere), sondern sie befristet das Recht des Versicherungsnehmers, seinen in bestimmter Weise abgelehnten Anspruch nunmehr gerichtlich geltend zu machen. Als Ausschlußfrist ist die Klagefrist von Amts wegen zu beachten. Ist die Frist abgelaufen, ohne daß der Anspruch gehörig geltend gemacht worden ist, dann ist der Anspruch untergegangen, unterliegt daher nicht mehr der Verjährung. Dagegen bleibt die Verjährungsfrist (oben Bem. 3) von Bedeutung für alle Ansprüche, die der Versicherer nicht oder nicht gehörig abgelehnt hat.

2. Die Verwirkung des Anspruchs auf Leistung des Versicherers durch Ablauf der Klagefrist hat drei Voraussetzungen:

a) Es muß ein Anspruch auf eine geldliche oder geldeswerte Leistung **10.**
bei dem Versicherer erhoben worden sein, also insbesondere muß von ihm die Auszahlung geldlicher Leistungen (Entschädigungsleistung, Versicherungssumme, Rückvergütung, Prämienrückgewähr usw.), die Gewährung geldeswerter Leistungen, die Gewährung von Rechtsschutz in der Haftpflichtversicherung (RG. 25. 2. 13 VA. 1913* 81 Nr. 749) gefordert worden sein. Sind mehrere Berechtigte vorhanden, dann kann jeder getrennt von den übrigen seinen Anspruch geltend machen. Gehört der Anspruch zu einem Nachlaß, so hat die Geltendmachung durch alle Miterben gemeinschaftlich zu erfolgen (§ 2040 Abs. 1 BGB.). Wird der Anspruch niemals geltend gemacht, dann hat der Versicherer keine Macht, den Anspruchsberechtigten zur Geltendmachung des Anspruchs zu veranlassen (OLG. Stuttgart 10. 4. 20 VA. 1923* 18 Nr. 1245) oder von sich aus die Klagefrist in Lauf zu setzen. Es bleibt ihm dann nichts anderes übrig, als den geschuldeten Gegenstand öffentlich zu hinterlegen (§§ 372 ff. BGB.; Bem. 6 zu § 49).

b) Die Ablehnung des Anspruchs muß unter Angabe der mit dem Ablauf der Frist verbundenen Rechtsfolge schriftlich erfolgt sein.

Die Ablehnung ist eine empfangsbedürftige Willenserklärung des Ver- **11.**
sicherers oder seines Vertreters. Der Agent (Abschluß- oder Vermittelungsagent) als solcher ist zu der Ablehnung nicht befugt (RG. 10. 1. 05 VA. 1905* 70 Nr. 138, 10. 11. 11 Annalen 1912. 105). Bei mehreren Versicherern hat ein jeder für sich abzulehnen, sofern nicht einer die Führung hat.

12. Die Ablehnung kann erst erfolgen, wenn der Anspruch fällig ist. Es ist somit nicht ausgeschlossen, wenn auch gerade nicht häufig, daß die Klagefrist nach der Verjährungsfrist abläuft, wenn der Versicherer weniger als sechs Monate vor Ende der Verjährungsfrist den Anspruch ablehnt. Zur Aufrechterhaltung seines Anspruchs muß dann der Anspruchsberechtigte vor Ablauf der Verjährungsfrist den Anspruch gerichtlich geltend machen. Ist die Geltendmachung des Anspruchs innerhalb der Verjährungsfrist durch Verhalten des Versicherers unmöglich, so kann sich der Anspruchsberechtigte gegebenenfalls auf arglistiges Handeln des Versicherers berufen (OLG. Stettin 5. 11. 03 VA. 1904. 152 Nr. 70; RG. 9. 11. 88 Bd. 22. 201, 16. 11. 09 VA. 1910* 39 Nr. 517; KG. 28. 1. 22 HansRZ. 1922. 341).

13. Die Ablehnung hat gegenüber demjenigen zu erfolgen, dem der Anspruch zusteht, also dem Versicherungsnehmer oder seinem Rechtsnachfolger, dem Zessionar (§§ 407—409 BGB.; RG. 8. 10. 30 JR. 1930. 435), Pfandgläubiger, Vollstreckungsgläubiger, Bezugsberechtigten, bei Versicherung für fremde Rechnung dem Versicherungsnehmer oder dem Versicherten, je nachdem, wer verfügungsberechtigt ist (§§ 75, 76), bei Veräußerung der versicherten Sache dem Veräußerer oder dem Erwerber, je nachdem wer den Anspruch zu erheben berechtigt ist (§ 69 Abs. 1). Bei mehreren Berechtigten ist einem jeden gegenüber abzulehnen (LG. Beuthen Praxis Bd. 2. 142; OLG. Marienwerder 13. 5. 10 VA. 1911* 3 Nr. 566; RG. 2. 5. 11 VA. 1912* 33 Nr. 654); gehört der Anspruch zum Nachlaß, so ist allen Erben gegenüber abzulehnen (§ 2039 BGB.). Hat der Berechtigte einen rechtsgeschäftlich bestellten oder gesetzlichen Vertreter, so ist die Ablehnung ihm gegenüber auszusprechen (RG. 8. 2. 10 VA. 1910* 63 Nr. 529). Nötigenfalls richtet sich die Adresse nach § 10.

14. Die Erklärung ist schriftlich (Abs. 2 S. 1; §§ 126 Abs. 1, 127 BGB.) abzugeben. Hat die Erklärung vertragsgemäß durch eingeschriebenen Brief zu erfolgen, so wird die Frist durch einfachen Brief nicht in Lauf gesetzt (OLG. Augsburg 4. 12. 28 VA. 1930. 13 Nr. 1926). — Sie muß klar zum Ausdruck bringen, daß der Versicherer den erhobenen Anspruch ablehnt. Begründung der Ablehnung ist rechtlich nicht notwendig.

15. Abgelehnt ist der Anspruch erst dann, wenn der Versicherer endgültig erklärt, nicht zur Leistung verpflichtet zu sein. Daher beginnt die Frist noch nicht zu laufen, solange noch Vergleichsverhandlungen schweben (RG. 9. 11. 88 Bd. 22. 201; KG. 12. 6. 18 VA. 1919* 18 Nr. 1075, 30. 9. 25 VA. 1927. 303 Nr. 1654; OLG. Breslau 30. 10. 19 Rspr. Bd. 40. 238). Scheitert der Vergleich, dann hat jede Partei ihre volle Handlungsfreiheit wiedererlangt (RG. 24. 10. 24 VA. 1925* 101 Nr. 1400). Andrerseits kann die Ablehnung eine endgültige sein und bleiben, wenn noch nach der Ablehnung einseitig ein Vergleich versucht wird (OLG. Düsseldorf 12. 7. 28 JR. 1928. 279, VA. 1929. 203 Nr. 1859). Abgelehnt ist der Anspruch auch dann, wenn der Versicherer aus Anlaß eines Versicherungsfalls den Vertrag wegen arglistiger Täuschung nach § 22 anficht (Sölter JR. 1932. 3, 5).

16. Die Erklärung hat ferner ausdrücklich und klar und deutlich (OLG. Düsseldorf 30. 3. 31 VA. 1932. 6 Nr. 2239) auf die mit dem Ablauf der Frist verbundene

Rechtsfolge hinzuweisen (Abs. 2 S. 1); eine Erklärung, die diesen Hinweis nicht enthält oder nur auf die gesetzliche oder die vertragliche Vorschrift verweist, setzt die Frist nicht in Lauf (OLG. Naumburg 28. 1. 14 Recht 1914 Nr. 1186; RG. 9. 5. 23 HansRZ. 1923. 665, 7. 3. 25 VA. 1926. 148 Nr. 1498, JR. 1925. 254, 25. 4. 25 JR. 1925. 196; OLG. München 24. 3. 28 VA. 1929. 252 Nr. 1906; OLG. Düsseldorf 30. 3. 31 VA. 1932. 6 Nr. 2239; RG. 22. 9. 31 JR. 1931. 317, HansRGZ. A. 1931. 660). — Der Beginn der Frist, deren Berechnung sich aus §§ 187 Abs. 1, 188 Abs. 2, 193 BGB. ergibt, braucht nicht kalendermäßig angegeben zu sein.

Die Kosten der Ablehnung hat der Versicherer zu tragen. 17.

Der Versicherer hat die formgerechte Ablehnung zu beweisen.

Die Ablehnung kann durch nichts anderes (RG. 2. 5. 11 LZ. 1911. 941), insbesondere nicht durch die negative Feststellungsklage des Versicherers ersetzt werden.

c) Der Anspruch auf die Leistung darf nicht innerhalb der Klagefrist gerichtlich geltend gemacht werden.

Die Frist muß im Geltungsbereich der Beschränkungen der Vertrags- 18. freiheit (AllgVorbem. 26, 28) mindestens sechs Monate betragen (Abs. 2 S. 2). Die Verlängerung der Frist ist auch im einzelnen Falle zulässig (OLG. Düsseldorf 13. 2. 30 JR. 1930. 282). Bei kürzerer Frist ist die Fristsetzung unwirksam. Bei Versicherungsvereinen im Sinne des § 6 des Gesetzes vom 20. Dezember 1911, RGBl. 985, bindet eine schiedsgerichtliche Entscheidung über den Anspruch eines Mitglieds oder über einzelne Voraussetzungen des Anspruchs das Mitglied erst, wenn seit ihrer Mitteilung an das Mitglied ein Monat verstrichen ist und nicht innerhalb dieser Frist das Mitglied Klage erhoben hat (§ 5 Abs. 2 a. a. O.). Es laufen also hier zwei Fristen hintereinander, zunächst die sechsmonatige, dann die einmonatige. Die Frist berechnet sich nach §§ 187 Abs. 1, 188 Abs. 2, 193 BGB.

Die gerichtliche Geltendmachung kann im Wege der Fest- 19. stellungs- oder Leistungsklage erfolgen (RG. 15. 5. 25 JR. 1925. 175; OLG. Breslau 17. 6. 31 VA. 1932. 224 Nr. 2300). Der Klage vor den ordentlichen Gerichten steht gleich: die Anrufung eines Schiedsgerichts (§§ 1025 ff. ZPO.), die Beantragung eines Zahlungsbefehls (RG. 14. 2. 08 Bd. 68. 108; anders OLG. Dresden 11. 4. 12 LZ. 1913. 333; LG. I Berlin JR. 1931. 310), die Anmeldung der Forderung in dem Konkursverfahren über das Vermögen des Versicherers (OLG. Düsseldorf 22. 3. 28 VA. 1929. 251 Nr. 1905). Ist aber ausdrücklich vereinbart, daß die Geltendmachung des Anspruchs im Wege der ordentlichen Klage zu erfolgen hat, so genügt nicht die Erwirkung eines Zahlungsbefehls (OLG. Celle 16. 12. 30 VA. 1932. 3 Nr. 2236). Es steht ihr nicht gleich: die Einleitung des Sachverständigenverfahrens (§§ 64, 184; VA. 1910. 86), die Streitverkündung (OLG. Kassel 9. 12. 09 LZ. 1910. 707; OLG. Colmar 29. 10. 10 LZ. 1912. 874; RG. 20. 6. 11 VA. 1913* 3 Nr. 711, 25. 2. 13 VA. 1913* 81 Nr. 749), der Antrag auf Bewilligung des Armenrechts (RG. 4. 12. 03 VA. 1904. 58 Nr. 37, 24. 6. 04 JW. 1904. 476, 15. 2. 29 VA. 1930. 240 Nr. 2005, JR. 1929. 96; OLG. Frankfurt 18. 5. 26

VA. 1927. 238 Nr. 1605, JR. 1926. 223; OLG. Hamm 30. 4. 28 JR. 1929. 146, 21. 3. 29 JR. 1929. 383), die Anrufung der Aufsichtsbehörde (OLG. Frankfurt 18. 5. 26 VA. 1927. 238 Nr. 1605, JR. 1926. 223), der Güteantrag (§§ 496 Abs. 3, 498 Abs. 3 ZPO.; Merz JR. 1928. 170). — Passiv legitimiert ist der Versicherer.

20. Die Frist ist gewahrt durch Erhebung der Klage, Zustellung eines Zahlungsbefehls (Hellweg JR. 1932. 6), eines Arrestes, einer einstweiligen Verfügung, Anmeldung der Forderung im Konkursverfahren. Erhebung der Klage bedeutet ihre Zustellung; ihre Einreichung genügt nicht (OLG. Kassel 30. 9. 27 HansRGZ. A. 1928. 227, VA. 1929. 12 Nr. 1795; OLG. Hamm 5. 7. 28 VA. 1930. 10 Nr. 1923; OLG. Düsseldorf 12. 7. 28 VA. 1929. 203 Nr. 1859, JR. 1928. 279; OLG. Hamm 2. 7. 31 VA. 1932. 226 Nr. 2302). Ebenso bedeutet „vor den zuständigen Richter bringen" Zustellung der Klage (KG. 24. 2. 26 JR. 1926. 88). In dem amtsgerichtlichen Verfahren wird die Frist mit der Einreichung oder Anbringung des Antrags oder der Erklärung gemäß § 496 Abs. 3 ZPO. gewahrt (OLG. Stuttgart 26. 4. 27 VA. 1928. 224 Nr. 1738). Die Wiederaufnahme von Vergleichsverhandlungen bewirkt keine Hemmung der Frist (OLG. Breslau 30. 11. 19 Rspr. Bd. 40. 238; OLG. Düsseldorf 12. 7. 28 JR. 1928. 279, VA. 1929. 203 Nr. 1859), es sei denn, daß der Wille des Versicherers erkennbar ist, seinen ablehnenden Standpunkt aufgeben zu wollen (RG. 2. 3. 09 LZ. 1909. 787). Klageerhebung vor einem örtlich unzuständigen Gericht wahrt nicht die Frist (RG. 12. 4. 18 VA. 1918* 49 Nr. 1043), wohl aber vor einem sachlich unzuständigen Gericht (OLG. Stuttgart 26. 4. 27 VA. 1928. 224 Nr. 1738). Durch Erhebung der Leistungsklage wird die Frist gewahrt, auch wenn nur eine Feststellungsklage zulässig gewesen ist (OLG. Köln 13. 5. 31 VA. 1932. 244 Nr. 2315, JR. 1931. 308).

21. Die Einhaltung der Frist ist keine Obliegenheit (OLG. Breslau 9. 2. 28 JR. 1928. 93; OLG. Königsberg 9. 12. 30 JR. 1931. 376). Es kommt an und für sich nicht darauf an, ob den Versicherungsnehmer ein Verschulden trifft oder nicht, aber nach allgemeinen Rechtsgrundsätzen darf sich der Versicherer auf eine Fristversäumnis nicht berufen, sofern dies gegen Treu und Glauben verstoßen würde. Letzteres ist anzunehmen, wenn der Versicherungsnehmer die Versäumnis genügend entschuldigen kann (RG. 22. 1. 06 LZ. 1907. 64, 12. 4. 18 VA. 1918* 49 Nr. 1043, 20. 3. 23 VA. 1924* 4 Nr. 1294, HansRZ. 1923. 730; OLG. Hamburg 30. 3. 28 HansRGZ. A. 1928. 289; OLG. Hamm 5. 7. 28 VA. 1930. 10 Nr. 1923, 21. 3. 29 JR. 1929. 383; OLG. Königsberg 21. 10. 30 JR. 1931. 61; OLG. Düsseldorf 12. 7. 28 JR. 1928. 279, VA. 1929. 203 Nr. 1859; OLG. Nürnberg 4. 7. 30 VA. 1931. 216 Nr. 2177; KG. 26. 9. 31 JR. 1931. 371; Hagen Bd. 1. 623, Petersen Z. 1921. 248 und Andere. Anders OLG. Stuttgart 8. 10. 12 VA. 1913* 5 Nr. 712; OLG. Frankfurt 18. 5. 26 VA. 1927. 238 Nr. 1605, JR. 1926. 223; OLG. Breslau 9. 2. 28 JR. 1928. 93; Bruck-Dörstling 46). — Die Fristversäumnis begründet nicht die Einrede der Unzulässigkeit des Rechtswegs nach § 274 Nr. 2 ZPO. (OLG. Düsseldorf 16. 12. 14 VA. 1915* 9 Nr. 859). So ist die Überschreitung der Frist als entschuldigt angesehen worden bei nicht rechtzeitigem Eingang von Akten bei

dem über ein Armenrechtsgesuch entscheidenden Gericht (OLG. Hamm 5. 5. 30 JR. 1931. 43). Dagegen ist der Versicherungsnehmer als nicht entschuldigt angesehen worden, wenn er bei Beantragung des Armenrechts noch reichlich Zeit zur Klageerhebung hatte und sie verstreichen läßt (OLG. Hamm 23. 6. 30 JR. 1931. 42). — Fristversäumnis durch den Prozeßvertreter hat der Versicherungsnehmer zu vertreten (RG. 4. 12. 03 VA. 1904. 58 Nr. 37, 15. 1. 15 LZ. 1915. 764, VA. 1915* 25 Nr. 868, 12. 4. 18 VA. 1918* 49 Nr. 1043, 15. 2. 29 JR. 1929. 96; OLG. Kassel 30. 9. 27 HansRGZ. A. 1928. 227, VA. 1929. 12 Nr. 1795. Anders KG. 12. 5. 08 VA. 1908* 76 Nr. 396). — § 207 BGB. kann keine Anwendung finden, da es sich nicht um eine Verjährungsfrist handelt (KG. 7. 11. 31 JR. 1931. 387).

3. Ist die Klagefrist abgelaufen, ohne daß der Berechtigte den Anspruch auf die Leistung gerichtlich geltend gemacht hat, so ist der Versicherer leistungsfrei, jedoch nicht einem Hypotheken- und einem ihm gleichgestellten (§ 106) Gläubiger gegenüber (§ 101). Bei rückkaufsfähigen Lebensversicherungen bleibt der Versicherer zur Auszahlung der Rückvergütung (§§ 173, 176) verpflichtet. 22.

III. § 12 ist relativ zwingend (AllgVorbem. 26). Daher findet § 12 bei der Transportversicherung von Gütern gemäß § 187 Abs. 1 keine Anwendung (RG. 28. 1. 22 HansRZ. 1922. 341). Ob eine Transportversicherung anzunehmen ist, kann sich auch aus der Bezeichnung des Vertrags als Transportversicherungsvertrag ergeben, sofern nicht „der Vertrag Lagerwaren in einer mit dem Begriff der Transportversicherung unvereinbaren Abgrenzung" umfaßt (RG. 4. 10. 29 HansRGZ. A. 1930. 143). Es kann also beispielsweise vereinbart werden, daß „alle nicht innerhalb eines Jahres nach dem Schadensereignis rechtsgültig von dem Versicherer anerkannten oder mittels vollständiger Klage vor das zuständige Gericht gebrachten Ansprüche auf Entschädigung durch den bloßen Zeitablauf erloschen sind, ohne daß es irgendeiner Erklärung bedarf" (RG. 19. 10. 27 JR. 1928. 11). § 12 findet aber Anwendung auf eine im Gewande der Transportversicherung abgeschlossene Diebstahlversicherung (RG. 11. 4. 23 VA. 1925. 155 Nr. 1435) und auf die Transportversicherung von Fahrzeugen (VA. 1928. 169). — Abs. 2 und 3 haben rückwirkende Kraft (Art. 4 Nr. 2, Art. 6 EG.). 23.

§ 13. Wird über das Vermögen des Versicherers der Konkurs eröffnet, so endigt das Versicherungsverhältnis mit dem Ablauf eines Monats seit der Eröffnung; bis zu diesem Zeitpunkte bleibt es der Konkursmasse gegenüber wirksam. Soweit das Gesetz über die privaten Versicherungsunternehmungen vom 12. Mai 1901 (Reichs-Gesetzbl. S. 139) besondere Vorschriften über die Wirkungen der Konkurseröffnung enthält, bewendet es bei diesen Vorschriften.*)

*) An die Stelle des Gesetzes vom 12. Mai 1901 ist das Gesetz über die Beaufsichtigung der privaten Versicherungsunternehmungen und Bausparkassen vom 6. Juni 1931 (RGBl. I S. 315) getreten.

1. Schrifttum: Bruck 711 ff.; Ewald HansRGZ. A. 1928. 449; Lesser JR. 1930. 41; Pagenstecher HansRGZ. A. 1931. 9, Judicium 1931, 155; Silbergleit JR. 1927. 284.

2. I. Die Wirkungen des Konkurses des Versicherers auf bestehende Versicherungsverhältnisse sind, abgesehen von der Lebensversicherung und den ihr gleichgestellten Versicherungszweigen und der Seeversicherung (§§ 898 HGB., 47 ADS.), bisher nicht geregelt gewesen. § 13 füllt diese Lücke aus. — Über die Rechtslage bei Unsicherwerden des Versicherers vor der Konkurseröffnung Bruck 705 ff.; vgl. auch Bem. 4 zu § 8.

3. II. 1. Konkursgrund ist die Zahlungsunfähigkeit des Versicherers (§ 102 KO.), bei Aktiengesellschaften, bei Versicherungsvereinen auf Gegenseitigkeit, bei der Kommanditgesellschaft auf Aktien und bei der Gesellschaft mit beschränkter Haftung auch Überschuldung (§§ 207 Abs. 1, 209 Abs. 1, 213 KO., 63 Abs. 1 GmbHG.).

4. 2. Der Antrag auf Eröffnung des Verfahrens kann bei beaufsichtigten Aktiengesellschaften und Versicherungsvereinen auf Gegenseitigkeit nur von der Aufsichtsbehörde gestellt werden (§ 88 Abs. 1 VAG.). Bei anderen beaufsichtigten Unternehmungen, so beispielsweise bei Viehversicherung betreibenden Einzelversicherern oder bei Gesellschaften mit beschränkter Haftung, steht der Aufsichtsbehörde kein Antragsrecht zu. Der Konkursverwalter ist nicht verpflichtet, jedem Versicherungsnehmer von der Eröffnung des Konkurses Kenntnis zu geben. Die Geschäftsstelle hat die Versicherungsnehmer, falls die Voraussetzungen des § 111 Abs. 3 KO. gegeben sind, durch besondere Zustellung zu benachrichtigen. Über das Antragsverfahren, die Stellung des Konkursgerichts, die Verpflichtung zur Erstattung der Anzeige von der eingetretenen Zahlungsunfähigkeit oder Überschuldung (§ 88 Abs. 2 VAG.) und über die allgemeinen Wirkungen der Konkurseröffnung auf den Betrieb der Versicherungsunternehmung Bruck 711 ff.

III. Der Einfluß des Konkurses auf die bestehenden Versicherungsverhältnisse ist nach ihrer Art verschieden.

A. Der Konkurs des Schadensversicherers.

5. 1. Das Versicherungsverhältnis endigt spätestens einen Monat nach der Konkurseröffnung (§ 108 KO.) auch gegenüber einem Hypotheken- und einem ihm gleichgestellten Gläubiger (§§ 100 Abs. 1 S. 2, 106), falls das Versicherungsverhältnis nicht aus einem anderen Grunde schon früher geendigt hat (S. 1 erster Halbsatz). Die Berechnung der Frist ergibt sich aus §§ 187 Abs. 1, 188 Abs. 2, 193 BGB. (Jaeger KO. 6./7. Auflage Anm. 4 zu § 41). Die Anwendung des § 7 ist ausgeschlossen (Bem. 7 zu § 7).

2. Das Versicherungsverhältnis bleibt bis zu dem Ablauf eines Monats seit der Konkurseröffnung der Konkursmasse gegenüber wirksam (S. 1 zweiter Halbsatz). Daraus folgt:

6. a) Tritt der Versicherungsfall als Totalschaden oder als Teilschaden nach der Konkurseröffnung, aber vor Ablauf der

Monatsfrist ein, so ist der Anspruch auf die Entschädigungsleistung und auf Ersatz von Aufwendungen Masseschuld, da es sich um einen Anspruch aus einem zweiseitigen Vertrag handelt, der erfüllt werden muß (§ 59 Nr. 2 KO.). Gleiches gilt bei Versicherungsvereinen auf Gegenseitigkeit (Bruck 715).

Tritt der Versicherungsfall als Totalschaden oder als Teilschaden vor der Konkurseröffnung ein, so ist der Anspruch auf die Entschädigungsleistung und auf Ersatz von Aufwendungen nicht mehr wie früher eine einfache Konkursforderung, sondern eine bevorrechtigte Forderung, die zwar vor dem Rückforderungsanspruch für unverbrauchte Prämien rangiert, aber im Range allen Konkursgläubigern, die sonst bevorrechtigt sind, nachsteht (§ 80 VAG.). Das Konkursvorrecht des § 80 VAG. gilt auch bei Haftpflichtversicherungen (vgl. jedoch unten vor Bem. 18). Es gilt ferner ohne Rücksicht darauf, ob es sich um eine aufsichtspflichtige oder um eine aufsichtsfreie Versicherungsunternehmung handelt. Bei Versicherungsvereinen auf Gegenseitigkeit rangieren die Ansprüche von gegen feste Prämie Versicherten vor den Ansprüchen der Mitglieder (§ 51 Abs. 1 S. 2 VAG.). 7.

Tritt der Versicherungsfall als Totalschaden oder als Teilschaden nach Ablauf der Monatsfrist ein, so ist, da das Versicherungsverhältnis beendigt ist, kein Anspruch auf irgendeine geldliche oder geldeswerte Leistung des Versicherers gegeben. 8.

b) Die Prämie bleibt bis zum Ablauf der Monatsfrist der Konkursmasse gegenüber geschuldet.

Ist die Prämie zur Zeit der Konkurseröffnung noch nicht bezahlt, dann gebührt der Konkursmasse die Prämie unter Aufgabe des Grundsatzes von der Unteilbarkeit der Prämie pro rata temporis, also nur bis zu dem Ablauf der Monatsfrist zuzüglich der aufgewendeten Kosten (§ 40 Abs. 3; Pagenstecher HansRGZ. A. 16 ff. Unrichtig Fromm JR. 1931. 33 und ihm folgend Frentzel JR. 1931. 172, nach dem die Jahresprämie zu zahlen ist und hinsichtlich des nicht verbrauchten Teils der Prämie ein Rückforderungsrecht als Konkursforderung besteht. Gegen Fromm Kramer JR. 1931. 100). Der Anspruch der Konkursmasse ist dadurch auflösend bedingt, daß das Versicherungsverhältnis nicht vor Ablauf der Monatsfrist aus einem anderen Grunde endigt. 9.

Ist die Prämie zur Zeit der Konkurseröffnung bezahlt, so hat der Prämienschuldner einen aufschiebend bedingten Rückforderungsanspruch für den auf die Zeit nach Ablauf der Monatsfrist entfallenden Teil der vorausbezahlten Prämie, wobei die für diese Zeit aufgewendeten Kosten abzuziehen sind (§ 40 Abs. 3; RG. 3. 2. 14 VA. 1914* 65 Nr. 821). Der Anspruch ist aufschiebend bedingt, weil zur Zeit der Konkurseröffnung noch ungewiß ist, ob das Versicherungsverhältnis mit Ablauf der Monatsfrist oder vorher aus einem anderen Grunde endigen wird (Pagenstecher HansRGZ. A. 10 f.). Die Forderung des Prämienschuldners, bisher einfache Konkursforderung, ist nunmehr bevorrechtigte Konkursforderung, die an letzter Stelle der bevorrechtigten Forderungen, somit unmittelbar vor den einfachen Konkursforderungen, 10.

steht (§ 80 VAG.). Weitergehende Ansprüche aus § 26 KO. bestehen nicht, da § 13 S. 1 als Sonderbestimmung vorgeht (§ 25 KO.).

11. Ist die Prämie nach der Konkurseröffnung bezahlt, so hat der Prämienschuldner eine Masseforderung für den auf die Zeit nach Ablauf der Monatsfrist entfallenden Teil der vorausbezahlten Prämie, wobei die für diese Zeit aufgewendeten Kosten abzuziehen sind (§ 59 Nr. 3 KO.; Pagenstecher Judicium 160).

12. Als Kosten, die abgezogen oder zugerechnet werden, kommen insbesondere Abschluß-, Inkassoprovision in Betracht, die der Versicherer aufgewendet hat. Nicht entscheidend ist, ob die Kosten bereits bezahlt sind. Es reicht aus, daß sie geschuldet werden. Hierbei ist zu beachten, daß die Provisionen auch dann beansprucht werden können, wenn der Tatbestand des § 88 Abs. 2 HGB. gegeben ist, eine Voraussetzung, die vielfach bei Konkursen des Versicherers vorhanden sein wird. Sind die Kosten größer als die auf den Prämienschuldner entfallende Prämie, so hat die Konkursmasse keinen Anspruch auf Vergütung des Differenzbetrages.

13. 3. Das Versicherungsverhältnis muß nicht bis zu dem Ablauf eines Monats seit der Konkurseröffnung der Konkursmasse gegenüber bestehen bleiben, sondern kann vorher erlöschen, insbesondere durch Zeitablauf oder durch Eintritt eines Versicherungsfalls.

14. a) Tritt ein Totalschaden nach der Konkurseröffnung, aber vor Ablauf der Monatsfrist ein, so ergibt sich die Behandlung des Anspruchs auf die Entschädigungsleistung und auf Ersatz von Aufwendungen aus dem oben in Bem. 6 Ausgeführten. Ist die Prämie ganz bezahlt, so entfällt der Rückforderungsanspruch für zuviel gezahlte Prämie, da das Versicherungsverhältnis nicht infolge der Eröffnung des Konkurses beendigt ist (§ 40 Abs. 3). Ist die Prämie überhaupt nicht oder nicht vollständig bezahlt, so ist die ganze Prämie oder der noch nicht bezahlte Teil der Prämie zu bezahlen (anders Helmer JR. 1931. 188, der zu Unrecht davon ausgeht, daß der Grundsatz von der Unteilbarkeit der Prämie nur dort gilt, wo es ausdrücklich bestimmt ist. Bei dem Konkurs des Versicherers bestünde niemals eine über die sich aus § 13 ergebende Frist hinausgehende Verpflichtung zur Prämienzahlung. Es müsse als von vornherein vereinbart angenommen werden, daß der Versicherungsvertrag im Augenblick des Ablaufs des Monats nach der Konkurseröffnung endigen soll).

15. Tritt in demselben Zeitraum ein Teilschaden ein und bleibt das Versicherungsverhältnis bis zu dem Ablauf der Monatsfrist bestehen, so gilt hinsichtlich der Behandlung des Prämienanspruchs das unter Bem. 9—11 Ausgeführte. Endigt das Versicherungsverhältnis vor Ablauf der Monatsfrist etwa durch Kündigung oder Zeitablauf, so gilt in Ansehung der Prämie das unter Bem. 14 Ausgeführte. In beiden Fällen über die Behandlung des Entschädigungsanspruchs oben Bem. 6.

16. b) Tritt vor der Konkurseröffnung ein Totalschaden ein, so ist das Versicherungsverhältnis zur Zeit der Konkurseröffnung bereits erloschen. In

Ansehung der Entschädigungsforderung gilt das in Bem. 7 Ausgeführte, in Ansehung der Prämie gilt das in Bem. 14 Ausgeführte.

Tritt vor der Konkurseröffnung ein Teilschaden ein, so gilt in Ansehung der Entschädigungsforderung das in Bem. 7 Ausgeführte, in Ansehung der Prämie gilt das in Bem. 9—11 Ausgeführte. 17.

B. Der Konkurs des Lebensversicherers.

Gleichgestellt sind der Konkurs des Kranken- und Unfallversicherers, soweit Versicherungen nach Art der Lebensversicherung betrieben werden (§§ 12, 79 VAG.), und der Konkurs über das Inlandsvermögen eines ausländischen Lebensversicherers (§ 110 VAG.). Nach der Auffassung des Reichsaufsichtsamts soll auch die Haftpflichtversicherung gleichgestellt sein hinsichtlich der bei Zahlung von Haftpflichtrenten durch den Versicherer zu bildenden Rentenreserven und bei der lebenslänglichen Haftpflichtversicherung (VA. 1903. 83, 1904. 113, 1905. 82, 1906. 27). Hiernach müßten die Versicherungsnehmer auch das in Bem. 19 erwähnte Vorzugsrecht haben. Ob öffentlich-rechtliche Vorschriften entsprechend angewendet oder auch nur ausdehnend ausgelegt werden können, ist zweifelhaft.

1. Mit der Konkurseröffnung erlöschen die Versicherungs- 18. verhältnisse (§§ 77 Abs. 3 VAG., 13 S. 2). Der Versicherungsnehmer erhält keinen Schadensersatzanspruch (§ 26 KO.), da die versicherungsrechtlichen Sonderbestimmungen des § 77 Abs. 3, 4 VAG. vorgehen (§ 25 KO.).

2. Dem Versicherungsnehmer steht der Betrag zu, der als 19. rechnungsmäßige Prämienreserve zur Zeit der Konkurseröffnung auf ihn entfällt (§ 77 Abs. 3 VAG.). Der Anspruch ist eine bevorrechtigte Konkursforderung, zu deren Befriedigung jedoch nur die Bestände des Prämienreservefonds zur Verfügung stehen (Bruck 718). Ferner kann der Versicherungsnehmer, wenn der Versicherungsfall vor der Konkurseröffnung eingetreten, aber die Geldleistung noch nicht ausgezahlt ist, den über die Einzelreserve hinausgehenden Anspruch als einfacher Konkursgläubiger geltend machen. Tritt der „Versicherungsfall" nach der Eröffnung des Konkursverfahrens ein, so bleibt der Versicherungsnehmer auf seinen Anspruch auf die Einzelreserve beschränkt.

3. a) Ist die Prämie zur Zeit der Konkurseröffnung noch nicht 20. bezahlt, dann gebührt der Konkursmasse die Prämie unter Aufgabe des Grundsatzes von der Unteilbarkeit der Prämie pro rata temporis, also nur bis zu dem Zeitpunkt der Eröffnung des Konkurses, zuzüglich der aufgewendeten Kosten (§ 40 Abs. 3; oben Bem. 9).

b) Ist die Prämie zur Zeit der Konkurseröffnung im voraus für eine 21. Zeit, die über die Zeit der Konkurseröffnung hinausgeht, bezahlt, so hat der Prämienschuldner einen Rückforderungsanspruch für den auf die Zeit nach der Konkurseröffnung entfallenden Teil der vorausbezahlten Prämie, wobei die für diese Zeit aufgewendeten Kosten abzuziehen sind (§ 40 Abs. 3). Die Forderung ist eine einfache Konkursforderung, da § 80 VAG. nicht gilt.

22. c) Ist die Prämie nach der Konkurseröffnung bezahlt, so hat der Prämienschuldner eine Masseforderung für den auf die Zeit nach der Konkurseröffnung entfallenden Teil der vorausbezahlten Prämie, wobei die für diese Zeit aufgewendeten Kosten abzuziehen sind (§ 59 Nr. 3 KO.). Über die abzugsfähigen Kosten oben Bem. 12.

23. IV. § 13 ist absolut zwingend für den ganzen Bereich des Gesetzes (AllgemVorbem. 27, 28). Hierdurch wird nicht ausgeschlossen, daß dem Versicherungsnehmer vertraglich das Recht zur Kündigung des Versicherungsvertrags auf einen früheren Zeitpunkt als den Ablauf der einmonatigen Frist eingeräumt werden kann, denn die Rechtslage des Versicherungsnehmers wird verbessert, nicht verschlechtert. Ein dem Versicherer eingeräumtes Kündigungsrecht mit einer kürzeren als einmonatigen Frist widerspricht dem Schutzcharakter des § 13. Eine spätere als einmonatige Kündigung des Versicherungsverhältnisses kann weder für den Versicherungsnehmer noch für den Versicherer vertraglich vorgesehen werden, denn eine solche Vereinbarung würde dem Liquidationszweck des Konkurses widersprechen. Über diese Frage und über die Frage, ob der Versicherungsnehmer ein sofortiges Kündigungsrecht (Rücktrittsrecht) wegen veränderter Umstände hat, Bruck 713 Note 30. — § 13 hat rückwirkende Kraft (Art. 4 Nr. 3 EG.).

V. Vergleichsverfahren.

24. 1. Schrifttum: Pagenstecher Judicium 1931. 155; Steindler, Der Einfluß des Vergleichsverfahrens zur Abwendung des Konkurses auf Versicherungsverträge, Hamburger Diss. 1931.

25. 2. Nur über aufsichtsfreie Versicherungsunternehmungen (§ 148 VAG.) findet das Vergleichsverfahren statt (§ 94 VglO.). Die reine Rückversicherungsgesellschaft ist aufsichtsfrei. Betreibt aber eine Rückversicherungsgesellschaft auch im direkten Geschäft einen aufsichtspflichtigen Versicherungszweig, so ist der Gesamtbetrieb aufsichtspflichtig (VA. 1904. 120), mithin kann kein Vergleichsverfahren stattfinden. Eine unlösbare Schwierigkeit entsteht, wenn eine aufsichtsfreie Transportversicherungsgesellschaft (§ 148 Abs. 1 VAG.) einen aufsichtspflichtigen Versicherungszweig betreibt. Soll hier das Vergleichsverfahren oder das Konkursverfahren zulässig sein? Beide Verfahren nebeneinander sind undenkbar.

26. 3. Vergleichsgrund ist stets Zahlungsunfähigkeit, Überschuldung nur, wenn sie Konkursgrund ist (§ 1 Abs. 1, 2 VglO.; oben Bem. 3).

27. 4. Den Antrag auf Eröffnung des Verfahrens kann nur der Versicherer, nie ein Gläubiger des Versicherers stellen (§§ 1, 15 ff. VglO.). Der Vergleichsantrag gilt auch als bedingter Konkursantrag, denn wenn die Eröffnung des Vergleichsverfahrens abgelehnt wird, dann ist zugleich über die Eröffnung des Konkursverfahrens zu entscheiden (§ 24 VglO.).

5. Der Einfluß des Vergleichsverfahrens auf die bestehenden Versicherungsverträge ist verschieden.

a) Bei Eröffnung des Vergleichsverfahrens ist die Prämie ganz oder teilweise noch nicht bezahlt. Der Versicherungsfall ist noch nicht eingetreten. Die geschuldete Prämie muß bezahlt werden. Das Vergleichsverfahren ist vorbehaltlich §§ 28, 30 VglO. (Bem. 32) ohne Einfluß (§ 4 VglO.). 28.

b) Bei Eröffnung des Vergleichsverfahrens ist die Prämie bezahlt.

Der Versicherungsfall ist bereits eingetreten. Der Anspruch auf die Entschädigungsleistung ist bevorrechtigte Konkursforderung, da sie den übrigen Konkursforderungen des § 61 Nr. 6 KO. im Range vorgeht. § 80 VAG. muß entsprechend der Entstehungsgeschichte und dem Wortlaut auch für aufsichtsfreie Versicherungsunternehmungen gelten. Infolgedessen ist der Versicherungsnehmer an dem Verfahren nicht beteiligt und wird von dem Vergleich nicht betroffen (§ 2 VglO.). 29.

Der Versicherungsfall ist noch nicht eingetreten. Ob der Anspruch des Versicherungsnehmers auf Gefahrtragung, insofern § 13 VVG. nicht gilt (Bem. 31), nach § 69 KO. oder nach § 67 KO., die beide nach § 2 VglO. Anwendung finden, zu berücksichtigen ist, ist zweifelhaft. Da der Anspruch auf Gefahrtragung kein bedingter Geldanspruch ist, auch eine Sicherheitsleistung nicht in Betracht kommen kann, ist die Anwendung des § 67 KO. wohl ausgeschlossen. Der Anspruch auf Gefahrtragung ist nach § 69 KO. zu behandeln. Der „Schätzungswert", der geltend zu machen ist, entspricht den Kosten einer gleichartigen Deckungsversicherung. Hierbei wird nicht verkannt, daß der Versicherungsnehmer bei eintretendem Versicherungsfall offensichtlich beeinträchtigt wird. Auch wird nicht übersehen, daß die einzelne Gefahrtragung keinen Schätzungswert hat, sondern sich nur im Zusammenhalt mit einer größeren Anzahl gleich oder ähnlich gestalteter Gefahrtragungen ein durchschnittlicher Schätzungswert ergibt, der der Prämie für die Deckungsversicherung entspricht, mag diese genommen werden oder nicht (P a g e n s t e c h e r 164 f.; anders S t e i n d l e r 66 ff.). 30.

Der Versicherungsfall tritt nach Eröffnung des Vergleichsverfahrens ein. Ist der Anspruch auf die Entschädigungsleistung Konkursforderung, so ist der Versicherungsnehmer an dem Vergleichsverfahren beteiligt und wird von dem Vergleich betroffen (§ 2 VglO.), weil der Anspruch bereits zur Zeit der Eröffnung des Verfahrens als Gefahrtragungsanspruch bestand, wenn er auch erst durch den später eingetretenen Versicherungsfall konkretisiert worden ist. Entstammt dagegen der Anspruch auf die Entschädigungsleistung einem Versicherungsvertrag, für den § 13 VVG. gelten würde, wenn das Konkursverfahren eröffnet wäre, also vor allem einem Transportversicherungsvertrag, so wäre der Anspruch eine Masseschuld (oben Bem. 6), mithin ist der Versicherungsnehmer an dem Verfahren nicht beteiligt (§ 2 VglO.; anders P a g e n s t e c h e r 163, weil alsdann „die überwiegende Mehrzahl aller Forderungen überhaupt vom Vergleich nicht betroffen würden"). 31.

c) Ist der Versicherungsvertrag beiderseits zur Zeit der Eröffnung des Vergleichsverfahrens nicht oder nicht völlig erfüllt (Bem. 28), oder ist bei einem 32.

§ 13 VVG. unterliegenden Versicherungsvertrag nur die Prämie zur Zeit der Eröffnung des Vergleichsverfahrens restlos bezahlt, so finden §§ 28, 30 VglO., in dem letzten Fall jedoch nur entsprechend Anwendung, letzteres da anderenfalls die Durchführung des Vergleichsverfahrens auf das äußerste gefährdet wäre (Steindler 75 f.). Mithin kann der Versicherer oder der Versicherungsnehmer mit Ermächtigung des Gerichts die Erfüllung oder die weitere Erfüllung ablehnen und der Versicherungsnehmer von dem Versicherer Schadensersatz wegen Nichterfüllung verlangen. Ist die Prämie über den Zeitpunkt der rechtswirksamen Erfüllungsablehnung hinaus bezahlt, so ist der überschießende Prämienbetrag Bestandteil des Schadensersatzanspruchs des Versicherungsnehmers. § 40 Abs. 3 VVG. gilt hier nicht. Ist die Prämie nicht voll bis zum Zeitpunkt der Erfüllungsablehnung bezahlt, so muß sich der Versicherungsnehmer auf seinen Schadensersatzanspruch die bis dahin geschuldete Prämie anrechnen lassen. In beiden Fällen ist der Grundsatz von der Unteilbarkeit der Prämie durch § 28 VglO. durchbrochen (Steindler 79). Eine entsprechende Anwendung des § 13 VVG. verbietet sich, weil dann alle Versicherungsverträge einen Monat nach Eröffnung des Verfahrens erlöschen würden, ein Ergebnis, das den Zwecken des Vergleichsverfahrens direkt entgegensteht.

§ 14. Auf eine Vereinbarung, nach welcher im Falle der Eröffnung des Konkurses über das Vermögen des Versicherungsnehmers das Versicherungsverhältnis erlöschen oder der Versicherer befugt sein soll, das Versicherungsverhältnis ohne Einhaltung einer Kündigungsfrist oder unter Einhaltung einer Kündigungsfrist von weniger als einem Monate zu kündigen, kann sich der Versicherer nicht berufen.

Das gleiche gilt, wenn eine Vereinbarung der im Abs. 1 bezeichneten Art für den Fall getroffen ist, daß die Zwangsverwaltung des versicherten Grundstücks angeordnet wird.

1. Schrifttum: Bruck 689 ff.; Gottschalk JR. 1931. 137, 217.
Über die Rechtslage bei Unsicherwerden des Versicherungsnehmers vor der Konkurseröffnung Bruck 689 ff. Über den Konkurs des Versicherten bei der Versicherung für fremde Rechnung § 77, des Versicherungsnehmers in der Haftpflichtversicherung § 157.

2. I. Konkursgrund ist die Zahlungsunfähigkeit (§ 102 KO.) oder Überschuldung (§§ 207 Abs. 1, 209 Abs. 1, 213 KO., 63 Abs. 1 GmbHG.) des Versicherungsnehmers, der zugleich auch der Prämienschuldner ist, oder des Prämienschuldners, der nicht zugleich der Versicherungsnehmer ist.

3. II. Der Konkurs ist vor dem formellen Versicherungsbeginn (Bem. 20 zu § 1) eröffnet, nachdem der Antrag auf Abschluß des Versicherungsvertrags dem Versicherer zugegangen ist. Der Antragsteller bleibt gebunden. Der Versicherer muß ihm gegenüber die Annahme erklären. Der

zustande gekommene Vertrag hat jedoch der Konkursmasse gegenüber keine Wirkung (Bruck 691). In der „Annahmeerklärung" gegenüber dem Konkursverwalter liegt die Ablehnung des Antrags des Gemeinschuldners verbunden mit einem neuen Antrag des Versicherers an den Konkursverwalter (Gottschalk 139).

III. Der Konkurs ist nach dem formellen Versicherungsbeginn eröffnet.

1. a) Zu der Konkursmasse gehört das gesamte der Zwangsvollstreckung unterliegende Vermögen, das dem Versicherungsnehmer zu der Zeit der Eröffnung des Verfahrens gehört (§ 1 Abs. 1 KO.), mithin grundsätzlich die Ansprüche aus allen Versicherungsverträgen. Der Rechtsgrund ist der zu der Zeit der Konkurseröffnung bereits abgeschlossene Versicherungsvertrag, mag auch der Anspruch auf eine bestimmte geldliche oder geldeswerte Leistung erst durch den Eintritt eines Versicherungsfalls konkretisiert worden sein. 4.

b) Zu der Konkursmasse gehört nicht:

α) der Anspruch des Gemeinschuldners aus einer Lebensversicherung oder aus einer Unfallversicherung mit einer unwiderruflichen Bezugsberechtigung. Der Anspruch steht dem unwiderruflich Bezugsberechtigten, nicht dem Gemeinschuldner zu, unterliegt mithin auch nicht dem Zugriff der Gläubiger des Gemeinschuldners; 5.

β) der Anspruch des Gemeinschuldners aus einer Versicherung gegen Unfälle, die ihm selbst zustoßen, insoweit es sich um höchstpersönliche Leistungen handelt, wie ärztliche Behandlung, Heilmittel und ähnliches (§ 399 erster Halbsatz BGB., § 851 Abs. 1 ZPO.). Der Anspruch auf Prämienrückgewähr gehört zu der Konkursmasse. Bei dem Anspruch auf die Entschädigungsleistung ist zu unterscheiden, ob der Versicherungsfall vor oder nach der Konkurseröffnung eingetreten ist. Im ersten Fall gehört der Anspruch auf die Geldleistung zu der Konkursmasse. Im zweiten Fall gehört der Anspruch auf die Geldleistung nur dann zu der Konkursmasse, wenn der Gemeinschuldner schriftlich einwilligt, denn die konkursrechtliche Beschlagnahme des Anspruchs läuft auf eine Versicherung gegen Unfälle, die einem anderen zustoßen, hinaus (§ 179 Abs. 3; Grimm HansRGZ. A. 1930. 257. Anders Gottschalk 138). Ebenso sind die Ansprüche aus Kranken- und Invaliditäts-Versicherung zu behandeln; 6.

γ) der Anspruch des Gemeinschuldners aus Versicherungsverträgen jeder Art, die der Konkursverwalter mit konkursbefreiender Wirkung dem Gemeinschuldner zur freien Verfügung überläßt. Die Freigabe hat der Konkursverwalter ausdrücklich oder durch schlüssiges Verhalten zu erklären. Keine Freigabeerklärung braucht die bloße Ablehnung weiterer Prämienzahlung zu sein. Die Freigabe, die als rechtsgestaltende Erklärung unwiderruflich ist (RG. 7. 5. 12 LZ. 1912. 934), kann wegen Irrtums nicht angefochten werden, sofern Motivirrtum vorliegt, wohl aber wegen arglistiger Täuschung; 7.

8. d) der Anspruch des Gemeinschuldners aus einer Versicherung, insoweit sie sich auf unpfändbare Sachen bezieht (§ 15).

Gehören Ansprüche aus Versicherungsverträgen nicht zu der Konkursmasse, so unterliegen sie nach wie vor der Verfügungsgewalt des Gemeinschuldners.

9. 2. Durch die Zugehörigkeit eines Anspruchs aus einem Versicherungsvertrag zu der Konkursmasse wird an und für sich der Anspruch in keiner Weise berührt. Vor allem kann im Interesse der Konkursmasse für den Bereich der Beschränkungen der Vertragsfreiheit (AllgVorbem. 26, 28) vertraglich nicht vorgesehen werden, daß durch die Eröffnung des Konkursverfahrens das Versicherungsverhältnis erlöschen oder der Versicherer zur sofortigen Kündigung oder zur Kündigung unter Einhaltung einer Kündigungsfrist von weniger als einem Monat befugt sein soll (Abs. 1). Das gleiche gilt für den Fall der Zwangsverwaltung des versicherten Grundstücks (Abs. 2). Eine vertragliche Regelung des Kündigungsrechts unter Beobachtung dieser Einschränkungen ist zulässig. Kündigt der Versicherer, so behält er die Prämie lediglich für die Zeit bis zur Beendigung des Versicherungsverhältnisses (Bgr.); der Grundsatz von der Unteilbarkeit der Prämie wird durchbrochen. — Eine besondere Anzeige an den Versicherer von der Konkurseröffnung ist nur zu erstatten, wenn sie vertraglich vorgesehen ist (OLG. Kolmar 28. 10. 04 VA. 1905 23 Nr. 102).

10. 3. Ist der Versicherungsvertrag zur Zeit der Eröffnung des Konkursverfahrens von dem Gemeinschuldner oder von dem Versicherer vollständig erfüllt, eine Voraussetzung, die zutrifft, wenn der Gemeinschuldner keine Prämie schuldet oder der Versicherer die Gefahrtragung nicht mehr schuldet, weil entweder ein Totalschaden eingetreten und von dem Versicherer bezahlt ist oder weil das Versicherungsverhältnis aus einem anderen Grunde beendigt ist, d. h. daß der Versicherer endgültig (vgl. § 39) von der Verpflichtung zur Gefahrtragung befreit ist, so greifen besondere konkursrechtliche Vorschriften nicht Platz.

11. 4. a) Ist der Versicherungsvertrag zur Zeit der Konkurseröffnung von dem Versicherer und von dem Gemeinschuldner nicht oder nicht vollständig erfüllt — der Gemeinschuldner schuldet also noch Prämie und der Versicherer trägt noch die Gefahr —, so hat der Konkursverwalter das sich aus § 17 KO. ergebende Wahlrecht. Anders Gottschalk 217 ff.: Das Wahlrecht des Konkursverwalters sei nicht gegeben, wenn sich der Versicherer zur Zeit der Konkurseröffnung im Risiko befindet, denn der Versicherungsvertrag sei als Dauerschuldverhältnis schon dann erfüllt, sobald die Gefahrtragung des Versicherers bestehe. Gegen diese Ansicht spricht, daß Erfüllung in dem Sinne von § 17 KO. nur vorliegt, wenn „alles geleistet worden ist, was nach Inhalt des Vertrags geschuldet war" (Jaeger Anm. 10 zu § 17 KO.). Es entscheidet also über die Frage, ob noch etwas zu leisten ist, nur

der Inhalt des Vertrags, nicht die Fälligkeit der Leistung zur Zeit der Konkurseröffnung. Bei dem Versicherungsvertrag hat der Versicherer erst alles geleistet, wenn er die Gefahr bis zu dem Ende der materiellen Versicherungsdauer getragen hat. Gegen Gottschalk mit Recht Pfeiffer JW. 1931. 286. — Der Versicherer kann verlangen, daß der Konkursverwalter unverzüglich erklärt, ob er die Erfüllung des Versicherungsvertrags verlangen will (§ 17 Abs. 2 S. 1 KO.). Die Einleitung des Mahnverfahrens (§ 39) gilt als ein solches Verlangen. Gibt der Konkursverwalter die Erklärung nicht oder nicht unverzüglich ab oder bezahlt nicht den eingemahnten Betrag, so gilt sein Verhalten als Ablehnung der Erfüllung (§ 17 Abs. 2 S. 2 KO.).

Wählt der Konkursverwalter weitere Erfüllung, so tritt er in alle Rechte und Pflichten des Versicherungsvertrags ein. Der Anspruch des Versicherers auf Bezahlung der Prämie ist Masseanspruch (§ 59 Nr. 2 KO.). Zahlt der Konkursverwalter nicht rechtzeitig die Prämie und Nebenkosten, so kann der Versicherer nur ihm gegenüber das Mahnverfahren einleiten. Tritt der Versicherungsfall ein, so fällt die Entschädigungsleistung des Versicherers in die Konkursmasse.

Wählt der Konkursverwalter Nichterfüllung, so hört das Versicherungsverhältnis auf. Der Versicherer ist bei eintretendem Versicherungsfall zu keiner Leistung verpflichtet. Bei rückkaufsfähigen Lebensversicherungen ist an die Konkursmasse die Rückvergütung zu zahlen (§§ 173, 176). Der Versicherer ist Konkursgläubiger für die Prämienforderung bis zum Zeitpunkte der Erfüllungsablehnung. Ein Schadensersatzanspruch nach § 26 KO. kommt nicht in Betracht, da er eine isolierte Betrachtung des Vertrags und seines Ablaufs voraussetzen würde, die an dem kollektivistischen Charakter der Versicherung und dem Moment der Ungewißheit scheitert. Der Grundsatz von der Unteilbarkeit der Prämie ist durch § 17 KO. als aufgehoben zu betrachten.

b) Mit Eröffnung des Konkursverfahrens verliert der Versiche- 12.
rungsnehmer die Befugnis, über die Rechte aus seiner Versicherung zu verfügen, die Befugnis geht auf den Konkursverwalter über (§ 6 KO.). Rechtshandlungen, die der Versicherungsnehmer nach Konkurseröffnung vornimmt, sind den Konkursgläubigern gegenüber unwirksam (§ 7 KO.). Er kann daher insbesondere nicht den Versicherungsvertrag kündigen, den Anspruch aus der Versicherung abtreten oder verpfänden, den Lebensversicherungsvertrag umwandeln (§ 174), einen Bezugsberechtigten benennen (§§ 166, 180), Vorauszahlungen erheben (Bem. 12 zu § 176), Prämien zahlen (gegebenenfalls ist der Versicherer zur Herausgabe der Bereicherung an die Konkursmasse nach § 951 BGB. verpflichtet) usw. Aber auch der Versicherer kann dem Versicherungsnehmer gegenüber keine Rechtshandlungen mehr vornehmen. Er kann daher insbesondere nicht ihm gegenüber zurücktreten (§ 20), den Versicherungsvertrag anfechten (§ 22), kündigen, eine Überversicherung herabsetzen (§ 51), den Versicherungsnehmer mahnen (§ 39). Entscheidend für die Wirksamkeit ist der Zeitpunkt des Zugehens der Erklärung. Schwebende Prozesse werden unterbrochen (§ 240 ZPO.), nicht aber ein schiedsgerichtliches Verfahren (Stein-Jonas

§ 1025 Anm. VI) oder ein Verfahren nach § 64 (Gottschalk 138). — Dagegen kann der Versicherungsnehmer alle Anzeigen wirksam erstatten.

13. c) Alle geldlichen Leistungen, die der Versicherer nach Eröffnung des Konkursverfahrens an den Versicherungsnehmer bewirkt, sind den Konkursgläubigern gegenüber insoweit wirksam, als das Geleistete in die Konkursmasse geflossen ist (§ 8 Abs. 1 KO.). Sie sind ferner auch dann wirksam, wenn das Geleistete zwar nicht in die Konkursmasse geflossen ist, der Versicherer aber zur Zeit der Leistung noch keine Kenntnis von der Eröffnung des Konkursverfahrens hatte. Vor der Bekanntmachung der Konkurseröffnung erfolgte Leistungen gelten als rechtswirksam, sofern dem Versicherer nicht nachgewiesen wird, daß er von der Konkurseröffnung wußte, während nach der Bekanntmachung erfolgte Leistungen den Versicherer nur dann befreien, wenn er nachweist, daß er zur Zeit der Leistung noch keine Kenntnis von der Konkurseröffnung hatte (§ 8 Abs. 2, 3 KO.). Der Versicherer ist stets von seiner Leistungspflicht gegenüber der Konkursmasse, nicht von seiner Schadensersatzpflicht befreit, wenn er an den Versicherungsnehmer als Inhaber des Versicherungsscheins zahlt (Bruck-Dörstling 268).

14. d) Die Verfügung über die Versicherungsforderung steht dem Konkursverwalter zu. Selbst wenn er der Genehmigung des Gläubigerausschusses bedarf, ist die Verfügung dem Versicherer gegenüber wirksam ohne Rücksicht darauf, ob er die Genehmigung erlangt hat oder nicht (§ 136 KO.). Der Konkursverwalter kann insbesondere den Versicherungsvertrag kündigen, von ihm zurücktreten, den Anspruch aus der Versicherung abtreten (den Anspruch aus einer Lebensversicherung nur mit Zustimmung des Versicherten [Bem. 7 vor § 159]), den Lebensversicherungsvertrag umwandeln (§ 174), eine Bezugsberechtigung (§§ 166, 180) widerrufen (RG. 13. 2. 14 VA. 1914* 78 Nr. 831), eine Vorauszahlung erheben (Bem. 12 zu § 176).

IV. Vergleichsverfahren.

15. 1. Schrifttum: Bem. 24 zu § 13.

16. 2. Vergleichsgrund ist stets Zahlungsunfähigkeit, Überschuldung nur, wenn sie Konkursgrund ist (§ 1 Abs. 1, 2 VglO.; oben Bem. 2).

17. 3. Die Bestimmung des § 14 (oben Bem. 9) gilt entsprechend in dem Vergleichsverfahren. Die Erwägungen, auf denen diese Bestimmung beruht, treffen auch in dem Vergleichsverfahren zu. Jedoch bleibt zu beachten, daß gegebenenfalls § 28 VglO. Anwendung findet.

4. Der Einfluß des Vergleichsverfahrens auf den bestehenden Versicherungsvertrag ist verschieden.

18. a) Bei Eröffnung des Vergleichsverfahrens ist die Prämie ganz oder teilweise noch nicht bezahlt. Der Versicherungsfall ist noch nicht eingetreten. Die geschuldete Prämie muß bezahlt werden. Das Vergleichsverfahren ist ohne Einfluß (§ 4 VglO.). Jeder Vertragsteil kann aber mit Ermächtigung des Gerichts die Erfüllung oder die weitere Erfüllung ablehnen (§ 28 VglO.). Der Versicherer kann die Prämie bis zur Erfüllungsablehnung fordern, da er

bis dahin die Gefahr getragen hat. Ein Schadensersatzanspruch im Sinne des § 30 VglO. kommt aus den oben in Bem. 11 erwähnten Gründen nicht in Betracht.

b) Bei Eröffnung des Vergleichsverfahrens ist die Prämie bezahlt.

Der Versicherungsfall ist bereits eingetreten oder tritt während des Ver- 19.
gleichsverfahrens ein. Das Vergleichsverfahren ist ohne Einfluß auf die dem Versicherer obliegende Verpflichtung zu einer bestimmten geldlichen oder geldeswerten Leistung.

Der Versicherungsfall ist noch nicht eingetreten. Das Vergleichsverfahren 20.
ist ohne Einfluß.

§ 15. Soweit sich die Versicherung auf unpfändbare Sachen bezieht, kann die Forderung aus der Versicherung nur an solche Gläubiger des Versicherungsnehmers übertragen werden, die diesem zum Ersatze der zerstörten oder beschädigten Sachen andere Sachen geliefert haben.

Schrifttum: Bruck 693, 726 ff. 1.

I. Grundsätzlich ist die Forderung, die dem Versicherungsnehmer aus dem 2.
Schadensversicherungsvertrag gegen den Versicherer zusteht, abtretbar, verpfändbar, pfändbar ohne Rücksicht darauf, ob der Versicherungsfall bereits eingetreten oder ob er noch nicht eingetreten ist (Bem. 12—14 zu § 49). Die Forderung kann unter anderem nicht abgetreten werden, insoweit sie der Pfändung nicht unterworfen ist (§ 400 BGB.). Bezieht sich die Versicherung auf eine unpfändbare Sache, dann ist sie dem Zugriffe der Gläubiger des Versicherungsnehmers entzogen. Hieran soll durch Eintritt des Versicherungsfalls nichts geändert werden. Die Gläubiger dürfen nach Eintritt des Versicherungsfalls nicht günstiger gestellt sein als vorher. Infolgedessen läßt § 15 die Übertragung der Forderung aus der Versicherung nur in beschränktem Umfange zu (vgl. § 97 über die beschränkte Zulässigkeit der Abtretung der Forderung aus einer Gebäudeversicherung mit Wiederherstellungsklausel). — Über Abtretung, Verpfändung, Pfändung von Ansprüchen aus dem Lebensversicherungsvertrag Bem. 7—9 vor § 159, aus dem Unfallversicherungsvertrag Bem. 13 vor § 179.

II. 1. Abtretung und Verpfändung (§ 1274 Abs. 2 BGB.) der 3.
Forderung aus der Versicherung unpfändbarer Sachen sind nur beschränkt zulässig. Unpfändbar sind vor allem die in § 811 ZPO. aufgeführten Sachen. Die in § 810 Abs. 1 S. 2 ZPO. aufgeführten Sachen sind zeitlich beschränkt pfändbar. Die in § 812 ZPO. aufgeführten Gegenstände sind nicht unpfändbar im Sinne des § 15, da ihre Erhaltung nach den tatsächlichen Voraussetzungen des § 15 nicht mehr in Frage kommt. Sind neben unpfändbaren Sachen pfändbare Sachen versichert, so ist nur derjenige Teil der Forderung beschränkt abtretbar und verpfändbar, welcher auf die unpfändbaren Sachen entfällt.

Der beschränkten Abtretbarkeit unterliegt nur die Forderung aus 4.
der Versicherung. Unbeschränkt abtretbar ist daher insbesondere der

Ersatzanspruch aus § 67. Da aber der Ersatzanspruch kraft Gesetzes auf den Versicherer übergeht, so kann der Gläubiger des Versicherungsnehmers weder den Ersatzanspruch noch den Versicherungsanspruch pfänden (Gerhard 82).

5. Soweit die Versicherungsforderung nicht übertragbar ist, gehört sie auch nicht zur Konkursmasse des Versicherungsnehmers (§ 1 Abs. 1 KO.; Ausnahme § 1 Abs. 2 KO.; § 811 Nr. 4, 9 ZPO.). Tritt der Versicherungsfall nach der Konkurseröffnung ein, dann gehört der Anspruch auf die Entschädigungsleistung nicht zu der Konkursmasse. Tritt der Versicherungsfall vor der Konkurseröffnung ein, dann gehört der Anspruch auf die Entschädigungsleistung zu der Konkursmasse, wenn der Ersatzlieferant befriedigt oder wenn das Ersatzstück geliefert ist. Der Ersatzlieferant, der das Ersatzstück geliefert hat, ist einfacher Konkursgläubiger, das sich aus § 15 ergebende Veräußerungsverbot ist wirkungslos (§ 13 KO.; Bruck 693). — In dem Vergleichsverfahren ergibt sich folgende Rechtslage. Ist der Versicherungsfall nach der Eröffnung des Verfahrens eingetreten, so ist der Ersatzlieferant kein beteiligter Gläubiger im Sinne des § 2 VglO., da die Forderung des Ersatzlieferanten keine Konkursforderung ist (§ 3 KO.). Mithin gilt auch nicht das Vollstreckungsverbot des § 32 VglO. Ist der Versicherungsfall vor der Eröffnung des Verfahrens eingetreten, so hat der Ersatzlieferant eine Konkursforderung und ist infolgedessen an dem Verfahren beteiligt; das Vollstreckungsverbot des § 32 VglO. gilt.

6. 2. Abtretung und Verpfändung der Forderung aus der Versicherung unpfändbarer Sachen sind zulässig an Ersatzlieferanten, das sind Gläubiger, die dem Versicherungsnehmer zum Ersatz der zerstörten oder beschädigten Sachen andere Sachen geliefert haben. Die Sachen brauchen nicht neu geliefert zu sein, sondern es reicht aus, wenn der Ersatzlieferant dem Versicherungsnehmer das Geld zur Neuanschaffung vorgeschossen und er es hierzu verwendet hat, oder wenn der Ersatzlieferant an der Wiederherstellung der beschädigten Sachen gearbeitet hat, ohne andere Sachen zu liefern (Bem. 4, 5 zu § 98). Mit Befriedigung der Ersatzlieferanten fallen die Pfändungs- und Abtretungsbeschränkung weg.

7. 3. Abtretung und Verpfändung an andere Personen als an die Ersatzlieferanten sind nicht bloß relativ unwirksam (Bem. 6 zu § 98), sondern absolut unwirksam. Hierfür spricht außer der Entstehungsgeschichte des § 15 vor allem die Erwägung, daß der Gläubiger, der kraft der zwingenden Vorschriften über die Beschränkungen der Pfändung auf die unversehrte Sache keinen Zugriff hat, sich nach eingetretenem Versicherungsfall nicht aus der Versicherungsforderung soll befriedigen können.

8. III. Da eine Forderung grundsätzlich nur insoweit gepfändet werden kann, als sie übertragbar ist (§ 851 Abs. 1 ZPO.), so gelten für die Pfändung die gleichen Beschränkungen (oben Bem. 3—7), z. B. des Finanzamts zur Befriedigung von Steuerschulden (Köhler ZVW. 1926. 567).

9. IV. § 15 ist absolut zwingend für den ganzen Bereich des Gesetzes (Allg. Vorbem. 28; vgl. § 400 BGB.) und hat rückwirkende Kraft (Bem. 14 zu Art. 4).

Zweiter Titel.

Anzeigepflicht. Gefahrerhöhung.

§ 16. Der Versicherungsnehmer hat bei der Schließung des Vertrags alle ihm bekannten Umstände, die für die Übernahme der Gefahr erheblich sind, dem Versicherer anzuzeigen.

Ist dieser Vorschrift zuwider die Anzeige eines erheblichen Umstandes unterblieben, so kann der Versicherer von dem Vertrage zurücktreten. Das gleiche gilt, wenn die Anzeige eines erheblichen Umstandes deshalb unterblieben ist, weil sich der Versicherungsnehmer der Kenntnis des Umstandes arglistig entzogen hat.

Der Rücktritt ist ausgeschlossen, wenn der Versicherer den nicht angezeigten Umstand kannte oder wenn die Anzeige ohne Verschulden des Versicherungsnehmers unterblieben ist.

Schrifttum: Bruck 178 ff.; Ehrenberg Z. 1925. 369; Hagen Bd. 1. 391; Kisch Bd. 2. 172; Ritter 334. 1.

I. Aus versicherungstechnischen Gründen muß der Versicherer genauste 2. Kenntnis von der Beschaffenheit der individuellen gefahrerheblichen Umstände haben, anderenfalls kann er die Einstellung einer von ihm zu tragenden Gefahr in eine Gefahrengruppe nicht vornehmen (Bruck, Die Gefahrengemeinschaft, Beiträge zum Wirtschaftsrecht, Marburg 1931, 1270). An und für sich hätte er sich um diese Kenntnis selbst zu bemühen, hätte er die Gefahrslage zu erforschen. Aber die der Eigenart der Versicherung folgende Rechtsentwicklung hat nicht dem Versicherer eine Anzeige- oder Erkundigungspflicht (OLG. Hamburg 10. 4. 01 Seuffert Bd. 56. 362 Nr. 202), sondern dem Versicherungsnehmer die vorvertragliche Anzeigepflicht auferlegt. Ihre Rechtsgrundlage kann nicht der erst oder wieder zustande gekommene Vertrag sein, sondern ist allein das Gesetz (Raiser 146). Über die im vorgesetzlichen Recht aufgestellten Theorien Bruck-Dörstling 124.

II. 1. Die Anzeigepflicht ist eine Obliegenheit (Voraus- 3. setzung; Bem. 4 zu § 6; anders Ehrenberg 369), die vor Eintritt des Versicherungsfalls dem Versicherer gegenüber zu erfüllen ist.

2. Anzeigepflichtig ist der Versicherungsnehmer (genauer: der An- 4. tragsteller, da der Anzeigepflicht bis zum Vertragsabschluß zu genügen ist) auch bei der Versicherung für fremde Rechnung, bei mehreren Versicherungsnehmern ein jeder von ihnen, soweit seine Kenntnis reicht. Stirbt der Versicherungsnehmer vor dem formellen Versicherungsbeginn, so sind seine Erben zu weiteren Anzeigen verpflichtet. Bei der Versicherung auf das Leben eines anderen oder gegen Unfälle, die einem anderen zustoßen, wird regelmäßig vertraglich auch dem anderen die Anzeigepflicht auferlegt (§§ 161, 179 Abs. 4). Bei Vertragsabschluß durch einen gesetzlichen, rechtsgeschäftlichen, vollmachtlosen Vertreter des Versicherungsnehmers hat der Vertreter die Anzeigepflicht zu erfüllen. —

Dritte, die weder Versicherungsnehmer noch Versicherte sind, wie z. B. der Bezugsberechtigte (§§ 166 ff., 180), der Hypothekengläubiger, Familienangehörige, Angestellte usw., sind nicht zur Anzeige verpflichtet und können hierzu auch nicht verpflichtet werden (§ 31 S. 1).

5. III. 1. Die Anzeige ist eine empfangsbedürftige Wissenserklärung. Willensmängel oder Mängel in der Geschäftsfähigkeit haben keinen Einfluß auf die Wirksamkeit der Anzeige. Infolgedessen entscheidet die Tatsache, ob objektiv wahre oder unwahre Angaben gemacht, ob Anzeigen gefahrerheblicher Umstände unterblieben oder nicht unterblieben sind. Mithin kann auch ein beschränkt Geschäftsfähiger oder ein Geschäftsunfähiger die Anzeige erstatten. Ob er aber für unrichtige oder unterlassene Anzeigen verantwortlich ist, ist nach den Grundsätzen über die Schuldfähigkeit (§§ 827, 828 BGB.) zu entscheiden (Bruck-Dörstling 126, Kisch 185, 277; anders Ritter 337). Es ist daher die Verletzung der Anzeigepflicht im Zustand der Bewußtlosigkeit, in einem die freie Willensbestimmung ausschließenden Zustand krankhafter Störung der Geistestätigkeit (§ 827 BGB.) unverschuldet. Kinder bis zum vollendeten siebenten Lebensjahr sind nicht verantwortlich (§ 828 Abs. 1 BGB.), für sie hat ihr gesetzlicher Vertreter die Verantwortung zu übernehmen. Personen zwischen dem siebenten und dem achtzehnten Lebensjahr (auch Taubstumme) sind nur verantwortlich, wenn sie die zur Erkenntnis der Verantwortlichkeit erforderliche Einsicht besitzen (§ 828 Abs. 2 BGB.). Vom vollendeten achtzehnten Lebensjahr an ist der Anzeigepflichtige allein verantwortlich, obschon er zum Abschluß (zu der Änderung, zu der Wiederinkraftsetzung) des Versicherungsvertrags der Einwilligung seines gesetzlichen Vertreters bedarf (Bem. 11 zu § 1).

6. 2. Die Anzeige ist von dem Anzeigepflichtigen zu erstatten, der sich hierbei der Hilfe Dritter bedienen kann. Bei mehreren Anzeigepflichtigen genügt, sofern alle dieselbe Anzeige zu erstatten haben, Anzeige durch einen, wenn sie dem Versicherer zugeht. Die von einem Nichtanzeigepflichtigen erstattete richtige Anzeige erfüllt die Anzeigepflicht.

7. 3. Die Anzeige ist gesetzlich formfrei; vertraglich wird regelmäßig Schriftlichkeit (§§ 126, 127 BGB.) gefordert (§ 31 S. 2). Wird trotz einer derartigen Abrede die Anzeige mündlich erstattet, so ist der Rücktritt des Versicherers ausgeschlossen, wenn der Versicherer den Umstand kennt (Abs. 3).

8. 4. Die Anzeige ist an den Versicherer, bei mehreren Versicherern an einen jeden von ihnen, auch wenn einer die Führung hat (die Führungsklausel bezieht sich nicht auf die vorvertragliche Anzeigepflicht), an den Abschlußagenten (§ 45; Ausnahme § 47) oder an seinen sonstigen Vertreter zu richten. Der Vermittelungsagent ist zur Entgegennahme der Anzeige bevollmächtigt (§ 43 Nr. 1; Ausnahme § 47).

9. 5. Ist der Empfänger der Anzeige anwesend, so ist die Anzeige in verständlicher Form zu machen. Ist der Empfänger abwesend, so muß sie ihm zugegangen sein (§ 130 BGB.).

10. 6. Die Anzeigepflicht dauert während der ganzen Vertragsverhandlungen bis zum formellen Versicherungsbeginn (Bem. 20 zu § 1). Maßgebend ist die

Kenntnis des Anzeigepflichtigen „bei" Schließung des Vertrags. Infolgedessen muß er auch alle gefahrerheblichen Umstände anzeigen, von denen er erst nach Antragstellung Kenntnis erlangt oder die erst nach diesem Zeitpunkt eintreten, so jede erhebliche Änderung der Gefahrslage, vor allem in der Zwischenzeit aufgetretene Krankheiten (RG. 30. 6. 16 VA. 1917* 8 Nr. 973, LZ. 1916. 1246, KG. 7. 7. 28 JR. 1928. 311). Bei der Versicherung für fremde Rechnung kommt es auf die Kenntnis des Versicherten zur Zeit des formellen Versicherungsbeginns nicht an, wenn eine rechtzeitige Benachrichtigung des Versicherungsnehmers nicht tunlich war (§ 79 Abs. 3).

In der Todesfallversicherung soll ausnahmsweise eine erhebliche Erkrankung oder Verletzung des Versicherten seit der Antragstellung oder der vertrauensärztlichen Untersuchung nicht als neuer anzeigepflichtiger Umstand, sondern als objektive Voraussetzung für die Leistungspflicht des Versicherers aufgefaßt werden, wobei es nicht auf die Kenntnis des Erkrankten von seiner Erkrankung ankommt. Maßgebend ist, daß die Krankheit neu eingetreten sein muß (RG. 10. 11. 31 RGZ. Bd. 134. 148, JR. 1931. 384; KG. 20. 6. 28 JR. 1928. 294). Ob eine Erkrankung erheblich ist, richtet sich nach objektiven Gesichtspunkten (KG. 22. 12. 26 VA. 1928. 25 Nr. 1678, HansRZ. 1927. 217, JR. 1927. 94; OLG. Hamm 21. 10. 29 JR. 1930. 65; OLG. Hamburg 3. 12. 30 HansRGZ. A. 1931. 148; OLG. Köln 14. 10. 31 HansRGZ. A. 1932. 29). Ein Sanatoriumsaufenthalt ist belanglos, wenn kein krankhafter Befund vorliegt (OLG. Düsseldorf 31. 10. 29 JR. 1930. 255). Über die zweifelhafte Rechtslage infolge der Bestimmung Bruck 183, H. Silberschmidt VersArchiv 1930 Heft 3. 37; KG. 8. 10. 27 JR. 1927. 333, VA. 1929. 22 Nr. 1802 und ihm folgend RG. 26. 2. 29 HansRGZ. A. 1929. 211, VA. 1930. 211 Nr. 1979, 23. 9. 30 JR. 1930. 380, Bd. 130. 55, VA. 1931. 180 Nr. 2147, JW. 1931. 1457; OLG. Köln 14. 10. 31 HansRGZ. A. 1932. 29. Vgl. ferner Elster JR. 1932. 53.

Wann die Anzeige dem Anzeigeempfänger zugeht, ist belanglos, **11.** sofern sie nur ordnungsgemäß vor dem formellen Versicherungsbeginn abgesendet ist und dem Anzeigeempfänger zugeht. Geht daher die Anzeige erst mit oder nach dem formellen Versicherungsbeginn dem Versicherer zu, so können an und für sich die Folgen weder verschuldeter noch unverschuldeter Verletzung der Anzeigepflicht eintreten, aber zur Ausgleichung der beiderseitigen Interessenlage ist § 41 entsprechend anzuwenden (Bem. 5 zu § 41).

Nach dem formellen Versicherungsbeginn braucht die vorvertragliche An- **12.** zeigepflicht nicht mehr erfüllt zu werden (Bgr.; KB. I. 31; KB. II. 5). Unter Umständen ist der sich aus §§ 23 ff. ergebenden Anzeigepflicht zu genügen.

Der Schließung des Vertrags steht seine Abänderung (RG. **13.** 3. 2. 25 HansRZ. 1925. 395, 9. 1. 25 Bd. 110. 152, HansRZ. 1925. 357, VA. 1925. 151 Nr. 1432, JR. 1925. 54), Wiederinkraftsetzung gleich. Es sind infolgedessen anzeigepflichtig alle Umstände, die nach Abschluß des ursprünglichen Vertrags bis zum Abschluß des abgeänderten oder bis zur Wiederinkraftsetzung des ursprünglichen Vertrags dem Anzeigepflichtigen bekannt werden (RG. 17. 3. 08 VA. 1908* 52 Nr. 383, 9. 1. 25 HansRZ. 1925. 357, 26. 4. 21 VA. 1923* 29 Nr. 1255 [bedenklich]; OLG. München 18. 1. 02, 6. 12. 02 Praxis Bd. 1. 64).

Bei stillschweigender Verlängerung braucht die vorvertragliche Anzeigepflicht nicht erfüllt zu werden (Bem. 6 zu § 8).

14. Ist der Versicherer Antragsteller, dann hat der Anzeigepflichtige ihn von der veränderten Beschaffenheit der Gefahrslage zu benachrichtigen, bevor er den Antrag annimmt, sonst würde eine Annahme nach § 150 Abs. 2 BGB. vorliegen (Bruck HansRZ. 1925. 177, 181; anders Ritter 342).

7. Die Anzeigepflicht erstreckt sich auf alle dem Anzeigepflichtigen bei Schließung, Abänderung, Wiederinkraftsetzung des Vertrags bekannten individuellen Umstände, die für die Übernahme der Gefahr erheblich sind (Abs. 1).

15. a) Umstände sind zunächst alle Tatsachen, die in ihrer Gesamtheit die in concreto vorliegende versicherungsrechtliche Gefahr bilden.

Die Umstände müssen zur Zeit der Vertragsverhandlung vorhanden sein. Beispiele: die Bauart und Nachbarschaft des gegen Feuer zu versichernden Hauses, die Bauart und das Alter des zu versichernden Schiffes, die Bauart und das Alter des zu versichernden Autos (RG. 18. 9. 29 JR. 1929. 351; OLG. Kiel 20. 12. 29 VA. 1931. 47 Nr. 2134; OLG. Hamm 23. 3. 31 VA. 1932. 42 Nr. 2270; anders Köhler JR. 1930. 367), die Gesundheitsverhältnisse des zu versichernden Menschen (RG. 13. 7. 26 JR. 1926. 227, HansRZ. 1926. 851, VA. 1928. 23 Nr. 1676), die Beschaffenheit des zu versichernden Tieres, die Eigentumsverhältnisse der Gegenstände, auf die sich das zu versichernde Interesse bezieht (anders OLG. Köln 31. 12. 30 VA. 1932. 34 Nr. 2263), die Verwendung des zu versichernden Schleppers (OLG. Hamburg 23. 10. 30 HansRGZ. A. 1931. 27), die Überlassung des zu versichernden Autos durch den Versicherungsnehmer an einen Dritten (unrichtig OLG. Hamburg 24. 3. 31 JW. 1931. 3225).

Vorhandene Umstände sind auch Absichten, gerichtet auf die zukünftige Herbeiführung von Tatsachen (Möller HansRGZ. A. 1931. 19), wie die beabsichtigte Änderung der Verwendung der zu versichernden Sache, z. B. des Autos (RG. 30. 10. 14 Annalen 1915. 41), die beabsichtigte Schiffsreise zwecks Alkoholschmuggels (OLG. Hamburg 4. 12. 24 HansRZ. 1925. 193, HGZ. 1925. 21, JR. 1925. 112), der beabsichtigte Berufswechsel, der beabsichtigte Auslandsaufenthalt, das beabsichtigte Duell.

16. Umstände sind ferner indizierende Tatsachen, die dem Versicherer einen Rückschluß auf die Beschaffenheit der in concreto vorliegenden versicherungsrechtlichen Gefahr ermöglichen. Beispiele: frühere Brandfälle in der Feuerversicherung (RG. 22. 9. 03 VA. 1904. 60 Nr. 39, 28. 9. 26 JR. 1926. 296, VA. 1928. 42 Nr. 1692; OLG. Posen 18. 5. 03 VA. 1904. 146 Nr. 65; RG. 11. 1. 30 JR. 1930. 97; der Verdacht der Brandstiftung ist nicht anzeigepflichtig [OLG. Kiel 30. 6. 28 JR. 1928. 280]); frühere Einbruchdiebstähle in der Einbruchdiebstahlversicherung (RG. 23. 5. 25 JR. 1925. 239, 5. 7. 30 JR. 1930. 401); frühere Krankheiten in der Personenversicherung (RG. 8. 11. 30 VA. 1931. 245 Nr. 2202); frühere Havarien in der Transport-

versicherung von Schiffen (ROHG. Bd. 16. 75); die Ablehnung früher beantragter, gleichgearteter Versicherungen in allen Versicherungszweigen; das Vorliegen einer Mitversicherung (OLG. Naumburg 30. 1. 31 VA. 1932. 25 Nr. 2253); die Angabe über die Höhe von früher gezahlten Prämien (anders OLG. Hamm 2. 2. 31 HansRGZ. A. 1931. 663).

Umstände sind schließlich indizierende Tatsachen, die dem Versicherer einen Rückschluß auf die Chancen, die sich ihm durch den Versicherungsvertrag darbieten, ermöglichen, die also das „Vertragsrisiko" beleuchten (Bem. 20). 17.

Die Umstände können positiv sein. Beispiele: Bauart des Hauses, Schiffes, Gesundheitszustand des Versicherten, Verwendungszweck von Gegenständen (OLG. Köln 21. 12. 23 VA. 1925. 108 Nr. 1404). 18.

Die Umstände können negativ sein. Beispiele: kein feuergefährlicher Betrieb, keine Neigung zur sportlichen Betätigung, keine Blitzableiteranlage, keine Sicherungsmaßnahmen gegen Einbrüche.

Die Umstände können objektive sein: die Umstände liegen außerhalb des Willens des Versicherungsnehmers. Beispiele: Beschaffenheit des zu versichernden Hauses, Gesundheitszustand des Versicherten.

Die Umstände können subjektive sein: die Umstände liegen nur in dem Willen des Versicherungsnehmers selbst. Beispiel: Absicht des Berufswechsels.

Die Umstände brauchen nach außen hin noch nicht in die Erscheinung getreten zu sein, sondern es genügen sichere Anzeichen, z. B. Schwindelanfälle als Vorboten gewisser Krankheiten.

Nicht anzeigepflichtig sind die allgemeinen gefahrerheblichen Umstände, mit deren Vorhandensein der Versicherer bei gleicher oder ähnlicher Gefahrslage zu rechnen hat. Er muß wissen, wodurch die Feuergefährlichkeit einer gewissen Art von Gebäuden bestimmt wird und wie groß sie ist, er braucht aber nicht zu wissen, wodurch die Feuergefährlichkeit in dem einzelnen Fall erhöht wird. Er muß die Unfallgefahr gewisser Personengruppen kennen und wissen, wie groß sie ist, er braucht aber nicht zu wissen, wodurch die Unfallgefahr in dem einzelnen Fall erhöht wird. Er muß die allgemeinen sozialen und wirtschaftlichen Verhältnisse zur Beurteilung der Aufruhrgefahr oder zur Beurteilung der Kreditfähigkeit der Kunden kennen und wissen, wie groß sie ist (RG. 3. 2. 25 HansRZ. 1925. 395, LZ. 1925. 770, VA. 1926. 153 Nr. 1502; KG. 11. 12. 26 HansRZ. 1927. 92, JR. 1927. 49), er braucht aber nicht zu wissen, wodurch die Aufruhrgefahr oder wodurch die Kreditfähigkeit des Kunden im einzelnen Fall erhöht wird. — Nicht anzeigepflichtig soll bei der Versicherung für Rechnung wen es angeht (Bem. 3 zu § 80) sein, auf wessen Gefahr die Ware reist, da diese Frage bei Abschluß der Versicherung bewußt in der Schwebe bleibt (RG. 11. 12. 28 HansRGZ. A. 1929. 209). 19.

b) Die Umstände müssen für die Übernahme der Gefahr erheblich sein oder, wie § 806 Abs. 1 HGB. (ähnlich bereits ALR. II 8 § 2026) sagt: „wegen ihrer Erheblichkeit für die Beurteilung der von dem Versicherer zu tragenden Gefahr geeignet sein, auf den Entschluß des letzteren, sich auf den Vertrag überhaupt oder unter denselben Bestimmungen einzulassen, Einfluß zu 20.

üben". Hierdurch wird auch klargestellt, daß es sich um den in Frage kommenden Vertragsabschluß zu handeln hat (RG. 6. 10. 03 VA. 1904. 148 Nr. 67). Somit ist jeder Umstand gefahrerheblich, der für den Vertragsabschluß oder für die Vertragsbedingungen bestimmend ist. Hierzu gehören alle indizierenden Tatsachen, die Rückschlüsse auf das „Vertragsrisiko" ermöglichen (Bem. 17), wobei diese Tatsachen zu einer Beurteilung der versicherungsrechtlichen Gefahr und der Vertragsgefahr beitragen können (Beispiele in Bem. 16) oder wobei diese Tatsachen nur das Vertragsrisiko beleuchten können (RG. 15. 5. 31 JW. 1931. 3192, VA. 1932. 215 Nr. 2292, HansRGZ. A. 1931. 661; Bruck JW. 1931. 3192). Ferner gehören hierzu alle Tatsachen, die in ihrer Gesamtheit die in concreto vorliegende Vertragsgefahr bilden. Es ergibt sich somit, daß „Gefahr" in dem Rahmen der vorvertraglichen Anzeigepflicht auch Umstände umfaßt, die aus der Gefahrtragung des Versicherers mittels subjektiver Risikobeschränkungen (§ 61) herausgenommen sind. Indizierende Umstände sind Umstände zweiten Ranges, weil sie niemals einen Einfluß auf den Eintritt des Versicherungsfalls und auf den Umfang der Leistung des Versicherers haben können (§ 21). — Ein Umstand, der günstigere Bedingungen für den Versicherungsnehmer zur Folge haben kann, ist nicht anzeigepflichtig.

Ist streitig, ob ein Umstand als erheblich oder als unerheblich zu gelten hat, so entscheidet nicht die subjektive Auffassung des Versicherers oder des Anzeigepflichtigen, sondern ob objektiv unter Berücksichtigung der gesamten Sachlage, gegebenenfalls nach Anhörung des Gutachtens sachverständiger Personen, der Umstand als erheblich zu bewerten ist (Bgr.; ROHG. Bd. 5. 298; RG. 3. 5. 84 Bd. 13. 107, 13. 11. 03 VA. 1904. 71 Nr. 48, 5. 3. 07 VA. 1907* 91 Nr. 337, 20. 5. 10 Bd. 73. 359; OLG. Marienwerder 15. 10. 09 VA. 1910* 17 Nr. 501). Ein an sich objektiv erheblicher Umstand braucht aber im Einzelfall den Entschluß des in Frage kommenden Versicherers nicht beeinflußt zu haben; beweispflichtig hierfür ist der Versicherungsnehmer (OLG. Naumburg 18. 12. 00 Praxis Bd. 2. 91; RG. 13. 11. 03 VA. 1904. 71 Nr. 48).

Was im einzelnen als erheblich anzusehen ist, ist Tatfrage. Das Gesetz enthält sich einer genaueren Bestimmung. Durch den Fragebogen (§ 18) wird der Kreis der anzeigepflichtigen Umstände umgrenzt.

21. c) Die Umstände müssen dem Anzeigepflichtigen bekannt sein. Bekannt sind Umstände, deren sich der Anzeigepflichtige in dem maßgebenden Zeitpunkt bewußt ist (ROHG. Bd. 2. 32; RG. 26. 10. 81 Bd. 7. 1, 4, 12. 11. 09 Recht 1910 Nr. 218; KG. 25. 9. 26 JR. 1926. 310). So namentlich in Ansehung von Krankheiten (OLG. Köln 2. 2. 27 JR. 1927. 99; KG. 20. 6. 28 JR. 1928. 294, 4. 12. 29 JR. 1930. 80, 16. 5. 31 JR. 1931. 289). Nervöse Beschwerden, die sich auf Grund der ärztlichen Untersuchung und Behandlung als unwesentlich herausgestellt haben, sind nicht anzeigepflichtig, sofern nicht ausdrücklich eine diesbezügliche Frage gestellt ist (OLG. Düsseldorf 31. 10. 29 JR. 1930. 255). Ist der Umstand dem Anzeigepflichtigen niemals bekanntgeworden oder seinem Gedächtnis in dem maßgebenden Zeitpunkt entschwunden, so ist er ihm unbekannt (ROHG. Bd. 12. 170); wird er nicht oder nicht richtig angezeigt, so ist die Anzeigepflicht nicht verletzt. Ebenso ist die Rechtslage, wenn

objektiv ein gefahrerheblicher Umstand vorliegt, aber der Anzeigepflichtige sich seiner Gefahrerheblichkeit nicht bewußt geworden ist (anders Raiser 152). Beispiele: frühere Krankheit (OLG. Hamburg 15. 3. 18 VA. 1918* 52 Nr. 1044), verminderte Sehkraft, Umstände, deren Erheblichkeit nur ein Fachmann erkennt, wie Bauart und Dachung des Hauses (RG. 24. 11. 26 JW. 1927. 13). Der Anzeigepflichtige hat zwar mit größter Sorgfalt die Anzeigen zu erstatten, sich alles auf das genaueste zu überlegen, ist aber nicht zur Nachforschung oder zu Erkundigungen verpflichtet. Das Kennenmüssen steht der Kenntnis nicht gleich (ROHG. Bd. 9. 65; RG. 26. 10. 81 Bd. 7. 1, 5. 5. 11 VA. 1912* 7 Nr. 644, LZ. 1911. 942, 19. 2. 15 ZVW. 1915. 73; OLG. Dresden 17. 5. 18 VA. 1918* 63 Nr. 1051; Bgr.). Der Anzeigepflichtige darf sich jedoch nicht arglistig der Kenntnis entziehen (Abs. 2 S. 2).

An erster Stelle entscheidet die Kenntnis (Arglist) des Anzeigepflichtigen. Sind mehrere Anzeigepflichtige vorhanden, so schadet die Kenntnis des einen, wenn er die Anzeige unterläßt oder unrichtig erstattet, allen übrigen. Bei Vertragsabschluß auf seiten des Versicherungsnehmers durch einen rechtsgeschäftlich bestellten oder einen Vertreter ohne Vertretungsmacht bleibt die Kenntnis (Arglist) des Versicherungsnehmers von Bedeutung (§ 19 S. 1). Bei gesetzlicher Vertretung des Versicherungsnehmers kann sich der Versicherer auf die Kenntnis (Arglist) des Versicherungsnehmers nur berufen, wenn dieser schuldfähig ist (oben Bem. 5). — Außer der Kenntnis (Arglist) des Versicherungsnehmers kommt es auf die Kenntnis des gesetzlichen, des rechtsgeschäftlich bestellten Vertreters, des Vertreters ohne Vertretungsmacht an (§ 19 S. 1), bei Versicherung auf das Leben eines anderen oder gegen Unfälle, die einem anderen zustoßen, regelmäßig auch auf die Kenntnis (Arglist) des Versicherten (§§ 161, 179 Abs. 4), ist zum Vertragsabschluß die Genehmigung des gesetzlichen Vertreters notwendig, auch auf die Kenntnis (Arglist) des Vertreters oder Inhabers der elterlichen Gewalt (Bruck-Dörstling 129, Kisch 238). Bei der Versicherung für fremde Rechnung kommt es auf die Kenntnis des anzeigepflichtigen Versicherungsnehmers, auf die des Versicherten nur nach Maßgabe des § 79 an. — Unbeachtlich ist die Kenntnis (Arglist) des Bezugsberechtigten (§§ 166 ff., 180; Bem. 3 zu § 161), des Zessionars, des Pfandgläubigers, des Vollstreckungsgläubigers, des Erwerbers der versicherten Sache, der Familienangehörigen oder der Angestellten des Versicherungsnehmers oder des Versicherten. — Die Kenntnis (Arglist) des Anzeigepflichtigen und der außer ihm in Betracht kommenden Personen hat der Versicherer zu beweisen (Kisch 251). 22.

d) Gefahrerhebliche bekannte Umstände sind anzuzeigen, auch wenn sie allgemein bekannt sind. Werden jedoch allgemein bekannte Umstände nicht angezeigt, dann kann der Versicherer nicht zurücktreten, wenn sie ihm bekannt sind (Bem. 31). Bei Verwendung eines Fragebogens berechtigt die Nichtanzeige eines Umstandes, nach dem nicht ausdrücklich gefragt worden ist, nur bei arglistiger Verschweigung zum Rücktritt (§ 18 Abs. 2). — Jeder gefahrerhebliche Umstand, der nicht oder nicht richtig angezeigt worden ist, löst die Wirkungen der Verletzung der Anzeigepflicht aus. 23.

24. IV. 1. Die Verletzung der Anzeigepflicht kann schuldhaft oder nicht schuldhaft sein. Über die Folgen nicht schuldhafter Verletzung § 41.

Die Folgen schuldhafter Verletzung bestehen darin, daß der Versicherer vom Vertrage zurücktreten (§§ 16 Abs. 2, 17 Abs. 1), bei arglistiger Täuschung den Vertrag anfechten (§ 22) und bei Vorliegen einer unerlaubten Handlung Schadensersatz fordern (Bem. 34) kann. — Der Versicherungsnehmer kann sich auf die Verletzung der Anzeigepflicht nicht berufen.

Eine Anfechtung des Vertrags seitens des Versicherers oder des Versicherungsnehmers wegen Irrtums (§ 119 BGB.) ist ausgeschlossen. Die versicherungsrechtlichen Sondernormen verdrängen die allgemeinen Rechtssätze (Bgr.; RG. 11. 7. 05 Wallmann Bd. 39. 2359, 16. 1. 06 ebenda Bd. 40. 989, JW. 1906. 145, 21. 12. 09 VA. 1910* 7 Nr. 494, JW. 1910. 155; KG. 12. 7. 10 VA. 1911* 10 Nr. 571; OLG. Düsseldorf 31. 10. 29 JR. 1930. 255).

Die Verletzung der Anzeigepflicht kann in einer Nichtanzeige oder in einer Falschanzeige (§ 17) bestehen.

25. 2. Eine Nichtanzeige liegt vor, wenn ein anzeigepflichtiger Umstand überhaupt nicht, nicht vollständig, nicht genügend deutlich angezeigt ist. Ist die Mehrdeutigkeit der Erklärung dem Versicherer erkennbar, dann muß er Aufklärung fordern, anderenfalls kann er sich nicht auf die Unrichtigkeit berufen. Eine Nichtanzeige ist nicht gegeben, wenn zwar keine exakte Antwort erteilt, aber die Frage in Form eines Urteils beantwortet ist (RG. 23. 10. 08 LZ. 1909. 78). Inwieweit die Nichtbeantwortung oder die nicht vollständige Beantwortung einer Frage im Zusammenhang mit der Beantwortung anderer Fragen als Nichtanzeige aufzufassen ist, hängt von dem logischen Zusammenhang der Antworten untereinander ab (OLG. Stettin 1. 2. 09 VA. 1909* 49 Nr. 454). Ebenso kann nur aus dem Zusammenhang heraus beantwortet werden, welche Bedeutung einem Strich zukommt; in der Regel bedeutet der Strich Verneinung (RG. 21. 2. 83 Bd. 9. 237, 240, 17. 11. 85 Seuffert Bd. 41. 209 Nr. 137, 5. 4. 07 LZ. 1907. 598; KG. 9. 7. 19 VA. 1921* 4 Nr. 1116; OLG. Hamburg 10. 10. 21 HansRZ. 1922. 62).

Den Beweis für die Verletzung der Anzeigepflicht hat der Versicherer zu erbringen (OLG. Stuttgart 16. 6. 05 Praxis Bd. 2. 116; OLG. Jena 14. 7. 09 LZ. 1909. 956; OLG. Hamburg 21. 6. 11 LZ. 1912. 247; RG. 28. 3. 30 VA. 1931. 27 Nr. 2115, JW. 1930. 3619, JR. 1930. 168, Bd. 128. 116).

26. 3. Die Nichtanzeige muß verschuldet sein. So auch das vorgesetzliche Recht (ROHG. Bd. 4. 59, Bd. 11. 134; RG. 9. 10. 82 Bd. 10. 158, 22. 12. 05 Wallmann Bd. 40. 927). Schuldhaft handelt, wer vorsätzlich oder fahrlässig einen ihm bekannten gefahrerheblichen Umstand überhaupt nicht, nicht vollständig, nicht genügend deutlich anzeigt. Der Grad des Verschuldens ist praktisch belanglos, da es nur darauf ankommt, ob irgendein Verschulden vorliegt. Ebenso ist das Motiv des vorsätzlichen Handelns unerheblich, mag es unehrenhaft (Betrug) oder ehrenhaft (Schonung von Familienangehörigen) sein (ROHG. Bd. 9. 65; RG. 13. 2. 12 JW. 1912. 544, Annalen 1912. 459). Wann schuldhafte Verletzung der Anzeigepflicht vorliegt, ist Tatfrage und läßt sich nur unter Berück-

sichtigung aller in Betracht kommenden Umstände, vor allem im wechselseitigen Zusammenhang aller erteilten Antworten (OLG. Stuttgart 10. 12. 09 Praxis Bd. 3. 29) beurteilen. Beispiele für schuldhafte Nichtanzeigen bei Bruck-Dörstling 132, Hagen Bd. 2. 39, 256, Kisch 287. Weiterhin: Verschweigen eines Herzleidens bei der Lebensversicherung (KG. 5. 6. 29 JR. 1929. 282), des Erwerbspreises des zu versichernden Rennpferdes (KG. 1. 4. 31 JR. 1931. 214).

4. Der Nichtanzeige wird gleichgestellt, wenn sich der Anzeigepflichtige der Kenntnis des Umstandes arglistig entzogen hat (Abs. 2 S. 2). Arglist steht im Gegensatz zu Fahrlässigkeit (RG. 22. 10. 20 JW. 1921. 109, 12. 11. 29 VA. 1930. 301 Nr. 2054) und Vorsatz. Der Anzeigepflichtige muß in dem Bewußtsein gehandelt haben, die Kenntnis des nicht angezeigten Umstandes könne den Entschluß des Versicherers möglicherweise beeinflussen. Der Wille, den Versicherer zu schädigen, braucht nicht vorzuliegen (RG. 13. 7. 11 JW. 1911. 823, 24. 11. 11 Annalen 1912. 74, 22. 11. 12 Bd. 81. 13, 8. 4. 13 ZVW. 1913. 608, 30. 10. 14 Annalen 1915. 41, 13. 7. 15 Annalen 1915. 365, 8. 11. 18 Annalen 1918. 486, 20. 11. 31 JR. 1931. 383; OLG. Posen 6. 7. 17 ZVW. 1917. 359; KG. 6. 2. 12 VA. 1912* 110 Nr. 697, 4. 1. 28 JR. 1928. 104, VA. 1929. 215 Nr. 1869; OLG. Königsberg 26. 6. 13 VA. 1913* 104 Nr. 761; OLG. Köln 4. 1. 28 JR. 1928. 62). 27.

5. Der Anzeigepflichtige muß in erster Linie für eigenes Verschulden (Arglist) einstehen, mag er die Versicherung für eigene oder für fremde Rechnung abschließen. Bei mehreren Anzeigepflichtigen ist das Verschulden des einen für alle übrigen nachteilig. Bei Vertragsabschluß durch einen rechtsgeschäftlich bestellten oder durch einen gesetzlichen Vertreter oder durch einen Vertreter ohne Vertretungsmacht des Versicherungsnehmers kommt es auf das Verschulden des Versicherungsnehmers an (§ 19 S. 2; RG. 19. 6. 17 VA. 1917* 69 Nr. 1009), sofern er verantwortlich gemacht werden kann (oben Bem. 5). — Außer dem Verschulden des Versicherungsnehmers ist erheblich das Verschulden des den Vertrag abschließenden Vertreters (gesetzlicher, rechtsgeschäftlich bestellter, vollmachtloser Vertreter; § 19 S. 2), bei Versicherung für fremde Rechnung das Verschulden des Versicherten nach Maßgabe des § 79, bei Versicherung auf das Leben eines anderen oder gegen Unfälle, die einem anderen zustoßen, regelmäßig das Verschulden des anderen (§§ 161, 179 Abs. 4). Unterliegt der Abschluß des Vertrags der Genehmigung eines Dritten, so ist auch das Verschulden des Dritten von Bedeutung (Kisch 298). 28.

6. Eine weitergehende Haftung des Anzeigepflichtigen für das Verhalten Dritter, deren sich der Anzeigepflichtige bei Erfüllung der Anzeigepflicht bedient, kommt unter dem Gesichtspunkt des § 278 BGB. nicht in Frage, da die Anzeigepflicht eine Obliegenheit ist (Bem. 12 zu § 6). Über die Haftung für den Wissensvertreter und für den Boten Bem. 13 zu § 6, für den Agenten, der bei Erfüllung der Anzeigepflicht mitwirkt, Bem. 12 ff. zu § 43. 29.

V. 1. Der Versicherer ist zum Rücktritt (§ 20) berechtigt: 30.

a) wenn die Anzeige eines erheblichen Umstandes schuldhaft unterblieben ist (Abs. 2 S. 1; Bem. 15 ff.);

b) wenn die Anzeige eines erheblichen Umstandes unterblieben ist, weil sich der Anzeigepflichtige der Kenntnis des Umstandes arglistig entzogen hat (Abs. 2 S. 2; Bem. 27).

2. Der Rücktritt ist ausgeschlossen:

31. a) wenn der Versicherer den nicht angezeigten Umstand positiv kannte (Abs. 3). Die Unehrlichkeit des Anzeigepflichtigen kann keinen Einfluß auf den Entschluß des Versicherers ausgeübt haben, da er die richtige Sachlage gekannt hat. Bei mehreren Versicherern kommt es auf die Kenntnis eines jeden einzelnen an, wenn auch einer die Führung hat, bei Abschluß durch einen Vertreter des Versicherers nur auf die Kenntnis des Vertreters (§ 166 Abs. 1 BGB.), es sei denn, daß er nach bestimmten Weisungen zu handeln hat (§ 166 Abs. 2 BGB.). Worauf die Kenntnis beruht, ist gleichgültig. Sie kann beruhen auf Mitteilungen des Agenten, Vertrauensarztes, von Mitteilungsverbänden, auf formwidrigen Mitteilungen des Anzeigepflichtigen (§ 31 S. 2; Bem. 7) usw. Kennenmüssen steht der Kenntnis nicht gleich (OLG. Hamburg 20. 2. 04 VA. 1904. 154 Nr. 72; bedenklich RG. 13. 3. 26 JR. 1926. 183), wohl aber die arglistige Nichtkenntnisnahme. Auch die Kenntnis des Vermittelungsagenten steht der Kenntnis des Versicherers nicht gleich (§ 44), dagegen aber die Kenntnis des Abschlußagenten (RG. 22. 12. 06 VA. 1907* 77 Nr. 328; OLG. Königsberg 26. 6. 13 VA. 1913* 104 Nr. 761; wohl anders OLG. Köln 2. 2. 27 JR. 1927. 99). Der maßgebende Zeitpunkt für die Kenntnis ist der formelle Versicherungsbeginn (Bem. 10). Beweispflichtig für die Kenntnis des Versicherers ist der Versicherungsnehmer (Anspruchsberechtigte). Erlangt der Versicherer die Kenntnis nach dem formellen Versicherungsbeginn, so bleibt er zum Rücktritt berechtigt. Ist der Versicherungsnehmer Antragsteller, dann kann der Versicherer nicht zurücktreten, wenn er die Kenntnis kurz vor oder mit dem formellen Versicherungsbeginn erlangt und es ihm nicht mehr gelingt, den Vertragsabschluß aufzuhalten, aber er hat unter entsprechender Anwendung des § 41 Anspruch auf Prämienerhöhung oder Kündigung; dasselbe gilt, wenn der Versicherer Antragsteller ist (Bem. 5 zu § 41).

32. b) wenn die Anzeige ohne Verschulden des Anzeigepflichtigen unterblieben ist (Abs. 3; Bem. 26). Ob den Anzeigepflichtigen kein Verschulden trifft, ist Tatfrage und läßt sich nur bei Berücksichtigung der gesamten in Betracht kommenden Umstände entscheiden. Von Bedeutung sind namentlich: die persönlichen Eigenschaften des Anzeigepflichtigen, also seine Mentalität (RG. 29. 6. 09 LZ. 1910. 950; OLG. Kolmar 22. 6. 11 LZ. 1911. 876); die Art der Fragestellung, unklare und mißverständliche Fragen. Beispiele aus der Lebensversicherung: Frage nach ernstlichen Erkrankungen (RG. 18. 2. 28 JR. 1928. 139), nach erheblichen Erkrankungen (RG. 23. 4. 12 LZ. 1912. 703), nach körperlichen Gebrechen (RG. 14. 4. 31 JR. 1931. 213); aus der Feuerversicherung: Frage nach der Bauart des Gebäudes mit der Antwort „massiv“ (RG. 3. 10. 84 Seuffert Bd. 40. 146 Nr. 94; RG. 10. 3. 28 JR. 1928. 121, VA. 1929. 246 Nr. 1900 [anders Weiler JR. 1928. 212], 2. 5. 28 JR. 1928. 215, 6. 7. 29 JR. 1929. 319; OLG. Hamm 21. 3. 29 JR. 1929. 383); aus der Viehversicherung: Frage nach

dem Anschaffungspreis, wenn Ankaufspreis ohne Unkosten gemeint ist (KG. 1. 2. 26 JR. 1928. 109); aus der Kreditversicherung: Frage nach Garantien, die der Versicherungsnehmer besitzt (RG. 4. 7. 05 VA. 1905* 80 Nr. 147). Weiterhin ist von Bedeutung das Verhalten von Agent und Vertrauensarzt bei Auslegung von Fragen und bei Niederschrift der erteilten Antworten (Bem. 12 ff. zu § 43). Der Anzeigepflichtige ist ferner entschuldigt, wenn er einen an sich erheblichen Umstand für unerheblich zu halten berechtigt erscheint. Beispiele: Verschweigen von Krankheiten, die vor längerer Zeit folgenlos überstanden worden sind (RG. 5. 3. 07 VA. 1907* 91 Nr. 337; OLG. Köln 7. 3. 28 VA. 1929. 222 Nr. 1876), eines Unwohlseins (OLG. Hamburg 15. 3. 18 VA. 1918* 52 Nr. 1044), einer an sich starken, aber dem Versicherten nur als unbedeutend erscheinenden Kurzsichtigkeit (RG. 26. 9. 13 VA. 1914* 6 Nr. 783), von Magenbeschwerden, weil sie als belanglos und ungefährlich erscheinen (KG. 12. 2. 28 JR. 1928. 106), ebenso von Grippe und geringfügigen Gallensteinbeschwerden (KG. 30. 11. 27 JR. 1928. 106), ebenso von Mandelentzündung (KG. 3. 11. 28 JR. 1928. 388), ebenso von einer Jahrzehnte zurückliegenden Trippererkrankung (OLG. Düsseldorf 31. 10. 29 JR. 1930. 255), dagegen nicht von schweren Magenleiden (KG. 19. 5. 28 JR. 1928. 217), von syphilitischer Erkrankung (RG. 22. 11. 12 VA. 1913* 105 Nr. 762, JW. 1913. 218). Über die Bedeutung der Antwort „vollständig gesund" KG. 17. 10. 28 VA. 1930. 15 Nr. 1929, „Kraftwagen mit roter Polizeinummer" OLG. Düsseldorf 29. 1. 31 VA. 1932. 24 Nr. 2252. Schließlich ist der Anzeigepflichtige entschuldigt, wenn ihm die Verletzung der Anzeigepflicht durch einen Dritten nicht zugerechnet werden kann.

c) wenn der Versicherer auf die Ausübung des Rücktrittsrechts ver- 33
zichtet. In der weiteren vorbehaltlosen Annahme der Prämie kann ein Verzicht erblickt werden, wenn dem Versicherer die Verletzung der Anzeigepflicht bekannt war (RG. 7. 1. 08 VA. 1908* 43 Nr. 377, LZ. 1908. 463; OLG. Frankfurt 9. 2. 10 LZ. 1910. 877; OLG. Hamburg 26. 4. 10 Recht 1910 Nr. 2303), ebenso in der vorbehaltlosen Auszahlung der Geldleistung des Versicherers.

d) wenn in der Lebensversicherung seit Vertragsabschluß eine gewisse Zeit verstrichen ist (§ 163).

e) wenn vereinbarungsgemäß in gewissen Fällen der Rücktritt ausgeschlossen sein soll und ein derartiger Fall gegeben ist.

VI. Stellt sich das Unterlassen der Anzeige gleichzeitig als 34
eine unerlaubte Handlung dar (§§ 823 Abs. 2, 826 BGB.), so kann der Versicherer Schadensersatz fordern (anders Josef JR. 1927. 254), z. B. für die besonderen Kosten, die der Vertragsabschluß oder die Durchführung der Abwendung und Minderung des Schadens, die Schadensregulierung (z. B. Sektion des Versicherten) erfordert haben und die selbst in seiner ihm zurückgezahlten Geldleistung keine Deckung finden (RGZ. Bd. 59. 155; KG. 29. 10. 09 Praxis Bd. 3. 104). — Über Anfechtung wegen arglistiger Täuschung § 22.

35. VII. § 16 ist zugunsten des Versicherungsnehmers im Bereich der Beschränkungen der Vertragsfreiheit (AllgVorbem. 26, 28) zwingend (§ 31 S. 1). Daher sind unwirksam Vereinbarungen, durch die die Anzeigepflicht auf andere als gefahrerhebliche Umstände erstreckt, die Anzeigepflicht anderen Personen als dem Versicherungsnehmer auferlegt wird, weitergehende Folgen als die gesetzlich vorgesehenen an die Verletzung der Anzeigepflicht geknüpft werden. Dagegen ist eine günstigere Gestaltung der Rechtslage des Versicherungsnehmers zulässig, so wenn der Versicherer statt des Rücktritts ein Kündigungsrecht erhält oder wenn er den Rücktritt auch in anderen als in den in Abs. 3 geregelten Fällen ausschließt oder wenn an die Stelle des Rücktrittsrechts der Ausschluß aus der Krankenkasse tritt (RG. 8. 3. 30 JR. 1930. 207). — Bei der Transportversicherung von Gütern bestehen die Beschränkungen nicht (§ 187 Abs. 1; OLG. Köln 23. 6. 26 JW. 1927. 191).

§ 17. Der Versicherer kann von dem Vertrag auch dann zurücktreten, wenn über einen erheblichen Umstand eine unrichtige Anzeige gemacht worden ist.

Der Rücktritt ist ausgeschlossen, wenn die Unrichtigkeit dem Versicherer bekannt war oder die Anzeige ohne Verschulden des Versicherungsnehmers unrichtig gemacht worden ist.

1. Schrifttum: Bem. 1 zu § 16; Schreiber JR. 1930. 247.

I. Die Verletzung der Anzeigepflicht (Bem. 24 zu § 16) kann in Nichtanzeige (§ 16) oder in Falschanzeige bestehen.

2. 1. Eine Falschanzeige liegt vor, wenn über einen anzeigepflichtigen Umstand (Bem. 15 ff. zu § 16) eine unrichtige Anzeige gemacht worden ist. Unrichtig ist jede Anzeige, die der objektiven Wahrheit widerspricht, wobei es auf das Motiv für die Falschanzeige nicht ankommt (Bem. 26 zu § 16). Aber nicht jede objektive Unwahrheit kann dem Versicherer bestimmte Rechte geben, sondern nur wenn sie geeignet ist, seinen Entschluß, sich auf den Vertrag einzulassen, zu beeinflussen, wenn also eine Falschanzeige über einen gefahrerheblichen Umstand gemacht worden ist (RG. 28. 3. 30 Bd. 128. 116, JR. 1930. 168, JW. 1930. 3619, VA. 1931. 27 Nr. 2115). Daher bleiben unbeachtlich objektive Unwahrheiten über Umstände, die nach allgemeiner Auffassung als nebensächlich zu bewerten sind. Beispiele: gelegentliche Tätigkeit des Oberleiters eines Granitwerkes bei einer Sandmühle (RG. 22. 5. 03 VA. 1903. 153 Nr. 22, 3. 1. 13 VA. 1913* 53 Nr. 753); Benutzungsart eines Tieres (OLG. Stuttgart 30. 6. 05 VA. 1906* 110 Nr. 253); berufliche Tätigkeit (OLG. Stettin 1. 2. 09 VA. 1909* 49 Nr. 454); Unrichtigkeit des Geburtsjahrs (ROHG. Bd. 4. 59) oder falsche Angaben über den Todestag der Eltern in der Lebensversicherung; geringer Irrtum in dem Baujahr des Autos in der Autokaskoversicherung (RG. 6. 12. 30 JR. 1931. 42; OLG. Hamm 12. 10. 30 JR. 1931. 134); Bezeichnung eines Wochenendhauses als Wohnhaus in der Feuerversicherung (OLG. Hamburg 27. 2. 31 JR. 1931. 110); Angabe, daß der gegen Einbruchdiebstahl versicherte Raum nur ein Fenster statt zwei Fenster hat und daß die Fenster durch Roll-

Jalousien gesichert seien, während tatsächlich eiserne Vorläden vorhanden sind (OLG. Breslau 17. 12. 30 VA. 1931. 268 Nr. 2225). Ob eine Anzeige falsch erstattet ist, ist nicht nach der subjektiven Auffassung des Anzeigepflichtigen oder des Versicherers, sondern nach der allgemeinen Verkehrsauffassung zur Zeit der Abgabe der Erklärung sinngemäß im Zusammenhang mit den übrigen Anzeigen zu beurteilen. Die Anzeigepflicht ist mithin nicht verletzt, wenn die Angaben zur Zeit ihrer Abgabe der Wahrheit entsprechen und die die Unrichtigkeit begründenden Tatsachen erst später eintreten. Erscheint infolge der Falschanzeige die Gefahr größer, als sie tatsächlich vorhanden ist, so kann eine derartige Falschanzeige nicht die Wirkungen ihrer Verletzung auslösen. — Beweispflichtig ist der Versicherer. — Eine besondere Behandlung erfährt die falsche Altersangabe (§ 162).

2. Die Falschanzeige muß verschuldet sein (Bem. 26—29 zu § 16). 3.

II. 1. Der Versicherer ist zum Rücktritt (§ 20) berechtigt, wenn über 4. einen erheblichen Umstand schuldhaft eine unrichtige Anzeige gemacht worden ist (Abs. 1; Bem. 15 ff. zu § 16).

2. Der Rücktritt ist ausgeschlossen:

a) wenn der Versicherer die Unrichtigkeit kannte 5. (Abs. 2; Bem. 31 zu § 16);

b) wenn die Anzeige ohne Verschulden des Anzeigepflichtigen unrichtig gemacht worden ist (Abs. 2; Bem. 32 zu § 16); 6.

c) wenn der Versicherer auf die Ausübung des Rücktrittsrechts 7. vertraglich oder nach Vertragsabschluß verzichtet (Bem. 33 zu § 16);

d) wenn in der Lebensversicherung seit Vertragsabschluß eine 8. gewisse Zeit verstrichen ist (§ 163).

III. Stellt sich die Falschanzeige gleichzeitig als unerlaubte 9. Handlung dar (§§ 823 Abs. 2, 826 BGB.), so kann der Versicherer Schadensersatz fordern (Bem. 34 zu § 16). — Über Anfechtung wegen arglistiger Täuschung § 22.

IV. § 17 ist zugunsten des Versicherungsnehmers im Bereich der Be- 10. schränkungen der Vertragsfreiheit (AllgVorbem. 26, 28) zwingend (§ 31 S. 1; Bem. 35 zu § 16).

§ 18. Ein Umstand, nach welchem der Versicherer ausdrücklich und schriftlich gefragt hat, gilt im Zweifel als erheblich.

Hatte der Versicherungsnehmer die Gefahrumstände an der Hand schriftlicher von dem Versicherer gestellter Fragen anzuzeigen, so kann der Versicherer wegen unterbliebener Anzeige eines Umstandes, nach welchem nicht ausdrücklich gefragt worden ist, nur im Falle arglistiger Verschweigung zurücktreten.

Schrifttum: Bem. 1 zu § 16. 1.

2. I. Der Anzeigepflichtige hat alle gefahrerheblichen Umstände anzuzeigen (§§ 16, 17). Welche Umstände gefahrerheblich sind, ist bei der in das Feinste entwickelten Technik der Versicherung ohne Sachkunde nicht leicht zu bestimmen. Die Versicherer helfen dem Anzeigepflichtigen in der überwiegenden Mehrzahl aller Versicherungszweige, indem sie ausdrückliche und schriftliche Fragen stellen. Hierzu dient der Fragebogen. Auf ihn wird häufig in der Transport- (See- und Rück-) Versicherung verzichtet, da der Versicherungsnehmer über genügende Sachkunde zu verfügen pflegt und auch vielfach helfend Makler eingreifen. Indem der Fragebogen den Umfang der Anzeigepflicht umgrenzt, wirkt er zugunsten des Versicherungsnehmers.

3. II. 1. Der Fragebogen, der ähnlich wie die Allgemeinen Versicherungsbedingungen ein für allemal für die verschiedenen Versicherungszweige und Versicherungsarten von dem Versicherer entworfen ist, enthält eine mehr oder minder große Anzahl von ausdrücklich und schriftlich gestellten Fragen. Ihm stehen seine Ergänzungen, vor allem der in der Lebensversicherung mit ärztlicher Untersuchung verwendete Fragebogen für den Vertrauensarzt, gleich.

4. 2. Ausdrücklich ist die Frage, die besonders gestellt ist und infolgedessen auch eine besondere Antwort verlangt. Es reicht nicht aus, wenn nur eine vorgedruckte Erklärung unterschrieben werden muß (RG. 18. 10. 27 Bd. 118. 217, JW. 1928. 3048, VA. 1929. 20 Nr. 1800, JR. 1927. 330). Die Frage muß unzweideutig gestellt sein, anderenfalls ist der Anzeigepflichtige bei falscher Beantwortung entschuldigt (Bem. 32 zu § 16). Die Frage ist nach dem gewöhnlichen Sprachgebrauch zu verstehen und nach der Auffassung des täglichen Lebens zu beantworten (RG. 23. 4. 12 LZ. 1912. 703). Die Frage muß schriftlich (Bem. 4 zu § 37) gestellt sein. Die Form der Frage muß nicht immer beobachtet werden (KG. 1. 4. 31 HRR. 1931 Nr. 1078).

5. 3. Die Bedeutung ausdrücklich und schriftlich gestellter Fragen besteht darin, daß der Umstand im Zweifel als erheblich gilt (Abs. 1). So auch die vorgesetzliche Rechtsauffassung (ROHG. Bd. 9. 66). Die Frage nach einem Umstand macht ihn nicht zu einem erheblichen, sondern erzeugt nur die Vermutung seiner Erheblichkeit. Der Versicherungsnehmer kann den Gegenbeweis führen, daß die Frage einen unerheblichen Umstand betrifft und ihm infolgedessen die Verletzung der Anzeigepflicht in Ansehung dieses Umstandes nicht zugerechnet werden kann (KG. 14. 11. 28 JR. 1929. 17). Es tritt also eine Umkehrung der Beweislast ein. Nicht der Versicherer hat die Erheblichkeit des Umstandes, in Ansehung dessen die Anzeigepflicht verletzt worden ist, sondern der Versicherungsnehmer hat die Unerheblichkeit zu beweisen. Die Unerheblichkeit ist nachgewiesen, wenn der Versicherer trotz Nichtbeantwortung einer Frage den Vertrag abschließt (OLG. Köln 23. 7. 25 Verkehrsr. R. 1925. 654).

6. 4. Der Fragebogen umgrenzt nicht absolut den Kreis der anzeigepflichtigen Umstände. Der Anzeigepflichtige hat nicht restlos der Anzeigepflicht genügt, wenn er nur die schriftlich an ihn gerichteten Fragen beantwortet, er muß alle gefahrerheblichen Umstände anzeigen, auch solche, nach denen nicht ausdrücklich und schriftlich gefragt ist. Aber auch in dieser

Beziehung wirkt der Fragebogen zu seinen Gunsten: der Versicherer kann wegen Nichtanzeige (Bem. 25 zu § 16) eines Umstandes, nach welchem nicht ausdrücklich gefragt worden ist, nur bei arglistiger Verschweigung (Bem. 27 zu § 16) zurücktreten (Abs. 2; § 20).

III. § 18 ist zugunsten des Versicherungsnehmers im Bereich der Be- 7.
schränkungen der Vertragsfreiheit (AllgVorbem. 26, 28) zwingend (§ 31 S. 1; Bem. 32 zu § 16). Es kann somit nicht vereinbart werden, daß jeder Umstand, nach dem ausdrücklich und schriftlich gefragt wird, gefahrerheblich ist (anders das vorgesetzliche Recht OG. Hamburg ZHR. Bd. 12. 546; ROHG. Seuffert Bd. 28. 273 Nr. 158).

§ 19. Wird der Vertrag von einem Bevollmächtigten oder von einem Vertreter ohne Vertretungsmacht geschlossen, so kommt für das Rücktrittsrecht des Versicherers nicht nur die Kenntnis und die Arglist des Vertreters, sondern auch die Kenntnis und die Arglist des Versicherungsnehmers in Betracht. Der Versicherungsnehmer kann sich darauf, daß die Anzeige eines erheblichen Umstandes ohne Verschulden unterblieben oder unrichtig gemacht ist, nur berufen, wenn weder dem Vertreter noch ihm selbst ein Verschulden zur Last fällt.

Schrifttum: Bem. 1 zu § 16. 1.

I. Wird der Vertrag nicht von dem Versicherungsnehmer, sondern von 2.
seinem Vertreter abgeschlossen, so kommt nach § 166 Abs. 1 BGB. nur die Kenntnis des Vertreters in Betracht; dagegen kommt es auch auf die Kenntnis des Vertretenen an, wenn der Bevollmächtigte nach bestimmten Weisungen des Vertretenen gehandelt hat (§ 166 Abs. 2 BGB.). Für das Versicherungsrecht ist eine Erweiterung dieser Bestimmung zum Schutz des Versicherers gegen unredliche Handlungsweise des Versicherungsnehmers notwendig. Infolgedessen wird auf die Kenntnis des Vertreters und des Vertretenen bei der vorvertraglichen Anzeigepflicht und bei der Rückwärtsversicherung (§ 2 Abs. 3) abgestellt. Es genügt also die Kenntnis eines von beiden (RG. 28. 3. 30 VA. 1931. 27 Nr. 2115). Vgl. auch § 79 Abs. 1.

II. Der Vertragsabschluß muß für den Versicherungsnehmer durch einen 3.
rechtsgeschäftlich bestellten Vertreter oder einen Vertreter ohne Vertretungsmacht (§ 177 BGB.) erfolgen. So beispielsweise, wenn die vollmachtlose Ehefrau ohne Kenntnis ihres Ehemannes in dessen Namen den Antrag auf Abschluß einer Versicherung gestellt hat (KG. 29. 5. 29 JR. 1929. 283). Der Versicherer kann also zurücktreten, wenn der Vertreter und der Versicherungsnehmer oder nur einer von beiden einen gefahrerheblichen Umstand kennt (Bem. 21 zu § 16) und ihn schuldhaft (Bem. 24 zu § 16) nicht oder nicht richtig anzeigt (§§ 16 Abs. 1, 17 Abs. 1) oder wenn der Versicherungsnehmer und sein Vertreter oder nur einer von beiden die Anzeige eines erheblichen Umstandes unterläßt, weil er sich der Kenntnis des Umstandes

arglistig (Bem. 27 zu § 16) entzogen hat (§ 16 Abs. 2), oder wenn der Versicherungsnehmer und sein Vertreter oder nur einer von beiden einen Umstand, nach dem nicht ausdrücklich und schriftlich gefragt ist, arglistig verschweigt (§ 18 Abs. 2). Dasselbe hat bei gesetzlicher Vertretung des Versicherungsnehmers zu gelten; Konkursverwalter, Testamentsvollstrecker, Nachlaßverwalter, Zwangsverwalter und ähnliche Personen stehen dem gesetzlichen Vertreter gleich. Die Kenntnis oder die Arglist des Vertreters (und des Versicherungsnehmers) muß in dem Zeitpunkt des formellen Versicherungsbeginns (Bem. 10 zu § 16) vorliegen; bei Vertretung ohne Vertretungsmacht wird der Zeitpunkt bis zur Genehmigung seitens des Vertretenen hinausgeschoben (§ 177 Abs. 1 BGB.).

4. III. § 19 ist zugunsten des Versicherungsnehmers im Bereich der Beschränkungen der Vertragsfreiheit (AllgVorbem. 26, 28) zwingend (§ 31 S. 1). Unzulässig wäre daher beispielsweise eine Vereinbarung, nach der es auf die Kenntnis anderer als der in Bem. 3 genannten Personen ankommt.

§ 20. Der Rücktritt kann nur innerhalb eines Monats erfolgen. Die Frist beginnt mit dem Zeitpunkt, in welchem der Versicherer von der Verletzung der Anzeigepflicht Kenntnis erlangt.

Der Rücktritt erfolgt durch Erklärung gegenüber dem Versicherungsnehmer. Im Falle des Rücktritts sind, soweit dieses Gesetz nicht in Ansehung der Prämie ein anderes bestimmt, beide Teile verpflichtet, einander die empfangenen Leistungen zurückzugewähren; eine Geldsumme ist von der Zeit des Empfanges an zu verzinsen.

1. Schrifttum: Bem. 1 zu § 16; Gudenheimer JR. 1930. 109.

2. I. Der Versicherer kann vom Vertrage zurücktreten, wenn schuldhaft (vorsätzlich, fahrlässig, arglistig) die Anzeige eines gefahrerheblichen Umstandes unterblieben (§ 16 Abs. 2) oder über einen erheblichen Umstand eine unrichtige Anzeige gemacht worden ist (§ 17 Abs. 1). Ist die Anzeigepflicht hinsichtlich mehrerer gefahrerheblicher Umstände schuldhaft verletzt, so kann der Rücktritt mehrfach erklärt werden, wobei jede Erklärung rechtlich gesondert zu beurteilen ist. Die Folgen des Rücktritts können nur einmal eintreten, wenn ein Rücktritt berechtigt ist.

3. 1. Der Rücktritt ist eine rechtsgestaltende, empfangsbedürftige Willenserklärung, die dem Empfänger zugegangen sein muß (§ 130 BGB.).

4. 2. Rücktrittsberechtigt ist der Versicherer, der Abschlußagent (§ 45; Ausnahme § 47), sein sonstiger Vertreter, bei mehreren Versicherern alle gemeinsam (§ 356 BGB.), sofern nicht einer die Führung hat.

5. 3. Empfänger der Erklärung ist der Versicherungsnehmer (Abs. 2 S. 1), sein gesetzlicher oder rechtsgeschäftlich bestellter Vertreter, bei mehreren Versicherungsnehmern ein jeder von ihnen (§ 356 BGB.), sofern nicht einer von ihnen zur Vertretung der übrigen befugt ist. Nach dem Tode des Versicherungsnehmers ist der Rücktritt an seine Erben zu richten, es sei denn, daß

Vertretung des Nachlasses durch Testamentsvollstrecker, Nachlaßpfleger in Betracht kommt. — Ist der Versicherungsnehmer geschäftsunfähig oder beschränkt geschäftsfähig, so muß der Rücktritt dem gesetzlichen Vertreter zugehen. Hat dieser seine Einwilligung zur Empfangnahme der Erklärung seitens des beschränkt Geschäftsfähigen erteilt, so wird der Rücktritt in dem Zeitpunkt wirksam, in dem er dem beschränkt Geschäftsfähigen zugeht (§ 131 BGB.). — Gehört die Versicherung zum eingebrachten Gut der Ehefrau, so muß der Rücktritt beiden Ehegatten zugehen (§ 1403 Abs. 2 BGB.; anders nur dem Ehemann Kisch 321); gehört sie zum Gesamtgut, so ist der Ehemann Empfänger. — Ist der Versicherungsnehmer im Konkurse, so ist die Erklärung an den Konkursverwalter (Bem. 12 zu § 14) zu richten. — Nach Veräußerung der versicherten Sache ist dem Erwerber gegenüber, dem Veräußerer gegenüber mit Wirkung auch für den Erwerber nur dann zurückzutreten, wenn sich der Versicherer in Unkenntnis über die Veräußerung befindet (§ 69 Abs. 3). — Nötigenfalls kann die Erklärung im Wege des § 10 oder durch öffentliche Zustellung (Bem. 16 zu § 10) übermittelt werden.

Die Rücktrittserklärung kann wirksam nicht abgegeben werden gegenüber dem Versicherten bei der Versicherung für fremde Rechnung, gegenüber dem anderen (Versicherten) bei der Versicherung auf das Leben eines anderen (§ 159) oder gegen Unfälle, die einem anderen zustoßen (§ 179), gegenüber dem Zessionar (RG. Seuffert Bd. 69. 310 Nr. 168, RGZ. Bd. 86. 305), Pfandgläubiger, Vollstreckungsgläubiger, Bezugsberechtigten (§§ 166 ff., 180).

4. Die Erklärung braucht keinen bestimmten Inhalt zu haben, muß jedoch erkennen lassen, daß der Versicherer infolge Verletzung der Anzeigepflicht die Leistung verweigert (KG. 9. 7. 19 VA. 1921* 4 Nr. 1116; Werneburg Annalen 1916. 1). Nicht notwendig ist, daß angegeben wird, in welchen Beziehungen Verletzung der Anzeigepflicht vorliegt, obschon hierdurch gewisse Nachteile dem Versicherer erwachsen können (Bruck-Dörstling 136). Eine Kündigungserklärung kann nicht als Rücktrittserklärung angesehen werden (RG. 20. 6. 30 JR. 1930. 248). 6.

5. Die Erklärung ist an und für sich formfrei, wird jedoch mit Rücksicht auf ihre Bedeutung regelmäßig schriftlich abgegeben. Ist schriftliche Form vereinbart, so reicht faksimilierte (RG. 27. 2. 23 Bd. 106. 330, Mitteilungen 1924. 117, HansRZ. 1923. 413) oder gedruckte (RG. 25. 6. 29 Bd. 125. 68, JR. 1929. 260, VA. 1930. 292 Nr. 2046; anders OLG. Köln 21. 1. 27 HansRZ. 1927. 278, VA. 1928. 220 Nr. 1734; KG. 23. 2. 29 HansRGZ. A. 1929. 215, JR. 1929. 121, VA. 1930. 201 Nr. 1971, 29. 6. 29 JR. 1929. 318) Unterschrift aus. 7.

6. Die Kosten des Rücktritts belasten den Versicherer. 8.

7. Die Rücktrittserklärung ist nach Maßgabe des § 130 Abs. 1 S. 2 BGB. widerrufbar. Ist sie ordnungsgemäß zugegangen, dann ist eine Wiederinkraftsetzung des umgestalteten Vertrags nur in beiderseitigem Einverständnis möglich. 9.

8. Der Rücktritt kann von dem formellen Versicherungsbeginn an, also auch vor dem materiellen Versicherungsbeginn, jederzeit innerhalb eines 10.

Monats, nachdem der Versicherer Kenntnis von der Verletzung der Anzeigepflicht erlangt hat, erfolgen (Abs. 1). Die Frist beginnt erst zu laufen, wenn der Versicherer, sein Abschlußagent oder sein sonstiger Vertreter, bei mehreren Versicherern ein jeder von ihnen zuverlässige positive Anhaltspunkte dafür hat, daß in Ansehung eines gefahrerheblichen Umstandes die Anzeigepflicht verletzt ist (RG. 19. 3. 18 Wallmann Bd. 52. 1137; nicht unbedenklich KG. 14. 12. 29 JR. 1930. 79). Für Falschanzeige gilt nichts anderes (RG. 28. 3. 30 JR. 1930. 168, Bd. 128. 116, JW. 1930. 3619, VA. 1931. 27 Nr. 2115). Die Kenntnis, nicht das Kennenmüssen entscheidet. Die Kenntnis des Vermittelungsagenten steht der Kenntnis des Versicherers nicht gleich (§ 44), wohl die des Abschlußagenten. Die Kenntnis von jeder Verletzung der Anzeigepflicht setzt von neuem die Rücktrittserklärung in Lauf; es können daher eine Reihe verschiedener Rücktrittsfristen laufen. Die Frist ist eine gesetzliche Ausschlußfrist, deren Berechnung sich aus §§ 187 Abs. 1, 188 Abs. 2, 193 BGB. ergibt. Innerhalb der Frist muß die Rücktrittserklärung dem Empfänger zugegangen sein. Nach Ablauf der Frist kann der Versicherer gegebenenfalls nur wegen arglistiger Täuschung anfechten (§ 22). Innerhalb der einmonatigen Frist kann der Rücktritt vor und nach Eintritt des Versicherungsfalls erklärt werden, im letzten Fall aber nur mit der sich aus § 21 ergebenden Beschränkung. — In der Lebensversicherung ist die Ausübung des Rücktritts nach Ablauf einer gewissen Zeit seit Abschluß des Vertrags nicht mehr zulässig (§ 163).

11. 9. Der Rücktritt hebt mit dem Augenblick des Zugehens der Erklärung bei dem richtigen Empfänger den Vertrag für die Zukunft auf (also nicht wie die Anfechtung mit rückwirkender Kraft; Bem. 7 zu § 22), jedoch haben sich die Parteien die empfangenen Leistungen gegenseitig zurückzugewähren, wobei Geldleistungen von der Zeit des Empfanges an zu verzinsen sind (Abs. 2 S. 2). Tritt der Versicherer zurück, nachdem er bereits eine geldliche oder geldeswerte Leistung für einen Total- oder Teilschaden bewirkt hat, so hat er einen Rückforderungsanspruch eigener Art (Kisch 328) gegen den Empfänger der Leistung, der keineswegs immer der Versicherungsnehmer zu sein braucht, z. B. gegen den Zessionar, Bezugsberechtigten, Versicherten bei der Versicherung für fremde Rechnung, Pfandgläubiger, Vollstreckungsgläubiger usw. Ist eine Sachleistung gemacht, z. B. die zerbrochene Glasscheibe durch eine neue ersetzt, dann ist der ihr entsprechende Geldwert zurückzuerstatten. Über den Zinsfuß §§ 426 BGB., 352 HGB. Der Rückforderungsanspruch besteht in vollem Umfange, mag die Leistung des Versicherers noch vorhanden sein oder nicht. Über die Verjährung des Anspruchs Bem. 4 zu § 12. Tritt der Versicherer zurück, bevor er eine geldliche oder geldeswerte Leistung bewirkt hat, so hat der rechtmäßige Rücktritt zur Folge, daß der Versicherer auch in Zukunft bei Eintritt des Versicherungsfalls leistungsfrei ist. Bei rückkaufsfähigen Lebensversicherungen hat der Versicherer die Rückvergütung herauszugeben (§ 176). Einem Hypotheken- und einem ihm gleichgestellten (§ 106) Gläubiger gegenüber wirkt der Rücktritt nur nach Maßgabe des § 100. Zur Rückgabe der Aufnahmegebühr (Bem. 6 zu § 3) und der Versicherungssteuer ist der Versicherer niemals verpflichtet.

Obschon grundsätzlich der Rücktritt zur gegenseitigen Rückgabe der empfangenen Leistungen verpflichtet, verbleiben die Prämien dem Versicherer. Er hat eine Zeitlang die Gefahr getragen. Diese Leistung kann ihm von dem Versicherungsnehmer nicht zurückgewährt werden; infolgedessen muß er auch die Prämien (abgesehen von ihren als Rückvergütung zu erstattenden Anteilen) behalten (vgl. § 346 S. 2 BGB.), und zwar nicht bloß für die Vergangenheit, sondern nach dem Grundsatz von der Unteilbarkeit der Prämie auch für die zur Zeit des Zugehens der Rücktrittserklärung bei dem Erklärungsempfänger laufende Versicherungsperiode (Bem. 2 zu § 40).

II. § 20 ist zugunsten des Versicherungsnehmers im Bereich der Be- 12.
schränkungen der Vertragsfreiheit (AllgVorbem. 26, 28) zwingend (§ 30 S. 1; Bem. 35 zu § 16).

§ 21. **Tritt der Versicherer zurück, nachdem der Versicherungsfall eingetreten ist, so bleibt seine Verpflichtung zur Leistung gleichwohl bestehen, wenn der Umstand, in Ansehung dessen die Anzeigepflicht verletzt ist, keinen Einfluß auf den Eintritt des Versicherungsfalls und auf den Umfang der Leistung des Versicherers gehabt hat.**

Schrifttum: Bem. 1 zu § 16; Köhler ZVW. 1930. 164. 1.

I. Das Rücktrittsrecht des Versicherers (§ 20) ist die Strafe für den un- 2.
ehrlichen Anzeigepflichtigen: er hat die Prämie umsonst aufgewendet, da er eine empfangene Leistung zurückzugewähren, eine zukünftige Leistung nicht zu beanspruchen hat. Vor Eintritt des Versicherungsfalls kommt der Versicherer äußerst selten in die Lage, von dem Rücktrittsrecht Gebrauch zu machen, denn es bietet sich ihm kaum eine Gelegenheit, und es besteht auch für ihn keine Notwendigkeit, in eine Nachprüfung der bei Erfüllung der vorvertraglichen Anzeigepflicht (§§ 16, 17) abgegebenen Anzeigen einzutreten. Erst die Schadensanzeige (§ 33) pflegt ihm Veranlassung hierzu zu sein. Dem Gesetzgeber erscheint es — im Gegensatz zu der vorgesetzlichen Rechtsauffassung (Ehrenberg 347 ff.; OAG. Lübeck Seuffert Bd. 1. 227 Nr. 219; ROHG. Bd. 9. 284; RG. 14. 1. 10 JW. 1910. 193, LZ. 1910. 317, 22. 11. 12 VA. 1913* 105 Nr. 762, JW. 1913. 218) — als unbillig, den Versicherungsnehmer für seine Unehrlichkeit büßen zu lassen, wenn der Umstand, in Ansehung dessen die Anzeigepflicht verletzt ist, auf den Eintritt des Versicherungsfalls und auf den Umfang der Leistung des Versicherers keinen Einfluß gehabt hat. Damit verliert das Rücktrittsrecht praktisch stark an Bedeutung. Es verbleiben dem Versicherer häufig nur das Anfechtungsrecht wegen arglistiger Täuschung (§ 22) und der Anspruch auf Schadensersatz (Bem. 34 zu § 16).

II. 1. Der Rücktritt des Versicherers ist nach Eintritt 3.
des Versicherungsfalls nicht ausgeschlossen. Er hat in jedem Fall die Wirkung, daß der Prämienschuldner von weiteren Prämienzahlungen befreit wird. Ob er den Versicherer von der Leistungspflicht befreit, hängt davon ab, ob der nicht (§ 16) oder der nicht richtig (§ 17) angezeigte Umstand Einfluß auf den Eintritt des Versicherungsfalls und auf den Umfang der Leistung des

Versicherers gehabt hat. Sehr zu Unrecht. Der Versicherer müßte bei jeder schuldhaften Verletzung der Anzeigepflicht leistungsfrei sein, auch wenn sie keinen Einfluß auf den Eintritt des Versicherungsfalls und auf dem Umfang der Leistung gehabt hat, denn die Annahme des Gesetzes, der Versicherer hätte den Vertrag wie geschehen abgeschlossen, auch wenn er den nicht oder den nicht richtig angezeigten Umstand gekannt hätte, ist willkürlich. Dazu kommt, daß es in der Lebensversicherung unmöglich ist, daß ein nicht oder ein nicht richtig angezeigter Umstand Einfluß auf den Umfang der Leistung des Versicherers auszuüben imstande ist, denn der Umfang der Leistung des Versicherers steht ein für allemal fest (§ 1 Abs. 1 S. 2). Im Bereich der Lebensversicherung kann somit nur in Betracht kommen, ob der nicht oder der unrichtig angezeigte Umstand auf den Tod des Versicherten einen Einfluß ausgeübt hat (Bruck-Dörstling 138; RG. 20. 9. 27 Bd. 118. 57, VA. 1928. 242 Nr. 1749, HansRZ. 1927. 819, JW. 1928. 553 [Fußnote Ehrenzweig], 15. 6. 28 JR. 1928. 213. Anders Gottschalk ZVW. 1916. 43). Dagegen ist in der Schadensversicherung und in der Personenversicherung, die nach ihrer Art betrieben wird (Bem. 2, 3 zu § 1), eine fehlende Beeinflussung des unrichtig oder des nicht angezeigten Umstandes auf Eintritt des Versicherungsfalls und auf Umfang der Leistung des Versicherers möglich.

4. 2. Bei Entscheidung der Frage, ob es an dem einfachen (Lebensversicherung) oder doppelten (Schadensversicherung) Kausalzusammenhang (Bem. 3 zu § 55) fehlt, darf also nicht davon ausgegangen werden — wie es natürlich wäre —, ob der nicht oder der nicht richtig angezeigte Umstand für den Abschluß (Inhalt) des Vertrags kausal ist (so OLG. München 26. 2. 18 VA. 1918* 60 Nr. 1049; OLG. Hamburg 15. 3. 18 VA. 1918* 52 Nr. 1044; OLG. Köln 23. 11. 21 VA. 1923* 60 Nr. 1284; OLG. Frankfurt 10. 2. 26 JR. 1926. 138; RG. 28. 9. 26 JR. 1926. 296; OLG. Kiel 30. 4. 27 VA. 1928. 251 Nr. 1756; Gottschalk LZ. 1917. 1297, Mitteilungen 1921. 126, 146, ZVW. 1916. 43, JR. 1927. 3, 38). Sondern es muß davon ausgegangen werden, ob der nicht oder der nicht richtig angezeigte Umstand für die Herbeiführung des Versicherungsfalls und für den Umfang der Leistung des Versicherers kausal war (OLG. Dresden 23. 9. 14 VA. 1914* 112 Nr. 850, 14. 11. 28 VA. 1930. 33 Nr. 1945; RG. 19. 6. 17 VA. 1917* 69 Nr. 1009, 15. 11. 29 JR. 1929. 419, VA. 1930. 310 Nr. 2063; RG. 20. 3. 18 VA. 1918* 62 Nr. 1050, 11. 1. 30 VA. 1930. 329 Nr. 2080; OLG. Stuttgart 26. 9. 29 VA. 1930. 324 Nr. 2075; OLG. Hamm 23. 3. 31 VA. 1932. 42 Nr. 2270; Kisch 333, Petersen Z. 1921. 245). Hat also der Versicherungsnehmer bei Abschluß eines Feuerversicherungsvertrags für sein Haus verschwiegen, daß es bereits mehrere Male bei ihm gebrannt hat, und sind diese Vorbrände nicht auf die Feuergefährlichkeit des Hauses zurückzuführen, so kann der Versicherer nicht zurücktreten (RG. 19. 6. 17 VA. 1917* 69 Nr. 1009, 12. 3. 18 Annalen 1918. 90; vgl. auch RG. 11. 1. 30 JR. 1930. 97). Hat der Lebensversicherte seine syphilitische Erkrankung verheimlicht und kommt er bei einem Eisenbahnunglück ums Leben, so kann der Versicherer nicht zurücktreten. Hat der Versicherungsnehmer die

Eigentumsverhältnisse des feuerversicherten Baggers falsch angegeben und der Bagger brennt ab, so kann der Versicherer nicht zurücktreten (OLG. Hamburg 10. 10. 21 HansRZ. 1922. 62). Andererseits ist der Versicherer zur Leistung nicht verpflichtet, wenn z. B. das feuerversicherte Haus durch Blitz in Brand gesetzt wird und erhöhend auf den Umfang des Schadens der nicht angezeigte, im Hause befindliche Benzinvorrat eingewirkt hat. — Gegenüber einem Hypotheken- und einem ihm gleichgestellten (§ 106) Gläubiger bleibt der Versicherer trotz Rücktritt zur Leistung verpflichtet (§ 101 Abs. 1 S. 2).

Der Versicherer bleibt infolgedessen zur Leistung auch dann verpflichtet, wenn der Umstand, in Ansehung dessen die Anzeigepflicht verletzt worden ist, keinen Einfluß mehr ausüben kann, weil er bereits wieder weggefallen ist (z. B. die nicht angezeigte Blutarmut des Versicherten ist vollständig ausgeheilt), oder wenn aus dem nicht oder nicht richtig angezeigten Umstand nur gewisse Schlüsse auf die Persönlichkeit des Versicherten oder auf die Beschaffenheit des versicherten Risikos gezogen werden können (z. B. die Ablehnung früher gestellter Anträge, früher eingetretener Versicherungsfälle; Bem. 16, 17 zu § 16).

Zweifel, ob der Kausalzusammenhang gegeben ist oder nicht, wirken zugunsten der Leistungsfreiheit des Versicherers (OLG. Kiel 24. 6. 15 LZ. 1915. 1400; KG. 2. 2. 18 VA. 1918* 15 Nr. 1023; RG. 22. 10. 18 Annalen 1918. 425; OLG. Augsburg 14. 2. 29 JR. 1929. 289). — Besteht der Kausalzusammenhang nur teilweise, so kann der Versicherer auch nur teilweise leistungsfrei sein (Kisch 336).

Den Beweis, daß der Umstand einflußlos auf den Eintritt des Versicherungsfalls und auf den Umfang der Leistung des Versicherers gewesen ist, hat der Versicherungsnehmer zu erbringen (KG. 27. 2. 29 VA. 1930. 212 Nr. 1980).

III. § 21 ist zugunsten des Versicherungsnehmers im Bereich der Be- 5.
schränkungen der Vertragsfreiheit (AllgVorbem. 26, 28) zwingend (§ 31 S. 1; Bem. 35 zu § 16). Er hat keine rückwirkende Kraft (RG. 13. 7. 16 VA. 1916* 73 Nr. 947).

§ 22. Das Recht des Versicherers, den Vertrag wegen arglistiger Täuschung über Gefahrumstände anzufechten, bleibt unberührt.

Schrifttum: Bruck 210; Bem. 1 zu § 16. 1.

I. Anfechtung wegen arglistiger Täuschung und Rück- 2.
tritt (§ 20) stellen in ihren Voraussetzungen und in ihren Wirkungen zwei voneinander verschiedene Behelfe des Versicherers gegen die Verletzung der vorvertraglichen Anzeigepflicht dar. Der Versicherer kann sich ihrer nebeneinander bedienen, wenn ihre Voraussetzungen erfüllt sind. Er kann sie auch nacheinander ausüben, aber nur die Anfechtung nach dem Rücktritt (OLG. Celle 21. 10. 13 VA. 1914* 58 Nr. 816), nicht umgekehrt, da der Vertrag mit vollzogener Anfechtung von Anfang an als nichtig gilt. Die Anfechtung wegen arglistiger

Täuschung ist, obschon die arglistige Täuschung kausal für den Vertragsabschluß sein muß, praktisch von größerer Bedeutung als der Rücktritt, weil die Anfechtungsfrist eine längere ist, namentlich aber weil die Anfechtung nicht der einengenden Vorschrift des § 21 unterliegt. — Neben der Anfechtung aus § 22 ist auch die Anfechtung wegen arglistiger Täuschung über andere als Gefahrumstände gemäß § 122 BGB. zulässig (KG. 21. 5. 30 JR. 1930. 351). — Über die Anfechtung wegen Irrtums Bem. 24 zu § 16.

II. 1. Voraussetzungen der Anfechtung:

3. a) Der Anzeigepflichtige hat sich einer arglistigen Täuschung (Bem. 27 zu § 16) des Versicherers über gefahrerhebliche Umstände (Bem. 15 ff. zu § 16) schuldig gemacht. Auf wessen Arglist es ankommt Bem. 22 zu § 16. Bei mehreren Versicherungsnehmern reicht die arglistige Täuschung durch einen zur Anfechtung des ganzen Vertrags aus (RGZ. Bd. 62. 184; KG. 11. 2. 31 JR. 1931. 148). Hat nicht der Versicherungsnehmer oder der Versicherte, sondern ein Dritter die arglistige Täuschung verübt, so kann der Versicherer nur anfechten, wenn der Versicherungsnehmer die Täuschung kannte oder kennen mußte, also fahrlässigerweise nicht kannte (§ 123 Abs. 2 S. 1 BGB.). In der Mehrzahl der Fälle wird der Versicherungsnehmer die Täuschung kennen müssen, so namentlich wenn er zwecks Täuschung des Versicherers die Beantwortung der Fragen dem Agenten überläßt (OLG. Posen 1. 7. 17 ZVW. 1917. 359). Hat aber der Anzeigepflichtige beispielsweise seine Gesundheitsverhältnisse dem Agenten offengelegt und dieser erklärt alles für unerheblich, so ist die Annahme einer arglistigen Täuschung seitens des Anzeigepflichtigen nicht gerechtfertigt (KG. 22. 2. 30 JR. 1930. 154). Dem Bezugsberechtigten (§§ 166 ff., 180) gegenüber ist die Anfechtung nur wirksam, wenn er selbst oder der Versicherungsnehmer oder der Versicherte wußte oder wissen mußte, daß der Versicherer arglistig getäuscht ist (§ 123 Abs. 2 S. 2 BGB.). Über arglistige Täuschung durch den Agenten Bem. 17 zu § 43.

4. b) Die arglistige Täuschung muß den Versicherer veranlaßt haben, den Vertrag abzuschließen (§ 123 Abs. 1 BGB.). Hätte er den arglistig unrichtig oder nicht angezeigten gefahrerheblichen Umstand gekannt, dann hätte er den Vertrag überhaupt nicht oder nicht wie geschehen abgeschlossen (RG. 4. 10. 18 VA. 1919* 12 Nr. 1071, LZ. 1919. 196; OLG. Stettin 24. 9. 28 VA. 1930. 17 Nr. 1931; KG. 28. 6. 30 JR. 1930. 419 [Verschweigen von Geschlechtskrankheiten], 11. 4. 31 JR. 1931. 388, 17. 6. 31 VA. 1932. 208 Nr. 2287; RG. 7. 3. 30 JR. 1930. 130 [Verschweigen von Herzneurose]). Die Kenntnis des Vermittelungsagenten nimmt dem Versicherer nicht das Anfechtungsrecht (§ 44; OLG. Königsberg 26. 6. 13 VA. 1913* 104 Nr. 761).

5. Der Versicherer hat die arglistige Täuschung zu beweisen, er hat ferner zu beweisen, daß er ohne sie den Vertrag überhaupt nicht oder nicht wie geschehen abgeschlossen hätte (RG. 4. 10. 18 VA. 1919* 12 Nr. 1071, LZ. 1919. 196).

6. 2. Die Anfechtung ist eine rechtsgestaltende, empfangsbedürftige, an sich formfreie Willenserklärung, die dem Empfänger zugegangen (§ 130

BGB.) sein muß. Die bloße Leistungsverweigerung des Versicherers, ohne daß er sie mit der Rechtsunwirksamkeit des Vertrags wegen arglistiger Täuschung begründet, reicht nicht aus (OLG. Dresden 4. 6. 30 Praxis des Versicherungsrechts 1930. 67); ebensowenig die bloße Verfallerklärung hinsichtlich der eingezahlten Prämien unter Ablehnung der Leistungspflicht (KG. 4. 12. 29 JR. 1930. 80). Sie kann nur innerhalb eines Jahres von dem Zeitpunkt ab, in welchem der Versicherer die arglistige Täuschung entdeckt, längstens nach 30 Jahren erfolgen (§ 124 BGB.). Die Anfechtungsfrist ist eine gesetzliche Ausschlußfrist, trotzdem finden gewisse Vorschriften über die Verjährung entsprechende Anwendung (§§ 124 Abs. 2 S. 2, 203 Abs. 2 BGB.). Nach Ablauf der Anfechtungsfrist verbleibt dem Versicherer die Einrede der Arglist (RG. 7. 11. 30 VA. 1931. 232 Nr. 2191, JW. 1931. 1183). Die Anfechtung ist ausgeschlossen, wenn der Versicherer bei Vertragsabschluß den Umstand, in Ansehung dessen die Anzeigepflicht arglistig verletzt ist, gekannt hat.

Über den Anfechtungsberechtigten, den Anfechtungsgegner Bem. 4, 5 zu § 20. Bei der Versicherung für fremde Rechnung ist der Versicherte der Anfechtungsgegner, wenn er die Täuschung begangen hat oder wenn er sie kannte oder kennen mußte (§ 143 Abs. 2 BGB.).

3. Mit dem Zugehen der Anfechtungserklärung wird d e r V e r s i c h e - 7.
r u n g s v e r t r a g von Anfang an n i c h t i g. Versicherungsnehmer und Versicherer werden in ihren Rechtsbeziehungen zueinander so behandelt, als ob niemals ein Vertrag bestanden hätte. Einem Hypotheken- und einem gleichgestellten (§ 106) Gläubiger gegenüber wirkt die Anfechtung nur nach Maßgabe des § 101. Ficht der Versicherer an, bevor er irgendeine geldliche oder geldeswerte Leistung bewirkt hat, dann ist er in Zukunft von jeder Leistung befreit. Ficht der Versicherer an, nachdem er eine geldliche oder geldeswerte Leistung bewirkt hat, dann kann er sie als ungerechtfertigte Bereicherung zurückfordern (§§ 812 ff. BGB.), und zwar mit Zinsen seit ihrem Empfang, weil der Versicherungsnehmer böswillig gewesen sein muß (§ 819 BGB.; K i s c h 432).

Da der Versicherungsvertrag rückwirkend aufgelöst wird, so müßte auch der Versicherer alle empfangenen P r ä m i e n zurückerstatten. § 40 Abs. 1 findet ausdrücklich keine Anwendung. Der Versicherer hat aber eine gewisse Zeit lang die Gefahr getragen. Es entspricht mithin der Billigkeit und den Grundsätzen der Versicherungstechnik, wenn der Versicherer die für die Vergangenheit gezahlten Prämien und unter Anwendung des Grundsatzes von der Unteilbarkeit der Prämie auch die Prämie für die zur Zeit des Zugehens der Anfechtungserklärung laufende Versicherungsperiode behalten darf, anderenfalls würde der Versicherungsnehmer bei Arglist besser als bei Nicht-Arglist gestellt sein (B r u c k - D ö r s t l i n g 141, B ü c h n e r JR. 1931. 113, 267, R a i s e r 164, G o t t - s c h a l k Öffentlr. Versicherung 1931. 253 aber unter Anwendung der Grundsätze über die ungerechtfertigte Bereichung. Anders K i r c h m a n n ZVW. 1916. 452, K i s c h 435, K r a m e r JR. 1931. 190, Öffentlr. Versicherung 1931. 284, wohl auch S ö l t z n e r JR. 1932. 3; RG. 7. 11. 30 VA. 1931. 232 Nr. 2191, JW. 1931. 1183). Bei rückkaufsfähigen Lebensversicherungen hat der Versicherer die Rückvergütung herauszugeben (Bem. 7 zu § 176). Sind

Prämien im voraus bezahlt, dann sind sie insoweit zurückzuzahlen, als sie auf die Zeit nach Ende der Versicherungsperiode entfallen, welche zur Zeit des Zugehens der Anfechtungserklärung läuft.

8. 4. Sind mehrere Gegenstände oder mehrere Personen einheitlich versichert, so hat die arglistige Täuschung in Ansehung eines Teiles grundsätzlich die Nichtigkeit des ganzen Vertrags zur Folge. Soll der Vertrag teilweise weiterbestehen, so müßte der Versicherungsnehmer beweisen, daß der Versicherer den Vertrag auch ohne den durch die arglistige Täuschung betroffenen Teil abgeschlossen hätte (§ 139 BGB.).

9. 5. Die arglistige Täuschung verstößt gegen die guten Sitten (§ 826 BGB.); infolgedessen kann der Versicherer vollen Ersatz seines Schadens verlangen. Selbst wenn er noch keine geldliche oder geldeswerte Leistung bewirkt hat, kann ihm trotz Zurückbehaltung der Prämie ein Schaden erwachsen sein (Bem. 34 zu § 16).

10. III. § 22 ist zugunsten des Versicherungsnehmers im Bereich der Beschränkungen der Vertragsfreiheit (AllgVorbem. 26, 28) zwingend (§ 31 S. 1; Bem. 35 zu § 16).

§ 23. Nach dem Abschlusse des Vertrags darf der Versicherungsnehmer nicht ohne Einwilligung des Versicherers eine Erhöhung der Gefahr vornehmen oder deren Vornahme durch einen Dritten gestatten.

Erlangt der Versicherungsnehmer Kenntnis davon, daß durch eine von ihm ohne Einwilligung des Versicherers vorgenommene oder gestattete Änderung die Gefahr erhöht ist, so hat er dem Versicherer unverzüglich Anzeige zu machen.

1. Schrifttum: Bruck 295 ff.; Hagen Bd. 1. 424; Kisch Bd. 2. 446; Ritter 394.

2. I. Auf Grundlage der vorvertraglichen Anzeigen (§§ 16 ff.) schließt der Versicherer den Versicherungsvertrag ab. Er paßt die Vertragsbedingungen der ihm bekanntgewordenen individuellen Beschaffenheit der Gefahrslage an. Während der Vertragsdauer wird die Gefahrslage als ruhend gedacht, obschon sie tatsächlich dauernd Änderungen unterworfen ist. Die Änderungen der Gefahrslage sind voraussehbar oder unvoraussehbar.

3. 1. Mit der voraussehbaren Änderung der Gefahrslage hat der Versicherer von vornherein zu rechnen und sie bei der Prämienberechnung zu berücksichtigen. Charakteristisch hierfür ist die Lebensversicherung, bei der sich die Gefahrslage ständig verschlechtert. Aber auch in der Schadensversicherung kann die normale Abnutzung der Sache eine größere Gefahr in sich schließen. Ob es sich noch um eine normale Änderung der Haftpflichtgefahr handelt, wenn in dem gegen Haftpflichtansprüche versicherten städtischen Verwaltungsbetrieb Kraftwagen neu eingeführt werden, ist zweifelhaft (KG. 29. 1. 09 VA. 1909* 55 Nr. 459, 14. 3. 11 VA. 1911* 61 Nr. 603; RG. 7. 1. 10 Bd. 73. 1, VA. 1910* 99 Nr. 553).

2. a) Die nicht voraussehbare Änderung der Gefahrslage kann eine Gefahrminderung herbeiführen (RG. 10. 2. 25 HansRZ. 1925. 472, Seuffert Bd. 79. 115 Nr. 71). Das Gesetz berücksichtigt diesen Tatbestand nicht, wohl aber manche Versicherungsbedingungen (z. B. § 4 I 1 a AllgUnfallVersbdg., § 9 II 1 AllgHaftpflichtVersbdg.). Infolgedessen hat der Versicherungsnehmer — abgesehen von einer besonderen vertraglichen Vereinbarung — keinen Anspruch auf Minderung der Prämie für den Rest der Versicherungsdauer (unrichtig Gutachten der Industrie- und Handelskammer Berlin ZVW. 1926. 130). 4.

b) Die nicht voraussehbare Änderung der Gefahrslage kann auch eine Änderung herbeiführen, die keine Gefahrminderung ist. Eine derartige Änderung kann ohne Erhöhung oder mit Erhöhung der Gefahr verbunden sein. Der Änderung ohne Erhöhung — Gefahränderung — räumt das Gesetz (anders §§ 814 HGB., 23 ADS.) einen Einfluß auf den abgeschlossenen Versicherungsvertrag nicht ein. Wohl aber berücksichtigt das Gesetz aus Gründen, die sich aus dem Begriff der Gefahrengemeinschaft ergeben (Bruck 296 f.), die Änderung der Gefahrslage mit Erhöhung der Gefahr: die Gefahrerhöhung.

II. 1. Gefahrerhöhung ist jede tatsächliche nach dem formellen Versicherungsbeginn eintretende erhebliche Änderung der bei dem formellen Versicherungsbeginn vorhandenen Gefahrslage, wenn sie den Eintritt des Versicherungsfalls oder die Erhöhung seiner schädigenden Wirkungen wahrscheinlicher macht. 5.

a) Die bei dem formellen Versicherungsbeginn vorhandene Gefahrslage muß sich tatsächlich geändert haben. Erfährt der Versicherer nach Vertragsabschluß, daß Umstände vorliegen, die die Gefahr als größer erscheinen lassen, so treten gegebenenfalls die Folgen der Verletzung der vorvertraglichen Anzeigepflicht ein, aber die Gefahr hat sich nicht tatsächlich nach Vertragsabschluß vergrößert. Beispiel: Es ist bei Vertragsabschluß angezeigt, daß ein Wachhund gehalten wird, tatsächlich wird ein Jagdhund gehalten, der später abgeschafft wird; die vorvertragliche Anzeigepflicht ist verletzt, nicht die Gefahrstandspflicht (RG. 10. 12. 20 VA. 1922* 51 Nr. 1208). 6.

b) Die Gefahrslage muß sich nach dem formellen Versicherungsbeginn (Bem. 20 zu § 1) geändert haben. Alle bis zu diesem Zeitpunkt vorliegenden oder eintretenden gefahrerheblichen Umstände werden von der vorvertraglichen Anzeigepflicht umfaßt (§§ 16 ff.). Liegt der materielle Beginn der Versicherung vor dem formellen Versicherungsbeginn (§ 2), dann sind Erhöhungen der Gefahr, die vor dem formellen Versicherungsbeginn eintreten, nicht als Gefahrerhöhungen zu behandeln, sondern unterliegen der vorvertraglichen Anzeigepflicht (§§ 16 ff.). Liegt der materielle Beginn nach dem formellen Versicherungsbeginn (Bem. 2 zu § 38), so sind Erhöhungen der Gefahr, die vor dem materiellen Beginn eintreten, Gefahrerhöhungen im Sinne der §§ 23 ff. Ist der Vertragsabschluß auf seiten des Versicherungsnehmers abhängig von der Genehmigung eines Dritten (Bem. 11 zu § 1), so sind Erhöhungen der Gefahr, die vor der Genehmigung eintreten, keine Gefahrerhöhungen nach §§ 23 ff., sondern anzeigepflichtige Umstände (§§ 16 ff.), ist der Versiche- 7.

rungsvertrag aufschiebend bedingt abgeschlossen und vollziehen sich die Erhöhungen der Gefahr vor Eintritt der Bedingung, so sind sie Gefahrerhöhungen nach §§ 23 ff. (Kisch 450). Bei Nachversicherungen, z. B. Erhöhung der Versicherungssumme, ist ihr Abschluß maßgebend (RG. 9. 1. 25 Bd. 110. 152, VA. 1925. 151 Nr. 1432, 19. 3. 26 VA. 1927. 53 Nr. 1563).

8. c) Die Änderung der bei dem formellen Beginn der Versicherung vorhandenen Gefahrslage muß von Einfluß auf die Gefahr sein, die der Versicherer trägt. Daher kann auf Grund der gleichen tatsächlichen Vorgänge im Rahmen des einen Versicherungsvertrags Gefahrerhöhung gegeben, im Rahmen eines anderen Versicherungsvertrags nicht gegeben sein. Bleibt die gegen Einbruchdiebstahl versicherte Wohnung längere Zeit unbewohnt, so ist die Gefahr des Einbruchdiebstahls erhöht (RG. 5. 10. 20 Wallmann Bd. 55. 329; OLG. Hamburg 29. 3. 22 HansRZ. 1923. 99); bleibt die feuerversicherte Wohnung längere Zeit unbewohnt, so ist hierdurch keine Gefahrerhöhung eingetreten. Wird an dem gegen Einbruchdiebstahl versicherten Haus ein Baugerüst aufgeschlagen, so liegt eine Gefahrerhöhung vor (unten Bem. 12 Abs. 4), nicht aber, wenn das Haus gegen Feuer versichert ist. Die Änderung der Gefahrslage ist daher auch unbeachtlich bei Änderung von Umständen, die der Versicherer von vornherein von seiner Gefahrtragung als Risikobeschränkungen ausgeschlossen hat. Hat z. B. der Versicherer nicht die Kriegsgefahr übernommen, dann bleibt der Vertrag unberührt, wenn Umstände eintreten, die die Kriegsgefahr erhöhen. Weiteres Beispiel RG. 10. 2. 25 HansRZ. 1925. 472, Seuffert Bd. 79. 115 Nr. 71. Ebensowenig liegt im umgekehrten Fall eine Gefahrerhöhung vor, wenn von vornherein gegen eine Gefahr versichert ist, die zukünftig entstehen kann, und diese Gefahr eintritt. Hat der Einbruchdiebstahlversicherer einen Prämienzuschlag dafür erhalten, daß die Versicherungsräumlichkeit längere Zeit ohne Aufsicht bleibt, so kann er keine Gefahrerhöhung geltend machen, wenn tatsächlich die Versicherungsräumlichkeit unbewohnt bleibt (KG. 29. 5. 18 VA. 1919* 34 Nr. 1085, bestätigt von RG. 14. 1. 19 VA. 1919* 60 Nr. 1101).

9. d) Die Änderung der Gefahrslage muß erheblich sein (§ 29 S. 1). Erheblich bedeutet hier im Gegensatz zu § 16 nicht erheblich für die Übernahme der Gefahr seitens des Versicherers (so Hagen Z. 1928. 213, 215), sondern erheblich für die Gefahrtragung: die Gefahr, die der Versicherer trägt, muß erheblich gesteigert sein (Ehrenberg Z. 1928. 349, 350).

10. e) Die Änderung der Gefahrslage kann dauernd oder vorübergehend sein. Daher ist im Rahmen der Feuerversicherung das unvorschriftsmäßige Aufstellen einer Lokomobile oder das Betreten eines Stroh- und Heubodens mit einer offenen Laterne (anders OLG. Hamm 13. 1. 23 VA. 1925. 138 Nr. 1422), im Rahmen der Einbruchdiebstahlversicherung das Verbringen von gegen Einbruchdiebstahl versicherten Kleidungsstücken auf eine offene Loggia (anders KG. 24. 10. 25 HansRZ. 1926. 87, VA. 1927. 288 Nr. 1642) eine Gefahrerhöhung. Auch eine vorübergehende Gefahrerhöhung befugt den Versicherer zur Kündigung, sofern nicht der Zustand bereits wiederhergestellt ist, der vor der Erhöhung bestanden hat (§§ 24 Abs. 2, 27 Abs. 1 S. 2).

f) Durch die Änderung der Gefahrslage muß die Möglichkeit, daß 11.
der Versicherungsfall eintreten kann oder daß sich seine schädigenden Wirkungen erhöhen können (Kisch 480, Ehrenberg Z. 1928. 349, 350), größer geworden sein. Es ist aber mangels Hinzutrittes neuer gefahrerheblicher Umstände keine Gefahrerhöhung: die infolge Vergrößerung des versicherten Lagerbestandes herbeigeführte erhebliche Werterhöhung (OLG. München 23. 12. 16 VA. 1917* 18 Nr. 979; RG. 25. 11. 27 JR. 1928. 7, JW. 1928. 791; Ehrenberg Z. 1928. 349, 352; anders Hagen Z. 1928. 213) oder die Ausdehnung des Versicherungsschutzes auf Personen oder Sachen, welche bei Vertragsabschluß noch nicht versichert waren, soweit nicht die Vergrößerung oder Ausdehnung den Eintritt des Versicherungsfalls zu beschleunigen geeignet ist, das Steigen des wirklichen Versicherungswerts (§ 51) seit Vertragsbeginn (VA. 1921. 122). Wird die infolge einer Gefahrerhöhung erhöhte Gefahr durch erhöhte Schutzmaßregeln ausgeglichen, so liegt keine Gefahrerhöhung vor.

2. Ob eine Gefahrerhöhung eingetreten ist, ent- 12.
scheidet sich nicht nach der Auffassung des Versicherers, insbesondere nicht nach seinen Prämientarifen, oder nach der Auffassung des Versicherungsnehmers, sondern nach objektiven Gesichtspunkten (ROHG. Bd. 5. 298; RG. 20. 5. 10 Bd. 73. 359, VA. 1910* 87 Nr. 545, JW. 1910. 716, 21. 6. 10 VA. 1910* 89 Nr. 546, LZ. 1910. 944; OLG. Königsberg 18. 11. 27 JR. 1928. 12, 14). Den Beweis für das Vorliegen einer Gefahrerhöhung hat der Versicherer zu erbringen.

Was im einzelnen als Gefahrerhöhung anzusehen ist, ist Tatfrage. Das Gesetz enthält sich einer genaueren Bestimmung, aber vielfach werden in den Allgemeinen Versicherungsbedingungen gefahrerhöhende Umstände angeführt. Über die verschiedene Bedeutung dieser Anführung Bruck 302 ff.

Aus der Feuerversicherung: Einrichtung eines feuergefährlichen Betriebes (OLG. Posen 11. 12. 17 VA. 1918* 40 Nr. 1036), Inbetriebsetzung von Maschinen (OLG. Stuttgart 27. 4. 28 JR. 1928. 258), Einstellung eines Kraftwagens in eine Scheune oder in einen Getreidespeicher (RG. 6. 7. 23 VA. 1924* 73 Nr. 1329; KG. 12. 6. 29 Recht des Kraftfahrers 1930. 298); dagegen liegt keine Gefahrerhöhung vor, wenn der Versicherer die Aufstellung des Wagens in einer Durchfahrt neben der Scheune geduldet hat (RG. 10. 1. 30 JR. 1930. 77). Eine Gefahrerhöhung liegt vor bei Lagerung von Benzin in dem versicherten Schuppen (OLG. Karlsruhe 3. 3. 16 VA. 1916* 63 Nr. 942; RG. 9. 1. 25 Bd. 110. 152, VA. 1925. 151 Nr. 1432), Einrichtung eines feuergefährlichen Betriebs, Einlagerung großer Strohmengen in einer Mästerei und Errichtung einer Strohwand (OLG. Kiel 13. 1. 27 VA. 1928. 263 Nr. 1764), Stillegung eines in einsamer Gegend belegenen Fabrikbetriebes ohne ausreichende Bewachung (KG. 11. 7. 28 JR. 1928. 349, VA. 1930. 38 Nr. 1951; anders OLG. Hamburg 29. 1. 12 Mitteilungen 1912. 205). Keine Gefahrerhöhung: Eröffnung des Konkursverfahrens über das Vermögen des Versicherten (VA. 1911. 114), Verwendung von Ersatzstoffen in der Tuchfabrikation (RG. 16. 4. 18 VA. 1918* 69 Nr. 1055, Mitteilungen 1918. 190), Stillegung eines Sägewerks (OLG. Nürnberg 4. 7. 30 VA. 1931. 216 Nr. 2177, bestätigt von RG. 22. 9. 31 JW. 1931. 317), Leerstehenlassen eines Hauses (OLG. Hamm 24. 9. 28 JW. 1929. 224).

Aus der Einbruchdiebstahlversicherung: Unbewohnt- und Unbeaufsichtigtlassen der Versicherungsräumlichkeit für eine gewisse Dauer (OLG. Hamburg 8. 7. 16 Seuffert Bd. 72. 61 Nr. 36, 4. 3. 19 HansRZ. 1919. 368, Rspr. Bd. 38. 229; KG. 21. 4. 28 JW. 1928. 202); die Wirkung der eingetretenen Gefahrerhöhung wird nicht beseitigt, wenn der Versicherte eintrifft, während sich der Dieb noch in der Wohnung befindet (OLG. Hamburg 29. 3. 22 HansRZ. 1923. 93), Errichtung eines Baugerüstes an dem Hause (KG. 13. 12. 26 JW. 1927. 226; anders KG. 8. 11. 22 JW. 1923. 301, 1. 7. 31 JW. 1931. 321), Verbringen eines Wachhundes aus dem Versicherungsraum in einen anderen Raum (KG. 21. 3. 28 JW. 1928. 154; RG. 11. 12. 28 JW. 1929. 6, VA. 1930. 37 Nr. 1950), Beseitigung des Schaufensterschutzes (RG. 27. 3. 23 VA. 1924* 81 Nr. 1336). Keine Gefahrerhöhung: der Regel nach Untervermieten einzelner Zimmer (KG. 31. 3. 23 VA. 1924* 90 Nr. 1346), nachträgliches Unbewohntwerden von Nachbarräumen (KG. 9. 12. 25 VA. 1927. 57 Nr. 1567).

Aus der Glasversicherung: Rostiger Zustand der Fenstereinrahmung (RG. 30. 5. 24 VA. 1926. 150 Nr. 1499, HansRZ. 1925. 195), Bestreichen von Fensterscheiben (KG. 9. 7. 24 JW. 1925. 30).

Aus der Wasserleitungsschädenversicherung: Entleerung und Absperrung der Wasserleitung in unbewohnten Gebäuden (OLG. Frankfurt 10. 5. 07 VA. 1908* 101 Nr. 420).

Aus der Unfallversicherung: Anschaffung eines eigenen Fuhrwerks seitens eines Gastwirts (RG. 20. 5. 10 VA. 1910* 87 Nr. 545), Berufswechsel (RG. 21. 6. 10 VA. 1910* 89 Nr. 546, 8. 6. 28 JW. 1928. 199, 310, VA. 1929. 229 Nr. 1885; OLG. Hamburg 5. 6. 17 VA. 1917* 59 Nr. 1004, LZ. 1917. 1283). Keine Gefahrerhöhung: Nach § 4 I 1 AllgUnfallVersBdg. sind Änderungen in der Berufstätigkeit oder Beschäftigung des Versicherten ohne Einfluß auf den Fortbestand der Versicherung, sofern der Versicherer für die neue Berufstätigkeit oder Beschäftigung überhaupt Versicherungsschutz gewährt, die Prämien werden reguliert.

Aus der Automobilversicherung: Die Benutzung des Privatautos als Mietauto (OLG. Celle 19. 6. 31 HansRGZ. A. 1931. 663; anders OLG. Düsseldorf 10. 1. 29 VA. 1930. 55 Nr. 1964, JW. 1929. 205).

Aus der Viehversicherung: Die vorübergehende Unterbringung der versicherten Stute in einem Stall, in dem ein Hengst steht, ist keine Gefahrerhöhung (KG. 19. 12. 28 JW. 1929. 69).

In manchen Versicherungszweigen werden bestimmte Tatbestände nicht als gefahrerhöhende bezeichnet, wenn auch tatsächlich die Gefahr erhöht ist. So in der Unfallversicherung die Verschlechterung der Gesundheit des Versicherten (§ 4 I 2; Ausnahmen § 3 Nr. 6, § 7 AllgUnfallVersBdg.). In der Haftpflichtversicherung wird auf die Berücksichtigung jeder Gefahrerhöhung verzichtet; sie begnügt sich mit einer nachträglichen Anzeige der Gefahrerhöhung und einer dementsprechenden Prämienverbesserung (§ 9 II

AllgHaftpflichtVersbdg.). Außerhalb des Geltungsbereichs dieser Allgemeinen Versicherungsbedingungen ist beispielsweise als Gefahrerhöhung erklärt worden das unsachgemäße Aufnageln von Eisenschienen auf dem Linoleumbelage der Haustreppe (RG. 18. 6. 27 JR. 1927. 273). Über die Eingehung einer Anwaltsverbindung als Gefahrerhöhung Josef HansRZ. 1927. 371, gegen ihn zutreffend Horwitz ebenda 555.

Über die Gefahrerhöhungen in der Lebensversicherung § 164.

Gefahrerhöhungen können auch nach Maßgabe des § 29 S. 2 nicht in Betracht kommen.

3. Von einer Gefahrerhöhung ist die Änderung der Umstände zu unterscheiden, durch welche in wesentlicher Umgestaltung der Vertragsgrundlage die vom Versicherer übernommene Gefahrtragung wegfällt und eine andere an ihre Stelle tritt. Wird das versicherte Haus niedergerissen und an seiner Stelle ein anderes errichtet, wird die Haftpflicht aus einer bestimmten beruflichen Beschäftigung versichert und wird dieser Beruf mit einem anderen vertauscht, werden die versicherten Güter in anderer Art als mit dem Schiffe befördert, mit welchem sie nach dem Versicherungsvertrage befördert werden sollen (§ 137 Abs. 1), wird der räumliche Geltungsbereich der Versicherung (Bem. 5 vor § 81) überschritten (RG. 10. 2. 25 HansRZ. 1925. 472, Seuffert Bd. 79. 115 Nr. 71), so liegt in allen diesen Fällen die neue Gefahrslage vollständig außerhalb des Vertragsbereichs. 13.

II. 1. Der Versicherer hat sich auf die Gefahrslage nach Maßgabe der vorvertraglichen Anzeigen (§§ 16 ff.) eingestellt. Er muß gegen willkürliche Eingriffe geschützt werden, durch die sich die Gefahrslage ändert, insbesondere verschlechtert. Infolgedessen ist dem Versicherungsnehmer die Gefahrstandspflicht — die Pflicht zu der Aufrechterhaltung einer gewissen Gefahrslage — auferlegt. 14.

2. Die Gefahrstandspflicht ist eine Dauerobliegenheit (Voraussetzung; Bem. 4 zu § 6), die während der ganzen Versicherungsdauer bis zum Eintritt des Versicherungsfalls dem Versicherer gegenüber zu erfüllen ist. Über ihre Abgrenzung von der Abwendungs- und Minderungspflicht Bem. 5 zu § 62. 15.

3. Zur Erfüllung der Gefahrstandspflicht ist verpflichtet der Versicherungsnehmer, bei mehreren Versicherungsnehmern ein jeder von ihnen mit der Maßgabe, daß die Nichterfüllung durch einen allen übrigen schadet, bei Versicherung für fremde Rechnung der Versicherungsnehmer und der Versicherte, bei Veräußerung der versicherten Sache (§ 69) vor der Veräußerung der Veräußerer, nachher der Erwerber, bei Abtretung, Verpfändung, Pfändung des Anspruchs der Versicherungsnehmer, jedoch wird der Versicherer dem Zessionar, dem Pfandgläubiger, dem Vollstreckungsgläubiger entgegenhalten können, daß er wider Treu und Glauben die Obliegenheit nicht erfüllt hat. — Der Versicherungsnehmer, der eine juristische Person ist, muß sich das Verhalten seiner Organe als solcher anrechnen lassen, der Versicherungsnehmer, der eine physische Person ist, braucht für das Verhalten Dritter nicht einzustehen (Bem. 14 zu § 6). 16.

17. 4. Die Verletzung der Gefahrstandspflicht kann durch eine für die Gefahrerhöhung kausale positive Handlung (z. B. der Versicherungsnehmer lagert in dem Keller seines feuerversicherten Hauses besonders feuergefährliche Sachen ein) oder durch Unterlassung einer gefahrmindernden Handlung (z. B. der Versicherungsnehmer unterläßt die Ausbesserung der schadhaft gewordenen Blitzableiteranlage seines feuerversicherten Hauses) verletzt werden, wobei es unerheblich ist, ob sich der Versicherungsnehmer des Erfolges seiner Handlung oder seiner Unterlassung bewußt ist. Die Gefahrstandspflicht verlangt weiter, daß der Versicherungsnehmer einer gefahrerhöhenden Handlung eines Dritten nicht zustimmt oder sie nicht duldet (Abs. 1). Kann er die Handlung des Dritten nicht verhindern oder nicht beseitigen, weil es ihm an den hierzu notwendigen Machtmitteln fehlt, so liegt keine gestattete, sondern eine von seinem Willen unabhängige (§ 27) Gefahrerhöhung vor. Unbilliges darf ihm hierbei nicht zugemutet werden. Vermietet der Eigentümer den feuerversicherten Schuppen zur Einstellung eines Kraftfahrzeugs und zur Einlagerung von Benzin, so gestattet er die hiermit verknüpfte Gefahrerhöhung (OLG. Karlsruhe 3. 3. 16 VA. 1916* 63 Nr. 942), nimmt dagegen der Mieter ohne Kenntnis des versicherten Vermieters eine Gefahrerhöhung vor, dann ist die Gefahrstandspflicht nicht verletzt (RG. 25. 9. 08 ZVW. 1909. 54, 23. 2. 17 Mitteilungen 1917. 144, LZ. 1917. 977; KG. 5. 4. 19 VA. 1919* 64 Nr. 1105, bestätigt von RG. 12. 12. 19 Bd. 97. 279). In jedem Fall muß zwischen dem Verhalten des Versicherungsnehmers (Dritten) und der Gefahrerhöhung Kausalzusammenhang (Bem. 3 zu § 55) bestehen.

18. 5. Die Gefahrerhöhung muß ohne Einwilligung des Versicherers vorgenommen oder ihre Vornahme durch einen Dritten gestattet sein. Die Einwilligung ist eine empfangsbedürftige, an sich formfreie Willenserklärung des Versicherers, des Abschlußagenten (§ 45; Ausnahme § 47) oder seines sonstigen Vertreters, bei mehreren Versicherern eines jeden von ihnen, sofern nicht einer die Führung hat. Der Vermittelungsagent als solcher ist zur Erteilung der Einwilligung nicht befugt. Die Einwilligung wird nicht zu einem Rechtsgeschäft (§ 182 BGB.), sondern zu einem tatsächlichen Vorgang erteilt. In dem Schweigen des Versicherers auf eine ihm mitgeteilte Gefahrerhöhung kann Zustimmung liegen (RG. 23. 2. 17 Mitteilungen 1917. 144, LZ. 1917. 977). Wird sie in Kenntnis der bereits erfolgten Gefahrerhöhung erteilt, so wirkt sie auf die Zeit der Vornahme der Gefahrerhöhung zurück. Die Einwilligung ist, da sie rechtsgestaltenden Charakter hat, nicht widerrufbar, aber anfechtbar (§§ 119 ff. BGB.).

19. III. Die Folge der verschuldeten oder unverschuldeten Verletzung der Gefahrstandspflicht ist die Anzeigepflicht des Versicherungsnehmers (Abs. 2). Auch objektive Gefahrerhöhungen sind anzeigepflichtig (§ 27 Abs. 2). Der Versicherer erhält weiterhin bei verschuldeter oder unverschuldeter Verletzung der Gefahrstandspflicht das Recht, das Versicherungsverhältnis zu kündigen (§ 24), und ist unter gewissen Voraussetzungen leistungsfrei (§ 25). Stellt die Gefahrerhöhung zugleich den Tatbestand einer unerlaubten Handlung dar, dann kann der Versicherer Schadensersatz verlangen

(§§ 823 Abs. 2, 826 BGB.). — Der Versicherungsnehmer kann sich auf die Verletzung der Gefahrstandspflicht nicht berufen.

Eine Anfechtung des Versicherungsvertrags seitens des Versicherers oder des Versicherungsnehmers wegen Irrtums (§ 119 BGB.) ist ausgeschlossen; die versicherungsrechtlichen Sondernormen verdrängen die allgemeinen Rechtssätze (Bem. 24 zu § 16).

1. Die Anzeigepflicht ist eine Obliegenheit (Voraussetzung; 20. Bem. 4 zu § 6), die vor Eintritt des Versicherungsfalls dem Versicherer gegenüber zu erfüllen ist.

2. Anzeigepflichtig ist der Versicherungsnehmer oder sein Rechts- 21. nachfolger, bei mehreren Versicherungsnehmern ein jeder von ihnen, bei Versicherung für fremde Rechnung auch der Versicherte (RG. 11. 4. 19 Bd. 95. 250, 254, VA. 1919* 55, 57 Nr. 1098), bei Versicherung gegen Unfälle, die einem anderen zustoßen, der Versicherungsnehmer (§ 16 Abs. 1 AllgUnfallVersBdg.). Bei Veräußerung der versicherten Sache (§ 69) hat der Veräußerer anzuzeigen, wenn die Gefahrerhöhung vor der Veräußerung eintritt, der Erwerber, wenn sie nachher eintritt. Läuft die Anzeigefrist noch zur Zeit der Veräußerung, so hat der Erwerber die vor der Veräußerung eingetretene, von dem Veräußerer noch nicht angezeigte Gefahrerhöhung anzuzeigen. Dritte, wie z. B. der Hypothekengläubiger, Familienangehörige, Angestellte des Versicherungsnehmers, sind nicht zur Anzeige verpflichtet und können hierzu auch nicht verpflichtet werden (§ 31 S. 1).

3. Die Anzeige ist eine an sich formfreie, empfangsbedürftige Wissens- 22. erklärung. Willensmängel oder Mängel in der Geschäftsfähigkeit haben keinen Einfluß auf die Wirksamkeit der Anzeige. Infolgedessen entscheidet die Tatsache, ob die Gefahrerhöhung angezeigt ist oder nicht. Ob der Anzeigepflichtige aber für Unterlassung der Anzeige verantwortlich ist, bestimmt sich nach den Grundsätzen der Schuldfähigkeit (Bem. 5 zu § 16).

4. Die Anzeige ist von dem Anzeigepflichtigen zu erstatten. 23. Bei mehreren Anzeigepflichtigen genügt Erstattung der Anzeige durch einen von ihnen, sofern der Versicherer Kenntnis erlangt. Wird die Anzeige von einem Nichtanzeigepflichtigen erstattet und gelangt sie zur Kenntnis des Versicherers, dann kann er sich auf die Verletzung der Anzeigepflicht nicht berufen.

5. Die Anzeige ist gesetzlich formfrei; vertraglich wird regelmäßig 24. Schriftlichkeit (§§ 126, 127 BGB.) gefordert (§ 31 S. 2). Wird trotz einer derartigen Abrede die Anzeige mündlich erstattet, so kann sich der Versicherer auf die Verletzung der Anzeigepflicht nicht berufen, wenn die Anzeige rechtzeitig zu seiner Kenntnis gekommen ist.

6. Die Anzeige ist an den Versicherer, bei mehreren Versicherern 25. an einen jeden von ihnen, sofern nicht einer die Führung hat, an den Abschlußagenten (§ 45; Ausnahme § 47) oder an den sonstigen Vertreter des Versicherers zu richten. Der Vermittelungsagent ist zu ihrer Entgegennahme befugt (§ 43 Nr. 2; Ausnahme § 47 [OLG. München 16. 10. 16 LZ. 1917. 147; RG. 23. 2. 17 LZ. 1917. 977]).

26. 7. Die Anzeige ist unverzüglich, also ohne schuldhaftes Zögern (§ 121 Abs. 1 BGB.), nachdem der Anzeigepflichtige Kenntnis von der Gefahrerhöhung erlangt hat, zu erstatten. Kennenmüssen steht der Kenntnis nicht gleich. Die Kenntnis muß das Ereignis als solches und seinen Charakter als Gefahrerhöhung umfassen (ROHG. Bd. 5. 110, 121, 298, 304). An erster Stelle kommt es auf die Kenntnis des Anzeigepflichtigen an. Sind mehrere Anzeigepflichtige vorhanden, so schadet die Kenntnis des einen allen übrigen, wenn die Anzeige überhaupt nicht oder nicht rechtzeitig oder nicht ordnungsgemäß erfolgt. Außer der Kenntnis des Anzeigepflichtigen kommt die Kenntnis des gesetzlichen, des rechtsgeschäftlich bestellten Vertreters, des Vertreters ohne Vertretungsmacht, bei der Versicherung für fremde Rechnung auch die Kenntnis des Versicherten in Betracht.

27. 8. Aus der Anzeige hat hervorzugehen, daß bestimmte Umstände eingetreten sind, die gefahrerhöhend wirken. Abgesehen von der Viehversicherung (§ 120) braucht der Versicherungsnehmer ohne besondere vertragliche Vereinbarung keine weiteren Auskünfte zu geben oder dem Versicherer Feststellungen irgendwelcher Art zu gestatten. — Die Anzeige muß sich auf ein bestimmtes Versicherungsverhältnis beziehen; sie wirkt für mehrere bei demselben Versicherer laufende Versicherungen (RG. 6. 12. 10 VA. 1911* 54 Nr. 598, JW. 1911. 225).

28. 9. Der Beweis für die frist- (und form-) gerechte Anzeige liegt dem Versicherungsnehmer ob.

29. IV. 1. Wird die Anzeige frist- (und form-) gerecht erstattet, dann ist der Versicherer in der Lage, das Vertragsverhältnis zu kündigen (§§ 24, 27).

30. 2. Wird die Anzeige nicht, nicht vollständig, nicht rechtzeitig, nicht richtig gemacht, dann tritt die Folge des § 25 Abs. 2 S. 2, § 28 Abs. 1, 2 S. 1 ein. Eine Haftung des Anzeigepflichtigen für das Verhalten Dritter, deren er sich bei Erfüllung der Anzeigepflicht bedient, kommt unter dem Gesichtspunkt des § 278 BGB. nicht in Frage, da die Anzeigepflicht eine Obliegenheit ist (Bem. 12 zu § 6). Über die Haftung für den Wissensvertreter und für den Boten Bem. 13 zu § 6.

31. V. § 23 ist zugunsten des Versicherungsnehmers im Bereich der Beschränkungen der Vertragsfreiheit (AllgVorbem. 26, 28) zwingend (§ 31 S. 1). Daher ist z. B. eine Vereinbarung unwirksam, durch die die Anzeigepflicht anderen Personen als dem Versicherungsnehmer auferlegt wird. — Nach dem Gesetz vom 20. Dezember 1911, RGBl. 985, finden die §§ 23 ff. auf Krankenversicherungsvereine auf Gegenseitigkeit keine Anwendung (VA. 1913. 117).

§ 24. Verletzt der Versicherungsnehmer die Vorschrift des § 23 Abs. 1, so kann der Versicherer das Versicherungsverhältnis ohne Einhaltung einer Kündigungsfrist kündigen. Beruht die Verletzung nicht auf einem Verschulden des Versicherungsnehmers, so braucht dieser die Kündigung erst mit dem Ablauf eines Monats gegen sich gelten zu lassen.

Das Kündigungsrecht erlischt, wenn es nicht innerhalb eines Monats von dem Zeitpunkt an ausgeübt wird, in welchem der

Versicherer von der Erhöhung der Gefahr Kenntnis erlangt, oder wenn der Zustand wiederhergestellt ist, der vor der Erhöhung bestanden hat.

Schrifttum: Bem. 1 zu § 23. 1.

I. Die verschuldete oder unverschuldete Verletzung der Gefahrstandspflicht (Bem. 14 zu § 23) löst das Kündigungsrecht des Versicherers aus. Auch bei objektiven Gefahrerhöhungen besteht das Kündigungsrecht (§ 27 Abs. 1). 2.

1. Die Kündigung ist eine rechtsgestaltende, empfangsbedürftige, an sich formfreie Willenserklärung, die dem Empfänger zugegangen sein muß (§ 130 BGB.). 3.

2. Kündigungsberechtigt ist der Versicherer, sein Abschlußagent (§ 45; Ausnahme § 47), sein sonstiger Vertreter, bei mehreren Versicherern ein jeder von ihnen, sofern nicht einer die Führung hat. 4.

3. Empfänger der Erklärung ist der Versicherungsnehmer, sein gesetzlicher oder sein rechtsgeschäftlich bestellter Vertreter. Bei mehreren Versicherungsnehmern muß einem jeden von ihnen gekündigt werden. Nach dem Tode des Versicherungsnehmers ist die Kündigung an seine Erben zu richten, es sei denn, daß Vertretung des Nachlasses durch Testamentsvollstrecker, Nachlaßpfleger in Betracht kommt. — Ist der Versicherungsnehmer geschäftsunfähig oder beschränkt geschäftsfähig, so muß die Kündigung dem gesetzlichen Vertreter zugehen. Hat dieser seine Einwilligung zur Empfangnahme der Erklärung seitens des beschränkt Geschäftsfähigen erteilt, so wird die Kündigung in dem Zeitpunkt wirksam, in dem sie dem beschränkt Geschäftsfähigen zugeht (§ 131 BGB.). — Gehört die Versicherung zum eingebrachten Gut der Ehefrau, so muß die Kündigung beiden Ehegatten zugehen (§ 1403 Abs. 2 BGB.), gehört sie zum Gesamtgut, so ist der Ehemann Empfänger. — Ist der Versicherungsnehmer im Konkurse, so ist die Erklärung an den Konkursverwalter (Bem. 12 zu § 14) zu richten. — Bei Versicherung für fremde Rechnung ist der Versicherungsnehmer, bei Veräußerung der versicherten Sache (§ 69) der Veräußerer, sofern die Gefahrerhöhung zur Kenntnis des Versicherers gelangt, bevor er Kenntnis von der Veräußerung hat, anderenfalls der Erwerber der Empfänger der Erklärung. — Dem Zessionar, dem Pfandgläubiger, dem Vollstreckungsgläubiger gegenüber braucht nicht gekündigt zu werden. — Die Erklärung kann im Wege des § 10 oder durch öffentliche Zustellung (Bem. 16 zu § 10) übermittelt werden. 5.

4. Die Kündigung kann vor oder nach Eintritt des Versicherungsfalls ausgesprochen werden. Sie beseitigt nicht die bereits durch Eintritt des Versicherungsfalls ausgelöste Leistungspflicht des Versicherers, da sie keine rückwirkende Kraft hat. 6.

5. Mit dem Zugehen der Kündigungserklärung bei ihrem Empfänger wird das Vertragsverhältnis aufgehoben: der Versicherer ist von der Verpflichtung zur Leistung frei, behält aber nach dem Grundsatz von der Unteilbarkeit der Prämie die vertraglich vereinbarte Prämie bis zum Ende der zur Zeit des Zugehens der Erklärung oder der Beendigung des Vertragsverhält- 7.

nisses laufenden Versicherungsperiode (§ 40 Abs. 1). Eine Prämienverbesserung für die Vergangenheit kann er nicht fordern; § 41 Abs. 1 findet keine Anwendung. Bei rückkaufsfähigen Lebensversicherungen hat der Versicherer die Rückvergütung herauszugeben (§ 176). Im übrigen ist zu unterscheiden:

8. a) Beruht die Gefahrerhöhung *auf einem Verschulden des Versicherungsnehmers*, so kann der Versicherer auf sofort kündigen (Abs. 1 S. 1). Das Versicherungsverhältnis hört sofort mit dem Zugehen der Kündigung auf, einem Hypotheken- und einem ihm gleichgestellten (§ 106) Gläubiger gegenüber erst nach Maßgabe des § 100. — Der Versicherer kann auch ohne besondere Vereinbarung mit beliebiger Frist kündigen (anders *Ehrenzweig* BuGeldwirtschaft 1926. 153, *Raiser* 175); einem Hypotheken- und einem ihm gleichgestellten (§ 106) Gläubiger gegenüber wirkt auch diese Kündigung erst nach Maßgabe des § 100.

9. b) Beruht die Gefahrerhöhung *nicht auf einem Verschulden des Versicherungsnehmers*, dann braucht dieser die Kündigung erst mit dem Ablauf eines Monats gegen sich gelten zu lassen (Abs. 1 S. 2; RG. 24. 11. 22 JW. 1923. 594). Da der Versicherungsnehmer die Kündigung erst mit dem Ablauf eines Monats gegen sich gelten zu lassen „braucht", so ist für den Versicherungsnehmer die Möglichkeit eröffnet, vor Beendigung des Versicherungsverhältnisses einen neuen Versicherungsvertrag abzuschließen. Der Versicherungsnehmer kann daher auch dem Versicherer erklären, daß er früher das Versicherungsverhältnis aufzulösen wünscht. — Bis zum Ablauf der mit Zugehen der Kündigungserklärung beginnenden, nach §§ 187 Abs. 1, 188 Abs. 2, 193 BGB. zu berechnenden einmonatigen Frist bleibt das Versicherungsverhältnis aufrechterhalten: der Versicherer ist zur Leistung verpflichtet, wenn der Versicherungsfall innerhalb der Frist eintritt, mag dieser auch gerade durch die Gefahrerhöhung verursacht sein. Einem Hypotheken- und einem ihm gleichgestellten (§ 106) Gläubiger gegenüber wirkt die Kündigung nach Maßgabe des § 100. Kündigt der Versicherer auf sofort, dann ist die Kündigung nicht unwirksam, wirkt aber dem Versicherungsnehmer gegenüber erst mit Ablauf eines Monats.

Ein *Verschulden* des Versicherungsnehmers *liegt* insbesondere dann *nicht vor*, wenn der Versicherungsnehmer ohne Fahrlässigkeit die Gefahrerhöhung als solche nicht erkannte oder wenn er schuldunfähig ist (§§ 827, 828 BGB.), wenn er irrtümlich annahm, daß der Agent zur Erteilung der Einwilligung berechtigt ist (OLG. Königsberg 18. 11. 27 JR. 1928. 12, 14; RG. 10. 7. 28 JR. 1928. 229), wenn ihm die von einem Dritten vorgenommene oder gestattete Gefahrerhöhung nicht zugerechnet werden kann, unter Umständen, wenn die gefahrerhöhende Einrichtung polizeilich genehmigt worden ist (OLG. Düsseldorf 2. 5. 29 JR. 1930. 64).

6. *Das Kündigungsrecht erlischt:*

10. a) *wenn es nicht innerhalb eines Monats von dem Zeitpunkt an ausgeübt wird, in welchem der Versicherer von der Erhöhung der Gefahr Kenntnis er-*

langt (Abs. 2). Die Frist beginnt erst zu laufen, wenn der Versicherer, sein Abschlußagent oder sein sonstiger Vertreter, bei mehreren Versicherern ein jeder von ihnen, sofern nicht einer die Führung hat, positiv erfährt, daß eine Gefahrerhöhung eingetreten ist. Woher die Kenntnis stammt, ist belanglos. Die Kenntnis des Vermittelungsagenten steht der Kenntnis des Versicherers nicht gleich (§ 44; RG. 27. 3. 23 VA. 1924* 81 Nr. 1336). Kennenmüssen wird nicht gefordert. Arglistige Nichtkenntnisnahme gilt als Kenntnis. Die Frist ist eine gesetzliche Ausschlußfrist, deren Berechnung sich aus §§ 187 Abs. 1, 188 Abs. 2, 193 BGB. ergibt. Innerhalb der Frist muß die Kündigungserklärung dem Empfänger zugegangen sein.

b) wenn der Zustand wiederhergestellt ist, der vor der Gefahrerhöhung bestanden hat (Abs. 2). Wiederherstellung des früheren Zustandes ist nicht wörtlich, sondern dahin zu verstehen, daß die Gefahrslage künftighin keine wesentlich größere ist als die vom Versicherer ursprünglich übernommene. Die Wiederherstellung gilt erst als erfolgt, wenn auch Nachwirkungen der eingetretenen Gefahrerhöhung nicht mehr zu befürchten sind (RG. 27. 5. 04 JW. 1904. 420). „Hat ein Viehbesitzer ein versichertes Tier während des Laufes der Versicherung in einem verseuchten Ort untergebracht, so ist die Gefahrerhöhung noch nicht wieder beseitigt, wenn das Tier von diesem Orte entfernt ist, sondern erst dann, wenn die Zeit verstrichen ist, innerhalb deren nach den Erfahrungen der tierärztlichen Wissenschaft eine an dem verseuchten Orte erfolgte Ansteckung die Erkrankung des Tieres zur Folge haben konnte" (Bgr.). Desgleichen genügt es noch nicht, daß die feuergefährlichen Flüssigkeiten wieder beseitigt sind, wenn sie bereits in den Fußboden eingezogen sind (RG. 12. 1. 29 Praxis des Versicherungsrechts 1929. 65). Die Wiederherstellung muß erfolgt sein, bevor die Kündigung zugegangen ist, und zwar auch dann, wenn diese erst nach Ablauf eines Monats wirksam wird, es nützt dem Versicherungsnehmer nichts, wenn er ohne Verständigung mit dem Versicherer bereits mit der Wiederherstellung begonnen hat. 11.

c) wenn der Versicherer auf die Ausübung des Kündigungsrechts verzichtet (Bem. 33 zu § 16). 12.

7. Beweislast: Daß eine Gefahrerhöhung stattgefunden hat, muß der Versicherer beweisen. Für die Ausnahme des Abs. 1 S. 2 und Abs. 2 ist der Versicherungsnehmer beweispflichtig, ebenso wenn nicht aufgeklärt ist, inwieweit die Gefahrerhöhung auf seine Veranlassung oder mit seiner Duldung erfolgt ist. Daß und wann gekündigt worden ist, hat derjenige zu beweisen, der sich auf die Kündigung beruft. 13.

II. Betrifft die Kündigung nur einen Teil der versicherten Gegenstände oder Personen, so gilt § 30. 14.

III. § 24 ist zugunsten des Versicherungsnehmers im Bereich der Beschränkungen der Vertragsfreiheit (AllgVorbem. 26, 28) zwingend (§ 31 S. 1). Es kann also z. B. nicht vereinbart werden, daß der Versicherer auch bei unverschuldeter Verletzung der Gefahrstandspflicht ohne Einhaltung einer Kün- 15.

digungsfrist kündigen kann oder daß dem Versicherer ein längerer als einmonatiger Zeitraum zur Ausübung des Kündigungsrechts eingeräumt wird oder daß die Kündigung auf den Zeitpunkt der Gefahrerhöhung zurückwirkt. Dagegen ist zulässig, daß der Versicherer vertraglich von der Kündigungsmöglichkeit Abstand nimmt.

§ 25. Der Versicherer ist im Falle einer Verletzung der Vorschrift des § 23 Abs. 1 von der Verpflichtung zur Leistung frei, wenn der Versicherungsfall nach der Erhöhung der Gefahr eintritt.

Die Verpflichtung des Versicherers bleibt bestehen, wenn die Verletzung nicht auf einem Verschulden des Versicherungsnehmers beruht. Der Versicherer ist jedoch auch in diesem Falle von der Verpflichtung zur Leistung frei, wenn die im § 23 Abs. 2 vorgesehene Anzeige nicht unverzüglich gemacht wird und der Versicherungsfall später als einen Monat nach dem Zeitpunkt, in welchem die Anzeige dem Versicherer hätte zugehen müssen, eintritt, es sei denn, daß ihm in diesem Zeitpunkte die Erhöhung der Gefahr bekannt war.

Die Verpflichtung des Versicherers zur Leistung bleibt auch dann bestehen, wenn zur Zeit des Eintritts des Versicherungsfalls die Frist für die Kündigung des Versicherers abgelaufen und eine Kündigung nicht erfolgt ist oder wenn die Erhöhung der Gefahr keinen Einfluß auf den Eintritt des Versicherungsfalls und auf den Umfang der Leistung des Versicherers gehabt hat.

1. Schrifttum: Bem. 1 zu § 23.

I. Da die Kündigung (§ 24) nur für die Zukunft wirkt, bedarf der Versicherer eines Schutzes, wenn der Versicherungsfall nach der Gefahrerhöhung (§ 23 Abs. 1), bevor das Versicherungsverhältnis durch Kündigung beendigt ist, eintritt.

2. 1. Die Gefahrerhöhung beruht auf einem Verschulden des Versicherungsnehmers: der Versicherer ist von der Verpflichtung zur Leistung frei (Abs. 1). Die Leistungsfreiheit des Versicherers bedeutet hier wie überall, daß der Versicherer bei Eintritt des Versicherungsfalls keine geldliche oder geldeswerte Leistung zu bewirken hat, aber der Versicherungsfall muß nach der Gefahrerhöhung eingetreten sein. Im übrigen bleibt der Vertrag bestehen, kann jedoch von dem Versicherer nach § 24 Abs. 1 S. 1, Abs. 2 gekündigt werden. Bei rückkaufsfähigen Lebensversicherungen ist der Versicherer zur Herausgabe der Rückvergütung verpflichtet (§ 176). Einem Hypotheken- und einem ihm gleichgestellten (§ 106) Gläubiger gegenüber bleibt der Versicherer nach Maßgabe des § 101 verpflichtet.

3. 2. Die Gefahrerhöhung beruht nicht auf einem Verschulden des Versicherungsnehmers: der Versicherer ist zur Leistung verpflichtet (Abs. 2 S. 1). Der Vertrag bleibt in vollem Umfang trotz der ein-

getretenen Gefahrerhöhung bestehen. Der Versicherer kann ihn aber kündigen (§ 24 Abs. 1 S. 2).

Ist aber die dem Versicherungsnehmer auferlegte Anzeigepflicht nicht unverzüglich erfüllt (§ 23 Abs. 2; Bem. 20 zu § 23) und tritt der Versicherungsfall später als einen Monat nach dem Zeitpunkt, in dem die Anzeige dem Versicherer hätte zugehen müssen, ein, so ist der Versicherer leistungsfrei, es sei denn, daß ihm in dem Zeitpunkt die Gefahrerhöhung bekannt war (Abs. 2 S. 2). Die Rechtslage für den Versicherer ist die gleiche, wie wenn die Anzeige fristgemäß erstattet worden wäre und er sofort von seinem Kündigungsrecht Gebrauch gemacht hätte (§ 24 Abs. 1 S. 2). Ist ihm länger als einen Monat vor Eintritt des Versicherungsfalls auf irgendeine Weise trotz unterbliebener Anzeige die Gefahrerhöhung bekannt geworden, dann bleibt seine Verpflichtung zur Leistung bestehen, denn er hätte rechtzeitig kündigen können. Kenntnis ist das positive Wissen, daß eine Gefahrerhöhung eingetreten ist. Es entscheidet die Kenntnis des Versicherers, seines Abschlußagenten oder seines sonstigen Vertreters, bei mehreren Versicherern die Kenntnis eines jeden von ihnen, sofern nicht einer die Führung hat. Woher die Kenntnis stammt, ist belanglos. Die Kenntnis des Vermittelungsagenten steht der Kenntnis des Versicherers nicht gleich (§ 44; RG. 27. 3. 23 VA. 1924* 81 Nr. 1336). Kennenmüssen wird nicht gefordert.

3. Ohne Rücksicht darauf, ob die Gefahrerhöhung auf einem Verschulden des Versicherungsnehmers oder ob sie nicht auf seinem Verschulden beruht, bleibt der Versicherer zur Leistung verpflichtet:

a) wenn zur Zeit des Eintritts des Versicherungsfalls die Kündigungsfrist abgelaufen ist, ohne daß der Versicherer gekündigt hat (Abs. 3). Die Kündigungsfrist beträgt einen Monat von dem Zeitpunkt an, in welchem der Versicherer von der Gefahrerhöhung Kenntnis erlangt (Bem. 10 zu § 24). Läßt der Versicherer die bis zum 31. Januar laufende Frist unbenutzt verstreichen und ist am 30. Januar der Versicherungsfall eingetreten, so haftet der Versicherer nicht, denn zur Zeit des Eintritts des Versicherungsfalls war die Kündigungsfrist noch nicht abgelaufen. 4.

b) wenn die Gefahrerhöhung keinen Einfluß auf den Eintritt des Versicherungsfalls und auf den Umfang der Leistung des Versicherers gehabt hat (Abs. 3; Bem. 4 zu § 21). Der versicherte Kraftwagen wird vermietet, ohne dem Versicherer von der Gefahrerhöhung Anzeige zu machen; der Versicherungsfall tritt nach der Gefahrerhöhung ein, aber als der Versicherte selbst den Wagen wieder fährt (RG. 2. 5. 28 JR. 1928. 189). 5.

4. Der Versicherer hat zu beweisen, daß der Versicherungsfall nach der Gefahrerhöhung eingetreten ist, ferner daß er und wann er gekündigt hat. Im übrigen trägt die Beweislast der Versicherungsnehmer (RG. 19. 3. 29 VA. 1930. 242 Nr. 2007). 6.

II. Ist der Versicherer nur in Ansehung eines Teiles der versicherten Gegenstände oder Personen leistungsfrei, so gilt § 30. 7.

8. III. § 25 ist zugunsten des Versicherungsnehmers im Bereich der Beschränkungen der Vertragsfreiheit (AllgVorbem. 26, 28) zwingend (§ 30 S. 1). Es kann also z. B. nicht vereinbart werden, daß der Versicherer bei unverschuldeter Verletzung der Gefahrstandspflicht leistungsfrei ist.

§ 26. Die Vorschriften der §§ 23 bis 25 finden keine Anwendung, wenn der Versicherungsnehmer zu der Erhöhung der Gefahr durch das Interesse des Versicherers oder durch ein Ereignis, für welches der Versicherer haftet, oder durch ein Gebot der Menschlichkeit veranlaßt wird.

1. Schrifttum: Bem. 1 zu § 23.

I. 1. Gewisse Gefahrerhöhungen gelten nicht als Gefahrerhöhungen im Sinne des § 23. Infolgedessen ist der Versicherungsnehmer nicht zur Anzeige verpflichtet (§ 23 Abs. 2), der Versicherer hat weder das Kündigungsrecht (§ 24) noch das Recht, die Leistung zu verweigern (§ 25). Diese Rechtslage tritt ein in Ansehung von Gefahrerhöhungen, die veranlaßt sind:

2. a) durch das Interesse, d. h. zum Vorteile des Versicherers. Die Gefahrerhöhung soll dem Versicherungsnehmer nicht schaden, wenn sie objektiv betrachtet den Eintritt des Versicherungsfalls und seine Folgen hindernd hätte beeinflussen können, selbst wenn dieser Erfolg auch tatsächlich nicht erreicht wird (Kisch 547, Ritter 440). Die Begründung gibt ein Beispiel aus der Viehversicherung: Der Eigentümer entfernt ein krankheitsverdächtiges Tier aus der versicherten Herde, um die übrigen Tiere vor Ansteckung zu bewahren, und bringt es in einem weniger gesunden Raum oder auf dem Lande (RG. 16. 1. 12 VA. 1912* 109 Nr. 696) unter. Oder: Der Dachstuhl eines Hauses ist abgebrannt; um den durch Regen im Innern des Hauses angerichteten Feuchtigkeitsschaden zu mindern, läßt der Versicherungsnehmer offene Herde aufstellen (Domizlaff-v. Liebig-Berliner 110). Entscheidend ist das Interesse des Versicherers an dem Ablauf der Gefahrslage, in die eingegriffen wird. Daher treten die Folgen der Verletzung der Gefahrstandspflicht ein, wenn der Versicherungsnehmer während eines drohenden Brandes sein feuerversichertes Haus völlig unbewacht läßt, um ein fremdes, bei einem anderen oder bei demselben Versicherer versichertes Gebäude zu retten (Ritter 439).

3. b) durch ein Ereignis, für das der Versicherer haftet, so wenn ein Schiff infolge eines unter die Versicherung fallenden Ereignisses leck wird und der Versicherungsnehmer es absichtlich festfährt, um das Sinken abzuwenden (Bgr.).

4. c) durch ein Gebot der Menschlichkeit. Das Gebot der Menschlichkeit bedeutet die jede vertragliche Bindung aufhebende höhere sittliche Pflicht. Die Begründung führt als Beispiel den Fall an, daß der Schiffseigner, um Menschenleben zu retten, von dem gewöhnlichen Wege abweicht und das Schiff dadurch einer höheren Gefahr aussetzt. Es kommt außer der Rettung von Menschenleben auch die Befreiung eines widerrechtlich der Freiheit Beraubten,

die Aufnahme eines Obdachlosen in Betracht. Die Umstände müssen entscheiden, ob die Menschlichkeit das vertragswidrige Verhalten gebot. Das Gebot der Menschlichkeit ist nicht gleichbedeutend mit der im BGB. mehrfach (z. B. § 814) erwähnten sittlichen Pflicht und mit der auf den Anstand zu nehmenden Rücksicht. Das Verhalten des Versicherungsnehmers wird auch nicht etwa schlankweg dadurch rechtmäßig, daß das öffentliche Interesse (§ 93) die Gefahrerhöhung notwendig macht. Alle diese Umstände werden oft nur als Entschuldigungsgründe im Sinne der §§ 24, 25 in Betracht kommen. Dagegen ist die Gefahrerhöhung rechtmäßig auch dann, wenn abgesehen von § 26 ein Fall der §§ 227 ff. BGB. (Notwehr, Notstand) vorlag.

2. Der Versicherer hat die Gefahrerhöhung zu beweisen, der Versicherungsnehmer den Umstand oder die Umstände, die die Gefahrerhöhung nicht als solche im Sinne des § 23 erscheinen lassen. 5.

II. Trotz der Stellung des § 26 vor der Regelung der Gefahrerhöhungen im Sinne des § 27 findet er auch auf diese Anwendung (Kisch 565, Raiser 179). 6.

III. § 26 ist zugunsten des Versicherungsnehmers im Bereich der Beschränkungen der Vertragsfreiheit (AllgVorbem. 26, 28) zwingend (§ 30 S. 1). 7.

§ 27. Tritt nach dem Abschlusse des Vertrags eine Erhöhung der Gefahr unabhängig von dem Willen des Versicherungsnehmers ein, so ist der Versicherer berechtigt, das Versicherungsverhältnis unter Einhaltung einer Kündigungsfrist von einem Monate zu kündigen. Die Vorschriften des § 24 Abs. 2 finden Anwendung.

Der Versicherungsnehmer hat, sobald er von der Erhöhung der Gefahr Kenntnis erlangt, dem Versicherer unverzüglich Anzeige zu machen.

Schrifttum: Bem. 1 zu § 23. 1.

I. 1. Im Gegensatz zu Gefahrerhöhungen (Bem. 5 ff. zu § 23), die von dem Versicherungsnehmer vorgenommen sind oder deren Vornahme durch einen Dritten gestattet ist, subjektive Gefahrerhöhungen (Kisch 485), stehen Gefahrerhöhungen, die unabhängig von dem Willen des Versicherungsnehmers eintreten, objektive Gefahrerhöhungen. Da die subjektiven Gefahrerhöhungen in verschuldete und nicht verschuldete Gefahrerhöhungen zerfallen, so gibt es drei Arten von Gefahrerhöhungen. Diese Unterscheidung ist insofern ohne praktischen Wert, als die Wirkungen der subjektiv unverschuldeten und der objektiven Gefahrerhöhung dieselben sind. 2.

2. Eine objektive, unabhängig von dem Willen des Versicherungsnehmers eintretende, Gefahrerhöhung kann ihre Verursachung in natürlichen Vorgängen haben. Sie kann ferner wider den Willen des Versicherungsnehmers von einem Dritten vorgenommen sein, so etwa wenn in der Nähe des feuerversicherten Hauses von dritter Seite ein feuergefährlicher Betrieb eingerichtet oder wenn an dem gegen Einbruchdiebstahl versicherten Haus ein Baugerüst aufgestellt (RG. 8. 11. 22 VA. 1924* 85 Nr. 1340, HansRZ. 1923. 217) 3.

wird, wenn der Mieter ohne Erlaubnis des Vermieters die von diesem versicherten Fensterscheiben anstreicht (KG. 9. 7. 24 JR. 1925. 30), wenn der Wachhund von einem Automobil überfahren und getötet wird (OLG. Breslau 20. 3. 23 JW. 1924. 326). Sie kann weiterhin auf Änderung der Gesetzgebung beruhen, so etwa wenn die Haftung des Automobilbesitzers verschärft wird (OLG. Köln 28. 2. 12 VA. 1912* 107 Nr. 694). Sie kann endlich durch allgemeine dem Versicherungsnehmer nicht zurechenbare Umstände veranlaßt sein, so etwa durch Schadhaftwerden des elektrischen Starkstromkabels (OLG. Stettin 18. 6. 28 JR. 1928. 246), durch Geisteskrankheit, Zwang, z. B. Einziehung des gegen Einbruchdiebstahl Versicherten zum Heere (OLG. Celle 13. 1. 16 VA. 1916* 12 Nr. 915; VA. 1916. 112). — Über die Herbeiführung einer Gefahrerhöhung durch den Versicherungsnehmer und einen Dritten Bruck 307.

4. II. Wenn auch die Gefahrerhöhung von dem Versicherungsnehmer nicht gewollt ist, so kann doch der Versicherer nicht dauernd an den Vertrag gebunden bleiben. Der Versicherer kann das Versicherungsverhältnis kündigen, und zwar ähnlich wie bei der subjektiv unverschuldeten Gefahrerhöhung (§ 24 Abs. 1 S. 2) unter Einhaltung einer Kündigungsfrist von einem Monat (Abs. 1 S. 1). Die Monatsfrist, deren Berechnung sich aus §§ 187, 188 Abs. 2, 193 BGB. ergibt, beginnt mit dem Zugehen der Erklärung an den berechtigten Empfänger. Im übrigen über den Kündigungsberechtigten Bem. 4, den Kündigungsempfänger Bem. 5, den Zeitpunkt der Kündigung Bem. 6, die Wirkung der Kündigung Bem. 7, das Erlöschen des Kündigungsrechts (Abs. 1 S. 2) Bem. 10—12, die Beweislast Bem. 13, die teilweise Kündigung Bem. 14 zu § 24. — Bei der Transportversicherung von Gütern ist der Versicherer zur Kündigung nicht berechtigt (§ 142 S. 1), bei der Transportversicherung eines Schiffs wirkt die Kündigung nicht vor Beendigung der Reise (§ 143).

5. III. Der Versicherungsnehmer hat wie die subjektive Gefahrerhöhung (§ 23 Abs. 2) auch die objektive Gefahrerhöhung, sobald er von ihr Kenntnis erlangt, unverzüglich dem Versicherer anzuzeigen (Abs. 2; Bem. 20 ff. zu § 23). — Bei der Transportversicherung von Gütern besteht keine Anzeigepflicht (§ 142 S. 2). Über die Folgen der Verletzung der Anzeigepflicht § 28.

6. IV. § 27 ist zugunsten des Versicherungsnehmers im Bereich der Beschränkungen der Vertragsfreiheit (AllgVorbem. 26, 28) zwingend (§ 31 S. 1).

§ 28. Wird die im § 27 Abs. 2 vorgesehene Anzeige nicht unverzüglich gemacht, so ist der Versicherer von der Verpflichtung zur Leistung frei, wenn der Versicherungsfall später als einen Monat nach dem Zeitpunkt eintritt, in welchem die Anzeige dem Versicherer hätte zugehen müssen.

Die Verpflichtung des Versicherers bleibt bestehen, wenn ihm die Erhöhung der Gefahr in dem Zeitpunkte bekannt war, in welchem ihm die Anzeige hätte zugehen müssen. Das gleiche gilt, wenn zur Zeit des Eintritts des Versicherungsfalls die Frist für

die Kündigung des Versicherers abgelaufen und eine Kündigung nicht erfolgt ist oder wenn die Erhöhung der Gefahr keinen Einfluß auf den Eintritt des Versicherungsfalls und auf den Umfang der Leistung des Versicherers gehabt hat.

Schrifttum: Bem. 1 zu § 23. 1.

I. 1. An und für sich bleibt die Verpflichtung des Versicherers zur Leistung 2. bei objektiver Gefahrerhöhung bestehen. Der Versicherungsnehmer soll keinen Nachteil haben, weil eine von ihm nicht gewollte Gefahrerhöhung eingetreten ist. Die Leistungsfreiheit des Versicherers ist nur für den Fall vorgesehen, daß der Versicherungsfall später als einen Monat nach dem Zeitpunkt eintritt, in welchem die Anzeige (§ 27 Abs. 2) dem Versicherer hätte zugehen müssen (Abs. 1). Die Rechtslage des Versicherers ist also ebenso, wie wenn die Anzeige fristgemäß erstattet worden wäre und er sofort von seinem Kündigungsrecht Gebrauch gemacht hätte (Bem. 3 zu § 25). Die Leistungsfreiheit des Versicherers bedeutet hier wie überall, daß der Versicherer bei Eintritt des Versicherungsfalls keine geldliche oder geldeswerte Leistung zu bewirken hat, aber der Versicherungsfall muß nach der Gefahrerhöhung eingetreten sein. Im übrigen bleibt der Vertrag bestehen, kann jedoch von dem Versicherer nach § 27 Abs. 1 gekündigt werden. Bei einer rückkaufsfähigen Lebensversicherung ist der Versicherer zur Herausgabe der Rückvergütung verpflichtet (§ 176). Einem Hypotheken- und einem ihm gleichgestellten (§ 106) Gläubiger gegenüber bleibt der Versicherer nach Maßgabe des § 101 verpflichtet.

2. Die Leistungspflicht des Versicherers bleibt bestehen:

a) wenn ihm die Gefahrerhöhung in dem Zeitpunkt 3. bekannt war, in welchem ihm die Anzeige hätte zugehen müssen (Abs. 2 S. 1). Die Unterlassung der Anzeige schadet nichts, da der Versicherer Kenntnis von der Gefahrerhöhung hat. Es sind vier Zeitpunkte zu unterscheiden: der der Gefahrerhöhung, der der Anzeige, der der Kenntnis des Versicherungsnehmers und der der Kenntnis des Versicherers. Gesetzt den Fall, daß bei einer Feuerversicherung am 1. Januar in dem Haus, in dem der Versicherungsnehmer wohnt, unabhängig von seinem Willen ein feuergefährlicher Betrieb eingerichtet wird. Erfährt dies der Versicherer vor dem Versicherungsnehmer, so bleibt die Versicherung in Kraft, weil dem Versicherer die Erhöhung der Gefahr in dem Zeitpunkt bekannt war, in welchem ihm die Anzeige hätte zugehen müssen. Erfährt es der Versicherungsnehmer bereits am 15. November und hätte er etwa am 18. November spätestens Anzeige erstatten müssen, so ist trotz des Wortlauts der Versicherer erst nach dem 1. Januar, nicht schon in der Zeit vom 18. bis 31. Dezember, von der Leistungspflicht frei. Erlangt er am 30. November Kenntnis und kündigt nicht, so haftet er vor und nach der Gefahrerhöhung; erlangt er am 15. Dezember Kenntnis, so haftet er vom 1. Januar an nicht, und zwar, auch wenn er nicht kündigt, erst wieder vom 15. Januar ab (Nichtkündigung wirkt nicht zurück). Kennt der Versicherungsnehmer die Gefahrerhöhung am 2. Januar und hätte er spätestens am 6. Januar anzeigen müssen, so haftet der Versicherer vom 6. Februar an nicht mehr, und zwar auch dann, wenn er schon am 7. Januar die Gefahrerhöhung erfährt und nicht kündigt; hier beginnt seine Haftung am 7. Februar wieder. Dabei ist es gleichgültig, ob er seine verspätete Kenntnis von dem Versicherungsnehmer oder von einem Dritten erhält. Anders nur, wenn die Anzeige des Versicherungsnehmers als Antrag, das Versicherungsverhältnis fortzusetzen, aufgefaßt werden muß; hier muß der Versicherer alsbald von seinem Kündigungsrecht Gebrauch machen oder mitteilen, daß die Versicherung ruht. — Kenntnis ist das positive Wissen, daß eine Gefahrerhöhung eingetreten ist. Es entscheidet die Kenntnis des Versicherers, seines Abschlußagenten oder seines sonstigen Vertreters, bei mehreren Versicherern die Kenntnis eines jeden von ihnen, sofern nicht einer die Führung hat. Woher die Kenntnis stammt, ist belanglos. Die Kenntnis des Vermittelungsagenten steht der Kenntnis des Versicherers nicht gleich (§ 44; RG. 27. 3. 23 VA. 1924* 81 Nr. 1336). Kennenmüssen wird nicht gefordert;

4. b) wenn zur Zeit des Eintritts des Versicherungsfalls die Frist für die Kündigung des Versicherers abgelaufen und eine Kündigung nicht erfolgt ist (Abs. 2 S. 2; Bem. 4 zu § 25);

5. c) wenn die Gefahrerhöhung keinen Einfluß auf den Eintritt des Versicherungsfalls und auf den Umfang der Leistung des Versicherers gehabt hat (Abs. 2 S. 2; Bem. 5 zu § 25).

6. 3. Der Versicherer hat zu beweisen, daß der Versicherungsfall nach der Gefahrerhöhung eingetreten ist, ferner daß er und wann er gekündigt hat. Im übrigen trägt die Beweislast der Versicherungsnehmer.

7. II. Ist der Versicherer nur in Ansehung eines Teiles der versicherten Gegenstände oder Personen leistungsfrei, so gilt § 30.

8. III. § 28 ist zugunsten des Versicherungsnehmers im Bereich der Beschränkungen der Vertragsfreiheit (AllgVorbem. 26, 28) zwingend (§ 30 S. 1). Es kann also z. B. nicht vereinbart werden, daß der Versicherer bei unverschuldeter Verletzung der Anzeigepflicht leistungsfrei ist.

§ 29. Eine unerhebliche Erhöhung der Gefahr kommt nicht in Betracht. Eine Gefahrerhöhung kommt auch dann nicht in Betracht, wenn nach den Umständen als vereinbart anzusehen ist, daß das Versicherungsverhältnis durch die Gefahrerhöhung nicht berührt werden soll.

1. Schrifttum: Bem. 1 zu § 23.

2. I. Nicht jede Verschlechterung der Gefahrslage ist eine Gefahrerhöhung im rechtlichen Sinne (Bem. 5 ff. zu § 23). Die Allgemeinen Versicherungsbedingungen schließen gewisse Tatbestände als Gefahrerhöhungen aus (Bem. 12 zu § 23). Auch das Gesetz erklärt zwei Gruppen von Gefahrerhöhungen für rechtlich unerheblich und hebt somit für diese die Anwendung der Vorschriften der §§ 23—28 auf.

1. Eine unerhebliche Gefahrerhöhung ist rechtlich keine Gefahrerhöhung (S. 1). Wann eine solche vorliegt, ist nur von Fall zu Fall unter Würdigung aller in Betracht kommenden Umstände zu entscheiden. „Jedenfalls wird eine Gefahrerhöhung dann außer Betracht zu bleiben haben, wenn sie objektiv nicht so erheblich ist, daß sie einem Versicherer vernünftigerweise Anlaß geben kann, das Versicherungsverhältnis aufzuheben oder seinen Fortbestand von einer Änderung der Vertragsbedingungen, insbesondere von der Zahlung einer höheren Prämie, abhängig zu machen“ (Bgr.; RGZ. Bd. 73. 359, 361). Entscheidend soll somit sein, ob nach allgemeiner Auffassung eine erhebliche Erhöhung der Gefahr gegenüber der übernommenen Gefahr eingetreten ist (RG. 21. 6. 10 LZ. 1910. 944, VA. 1910* 89 Nr. 546; OLG. Königsberg 18. 11. 27 JR. 1928. 12 [Verlegung eines eisernen Ofens von dem einen Werkstattraum in den anderen]). — Den Beweis für die Erheblichkeit hat der Versicherer zu erbringen; anders Raiser 170, nach dem der Versicherer die Gefahrerhöhung, der Versicherungsnehmer ihre Unerheblichkeit zu beweisen haben soll. 3.

2. Eine an sich erhebliche Gefahrerhöhung ist rechtlich keine Gefahrerhöhung, wenn nach den Umständen als vereinbart anzusehen ist, daß das Versicherungsverhältnis durch die Gefahrerhöhung nicht berührt werden soll (S. 2). Im Gegensatz zu den vertraglichen Festlegungen, denen zufolge gewisse Gefahrerhöhungen rechtlich nicht als solche zu gelten haben (Bem. 12 zu § 23), ergibt sich die Unerheblichkeit aus der allgemeinen Verkehrsauffassung. Das Versicherungsverhältnis soll unberührt bleiben, wenn der Versicherungsnehmer nach Treu und Glauben damit rechnen konnte. Daher ist eine Gefahrerhöhung beispielsweise als Steigerung der Einbruchdiebstahlgefahr unbeachtlich, wenn die zur Öffnung des Geldschranks nötigen Schlüssel in den Geschäftsräumen des Versicherten aufbewahrt werden (OLG. Düsseldorf 12. 3. 13 ZVW. 1913. 644), wenn gewisse Sicherungen bei vorübergehender Abwesenheit des Personals während der Tageszeit nicht getroffen werden (KG. 4. 6. 10 VA. 1911* 81 Nr. 613), als Steigerung der Feuersgefahr unbeachtlich, wenn Zündhölzer in der Haushaltung verwendet werden (OLG. Hamburg 17. 4. 05 VA. 1905* 76 Nr. 144), als Steigerung der Krankheitsgefahr unbeachtlich, wenn eine Seuche in der Nähe des Aufenthaltsorts versicherter Tiere ausbricht (Bgr.), als Steigerung der Unfallgefahr unbeachtlich, wenn der gegen Unfall versicherte Handwerksmeister, welcher nur in seiner Eigenschaft als Aufsichtsperson versichert ist, gelegentlich mitarbeitet (RG. 29. 9. 05 JW. 1905. 694), als Steigerung der Gefahr des Glasbruchs unbeachtlich, wenn an dem glasversicherten Gebäude eine geringfügige Ausbesserung vorgenommen wird (OLG. Hamburg 9. 5. 03 Rspr. Bd. 6. 462). — Den Beweis dafür, daß durch die Gefahrerhöhung das Versicherungsverhältnis als unberührt zu betrachten ist, hat der Versicherungsnehmer zu erbringen. 4.

II. § 29 ist zugunsten des Versicherungsnehmers im Bereich der Beschränkungen der Vertragsfreiheit (AllgVorbem. 26, 28) zwingend (§ 31 S. 1). Es kann also nicht vereinbart werden, daß unerhebliche Gefahrerhöhungen in Betracht kommen. 5.

§ 30. Liegen die Voraussetzungen, unter denen der Versicherer nach den Vorschriften dieses Titels zum Rücktritt oder zur Kündigung berechtigt ist, in Ansehung eines Teiles der Gegenstände oder Personen vor, auf welche sich die Versicherung bezieht, so steht dem Versicherer das Recht des Rücktritts oder der Kündigung für den übrigen Teil nur zu, wenn anzunehmen ist, daß für diesen allein der Versicherer den Vertrag unter den gleichen Bestimmungen nicht geschlossen haben würde.

Macht der Versicherer von dem Rechte des Rücktritts oder der Kündigung in Ansehung eines Teiles der Gegenstände oder Personen Gebrauch, so ist der Versicherungsnehmer berechtigt, das Versicherungsverhältnis in Ansehung des übrigen Teiles zu kündigen; die Kündigung kann nicht für einen späteren Zeitpunkt als den Schluß der Versicherungsperiode geschehen, in welcher der Rücktritt des Versicherers oder seine Kündigung wirksam wird.

Liegen in Ansehung eines Teiles der Gegenstände oder Personen, auf welche sich die Versicherung bezieht, die Voraussetzungen vor, unter denen der Versicherer wegen einer Verletzung der Vorschriften über die Gefahrerhöhung von der Verpflichtung zur Leistung frei ist, so findet auf die Befreiung die Vorschrift des Abs. 1 entsprechende Anwendung.

1. Schrifttum: Bem. 1 zu § 16 und zu § 23.

2. I. 1. Die Folgen der Verletzung der vorvertraglichen Anzeigepflicht (§§ 16 ff.) oder der Gefahrstandspflicht (§§ 23 ff.) treten an sich im Rahmen des ganzen Versicherungsvertrags ein, mag sich die Verletzung auf alle versicherten Gegenstände oder Personen oder nur auf einen Teil der versicherten Gegenstände oder Personen beziehen. Entsprechendes gilt, wenn der Versicherer wegen Verletzung der Gefahrstandspflicht leistungsfrei wird. Dieser Grundsatz wird aus Billigkeitsrücksichten durchbrochen. Die teilweise Verletzung der vorvertraglichen Anzeigepflicht oder der Gefahrstandspflicht erfährt eine besondere Behandlung.

Erforderlich ist, daß durch einen Versicherungsvertrag die Beziehungen an mehreren Gegenständen versichert sind, wobei die Beziehungen derselben Person oder verschiedenen Personen zustehen können, oder daß durch einen Versicherungsvertrag mehrere Personen versichert sind. Ferner ist erforderlich, daß die vorvertragliche Anzeigepflicht oder die Gefahrstandspflicht nur in Ansehung eines Teils der versicherten Gegenstände oder der versicherten Personen verletzt ist. Beispiele: Mehrere eine Fabrik bildende Gebäude sind in einem Versicherungsvertrag gegen Feuer versichert; es ist verschwiegen worden, daß in einem der Gebäude besonders feuergefährliche Sachen gelagert zu werden pflegen. Es ist ein Inbegriff (§ 54) oder es sind mehrere Sachen in einem Versicherungsvertrag versichert, nach Abschluß des Vertrags tritt in Ansehung einer Sache eine Gefahrerhöhung ein.

Bei einer in einem Versicherungsvertrag vorgenommenen Lebensversicherung, etwa Eheleute oder Geschäftsinhaber versichern sich wechselseitig auf das Leben des oder der anderen, oder bei einer in einem Versicherungsvertrag vorgenommenen Unfallversicherung verschiedener Personen ist die vorvertragliche Anzeigepflicht nur in Ansehung einer Person verletzt. Bei der in einem Versicherungsvertrag vorgenommenen Haftpflichtversicherung mehrerer Betriebe oder mehrerer Personen ist eine falsche Angabe über die Art eines Betriebs oder über die Beschäftigung einer Person gemacht worden.

2. Es scheiden mithin folgende Tatbestände aus:

a) In mehreren Versicherungsverträgen sind mehrere 3.
Gegenstände oder mehrere Personen versichert. Die bei der einen Versicherung vorgekommene Verletzung berührt die Gültigkeit des anderen Vertrags nicht, es sei denn, daß beide Verträge erklärtermaßen voneinander abhängig gemacht sind. Ob ein einheitlicher Vertrag oder ob mehrere selbständige Verträge abgeschlossen sind, ist nach Lage des Falls zu beurteilen. Die Ausstellung mehrerer Versicherungsscheine wird meistens, aber nicht unbedingt, für eine Mehrheit von Verträgen sprechen.

b) Die Versicherung eines Interesses gegen mehrere Gefahren 4.
in einem Versicherungsvertrage. Ist in einem Vertrage eine Sache zugleich gegen Feuer und gegen Einbruchdiebstahl versichert, so kann nicht, wenn verschwiegen worden ist, daß in dem Hause ein feuergefährliches Gewerbe betrieben wird, die Aufrechterhaltung der Versicherung gegen Einbruchdiebstahl gefordert werden. Umfaßt die Lebensversicherung gegen eine Zuschlagsprämie auch das Kriegsrisiko, so kann nicht, wenn über die Wehrpflicht falsche Angaben gemacht worden sind, verlangt werden, daß der Versicherer die Lebensversicherung unter Ausschluß des Kriegsrisikos fortsetzt. Noch weniger kann von einer Zerlegung der Gefahr in einzelne Teile die Rede sein, z. B. vom Ausscheiden der Blitzgefahr aus der Feuerversicherung (das Fehlen des Blitzableiters ist verschwiegen), der Einwirkungen eines bestimmten Leidens aus der Lebens- und Unfallversicherung.

c) Die Versicherung eines Interesses, das gemeinsam mehreren 5.
Personen als Gesamthänder (Gütergemeinschaft, Miterben, Gesellschaft usw.) oder Miteigentümer zusteht.

d) Die Verletzung der vorvertraglichen Anzeigepflicht oder der 6.
Gefahrstandspflicht betrifft nur einen versicherten Gegenstand oder eine versicherte Person, wirkt sich aber auch hinsichtlich anderer Gegenstände oder anderer Personen aus, z. B. in einem von zwei benachbarten, gemeinschaftlich versicherten Gebäuden wird ein feuergefährlicher Betrieb aufgenommen.

3. Die Kollektiv-Lebensversicherung (Versicherung einer 7.
größeren Anzahl von Personen durch einen Vertrag) mit ermäßigten Prämien schließt keinen Verstoß gegen § 81 Abs. 2 VAG. in sich, wenn der Abschluß auf Grund genehmigter Sondertarife erfolgt (Bem. 7 vor § 35). Über die Grenzen zwischen den an und für sich zulässigen Kollektiv-Unfall- und Haftpflicht-Versicherungsverträgen und zwischen den auf Grund

derselben gesetzlichen Bestimmung durch Erlaß des Reichsaufsichtsamts vom 14. Mai 1924 verbotenen Begünstigungsverträgen VA. 1928. 136, 1931. 125. Der Begünstigungsvertrag, durch den der Versicherer gewisse Vorteile einräumt, ist kein Versicherungsvertrag; nehmen die einzelnen Versicherungsverträge Bezug auf den Begünstigungsvertrag, so führt die Aufhebung dieses Vertrags auch die Beendigung der einzelnen Versicherungsverträge zu den Zeitpunkten herbei, für die sie eingegangen waren (OLG. Breslau 11. 2. 31 VA. 1932. 26 Nr. 2254). Über die Kollektiv-Feuerversicherung Prange Mitteilungen 1924. 186, Neumann ebenda 216.

8. II. Die teilweise Verletzung der vorvertraglichen Anzeigepflicht oder Gefahrstandspflicht hat zur Folge, daß der Vertrag der teilweisen Auflösung anheimfällt, mag der Versicherer zurücktreten (§§ 16, 17), kündigen (§§ 24, 27, 28) oder ohne weiteres leistungsfrei sein (§§ 25, 28); liegt der Tatbestand des § 41 vor, dann kann der Versicherer nur teilweise Prämienverbesserung fordern. Hinsichtlich des übrigen Teils des Versicherungsvertrags bleibt dieser in Kraft. Aber die Prämie ist in dem Verhältnis des bestehenbleibenden Teils des Versicherungsvertrags zum aufgehobenen Teil des Versicherungsvertrags herabzusetzen, sofern eine einheitliche Prämie zu entrichten ist, anderenfalls ergibt sich der für die Zukunft zu zahlende Prämienbetrag ohne weiteres. Die Verminderung der Prämie setzt mit Beginn der Versicherungsperiode ein, die auf die Versicherungsperiode folgt, die zur Zeit des Zugehens der Rücktrittserklärung, der Kündigungserklärung, des Eintritts des Versicherungsfalls läuft. Auch die Versicherungssumme ist zu mindern, wenn sie einheitlich für alle versicherten Sachen und Personen vereinbart ist. — Den Beweis für die Berechtigung zum teilweisen Rücktritt, zur teilweisen Kündigung, zur teilweisen Leistungsfreiheit hat der Versicherer zu erbringen.

9. III. Ist die teilweise Aufrechterhaltung des Versicherungsverhältnisses für den Versicherungsnehmer ungelegen, so kann er das Versicherungsverhältnis in Ansehung des übrigen Teils kündigen (Abs. 2), ohne beweisen zu müssen, daß er einen Versicherungsvertrag für den übrigen Teil niemals abgeschlossen hätte. Anderenfalls würde der Versicherungsnehmer unter Umständen Schwierigkeiten haben, für den bedenklichsten Teil des Ganzen anderweitige Deckung mit annehmbaren Prämien zu finden, während er leichter für die Gesamtheit einen neuen Vertrag findet (Bgr.). Kündigt also z. B. bei einem Kollektiv-Unfallversicherungsvertrag, der viele Personen umfaßt, der Versicherer diesen Vertrag bezüglich einer Person, so steht dem Versicherungsnehmer nunmehr seinerseits das Recht zu, den ganzen Versicherungsvertrag zu kündigen.

10. 1. Die Kündigung, eine rechtsgestaltende, empfangsbedürftige, an sich formfreie Willenserklärung, ist von dem Versicherungsnehmer auch bei der Versicherung für fremde Rechnung, seinem Rechtsnachfolger, seinem gesetzlichen oder seinem rechtsgeschäftlich bestellten Vertreter, bei mehreren Versicherungsnehmern von einem jeden von ihnen, aber nur mit Wirkung für alle, bei Ver-

äußerung der versicherten Sache (§ 69) auch noch von dem Erwerber, sofern bei seinem Eintritt in das Versicherungsverhältnis die Kündigungsfrist noch läuft, abzugeben.

2. Empfänger der Erklärung ist der Versicherer, sein Abschlußagent 11.
(§ 45; Ausnahme § 47) oder sein sonstiger Vertreter, bei mehreren Versicherern ein jeder von ihnen, sofern nicht einer die Führung hat. Der Vermittelungsagent ist zur Empfangnahme der Erklärung ermächtigt (§ 43 Nr. 2; Ausnahme § 47).

3. Die Form der Kündigung ist gesetzlich nicht bestimmt; es pflegt ver- 12.
traglich schriftliche Form ausbedungen zu werden.

4. Der Versicherungsnehmer kann jederzeit kündigen, aber niemals 13.
auf einen späteren Zeitpunkt als auf den Schluß der Versicherungsperiode, in welcher der Rücktritt des Versicherers oder seine Kündigung wirksam wird (Abs. 2 zweiter Halbsatz), wohl aber auf einen früheren Zeitpunkt, nicht aber auf einen noch früheren als den, in welchem der Versicherer zurücktritt oder für den er gekündigt hat. Kündigt der Versicherer am 15. Dezember 1924 wegen einer Gefahrerhöhung, die nicht auf einem Verschulden des Versicherungsnehmers beruht, so wirkt die Teilkündigung erst vom 15. Januar 1925 an (§ 24 Abs. 1); der Versicherungsnehmer kann für jeden Zeitpunkt spätestens auf den Schluß des Jahres 1925 kündigen, sofern Kalenderjahr und Versicherungsperiode zusammenfallen. Ist zweifelhaft, ob der Versicherer zum Rücktritt oder zur Kündigung berechtigt war, so kann der Versicherungsnehmer unter Vorbehalt kündigen.

5. Mit dem Zeitpunkt, zu dem der Versicherungsnehmer gekündigt hat, ist 14.
das Versicherungsverhältnis in vollem Umfange aufgehoben, vor allem ist der Versicherer von jeder Leistungspflicht für künftig eintretende Versicherungsfälle befreit. Es verbleibt ihm aber nach dem Grundsatz von der Unteilbarkeit der Prämie die Prämie bis zum Ende der Versicherungsperiode, in die die Aufhebung des Versicherungsverhältnisses fällt (§ 40 Abs. 1).

IV. Ist die teilweise Aufrechterhaltung des Versicherungs- 15.
verhältnisses für den Versicherer ungelegen, so kann er auch für den übrigen Teil des Vertrags zurücktreten, kündigen oder seine Leistungsfreiheit in Anspruch nehmen, wenn anzunehmen ist, daß er den Vertrag für den übrigen Teil unter gleichen Bedingungen nicht abgeschlossen haben würde (Abs. 1, 3). Entscheidend ist nicht der objektive Maßstab (anders wohl KG. 9. 10. 26 JR. 1926. 312), sondern der Wille und die Geschäftsübung des in Betracht kommenden Versicherers zur Zeit des Vertragsabschlusses. Beispielsweise ist es erheblich, wenn der Versicherer darlegt, daß er die Teilversicherung ihrer Geringfügigkeit wegen nicht abgeschlossen hätte. Der Versicherer hat nur zu entscheiden, ob der Vertrag ganz aufgehoben werden soll oder nicht. Die Aufhebung ist für den von der Verletzung der Anzeigepflicht oder Gefahrstandspflicht betroffenen Teil oder für den ganzen Vertrag möglich; irgendeine weitere Auswahl steht dem Versicherer nicht zu. — Der Versicherer hat zu beweisen, daß er zur Aufhebung des ganzen Vertrags berechtigt ist.

16. V. § 30 betrifft nur die von dem Gesetz geregelten Fälle des Rücktritts, der Kündigung, der Leistungsfreiheit des Versicherers. Er findet ohne weiteres keine Anwendung bei Anfechtung des Versicherungsvertrags wegen arglistiger Täuschung, bei sonstiger Nichtigkeit oder Unwirksamkeit, bei vertraglich vereinbarter Kündigung (OLG. Düsseldorf 3. 5. 26 JR. 1926. 237). Insoweit gilt § 139 BGB.: der ganze Vertrag ist ungültig, wenn nicht anzunehmen ist, daß er auch ohne den nichtigen Teil vorgenommen sein würde. Ficht also der Versicherer den Vertrag wegen arglistiger Täuschung an, so hat der Versicherungsnehmer zu beweisen, daß der Versicherer den Vertrag auch ohne den durch die arglistige Täuschung betroffenen Teil abgeschlossen hätte, wenn der Versicherungsnehmer an dem teilweisen Weiterbestand des Vertrags festhält.

17. VI. § 30 ist nicht zwingend (§ 31).

§ 31. Auf eine Vereinbarung, durch welche von den Vorschriften der §§ 16 bis 29 zum Nachteile des Versicherungsnehmers abgewichen wird, kann sich der Versicherer nicht berufen. Jedoch kann für die dem Versicherungsnehmer obliegenden Anzeigen die schriftliche Form bedungen werden.

1. I. Über den Geltungsbereich der relativ zwingenden Vorschriften Allg. Vorbem. 26, 28. Über unzulässige Vereinbarungen Bem. 35 zu § 16, 7 zu § 18, 31 zu § 23, 15 zu § 24, 8 zu § 25, 8 zu § 28, 5 zu § 29.

2. II. Die Bestimmung (S. 2), daß für die dem Versicherungsnehmer obliegenden Anzeigen schriftliche Form ausbedungen werden kann (vgl. §§ 72 S. 2, 172 S. 2), ist getroffen, weil das Gesetz die Vereinbarung gewisser Formen als Verschlechterung der Rechtslage des an sie gebundenen Teils ansieht. Die schriftliche Erstattung der Anzeigen ist namentlich von Wichtigkeit, wenn die Anzeigen an einen Agenten gehen, da auf diese Weise die ordnungsmäßige Übermittelung der Anzeigen an den Versicherer gewährleistet wird (Bgr.).

§ 32. Eine Vereinbarung, durch welche der Versicherungsnehmer bestimmte Obliegenheiten zum Zwecke der Verminderung der Gefahr oder zum Zwecke der Verhütung einer Gefahrerhöhung übernimmt, wird durch die Vorschriften dieses Titels nicht berührt. Auf eine Vereinbarung, nach welcher bei Verletzung einer solchen Obliegenheit der Versicherer zum Rücktritte berechtigt oder von der Verpflichtung zur Leistung frei sein soll, kann sich der Versicherer nicht berufen, wenn die Verletzung keinen Einfluß auf den Eintritt des Versicherungsfalls und auf den Umfang der Leistung des Versicherers gehabt hat.

1. Schrifttum: Bem. 1 zu § 6 und § 23.

2. I. Aus dem großen Kreis von Obliegenheiten (§ 6), die dem Versicherungsnehmer auferlegt werden können, werden zwei Gruppen hervorgehoben:

Obliegenheiten — Sicherheitsvorschriften — zwecks Verminderung der Gefahr oder zwecks Verhütung einer Gefahrerhöhung. Insoweit derartige Obliegenheiten eine Gefahrerhöhung verhüten wollen, spezialisieren sie in gewisser Hinsicht das dem Versicherungsnehmer durch die Gefahrstandspflicht (§ 23) im allgemeinen vorgeschriebene Verhalten. Beide Gruppen unterstehen nicht den Vorschriften über die Gefahrerhöhung (S. 1), sondern sind nach den Vorschriften über die Obliegenheiten (§ 6) und nach den besonderen Bestimmungen des § 32 zu beurteilen. Anders Raiser 190, der dem Sinne des § 32 entnehmen will, daß die Vorschriften über die Gefahrerhöhung gleichzeitig Anwendung finden. Von der Möglichkeit der Vereinbarung solcher Obliegenheiten wird in allen Versicherungszweigen Gebrauch gemacht.

II. 1. Die Obliegenheit ist wie jede sonstige Obliegenheit eine zum Vertragsinhalt erhobene Voraussetzung für die Bewirkung oder den Umfang der Leistung oder für das sonstige Tun des Versicherers (Bem. 4 zu § 6). 3.

An und für sich ist es zwar zulässig, den Versicherungsvertrag auflösend oder aufschiebend in der Weise zu bedingen, daß das Eintreten oder das Aufhören der rechtlichen Wirkungen des Vertrags im ganzen von einem noch ungewissen, zukünftigen Tatbestand abhängen soll (Bem. 22 zu § 1), aber diese Umstände dürfen nicht in Handlungen oder in Unterlassungen bestehen, welche den Gegenstand von Obliegenheiten bilden. Wenn daher selbst dem Wortlaute der Versicherungsbedingungen nach die Gültigkeit der Versicherung dadurch „bedingt" sein sollte, daß gewisse Vorkehrungen getroffen und instand gehalten werden, so liegt trotzdem keine Bedingung im Sinne des § 158 BGB., sondern eine Obliegenheit vor. Hieraus ergibt sich, daß die Nichtbeobachtung der Vereinbarung — die Nichterfüllung der Obliegenheit — nicht ohne weiteres und unter allen Umständen, sondern nur nach gesetzlicher Bestimmung und nach ausdrücklicher vertraglicher Vereinbarung zur Verwirkung des Rechts des Versicherungsnehmers führen kann (RG. 4. 11. 13 Wallmann Bd. 48. 462, 15. 2. 21 VA. 1922* 52 Nr. 1210, HansRZ. 1921. 346, JW. 1922. 100, 4. 2. 27 JR. 1927. 76, 18. 5. 28 JR. 1928. 185; KG. 27. 2. 18 VA. 1918* 74 Nr. 1059, 3. 7. 20 VA. 1921* 79 Nr. 1166, 28. 4. 23 VA. 1924* 91 Nr. 1347, HansRZ. 1923. 531).

2. Die Obliegenheit ist wie immer ausdrücklich mit dem Versicherungsnehmer zu vereinbaren, entweder von Fall zu Fall in den Besonderen (KG. 24. 1. 08 VA. 1908* 104 Nr. 422; RG. 17. 3. 22 VA. 1923* 53 Nr. 1278) oder generell in den Allgemeinen Versicherungsbedingungen oder in ihren Anlagen (z. B. Allgemeine Sicherheitsvorschriften für Fabriken und gewerbliche Anlagen VA. 1911. 223; weitere Beispiele bei Raiser 184). Somit kann sich beispielsweise der Versicherer nicht darauf berufen, daß der Versicherungsnehmer eine Obliegenheit verletzt hat, wenn dieser mangels einer ausdrücklich ihm auferlegten Verpflichtung keine Erkundigung einzieht, ob der Nachbarraum seines gegen Einbruchdiebstahl versicherten Ladens bewohnt bleibt (KG. 9. 12. 25 VA. 1927. 57 Nr. 1567). Die Gültigkeit der Vereinbarung ist nicht davon abhängig, daß sie in den Versicherungsschein aufgenommen ist (Bem. 11 zu § 3). — 4.

Als stillschweigend vertraglich vereinbarte Obliegenheiten (Sicherheitsvorschriften) sind gesetzliche und polizeiliche Sicherheitsvorschriften aufzufassen (so ausdrücklich § 7 AllgFeuerVersbdg.).

Die Bejahung der Frage bei Erfüllung der vorvertraglichen Anzeigepflicht nach dem Vorhandensein gewisser Sicherungsmaßnahmen (Halten eines Privatwächters, Schilderungen von Löschanlagen u. a. m.) braucht keine Vereinbarung einer diesbezüglichen Obliegenheit (KG. 11. 7. 25 JR. 1925. 240, HansRZ. 1926. 19; Raiser 188) zu sein; fällt sie weg, dann kann Gefahrerhöhung vorliegen (OLG. Breslau 20. 2. 23 JW. 1924. 326). Es ist Auslegungsfrage, ob die Beobachtung einer Sicherheitsvorschrift zugesagt oder der vorvertraglichen Anzeigepflicht genügt ist (Raiser 187).

5. 3. Beispiele für gefahrmindernde oder eine Gefahrerhöhung verhütende Obliegenheiten:

Aus der Feuerversicherung: Sicherheits- und Betriebsvorschriften für elektrische Starkstromanlagen, Sicherheitsvorschriften für den Betrieb von Mühlen, Vorschriften für die Einrichtung selbsttätiger Löschbrauseanlagen (Sprinkler-Anlagen); Lagerung von Films in feuersicheren Schränken mit Ventilationsvorrichtung, Verwendung von elektrischem Licht, Rauchverbot (RG. 17. 3. 22 VA. 1923* 53 Nr. 1278); Beschränkung des Vorrats an versicherten Waren und ihrer Bearbeitungsart (KG. 6. 10. 05 VA. 1906* 17 Nr. 185, bestätigt von RG. 6. 7. 06 VA. 1907* 27 Nr. 291; OLG. Colmar 2. 5. 12 LZ. 1912. 953, Mitteilungen 1913. 60); Beschränkung in den zu verwendenden Maschinen (OLG. Posen 11. 12. 17 VA. 1918* 40 Nr. 1036).

Aus der Einbruchdiebstahlversicherung: Sicherungseinrichtungen verschiedenster Art (RG. 24. 9. 01 Bd. 49. 290, 27. 11. 03 VA. 1904. 77 Nr. 52, 20. 4. 20 VA. 1921* 69 Nr. 1158; KG. 27. 2. 18 VA. 1918* 74 Nr. 1059, 28. 4. 23 VA. 1924* 91 Nr. 1347, HansRZ. 1923. 531; OLG. Hamburg 15. 11. 05 VA. 1906* 25 Nr. 191; OLG. Köln 14. 2. 11 Wallmann Bd. 45. 1859); Halten eines Wachhundes (KG. 21. 6. 22 JR. 1924. 66); Bewachung durch einen Wächter (KG. 11. 7. 25 JR. 1925. 240, HansRZ. 1926. 19, 19. 9. 25 JR. 1925. 288, VA. 1927. 55 Nr. 1565); Verwendung eines Chubbschlosses (KG. 18. 6. 30 JR. 1930. 372).

Bei der Versicherung von Wertsachen pflegt vereinbart zu werden, daß sie „unter (sicherem) Verschluß" zu halten sind oder daß sie sich in verschlossenen Behältnissen befinden müssen, die eine erhöhte Sicherheit gewähren (KG. 2. 3. 29 VA. 1930. 251 Nr. 2015), sofern sie sich nicht „im Gebrauch" befinden. „Im Gebrauch" sind Gegenstände, die man täglich trägt; es kommt nicht darauf an, daß sie einmal für kurze Zeit abgelegt werden (OLG. Frankfurt 28. 10. 10 LZ. 1911. 243; KG. 9. 6. 11 VA. 1912* 43 Nr. 660, 16. 6. 11 VA. 1912* 42 Nr. 659, 25. 1. 16 Mitteilungen 1916. 271, 19. 6. 26 VA. 1928. 50 Nr. 1700, 10. 12. 27 VA. 1929. 53 Nr. 1828, 6. 6. 28 JR. 1928. 235, 18. 12. 29 JR. 1930. 81; OLG. Naumburg 9. 10. 09 VA. 1910* 75 Nr. 538; OLG. Hamburg 6. 3. 11 VA. 1911* 80 Nr. 612, 21. 3. 14 LZ. 1914. 1401; RG. 4. 2. 27 JR. 1927. 76, 22. 2. 27 VA. 1928. 267 Nr. 1767, 18. 5. 28 Bd. 121. 158, VA. 1929. 257 Nr. 1912, JW. 1928. 1735).

Aus der Glasversicherung: Erhaltung der Umrahmungen der versicherten Schaufenster in rostfreiem Zustand (RG. 30. 5. 24 VA. 1926. 150 Nr. 1499).

Aus der Wasserleitungsschädenversicherung: Absperren und Entleeren der Wasserleitung in unbewohnten Räumen (OLG. Frankfurt 10. 5. 07 VA. 1908* 101 Nr. 420).

Aus der Kreditversicherung: RG. 4. 11. 13 Wallmann Bd. 48. 462.

Aus der Lebens- und Unfallversicherung: Tragen eines Bruchbandes, eines Augenglases.

4. Die Rechtsfolgen der Nichterfüllung der Obliegen- 6.
heiten können die Parteien frei vereinbaren (Bem. 3; § 7 AllgFeuerVersbdg., § 8 AllgEinbruchdiebstahlVersbdg., § 5 AllgGlasVersbdg., § 8 AllgWasserleitungsschädenVersbdg.). Leistungsfreiheit und Rücktrittsrecht des Versicherers können im Bereich der Beschränkungen der Vertragsfreiheit (AllgVorbem. 26, 28) nur vorgesehen werden, wenn die Nichterfüllung der Obliegenheit verschuldet ist (§ 6 Abs. 1, 3) und Einfluß auf den Eintritt des Versicherungsfalls und auf den Umfang der Leistung des Versicherers gehabt hat (S. 2; Bem. 5 zu § 25). Selbst wenn also die Verletzung der Obliegenheit verschuldet ist, kann sich der Versicherer auf die Verwirkungsklausel nicht berufen, wenn es an dem doppelten Kausalzusammenhang fehlt. Ist beispielsweise der Dieb in den gegen Einbruchdiebstahl versicherten Raum nicht durch das nicht vorschriftsmäßig gesicherte Fenster eingestiegen, sondern hat sich in dem Raum einschließen lassen, so ist die Verletzung der Sicherheitsvorschrift ohne Einfluß auf den Eintritt des Versicherungsfalls und auf den Umfang der Leistung des Versicherers geblieben (OLG. Breslau 17. 12. 30 VA. 1931. 268 Nr. 2225). — Ist der Anspruch gegen den Versicherer verwirkt, so gebührt ihm in entsprechender Anwendung des § 40 gleichwohl die Prämie, jedoch nicht über die laufende Versicherungsperiode hinaus (Ehrenberg VersPraxis 1926. 14, 16).

5. Der Versicherungsnehmer braucht sich das Verhalten Dritter 7.
nicht anrechnen zu lassen (Bem. 15 zu § 6). Die Anwendung des § 278 BGB. ist ausgeschlossen (OLG. Posen 25. 5. 14 VA. 1914* 74 Nr. 828, bestätigt von RG. 1. 12. 14 VA. 1915* 31 Nr. 871; RG. 25. 9. 20 VA. 1921* 80 Nr. 1167). Durch die „Verantwortlichkeitsklausel" (Raiser 191) wird die Haftung des Versicherungsnehmers ausdrücklich ausgeschlossen.

6. Der Versicherer hat zu beweisen, daß die Obliegenheit verletzt ist, 8.
der Versicherungsnehmer, daß es an dem notwendigen Kausalzusammenhang fehlt und daß ihn kein Verschulden trifft (Bem. 8 zu § 6; RG. 30. 5. 24 VA. 1926. 150 Nr. 1499, 18. 1. 27 JR. 1927. 40).

§ 33. Nach dem Eintritte des Versicherungsfalls hat der Versicherungsnehmer, sobald er von dem Eintritte Kenntnis erlangt, dem Versicherer unverzüglich Anzeige zu machen.

Auf eine Vereinbarung, nach welcher der Versicherer von der Verpflichtung zur Leistung frei sein soll, wenn der Pflicht zur Anzeige des Versicherungsfalls nicht genügt wird, kann sich der Versicherer nicht berufen, sofern er in anderer Weise von dem Eintritte des Versicherungsfalls rechtzeitig Kenntnis erlangt hat.

1. Schrifttum: Bruck 323 ff.; Hagen Bd. 1. 563; Ritter 632; Weiler JR. 1930. 245.

2. I. Die Anzeige nach Eintritt des Versicherungsfalls — Schadensanzeige — dient berechtigten Interessen des Versicherers. Er muß möglichst bald Kenntnis von dem Eintritt des Versicherungsfalls erhalten, um für Aufklärung und Feststellung des Tatbestandes sorgen (§ 34), Abwendungs- und Minderungsmaßnahmen (§ 62) treffen, abandonnieren (§ 145) zu können. Die allgemeinen Vorschriften des § 33 finden ihre Ergänzung in den einzelnen Versicherungszweigen, nämlich in §§ 92 (Feuerversicherung), 110 (Hagelversicherung), 121 (Viehversicherung), 146 (Transportversicherung), 153 (Haftpflichtversicherung), 171 (Lebensversicherung), 182 (Unfallversicherung).

3. II. 1. Die gesetzlich allerdings unvollständig geregelte Schadensanzeigepflicht ist eine Obliegenheit (Voraussetzung; Bem. 4 zu § 6) die nach Eintritt des Versicherungsfalls dem Versicherer gegenüber zu erfüllen ist (§ 6 Abs. 2).

4. 2. Anzeigepflichtig ist der Versicherungsnehmer oder sein Rechtsnachfolger, bei mehreren Versicherungsnehmern ein jeder von ihnen, bei Versicherung für fremde Rechnung hat auch der Versicherte anzuzeigen, wenn er Kenntnis hat. Bei Veräußerung der versicherten Sache (§ 69) hat der Veräußerer anzuzeigen, wenn das anzeigepflichtige Ereignis vor der Veräußerung eintritt, der Erwerber, wenn es nachher eintritt; läuft die Anzeigefrist noch bei Eintritt des Erwerbers in das Versicherungsverhältnis, so hat der Erwerber den vor der Veräußerung eingetretenen, von dem Veräußerer noch nicht angezeigten Versicherungsfall oder das gleichgestellte Ereignis anzuzeigen. Steht das Recht auf die Leistung aus dem Versicherungsvertrag einem anderen allein zu, so liegt die Anzeigepflicht dem anderen ob. Mithin kann anzeigepflichtig sein der Bezugsberechtigte (§§ 171 Abs. 2, 182), der Zessionar (OLG. München 22. 10. 24 JW. 1925. 656), der Pfandgläubiger, der Vollstreckungsgläubiger. Steht das Recht mehreren zu, so hat ein jeder von ihnen anzuzeigen. — Nicht zur Anzeige verpflichtet ist namentlich der Dritte in der Haftpflichtversicherung (RG. 19. 1. 17 VA. 1918* 23 Nr. 1028). — Ausnahmsweise ist der Versicherer nach § 23 der Verordnung vom 15. Januar 1919, RGBl. 72, zur Anzeige verpflichtet.

3. Die Erfüllung der Anzeigepflicht ist an zwei Voraussetzungen geknüpft:

5. a) Der Eintritt des Versicherungsfalls und des ihm durch Gesetz oder Bedingungen gleichgestellten Ereignisses. Gesetzlich und vertraglich werden gewisse Ereignisse im Hinblick auf die sich möglicherweise aus ihnen entwickelnden Folgen den Versicherungsfällen gleichgestellt (Bem. 6 zu § 153, Bem. 5, 6 zu § 121, Bem. 5 zu § 146).

Das anzeigepflichtige Ereignis muß nach dem materiellen Beginn der Versicherung eingetreten sein; ist es vor dem formellen Versicherungsbeginn eingetreten, so unterliegt es der vorvertraglichen Anzeigepflicht (§§ 16 ff.).

b) Die Kenntnis des Anzeigepflichtigen von diesem 6.
Ereignis. Kennenmüssen steht der Kenntnis nicht gleich. An erster Stelle steht die Kenntnis des Versicherungsnehmers. Sind mehrere Versicherungsnehmer vorhanden, so schadet die Kenntnis des einen, wenn er die Anzeige nicht, nicht ordnungsgemäß, nicht unverzüglich erstattet, allen übrigen. Außer der Kenntnis des Versicherungsnehmers ist die Kenntnis des gesetzlichen, des rechtsgeschäftlich bestellten Vertreters, des Vertreters ohne Vertretungsmacht, bei Versicherung für fremde Rechnung auch die Kenntnis des Versicherten maßgebend.

Die Kenntnis hat sich auf die eingetretene Tatsache und auf ihren Charakter als anzeigepflichtiges Ereignis, die Kenntnis des Bezugsberechtigten auch auf das Vorhandensein einer Versicherung und auf die Anspruchsberechtigung zu erstrecken.

III. 1. Die Anzeige ist eine empfangsbedürftige Wissenserklärung. 7.
Willensmängel oder Mängel in der Geschäftsfähigkeit haben keinen Einfluß auf die Wirksamkeit der Anzeige. Mithin entscheidet die Tatsache, ob die Anzeige ordnungsgemäß erstattet ist oder nicht. Auch ein beschränkt Geschäftsfähiger oder ein Geschäftsunfähiger kann anzeigen. Ob er aber für eine unterlassene oder für eine nicht rechtzeitige oder für eine nicht ordnungsgemäße Anzeige verantwortlich ist, ist nach den Grundsätzen über die Schuldfähigkeit (§§ 827, 828 BGB.) zu entscheiden (Bem. 5 zu § 16).

2. Die Anzeige ist von dem Anzeigepflichtigen zu erstatten. Bei 8.
mehreren Anzeigepflichtigen genügt die Anzeige durch einen von ihnen, wenn sie dem Versicherer zugeht (RG. 3. 5. 01 JW. 1901. 426). Die von einem Nichtanzeigepflichtigen ordnungsgemäß erstattete Anzeige erfüllt die Anzeigepflicht. Diese Folge ist allerdings ausdrücklich nur für einen ganz bestimmten Tatbestand vorgesehen (Abs. 2). Es würde aber Treu und Glauben widersprechen, wenn sich der Versicherer auf die Verletzung der Anzeigepflicht berufen könnte, obwohl er die Anzeige von einem Nichtanzeigepflichtigen ordnungsgemäß erhalten hat. Auch sonst entscheidet die Kenntnis des Versicherers (§§ 16 Abs. 3, 17 Abs. 2, 25 Abs. 2 S. 2, 28 Abs. 2 S. 1 usw.) und nicht die Art der Kenntniserlangung.

3. Die Anzeige ist gesetzlich formfrei, vertraglich pflegt die Beob- 9.
achtung einer bestimmten Form verlangt zu werden. Wird die Form nicht gewahrt, so kann sich der Versicherer auf die Verletzung der Anzeigepflicht nicht berufen, wenn er in anderer Weise rechtzeitig von dem Eintritt des Versicherungsfalls und des ihm gleichgestellten Ereignisses Kenntnis erlangt hat (Bem. 6).

Die Anzeige ist nach §§ 11 Abs. 1, 20 AllgFeuerVersbdg. schriftlich (§§ 126, 127 BGB.), nach § 15 Abs. 1 AllgHagelVersbdg. durch eingeschriebenen Brief, nach § 40 Abs. 1 AllgViehlebensVersbdg. schriftlich oder telegraphisch (die Wahl hat, sofern nicht besondere Umstände vorliegen, der Anzeigepflichtige), nach

§ 9 Abs. 1 AllgGlasVersBdg. schriftlich, nach § 11 Abs. 1 AllgWasserleitungsschädenVersBdg. schriftlich oder mündlich, nach § 12 Abs. 1 AllgEinbruchdiebstahlVersBdg. schriftlich oder mündlich, bei Diebstählen gewissen Umfangs telegraphisch, nach § 5 Abs. 1 AllgHaftpflichtVersBdg. durch eingeschriebenen Brief, nach § 18 Abs. 3 AllgTodesfallVersBdg. schriftlich, nach § 9 Nr. 1, 2 AllgUnfallVersBdg. schriftlich, und wenn der Unfall den Tod zur Folge hat, telegraphisch zu erstatten.

10. 4. Die Anzeige ist an den **Versicherer**, an den Abschlußagenten (§ 45; Ausnahme § 47) oder an seinen sonstigen Vertreter, bei mehreren Versicherern an einen jeden von ihnen, sofern nicht einer die Führung hat, zu richten. Der Vermittelungsagent ist zur Entgegennahme der Anzeige grundsätzlich (§ 43 Nr. 2; Ausnahme § 47) ermächtigt. Leitet der Agent die ihm zugegangene Anzeige an einen falschen Versicherer weiter, so kann sich der zuständige Versicherer hierauf nicht dem Anzeigepflichtigen gegenüber berufen (RG. 20. 6. 30 Praxis des Versicherungsrechts 1930. 75).

11. 5. Ist der Empfänger der Anzeige anwesend, so ist die Anzeige in **verständlicher Form** zu machen. Ist der Empfänger abwesend, so muß sie ihm zugegangen sein (§ 130 BGB.).

12. 6. Die Anzeige ist **unverzüglich** (ohne schuldhaftes Zögern § 121 Abs. 1 BGB.) nach Erlangung der Kenntnis zu erstatten (Abs. 1). Vielfach ist gesetzlich oder vertraglich eine Frist zur Erstattung der Anzeige gewährt (2 Tage § 92 Feuerversicherung; 4 Tage § 110 Hagelversicherung; 1 Woche § 153 Haftpflichtversicherung; 3 Tage § 171 Lebensversicherung). Nach § 12 AllgEinbruchdiebstahlVersBdg. ist stets unverzüglich anzuzeigen. Die Berechnung der Frist ergibt sich aus §§ 187 Abs. 1, 188 Abs. 1, 193 BGB. Die Absendung der Anzeige wahrt die Frist. Die Anzeige setzt die Frist für den Beginn der Verzinsung (§§ 94 Abs. 1, 124) und für den Anspruch auf Abschlagszahlung auf die Gesamtentschädigung (§§ 94 Abs. 2, 124) in Lauf. Die Frist kann vertraglich verlängert, nicht verkürzt werden.

13. 7. Die **Kosten** für die Erfüllung der Anzeigepflicht hat der Versicherungsnehmer (Anspruchsberechtigte) zu tragen.

14. 8. Der Versicherer hat zu **beweisen**, daß die Anzeigepflicht verletzt ist.

15. IV. 1. Die **Folgen der Verletzung** der Anzeigepflicht sind gesetzlich nicht geregelt. Vielfach füllen die Allgemeinen Versicherungsbedingungen diese Lücke aus.

Sehen die Allgemeinen Versicherungsbedingungen vor, daß der **Versicherer leistungsfrei** ist, wenn die Anzeige nicht, nicht rechtzeitig oder nicht ordnungsgemäß erstattet wird, so kann diese Folge im Bereich der Beschränkungen der Vertragsfreiheit (AllgVorbem. 26, 28) nur eintreten, wenn die Verletzung der Anzeigepflicht auf Vorsatz oder auf grober Fahrlässigkeit beruht (§ 6 Abs. 2, 3). Hat sich der Anzeigepflichtige in Unkenntnis über seine Verpflichtung zur Anzeige befunden, so ist die Verletzung verschuldet (RG. 11. 4. 19 Bd. 95. 250, 255). Ob durch die Unterlassung oder durch die Verspätung der

Anzeige dem Versicherer irgendein Nachteil entstanden ist, ist belanglos (RG. 17. 5. 12 VA. 1912* 120 Nr. 707, JW. 1912. 808, 10. 11. 25 VA. 1927. 32 Nr. 1547, JR. 1925. 327, 11. 5. 29 JR. 1929. 283, 11. 3. 30 Bd. 127. 367, 369, JW. 1930. 3617, JR. 1930. 132; KG. 11. 7. 13 Rspr. Bd. 32. 206), sofern nicht vertraglich anderes vorgesehen ist (z. B. § 10 AllgUnfallVersbdg.). Ob den Anzeigepflichtigen ein Verschulden trifft, wenn er die Anzeige nicht rechtzeitig, nicht in der richtigen Form oder nicht an die richtige Adresse erstattet, hängt vielfach von der Mentalität des Anzeigepflichtigen ab (OLG. Kiel 24. 2. 27 VA. 1928. 223 Nr. 1737; Bem. 32 zu § 16). Ist die Anzeige vertragsgemäß schriftlich zu erstatten und erfolgt sie durch Postkarte, so soll den Anzeigepflichtigen kein Verschulden (grobe Fahrlässigkeit) treffen, wenn die Postkarte nicht ankommt (OLG. Celle 11. 7. 30 JR. 1930. 320). Schwere Erkrankung des Anzeigepflichtigen kann die Verspätung der Anzeige entschuldigen (RG. 20. 6. 30 VerkehrsrR. 1930. 311). Bei einer kombinierten Versicherung, z. B. bei der Kraftfahrzeugversicherung, braucht die Unterlassung der Anzeige eines eingetretenen Versicherungsfalls, z. B. des Eintritts eines Haftpflichtschadens, nicht auf grober Fahrlässigkeit zu beruhen, wenn der Eintritt eines anderen Versicherungsfalls, z. B. eines Kaskoschadens, ordnungsgemäß angezeigt ist (OLG. Hamburg 6. 5. 31 JR. 1931. 278). — Einem Hypotheken- und einem ihm gleichgestellten (§ 106) Gläubiger gegenüber bleibt der Versicherer zur Leistung verpflichtet (§ 101).

Sehen auch die Allgemeinen Versicherungsbedingungen keine besondere Folge vor, so hat der Versicherer das Recht, solange die Anzeige nicht ordnungsgemäß erstattet ist, seine geldliche oder geldeswerte Leistung zurückzubehalten, aber die Zurückbehaltung darf nicht schikanös (§ 226 BGB.) sein.

Stellt die Nichterfüllung oder die nicht gehörige Erfüllung der Anzeigepflicht zugleich den Tatbestand einer unerlaubten Handlung dar, so kann der Versicherer Schadensersatz verlangen (§§ 823 Abs. 2, 826 BGB.).

2. Der Versicherungsnehmer hat sein eigenes Verschulden zu vertreten, so auch bei der Versicherung für fremde Rechnung. Bei mehreren Versicherungsnehmern bezw. Anzeigepflichtigen gereicht das Verschulden des einen allen übrigen zum Nachteil. Außer dem Verschulden des Anzeigepflichtigen ist das Verschulden seines gesetzlichen, seines rechtsgeschäftlich bestellten, seines vollmachtlosen Vertreters, bei der Versicherung für fremde Rechnung auch das des Versicherten erheblich. Eine weitergehende Haftung des Anzeigepflichtigen für das Verhalten Dritter verbietet grundsätzlich die Rechtsnatur der Anzeigepflicht als Obliegenheit, insbesondere ist eine Haftung nach § 278 BGB. ausgeschlossen (Bem. 12 zu § 6; RG. 29. 1. 09 VA. 1909* 51 Nr. 455, JW. 1909. 198; KG. 20. 3. 20 VA. 1922* 46 Nr. 1204; OLG. Hamm 14. 1. 20 VA. 1922* 46 Nr. 1205; OLG. Stuttgart 27. 3. 30 JR. 1930. 385). Über die Haftung für den Wissensvertreter und für den Boten Bem. 13 zu § 6. 16.

3. Insoweit die Folgen der Verletzung der Anzeigepflicht in der Leistungsfreiheit des Versicherers bestehen, können diese Folgen im Bereich der Beschränkungen der Vertragsfreiheit (AllgVorbem. 26, 28) 17.

nicht eintreten, wenn der Versicherer auf andere Weise von dem Eintritt des Versicherungsfalls oder des ihm gleichgestellten Ereignisses rechtzeitig Kenntnis erhalten hat (Abs. 2). Kennenmüssen steht der Kenntnis nicht gleich, ebensowenig die Kenntnis des Vermittelungsagenten der Kenntnis des Versicherers (§ 44), wohl aber arglistige Nichtkenntnisnahme. Bei mehreren Versicherern kommt es auf die Kenntnis eines jeden von ihnen an, sofern nicht einer die Führung hat. Worauf die Kenntnis beruht, ist gleich. Dem Versicherer kann insbesondere entgegengehalten werden, daß das Ereignis allgemein bekannt (OLG. Düsseldorf 12. 5. 24 HansRZ. 1924. 685), „börsennotorisch" ist. Erforderlich ist jedoch, daß der Versicherer zuverlässige Kenntnis von dem konkreten Vorgang erlangt hat, es reicht nicht aus, wenn er nur weiß, daß an dem Ort, an dem sich beispielsweise die feuerversicherte Sache befindet, ein Brand ausgebrochen ist oder daß es in dem Bezirk, in dem die hagelversicherten Felder des Versicherten liegen, gehagelt hat (KB. I. 83; vgl. RG. 11. 3. 30 Bd. 127. 367, 369, JW. 1930. 3617, JR. 1930. 132).

§ 34. Der Versicherer kann nach dem Eintritte des Versicherungsfalls verlangen, daß der Versicherungsnehmer jede Auskunft erteilt, die zur Feststellung des Versicherungsfalls oder des Umfanges der Leistungspflicht des Versicherers erforderlich ist.

Belege kann der Versicherer insoweit fordern, als die Beschaffung dem Versicherungsnehmer billigerweise zugemutet werden kann. Auf eine Vereinbarung, durch welche von dieser Vorschrift zum Nachteile des Versicherungsnehmers abgewichen wird, kann sich der Versicherer nicht berufen.

1. Schrifttum: Bruck 332 ff.; Hagen Bd. 1. 569; Ritter 658.

2. I. Die Schadensanzeige (§ 33) reicht nicht aus, um dem Versicherer ein klares Bild über seine Leistungspflicht zu verschaffen. Er ist darauf angewiesen, durch Vermittelung des Versicherungsnehmers die Tatsachen, die zur Feststellung des Versicherungsfalls und des Umfangs der Leistungspflicht erforderlich sind, kennenzulernen. Diesem Zweck dient die Auskunftspflicht. Unabhängig von ihr ist die Regelung der Beweislast im Prozeß und das prozessuale Beweissicherungsverfahren (§§ 485 ff. ZPO.).

3. II. 1. Die gesetzlich allerdings ebenso wie die Schadensanzeigepflicht unvollständig geregelte Auskunftspflicht ist eine Obliegenheit (Voraussetzung; Bem. 4 zu § 6), die nach Eintritt des Versicherungsfalls dem Versicherer gegenüber zu erfüllen ist (§ 6 Abs. 2).

2. Ihre Voraussetzungen sind:

4. a) Der Eintritt des Versicherungsfalls und des ihm gleichgestellten Ereignisses (Bem. 5 zu § 33). Da die Auskunft zur Feststellung des

Umfangs der Leistungspflicht des Versicherers dient, so kann der Versicherer keine Auskunft verlangen, wenn das Ereignis keinen Bedarf verursacht hat (Bruck 333).

b) Das Verlangen des Versicherers nach Auskunft. Hierdurch unterscheidet sich die Auskunftspflicht von den meisten sonstigen Obliegenheiten, die ohne weiteres zu erfüllen sind, insbesondere von der Schadensanzeigepflicht (§ 33), während die Auskunftspflicht nur auf Verlangen und im Rahmen des zulässigen Verlangens erfüllt zu werden braucht. 5.

Das Verlangen ist eine an sich formfreie, empfangsbedürftige, rechtsgestaltende Willenserklärung des Versicherers, des Abschlußagenten (§ 45; Ausnahme § 47) oder seines sonstigen Vertreters, bei mehreren Versicherern eines jeden von ihnen, sofern nicht einer die Führung hat (anders KG. 24. 3. 28 HansRGZ. A. 1928. 412). Auch ohne Annahme der Erklärung seitens des Auskunftspflichtigen wird die Auskunftspflicht ausgelöst.

Das Verlangen ist an den Versicherungsnehmer oder an seinen Rechtsnachfolger, seinen gesetzlichen oder rechtsgeschäftlich bestellten Vertreter, bei mehreren Versicherungsnehmern an einen jeden von ihnen zu richten, bei Veräußerung der versicherten Sache (§ 69) an den Veräußerer, wenn der Versicherungsfall vor der Veräußerung eintritt, an den Erwerber, wenn er nachher eintritt. Ist die Auskunftspflicht bei Eintritt des Erwerbers in das Versicherungsverhältnis noch nicht oder nicht in vollem Umfange erfüllt, so hat der Erwerber Auskunft zu erteilen. Bei Versicherung für fremde Rechnung ist das Verlangen an den Versicherungsnehmer zu richten, jedoch hat auch der Versicherte Auskunft zu erteilen, wenn er hierzu imstande ist. Steht das Recht auf die Leistung aus dem Versicherungsvertrag einem anderen allein zu, so ist das Verlangen an den anderen zu richten. Mithin kann auskunftspflichtig sein der Bezugsberechtigte (§§ 171 Abs. 2, 182), der Zessionar, der Pfandgläubiger, der Vollstreckungsgläubiger. Steht das Recht mehreren zu, so hat ein jeder von ihnen Auskunft zu erteilen.

Das Verlangen des Versicherers präjudiziert grundsätzlich nicht, denn der Versicherer will gerade seine Leistungspflicht erst prüfen. Es kann aber in dem Verlangen ein Verzicht auf Geltendmachung von Einreden des Versicherers gegen den Versicherungsanspruch liegen, wenn es in voller Kenntnis der Rechts- und Sachlage gestellt wird (RG. 12. 11. 09 Praxis Bd. 3. 133, JW. 1910. 36, 11. 1. 10 Recht 1910 Nr. 783, Z. 1911. 117).

III. 1. Die Auskunft ist eine empfangsbedürftige Wissenserklärung, auch insoweit sie in der Beschaffung von Auskünften, insbesondere von Belegen, besteht. Die in den früheren Auflagen des Buchs, auch von Bruck-Dörstling 165 vertretene Unterscheidung, nach der die Auskunft eine tatsächliche Handlung darstellt, wenn sie die Beschaffung von Auskünften Dritter zum Inhalt hat, läßt sich nicht aufrechterhalten. Willensmängel oder Mängel in der Geschäftsfähigkeit haben keinen Einfluß auf die Wirksamkeit der Auskunft (Bem. 5 zu § 16). 6.

7. 2. Die Auskunft ist von dem Auskunftspflichtigen (oben Bem. 5) zu erstatten. Bei mehreren Auskunftspflichtigen genügt die Auskunft durch einen von ihnen. Die von einem Nichtauskunftspflichtigen ordnungsgemäß erteilte Auskunft erfüllt die Auskunftspflicht (Bruck 334).

8. 3. Die Form der Auskunft ist gesetzlich nicht vorgeschrieben, wird aber auch dann, wenn die maßgebenden Versicherungsbedingungen keine Bestimmung enthalten, verkehrsüblich die schriftliche sein. Belege sind dem Versicherer zu übergeben.

9. 4. Die Auskunft erstreckt sich auf alles, was zur Feststellung des Versicherungsfalls und des Umfangs der Leistungspflicht des Versicherers erforderlich ist (Abs. 1). Sie beschränkt sich nicht auf das Wissen des zur Auskunft Verpflichteten, sondern dieser muß, wenn notwendig, seinerseits Auskünfte von anderen einziehen, Feststellungen treffen, um dem Verlangen des Versicherers entsprechen zu können. Insoweit ist die Auskunftspflicht Erkundigungspflicht. Der Versicherer darf jedoch sein Auskunftsrecht nicht mißbrauchen, indem er Auskunft über Dinge fordert, die für die Feststellung des Versicherungsfalls oder des Umfangs seiner Leistungspflicht unerheblich sind. So beispielsweise die Beantwortung der Frage, ob den Versicherungsnehmer selbst ein Verschulden an den Unfall trifft (OLG. Breslau 28. 6. 30 VA. 1931. 206 Nr. 2169). Die Entscheidung der Frage, ob die geforderte Auskunft notwendig ist, richtet sich nicht nach der subjektiven Auffassung des Versicherers oder des Versicherungsnehmers, sondern nach objektiven Gesichtspunkten. Der Versicherer kann auch nur Auskunft fordern, soweit er nicht bereits genügend aufgeklärt ist. Wiederholtem, unberechtigtem Verlangen steht § 226 BGB. entgegen. Ein Anspruch auf eidesstattliche Versicherung wird dem Versicherer in den aufsichtspflichtigen Versicherungszweigen nicht zuerkannt (VA. 1912. 99); der Versicherer kann aber stets darauf hinweisen, daß falsche Auskunft Betrug im Sinne des § 263 StGB. sein kann. — Oftmals wird in den Versicherungsbedingungen der nähere Inhalt der Auskunftspflicht umgrenzt, so in der Feuer- (Bem. 22 zu § 92), Vieh- (Bem. 22 zu § 121), Lebens- (Bem. 21 zu § 171), Unfall-Versicherung (Bem. 22 zu § 182), ferner § 21 AllgHagelVersbdg., § 12 Abs. 4 AllgEinbruchdiebstahlVersbdg., § 11 Abs. 4 AllgWasserleitungsschädenVersbdg., § 5 Abs. 2 AllgHaftpflichtVersbdg. Über die Stellung des Regulierungsbeamten Gottschalk JW. 1929. 2039.

10. 5. Eine besondere Art der Auskunftserteilung ist die Beibringung von Belegen — Belegpflicht —. Belege (§ 259 BGB.) sind Urkunden, im Rahmen der Auskunftspflicht Urkunden, die zur Feststellung des Versicherungsfalls oder des Umfangs der Leistungspflicht des Versicherers, nicht zum Nachweis der materiellen Berechtigung erforderlich sind. Sie können nur insoweit gefordert werden, als ihre Beschaffung billigerweise zugemutet werden kann (Abs. 2 S. 1). Ist in den von der Aufsichtsbehörde genehmigten Versicherungsbedingungen die Beibringung bestimmter Belege vorgesehen, so wird nur unter besonderen Umständen ein Zweifel möglich sein, ob ihre Beschaffung zumutbar ist (Bgr.); nötigenfalls ist nach objektivem Maßstab zu entscheiden. Was im einzelnen

zumutbar ist, muß nach den jeweiligen Umständen und nach den Zeitverhältnissen (OLG. München 22. 10. 24 JW. 1925. 656, VA. 1925. 119 Nr. 1412) entschieden werden. Einem Fabrikanten oder einem Großhändler der Spielwarenbranche kann nicht zugemutet werden, daß er zu jeder beliebigen Zeit des Geschäftsjahrs ein genaues Warenverzeichnis vorlegt (OLG. Nürnberg 13. 7. 26 VA. 1928. 46 Nr. 1696). Nicht zugemutet kann die Vorlegung solcher Belege werden, die zwar eine Verletzung der vorvertraglichen Anzeigepflicht beweisen, aber mit dem eingetretenen Versicherungsfall nichts zu tun haben. Für den Nachweis des eingetretenen Minderwerts von Tieren (Bem. 4 zu § 116) hat ein tierärztliches Attest, das sich auf die Beobachtungsdauer von zwei Monaten erstreckt, auszureichen (VA. 1910. 88).

Als Belege kommen namentlich in Betracht: Bilanzen, Inventare (RG. 2. 4. 09 JW. 1909. 324), Lagerbücher (RG. 18. 3. 25 JR. 1925. 133, 27. 2. 26 JR. 1926. 88, 14. 7. 26 JR. 1926, 245), Geschäftsbücher, Zusammenstellungen der bezogenen Waren (OLG. Dresden 4. 2. 16 VA. 1916* 60 Nr. 940), Rechnungen, Quittungen, Kladden (RG. 27. 10. 26 JR. 1927. 14), Sterbeurkunden, ärztliche Berichte, beide sind ohne Aufforderung seitens des Versicherers einzureichen (Bruck-Dörstling 166) — der Sterbeurkunde steht die gerichtliche Todeserklärung im Hinblick auf § 18 Abs. 1 BGB. zwar nicht gleich, aber immerhin wird durch sie der Todesnachweis als geführt anzusehen sein —, Lebensatteste (bei Verschollenheit reicht nicht die Bezugnahme auf § 19 BGB. aus: OLG. Hamburg 29. 11. 18 VA. 1919* 14 Nr. 1072, HansRZ. 1919. 231).

Der Beleg kann dadurch sichergestellt werden, daß dem Versicherungsnehmer die Bereitstellung eines ganz bestimmten Belegs als Obliegenheit auferlegt und damit die allgemeine Auskunftspflicht spezialisiert wird, so namentlich die Verpflichtung ordnungsgemäßer kaufmännischer Buchführung. Wird diese Obliegenheit nicht erfüllt, so kann gemäß § 6 Abs. 1 Leistungsfreiheit des Versicherers in Betracht kommen (RG. 9. 7. 21 VA. 1923* 55 Nr. 1280, 19. 11. 21 VA. 1925. 101 Nr. 1401; RG. 10. 10. 22 VA. 1924* 78 Nr. 1333); bei der Transportversicherung von Gütern kann Leistungsfreiheit auch ohne Verschulden des Versicherungsnehmers vorgesehen sein (RG. 5. 7. 29 JR. 1929. 264). Zu einer solchen Bereitstellung bestimmter Belege verpflichten in der Feuerversicherung die „Vortaxklausel“ (bei Raiser 122), die „Modellklausel“ (ebenda 116, 319), die Klausel für Zeichnungen, Ätzungen usw. auf Steinen, Platten usw., für Lithographien, Zeichnungen usw. mit besonderem Wert (bei Raiser 319).

6. Die Auskunft ist in angemessener Frist zu erteilen. 11.

7. Die Auskunft ist dem Versicherer, seinem Abschlußagenten (§ 45; 12.
Ausnahme § 47) oder seinem sonstigen Vertreter, bei mehreren Versicherern einem jeden von ihnen, sofern nicht einer die Führung hat, zu erteilen, dem Vermittelungsagenten nur dann, wenn er ausdrücklich zur Entgegennahme der Auskünfte ermächtigt ist.

13. 8. Die Auskunft ist an dem für die Leistungen des Versicherungsnehmers bestimmten Ort zu erteilen (Bem. 2 zu § 36). Die Auskunftspflicht ist Bringschuld.

14. 9. Die Kosten der Auskunft hat der Versicherungsnehmer (Anspruchserhebende) zu tragen, sie sind aber, insoweit sie die Ermittelung und Feststellung des Schadens betreffen, im Rahmen des § 66 von dem Versicherer zu ersetzen.

15. 10. Beweislast: Der Versicherer hat zu beweisen, daß die von ihm geforderte Auskunft erforderlich ist und daß die Beschaffung der von ihm geforderten Belege billigerweise zugemutet werden kann (anders für gewisse Auskünfte und Belege in der Lebensversicherung Bruck-Dörstling 164). — Nicht zu verwechseln mit dieser Beweislast ist die prozessuale Beweislast (Bem. 2). Im Prozeß muß der Versicherungsnehmer, wenn er obsiegen will, den Eintritt des Versicherungsfalls und nötigenfalls auch den Umfang des Schadens beweisen (Bgr.; unrichtig OAG. Lübeck Seuffert Bd. 23. 216 Nr. 132, ZHR. Bd. 19. 280; HAG. Nürnberg Seuffert Bd. 27. 276 Nr. 171; OLG. Kiel 3. 3. 85 Seuffert Bd. 41. 88 Nr. 56).

16. IV. 1. Die Folgen der Verletzung der Auskunftspflicht sind gesetzlich nicht geregelt. Vertraglich pflegen die gleichen vorgesehen zu sein wie bei Verletzung der Schadensanzeigepflicht (Bem. 15 zu § 33). Glaubt der Versicherungsnehmer, infolge des Rücktritts des Versicherers vom Vertrag zur Aufklärung nicht mehr verpflichtet zu sein, so liegt keine grobfahrlässige Verletzung der Auskunftspflicht vor (RG. 27. 11. 26 JR. 1927. 42). Dagegen verletzt der Aufklärungspflichtige seine Aufklärungspflicht auch dann, wenn er im Sachverständigenverfahren (§ 64) unvollständige oder falsche Auskunft erteilt (RG. 27. 10. 26 JR. 1927. 14). — Die Verletzung der Auskunftspflicht nur in Ansehung eines Teils der versicherten Güter hat dieselbe Folge wie die vollständige Verletzung, denn die Feststellung des Versicherungsfalls und des Umfangs der Leistungspflicht des Versicherers ist eine untrennbare Einheit. Anders wenn getrennte Versicherungsverträge bei demselben Versicherer vorliegen (Bruck 337).

17. 2. Die Haftung des Auskunftspflichtigen für das Verhalten Dritter, deren er sich bei Erfüllung der Auskunftspflicht bedient, bestimmt sich wie bei der Schadensanzeigepflicht (Bem. 16 zu § 33).

18. V. Abs. 2 S. 1 ist zugunsten des Versicherungsnehmers in dem Bereich der Beschränkungen der Vertragsfreiheit (AllgVorbem. 26, 28) zwingend (Abs. 2 S. 2).

19. VI. In der Lebens- (§ 11 Abs. 3 AllgTodesfallVersbdg.) und Unfall- (§ 9 Abs. 2 S. 2 AllgUnfallVersbdg.) Versicherung hat der Versicherer das Recht, selbständig Auskunft einzuziehen, indem er die Leiche des Versicherten besichtigen, sezieren, ausgraben läßt (Bruck 340).

VII. Das arglistige Verhalten des Auskunftspflichtigen.

20. 1. Schrifttum: Bruck 337 ff.; Gottschalk HansRZ. 1925. 577.

2. Der Versicherer ist bei **arglistiger Täuschung** seitens des Auskunftspflichtigen **gelegentlich der Schadensliquidation** leistungsfrei. Hierüber bedarf es keiner besonderen Vereinbarung, insbesondere nicht einer Obliegenheit (so OLG. Frankfurt 24. 4. 28 JR. 1928. 173), sondern die Leistungsfreiheit des Versicherers ergibt sich aus dem Verstoß des Auskunftspflichtigen gegen Treu und Glauben (§ 242 BGB.). Findet sich in den Allgemeinen Versicherungsbedingungen (z. B. § 17 AllgFeuerVersbdg.) eine ausdrückliche Bestimmung, so kann der Versicherer trotzdem die sich aus § 242 BGB. ergebende Einrede erheben, wenn die Fassung der Versicherungsbedingungen enger ist als die des § 242 BGB. 21.

3. Eine arglistige Täuschung ist **vorhanden**, wenn der Auskunftspflichtige wissentlich unwahre Angaben über Umstände, die objektiv für die Entschädigungspflicht irgendwie von Einfluß sein können, in der Absicht macht, den Versicherer zu täuschen. Hierbei kommt es auf das gesamte Verhalten des Auskunftspflichtigen, unter Umständen auch auf das Verhalten seines Ehegatten an (OLG. Dresden 7. 2. 30 Praxis des Versicherungsrechts 1930. 33). Beispiele arglistiger Täuschung: wahrheitswidrige Schilderung des Unfallvorgangs (OLG. Posen 17. 10. 16 VA. 1917* 57 Nr. 1003); arglistiges Verschweigen eines Brandstiftungsverdachts gegen den Sohn des Auskunftspflichtigen (OLG. Celle 3. 6. 30 Praxis des Versicherungsrechts 1930. 77); Berechnung der vernichteten Waren nach den Verkaufspreisen (netto Einkaufspreise), obschon der Auskunftspflichtige darauf hingewiesen worden ist, daß nicht die Verkaufspreise, sondern die Einkaufspreise in Betracht kommen (OLG. Frankfurt 14. 7. 30 JR. 1930. 403); „Schätzung" der Werte, wenn sich der Auskunftspflichtige bewußt ist, daß die Schätzung unrichtig ist (RG. 10. 10. 30 JR. 1930. 380, VA. 1931. 231 Nr. 2189). Dolus eventualis (der Auskunftspflichtige rechnet nur mit der Möglichkeit, daß die Angaben der Wahrheit nicht entsprechen) reicht aus (RG. 2. 1. 14 ZVW. 1914. 122). Ebenso reicht der Versuch arglistiger Täuschung aus (RG. 11. 10. 27 HansRGZ. A. 1928. 38, VA. 1929. 37 Nr. 1816, JR. 1927. 310, 3. 4. 28 JR. 1928. 138, 7. 6. 29 Bd. 124. 343, JR. 1929. 237, 27. 2. 31 JR. 1931. 101; KG. 17. 3. 26 JR. 1926. 118, VA. 1927. 288 Nr. 1643, 5. 5. 26 JR. 1926. 162, 23. 3. 27 JR. 1927. 164, 27. 10. 28 JR. 1928. 387, 6. 3. 29 JR. 1929. 170; OLG. Königsberg 7. 2. 28 JR. 1928. 94; OLG. Celle 1. 2. 30 JR. 1930. 316; OLG. Frankfurt 14. 7. 30 JR. 1930. 403). Das „Schmieren" des von dem Versicherer entsandten Sachverständigen nach beendigter Tätigkeit braucht noch nicht der Versuch einer arglistigen Täuschung zu sein (KG. 24. 5. 30 JR. 1930. 337, VA. 1931. 177 Nr. 2144). Es kommt ferner nicht darauf an, ob die täuschenden Angaben gegenüber dem Versicherer selbst oder seinem mit der Schadensermittelung betrauten Beamten (RG. 13. 2. 12 Wallmann Bd. 46. 1345 [Versicherungsinspektor], 8. 12. 16 VA. 1917* 25 Nr. 983, 17. 2. 28 JR. 1928. 85, HansRGZ. A. 1928. 158, VA. 1929. 244 Nr. 1898 [Beauftragter], 7. 6. 29 Bd. 124. 343, VA. 1930. 248 Nr. 2012, JW. 1929. 2705, JR. 1929. 237; OLG. Kiel 8. 2. 27 VA. 1928. 264 Nr. 1765, HansRZ. 1927. 377; OLG. Hamm 25. 6. 28 JR. 1929. 83 [Oberinspektor]) oder 22.

sonstigen Angestellten (KG. 29. 1. 30 VA. 1931. 42 Nr. 2129), ob sie auf Befragen oder nicht auf Befragen gemacht worden sind.

23. 4. Eine arglistige Täuschung oder ein Täuschungsversuch hat zur Folge, daß der Versicherer dem Anspruchsberechtigten gegenüber leistungsfrei wird. Einem Hypotheken- und einem gleichgestellten (§ 106) Gläubiger gegenüber bleibt der Versicherer zur Leistung verpflichtet (§ 101). Bei rückkaufsfähigen Lebensversicherungen hat der Versicherer die Rückvergütung herauszugeben (Bem. 6 zu § 176).

Der Versicherer ist auch dann leistungsfrei, wenn die Täuschung oder der Täuschungsversuch nur in Ansehung eines Teils der beschädigten oder der vernichteten Güter begangen worden ist; die Schadensermittelung ist ein einheitlicher Vorgang (RG. 8. 12. 16 VA. 1917* 25 Nr. 983; KG. 5. 5. 26 JR. 1926. 162, 23. 3. 27 JR. 1927. 164, 29. 1. 30 VA. 1931. 42 Nr. 2129; OLG. Celle 1. 2. 30 JR. 1930. 316; OLG. Düsseldorf 26. 6. 30 Praxis des Versicherungsrechts 1930. 85). Liegen dagegen zwei getrennte Versicherungsverträge desselben Versicherungsnehmers bei demselben Versicherer über verschiedene Sachen vor (z. B. die Versicherung von Ernte und die Versicherung von Gebäuden), dann befreit die arglistige Täuschung, die der Versicherungsnehmer im Rahmen des einen Vertrags begeht, den Versicherer nicht ohne weiteres von seiner Leistungspflicht im Rahmen des anderen Vertrags (KG. 23. 12. 25 JR. 1926. 35). Es kommt auf die Umstände des einzelnen Falles an. — Eine bereits gezahlte Entschädigung kann der Versicherer zurückverlangen (KG. 23. 5. 28 JR. 1928. 233).

Widerruft der Täuschende freiwillig die falsche Angabe, bevor irgendeine Wirkung eingetreten ist, so kann der Versicherer aus der begangenen Täuschung keine Folgen herleiten (RG. 23. 3. 15 LZ. 1915. 1014; KG. 21. 5. 30 JR. 1930. 351).

Gegebenenfalls kann der Versicherer auch Schadensersatz fordern (§§ 823 Abs. 2, 826 BGB.).

24. 5. Der Versicherungsnehmer haftet für sein eigenes arglistiges Verhalten und für das arglistige Verhalten derjenigen Personen, deren er sich zu der Überbringung der Auskünfte als seiner Boten bedient. Auch wenn in Gegenwart des Auskunftspflichtigen sein Sohn Angaben macht und der Auskunftspflichtige die Unrichtigkeit dieser Angaben kennt und die Folgen der falschen Angaben seines Sohnes auf sich nimmt, tritt Leistungsfreiheit des Versicherers ein (RG. 28. 1. 30 JR. 1930. 76). Nach Treu und Glauben ist der Anspruch gegen den Versicherer gleichfalls verwirkt, wenn der Versicherte bei der Versicherung für fremde Rechnung, der Zessionar, der Pfandgläubiger, der Vollstreckungsgläubiger die arglistige Täuschung begeht.

25. 6. Der Versicherer muß die arglistige Täuschung oder den Täuschungsversuch beweisen, fordert er Schadensersatz, auch den ihm entstandenen Schaden (KG. 27. 10. 28 JR. 1928. 387).

Dritter Titel.
Prämie.

Vorbemerkungen vor §§ 35—42.

Schrifttum: Bruck 243 ff.; Grieshaber, Synallagma des Versicherungsvertrags, Mannheim 1914; Hagen Bd. 1. 499; Ritter 311. 1.

2. Es behandeln § 35 die Fälligkeit, § 36 den Leistungsort der Prämie, § 37 die Änderung ihrer Zahlungsweise, § 38 die Folgen der Nichtbezahlung der ersten Prämie, § 39 die Folgen der Nichtbezahlung einer Folgeprämie, § 40 Fälle der Unteilbarkeit und Teilbarkeit der Prämie, § 41 die Folgen der unverschuldeten Verletzung der vorvertraglichen Anzeigepflicht, § 42 die Beschränkungen der Vertragsfreiheit. 2.

3. Die Prämie, der bei Versicherungsvereinen auf Gegenseitigkeit (§§ 15, 53, 129 VAG.) der Beitrag gleichsteht (§ 1 Abs. 2 S. 2), auch Versicherungsentgelt (§ 5 Abs. 2 VStG.) genannt, ist das Entgelt für die Hauptleistung des Versicherers, d. h. für seine Gefahrtragung. Da unter Gefahrtragung nicht allein die Verpflichtung des Versicherers, im Versicherungsfall eine geldliche oder geldeswerte Leistung zu bewirken, sondern seine gesamte Tätigkeit, soweit sie auf Bereitstellung und auf Erfüllung der Verpflichtungen aus dem Vertrage gerichtet ist, zu verstehen ist (AllgVorbem. 37), so ist Prämie (Tarifprämie, Bruttoprämie) der Betrag, den der Versicherer zur Gefahrtragung benötigt (Nettoprämie), vermehrt um gewisse Zuschläge für Abschlußkosten, Inkassoprovision, Verwaltungskosten, zur Deckung eines erhöhten Risikos, für unvorhergesehene Verluste, zur Bildung von Gewinn- und anderen Reserven usw. Die Tarifprämie steht im Gegensatz zu der Barprämie (§ 5 Abs. 2 VStG.). — Die Nettoprämie setzt sich in der Lebensversicherung mit unbedingter Leistungspflicht (Bem. 6 vor § 159) aus der Risiko- und Sparprämie zusammen; die Sparprämie dient zur Ansammlung des Deckungskapitals (Bem. 3 vor § 173). 3.

Keine Prämie sind: die Aufnahmegebühr (Eintrittsgeld), die zur Deckung der Kosten des Versicherers für den Vertragsabschluß bestimmt ist (Bem. 6 zu § 3; über das Legegeld in der Hagelversicherung Bem. 6 vor § 108), die von dem Versicherer verauslagte Versicherungssteuer, die Kosten, die dem Versicherer vereinbarungsgemäß für Ausfertigung und Zustellung des Versicherungsscheins und anderes mehr zu erstatten sind (§ 3 Abs. 4 und vielfach in den Versicherungsbedingungen vorgesehen), die Verzugszinsen für nicht rechtzeitig entrichtete Prämie, die Vorauszahlungsprämie (Bem. 12 zu § 176), die Geschäftsgebühr (§ 40 Abs. 2). Hinsichtlich der Zahlung und der Rechtsfolgen bei Zahlungsverzug werden als Prämie auf Grund gesetzlicher Bestimmung oder besonderer Vereinbarung behandelt die Aufnahmegebühr, die Versicherungssteuer (§ 12 VStG.), die Verzugszinsen, die Mahnkosten (Bem. 19 zu § 39), die Vorauszahlungsprämie (VA. 1909. 161; OLG. Dresden 12. 2. 15 VA. 1915 40 Nr. 877).

4. 4. Die Prämie ist entweder einmalige oder laufende Prämie (§ 35). Die einmalige Prämie ist das Entgelt, das einmalig für die technische Versicherungsdauer zu entrichten ist, die laufende Prämie ist das Entgelt, das mehrfach jeweilig für gewisse Zeitabschnitte der technischen Versicherungsdauer entrichtet wird. Die technische Versicherungsdauer ist somit der Zeitraum, für den die einmalige oder laufende Prämie berechnet ist; sie erstreckt sich von dem technischen Beginn der Versicherung, das ist der Zeitpunkt, von dem ab die Prämie zu entrichten ist, also der Anfang des ersten Versicherungsjahrs, bis zu dem technischen Ende der Versicherung, das ist der Zeitpunkt, von dem ab keine Prämie mehr berechnet ist (Bruck JW. 1925. 561). Die technische Versicherungsdauer zerfällt gegebenenfalls in Versicherungsperioden (§ 9).

5. 5. Die Prämie ist Erst-Prämie oder Folge-Prämie (so nunmehr § 9 AllgFeuerVersbdg.). Erst-Prämie ist der Betrag, der vor oder bei dem materiellen Beginn der Versicherung (Bem. 2 zu § 38) zu entrichten ist. Dieser Betrag kann die einmalige Prämie, die erste laufende Jahresprämie oder die erste Rate der ersten laufenden Jahresprämie sein. Die für eine Nachversicherung zu entrichtende Prämie ist Erst-Prämie, nicht Folge-Prämie (unrichtig OLG. Jena 21. 6. 18 LZ. 1918. 1017), da der Abschluß einer Nachversicherung Abschluß eines neuen Vertrags darstellt (Gottschalk HansRZ. 1921. 865, 867). Folge-Prämie ist der Betrag, der nach dem materiellen Beginn der Versicherung zu entrichten ist. Dieser Betrag kann sein die zweite laufende Jahresprämie, die zweite Rate der ersten laufenden Jahresprämie, der Prämienunterschied (§ 41), die auf Grund einer stillschweigenden Verlängerung des Versicherungsverhältnisses (§ 8) zu zahlende Prämie (Bem. 6 zu § 8), die erste Prämie, wenn sie gestundet ist (RG. 2. 5. 31 VA. 1932. 2 Nr. 2235; Berliner ZVW. 1925. 21, Ehrenberg ZVW. 1927. 15. Anders Ehrenzweig JR. 1925. 97, 1931. 297, vgl. auch OGH. Wien 12. 4. 27 JR. 1927. 199, Raiser 218: die Stundung bedeute in der Regel und im Zweifel nicht eine Hinausschiebung der Fälligkeit der Forderung, sondern nur der Möglichkeit, die Forderung geltend zu machen, sie lasse alle übrigen Folgen der Fälligkeit bestehen; die nach Ablauf der Stundungsfrist entrichtete Prämie werde mithin nicht zu einer Folge-Prämie. Gegen Ehrenzweig Moschel JW. 1931. 3177. Nach H. Silberschmidt VersArchiv 1930 Heft 3. 37 soll ein Versehen bei der Redaktion der §§ 38, 39 unterlaufen sein: Erst-Prämie sei die erste, Folge-Prämie die spätere Prämie; bei beiden komme es auf das zeitliche Verhältnis zu dem Beginn der Versicherung nicht an).

6. 6. Der aus dem Begriff der Gefahrengemeinschaft hergeleitete Grundsatz von der Unteilbarkeit der Prämie (Bruck 249 ff.) bedeutet, daß der Versicherer den Anspruch auf die bei Beginn der Versicherungsperiode (§ 9) geschuldete Prämie behält, wenn auch während des Laufs der Versicherungsperiode das materielle Ende der Versicherung (Bem. 3 zu § 7) eintritt (RG. 30. 10. 88 Bd. 21. 329, 13. 11. 20 Bd. 100. 216, HansRZ. 1921. 177). Gelegentlich wird der Grundsatz auch in den Allgemeinen Versicherungsbedingungen (Beispiel: § 9 Abs. 4 AllgFeuerVersbdg.) erwähnt. Der Grundsatz ist in bestimmten

Fällen ausdrücklich zur Anwendung gelangt (§§ 2 Abs. 2 S. 2, 40 Abs. 1, 2 S. 1, 51, 59 Abs. 3, 68 Abs. 2, 70 Abs. 3, 95, 96 Abs. 3 S. 1, 113, 119, 128 Abs. 1, 158 Abs. 3 S. 1). Bei zwingenden Gegengründen ist der Grundsatz aufgegeben (§§ 40 Abs. 2 S. 2, Abs. 3, 96 Abs. 3 S. 2, 158 Abs. 3 S. 2). Hierbei ist nötigenfalls eine einmalige Prämie in Jahresprämien umzurechnen; der Wert der künftigen Jahresprämienleistungen nebst gesetzlichen Zinsen ist erstattungspflichtig. Ist die Prämie für mehrere Jahre im voraus mit Prämienrabatt bezahlt worden, so wird die Prämie nebst Zinsen seit ihrer Entrichtung insoweit zurückgewährt, als sie denjenigen Prämienbetrag übersteigt, welchen der Versicherer berechnet hätte, wenn die Versicherung von vornherein für die Zeit, in der sie tatsächlich bestanden hat, abgeschlossen worden wäre. Beispiel bei Bruck 250 Note 39. — Der Grundsatz von der Unteilbarkeit der Prämie kann auch vertraglich außer Kraft gesetzt sein, so beispielsweise, wenn das Versicherungsverhältnis im Einverständnis beider Parteien aufgelöst wird (KG. 5. 2. 30 JR. 1930. 135).

7. Die Höhe der Prämie ergibt sich zunächst aus den Vereinbarungen der Parteien (§ 1 Abs. 2 S. 1). Sollte keine Prämie vereinbart sein, dann ist die übliche Prämie (OLG. Hamburg 11. 5. 25 HansRZ. 1925. 685), nötigenfalls die dem billigen Ermessen entsprechende (§ 315 BGB.) Prämie zu entrichten. Einer besonderen Vereinbarung der Prämie bedarf es grundsätzlich nicht in der Lebensversicherung und in der nach ihrem System betriebenen Kranken- und Unfallversicherung, da die Prämie dem von der Aufsichtsbehörde genehmigten Geschäftsplan zu entnehmen ist (§§ 11, 12 VAG.). — Für die falsche Berechnung der Prämie durch den Agenten hat der Versicherer aufzukommen; unter Umständen kann das Zustandekommen des Vertrags gefährdet sein (OLG. Stuttgart 30. 12. 26 HansRZ. 1927. 678, VA. 1929. 59 Nr. 1833). — Die Gewährung von Sondervergütungen (Prämienrabatten) seitens des Versicherers oder des Agenten ist nach Maßgabe einer von der Aufsichtsbehörde zu erlassenden Anordnung untersagt und strafbar (§§ 81 Abs. 2, 140 Abs. 4 VAG.). Eine derartige Anordnung ist für die Lebensversicherung ergangen (Erlaß des Reichsaufsichtsamtes vom 1. 12. 28 VA. 1930. 100; Bem. 7 zu § 30). 7.

8. Die Höhe der laufenden Prämie während der technischen Versicherungsdauer ist gleichbleibend. In der Lebensversicherung kommen Tarife mit fallender und steigender Prämie vor, abgesehen davon, daß auch die Gewinnbeteiligung von Einfluß ist. In der Hagelversicherung pflegt für jedes Jahr die Prämie erneut nach Maßgabe der sich aus dem Anbau an Feldfrüchten ergebenden Versicherungssumme festgestellt zu werden. Das Gesetz läßt ausnahmsweise die Herabsetzung (§§ 30, 51 Abs. 1, 60, 95, 119, 96 Abs. 3, 158 Abs. 3) und die Heraufsetzung (§ 41) der Prämie zu. 8.

§ 35. Der Versicherungsnehmer hat die Prämie und, wenn laufende Prämien bedungen sind, die erste Prämie sofort nach dem Abschlusse des Vertrags zu zahlen. Er ist zur Zahlung nur gegen

Aushändigung des Versicherungsscheins verpflichtet, es sei denn, daß die Ausstellung eines Versicherungsscheins ausgeschlossen ist.

1. Schrifttum: Bem. 1 vor § 35.

2. I. 1. Die Verpflichtung zur Prämienzahlung, die auf dem zustande gekommenen Versicherungsvertrag beruht, ist keine Obliegenheit (Bem. 4 zu § 6; unrichtig OLG. Bamberg 19. 7. 28 VA. 1930. 11 Nr. 1924), sondern Rechtspflicht (Leistungspflicht) im Sinne der §§ 241 ff. BGB. Der Versicherer kann ihre Erfüllung fordern und im Klagewege erzwingen (Bruck Z. 1926. 180, 195).

3. 2. Prämienschuldner ist derjenige, der dem Versicherer gegenüber die Bezahlung der Prämie übernommen hat, das ist in der Regel, auch bei der Versicherung für fremde Rechnung, der Versicherungsnehmer (§ 1 Abs. 2). Ein Dritter kann die Verpflichtung zur Entrichtung der Prämie übernehmen, ohne hierdurch Versicherungsnehmer zu werden. So kann sich eine Bewachungsgesellschaft verpflichten, die Prämie für ihre gegen Einbruchdiebstahl versicherten Kunden zu entrichten (RG. 5. 10. 27 JW. 1927. 332). — Stirbt der Prämienschuldner, so geht die Verpflichtung als Nachlaßverbindlichkeit auf seine Erben über. — Ein rechtsgeschäftlicher Übergang der Prämienschuld auf eine andere Person bedarf der Mitwirkung des Versicherers; hierfür stehen die beiden Wege der §§ 414, 415 BGB. zur Verfügung. — Sind mehrere Personen Prämienschuldner, so haften sie im Zweifelsfalle als Gesamtschuldner (§ 427 BGB.). Als Gesamtschuldner haften auch Erben für die Nachlaßverbindlichkeiten (§ 2058 BGB.). Kraft Gesetzes ist der Ehemann seiner Ehefrau gegenüber zur Prämienzahlung verpflichtet, wenn die Versicherung zum eingebrachten Gute gehört (§ 1385 Nr. 3 BGB.), dem Versicherer gegenüber haften beide Eheleute als Gesamtschuldner (§ 1388 BGB.). Entsprechendes gilt für den Vater (§ 1654 BGB.), die Mutter (§ 1686 BGB.) hinsichtlich einer Versicherung, die zum Vermögen des der elterlichen Gewalt unterstehenden Kindes gehört. Anders wenn die Verwaltung des Vermögens des Prämienschuldners einem Vormund, Pfleger, Nachlaßverwalter obliegt; hier haftet nur das Vermögen des Prämienschuldners, nicht das des Verwalters, selbst wenn der Antrag auf Abschluß der Versicherung vom Vormund usw. als gesetzlichem Vertreter allein oder mit unterzeichnet ist. Bei Veräußerung der versicherten Sache haftet der Veräußerer als Gesamtschuldner mit dem Erwerber für die Prämie, welche auf die zur Zeit des Eintritts des Erwerbers in das Versicherungsverhältnis laufende Versicherungsperiode entfällt (§ 69 Abs. 2). — Über die Prämienzahlungspflicht des Gemeinschuldners im Konkurse Bem. 11 zu § 14.

Kein Prämienschuldner ist der Zessionar, Pfand-, Vollstreckungsgläubiger, Makler als solcher, der Bezugsberechtigte bei der Lebens- und der Unfallversicherung (§§ 166, 180), der Versicherte bei der Versicherung auf die Person eines anderen (§§ 159, 179), der Versicherte bei der Versicherung für fremde Rechnung (§§ 74 ff.).

4. 3. Die geschuldete (Bem. 7 vor § 35) Prämie ist sofort nach Abschluß des Vertrags zu zahlen. Bei einmaliger Prämienzahlung (Bem. 4 vor

§ 35) wird hiermit ein für alle Male die Zahlungspflicht erfüllt, während bei laufender Prämienzahlung nur die Erst-Prämie (Bem. 5 vor § 35) zu entrichten ist. Außer der Prämie sind die Aufnahmekosten (Bem. 6 zu § 3) und die Versicherungssteuer zu bezahlen. Anderweitige Nebengebühren dürfen in den aufsichtspflichtigen Versicherungszweigen namentlich von dem Agenten nicht erhoben werden. Wird Ratenzahlung vereinbart, so ist nur die erste Rate zu entrichten, die der ersten Rate folgenden Raten sind bis zum jeweiligen Zahlungstermin gestundet; über die Ratenzuschläge zur Jahresprämie VA. 1909. 100, 1911. 93.

4. Die geschuldete Prämie ist sofort nach Abschluß des Vertrags zu zahlen. „Sofort" ist nicht gleichbedeutend mit „unverzüglich". Es kommt somit nicht darauf an, ob der Prämienschuldner ohne schuldhaftes Zögern gezahlt hat, sondern es entscheidet objektiv die Tatsache, ob die Prämie unmittelbar nach Vertragsabschluß gezahlt ist oder nicht (OLG. Kiel 14. 7. 27 JR. 1927. 302; Moschel JW. 1931. 3176, Ritter 315). Anders RG. 24. 9. 26 Bd. 114. 321, JW. 1927. 171, VA. 1928. 1 Nr. 1659, 28. 2. 28 JR. 1928. 84, JW. 1928. 1740, VA. 1929. 191 Nr. 1850 und ihm folgend OLG. Kiel 30. 6. 28 VA. 1929. 202 Nr. 1858, das dem Prämienschuldner eine den besonderen Umständen des Falls angepaßte, kurz zu bemessende Frist einräumt, wobei Rücksicht auf Hinderungsgründe zu nehmen ist, das RG. stellt also „sofort" „unverzüglich" gleich und übersieht hiermit, daß es bei der Nichtbezahlung oder bei der nicht rechtzeitigen Bezahlung der ersten Prämie nicht auf das Verschulden ankommt (Bem. 6 zu § 38). 5.

5. Die geschuldete Prämie ist sofort nach dem Abschluß des Vertrags (Bem. 20 zu § 1) zu zahlen. In diesem Augenblick tritt ohne weiteres die Fälligkeit der Prämie ein, die, wenn der Versicherungsvertrag ein beiderseitiges Handelsgeschäft ist, den Anspruch auf Zinsen auslöst (§ 353 HGB.). Die Fälligkeit hat ferner zur Folge, daß einerseits der Versicherer den Prämienschuldner (§§ 284, 285 BGB.), daß andrerseits der Prämienschuldner durch Anbieten des geschuldeten Betrags den Versicherer in Verzug setzen kann (§ 293 BGB.). Über die Folgen der nicht rechtzeitigen Zahlung § 38. — Die Fälligkeitstermine der Folgeprämien ergeben sich aus den Vereinbarungen der Parteien. 6.

Die Fälligkeit der Prämie ist zwar nicht abhängig von dem Angebot des Versicherungsscheins, aber der Prämienschuldner braucht nur gegen Aushändigung des Versicherungsscheins zu zahlen (OLG. Frankfurt 30. 1. 29 JR. 1929. 189), es sei denn, daß die Ausstellung eines Versicherungsscheins ausgeschlossen ist (S. 2). Solange ihm der Versicherungsschein nicht ausgehändigt ist, kann er die Zahlung zurückbehalten, jedoch nicht endgültig verweigern (KG. 6. 3. 26 JR. 1926. 101; Pfeiffer JR. 1926. 102). Somit ist die Zahlung noch rechtzeitig, wenn sie Zug um Zug gegen Aushändigung des Versicherungsscheins erfolgt, mag auch vorher dem Prämienschuldner der fällige Prämienbetrag mitgeteilt worden sein (OLG. Hamburg 11. 5. 25 JR. 1926. 261). — Unter Aushändigung ist der Vorgang zu verstehen, mit dem der Versicherer oder der von ihm beauftragte Dritte (Makler, Agent) den Versicherungsschein aus Händen gibt und ihn dem Versicherungsnehmer oder seinem hierzu ermächtigten Vertreter aushändigt; nicht ausreichend ist sein bloßes Zugehen (§ 130 BGB.). Aushändigung ist gleichbedeutend mit „Annahme" (Bem. 6 zu § 5). — Befindet sich der Versicherungsschein auf rechtmäßige Weise in den Händen des Prämienschuldners, so liegt im Zweifel hierin eine Anerkenntnis des Versicherers über die empfangene Leistung. Ob in der Aushändigung ohne Zahlung eine Stundung des geschuldeten Betrags seitens des Versicherers erblickt werden kann, ist Tatfrage und hängt namentlich von dem zu ermittelnden Willen des Versicherers ab (OLG. Hamburg 8. 2. 13 Recht 1913 Nr. 1047; Jacobi WuR. 1920. 85, 88, Schweighäuser Archiv 1920. 62). Oftmals ist bei Vereinbarung von Ratenzahlungen die ganze Jahresprämie nebst Nebenkosten fällig, wenn der Versicherungsschein nicht rechtzeitig eingelöst wird (KG. 21. 6. 30 JR. 1930. 370).

7. 6. Die Annahme einer vor Fälligkeit angebotenen Prämienzahlung kann der Versicherer im Zweifel nicht ablehnen, braucht sich aber den Abzug von Zwischenzinsen nicht gefallen zu lassen (§§ 271 Abs. 2, 272 BGB.). Über Prämienvorauszahlungen für längere Zeit in der Lebensversicherung Bruck-Dörstling 59.

8. 7. Ein anderer Zeitpunkt für die Fälligkeit der ersten Prämie kann vereinbart werden, da § 35 nicht zwingend ist. Eine derartige Vereinbarung ist die vielfach ganz allgemein in den Versicherungsbedingungen vorgesehene oder von Fall zu Fall vereinbarte Zahlungsfrist (Stundungsfrist, Respektfrist), die zur Bezahlung nicht nur der ersten, sondern auch aller folgenden Prämienzahlungen gewährt wird. Ihre Dauer ist verschieden lang. Durch die Stundung wird die Verpflichtung zur Zahlung hinausgeschoben, aber der Regel nach die Haftung des Versicherers nicht berührt. Wird also die Erst-Prämie gestundet, dann beginnt trotzdem die Haftung des Versicherers (so vielfach bei der Deckungszusage Bem. 29 zu § 1) — aus der Erst-Prämie wird alsdann eine Folge-Prämie (KG. 3. 10. 28 VA. 1930. 9 Nr. 1922, 2. 5. 31 JR. 1931. 272; Bem. 5 vor § 35) —. Wird eine Folge-Prämie gestundet, dann hört die Haftung des Versicherers nicht auf, das Gegenteil müßte vereinbart werden (VA. 1909. 107). Die Bewilligung von Ratenzahlungen hat nicht die Wirkung der Stundung, wenn die Haftung des Versicherers erst mit vollständiger Bezahlung der letzten Rate beginnen soll (Ehrenzweig 96). — Zu einer Verlängerung der Zahlungsfrist oder zur Vereinbarung einer besonderen Stundungsfrist ist nur der Versicherer, der Abschlußagent (§ 45; Ausnahme § 47), sein sonstiger Vertreter, jedenfalls nicht der Vermittelungsagent berechtigt (RG. 7. 1. 05 VA. 1905* 32 Nr. 108; OLG. Hamm 3. 10. 05 VA. 1906* 116 Nr. 257; OLG. Frankfurt 2. 5. 07 VA. 1908* 39 Nr. 373; OLG. Hamburg 25. 3. 25 HGZ. 1925. 113, HansRZ. 1925. 516; KG. 24. 6. 31 JR. 1931. 320). Daher kann der Vermittelungsagent auch nicht einen Wechsel zahlungshalber annehmen (RG. 5. 10. 26 Bd. 114. 347, 349, JR. 1926. 297).

II. 1. Die Zahlung der Prämie ist Leistung, Erfüllungshandlung 9. (§§ 241 ff. BGB.).

2. Die Zahlung hat im voraus und vollständig einschließlich 10. aller durch die Zahlung entstehender Kosten (Bem. 4 zu § 36) zu erfolgen, so daß die Nichtbezahlung selbst geringfügiger Beträge die Folgen der Nichtbezahlung des ganzen Betrages nach sich zieht. „Im Interesse der Rechtssicherheit kann es überhaupt nicht zugelassen werden, daß es für die bei Anwendung des § 39 geschaffene Rechtslage von Bedeutung ist, wenn der Versicherte mit einem verhältnismäßig nur geringfügigen Betrage beim Eintritt des Versicherungsfalls im Rückstande ist. Es ist das ein relativer, nicht zu umgrenzender Begriff" (RG. 7. 12. 17 VA. 1918* 47 Nr. 1042, LZ. 1918. 636, JW. 1918. 226, 10. 1. 28 VA. 1929. 51 Nr. 1826; OLG. Stuttgart 27. 4. 28 JR. 1928. 258; KG. 29. 6. 29 JR. 1929. 299; Raiser 211, Ritter 325). RG. 7. 12. 17 meint aber ausdrücklich: „Nur ganz ausnahmsweise kann ein Einzelfall so gestaltet sein, daß der Versicherer aus dem Fehlen einiger Pfennige an dem ihm zu zahlenden Betrage Folgerungen für sich herzuleiten nicht für berechtigt zu erachten ist", und OLG. Stuttgart 27. 4. 28: „Nur bei geringfügigen Beträgen mag eine andere Stellungnahme gerechtfertigt sein." OLG. Düsseldorf 17. 10. 27 JR. 1928. 29 hält die Nichtbezahlung von 6,40 RM im Verhältnis zu der ganzen Summe von 257,40 RM für einen „verhältnismäßig so geringfügigen Rückstand", daß er nach Treu und Glauben außer Betracht bleiben kann. Im Gegensatz zu der Auffassung in den früheren Auflagen dieses Buchs bin ich der Ansicht, daß generell zwar an der restlosen Tilgung des eingemahnten Betrages festzuhalten ist, daß aber doch im Einzelfall Umstände vorliegen können, die eine andere Beurteilung rechtfertigen (Hauschildt VuG. 1927. 205, 216, Prinz BVG. 90 f.).

3. In der Regel wird die Zahlung von dem Prämienschuldner 11. (Bem. 3) bewirkt. Der Versicherer muß aber Zahlung auch durch einen Dritten annehmen, selbst wenn der Dritte zur Zahlung nicht verpflichtet ist, es sei denn, daß ihr der Prämienschuldner widerspricht (§ 267 BGB.). Durch Zahlung des Dritten geht die Forderung des Versicherers unter. Ob der Dritte einen Ersatzanspruch gegen den Prämienschuldner hat, richtet sich nach dem zwischen beiden bestehenden Rechtsverhältnis. Zur Tilgung durch Zahlungssurrogate, insbesondere durch Aufrechnung, ist ein Dritter nicht befugt (RGZ. Bd. 78. 384, bedenklich RG. 26. 2. 26 JR. 1926. 83). Bei der Gebäudeversicherung darf jedoch der Versicherer die Annahme trotz Widerspruchs nicht ablehnen (§§ 105, 106). Das gleiche gilt von einer Zahlung, die der Pfandgläubiger oder der Vollstreckungsgläubiger anbietet, da der Widerspruch das Recht des Gläubigers beeinträchtigen würde. Als nicht verpflichteter Dritter kommt der Agent, der Makler, der Teilschuldner in Betracht. Selbst wenn dem Agenten die Verauslagung von Prämien verboten ist, ist seine Zahlung wirksame Erfüllung der Prämienschuld (Bauchwitz LZ. 1913. 589; RG. 20. 11. 89 Seuffert Bd. 45. 445 Nr. 265). Das Rechtsverhältnis zwischen dem Dritten und dem Prämienschuldner bestimmt sich nach allgemeinen bürgerlichrechtlichen Grundsätzen. In der Regel wird die Tilgung der Prämienschuld dem Interesse und dem mutmaßlichen Willen des Prämienschuldners entsprechen (§ 683 BGB.).

12. 4. Die Prämienschuld muß nicht Geldschuld sein, sie kann auch in vermögenswerten Leistungen bestehen (RG. 14. 1. 16 Bd. 88. 29, 33), aber in der bei weitem überwiegenden Mehrzahl der Fälle ist sie Geldschuld.

Die Geldschuld wird durch Barzahlung oder durch Überweisung im Giro- oder Postscheckverkehr getilgt. „Zahlung" braucht nicht Barzahlung zu bedeuten, sondern kann auch in dem Sinne der Begleichung durch Bankscheck gedeutet werden (RG. 20. 3. 31 JR. 1931. 119, VA. 1932. 13 Nr. 2243). — Hingabe eines Wechsels oder Schecks tilgt die Schuld nur, wenn der Versicherer ihn an Erfüllungs Statt annimmt (§ 364 Abs. 1 BGB.; KG. 16. 3. 09 VA. 1909* 100 Nr. 485; RG. 21. 3. 30 JR. 1930. 147); ob eine Annahme an Erfüllungs Statt vorliegt, hat der Prämienschuldner zu beweisen. Durch Annahme eines Wechsels oder eines Schecks zahlungshalber wird die Schuld nicht getilgt, sondern die Erfüllung gestundet (RG. 5. 10. 26 Bd. 114. 347, JW. 1927. 694, VA. 1928. 4 Nr. 1661, JR. 1926. 297, 20. 9. 27 VA. 1929. 2 Nr. 1786, 5. 7. 29 JR. 1929. 261; OLG. Kiel 30. 3. 27 JR. 1927. 228; KG. 1. 12. 26 VA. 1928. 10 Nr. 1666, HansRZ. 1927. 133, JR. 1927. 60; OLG. Köln 17. 10. 30 JR. 1931. 131; anders wohl OLG. Hamburg 12. 4. 26 JR. 1926. 169). Erklärt sich der Versicherer ausdrücklich damit einverstanden, daß eine eingemahnte (§ 39) Folge-Prämie durch Scheck bezahlt wird, so beseitigt die Annahme des Schecks seitens des Versicherers die Verzugsfolgen (RG. 20. 3. 31 JR. 1931. 119, VA. 1932. 13 Nr. 2243). Die Sonderstellung des vordatierten Schecks (KG. 30. 3. 27 VA. 1928. 217 Nr. 1731, JR. 1927. 163, HansRZ. 1927. 493; RG. 20. 9. 27 JR. 1927. 344, VA. 1929. 2 Nr. 1786, Seuffert Bd. 82. 25 Nr. 15, 4. 11. 27 JR. 1927. 346, VA. 1929. 4 Nr. 1788; Moschel JR. 1928. 272) ist seit dem Gesetz vom 28. März 1930, RGBl. I 107, durch Einfügung von § 7 Abs. 2 Scheckgesetz beseitigt. — Hat der Prämienschuldner eine aufrechnungsfähige Forderung gegen den Versicherer, so kann er durch Aufrechnung die Prämienschuld tilgen (§§ 387 ff. BGB.), sofern die Aufrechnung nicht gesetzlich (§ 26 VAG.) oder vertraglich durch die Versicherungsbedingungen (OLG. Hamburg 13. 7. 21 HansRZ. 1921. 703) oder sonstwie (z. B. durch den Ausdruck auf den Verrechnungsblättern „Der Kassenbestand ist sofort zu überweisen"; KG. 19. 9. 30 JR. 1931. 92) ausgeschlossen ist. Die Aufrechnungserklärung muß jedoch dem Versicherer rechtzeitig zugehen, wenn die Folgen der Nichtbezahlung nicht eintreten sollen (RG. 25. 11. 04 VA. 1905* 30 Nr. 107). Zur Entgegennahme der Erklärung ist der Vermittelungsagent befugt (§ 43 Nr. 2). Ist der Agent (Makler) als Versicherungsnehmer des von ihm vertretenen Versicherers zur Aufrechnung befugt, so haftet der Versicherer nach Hinausgabe des Versicherungsscheins unter Verrechnung des Gegenpostens, vor allem kann der Versicherer seine Leistungspflicht für einen vor der Aufrechnung eingetretenen Versicherungsfall mit dem Einwand nicht ablehnen, die Erst-Prämie sei nicht oder nicht rechtzeitig bezahlt (RG. 20. 5. 19 Wallmann Bd. 54. 169; OLG. Stettin 12. 12. 18 LZ. 1919. 1033). Mit eigenen Forderungen des Agenten (Maklers) an den Prämienschuldner kann der Agent nicht aufrechnen gegen die von diesem zu entrichtenden Prämien (RG. 27. 6. 00 Bd. 46. 208). Ebensowenig kann der Prämienschuldner mit der Forderung gegen den Agenten gegen die Forderung des Versicherers auf Bezahlung der Prämie aufrechnen (RG. 11. 10. 30 JW. 1930. 429). Eine praktisch häufige Art der Aufrechnung ist die Entnahme einer Vorauszahlung (Bem. 12 zu § 176) zwecks Prämienbegleichung. — Umgekehrt kann der Versicherer stets gegen die ihm bei Eintritt des Versicherungsfalls obliegende Leistung nicht gezahlte fällige Prämienbeträge aufrechnen (Ehrenberg ZVW. 1927. 553). — Zahlung „unter Vorbehalt" oder auf Grund eines nur vorläufig vollstreckbaren Urteils tilgt nicht die Schuld (RG. 1. 11. 19 Recht 1920 Nr. 603; Nord HansRZ. 1923. 157, Lesser JW. 1928. 228).

Die Währung der Geldzahlung bestimmt sich nach den Vereinbarungen; über Zahlung in ausländischer Währung §§ 244, 245 BGB.

5. Der Zeitpunkt der Zahlung (Schünemann HansRZ. 1927. 521) 13.
ist bei Barzahlung an der Kasse des Versicherers oder seines Agenten der Augenblick der Aushändigung des Geldes, bei bargeldloser Überweisung der Augenblick, in dem der Betrag dem Konto des Versicherers oder seines Agenten gutgeschrieben wird (RG. 9. 11. 20 VA. 1922* 35 Nr. 1195; OLG. Bamberg 19. 7. 28 VA. 1930. 11 Nr. 1924; RG. 23. 2. 29 JW. 1929. 125, 12. 7. 30 JW. 1930. 429. Anders OLG. Braunschweig 22. 10. 29 HansRGZ. A. 1930. 366, VA. 1930. 5 Nr. 2099 [Auftrag zur Gutschrift auf Postscheckkonto]), bei Übersendung durch Wertbrief, Postanweisung, Zahlkarte die Hingabe des Briefes oder des Geldes an den Schalterbeamten gegen Empfangnahme des Posteinlieferungsscheins, vorausgesetzt daß das Geld ankommt (RGZ. Bd. 78. 137, 140; RG. 12. 7. 12 VA. 1912* 83 Nr. 682, 11. 7. 13 VA. 1914* 45 Nr. 807; OLG. Bamberg 7. 12. 23 VA. 1926. 143 Nr. 1492; OLG. Stuttgart 27. 4. 28 JW. 1928. 258; Wolff Mitteilungen 1920. 282). Die in der Prämienrechnung enthaltene Bemerkung „Zahlung erbitte auf mein Postscheckkonto" läßt nicht darauf schließen, daß die Zahlung schon mit der Überweisung als wirksam angesehen werden soll (RG. 9. 11. 20 VA. 1922* 35 Nr. 1195).

6. Die Prämie ist an den Versicherer, Abschlußagenten (§ 45; Aus- 14.
nahme § 47) oder an seinen sonstigen Vertreter, bei mehreren Versicherern anteilsmäßig an einen jeden von ihnen, sofern nicht einer ausdrücklich zur Annahme der ganzen Prämie ermächtigt sein sollte, zu zahlen. Der Vermittelungsagent ist nach Maßgabe des § 43 Nr. 4 zur Empfangnahme der Prämie befugt. Der Makler als solcher ist zur Empfangnahme nicht berechtigt. — Über den Leistungsort § 36.

7. Der Agent oder der Versicherer bzw. dessen Angestellter hat über den 15.
Empfang der gezahlten Prämie zu quittieren (§§ 368 ff. BGB.). Der Beweis, daß das Geld trotz Quittung nicht bezahlt ist, liegt dem Versicherer ob (OLG. Hamburg 12. 4. 26 JW. 1926. 169). Vgl. Bem. 11 zu § 43.

III. § 35 ist nicht zwingend (vgl. § 42). 16.

§ 36. Leistungsort für die Entrichtung der Prämie ist der jeweilige Wohnsitz des Versicherungsnehmers; der Versicherungsnehmer hat jedoch auf seine Gefahr und seine Kosten die Prämie dem Versicherer zu übermitteln.

Hat der Versicherungsnehmer die Versicherung in seinem Gewerbebetriebe genommen, so tritt, wenn er seine gewerbliche Niederlassung an einem anderen Orte hat, der Ort der Niederlassung an die Stelle des Wohnsitzes.

1. Schrifttum: Bem. 1 vor § 35.

2. I. 1. Der Leistungsort (Erfüllungsort) für die Entrichtung der Prämie ist in Abweichung von § 269 BGB. nicht der Ort, an welchem der Versicherungsnehmer (der Prämienschuldner) zur Zeit der Entstehung des Schuldverhältnisses seinen Wohnsitz oder seine gewerbliche Niederlassung hat, sondern der jeweilige Wohnsitz oder der jeweilige Ort der Niederlassung des Versicherungsnehmers (Abs. 1 erster Halbsatz, Abs. 2; KG. 11. 7. 13 VA. 1914* 45 Nr. 807).

3. 2. Der Leistungsort begründet einen besonderen Gerichtsstand (§ 29 ZPO.; VA. 1919. 107) für Klagen des Versicherers und für Klagen gegen den Versicherer aus dem Versicherungsverhältnis. — Der Leistungsort ist ferner der Ort, an dem die Prämie dem Versicherer angeboten und von ihm angenommen werden muß. Bei Annahmeverzug des Versicherers kann der Prämienschuldner bei der Hinterlegungsstelle des Leistungsorts hinterlegen; hinterlegt er bei einer anderen Stelle, so macht er sich schadensersatzpflichtig (§ 374 BGB.). — Der Leistungsort ist schließlich auch der Ort, an dem die sonstigen Verpflichtungen, insbesondere die Obliegenheiten, zu erfüllen sind (Bem. 7 zu § 6). Der Leistungsort als solcher ist nicht bestimmend für das anzuwendende Recht, sondern dieses richtet sich nach dem Statut des Betriebsorts bzw. der Niederlassung (Bruck, Zwischenstaatliches Versicherungsrecht 3, 22).

4. II. Nach § 270 Abs. 1, 2 BGB. hat der Schuldner Geld im Zweifel auf seine Gefahr und Kosten dem Gläubiger an dessen Wohnsitz oder gewerbliche Niederlassung zu übermitteln (Bestimmungsort). Diese Verpflichtung wird für die Bezahlung der Prämie zur Anerkennung gebracht (Abs. 1 zweiter Halbsatz). Das gleiche hat für alle sonstigen geldlichen Leistungen des Versicherungsnehmers bzw. desjenigen, der für ihn leistet, zu gelten. Somit sind die Geldschulden im Rahmen des Versicherungsvertrags Bringschulden (Ehrenzweig 89, Wolff Mitteilungen 1920. 282), sofern nicht § 37 Platz greift. Die Weiterungen, die hieraus erwachsen, sind dadurch abgeschwächt, daß der Vermittelungsagent zur Annahme der Beträge befugt sein kann (Bem. 11 zu § 43). — Der Übersendende hat die Kosten der Übersendung zu tragen, darf also nicht Portokosten, Überweisungsgebühren, Bankspesen usw. abziehen. Er trägt ferner die Gefahr der Übersendung, ohne daß es auf sein Verschulden ankommt. Trifft die Postanweisung, der den Scheck, Wechsel, das Geld enthaltende Brief bei dem Versicherer oder dem Agenten nicht ein, dann ist nicht erfüllt, anders nur, wenn der Verlust durch ein Versehen des Versicherers herbeigeführt ist (RGZ. Bd. 69. 137). — Der Zahlende haftet für den Dritten, dessen er sich bei Erfüllung bedient (§ 278 BGB.; OLG. Colmar 16. 2. 12 LZ. 1912. 716), da die Zahlungspflicht Rechts-

pflicht und keine Obliegenheit ist (Bem. 2 zu § 35). — Den **Beweis** für Absendung und Ankunft des Geldes hat der Schuldner zu erbringen; eine Vermutung für die Ankunft des Geldes besteht auch dann nicht, wenn das Geld durch die Post überschickt wird (ROHG. Bd. 13. 46). — Durch die Übermittelungspflicht werden die Vorschriften über den Leistungsort namentlich auch hinsichtlich des Gerichtsstandes nicht berührt. — Über den Zeitpunkt der Zahlung Bem. 13 zu § 35.

III. § 36 ist nicht zwingend (vgl. § 42). Oftmals werden als Leistungsort (Bem. 2) die Geschäftsräume des Versicherers am Sitz seines Unternehmens bestimmt, wodurch klargestellt wird, daß nicht die Ortschaft, sondern in der Ortschaft die Geschäftsräume des Versicherers Erfüllungsort sind. Alsdann besteht kein Unterschied zwischen Erfüllungsort und Bestimmungsort (Bem. 4). 5.

§ 37. **Ist die Prämie regelmäßig bei dem Versicherungsnehmer eingezogen worden, so ist dieser zur Übermittelung der Prämie erst verpflichtet, wenn ihm schriftlich angezeigt wird, daß die Übermittelung verlangt werde.**

Schrifttum: Bem. 1 vor § 35. 1.

I. Eine Verpflichtung, den Charakter der Prämie und der Nebenleistungen des Versicherungsnehmers als Bringschuld zu ändern und aus ihnen eine **Holschuld** zu machen, wird von dem Versicherer in der Regel nicht übernommen, auch nicht in der Volksversicherung (Bem. 8 zu § 189; VA. 1921. 213). Dagegen besteht die tatsächliche Übung, daß der Versicherer die Prämie einziehen läßt. § 37 wendet im Anschluß an die bisherige Rechtsprechung (ROHG. Bd. 9. 370; RG. 26. 11. 87 Bd. 22. 51; OLG. Colmar 24. 6. 03 VA. 1903. 138 Nr. 8; anscheinend abweichend Bolze Bd. 5 Nr. 709) die Grundsätze über Treu und Glauben (Bgr.) auf einen Einzelfall an. — Über Zahlung in die „Heimsparbüchse“ RG. 5. 11. 30 JR. 1931. 30, Praxis des Versicherungsrechts 1931. 5. 2.

II. Ist die **Prämie** tatsächlich **eine Holschuld**, dann wird sie erst wieder zu einer Bringschuld, wenn die Veränderung schriftlich dem Prämienschuldner angezeigt wird.

1. Die **Prämie ist Holschuld** (RG. 22. 10. 12 Wallmann Bd. 47. 690), wenn sie regelmäßig, also wiederholt — mindestens zweimal — ununterbrochen eingezogen worden ist. Der Prämienschuldner kann sich bloß auf das ihm gegenüber, nicht auch anderen Schuldnern gegenüber beobachtete Verfahren berufen. Ob die Einziehung durch den Versicherer oder den Agenten, und im letzten Falle ob sie mit oder ohne Wissen des Versicherers geschieht, ist gleichgültig. Eine ausdrückliche Vereinbarung über die Abholung ist unnötig, es genügt die stillschweigende Übung. 3.

2. **Aus der Holschuld wird wieder eine Bringschuld**, wenn der Versicherer dem Prämienschuldner (Bem. 3 zu § 35) anzeigt, daß er in Zukunft die Übermittelung verlangt. Die Anzeige ist eine empfangsbedürftige Willenserklärung, die schriftlich erstattet werden muß. Schriftlich ist hier, wie auch an verschiedenen anderen Stellen des Gesetzes (§§ 18 Abs. 1, 39), nicht 4.

im Sinne des § 126 BGB. zu verstehen, sondern es genügt jede nicht mündliche Anzeige, also auch eine Drucksache (Bem. 19 zu § 38, Bem. 17, 31 zu § 39). — Solange die Anzeige nicht oder nicht gehörig gemacht ist, kann der Versicherer nicht die Übersendung der Prämie fordern, was wichtig für die Frage des Verzugs des Prämienschuldners wird (Bem. 3 zu § 39).

5. III. § 37 ist zugunsten des Versicherungsnehmers im Bereich der Beschränkungen der Vertragsfreiheit (AllgVorbem. 26, 28) zwingend (§ 42).

§ 38. Wird eine Prämienzahlung, die vor oder bei dem Beginne der Versicherung zu erfolgen hat, nicht rechtzeitig bewirkt, so ist der Versicherer von der Verpflichtung zur Leistung frei, wenn der Versicherungsfall vor der Zahlung eintritt.

Der Versicherer ist, wenn die Zahlung nicht rechtzeitig bewirkt wird, berechtigt, das Versicherungsverhältnis unter Einhaltung einer Kündigungsfrist von einem Monate zu kündigen. Die Wirkungen der Kündigung treten nicht ein, wenn die Zahlung bis zum Ablaufe der Kündigungsfrist erfolgt.

1. Schrifttum: Bruck 265 ff.; Drube ZVW. 1922. 431; Jacobi WuR. 1920. 85; Leschke-Saenger HansRZ. 1922. 173; Vollert Mitteilungen 1920. 159; Bem. 1 vor § 35.

2. I. Der formelle Versicherungsbeginn (Bem. 20 zu § 1) ist von dem technischen Versicherungsbeginn (Bem. 4 vor § 35) und von dem materiellen Versicherungsbeginn zu unterscheiden. Der materielle Versicherungsbeginn ist der Zeitpunkt, von dem ab der Versicherer die Gefahr trägt. Formeller und materieller Beginn fallen vielfach zusammen, so wenn der Vertragsabschluß dadurch zustande kommt, daß der Prämienschuldner den Versicherungsschein einzulösen hat. Sie fallen auseinander, und zwar liegt der materielle Beginn vor dem formellen Beginn bei der Rückwärtsversicherung (§ 2), der materielle Beginn liegt nach dem formellen Beginn, wenn von vornherein in Aussicht genommen ist, die Gefahrtragung in einem Zeitpunkt beginnen zu lassen, der nach dem formellen Beginn liegt, z. B. eine Versicherung beginnt am 1. Januar auf Grund eines im Dezember des vorhergehenden Jahres zustande gekommenen Vertrags, oder wenn es sich um Versicherung künftig entstehender Interessen handelt (laufende Versicherung § 187 Abs. 2), oder wenn der Versicherer den Beginn seiner Gefahrtragung von der Entrichtung der ersten Prämie abhängig macht. An diesen letzten Tatbestand knüpft § 38 an. Er stellt als Grundsatz auf, daß die Gefahrtragung des Versicherers erst beginnt, wenn die erste Prämie rechtzeitig, d. h. vor oder bei Beginn der Versicherung, entrichtet wird, und gibt insofern die vorgesetzliche Rechtsübung wieder (ROHG. Bd. 9. 379; RG. 26. 1. 11 Bd. 75. 377, VA. 1911* 69 Nr. 608, LZ. 1911. 550). Aber der Grundsatz gilt nicht ein für alle Male, sondern die Parteien können Abweichendes vereinbaren, da durch eine derartige Vereinbarung die Stellung des Versicherungsnehmers verbessert, nicht verschlechtert wird (§ 42; Bem. 21).

II. Die erste Prämie (Bem. 5 vor § 35) ist grundsätzlich vor 3.
oder bei Beginn der Versicherung zu entrichten, ist also Erst-Prämie. Der Prämienschuldner hat den Versicherungsschein „einzulösen" (Einlösungsklausel). Die Versicherung tritt keinesfalls vor der Einlösung des Scheins in Kraft (RG. 4. 10. 12 Bd. 80. 138, VA. 1913* 50 Nr. 734, 8. 10. 20 JW. 1921. 31, VA. 1921* 47 Nr. 1145, HansRZ. 1920. 708, 27. 11. 20 Bd. 101. 30, VA. 1922* 36 Nr. 1196, 23. 9. 21 HansRZ. 1922. 59, Masius 1922. 57, VA. 1923* 3 Nr. 1231). Die wörtlich abweichende Fassung des § 9 AllgFeuerVersbdg., des § 6 AllgEinbruchdiebstahlVersbdg. bedeutet materiell nichts anderes (RG. 7. 10. 12 Mitteilungen 1913. 33). Wird der geschuldete Prämienbetrag vollständig und rechtzeitig gezahlt (Bem. 10, 13 zu § 35), dann tritt die Gefahrtragung des Versicherers in Kraft. Die Zahlung bedingt aufschiebend (§ 158 Abs. 1 BGB.) den Beginn der Gefahrtragung (RG. 16. 2. 09 Praxis Bd. 3. 128; RG. 26. 1. 11 Bd. 75. 377, VA. 1911* 69 Nr. 608, LZ. 1911. 550). — Der Versicherer kann ausdrücklich oder durch sein Verhalten (beispielsweise durch Aushändigung des Versicherungsscheins ohne Vorbehalt, durch Einberufung der Sachverständigenkommission nach § 64) zum Ausdruck bringen, daß er aus einem Zahlungsverzug keine Folgerungen ziehen will (RG. 18. 2. 31 HRR. 1931 Nr. 1079, JR. 1931. 225). Kommt nach Nichtbezahlung einer Folge-Prämie ein neuer Versicherungsvertrag zwischen denselben Parteien mit der Maßgabe zustande, daß die Prämie für die frühere Versicherung bei sofortiger Zahlung der neuen Prämie als bezahlt angesehen werden soll, so ist die neue Prämie eine Erst-Prämie (OLG. Karlsruhe 14. 11. 29 JR. 1930. 173). — Über die besonderen Voraussetzungen für die Leistungspflicht des Todesfallversicherers (erhebliche Erkrankung, Verletzung, Tod) Bem. 10 zu § 16.

III. Die nicht rechtzeitige Zahlung der Erst-Prämie hat zur Folge, daß der Versicherer leistungsfrei ist (Abs. 1), daß er kündigen (Abs. 2) und daß er den fälligen Betrag einklagen kann.

1. Voraussetzungen:

a) Die vertraglich übernommene Prämienzahlung ist nicht recht- 4.
zeitig (Bem. 13 zu § 35) erfolgt. Ist dem Prämienschuldner zur Entrichtung der ersten Prämie durch die Versicherungsbedingungen oder auf Grund besonderer Vereinbarung eine Stundungsfrist (Zahlungsfrist, Respektfrist) gewährt (Bem. 8 zu § 35), so muß die Zahlung bis zu dem Ablauf der Frist erfolgt sein (Bem. 13 zu § 35). Wird von einer Zahlungsfrist Abstand genommen, dann ist Zug um Zug gegen Aushändigung des Versicherungsscheins (Bem. 6 zu § 35) oder, wenn seine Ausstellung ausgeschlossen ist, sofort bei Aufforderung seitens des Versicherers oder Agenten zu zahlen. Rechtzeitig ist die Prämienzahlung auch dann, wenn sich der Versicherer im Annahmeverzug (§§ 293 ff. BGB.) befindet (ROHG. Bd. 15. 39).

b) Die vertraglich übernommene Prämienzahlung ist nicht ge- 5.
hörig (Bem. 12 zu § 35) erfolgt. Ob die Prämienzahlung ganz oder teilweise unterblieben ist, verursacht grundsätzlich keinen Unterschied (Bem. 10 zu § 35).

6. Keine Voraussetzung: im Gegensatz zu der Nichtbezahlung einer Folgeprämie (§ 39) das Verschulden des Prämienschuldners. Ob er sich im Verzug (§ 285 BGB.) befindet oder nicht, ist unerheblich. Die Tatsache der Nichtzahlung entscheidet.

7. 2. Die erste Folge, die stets eintritt: der Versicherer ist von der Verpflichtung zur Leistung frei, wenn der Versicherungsfall vor der Zahlung eintritt (Abs. 1). Ist die Erst-Prämie nicht rechtzeitig und nicht vor Eintritt des Versicherungsfalls bezahlt, dann bleibt der Versicherer leistungsfrei, auch wenn vorher eine weitere Prämie oder Prämienrate fällig geworden und sogar bezahlt ist (RG. 27. 11. 20 Bd. 101. 30, VA. 1922* 36 Nr. 1196). Da der Versicherer den Beginn seiner Gefahrtragung von der rechtzeitigen Bezahlung der Erst-Prämie abhängig gemacht hat, so ist es selbstverständlich, daß er bei Eintritt des Versicherungsfalls nichts zu leisten braucht. Trifft das Geld bei dem Versicherer ein, während sich der Versicherungsfall abspielt (z. B. das feuerversicherte Haus brennt), dann kann der Versicherer seine Leistung nicht verweigern, wenn es vor Eintritt des Versicherungsfalls abgeschickt worden ist (RG. 13. 5. 27 VA. 1928. 210 Nr. 1726). Wenn auch der Versicherer leistungsfrei ist, so bleibt trotzdem das Vertragsverhältnis bestehen, insbesondere ist der Versicherungsnehmer zur Zahlung der Prämie verpflichtet. Erst durch Kündigung (Bem. 14 ff.) wird der Vertrag aufgehoben.

8. Enthält der Versicherungsschein eine bestimmte Angabe über den Beginn der Versicherung, dann ist zu unterscheiden (Bruck JW. 1925. 563):

Der Zeitpunkt hat materielle Bedeutung, wenn er ausdrücklich von den Parteien vereinbart ist, mag er zeitlich vor (Rückwärtsversicherung) oder nach dem formellen Versicherungsbeginn liegen. Für einen Versicherungsfall, der sich nach diesem Zeitpunkt abspielt, hat der Versicherer, vorbehaltlich anderweitiger Gründe, aus denen er leistungsfrei sein kann, Entschädigung zu gewähren, sofern die Erst-Prämie rechtzeitig bezahlt ist. Hat der Versicherer die Bezahlung der Prämie gestundet, dann haftet er grundsätzlich, sobald sich der Versicherungsfall nach dem vereinbarten Zeitpunkt ereignet.

Der Zeitpunkt hat technische Bedeutung, er bezeichnet den Beginn, von dem ab die Prämie zu zahlen ist, wenn er ohne ausdrückliche Vereinbarung über den materiellen Versicherungsbeginn in den Versicherungsschein aufgenommen ist. Enthält ein Feuerversicherungsschein als Beginn der Versicherung den 1. Januar, so braucht der Versicherer für einen am 6. Januar sich ereignenden Versicherungsfall keine Entschädigung zu leisten, wenn die Versicherung erst durch die am 15. Januar erfolgende Einlösung des Versicherungsscheins in Kraft gesetzt wird (OLG. Breslau 1. 10. 08 VA. 1909* 21 Nr. 434; RG. 8. 10. 09 VA. 1910* 16 Nr. 500; OLG. Hamburg 11. 5. 25 HansRZ. 1925. 685). In manchen Versicherungszweigen (beispielsweise Unfall-, Haftpflichtversicherung) wird vereinbart, daß, wenn die Einlösung des Versicherungsscheins erst nach dem als Beginn der Versicherung festgesetzten Zeitpunkt gefordert wird, alsdann aber unverzüglich erfolgt, der Versicherungsschutz mit dem festgesetzten Zeitpunkt beginnt (OLG. Hamburg 26. 9. 11 Wallmann Bd. 46.

1281; RG. 4. 10. 12 Bd. 80. 138, VA. 1913* 50 Nr. 734; KG. 15. 2. 22 HansRZ. 1922. 415). Es liegt dann tatsächlich Rückwärtsversicherung vor, weil der formelle Versicherungsbeginn erst durch die nach dem materiellen Versicherungsbeginn liegende Einlösung erfolgt (anders Hagens HansRZ. 1926. 357).

3. Die beiden anderen Folgen — Klage und Kündigung — treten wechselweise, nicht nebeneinander ein. Es hängt von dem freien Belieben des Versicherers ab, von welchem Recht er Gebrauch machen will, insbesondere zwingt ihn die Rücksichtnahme auf das Provisionsinteresse des Agenten oder Maklers nicht, zu klagen (ZVW. 1915. 295, 356). Die Beitreibung der ersten Jahresprämie in der Lebensversicherung darf nur ausnahmsweise erfolgen (VA. 1928. 126, 1929. 112; AG. Hamburg HansRGZ. A. 1928. 583). Klagt der Versicherer, so will er den Versicherungsnehmer am Vertrag festhalten, kündigt er, so will er das Vertragsverhältnis auflösen. Solange nicht gekündigt ist, kann der Prämienschuldner durch Zahlung der Erst-Prämie den Beginn der Gefahrtragung des Versicherers herbeiführen. Diese für den Versicherer oftmals unliebsame Wirkung schließt der Versicherer durch die Kündigung aus. Klagt der Versicherer, wird aber von dem Prämienschuldner nicht befriedigt, so bleibt er zur Kündigung befugt. Klage und Kündigung können nicht zeitlich nebeneinander, wohl zeitlich nacheinander ausgeübt werden, aber nur in der Reihenfolge, daß die Kündigung der Klage (nicht umgekehrt) nachfolgt. 9.

A. Der Versicherer kann den geschuldeten Betrag einklagen.

1. Die Grundlage der Klage bildet der zustande gekommene Versicherungsvertrag; die Bezahlung ist Vertragserfüllung seitens des Prämienschuldners, nicht Bedingung des Vertragsabschlusses (v. Oertzen Z. 1911. 830). 10.

2. Die örtliche Zuständigkeit ergibt sich aus dem Leistungsort (Bem. 3 zu § 36), die sachliche Zuständigkeit aus §§ 23, 71 GVG. — Beklagter ist der Prämienschuldner (Bem. 3 zu § 35). 11.

3. Die Erhebung der Klage, der der Antrag auf Erlaß eines Zahlungsbefehls gleichsteht, kann jederzeit erfolgen. Sie ist aber vielfach nach den Allgemeinen Versicherungsbedingungen nur innerhalb einer bestimmten Frist, die eine Ausschlußfrist ist (unrichtig OLG. Kiel 16. 6. 25 JW. 1927. 189), zulässig, um den Prämienschuldner nur eine gewisse Zeit lang darüber im unklaren zu lassen, ob Vertragserfüllung von ihm gefordert wird oder nicht. Zur Wahrung der Frist reicht es aus, wenn die Klageerhebung, Beantragung des Zahlungsbefehls innerhalb der Frist vorgenommen wird. — Die Ausschlußfrist ist von der Verjährungsfrist (§ 12 Abs. 1) zu unterscheiden. 12.

4. Einklagbar ist die zu zahlende Erst-Prämie nebst Aufnahmekosten, Versicherungssteuer. Ist die Zahlung der Jahresprämie in Raten vereinbart, dann kann entweder die ganze Jahresprämie oder es können die bis zur Klageerhebung fällig gewordenen Raten eingeklagt werden; mit Einklagung der Jahresprämie wird die Ratenklausel hinfällig (Kirchmann ZVW. 1914. 231; VA. 1914. 135; OLG. Königsberg 3. 5. 04 VA. 1906* 46 Nr. 204). Werden nur Raten eingeklagt, so können die nicht eingeklagten und auch nicht bezahlten Raten nach 13.

§ 39 behandelt werden. Bei einmaliger Prämie soll nur die der Versicherungsart entsprechende Jahresprämie verlangt werden (VA. 1910. 89). — Aus dem dem Versicherungsnehmer nur in der Lebensversicherung zugebilligten Kündigungsrecht (§ 165) folgt, daß immer nur eine Jahresprämie einklagbar ist; kündigt der Versicherungsnehmer nicht, dann kann zu Beginn des zweiten usw. Versicherungsjahrs die zweite usw. Jahresprämie gefordert werden. — Mit Befriedigung des Klägers beginnt die Gefahrtragung des Versicherers.

B. Der Versicherer kann das Versicherungsverhältnis kündigen.

14. 1. Die Kündigung ist eine rechtsgestaltende, empfangsbedürftige Willenserklärung, die dem Empfänger zugegangen sein muß (§ 130 BGB.).

15. 2. Kündigungsberechtigt ist der Versicherer, sein Abschlußagent (§ 45; Ausnahme § 47), sein sonstiger Vertreter, bei mehreren Versicherern ein jeder von ihnen, sofern nicht einer die Führung hat. Nicht befugt ist der Vermittelungsagent, der Makler als solcher.

16. 3. Empfänger der Kündigungserklärung ist der Prämienschuldner (Bem. 3 zu § 35), sein gesetzlicher oder sein rechtsgeschäftlich bestellter Vertreter, bei mehreren Prämienschuldnern ein jeder von ihnen. Nach dem Tode des Prämienschuldners ist die Kündigung an seine Erben zu richten, es sei denn, daß Vertretung des Nachlasses durch Testamentsvollstrecker, Nachlaßpfleger in Betracht kommt. — Ist der Prämienschuldner geschäftsunfähig oder beschränkt geschäftsfähig, so muß die Erklärung dem gesetzlichen Vertreter zugehen. Hat dieser seine Einwilligung zur Empfangnahme der Erklärung seitens des beschränkt Geschäftsfähigen erteilt, so wird die Kündigung in dem Zeitpunkte wirksam, in dem sie dem beschränkt Geschäftsfähigen zugeht (§ 131 BGB.). — Gehört die Versicherung zum eingebrachten Gut der Ehefrau, dann muß die Kündigung beiden Ehegatten zugehen (§ 1403 Abs. 2 BGB.), gehört sie zum Gesamtgut, dann braucht die Kündigung nur dem Ehemann zuzugehen. — Ist der Prämienschuldner im Konkurs, so ist die Erklärung an den Konkursverwalter (Bem. 12 zu § 14) zu richten. — Die Erklärung kann im Wege des § 10 oder durch öffentliche Zustellung (Bem. 16 zu § 10) übermittelt werden.

17. 4. Wann der Versicherer kündigt, ist seinem Belieben überlassen, namentlich braucht er nicht sofort nach Fälligkeit der Erst-Prämie zu kündigen. — Eine Kündigung unter Hinweis auf die Beseitigung ihrer Wirkungen nach Abs. 2 S. 2 ist auflösend bedingt; sie ist rechtswirksam.

18. 5. Die Kündigung darf in dem Bereich der Beschränkungen der Vertragsfreiheit (AllgVorbem. 26, 28) nur unter Einhaltung einer Frist von einem Monat erfolgen (Abs. 2 S. 1). Die Frist, deren Berechnung sich aus §§ 187 Abs. 1, 188 Abs. 2, 193 BGB. ergibt, ist verlängerbar, aber nicht verkürzbar (§ 42); wird mit einer kürzeren als einmonatigen Frist gekündigt, dann ist die Kündigung unwirksam.

19. 6. Die Kündigung ist gesetzlich formfrei, kann aber vertraglich an eine bestimmte Form gebunden werden. Ist schriftliche Form vereinbart, so reicht

faksimilierte (RG. 27. 2. 23 Bd. 106. 330, Mitteilungen 1924. 117, HansRZ. 1923. 413) oder gedruckte (RG. 25. 6. 29 Bd. 125. 68, JR. 1929. 260, VA. 1930. 292 Nr. 2046; anders OLG. Köln 21. 1. 27 HansRZ. 1927. 278, VA. 1928. 220 Nr. 1734; KG. 23. 2. 29 HansRGZ. A. 1929. 215, JR. 1929. 121, VA. 1930. 201 Nr. 1971, 29. 6. 29 JR. 1929. 318; Pfeiffer JR. 1929. 346) Unterschrift aus. Ist Kündigung durch eingeschriebenen Brief vorgesehen und erfolgt die Kündigung durch einfachen Brief, so kann sich der Kündigungsempfänger auf den Mangel der Form nicht berufen, wenn der Brief ihm zugeht (Bem. 17 zu § 39).

7. Mit dem Ablauf der Kündigungsfrist ist das Versicherungs- 20.
verhältnis auch gegenüber einem Hypotheken- und einem ihm gleichgestellten Gläubiger (§§ 100 Abs. 1 S. 2, 106) aufgehoben: der durch Zahlung der Prämie bedingt gewesene Schwebezustand ist beseitigt. Anstatt der Prämie wird eine angemessene Geschäftsgebühr fällig (§ 40 Abs. 2 S. 2; Bem. 4 zu § 40). Ist von dem geschuldeten Betrag nur ein Teil nicht bezahlt worden, dann muß der Versicherer den empfangenen Betrag dem, der die Zahlung bewirkt hat, zurückgeben, da er anderenfalls ungerechtfertigt bereichert wäre. — Wird der geschuldete Betrag bis zum Ablauf der Kündigungsfrist gezahlt, dann werden die Wirkungen der Kündigung beseitigt (Abs. 2 S. 2), die Gefahrtragung des Versicherers beginnt (materieller Versicherungsbeginn). — Eine Zahlung nach Ablauf der Kündigungsfrist braucht der Versicherer nicht anzunehmen; sie stellt den Antrag auf Abschluß eines neuen Versicherungsvertrages dar.

IV. § 38 ist zugunsten des Versicherungsnehmers in dem Bereich der Be- 21.
schränkungen der Vertragsfreiheit (AllgVorbem. 26, 28) zwingend (§ 42). Eine zulässige Besserstellung des Versicherungsnehmers liegt vor, wenn der Versicherer die Gefahr zu tragen beginnt, ohne daß die erste Prämie entrichtet ist, also wenn er sie stundet (Bem. 8 zu § 35). — Eine unmittelbare (§ 186) oder entsprechende Anwendung des § 38 im Verhältnis des Erst- zum Rückversicherer ist ausgeschlossen (KG. 16. 1. 26 VA. 1926. 68 Nr. 1575).

§ 39. Wird eine Prämienzahlung, die nach dem Beginne der Versicherung zu erfolgen hat, nicht rechtzeitig bewirkt, so kann der Versicherer dem Versicherungsnehmer auf dessen Kosten eine Zahlungsfrist bestimmen. Tritt der Versicherungsfall nach dem Ablaufe der Frist ein und ist zur Zeit des Eintritts der Versicherungsnehmer mit der Zahlung der Prämie oder der geschuldeten Zinsen oder Kosten im Verzuge, so ist der Versicherer von der Verpflichtung zur Leistung frei. Der Versicherer ist nach dem Ablaufe der Frist, wenn der Versicherungsnehmer mit der Zahlung im Verzug ist, berechtigt, das Versicherungsverhältnis ohne Einhaltung einer Kündigungsfrist zu kündigen. Der Versicherer kann bereits bei der Bestimmung der Zahlungsfrist das Versicherungsverhältnis dergestalt kündigen, daß die Kündigung mit Fristablauf wirksam wird, wenn der Versicherungsnehmer in diesem Zeitpunkt mit der Zahlung im Verzug ist; auf diese Vorschrift hat der Versicherer bei der Kündigung ausdrücklich hinzuweisen. Die Wirkungen der Kündigung fallen fort, wenn der Versicherungsnehmer innerhalb eines Monats nach dem Ablauf der Zahlungsfrist die Zahlung nachholt, sofern nicht der Versicherungsfall bereits eingetreten ist.*)

Die Bestimmung der Zahlungsfrist hat schriftlich zu geschehen und die Rechtsfolgen anzugeben, welche nach Abs. 1 mit dem Ablaufe der Frist verbunden sind. Die Frist darf nicht weniger als zwei Wochen betragen. Eine Fristbestimmung, die ohne Beobachtung dieser Vorschriften erfolgt, ist unwirksam.

Soweit die im Abs. 1 bezeichneten Rechtsfolgen davon abhängen, daß Zinsen oder Kosten nicht gezahlt worden sind, treten sie nur ein, wenn die Fristbestimmung die Höhe der Zinsen oder den Betrag der Kosten angibt.

1. Schrifttum: Bem. 1 zu § 38.

2. I. Im Gegensatz zu § 38, der die Folgen der nicht rechtzeitigen Zahlung der vor oder bei Beginn der Versicherung zu entrichtenden Erst-Prämie regelt, befaßt sich § 39 mit der nach dem Beginn der Versicherung zu bewirkenden Folge-Prämie.

An und für sich müßten die Folgen der Nichtzahlung einer Folge-Prämie nach allgemeinen bürgerlichrechtlichen Grundsätzen behandelt werden, aber der namentlich in Betracht kommende § 326 BGB. ist durch §§ 38 und 39 verdrängt (Grieshaber 83). Von den qualifizierten Verzugsfolgen des § 39 sind die allgemeinen nach §§ 284 ff. BGB. eintretenden Verzugsfolgen zu unterscheiden.

II. Die allgemeinen Verzugsfolgen.

3. 1. Da der Zeitpunkt der Leistung jeder Folge-Prämie kalendermäßig feststeht oder sich bei Gewährung einer Zahlungsfrist oder einer besonderen Stundung genau ermitteln läßt, so kommt der Prämienschuldner, der eine Folge-Prämie (Bem. 5 vor § 35) nicht rechtzeitig (Bem. 13 zu § 35, Bem. 4 zu § 38), nicht gehörig (Bem. 10, 12 zu § 35, Bem. 5 zu § 38) gezahlt hat, ohne Mahnung in Verzug (§ 284 Abs. 2 S. 1 BGB.). Er befindet sich aber nur dann im Verzug, wenn er die Umstände, auf denen die Nichtzahlung beruht, zu vertreten hat (§ 285 BGB.). Der Prämienschuldner befindet sich beispielsweise im Verzug, wenn er nicht über das notwendige Geld verfügt (RGZ. Bd. 75. 336; vgl. aber auch § 3 der Verordnung vom 15. Juli 1931, RGBl. I 365, und Art. 3 § 1 der Verordnung vom 18. Juli 1931, RGBl. I 376), wenn er die Bezahlung vergißt, wenn er im Falle des § 51 offensichtlich zuviel Prämie zurückbehält (RG. 7. 7. 28 JR. 1928. 276, HansRGZ. A. 1928. 580, VA. 1930. 51 Nr. 1961, JR. 1928. 276). Er be-

*) Die beiden letzten Sätze sind dem § 39 Abs. 1 durch Verordnung vom 12. Februar 1924, RGBl. I 65, hinzugefügt (AllgVorbem. 4).

findet sich beispielsweise nicht im Verzug, wenn die bisher übliche Abholung der Prämie unter Mißachtung des § 37 unterblieben ist (RG. 26. 11. 87 Bd. 22. 51, 12. 11. 09 Praxis Bd. 3. 129, 22. 10. 12 JW. 1913. 54, ZVW. 1913. 70, LZ. 1913. 868), wenn die rechtzeitige Bezahlung infolge schwerer Erkrankung des Schuldners, Unterbindung des Verkehrs durch Streik, Krieg, Revolution tatsächlich unmöglich ist, wenn die Zahlung mangels geeigneter Vorkehrungen des Versicherers zur Entgegennahme von Geldsendungen durch die Post unausführbar ist (OLG. Karlsruhe 4. 3. 14 VA. 1914* 72 Nr. 827), wenn der Agent die Annahme der Prämie, weil er sich nicht im Besitz der Quittung befindet, verweigert (RG. 22. 11. 79 Bd. 1. 196, 9. 6. 25 HansRZ. 1926. 217). — Über die Abfassung von gerichtlichen Vergleichen, durch die Ratenzahlung der geschuldeten Prämien vereinbart wird, Lesser JR. 1927. 299. — Den Beweis, daß die Folge-Prämie nicht rechtzeitig und nicht gehörig bezahlt worden ist, hat der Versicherer zu erbringen; der Prämienschuldner hat zu beweisen, daß die Nichtzahlung unverschuldet ist (RG. 4. 3. 30 JR. 1930. 127).

2. Von den allgemeinen bürgerlichrechtlichen Folgen des Verzugs kommt Schadensersatz wegen Nichterfüllung nicht in Betracht, da die Leistung für den Versicherer nach wie vor Interesse hat (§ 286 Abs. 2 BGB.); auch die Haftung des Schuldners für jede Fahrlässigkeit (§ 287 BGB.) scheidet praktisch aus. Dagegen treten als Verzugsfolgen ein: 4.

a) die Verpflichtung des Prämienschuldners zum Ersatz des dem Versicherer durch den Verzug entstehenden Schadens (§ 286 Abs. 1 BGB.). Der Schaden kann beispielsweise darin bestehen, daß bei Zahlung in fremder Valuta weniger Reichsmark erlöst wird, als wenn rechtzeitig gezahlt worden wäre, oder daß dem Versicherer durch die Einleitung des Mahnverfahrens Kosten erwachsen.

b) die Verpflichtung des Prämienschuldners zur Entrichtung von Verzugszinsen (§§ 288 BGB., 352 HGB.).

3. Außerdem hat der Versicherer das Recht, den nicht bezahlten 5.
Betrag einzuklagen.

a) Die Grundlage der Klage bildet wie bei der Erst-Prämie der zustande gekommene Vertrag; die Bezahlung der Prämie ist Vertragserfüllung seitens des Prämienschuldners.

b) Die örtliche Zuständigkeit ergibt sich aus dem Leistungsort (Bem. 3 6.
zu § 36), die sachliche Zuständigkeit aus §§ 23, 71 GVG. — Beklagter ist der Prämienschuldner (Bem. 3 zu § 35).

c) Der Erhebung der Klage, der der Antrag auf Erlaß eines Zahlungs- 7.
befehls gleichsteht, braucht keine Mahnung (§ 284 BGB.), keine Fristsetzung (Bem. 13 ff.) oder Kündigung (Kirchmann ZVW. 1913. 330) vorauszugehen. Sie kann vorbehaltlich der Verjährung (§ 12 Abs. 1) jederzeit erfolgen, sofern nicht die Erhebung der Klage vertragsgemäß (Beispiel: § 9 Abs. 3 S. 2 AllgFeuerVersBdg. nur innerhalb eines Jahres seit Ablauf der Zahlungsfrist; Bedenken hiergegen bei Raiser 228 f.) innerhalb einer bestimmten Aus-

schlußfrist erfolgen muß. Die Klage ersetzt aber nicht das Mahnverfahren; der Versicherer, der nur klagt und dieses Verfahren nicht einleitet, bleibt leistungspflichtig, auch wenn er die geschuldeten Beträge noch nicht erhalten hat (Bruck LZ. 1915. 1130). Auch nach der Kündigung (Bem. 25 ff.) ist Klage zulässig.

8. d) Einklagbar sind alle bis zum Ende des zur Zeit der Fälligkeit oder des Ablaufs der allgemeinen Zahlungsfrist oder der besonderen Stundungsfrist laufenden Versicherungsjahrs geschuldeten Prämien, Verzugszinsen und Kosten, wie z. B. Aufnahmekosten, Versicherungssteuer. Auch wenn der Versicherer zu Beginn des Versicherungsjahrs kündigt, verbleibt ihm nach dem Grundsatz von der Unteilbarkeit der Prämie (Bem. 6 vor § 35) der Anspruch auf die ganze Jahresprämie. Über die Einklagung von Raten Bem. 13 zu § 38.

9. e) Die Befriedigung des Klägers hat verschiedene Wirkungen. Erfolgt die Befriedigung nach Eintritt des Versicherungsfalls, so wird nicht nachträglich der Versicherer leistungspflichtig, wenn sich der Prämienschuldner zur Zeit des Eintritts im qualifizierten Verzuge befand. Erfolgt die Befriedigung vor Eintritt des Versicherungsfalls und dem Wirksamwerden der Kündigung, so ist der Verzug beseitigt, der Vertrag besteht in vollem Umfange weiter.

III. Die qualifizierten Verzugsfolgen.

10. Bei keinem gegenseitigen Vertrag kann dem einen Teile zugemutet werden, vertragstreu zu bleiben, wenn der andere Teil dauernd die Erfüllung seiner Vertragsleistung verweigert. Mit Rücksicht auf die Besonderheiten des Versicherungsvertrags weicht § 39 in dem einzuschlagenden Verfahren, nicht in dem Erfolg von § 326 BGB. ab. Der Versicherer erhält unbeschadet seines Rechts, den geschuldeten Betrag (Bem. 32) einzuklagen (RG. 25. 2. 28 JR. 1928. 154; über einen angeblichen Redaktionsfehler, der sich in manchen Allgemeinen Versicherungsbedingungen finden soll, Weiler JR. 1928. 134, 180, K. ebenda 167, 196, Becker ebenda 179), das Recht zur Mahnung und das Recht zur Kündigung. Zur Erleichterung des Geschäftsbetriebs können Mahnung und Kündigung miteinander verbunden werden. Der Versicherer kann aber natürlich auf die Anwendung des § 39 verzichten (RG. 19. 1. 24 VA. 1925. 102 Nr. 1402).

A. Das Recht zur Mahnung (Bestimmung einer Zahlungsfrist).

1. Voraussetzungen:

11. a) Die Folge-Prämie (Bem. 5 vor § 35) ist nicht rechtzeitig (Bem. 13 zu § 35) bezahlt. Ist dem Prämienschuldner zur Entrichtung der Folge-Prämie allgemein eine Zahlungsfrist (Respektfrist) oder auf Grund besonderer Vereinbarung eine besondere Stundungsfrist gewährt (Bem. 8 zu § 35), so muß die Zahlung bis zu dem Ablauf der Frist erfolgt sein (Bem. 13 zu § 35). Rechtzeitig ist die Prämienzahlung auch dann, wenn sich der Versicherer im Annahmeverzug (§§ 293 ff. BGB.) befindet (ROHG. Bd. 15. 39). Der Versicherer kann erst mahnen, wenn die Prämie nicht rechtzeitig gezahlt worden ist (OLG. Dresden 27. 3. 17 ZVW. 1917. 300; OLG. Düsseldorf 14. 7. 27 HansRZ. 1927. 777). Der bloße Ablauf der Frist befreit nicht von der Verpflichtung zu mahnen (VA. 1909. 107).

b) Die *Prämienzahlung* ist *nicht gehörig* (Bem. 12 zu 12.
§ 35) erfolgt. Sind mehrere Prämien oder Raten geschuldet und wird durch die Zahlung nicht die ganze Schuld getilgt, so kann der Prämienschuldner bestimmen, welche Schuld getilgt werden soll, anderenfalls ist die ältere Schuld als getilgt zu behandeln (§ 366 BGB.; OLG. Stuttgart 27. 4. 28 JR. 1928. 258, VA. 1929. 197 Nr. 1854). Schuldet der Agent von ihm noch nicht abgeführte Fremdprämien und die Prämie für seine eigene Versicherung, so sind als lästigere die Fremdprämien anzusehen (KG. 24. 3. 28 JR. 1928. 171). Erklärt der Prämienschuldner, eine spätere Schuld tilgen zu wollen, dann kann in der vorbehaltlosen Annahme dieses Betrags seitens des Versicherers ein Verzicht liegen, die Rechtsfolgen aus der Nichtbezahlung eines früher geschuldeten und eingemahnten Betrages geltend zu machen (OLG. Hamm 12. 6. 14 VA. 1915* 20 Nr. 865; VA. 1919. 108; *Petersen* Z. 1921. 252). — Ob die Prämienzahlung *ganz oder teilweise* unterblieben ist, verursacht grundsätzlich keinen Unterschied (Bem. 10 zu § 35).

Keine Voraussetzung ist der Verzug (§ 285 BGB.) des Prämienschuldners.

2. a) Die *Mahnung* ist eine rechtsgestaltende, empfangsbedürftige 13.
Willenserklärung.

b) Zur Mahnung *berechtigt* ist der Versicherer, sein Abschlußagent 14.
(§ 45; Ausnahme § 47), sein sonstiger Vertreter, bei mehreren Versicherern ein jeder von ihnen, sofern nicht einer die Führung hat. Nicht befugt ist der Vermittelungsagent, der Makler als solcher (KG. 21. 9. 29 JR. 1929. 370).

c) *Mahnungsempfänger* ist der Prämienschuldner, der meistens 15.
der Versicherungsnehmer ist. Bei mehreren Versicherungsnehmern ist ein jeder von ihnen besonders zu mahnen (§ 425 BGB.). Nach dem Tode des Versicherungsnehmers ist die Mahnung an seine Erben zu richten, es sei denn, daß Vertretung des Nachlasses durch Testamentsvollstrecker, Nachlaßpfleger in Betracht kommt. — Ist der Versicherungsnehmer geschäftsunfähig oder beschränkt geschäftsfähig, so muß die Mahnung seinem gesetzlichen Vertreter zugehen. Hat dieser seine Einwilligung zur Empfangnahme der Erklärung seitens des beschränkt Geschäftsfähigen erteilt, so wird die Mahnung in dem Zeitpunkt wirksam, in dem sie dem beschränkt Geschäftsfähigen zugeht (§ 131 BGB.). — Gehört die Versicherung zum eingebrachten Gut der Ehefrau, dann sind beide Eheleute zu mahnen (§ 1403 Abs. 2 BGB.), gehört sie zum Gesamtgut, dann ist der Ehemann zu mahnen. — Ist der Versicherungsnehmer im Konkurs, so ist die Mahnung an den Konkursverwalter (Bem. 12 zu § 14) zu richten, es sei denn, daß die Versicherung nicht zur Konkursmasse gehört (OLG. Karlsruhe 13. 10. 10 VA. 1911* 4 Nr. 567). — Bei Veräußerung der versicherten Sache (§ 69) ist der Veräußerer zu mahnen, solange der Versicherer keine Kenntnis von der Veräußerung hat (§ 69 Abs. 3; RG. 23. 11. 26 VA. 1928. 46 Nr. 1697, HansRZ. 1927. 94). — Ist die Forderung aus dem Versicherungsvertrag abgetreten, so ist dem Zessionar Mitteilung von der Mahnung zu machen (§ 242 BGB.; *Möller* HansRGZ. A. 1930. 87. Anders *Ritter* 326; RG. 23. 6. 08 VA. 1908* 77 Nr. 397 ist altes Recht). — Pfand-, Vollstreckungs-Gläubiger, Ver-

sicherter bei der Versicherung für fremde Rechnung oder bei der Versicherung auf das Leben oder gegen Unfälle eines anderen, Begünstigter als solche brauchen nicht gemahnt zu werden (Mueller Z. 1911. 35). — Bei der Gebäudeversicherung ist dem Hypotheken- und dem ihm gleichgestellten (§ 106) Gläubiger unverzüglich von der Mahnung Mitteilung zu machen (§ 103). — Die Erklärung kann im Wege der §§ 10, 104 oder durch öffentliche Zustellung (Bem. 16 zu § 10) übermittelt werden.

16. d) Wann der Versicherer mahnt, ist seinem Belieben überlassen, aber in dem Zeitpunkt der Mahnung müssen die Voraussetzungen zur Mahnung erfüllt sein (OLG. Dresden 27. 3. 17 ZVW. 1917. 300, LZ. 1917. 694; OLG. Düsseldorf 14. 7. 27 HansRZ. 1927. 777).

17. e) Die Mahnung muß schriftlich (Abs. 2) erfolgen. Zweifelhaft ist die Unterschriftsform des Mahnschreibens. RG. 27. 2. 23 Bd. 106. 330, Mitteilungen 1924. 117, HansRZ. 1923. 413, das die faksimilierte Namensunterschrift zur Erfüllung der rechtsgeschäftlich vorgesehenen Schriftform bei Kündigung des Versicherungsvertrags zuläßt, kann zwar unmittelbar auf die Mahnung nicht Anwendung finden, wird aber trotzdem auch für sie zur Anwendung zu bringen sein, da unter schriftlich hier ebensowenig wie in §§ 18, 37 die schriftliche Form im Sinne des § 126 BGB. gemeint sein kann (Bem. 4 zu § 37). Ebenso reicht eine gedruckte Unterschrift des Versicherers aus (RG. 25. 6. 29 Bd. 125. 68, VA. 1930. 292 Nr. 2046, JR. 1929. 260; anders OLG. Köln 21. 1. 27 HansRZ. 1927. 278, VA. 1928. 220 Nr. 1734; KG. 23. 2. 29 HansRGZ. A. 1929. 215, JR. 1929. 121, VA. 1930. 201 Nr. 1971, 29. 6. 29 JR. 1929. 318; Pfeiffer JR. 1929. 346). Häufig ist in den Allgemeinen Versicherungsbedingungen eingeschriebener Brief vorgesehen; erfolgt trotzdem die Mahnung durch einfachen Brief und geht er dem Mahnungsempfänger tatsächlich zu, dann wird durch den Mangel der Form die Wirksamkeit nicht berührt (KG. 3. 10. 05 VA. 1905* 89 Nr. 152; RG. 23. 9. 11 Bd. 77. 70).

18. f) Die Mahnung muß dem Mahnungsempfänger zugegangen sein (§ 130 BGB.). Es genügt die Möglichkeit der Kenntnisnahme; auf die tatsächliche Kenntnisnahme kommt es nicht an (RG. 24. 6. 05 JW. 1905. 488). Ein eingeschriebener Brief ist zugegangen, wenn er dem Adressaten, dessen Bevollmächtigtem oder einem erwachsenen Familienmitglied (§ 40 VII Postordnung vom 30. Januar 1929, RGBl. I 33) ausgehändigt ist (RGZ. Bd. 50. 194, Bd. 56. 263, Bd. 58. 406, Bd. 61. 127, 415). Wird die Annahme des Briefes verweigert oder kommt der Brief wegen Abwesenheit oder Wohnungsänderung (§ 10) des Empfängers zurück, so gilt die Mahnung in dem Augenblick als zugegangen, in dem sie bei ordnungsmäßiger Bestellung zugegangen wäre (RGZ. Bd. 60. 336; einschränkend RGZ. Bd. 110. 34; KG. 8. 11. 07 VA. 1908* 5 Nr. 353).

19. g) Die Kosten der Mahnung trägt der Versicherungsnehmer (Abs. 1 S. 1); gewöhnlich ist ihre Höhe in den genehmigungspflichtigen Allgemeinen Versicherungsbedingungen angegeben.

20. h) Der Inhalt des Mahnschreibens ist gesetzlich genau vorgeschrieben. Jeder Verstoß namentlich hinsichtlich der Rechtsfolgen weiterer Säumnis zieht

Unwirksamkeit nach sich (OLG. Karlsruhe 4. 3. 14 VA. 1914* 72 Nr. 827). Das Mahnschreiben muß enthalten:

α) die Benennung, nicht auch die Bezifferung der Prämienschuld. Die Höhe der einzelnen Prämie (Prämienrate) braucht nicht angegeben zu werden, da sie aus dem Versicherungsschein hervorgeht, gewöhnlich aber wird sie angegeben. Dagegen müssen die Höhe der Verzugszinsen und der Betrag der Kosten angeführt werden (Abs. 3). Die zahlenmäßige Angabe der aufgelaufenen Summe an Verzugszinsen kann fehlen (VA. 1911. 115; Schweighäuser Mitteilungen 1921. 211). Werden die geschuldeten Beträge fälschlich zu hoch angegeben, dann ist die Mahnung unwirksam (OLG. Hamburg 28. 6. 26 JR. 1926. 261).

β) die Setzung einer Zahlungsfrist, die im Bereich der Beschränkungen der Vertragsfreiheit (AllgVorbem. 26, 28) mindestens zwei Wochen (Abs. 2 S. 2), bei der Gebäudeversicherung mindestens einen Monat (§ 91) zu betragen hat. Bei kürzerer Frist ist die Mahnung unwirksam (Abs. 2 S. 3), dagegen kann unbedenklich eine längere Frist gesetzt werden. Die Frist berechnet sich nach §§ 187 Abs. 1, 188 Abs. 2, 193 BGB., sie beginnt also mit dem Anfang des auf den Tag des Zugehens der Mahnung folgenden Tages und endigt mit dem Ablauf des letzten Tages der Frist vorbehaltlich der sich aus § 193 BGB. ergebenden Verlängerung (Plaas ZVW. 1930. 1002, 1242, Raiser 226. Anders Durst ZVW. 1930. 1092, 1931. 149, der § 7 anwendet [Bem. 7 zu § 7]). Das Mahnschreiben kann aber ausdrücklich eine bestimmte Stunde für das Ende der Zahlungsfrist angeben.

γ) die Aufforderung, innerhalb der Zahlungsfrist die rückständigen Prämien (Prämienraten) nebst Zinsen und Kosten an den Versicherer oder an die in der Aufforderung genannte Stelle (regelmäßig eine bestimmte Generalagentur) zu zahlen.

δ) die Angabe der Rechtsfolgen, die mit dem fruchtlosen Ablauf der Frist verbunden sind (Abs. 2 S. 1). Bei umwandlungsfähigen (§ 173) Lebensversicherungen ist außerdem auf die eintretende Umwandlung der Versicherung in eine prämienfreie hinzuweisen (§ 175 Abs. 3), wobei in jedem Falle beide Rechtsfolgen (Freisein des Versicherers von der Leistungspflicht bezw. Umwandlung in eine prämienfreie Versicherung und sein Kündigungsrecht) anzugeben sind (RG. 13. 11. 14 Bd. 86. 25, VA. 1915* 17 Nr. 863, 27. 4. 15 VA. 1915* 38 Nr. 876, 16. 2. 17 VA. 1917* 4 Nr. 970; OLG. Königsberg 23. 9. 27 JR. 1927. 335, HansRGZ. A. 1928. 35, VA. 1929. 38 Nr. 1818; Bruck HansRZ. 1918. 234), auch dann, wenn von vornherein nur eine geltend zu machen beabsichtigt wird (RG. 13. 11. 14 Bd. 86. 25, 20. 3. 17 LZ. 1917. 1138, ZVW. 1917. 240, 4. 6. 18 VA. 1919* 6 Nr. 1068, JW. 1918. 563). Wiedergabe des Gesetzestextes genügt ebensowenig (VA. 1915. 8) wie mündliche Aufklärung (RG. 20. 3. 17 LZ. 1917. 1138, ZVW. 1917. 240). — Über Vorschläge zur Abfassung von Mahnschreiben Maier Mitteilungen 1915. 374, Ehrenberg HansRZ. 1918. 713, Gottschalk ZVW. 1919. 191; VA. 1911. 115, 1916. 112. — Zu den Rechtsfolgen, die mit dem Ablauf der Zahlungsfrist verbunden sind, gehört nicht die sich aus Abs. 1 S. 5

ergebende Möglichkeit der Beseitigung der Wirkungen der Kündigung. Es dürfte jedoch im Interesse des Versicherungsnehmers liegen, wenn er hierauf hingewiesen wird. Dagegen muß, falls Mahnung und Kündigung miteinander verbunden werden, in dem sich mit der Kündigung befassenden Teile des Mahnschreibens darauf hingewiesen werden, daß die Kündigung mit dem Ablauf der Zahlungsfrist wirksam wird, vorausgesetzt, daß der Prämienschuldner in diesem Zeitpunkt mit der Zahlung im Verzug ist (Abs. 1 S. 4; Bem. 30).

21. i) Die Mahnung kann durch nichts anderes, insbesondere nicht durch Klage oder Zahlungsbefehl, ersetzt werden (RG. 8. 11. 07 VA. 1908* 5 Nr. 353, 22. 3. 30 JR. 1930. 239, 12. 7. 30 JR. 1930. 429). Ihre Mängel sind unheilbar (RG. 8. 4. 13 VA. 1914* 4 Nr. 782, JW. 1913. 692). — Auf ihre Beobachtung kann selbst der Versicherungsnehmer wirksam nicht verzichten (RG. 8. 4. 13 VA. 1914* 4 Nr. 782, JW. 1913. 692; anders Weil Z. 1911. 248).

3. Die Wirkungen der Mahnung sind verschieden.

22. a) Erfolgt die Zahlung der geschuldeten Beträge vollständig und gehörig an den richtigen Empfänger innerhalb der Zahlungsfrist, so werden die Verzugsfolgen für die Zukunft beseitigt (RG. 7. 12. 17 JW. 1918. 226, Wallmann Bd. 52. 521). Die Gefahrtragung des Versicherers bleibt unberührt.

23. b) Erfolgt die Zahlung der geschuldeten Beträge vollständig und gehörig an den richtigen Empfänger, jedoch nicht innerhalb der Zahlungsfrist, aber vor Eintritt des Versicherungsfalls und vor Ausübung des Kündigungsrechts oder innerhalb eines Monats nach Ablauf der Zahlungsfrist, wenn der Versicherer zugleich mit der Mahnung gekündigt hat (Abs. 1 S. 5), so kann der Versicherer die Annahme nicht ablehnen. Die Verzugsfolgen sind für die Zukunft beseitigt. Die Gefahrtragung des Versicherers bleibt unberührt. Irgendwelche Nachteile (z. B. die Inkraftsetzung einer neuen Karenzfrist) dürfen den Versicherungsnehmer nicht treffen (VA. 1910. 33, 90). Unkenntnis des Versicherers bei Annahme des Betrages über den bereits eingetretenen Versicherungsfall stellt keinen Verzicht auf die Geltendmachung der Verzugsfolgen dar (OLG. Frankfurt 23. 10. 08; RG. 12. 11. 09 Praxis Bd. 3. 129), ebensowenig muß in der Einforderung einer Auskunft über den eingetretenen Versicherungsfall ein Verzicht (OLG. Düsseldorf 17. 10. 27 JR. 1928. 29; RG. 23. 11. 29 JR. 1930. 34) liegen.

24. c) Tritt der Versicherungsfall nach Ablauf der Zahlungsfrist ein und ist zur Zeit des Eintritts der Prämienschuldner mit der Zahlung im Verzuge, so ist der Versicherer leistungsfrei (Abs. 1 S. 2). Der Verzug dauert so lange, als die eingemahnte Prämie nicht bezahlt ist (OLG. Düsseldorf 27. 2. 30 JR. 1930. 187). Er bleibt auch bestehen, wenn inzwischen eine neue Prämie (Rate) fällig geworden und bezahlt worden (RG. 20. 4. 29 JR. 1929. 222, JW. 1929. 2062, VA. 1930. 226 Nr. 1993) ist. Der Verzug bleibt auch dann bestehen, wenn der Versicherer dem Prämienschuldner einen Zahlungsausstand bewilligt, aber

hierbei erklärt, daß Versicherungsschutz erst dann wieder gewährt wird, wenn die rückständige Prämie bezahlt ist (KG. 12. 7. 30 JR. 1930. 429). Der Verzug bleibt auch dann bestehen, wenn der Versicherer, nachdem ein Betrag angemahnt ist, den nach diesem fällig werdenden Betrag anfordert, ohne hierbei § 39 zu beachten (OLG. Düsseldorf 27. 2. 30 JR. 1930. 187). Der Verzug erstreckt sich jedoch immer nur auf die in dem Mahnschreiben angegebenen Beträge. Die Leistungsfreiheit des Versicherers tritt nur ein, wenn der Verzug in dem Augenblick des Eintritts des Versicherungsfalls vorhanden ist (RG. 27. 4. 15 VA. 1915* 38 Nr. 876, 16. 2. 17 VA. 1917* 4 Nr. 970). Bei mehreren Prämienschuldnern müssen sich alle in dem maßgebenden Zeitpunkt im Verzug befinden, wenn der Versicherer allen gegenüber leistungsfrei sein soll (§ 425 Abs. 2 BGB.). Der vorhandene Verzug wird durch Einfordern eines Belegs (§ 34 Abs. 2), z. B. eines Krankheitsberichts, nicht aufgehoben (OLG. Düsseldorf 17. 10. 27 JR. 1928. 29). Leistungsfreiheit des Versicherers bedeutet hier wie stets die Freiheit des Versicherers von der geldlichen oder geldeswerten Leistung in Ansehung des eingetretenen Versicherungsfalls. Auch gegenüber einem Hypotheken- und einem ihm gleichgestellten (§ 106) Gläubiger ist der Versicherer leistungsfrei (§ 101 Abs. 2). Bei umwandlungsfähigen Lebensversicherungen ist der Versicherer zu der Leistung verpflichtet, die ihm obliegen würde, wenn sich die Versicherung mit dem Eintritt des Versicherungsfalls in eine prämienfreie umgewandelt hätte (§ 175 Abs. 2). Die Leistungsfreiheit des Versicherers berührt nicht die Leistungspflicht des Prämienschuldners. — Ist in dem maßgebenden Zeitpunkt **kein Verzug** vorhanden, dann bleibt der Versicherer leistungspflichtig ohne Rücksicht darauf, ob der Verzug in irgendeinem Zeitpunkt vor der Setzung der Zahlungsfrist oder während ihres Laufs vorhanden war (anders **Straßner** LZ. 1914. 660). Der Prämienschuldner ist beispielsweise nicht im Verzuge bei Eingreifen von § 3 der Verordnung vom 15. Juli 1931, RGBl. I 365, oder Art. 3 § 1 der Verordnung vom 18. Juli 1931, RGBl. I 376, wenn der fällige Betrag gestundet ist (OLG. Königsberg 23. 9. 27 HansRGZ. A. 1928. 35, JR. 1927. 335, VA. 1929. 38 Nr. 1818; RG. 3. 4. 28 JR. 1928. 136, JW. 1928. 1740). Die Stundung hat der Versicherungsnehmer zu beweisen (RG. 4. 3. 30 JR. 1930. 127). Eine nach Ablauf der Stundungsfrist ergehende Mahnung mit Fristsetzung bedeutet keine weitere Stundung (KG. 10. 12. 27 JR. 1928. 46).

B. **Das Recht zur Kündigung.**

1. **Voraussetzung:** Der Prämienschuldner befindet sich nach Ablauf der Zahlungsfrist mit der Zahlung rückständiger Beträge im Verzug (Abs. 1 S. 2). 25.

2. a) Die **Kündigung** ist eine rechtsgestaltende, empfangsbedürftige Willenserklärung, die dem Empfänger zugegangen sein muß (§ 130 BGB.). 26.

b) **Kündigungsberechtigt** ist der Versicherer, sein Abschlußagent (§ 45; Ausnahme § 47), sein sonstiger Vertreter, bei mehreren Versicherern ein jeder von ihnen, sofern nicht einer die Führung hat. Nicht befugt ist der Vermittelungsagent, der Makler als solcher. 27.

28. c) Empfänger der Kündigungserklärung ist der, dem gegenüber zu mahnen ist (Bem. 15). Dem Pfandgläubiger, Vollstreckungsgläubiger braucht nicht gekündigt zu werden; § 1283 Abs. 2 BGB. findet keine Anwendung (Bruck-Dörstling 75).

29. d) Wann der Versicherer kündigt, ist seinem Belieben überlassen, namentlich muß er nicht unmittelbar nach Ablauf der Zahlungsfrist kündigen. Zur Vereinfachung des umständlichen Verfahrens, nach dem ursprünglich zur Aufhebung des Versicherungsvertrags zwei getrennte Willenserklärungen (Mahnung und Kündigung) notwendig waren, ist nunmehr seit der Verordnung vom 12. Februar 1924, RGBl. I 65, gestattet, daß Mahnung und Kündigung miteinander verbunden werden können (Abs. 1 S. 4).

30. e) Die Kündigung kann auf sofort (Abs. 1 S. 3) oder auf einen bestimmten Termin (Raiser 227; anders Ehrenzweig VuGeldwirtschaft 1926. 153) erfolgen. In dem letzten Fall erwirbt der Versicherer keinen weitergehenden Prämienanspruch, selbst wenn der Termin nach dem Schluß des bei Ablauf der Zahlungsfrist laufenden Versicherungsjahrs liegt. Werden Mahnung und Kündigung miteinander verbunden, dann kann auf den Ablauf der Zahlungsfrist gekündigt werden, vorausgesetzt daß der Prämienschuldner in diesem Zeitpunkt mit der Zahlung im Verzug ist; hierauf ist ausdrücklich in dem sich mit der Kündigung befassenden Teile des Mahnschreibens aufmerksam zu machen (Abs. 1 S. 4). Befindet sich der Prämienschuldner bei dem Ablauf der Zahlungsfrist nicht im Verzug (§ 285 BGB.), so treten die Wirkungen der Kündigung nicht ein, wohl aber die der Mahnung.

31. f) Die Kündigung ist gesetzlich formfrei, kann aber vertraglich an eine bestimmte Form gebunden werden. Ist schriftliche Form vereinbart, so reicht faksimilierte (RG. 27. 2. 23 Bd. 106. 330, Mitteilungen 1924. 117, HansRZ. 1923. 413) oder gedruckte (RG. 25. 6. 29 Bd. 125. 68, JR. 1929. 260, VA. 1930. 292 Nr. 2046; anders OLG. Köln 21. 1. 27 HansRZ. 1927. 278, VA. 1928. 220 Nr. 1734; KG. 23. 2. 29 HansRGZ. A. 1929. 215, JR. 1929. 121, VA. 1930. 201 Nr. 1971, 29. 6. 29 JR. 1929. 318) Unterschrift aus. Ist Kündigung durch eingeschriebenen Brief vorgesehen und erfolgt die Kündigung durch einfachen Brief, so kann sich der Kündigungsempfänger auf den Mangel der Form nicht berufen, wenn ihm der Brief zugeht (Bem. 17).

32. g) Mit Zugehen der besonderen Kündigungserklärung, wenn auf sofort gekündigt wird, oder, wenn zusammen mit der Mahnung gekündigt wird, mit dem Ablauf der Zahlungsfrist, vorausgesetzt, daß sich der Prämienschuldner in diesem Zeitpunkt mit der Zahlung im Verzuge befindet (Abs. 1 S. 4), oder mit dem Ablauf der besonders gesetzten Kündigungsfrist ist das Versicherungsverhältnis auflösend bedingt aufgehoben, auflösend bedingt insofern, als die Wirkungen der Kündigung beseitigt werden, wenn der Prämienschuldner innerhalb eines Monats nach Ablauf der Zahlungsfrist die Zahlung nachholt und der Versicherungsfall noch nicht eingetreten ist (Abs. 1 S. 5). Die Kündigung wirkt auch dem Hypotheken- und dem ihm gleichgestellten (§ 106) Gläubiger gegenüber (§ 100 Abs. 1 S. 2). Mit dem Wirksamwerden der Kündigung wandelt

sich die umwandlungsfähige Lebensversicherung in eine prämienfreie um (§ 175 Abs. 1), bei rückkaufsfähigen Versicherungen ist die Rückvergütung herauszugeben (§ 176). — Trotz Kündigung behält der Versicherer den Anspruch auf die geschuldeten Beträge und die bis zum Ende der bei Ablauf der Zahlungsfrist oder der Kündigungsfrist laufenden Versicherungsperiode (§ 9) fällig gewordene Prämie (§ 40 Abs. 2 S. 1). — Der Versicherungsnehmer darf eine Kündigung nach § 39 nicht in eine Kündigung nach § 38 umdeuten, um nur eine Geschäftsgebühr nach § 40 Abs. 2 S. 2 zahlen zu müssen (RG. 7. 1. 31 JR. 1931. 127, HRR. 1931 Nr. 1080).

IV. § 39 ist zugunsten des Versicherungsnehmers in dem Bereich der 33.
Beschränkungen der Vertragsfreiheit (AllgVorbem. 26, 28) zwingend (§ 42) und rückwirkend (Art. 4 Nr. 4 EG.; Verordnung vom 29. Februar 1924, RGBl. I 65, Art. II). — Eine unmittelbare (§ 186) oder entsprechende Anwendung des § 39 im Verhältnis des Erst- zum Rückversicherer ist ausgeschlossen (Bem. 21 zu § 38).

§ 40. Wird das Versicherungsverhältnis wegen unterbliebener oder unrichtiger Anzeige von Gefahrumständen oder wegen Gefahrerhöhung auf Grund der Vorschriften des zweiten Titels durch Rücktritt oder Kündigung aufgehoben, so gebührt dem Versicherer gleichwohl die Prämie, jedoch nicht über die laufende Versicherungsperiode hinaus.

Das Gleiche gilt, wenn das Versicherungsverhältnis wegen nicht rechtzeitiger Prämienzahlung gemäß § 39 gekündigt wird. Kündigt der Versicherer gemäß § 38 Abs. 2, so kann er nur eine angemessene Geschäftsgebühr verlangen. Ist mit Genehmigung der Aufsichtsbehörde in den Versicherungsbedingungen ein bestimmter Betrag für die Geschäftsgebühr festgesetzt, so gilt dieser als angemessen.

Endigt das Versicherungsverhältnis infolge der Eröffnung des Konkurses über das Vermögen des Versicherers, so kann der Versicherungsnehmer den auf die Zeit nach der Beendigung des Versicherungsverhältnisses entfallenden Teil der Prämie unter Abzug der für diese Zeit aufgewendeten Kosten zurückfordern.

Schrifttum: Bem. 1 vor § 35. 1.

I. Der Grundsatz von der *Unteilbarkeit der Prämie* (Bem. 6 2.
vor § 35) wird in § 40 in zwei Gruppen von Fällen ausdrücklich (über weitere Anwendungsfälle Bem. 6 vor § 35) zur *Anwendung gebracht*:

a) wenn der Versicherer wegen Verletzung der vorvertraglichen Anzeigepflicht (§§ 16—21, 30) vom Vertrage zurücktritt oder wegen Gefahrerhöhung (§§ 23, 24, 27, 30, 41 Abs. 2) kündigt, oder wenn der Versicherungsnehmer gemäß § 30 Abs. 2 kündigt (Abs. 1).

b) wenn der Versicherer wegen nicht rechtzeitiger Prämienzahlung gemäß § 39 kündigt (Abs. 2 S. 1; Bem. 32 zu § 39).

3. II. Der Grundsatz von der **Unteilbarkeit der Prämie** wird in § 40 in zwei Fällen ausdrücklich **nicht zur Anwendung gebracht** (über weitere Fälle Bem. 6 vor § 35):

a) bei Konkurs des Versicherers (Abs. 3; Bem. 9 zu § 13).

4. b) wenn der Versicherer wegen nicht rechtzeitiger Bewirkung der ersten Prämienzahlung das Versicherungsverhältnis nach § 38 Abs. 2 kündigt (Abs. 2 S. 2; Bem. 20 zu § 38). Der Versicherer kann nur eine angemessene Geschäftsgebühr verlangen. Ist ihre Höhe in den von der Aufsichtsbehörde genehmigten Allgemeinen Versicherungsbedingungen festgelegt (Beispiele VA. 1910. 89), so gilt der bestimmte Betrag als angemessen (Abs. 2 S. 3). Ausnahmsweise hat diese Genehmigung der Aufsichtsbehörde rechtsbegründende Kraft (AllgVorbem. 14). Fehlt es an einer behördlichen Bestimmung der Höhe der Geschäftsgebühr, dann kann der Versicherer seine baren Auslagen und Aufwendungen an Zeit und Mühe in Ansatz bringen, ferner geschuldete, wenn auch noch nicht bezahlte Provisionen für Agenten, Makler. Aus dem zwingenden Charakter (§ 42) der Vorschrift folgt, daß ein ohne Genehmigung der Aufsichtsbehörde im voraus getroffenes Abkommen über die Höhe der Geschäftsgebühr für den Versicherungsnehmer nicht bindend ist und den Versicherer nicht von dem Nachweise der Angemessenheit des geforderten Betrags befreit (VA. 1909. 101), nicht jedoch, daß der Versicherer überhaupt keine Geschäftsgebühr zu fordern berechtigt wäre.

5. III. § 40 ist zugunsten des Versicherungsnehmers in dem Bereich der Beschränkungen der Vertragsfreiheit (AllgVorbem. 26, 28) zwingend (§ 42) und rückwirkend (Art. 4 Nr. 4 EG.).

§ 41. Ist die dem Versicherungsnehmer bei der Schließung des Vertrags obliegende Anzeigepflicht verletzt worden, das Rücktrittsrecht des Versicherers aber ausgeschlossen, weil dem anderen Teile ein Verschulden nicht zur Last fällt, so kann der Versicherer, falls mit Rücksicht auf die höhere Gefahr eine höhere Prämie angemessen ist, von dem Beginne der laufenden Versicherungsperiode an die höhere Prämie verlangen. Das Gleiche gilt, wenn bei der Schließung des Vertrags ein für die Übernahme der Gefahr erheblicher Umstand dem Versicherer nicht angezeigt worden ist, weil er dem anderen Teile nicht bekannt war.

Wird die höhere Gefahr nach den für den Geschäftsbetrieb des Versicherers maßgebenden Grundsätzen auch gegen eine höhere Prämie nicht übernommen, so kann der Versicherer das Versicherungsverhältnis unter Einhaltung einer Kündigungsfrist von einem Monate kündigen.

Der Anspruch auf die höhere Prämie erlischt, wenn er nicht innerhalb eines Monats von dem Zeitpunkt an geltend gemacht wird, in welchem der Versicherer von der Verletzung der Anzeigepflicht oder von dem nicht angezeigten Umstande Kenntnis erlangt. Das Gleiche gilt von dem Kündigungsrechte, wenn es nicht innerhalb des bezeichneten Zeitraums ausgeübt wird.

Schrifttum: Bem. 1 zu § 16. 1.

I. Ist die vorvertragliche Anzeigepflicht unverschuldet verletzt, insbesondere weil die Nichtanzeige eines gefahrerheblichen Umstandes auf Nichtkenntnis beruht, dann bleibt das Vertragsverhältnis so, wie es eingegangen ist, bestehen, ohne daß die berechnete Prämie der tatsächlichen Sachlage entspricht. Den Ausgleich hierfür bieten das Verlangen des Versicherers nach Prämienverbesserung und sein Kündigungsrecht. 2.

II. Beide Rechte sind bei drei Tatbeständen gegeben, von denen nur die beiden ersten gesetzlich geregelt sind; der dritte ist entsprechend zu behandeln. Die beiden gesetzlich geregelten Tatbestände überschneiden sich.

Erster Tatbestand. Den Anzeigepflichtigen (Bem. 4 zu § 16) trifft kein Verschulden an der objektiv vorgekommenen Verletzung der vorvertraglichen Anzeigepflicht (Abs. 1 S. 1). Ist die Anzeigepflicht schuldhaft verletzt, dann bleibt der Versicherer darauf beschränkt, zurückzutreten (§§ 16 Abs. 2, 17 Abs. 1), wegen arglistiger Täuschung anzufechten (§ 23), gegebenenfalls Schadensersatz zu fordern (Bem. 34 zu § 16). Der Versicherer kann auch nicht Prämienverbesserung fordern oder kündigen, wenn er nach eingetretenem Versicherungsfall zurücktritt, aber zur Leistung verpflichtet bleibt (§ 21). Ist der Rücktritt durchgeführt, dann ist keine Möglichkeit mehr, eine Verbesserung der Prämie zu fordern, denn durch den Rücktritt wird der Vertrag aufgehoben (Bem. 11 zu § 20). Stellt sich jedoch der Rücktritt als unbegründet heraus, dann kann später Prämienverbesserung verlangt werden, wenn die hierfür vorgesehene Frist (Bem. 13) noch nicht abgelaufen ist. Die Geltendmachung der Prämienverbesserung schließt dagegen nicht den Rücktritt aus, sofern noch die Rücktrittsfrist (Bem. 10 zu § 20) läuft (Kisch 358). Ebensowenig kommen Prämienverbesserung oder Kündigung in Betracht, wenn der Versicherer den nicht angezeigten gefahrerheblichen Umstand kannte (§§ 16 Abs. 3, 17 Abs. 2) oder das Rücktrittsrecht durch Fristablauf oder aus einem anderen Grunde verwirkt hat. — Bei Gefahrerhöhung bestimmen sich die Rechte des Versicherers ausschließlich nach §§ 23 ff., niemals nach § 41. 3.

Zweiter Tatbestand. Eine unverschuldete Verletzung der vorvertraglichen Anzeigepflicht liegt insbesondere vor, wenn der gefahrerhebliche Umstand (Bem. 15 ff. zu § 16) dem Anzeigepflichtigen (Bem. 4 zu § 16) unbekannt (Bem. 21 zu § 16) war (Abs. 1 S. 2). Wann eine entschuldbare Unkenntnis vorliegt, ist Tatfrage. 4.

Dritter Tatbestand. Da der maßgebende Zeitpunkt für die Kenntnis des Anzeigepflichtigen und des Versicherers nach dem Aufbau der vorvertraglichen Anzeigepflicht der formelle Versicherungsbeginn ist (Bem. 10 zu § 16), kann der Versicherer nicht zurücktreten, wenn er in diesem Zeitpunkt die wahre Sachlage kennt (§§ 16 Abs. 3, 17 Abs. 2). Erlangt er die Kenntnis erst während der 5.

Zeit, in der seine Annahmeerklärung zu dem Versicherungsnehmer reist, dann kann der Versicherer den Rücktritt nicht ausüben, wenn er die Unwahrheit kurz vor oder mit dem formellen Versicherungsbeginn erfährt und ihm nicht mehr gelingt, den Vertragsabschluß aufzuhalten. Zur Ausgleichung der Interessenlage sind ihm die Rechte aus § 41 zu geben. Das gleiche gilt, wenn der Versicherer Antragsteller ist (Bruck HansRZ. 1925. 177, 181). Ebenfalls ist § 41 zur entsprechenden Anwendung zu bringen, wenn bei der Versicherung für fremde Rechnung der Versicherer sich nicht auf die Kenntnis des Versicherten berufen kann (Bem. 6 zu § 79).

6. III. Ist einer der drei Tatbestände gegeben, dann kann der Versicherer Prämienverbesserung verlangen, gegebenenfalls kündigen. Der Versicherer hat die Rechte nicht nebeneinander, sondern unter verschiedenen Voraussetzungen.

A. Das Verlangen nach Prämienverbesserung.

7. 1. Voraussetzung: Der Versicherer muß auf Grund eines der drei Tatbestände tatsächlich eine höhere Gefahr zu tragen haben, als sie sich nach dem von ihm unter unrichtigen Annahmen abgeschlossenen Versicherungsvertrag ergibt. Übt die Unrichtigkeit keinen erhöhenden Einfluß aus (z. B. die Verschweigung, daß eine gleichartige Versicherung bei einem anderen Versicherer abgelehnt worden ist) oder ist dieser Einfluß später in Wegfall gekommen (z. B. die zur Zeit des formellen Versicherungsbeginns als vorhanden angegebene, aber fehlende Sicherheitsvorrichtung wird später angebracht), dann kann keine Verbesserung der Prämie gefordert werden. — Liegt eine unverschuldete Verletzung der vorvertraglichen Anzeigepflicht, insbesondere die Nichtkenntnis eines gefahrerheblichen Umstandes nur in Ansehung eines Teiles der versicherten Gegenstände oder Personen vor (§ 30), so kann der Versicherer nur teilweise Prämienverbesserung fordern.

8. 2. a) Das Verlangen ist eine rechtsgestaltende, empfangsbedürftige Willenserklärung.

9. b) Berechtigt zur Stellung des Verlangens ist der Versicherer, der Abschlußagent (§ 45; Ausnahme § 47), sein sonstiger Vertreter, bei mehreren Versicherern ein jeder von ihnen, sofern nicht einer die Führung hat. Nicht befugt ist der Vermittelungsagent, der Makler als solcher.

10. c) Erklärungsempfänger ist der Versicherungsnehmer, sein gesetzlicher oder rechtsgeschäftlich bestellter Vertreter, bei mehreren Versicherungsnehmern ein jeder von ihnen, sofern nicht einer von ihnen zur Vertretung der übrigen befugt ist. Nach dem Tode des Versicherungsnehmers ist die Erklärung an seine Erben zu richten, es sei denn, daß Vertretung des Nachlasses durch Testamentsvollstrecker, Nachlaßpfleger in Betracht kommt. — Ist der Versicherungsnehmer geschäftsunfähig oder beschränkt geschäftsfähig, so muß die Erklärung dem gesetzlichen Vertreter zugehen. Hat dieser seine Einwilligung zur Empfangnahme der Erklärung seitens des beschränkt Geschäftsfähigen erteilt, so wird die Erklärung in dem Zeitpunkt wirksam, in dem sie dem beschränkt Geschäftsfähigen zugeht (§ 131 BGB.). — Gehört die Versicherung zum eingebrachten Gut der Ehefrau, so muß die Erklärung beiden Ehegatten zugehen (§ 1403 Abs. 2 BGB.);

gehört sie zum Gesamtgut, so ist der Ehemann Empfänger. — Ist der Versicherungsnehmer im Konkurse, so ist die Erklärung an den Konkursverwalter (Bem. 12 zu § 14) zu richten. — Nach Veräußerung der versicherten Sache (§ 69) ist dem Erwerber gegenüber, dem Veräußerer gegenüber mit Wirkung auch für den Erwerber nur dann die Erklärung abzugeben, wenn sich der Versicherer in Unkenntnis über die Veräußerung befindet (§ 69 Abs. 3). — Nötigenfalls kann die Erklärung im Wege des § 10 oder durch öffentliche Zustellung (Bem. 16 zu § 10) übermittelt werden.

Die Erklärung kann wirksam nicht abgegeben werden gegenüber dem Versicherten bei der Versicherung für fremde Rechnung, gegenüber dem anderen bei der Versicherung auf das Leben eines anderen (§ 159) oder gegen Unfälle, die einem anderen zustoßen (§ 179), gegenüber dem Zessionar, Pfandgläubiger, Vollstreckungsgläubiger, Bezugsberechtigten (§§ 166 ff., 180).

d) Aus dem Inhalt der Erklärung hat einwandfrei hervorzugehen, welche 11. höhere Prämie verlangt wird. Zulässig ist, mit dem Rücktritt (§ 20) subsidiär das Verlangen für den Fall, daß sich der Rücktritt als unzulässig erweist, zu verbinden (Kisch 365).

e) Die Erklärung ist an und für sich formfrei, kann aber vertraglich an eine 12. bestimmte Form gebunden werden. Ist schriftliche Form vereinbart, so reicht faksimilierte (RG. 27. 2. 23 Bd. 106. 330, Mitteilungen 1924. 117, HansRZ. 1923. 413) oder gedruckte (RG. 25. 6. 29 Bd. 125. 68, JR. 1929. 260, VA. 1930. 292 Nr. 2046; anders OLG. Köln 21. 1. 27 HansRZ. 1927. 278, VA. 1928. 220 Nr. 1734; KG. 23. 2. 29 HansRGZ. A. 1929. 215, JR. 1929. 121, VA. 1930. 201 Nr. 1971, 29. 6. 29 JR. 1929. 318) Unterschrift aus. Ist vorgesehen, daß die Erklärung durch eingeschriebenen Brief übermittelt wird, und erfolgt sie durch einfachen Brief, so kann sich der Erklärungsempfänger auf den Mangel der Form nicht berufen, wenn ihm der Brief zugeht.

f) Die Erklärung muß innerhalb eines Monats seit dem Zeit- 13. punkt, in welchem der Versicherer von der Verletzung der Anzeigepflicht oder von dem nicht angezeigten Umstande Kenntnis erlangt, abgegeben werden (Abs. 3 S. 1). Die Frist beginnt erst zu laufen, wenn der Versicherer, sein Abschlußagent oder sein sonstiger Vertreter, bei mehreren Versicherern ein jeder von ihnen zuverlässige positive Anhaltspunkte für die Verletzung der Anzeigepflicht hat. Die Kenntnis, nicht das Kennenmüssen entscheidet. Die Kenntnis des Vermittelungsagenten steht der Kenntnis des Versicherers nicht gleich (§ 44), wohl die des Abschlußagenten. Die Berechnung der Frist, die eine gesetzliche Ausschlußfrist ist, ergibt sich aus §§ 187 Abs. 1, 188 Abs. 2, 193 BGB. Innerhalb der einmonatigen Frist kann die Erklärung vor oder nach Eintritt des Versicherungsfalls abgegeben werden, im letzten Falle jedoch nur dann, wenn der Versicherer noch mindestens eine Prämie zu fordern hat; § 21 gilt nicht.

g) Die höhere Prämie kann nicht für die Vergangenheit, sondern 14. erst von dem Beginn der bei Geltendmachung des Verlangens laufenden Versicherungsperiode an gefordert werden (Abs. 1 S. 1). Ist eine einmalige Prämie entrichtet, so muß eine einmalige Zusatzprämie (in der Lebensversicherung berechnet nach dem Lebensalter in dem fraglichen Zeitpunkt) gezahlt werden. Die geforderte Prämie muß angemessen sein, d. h. die Erhöhung der Prämie muß der höheren Gefahr entsprechen; angemessen ist sie jedenfalls dann, wenn sie dem aufsichtsbehördlich genehmigten Geschäftsplan des Versicherers entspricht. Wird sie nach Eintritt des Versicherungsfalls gefordert, dann ist ihre Aufrechnung mit der geldlichen Leistung des Versicherers zulässig. Ist die Prämie übersetzt, dann kann der Versicherungsnehmer Herabsetzung verlangen; die grundsätzliche Zulässigkeit des Verlangens wird hierdurch nicht berührt (Kisch 364).

15. h) Da das berechtigte Verlangen den Versicherungsvertrag hinsichtlich der Prämienhöhe — im übrigen aber nicht — umgestaltet, muß sich der Versicherungsnehmer ihm fügen und kann insbesondere nicht geltend machen, er hätte den Vertrag nicht zu einer höheren Prämie abgeschlossen. Der Anspruch des Versicherers auf Prämienverbesserung beruht nicht auf der Willenseinigung der Parteien über die Prämienverbesserung, sondern auf dem zwischen ihnen zustande gekommenen Versicherungsvertrag. Jede andere Konstruktion macht das Recht des Versicherers illusorisch. Die höhere Prämie (der Prämienunterschied) untersteht allen Vorschriften über die Folgeprämie (§ 39). — Über die besondere Regelung der falschen Altersangabe § 162.

16. i) Die Zulässigkeit des Verlangens, seine Voraussetzung, die Angemessenheit der geforderten Prämienverbesserung hat der Versicherer zu beweisen. Dem Versicherungsnehmer liegt der Beweis ob, daß der Versicherer den nicht angezeigten Umstand gekannt hat.

B. Das Kündigungsrecht.

17. 1. Voraussetzung: Die auf Grund eines der drei Tatbestände von dem Versicherer tatsächlich zu tragende Gefahr muß derartig sein, daß er sie nach den für seinen Geschäftsbetrieb maßgebenden Grundsätzen auch gegen eine höhere Prämie nicht übernommen hätte (Abs. 2). Maßgebend ist nicht, ob andere Versicherer die Gefahrtragung übernommen hätten, sondern ob der im einzelnen Fall in Betracht kommende Versicherer nach seinen Geschäftsgrundsätzen die Gefahrtragung übernommen hätte. Trägt der Versicherer derartige Gefahren, dann kann er nicht kündigen, sondern nur Prämienverbesserung verlangen.

18. 2. a) Die Kündigung ist eine rechtsgestaltende, empfangsbedürftige Willenserklärung, die dem Empfänger zugegangen sein muß (§ 130 BGB.).

19. b) Über den Kündigungsberechtigten Bem. 9, über den Kündigungsempfänger Bem. 10, über die Form der Kündigung Bem. 12.

20. c) Die Erklärung muß innerhalb eines Monats seit dem Zeitpunkt, in welchem der Versicherer von der Verletzung der vorvertraglichen Anzeigepflicht oder von dem nicht angezeigten Umstand Kenntnis erlangt, abgegeben werden (Abs. 3 S. 2; Bem. 13).

21. d) Die Wirkungen der Kündigung bestehen in Aufhebung des Versicherungsvertrags für die Zukunft: die Gefahrtragung des Versicherers hört auf, der Prämienschuldner braucht weiterhin keine Prämien zu entrichten. Aber diese Wirkungen treten nicht sofort mit dem Zugehen der Kündigungserklärung

ein, sondern erst mit Ablauf eines Monats seit diesem Zeitpunkt (Abs. 2). Einem Hypotheken- und einem ihm gleichgestellten (§ 106) Gläubiger gegenüber verlängert sich die Haftung des Versicherers nach Maßgabe des § 100 Abs. 1. Über die Berechnung der einmonatigen Frist §§ 187 Abs. 1, 188 Abs. 2, 193 BGB. Ereignet sich der Versicherungsfall während des Laufs der einmonatigen Frist, so kann der Versicherer die Bewirkung seiner geldlichen oder geldeswerten Leistung wegen Verletzung der vorvertraglichen Anzeigepflicht nicht verweigern. — Trotz Kündigung behält der Versicherer den Anspruch auf die Prämie für die zur Zeit des Wirksamwerdens der Kündigung laufende Versicherungsperiode (§ 40 Abs. 1). — Bei rückkaufsfähigen Lebensversicherungen ist die Rückvergütung zurückzuerstatten (§ 176). — Über die Ausübung des Kündigungsrechts, wenn nur in Ansehung eines Teiles der versicherten Gegenstände oder Personen die Anzeigepflicht unverschuldet verletzt ist, § 30.

e) Die Berechtigung zur Kündigung hat der Versicherer zu beweisen. 22.

IV. § 41 ist zugunsten des Versicherungsnehmers in dem Bereich der Be- 23.
schränkungen der Vertragsfreiheit (AllgVorbem. 26, 28) zwingend (§ 42) und rückwirkend (Art. 4 Nr. 4 EG.).

§ 42. Auf eine Vereinbarung, durch welche von den Vorschriften der §§ 37 bis 41 zum Nachteile des Versicherungsnehmers abgewichen wird, kann sich der Versicherer nicht berufen.

I. Über den Geltungsbereich der relativ zwingenden Bestimmungen 1.
AllgVorbem. 26, 28. Nur die Vorschriften über die Zeit (§ 35) und über den Leistungsort der Prämienzahlung (§ 36) sind nicht zwingend.

Vierter Titel.

Versicherungsagenten.

Vorbemerkungen vor §§ 43—48.

1. Schrifttum: Bruck 134 ff.; Hagen Bd. 1. 251, 539. 1.

2. Es behandeln § 43 die Vertretungsmacht des Vermittelungsagenten, 2.
§ 44 die Kenntnis des Vermittelungsagenten, § 45 die Vertretungsmacht des Abschlußagenten, § 46 die Vertretungsmacht des Bezirksagenten, § 47 die Beschränkung der Vertretungsmacht des Versicherungsagenten, § 48 den Gerichtsstand des Versicherungsagenten. Sämtliche Vorschriften haben rückwirkende Kraft (Art. 4 Nr. 5 EG.).

3. Versicherungsagent ist jeder, der Versicherungsverträge ver- 3.
mittelt oder auch abschließt. Daher ist auch Versicherungsagent ein Automobilhändler, der Käufer von Automobilen unter Zuweisung eines Teiles seiner Verkaufsprovision veranlaßt, bei einem Versicherer eine Kasko- und Haftpflichtversicherung zu nehmen (OLG. Dresden 16. 5. 29 VA. 1931. 195 Nr. 2160). Übt der Agent seine Tätigkeit gewerbsmäßig aus und sind die weiteren Voraus-

setzungen des § 84 HGB. erfüllt, so ist er Handlungsagent, also Kaufmann (§ 1 Abs. 2 Nr. 7 HGB.), sind die Voraussetzungen des § 84 HGB. nicht erfüllt, so ist er kein Handlungsagent, bleibt aber Versicherungsagent (ROHG. Bd. 23. 148). So ist auch der Agent eines kleineren Versicherungsvereins auf Gegenseitigkeit (§ 53 VAG.) kein Kaufmann. Über die Begriffsmerkmale des Handlungsagenten Kommentare zu § 84 HGB. Wer nicht ständig mit der Vermittelung oder auch mit dem Abschluß von Versicherungsverträgen betraut ist, aber tatsächlich eine derartige Tätigkeit gelegentlich entfaltet, ist rechtlich Zivilmakler (§§ 652 ff. BGB.; LG. Nürnberg Praxis Bd. 2. 179, 182).

Der Agent braucht keine physische Person zu sein, auch Versicherungsvermittelungsgesellschaften aller Art, sind zulässig (Eisenbahn als Agent RG. 7. 11. 23 VA. 1924* 99 Nr. 1357).

Geschäftsherr des Versicherungsagenten ist der Versicherer oder ein Generalagent (Bem. 4), der seinerseits zur selbständigen Bestellung von Agenten (Unteragenten) befugt ist (HAG. Nürnberg ZHR. Bd. 14. 627; OAG. Colmar Baumgartner 194; RG. 24. 9. 24 JR. 1924. 56). — Streitigkeiten zwischen dem Geschäftsherrn und dem Agenten gehören zur Zuständigkeit der Arbeitsgerichte, wenn der Agent eine „arbeitnehmerähnliche Person" ist (§ 5 Arbeitsgerichtsgesetz [RG. 7. 5. 29 JR. 1929. 288]). Dieses Erfordernis erfüllen die Verwaltungs-Generalagenten, während es bei den Provisions-Generalagenten und bei den übrigen Provisions-Agenten auf die Umstände des einzelnen Falles ankommt (OLG. Hamm 28. 10. 29 JR. 1930. 85). — Der Unteragent steht regelmäßig nur in Rechtsbeziehungen zu dem ihn anstellenden Generalagenten, jedoch muß der Versicherer nach den Grundsätzen über die Geschäftsführung ohne Auftrag dafür sorgen, daß die Provisionsansprüche des Unteragenten erfüllt werden (OLG. Hamburg 2. 1. 25 HansRZ. 1925. 157).

Ist der Versicherungsagent Kaufmann, so hat er alle Pflichten des Kaufmanns zu erfüllen, insbesondere seine eigene Firma in das Handelsregister eintragen zu lassen. — Die von dem Versicherer selbst verwaltete Generalagentur ist regelmäßig keine Zweigniederlassung (§ 13 HGB.), sondern eine gewerbliche Einrichtung des Versicherers (Lilie ZVW. 1913. 313; ROHG. Bd. 14. 402, Bd. 17. 315; RG. 3. 10. 04 VA. 1905* 3 Nr. 89; LG. Straßburg VA. 1907* 44 Nr. 302), anders wenn bei Bestandsübertragungen dem aufgenommenen Unternehmen eine § 13 HGB. genügende Selbständigkeit bewahrt bleibt. — Der Sitz einer Generalagentur begründet nicht den Gerichtsstand des § 21 ZPO., sofern die Generalagentur nicht ausnahmsweise Zweigniederlassung ist (OLG. Kolmar 19. 11. 13 Mitteilungen 1913. 647).

Über die Auskunftspflicht des Agenten gegenüber der Aufsichtsbehörde § 83 Abs. 2 VAG. (RG. 19. 6. 05 VA. 1905* 34 Nr. 109), über seine strafrechtliche Verantwortung § 140 Abs. 2 VAG., über die gewerbepolizeiliche Beschränkung von Feuerversicherungsagenten §§ 14 Abs. 2, 148 Abs. 1 Nr. 2 GO. (Koenige-Petersen 815). Alle Agenten unterliegen der Steueraufsicht (§ 16 VStG.).

Kein Agent ist bei der Abonnentenversicherung der Verleger der Zeitschrift, sofern dieser nicht zugleich der Versicherer ist, mögen der Verleger und seine Angestellten wirtschaftlich betrachtet auch im Interesse des Versicherers tätig sein, wenn sie sich um Erhöhung der Zahl der Abonnenten bemühen (KG. 25. 2. 31 JR. 1931. 223).

4. In sachlicher Hinsicht sind Vermittelungs- (§ 43), Abschluß- 4. (§ 45) Agenten, in örtlicher Hinsicht Platz-, Reise-, Bezirks- (§ 46) Agenten zu unterscheiden. Unerheblich sind gewöhnlich die Titulaturen der Agenten.

Nach der fast völlig übereinstimmenden Organisation aller Versicherungsgesellschaften gibt es Agenten und Generalagenten. Diese Unterscheidung ist rein organisatorisch, nicht rechtlich von Bedeutung, denn der Generalagent kann Vermittelungs- oder Abschluß-Agent sein. Der Generalagent ist dem Agenten übergeordnet, er ist für den Versicherer organisatorisch tätig, gewöhnlich hat er daneben auch die Aufgaben eines Agenten zu erfüllen. Man bezeichnet ihn als Verwaltungs-Generalagenten, wenn er als Leiter einer von dem Versicherer unmittelbar verwalteten Geschäftsstelle im wesentlichen nur eine feste Vergütung bezieht, als Provisions-Generalagenten, wenn er im wesentlichen auf die verdiente Provision angewiesen ist, mag er auch Zuschüsse irgendwelcher Art von dem Versicherer erhalten.

Für den Umfang der Vertretungsmacht des Agenten ist das Recht des Ortes maßgebend, an dem der Agent seine Geschäftstätigkeit entfaltet, die Agentur ihren Sitz hat (RGZ. Bd. 38. 194, Bd. 51. 147, RG. Seuffert Bd. 66. 146 Nr. 73). Das Recht kann ein anderes sein als das Statut des Betriebsortes oder der Niederlassung (Bruck, Zwischenstaatliches Versicherungsrecht 28 Anm. 78).

5. Das Verhältnis zwischen Geschäftsherrn und 5. Agenten wird durch das Gesetz nicht berührt. Der Agenturvertrag ist Geschäftsbesorgungsvertrag nach § 675 BGB. (RG. 14. 1. 16 Bd. 87, 440, 443; ObLG. 29. 10. 12 VA. 1913* 7 Nr. 714). Der Agenturvertrag ist bei fehlender Zulassung des Versicherers zum Geschäftsbetrieb nichtig (OLG. München 4. 2. 27 VA. 1928. 14 Nr. 1669). — „Pensaverträge" sind ungültig (VA. 1905. 40; OLG. Köln 14. 7. 05 VA. 1905* 94 Nr. 157; KaufmG. Frankfurt (Main) VA. 1909* 84 Nr. 474; LG. I. Berlin VA. 1910* 56 Nr. 525; Serini Z. 1910. 362).

Der Agent bekommt für seine Mühewaltung Provision. Die Ver- 6. mittelungs- oder Abschluß-Provision ist fällig, wenn der Versicherungsvertrag abgeschlossen und ausgeführt ist (§ 88 Abs. 1 S. 1 HGB.). Wird nur eine Prämie geschuldet, so ist mit ihrer Zahlung der Vertrag zur Ausführung gelangt. Zweifelhaft ist die Rechtslage, wenn mehrere Prämienzahlungen zu erfolgen haben. Richtig dürfte die Ansicht sein, daß der Versicherungsvertrag mit jeder Prämienzahlung teilweise zur Ausführung gelangt (RG. 23. 11. 10 LZ. 1911. 303, JW. 1911. 105; Gutachten der Industrie- und Handelskammer Berlin 10. 12. 28 VA. 1930. 86). Zweifelhaft ist ferner, ob ein nach Beendigung des Agenturvertrags stillschweigend verlängertes Versicherungsverhältnis, das der ausgeschiedene Agent abgeschlossen oder vermittelt hat, auch für die Verlängerungszeit Provisionsansprüche für den Agenten hervorrufen kann (Bruck 141, Gerhard JW. 1929. 2037, Müller VersPost 1929. 121 f.; anders KG. 26. 6. 28 JR. 1928. 353). Über den besonderen Provisionsanspruch des Bezirksagenten § 89 HGB. Bei dem Zivilmakler ist die Provision bereits verdient, wenn der Vertrag zustande kommt (§ 652 Abs. 1 BGB.). Für den Einzug der Prämie erhält er ferner eine Inkassoprovision; auch sie steht dem Agenten nur zu, wenn er tatsächlich das Inkasso besorgt hat (Gutachten der Industrie- und Handelskammer Berlin 15. 1. 30 VA. 1931. 91). Über die sehr bestrittene Frage, inwieweit Provisionsansprüche nach Beendigung des Agenturvertrags bestehen, Bruck 140 ff.

7. 6. Der Agent ist kein verfassungsgemäß berufener Vertreter des Versicherers (so RG. 3. 7. 83 Bd. 9. 195), auch kein Generalbevollmächtigter im Sinne des § 173 ZPO. (OLG. Hamm 25. 3. 25 JW. 1926. 616, JR. 1925. 227, HansRZ. 1926. 55), sondern eine Hilfsperson des Versicherers, deren er sich im geschäftlichen Verkehr mit dem Publikum bedient und der mithin besonderes Vertrauen entgegengebracht werden kann (RG. 2. 12. 90 Bd. 27. 151, 29. 6. 97 Bd. 39. 177, 30. 3. 00 Bd. 46. 184, 1. 3. 04 Seuffert Bd. 59. 362 Nr. 203, 26. 2. 07 Bd. 66. 275, 26. 4. 10 Bd. 73. 302, 27. 5. 10 LZ. 1911. 71, 7. 1. 30 JW. 1930. 3618, JR. 1930. 54, VA. 1930. 336 Nr. 2086). Von diesem allgemeinen Gesichtspunkt ist bei der Beantwortung der Frage nach der Haftung für den Agenten auszugehen (Bem. 12 ff. zu § 43).

8. 7. Die Versicherungsmakler sind im Gesetz nicht erwähnt. Über ihre Stellung vgl. Bruck 151 ff.

§ 43. Ein Versicherungsagent gilt, auch wenn er nur mit der Vermittelung von Versicherungsgeschäften betraut ist, als bevollmächtigt, in dem Versicherungszweige, für den er bestellt ist:

1. Anträge auf Schließung, Verlängerung oder Änderung eines Versicherungsvertrags, sowie den Widerruf solcher Anträge entgegenzunehmen;
2. die Anzeigen, welche während der Versicherung zu machen sind, sowie Kündigungs- und Rücktrittserklärungen oder sonstige das Versicherungsverhältnis betreffende Erklärungen von dem Versicherungsnehmer entgegenzunehmen;
3. die von dem Versicherer ausgefertigten Versicherungsscheine oder Verlängerungsscheine auszuhändigen;
4. Prämien nebst Zinsen und Kosten anzunehmen, sofern er sich im Besitze einer vom Versicherer unterzeichneten Prämienrechnung befindet; zur Unterzeichnung genügt eine im Wege der mechanischen Vervielfältigung hergestellte Namensunterschrift.

1. Schrifttum: Bem. 1 vor § 43; Schmidt ZVW. 1930. 917.

2. I. Ob ein Agent Vermittelungs- (§ 43) oder Abschlußagent (§ 45) ist, pflegt aus den Antragspapieren, Versicherungsbedingungen usw. hervorzugehen. Hinweise geben die technischen Eigentümlichkeiten der einzelnen Versicherungszweige, so sind in der Lebens-, Unfall-, Haftpflicht-

versicherung fast nur Vermittelungsagenten, dagegen in der Feuerversicherung häufig, in der Transportversicherung fast nur Abschlußagenten tätig. Im Zweifelsfalle ist regelmäßig der geringere Umfang der Vertretungsmacht (also die des Vermittelungsagenten) anzunehmen. Schließt trotzdem ein Vermittelungsagent ab, dann gilt der Abschluß von dem Versicherer als genehmigt, wenn er nicht unverzüglich, nachdem er von dem Abschluß Kenntnis erlangt hat, dem Versicherungsnehmer erklärt, daß er das Geschäft ablehne (§ 85 HGB.; KG. 3. 10. 28 JR. 1928. 352); der Geschäftsgebrauch kann telegraphische Ablehnung erfordern (ROHG. Bd. 10. 374, 378). Duldet der Versicherer den Abschluß von Verträgen und die Unterzeichnung von Versicherungsscheinen durch seine Agenten, so spricht der Rechtsschein gegen ihn, und er kann sich nicht darauf berufen, daß ein einzelner Agent nur zur Vermittelung befugt war (RG. 21. 2. 83 Bd. 9. 237, 239, 7. 1. 02 Bd. 50. 75, 13. 5. 16 Bd. 88. 231; KG. 2. 11. 21 VA. 1923* 6 Nr. 1234). Auch durch die berechtigte Führung des Titels „Generalagent", „Subdirektor" wird ein Rechtsschein erzeugt (RG. 26. 4. 10 Bd. 73. 302; VA. 1931. 91; KG. 4. 3. 31 VA. 1932. 23 Nr. 2250, JR. 1931. 212).

II. Für die Vertretungsmacht des Vermittelungs- 3.
agenten hat § 43 eine Reihe von Vermutungen aufgestellt, deren Entkräftung nach § 47 möglich ist. Abgesehen von der dem Agenten eigentümlichen Akquisitions- (Anwerbe-) Tätigkeit sind seine Befugnisse überwiegend (Ausnahme unten Bem. 9) passiver Natur. Insbesondere darf er den Vertrag nicht abschließen, auch nicht in der Form der Deckungszusage (Bem. 29 zu § 1; Herzog JR. 1926. 266). Seine Vertretungsmacht gilt nur für den Versicherer, von dem er oder für den er bestellt ist, und bezieht sich nur auf den Versicherungszweig, für den er bestellt ist. Wird der Agent in einem anderen Versicherungszweig oder für einen anderen Versicherer tätig, so handelt er als Geschäftsführer ohne Auftrag.

Ziffer 1. a) Der Vermittelungsagent gilt als bevollmächtigt zur Ent- 4.
gegennahme von Anträgen auf Abschluß, Verlängerung, Änderung eines Versicherungsvertrags. Mithin beginnt, abgesehen von der Lebensversicherung mit ärztlicher Untersuchung, die Annahmefrist (Bem. 17 zu § 1; Bem. 7 zu § 81) bereits mit Entgegennahme des Antrags seitens des Agenten, nicht erst mit der Übermittelung des Antrags an den Versicherer, zu laufen (Bgr.). — Anträge auf Änderung eines Versicherungsvertrags sind beispielsweise das Verlangen nach Umwandlung in eine prämienfreie Versicherung (Bem. 7 ff. zu § 174) — kann auch als Erklärung, die das Versicherungsverhältnis betrifft (Ziffer 2), aufgefaßt werden —, der Antrag auf Änderung der Versicherungssumme.

Der Versicherungsnehmer kann den Agenten beauftragen, in seinem, des 5.
Versicherungsnehmers, Namen Anträge zu stellen; § 181 BGB. steht nicht entgegen.

b) Die Bevollmächtigung zur Entgegennahme des Widerrufs 6.
von Anträgen setzt voraus, daß der Widerruf noch zulässig ist (§ 130 Abs. 1 S. 2 BGB.). Solange sich der Antrag in Händen des Vermittelungsagenten befindet, bedeutet der Widerruf die Zurücknahme des Antrags. Es

genügt jedoch auch ein dem Versicherer unmittelbar, z. B. telegraphisch oder telephonisch, zugegangener Widerruf, der vorher oder gleichzeitig mit dem vom Vermittelungsagenten übersandten Antrag bei ihm eintrifft.

7. Ziffer 2. Der Vermittelungsagent gilt als bevollmächtigt zur Entgegennahme von Anzeigen (z. B. §§ 10, 23, 33 [OLG. Hamm 19. 3. 27 VA. 1928. 251 Nr. 1755], 58 [KG. 9. 7. 30 JR. 1930. 400], 92, 110, 121, 153, 171, 182, 58, 71, 90, 104, 114, 128), von Kündigungserklärungen des Versicherungsnehmers (§ 96, 113, 165), von sonstigen das Versicherungsverhältnis betreffenden Erklärungen (§§ 5, 64, Anfechtungserklärung, Mitteilung von Abtretung oder Verpfändung des Anspruchs aus der Versicherung usw.), die während der Versicherung zu machen sind. Seine Vertretungsmacht erlischt („während der Versicherung") nicht mit dem Ablauf des Vertragsverhältnisses, sofern die Erklärungen und Mitteilungen noch das Versicherungsverhältnis betreffen. Sie besteht gegenüber jedem, der eine auf das Versicherungsverhältnis bezügliche Anzeige, Mitteilung usw. zu machen hat.

8. Die Bevollmächtigung zur Entgegennahme von Erklärungen schließt nicht die Bevollmächtigung in sich, Erklärungen namens des Versicherers abzugeben. Er kann also insbesondere nicht den Versicherungsnehmer von seinen bedingungsgemäßen Verpflichtungen in irgendeiner Weise befreien (RG. 1. 3. 04 VA. 1904. 149 Nr. 68, Seuffert Bd. 59. 362 Nr. 203, 7. 1. 05 VA. 1905* 32 Nr. 108; KG. 7. 5. 09 VA. 1909* 87 Nr. 476; OLG. Kolmar 16. 2. 12 VA. 1912* 116 Nr. 702; OLG. Hamm 22. 4. 26 JR. 1926. 170), er kann nicht die Verpflichtung des Versicherers zur Entschädigungsleistung anerkennen (KG. 6. 6. 28 JR. 1928. 237) oder ablehnen (RG. 10. 1. 05 VA. 1905* 70 Nr. 138). — Er ist nicht zur selbständigen Prozeßführung befugt (Müller JR. 1925. 217). Klagezustellung an den Vermittelungsagenten ist unwirksam (OLG. Hamm 25. 3. 25 JW. 1926. 616, JR. 1925. 227, HansRZ. 1926. 55).

9. Ziffer 3. Der Vermittelungsagent gilt als bevollmächtigt zur Aushändigung der Versicherungs- und Verlängerungsscheine, ihrer Ersatzurkunden, von Bescheinigungen, die zu dem Versicherungsschein gehören oder anderweitig zur Beurkundung der Verpflichtung des Versicherers dienen (Hinterlegungsscheine, Abschriften von Erklärungen § 3 Abs. 4, Hypothekensicherungsscheine usw.). Infolgedessen ist der Agent auch zur Empfangnahme der Erst-Prämie nebst Nebenkosten berechtigt, über deren Empfang er auf dem Versicherungsschein oder in einer besonderen Urkunde zu quittieren pflegt (VA. 1915. 120; Bem. 15 zu § 35).

10. Ist der Vermittelungsagent vom Versicherungsnehmer zur Entgegennahme von Urkunden des Versicheres ermächtigt, dann steht der Besitz des Agenten dem des Versicherungsnehmers gleich.

11. Ziffer 4. Der Vermittelungsagent gilt als bevollmächtigt zur Annahme von Prämien nebst Zinsen und Kosten. Insoweit ist er Empfangsbevollmächtigter des Versicherers. In den Entwürfen des Gesetzes war nur von „fälligen" Prämien die Rede; nunmehr ist er zur Annahme

auch noch nicht fälliger Prämien befugt (Bgr.; RG. 17. 10. 88 Seuffert Bd. 44. 286 Nr. 175). — Der Vermittelungsagent ist jedoch zur Annahme der Prämie usw. nur befugt, wenn er sich im Besitz einer vom Versicherer eigenhändig oder mechanisch unterzeichneten Prämienrechnung befindet (KG. 15. 1. 30 JR. 1930. 98). Da der Agent befugt und verpflichtet ist, über die empfangene Zahlung zu quittieren, so genießt die Prämienrechnung dieselbe Vermutung wie eine Quittung (§ 370 BGB.). Befindet sich somit der Agent im Besitz der Prämienrechnung, dann gilt er zur Empfangnahme als ermächtigt, auch wenn er die Rechnung widerrechtlich erlangt oder gefunden haben sollte. Geschädigt ist nicht der zahlende Prämienschuldner, sondern der Versicherer, wenn der Agent das empfangene Geld an ihn nicht abführt (Bem. 19). Ist die Prämienrechnung gefälscht, dann ist zwar die Prämienschuld dem Versicherer gegenüber nicht getilgt, jedoch kann der Versicherer dem Prämienschuldner zum Schadensersatz verpflichtet sein, wenn der Versicherer nicht die notwendigen Vorkehrungen getroffen hat, um eine Täuschung des Versicherungsnehmers zu verhüten. Die Vermutung, welche der Besitz der Prämienrechnung in sich schließt, kann der Versicherer durch den von ihm zu führenden Beweis entkräften, daß der Zahlende Umstände kannte, die der Annahme der Ermächtigung entgegenstehen. Nur mit dem Gedanken des Rechtsscheins zu begründen (KG. 21. 12. 29 JR. 1930. 116): auch wenn sich der Agent nicht im Besitz einer Prämienrechnung befindet, soll die Zahlung an ihn befreiende Wirkung haben, wenn er des öfteren Prämien von Versicherungsnehmern eingezogen hat und dieses Verfahren von dem Versicherer nicht beanstandet worden ist. — Die Aushändigung der Prämienquittung beweist, daß die Prämie nebst Nebenkosten bezahlt ist. Der Versicherer kann aber den Gegenbeweis erbringen, daß die Prämie usw. tatsächlich nicht bezahlt ist (OLG. Hamburg 12. 4. 26 JR. 1926. 169). Unter Umständen liegt in der Aushändigung der Quittung ohne Zahlung Krediteinräumung seitens des Agenten. Alsdann kommt es darauf an, ob der Agent den geschuldeten Betrag tatsächlich an den Versicherer bezahlt. Unterläßt er die Zahlung, so treten für den Prämienschuldner vorbehaltlich seines Schadensersatzanspruchs gegen den Agenten die Folgen der Nichtbezahlung ein (§§ 38, 39; vgl. auch VA. 1931. 115). — Ob eine Postquittung die Prämienquittung ersetzt und nicht trotzdem die Verpflichtung des Versicherers aus § 368 BGB. bestehen bleibt, hängt von den zugrunde liegenden Versicherungsbedingungen ab. — Läuft auf Namen des Versicherers ein Bankkonto, so fällt der Saldo bei Konkurs des Agenten auch dann nicht in die Konkursmasse, wenn er über das Konto verfügen durfte. Läuft das Konto auf Namen des Agenten, so gehört der Saldo zu der Konkursmasse des Agenten, gleichgültig ob auf das Konto Beträge für den Versicherer eingenommen oder ausgegeben sind. Befindet sich zur Zeit der Konkurseröffnung über das Vermögen des Agenten in seinen Händen Bargeld, das er für den Versicherer mit dem erkennbaren Willen, ihm das Eigentum zu verschaffen, eingenommen hat, etwa durch gesonderte Aufbewahrung, so hat der Versicherer ein Aussonderungsrecht; dasselbe gilt für einen Scheck und einen blanko indossierten Wechsel. — Über Inkassoprovision Bem. 6 vor § 43.

III. Aus der Vertrauensstellung des Agenten (Bem. 7 vor § 43) ergibt sich der allgemeine Gesichtspunkt für die Entscheidung der Frage, inwieweit der Versicherer oder Versicherungsnehmer für ihn haften und inwieweit er haftpflichtig gemacht werden kann.

A. Die Anwerbetätigkeit des Agenten. Der Agent pflegt bei Erfüllung der vorvertraglichen Anzeigepflicht (§§ 16 ff.) mitzuwirken. Hierbei ist zu unterscheiden:

12. 1. Die Fragen sind objektiv zweifelhaft, lassen somit verschiedene Deutungen zu. Der Versicherer hat für unrichtige Auslegung durch den Agenten aufzukommen. Verletzt daher der Anzeigepflichtige infolge der unrichtigen Belehrung die Anzeigepflicht, so kann ihm diese Verletzung nicht angerechnet werden (RG. 30. 3. 00 Bd. 46. 184; OLG. Frankfurt 20. 11. 03 VA. 1904. 61 Nr. 40). So wenn der Agent den Begriff „Krankheit" (RG. 5. 1. 06 VA. 1906* 8 Nr. 177; OLG. Hamburg 16. 5. 04 VA. 1904. 176 Nr. 81; KG. 12. 7. 10 VA. 1911* 10 Nr. 571), den Begriff „frühere Brände" (RG. 16. 1. 06 VA. 1906* 21 Nr. 189, 27. 6. 11 VA. 1911* 119 Nr. 635), den Begriff des Beleihungs- und Rückkaufs-Wertes (RG. 26. 4. 10 Bd. 73. 302, VA. 1910* 86 Nr. 544) falsch auslegt, wenn er den Anzeigepflichtigen fälschlich belehrt, es brauche nicht angezeigt zu werden, daß auf der anderen Straßenseite eine Fabrik liegt (RG. 28. 2. 13 LZ. 1914. 481), daß ein weit zurückliegender, ohne dauernde Folgen gebliebener Unfall nicht anzeigepflichtig sei (RG. 10. 6. 13 VA. 1913* 107 Nr. 763; OLG. Marienwerder 3. 2. 11 VA. 1912* 4 Nr. 642).

13. Der Versicherer muß auch über den Rahmen der vorvertraglichen Anzeigepflicht hinaus für jede unrichtige Belehrung durch den Agenten aufkommen, so wenn dieser erklärt, daß Erdrutschungen unter die Versicherung fallen (RG. 27. 3. 14 VA. 1914* 103 Nr. 845); daß Sturmflutschäden eingeschlossen seien (RG. 15. 12. 14 VA. 1915* 5 Nr. 858, 19. 1. 15 Bd. 86. 128); daß die Bezahlung der Prämie nicht eile, da Deckungszusage erteilt sei (RG. 9. 6. 25 JR. 1925. 193, VA. 1926. 146 Nr. 1495, HansRZ. 1926. 217). Der Versicherer haftet ferner für Belehrung des Agenten über den Begriff des versicherten Interesses (OLG. Hamburg 18. 3. 09 VA. 1909* 104 Nr. 488; KG. 3. 11. 11 VA. 1912* 77 Nr. 678), über den Begriff Verschluß von Bargeld in einer Kassette (KG. 16. 6. 11 VA. 1912* 42 Nr. 659), über den Gattungsbegriff Pferde (OLG. Naumburg 17. 12. 23 VA. 1925. 134 Nr. 1418), über die räumliche Ausdehnung der Einbruchdiebstahlversicherung (RG. 2. 10. 25 Bd. 111. 313, JR. 1925. 300, VA. 1926. 147 Nr. 1496; Grüllich JR. 1926. 241), über die Höchstgrenze des Schadensersatzes (RG. 27. 1. 28 VA. 1929. 256 Nr. 1910), über die Kündigungsmöglichkeit einer anderen Versicherung (OLG. Celle 6. 1. 31 JR. 1931. 274). Der Versicherer haftet ferner, wenn der Agent erklärt, daß sich die für die Kirchengemeinde genommene Haftpflichtversicherung auch auf die Privatwirtschaft des Pfarrers beziehe (OLG. Marienwerder 13. 4. 15 VA. 1915* 45 Nr. 881; RG. 12. 10. 15 VA. 1916* 18 Nr. 918); daß die Haftpflichtversicherung für Hausbesitzer sich mit erstrecke auf den Bordellbetrieb (RG. 25. 11. 19 JW. 1920. 280, Masius

1920. 262); daß unter eine Reisegepäckversicherung auch ein Koffer falle, der allein reise (KG. 15. 2. 22 VA. 1923* 36 Nr. 1262); daß bei einer Entschädigungsleistung der Tierkadaver dem Versicherten verbleibe (OLG. München 24. 2. 23 VA. 1924* 70 Nr. 1326); daß die Nachversicherung in Ordnung sei (OLG. Kiel 11. 4. 22 VA. 1923* 37 Nr. 1264, HansRZ. 1922. 853); daß ein anderes Versicherungsverhältnis nicht mehr bestehe (OLG. Celle 6. 1. 31 VA. 1932. 3 Nr. 2237); wenn der Subdirektor eines Haftpflichtversicherers erklärt, es sei belanglos, ob der Versicherungsnehmer als Halter des Kraftfahrzeugs anzusehen ist oder nicht, obschon er weiß, daß der Versicherungsnehmer nur Inhaber der Konzession ist (KG. 4. 3. 31 VA. 1932. 23 Nr. 2250, JR. 1931. 212). Aber eine allgemeine Aufklärungspflicht über den Gesamtinhalt der Versicherungsbedingungen oder gar über die Unterschiede, die zwischen den Versicherungsbedingungen verschiedener Versicherer bestehen, liegt dem Agenten nicht ob (OLG. München 12. 3. 31 VA. 1932. 30 Nr. 2259). Der Versicherer haftet, wenn der Agent ein falsches Antragsformular verwendet (OLG. Köln 21. 12. 23 VA. 1925. 108 Nr. 1404), wenn er die Dauer der Versicherung fest mit dem Antragsteller vereinbart (OLG. Braunschweig 8. 6. 28 VA. 1929. 200 Nr. 1857).

2. Die Fragen sind unzweideutig und können bei Berück- 14.
sichtigung des Bildungsgrades des Anzeigepflichtigen nicht falsch verstanden werden. Der Versicherer hat für unrichtige Auslegung oder Auskunft durch den Agenten nicht aufzukommen. Verletzt daher der Anzeigepflichtige infolge der unrichtigen Auslegung oder Auskunft die Anzeigepflicht, so ist ihm diese Verletzung anzurechnen, so wenn er nach früher erlittenen Brandschäden gefragt wird und, obschon er solche erlitten hat, den Agenten mit Nein antworten läßt (RG. 22. 9. 03 VA. 1904. 60 Nr. 39, 27. 6. 11 VA. 1911* 119 Nr. 635; OLG. Posen 18. 5. 03 VA. 1904. 146 Nr. 65); wenn der Anzeigepflichtige nach seiner letzten Krankheit gefragt wird und er auf Veranlassung des Agenten einen Husten, der häufig ärztliche Besuche notwendig gemacht hat, verschweigt (RG. 23. 10. 03 Praxis Bd. 2. 113); wenn der Anzeigepflichtige gefragt wird, ob seine Körperbeschaffenheit von der normalen abweicht, und er auf Veranlassung des Agenten mit Nein antwortet, obschon er an einer hochgradigen Verkrümmung der Wirbelsäule leidet (RG. 25. 1. 07 VA. 1907* 46 Nr. 303); wenn der Anzeigepflichtige gefragt wird, ob er früher gleichartige Versicherungsanträge gestellt hat oder Entschädigungsleistungen beansprucht oder erhalten hat, und er wahrheitswidrig auf Veranlassung des Agenten antwortet (RG. 7. 2. 11 VA. 1912* 11 Nr. 646); wenn der Anzeigepflichtige gefragt wird, ob er krank gewesen ist, und er auf die Belehrung des Agenten hin, daß über fünf Jahre zurückliegende Krankheiten nicht anzeigepflichtig seien, die Frage verneint (RG. 7. 11. 11 VA. 1912* 5 Nr. 643); wenn der Anzeigepflichtige nach bestehenden Versicherungen gefragt wird und er unrichtig antworten läßt (RG. 18. 10. 04 VA. 1905* 20 Nr. 99); wenn der Anzeigepflichtige nach Herzkrankheiten gefragt wird und er auf Belehrung des Agenten hin, es seien nur Krankheiten auf die zurückliegende Zeit von zwei bis drei Jahren hin anzugeben, denn Kinderkrankheiten hätte jeder, die Herzkrankheit nicht angibt (KG. 27. 11. 29 JR. 1930. 33); wenn die Angabe des Agenten in einem mit dem Inhalt des auszufüllenden Antrags-

scheins nicht zu vereinbarenden Widerspruch steht (KG. 8. 11. 30 VA. 1931. 245 Nr. 2202); wenn der einfachen Verhältnissen entstammende Anzeigepflichtige darauf vertrauen durfte, daß der Agent nichts eintragen werde, was nicht richtig sei (KG. 22. 2. 30 JR. 1930. 154); wenn der Agent den Antragsschein durch Abschreiben eines früheren Antragsscheins ohne neues Befragen des Anzeigepflichtigen ausgefüllt hat und der Anzeigepflichtige auf die richtige Ausfüllung vertrauen durfte (OLG. Stuttgart 27. 3. 30 JR. 1930. 385).

15. 3. Bei Fragen, die nicht aus den persönlichen Verhältnissen und dem eigenen besonderen Wissen des Anzeigepflichtigen zu beantworten sind, sondern die ebensogut von jedem Dritten, daher auch von dem Agenten beantwortet werden können, ist der Anzeigepflichtige, der die Beantwortung solcher Fragen dem Agenten überläßt und davon absieht, die für ihn von dem Agenten hierbei abgegebenen Erklärungen sachlich einer besonderen Nachprüfung zu unterziehen, für Unrichtigkeiten nicht verantwortlich (RG. 30. 3. 00 Bd. 46. 184). So namentlich falsche Beschreibung der gegen Feuer zu versichernden Räumlichkeiten (RG. 9. 10. 82 Bd. 10. 158, 9. 11. 88 Bd. 22. 201, 2. 12. 90 Bd. 27. 151, 5. 1. 04 VA. 1904. 62 Nr. 41, 27. 5. 10 VA. 1910* 109 Nr. 561, 6. 3. 14 VA. 1914* 49 Nr. 810, 29. 11. 21 Masius 1922. 299; OLG. Stettin 5. 11. 03 VA. 1904. 152 Nr. 70) oder der Bauart des zu versichernden Hauses („massiv" OLG. Zweibrücken 15. 3. 05 VA. 1907* 27 Nr. 290; KG. 24. 11. 26 JR. 1927. 13, VA. 1928. 43 Nr. 1693, 28. 4. 28 JR. 1928. 187; OLG. Nürnberg 9. 11. 29 VA. 1930. 330 Nr. 2082, JR. 1930. 101; OLG. Düsseldorf 2. 5. 29 JR. 1930. 64) oder falsche Beschreibung des gegen Hochwasser versicherten Werkes (RG. 7. 1. 30 JR. 1930. 54, VA. 1930. 336 Nr. 2086, JW. 1930. 3618) oder falsche Angabe des Baujahrs des Autos, wenn der Anzeigepflichtige Nichtfachmann ist und der Agent das Auto in seiner Reparaturwerkstätte gehabt hat (RG. 5. 7. 29 Recht des Kraftfahrers 1930. 299). Es kann aber auch mitwirkendes Verschulden des Anzeigepflichtigen vorliegen (OLG. Hamm 4. 12. 30 VA. 1931. 238 Nr. 2198). — Ein gröblicher Verstoß gegen die dem Agenten obliegende Sorgfaltspflicht liegt insbesondere dann vor, wenn der Anzeigepflichtige nicht lesen kann und der Agent die niedergeschriebenen Antworten vorzulesen unterläßt (RG. 26. 2. 07 Bd. 66. 275, VA. 1907* 41 Nr. 300) oder wenn der Agent richtig erteilte Antworten wissentlich falsch niederschreibt (OLG. Hamm 4. 3. 25 VA. 1926. 100 Nr. 1464; OLG. München 9. 5. 27 VA. 1928. 253 Nr. 1758; bedenklich KG. 7. 3. 28 JR. 1928. 170). Der Anzeigepflichtige hat zu beweisen, daß der Agent ohne sein Wissen die Antworten unrichtig niedergeschrieben hat (KG. 5. 7. 30 JR. 1930. 401).

16. 4. Schreibt der Agent für den Anzeigepflichtigen die Antwort nieder, dann handelt er nicht als Angestellter des Versicherers, sondern als Beauftragter des Anzeigepflichtigen. Unterläßt daher der Anzeigepflichtige die ihm mögliche (Bem. 15) Nachprüfung der von dem Agenten niedergeschriebenen Antworten, so muß der Anzeigepflichtige für ihre Unrichtigkeit aufkommen und kann sich dem Versicherer gegenüber nicht auf das Verschulden des Agenten berufen (RG. 29. 6. 97 Bd. 39. 177, 30. 3. 00 Bd. 46. 184, 6. 11. 03 VA. 1904. 32 Nr. 28, 6. 3. 17 VA. 1918* 64 Nr. 1052; OLG. Köln

19. 10. 04 VA. 1905* 66 Nr. 133; OLG. Hamm 11. 1. 10 Praxis Bd. 3. 86; KG. 8. 2. 30 Praxis des Versicherungsrechts 1930. 51; OLG. Hamm 23. 3. 31 VA. 1932. 42 Nr. 2270; anders OLG. München 9. 5. 27 VA. 1928. 253 Nr. 1758). Erst recht handelt der Anzeigepflichtige schuldhaft, wenn er den Fragebogen blanko unterschreibt und jede Nachprüfung der von dem Agenten später vorgenommenen Niederschrift unterläßt (ROHG. Bd. 8. 55).

5. Hat der Agent den Versicherungsnehmer durch arglistige Täu- 17.
schung oder widerrechtlich durch Drohung zur Unterzeichnung des Antrags oder zur Abgabe einer sonstigen Erklärung bestimmt, so kann der Versicherungsnehmer die Erklärung gegenüber dem Versicherer anfechten, denn der Agent ist kein unbeteiligter Dritter (§ 123 Abs. 2 BGB.; RG. 17. 12. 98 Bd. 43. 142, 147, 15. 3. 04 VA. 1904. 170 Nr. 74, JW. 1904. 232, 1. 2. 10 Praxis Bd. 3. 142, VA. 1910* 74 Nr. 537, 23. 2. 28 VA. 1929. 189 Nr. 1849; LG. Lübeck VA. 1904. 59 Nr. 38; OLG. Hamburg 1. 7. 07 LZ. 1907. 844, 26. 11. 10 LZ. 1911. 404, 27. 2. 31 HansRGZ. A. 1931. 355, VA. 1932. 18 Nr. 2247; KG. 10. 12. 07 VA. 1908* 47 Nr. 380, 19. 4. 10 VA. 1910* 102 Nr. 555, 29. 10. 15 VA. 1917* 7 Nr. 972; OLG. Hamm 22. 5. 08 VA. 1909* 30 Nr. 441; OLG. Königsberg 7. 1. 10 VA. 1910* 32 Nr. 513). Dasselbe gilt, wenn die Täuschung von dem Unteragenten des Bezirksagenten begangen ist, selbst wenn die Anstellung des Unteragenten ohne Genehmigung des Versicherers erfolgt ist (KG. 23. 6. 28 JR. 1928. 293, VA. 1930. 15 Nr. 1928). — Dagegen sind Unregelmäßigkeiten des Agenten keine Eigenschaft des Versicherers im Sinne von § 119 Abs. 2 BGB. (KG. 10. 10. 25 HansRZ. 1926. 56).

Behandelt der Agent die von ihm entgegengenommenen Anträge 18.
(Bem. 4) nicht ordnungsgemäß, indem er ihre Weitergabe unterläßt oder verzögert, oder unterläßt er die Mitteilung eines vollzogenen Abschlusses, so ist er dem Versicherer gegebenenfalls schadensersatzpflichtig (KG. 29. 10. 21 VA. 1923* 33 Nr. 1260).

Ist der Agent Inkassobevollmächtigter des Versicherers 19.
(Bem. 11), so haftet der Versicherer dem Prämienschuldner gegenüber für alle die Prämienzahlung betreffenden Handlungen, Unterlassungen des Agenten (Haftung des Versicherers für unterschlagene Prämien RG. 23. 2. 28 JW. 1928. 1740). Insbesondere trifft der Annahmeverzug des Agenten den Versicherer (ROHG. Bd. 9. 370, 377, Bd. 15. 39, 41, Bd. 19. 418; RG. 22. 1. 92 Bd. 28. 389). — Hat der Agent des bei mehreren Versicherern führenden Versicherers eingezogene Prämienbeträge unterschlagen, so soll der führende Versicherer dem geführten Versicherer gegenüber hierfür nicht haften, wenn der Agent auch in Diensten des geführten Versicherers gestanden hat (OLG. Karlsruhe 12. 3. 30 JR. 1931. 132). — Über die Stellung des Agenten bei Auszahlung der Geldleistung des Versicherers Bem. 6 zu § 49.

Wird der Agent als Bote von dem Versicherer in Anspruch genommen 20.
(Bem. 9), so haftet der Versicherer für das Verhalten des Agenten, wenn dieser etwa den Versicherungsschein aushändigt, ohne die Prämien einzuziehen.

21. B. Der Agent haftet dem Versicherungsnehmer, abgesehen von der außervertraglichen Haftung aus §§ 823, 826 BGB. (RG. 22. 1. 06 Bd. 62. 315, VA. 1906* 125 Nr. 263), als Geschäftsbesorger nach § 362 HGB., wenn er die ordnungsgemäße Bearbeitung und Weitergabe eines von ihm entgegengenommenen Antrags auf Abschluß, Verlängerung usw. einer Versicherung unterläßt, in der Zwischenzeit der Versicherungsfall eintritt und anzunehmen ist, daß der Antrag angenommen worden wäre (RG. 9. 6. 88 Bd. 21. 90, 22. 1. 06 Bd. 62. 315, VA. 1906* 125 Nr. 263; OLG. Colmar 3. 7. 03 VA. 1903. 132 Nr. 2; KG. 17. 1. 23 JR. 1924. 37, 25. 4. 25 JR. 1925. 161). Kommt der Agent als Geschäftsbesorger nach § 663 BGB. in Betracht, so haftet er bei Schweigen nur für das negative Vertragsinteresse, hat aber auch in seinem Rahmen den eingetretenen Vermögensschaden zu ersetzen.

22. Bedient sich der Versicherungsnehmer des Agenten als Boten zur Weitergabe von Anzeigen, Mitteilungen usw. an den Versicherer, so haftet der Agent dem Versicherungsnehmer nach allgemeinen bürgerlichrechtlichen Grundsätzen, wenn durch die verzögerte oder unterbliebene Weitergabe dem Versicherungsnehmer ein Schaden entsteht.

23. Erteilt der Agent dem Versicherungsnehmer Ratschläge über die Ausgestaltung seines Versicherungsverhältnisses, so haftet jedenfalls nicht der Versicherer für falsche Ratserteilung (OLG. Frankfurt 16.1.19 VA. 1923*40 Nr. 1266; KG. 24. 5. 22 VA. 1923* 36 Nr. 1263). Ob der Agent dem Versicherungsnehmer haftet, bestimmt sich nach allgemeinen bürgerlichrechtlichen Grundsätzen.

24. C. Der Agent haftet für seine Angestellten als Erfüllungsgehilfen gegenüber dem Versicherer und Versicherungsnehmer (RG. 19. 5. 22 Bd. 104. 344, HansRZ. 1922. 809; Josef Mitteilungen 1923. 4), aber nicht für denjenigen, der Anträge nur „sammelt" (RG. 22. 9. 03 VA. 1904. 60 Nr. 39).

25. D. Ob der Antragsteller einen Schadensersatzanspruch gegen den Versicherer geltend machen kann, wenn der Agent die von ihm entgegengenommenen Anträge (Bem. 4) nicht ordnungsgemäß weitergibt und hieraus dem Antragsteller ein Schaden erwächst, richtet sich nach der Art des Antrags. Bei einem Antrage auf Neuabschluß einer Versicherung ist der Versicherer grundsätzlich nicht schadensersatzpflichtig, da er zur Annahme des Antrags nicht verpflichtet ist (Bem. 27 zu § 1). Handelt es sich dagegen um die Beantragung einer Verlängerung oder einer sonstigen Änderung eines bestehenden Vertrags, so hat der Versicherer das Verschulden des Agenten als seines Erfüllungsgehilfen (§§ 276, 278 BGB.; anders OLG. Celle 7. 10. 26 JR. 1926. 335, VA. 1929. 32 Nr. 1812) zu vertreten (RG. 31. 1. 22 VA. 1923* 51 Nr. 1276, 13. 3. 23 VA. 1924* 79 Nr. 1334, HansRZ. 1923. 664, Mitteilungen 1923. 111; OLG. Hamm 22. 4. 26 JR. 1926. 170). Allerdings kann ein mitwirkendes Verschulden des Versicherungsnehmers (§ 254 BGB.) vorliegen, wenn er jede Nachprüfung unterläßt, ob der von ihm dem Agenten ausgehändigte Antrag erledigt worden ist (OLG. Celle 7. 10. 26 JR. 1926. 335, VA. 1929. 32 Nr. 1812).

26. IV. § 43 ist nicht zwingend.

§ 44. Soweit nach den Vorschriften dieses Gesetzes die Kenntnis des Versicherers von Erheblichkeit ist, steht die Kenntnis eines nur mit der Vermittelung von Versicherungsgeschäften betrauten Agenten der Kenntnis des Versicherers nicht gleich.

Schrifttum: Bem. 1 vor § 43. 1.

I. In vielen Fällen ist die Rechtslage des Versicherers davon abhängig, 2.
daß er von gewissen Vorgängen Kenntnis erlangt. Die Rücksichtnahme auf berechtigte Interessen des Versicherers zwingt, die Kenntnis des Vermittelungsagenten nicht der des Versicherers gleichzustellen.

II. Der dem Versicherer gewährte Schutz kommt ihm nicht nur zu, wenn 3.
das Gesetz ausdrücklich auf die Kenntnis des Versicherers abstellt (z. B. §§ 16 Abs. 3, 17 Abs. 2, 20, 24 Abs. 2 [RG. 5. 10. 20 Wallmann Bd. 55. 329], 25 Abs. 2, 3, 27 Abs. 1 S. 2, 28 Abs. 2, 51 Abs. 2), sondern überall da, wo im Rahmen oder außerhalb des Rahmens des Gesetzes die Kenntnis des Versicherers von Erheblichkeit ist, so bei Anfechtung des Vertrags wegen Irrtums durch den Versicherungsnehmer, bei Konkurs des Versicherungsnehmers (Kenntnis von der Zahlungseinstellung oder der betrügerischen Absicht des Gemeinschuldners §§ 30, 31 KO.). Als allgemeiner Rechtsgrundsatz hat zu gelten, daß die Kenntnis des Vermittelungsagenten der des Versicherers nicht gleichsteht. Über die Haftung des Versicherers oder Versicherungsnehmers für das Verhalten des Vermittelungsagenten bei Erfüllung der vorvertraglichen Anzeigepflicht Bem. 12 ff. zu § 43.

III. § 44 ist nicht zwingend. 4.

IV. Wird der Vermittelungsagent ausdrücklich von dem Versicherer mit 5.
bestimmten Feststellungen beauftragt, so muß sich der Versicherer anrechnen lassen, was der Agent weiß oder wissen muß (RG. 9. 10. 82 Bd. 10. 158, 9. 11. 88 Bd. 22. 201, 207; OLG. Stettin 5. 11. 03 VA. 1904. 152 Nr. 70).

§ 45. Ist ein Versicherungsagent zum Abschlusse von Versicherungsverträgen bevollmächtigt, so ist er auch befugt, die Änderung oder Verlängerung solcher Verträge zu vereinbaren sowie Kündigungs- und Rücktrittserklärungen abzugeben.

Schrifttum: Bem. 1 vor § 43. 1.

I. 1. Die Vertretungsmacht des Abschlußagenten geht 2.
über die des Vermittelungsagenten (§ 43), die sie mitumfaßt, erheblich hinaus (so auch in dem vorgesetzlichen Recht HAG. München Baumgartner 50). Er ist grundsätzlich (Ausnahme § 47) befugt, Versicherungsverträge für den Versicherer, von dem er bestellt ist, in dem Versicherungszweig, für den er bestellt ist, abzuschließen, Deckungszusagen (Bem. 29 zu § 1; der Bürovorsteher des Agenten ist zur Erteilung von Deckungszusagen nicht befugt OLG. Rostock 30. 11. 27 VA. 1929. 196 Nr. 1853) zu erteilen. Im Text des Versicherungs-

scheins soll aber keine Unklarheit vorhanden sein, daß der Abschlußagent nur in Vollmacht des Versicherers den Vertragsabschluß tätigt (VA. 1928. 168). Er kann ferner Änderungen der Versicherungsbedingungen, der Prämien von Fall zu Fall vereinbaren (KG. 21. 6. 24 HansRZ. 1924. 684; RG. 26. 2. 26 JR. 1926. 83, HansRZ. 1926. 420, VA. 1927. 12 Nr. 1530), Versicherungsverträge verlängern, kündigen, Rücktritts- und andere Erklärungen namens des Versicherers abgeben, insbesondere also kann er mahnen (§ 39), er kann weiterhin Prämien stunden (anders Kaiser 210), selbst oder durch seine Unteragenten in Empfang nehmen usw., alles in allem kann er den Versicherer als solchen in weitem Umfange vertreten (OLG. Köln 4. 4. 19 JW. 1920. 446; Durst HansRZ. 1920. 603). Von jedem Abschluß hat er dem Versicherer unverzüglich Anzeige zu machen (§ 84 Abs. 2 HGB.). Abschluß nach Erlöschen seiner Vertretungsmacht ist für den Versicherer unverbindlich, vorbehaltlich des Schadensersatzanspruchs des Versicherungsnehmers gegen den Agenten (KG. 16. 5. 28 JR. 1928. 234). — Die Kenntnis des Abschlußagenten (anders für den Vermittelungsagenten § 44) steht der des Versicherers gleich: was der Abschlußagent weiß oder wissen muß, weiß auch der Versicherer.

3. 2. Der Abschlußagent ist grundsätzlich (Ausnahme § 47) wie der Vermittelungsagent (Bem. 8 zu § 43) nicht befugt, die Verpflichtung des Versicherers zur Entschädigung anzuerkennen oder abzulehnen (RG. 10. 1. 05 VA. 1905* 70 Nr. 138). Er ist ebensowenig befugt zur selbständigen Prozeßführung, Klagezustellung an den Abschlußagenten ist unwirksam (OLG. Posen 13. 10. 10 VA. 1911* 121 Nr. 636; OLG. Hamm 25. 3. 25 JR. 1925. 227, HansRZ. 1926. 55, JW. 1926. 616, VA. 1926. 22 Nr. 1538; KG. 6. 6. 25 JR. 1925. 217. Anders OLG. Zweibrücken 14. 4. 08 Seuffert Bd. 63. 327 Nr. 189 für die Zustellung eines Pfändungsbeschlusses an den Generalagenten der drittschuldnerischen Versicherungsgesellschaft), insbesondere nicht zur Einklagung von Prämien im eigenen Namen (KG. 14. 3. 23 HansRZ. 1923. 497, VA. 1924* 10 Nr. 1297), denn er ist kein Generalvertreter des Versicherers (KG. 30. 9. 25 HansRZ. 1926. 20). Er ist weiterhin nicht zu den sich aus § 54 Abs. 2 HGB. ergebenden Rechtshandlungen befugt.

4. II. § 45 ist nicht zwingend.

§ 46. Ist der Versicherungsagent ausdrücklich für einen bestimmten Bezirk bestellt, so beschränkt sich seine Vertretungsmacht auf Geschäfte und Rechtshandlungen, welche sich auf Versicherungsverträge über die in dem Bezirke befindlichen Sachen oder mit den im Bezirke gewöhnlich sich aufhaltenden Personen beziehen. In Ansehung der von ihm vermittelten oder abgeschlossenen Verträge bleibt der Agent ohne Rücksicht auf diese Beschränkung zur Vornahme von Geschäften und Rechtshandlungen ermächtigt.

1. Schrifttum: Bem. 1 vor § 43.

2. I. Die räumlich beschränkten Agenten — Bezirkagenten — stehen in einem Gegensatz zu den räumlich unbeschränkten, den Reiseagenten. Die Be-

zirksagenten, die gleichfalls wie alle sonstigen Versicherungsagenten für einen bestimmten Versicherungszweig bestellt werden, können Abschlußagenten (§ 45) sein oder Vermittelungsagenten (§ 43). So z. B. der Bezirksdirektor einer Lebensversicherungsgesellschaft (OLG. Hamm 30. 9. 29 Praxis des Versicherungsrechts 1930. 9). Anders OLG. Hamburg 2. 5. 29 VA. 1930. 294 Nr. 2047: die „Bezirksdirektion" sei keine Agentur, sondern eine zum selbständigen Abschluß der in ihren örtlich begrenzten Geschäftsbereich fallenden Geschäfte befugte Geschäftsstelle.

II. 1. Bezirksagent ist der Versicherungsagent (Bem. 3 vor § 43), der ausdrücklich für einen bestimmten Bezirk bestellt ist. Die Bestellung muß ausreichend nach außen hin zum Ausdruck gelangen (OLG. Breslau 23. 11. 05 DJZ. 1906. 588), etwa durch Mitteilung in Zeitungen, durch Zirkulare, Anbringung eines Firmenschildes des Versicherers mit Hinweis auf die Bezirksagentur usw. Im Gegensatz zu § 47 kommt es nicht auf die Kenntnis oder das Kennenmüssen des Dritten an, sondern es entscheidet die Tatsache, ob die Bestellung ausdrücklich für einen bestimmten Bezirk erfolgt ist. Hat ein Bezirks-Abschlußagent in der Feuerversicherung den Bezirk der Stadt A zugewiesen erhalten und schließt jemand mit ihm einen Feuerversicherungsvertrag über Mobiliar, das sich in der Stadt B befindet, ab, so ist der Vertrag für den Versicherer unverbindlich, wenn der Bezirksagent ausdrücklich nur für die Stadt A bestellt ist. Ob der Bezirksagent dem Versicherungsnehmer haftet, richtet sich nach allgemeinen Rechtsgrundsätzen. 3.

2. Die Zuständigkeit des Bezirksagenten ist eine verschiedene, je nachdem ob er eine vermittelnde oder auch abschließende oder ob er keine derartige Tätigkeit ausgeübt hat.

a) Hat der Bezirksagent keine vermittelnde oder abschließende Tätigkeit ausgeübt — der Vertrag ist von anderer Seite vermittelt oder abgeschlossen —, so ist er zu den in §§ 43, 45 aufgeführten Geschäften und Rechtshandlungen vorbehaltlich § 47 nur insoweit befugt, als sich diese Geschäfte und Rechtshandlungen beziehen auf Versicherungsverträge (S. 1): 4.

α) über die im Bezirk dauernd befindlichen unbeweglichen und beweglichen Sachen. Die nur vorübergehende Verbringung versicherter beweglicher Sachen in den Bezirk eines Bezirksagenten begründet nicht dessen Zuständigkeit.

β) mit den sich im Bezirk gewöhnlich aufhaltenden Personen. Der gewöhnliche Aufenthalt von Personen ist zwar nicht gleichbedeutend mit ihrem Wohnsitz, aber durch den Zusatz „gewöhnlich" wird die Erheblichkeit eines rein zufälligen oder vorübergehenden Aufenthalts im Bezirk des Agenten ausgeschlossen. Für juristische Personen ist ihr Sitz maßgebend. Sinngemäß muß auch bei den für einen gewerblichen Betrieb genommenen Versicherungen der Ort der gewerblichen Niederlassung die Zuständigkeit begründen.

b) Hat der Bezirksagent selbst den Vertrag vermittelt oder abgeschlossen, so kann er die in §§ 43, 45 aufgeführten Geschäfte und Rechtshandlungen vorbehaltlich § 47 vornehmen, auch wenn sich diese Geschäfte 5.

und Rechtshandlungen auf Versicherungsverträge über nicht in seinem Bezirk befindliche Sachen oder mit sich nicht in seinem Bezirk gewöhnlich aufhaltenden Personen beziehen (S. 2).

6. III. § 46 ist nicht zwingend.

§ 47. Eine Beschränkung der dem Versicherungsagenten nach den Vorschriften der §§ 43 bis 46 zustehenden Vertretungsmacht braucht ein Dritter nur dann gegen sich gelten zu lassen, wenn er die Beschränkung bei der Vornahme des Geschäfts oder der Rechtshandlung kannte oder infolge grober Fahrlässigkeit nicht kannte. Auf eine abweichende Vereinbarung kann sich der Versicherer nicht berufen.

1. Schrifttum: Bem. 1 vor § 43.

2. I. Die dem Versicherungsagenten (Vermittelungs-, Abschluß-, Bezirks-Agenten) präsumptiv zustehende Vertretungsmacht ist abänderbar. Sie kann erweitert werden, was selten ist, oder sie kann beschränkt werden. In vielen Versicherungszweigen wird dem Vermittelungsagenten auch die Befugnis zur Entgegennahme von Anzeigen und Erklärungen (Bem. 4), oftmals sogar zur Empfangnahme von Prämien entzogen, oder der Abschlußagent wird zum Abschluß nur bestimmter Verträge ermächtigt.

3. II. 1. Die Beschränkung der Vertretungsmacht der Agenten braucht jeder Dritte, also nicht bloß der Versicherungsnehmer (OLG. Kiel 10. 11. 26 JR. 1927. 83, VA. 1929. 33 Nr. 1813), nur dann gegen sich gelten zu lassen, wenn er sie kannte oder infolge grober Fahrlässigkeit nicht kannte (S. 1), wobei dem Dritten die Kenntnis oder grobe Fahrlässigkeit seiner Vertreter zugerechnet wird. Grobfahrlässig handelt, wer die im Verkehr erforderliche Sorgfalt gröblich, im hohen Grade, außer acht läßt, wer nicht beachtet, was unter den gegebenen Umständen jedem einleuchten muß (RG. 5. 10. 06 VA. 1907 15 Nr. 281). Eine auf grobe Fahrlässigkeit zurückzuführende Unkenntnis liegt vor, wenn die Beschränkung in den Antragspapieren, in den Versicherungsbedingungen, in dem Versicherungsschein (VA. 1909. 106), in der Prämienquittung deutlich zum Ausdruck gelangt ist. Beispielsweise liegt keine grobe Fahrlässigkeit vor, wenn der Agent, dessen Vertretungsmacht zu der Entgegennahme der Schadensanzeige (§ 33) aufgehoben ist, den Versicherungsnehmer unter Hinweis auf seine vermeintliche Vertretungsmacht veranlaßt, die Anzeige dem Versicherer gegenüber zu unterlassen (KG. 5. 2. 30 JR. 1930. 135). Das gilt auch zuungunsten eines Dritten, dem die Versicherungsbedingungen nicht bekanntgeworden sind, aber hätten bekanntwerden können. So sind die Versicherungsbedingungen maßgebend für den Versicherten bei der Versicherung für fremde Rechnung, für den anderen bei der Lebens- oder Unfall-Versicherung auf die Person des anderen, für den Zessionar, Pfändungsgläubiger, Vollstreckungsgläubiger, Begünstigten. Jedoch muß die Beschränkung mit voller Deutlichkeit zum Ausdruck gebracht sein: Unklarheiten schaden dem Versicherer.

Der Dritte braucht Kundgebungen des Versicherers nicht zu kennen, von denen er ohne eine über das gewöhnliche Maß hinausgehende Aufmerksamkeit nicht Kenntnis erlangen konnte, z. B. wenn die Beschränkung nur in einer Zeitung angezeigt wird, anders wenn ihm die dennoch erlangte Kenntnis nachgewiesen wird. Der Versicherer kann sich endlich auch nicht auf Erklärungen berufen, mit denen er durch sein eigenes Handeln in Widerspruch geraten ist, z. B. wenn nach den Versicherungsbedingungen der Agent nicht zur Empfangnahme von Prämien befugt ist, tatsächlich aber mit Duldung des Versicherers die Prämien einzieht. Auf die besonderen Verhältnisse des Dritten (Alter, Bildung, Lebensstellung, Tätigkeit usw.) muß in jedem Falle bei Prüfung der Frage, ob er grobfahrlässig gehandelt hat, Rücksicht genommen werden (RG. 14. 3. 22 JW. 1924. 1430, JR. 1924. 36; OLG. Kiel 10. 11. 26 JR. 1927. 83, VA. 1929. 33 Nr. 1813). — Wird der Versicherungsvertrag angefochten (Bem. 14, 15 zu § 5), dann kann sich der Versicherer auch nicht auf die Beschränkung der Vertretungsmacht berufen. Infolgedessen ist der Agent beispielsweise zur Entgegennahme von Erklärungen (Bem. 4) ermächtigt (KG. 20. 11. 26 JR. 1927. 15, HansRZ. 1927. 98). — Bedient sich eine Versicherungsunternehmung des Beamtenapparats ihrer Schwesterunternehmung zur Aufnahme von Anträgen, so muß sie den Umfang der von der Schwesterunternehmung erteilten Vollmacht auch gegen sich gelten lassen (OLG. Breslau 4. 6. 30 Praxis des Versicherungsrechts 1930. 79).

2. Geht die Beschränkung der Vertretungsmacht der Agenten dahin, daß die rechtliche Wirksamkeit aller Erklärungen und Anzeigen, die bei oder nach Schließung des Vertrags abzugeben sind, von ihrem Zugehen bei dem Versicherer selbst abhängig gemacht wird, so ist ausgeschlossen, daß die Anzeige, Erklärung, die dem Agenten gegenüber abgegeben wird, bereits dem Versicherer gegenüber als abgegeben gilt. Der Agent kann aber wie jeder andere als Bote (Übermittler) der Erklärung in Frage kommen. Unterbleibt die Weitergabe, so steht gegebenenfalls dem Erklärenden (Anzeigenden) nach allgemeinen bürgerlichrechtlichen Grundsätzen ein Schadensersatzanspruch gegen den Agenten zu (Bem. 22 zu § 43). Ob der Erklärende (Anzeigende) dem Versicherer gegenüber stets die Folgen des Nichtzugehens der Erklärung oder der Anzeige selbst zu tragen hat, ist im Hinblick auf § 6 verschieden (Bem. 13 zu § 6). 4.

3. Wenn vereinbart ist, daß Erklärungen und Anzeigen des Versicherungsnehmers dem Versicherer gegenüber nur in schriftlicher Form abgegeben werden können, so ist die mündliche Erklärung dem Agenten gegenüber wirkungslos. „Hierin liegt keine Beschränkung der Vertretungsbefugnis des Agenten, vielmehr handelt es sich lediglich um eine Folge der für die Anzeigen des Versicherungsnehmers vorgeschriebenen Form“ (Bgr.), um eine sich aus dem Vertrage selbst ergebende Beschränkung, die für alle Erklärungen und Anzeigen vorbehaltlich entgegenstehender gesetzlicher Bestimmung (z. B. Bem. 10 zu § 174; VA. 1909. 106, 156) vorgesehen werden kann. Wird die schriftliche Form nicht beobachtet, so ist die Willenserklärung unwirksam. Daher ist eine mündlich dem Agenten gegenüber abgegebene Erklärung, 5.

selbst wenn sie der Agent seinerseits schriftlich an den Versicherer weitergibt, für den Versicherer unverbindlich, er kann sich stets auf den Mangel der Form berufen (§ 125 S. 2 BGB.), jedoch muß der Versicherer die die Willenserklärung enthaltende Mitteilung des Agenten unverzüglich zurückweisen. — Bei Wissenserklärungen, die nur die Kenntnis eines gewissen Vorgangs, einer gewissen Tatsache dem Versicherer vermitteln sollen, kann sich der Versicherer der Kenntnis nicht deshalb entziehen, weil sie ihm der Agent mündlich oder schriftlich vermittelt hat (z. B. §§ 16 Abs. 3, 17 Abs. 2, 33 Abs. 2).

6. 4. Wenn vereinbart ist, daß alle Willenserklärungen zu ihrer rechtlichen Wirksamkeit des Zugehens bei dem Versicherer (Bem. 4) und der schriftlichen Form bedürfen, so ist die Frage nach der Gültigkeit von Nebenabreden folgendermaßen zu entscheiden. Der Vermittelungsagent ist niemals selbständig befugt, eine verbindliche Zusage zu machen, durch die die Wirksamkeit des Versicherungsvertrags oder seines Inhalts abweichend von den maßgebenden Allgemeinen oder Besonderen Versicherungsbedingungen bestimmt werden soll. Werden die Nebenabreden mit dem Agenten bei Vertragsabschluß besprochen und schriftlich in dem Antragsschein oder in einer begleitenden Urkunde niedergelegt, dann erhält sie der Versicherer vor Vertragsabschluß und kann zu ihnen Stellung nehmen. Gehen die mit dem Agenten besprochenen Nebenabreden dem Versicherer nicht oder in nicht schriftlicher Form zu, dann sind sie dem Versicherer gegenüber unwirksam. Beispiele: die Abrede über Gewährung eines Darlehens mit dem Agenten gelegentlich der Aufnahme eines Lebensversicherungsantrags (RG. 10. 12. 07 VA. 1908* 47 Nr. 380, 13. 10. 08 VA. 1910* 5 Nr. 492; OLG. Kolmar 27. 11. 09 VA. 1910* 6 Nr. 493), über den Beitritt des Versicherungsnehmers zu einem bestimmten Verein (OLG. Stuttgart 31. 5. 10 VA. 1912* 46 Nr. 662a; RG. 16. 5. 11 VA. 1912* 47 Nr. 662b), über den Ausschluß der Nachschußpflicht (RG. 3. 3. 16 VA. 1916* 7 Nr. 911). Bem. 11 zu § 3.

7. 5. Die Beweislast für die Kenntnis des Dritten und dafür, daß seine Unkenntnis auf grober Fahrlässigkeit beruht, trifft den Versicherer.

8. III. § 47 ist relativ zwingend ausnahmsweise zugunsten jedes Dritten (S. 2; AllgVorbem. 26, 28).

§ 48. Hat ein Versicherungsagent den Vertrag vermittelt oder abgeschlossen, so ist für Klagen, die aus dem Versicherungsverhältnisse gegen den Versicherer erhoben werden, das Gericht des Ortes zuständig, wo der Agent zur Zeit der Vermittelung oder Schließung seine gewerbliche Niederlassung oder in Ermangelung einer gewerblichen Niederlassung seinen Wohnsitz hatte.

Die nach Abs. 1 begründete Zuständigkeit kann durch Vereinbarung nicht ausgeschlossen werden.

1. Schrifttum: Bem. 1 vor § 43.

I. Die Begründung des besonderen (OLG. Kolmar 19. 11. 13 LZ. 1914. 201) Gerichtsstandes am Wohnsitz oder an dem Ort der gewerblichen Niederlassung des Versicherungsagenten dient den Interessen des Versicherungsnehmers. Über Bedenken, die gegen diesen Gerichtsstand bestehen, Richter JR. 1926. 340. 2.

II. Der Gerichtsstand ist begründet an dem Ort der gewerblichen Niederlassung oder in Ermangelung einer solchen an dem Wohnsitz (§ 7 Abs. 1 BGB.) des Agenten zur Zeit der Vermittelung oder des Abschlusses des Vertrags. Es kommt hiernach nicht auf den Wohnsitz des Versicherungsnehmers oder auf den Abschluß- oder Vermittelungsort an. Wird der Versicherungsvertrag von einem Berliner Agenten in Hamburg abgeschlossen, so bleibt das Gericht in Berlin zuständig. — Die gewerbliche Niederlassung ist der Ort, an dem der Agent die für seinen Betrieb notwendigen kaufmännischen Einrichtungen hat. Vermittelt oder schließt er nur gelegentlich ab, dann ist sein Wohnsitz maßgebend. Hat er mehrere Wohnsitze (§ 7 Abs. 2 BGB.), dann sind auch mehrere Gerichtsstände begründet. 3.

III. Der Gerichtsstand besteht für Klagen aus dem Versicherungsverhältnis, somit für alle Ansprüche, die unmittelbar auf dem Versicherungsvertrag beruhen oder mittelbar mit dem Versicherungsverhältnis in irgendeinem Zusammenhang stehen, somit kann die Klage von dem Versicherungsnehmer, dem Bezugsberechtigten, Hypothekengläubiger, Zessionar, Vollstreckungs-, Pfandgläubiger usw. angestrengt werden. Der Gerichtsstand bleibt für die ganze Vertragsdauer auch dann bestehen, wenn der Agent zur Zeit der Klageerhebung Wohnsitz oder gewerbliche Niederlassung verlegt hat. Es kann daher sein, daß der Versicherer an einem Ort verklagt wird, an dem keiner seiner Agenten mehr einen Wohnsitz oder eine gewerbliche Niederlassung hat. — Ob der Versicherer an dem Gerichtsstand Widerklage erheben kann, bestimmt sich nach § 33 ZPO. 4.

IV. Der Gerichtsstand ist unausschließbar (Abs. 2) und kann auch nicht, falls ein Gerichtsstand an dem Sitz des Versicherers vereinbart sein sollte, durch Erhebung einer negativen Feststellungsklage an diesem Gerichtsstand umgangen werden (Neuberger JR. 1929. 45). Der Gerichtsstand ist aber nicht ausschließlich, denn es bestehen neben ihm die sich aus der ZPO. und § 147 Abs. 3 VAG. ergebenden Gerichtsstände. — § 48 ist absolut zwingend für den ganzen Bereich des Gesetzes (AllgVorbem. 27, 28), also auch für die Transportversicherung von Gütern (RG. 30. 4. 30 HansRGZ. A. 1930. 427, JR. 1930. 280, VA. 1931. 177 Nr. 2143) und rückwirkend (Bem. 9 zu Art. 4 EG.). 5.

Zweiter Abschnitt.
Schadensversicherung.

Erster Titel.
Vorschriften für die gesamte Schadensversicherung.

I. Inhalt des Vertrags.

Vorbemerkung: Als „Inhalt des Vertrags" werden geregelt in § 49 die Art der Schadensersatzleistung des Versicherers, in § 50 die Versicherungssumme als Haftungsgrenze des Versicherers, in § 51 die Überversicherung, in § 52 der Versicherungswert, in § 53 die Versicherung entgehenden Gewinns, in § 54 die Versicherung eines Inbegriffs, in § 55 der Ersatzwert als Haftungsgrenze des Versicherers, in § 56 die Unterversicherung, in § 57 die Taxe, in § 58 die Mitversicherung, in §§ 59, 60 die Doppelversicherung, in § 61 die schuldhafte Herbeiführung des Versicherungsfalls, in §§ 62, 63 die Abwendungs- und Minderungspflicht, in § 64 das Sachverständigenverfahren, in § 65 die Vertretung des Versicherungsnehmers bei den Verhandlungen zur Ermittelung und Feststellung des Schadens, in § 66 der Ersatz der Kosten, welche durch die Ermittelung und Feststellung des Schadens und durch die Zuziehung eines Sachverständigen oder eines Beistandes entstehen, in § 67 der Ersatzanspruch gegen Dritte, in § 68 der Wegfall des Interesses.

§ 49. Der Versicherer hat den Schadensersatz in Geld zu leisten.

1. Schrifttum: Bruck 406 ff.

2. I. Der Schadensversicherer (Bem. 4 zu § 1) hat den durch Eintritt des Versicherungsfalls verursachten Vermögensschaden nach Maßgabe des Vertrags zu ersetzen (§ 1 S. 1). Diese Leistung ist kein Schadensersatz im allgemeinen bürgerlich-rechtlichen Sinne. Schadensersatz in diesem Sinne tritt auf Grund Vertrags stets als sekundäre Folge bei Verletzung einer Vertragspflicht auf oder kraft Gesetzes, während sich die Leistung des Schadensversicherers nach dem Eintritt des Versicherungsfalls als ein Teil der Gefahrtragung des Versicherers erweist, also primärer Inhalt des Versicherungsvertrags ist. Aus diesem grundsätzlichen Unterschied in der rechtlichen Natur des Schadensersatzes ergeben sich Folgerungen.

3. 1. Im Gegensatz zu § 249 S. 1 BGB. ist der Schadensversicherer zur Wiederherstellung nur dann verpflichtet, wenn sie vertraglich vereinbart ist, wie es bei der Glas-, Maschinen-, Wasserleitungsschäden-Versicherung üblich ist. Gewöhnlich hat der Versicherer in diesen Zweigen ein Wahlrecht zwischen Herstellung und Entschädigung. Der Regel nach leistet der Versicherer den Ersatz in Geld.

4. 2. Im Gegensatz zu § 249 S. 2 BGB. ist der Schadensversicherer nicht stets verpflichtet, den zur Wiederherstellung erforderlichen Geldbetrag zu leisten.

Zwar hat er niemals mehr als den Betrag des Schadens zu ersetzen (§ 55), aber seine Leistung kann auch geringer sein, so bei Unterversicherung (§ 56). Auch hier entscheidet der Vertrag über die Höhe der von dem Versicherer zu gewährenden Entschädigung (§ 1 S. 1).

3. Die Verpflichtung zum Schadensersatz umfaßt im allgemeinen die Verpflichtung zur Beseitigung auch mittelbarer Folgen der Beschädigung, insbesondere auch die Verpflichtung zur Erstattung entgangenen Gewinns (§§ 249, 252 BGB.). Aus der Natur des Versicherungsschadens ergibt sich, daß sich die Unterscheidung zwischen unmittelbaren und mittelbaren Schäden verbietet und daß der Umfang der geldlichen oder geldeswerten Leistung des Versicherers nach anderen Gesichtspunkten zu bestimmen ist (unten Bem. 11). 5.

II. Der Schadensversicherer hat den Schadensersatz grundsätzlich in Geld zu leisten. Er kann auch zur Gewährung von Sachleistungen wie Gewährung von Rechtsschutz in der Haftpflichtversicherung, von ärztlicher Behandlung, Arznei, Krankenhausbehandlung usw. verpflichtet sein. 6.

Die Geldschuld (§§ 244, 245 BGB.) des Personen- und Schadensversicherers untersteht den gesetzlichen Vorschriften. Sie ist in bar, und zwar in derjenigen Währung zu entrichten, die sich aus dem Versicherungsvertrag ergibt; über die in der Inflationszeit bedeutsame Frage der Versicherungen in fremden Valuten die bei Bruck 407 Note 22 Angeführten. — Bedient sich der Versicherer zur Auszahlung der Geldleistung des Agenten, so haftet er für ihn im Rahmen des § 278 BGB. Der Agent darf nicht mit einer eigenen Forderung gegen den Empfänger aufrechnen (VA. 1917. 183, 1918. 114). — Befindet sich der Empfangsberechtigte im Annahmeverzug, dann kann der Versicherer bei der öffentlichen Hinterlegungsstelle des Leistungsortes (Bem. 9) hinterlegen; hinterlegt er an anderer Stelle, so macht er sich schadensersatzpflichtig (§§ 372 ff. BGB.). Zur Hinterlegung ist der Versicherer namentlich berechtigt, wenn er infolge einer nicht auf Fahrlässigkeit beruhenden Ungewißheit über die Person oder Adresse des Empfangsberechtigten oder über rechtliche Gesichtspunkte nicht oder nicht mit Sicherheit erfüllen kann (§ 372 S. 2 BGB.; RG. 15. 6. 11 VA. 1911* 92 Nr. 618, 12. 3. 12 VA. 1912* 53 Nr. 666; RG. 7. 12. 21 VA. 1923* 10 Nr. 1238). — Die Verwendung des empfangenen Geldes ist nur bei der Versicherung mit Wiederherstellungsklausel (§ 97) gesichert, im übrigen kann es nach freiem Belieben verwendet werden.

III. Die Fälligkeit der geldlichen oder geldeswerten Leistung des Versicherers kann naturgemäß mit dem Eintritt des Versicherungsfalls nicht zusammenfallen. Es bedarf der Regel nach umfangreicher Verhandlungen und Ermittelungen („Schadensregulierung"), bevor sich der Versicherer über die Leistung schlüssig werden kann. Das Gesetz hat nur negativ bestimmt, daß die Fälligkeit nicht erst durch Anerkenntnis, Vergleich oder rechtskräftiges Urteil eintreten darf (§ 11). Sämtliche Versicherungsbedingungen enthalten wörtlich oder sinngemäß die Vorschrift, daß dem Versicherer eine ausdrücklich vorgesehene oder angemessene (RG. 27. 2. 25 JW. 1925. 1106) Frist zur Prüfung des 7.

geltend gemachten Anspruchs in tatsächlicher und rechtlicher Hinsicht bleiben muß. Und selbst wenn die Versicherungsbedingungen keine Bestimmung enthalten sollten, muß dem Versicherer eine angemessene Frist gelassen werden. Vor dem Ablauf der Frist kann von der Fälligkeit der Leistung keine Rede sein. Ein Beispiel für eine vertragliche Vereinbarung über die Frist bietet § 18 Abs. 1 S. 1 AllgFeuerVersbdg.: die Entschädigung ist einen Monat nach ihrer vollständigen Feststellung fällig. In der Haftpflichtversicherung erhält der Versicherer eine gesetzlich bestimmte Frist zur Zahlung der Entschädigung (§ 154). Die Berechnung der Frist ergibt sich aus §§ 187 Abs. 1, 188 Abs. 2, 3, 193 BGB. Durch die vertraglich vereinbarte oder die gesetzliche Frist erhält der Versicherer jedoch nicht das Recht, immer mit seiner Zahlung bis zu dem Ablauf der Frist warten zu können, sondern er muß unverzüglich zahlen, sobald er hierzu imstande ist (OLG. Hamburg 2. 7. 23 HansRZ. 1923. 839).

8. Um den Verzug des Versicherers zu begründen, müssen die Voraussetzungen des § 284 BGB. erfüllt sein. Hat der Versicherer den Entschädigungsanspruch endgültig abgelehnt, dann bedarf es keiner Mahnung mehr. Nach feststehender Rechtsprechung schließt die aus rechtlichen Gründen gewonnene Überzeugung des Schuldners, zur Zahlung nicht verpflichtet zu sein, den Verzug an sich noch nicht aus, vielmehr trägt der Schuldner grundsätzlich die Gefahr seines Irrtums über die Rechtslage. Es müssen schon besondere Umstände vorliegen, damit ihm aus der Bestreitung oder aus der Hinausschiebung seiner Leistung kein Vorwurf entstehen kann (RG. 18. 11. 30 JR. 1931. 5, VA. 1931. 233 Nr. 2192, JW. 1931. 3195 und die dort Angeführten). Hiernach bestimmt sich auch, ob die Klageerhebung oder die Fortführung des Prozesses seitens des Versicherers Verzug begründen (OLG. Hamburg 1. 12. 21 HansRZ. 1922. 198, 202). Muß der Versicherer bei dem Vorliegen von erheblichen Verdachtsgründen den Sachverhalt klären und vergeht hierüber selbst geraume Zeit, so kommt er hierdurch noch nicht in Verzug (OLG. Königsberg 25. 11. 30 JR. 1931. 43, JW. 1931. 3228; weitere Angaben bei Raiser 387).

Von den Verzugsfolgen scheiden die sich aus §§ 286 Abs. 2, 287 BGB. ergebenden der Sache nach aus. In Betracht kommen dagegen:

a) der Ersatz des dem Empfangsberechtigten der Leistung des Versicherers durch den Verzug entstehenden Schadens (§ 286 Abs. 1 BGB.; OLG. Düsseldorf 14. 1. 26 VA. 1928. 36 Nr. 1688; KG. 12. 10. 29 JR. 1930. 35, 29. 10. 30 VA. 1931. 270 Nr. 2226). Auch den durch den Verzug verursachten mittelbaren Schaden hat der Versicherer zu ersetzen, so wenn der Empfangsberechtigte infolge der verzögerten Auszahlung der Entschädigung in Zahlungsschwierigkeiten kommt. Hat der Versicherte infolge des Zahlungsverzugs des Versicherers die durch die Reparatur des versicherten Autos entstandenen Kosten nicht bezahlen können und ist infolgedessen das Auto auf Betreiben der Reparaturwerkstätte versteigert worden, so hat der Versicherer den Versteigerungsschaden zu ersetzen (RG. 4. 2. 30 JR. 1930. 91, VA. 1931. 44 Nr. 2131).

b) der Ersatz von Verzugszinsen (§ 288 BGB.). Über die Höhe der Verzugszinsen §§ 288 Abs. 1 BGB., 352 HGB. Von diesen Zinsen sind die in §§ 94, 124 vorgesehenen Zinsen zu unterscheiden (Bem. 13 ff. zu § 94).

IV. Der Leistungsort (Erfüllungsort) richtet sich nötigenfalls nach 9.
§ 269 BGB. Gewöhnlich bestimmen die Allgemeinen Versicherungsbedingungen einen einheitlichen Leistungsort für die Leistungen des Versicherers und für die des Versicherungsnehmers (§ 36), oder sie sehen vor, daß der Wohnsitz des Versicherungsnehmers zur Zeit des Vertragsabschlusses oder der Ausstellungsort des Versicherungsscheins (VA. 1911. 98) Leistungsort ist. Jedenfalls hat der Versicherer Geld auf seine Gefahr und Kosten dem Empfangsberechtigten zu übermitteln (§ 270 BGB.; Bem. 4 zu § 36). Der Sitz der Versicherungsgesellschaft ist der Ort, wo ihre Verwaltung geführt wird, nicht das Geschäftslokal innerhalb des Ortes (OLG. Hamburg 13. 12. 05 VA. 1906* 3 Nr. 174).

V. Der Versicherer kann fordern, daß der Empfangsberechtigte den Empfang 10.
der Leistung quittiert (§ 368 BGB.). Der Empfangsberechtigte kommt in Annahmeverzug, wenn er zwar die Leistung des Versicherers annehmen, aber keine Quittung erteilen will (§ 298 BGB.). Die Quittung bedarf der Schriftform (§ 126 Abs. 1 BGB.), aber es kann vertraglich eine strengere Form vorgesehen werden (z. B. § 13 Abs. 2 AllgTodesfallVersbdg.). Unzulässig ist, Quittung vor Empfang der Leistung zu fordern (VA. 1927. 148).

Eine Erklärung, daß sämtliche Ansprüche des Empfangsberechtigten befriedigt sind — Abfindungserklärung, Generalquittung — (OLG. Kolmar 8. 7. 04 VA. 1904. 171 Nr. 78; RG. 24. 3. 08 LZ. 1908. 621; RG. 16. 2. 06 VA. 1906* 11 Nr. 180; OLG. Hamburg 13. 1. 13 VA. 1913* 41 Nr. 730), kann nur bei vergleichsweiser Erledigung des Versicherungsfalls verlangt werden (VA. 1913. 10, 86); über Zulässigkeit von Abfindungserklärungen in der Unfall- und Haftpflicht-Versicherung VA. 1921. 192, 1922. 108. Eine solche Erklärung unterliegt der Anfechtung (§§ 119, 123 BGB.; OLG. Kolmar 12. 1. 12 LZ. 1912. 793; RG. 19. 10. 15 VA. 1916* 42 Nr. 931, 9. 10. 17 Wallmann Bd. 52. 313; OLG. Breslau 29. 3. 26 VA. 1928. 45 Nr. 1695) und ist bei Verstoß gegen die guten Sitten nichtig (RG. 30. 5. 19 VA. 1921* 11 Nr. 1122, 5. 2. 31 Bd. 131. 278, JR. 1931. 69). Zum Begriff des Vergleichs RG. 8. 6. 28 VA. 1929. 229 Nr. 1885, JR. 1928. 199, 5. 2. 31 Bd. 131. 278, JR. 1931. 69; Werthauer JR. 1931. 265.

VI. a) Schrifttum: Bruck 368 ff., 419 ff.; Ehrenberg Z. 1906. 369. 11.

b) Der Schadensversicherer hat den Schaden nach Maßgabe des Vertrags (§ 1 Abs. 1 S. 1) zu ersetzen. Der Versicherungsschaden ist der korrespondierende Begriff zu dem versicherten Interesse (Bem. 2 ff. vor § 51). Der Versicherungsschaden ist die durch den Eintritt des Versicherungsfalls verursachte Negation des versicherten Interesses.

c) Die Ursache des Schadens ist von Bedeutung, wenn der Versicherer nur eine oder mehrere Gefahren trägt, dagegen ist sie grundsätzlich ohne Bedeutung, wenn er alle Gefahren trägt (§ 129). Ausnahmsweise wird kraft Gesetzes oder kraft Vereinbarung dem Versicherer auch der Ersatz eines Schadens auferlegt, der nicht durch Eintritt der Gefahr, gegen die die Beziehung versichert ist, sondern durch eine andere Gefahr verursacht wird — Adhäsionsgefahr

(Möller WuR. 1931. 33) —. Beispiel § 83 Abs. 1 S. 2, Abs. 2. In zeitlicher Hinsicht tritt eine Begrenzung durch die materielle Versicherungsdauer (Bem. 4 zu § 7) ein, in räumlicher Hinsicht kann eine Begrenzung durch den räumlichen Geltungsbereich der Versicherung (Bem. 5 vor § 81) eintreten. Über den Kausalzusammenhang zwischen dem entstandenen Schaden und dem Versicherungsfall Bem. 3 zu § 55.

d) Aus dem Zusammenhang zwischen dem Versicherungsschaden und dem versicherten Interesse ergibt sich, daß ein Versicherungsschaden nur insoweit entstehen kann, als eine Beziehung versichert ist. Daher ersetzt der Schadensversicherer nicht jeden Schaden, der das beziehungsverknüpfte Gut trifft, sondern nur dann und insoweit, als sich der Schaden erweist als Negation des versicherten Interesses. Ist die Beziehung versichert, welche an die Sache als Substanz anknüpft (Substanzinteresse), so ist Versicherungsschaden nur der Schaden, welcher die Substanz des Gutes betrifft, ist die Beziehung versichert, welche sich in der Erzielung von Gewinnen aus der Sache verkörpert (Gewinninteresse), so ist Versicherungsschaden der Schaden, welcher die Gewinnziehung betrifft. So ersetzt beispielsweise der Feuer- oder Viehversicherer den durch Eintritt des Versicherungsfalls verursachten Substanzschaden der versicherten Sache, er ersetzt aber nicht den durch Eintritt des Versicherungsfalls entgehenden Gewinn. Daher ersetzt der Gewinnversicherer den durch Eintritt des Versicherungsfalls entgehenden Gewinn, er ersetzt aber nicht den durch Eintritt des Versicherungsfalls verursachten Substanzschaden. Für die im allgemeinen bürgerlichen Recht durchgeführte Unterscheidung zwischen unmittelbaren und mittelbaren Schäden ist somit im Versicherungsrecht kein Raum (oben Bem. 5). Ausnahmsweise wird kraft Gesetzes oder kraft Vereinbarung dem Versicherer auch der Ersatz eines Schadens auferlegt, der die Negation eines anderen als des primär geschützten Interesses darstellt — Adhäsionsinteresse (Möller WuR. 1931. 33). Beispiele §§ 85, 151, 129 Abs. 2 S. 2, 133 Abs. 1 S. 1, 137 Abs. 2, 3.

e) Der Schaden kann Totalschaden oder Teilschaden sein. Totalschaden (Vollschaden) tritt ein durch die völlige Vernichtung der versicherten Beziehung. Ist das beziehungsverknüpfte Gut eine Sache oder Sachen, so ist Totalschaden insbesondere gegeben, wenn das beziehungsverknüpfte Gut aufgehört hat, das zu sein, als was es herkömmlich vor Eintritt des Versicherungsfalls angesehen wurde. Mithin kann ein Totalschaden auch dann noch vorliegen, wenn Reste von der Sache übriggeblieben sind. In Versicherungszweigen gegen Eigentumsverlust ist Totalschaden die Entziehung des Eigentums oder des Besitzes an der Sache. Teilschaden ist Beschädigung der versicherten Beziehung. Der Haftpflichtversicherung ist die Unterscheidung zwischen Totalschaden und Teilschaden fremd, da das haftpflichtversicherte Interesse nicht an eine oder an mehrere bestimmte Sachen anknüpft. Werden selbständige Teile eines Inbegriffs zerstört oder beschädigt, beispielsweise ein einzelnes Bild aus einer Gemäldesammlung, so ist ein Teilschaden eingetreten. Dagegen liegt Totalschaden vor, wenn von mehreren eine Einheit bildenden Teilen, von denen nach allgemeiner Verkehrsauffassung ein Teil nicht ohne Zerstörung der Einheit weggedacht werden kann, ein Teil beschädigt oder vernichtet wird. So kann der Verlust oder die Beschädigung eines Stücks einer Möbelgarnitur (LG. Lübeck VA. 1911* 78 Nr. 610), eines Teils von Grammophonplatten von einem aus mehreren Grammophonplatten bestehenden Musikstück, eines Teils des Filmnegativs Totalschaden sein.

VII. Abtretung des Versicherungsanspruchs. 12.

a) Schrifttum: Bruck 720 ff.; Gottschalk HansRGZ. A. 1928. 7.

b) Abtretbar sind gewisse Rechte, die aus der Gefahrtragung seitens des Versicherers erwachsen — die Versicherungsforderung —, allein oder zusammen mit Nebenrechten des Versicherungsnehmers. Solche Nebenrechte sind das Recht auf Aushändigung des Versicherungsscheins oder einer Ersatzurkunde, das Recht auf die Gewinndividende, namentlich in der Lebensversicherung, sofern sie nicht vertraglich gegen die Prämie aufzurechnen ist. Durch die Abtretung wird das Versicherungsverhältnis nicht berührt. Die von dem Versicherer übernommene Gefahrtragung bleibt insoweit unverändert, nur in der Person des Berechtigten tritt ein Wandel ein. Nach herrschender und unbestrittener Ansicht ist die Versicherungsforderung auch schon vor dem Eintritt des Versicherungsfalls abtretbar, da sie genügend bestimmbar ist (Bruck 721 Note 5).

c) Die Versicherungsforderung kann grundsätzlich auf jeden anderen (Zessionar) übertragen werden (§ 398 S. 1 BGB.). Sofern nicht eine besondere Vereinbarung über Teilabtretung getroffen ist, die Teilabtretung beispielsweise auf einen bestimmten Mindestbetrag der Versicherungssumme beschränkt ist, ist die Abtretung ganz oder teilweise möglich. — Häufig ist die Abtretung nur mit Zustimmung des Versicherers — so namentlich vor endgültiger Feststellung des Anspruchs — zulässig (Beispiele: §§ 8 Nr. 3 AllgHaftpflichtVersbdg., 16 Nr. 3 AllgUnfallVersbdg.). Eine solche Vereinbarung hat zur Folge, daß eine Abtretung ohne Zustimmung des Versicherers ihm gegenüber unwirksam ist. Trotzdem bleibt aber der Anspruch pfändbar.

d) Zur Abtretung berechtigt (Zedent) ist der, dem die Versicherungsforderung zusteht, im allgemeinen also der Versicherungsnehmer. Steht die Versicherungsforderung mehreren Personen zu, so ist im Zweifel jede von ihnen hinsichtlich ihres Anteils zu der Abtretung befugt (§ 420 BGB.). Bei Gesamtgläubigerschaft kann jeder Gläubiger nur seine Forderung übertragen, die Rechte der übrigen Gläubiger bleiben unberührt. Bei Versicherung für fremde Rechnung ist der Versicherungsnehmer oder der Versicherte abtretungsberechtigt, je nachdem, wer im Besitz des Versicherungsscheins ist. Ohne im Besitz des Versicherungsscheins zu sein, können der Versicherungsnehmer und der Versicherte nur mit Zustimmung des anderen abtreten (§§ 75 Abs. 2, 76 Abs. 2).

e) Die Abtretung ist an und für sich formfrei, jedoch hat der Zedent dem Zessionar auf dessen Verlangen eine öffentlich beglaubigte Urkunde über die Abtretung auszustellen, deren Kosten der Zessionar zu tragen und vorzuschießen hat (§ 403 BGB.). Vertraglich kann eine bestimmte Form für die Abtretung vereinbart werden.

f) Über die Rechtsverhältnisse zwischen dem Zessionar und dem Versicherer, dem Zessionar und dem Zedenten, dem Versicherungsnehmer und dem Versicherer Bruck 729 ff.

g) Über die Sonderregelung bei unpfändbaren Sachen § 15, bei der Wiederherstellungsklausel § 98, in der Lebensversicherung Bem. 7 vor § 159.

13. VIII. Verpfändung der Rechte des Versicherungsnehmers.

a) Schrifttum: Bruck 733 ff.

b) Verpfändbar sind die abtretbaren Rechte, vor allem daher die Versicherungsforderung allein oder mit Nebenrechten (oben Bem. 12 b). — Über die ganze oder teilweise Verpfändung, über die Person des Verpfänders oben Bem. 12 c, d.

c) Das Verpfändungsgeschäft vollendet sich erst durch die Anzeige an den Versicherer (§ 1280 BGB.). Bei ihrer Unterlassung kann die unwirksame Verpfändung nicht als Abtretung aufrechterhalten werden, weil nur nichtige Rechtsgeschäfte, nicht auch Rechtsgeschäfte, deren Unwirksamkeit zu beheben ist, konvertierbar sind (RGZ. Bd. 79. 306). Mit dem Zugehen der Verpfändungsanzeige, einer an sich formfreien, vertraglich häufig an die schriftliche Form gebundenen empfangsbedürftigen Willenserklärung, bei dem Versicherer, bei seinem gesetzlichen oder seinem rechtsgeschäftlich bestellten Vertreter, bei mehreren Versicherungsnehmern bei einem jeden von ihnen, sofern nicht einer die Führung hat, wird die Verpfändung jedem Dritten gegenüber rechtswirksam. Die Verpfändungsanzeige kann auch dem Vermittelungs- oder dem Abschlußagenten zugehen (§§ 43 Nr. 2, 45; Ausnahme § 47).

d) Über die Rechtsverhältnisse zwischen dem Pfandgläubiger und dem Versicherer, dem Pfandgläubiger und dem Versicherungsnehmer, dem Versicherungsnehmer und dem Versicherer, wobei wieder zu unterscheiden ist die Rechtslage vor der Fälligkeit der Pfandforderung und die Rechtslage nach der Fälligkeit, Bruck 737 ff.

e) Über die Sonderregelung bei unpfändbaren Sachen § 15, bei der Wiederherstellungsklausel § 98, in der Lebensversicherung Bem. 8 vor § 159, über die Stellung der Hypothekengläubiger §§ 99 ff.

14. IX. Pfändung der Rechte des Versicherungsnehmers.

a) Schrifttum: Bruck 750 ff.

b) Die Versicherungsforderung kann vor oder nach Eintritt des Versicherungsfalls gepfändet werden. Der Pfändungsbeschluß hat den zu vollstreckenden Anspruch nach Grund und Betrag genau anzugeben und die zu pfändende Forderung so bestimmt zu bezeichnen, daß der Versicherer ohne erhebliche Bemühungen ermitteln kann, welche Forderung gepfändet ist. Er muß das Verbot an den Versicherer enthalten, an den Anspruchsberechtigten (Versicherungsnehmer) zu zahlen, zugleich ist dem Anspruchsberechtigten zu gebieten, sich jeder Verfügung über die Forderung, insbesondere der Einziehung, zu enthalten (§ 829 Abs. 1 ZPO.). Damit der Vollstreckungsgläubiger das Recht auf Befriedigung aus der Forderung erhält, muß er sich das Recht überweisen lassen, wobei die Überweisung zur Einziehung oder an Zahlungs Statt zu erfolgen hat (§ 835 Abs. 1 ZPO.). Da die Überweisung an Zahlungs Statt nur zum Nennwerte erfolgen kann, so ist sie in der Schadensversicherung nur nach Eintritt des Versicherungsfalls möglich.

b) Über die Rechte des Vollstreckungsgläubigers, die Stellung des Vollstreckungsschuldners (Versicherungsnehmers), die Stellung des Versicherers *Bruck* 755 ff.

c) Über die Sonderregelung bei unpfändbaren Sachen § 15, bei der Wiederherstellungsklausel § 98, in der Lebensversicherung Bem. 9 vor § 159.

§ 50. Der Versicherer haftet nur bis zur Höhe der Versicherungssumme.

Schrifttum: *Bruck* 412 ff.; *Ehrenzweig* JR. 1930. 105. 1.

I. Die *Versicherungssumme* bezeichnet den *Höchstbetrag* 2.
der geldlichen Leistung des Versicherers. Ausnahmsweise wird die durch sie gezogene Grenze überschritten (§§ 63 Abs. 1 S. 2, 94 Abs. 1, 124, 144, 150 Abs. 2). Sie dient auch zur Berechnung der Prämie und bringt meist zum Ausdruck, wie der Versicherungsnehmer seine Beziehung subjektiv bewertet. — Versicherungssumme im Sinne des BGB. (§§ 1046, 1128, 1130) ist der Betrag, den der Versicherer nach Eintritt eines Schadens im einzelnen Fall zu zahlen hat (Bgr.), also die Entschädigungssumme der §§ 97 ff.

Die Vereinbarung einer Versicherungssumme ist in allen Versicherungszweigen durchaus üblich.

Rechtlich notwendig ist aber nur in der *Lebensversicherung* und in den nach ihrem System betriebenen Versicherungszweigen, daß sich der Umfang der Geldleistung des Versicherers aus der Versicherungssumme zu ergeben hat, da andernfalls die Leistung nicht bestimmbar wäre (Bem. 6 zu § 1). Infolgedessen muß entweder ausdrücklich eine Versicherungssumme vereinbart werden (OLG. Düsseldorf 16. 6. 30 JR. 1930. 355) oder es muß sich einwandfrei aus der Höhe und aus der Zahlungsdauer der Prämien der Umfang der Geldleistung des Versicherers ergeben.

In der *Schadensversicherung* kann von ihr abgesehen werden, alsdann wird ihre Funktion als mitbestimmender Faktor für die Höchstleistung des Versicherers durch den Ersatzwert allein übernommen. In der Haftpflichtversicherung kann die Leistung des Versicherers auf die Leistung des Versicherungsnehmers an den Dritten abgestellt sein. — Die Versicherungssumme kann als *gleitende Versicherungssumme* dem jeweiligen Wert des versicherten Interesses angepaßt werden, somit automatisch seinen Schwankungen folgen (*Durst* HansRZ. 1920. 514, *Bruck* ebenda 1922. 495). Seit jeher ist die Wandelbarkeit der Versicherungssumme der Hagelversicherung bekannt, bei der auch innerhalb der Versicherungsperiode die Herabsetzung der Versicherungssumme durchgeführt und damit Überversicherung (§ 51) tatsächlich ausgeschlossen wird. — Die Versicherungssumme kann bei Versicherung vertretbarer Sachen nach einer bestimmbaren Mengeneinheit angegeben werden (ROHG. Bd. 10. 41). Für einzelne Versicherungszweige werden besondere Vorschriften getroffen (§§ 95, 112, 119).

3. II. 1. Die Versicherungssumme ähnelt in der Schadensversicherung dem Ersatzwert (Versicherungswert zur Zeit des Eintritts des Versicherungsfalls), aber dieser ist von größerer Bedeutung als die Versicherungssumme (§ 55). Ist infolgedessen die Versicherungssumme höher als der Ersatzwert, dann zieht der Ersatzwert die Grenze für die geldliche Leistung des Versicherers. Ist die Versicherungssumme niedriger als der Ersatzwert, dann ist Unterversicherung (§ 56) vorhanden. Übersteigt die Versicherungssumme erheblich den Versicherungswert, dann kann die Überversicherung beseitigt werden (§ 51). Übersteigen bei mehrfacher Versicherung die Versicherungssummen zusammen den Versicherungswert, dann ist Doppelversicherung (§ 59) gegeben.

4. 2. Die Versicherungssumme ähnelt in der Schadensversicherung auch der Taxe (§ 57). Die Versicherungssumme ist zwar keine Vereinbarung eines bestimmten Betrages des Versicherungswertes, aber immerhin muß zur Beseitigung der Überversicherung nachgewiesen werden, daß die Versicherungssumme den Versicherungswert erheblich übersteigt (§ 51); beruft sich der Versicherer auf das Vorliegen von Unterversicherung, dann hat er zu beweisen, daß die Versicherungssumme niedriger als der Ersatzwert ist (§ 56). Wird dagegen der Wert des feuerversicherten Gebäudes durch Sachverständige ermittelt, so ist die hiernach bemessene Versicherungssumme gleichbedeutend mit dem Versicherungswert (RG. 1. 4. 03 Bd. 54. 219, 222). — Über die Bedeutung der Versicherungssumme in der Haftpflichtversicherung Bem. 17 zu § 149.

5. 3. Regelmäßig enthält jeder Versicherungsvertrag nur eine Versicherungssumme, selbst wenn, wie beispielsweise bei der Versicherung eines Inbegriffs (§ 54), die Beziehung an mehreren Sachen versichert ist. Es können aber auch bei der einheitlichen Versicherung mehrerer Sachen mehrere Versicherungssummen vereinbart werden (Bem. 5 zu § 54). — Über die Bedeutung des Maximums bei der laufenden Versicherung Bem. 7 zu § 187.

Vorbemerkungen vor §§ 51 ff.

1. Schrifttum: Bruck 475 ff.; Ehrenberg, Das Interesse im Versicherungsrecht, München 1915; Ritter 49.

2. I. Gegenstand der Schadensversicherung ist nicht die versicherte Sache, sondern das versicherte Interesse. Trotz der gelegentlich abweichenden Ausdrucksweise des Gesetzes (namentlich in § 69, aber auch an anderen Stellen) besteht hierüber kein Zweifel. Von dem versicherten Interesse ist namentlich das Interesse des Versicherers im Sinne des § 26, das öffentliche Interesse im Sinne des § 93 zu unterscheiden.

3. 1. Interesse im versicherungsrechtlichen Sinne ist die Beziehung zwischen einem Subjekt und einem Objekt. Das Objekt kann beispielsweise eine einzelne Sache oder eine Mehrheit von Sachen sein, es kann ein Recht, es kann das ganze Vermögen sein. Die Beziehung zu dem ganzen Vermögen ist nicht die Beziehung zu bestimmten Sachen und Rechten,

sondern die Beziehung zu der im einzelnen unbestimmten Masse von Werten, die das Vermögen bilden. Das Vermögen als generell bezeichnetes Beziehungsobjekt wird bei der Haftpflicht- und der Rück-Versicherung bedeutsam. Endlich kann das beziehungsverknüpfte Objekt auch eine Anwartschaft oder Aussicht sein, so die Aussicht auf Gewinn.

2. Die Beziehung muß für die Person von einem gewissen Wert sein, anderenfalls würde die Person die vorhandene Beziehung nicht sichern. „Wert" ist jedoch nicht gleichbedeutend mit wirtschaftlichem Vorteil; es gibt viele Beziehungen, die mit wirtschaftlichem Nachteil verbunden sind. Objekte, zu denen man in Beziehung steht und denen man einen Wert beimißt, kann man als Güter bezeichnen. Somit ist das Interesse die Beziehung zwischen einer Person und einem Gut. 4.

3. Nicht jede Beziehung zwischen einer Person und einem Gut muß versicherungsfähig sein. Nach deutschem Recht ist notwendig, daß die Beziehung einen objektiven Wert hat, also nach der Auffassung der Allgemeinheit wertvoll ist, nach der Sprache des Gesetze „in Geld schätzbar" ist. Interessen mit rein subjektivem Wert sind nicht versicherungsfähig. Über die Versicherungsfähigkeit des objektiven Liebhaberwerts Bem. 6 zu § 86. Der objektive Wert der Beziehung, der bei dem Eigentümerinteresse mit dem objektiven Wert des beziehungsverknüpften Gutes gleichbedeutend ist, und der subjektive Wert der Beziehung können verschiedene Größen sein. Der subjektive Wert der Beziehung an einer Sache kann auf 1000 bemessen sein, aber der objektive Wert der Sache kann niedriger oder höher sein. 5.

4. Die Beziehung zwischen einem Subjekt und einem Gut spielt in dem Rahmen eines Versicherungsvertrags nur eine Rolle, wenn die Beziehung gefährdet ist. Ist die Beziehung nicht gefährdet, dann ist der Versicherungsvertrag ebenso gegenstandslos, wie wenn keine Beziehung vorhanden ist. Da das Gesetz die fehlende oder wegfallende Gefährdung der Beziehung nicht berücksichtigt, so muß § 68 entsprechend zur Anwendung kommen. 6.

5. Nicht irgendeine Beziehung irgendeines Rechtssubjekts an irgendeinem Gut ist versicherungsfähig. Eine derartige unbestimmte Beziehung würde die Erfassung der Gefahrslage unmöglich machen. Mithin ist unversicherbar das objektive Interesse, das Interesse an sich ohne einen bestimmten konkreten Interessenten (Bem. 3 zu § 80). Schon aus der gesetzlichen Regelung der Versicherung für fremde Rechnung (§§ 74, 80 Abs. 1) ergibt sich, daß dem Versicherer angegeben werden muß, ob eigenes Interesse oder fremdes Interesse versichert wird. Außerdem sprechen noch eine Reihe anderer Gründe gegen die Versicherungsfähigkeit des objektiven Interesses (Bruck 479 ff.). 7.

Demnach ist Interesse die der Person und dem Gut nach bestimmte Beziehung, welche gegen bestimmte Gefahren versichert ist. Über die zentrale Bedeutung des Interesses für die gesamte Versicherung Bruck, Das Interesse als Zentralbegriff, Wien 1931.

II. Die Versicherungsfähigkeit des Interesses setzt vor allem voraus, daß die Beziehung erlaubt ist. Sie ist unerlaubt, wenn sie gegen ein 8.

gesetzliches Verbot (§ 134 BGB.) oder gegen die guten Sitten (§ 138 BGB.) verstößt. Daher ist beispielsweise die Versicherung gegen die Beschlagnahme verbotswidrig eingeführter Waren (OLG. Hamburg 14. 7. 22 HansRZ. 1922. 807; VA. 1921. 128), die Haftpflichtversicherung gegen die Folgen strafbarer Handlung, gegen die Kosten der Strafvollstreckung, gegen die Deckung von Zollstrafen (Bem. 4 zu § 149) unzulässig. Die Verbotswidrigkeit, die sich nur vom Standpunkt des ausländischen Rechts aus ergibt, reicht nicht aus (RG. 8. 12. 26 JW. 1927. 790, VA. 1929. 44 Nr. 1822).

9. III. 1. Das versicherte Interesse *kann* auf einem dinglichen (Eigentum, Nießbrauch, Vorkaufsrecht, Pfandrecht) oder einem obligatorischen (Kauf, Schenkung, Miete, Pacht, Leihe, Verwahrung usw.) Rechtsverhältnis *beruhen*. Bei der wirtschaftlichen Natur des Interesses reicht es aus, wenn ein tatsächliches Verhältnis vorliegt. So ist beispielsweise versicherbar der Gewinn, der von der Abstempelung von Briefmarken erwartet wird (RG. 2. 10. 20 Bd. 100. 90).

10. 2. Das *Interesse* als wirtschaftliche Beziehung *braucht nicht mit einer* gegebenenfalls *vorhandenen rechtlichen Beziehung zusammenzutreffen*. Jemandem kann das Eigentümerinteresse zustehen, ohne Eigentümer zu sein. Umgekehrt kann jemand Eigentum haben, ohne auch Eigentümerinteressent zu sein.

11. 3. Obschon die wirtschaftliche Bedeutung der verschiedenen Beziehungen an einem Gut ungleich ist, sind *alle Interessen* — mit Ausnahme der in dem Rahmen des Gesetzes nicht vorkommenden Nebeninteressen — *selbständig*.

12. IV. 1. *An einem Gut können mehrere Interessen* vorhanden sein, entweder in der Weise, daß das versicherte Interesse mehreren Interessenten zusteht, oder in der Weise, daß mehrere Interessenten verschiedenartige Interessen haben. Im letzten Falle können die Interessen sich gegenseitig nicht berühren — *neutrale Interessen* —, so wenn beispielsweise das Eigentümerinteresse mit dem Pfandgläubigerinteresse zusammentrifft, oder die Interessen können feindlich — *alternative Interessen* — sein, sich gegenseitig aufheben. So namentlich das Interesse des Käufers, dem die Sache bereits übergeben ist, gegenüber dem Interesse des Verkäufers, der noch Eigentümer der Sache ist oder der sonstwie an ihrem Schicksal beteiligt bleibt, weil der Käufer seinen Verpflichtungen noch nicht oder noch nicht vollständig nachgekommen ist oder weil der Kauf noch rückgängig gemacht werden kann.

13. 2. Die Einteilung der verschiedenen Interessen kann entsprechend der wirtschaftlichen Natur des Interessebegriffs nur nach dem beziehungsverknüpften Gut erfolgen. Hiernach gibt es nur Substanzinteressen oder Gewinninteressen. Das *Substanzinteresse* ist die Beziehung, welche sich in der Erhaltung der Substanz des Gutes verkörpert. Das *Gewinninteresse* ist die Beziehung, welche sich in der Erzielung von Gewinnen aus einem Gut verkörpert.

14. V. Die Interessen können, vom Zeitpunkt des formellen Versicherungsbeginns aus betrachtet, *gegenwärtige*, *vergangene*, *zukünftige* sein. Der wichtigste Anwendungsfall der Versicherung eines zukünftigen Inter-

esses ist die laufende Versicherung (§ 187 Abs. 2), bei der die versicherten Interessen erst nach Vertragsabschluß entstehen.

VI. 1. Hat dem Versicherungsvertrag ein versicherbares Interesse niemals zugrunde gelegen, etwa weil das versicherte Interesse nicht versicherungsfähig ist, so kann auch kein ersatzfähiger Vermögensschaden eintreten. Wissen Versicherer und Versicherungsnehmer zur Zeit des Vertragsabschlusses, daß dem Vertrag kein versicherungsfähiges Interesse zugrunde liegt, so ist der Vertrag nichtig (§§ 134, 138 BGB.). Hat nur der Versicherer diese Kenntnis, so steht ihm kein Anspruch auf Prämie zu. Hat nur der Versicherungsnehmer diese Kenntnis, so gebührt unter entsprechender Anwendung der §§ 2 Abs. 2 S. 2, 51 Abs. 2, 59 Abs. 3 dem Versicherer die Prämie bis zum Schluß der Versicherungsperiode, in welcher er die Kenntnis von der Unversicherbarkeit oder von dem Fehlen des Interesses erlangt. Bei Versicherung für fremde Rechnung ist § 79 entsprechend zur Anwendung zu bringen. 15.

2. Liegt ein versicherungsfähiges Interesse nur in Ansehung eines Teils der einheitlich versicherten Gegenstände (Bem. 2 zu § 30), nicht auch in Ansehung des übrigen Teils vor, so ist der ganze Versicherungsvertrag unwirksam, wenn anzunehmen ist, daß er ohne diesen Teil nicht abgeschlossen sein würde (§ 139 BGB.). 16.

3. Über den Wegfall des versicherten Interesses vor dem materiellen Beginn und nach dem materiellen Beginn § 68. 17.

§ 51. Ergibt sich, daß die Versicherungssumme den Wert des versicherten Interesses (Versicherungswert) erheblich übersteigt, so kann sowohl der Versicherer als der Versicherungsnehmer verlangen, daß zur Beseitigung der Überversicherung die Versicherungssumme, unter verhältnismäßiger Minderung der Prämie für die künftigen Versicherungsperioden, herabgesetzt wird.

Schließt der Versicherungsnehmer den Vertrag in der Absicht, sich aus der Überversicherung einen rechtswidrigen Vermögensvorteil zu verschaffen, so ist der Vertrag nichtig; dem Versicherer gebührt, sofern er nicht bei der Schließung des Vertrags von der Nichtigkeit Kenntnis hatte, die Prämie bis zum Schlusse der Versicherungsperiode, in welcher er diese Kenntnis erlangt.

Schrifttum: Bruck 528 ff.; Koch JR. 1931. 140; Ritter 260. 1.

I. Überversicherung kann schon bei formellem Versicherungsbeginn bestehen oder während der Dauer der Versicherung entstehen. Abgesehen von der in unredlicher Absicht genommenen Überversicherung (Abs. 2) ist ihre Berechtigung nicht in Zweifel zu ziehen, da anderenfalls die Versicherung, z. B. von Inbegriffen, die in Menge und Wert dem Wechsel unterliegen, nicht ohne Benachteiligung des Versicherungsnehmers durchführbar wäre. Da der Versicherer niemals mehr als den Betrag des tatsächlich entstandenen Schadens zu ersetzen hat (§ 55), so fehlt dem Versicherungsnehmer jeder vernünftige Grund, 2.

nicht von der Möglichkeit zur Beseitigung der Überversicherung Gebrauch zu machen. Mit Inkrafttreten des Gesetzes sind die landesrechtlichen Strafvorschriften wegen Überversicherung aufgehoben (KG. 30. 6. 10 VA. 1911* 35 Nr. 588; RG. 24. 6. 11 VA. 1912* 35 Nr. 656). — Über die teilweise abweichende Regelung in der Seeversicherung §§ 786 Abs. 3 HGB., 9 ADS.

II. Überversicherung liegt vor, wenn die Versicherungssumme (§ 50) den Versicherungswert erheblich übersteigt.

3. 1. Die Versicherungssumme (§ 50) muß den Versicherungswert (Bem. 2, 3 zu § 52) erheblich übersteigen. Diese Spannung kann bereits von vornherein vorhanden sein, etwa weil der tatsächliche Wert der versicherten Beziehung überschätzt wird, oder weil die versicherte Beziehung teilweise vor dem materiellen Beginn der Versicherung wegfällt oder nicht zur Entstehung gelangt (§ 68), oder die Spannung kann auch erst im Laufe der Versicherung hervortreten. Jedenfalls muß sie in dem Augenblick vorliegen, in dem das Verlangen auf Beseitigung der Überversicherung gestellt wird. Es kommt somit auf den jeweiligen Versicherungswert an. Ist bei Eintritt des Versicherungsfalls Überversicherung vorhanden, so ist der Versicherer durch § 55 geschützt. Ist die bei dem formellen Versicherungsbeginn vorhanden gewesene Überversicherung bei Eintritt des Versicherungsfalls, z. B. durch steigende Konjunktur, beseitigt, so kann nicht verlangt werden, daß durch entsprechende Herabsetzung der Versicherungssumme nunmehr eine Unterversicherung (§ 56) eintritt.

2. Die Versicherungssumme muß den jeweiligen Versicherungswert erheblich übersteigen (Bgr.; KB. I. 50). Bei unerheblicher Überschreitung wird nur der wirkliche Wert zur Zeit des Eintritts des Versicherungsfalls ersetzt.

4. III. 1. Die nicht in unredlicher Absicht zustande gekommene Überversicherung hat keine zivil- oder strafrechtlichen Folgen. Der Versicherer bleibt ausreichend durch § 55 geschützt.

5. Jedoch kann verlangt werden, daß die Überversicherung beseitigt wird (Abs. 1).

a) Das Verlangen ist eine rechtsgestaltende, empfangsbedürftige, an sich formfreie Willenserklärung.

6. b) Das Verlangen kann stellen der Versicherer, von mehreren Versicherern ein jeder von ihnen für seinen Teil, sofern nicht einer die Führung hat, nicht der Vermittelungsagent oder Makler als solcher, wohl aber der Abschlußagent (§ 45; Ausnahme § 47). Das Verlangen kann auch stellen der Versicherungsnehmer, sein gesetzlicher oder sein rechtsgeschäftlich bestellter Vertreter, sein Rechtsnachfolger, bei mehreren Versicherungsnehmern ein jeder für seinen Teil (anders Kisch ZHR. Bd. 75. 260). Bei Veräußerung der versicherten Sache (§ 69) kann der Erwerber die Beseitigung auch mit Wirkung gegenüber dem Veräußerer ohne Rücksicht darauf, ob die Überversicherung bereits vor der Veräußerung besteht oder erst nach der Veräußerung entsteht, verlangen. Bei Versicherung für fremde Rechnung kann

die Beseitigung der Versicherungsnehmer, der Versicherte, wenn die Voraussetzungen des § 75 Abs. 2 erfüllt sind, verlangen.

c) Erklärungsempfänger ist die Gegenpartei, auf seiten des Versicherers also auch der Abschlußagent (§ 45; Ausnahme § 47) oder sein sonstiger Vertreter. Zur Entgegennahme der Erklärung des Versicherungsnehmers ist auch der Vermittelungsagent ermächtigt (§ 43 Nr. 2; Ausnahme § 47). Die Adresse des Versicherungsnehmers ergibt sich nötigenfalls aus § 10; öffentliche Zustellung Bem. 16 zu § 10. 7.

d) Die Erklärung ist an und für sich formfrei, vertraglich wird eine bestimmte Form, regelmäßig schriftliche Form, vorgesehen. 8.

e) Das Verlangen kann jederzeit (gegensätzlich zu der Doppelversicherung § 60) geltend gemacht werden. Es kann mit rückwirkender Kraft auch dann noch geltend gemacht werden, wenn das materielle Ende der Versicherung eingetreten ist, vorausgesetzt, daß die Herabsetzung der Prämie noch von Bedeutung ist. In dem Augenblick, in dem es gestellt wird, muß Überversicherung vorhanden sein. Bei Versicherung eines Inbegriffs (§ 54) muß anzunehmen sein, daß die Versicherungssumme dauernd höher als der Versicherungswert bleibt. — Das Verlangen ist unverjährbar; verjährbar ist aber der Anspruch auf Rückzahlung von Prämie. 9.

f) Aus der Erklärung hat hervorzugehen, auf welchen Betrag die Versicherungssumme herabgesetzt werden soll. 10.

g) Da das berechtigte Verlangen, insoweit es gestellt wird, die Überversicherung endgültig beseitigt, so braucht sich der Erklärungsempfänger mit ihm nicht einverstanden zu erklären, auch gegen seinen Willen wird der Vertrag umgestaltet (ebenso Raiser 265, Ritter 280; anders Kisch 231, 238). Die nötigenfalls anzustrengende Klage ist eine Feststellungsklage, sofern keine Leistungsklage auf Ausstellung eines berichtigten Versicherungsscheins gegeben ist (RG. 7. 7. 28 JR. 1928. 276, HansRGZ. A. 1928. 580). — Im Hinblick auf die Verminderung der Versicherungssumme ist der Versicherungsschein zu berichtigen. 11.

h) In dem Verhältnis, in dem die Versicherungssumme herabgesetzt wird, erfolgt die Minderung der Prämie für die künftigen Versicherungsperioden (§ 9), wobei die zur Zeit des formellen Versicherungsbeginns maßgebenden Tarife des Versicherers zur Berechnung herangezogen werden können. Im allgemeinen erfolgt die Minderung der Prämie nach dem Verhältnis der alten zu der neuen Versicherungssumme, aber gelegentlich muß die Stärke der Gefahr Berücksichtigung finden. Wird die Autokaskoversicherungssumme von 5000 auf 3000 herabgesetzt, dann kann nicht die Prämie im Verhältnis von 5 : 3 gemindert werden (RG. 7. 7. 28 JR. 1928. 276, HansRGZ. A. 1928. 580; Bland Versicherungspraxis 1928. 101, Durst JR. 1928. 308). Für die zur Zeit des Zugehens der Erklärung bei dem Erklärungsempfänger laufende Versicherungsperiode behält der Versicherer nach dem Grundsatz von der Unteilbarkeit der Prämie (Bem. 6 vor § 35) die ursprüngliche Prämie. Die Nebenkosten werden nicht gemindert; höchstens käme die Rückerstattung von zuviel bezahlter Versicherungssteuer in Betracht. Ist die Prämie im voraus für mehrere 12.

Versicherungsperioden (§ 9) entrichtet, dann ist der zuviel gezahlte Betrag herauszugeben (§§ 812 ff. BGB.).

13. i) Ist das Verlangen gestellt, dann kann bei Steigen des Versicherungswerts nur auf Grund neuer Vereinbarung unter den Parteien die Versicherungssumme wieder erhöht werden.

14. k) Die Beweislast für das Vorliegen einer Überversicherung hat derjenige, der ihre Beseitigung verlangt.

15. l) Erweist sich das Verlangen als unberechtigt, dann bleiben Versicherungssumme und Prämie in der vertraglich vorgesehenen Höhe bestehen. Natürlich können sie durch Vereinbarung auch dann herabgesetzt werden, wenn keine Überversicherung vorliegt.

16. 2. Die in unredlicher Absicht genommene Überversicherung hat die relative Nichtigkeit des Vertrags zur Folge (Abs. 2).

a) Wann unredliche Absicht bei dem Versicherungsnehmer vorliegt, ist in Anlehnung an § 263 StGB. zu entscheiden. Bei mehreren Versicherungsnehmern, die Miteigentümer sind, entscheidet die Absicht eines jeden einzelnen, bei Versicherung für fremde Rechnung auch die des Versicherten. Ist der Vertragsabschluß durch einen rechtsgeschäftlich bestellten oder durch einen gesetzlichen Vertreter des Versicherungsnehmers erfolgt, dann kommt es auf die betrügerische Absicht des Vertreters und des Vertretenen an (vgl. § 166 BGB.). Den Vermögensvorteil muß der Versicherungsnehmer sich selbst oder bei der Versicherung für fremde Rechnung dem Versicherten (Ritter 263) verschaffen wollen. Es reicht (anders in § 263 StGB.) nicht aus, wenn der Versicherungsnehmer den Vorteil einem Dritten, der nicht der Versicherte ist, zuwenden will, denn hierdurch braucht sich der Versicherungsnehmer selbst noch keinen Vorteil zu verschaffen (anders Ehrenzweig JR. 1931. 297, 300). Die betrügerische Absicht muß bei dem formellen Versicherungsbeginn (Bem. 20 zu § 1) gegeben sein. Der Verdacht vorsätzlicher Brandstiftung genügt nicht (OLG. Kiel 30. 6. 28 JR. 1928. 280, VA. 1929. 202 Nr. 1858), wohl aber unter Umständen ein krasses Mißverhältnis zwischen Versicherungssumme und Versicherungswert (Ehrenzweig 169; KG. 15. 6. 29 JR. 1929. 320).

17. b) Die Nichtigkeit des Vertrags ist nur eine relative. Nichtig ist der Vertrag, insoweit eine Leistung des Versicherers in Frage kommt. Nur einem Hypotheken- und einem ihm gleichgestellten (§ 106) Gläubiger bleibt der Versicherer zur Leistung nach Maßgabe des § 100 Abs. 3 verpflichtet. Die Relativität zeigt sich darin, daß dem gutgläubigen Versicherer trotz Nichtigkeit des Vertrags nach dem Grundsatz von der Unteilbarkeit der Prämie (Bem. 6 vor § 35) die Prämie bis zum Schluß der Versicherungsperiode, in der er Kenntnis von der Nichtigkeit erlangt, gebührt. Der Kenntnis des Versicherers steht das Kennenmüssen nicht gleich, ebensowenig die Kenntnis des Vermittelungsagenten (§ 45). — Ob der Versicherer Schadensersatz fordern kann, bestimmt sich nach § 826 BGB.

18. c) Der Versicherer braucht die Nichtigkeit nicht alsbald geltend zu machen. Er kann sich aber durch Fortsetzung des Versicherungsverhältnisses

dritten Personen (z. B. dem Erwerber der versicherten Sache) schadensersatzpflichtig machen, ebenso wenn ihm die betrügerische Absicht von vornherein bekannt war.

d) Den Beweis für die betrügerische Absicht hat der Versicherer zu er- 19.
bringen. Der Versicherungsnehmer hat zu beweisen, daß der Versicherer bei Vertragsabschluß von der Nichtigkeit Kenntnis hatte.

IV. Abs. 1 ist nicht zwingend. Das Verfahren zur Beseitigung der Über- 20.
versicherung ist abänderbar (Bem. 2 zu § 50). Abs. 2 ist absolut zwingend für den ganzen Bereich des Gesetzes (AllgVorbem. 28; unrichtig RG. 15. 6. 29 JR. 1929. 320).

§ 52. Bezieht sich die Versicherung auf eine Sache, so gilt, soweit sich nicht aus den Umständen ein anderes ergibt, der Wert der Sache als Versicherungswert.

Schrifttum: Bruck 503 ff.; Ehrenberg Z. 1906. 369, 376. 1.

I. Versicherungswert ist der „Wert des versicherten Interesses“ 2.
(§ 51 Abs. 1).

1. Der Wert des versicherten Interesses ist etwas anderes als der Wert des Gutes, an das die versicherte Beziehung anknüpft (RG. 3. 1. 30 JR. 1930. 53, Seuffert Bd. 84. 332 Nr. 196). Der Wert des Gutes ist eine allgemein feststehende Größe, der Versicherungswert hängt von der subjektiven Einstellung des Interessenten zu dem Gute ab. Beide Größen brauchen sich keineswegs zu decken, wie die Vorschriften über die Unterversicherung (§ 56), über die Überversicherung (§ 51) ergeben. Im Zweifel gilt zwar der Wert des Gegenstandes als Versicherungswert, und daraus folgt, daß im Zweifel das Eigentümerinteresse als versichert gilt (Bgr.), aber keineswegs kann nur das Eigentümerinteresse versichert werden (Bem. 9 vor § 51) und keineswegs kann der Eigentümer nur den vollen Wert des Gegenstandes versichern. — Über den Versicherungswert von Filmnegativen RG. 15. 6. 29 JR. 1929. 320; RG. 3. 1. 30 JR. 1930. 53, Seuffert Bd. 84. 332 Nr. 196 und hierzu Lewin ZVW. 1929. 847, 1930. 120, Pfeiffer JR. 1930. 74.

2. Versicherungswert ist der Wert des versicherten Interesses 3.
zur Zeit des Versicherungsbeginns. Aber der objektive Wert des beziehungsverknüpften Gutes ist vielfach Schwankungen während der Vertragsdauer unterworfen. Diese Änderungen des (objektiven) Wertes des beziehungsverknüpften Gutes beeinflussen auch den objektiven Wert des versicherten Interesses. Sie sind während der Versicherungsdauer gewöhnlich latent und treten erst bei der Schadensliquidation, bei der der Wert des versicherten Interesses aus dem objektiven Wert des beziehungsverknüpften Gutes zu ermitteln ist, in die Erscheinung. Der sich hiernach ergebende Wert braucht mit dem Versicherungswert nicht übereinzustimmen. Mithin tritt dem Versicherungswert als dem Wert des versicherten Interesses zur Zeit des Versicherungsbeginns der Wert des versicherten Interesses zur Zeit des Versicherungsfalls (§ 55)

— Ersatzwert — und der Wert des versicherten Interesses nach dem Versicherungsbeginn, aber vor dem Eintritt des Versicherungsfalls — jeweiliger Versicherungswert — gegenüber. Bei taxierter Versicherung (§ 57; Ausnahme § 87) und in der Transportversicherung (§§ 140 Abs. 2, 141 Abs. 1 S. 2) ist die Unterscheidung zwischen Versicherungswert und Ersatzwert gegenstandslos. Über den Versicherungswert in der Haftpflichtversicherung Bem. 6 vor § 149.

4. II. 1. Die Bestimmung des Versicherungswerts kann auf zweierlei Weise erfolgen: einseitig durch den Versicherungsnehmer (offene Police). Erweist sich diese einseitige Bewertung bei Eintritt des Versicherungsfalls als nicht den Tatsachen entsprechend, so ist der Versicherer durch die Vorschriften über die Unterversicherung (§ 56) und über die Überversicherung (§ 51) ausreichend geschützt. Die Bestimmung des Versicherungswerts kann auch durch Vereinbarung mit dem Versicherer erfolgen (Taxe; § 57).

5. 2. Um Schwierigkeiten bei der Schadensliquidation zu begegnen, enthalten Gesetz und Versicherungsbedingungen vielfach Vorschriften über die Ermittelung des Ersatzwertes. Gesetzliche Bestimmungen sind getroffen in der Feuer- (§§ 86, 88), Viehlebens- (§ 116 Abs. 1 S. 2), Transport- (§§ 140, 141) Versicherung.

§ 53. Die Versicherung umfaßt den durch den Eintritt des Versicherungsfalls entgehenden Gewinn nur, soweit dies besonders vereinbart ist.

1. Schrifttum: Bruck 427 ff.; Winkler, Gewinnversicherung, Hamburger Diss. 1929.

2. I. Die Versicherung des entgehenden Gewinns (Chomageversicherung) wird einem wirtschaftlichen Bedürfnis gerecht, da nur die Versicherung des Substanzinteresses nicht in allen Fällen ausreicht, um die Vermögensnachteile auszugleichen, die durch Eintritt des Versicherungsfalls dem Versicherungsnehmer entstehen. Die Versicherung des entgehenden bezw. des imaginären Gewinns ist von großer Bedeutung in der Transport- (und See-) Versicherung (Bem. 13 vor § 129), spielt aber gleichfalls in anderen Versicherungszweigen, namentlich in der Feuerversicherung, eine Rolle und wird auch als besonderer Versicherungszweig betrieben (Bem. 6 zu § 89). Über die Mitteilungspflicht, wenn die Versicherung entgehenden Gewinns bei einem anderen Versicherer genommen wird als bei dem Versicherer, bei dem der Substanzschaden versichert ist, § 90. In der Haftpflichtversicherung ist die Versicherung des entgehenden Gewinns begrifflich ausgeschlossen (Bem. 6 vor § 149).

3. II. 1. Der durch Eintritt des Versicherungsfalls entgehende Gewinn wird nur ersetzt, wenn es besonders vereinbart ist. Das ist selbstverständlich und hätte keines besonderen Ausspruchs bedurft, denn das Gewinninteresse ist ein selbständiges Interesse wie jedes andere Interesse auch. Gewöhnlich liegt eine ausdrückliche Vereinbarung vor, jedoch kann sich auch aus den Umständen des einzelnen Falles ergeben, daß entgangener Gewinn versichert ist.

4. 2. Bei der Versicherung des entgehenden Gewinns handelt es sich nicht um einen Gewinn, der dem Versicherungsnehmer aus der Versicherung er-

wächst, infolgedessen führt sie auch nicht zu einer Bereicherung des Versicherungsnehmers, sondern um den Ersatz des Vermögensschadens, den er dadurch erleidet, daß ihm die Möglichkeit der Vermehrung seines Vermögens durch Verwertung der versicherten Sache infolge des Eintritts des Versicherungsfalls genommen wird (sogenannter mittelbarer Schaden; RG. 28. 10. 19 Bd. 97. 44, VA. 1921* 18 Nr. 1128, 16. 10. 19 JW. 1920. 288). Da der Versicherer stets nur den tatsächlich entstehenden Schaden ersetzt (§ 55), so braucht er den entgangenen Gewinn nicht zu ersetzen, wenn er beweist, daß der Gewinn in Wirklichkeit nicht erzielt worden wäre (Ritter 95).

3. Als entgangen würde nach § 252 BGB. der Gewinn zu gelten 5.
haben, welcher nach dem gewöhnlichen Laufe der Dinge oder nach den besonderen Umständen, insbesondere nach den getroffenen Anstalten und Vorkehrungen, mit Wahrscheinlichkeit erwartet werden konnte. Er wird aber nur ersetzt, wenn und soweit trotz Eintritts des Versicherungsfalls der erwartete Gewinn durch andere Umstände tatsächlich nicht erzielt worden ist. Ist z. B. bei Versicherung von Waren auch der Gewinn aus einem demnächst abzuschließenden Verkaufe versichert, so wird er nicht ersetzt, wenn es gelingt, rechtzeitig neue Waren zu beschaffen und den Verkauf unter den gleichen Umständen zu bewerkstelligen. Da bei der Versicherung des entgehenden Gewinns verschiedene Auffassungen über die Höhe des Gewinnentganges möglich sind, so ist eine Gewinnversicherung, welche die Vereinbarung einer Taxe ausschließt (§ 89), unbrauchbar. — Über den Charakter der Hagelversicherung als Gewinnversicherung Bem. 2 zu § 108.

4. Der entgehende Gewinn unterscheidet sich von dem imagi- 6.
nären Gewinn (Ritter 95), von dem in der Binnenversicherung kaum eine Rolle spielenden Unternehmergewinn, dem Mehrwert, der tatsächlich durch Preissteigerung während der Versicherungsdauer entsteht (Oertmann WuR. 1918. 73; RG. 10. 12. 27 JR. 1928. 44; OLG. Hamburg 2. 11. 27 HansRGZ. A. 1928. 162, JR. 1928. 47; RG. 8. 6. 28 JW. 1928. 3175, VA. 1929. 259 Nr. 1913, JR. 1928. 198).

§ 54. Ist die Versicherung für einen Inbegriff von Sachen genommen, so umfaßt sie die jeweils zu dem Inbegriffe gehörigen Sachen.

I. 1. Inbegriff (§§ 260 Abs. 1, 1035 BGB.) ist eine Mehrheit von 1.
Sachen, die eine wirtschaftliche Einheit darstellt, wie Warenlager, Bibliothek, Herde, Inventar eines Landguts, Hausrat (§ 85), maschinelle Einrichtung, Vorräte u. a. m., nicht dagegen z. B. eine Möbelgarnitur (LG. Lübeck VA. 1911* 78 Nr. 610). Die Sachen im einzelnen aufzuführen ist der Eigentümer oftmals nur schwer in der Lage. Der Inbegriff erfordert regelmäßig aber nicht unbedingt die räumliche Zusammengehörigkeit der einzelnen Sachen; eine nur vorübergehende Entfernung einer einzelnen Sache hebt ihre Zugehörigkeit zum Inbegriff noch nicht auf (OLG. Lübeck Seuffert Bd. 19. 282 Nr. 178).

2. Die versicherungsrechtliche Sonderstellung des In- 2.
begriffs, die einem praktischen Bedürfnisse entspricht (Bgr.), besteht darin, daß

die jeweilige Zugehörigkeit zu dem Inbegriff über den Umfang der Versicherung entscheidet. Was tatsächlich und endgültig aus dem Inbegriff ausscheidet, scheidet auch aus der Versicherung aus, und umgekehrt erstreckt sich der Versicherungsschutz auf alle Sachen, die in den Inbegriff einbezogen werden. So gehören beispielsweise die neugeborenen Tiere eines als Inbegriff versicherten Viehbestandes von selbst in die Versicherung. Was im Zeitpunkt des Eintritts des Versicherungsfalls zum Inbegriffe gehörte, muß der Versicherungsnehmer beweisen.

3. 3. Wann eine Mehrheit von Sachen als Inbegriff versichert gilt, ist dem Vertrag zu entnehmen. So werden z. B. bares Geld, Wertpapiere, Edelsteine usw. nur wenn ausdrücklich und besonders vereinbart als Inbegriff versichert.

4. 4. § 54 ist rückwirkend (OLG. Kolmar 14. 5. 12 LZ. 1913. 495).

5. II. Von der Versicherung eines Inbegriffs ist zu unterscheiden:

die Versicherung nach Positionen (Rubriken), die namentlich in der Feuerversicherung, aber auch in anderen Versicherungszweigen vorkommt. Die versicherten Sachen werden in Gruppen eingeteilt, und für jede Gruppe wird eine Versicherungssumme festgesetzt; die Prämie wird aus den Versicherungssummen der Gruppen berechnet, wofür es mehrere Methoden gibt. Die einzelne Position ist gewöhnlich ein Inbegriff, z. B. Wäsche, Kleider, Bücher, Arbeitsgerät (VA. 1917. 114). Sind Stall und Schuppen derartig zusammengebaut, daß ein getrennter Wert weder für den Stall allein noch für den Schuppen allein festgestellt werden kann, so sind Stall und Schuppen als eine Position aufzufassen (OLG. Hamm 5. 11. 28 VA. 1930. 40 Nr. 1953). Hausrat und Arbeitsgerät gelten nach § 3 Abs. 4 S. 3 AllgFeuerVersbdg. mangels anderer Vereinbarung als in einer Position versichert. Jede Position kann überversichert, kann unterversichert sein (OLG. Hamburg 4. 1. 22 HansRZ. 1922. 277; RG. 15. 11. 22 HansRZ. 1923. 181; § 3 Abs. 4 S. 2 AllgFeuerVersbdg.). Bei der Einbruchdiebstahlversicherung ist Unterversicherung nur angenommen worden, wenn die für die Gesamtposition festgesetzte Versicherungssumme nicht ausreicht (VA. 1928. 150). Einen Ausgleich unter den Positionen führt die Kompensationsklausel herbei (VA. 1913. 112, 1917. 108). Über weitere Kompensationsklauseln Zusatzbedingungen für Landwirtschaft § 3 Abs. 2 (Viehbestand), § 4 Abs. 2 (Ernte). — Die Einteilung in Positionen hat nicht die Bedeutung, daß Sachen, welche an sich unter die Versicherung fallen, bei Berechnung der Entschädigung nicht mit berücksichtigt werden, weil sie unter keine Position passen (HAG. Nürnberg Seuffert Bd. 27. 109 Nr. 62; LG. Mannheim VA. 1919* 32 Nr. 1083). — Über die Frage, ob die Versicherungssumme für eine Position als Taxe aufzufassen ist, Bem. 4 zu § 57. — Den Gegensatz bildet die summarische Versicherung (namentlich üblich bei Hausstandsversicherungen im hanseſtädtischen Verkehr), bei der für alle unter die Versicherung fallenden Gegenstände eine Versicherungssumme ausgeworfen ist. Die Verbindung von positionsweiser und summarischer Versicherung kommt bei kaufmännischen und industriellen Risiken vor.

§ 55. Der Versicherer ist, auch wenn die Versicherungssumme höher ist als der Versicherungswert zur Zeit des Eintritts des Versicherungsfalls, nicht verpflichtet, dem Versicherungsnehmer mehr als den Betrag des Schadens zu ersetzen.

I. Nach dem in § 1 S. 1 zum Ausdruck gelangten Grundsatz ist der Schadens- 1.
versicherer verpflichtet, dem Versicherungsnehmer den durch Eintritt des Versicherungsfalls verursachten Vermögensschaden zu ersetzen. Die Höhe des tatsächlich entstandenen Schadens zusammen mit der Versicherungssumme (§ 50) sind die Grenzen für die Ersatzleistung des Versicherers in der Weise, daß der Versicherer auch dann nur den Ersatzwert (Bem. 3 zu § 52) zu vergüten hat, wenn die Versicherungssumme höher als dieser Wert ist. § 55 ist zwar nicht ausdrücklich für zwingend erklärt, jedoch ergibt sich seine Unabänderlichkeit ohne weiteres aus dem Grundgedanken des Gesetzes, daß ein Versicherungsschaden nur insoweit entstehen, also auch nur insoweit ersatzfähig sein kann, als eine versicherte Beziehung vorhanden ist (Bem. 11 d zu § 49; unrichtig OLG. Augsburg 25. 11. 30 VA. 1931. 262 Nr. 2217). Ist die Versicherungssumme niedriger als der Ersatzwert, dann liegt Unterversicherung (§ 56) vor. Deckt die Versicherungssumme den Ersatzwert, dann hat der Versicherer den ganzen Schaden (Total- oder Teilschaden) nach Maßgabe des Vertrags zu ersetzen.

II. Kausalzusammenhang.

1. Schrifttum: Bruck 402 ff.; Kisch WuR. 1926. 1 ff.; Vidal 2.
WuR. 1928. 1 ff.

2. Der Versicherer ist nach dem Eintritt des Versicherungsfalls zu einer 3.
geldlichen oder geldeswerten Leistung nur verpflichtet, wenn zwischen der Gefahrverwirklichung und dem Bedarf ein Kausalzusammenhang besteht. Auf diese kausale Verknüpfung weist bereits § 1 Abs. 1 hin. Welches Kausalitätsgesetz das Privatversicherungsrecht beherrscht, ist nicht ausdrücklich angegeben. Es ergibt sich aber ohne weiteres einmal aus der Tatsache, daß das Privatversicherungsrecht ein Teil des allgemeinen bürgerlichen Rechtes ist, mithin die das allgemeine bürgerliche Recht beherrschende Theorie von der adäquaten Verursachung auch ohne weiteres für das Privatversicherungsrecht zur Anwendung zu bringen ist. Ferner — und diese Erwägung wiegt bedeutend schwerer — folgt die Theorie von der adäquaten Verursachung aus dem Begriff der versicherungsrechtlichen Gefahrengemeinschaft (Bruck, Die Gefahrengemeinschaft, Beiträge zum Wirtschaftsrecht, Marburg 1931, 1267). Die Gefahr ist die Möglichkeit der Entstehung eines Bedarfs. Wie groß diese Möglichkeit zu bewerten ist, ergibt sich aus den Erfahrungsgrundsätzen, nach denen der Ablauf der einzelnen Gefahr nicht gesondert, sondern im Zusammenhalt mit einer möglichst großen Anzahl gleichartiger Gefahrabläufe zu beurteilen ist. Die Gefahrengemeinschaft beruht auf einer gewissen empirischen Gleichmäßigkeit hinsichtlich der Folgen eines bestimmten Ereignisses. Der Versicherer kann nur die Haftung für die Folgen eines Ereignisses übernehmen, die sich erfahrungsgemäß aus ihm ergeben. Mithin ist die Gefahrverwirklichung Ursache des Bedarfs, wenn sie erfahrungsgemäß geeignet ist, den Bedarf herbeizuführen.

§ 56. Ist die Versicherungssumme niedriger als der Versicherungswert zur Zeit des Eintritts des Versicherungsfalls (Unterversicherung), so haftet der Versicherer für den Schaden nur nach dem Verhältnisse der Versicherungssumme zu diesem Werte.

1\. Schrifttum: Bruck 523 ff.

2\. I. Unterversicherung kann bei dem formellen Versicherungsbeginn bestehen, wenn die Versicherungssumme bereits in diesem Zeitpunkt niedriger als der Versicherungswert ist, oder während der Dauer der Versicherung durch Steigen des Versicherungswertes ohne entsprechende Erhöhung der Versicherungssumme entstehen. Da die Versicherungssumme eine der Grenzlinien ist, über die hinaus der Versicherer nicht haftet (§ 50), so hat der Versicherer bei einem Totalschaden die Versicherungssumme, bei einem Teilschaden anteilsmäßig zu leisten. — Über Beseitigung der Unterversicherung infolge Geldentwertung durch Einführung einer unbegrenzten Vorsorgeversicherung in der Einbruchdiebstahlversicherung VA. 1924. 42, über „Vorsorgeversicherung" in der Feuerversicherung und über eine besondere Klausel für Vorratsversicherungen mit Prämienberechnung nach dem Stichtagsbestand Raiser 130 f. Über Unterversicherung in der Haftpflichtversicherung Bem. 7 vor § 149. — Über die teilweise abweichende Regelung in der Seeversicherung §§ 792 HGB., 8 ADS.

II. Unterversicherung liegt vor, wenn die Versicherungssumme (§ 50) niedriger als der Ersatzwert ist.

3\. 1. Ersatzwert ist der Versicherungswert (Bem. 3 zu § 52) zur Zeit des Eintritts des Versicherungsfalls. Bei Streit über den Ersatzwert hat RG. 2. 5. 25 VerkehrsR. 1925. 647 den Zeitpunkt des Erlasses des Urteils für maßgebend erklärt. Es ist belanglos, daß bei Vertragsabschluß keine Vollwertversicherung vorhanden war, wenn sich bis zu dem maßgebenden Zeitpunkt die Spannung zwischen Versicherungswert und Versicherungssumme ausgleicht. Bei taxiertem Versicherungswert ist Unterversicherung gegeben, wenn die Versicherungssumme niedriger als die Taxe ist, mag sie auch erheblich übersetzt sein (§ 57 S. 3). — Der Einwand der Unterversicherung ist im Verfahren über den Grund des Anspruchs (§ 304 ZPO.) geltend zu machen (OLG. Frankfurt 12. 7. 22 VA. 1924* 12 Nr. 1299, HansRZ. 1923. 497). — Keine Unterversicherung ist bei Versicherung eines nicht ausgeschiedenen Teiles einer Anzahl vertretbarer Sachen (OLG. Breslau 23. 9. 04 VA. 1906* 122 Nr. 261), bei einer landwirtschaftlichen Pauschalversicherung (OLG. Kiel 21. 2. 05 Seuffert Bd. 60. 440 Nr. 231) gegeben.

4\. 2. Die Folgen der Unterversicherung bestehen darin, daß der Versicherer für den Schaden nur nach dem Verhältnis der Versicherungssumme zu dem Ersatzwert, bei taxierter Police (§ 57) nach dem Verhältnis der Versicherungssumme zur Taxe haftet. In diesem Verhältnis haftet er bei Total- und bei Teilschäden, ferner für Aufwendungen (§ 63 Abs. 2) und für die Schadenermittelungs- und Feststellungskosten (§ 66 Abs. 3), für Havariegrosse-Beiträge (§ 133). Ein Warenlager ist zu 160 000 RM versichert; sein Wert bei Vertragsabschluß beträgt 200 000 RM, bei Eintritt des Versicherungsfalls 180 000 RM; der eingetretene Schaden beläuft sich auf 45 000 RM. Der Versicherer haftet im Verhältnis von 160 000 : 180 000, d. h. wie 8 : 9; er trägt somit 40 000 RM Schaden. Entsprechend ist auch bei Naturalersatz (Bem. 3 zu § 49) zu verfahren.

III. 1. Insoweit Unterversicherung vorliegt, trägt der Versicherungsnehmer in einem gewissen Umfang die Gefahr der Beschädigung oder Vernichtung des versicherten Interesses selbst. Der unversicherte Teil kann bei einem anderen Versicherer versichert werden (mehrfache Versicherung). Es kann aber auch dem Versicherungsnehmer zur Pflicht gemacht sein, den Teil unversichert zu lassen: vereinbarte Selbstversicherung (obligatorischer Selbstbehalt). Sie dient dazu, um die Sorgsamspflicht des Versicherungsnehmers zu verschärfen. Ihr Anwendungsgebiet ist die gesamte Schadensversicherung, namentlich die Feuer-, Hagel- (durch einen Rechenfehler wird keine Selbstversicherung begründet [OLG. 21. 10. 81 Seuffert Bd. 37. 392 Nr. 287]), Haftpflicht- (Bem. 16 zu § 149), Einbruchdiebstahl- (VA. 1921. 123; RG. 20. 12. 24 JW. 1925. 29; RG. 12. 6. 25 JW. 1925. 214), Kredit-, Transport-, See-Versicherung. — Eine besondere Art vereinbarter Selbstversicherung ist die Franchise, d. h. die Vereinbarung, daß der Versicherer nur für einen Schaden haftet, wenn dieser mindestens einen gewissen Prozentsatz des Versicherungswerts (Ersatzwerts) erreicht; sie kommt hauptsächlich in der Transport- und Seeversicherung vor (§§ 845—847 HGB., 34, 117, 118 ADS.). 5.

2. Die Vereinbarung einer Selbstversicherung ist eine Obliegenheit (Bem. 4 zu § 6). Ihre Erfüllung ist Voraussetzung dafür, daß der Versicherer seine vertraglich übernommene geldliche oder geldeswerte Leistung bei Eintritt des Versicherungsfalls bewirkt (OLG. Hamburg 24. 4. 13 HGZ. 1913. 194). — Die Folgen ihrer Nichterfüllung sind verschieden. Ist vereinbart, daß der Versicherer rücktrittsberechtigt oder leistungsfrei wird, so können diese Folgen im Geltungsbereich der Beschränkungen der Vertragsfreiheit (AllgVorbem. 25, 28) nur bei verschuldeter Verletzung eintreten (§ 6 Abs. 1). Andere Rechtsfolgen können auch ohne Verschulden eintreten; so wird oftmals vorgesehen, daß, wenn auch in Ansehung des selbstversicherten Teiles Versicherung bei einem anderen Versicherer besteht, die Entschädigung so ermäßigt wird, daß der Versicherungsnehmer den vereinbarten Teil des Schadens selbst trägt (§ 10 Abs. 2 AllgFeuerVersbdg.). Über die Haftung des Versicherungsnehmers für das Verhalten Dritter Bem. 11 ff. zu § 6. — Außerhalb des Geltungsbereichs der Beschränkungen der Vertragsfreiheit kann der Verlust des Entschädigungsanspruchs vorgesehen werden, wenn lediglich die objektive Tatsache einer anderweitig erfolgten Versicherung gegeben ist. Die anderweitige Versicherung kann auch an die Genehmigung des Versicherers geknüpft sein; alsdann darf die Genehmigung nur aus sachlichen Gründen versagt werden (OLG. Dresden 6. 10. 03 VA. 1904. 74 Nr. 51). — Die Deckung des Selbstbehalts ist ein anzeigepflichtiger Umstand (§ 16); wird sie nach Vertragsabschluß ohne Einwilligung des Versicherers vorgenommen, so liegt Gefahrerhöhung vor. — Über das Zusammentreffen von Selbstversicherung mit Unterversicherung Bruck 526. 6.

7. IV. § 56 ist nicht zwingend. Der Ausschluß des § 56 in einem Feuerversicherungsvertrag kann nicht bewirken, daß nicht versicherte Sachen als versichert zu gelten haben (RG. 28. 2. 30 Bd. 127. 303, JR. 1930. 127, VA. 1931. 1 Nr. 2096, JW. 1930. 3623). Die Geltendmachung der Unterversicherung kann ausgeschlossen werden (OLG. Düsseldorf 6. 3. 22 HansRZ. 1922. 554; RG. 10. 4. 29 JR. 1929. 187; RG. 28. 2. 30 Bd. 127. 303, VA. 1931. 1 Nr. 2096, JW. 1930. 3623, JR. 1930. 127). So die in der Einbruchdiebstahlversicherung größerer Warenlager häufig vorkommende Versicherung auf Erstes Risiko, d. h. die Vereinbarung, daß der Versicherer bis zu einem bestimmten Betrage der Versicherungssumme voll haftet, auch wenn Unterversicherung vorliegt (RG. 12. 6. 25 JW. 1925. 1998). In der Feuerversicherung pflegt die Versicherung der Aufräumungs- und Feuerlöschkosten auf Erstes Risiko genommen zu werden. Über die Versicherung auf Erstes Risiko in der Feuerversicherung im allgemeinen Henne Z. 1921. 295; Mitteilungen 1923. 63, 103, 1924. 210; Riebesell ebenda 1924. 106; Döring ebenda 1924. 168; OeRevue 1921. 153, 157, 161; VA. 1922. 133 (Gebäude-Brandnotversicherung). Über die Außenversicherung in der Feuerversicherung Bem. 7, 9 vor § 81, in der Einbruchdiebstahlversicherung VA. 1923. 60.

§ 57. Der Versicherungswert kann durch Vereinbarung auf einen bestimmten Betrag (Taxe) festgesetzt werden. Die Taxe gilt auch als der Wert, den das versicherte Interesse zur Zeit des Eintritts des Versicherungsfalls hat, es sei denn, daß sie den wirklichen Versicherungswert in diesem Zeitpunkt erheblich übersteigt. Ist die Versicherungssumme niedriger als die Taxe, so haftet der Versicherer, auch wenn die Taxe erheblich übersetzt ist, für den Schaden nur nach dem Verhältnisse der Versicherungssumme zur Taxe.

1. Schrifttum: Bruck 506 ff.; Ritter 232.

2. I. Die Taxe will durch Abschneidung schwieriger, zeitraubender und kostspieliger Ermittelungen über den Versicherungswert oder den Ersatzwert eine im Interesse des Versicherungsnehmers und des Versicherers liegende rasche Erledigung der Schadensregulierung herbeiführen (RG. 24. 11. 83 Bd. 11. 10, 16, Seuffert Bd. 40. 70 Nr. 43). Zur Erreichung dieses Zwecks sind die Parteien an die Taxe gebunden, sofern sie nicht herabsetzbar (S. 2) oder wegen Irrtums oder Betrugs anfechtbar ist. Ihre praktische Bedeutung im Rahmen des Gesetzes — mit Ausnahme der Transportversicherung — ist gering, da die Taxe in der Feuerversicherung beweglicher Sachen eine sehr beschränkte Wirkung hat (§ 87) und bei Versicherung entgehenden Gewinns sogar verboten ist (§ 89).

3. II. 1. Die Taxe ist die Vereinbarung zwischen Versicherer und Versicherungsnehmer über einen bestimmten Betrag des Versicherungswerts (S. 1).

4. a) Eine Vereinbarung ist nur dann anzunehmen, wenn sich die Parteien darüber klar werden, daß der für den Versicherungswert bestimmte Betrag

die Bedeutung der Taxe haben soll, wobei es nicht unbedingt notwendig ist, daß der Ausdruck „Taxe", „taxiert" gebraucht wird. Die Vereinbarung kann wegen Irrtums, arglistiger Täuschung angefochten werden (§§ 119 ff. BGB.); Irrtum über den wirklichen Versicherungswert ist unbeachtlicher Irrtum im Motiv (Ritter 238). Nach erfolgreicher Anfechtung ist die Vereinbarung nichtig; ob hierdurch Nichtigkeit des ganzen Versicherungsvertrags eintritt, bestimmt sich nach § 139 BGB. — Ist zweifelhaft, ob eine taxierte oder eine offene (d. h. nicht taxierte) Versicherung vorliegt, so spricht die Vermutung gegen die Vereinbarung einer Taxe (RG. 29. 1. 87 Bd. 19. 207; RG. Bolze Bd. 15 Nr. 401). Auch dann, wenn zur Ermittelung des Versicherungswerts ein Abschätzungsverfahren stattgefunden hat — Vortaxen —, z. B. Abschätzung des zu versichernden Schmuckstückes (RG. 17. 3. 28 JR. 1928. 122), des zu versichernden Gebäudes (RG. 4. 11. 30 JW. 1931. 3194), oder wenn in der nach Positionen erfolgten Versicherung innerhalb der einzelnen Position für die zugehörigen Gegenstände bestimmte Beträge ausgeworfen worden sind (Bem. 5 zu § 54), liegt hierin nicht ohne weiteres die Festsetzung einer Taxe (Vgr.). Die Festsetzung einer Versicherungssumme ist keine Taxe, kann aber als Taxe gemeint sein (Ritter 239). Wird trotz Vereinbarung einer „Taxe" dem Versicherer das Recht vorbehalten, im Schadensfall den Nachweis des Ersatzwertes verlangen zu können, dann ist der Versicherungswert nicht taxiert (Bem. 3 zu § 87). — Derjenige, der sich auf die Taxe beruft, hat ihre Vereinbarung zu beweisen. — Solange keine endgültige Taxe zustande gekommen ist („vorläufig taxiert"), gilt die Versicherung als offene (§§ 793 Abs. 3 HGB., 6 Abs. 3 ADS.).

b) Die Vereinbarung setzt den Versicherungswert fest. Die 5.
Taxe gilt somit nicht als Versicherungssumme oder umgekehrt. Selbst wenn sich Taxe und Versicherungssumme decken, was die Regel zu sein pflegt, hat die Versicherungssumme auch der Taxe gegenüber dieselbe Bedeutung wie der offenen Police gegenüber (§ 50). Ist die Versicherungssumme niedriger als die Taxe, so liegt Unterversicherung (§ 56), ist die Versicherungssumme höher als die Taxe, dann liegt Überversicherung (§ 51) vor.

c) Die Vereinbarung muß auf einen bestimmten Betrag 6.
lauten. Es reicht im allgemeinen nicht aus, wenn nur die Grundlage, auf der der Versicherungswert berechnet werden soll, z. B. auf Grundlage der Rechnung für die gelieferten Waren, bestimmt wird. Bei der laufenden Güterversicherung (Bem. 5 ff. zu § 187) findet sich jedoch Bezugnahme auf den Fakturenwert.

d) Die Vereinbarung ist nur unter den Parteien maßgebend (so 7.
ausdrücklich § 793 Abs. 1 HGB.). Daraus folgt, daß, selbst wenn sich die Versicherungssumme mit der Taxe deckt, der Versicherungsnehmer trotzdem eine anderweitige Versicherung nehmen kann, wenn die Taxe zu niedrig ist, ohne daß Doppelversicherung entsteht. Ferner bestimmt die Taxe nicht die Höhe des Ersatzanspruchs gegen Dritte (§ 67) und ist auch für die Dispache (§ 133 Abs. 2) ohne Bedeutung.

e) Bezieht sich das versicherte Interesse auf mehrere Gegenstände, so kann 8.
eine einheitliche Taxe, es können aber auch mehrere Taxen vereinbart werden.

9. 2. Die Taxe bewirkt vorbehaltlich der Möglichkeit ihrer Herabsetzung und Anfechtung, daß der taxierte Versicherungswert auch als Ersatzwert gilt (S. 2). Bei Eintritt des Versicherungsfalls bleiben die gegenüber dem Versicherungswert (Bem. 3 zu § 52) eingetretenen Veränderungen des Wertes unberücksichtigt. Nur bei der Feuerversicherung beweglicher Sachen kommt der Taxe eine andere Bedeutung zu (§ 87).

10. III. 1. Die Taxe ist nur verbindlich, wenn sie den Ersatzwert nicht erheblich übersteigt (S. 2; RG. 10. 10. 30 JR. 1930. 379), wobei es Tatfrage ist, wann eine erhebliche Übersetzung vorliegt. Liegt keine erhebliche Übersetzung des Ersatzwertes vor, dann erhält der Versicherungsnehmer bei Eintritt eines Versicherungsfalls mehr als den wirklichen Schaden ersetzt.

2. Bei erheblicher Übersetzung der Taxe ist die Rechtslage ähnlich der bei Überversicherung (§ 51 Abs. 1). Mithin ist die Herabsetzung der Taxe für zulässig zu halten.

11. a) Das Verlangen nach Herabsetzung ist eine rechtsgestaltende, empfangsbedürftige, an sich formfreie Willenserklärung (Bem. 5 zu § 51). Es kann von dem Versicherungsnehmer und dem Versicherer gestellt werden (Bem. 6 zu § 51). Aus der Erklärung braucht nicht zahlenmäßig der Betrag hervorzugehen, auf den die Taxe herabgesetzt werden soll, da sie stets auf den feststehenden wirklichen Wert der versicherten Beziehung herabgesetzt wird.

12. b) Das Verlangen kann jederzeit, auch nach dem Ende der materiellen Versicherungsdauer (Bem. 4 zu § 7), gestellt werden. Es ist unverjährbar; verjährbar ist aber der Anspruch auf Rückzahlung zuviel gezahlter Entschädigung.

13. c) Ist das Verlangen berechtigt, dann ist die Folge der Herabsetzung, daß nunmehr die latente Überversicherung (§ 51) zu einer offenen Überversicherung wird, die beseitigt werden kann (Bem. 5 ff. zu § 51; Ritter 244). Bei Unterversicherung (§ 56) ist, auch wenn die Taxe erheblich übersetzt und infolgedessen herabsetzbar ist, das Verhältnis der Taxe zu der Versicherungssumme und nicht das Verhältnis des wirklichen Versicherungswertes zur Versicherungssumme entscheidend (S. 3). — Dem Versicherer verbleibt der Anspruch auf die Prämie auch für die Versicherungsperiode, in der die Erklärung, durch welche herabgesetzt worden ist, der Gegenseite zugeht (§ 51 Abs. 1).

14. d) Den Beweis der erheblichen Übersetzung hat der Versicherer zu führen (RG. 9. 10. 29 JR. 1929. 383; RG. 10. 10. 30 JR. 1930. 379). Die Möglichkeit, diesen Beweis zu führen, darf dem Versicherer vertraglich nicht genommen werden, weil er betrügerischem Handeln des Versicherungsnehmers vorbeugen soll. Über die teilweise abweichende Regelung der Beweislast in der Hagelversicherung Hagen Bd. 2. 145. Die vielfach übliche Klausel „ohne weiteren Beweis hinsichtlich der Taxe“ (OLG. Hamburg 1. 11. 89 Seuffert Bd. 45. 198 Nr. 117) ist insofern belanglos.

15. 3. Die Anfechtung der Taxe wegen Irrtums oder Betrugs wird durch das Herabsetzungsrecht nicht berührt (unrichtig Rehm Z. 1911. 465).

4. Eine Heraufsetzung der Taxe kann weder von dem Versicherungs- 16.
nehmer noch von dem Versicherer gefordert werden, was für diesen wegen der Ersatzpflicht bei Teilschäden wesentlich ist (RG. 24. 11. 83 Bd. 11. 10, Seuffert Bd. 40. 70 Nr. 43).

§ 58. Wer für ein Interesse gegen dieselbe Gefahr bei mehreren Versicherern Versicherung nimmt, hat jedem Versicherer von der anderen Versicherung unverzüglich Mitteilung zu machen.

In der Mitteilung ist der Versicherer, bei welchem die andere Versicherung genommen worden ist, zu bezeichnen und die Versicherungssumme anzugeben.

Schrifttum: Bruck 535 ff.; Kisch Z. 1922. 295. 1.

I. Die mehrfache Versicherung — auch Mitversicherung genannt — 2.
eröffnet die Möglichkeit, durch Heranziehung mehrerer Versicherer Deckung für große Risiken zu erlangen. Ihr Zweck ist somit dem der Rückversicherung überaus ähnlich, aber rechtlich sind beide völlig voneinander verschieden. Bei Dissens, ob mehrfache Versicherung oder Rückversicherung gemeint ist, ist der Vertrag nichtig (OLG. Hamburg 13. 10. 25 HansRZ. 1926. 57, JW. 1926. 384; vgl. ferner OLG. Hamburg 20. 2. 31 HansRGZ. A. 1931. 289). Die Versuche, ihre Unterschiede in der Praxis zu verschleiern (Abdeckungsversicherung), erweisen sich in der Mehrzahl als rechtlich bedenklich (Bruck 536).

II. Die mehrfache Versicherung ist die unmittelbare 3.
(im Gegensatz zu der mittelbaren Rückversicherung) Versicherung desselben Interesses gegen dieselbe Gefahr, für dieselbe Zeit bei mehreren Versicherern. Den von Kisch 295 gegen die Einheitlichkeit des Begriffs erhobenen Bedenken kann nicht zugestimmt werden. Bei kritischer Würdigung der zum Beweis dieser Behauptung angeführten drei Fälle der Mitversicherung, der gemeinsamen Gesamtversicherung, der gemeinschaftlich geteilten Versicherung und der internen Mitversicherung, ergibt sich, daß die Unterscheidung im wesentlichen auf nichts anderes hinausläuft als auf die naturgemäß notwendige Trennung des internen Verhältnisses der Mitversicherer von dem externen Verhältnis zu dem Versicherungsnehmer (OLG. Hamburg 20. 2. 31 HansRGZ. A. 1931. 289). — Keine mehrfache Versicherung liegt bei mehrfacher Personenversicherung (§ 10 Reichsgesetz vom 20. Dezember 1911, RGBl. 985; VA. 1928. 130) oder bei dem Zusammentreffen von Privatversicherung mit Sozialversicherung (RG. 15. 4. 31 JR. 1931. 269) vor.

1. Das versicherte Interesse (Bem. 3 ff. vor § 51) muß das gleiche 4.
sein. Dieselbe Person muß durch verschiedene, auf denselben Gegenstand, für dieselbe Zeit, gegen dieselbe Gefahr bezügliche Versicherungsverträge geschützt sein. Diese Voraussetzung ist erfüllt, wenn der Versicherungsnehmer dieselbe Beziehung gleichzeitig bei mehreren Versicherern versichert oder wenn dasselbe Interesse gleichzeitig durch eine Versicherung auf eigene und eine Versicherung auf fremde Rechnung gedeckt wird (RG. 4. 5. 81 Bd. 4. 48), z. B. wenn ein Spediteur für die ihm übergebenen Güter eine laufende Versicherung genommen hat und

die Güter gleichzeitig von dem Eigentümer versichert sind, nicht aber, wenn die versicherten Beziehungen ungleichartig sind, z. B. wenn der Eigentümer das Eigentümerinteresse und der Hypothekengläubiger oder Mieter oder Pfandgläubiger ihr Interesse versichern, oder wenn Vermieter und Mieter sich gegen die gesetzliche Haftpflicht versichert haben, oder wenn sie unabhängig voneinander die gleichen Glasscheiben bei verschiedenen Versicherern versichern (VA. 1930. 148). Dasselbe Interesse ist nicht vorhanden, wenn bei dem einen Versicherer das Substanzinteresse, bei dem anderen das Gewinninteresse versichert ist (RG. Bolze Bd. 16 Nr. 454); trotzdem wird durch § 90 die Mitteilungspflicht auch auf derartige Fälle ausgedehnt.

5. 2. Die Gefahr muß die gleiche sein. Es kommt nicht darauf an, daß die mehreren Verträge genau die gleichen Gefahren umfassen, sondern daß die Gefahr, welche sich durch Eintritt des Versicherungsfalls konkretisiert hat, unter mehrere Versicherungen fällt (KG. 8. 2. 22 VA. 1923* 57 Nr. 1282, HansRZ. 1922. 342). Mehrfache Versicherung ist somit vorhanden, wenn Feuer- und See- oder Transport-Versicherung (Lagerrisiko RG. 6. 10. 94 Bd. 35. 48; Kairisiko RG. 23. 6. 99 Bd. 44. 31; Werftrisiko OLG. Hamburg 11. 10. 17 HansRZ. 1918. 196) oder See-, Transport- und Haftpflichtversicherung (Zusammenstoß von Schiffen RG. 16. 11. 07 LZ. 1908. 240, 30. 1. 11 HGZ. 1911. 131; OLG. Hamburg 13. 11. 09 HGZ. 1911. 214) zusammentreffen, oder wenn der Ersatz mittelbaren Kollisionsschadens (§ 129 Abs. 2) von dem Transportversicherer und von dem Haftpflichtversicherer gefordert werden kann (RG. 16. 11. 07 LZ. 1908. 240, Praxis Bd. 2. 303, 306, 30. 1. 11 HGZ. 1911. 131; OLG. Hamburg 13. 11. 09 HGZ. 1911. 213). — Nach der „Hinterhangsklausel" (RGZ. Bd. 47. 168; Deutsche VersPresse 1928. 715) wird die Rechtslage, wenn Schlepper und geschlepptes Schiff demselben Eigentümer gehören und beide Schiffe miteinander kollidieren, so angesehen, als ob es sich um Fahrzeuge dritter Personen handelt. Mithin liegt keine mehrfache Versicherung vor (Ritter 268, 977. Anders Bgr. zu § 59; RG. 9. 1. 01 Bd. 47. 168; Möller JR. 1930. 264).

6. 3. Die Versicherungen müssen bei einer Mehrheit von Versicherern abgeschlossen sein. Erforderlich sind verschiedene Rechtspersönlichkeiten; nicht ausreichend ist der Abschluß bei verschiedenen Abteilungen desselben Versicherers. Unerheblich ist, ob die Verträge nacheinander (OLG. Hamburg 7. 10. 15 VA. 1916* 26 Nr. 923) oder gleichzeitig abgeschlossen werden.

7. 4. Die Versicherungen müssen gleichzeitig, wenn auch nicht für dieselbe Versicherungsdauer, laufen. Mehrfache Versicherung liegt nicht vor, wenn die spätere Versicherung erst für den Zeitpunkt, in dem oder für den Fall, daß die frühere Versicherung ihr Ende erreicht, abgeschlossen wird (RG. 3. 5. 84 Bd. 13. 107, 111, 17. 11. 08 LZ. 1909. 324), jedoch kann die Mitteilungspflicht durch die Versicherungsbedingungen auch hierauf ausgedehnt werden, oder daß der frühere Versicherer zahlungsunfähig wird (ebenso Kisch RheinZ. Bd. 6. 374; anders Ritter 269). Dagegen ist unerheblich, ob jeder Versicherer zur Leistung verpflichtet ist. Hat der Versicherungsnehmer durch sein Verhalten, insbesondere durch schuldhafte Verletzung der vorvertraglichen Anzeigepflicht,

seinen Anspruch verwirkt, dann liegt trotzdem mehrfache Versicherung vor (Hagen Bd. 1. 484).

III. Bei allen mehrfachen Versicherungen äußern die Beziehungen des Versicherungsnehmers zu dem einen Versicherer meist auch ihre Wirkungen gegenüber dem anderen. Jeder Versicherer muß prüfen können, ob er sich dauernd auf ein solches Verhältnis, namentlich im Hinblick auf das Rückgriffsrecht des § 59 Abs. 2, einlassen will. Infolgedessen wird dem Versicherungsnehmer eine besondere Mitteilungspflicht auferlegt (Abs. 1). — Nach § 10 Abs. 1 S. 2 AllgFeuerVersbdg. kann der Feuerversicherer innerhalb eines Monats, nachdem er von der anderen Versicherung Kenntnis erlangt hat, die Versicherung mit dreimonatiger Frist kündigen. Von diesem Kündigungsrecht soll nach einer geschäftsplanmäßigen Erklärung (VA. 1930. 138) nur „aus wesentlichen, insbesondere zwingenden versicherungstechnischen Gründen" Gebrauch gemacht werden (hiergegen Jonas JW. 1929. 390). Zu dem Kündigungsrecht VA. 1910. 90, 1915. 178, 1924. 42. 8.

1. a) Die Verpflichtung zur Mitteilung ist eine Obliegenheit (Bem. 4 zu § 6), die vor Eintritt des Versicherungsfalls dem Versicherer gegenüber zu erfüllen ist (§ 6 Abs. 1; OG. Danzig 1. 3. 27 HansRZ. 1927. 418). 9.

b) Zur Mitteilung verpflichtet ist der Versicherungsnehmer, sein gesetzlicher oder sein rechtsgeschäftlich bestellter Vertreter, sein Rechtsnachfolger, bei mehreren Versicherungsnehmern ein jeder von ihnen. Bei Veräußerung der versicherten Sache hat der Erwerber mitzuteilen, wenn durch seinen Eintritt in das Versicherungsverhältnis (§ 69 Abs. 1) mehrfache Versicherung entsteht, er hat aber auch mitzuteilen, wenn vor der Veräußerung mehrfache Versicherung bestand. Bei Versicherung für fremde Rechnung hat der Versicherungsnehmer mitzuteilen, wenn er weiß, daß auch der Versicherte Versicherung genommen hat, ebenso umgekehrt der Versicherte, der Versicherung nimmt, obwohl er weiß, daß der Versicherungsnehmer bereits versichert hat. Die Klausel „Anderweite Warenversicherung schadet nicht" entbindet nicht von der Mitteilungspflicht (VA. 1914. 49). 10.

Nach § 10 Abs. 1 S. 1 AllgFeuerVersbdg. besteht die Mitteilungspflicht nur, wenn der Versicherungsnehmer für versicherte Sachen eine andere Feuerversicherung auch gegen mittelbare Schäden nimmt.

2. a) Die Mitteilung ist eine empfangsbedürftige, an und für sich formfreie Wissenserklärung. Willensmängel oder Mängel in der Geschäftsfähigkeit haben keinen Einfluß auf die Wirksamkeit der Mitteilung. Mithin kann auch ein beschränkt Geschäftsfähiger oder ein Geschäftsunfähiger die Mitteilung erstatten. Ob er aber für eine unrichtige oder für eine unterlassene Mitteilung verantwortlich ist, ist nach den Grundsätzen über die Schuldfähigkeit (§§ 827, 828 BGB.) zu entscheiden. 11.

b) Die Mitteilung ist von dem Mitteilungspflichtigen zu erstatten. Bei mehreren Mitteilungspflichtigen genügt Mitteilung durch einen, wenn die Mitteilung dem Versicherer zugeht. Die von einem Nicht-Mitteilungspflichtigen, z. B. von einem der mehrfachen Versicherer, rechtzeitig und ordnungsgemäß erstattete Mitteilung schließt aus, daß die Folgen der Nichterfüllung der Mit- 12.

teilungspflicht eintreten (KG. 4. 2. 25 HansRZ. 1925. 359, VA. 1926. 148 Nr. 1497, 4. 3. 25 HansRZ. 1925. 435, JR. 1925. 253, VA. 1927. 54 Nr. 1564, 20. 3. 29 JR. 1929. 170; VA. 1919. 93).

13. c) Die Mitteilung ist an sich formfrei, vertraglich kann eine bestimmte Form, gewöhnlich schriftliche Form, gefordert werden. Wird trotz einer derartigen Abrede die Mitteilung formwidrig erstattet und gelangt zur Kenntnis der mehrfachen Versicherer, so ist die Mitteilungspflicht nicht verletzt.

14. d) Die Mitteilung ist an jeden der mehrfachen Versicherer, sofern nicht einer von ihnen die Führung hat, an seinen Abschlußagenten (§ 45; Ausnahme § 47) oder an seinen sonstigen Vertreter zu richten. Der Vermittelungsagent ist zur Entgegennahme befugt (§ 43 Nr. 2; Ausnahme § 47).

15. e) Die Mitteilung ist unverzüglich (ohne schuldhaftes Zögern § 121 Abs. 1 BGB.) nach Zustandekommen der mehrfachen Versicherung oder Kenntniserlangung von ihrem Bestehen zu erstatten. Jedoch können vertraglich Fristen vorgesehen werden (OLG. Kolmar 2. 4. 14 VA. 1914* 51 Nr. 811).

16. f) In der Mitteilung ist der Versicherer, bei welchem die andere Versicherung genommen worden ist, und die Versicherungssumme anzugeben (Abs. 2); auch die Erhöhung der Versicherungssumme ist mitzuteilen (KG. 4. 3. 25 HansRZ. 1925. 435). Weitere Angaben können vertraglich vorgesehen werden (VA. 1914. 49).

17. g) Die Kosten der Mitteilung trägt der Versicherungsnehmer. — Der Beweis für die frist- (und form-) gerechte Absendung der Mitteilung liegt dem Versicherungsnehmer ob.

18. 3. a) Die Folgen der Verletzung der Mitteilungspflicht sind gesetzlich nicht geregelt. Ist vertraglich vereinbart, daß der Versicherer zum Rücktritt berechtigt oder von der Verpflichtung zur Leistung frei sein soll, so können diese Folgen im Bereich der Beschränkungen der Vertragsfreiheit (AllgVorbem. 26, 28) nur bei verschuldeter Verletzung (§ 6 Abs. 1) eintreten. — Erfüllt die Verletzung der Mitteilungspflicht gleichzeitig den Tatbestand der §§ 823 Abs. 2, 826 BGB., so ist der Mitteilungspflichtige zum Schadensersatz verpflichtet (anders Bgr.; OLG. Hamburg 7. 10. 15 VA. 1916* 26 Nr. 923; OLG. Hamm 12. 7. 28 VA. 1930. 27 Nr. 1940). — Nach § 10 Abs. 1 S. 3, 4 AllgFeuerVersbdg. ist der Feuerversicherer leistungsfrei, wenn die Mitteilung nicht unverzüglich erstattet, die andere Versicherung dem Feuerversicherer auch sonst nicht bekannt geworden ist — maßgebend für die Kenntnis ist der Zeitpunkt, in dem die Mitteilung hätte zugehen müssen (Raiser 245) —, ferner daß der Versicherungsfall nicht vor Ablauf von drei Monaten seit dem Zeitpunkt, zu dem die Anzeige dem Versicherer hätte zugehen müssen, eintritt, und schließlich, daß die Kündigungsfrist (§ 10 Abs. 1 S. 2) zur Zeit des Eintritts des Versicherungsfalls nicht ungenutzt verstrichen ist.

19. b) Bedient sich der Mitteilungspflichtige zur Erfüllung der Mitteilungspflicht der Hilfe eines Dritten, so kommt Erfüllungsgehilfenhaftung nach § 278 BGB. nicht in Betracht (KG. 20. 3. 29 JR. 1929. 170; Bem. 12 zu § 6). Über die Haftung für den Wissensvertreter und Boten Bem. 13 zu § 6.

IV. Die mehreren Versicherungsverträge sind an und für sich rechtlich vollkommen selbständig: die Rechte und Pflichten des Versicherungsnehmers gegenüber jedem Versicherer bestimmen sich nur nach Maßgabe des mit ihm abgeschlossenen Vertrags; die Verletzung von Pflichten wirkt nur im Rahmen des einzelnen Vertrags. Unter den mehrfachen Versicherern bestehen keine Rechtsbeziehungen. Diese Rechtslage ist äußerst unbequem, sowohl für den Versicherungsnehmer als auch für die Versicherer. Daher pflegt ein Versicherer von den übrigen Versicherern mit der Führung betraut zu werden oder nach Handelsbrauch als betraut zu gelten (z. B. der erste Zeichner der Police). Die Führungsklausel, die verschiedenen Inhalt haben kann, sich aber niemals auf das Stadium des Vertragsabschlusses zu erstrecken pflegt (Bem. 8 zu § 16), schafft interne und externe Rechtsbeziehungen (Kersting VuGeldwirtschaft 1928. 377, 386). Ein Wechsel in der Führung bedarf der Zustimmung des Versicherungsnehmers und aller mehrfachen Versicherer. Verschmilzt sich der führende Versicherer mit einem anderen Versicherer, so geht die Führung auf den übernehmenden Versicherer über; der Versicherungsnehmer ist nicht berechtigt, die Führung ohne Zustimmung des übernehmenden Versicherers einem anderen Versicherer zu übertragen (OLG. Dresden 15. 3. 29 VA. 1930. 202 Nr. 1972). Näheres bei Bruck 541 ff. 20.

§ 59. Ist ein Interesse gegen dieselbe Gefahr bei mehreren Versicherern versichert und übersteigen die Versicherungssummen zusammen den Versicherungswert (Doppelversicherung), so sind die Versicherer in der Weise als Gesamtschuldner verpflichtet, daß dem Versicherungsnehmer jeder Versicherer für den Betrag haftet, dessen Zahlung ihm nach seinem Vertrag obliegt, der Versicherungsnehmer aber im ganzen nicht mehr als den Betrag des Schadens verlangen kann.

Die Versicherer sind im Verhältnisse zueinander zu Anteilen nach Maßgabe der Beträge verpflichtet, deren Zahlung ihnen dem Versicherungsnehmer gegenüber vertragsmäßig obliegt. Findet auf eine der Versicherungen ausländisches Recht Anwendung, so kann der Versicherer, für den das ausländische Recht gilt, gegen den anderen Versicherer einen Anspruch auf Ausgleichung nur geltend machen, wenn er selbst nach dem für ihn maßgebenden Rechte zur Ausgleichung verpflichtet ist.

Hat der Versicherungsnehmer eine Doppelversicherung in der Absicht genommen, sich dadurch einen rechtswidrigen Vermögensvorteil zu verschaffen, so ist jeder in dieser Absicht geschlossene Vertrag nichtig; dem Versicherer gebührt, sofern er nicht bei der Schließung des Vertrags von der Nichtigkeit Kenntnis hatte, die Prämie bis zum Schlusse der Versicherungsperiode, in welcher er diese Kenntnis erlangt.

1\. Schrifttum: Bruck 543 ff.

2\. I. Die Doppelversicherung kann durchaus berechtigten Interessen dienen, so wenn der Versicherungsnehmer die Zahlungsfähigkeit des Versicherers in Zweifel zieht oder wenn er befürchtet, daß sich die Schadensabwicklung nicht glatt abspielen wird. Sie kann eintreten, ohne daß sie von den Beteiligten beabsichtigt ist (§ 60). Es liegt daher für das Gesetz keine Veranlassung vor, sie zu verbieten (OLG. Breslau 13. 6. 07 VA. 1907* 99 Nr. 344) oder gar, wie es auf Grund verschiedener landesgesetzlicher Bestimmungen möglich war, zu bestrafen (Bem. 2 zu § 51). Auch wenn, wie beispielsweise nach Art. 42 Württembergisches Gesetz vom 14. März 1853, derjenige strafbar ist, der neben der Versicherung bei einer öffentlich-rechtlichen Anstalt einen Versicherungsvertrag abschließt, so ist die verbotswidrig abgeschlossene Versicherung rechtsgültig (OLG. Stuttgart 28. 6. 29 JR. 1930. 36). In der Hagel- und Viehversicherung ist oftmals die Doppelversicherung ohne Einwilligung des Versicherers vertraglich verboten oder nur beschränkt zulässig (Hagen Bd. 2. 140, 173). — Über die Regelung in der Seeversicherung §§ 787, 788 HGB., 10—12 ADS.

3\. II. Doppelversicherung ist eine besondere Art der mehrfachen Versicherung (§ 58). Die Besonderheit besteht darin, daß die Versicherungssummen zusammen den Versicherungswert übersteigen. Mithin ist Doppelversicherung die unmittelbare Versicherung desselben Interesses gegen dieselbe Gefahr für dieselbe Zeit bei mehreren Versicherern in der Weise, daß die Versicherungssummen zusammen den Versicherungswert übersteigen.

4\. 1. Über das gleiche versicherte Interesse, die gleiche Gefahr, die Mehrheit von Versicherern, die Dauer der Versicherungen Bem. 4—7 zu § 58.

5\. 2. Die Summe der Versicherungssummen (§ 50) muß den Versicherungswert (Bem. 3 zu § 52) übersteigen. Ist ein Haus mit einem Versicherungswert von 100 000 RM gegen Feuer bei A mit 75 000 RM, bei B mit 50 000 RM versichert, so ist die Summe der Versicherungssummen (75 000 + 50 000 = 125 000) höher als der Versicherungswert (100 000). Es reicht aber auch aus, wenn die Summe der von den einzelnen Versicherern vertragsmäßig zu zahlenden Entschädigungen mehr beträgt als der tatsächlich entstandene und unter die Versicherungen fallende Schaden. Doppelversicherung ist daher auch dann vorhanden, wenn zwar die Versicherungssummen zusammen den Versicherungswert nicht übersteigen, aber eine der Versicherungen auf Erstes Risiko (Bem. 7 zu § 56; Fricke VersWochenschrift 1924. 111, Raiser 255; anders Ehrenzweig ZVW. 1927. 13, gegen ihn Fricke ZVW. 1928. 198) genommen ist. Ist ein Warenlager gegen Feuer und Einbruchdiebstahl mit einem Versicherungswert von 100 000 RM bei A mit 50 000 RM, bei B nur gegen Einbruchdiebstahl mit 50 000 RM, hiervon mit 15 000 RM auf Erstes Risiko, versichert, so ist noch Doppelversicherung vorhanden, wenn der Schaden weniger als 100 000 RM beträgt. Beträgt er beispielsweise 99 000 RM, so kann der Versicherungsnehmer von A 49 500 RM, von B 15 000 + 34 650 RM (50 000 — 15 000 = 35 000; 100 000 : 35 000 = 20 : 7 = 34 650), also zusammen

99 150 RM fordern. Doppelversicherung ist schließlich auch dann vorhanden, wenn keine Versicherungssummen vereinbart sind, aber die Summe der sich aus den Versicherungsverträgen ergebenden Versicherungswerte den Versicherungswert übersteigt. Über Doppelversicherung in der Haftpflichtversicherung Bem. 6 vor § 149.

Wenn die Doppelversicherung erst bei der Schadensregulierung hervortritt, so ist unter Versicherungswert Ersatzwert zu verstehen. Kann sie vorher beseitigt werden, dann ist unter Versicherungswert jeweiliger Versicherungswert zu verstehen. In jedem Fall kommt es daher auf die Ermittelung des Ersatzwertes bzw. des jeweiligen Versicherungswertes an, was von Bedeutung werden kann, wenn z. B. eine Feuerversicherung (§ 86) mit einer Transportversicherung (§ 140 Abs. 2) zusammentrifft. Alsdann braucht eine Doppelversicherung noch nicht vorzuliegen, wenn sie bei dem formellen Versicherungsbeginn gegeben war, aber während der Vertragsdauer der wirkliche Wert der versicherten Beziehung gestiegen ist (Beispiel bei Bruck 546).

Im Gegensatz zu der Überversicherung (§ 51) kommt es nicht darauf an, ob die Überschreitung des Versicherungswerts eine erhebliche oder unerhebliche ist.

III. Die nicht in unredlicher Absicht zustande gekommene Doppelversicherung hat zur Folge, daß die Versicherer bei dem Eintritt eines Versicherungsfalls dem Versicherungsnehmer gegenüber als Gesamtschuldner haften, untereinander ausgleichspflichtig sind (Abs. 1, 2).

1. a) Die mehreren Versicherer haften dem Versiche- 6.
rungsnehmer als Gesamtschuldner (§§ 421 ff. BGB.). Der Versicherungsnehmer kann nach seinem Belieben von jedem Versicherer die Entschädigungsleistung ganz oder teilweise fordern (§ 421 S. 1); die Leistung durch einen wirkt auch für die übrigen Versicherer (§ 422); über Erlaß und Verzug §§ 423, 424 BGB. Da aber jeder Versicherer dem Versicherungsnehmer gegenüber nur für den Betrag haftet (und haften kann), dessen Zahlung ihm nach seinem Vertrag obliegt (Abs. 1), so besteht ein Gesamtschuldverhältnis nur in Höhe der niedrigsten Versicherungssumme. Sind bei A 8000 RM, bei B und C je 4000 RM versichert, dann sind A, B, C nur in Höhe von 4000 RM Gesamtschuldner, denn der Versicherungsnehmer kann von B oder C nicht mehr als 4000 RM verlangen. Im ganzen kann der Versicherungsnehmer nicht mehr als den Betrag des Schadens verlangen (Abs. 1).

b) Die mehreren Versicherer sind untereinander 7.
ausgleichspflichtig, aber nicht zu gleichen Anteilen, sondern nach Maßgabe der Beträge, deren Zahlung ihnen dem Versicherungsnehmer gegenüber vertragsmäßig obliegt (Abs. 2 S. 1). Über die Ausgleichung bei Beteiligung einer öffentlich-rechtlichen Anstalt OLG. Hamburg 17. 3. 26 VA. 1927. 284 Nr. 1638. Im übrigen gelten die Bestimmungen des § 426 BGB., so daß z. B., wenn von einem Versicherer der auf ihn entfallende Betrag nicht erlangt werden kann, der Ausfall von den übrigen Versicherern nach gleichen Verhältnissen zu tragen ist. Beispiel (Bgr.): Die versicherte Sache, die bei Eintritt des Versicherungsfalls 10 000 RM wert ist, ist bei A zu 8000 RM, bei B und C zu je 4000 RM

versichert, der Schaden beträgt 5000 RM. Der Versicherungsnehmer läßt sich von A 4000 RM, von B 1000 RM zahlen. Die Ausgleichung erfolgt im Verhältnis von 4: 2: 2. A muß 2500 RM, B und C je 1250 RM übernehmen. A hat also von B 250 RM, von C 1250 RM und, wenn er von letzterem nur 950 RM erhalten kann, von B noch weitere 100 RM zu beanspruchen, während er den Rest des Ausfalls mit 200 RM selbst trägt. Ist eine der Versicherungen Überversicherung (§ 51), so findet die Ausgleichung nach dem Verhältnis der übrigen Versicherungssummen nicht zu der Überversicherungssumme, sondern zu dem Ersatzwert (§ 55) statt. Sind alle Versicherungen Überversicherungen, dann ist so auszugleichen, als wenn keine Versicherung Überversicherung wäre, mögen auch die Überversicherungssummen verschieden groß sein.

8. α) Jeder Versicherer kann gegenüber dem Ausgleichungsanspruch alle Einwendungen geltend machen, die ihm gegenüber dem Versicherungsnehmer zustehen, also auch Einwendungen, die nach dem formellen Versicherungsbeginn oder nach dem Eintritt des Versicherungsfalls entstanden sind. Ist somit einem Versicherer eine Gefahrerhöhung (§ 23 Abs. 2), eine mehrfache Versicherung (§ 58 Abs. 2; RG. 8. 2. 22 VA. 1923* 57 Nr. 1282, HansRZ. 1922. 342), der Eintritt des Versicherungsfalls (§ 33) nicht angezeigt worden, so können ihn die übrigen Versicherer zur Ausgleichung nicht heranziehen, wenn er infolge der Verletzung der Anzeigepflicht leistungsfrei ist. Ebenso, wenn nach den Versicherungsbedingungen des einen Versicherers schon Fahrlässigkeit die Haftung ausschließt, während der andere Versicherer erst bei grober Fahrlässigkeit nicht haftet, oder wenn der eine Versicherer für den eingetretenen Schaden, z. B. entgehenden Gewinn, nicht haftet. Ebenso kann jeder Versicherer ein ihm etwa zustehendes Recht auf Kürzung der Entschädigung oder auf Aufrechnung mit einer Vertragsstrafe geltend machen. Hat sich der Versicherungsnehmer mit einem Versicherer verglichen, so kann dieser von den übrigen Versicherern nicht weiter herangezogen werden (RG. 8. 2. 22 VA. 1923* 57 Nr. 1282, HansRZ. 1922. 342). Ist der Vergleich von dem Versicherungsnehmer und einem Versicherer zwecks Benachteiligung der übrigen Versicherer abgeschlossen worden (§ 826 BGB.), so können diese Schadensersatzansprüche erheben. Dagegen kann gegenüber dem Ausgleichung beanspruchenden Versicherer nicht eingewendet werden, daß ihm eine Einrede gegen den Entschädigungsanspruch zugestanden habe. Ist beispielsweise B rechtzeitig die Schadensanzeige erstattet worden, so kann er sich, wenn A ihn zur Ausgleichung heranzieht, nicht darauf berufen, daß A keine Anzeige erhalten habe und deshalb zur Verweigerung der Entschädigung berechtigt gewesen sei.

9. β) Gegenstand des Ausgleichungsanspruchs ist die geleistete Entschädigung einschließlich der dem Versicherungsnehmer zu ersetzenden Aufwendungen (§ 63) und Kosten (§ 66). Der Versicherer kann auf Grund Auftrags oder Geschäftsführung ohne Auftrag von seinen Mitversicherern auch Erstattung der im gemeinsamen Interesse aufgewendeten Kosten verlangen, namentlich also Ersatz der eigenen Regulierungskosten einschließlich der Prozeßkosten, ferner beispielsweise der Aufwendungen nach Zahlung der Versicherungssumme für die Hebung eines gesunkenen Schiffes, für die Rechtsverfolgung gegen einen ersatzpflichtigen

Dritten und anderes mehr. Die Angemessenheit der vorgenommenen Maßregeln und der aufgewendeten Kosten kann von jedem Versicherer bestritten werden; es kann auch die Richtigkeit der Abschätzung des Schadens in Zweifel gezogen werden. Für den Prozeß gelten die Grundsätze über Streitverkündung. Alles dies ändert sich, wenn, wie häufig der Fall, die Versicherer gegenüber dem Versicherungsnehmer und untereinander die Regulierung eines bestimmten Versicherers als für sich verbindlich anerkannt haben (Führungsklausel). Für betrügerisches Verhalten (Kollusion) haftet jeder Versicherer seinen Mitversicherern. — Über die Verjährung des Ausgleichsanspruchs Bem. 4 zu § 12.

γ) Insoweit ein Versicherer den Versicherungsnehmer befriedigt hat, geht, wenn der Versicherer von einem anderen Versicherer Ausgleichung fordern kann, der Anspruch des Versicherungsnehmers gegen den anderen Versicherer einschließlich etwa bestehender Nebenrechte auf ihn über (§ 426 Abs. 2 BGB.). Stehen dem Versicherer Entschädigungsansprüche nach § 67 zu, so gehen sie auf den befriedigenden Versicherer und weiter auf den ausgleichenden Versicherer über. 10.

2. Um zu verhindern, daß eine Benachteiligung inländischer Versicherer durch Anwendung ausländischen Rechts auf eine der Versicherungen entsteht, ist die Ausgleichung nur bei verbürgter Gegenseitigkeit (Abs. 2 S. 2) gestattet. Welches ausländische Recht auf den Versicherungsvertrag zur Anwendung zu bringen ist, bestimmt sich nach dem Statut des Betriebsorts oder der Niederlassung (Bruck, Zwischenstaatliches Versicherungsrecht 3, 22). Richten sich alle Versicherungsverträge nach demselben Recht, so läßt sich die Ausgleichung unter den Versicherern einfach durchführen. Richten sich dagegen die Versicherungsverträge nach verschiedenen namentlich in dieser Beziehung voneinander abweichenden Rechten, so entsteht eine Kollision, die dadurch vermieden werden soll, daß der Versicherer, für den das ausländische Recht gilt, gegen den anderen Versicherer einen Anspruch auf Ausgleichung nur geltend machen kann, wenn er selbst nach seinem Recht ausgleichspflichtig ist. Aber diese Norm schützt den deutschen Versicherer nur, wenn der ausländische Versicherer von ihm Ausgleichung fordert, obwohl er selbst nicht ausgleichungspflichtig ist. Einzelheiten bei Bruck 551 f. 11.

Das Ausgleichsprinzip gilt namentlich in Norwegen (§ 42 NorwegenVVG.), Österreich (§ 54 ÖVVG.), Schweden (§ 42 SchwedenVVG.), das Prioritätsprinzip — die spätere Versicherung hat grundsätzlich nur rechtliche Geltung hinsichtlich des durch die frühere Versicherung noch nicht versicherten Teils des Versicherungswerts — gilt namentlich in der Schweiz (Art. 71 SVVG.). 12.

IV. Die in unredlicher Absicht zustande gekommene Doppelversicherung hat relative Nichtigkeit des Vertrags zur Folge (Abs. 3; Bem. 16 ff. zu § 51). 13.

V. § 59 Abs. 1 und 2 können durch Vereinbarung abgeändert werden. 14.
Namentlich kann bestimmt werden, daß die erste Versicherung insoweit unwirksam

ist oder wird (Subsidiärversicherung), als noch eine andere Versicherung genommen wird (über die Frage, wenn sich eine derartige Klausel in mehreren Verträgen befindet, Blanck ZVW. 1927. 725, Flechtheim LZ. 1911. 675), daß jeder Versicherer dem Versicherungsnehmer gegenüber nur für einen verhältnismäßigen Teil des Schadens aufzukommen hat (Bgr.) oder daß dem zweiten Versicherer die Rechte aus der ersten Versicherung abzutreten sind. Es kann aber nicht bestimmt werden, daß jeder Versicherer unbeschränkt für das Ganze haften, daß die Entschädigungspflicht des einen Versicherers durch die Entschädigung des anderen nicht berührt werden soll (Ritter 277). Das Zusammentreffen einer Feuerversicherung für fremde Rechnung mit einer Außenversicherung (Bem. 7, 9 vor § 81) regelt eine besondere Vereinbarung (Raiser 260 f.). Abs. 3 ist absolut zwingend für den ganzen Bereich des Gesetzes (AllgVorbem. 28).

§ 60. Hat der Versicherungsnehmer den Vertrag, durch den die Doppelversicherung entstanden ist, ohne Kenntnis von der anderen Versicherung geschlossen, so kann er von jedem Versicherer verlangen, daß die Versicherungssumme, unter verhältnismäßiger Minderung der Prämie, auf den Betrag des Anteils herabgesetzt wird, den der Versicherer im Verhältnisse zu dem anderen Versicherer zu tragen hat.

Die Herabsetzung der Versicherungssumme und der Prämie wirkt von dem Beginne der Versicherungsperiode an, in welcher sie verlangt wird. Hatte die Gefahr für den einen Versicherer schon zu laufen begonnen, bevor der Vertrag mit dem anderen Versicherer geschlossen wurde, so wird dem ersten Versicherer gegenüber die Herabsetzung erst mit dem Zeitpunkte wirksam, in welchem sie verlangt wird.

Dem Versicherer steht im Falle der Herabsetzung der Prämie eine angemessene Geschäftsgebühr zu.

Das Recht, die Herabsetzung zu verlangen, erlischt, wenn der Versicherungsnehmer es nicht unverzüglich geltend macht, nachdem er von der Doppelversicherung Kenntnis erlangt hat.

1. Schrifttum: Kisch ZHR. Bd. 75. 221; Bem. 1 zu § 59.

2. I. Da die Doppelversicherung die Gültigkeit des Versicherungsvertrags nicht berührt, so muß der Versicherungsnehmer jedem Versicherer die volle vereinbarte Prämie entrichten. Nur wenn die Doppelversicherung ohne Kenntnis von der anderen Versicherung entstanden ist, wird dem Versicherungsnehmer ähnlich wie bei der Überversicherung (§ 51) die Möglichkeit der Herabsetzung der Versicherungssumme gewährt.

3. II. Das Verlangen nach Herabsetzung der Versicherungssumme hat zur Voraussetzung, daß die Doppelversicherung (§ 59) ohne

Kenntnis von der anderen Versicherung entstanden ist (Abs. 1). Der maßgebende Zeitpunkt, bis zu dem der Versicherungsnehmer keine Kenntnis von der anderen Versicherung haben darf, ist der formelle Versicherungsbeginn (Bem. 20 zu § 1) des Vertrags, durch den die Doppelversicherung entsteht. Sind mehrere Versicherungsnehmer beteiligt, dann schadet die Kenntnis des einen nicht den anderen. Bei Versicherung für fremde Rechnung kommt auch die Kenntnis des Versicherten in Betracht (vgl. § 79). Bei Abschluß durch einen Vertreter des Versicherungsnehmers entscheidet sich nach § 166 BGB., ob die Kenntnis des Vertreters und des Vertretenen maßgebend ist. Es genügt die Kenntnis von der anderen Versicherung, nicht notwendig ist die Kenntnis, daß Doppelversicherung entstanden ist (anscheinend anders Raiser 267). Nur auf die Kenntnis, nicht auf das Kennenmüssen kommt es an (RG. 8. 2. 21 VA. 1922* 75 Nr. 1226, JW. 1921. 895). Eine ohne Kenntnis von der anderen Versicherung entstandene Doppelversicherung ist namentlich möglich, wenn der Abschluß der Verträge mit den Versicherern durch verschiedene Personen erfolgt, so wenn bei Güterversendung Versicherung für eigene mit Versicherung für fremde Rechnung zusammenkommt oder wenn der Erwerber einer Sache in Unkenntnis der bestehenden Versicherung eine Versicherung nimmt (Goebel BuGeldwirtschaft 1927. 297).

III. 1. a) Das Verlangen, eine empfangsbedürftige, an sich formfreie, rechtsgestaltende Willenserklärung, kann nur von dem Versicherungsnehmer (nicht auch von dem Versicherer wie nach § 51), seinem gesetzlichen oder seinem rechtsgeschäftlich bestellten Vertreter, seinem Rechtsnachfolger, bei mehreren Versicherungsnehmern von einem jeden für seinen Teil gestellt werden. Wird die versicherte Sache veräußert (§ 69), so kann der Erwerber ohne Unterschied, ob die Doppelversicherung vor oder nach der Veräußerung entstanden ist, die Herabsetzung verlangen, und zwar mit Wirkung auch gegenüber dem Veräußerer (Ritter 284). Bei Versicherung für fremde Rechnung kann die Herabsetzung der Versicherungsnehmer, der Versicherte, wenn die Voraussetzungen des § 75 Abs. 2 erfüllt sind, verlangen. 4.

b) Das Verlangen ist an jeden Versicherer, an seinen Abschlußagenten (§ 45; Ausnahme § 47) oder an seinen sonstigen Vertreter zu richten, aber es ist nicht erforderlich, daß es allen Versicherern gegenüber geltend gemacht wird. Der Vermittelungsagent ist zur Entgegennahme grundsätzlich ermächtigt (§ 43; Ausnahme § 47). 5.

c) Das Verlangen ist an und für sich formfrei, vertraglich wird eine bestimmte Form, regelmäßig schriftliche Form, vorgesehen. 6.

d) Das Verlangen muß (gegensätzlich zu der Überversicherung § 51 Abs. 1) unverzüglich (§ 121 Abs. 1 BGB. ohne schuldhaftes Zögern), nachdem der Versicherungsnehmer von der Doppelversicherung Kenntnis erlangt hat, geltend gemacht werden (Abs. 4), anderenfalls könnten spekulative Erwägungen Platz greifen. Es kann mit rückwirkender Kraft auch dann noch geltend gemacht werden, wenn das materielle Ende der Versicherung eingetreten ist, vorausgesetzt, daß die Herabsetzung der Prämie noch von Bedeutung ist (KB. I 55 ff.). 7.

In dem Augenblick, in dem es gestellt wird, müssen die Versicherungssummen den Versicherungswert übersteigen. Bei Versicherung eines Inbegriffs (§ 54) muß anzunehmen sein, daß die Versicherungssumme dauernd höher als der Versicherungswert bleibt. — Das Verlangen ist unverjährbar; verjährbar ist aber der Anspruch auf Rückzahlung der Prämie.

8. e) Aus der Erklärung hat hervorzugehen, auf welchen Betrag die Versicherungssumme herabgesetzt werden soll, da sich der Versicherungsnehmer auch mit der Herabsetzung auf einen höheren Betrag als den Betrag des Anteils, den der Versicherer im Verhältnis zu dem anderen Versicherer zu tragen hat, begnügen könnte (Beispiele bei Bruck 554).

9. f) Da das berechtigte Verlangen, insoweit es gestellt wird, die Doppelversicherung endgültig beseitigt, so braucht sich der Erklärungsempfänger mit ihm nicht einverstanden zu erklären, auch gegen seinen Willen wird der Vertrag umgestaltet. Vgl. Bem. 11 zu § 51.

10. g) In dem Verhältnis, in dem die Versicherungssumme herabgesetzt wird, erfolgt die Minderung der Prämie, wobei die zur Zeit des Vertragsabschlusses maßgebenden Tarife des Versicherers zur Berechnung herangezogen werden können. Im allgemeinen erfolgt die Minderung der Prämie nach dem Verhältnis der alten zu der neuen Versicherungssumme (Bem. 12 zu § 51). Nebenkosten werden nicht gemindert; höchstens käme Rückerstattung von zuviel bezahlter Versicherungssteuer in Betracht. Ist die Prämie im voraus für mehrere Versicherungsperioden (§ 9) entrichtet, dann ist der zuviel gezahlte Betrag herauszugeben (§§ 812 ff. BGB.). — Als Entschädigung für die Herabsetzung der Prämie hat der Versicherungsnehmer dem Versicherer eine angemessene Geschäftsgebühr zu entrichten (Abs. 3). Ihre Berechnung geschieht nach allgemeinen objektiven Grundsätzen. Der dem einzelnen Versicherer aus besonderen Gründen entstandene Schaden ist nicht zu berücksichtigen.

11. h) Den Beweis für das Vorliegen einer Doppelversicherung und für die mangelnde Kenntnis von der anderen Versicherung hat der Versicherungsnehmer zu erbringen. Der Versicherer hat zu beweisen, daß das Verlangen nicht unverzüglich geltend gemacht ist, und die Angemessenheit der Geschäftsgebühr.

12. 2. Ist das Verlangen berechtigt, dann sind dem Versicherer oder den Versicherern gegenüber, an den oder an die das Verlangen gerichtet worden ist, die Versicherungssumme und die Prämie herabgesetzt. Es kann somit sein, daß an Stelle der Doppelversicherung eine gewöhnliche mehrfache Versicherung (§ 58) tritt. Gegenüber mehreren Versicherern erfolgt die Herabsetzung gemäß § 59 Abs. 2 S. 1 (Zahlenbeispiel bei Raiser 268 f.). Die Herabsetzung hat (gegensätzlich zu der Überversicherung § 51 Abs. 1) rückwirkende Kraft auf den Beginn der Versicherungsperiode (§ 9), in der das Verlangen dem Versicherer zugeht (Abs. 2 S. 1; § 130 BGB.). Nach § 11 Abs. 2 S. 2 AllgFeuerVersbdg. wirkt die Herabsetzung der Prämie erst vom Beginn der auf die Herabsetzung der Versicherungssumme folgenden Versicherungsperiode an. Zerfällt die Versicherungsdauer nicht in mehrere Versicherungsperioden, so wirkt die Herabsetzung auf den Beginn der Versicherung zurück. Eine Ausnahme hiervon wird dann zugelassen, wenn die Gefahr für die Versicherer verschieden

zu laufen beginnt (z. B. eine vor Beginn der Beförderung versicherte Gütersendung wird während der Reise nochmals unter Versicherung gebracht). Alsdann wirkt sie dem ersten Versicherer gegenüber erst mit dem Zeitpunkt, in dem sie verlangt wird (Abs. 2 S. 2). Auf diese Weise behält der Versicherer für die Zeit, in der er allein die ganze Gefahr zu tragen hat, den Anspruch auf die volle Prämie. — Im Hinblick auf die Verminderung der Versicherungssumme ist der Versicherungsschein zu berichtigen.

3. Erweist sich das Verlangen als unberechtigt, dann bleiben 13.
Versicherungssummen und Prämien in der vertraglich vorgesehenen Höhe bestehen. Natürlich können sie durch Vereinbarung auch dann herabgesetzt werden, wenn die Voraussetzungen des § 60 nicht erfüllt sind.

IV. § 60 ist nicht zwingend. Es kann vereinbart werden, daß dem Ver- 14.
sicherungsnehmer das Herabsetzungsrecht nicht zustehen soll, oder daß die verminderte Prämie erst vom Beginn der auf die Herabsetzung folgenden Versicherungsperiode an zu zahlen ist (Bem. 10), oder daß nicht bloß der Versicherungsnehmer, sondern auch der Versicherer die Herabsetzung der Versicherungssumme soll fordern können.

§ 61. **Der Versicherer ist von der Verpflichtung zur Leistung frei, wenn der Versicherungsnehmer den Versicherungsfall vorsätzlich oder durch grobe Fahrlässigkeit herbeiführt.**

Schrifttum: Bruck 647 ff.; Gottschalk JR. 1927. 265; Möller 1.
JR. 1929. 325; Ritter 551.

I. Das vorgesetzliche Recht vertrat die Auffassung, daß der Versicherer den 2.
durch ein Verschulden des Versicherungsnehmers verursachten Schaden nicht zu ersetzen hat. Der Versicherungsnehmer verwirkte durch jedes Verschulden, also auch durch leichte Fahrlässigkeit, den Versicherungsanspruch (RG. 14. 5. 84 Bd. 14. 119, Seuffert Bd. 39. 451 Nr. 328). Die entgegengesetzte Auffassung der Feuerversicherung, nach der das Recht auf Entschädigung nur versagt wurde, wenn der Versicherungsnehmer den Brand absichtlich oder durch grobe Fahrlässigkeit verursacht hat, wurde als Ausnahme behandelt (OAG. Lübeck Seuffert Bd. 21. 141 Nr. 76, ZHR. Bd. 19. 271). Hierin ist für die Transport- (§ 130 S. 1) und für die See- (§§ 821 Nr. 4 HGB., 33 Abs. 1 S. 1 ADS.) Versicherung keine Änderung eingetreten, während § 61 das frühere Sonderrecht der Feuerversicherung zum allgemeinen Grundsatz für die Schadensversicherung erhebt. Damit ist die rechtliche Stellung des Versicherungsnehmers gegen früher gebessert und der wirtschaftliche Nutzen der Versicherung erheblich verstärkt. In der Haftpflicht- (§ 152) und in der Unfall- (§ 181 Abs. 1) Versicherung ist der Versicherer nur bei vorsätzlicher widerrechtlicher Handlung des Versicherungsnehmers oder des Unfallbetroffenen leistungsfrei. In der Viehversicherung tritt außer bei vorsätzlicher oder grobfahrlässiger Herbeiführung des Versicherungsfalls Leistungsfreiheit des Versicherers ein, wenn der Versicherungsnehmer vorsätzlich oder grobfahrlässig das Tier schwer mißhandelt oder schwer vernachlässigt (§ 125). Über den Selbstmord des Versicherten § 169.

3. II. 1. Die Leistungsfreiheit des Versicherers bei schuldhafter Herbeiführung des Versicherungsfalls durch den Versicherungsnehmer ist nicht die Folge der Nichterfüllung einer Rechtspflicht des Versicherungsnehmers, den Versicherungsfall nicht herbeizuführen. In diesem Sinne gibt es ebensowenig eine Schadenverhütungspflicht (Ritter) wie eine Anzeigepflicht oder Schadenabwendungspflicht. Der Versicherungsnehmer übernimmt auch keine Obliegenheit (§ 6), den Versicherungsfall nicht schuldhaft herbeizuführen. Die Nicht-Herbeiführung des Versicherungsfalls ist auch keine conditio juris oder eine negative Voraussetzung für die geldliche oder geldeswerte Leistung des Versicherers, und schließlich läßt sich auch nicht die früher von mir vertretene Ansicht aufrechterhalten, daß die Leistungsfreiheit des Versicherers die Folge eines bedingungswidrigen Verhaltens des Versicherungsnehmers sei. Über diese Theorien eingehend bei Bruck 647.

4. 2. Die Leistungsfreiheit des Versicherers ist eine subjektive Risikobeschränkung (Ehrenzweig Z. 1923. 34, Möller HansRGZ. A. 1929. 549). Die Gefahrslage wird durch objektive und subjektive Gefahrumstände bestimmt. Die objektiven Gefahrumstände liegen außerhalb des Willens des Versicherungsnehmers; der Versicherer pflegt regelmäßig gewisse objektive Gefahrumstände von seiner Gefahrtragung auszuschließen (objektive Risikobeschränkungen). Die subjektiven Gefahrumstände liegen nur in dem Willen des Versicherungsnehmers. Solche subjektiven Gefahrumstände spielen bei der vorvertraglichen Anzeigepflicht eine Rolle (Bem. 18 zu § 16). Von besonderer Bedeutung ist der nur auf dem Willen des Versicherungsnehmers beruhende Eintritt des Versicherungsfalls. Der Versicherungsnehmer schafft hierbei nicht eine veränderte Gefahrslage wie bei der Gefahrerhöhung, indem er der bisherigen Gefahrslage eine andere Ablaufsrichtung gibt — infolgedessen gelten die Vorschriften der §§ 23 ff. über die Gefahrstandspflicht nicht neben § 61 (ebenso Raiser 171; anders Kisch Bd. 2. 561) —, sondern er verwirklicht durch seine Handlung den sofortigen Eintritt der Gefahr.

III. Der Versicherer ist leistungsfrei, wenn der Versicherungsnehmer den Versicherungsfall vorsätzlich oder grobfahrlässig herbeiführt.

5. 1. Die Leistungsfreiheit des Versicherers bedeutet, daß der Versicherer den Bedarf nicht zu ersetzen braucht, der durch die schuldhafte Handlung des Versicherungsnehmers oder der ihm gleichgestellten Person (Bem. 12) tatsächlich oder der Vorstellung nach verursacht worden ist. Der Vertrag als solcher bleibt bestehen (so ausdrücklich § 17 AllgFeuerVersbdg.) — vorbehaltlich des Kündigungsrechts (§§ 96, 113, 158) —, vor allem wird die Verpflichtung zur Entrichtung der Prämie nicht berührt. Hat der Versicherer versehentlich gezahlt, dann kann er den bezahlten Betrag nach den Grundsätzen über die ungerechtfertigte Bereicherung zurückverlangen (§§ 812 ff. BGB.). Bei rückkaufsfähigen Lebensversicherungen hat der Versicherer die Rückvergütung herauszugeben (§ 176). Einem Hypotheken- und einem ihm gleichgestellten (§ 106) Gläubiger bleibt der Versicherer in vollem Umfange zu der Leistung verpflichtet (§ 101 Abs. 1).

2. Versicherungsfall ist das Ereignis, das den Anspruch auf die geldliche oder geldeswerte Leistung des Versicherers auslösen würde, wenn es nicht schuldhaft von dem Versicherungsnehmer herbeigeführt worden wäre. 6.

3. Der Versicherungsnehmer darf den Versicherungsfall nicht schuldhaft herbeiführen, ebensowenig sein Rechtsnachfolger. Bei mehreren Versicherungsnehmern, mögen sie Gesamthänder oder Miteigentümer sein, darf keiner von ihnen den Versicherungsfall herbeiführen, denn es kann nicht auf die internen Rechtsbeziehungen, sondern nur auf die Einheitlichkeit der versicherten Beziehung gegenüber dem Versicherer ankommen (OLG. Hamburg 12. 2. 12 LZ. 1912. 870, Mitteilungen 1912. 205; RG. 3. 3. 16 VA. 1916* 56 Nr. 938; KG. 20. 2. 26 VA. 1927. 304 Nr. 1655; OLG. Marienwerder 12. 11. 26 VA. 1929. 11 Nr. 1794; OLG. Breslau 1. 7. 31 JR. 1931. 276; anders für Miteigentümer Ritter 556). Befindet sich der Versicherungsnehmer im Konkursverfahren, so muß die Herbeiführung des Versicherungsfalls durch den Gemeinschuldner die Leistungsfreiheit des Versicherers nach sich ziehen (KG. 11. 10. 30 JR. 1930. 433, VA. 1931. 267 Nr. 2223). Bei Veräußerung der versicherten Sache tritt der Erwerber in die Rechtsstellung des Veräußerers gegenüber dem Versicherer ein (§ 69 Abs. 1), darf somit den Versicherungsfall nicht herbeiführen. Führt der Veräußerer den Versicherungsfall nach der Veräußerung herbei oder führt der Erwerber vor der Veräußerung den Versicherungsfall herbei, so ist das Verhalten des Veräußerers dem Erwerber gegenüber bezw. das Verhalten des Erwerbers dem Veräußerer gegenüber nur insoweit anzurechnen, als sie für das Verhalten Dritter aufzukommen haben. Bei Versicherung für fremde Rechnung darf weder der Versicherungsnehmer noch der Versicherte den Versicherungsfall herbeiführen, jener nicht, weil seine rechtliche Stellung gegenüber dem Versicherer gesetzlich keine andere ist als die Stellung des Versicherungsnehmers bei der Versicherung für eigene Rechnung (OLG. Hamburg 10. 5. 89 Seuffert Bd. 45. 452 Nr. 269), dieser nicht, weil es Treu und Glauben widersprechen würde, wenn das Verhalten desjenigen, dem die Entschädigungsleistung des Versicherers zugute kommen soll, unberücksichtigt bleibt (Bruck JW. 1927. 2801. Unrichtig RG. 28. 6. 27 Bd. 117. 327, VA. 1928. 261 Nr. 1763 b, HansRZ. 1927. 735, JW. 1927. 2801). Führt der Pfandgläubiger, Vollstreckungsgläubiger, Zessionar den Versicherungsfall herbei, so würde es mit Treu und Glauben nicht in Einklang zu bringen sein, wenn trotzdem der Versicherer ihnen gegenüber zu der Leistung verpflichtet bliebe, dagegen bleibt der Versicherer dem Versicherungsnehmer gegenüber leistungspflichtig. — Zündet der Ehemann das feuerversicherte Haus nach Umschreibung der Versicherung auf die Ehefrau an, so würde es Treu und Glauben widersprechen, wenn die Ehefrau den Versicherungsanspruch geltend machen kann, obschon sie von der beabsichtigten Ausführung der Tat Kenntnis hatte und nichts zur Verhütung der Tat unternahm, diese vielmehr mindestens stillschweigend billigte (OLG. Celle 3. 6. 30 JR. 1930. 338). 7.

Die Frage, ob der Versicherungsnehmer für Dritte, die den Versicherungsfall schuldhaft herbeiführen, zu haften hat, ist be- 8.

stritten (Gierke LZ. 1909. 721, Josef LZ. 1907. 483, Z. 1911. 201, JR. 1928. 322, Ritter LZ. 1914. 354, Schneider Z. 1914. 289).

9. a) Einverständnis besteht darüber, daß die Haftung des Versicherungsnehmers nicht hergeleitet werden kann aus § 278 BGB., weil „es nicht zu den Verbindlichkeiten des Versicherungsnehmers gehört, Fahrlässigkeit in bezug auf das versicherte Risiko zu vermeiden, und deshalb niemals die Rede davon sein kann, daß der Versicherungsnehmer sich insoweit eines anderen zur Erfüllung einer Verbindlichkeit bedient" (RG. 4. 6. 13 Bd. 83. 43, VA. 1913* 131 Nr. 779, 28. 6. 27 Bd. 117. 327, VA. 1928. 261 Nr. 1763 b, JW. 1927. 2801, JR. 1927. 240, HansRZ. 1927. 735, 4. 10. 29 JR. 1929. 366; KG. 22. 2. 28 HansRGZ. A. 1928. 411; OLG. Königsberg 29. 3. 12 VA. 1912* 117 Nr. 703; OLG. Stuttgart 25. 10. 12 VA. 1913* 91 Nr. 755, 7. 3. 27 HansRZ. 1927. 678; OLG. Düsseldorf 6. 12. 26 JR. 1927. 18, 15. 12. 27 HansRGZ. A. 1928. 109; OLG. Hamburg 22. 2. 28 HansRGZ. A. 1928. 285; KB. I 59, 60).

10. b) Die Haftung des Versicherungsnehmers für Dritte wird vielfach hergeleitet aus der sogenannten Repräsentantenhaftung, an der die herrschende Rechtsprechung festhält. Als Repräsentant soll eine Person anzusehen sein, „die in dem Betriebe, zu dem das versicherte Risiko gehört, auf Grund eines Vertretungs- oder anderen Verhältnisses an Stelle des Versicherten steht". Unerläßlich sei die Befugnis zum selbständigen rechtsgeschäftlichen Handeln für den Versicherungsnehmer innerhalb des in Frage kommenden Geschäftskreises einschließlich der Wahrnehmung der für diesen aus dem Versicherungsvertrage hervorgehenden Rechte und Pflichten (RG. 4. 10. 29 JR. 1929. 366). Die Bedenken, die gegen die Anwendung der Repräsentantenhaftung bei der Frage der Haftung des Versicherungsnehmers für Dritte, deren er sich bei Erfüllung der Obliegenheit bedient, bestehen (Bem. 14 zu § 6), greifen auch hier durch. Auch bei der Beratung des Gesetzentwurfes in der Reichstagskommission ist diese Rechtsprechung, welche weder mit dem positiven geltenden Recht in Einklang steht noch sich durch entsprechende Anwendung anderer Rechtssätze rechtfertigen läßt, kritisiert worden (KB. I 60). Da ferner die Leistungsfreiheit des Versicherers ein subjektiver Risikoausschluß ist, so kann diese Folge nur eintreten, wenn das Verhalten des Versicherungsnehmers eine neue Kausalreihe begründet, aus der sich der Eintritt des Versicherungsfalls entwickelt. Weitere Gründe bei Bruck 652 f.

Unter Annahme der Repräsentantentheorie ist als Repräsentant angesehen worden: die mit dem Betriebe der versicherten Maschinen betraute Person (RG. 22. 10. 95 Bd. 37. 149); die Ehefrau des Versicherungsnehmers, die von ihm allgemein mit seiner Vertretung in der Verfügung über die versicherten Sachen betraut worden ist (RG. 18. 10. 01 Bd. 51. 20); Angestellte der Versicherungsnehmerin, die mit irgendeiner auf die versicherten Güter bezüglichen Tätigkeit betraut sind (RG. 4. 6. 13 Bd. 83. 43, VA. 1913* 131 Nr. 779); der Prokurist der versicherten Firma, der Ehemann der Mitinhaberin der Firma ist, also den Versicherungsnehmer „in der Mühewaltung" vertritt (OLG. Düsseldorf 23. 5. 27 VA. 1928. 282 Nr. 1779, JR. 1927. 260); der

Ehemann der Versicherungsnehmerin, der als Prokurist und Ehemann der Geschäftsinhaberin eine sehr einflußreiche leitende Stellung in dem Geschäft einnimmt, mithin der „wirtschaftliche Versicherungsnehmer" (!) ist (OLG. Hamburg 15. 6. 27 VA. 1929. 37 Nr. 1817, HansRZ. 1927. 895); die Ehefrau des Versicherungsnehmers, welche die ihr gehörigen, von dem Versicherungsnehmer aber für eigene Rechnung versicherten Schmuckgegenstände im Besitz behält (OLG. Köln 13. 6. 28 HansRGZ. A. 1928. 512); der Ehemann, der das versicherte Auto der Ehefrau in dem maßgebenden Zeitpunkt gesteuert hat (KG. 12. 7. 30 JR. 1930. 402), das gleiche gilt für den von dem Versicherungsnehmer bezeichneten Stellvertreter (OLG. Nürnberg 23. 12. 30 VA. 1931. 260 Nr. 2216).

Dagegen ist nicht als Repräsentant angesehen worden: der Chauffeur des versicherten Wagenhalters (OLG. Stuttgart 7. 3. 27 HansRZ. 1927. 678; RG. 4. 10. 29 JR. 1929. 366, HansRGZ. A. 1929. 752, VA. 1930. 335 Nr. 2085); die Ehefrau des Versicherungsnehmers, wenn dieser am Brandtage geschäftlich verreist war und infolgedessen den versicherten Hausstand der Obhut seiner Ehefrau überläßt (RG. 28. 6. 27 Bd. 117. 327, VA. 1928. 261 Nr. 1763 b, JW. 1927. 2801, JR. 1927. 240, HansRZ. 1927. 735); der mit der Bewachung des versicherten Kutters Beauftragte (KG. 22. 2. 28 HansRGZ. A. 1928. 411, JR. 1928. 141); der von dem Versicherungsnehmer angestellte Ingenieur, auch wenn er das Auto ständig fährt (KG. 4. 10. 30 JR. 1931. 10); der Prokurist, dessen Befugnisse im Innenverhältnis stark beschränkt sind (KG. 10. 6. 31 JR. 1931. 302).

Gegen die Repräsentantentheorie haben sich ausgesprochen OLG. Königsberg 29. 3. 12 VA. 1912* 117 Nr. 703 (Ehefrau des Versicherungsnehmers hat bei dem Ausschwefeln in Erfüllung der ihr nach § 1356 BGB. obliegenden Verpflichtung, das gemeinschaftliche Hauswesen zu leiten, also aus eigenem Recht gehandelt); OLG. Stuttgart 25. 10. 12 VA. 1913* 91 Nr. 755; OLG. Düsseldorf 15. 12. 27 HansRGZ. A. 1928. 109 (der Chauffeur des Versicherten ist Dritter, dessen schuldhaftes Handeln dem Handeln des Versicherungsnehmers nicht gleichsteht); vor allem KG. 5. 4. 19 VA. 1919* 64 Nr. 1105.

Wird die Repräsentantentheorie abgelehnt, so haftet der Versicherungsnehmer nur für sein eigenes Verhalten. Hat er das siebente, aber nicht das achtzehnte Lebensjahr vollendet, dann kann ihm die Herbeiführung des Versicherungsfalls nur gemäß § 828 Abs. 2 BGB. zugerechnet werden. — Ist der Versicherungsnehmer eine juristische Person, so muß die Herbeiführung des Versicherungsfalls durch deren Organ als solches die gleichen Folgen haben wie das entsprechende Verhalten einer natürlichen Person (KG. 11. 2. 20 VA. 1921* 89 Nr. 1173). Befinden sich die Anteile einer G. m. b. H. oder die Aktien einer A.G. überwiegend in den Händen einer Person und führt diese den Versicherungsfall herbei, so würde es gegen Treu und Glauben sein, wenn sich der Täter auf den Unterschied zwischen dem juristischen und wirtschaftlichen Eigentum berufen könnte. Bei der offenen Handelsgesellschaft darf kein Gesellschafter den Versicherungsfall herbeiführen, wobei 11.

es keinen Unterschied machen kann, ob er von der Geschäftsführung oder Vertretung ausgeschlossen ist oder nicht. — Ist der Versicherungsnehmer eine natürliche Person, so haftet er nicht für seinen gesetzlichen Vertreter, denn die gesetzliche Vertretung besteht nur innerhalb des Rahmens der Vertragserfüllung, nicht auch hinsichtlich widerrechtlicher Handlungen. Zündet der Vormund vorsätzlich das versicherte Haus seines Mündels an, so kann sich der Versicherer dem Mündel gegenüber nicht auf § 61 berufen. Dem gesetzlichen Vertreter steht in dieser Hinsicht gleich der Konkursverwalter, Testamentsvollstrecker, Nachlaßverwalter. Der Versicherungsnehmer haftet auch nicht für den rechtsgeschäftlich bestellten Vertreter oder für einen Vertreter ohne Vertretungsmacht.

12. Ausnahmsweise ist das Verhalten Dritter dem Verhalten des Versicherungsnehmers gleichgestellt: kraft Gesetzes in § 131 Abs. 1; kraft Vereinbarung: so regelmäßig in der Einbruchdiebstahl- und Viehlebensversicherung in Ansehung der Hausgenossen (Bem. 8 zu § 67) des Versicherungsnehmers.

13. 4. Die Leistungsfreiheit des Versicherers tritt nur bei schuldhafter Herbeiführung des Versicherungsfalls ein. Nach dem Prinzip des Gesetzes muß der Versicherungsnehmer vorsätzlich oder grobfahrlässig gehandelt haben. Über Sonderregelungen: § 152 (Haftpflichtversicherung), § 181 Abs. 1 S. 1 (Unfallversicherung), § 130 (Transportversicherung).

14. a) Vorsätzlich handelt derjenige, der den Tatwillen, d. h. der einen auf eine bestimmte Tat gerichteten Willen bekundet, ohne daß der Zweck seiner Tat gerade in der Herbeiführung des Erfolges zu liegen braucht. Eventualdolus reicht aus (RG. 4. 4. 13 Recht 1913. Nr. 1534). Eine strafgerichtliche Verurteilung (§ 265 StGB.) ist nicht erforderlich (RG. 3. 3. 16 VA. 1916* 56 Nr. 938). Auf den Beweggrund der Handlung kommt es im Gegensatz zu § 26 ebensowenig an wie darauf, ob sich der Täter im Notstand (§ 228 BGB.) befunden hat. Unerheblich ist auch die Kenntnis des Täters von dem Vorhandensein der Versicherung. Über den Selbstmord des Versicherten § 169, über die Nottötung in der Viehlebensversicherung § 126.

15. b) Grobfahrlässig handelt derjenige, der in besonders schwerer Weise die im Verkehr erforderliche Sorgfalt, wenn die Versicherung für den Versicherungsnehmer ein Handelsgeschäft ist, die Sorgfalt eines ordentlichen Kaufmanns, verletzt (§§ 276 BGB., 347 HGB.). Die im Verkehr erforderliche Sorgfalt ist eine andere als die im Verkehr übliche (RG. 1. 4. 30 JR. 1930. 166). Über den Unterschied der Fahrlässigkeit im Strafrecht und Versicherungsrecht OLG. Hamburg 21. 6. 92 Seuffert Bd. 49. 82 Nr. 44.

16. Grobe Fahrlässigkeit ist angenommen worden in der Feuerversicherung: wenn der Versicherungsnehmer einen Angestellten in seinem Dienste behält, von dem er weiß, daß sich dieser der Brandstiftung schuldig gemacht hat (RG. 3. 7. 28 VA. 1929. 245 Nr. 1899, JW. 1928. 3181, JR. 1928. 230; Josef JR. 1929. 94); wenn ein Geschäftsraum mit leicht feuerfangenden Waren, während die Beleuchtungsanlage in Betrieb ist, unbeaufsichtigt und abgeschlossen bleibt (RG. 29. 5. 03 VA. 1903. 152 Nr. 21); wenn ein Streichholz

in noch glimmendem Zustand an eine Stelle geworfen wird, an welcher leicht entzündbare Gegenstände liegen (RG. 18. 10. 01 Bd. 51. 20); wenn glühende Kohlen von einem Ofen nach einem anderen Ofen getragen werden und hierbei infolge Anstoßens an einen Stuhl zu Boden fallen (RG. 28. 6. 27 Bd. 117. 327, VA. 1928. 261 Nr. 1763 b, HansRZ. 1927. 735, JW. 1927. 2801); wenn eine brennende Kerze in der Nähe einer Flasche mit Terpentin unbeaufsichtigt stehenbleibt (OLG. Hamburg 15. 6. 27 VA. 1929. 37 Nr. 1817); wenn in einer Garage eine Lötlampe mit offenem Feuer benutzt wird (RG. 1. 4. 30 JR. 1930. 166); wenn eine mangelhafte brennende Stallaterne in einem Stall während der Nacht ohne Aufsicht am Nagel hängen gelassen wird (Badisches Verwaltungsgericht 19. 3. 29 Praxis des Versicherungsrechts 1930. 10). In der Diebstahlversicherung: wenn ein Pelz in dem unbeaufsichtigten Auto liegenbleibt (KG. 11. 12. 26 JR. 1927. 47; Dubelman JR. 1927. 270). In der Reisegepäckversicherung: wenn der Versicherungsnehmer die das Perlenhalsband enthaltende Tasche während einer Nachtfahrt in der Eisenbahn ohne weitere Vorsichtsmaßnahmen neben sich legt (RG. 18. 10. 27 JR. 1927. 330, VA. 1929. 46 Nr. 1823, Seuffert Bd. 82. 33 Nr. 19); wenn das Reisegepäck in einem offenen Wagen unbewacht liegenbleibt (KG. 29. 1. 30 JR. 1930. 137). In der Reiselagerversicherung von Juwelen: wenn das Auto, in welchem die Juwelen in Koffern liegen, unbeaufsichtigt auf der Straße stehenbleibt, mögen auch Türen und Fenster gesichert sein (OLG. Hamburg 18. 12. 28 VA. 1930. 264 Nr. 2025; RG. 17. 9. 29 VA. 1930. 334 Nr. 2084, HansRGZ. A. 1929. 751). In der Autokaskoversicherung (Haftung für den Chauffeur: Stiefel VerkehrsrR. 1931. 377, 381): wenn wiederholte Störungen des Vergasers unbeobachtet bleiben (OLG. Düsseldorf 29. 4. 29 VA. 1930. 273 Nr. 2031); wenn der Kraftwagen auf der Avusbahn etwa 400 Meter vor dem Tor einen ebenfalls schnell fahrenden Motorradfahrer überholt und dadurch an einen Torpfeiler anfährt (KG. 8. 3. 30 JR. 1930. 279); wenn der Kraftwagenführer, der eben erst den Führerschein erhalten hat, mit beträchtlicher Geschwindigkeit fährt, hierbei seinen Wagen so wenig in der Gewalt hat, daß er auf der Chaussee hin und her pendelt, und bei Überholen eines anderen Wagens eine Baustelle nicht bemerkt und infolgedessen gegen einen Baum fährt (KG. 21. 6. 30 JR. 1930. 374); wenn der Versicherungsnehmer den in einen Sandhaufen völlig festgefahrenen Wagen mit eigener Kraft und unter Mitwirkung der zufällig an der Unfallstelle anwesenden Personen nicht herausbekommen kann und es trotzdem immer wieder von neuem versucht (KG. 3. 6. 31 JR. 1931. 304); wenn der Versicherungsnehmer seinen Wagen einem Nichtfachmann zur Reparatur übergibt und nicht darauf achtet, daß dieser nicht den Wagen anfährt (KG. 6. 6. 31 JR. 1931. 303); wenn der Versicherungsnehmer mit unzulässiger Geschwindigkeit in eine Kurve einfährt (OLG. Hamm 27. 4. 31 VA. 1932. 218 Nr. 2296); wenn das unverschlossene Auto nachts auf offener Straße stehenbleibt (KG. 24. 1. 31 VerkehrsrR. 1931. 432). In der Unfallversicherung: wenn ein Stock derartig an ein Gasrohr gehängt wird, daß der Gashahn sich öffnet (OLG. Düsseldorf 10. 10. 29 VA. 1930. 317 Nr. 2069).

17. Das Vorliegen von grober Fahrlässigkeit ist verneint worden in der Feuerversicherung: wenn ein elektrisches Bügeleisen nicht ausgeschaltet wird (OLG. Karlsruhe 27. 1. 26 VA. 1928. 44 Nr. 1694); wenn geteerte Netze zum Trocknen in die Nähe des brennenden Ofens gebracht sind (KG. 30. 1. 26 JR. 1926. 69); wenn ein Motor im Schuppen angekurbelt wird (KG. 9. 1. 29 VA. 1930. 249 Nr. 2013, JR. 1929. 63); wenn brennbare Gegenstände aus der Nähe eines Motors, aus dem Funken springen, nicht entfernt werden (RG. 29. 1. 29 JR. 1929. 79; Zebermann JR. 1929. 293). In der Einbruchdiebstahlversicherung: wenn ein Fenster im zweiten Stock des versicherten Hauses offen gelassen wird (KG. 18. 6. 27 JR. 1927. 245); wenn trotz ausreichender Beaufsichtigung der Diebstahl von Arbeitern, denen der Zutritt zu dem sonst geschlossenen Hängeboden gewährt werden mußte, ausgeübt wird (KG. 29. 3. 22 VA. 1924* 84 Nr. 1339); wenn der Versicherungsnehmer die Schlüssel gelegentlich einem seiner Angestellten zum Abschließen übergibt (KG. 19. 5. 28 JR. 1928. 216); wenn Schmucksachen in einem Schubfach der Frisiertoilette verschlossen worden sind, der Schlüssel aber in der Eile der Abfahrt in einem anderen Schubfach der Toilette steckenbleibt (KG. 18. 12. 29 JR. 1930. 81); wenn der Schmuck in einem Safe verschlossen und der Safeschlüssel in einem anderen verschlossenen Schrank aufbewahrt wird (OLG. Köln 2. 7. 30 JR. 1930. 321, VA. 1931. 223 Nr. 2184). In der Diebstahlversicherung: wenn die versicherten Juwelen in einer in der Hand getragenen Handtasche aufbewahrt werden (KG. 22. 4. 22 HansRZ. 1922. 505). In der Autokaskoversicherung: wenn der Versicherungsnehmer das versicherte Auto an einen Dritten überläßt, der unter Obhut des Chauffeurs mit dem Wagen fahren darf (OLG. Hamburg 12. 4. 26 JR. 1926. 169); (auch leichte Fahrlässigkeit) wenn der Kraftwagenführer durch das unrichtige Verhalten eines Dritten genötigt ist, an einer wegen der Gestaltung und Glätte der Straße ungünstigen Stelle plötzlich auszubiegen und zu bremsen (RG. 4. 2. 30 JR. 1930. 91, VA. 1931. 44 Nr. 2131); wenn an den sonst als zuverlässig erprobten Chauffeur ausnahmsweise der Garagenschlüssel überlassen wird und der Chauffeur eine Schwarzfahrt unternimmt (OLG. Dresden 20. 5. 30 VA. 1931. 221 Nr. 2182); wenn die Benzinentnahme zwar bei Kerzenbeleuchtung, aber doch unter Anwendung weitgehender Vorsichtsmaßnahmen erfolgt (OLG. Köln 13. 5. 31 JR. 1931. 308, VA. 1932. 244 Nr. 2315); wenn der Wagenführer auf vereister Landstraße gezwungen ist, einen Lastkraftwagen zu überholen, und hierbei mit starker Geschwindigkeit fährt, um durch langes Nebeneinanderfahren die Fahrstraße nicht zu sperren (KG. 13. 5. 31 VerkehrsrR. 1931. 432). In der Viehlebensversicherung: wenn der Versicherungsnehmer nicht damit rechnen konnte, daß der versicherte Hengst den schweren Steinwagen, an den er angebunden war, am Halfter zurückziehen und hierbei in eine abgedeckte Kalkgrube stürzen würde (OLG. Hamm 12. 4. 26 VA. 1927. 278 Nr. 1634).

18. 5. Der Versicherungsnehmer darf den Versicherungsfall nicht schuldhaft herbeiführen. Worin im einzelnen die Handlung des Versicherungsnehmers besteht, ist Tatfrage. Aber unter allen Umständen muß sie eine positive

Handlung sein. Das Unterlassen einer Handlung, die den Eintritt des Versicherungsfalls verhindert hätte, kann zwar für den Eintritt des Versicherungsfalls kausal sein, aber versicherungsrechtlich ist zwischen der positiven Herbeiführung des Versicherungsfalls und der Abwendungs- und Minderungspflicht (§ 62) zu unterscheiden (Roelli 219; anders Kisch HansRZ. 1922. 169, Raiser 367). — Über den Kausalzusammenhang Bem. 3 zu § 55.

6. Den Beweis, daß der Versicherungsnehmer den Versicherungsfall schuldhaft herbeigeführt hat, hat der Versicherer zu führen (OLG. Düsseldorf 15. 2. 27 HansRGZ. A. 1928. 109; OLG. Stettin 18. 6. 28 JR. 1928. 246; RG. 13. 12. 27 JW. 1928. 554). Ist es, wie oftmals, dem Versicherer nicht möglich, den Beweis mit einer jeden Zweifel ausschließenden Gewißheit zu erbringen, so reicht es aus, wenn er nach den Grundsätzen des Prima-facie-Beweises dartut, daß der festgestellte Sachverhalt nach dem regelmäßigen Zusammenhang der Dinge die Folgerung rechtfertigt, der Schaden sei durch Verschulden des Versicherungsnehmers verursacht. RG. hat am 13. 12. 29 Bd. 127. 26, JR. 1930. 28, VA. 1930. 327 Nr. 2078, JW. 1930. 3624 die Anwendung der Grundsätze des Prima-facie-Beweises im Rahmen des § 61 abgelehnt. Bereits am 18. 11. 30 Bd. 130. 263, JR. 1930. 427, VA. 1931. 264 Nr. 2220, JW. 1931. 1026 hat es jedoch ausgesprochen, daß der in der vorerwähnten Entscheidung ausgesprochene Satz nicht aufrechterhalten werden könne. Seitdem hat RG. wiederholt die Grundsätze des Prima-facie-Beweises zur Anwendung gebracht (12. 12. 30 JR. 1931. 4, VA. 1931. 265 Nr. 2221, 7. 2. 31 JR. 1931. 147, 8. 5. 31 JR. 1931. 205, VA. 1932. 229 Nr. 2303). 19.

III. § 61 ist nicht zwingend (KG. 4. 10. 22 VA. 1925. 136 Nr. 1420). 20. Aber hiermit ist nicht gesagt, ob der Versicherer auch bei vorsätzlicher Herbeiführung des Versicherungsfalls seine Leistung bewirken darf. Die Frage läßt sich nicht einheitlich beantworten. Wird die Leistung einem Dritten zugewendet, so kann der Dritte die Leistung behalten, auch wenn der Versicherungsfall vorsätzlich von dem Versicherungsnehmer herbeigeführt worden ist. So bleibt der Versicherer einem Hypotheken- und einem ihm gleichgestellten (§ 106) Gläubiger gegenüber leistungspflichtig, trotzdem der Versicherungsnehmer durch sein Verhalten den Anspruch verwirkt hat (§ 101). Bei Selbstmord des Versicherten (§ 169 S. 1) erkennen die Lebensversicherungsgesellschaften gewöhnlich nach einer kurzen Wartezeit (Bem. 5 zu § 169) ihre Verpflichtung zur Leistung an, dagegen tritt nach zwingender Bestimmung des § 170 Abs. 1 Leistungsfreiheit ein, wenn der Versicherungsnehmer den Tod des Versicherten vorsätzlich und widerrechtlich herbeiführt (vgl. auch § 181 Abs. 1 S. 2). Die Bezugsberechtigung fällt weg, wenn der Bezugsberechtigte den Versicherten vorsätzlich und widerrechtlich tötet (§ 170 Abs. 2). Der Einschluß der Haftung aus vorsätzlicher Tötung wildernder Hunde durch Jagdberechtigte in die Haftpflichtversicherung ist für zulässig erklärt worden (VA. 1929. 129). Abgesehen von diesem besonders gelagerten Fall ist eine Versicherung für vorsätzliches Handeln als gegen die guten Sitten verstoßend (§ 138 Abs. 1 BGB.) zu betrachten, da anderenfalls die Allgemeinheit benachteiligt werden könnte, so insbesondere bei Versicherung gegen

Schäden, die auf Brandstiftung des Versicherten zurückzuführen sind. Erweist sich die Vereinbarung über die Haftung des Versicherers bei vorsätzlicher Herbeiführung des Versicherungsfalls als nichtig, so braucht noch nicht das ganze Versicherungsverhältnis nichtig zu sein (§ 139 BGB.).

§ 62. Der Versicherungsnehmer ist verpflichtet, bei dem Eintritte des Versicherungsfalls nach Möglichkeit für die Abwendung und Minderung des Schadens zu sorgen und dabei die Weisungen des Versicherers zu befolgen; er hat, wenn die Umstände es gestatten, solche Weisungen einzuholen. Sind mehrere Versicherer beteiligt und sind von ihnen entgegenstehende Weisungen gegeben, so hat der Versicherungsnehmer nach eigenem pflichtmäßigen Ermessen zu handeln.

1. Schrifttum: Bruck 341 ff.

2. I. Treu und Glauben und das Interesse des Versicherers erfordern, daß der Versicherungsnehmer bei dem Eintritt des Versicherungsfalls nach Kräften für Abwendung und Minderung des Schadens sorgt und sich hierbei nach den Anordnungen des Versicherers richtet. Eine derartige Verpflichtung legt schon das ALR. II, 8 §§ 2164 ff. dem Versicherungsnehmer auf. — Über die mit § 62 übereinstimmende Regelung in der Seeversicherung §§ 819 HGB., 41 Abs. 1 ADS., über Maßnahmen in der Lebensversicherung zur Verlängerung der Lebensdauer des Versicherten Bruck 341.

3. II. 1. Die Abwendungs- und Minderungspflicht (Rettungspflicht) ist eine Dauer-Obliegenheit (Voraussetzung; Bem. 4 zu § 6), die nach dem Eintritt des Versicherungsfalls bis zu dem Zeitpunkt, in dem sich noch abwenden und mindern läßt, zu erfüllen ist (§ 6 Abs. 2). Sie ergibt sich nicht aus einem Auftragsverhältnis oder einer Geschäftsführung ohne Auftrag (RG. 6. 7. 92 Bd. 32. 13), sondern aus der Gefahrengemeinschaft, die von dem einzelnen Versicherungsnehmer im Interesse der übrigen Versicherungsnehmer verlangt, daß er nach Möglichkeit von der Gefahrengemeinschaft jeden Schaden fernhält oder einen eingetretenen Schaden mindert. — Bei Konkurrenz mit dem Veränderungsverbot (§ 93) drängt die Abwendungs- und Minderungspflicht dieses zurück.

4. 2. Abwendungs- und minderungspflichtig ist der Versicherungsnehmer, sein Rechtsnachfolger, bei mehreren Versicherungsnehmern ein jeder von ihnen. Bei Veräußerung der versicherten Sache (§ 69) hat abzuwenden und zu mindern der Veräußerer, wenn der Versicherungsfall vor der Veräußerung eintritt, der Erwerber, wenn er nachher eintritt. Die Verletzung durch den Veräußerer wirkt auch gegenüber dem Erwerber, da sich dieser alle Einwendungen gefallen lassen muß, die dem Veräußerer gegenüber zulässig sind. Für eine Verletzung durch den Veräußerer nach der Veräußerung hat der Erwerber nur in dem Umfange zu haften, in dem er für das Verhalten Dritter einzustehen hat. Bei Versicherung für fremde Rechnung ist auch der Versicherte zur Abwendung verpflichtet. Bei Abtretung, Verpfändung, Pfändung des

Anspruchs aus der Versicherung bleibt der Versicherungsnehmer allein verpflichtet, jedoch wird der Versicherer dem Zessionar, Pfandgläubiger, Vollstreckungsgläubiger, wenn sie der Pflicht zuwiderhandeln, Verstoß gegen Treu und Glauben entgegenhalten können (Ritter 638).

3. Abzuwenden und zu mindern ist „bei" dem Eintritt des 5.
Versicherungsfalls, also des Ereignisses, für dessen schadenbringende Folgen der Versicherer nach Maßgabe des Vertrags aufzukommen hat. Die Obliegenheit grenzt sich zeitlich von der Gefahrstandspflicht ab, die bis zu dem Eintritt des Versicherungsfalls zu erfüllen ist (Bem. 15 zu § 23). „Bei" dem Eintritt des Versicherungsfalls bedeutet zunächst, daß abzuwenden und zu mindern ist, wenn der Versicherungsfall bereits eingetreten ist. Damit erschöpft sich aber nicht der Inhalt der Obliegenheit, sondern sie verpflichtet den Versicherungsnehmer, den unmittelbar drohenden Eintritt des Versicherungsfalls nach Möglichkeit zu verhindern, ohne daß hierdurch der Charakter der Obliegenheit als einer Obliegenheit im Sinne des § 6 Abs. 2 geändert wird. Mithin ist Versicherungsfall im Rahmen der Abwendungs- und Minderungspflicht auch das Ereignis, das unvermeidlich den Versicherungsfall herbeigeführt haben würde, wenn der Schaden nicht abgewendet worden wäre (Ritter 639). Brennt das Nachbarhaus und ist mit dem Übergreifen des Feuers auf das versicherte Haus mit großer Wahrscheinlichkeit zu rechnen, so müssen die Maßnahmen ergriffen werden, die das versicherte Haus vor Feuer bewahren. Ergreift der Versicherungsnehmer Maßnahmen, bevor der Versicherungsfall eingetreten ist oder sein Eintritt unmittelbar droht, so trägt der Versicherer nicht die Aufwendungen (OLG. Düsseldorf 27. 2. 30 JR. 1930. 283).

III. 1. Der Inhalt der Obliegenheit besteht in der Sorge für Abwendung 6.
und Minderung des Schadens, wenn er nach Maßgabe des Versicherungsvertrags dem Versicherer zur Last fällt. Der Versicherungsnehmer muß „nach Möglichkeit" bemüht sein; auf Kosten seiner Gesundheit braucht er nicht tätig zu werden, ebenso ist er nicht zu übermäßigen Maßnahmen verpflichtet. Sind versicherte und unversicherte Sachen gleichzeitig bedroht, so kann er die unversicherten Sachen zuerst retten, mögen auch diese wertloser sein als die versicherten. Der Versicherungsnehmer braucht nicht selbst abzuwenden und zu mindern, sondern er kann Abwendung und Minderung andern überlassen; er erfüllt die Obliegenheit, wenn er sich hierbei zuverlässiger Personen bedient und ihr Tun überwacht (Ritter 639). Welche Maßnahmen im einzelnen zu treffen sind, hängt von den Umständen des einzelnen Falles ab. Der Träger der Pflicht muß im allgemeinen so handeln, wie ein verständiger Mann handeln würde, wenn er nicht versichert wäre (ROHG. Bd. 24. 395; RG. 6. 7. 92 Bd. 32. 13, 17. 6. 16 Bd. 88. 313, 315; OLG. Köln 31. 12. 30 VA. 1932. 34 Nr. 2263). Zur Minderung des Schadens gehören insbesondere die Hebungskosten des gesunkenen Schiffes (RG. 6. 5. 22 HansRZ. 1922. 767; RG. 3. 2. 26 Bd. 112. 384, JR. 1926. 64, JW. 1926. 1439, VA. 1927. 63 Nr. 1572; OLG. Königsberg 19. 4. 29 HansRGZ. A. 1929. 414), der Abtransport des verunglückten Autos (OLG. Nürnberg 1. 12. 26 VA. 1928. 69 Nr. 1714, JR. 1927. 51; OLG. Köln 31. 12. 27

VA. 1929. 62 Nr. 1836), die Verwertung der beschädigten Sachen, die Verwirklichung einer aus dem Versicherungsfall sich ergebenden Gewinnmöglichkeit, die rechtzeitige und gehörige Feststellung des Schadens (RG. 9. 12. 25 LZ. 1926. 383), die Feststellung und Sicherung des Ersatzanspruchs gegen Dritte, Beschwerden gegen unzulässige Maßnahmen der Feuerpolizei, Strafanzeige (Silberschmidt JR. 1928. 265) u. a. m. Duldet der Versicherungsnehmer überflüssige Zerstörungen durch die freiwillige Feuerwehr, so verletzt er vorsätzlich die Abwendungs- und Minderungspflicht (KG. 8. 12. 28 JR. 1929. 50). Zur Abwendung des Schadens gehört die Abweisung unbegründeter Ansprüche, der Abschluß eines Vergleichs in der Kreditversicherung (VA. 1928. 152).

7. 2. a) Vielfach ist der Inhalt der Abwendungs und Minderungspflicht gesetzlich (so in der Viehlebensversicherung § 122) bestimmt, oder er ergibt sich aus den Weisungen des Versicherers.

Die Weisungen, rechtsgestaltende empfangsbedürftige Willenserklärungen, können vor oder nach dem Versicherungsfall, allgemein in den Versicherungsbedingungen oder besonders erteilt werden. Sie können von dem Versicherer, seinem Abschlußagenten (§ 45; Ausnahme § 47) oder seinem sonstigen Vertreter, von dem Vermittelungsagenten, sofern er hierzu durch die Versicherungsbedingungen allgemein oder besonders ermächtigt ist (wie beispielsweise nach § 14 Abs. 1 b AllgFeuerVersbdg.), bei mehreren Versicherern von einem jeden von ihnen, sofern nicht einer die Führung hat, ausgehen. Die Weisungen sind nicht wörtlich aufzufassen, sondern ihrem Sinne entsprechend. Es ist nicht ausgeschlossen, daß der Versicherungsnehmer sich durch Befolgung der Weisungen haftbar macht, sofern er erkennen mußte, daß der Versicherer bei Kenntnis der Sachlage andere Weisungen gegeben haben würde. In der Unfallversicherung darf der Versicherer nicht mehr verlangen, als die Umstände gestatten oder als dem Versicherungsnehmer billigerweise zugemutet werden kann (§ 183). In der Haftpflichtversicherung können diese Weisungen auch darin bestehen, mit dem Dritten einen Rechtsstreit zu führen (§ 150 Abs. 2) oder nicht zu führen, dessen Anspruch anzuerkennen oder zu befriedigen. Insoweit Weisungen des Versicherers zu befolgen sind, handelt der Versicherungsnehmer als Beauftragter des Versicherers. Daher kann der Versicherungsnehmer von der Weisung abweichen, wenn er den Umständen nach annehmen durfte, daß der Versicherer bei Kenntnis der Sachlage die Abweichung billigen würde (§ 665 BGB.), oder wenn die Abweichung durch das öffentliche Interesse geboten ist (§ 679 BGB.). Muß der Versicherungsnehmer annehmen, daß die Weisung bei Kenntnis der Sachlage nicht erteilt worden wäre, so ist er zur Abweichung verpflichtet. Handelt der Versicherungsnehmer entsprechend der Weisung, dann kann sich der Versicherer nicht auf Verletzung der Abwendungs- und Minderungspflicht berufen, sofern der Versicherungsnehmer der Weisung folgen mußte (RG. 9. 3. 82 Bd. 6. 190, 195). Folgt er unberechtigt der Weisung nicht, dann ist die Abwendungs- und Minderungspflicht verletzt.

8. Der Versicherer haftet für den Schaden, der durch seine Weisungen verursacht wird. Er haftet auch für die Folgen, die sich aus den von seinem Vertreter als Erfüllungsgehilfen erteilten Weisungen ergeben, sofern

der Versicherungsnehmer den Weisungen Folge leisten mußte (RG. 17. 2. 28 Bd. 120. 182, JR. 1928. 85, HansRGZ. A. 1928. 158, JW. 1928. 1738).

b) Erteilt der Versicherer keine Weisungen, so hat 9. der Versicherungsnehmer, wenn die Umstände es gestatten, solche Weisungen einzuholen (S. 1), anderenfalls muß er nach eigenem pflichtgemäßen Ermessen handeln. Das gilt insbesondere auch dann, wenn mehrere Versicherer beteiligt sind, keiner von ihnen die Führung hat, infolgedessen entgegenstehende Weisungen möglich sind (S. 2); hierbei wird der Versicherungsnehmer auch in Rechnung zu ziehen haben, zu welchen Anteilen die einzelnen Versicherer den Schaden zu tragen haben. Bei Unterversicherung (§ 56) braucht sich der Versicherungsnehmer nicht schlechthin an die Weisungen des oder der Versicherer zu halten, vielmehr ist S. 2 entsprechend anzuwenden. Die ADS. § 41 Abs. 2 S. 2 befreien den Versicherungsnehmer von der Befolgung der Weisungen, wenn mehr als die Hälfte des Versicherungswertes nicht versichert ist. Erteilt der Versicherer keine Weisungen, obwohl er um sie von dem Versicherungsnehmer ersucht wird und er zu ihrer Erteilung imstande wäre, dann hat er den aus dem Verzug entstandenen Schaden (§§ 249, 286 ff. BGB.) zu ersetzen (KG. 1. 10. 21 VA. 1923. 64 Nr. 1287). In der Ablehnung der Entschädigungsleistung muß nicht der Verzicht auf das Recht zur Erteilung weiterer Weisungen liegen (RG. 12. 11. 29 JR. 1929. 415, JW. 1930. 3615).

c) Die Weisungen können in den Allgemeinen oder in den 10. Besonderen Versicherungsbedingungen erteilt werden. Beispiele sind: § 16 Abs. 1 S. 1 AllgHagelVersbdg.; § 34 Abs. 5 AllgViehVersbdg.; § 12 Abs. 3 AllgEinbruchdiebstahlVersbdg. (zur Aussetzung einer Belohnung bei Wiederbeschaffung der gestohlenen Sachen ist der gegen Einbruchdiebstahl Versicherte nur verpflichtet, wenn über die Aufwendung eine Einigung mit dem Versicherer zustande gekommen ist [KG. 23. 6. 26 JR. 1926. 231, VA. 1927. 290 Nr. 1644; RG. 18. 1. 27 JR. 1927. 40, HansRZ. 1927. 211, VA. 1928. 48 Nr. 1698, 9. 11. 27 JR. 1928. 26]); § 5 Abs. 3 S. 1 AllgHaftpflichtVersbdg.; § 9 Abs. 3, 6 AllgUnfallVersbdg. Solche im voraus erteilte Weisungen sind beispielsweise in der Feuerversicherung die „Betriebsvorschriften für elektrische Starkstromanlagen" (bei Raiser 313).

3. Über die Tragung der Kosten, die die Aufwendungen erfordern, § 63.

IV. 1. Die Folgen der Verletzung der Abwendungs- und 11. Minderungspflicht sind gesetzlich nicht geregelt. Vielfach füllen die Versicherungsbedingungen diese Lücke aus.

2. Sehen die Versicherungsbedingungen vor, daß der Versicherer 12. leistungsfrei ist, wenn die Abwendungs- und Minderungspflicht nicht oder nicht gehörig erfüllt ist, so kann diese Folge im Bereich der Beschränkungen der Vertragsfreiheit (AllgVorbem. 26, 28) nur eintreten, wenn die Verletzung auf Vorsatz oder auf grober Fahrlässigkeit beruht (§ 6 Abs. 2, 3). Beispielsweise ist nicht als grobe Fahrlässigkeit angesehen worden, wenn die Herbeirufung der schwer zusammenzubringenden freiwilligen Feuerwehr beim Brand des Autos unterbleibt (OLG. Köln 17. 10. 30

JR. 1931. 131). Außerhalb der Beschränkungen der Vertragsfreiheit, z. B. bei der laufenden Gütertransportversicherung, kann die Leistungsfreiheit auch bei Fahrlässigkeit vorgesehen sein (RG. 12. 3. 26 JR. 1926. 99, JW. 1926. 1972, HansRZ. 1926. 466, LZ. 1926. 932, VA. 1927. 301 Nr. 1652). Die Erheblichkeit der Verletzung spielt ebensowenig eine Rolle (RG. 16. 10. 17 LZ. 1918. 218; OLG. Nürnberg 10. 12. 26 JR. 1927. 51, VA. 1928. 69 Nr. 1714) wie, ob die Verletzung auf den Umfang des Schadens von Einfluß gewesen ist (RG. 12. 3. 26 VA. 1927. 301 Nr. 1652, JR. 1926. 99, JW. 1926. 1972).

13. Der Versicherungsnehmer auch bei der Versicherung für fremde Rechnung muß zunächst für eigenes Verschulden aufkommen, bei mehreren Versicherungsnehmern gereicht das Verschulden des einen allen übrigen zum Nachteil. Hat der Versicherungsnehmer einen rechtsgeschäftlich bestellten oder einen gesetzlichen Vertreter, so kommt es auch auf das Verschulden des Versicherungsnehmers an, wenn er schuldfähig (§ 828 BGB.) ist. Außer dem Verschulden des Versicherungsnehmers ist das Verschulden des Versicherten bei der Versicherung für fremde Rechnung erheblich. Eine Haftung für das Verhalten Dritter, deren er sich bei Erfüllung der Abwendungs- und Minderungspflicht bedient, kommt unter dem Gesichtspunkt des § 278 BGB. nicht in Betracht, da die Abwendungs- und Minderungspflicht eine Obliegenheit ist (Bem. 12 zu § 6; OLG. Düsseldorf 6. 12. 26 VA. 1928. 70 Nr. 1715, JR. 1927. 18).

14. 3. Sehen auch die Versicherungsbedingungen keine besonderen Folgen vor, so kann der Versicherer seine Leistung um so weit kürzen, als sie sich durch die unterlassenen Abwendungs- und Minderungsmaßnahmen vermehrt hat. Hierzu ist er aber ohne Verschulden des Versicherungsnehmers nur außerhalb des Bereichs der Beschränkungen der Vertragsfreiheit (AllgVorbem. 26, 28) befugt.

15. 4. Stellt die Nichterfüllung oder die nicht gehörige Erfüllung der Abwendungs- und Minderungspflicht zugleich den Tatbestand einer unerlaubten Handlung dar, so kann der Versicherer Schadensersatz verlangen (§§ 823 Abs. 2, 826 BGB.).

16. V. Der Versicherer hat zu beweisen, daß die Abwendungs- und Minderungspflicht verletzt ist, verlangt er Schadensersatz, auch den entstandenen Schaden.

§ 63. Aufwendungen, die der Versicherungsnehmer gemäß § 62 macht, fallen, auch wenn sie erfolglos bleiben, dem Versicherer zur Last, soweit der Versicherungsnehmer sie den Umständen nach für geboten halten durfte. Der Versicherer hat Aufwendungen, die in Gemäßheit der von ihm gegebenen Weisungen gemacht worden sind, auch insoweit zu ersetzen, als sie zusammen mit der übrigen Entschädigung die Versicherungssumme übersteigen. Er hat den für die Aufwendungen erforderlichen Betrag auf Verlangen des Versicherungsnehmers vorzuschießen.

Bei einer Unterversicherung sind die Aufwendungen nur nach dem in den §§ 56, 57 bezeichneten Verhältnisse zu erstatten.

Schrifttum: Kisch WuR. 1916. 268; Bem. 1 zu § 62. 1.

I. Die von dem Versicherungsnehmer zur Abwendung und Minderung des Schadens (§ 62) gemachten Aufwendungen stellen, insoweit der Versicherer für sie aufzukommen hat, zwar nicht den Versicherungsschaden im engeren Sinne dar, aber sie gehören doch zu dem Schaden, der mit dem eingetretenen oder unmittelbar bevorstehenden Versicherungsfall zusammenhängt und von dem Versicherer nach Maßgabe des Vertrags zu ersetzen ist. Man kann sie daher als Versicherungsschaden im weiteren Sinne (Raiser 337, Ritter 533 gegen Kisch 287) bezeichnen. Hieraus folgt, daß sie rechtlich das Schicksal der Entschädigungsleistung teilen, z. B. hinsichtlich der Fälligkeit und der Verjährung (§ 12 Abs. 1), sofern nicht Abweichendes bestimmt oder vereinbart ist. 2.

II. 1. Aufwendungen sind Geldaufwendungen, z. B. Berge- und Hilfslöhne (Binnenschiffahrtsgesetz §§ 93 ff.), Honorare für Anwälte, Ärzte, Feuerlöschkosten, Eingehung von sonstigen Verbindlichkeiten, Einbuße an Werten und Rechten und vieles andere. Sind fremde Sachen zerstört oder beschädigt, um die versicherten Sachen zu retten (§ 904 BGB.), so ist das, was der Versicherungsnehmer dem anderen schuldet, eine von dem Versicherer zu ersetzende Aufwendung. Über den Ersatz der „Löschhilfeschäden" auf Grund einer besonders getroffenen Regelung zwischen privaten und öffentlichen Feuerversicherern Raiser 332. Über die Regelung in der Feuerversicherung Bem. 5 zu § 83. — Erfolgt die Aufwendung des Dritten nicht zur Abwendung und Minderung des Versicherungsschadens, sondern aus anderen Gründen, wie beispielsweise die Bergung eines Schiffs oder Guts durch die Polizeibehörde aus öffentlichem Interesse, so kann der Versicherungsnehmer den Ersatz, den er dem Dritten zu leisten hat, nicht auf den Versicherer abwälzen (OLG. Hamburg 3. 10. 19 HGZ. 1920. 16). Ebenso belasten die Kosten der Flottmachung und der Zerlegung des versicherten Kraftwagens den Versicherer nicht, wenn der Kraftwagen einen versicherungsfreien Schaden erlitten hat (RG. 15. 4. 31 JR. 1931. 273). 3.

2. Der Anspruch auf Ersatz der Aufwendungen steht dem Versicherungsnehmer, bei mehreren einem jeden von ihnen für seinen Teil zu. Bei Veräußerung der versicherten Sache (§ 69) ist anspruchsberechtigt der Erwerber für seine eigenen Aufwendungen und für die des Veräußerers, wenn ihm der Anspruch auf die Entschädigungsleistung des Versicherers zusteht, der Veräußerer auch für die Aufwendungen des Erwerbers, wenn ihm der Anspruch auf die Entschädigungsleistung des Versicherers verblieben ist. Bei Versicherung für fremde Rechnung kann der Versicherungsnehmer oder der Versicherte den Anspruch gemäß §§ 75 Abs. 2, 76 geltend machen. 4.

3. Ersatzpflichtig ist der Versicherer, bei mehreren Versicherern ein jeder von ihnen anteilsmäßig. Doppelversicherer gleichen im Verhältnis der Beträge, deren Zahlung ihnen dem Versicherungsnehmer gegenüber vertragsmäßig obliegt (§ 59 Abs. 2 S. 1), aus. — Hat der Versicherer Aufwendungen für den Versicherungsnehmer gemacht, etwa weil Unterversicherung besteht, so kann der Versicherer mangels besonderer gesetzlicher oder vertraglicher 5.

Bestimmung Ersatz nach den Grundsätzen über den Auftrag oder über die auftraglose Geschäftsführung verlangen. Sind auch unversicherte Sachen des Versicherungsnehmers gerettet worden, so trägt der Versicherer die Aufwendungen nur in dem Verhältnis des Werts der versicherten Sachen zu dem Wert der unversicherten Sachen, er trägt die Aufwendungen in vollem Umfange, wenn die Rettung der unversicherten Sachen die adäquate Folge der Abwendung des Schadens an den versicherten Sachen ist.

4. Der Versicherer ersetzt die Aufwendungen nur in einem gewissen Umfange. Über den Ersatz der Aufwendungen in der Viehlebensversicherung § 123.

6. a) Der Versicherer ersetzt die Aufwendungen, soweit sie der Versicherungsnehmer den Umständen nach für geboten halten durfte (Abs. 1 S. 1; vgl. auch §§ 834 Nr. 3 HGB., 32 Abs. 1 Nr. 1 ADS.). Der Umfang der hiernach zulässigen Aufwendungen bestimmt sich nach objektiven Gesichtspunkten, nach der Handlungsweise, die ein vernünftiger Mensch bei gleicher Sachlage beobachtet hätte (Kisch 274), wobei die durch den Versicherungsfall hervorgerufene begreifliche Erregung, nicht die persönlichen Eigenschaften des Versicherungsnehmers (z. B. sein Mangel an Umsicht, seine Ungeschicklichkeit) zu berücksichtigen sind. Entscheidend ist, ob die Maßnahme in dem Zeitpunkt, in dem sie ergriffen worden ist, objektiv als geboten zu betrachten ist. Aufwendungen, die auf Weisungen des Versicherers oder einer Behörde beruhen, sind stets als den Umständen nach geboten anzusehen. Dagegen ist nicht erforderlich, daß die Aufwendungen auch Erfolg gehabt haben (so auch §§ 834 Nr. 3 HGB., 32 Abs. 2 S. 1 ADS.).

7. b) Der Versicherer ersetzt gemäß dem Grundsatz des § 50 die Aufwendungen nur insoweit, als sie zusammen mit der übrigen Entschädigung die Versicherungssumme nicht übersteigen. Bei Überversicherung tritt an die Stelle der Versicherungssumme der Ersatzwert. Bloß in der Transportversicherung (§ 144 Abs. 1; vgl. auch §§ 840 Abs. 2 HGB., 37 Abs. 2 ADS.) sind Aufwendungen, soweit der Versicherungsnehmer sie für geboten halten durfte, auch insoweit zu ersetzen, als hierdurch die Versicherungssumme überschritten wird. In den anderen Versicherungszweigen wird der Grundsatz nur insoweit überschritten, als vom Versicherer gegebene Weisungen (Bem. 7 zu § 62) in Frage kommen (Abs. 1 S. 2), wobei unerheblich ist, ob sie den Umständen nach geboten waren oder nicht. Treffen Aufwendungen nach Weisung und ohne solche zusammen, so sind zunächst die letzten auf die Versicherungssumme anzurechnen (KB. I 62). In der Haftpflichtversicherung hat der Versicherer die in einem auf seine Veranlassung geführten Rechtsstreit entstandenen Kosten auch insoweit zu ersetzen, als sie zusammen mit der übrigen Entschädigung die Versicherungssumme übersteigen (§ 150 Abs. 2).

8. 5. Hat der Versicherer Aufwendungen zu ersetzen, dann ist er, bei mehreren Versicherern ein jeder für seinen Anteil, auf Verlangen des Versicherungsnehmers zur Vorschußleistung verpflichtet (Abs. 1 S. 3). Das Gegenteil kann vereinbart werden (z. B. § 15 S. 2 AllgFeuerVersbdg.).

Unter Umständen wird es gegen Treu und Glauben verstoßen, wenn der Versicherungsnehmer die Vornahme dringender Rettungsmaßregeln bis zur Vorschußleistung aufschiebt, obgleich er sich die Mittel ohne Schwierigkeiten anderweitig verschaffen kann.

6. Bei Unterversicherung (§ 56) belasten den Versicherer die Kosten der Aufwendungen nur in dem Verhältnis der Versicherungssumme zu dem Ersatzwert (Bem. 4 zu § 56), und zwar auch bei taxierter Police (Abs. 2; Bem. 5 zu § 57; vgl. auch §§ 843 HGB., 8 S. 2 ADS.). Etwas anderes kann vereinbart sein oder sich aus den Umständen ergeben. 9.

7. Wer die Kosten der von der Polizei ergriffenen Rettungsmaßregeln, insbesondere die Feuerlöschkosten, zu tragen hat, bestimmt das Gesetz nicht; sie werden gewöhnlich dem Versicherungsnehmer zur Last fallen, sofern sie nicht besonders versichert werden, was bei den Feuerlöschkosten häufiger zutrifft (über die hierfür übliche Klausel Raiser 335). 10.

III. § 63 S. 1 ist insofern nicht zwingend, als der Versicherer die Weisung geben kann, Aufwendungen zu unterlassen oder doch nur bis zu einer bestimmten Höhe zu machen. Dagegen würde eine Vereinbarung, nach der der Versicherungsnehmer zwar alles zur Abwendung und Minderung des Schadens zu tun hat, jedoch Aufwendungen nicht oder nur im Falle des Erfolges ersetzt erhält, gegen Treu und Glauben verstoßen. S. 2 ist gleichfalls nicht zwingend. Man wird aber den Versicherungsnehmer zu Aufwendungen, deren Ersatz er nicht verlangen kann, nicht für verpflichtet ansehen können. 11.

§ 64. Sollen nach dem Vertrag einzelne Voraussetzungen des Anspruchs aus der Versicherung oder die Höhe des Schadens durch Sachverständige festgestellt werden, so ist die getroffene Feststellung nicht verbindlich, wenn sie offenbar von der wirklichen Sachlage erheblich abweicht. Die Feststellung erfolgt in diesem Falle durch Urteil. Das Gleiche gilt, wenn die Sachverständigen die Feststellung nicht treffen können oder wollen oder sie verzögern.

Sind nach dem Vertrage die Sachverständigen durch das Gericht zu ernennen, so ist für die Ernennung das Amtsgericht zuständig, in dessen Bezirke der Schaden entstanden ist. Durch eine ausdrückliche Vereinbarung der Beteiligten kann die Zuständigkeit eines anderen Amtsgerichts begründet werden. Eine Anfechtung der Verfügung, durch welche dem Antrag auf Ernennung der Sachverständigen stattgegeben wird, ist ausgeschlossen.

Eine Vereinbarung, durch welche von der Vorschrift des Abs. 1 Satz 1 abgewichen wird, ist nichtig.

Schrifttum: Bruck 445 ff.; Kisch, Der Schiedsmann im Versicherungsrecht, Mannheim 1924. 1.

I. 1. Sachverständige (über Sachkundige in der Viehversicherung §§ 122, 126) können im Rahmen des § 64, mit dem sachlich § 184 übereinstimmt 2.

(vgl. auch § 74 ADS.), nur tätig werden auf Grund einer vertraglichen Vereinbarung, nach der bestimmte Voraussetzungen des Anspruchs oder die Höhe des Schadens mit der Maßgabe durch sie festgestellt werden sollen, daß ihr Spruch für beide Vertragsteile vorbehaltlich seiner Anfechtbarkeit wegen offenbarer Unbilligkeit verbindlich ist. Soll dem Spruch diese Bedeutung nicht beigemessen werden, so kommt er nur als Beweismittel für die weiteren Verhandlungen (vorläufige Abschätzung) in Betracht. — Kein Sachverständigenverfahren ist die Ermittelungstätigkeit des Regulierungsbeamten des Versicherers und des zur Regulierung hinzugezogenen Sachverständigen (Kaiser 339 f.).

3. 2. Die Sachverständigen entscheiden nicht endgültig über die ihnen vorgelegten Fragen als Schiedsrichter (arbitri), sondern geben als Gutachter (arbitratores; ROHG. Bd. 3. 74; RG. 9. 3. 82. Bd. 6. 190, 201, 23. 6. 03 VA. 1904. 33 Nr. 29) ein Gutachten ab. Ob Schiedsrichter oder Sachverständige bestellt werden sollen, ist auch aus der Art der ihnen zugewiesenen Tätigkeit zu entnehmen (KG. 15. 11. 22 VA. 1924* 86 Nr. 1341, HansRZ. 1923 184; OLG. Frankfurt 8. 1. 31 VA. 1932. 41 Nr. 2268). In der Regel werden nur Sachverständige gemeint sein (OLG. Hamm 11. 2. 26 JR. 1926. 169, VA. 1927. 234 Nr. 1601; OLG. Hamburg 2. 11. 27 HansRGZ. A. 1928. 37). Infolgedessen werden auch die prozeßhindernden Einreden aus § 274 Nr. 2 und 3 ZPO. nicht angängig sein (RG. 23. 6. 03 VA. 1904. 33 Nr. 29; OLG. Kolmar 27. 9. 12 LZ. 1913. 92; OLG. Düsseldorf 31. 5. 26 VA. 1927. 238 Nr. 1606).

Solange die Sachverständigen ihr Gutachten nicht abgegeben haben, kann nicht auf Leistung (OLG. Hamm 17. 6. 26 JR. 1926. 316; anders OLG. Stuttgart 10. 3. 30 VA. 1931. 8 Nr. 2102, JR. 1930. 387, JW. 1930. 3650), sondern nur auf Herbeiführung des Spruchs durch die Sachverständigen geklagt werden (RG. 4. 10. 04 VA. 1905* 61 Nr. 130). Ist aber die Entscheidung der Sachverständigen von keiner Partei angerufen worden, oder hat der Versicherer endgültig jede Leistung abgelehnt, dann ist nur die Leistungsklage zulässig (RG. 19. 4. 07 VA. 1907* 94 Nr. 340, 17. 9. 12 VA. 1913* 29 Nr. 724, 15. 2. 25 JR. 1925. 273; OLG. Köln 21. 2. 12 VA. 1913* 61 Nr. 741; KG. 22. 1. 25 JR. 1925. 58, 29. 10. 30 JR. 1930. 435). Die Einleitung des Sachverständigenverfahrens kann noch im Lauf des Prozesses verlangt werden (OLG. Frankfurt 10. 12. 19 LZ. 1920. 447, 8. 1. 31 VA. 1932. 41 Nr. 2268).

4. 3. Die Anrufung der Sachverständigen ist keine Obliegenheit des Versicherungsnehmers (OLG. Hamburg 30. 3. 28 HansRGZ. A. 1928. 289, JR. 1929. 21). — Über das Rechtsverhältnis zwischen den Sachverständigen und den Parteien Bruck 449 f. Ob die Sachverständigen Dritte im Sinne der §§ 317 ff. BGB. sind, ist bestritten (dafür RG. 4. 11. 30 Praxis des Versicherungsrechts 1931. 2). Abgesehen von § 318 Abs. 2 BGB., ist die Frage kaum von praktischer Bedeutung (Bruck 446 Note 192). — In der Anrufung seitens des Versicherers liegt der Regel nach keine Anerkennung des Entschädigungsanspruchs dem Grunde nach (RG. 24. 10. 24 JR. 1924. 54; KG. 23. 3. 27 JR. 1927. 164; OLG. Hamburg 11. 5. 25 JR. 1926. 104, 261; OLG. Dresden 29. 1. 26 JR. 1926. 58, HansRZ. 1926. 329; Clasen JR. 1927. 339,

Raiser 359, Ritter 902. Anders OLG. Hamburg 28. 4. 26 JR. 1926. 201; OLG. Königsberg 23. 9. 27 JR. 1927. 335).

II. Die Zuständigkeit der Sachverständigenkommission ist in den Allgemeinen Versicherungsbedingungen zu regeln. So ist ihr nach § 16 Abs. 1 S. 1, 2 AllgFeuerVersBdg. nur die Feststellung der Höhe des Schadens überlassen, die Ausdehnung des Sachverständigenverfahrens auf sonstige Feststellungen, insbesondere einzelne Voraussetzungen des Entschädigungsanspruchs, bedarf besonderer Vereinbarung, in der Betriebsunterbrechungs-Versicherung haben die Sachverständigen außer der Höhe des Schadens auch den Geschäftsgang der Vorjahre zu ermitteln. — Ob ein Abzug von neu für alt zu machen ist, unterliegt nicht der Prüfung der Sachverständigen, denn es handelt sich hierbei um die Entscheidung einer Rechtsfrage (RG. 2. 5. 31 JR. 1931. 272). — Über die Zuständigkeit der Ärztekommission in der Unfallversicherung Bem. 4 zu § 184, in der Einbruchdiebstahlversicherung RG. 11. 11. 13 VA. 1914* 57 Nr. 815. 5.

III. 1. Die Zusammensetzung der Sachverständigenkommission ist in den Allgemeinen Versicherungsbedingungen zu regeln. Über die Zusammensetzung in der Feuerversicherung § 16 Abs. 2 AllgFeuerVersBdg., der Ärztekommission Bem. 5 zu § 184. Gewöhnlich wählt jede Partei einen Sachverständigen, beide Sachverständige wählen eine dritte Person als Obmann, oder der Obmann wird gelost, oder er wird von einer Behörde ernannt. Zum Obmann eignet sich nur eine bei dem Streit der Parteien bisher nicht beteiligte, völlig unbefangene Person (RG. 6. 12. 04 VA. 1905* 10 Nr. 93, 12. 6. 08 Bd. 69. 159, VA. 1908* 87 Nr. 408). Es wäre auch zulässig, zu vereinbaren, daß eine Partei sämtliche Sachverständige oder die Mehrzahl ernennt. Die Wahl (Ernennung) seitens jeder Partei hat gegenüber der anderen Partei innerhalb der bedingungsgemäßen Frist zu erfolgen, anderenfalls das Recht auf die andere Partei oder eine Behörde übergeht. Sollten geeignete Persönlichkeiten überhaupt nicht zu finden sein, so ist die Vereinbarung über die Bildung einer Sachverständigenkommission hinfällig (RG. 27. 10. 99 Bd. 45. 350). 6.

2. Die Ernennung aller Sachverständigen oder eines Teils kann unmittelbar oder mittelbar, wenn die Ernennung seitens einer Partei innerhalb bestimmter Frist unterbleibt, dem Amtsgericht, in dessen Bezirke der Schaden entstanden ist, übertragen werden (Abs. 2 S. 1). Welches das zuständige Amtsgericht ist, kann zweifelhaft sein. In der Unfallversicherung müßte das Amtsgericht zuständig sein, in dessen Bezirk sich der Unfall ereignet hat; die Schwierigkeiten über die Zuständigkeit des Gerichts werden durch Regelung in den Allgemeinen Versicherungsbedingungen vermieden (Bem. 4 zu § 184). Die Vereinbarung über die Zuständigkeit eines anderen Amtsgerichts kann vor oder nach dem Eintritt des Versicherungsfalls getroffen werden (Abs. 2 S. 2). Für das Verfahren gilt § 164 FGG. Eine Anfechtung der Verfügung, durch die ein Sachverständiger ernannt wird, ist auch dann ausgeschlossen (Abs. 2 S. 3), wenn das Amtsgericht bei seiner Entscheidung von unzutreffenden Voraussetzungen ausgegangen sein sollte (RG. 14. 12. 28 JW. 1929. 941; anders Josef LZ. 1929. 826). Über die Frage, 7.

ob der vom Gericht ernannte Sachverständige seine Gebühren vom Gericht zu bekommen hat, VA. 1917. 122. Ist der Obmann durch das Gericht zu ernennen, so brauchen die Sachverständigen mit dem Beginn ihrer Tätigkeit hierauf nicht zu warten (VA. 1921. 121).

Dieselben Grundsätze sind entsprechend anwendbar, wenn eine andere Instanz (Handels-, Landwirtschafts-, Handwerkskammer, Verwaltungsbehörde) oder eine bestimmte Person (Kreisarzt) bei der Bildung der Kommission mitzuwirken hat.

8. 3. Scheidet ein Sachverständiger durch Niederlegung seines Amtes oder aus einem anderen Grunde aus, bevor das Verfahren zu Ende geführt ist, so muß das Verfahren unter entsprechender Anwendung der den ordentlichen Prozeß beherrschenden Grundsätze von neuem beginnen, mithin muß auch die Wahl des Obmanns von neuem vorgenommen werden (VA. 1913. 111). Ob jedoch ein neues Verfahren zulässig oder ob nunmehr das Gericht zuständig ist, richtet sich nach den Allgemeinen Versicherungsbedingungen.

9. 4. Wegen Befangenheit können Sachverständige abgelehnt werden (Hannes JR. 1928. 241), selbst wenn die Allgemeinen Versicherungsbedingungen keine Bestimmungen über das Ablehnungsverfahren enthalten. Ein Sachverständiger kann nicht abgelehnt werden, weil er bekanntermaßen eine der Partei günstige Auffassung vertritt, wohl aber, wenn er sich in einem Abhängigkeits- oder Unterordnungsverhältnis zu einer Partei befindet (RG. 12. 6. 08 Bd. 69. 167, VA. 1908* 87 Nr. 408) oder wenn er sich eine Entlohnung in einem gewissen Verhältnis zu der festzustellenden Entschädigung oder zu dem Neuwert der beschädigten Gegenstände ausbedungen hat (VA. 1915. 9, 113, 1932. 151) oder wenn er ständig damit beauftragt ist, im Interesse des Versicherers in jedem Versicherungsfall tätig zu werden (RG. 1. 2. 30 JR. 1930. 155). Die Ablehnungsgründe sind einzeln aufzuführen und zu begründen (VA. 1905. 111; LG. Zweibrücken VA. 1914* 29 Nr. 798). Wird die Ablehnung von der Partei anerkannt, so kann sie erneut von ihrem Ernennungsrecht Gebrauch machen (Raiser 350). Nötigenfalls hat bei Streit über die Zulässigkeit der Ablehnung der ordentliche Richter zu entscheiden, bei dem die Unverbindlichkeit der unter Mitwirkung des abgelehnten Sachverständigen zustande gekommenen Gutachtens geltend gemacht wird (RG. 1. 2. 30 JR. 1930. 155).

10. IV. Das Verfahren ist gesetzlich nicht geregelt. Ist es auch vertraglich nicht geregelt, dann müssen die Sachverständigen nach eigenem pflichtgemäßen Ermessen bestimmen, wie sie vorgehen wollen (RG. 1. 12. 03 VA. 1904. 73 Nr. 49). Die Vorschriften über schiedsrichterliches Verfahren (§§ 1025 ff. ZPO.) sind nicht entsprechend anwendbar, sofern ihre Anwendung nicht ausdrücklich vereinbart ist. — Obmann und Sachverständige müssen alles, was die Parteien zur Begründung ihrer Ansprüche vorbringen, entgegennehmen (VA. 1913. 111). — Sollen die Parteien erst von dem Schlußergebnisse des Verfahrens Kenntnis erhalten, so ist das Verlangen des Versicherungsnehmers auf Erteilung einer Abschrift des Gutachtens des von dem Versicherer benannten Sachverständigen, bevor auch der andere Sachverständige sein Gutachten abgegeben

hat, unstatthaft (OLG. Oldenburg 1. 12. 09 VA. 1912* 118 Nr. 705; VA. 1913. 111, 1922. 15). Nach § 16 Abs. 2b S. 2 AllgFeuerVersbdg. haben die Sachverständigen ihre Feststellungen gleichzeitig dem Versicherer und dem Versicherungsnehmer einzureichen. — Die Feststellungen der Sachverständigen pflegen in einem sogenannten Gutachten niedergelegt zu werden. Über seinen Inhalt bestimmt § 16 Abs. 2b S. 1 AllgFeuerVersbdg., daß es den Versicherungswert der Sachen unmittelbar vor und nach dem Eintritt des Versicherungsfalls enthalten muß. Ob das „Gutachten" besonders zu begründen ist, hängt von den Umständen des einzelnen Falles ab (Kaiser 354). — Nach § 16 Abs. 2b S. 3, 4 AllgFeuerVersbdg. wird der Obmann erst tätig (Obmannsverfahren), wenn die Sachverständigen voneinander abweichende Feststellungen angefertigt haben, und zwar hat der Versicherer dafür zu sorgen, daß das Obmannsverfahren in Gang kommt. Der Obmann entscheidet über die streitig gebliebenen Punkte innerhalb der Grenzen der beiden vorliegenden Feststellungen. Infolgedessen wird er seine Ansicht zu begründen (OLG. Düsseldorf 10. 12. 13 VA. 1914* 28 Nr. 797) und endgültig Stellung zu den Differenzpunkten zu nehmen haben (KG. 30. 9. 25 VA. 1927. 57 Nr. 1566, JR. 1925. 318). Er ist nicht verpflichtet, mit den Sachverständigen vor Abgabe seines Gutachtens persönlich zu verhandeln (VA. 1913. 111). Obmann und Sachverständige können auf Grund verschiedener Ermittelungen zu abweichenden Ergebnissen gelangen (RG. 17. 6. 19 VA. 1919* 62 Nr. 1108). — Regeln die Versicherungsbedingungen nicht den Gang des Verfahrens, so bilden Mängel des Verfahrens, z. B. Nichtbenutzung des vorliegenden Materials, nur einen selbständigen Anfechtungsgrund, insoweit sie Anlaß zu der Vermutung geben, daß die Schätzung der Sachverständigen sachwidrig ist (RG. 29. 9. 11 VA. 1912* 73 Nr. 676; OLG. Kolmar 12. 1. 12 VA. 1912* 118 Nr. 704).

V. Die Feststellung der Sachverständigen ist unverbindlich, 11
wenn sie zur Zeit ihrer Vornahme (KG. 20. 1. 26 JR. 1926. 54) offenbar von der wirklichen Sachlage erheblich abweicht (Abs. 1 S. 1), also objektiv unbillig und sachwidrig ist (manifesta iniquitas; § 319 BGB.; RG. 17. 11. 05 VA. 1906* 14 Nr. 183, 1. 12. 11 Wallmann Bd. 46. 1041; OLG. Düsseldorf 10. 12. 13 VA. 1914* 28 Nr. 797). Einfache Erheblichkeit der Abweichung genügt nicht (KB. I 63 f.; so auch die bisherige Übung RG. 11. 10. 83 Bd. 10. 130, 6. 12. 04 Wallmann Bd. 39. 833). Flüchtigkeit (RG. 26. 11. 12 VA. 1913* 64 Nr. 743) und Oberflächlichkeit brauchen nicht gleichbedeutend mit offenbarer Unbilligkeit (RG. 20. 10. 08 VA. 1909* 37 Nr. 446; KG. 11. 1. 30 JR. 1930. 98) zu sein. Offenbar ist nicht nur eine solche Unrichtigkeit, die sich dem Blicke jedes Sachkundigen und unbefangenen Beurteilers sofort aufdrängt, sondern die sich bei vorgenommener Prüfung durch Sachkundige deutlich ergibt (RGZ. Bd. 96. 62, RG. 16. 11. 28 JR. 1928. 369, VA. 1930. 37 Nr. 1949, 14. 5. 29 HansRGZ.-A. 1929. 413; OLG. Königsberg 18. 1. 29 VA. 1930. 254 Nr. 2019, JR. 1929. 150). Die offenbare Unrichtigkeit bestimmt sich nach dem Zeitpunkt der Feststellung (RG. 27. 11. 31 JR. 1932. 7).

12. Die Feststellung ist beispielsweise unverbindlich, wenn ihr eine objektiv unrichtige Schätzungsmethode zugrunde liegt (KG. 6. 10. 28 JR. 1928. 373); wenn sie unklar, unvollständig, auf offenbar ungenügender Grundlage beruht (RG. 16. 12. 19 Wallmann Bd. 54. 553, 13. 7. 20 Wallmann Bd. 55. 201; KG. 26. 10. 18 VA. 1919* 64 Nr. 1104, 11. 7. 25 VA. 1926. 98 Nr. 1462; OLG. Celle 3. 12. 27 VA. 1929. 41 Nr. 1820); wenn sie in sich widerspruchsvoll (RG. 20. 3. 06 VA. 1906* 93 Nr. 240), mangelhaft (RG. 2. 11. 06 VA. 1907* 54 Nr. 309) ist; wenn sie sich dem Blick eines sachkundigen und unbefangenen Beurteilers sofort aufdrängt (RG. 22. 2. 16 VA. 1916* 93 Nr. 958, 12. 1. 17 VA. 1917* 28 Nr. 985); wenn der Obmann sein Gutachten ohne vorherige Besichtigung der beschädigten Sachen abgibt (KG. 11. 1. 30 JR. 1930. 98); wenn Schadensposten übergangen sind, weil sie den Sachverständigen unbekannt geblieben sind (RG. 4. 11. 30 JR. 1930. 427, VA. 1931. 231 Nr. 2190, JW. 1931. 3194); wenn und insoweit die Sachverständigen ihre Zuständigkeit (Bem. 5) überschritten haben (RG. 29. 10. 07 VA. 1908* 24 Nr. 364, 22. 2. 16 VA. 1916* 93 Nr. 958); wenn das Gutachten auf mangelnder Sachkunde beruht (OLG. Hamm 25. 6. 28 VA. 1929. 252 Nr. 1907); wenn ein befangener (Bem. 9) Sachverständiger mitgewirkt hat (KG. 1. 2. 30 JR. 1930. 155; Josef Z. 1911. 801); wenn bei Ermittelung des Jahreswarenbestandes der Saisoncharakter des Geschäfts (Spielwarenfabrikation) unberücksichtigt geblieben ist (RG. 23. 6. 31 JR. 1931. 237, Praxis des Versicherungsrechts 1931. 57, VA. 1932. 200 Nr. 2280); wenn willkürlich Beweisergebnisse und tatsächliche Unterlagen außer acht geblieben sind (OLG. Hamburg 12. 7. 29 HansRGZ. A. 1929. 755); wenn die Sachverständigen, nachdem sie kein einheitliches Gutachten abgegeben haben, sich im Wege der Vereinbarung auf einen bestimmten Betrag „vergleichen" (OLG. Hamm 31. 1. 13 VA. 1914* 38 Nr. 802); wenn die Bedeutung des Begriffs des Totalverlustes des Flugzeuges verkannt ist (KG. 1. 2. 30 JR. 1930. 155); wenn die Entwertnng des Mühlengrundstücks durch Fortfall der Zwangsbewirtschaftung außer acht geblieben ist (RG. 14. 1. 30 JR. 1930. 75, JW. 1930. 3088); wenn die Gesamtschadenssumme derartig wenig das Richtige trifft, daß sie als offenbar unbillig anzusehen ist (OLG. München 16. 11. 27 VA. 1929. 39 Nr. 1819; OLG. Celle 3. 12. 27 VA. 1927. 41 Nr. 1820; RG. 3. 5. 29 VA. 1930. 247 Nr. 2011).

13. Dagegen kann ein Anfechtungsgrund nicht entnommen werden aus der Persönlichkeit des Sachverständigen (RG. 17. 6. 19 VA. 1919* 62 Nr. 1103); aus einer zu niedrigen Schätzung (RG. 29. 12. 03 VA. 1904. 153 Nr. 71; KG. 5. 6. 20 VA. 1921* 61 Nr. 1154; ferner OLG. Hamburg 10. 12. 18 HansRZ. 1919. 234); aus der Tatsache, daß das Gutachten von dem Gutachten eines anderen Sachverständigen selbst erheblich abweicht (KG. 11. 1. 30 JR. 1930. 98); aus einer bloßen Verletzung von Formvorschriften einer für das Verfahren maßgebenden Geschäftsordnung' (RG. 5. 12. 12 VA. 1913* 62 Nr. 742, 15. 12. 16 VA. 1917* 26 Nr. 984; KG. 30. 9. 25 VA. 1926. 57 Nr. 1566). Ferner ist keine offenbare Unbilligkeit angenommen worden, wenn sichere Feststellungen über die Menge und den Wert der gestohlenen Waren wegen ungenügender Buchführung nicht getroffen werden konnten (KG. 1. 4. 31 JR.

1931. 240); wenn die zwar beabsichtigte, aber zur Zeit des Eintritts des Versicherungsfalls noch nicht ausgeführte Umstellung eines landwirtschaftlichen Betriebs unberücksichtigt bleibt (OLG. Kiel 24. 4. 31 Praxis des Versicherungsrechts 1931. 65); wenn die Sachverständigen aus eigener Sachkunde die Feststellung treffen können, mögen sie auch vorher erklärt haben, den Schaden in Gegenwart von Handwerkern feststellen zu wollen (KG. 7. 10. 31 JR. 1931. 369).

Der offenbaren Unbilligkeit wird gleichgestellt, 14. wenn die einmal ernannten Sachverständigen die Feststellung nicht treffen können (OLG. Stettin 11. 12. 13 VA. 1914* 13 Nr. 787; RG. 29. 10. 07 VA. 1908* 24 Nr. 364) oder wollen oder verzögern (Abs. 1 S. 3; VA. 1913. 110, 1923. 58). Liegt das Gutachten der Sachverständigen vor, dann kann eine frühere Verzögerung des Verfahrens nicht mehr geltend gemacht werden (KG. 5. 3. 30 JR. 1930. 208). Weigert sich ein nach Abs. 2 ernannter Sachverständiger, tätig zu werden, so findet Abs. 1 S. 3 keine Anwendung. Es kann und muß vielmehr ein neuer Sachverständiger ernannt werden (OLG. Hamburg 22. 3. 16 VA. 1917* 70 Nr. 1010). Für die Verzögerung sind die Sachverständigen gegebenenfalls den Parteien ersatzpflichtig.

VI. 1. Beide Parteien können die Feststellung der Sachverständigen anfechten, 15. indem sie gerichtliche Entscheidung verlangen (Abs. 1 S. 2, 3). Die Anfechtung muß unverzüglich erfolgen (§ 318 Abs. 2 BGB.; Bem. 4; RG. 4. 11. 30 JR. 1930. 427, VA. 1931. 231 Nr. 2190, Praxis des Versicherungsrechts 1931. 2). Die Feststellung muß im ganzen angefochten werden (KG. 3. 10. 28 JR. 1928. 349). Die Klage ist eine Rechtsgestaltungsklage (OLG. Marienwerder 16. 6. 14 VA. 1914* 97 Nr. 843; KG. 3. 10. 28 JR. 1928. 349; anders Raiser 346, der eine Leistungs- oder Feststellungsklage zuläßt). — Nur die benachteiligte Partei kann anfechten (RG. 4. 11. 30 JR. 1930. 427, VA. 1931. 231 Nr. 2190, Praxis des Versicherungsrechts 1931. 2). Die Beweislast hat derjenige, der die Anfechtung fordert. Die neue Entscheidung erfolgt durch Urteil über den Versicherungsanspruch selbst; es hat nicht zuvor ein Urteil über die von den Sachverständigen entschiedene Frage zu ergehen. Das Gericht entscheidet nach freiem Ermessen; es kann den Spruch der Sachverständigen als Material benutzen (KG. 2. 10. 26 JR. 1926. 300, HansRZ. 1926. 940), auch die Mitglieder der Kommission vernehmen. Diese Freiheit des Richters besteht auch dann, wenn die Schätzung des Obmanns nur insoweit eintreten soll, als nicht die Sachverständigen übereinstimmen (RG. 17. 10. 30 Bd. 130. 104, JR. 1930. 399, JW. 1930. 3639, VA. 1931. 263 Nr. 2219).

2. Es kann aber auch in den Allgemeinen Versicherungsbedingungen ein 16. geordnetes Verfahren vorgesehen werden, wonach die Berufung gegen den Spruch zunächst an eine neue Kommission zu richten ist. Auf eine solche Bestimmung kann sich derjenige nicht berufen, der seinerseits die Unverbindlichkeit des Spruchs verschuldet hat (RG. 27. 10. 99 Bd. 45. 350, 9. 10. 03 VA. 1904. 34 Nr. 30). Die Frist des § 12 ist nicht entsprechend anzuwenden; jedoch muß dem Versicherten eine angemessene Frist (3 Monate?) gelassen werden (VA. 1910. 86).

17. VII. Die Verteilung der **Kosten** des Verfahrens ist in den Allgemeinen Versicherungsbedingungen zu regeln. Der Vorentwurf des Gesetzes (1903) sah im § 60 Abs. 4 eine Verteilung im Verhältnis des zugesprochenen zu dem streitigen Betrage vor. Wenn nichts anderes bestimmt ist, wird diese Lösung vielfach als angemessen zu gelten haben. Über Höhe des Obmanns-Honorars KG. 19. 5. 28 JR. 1928. 214. Nach § 16 Abs. 2c AllgFeuerVersbdg. trägt jede Partei die Kosten ihres Sachverständigen; die Kosten des Obmanns tragen beide je zur Hälfte.

18. VIII. Abs. 1 S. 1 ist absolut zwingend für den ganzen Bereich des Gesetzes (AllgVorbem. 28). Der Rechtsweg kann somit gegenüber einer offenbar unrichtigen Abschätzung im voraus nicht ausgeschlossen werden. Nachträgliche Vereinbarungen über die Wirksamkeit der getroffenen Feststellungen sind zulässig und verbindlich (OLG. Breslau 29. 3. 26 VA. 1928. 45 Nr. 1695). — Die Vorschriften des § 64 haben rückwirkende Kraft (Art. 4 Nr. 6 EG.).

19. IX. Als selbstverständlich erwähnt das Gesetz nicht, daß eine Bestimmung, wonach der Versicherer oder ein von ihm abhängiges Organ endgültig unter Ausschluß des Rechtswegs entscheidet, ob und inwieweit dem Versicherungsnehmer ein Anspruch zusteht, gegen das öffentliche Recht (§ 13 GVG.) verstößt und nichtig ist (OT. Berlin Seuffert Bd. 23. 217 Nr. 133; RG. 10. 7. 96 Bd. 37. 427). Aber die **Vereinbarung eines Schiedsgerichts** ist zulässig (KG. 15. 11. 22 VA. 1924* 86 Nr. 1341, HansRZ. 1923. 184).

§ 65. Auf eine Vereinbarung, nach welcher sich der Versicherungsnehmer bei den Verhandlungen zur Ermittelung und Feststellung des Schadens nicht durch einen Bevollmächtigten vertreten lassen darf, kann sich der Versicherer nicht berufen.

1. I. 1. § 65 bezieht sich auf das gesamte Regulierungsverfahren (auch auf § 64) im weitesten Sinne. Macht der Versicherungsnehmer von dem Recht zur Bestellung eines Bevollmächtigten Gebrauch, so fallen die hierdurch entstehenden Kosten dem Versicherer nicht zur Last (§ 66 Abs. 2). Nicht ausgeschlossen sind Bestimmungen, wonach der Versicherungsnehmer bestimmte Auskünfte persönlich erteilen, sich vernehmen oder untersuchen lassen muß.

2. 2. Dem Versicherungsnehmer kann auch nicht verwehrt werden, sich eines Beistandes oder eines sachverständigen Beraters zu bedienen. Die hierdurch erwachsenden Kosten belasten den Versicherer jedoch nur nach Maßgabe des § 66 Abs. 2.

3. 3. § 65 kommt nicht in Frage, wenn der gesetzliche Vertreter, oder wenn an Stelle des Versicherungsnehmers ein anderer aus eigenem Recht (Versicherung für fremde Rechnung, Ehemann an Stelle der Ehefrau, Hypothekengläubiger usw.) den Anspruch geltend macht, oder wenn der Versicherungsnehmer seinen Anspruch abgetreten hat.

4. II. § 65 ist zugunsten des Versicherungsnehmers im Bereich der Beschränkungen der Vertragsfreiheit (AllgVorbem. 26, 28) zwingend.

§ 66. Der Versicherer hat die Kosten, welche durch die Ermittelung und Feststellung des ihm zur Last fallenden Schadens entstehen, dem Versicherungsnehmer insoweit zu erstatten, als ihre Aufwendung den Umständen nach geboten war.

Die Kosten, welche dem Versicherungsnehmer durch die Zuziehung eines Sachverständigen oder eines Beistandes entstehen, hat der Versicherer nicht zu erstatten, es sei denn, daß der Versicherungsnehmer nach dem Vertrage zu der Zuziehung verpflichtet war.

Bei einer Unterversicherung sind die dem Versicherer zur Last fallenden Kosten nur nach dem in den §§ 56, 57 bezeichneten Verhältnisse zu erstatten.

I. Die Erstattung der dem Versicherungsnehmer entstandenen Ermittelungs- und Feststellungskosten durch den Versicherer kommt nur insoweit in Betracht, als ihre Aufwendung den Umständen nach geboten war (Abs. 1; vgl. auch § 185; §§ 834 Nr. 4 HGB., 32 Abs. 1 Nr. 3 ADS.). Hierüber ist nach objektiven Gesichtspunkten zu entscheiden. In den Kosten sind gegebenenfalls auch die durch § 34 (Bem. 14 zu § 34) entstehenden enthalten (KB. I 66). — Der Versicherer haftet dem Versicherungsnehmer für Unfälle, die die Arbeiter des Versicherungsnehmers anläßlich der Schadensfeststellung erleiden, nach §§ 823, 831 BGB. (Petersen Mitteilungen 1913. 174). 1.

II. Die Erstattung der dem Versicherungsnehmer durch die Zuziehung eines Sachverständigen oder eines Beistandes entstandenen Kosten durch den Versicherer kommt nur in Betracht, wenn der Versicherungsnehmer vertraglich zu der Zuziehung verpflichtet war (Abs. 2; vgl. auch § 32 Nr. 3 S. 2 ADS.). Über die Kosten des Sachverständigenverfahrens Bem. 17 zu § 64. 2.

III. Bei Unterversicherung (§ 56) hat der Versicherer die Ermittelungs- und Feststellungskosten nur in dem Verhältnis der Versicherungssumme zum Ersatzwert, und zwar auch bei der taxierten Police (Bem. 4 zu § 56, Bem. 5 zu § 57), zu erstatten (vgl. auch §§ 843 HGB., 8 S. 2 ADS. und Bem. 9 zu § 63). Diese Art der Verteilung greift jedoch nur Platz, soweit nichts anderes vereinbart ist und soweit sie nicht unbillig erscheint, z. B. wenn der Versicherer den Versicherungsnehmer veranlaßt hat, im Verhältnis zur Versicherungssumme kostspielige Ermittelungen anzustellen, die er aus eigenem Antriebe nicht vorgenommen hätte. 3.

IV. § 66 ist nicht zwingend. Es können dem Versicherungsnehmer die Ermittelungs- und Feststellungskosten vollständig oder zu einem fest bestimmten Betrage (so häufiger in der Hagelversicherung) auferlegt, oder es kann ein bestimmter Teilungsmaßstab festgesetzt werden. 4.

§ 67. Steht dem Versicherungsnehmer ein Anspruch auf Ersatz des Schadens gegen einen Dritten zu, so geht der Anspruch auf den Versicherer über, soweit dieser dem Versicherungsnehmer den Schaden ersetzt. Der Übergang kann nicht zum Nachteile des Versicherungsnehmers geltend gemacht werden. Gibt der Versicherungsnehmer seinen Anspruch gegen den Dritten oder ein zur Sicherung des Anspruchs dienendes Recht auf, so wird der Versicherer von seiner Ersatzpflicht insoweit frei, als er aus dem Anspruch oder dem Rechte hätte Ersatz erlangen können.

Richtet sich der Ersatzanspruch des Versicherungsnehmers gegen einen mit ihm in häuslicher Gemeinschaft lebenden Familienangehörigen, so ist der Übergang ausgeschlossen; der Anspruch geht jedoch über, wenn der Angehörige den Schaden vorsätzlich verursacht hat.

1. Schrifttum: Bruck 665 ff.; Ritter 678.

2. I. 1. Die Verpflichtung des Versicherers zu einer geldlichen oder geldeswerten Leistung nach dem Eintritt des Versicherungsfalls wird nicht dadurch ausgeschlossen, daß ein Dritter dem Versicherungsnehmer ersatzpflichtig ist. Da der Dritte infolge der Leistung des Versicherers nicht von seiner Verbindlichkeit befreit werden, noch die Versicherung zu einer Bereicherung des Versicherungsnehmers führen darf, so muß der Versicherer, insoweit er den Schaden ersetzt hat, die Rechte des Versicherungsnehmers gegen den Dritten geltend machen können. Von den beiden Wegen, die zur Erreichung dieses Zieles führen (§§ 255 BGB., 804 Abs. 1 HGB.), wählt das Gesetz den Weg des Übergangs des Ersatzanspruchs auf den Versicherer. Dies war schon bisher regelmäßig in den Versicherungsbedingungen bestimmt; eine dahingehende Vereinbarung wurde von der Rechtsprechung als zulässige, im voraus erklärte Abtretung angesehen (RG. 2. 2. 89 Bd. 22. 145; RG. Bolze Bd. 1 Nr. 1121, Bd. 7 Nr. 434).

3. 2. Der Übergang des Ersatzanspruchs findet nur in der Schadensversicherung (vgl. für die Seeversicherung §§ 804 HGB., 45 ADS.), nicht auch in der Lebens- und in der Unfallversicherung (RG. 8. 5. 30 Seuffert Bd. 84. 304 Nr. 179) Anwendung. Bei diesen Versicherungszweigen geht der Ersatzanspruch auf den Versicherer über, wenn der Übergang ausdrücklich ausbedungen wird, was in der Unfallversicherung üblich war (Stein HansRZ. 1919. 257), aber von dem Reichsaufsichtsamt nicht mehr genehmigt wird; daher ist der Übergang den geltenden Allgemeinen Unfallversicherungsbedingungen unbekannt (VA. 1927. 136; Scheunert Öffentlr. Versicherung 1930. 224).

II. Der Ersatzanspruch gegen den Dritten geht nur bei Erfüllung gewisser Voraussetzungen über. Über seine Verjährung Bem. 4 zu § 12.

4. 1. Der Versicherer muß gemäß dem Versicherungsvertrag zu einer geldlichen oder einer geldeswerten Leistung verpflichtet gewesen sein (leistet er, ohne verpflichtet zu sein, so hat er einen Anspruch gegen den Versicherungsnehmer

auf Herausgabe nach § 812 BGB.) und der Versicherer muß tatsächlich dem Versicherungsnehmer, bei Versicherung für fremde Rechnung dem Versicherungsnehmer oder dem Versicherten (§§ 75, 76) geleistet haben. Eine Vereinbarung, nach der der Versicherungsnehmer zunächst den Dritten in Anspruch nehmen muß, mithin der Versicherer nur für den Ausfall haftet (Differenzversicherung; Fleischfresser HansRZ. 1927. 195), muß ausdrücklich vereinbart sein (RG. 30. 1. 26 JW. 1926. 1330, Seuffert Bd. 80. 163 Nr. 97).

2. a) Dem Versicherungsnehmer muß ein Ersatzanspruch gegen einen Dritten zustehen. Bei Veräußerung der versicherten Sache (§ 69) geht der Anspruch des Erwerbers über, der Anspruch des Veräußerers nur dann, wenn der Veräußerer verpflichtet ist, ihn dem Erwerber zu übertragen (Ritter 683). Bei Versicherung für fremde Rechnung geht der Anspruch des Versicherten über, da er die Leistung des Versicherers erhält; der Anspruch des Versicherungsnehmers geht nur über, wenn er ihn dem Versicherten abzutreten hat (Kisch Bd. 3. 518). 5.

b) Der Ersatzanspruch kann auf Vertrag (z. B. Dienst-, Transport-, Fracht-, Garantievertrag, Haftung für Viehmängel beim Kauf usw.) oder auf Gesetz (§ 823 BGB. und viele andere) beruhen. Ist der Anspruch nicht abtretbar (§§ 399, 400, 412 BGB.), so ist sein Übergang auf den Versicherer ausgeschlossen (RG. 9. 4. 13 LZ. 1913. 944, 1. 11. 19 Bd. 97. 76, VA. 1921* 29 Nr. 1134). Unter Umständen kann in dem Verbot der Abtretung ein Verstoß gegen die guten Sitten liegen (OLG. Frankfurt 23. 5. 24 VA. 1926. 161 Nr. 1507; OLG. München 10. 11. 24 LZ. 1925. 272; hiergegen VerkehrsrR. Bd. 3. 444). Liegt eine ungewöhnliche Vereinbarung vor, auf die der Versicherer nicht gefaßt zu sein brauchte, dann ist sie dem Versicherer bei Vertragsabschluß anzuzeigen (RG. 1. 11. 19 Bd. 97. 76, VA. 1921* 29 Nr. 1134). Zu den übergehenden Ersatzansprüchen gehört ausdrücklich der Anspruch des Versicherungsnehmers auf Gewährleistung wegen eines Mangels des versicherten Tieres (§ 118). 6.

Zu den übergehenden Ersatzansprüchen gehört nicht der Anspruch des Versicherungsnehmers gegen einen mit ihm in häuslicher Gemeinschaft lebenden Familienangehörigen, sofern nicht der Angehörige den Schaden vorsätzlich verursacht hat (Abs. 2). 7.

a) Der Familienangehörige muß in einem verwandtschaftlichen oder schwagerschaftlichen Verhältnis, für das jedoch kein bestimmter Grad als Grenze gezogen ist, zu dem Versicherungsnehmer stehen. Die Definition des Angehörigen in § 52 Abs. 2 StGB. ist nicht maßgebend. — Zum Begriff der häuslichen Gemeinschaft: RG. 18. 10. 21 VA. 1924* 77 Nr. 1332; OLG. Hamburg 4. 4. 22 HansRZ. 1922. 772; KG. 12. 7. 24 HansRZ. 1925. 49, JR. 1924. 66, 29. 3. 22 VA. 1924* 84 Nr. 1339; OLG. Königsberg 10. 12. 29 VA. 1931. 214 Nr. 2175. — Der Versicherungsnehmer oder der Familienangehörige hat zu beweisen, daß die Voraussetzungen der Familienangehörigkeit und der häuslichen Gemeinschaft vorliegen. 8.

b) Wenn dem Versicherungsnehmer selbst ein die Haftung des Versicherers ausschließendes Verschulden nicht zur Last fällt, so muß er soweit möglich auch 9.

dagegen geschützt werden, daß er infolge Verschuldens eines Familienangehörigen die ihm zustehende Entschädigung tatsächlich wieder verliert. Infolgedessen geht der Anspruch des Versicherungsnehmers gegen den Familienangehörigen auf den Versicherer nicht über. Der Versicherer wird von seiner Leistungspflicht frei, soweit der Versicherungsnehmer von dem ersatzpflichtigen Angehörigen befriedigt wird. Insoweit der Versicherer Entschädigung leistet, kann der Versicherungsnehmer von dem Familienangehörigen keinen Ersatz verlangen. Hat der Versicherer Ersatz geleistet und erhält der Versicherungsnehmer von dem Angehörigen nochmals Ersatz, so kann der Versicherer Herausgabe der ungerechtfertigten Bereicherung (§ 812 BGB.) verlangen.

10. c) Hat der Familienangehörige den Schaden vorsätzlich verursacht, dann geht, um betrügerischem Verhalten des Versicherungsnehmers vorzubeugen, der Anspruch des Versicherungsnehmers auf den Versicherer über.

11. Zu den übergehenden Ersatzansprüchen gehört ferner nicht der Eigentumsanspruch. Wird daher die gestohlene Sache, nachdem der Versicherer den Verlust entschädigt hat, wieder zur Stelle geschafft, dann behält der bestohlene Versicherungsnehmer seinen Eigentumsanspruch, kann aber von dem Versicherer wegen ungerechtfertigter Bereicherung gemäß § 812 BGB. (Kappesser HansRZ. 1926. 121) in Anspruch genommen werden (RG. 4. 3. 24 Bd. 108. 110, VA. 1925. 69 Nr. 1374, JR. 1924. 55, JW. 1924. 1510, HansRZ. 1924. 336).

12. c) Der Ersatzanspruch muß gegen einen Dritten bestehen. Der Dritte kann nicht der Versicherungsnehmer selbst sein. Stoßen beispielsweise mehrere bei verschiedenen Versicherern versicherte Schiffe desselben Eigentümers zusammen und trägt eins von ihnen die Schuld an dem Zusammenstoß, so kann kein Anspruch gegen einen „Dritten" auf den Versicherer übergehen; jedoch werden bei Vereinbarung der „Schwesterschiffklausel" oder „Hinterhangsklausel" die Schiffe so behandelt, als ob sie mehreren Eigentümern gehörten (Bem. 8 zu § 129). — Dritter ist ferner nicht einer von mehreren Mitversicherern (anders Ritter 681), denn ihre rechtlichen Beziehungen untereinander und zu dem Versicherungsnehmer sind besonders in § 59 geregelt (RG. 8. 2. 22 HansRZ. 1922. 342). — Haftet dem Dritten wiederum ein Dritter, so geht auch der Anspruch des ersten Dritten gegen den zweiten Dritten auf den Versicherer über.

13. 3. Der Übergang vollzieht sich erst mit Bewirkung der geldlichen oder geldeswerten Leistung des Versicherers, nicht schon mit Eintritt des Versicherungsfalls, und nur insoweit, als der Versicherer leistet. Leistet der Versicherer eine Abschlagszahlung (§§ 94 Abs. 2, 124), so geht der Anspruch gegen den Dritten anteilsmäßig auf ihn über. — Über die besondere Rechtslage bei der Gebäudeversicherung §§ 102 — 106.

14. III. 1. Mit dem sich kraft Gesetzes vollziehenden Übergang der Ersatzforderung wird der Versicherer Gläubiger der Forderung;

zum Schutz des den Übergang nicht kennenden Schuldners finden §§ 406 ff. BGB. Anwendung. Der Versicherungsnehmer bleibt zur Auskunfterteilung (§ 34), zur Ausstellung einer öffentlich beglaubigten Abtretungsurkunde (so ausdrücklich §§ 804 Abs. 2 HGB., 45 Abs. 1 S. 2 ADS.), zur Abwendung und Minderung des Schadens (§ 62; so ausdrücklich §§ 822 HGB., 46 ADS.) verpflichtet (§§ 402, 403 BGB.).

2. Zur Geltendmachung des Ersatzanspruchs ist der Versicherungsnehmer befugt. Geht der Ersatzanspruch auf den Versicherer erst über, nachdem der Versicherungsnehmer den Dritten verklagt hat, so bleibt der Prozeß unberührt (§ 265 Abs. 2 S. 1 ZPO.). Der Versicherer ist nicht berechtigt, ohne Zustimmung des Dritten den Prozeß als Hauptpartei an Stelle des Versicherungsnehmers zu übernehmen oder eine Hauptintervention zu erheben. Tritt der Versicherer als Nebenintervenient auf, so gilt er nicht als Streitgenosse des Versicherungsnehmers (§ 265 Abs. 2 S. 2, 3 ZPO.). Das rechtskräftige Urteil wirkt für und gegen den Versicherungsnehmer und für und gegen den Versicherer (§ 325 Abs. 1 ZPO.). Die sorgfältige Führung des Prozesses durch den Versicherungsnehmer gehört zu dem Kreis von Pflichten, die zu der Abwendungs- und Minderungspflicht (§ 62) gehören. Geht der Schadensersatzanspruch nur teilweise auf den Versicherer über, so können Versicherungsnehmer und Versicherer als Streitgenossen klagen (§ 59 ZPO.; Hallbauer LZ. 1910. 367, 379). Geht der Ersatzanspruch während des Prozesses zwischen dem Versicherungsnehmer und dem Dritten über, so ist der Übergang auf den Prozeß an sich ohne Wirkung, aber es kann nur Zahlung an den Versicherer verlangt werden (OLG. Karlsruhe 25. 4. 29 RKraftf. 1930. 309). 15.

3. Leisten mehrere Versicherer Ersatz, so geht auf jeden ein verhältnismäßiger Teil des Anspruchs gegen den Dritten über, selbst wenn der Anspruch gegen den Dritten nur einen Versicherer zu befriedigen in der Lage wäre. Liegt konkurrierendes Verschulden vor, so daß der Dritte nicht für den ganzen Schaden aufzukommen hat, so geht die Forderung an den Dritten nicht prozentual auf die Versicherer über (Bgr.), sondern der Übergang der Forderung bestimmt sich dem Dritten gegenüber nach der von jedem Versicherer bewirkten Zahlung, zwischen den Versicherern findet ein Ausgleichsverfahren statt (Hallbauer LZ. 1910. 648). Dieselben Grundsätze müssen bei Doppelversicherung gelten. Nötigenfalls hat der Versicherer das, was er von dem Dritten zuviel erhalten hat, an den Versicherungsnehmer oder auch an seine Mitversicherer herauszugeben. 16.

4. Ähnlich wie nach §§ 268, 426, 774 BGB. darf der Übergang nicht zum Nachteil des Versicherungsnehmers geltend gemacht werden (Abs. 1 S. 2). Für die Transportversicherung (§ 148; vgl. auch § 45 ADS.) gilt dieser Grundsatz nicht. Erhält der Versicherungsnehmer den Schaden nur teilweise ersetzt, so bleibt er insoweit Gläubiger des Dritten, und zwar mit Vorrang vor dem Versicherer oder vor den Versicherern. Brennt also beispielsweise ein nur zur Hälfte seines Wertes versichertes Haus infolge Fahrlässigkeit eines Dritten ab und reicht dessen Vermögen nicht aus, um sowohl 17.

den Versicherungsnehmer wie den Versicherer schadlos zu halten, so hat der dem Versicherungsnehmer wegen der nicht versicherten Hälfte verbleibende Ersatzanspruch den Vorrang vor dem auf den Versicherer übergegangenen Ersatzanspruch (Bgr.). In den Versicherungsbedingungen kann Gegenteiliges vereinbart werden.

18. 5. Die Stellung des Versicherers in Ansehung des Ersatzanspruchs darf nicht willkürlich von dem Versicherungsnehmer beeinträchtigt werden, der Versicherungsnehmer darf insbesondere seinen schon entstandenen Anspruch gegen den Dritten oder ein zur Sicherung des Anspruch dienendes Recht nicht aufgeben (Abs. 1 S. 3).

19. a) Aufgeben bedeutet wie in § 776 BGB. ein positives Handeln, ein passives Verhalten (ausgenommen § 118 S. 3) reicht nicht aus (RG. 23. 3. 07 Bd. 65. 396). Daher gibt der Versicherungsnehmer den Anspruch auf, wenn er ihn erläßt (RG. 9. 12. 25 LZ. 1926. 383); wenn er sich mit dem Dritten vergleicht (LG. Elberfeld JR. 1928. 263); wenn er irgendeine Handlung vornimmt, die die Geltendmachung des Anspruchs erschwert oder vereitelt, indem er ihn beispielsweise abtritt. Stimmt der Versicherer dem von dem Versicherungsnehmer mit dem Dritten abgeschlossenen Vergleich zu, so mindert sich auch dementsprechend der Übergang des Ersatzanspruchs auf den Versicherer (OLG. Hamburg 22. 12. 30 HansRGZ. A. 1931. 145). Dagegen gibt er den Anspruch nicht auf (anders Bem. 4 zu § 118), wenn er die zur Feststellung des Schadens notwendigen Schritte unterläßt und dadurch den Regreß gegen den Dritten verliert (KG. 2. 3. 21 VA. 1923* 6 Nr. 1233, 30. 11. 21 VA. 1923* 27 Nr. 1254, 7. 3. 25 JW. 1925. 119, HansRZ. 1925. 555), wenn er den Anspruch verjähren läßt, aber er verstößt alsdann gegen die Schadenabwendungs- und Minderungspflicht (§ 62), oder wenn nur die Möglichkeit der Entstehung eines Ersatzanspruchs im voraus eingeschränkt wird, wie z. B. durch die Vereinbarung zwischen dem versicherten Vermieter und dem Mieter, nach der der Mieter insoweit nicht für einen Brandschaden aufzukommen hat, als der verkehrsübliche Versicherungsschutz reicht (teilweise anders RG. 2. 11. 28 Bd. 122. 292, JR. 1928. 385, VA. 1930. 36 Nr. 1948). Das Aufgeben erfordert vorsätzliches Handeln, Fahrlässigkeit genügt nicht (KG. 9. 7. 19 VA. 1921* 8 Nr. 1115, 8. 2. 22 HansRZ. 1922. 342).

20. b) Insoweit der Versicherer aus dem aufgegebenen Anspruch oder Recht hätte Ersatz erlangen können, wird er von seiner Ersatzpflicht gegenüber dem Versicherungsnehmer frei.

21. c) Der Versicherer hat zu beweisen, daß er durch das Verhalten des Versicherungsnehmers den Ersatzanspruch verloren hat; der Gegenbeweis, daß der Versicherer aus diesem Anspruch keine Befriedigung erhalten haben würde, liegt dem Versicherungsnehmer ob.

22. IV. § 67 Abs. 1 ist nicht zwingend (RG. 1. 11. 19 Bd. 97. 76). Mithin ist eine Vereinbarung zwischen Versicherer und Versicherungsnehmer zulässig, nach der der Versicherungsnehmer auch nach Empfang der Entschädigungsleistung des Versicherers den Ersatzanspruch gegen den Dritten zu verfolgen und

den erlangten Betrag dem Versicherer auszukehren hat (RG. 15. 2. 30 JW. 1930. 111, Seuffert Bd. 84. 211 Nr. 127). Auch Abs. 2 ist nicht zwingend (RG. 25. 9. 25 HansRZ. 1925. 939).

§ 68. Besteht das Interesse, für welches die Versicherung genommen ist, bei dem Beginne der Versicherung nicht oder gelangt, falls die Versicherung für ein künftiges Unternehmen oder sonst für ein künftiges Interesse genommen ist, das Interesse nicht zur Entstehung, so ist der Versicherungsnehmer von der Verpflichtung zur Zahlung der Prämie frei; der Versicherer kann eine angemessene Geschäftsgebühr verlangen.

Fällt das Interesse, für welches die Versicherung genommen ist, nach dem Beginne der Versicherung weg, so gebührt dem Versicherer die Prämie für die laufende Versicherungsperiode.

Schrifttum: Bruck 498 ff.; Kisch Bd. 3. 200. 1.

I. 1. a) Bei dem materiellen Beginn der Versicherung (Bem. 2 zu § 38), der mit dem formellen Versicherungsbeginn (Bem. 20 zu § 1) nicht zusammenzufallen braucht, kann das versicherte Interesse (Bem. 3 ff. vor § 51) bereits wesentliche Änderungen erfahren haben. Es kann bei dem materiellen Beginn der Versicherung in vollem Umfange nicht mehr bestehen, so wenn die versicherte Sache zerstört ist (das vom 1. Januar des kommenden Jahres an gegen Feuer versicherte Haus brennt im November des laufenden Jahres völlig nieder), oder wenn ein Wechsel in der Person des Interessenten eingetreten ist (der gegen Haftpflichtansprüche versicherte Halter des Kraftwagens hat den Kraftwagen veräußert), oder wenn ein Wechsel in dem Gegenstand eingetreten ist, an den das versicherte Interesse anknüpft (die bisherigen Glasscheiben sind durch andere, mit den früheren auch in den Maßen nicht übereinstimmende ersetzt [OLG. Düsseldorf 26. 5. 30 JW. 1930. 322] oder der versicherte Eigentümer ist Pfandgläubiger geworden). Über die Rechtslage, wenn ein versicherbares Interesse niemals bestanden hat, Bem. 15 f. vor § 51. 2.

b) Dem wegfallenden Interesse ist gleichgestellt, wenn bei einer Versicherung für ein künftiges Unternehmen oder sonst für ein künftiges Interesse (Hauptanwendungsfall: laufende Versicherung § 187 Abs. 2) das Interesse nicht zur Entstehung gelangt, so wenn herzustellende Güter nicht hergestellt werden. 3.

c) Aus dem Begriff des versicherten Interesses als einer gefährdeten Beziehung folgt, daß der Wegfall der Gefährdung rechtlich ebenso wie der Wegfall des Interesses zu behandeln ist. Ob das versicherte Interesse wegfällt bezw. das zukünftige Interesse nicht zur Entstehung gelangt oder ob zwar das versicherte Interesse besteht bezw. entsteht, aber nicht von der in Aussicht genommenen Gefahr bedroht wird, in beiden Fällen ist eine Beschädigung oder Vernichtung des Interesses, die der Versicherer auszugleichen hätte, nicht möglich. Daher steht rechtlich dem Wegfall des Interesses der Wegfall der Gefahr gleich 4.

(Bruck 498 f.), so wenn die versicherte Reise aufgegeben wird oder wenn die Ausstellung, für deren Dauer die Versicherung genommen ist, nicht stattfindet.

5. 2. Besteht das versicherte Interesse bei Beginn der Versicherung teilweise nicht mehr, dann ist Überversicherung vorhanden, wenn das Interesse zu seinem vollen Wert versichert war (Bgr.). Die Überversicherung (§ 51) kann durch Herabsetzung der Versicherungssumme unter verhältnismäßiger Minderung der Prämie beseitigt werden. — Ist das versicherte Interesse bei Beginn der Versicherung unterversichert (§ 56), dann wird die Unterversicherung insoweit beseitigt, als das Interesse nicht besteht oder nicht zur Entstehung gelangt. Besteht vereinbarte Selbstversicherung (Bem. 5 zu § 56), dann wird das Verhältnis der Selbstversicherung zur Versicherung durch das teilweise nicht bestehende oder entstehende Interesse nicht berührt. Besteht zwar das versicherte Interesse in vollem Umfange, wird aber nur teilweise durch die Gefahr bedroht, dann vermindert sich die Gefahr, die der Versicherer trägt, eine Verminderung der Prämie findet jedoch nicht ohne weiteres statt.

6. II. Der Wegfall, die Nichtentstehung des versicherten Interesses und der Wegfall der Gefahr schließen die Leistungspflicht des Versicherers aus. Er kann daher die Gegenleistung nicht beanspruchen, vielmehr genügt es, wenn er statt der Prämie eine angemessene Geschäftsgebühr (Ristorno) erhält (Abs. 1).

7. 1. Der Versicherer hat auch dann nur Anspruch auf die Geschäftsgebühr, wenn das Nichtbestehen oder Nichtentstehen des versicherten Interesses oder die Nichtbedrohung des Interesses durch die Gefahr von dem Versicherungsnehmer verursacht ist. Zündet der Versicherungsnehmer vor Beginn der Versicherung das versicherte Haus an, dann kann der Versicherer nicht die Prämie, sondern nur eine angemessene Geschäftsgebühr fordern. Über die Rechtslage bei der laufenden Versicherung Bem. 10 zu § 187.

8. 2. Die Höhe der Geschäftsgebühr festzusetzen, bleibt den Parteien überlassen. Ist keine Vereinbarung getroffen, dann kann der Versicherer nur eine angemessene Gebühr verlangen. Da § 68 nicht zwingend ist, so bedarf es keiner § 40 Abs. 2 S. 3 (Bem. 4 zu § 40) entsprechenden Bestimmung. Die Angemessenheit der Geschäftsgebühr hat der Versicherer zu beweisen. — Neben der Geschäftsgebühr kann der Versicherer Schadensersatz fordern, wenn der Tatbestand des § 826 BGB. gegeben ist (Kisch 218). — Außer der Geschäftsgebühr sind Nebengebühren (Steuer, Kosten für Ausfertigung des Versicherungsscheins usw.) zu entrichten, da die Geschäftsgebühr nur als Ersatz für die dem Versicherer entgehende Prämie gilt.

9. 3. Hat der Prämienschuldner in Unkenntnis die Prämie bezahlt, dann kann er sie abzüglich der Geschäftsgebühr von dem Versicherer nach Maßgabe der §§ 812 ff. BGB. zurückverlangen.

10. 4. Braucht der Versicherungsnehmer nur Geschäftsgebühr (und Nebengebühren) zu bezahlen, so kann der Versicherer nicht aus einem anderen Grunde die Prämie verlangen, so wenn er, falls das Interesse bestanden hätte, wegen

Verletzung der vorvertraglichen Anzeigepflicht vom Vertrage zurücktreten, aber trotzdem die Prämie fordern könnte (§ 40 Abs. 1; Kisch 221).

5. Den Beweis für das bestehende Interesse hat der zu erbringen, der 11.
sich hierauf beruft. So hat der Versicherer die Beweislast, wenn er die ganze Prämie fordert.

6. Ist das Interesse nur teilweise weggefallen oder nicht zur Ent- 12.
stehung gelangt oder nur teilweise einer Gefahr ausgesetzt, so kann der Versicherer nur von dem Teil der Prämie, der nicht geschuldet wird, Geschäftsgebühr verlangen.

III. 1. Fällt das versicherte Interesse nach Beginn 13.
der Versicherung weg oder wird das versicherte Interesse nach Beginn der Versicherung nicht mehr durch die Gefahr bedroht, dann behält der Versicherer unter Anwendung des Grundsatzes von der Unteilbarkeit der Prämie (Bem. 6 vor § 35) den Anspruch auf die volle Prämie für die laufende Versicherungsperiode (Abs. 2). Aus welchem Grunde das Interesse weggefallen ist, ist gleich. Der Wegfall des Interesses oder der Gefahr muß dauernd sein oder zum mindesten als dauernd erscheinen. Ist der Wegfall nur vorübergehend (z. B. der versicherte Kraftwagen wird während einer gewissen Zeit außer Betrieb gesetzt), so läuft mangels besonderer Vereinbarung der Versicherungsvertrag weiter, wenn er auch für den Versicherungsnehmer vorübergehend wertlos ist. Anspruch auf Geschäftsgebühr besteht neben dem Anspruch auf Prämie nicht. Die laufende Versicherungsperiode (§ 9) ist diejenige, in der das Interesse wegfällt, nicht diejenige, in welcher der Versicherer von dem Wegfall Kenntnis erhält (KB. I. 68). Hiernach bemißt sich auch, für welche Zeit der Versicherer noch die Prämie fordern kann (VA. 1909. 278, 1910. 91). Das Interesse oder die Gefahr ist weggefallen, wenn durch einen Totalschaden die versicherte Beziehung vernichtet ist; wenn der gegen Haftpflicht versicherte Kraftwagenbesitzer seinen Wagen nach Beginn der Versicherung abschafft (OLG. Hamburg 29. 10. 13 LZ. 1914. 596); wenn der versicherte Kraftwagen völlig außer Betrieb gesetzt wird durch Löschung der Polizeinummer; wenn der Gebäudeeigentümer sein Eigentum an dem versicherten Gebäude aufgibt (die Hypothekengläubiger bleiben durch § 100 geschützt); wenn die Fliegerschädenversicherung infolge Beendigung des Krieges gegenstandslos wird (VA. 1919. 4); wenn das beschädigte Auto als Schrott verkauft wird (OLG. Düsseldorf 20. 12. 28 VA. 1930. 54 Nr. 1963, JR. 1929. 227).

2. Fällt das versicherte Interesse nur teilweise weg, ein Teil von 14.
mehreren einheitlich versicherten Kraftwagen wird abgeschafft, so kann Überversicherung entstehen oder Unterversicherung beseitigt werden (Bem. 5).

3. Den Beweis für das weggefallene Interesse oder die wegfallende 15.
Gefahr hat der zu erbringen, der sich hierauf beruft, also der Versicherungsnehmer, wenn er von weiteren Prämienzahlungen befreit sein will.

IV. § 68 ist nicht zwingend. Es kann vorgesehen werden, daß trotz fehlenden 16.
Interesses Prämie zu entrichten ist.

II. Veräußerung der versicherten Sache.

Vorbemerkungen vor §§ 69—73.

1. 1. Schrifttum: Bruck 556ff.; Kisch Bd. 3. 264ff.; Ritter 703.

2. 2. Eine besondere Regelung hat die Frage erfahren, welche Wirkungen die Veräußerung der versicherten Sache auf das Versicherungsverhältnis ausübt. An und für sich müßte die Veräußerung die Beendigung des Versicherungsverhältnisses zur Folge haben, da das Interesse des Versicherten wegfällt (§ 68 Abs. 2) und ein Vertragsverhältnis zwischen Erwerber und Versicherer nicht besteht. Die vor Inkrafttreten des Gesetzes in Gebrauch befindlichen Versicherungsbedingungen schrieben vielfach vor, daß die Veräußerung der versicherten Sache die Versicherung erlöschen lasse, sofern nicht der Versicherer nach Anzeige von der Veräußerung den Eintritt des Erwerbers in die Versicherung genehmigt; die Veräußerung wurde wie eine Gefahrerhöhung behandelt. Erfolgte die Genehmigung, so galt nunmehr der Erwerber an Stelle des Veräußerers als Versicherungsnehmer. Die Gültigkeit einer solchen Abrede wurde von den Gerichten anerkannt (OLG. Kiel 5. 5. 92 Seuffert Bd. 57. 452 Nr. 240). Sie bleibt auch fernerhin von Bedeutung, insoweit nicht die Beschränkungen der Vertragsfreiheit (AllgVorbem. 26, 28) gelten. Die aus dem Schwebezustand erwachsenden Unzuträglichkeiten wurden in dem ALR. II. 8 § 2163 (über die Entstehungsgeschichte Salomonsohn ZHR. Bd. 47. 236) vermieden, das die Versicherung bei einem Wechsel in der Person des Eigentümers der versicherten Sache bestehen läßt, sofern nicht mit der Veräußerung eine Veränderung des Ortes, der Aufsicht, der Art der Aufbewahrung oder der Nachbarschaft verbunden ist. Die Bestimmung bezog sich allerdings nur auf die Feuerversicherung, ist jedoch auch auf andere Schadensversicherungen, so die Hagel- (RG. 9. 3. 95 Bd. 35. 176), Haftpflicht-Versicherung (LG. Graudenz VA. 1911* 59 Nr. 601; anders LG. Breslau VA. 1908* 90 Nr. 411) ausgedehnt worden. Über ihre Auslegung ROHG. Bd. 5. 1; RG. 8. 7. 81 Bd. 5. 316.

3. 3. Die für den gesamten Bereich der Schadensversicherung geltenden Vorschriften der §§ 69—73 werden ergänzt für die Hagelversicherung durch §§ 114, 115, für die Viehversicherung durch § 128, für die Haftpflichtversicherung durch § 151 Abs. 2, für die Transportversicherung durch §§ 142, 143. Über die teilweise abweichende Regelung in der Seeversicherung §§ 899, 900 HGB., 49, 50 ADS.

4. 4. Die übrigen Bestimmungen des Gesetzes werden durch §§ 69ff. nicht berührt. Vor allem finden die Vorschriften über Gefahrerhöhung (§§ 23ff.) neben den Vorschriften über die Veräußerung Anwendung (Kisch Z. 1920. 216), so wenn Bedenken gegen die Person des Erwerbers bestehen (ein gegen Feuer versichertes Haus wird an einen Brandstifter, versichertes Vieh an eine wegen Tierquälerei bestrafte Person [§ 128 Abs. 2] veräußert), oder wenn die versicherte Sache durch ihre infolge der Veräußerung veränderte Aufbewahrung

(vorausgesetzt daß Außenversicherung [Bem. 9 vor § 81] vereinbart ist) einer größeren Gefahr ausgesetzt ist. Die gleichzeitige Anwendung beider Gruppen von Vorschriften hat namentlich einen verschiedenen Lauf von Fristen zur Folge.

§ 69. Wird die versicherte Sache von dem Versicherungsnehmer veräußert, so tritt an Stelle des Veräußerers der Erwerber in die während der Dauer seines Eigentums aus dem Versicherungsverhältnisse sich ergebenden Rechte und Pflichten des Versicherungsnehmers ein.

Für die Prämie, welche auf die zur Zeit des Eintritts laufende Versicherungsperiode entfällt, haften der Veräußerer und der Erwerber als Gesamtschuldner.

Der Versicherer hat in Ansehung der durch das Versicherungsverhältnis gegen ihn begründeten Forderungen die Veräußerung erst dann gegen sich gelten zu lassen, wenn er von ihr Kenntnis erlangt; die Vorschriften der §§ 406 bis 408 des Bürgerlichen Gesetzbuchs *) finden entsprechende Anwendung.

---

*) § 406 BGB. Der Schuldner kann eine ihm gegen den bisherigen Gläubiger zustehende Forderung auch dem neuen Gläubiger gegenüber aufrechnen, es sei denn, daß er bei dem Erwerbe der Forderung von der Abtretung Kenntnis hatte oder daß die Forderung erst nach der Erlangung der Kenntnis und später als die abgetretene Forderung fällig geworden ist.

§ 407 BGB. Der neue Gläubiger muß eine Leistung, die der Schuldner nach der Abtretung an den bisherigen Gläubiger bewirkt, sowie jedes Rechtsgeschäft, das nach der Abtretung zwischen dem Schuldner und dem bisherigen Gläubiger in Ansehung der Forderung vorgenommen wird, gegen sich gelten lassen, es sei denn, daß der Schuldner die Abtretung bei der Leistung oder der Vornahme des Rechtsgeschäfts kennt.

Ist in einem nach der Abtretung zwischen dem Schuldner und dem bisherigen Gläubiger anhängig gewordenen Rechtsstreit ein rechtskräftiges Urteil über die Forderung ergangen, so muß der neue Gläubiger das Urteil gegen sich gelten lassen, es sei denn, daß der Schuldner die Abtretung bei dem Eintritte der Rechtshängigkeit gekannt hat.

§ 408 BGB. Wird eine abgetretene Forderung von dem bisherigen Gläubiger nochmals an einen Dritten abgetreten, so finden, wenn der Schuldner an den Dritten leistet oder wenn zwischen dem Schuldner und dem Dritten ein Rechtsgeschäft vorgenommen oder ein Rechtsstreit anhängig wird, zugunsten des Schuldners die Vorschriften des § 407 dem früheren Erwerber gegenüber entsprechende Anwendung.

Das Gleiche gilt, wenn die bereits abgetretene Forderung durch gerichtlichen Beschluß einem Dritten überwiesen wird oder wenn der bisherige Gläubiger dem Dritten gegenüber anerkennt, daß die bereits abgetretene Forderung kraft Gesetzes auf den Dritten übergegangen sei.

1. Schrifttum: Bem. 1 vor § 69.

I. Die dem § 571 BGB. nachgebildete Bestimmung des Abs. 1 knüpft ihrem Wortlaut nach den Eintritt des Erwerbers in das Versicherungsverhältnis an die Veräußerung der versicherten Sache.

2. 1. a) Veräußerung im allgemeinen bürgerlich-rechtlichen Sinne ist die rechtsgeschäftliche Übertragung des Eigentums durch Einzelnachfolge unter Lebenden. Bei wörtlicher Zugrundelegung dieses Begriffs geht das Versicherungsverhältnis nur und dann über, wenn der Erwerber Eigentümer geworden ist. Da aber nicht die Sache, sondern eine bestimmte Beziehung versichert ist (Bem. 3 ff. vor § 51), so kann nicht die sachenrechtliche Eigentumsübertragung, sondern der Übergang der versicherten Beziehung muß entscheiden. Veräußerung ist nicht im juristisch-technischen Sinne, sondern im Hinblick auf den Gegenstand des Versicherungsvertrags, das versicherte Interesse, im wirtschaftlichen Sinne zu verstehen.

Wer der versicherte Interessent ist und von wann ab er der versicherte Interessent ist, richtet sich nicht danach, ob und von wann ab er die Gefahr im kaufrechtlichen Sinne trägt (§§ 446, 447 BGB.), sondern ob und von wann ab ihm die versicherte Beziehung zusteht. Der Übergang des Versicherungsverhältnisses ist weiterhin nicht davon abhängig, ob der Kaufpreis und die sonstigen Nebenkosten in dem Zeitpunkt der Übergabe der Sache bezahlt sind oder nicht. Ist das Eigentümerinteresse an der Sache versichert, so tritt der Erwerber, sobald er das Eigentümerinteresse erlangt hat, in dieses Interesse ein. Daß der Veräußerer weiter an dem Schicksal der Sache beteiligt bleiben kann (§ 43 KO.), wenn er den Kaufpreis ganz oder teilweise kreditiert, daß ihm also ein Kreditinteresse zusteht, welches seine rechtliche Grundlage in der Stundung findet, hindert nicht den Übergang des versicherten Eigentümerinteresses. Vor allem aber ist der Eintritt des Erwerbers in das Versicherungsverhältnis nicht abhängig von dem Übergang des Eigentums an der Sache, denn das versicherte Interesse kann auch dann bestehen, wenn kein rechtliches Verhältnis zu dem Gegenstand vorliegt. Eigentümerinteresse und Eigentumsinteresse sind nicht gleichbedeutend. Entscheidend ist vielmehr allein der Augenblick, in dem sich die Interessenlage so gestaltet, daß durch Eintritt des Versicherungsfalls nicht mehr der Veräußerer, sondern der Erwerber wirtschaftlich als Eigentümer geschädigt wird. Der Übergang des Versicherungsverhältnisses hat aber bei Berücksichtigung des gesetzlichen Wortlautes in Anlehnung an eine Veräußerung im allgemeinen bürgerlich-rechtlichen Sinne zu erfolgen, braucht aber zeitlich mit der Veräußerung nicht zusammenzufallen (OAG. Dresden Seuffert Bd. 22. 443 Nr. 290; RG. 5. 6. 03 VA. 1904. 39 Nr. 33; KG. 20. 6. 31 HansRGZ. A. 1931. 482, JR. 1931. 322; LG. I Berlin JR. 1929. 23, 1931. 246; LG. Leipzig VA. 1931. 210 Nr. 2173). Anders die herrschende Ansicht, die teils den Übergang der Gefahr (OLG. Marienwerder 4. 2. 13 Mitteilungen 1913. 264; OLG. Düsseldorf 30. 12. 27 VA. 1929. 42 Nr. 1821, JR. 1928. 63; LG. Münster Mitteilungen 1920. 226 und zahlreiche Schriftsteller), teils den Zeitpunkt der Eigentumsübertragung entscheidend sein läßt (ROHG. Bd. 10. 200, 208; RG. 28. 4. 14 Bd. 84. 409, VA. 1914* 113 Nr. 851, 24. 9. 26 Bd. 114. 316, JR. 1926. 281, HansRZ. 1926. 931, 17. 6. 27 JW. 1927. 2799, 3. 7. 31 HansRGZ. A. 1931. 482, VA. 1932. 233 Nr. 2305; OLG. Hamburg 12. 7. 93 HGZ. 1893. 256; OLG. Celle 22. 1. 14 VA. 1914* 23 Nr. 795; KG. 22. 10. 30 JR. 1930. 432, HansRGZ. A. 1930. 734, VA. 1931. 235 Nr. 2194 und zahlreiche Schriftsteller). Man hat sogar bei der Veräußerung des versicherten Kraftwagens den Zeitpunkt der polizeilichen Zulassung des Erwerbers für entscheidend erklärt (OLG. Köln 19. 1. 31 VerkehrsrR. Bd. 10. 257).

Von der von mir vertretenen Auffassung aus ergibt sich folgendes:

α) Bei versicherten Gebäuden ist der maßgebende Zeitpunkt die 3. Eintragung des Erwerbers, wenn die Übergabe mit der Eintragung erfolgt oder wenn die Eintragung der Übergabe vorausgeht. Erfolgt dagegen die Übergabe vor der Auflassung oder zwischen Auflassung und Eintragung, so vollzieht sich der Übergang des Versicherungsverhältnisses in dem Zeitpunkt der Übergabe, denn von da ab hat er die wirtschaftliche Beziehung eines Eigentümers. Gelangt das Gebäude in die Hände des Veräußerers zurück, so ist Rück-Veräußerung gegeben (RG. 5. 6. 03 VA. 1904. 39 Nr. 33; OLG. Rostock 6. 2. 08 Rechtsprechung Bd. 17. 46; OLG. Marienwerder 4. 2. 13 Mitteilungen 1913. 264. Anders RG. 28. 4. 14 Bd. 84. 409, VA. 1914* 113 Nr. 851; OLG. Celle 22. 1. 14 VA. 1914* 23 Nr. 795).

β) Bei versicherten beweglichen Sachen ist der maßgebende 4. Zeitpunkt die Übergabe (§ 929 S. 1 BGB.). Genügt zur Übertragung des Eigentums die Einigung über den Übergang des Eigentums (§ 929 S. 2 BGB.), so ist das Versicherungsverhältnis mit der Einigung übergegangen, erfolgt die Eigentumsübertragung ohne Besitzwechsel (§ 930 BGB.), so tritt der Erwerber spätestens mit dem Eigentumswechsel in das Versicherungsverhältnis ein. Besitzt ein Dritter die versicherte Sache, so tritt der Erwerber in das Versicherungsverhältnis spätestens mit der Abtretung des Herausgabeanspruchs ein (§ 931 BGB.).

Verkauf unter Eigentumsvorbehalt (§ 455 BGB.; 5. Bruck 562). Die Rechtslage ist die gleiche wie bei Übergabe des Gebäudes vor der Eintragung. Der Käufer hat die wirtschaftliche Stellung eines Eigentümers. Sein Interesse deckt sich daher mit dem versicherten Eigentümerinteresse des Verkäufers (RGZ. Bd. 85. 320). Der Verkäufer behält ein Kreditinteresse. Tritt der Verkäufer vom Vertrage zurück, so liegt Rück-Veräußerung vor (Ritter 708 und viele Andere; RG. 14. 6. 10 Bd. 74. 126; OLG. Marienwerder 4. 2. 13 Mitteilungen 1913. 264; OLG. Düsseldorf 21. 5. 31 HansRGZ. A. 1931. 482., VA. 1932. 237 Nr. 2308; OLG. Dresden 19. 11. 31 HansRGZ. A. 1932. 34. Anders Kisch 269 und Andere; RG. 24. 9. 26 Bd. 114. 316, VA. 1928. 42 Nr. 1691, JW. 1927. 172; OLG. Stuttgart 25. 10. 12 VA. 1913* 91 Nr. 755; OLG. Hamburg 12. 2. 26 HansRZ. 1926. 332; KG. 8. 5. 29 JR. 1929. 247; OLG. München 16. 3. 27 VA. 1928. 276 Nr. 1774, JR. 1927. 247). Da es immerhin zweifelhaft ist, ob der Käufer zur Versicherung verpflichtet ist, legen zahlreiche Lieferungsbedingungen, insbesondere der Maschinenindustrie, dem

Käufer ausdrücklich die Pflicht zur Versicherung der unter Eigentumsvorbehalt gekauften Waren auf (Stulz, Der Eigentumsvorbehalt im in- und ausländischen Recht, Berlin 1931, 47). Nach § 2 Abs. 1 S. 1 AllgFeuerVersbdg. sind, soweit nichts anderes vereinbart ist, nur die dem Versicherungsnehmer gehörigen Sachen versichert, mithin muß der Käufer eine besondere Versicherung für die unter Eigentumsvorbehalt gekauften Sachen nehmen. — Über die aufschiebend oder die auflösend bedingte Veräußerung Bruck 563.

6. Sicherungsübereignung (Bruck 563). Behält der Veräußerer (Sicherungsgeber) die wirtschaftliche Stellung des Eigentümers, mag die Sache dem Erwerber (Sicherungsnehmer) übergeben (§ 929 BGB.) oder in der Hand des Veräußerers verblieben (§ 930 BGB.) sein, so steht die versicherte Beziehung nach wie vor dem Veräußerer zu. Er muß bei Verschlechterung oder bei Untergang der Sache weitere Sicherheit oder eine andere Sache als Sicherheit beschaffen. Ihm kommt die durch Eintritt des Versicherungsfalls ausgelöste Entschädigungsleistung zu. Nur wenn der Sicherungsnehmer mit dem Sicherungsgeber vereinbart, daß dieser ihm den Anspruch auf die Entschädigungsleistung abtritt, wie es regelmäßig im Verkehr der Großbanken mit ihren Kunden zu geschehen pflegt, ist der Sicherungsnehmer versicherungsrechtlich geschützt (OLG. Dresden 25. 7. 28 VA. 1930. 253 Nr. 2017, 19. 11. 31 HansRGZ. A. 1932. 34; OLG. Düsseldorf 21. 5. 31 HansRGZ. A. 1931. 482). Anders die herrschende Meinung (ROHG. Bd. 25. 40; RG. 4. 3. 10 Bd. 73. 141, 17. 6. 27 Bd. 117. 270, VA. 1928. 257 Nr. 1760, JR. 1927. 222, HansRZ. 1927. 675, 4. 10. 27 JR. 1927. 311, 16. 4. 29 VA. 1930. 246 Nr. 2010, JR. 1929. 184; vgl. auch RGZ. Bd. 130. 237, 239; KG. 12. 1. 27 HansRZ. 1927. 182, JR. 1927. 109, VA. 1928. 51 Nr. 1701, JW. 1927. 2799, 2. 5. 28 JR. 1928. 189, 4. 7. 28 JR. 1928. 256; OLG. Hamm 14. 2. 27 JR. 1927. 229, VA. 1928. 266 Nr. 1766; OLG. Düsseldorf 21. 5. 28 HansRGZ. A. 1928. 511, 13. 2. 30 JR. 1930. 282). Aber immerhin wird die Unterlassung der Anzeigepflicht (§ 71) im Hinblick auf die zweifelhafte Rechtslage als entschuldigt angesehen (RG. 17. 6. 27 Bd. 117. 270, 273, JW. 1927. 2799; KG. 15. 2. 30 JR. 1930. 155; OLG. Düsseldorf 13. 2. 30 JR. 1930. 282). Vgl. dagegen auch RG. 5. 7. 29 Bd. 125. 193, 194, 19. 6. 31 JR. 1931. 238, VA. 1932. 200 Nr. 2279.

Über den Cif-Kauf Bem. 4 zu § 80.

7. b) Da nach dem Gesetz sich der Interessenübergang nur in Anlehnung an eine Veräußerung vollzieht, so wird man nicht umhin können, zu verlangen, daß die Veräußerung gültig ist. Ist sie nichtig (OLG. Königsberg 17. 12. 26 JR. 1927. 64), dann ist das Versicherungsverhältnis nicht auf den Erwerber übergegangen. Hat trotzdem der „Erwerber" die Entschädigungsleistung erhalten, so kann sie der „Veräußerer" von ihm zurückverlangen (§ 814 BGB.). Ist die Veräußerung anfechtbar, aber noch nicht wirksam angefochten, so ist der Erwerber der versicherte Interessent. Nach erfolgreich durchgeführter Anfechtung tritt Rück-Veräußerung an den Veräußerer ein.

8. c) Keine Veräußerung ist, weil es an der rechtsgeschäftlichen Übertragung fehlt: der originäre Erwerb durch Ersitzung (§ 937 BGB.), Verbindung (§ 946 f. BGB.), Vermischung (§ 948 BGB.), Verarbeitung oder

Umbildung (§ 950 BGB.), Trennung (§§ 954 ff. BGB.), Fund (§ 973 BGB.), Aneignung (§ 958 BGB.), die Gesamtrechtsnachfolge von Todes wegen und unter Lebenden, also insbesondere die Erbfolge (das Versicherungsverhältnis geht nach erbrechtlichen Grundsätzen auf den Erwerber über; § 1922 BGB.), der Anfall des Vermögens von Vereinen oder Stiftungen an den Fiskus (§§ 46, 88 BGB.), der Übergang des Vermögens einer Gesellschaft als Ganzes auf das Reich usw. oder auf eine andere Gesellschaft (§§ 304, 306 HGB., 80, 81 GmbHG., 93a Abs. 3 Genossenschaftsgesetz), die Begründung ehelicher Gesamtgutsverhältnisse (§§ 1438 Abs. 2, 1519 Abs. 2, 1549 BGB.), die Belastung der versicherten Sache mit dinglichen Rechten oder die Begründung obligatorischer Bezugsrechte.

Dagegen liegt Veräußerung vor, wenn sich die Gesellschaftsform ändert und infolgedessen der bisherige Eigentümer sein Vermögen auf den neuen Eigentümer übertragen muß, wenn eine Sache durch Veräußerung Bestandteil eines Gesamtgutes wird, z. B. durch Einbringen in eine Gesellschaft, wenn das Gesamthandseigentum in Bruchteilseigentum oder umgekehrt umgewandelt wird (RGZ. Bd. 56. 96, Bd. 57. 432), wenn die Auseinandersetzung einer Gesellschaft oder Gemeinschaft erfolgt, wenn eine Fusion nach § 305 HGB. vorliegt, wenn ein Handelsgeschäft unter der bisherigen Firma veräußert wird (§ 25 HGB.), wenn eine Vermögensübertragung nach § 311 BGB. stattfindet. Veräußerung ist ferner die bäuerliche Gutsüberlassung (Art. 96 EGBGB.; ROHG. Bd. 23. 92; RG. 5. 7. 29 JR. 1929. 261, RGZ. Bd. 125. 193, VA. 1930. 333 Nr. 2083, JW. 1930. 3626), der Erwerb durch Vermächtnis (§ 2174 BGB.). Vgl. ferner §§ 73, 114 Abs. 1, 143 Abs. 3. In der Hagelversicherung werden gewisse Tatbestände (§ 115) der Veräußerung oder Zwangsversteigerung gleichgestellt. Desgleichen werden in der Betriebs-Haftpflichtversicherung der Veräußerung gewisse Tatbestände gleichgestellt (§ 151 Abs. 2).

2. Die Veräußerung muß von dem Versicherungsnehmer, 9.
von seinem gesetzlichen oder rechtsgeschäftlich bestellten Vertreter, von seinem Geschäftsführer ohne Auftrag vorgenommen sein. — Bei Versicherung für fremde Rechnung kann der Versicherungsnehmer oder der Versicherte veräußern, aber der Erwerber tritt in die Rechte und Pflichten des Versicherten ein, die Stellung des Versicherungsnehmers bleibt unberührt. Ist der Versicherungsnehmer zur Veräußerung nicht berechtigt, so wird der gutgläubige Erwerber Eigentümer kraft seines guten Glaubens und Versicherter, wenn der Versicherungsnehmer über die Rechte aus der Versicherung verfügen kann (Ritter 711; KG. 21. 5. 30 JR. 1930. 352, VA. 1931. 218 Nr. 2178). — Bei der Betriebshaftpflichtversicherung (§ 151 Abs. 2) reicht der Übergang von dem Betriebsunternehmer, auch wenn er nicht der Versicherungsnehmer ist, auf den Dritten aus.

3. Die Veräußerung muß ernstlich erfolgt sein. Verkauf mit 10.
Rückkauf kann als Scheingeschäft bewertet werden. Dem ursprünglichen Versicherungsnehmer, der durch Rückkauf Erwerber wird, steht das Kündigungsrecht aus § 70 Abs. 2 nur zu, wenn Verkauf und Rückkauf nicht bloß zum Schein vorgenommen sind (Kisch Recht 1913. 397).

11. 4. Im Zeitpunkt der Veräußerung muß ein Versicherungsverhältnis vorhanden sein. Entscheidend ist der materielle Beginn (Bem. 2 zu § 38), nicht der formelle Beginn (Bem. 20 zu § 1) der Versicherung (RG. 6. 11. 18 VA. 1921* 16 Nr. 1126; OLG. Stuttgart 15. 10. 29 VA. 1930. 317 Nr. 2070). Wird mithin eine Sache nach dem formellen Beginn, aber vor dem materiellen Beginn veräußert, dann ist kein wirksames Versicherungsverhältnis vorhanden, in das der Erwerber eintreten kann; der Versicherer kann höchstens eine Geschäftsgebühr nach § 68 Abs. 1 verlangen (RG. 6. 11. 18 VA. 1921* 16 Nr. 1126; anders Raiser 275, Ritter 709). — Da die Sache noch nicht versichert ist, wenn sie nach der Antragstellung, aber vor dem formellen Versicherungsbeginn veräußert wird, so kann auch kein Versicherungsverhältnis übergehen. Umgekehrt ist die Sache bereits versichert, wenn sie bei Rückwärtsversicherung (§ 2) nach dem materiellen Beginn, aber vor dem formellen Versicherungsbeginn veräußert wird, mithin geht das Versicherungsverhältnis auf den Erwerber über.

12. Liegt Versicherung bei einem Versicherungsverein auf Gegenseitigkeit vor, so geht das Versicherungsverhältnis auf den Erwerber über, auch wenn der Erwerber bisher nicht Mitglied des Vereins gewesen ist. Mit Eintritt in das Versicherungsverhältnis wird der Erwerber auch Mitglied des Vereins (RG. 1. 6. 18 VA. 1919* 8 Nr. 1069; Kisch Öffentlr. Versicherung 1929. 1. Anders OLG. Hamburg 4. 1. 26 HansRZ. 1926. 177, VA. 1929. 10 Nr. 1793, JR. 1926. 75). Ist jedoch die Mitgliedschaft von der Zugehörigkeit zu einem bestimmten Personenkreis abhängig, so setzt sich das Versicherungsverhältnis nicht fort (Bgr.).

13. 5. Der Übergang des Versicherungsverhältnisses setzt ferner das Vorhandensein eines versicherten Interesses (Bem. 3 ff. vor § 51) voraus. Aber der Übergang ist nicht beschränkt nur auf das versicherte Eigentümerinteresse, sondern alle versicherbaren und versicherten Interessen sind fähig, auf den Erwerber überzugehen, so wenn der Eigentümer sein Gewinninteresse oder der Pächter, Mieter (LG. I Berlin JR. 1929. 23, JW. 1929. 679; dagegen mit unzulänglicher Begründung Gottschalk JW. 1929. 679 Fußnote, Raiser 276), Entleiher sein Interesse versichert hat, so geht das versicherte Interesse auf den „Erwerber" über. Ausdrücklich anerkannt ist ein solcher Übergang in der Hagelversicherung (§ 115) und bei der Betriebshaftpflichtversicherung (§ 151 Abs. 2).

Die versicherte Beziehung kann an einem Inbegriff (§ 54) bestehen. Scheidet eine Sache infolge Veräußerung aus dem Inbegriff aus, so hört schon aus diesem Grunde der Versicherungsschutz auf. Wird dagegen der Inbegriff als solcher veräußert, dann geht das Versicherungsverhältnis auf den Erwerber über. Über die Versicherung des Inventars eines Grundstücks § 128 Abs. 2.

Die versicherte Beziehung kann an einer Forderung bestehen. Wenn auch Rechte keine Sachen sind, so würde es der Interessenlage bei Abtretung einer Forderung nicht entsprechen, wenn der Erwerber ohne sofortigen Versicherungsschutz bliebe. Infolgedessen geht beispielsweise bei Abtretung der gegen Ausfall versicherten Forderung die Versicherung auf den Erwerber über.

Über die Einwirkung der Veräußerung der Sache auf die Haftpflichtversicherung Bem. 9 vor § 149.

6. Die Interessenlage des Erwerbers muß sich mit 14. der Interessenlage des Veräußerers decken. Es geht daher die Versicherung des Eigentümerinteresses nicht über, wenn die Sache nicht veräußert, sondern nur verpachtet, vermietet, verpfändet, verliehen wird. Ausnahme: §§ 115, 151 Abs. 2.

7. Trotz Veräußerung geht das Versicherungs- 15. verhältnis nicht über, wenn der Versicherungsschutz räumlich beschränkt ist (Bem. 5 vor § 81), wenn der Übergang vertraglich ausgeschlossen ist (Bem. 2 ff. zu § 72) und im Falle des § 128 Abs. 1.

II. Mit der Veräußerung tritt an die Stelle des Veräußerers der Erwerber in die während der Dauer seines Eigentums aus dem Versicherungsverhältnis sich ergebenden Rechte und Pflichten des Versicherungsnehmers ein (Abs. 1).

1. Der Eintritt des Erwerbers vollzieht sich kraft Gesetzes. Es 16. wird kein neuer Versicherungsvertrag zwischen Versicherer und Erwerber abgeschlossen, mithin braucht kein neuer Versicherungsschein, auch kein Nachtrag zum Versicherungsschein ausgestellt zu werden (VA. 1912. 50, 138), der Erwerber wird Träger eines eigenen, neuen Versicherungsverhältnisses, das sich mit dem bisherigen Versicherungsverhältnis des Veräußerers deckt.

a) Der Veräußerer hört auf, zur Erfüllung der Obliegenheiten 17. verpflichtet zu sein. Insoweit er sie erfüllt, gilt die Erfüllung zugunsten des Erwerbers, aber wenn er sie nicht oder nicht gehörig erfüllt, dann kann die Nichterfüllung dem Erwerber nur insoweit zugerechnet werden, als er für das Verhalten Dritter aufzukommen hat (Bem. 11 ff. zu § 6). — Der Veräußerer verliert alle Rechte. Er ist auch nicht mehr befugt, Willenserklärungen des Versicherers, die sich auf das Versicherungsverhältnis beziehen, abzugeben oder entgegenzunehmen. Er hat keinen Anspruch auf die nach dem Eintritt des Versicherungsfalls fällig werdende Entschädigungsleistung des Versicherers.

b) Der Erwerber tritt mit der Veräußerung und solange er der ver- 18. sicherte Interessent ist („während der Dauer seines Eigentums") in das Versicherungsverhältnis ein. Er ist von nun an zur Erfüllung der Obliegenheiten verpflichtet. Hat er keine Kenntnis von dem Vorhandensein des Versicherungsverhältnisses, so löst die Verletzung, wenn überhaupt, nur die Folgen unverschuldeter Verletzung aus. — Der Erwerber erhält alle Rechte, vor allem das Eigentum an dem Versicherungsschein (§ 952 BGB.), den der Veräußerer herauszugeben hat (§§ 402, 412 BGB.), das Recht auf Ausstellung einer Ersatzurkunde (§ 3 Abs. 2), auf Herabsetzung von Versicherungssumme und von Prämie bei Überversicherung und Doppelversicherung (§§ 51, 60), auf die Entschädigungsleistung, wenn der Versicherungsfall nach der Veräußerung eintritt (über die Abtretung des Anspruchs des Veräußerers auf die Entschädigungsleistung an den Erwerber § 98 S. 1), auf den nach der Veräußerung fällig werdenden Überschußanteil (VA. 1912. 55), auf Ersatz seiner nach der Veräußerung gemachten Aufwendungen für die Abwendung und Minderung des Schadens, mag auch der Versicherungsfall vor der Veräußerung eingetreten sein. Natürlich kann auch der Erwerber das Versicherungsverhältnis durch Vereinbarung mit dem Versicherer beliebig ändern (RG. 2. 7. 27 VA. 1928. 259 Nr. 1762). — Der Versicherer muß alle Rechte dem Erwerber gegenüber wahrnehmen, er hat ihm gegenüber zurückzutreten (§ 20), zu kündigen, zu mahnen (§ 39) usw.

19. c) Das Versicherungsverhältnis geht auf den Erwerber in der Lage über, in der es sich zur Zeit des Übergangs befindet. Die Rechtsstellung des Versicherers darf nicht verbessert, aber auch nicht verschlechtert werden. Daher muß sich der Erwerber alle Einwendungen gefallen lassen, die auch gegenüber dem Veräußerer zulässig sind. So wirkt namentlich die Verletzung der vorvertraglichen Anzeigepflicht (§§ 16 ff.) durch den Veräußerer auch gegenüber dem Erwerber; das gleiche gilt hinsichtlich von Gefahrerhöhungen, von der Nichterfüllung sonstiger Obliegenheiten. Hat der Veräußerer den Versicherer arglistig getäuscht, so kann der Versicherer dem Erwerber gegenüber anfechten. Gesetzliche oder vertragsmäßige Fristen, die bereits zu laufen begonnen haben, laufen zugunsten wie zuungunsten des Erwerbers weiter. Verfügungen des Veräußerers über Ansprüche aus der Versicherung durch Abtretung, Verpfändung hat der Erwerber gegen sich gelten zu lassen, ebenso auch die Pfändung von Versicherungsansprüchen.

20. d) Nur für die Prämie, welche auf die zur Zeit des Eintritts des Erwerbers in das Versicherungsverhältnis laufende Versicherungsperiode (§ 9) entfällt, besteht eine Gesamtschuldnerschaft (§§ 421 ff. BGB.) von Veräußerer und Erwerber (Abs. 2), da anderenfalls der Eingang der Prämie eine Störung zum Nachteil des Versicherers erfahren könnte. Die gesamtschuldnerische Haftung besteht für die ganze Jahresprämie, auch wenn sie nur in Raten fällig ist (OLG. Stuttgart 26. 4. 27 VA. 1928. 279 Nr. 1777). Die Gesamtschuldnerschaft wird nicht dadurch beseitigt, daß der Erwerber nach § 25 HGB. seine Haftung für Verbindlichkeiten des früheren Geschäftsinhabers ausgeschlossen hat (Bruck 578 Note 80, Kisch Mitteilungen 1913. 441). Die Ausgleichung zwischen Veräußerer und Erwerber richtet sich nach dem zwischen ihnen bestehenden Rechtsverhältnis. Im Zweifel muß angenommen werden, daß jeder die Prämie für die Zeit zu zahlen hat, während der ihm die versicherte Beziehung zusteht. Wird daher vor dem materiellen Beginn der Versicherung die Sache veräußert (Bem. 11), so haften Veräußerer und Erwerber für die erste Prämie nicht gesamtschuldnerisch (RG. 6. 11. 18 VA. 1921* 16 Nr. 1126). Hat der Veräußerer die Prämien im voraus bezahlt, so sind sie ihm, nicht dem Erwerber zurückzuerstatten. Auf eine Vereinbarung zwischen Veräußerer und Erwerber über die Verteilung der Prämienlast kann sich der Versicherer nicht berufen. — Die Zahlung der Prämie für eine spätere Versicherungsperiode durch den Veräußerer kann der Versicherer nicht fordern; sie ist Zahlung durch einen Dritten. — Über den Prämienschuldner bei Kündigung des Versicherungsverhältnisses § 70 Abs. 3. Über die Kosten der Prämienklage (§ 264 ZPO.) Lesser JW. 1925. 170, 1927. 252, 342, Weiler ebenda 1927. 239, 342, Kl. ebenda 1927. 298.

III. Bis der Versicherer, bei mehreren Versicherern ein jeder von ihnen, auch wenn einer von ihnen die Führung hat, Kenntnis von der Veräußerung durch den Veräußerer oder den Erwerber oder einen Dritten erlangt hat, gilt ihm gegenüber der Veräußerer weiter als Versicherungsnehmer (Abs. 3). Die Kenntnis des Vermittelungsagenten steht der Kenntnis des Versicherers nicht gleich (§ 44; RG. 23. 11. 26 VA. 1928. 46 Nr. 1697), wohl aber die des Abschlußagenten. Das Kennenmüssen ist der Kenntnis nicht gleichgestellt. Die Beweislast für die Kenntnis des Versicherers hat der Erwerber. — Der Versicherer kann mit befreiender Wirkung an den Veräußerer leisten (§ 407 Abs. 1 BGB.); Rechtsgeschäfte zwischen Versicherer und Veräußerer (§ 407 Abs. 1 BGB.) sowie ein zwischen diesen Personen ergangenes rechtskräftiges Urteil (§ 407 Abs. 2 BGB.) wirken auch zwischen Versicherer und Erwerber. Der Versicherer kann der Entschädigungsforderung des Erwerbers gegenüber mit Forderungen gegen den Veräußerer im Rahmen des § 406 BGB. aufrechnen auch mit Prämien, die nur der Veräußerer schuldet (§ 70 Abs. 3; Ehrenberg ZVW. 1927. 553). Der weitere Übergang der Versicherung durch mehrfache Veräußerung der versicherten Sache ist gemäß § 408 BGB. entsprechend zu behandeln. Über die Anwendung des § 409 BGB. Kisch LZ. 1915. 104. Bis zur erlangten Kenntnis kann der Versicherer alle auf die Versicherung bezüglichen Rechtsgeschäfte gültig mit dem Veräußerer vornehmen, also ihm gegenüber Rücktritts- und Kündigungserklärungen abgeben, ihm Zahlungsfristen bestimmen (RG. 23. 11. 26 VA. 1928. 46 Nr. 1697) usw. 21.

IV. § 69 ist zugunsten des Erwerbers zwingend (§ 72 S. 1); er hat keine rückwirkende Kraft. 22.

§ 70. Der Versicherer ist berechtigt, dem Erwerber das Versicherungsverhältnis unter Einhaltung einer Frist von einem Monate zu kündigen. Das Kündigungsrecht erlischt, wenn der Versicherer es nicht innerhalb eines Monats von dem Zeitpunkt an ausübt, in welchem er von der Veräußerung Kenntnis erlangt.

Der Erwerber ist berechtigt, das Versicherungsverhältnis ohne Einhaltung einer Kündigungsfrist zu kündigen. Das Kündigungsrecht erlischt, wenn es nicht innerhalb eines Monats nach dem Erwerb ausgeübt wird; hatte der Erwerber von der Versicherung keine Kenntnis, so bleibt das Kündigungsrecht bis zum Ablauf eines Monats von dem Zeitpunkt an bestehen, in welchem der Erwerber von der Versicherung Kenntnis erlangt.

Wird das Versicherungsverhältnis auf Grund dieser Vorschriften gekündigt, so hat der Veräußerer dem Versicherer die Prämie zu zahlen, jedoch nicht über die zur Zeit der Beendigung des Versicherungsverhältnisses laufende Versicherungsperiode hinaus; eine Haftung des Erwerbers für die Prämie findet in diesen Fällen nicht statt.

1. Schrifttum: Bem. 1 vor § 69.

2. I. Wenn auch durch den unmittelbaren Übergang des Versicherungsverhältnisses auf den Erwerber (§ 69) der für diesen unliebsame Schwebezustand, während dessen er ohne Deckung ist, vermieden wird, so können Versicherer und Erwerber mannigfache Gründe haben, das Versicherungsverhältnis vorzeitig aufzuheben. Daher erhalten Versicherer (Abs. 1) und Erwerber (Abs. 2) ausdrücklich das sich bereits aus allgemeinen Rechtsgrundsätzen (§ 305 BGB.) ergebende Kündigungsrecht, dessen Ausübung eine besondere Regelung hinsichtlich des Prämienschuldners notwendig macht (Abs. 3). Die eigenartig gelagerten Verhältnisse bei der Transportversicherung haben in §§ 142, 143 Berücksichtigung gefunden. — Ist an verschiedene Erwerber veräußert, so steht der Versicherer jedem Erwerber und jeder Erwerber dem Versicherer völlig selbständig gegenüber. Veräußert der Erwerber die versicherte Sache ganz oder teilweise weiter, so geht die Versicherung und damit auch das Kündigungsrecht des Abs. 2, 3 auf den neuen Erwerber über.

3. II. Das Kündigungsrecht des Versicherers (Abs. 1) findet seine Berechtigung darin, daß er die Möglichkeit haben muß, von dem Vertrag freizukommen, wenn er hinsichtlich des Erwerbers Bedenken hat.

4. 1. Kündigungsberechtigt ist der Versicherer, sein Abschlußagent (§ 45; Ausnahme § 47), sein sonstiger Vertreter, bei mehreren Versicherern ein jeder von ihnen, sofern nicht einer die Führung hat.

5. 2. Empfänger der Erklärung ist der Erwerber, sein gesetzlicher oder rechtsgeschäftlich bestellter Vertreter, bei mehreren Erwerbern ein jeder von ihnen. Nach dem Tode des Erwerbers ist die Kündigung an seine Erben zu richten, ausgenommen bei Vertretung des Nachlasses durch Testamentsvollstrecker, Nachlaßpfleger. — Ist der Erwerber geschäftsunfähig oder beschränkt geschäftsfähig, so muß die Kündigung dem gesetzlichen Vertreter zugehen. Hat dieser seine Einwilligung zur Empfangnahme der Erklärung erteilt, so wird die Kündigung wirksam, sobald sie dem beschränkt Geschäftsfähigen zugeht (§ 131 BGB.). — Gehört die Versicherung zum eingebrachten Gut, so muß die Kündigung beiden Ehegatten zugehen (§ 1403 Abs. 2 BGB.), gehört sie zum Gesamtgut, so braucht nur dem Ehemann gegenüber gekündigt zu werden. Ist der Erwerber im Konkurse, so ist die Erklärung an den Konkursverwalter zu richten. — Kündigung gegenüber dem Veräußerer wirkt nicht gegenüber dem Erwerber. — Die Erklärung kann im Wege des § 10 oder durch öffentliche Zustellung (Bem. 16 zu § 10) übermitteilt werden.

6. 3. Die Kündigung ist eine rechtsgestaltende, empfangsbedürftige Willenserklärung, die mit ihrem Zugehen (§ 130 Abs. 1 BGB.) bei dem Kündigungsempfänger wirksam wird. — Sie ist gesetzlich formfrei, kann aber vertraglich an eine bestimmte Form geknüpft sein.

7. 4. Um den Zustand der Ungewißheit für den Erwerber möglichst abzukürzen, muß der Versicherer innerhalb eines Monats von dem Zeitpunkt an kündigen, in welchem er aus der erhaltenen Mitteilung vernünftigerweise ersehen kann und bei Anwendung der im Verkehr erforderlichen Sorgfalt

auch ersehen muß, daß eine Veräußerung stattgefunden hat (Abs. 1 S. 2; RG. 9. 3. 20 JW. 1921. 33, VA. 1923* 50 Nr. 1274). Über den Begriff der Veräußerung Bem. 2 ff. zu § 69. Die Kenntnis des Versicherers, nicht sein Kennenmüssen entscheidet. Die Kenntnis des Vermittelungsagenten steht seiner Kenntnis nicht gleich (§ 44). Bei mehreren Versicherern kommt es auf die Kenntnis eines jeden an, sofern nicht nach der Führungsklausel die Kenntnis des Führers diesen berechtigt, auch mit Wirkung für die übrigen zu kündigen. Wenn der Versicherer von der Veräußerung, bevor sie erfolgt ist, Kenntnis erlangt, so läuft die Frist doch erst von dem Zeitpunkt der Veräußerung an; die Kündigungsfrist kann also nicht abgelaufen sein, ehe der Interessenübergang erfolgt. Unter Umständen wird aber der Versicherer nach Treu und Glauben verpflichtet sein, sich auf eine vor der Veräußerung an ihn gerichtete Anfrage zu erklären, und sein Stillschweigen auf eine Anzeige kann als Zustimmung gedeutet werden. In der Entgegennahme der Prämie kann ein Verzicht liegen (RG. 21. 12. 09 Mitteilungen 1910. 102). Die Frist, eine Ausschlußfrist, deren Berechnung sich aus §§ 187 Abs. 1, 188 Abs. 2, 193 BGB. ergibt, ist verlängerbar (OLG. Nürnberg 6. 12. 29 VA. 1930. 297 Nr. 2051), nicht verkürzbar (§ 72).

5. Die Kündigung ist nur zulässig unter Einhaltung einer 8.
mindestens einen Monat betragenden Frist (Abs. 1 S. 1). Die Berechnung der Frist ergibt sich aus §§ 187 Abs. 1, 188 Abs. 2, 193 BGB. Zeitigstens mit Ablauf dieser Frist wird das Vertragsverhältnis aufgehoben. Kündigt der Versicherer auf sofort, dann wirkt sie dem Erwerber gegenüber erst mit Ablauf eines Monats. Einem Hypotheken- und einem ihm gleichgestellten (§ 106) Gläubiger gegenüber verlängert sich die Frist nach Maßgabe des § 100 Abs. 1. In der Hagel- und Transportversicherung gilt Besonderes (§§ 114 Abs. 1, 142, 143). Über das Schicksal der Prämie Bem. 15.

III. Das Kündigungsrecht des Erwerbers (Abs. 2) findet 9.
seine Berechtigung darin, daß er nicht an den von dem Veräußerer abgeschlossenen Versicherungsvertrag gebunden bleiben soll, wenn Anlaß zu der Befürchtung besteht, daß sich zwischen ihm und dem Versicherer kein befriedigendes Verhältnis entwickeln wird.

1. Kündigungsberechtigt ist der Erwerber, bei mehreren Er- 10.
werbern ein jeder von ihnen, sein gesetzlicher oder sein rechtsgeschäftlich bestellter Vertreter, bei Versicherung für fremde Rechnung der Versicherungsnehmer, der Versicherte nur, wenn ihm die Verfügung über die Rechte zusteht (§ 75 Abs. 2).

2. Empfänger der Erklärung ist der Versicherer, sein Abschlußagent 11.
(§ 45; Ausnahme § 47), sein sonstiger Vertreter, bei mehreren Versicherern ein jeder von ihnen, sofern nicht einer die Führung hat. Der Vermittelungsagent ist zur Entgegennahme der Erklärung befugt (§ 43 Nr. 2; Ausnahme § 47).

3. Die Kündigung ist eine rechtsgestaltende, empfangsbedürftige Willens- 12.
erklärung, die mit ihrem Zugehen (§ 130 Abs. 1 BGB.) bei dem Kündigungsempfänger wirksam wird. Das bloße Bestreiten der Prämienzahlungspflicht gilt nicht als Kündigung (anders OLG. Düsseldorf 30. 12. 27 JR. 1928. 63). Aus der Erklärung muß hervorgehen, daß der Erwerber das Versicherungs-

verhältnis nicht fortsetzen will (KG. 15. 10. 30 JR. 1930. 435). — Sie ist gesetzlich formfrei, vertraglich regelmäßig schriftlich, denn von der sich aus § 72 S. 2 ergebenden Möglichkeit pflegt stets Gebrauch gemacht zu werden.

13. 4. Das Kündigungsrecht ist zeitlich beschränkt; es kann nur innerhalb eines Monats ausgeübt werden (Abs. 2 S. 2). Die Frist läuft von dem „Erwerb", d. h. von der Veräußerung ab. Über den Begriff der Veräußerung Bem. 2 ff. zu § 69. Spätestens läuft die Frist von dem Zeitpunkt ab, in dem der Erwerber von der Versicherung Kenntnis erlangt. Ist der Konkurs- oder Zwangsverwalter kündigungsberechtigt, so kommt es auf seine Kenntnis an (RGZ. Bd. 86. 187). Der Zeitpunkt der Kenntnis, nicht das Kennenmüssen entscheidet. Hat der Erwerber Kenntnis von der Versicherung, bevor auf ihn das Interesse überging, so läuft die Frist doch erst von dem Zeitpunkt des Übergangs des Interesses ab. Kündigung des Erwerbers vor der Veräußerung für den Fall der Veräußerung ist als bedingte Kündigung unzulässig, aber der Erwerber kann mit dem Versicherer vereinbaren, daß er nicht in das Versicherungsverhältnis eintritt (Bem. 2 zu § 72). Ausnahmsweise hat das Kammergericht eine vorzeitige Kündigung für wirksam erklärt: Ausgehend von seiner Auffassung, daß bei Veräußerung eines Grundstücks der maßgebende Zeitpunkt die Eintragung des Erwerbers ist, hält es die Kündigung nach Auflassung und Übergabe, aber vor der kurz bevorstehenden Eintragung für zulässig (KG. 22. 10. 30 JR. 1930. 432, HansRGZ. A. 1930. 734, VA. 1931. 235 Nr. 2194). Durch wen und auf welche Weise der Erwerber die Kenntnis erlangt, ist gleichgültig. Es ist nicht notwendig, daß dem Erwerber der Versicherungsschein vorgelegen hat (anders OLG. Düsseldorf 30. 12. 27 JR. 1928. 63). Der Erwerber muß beweisen, wann er die Kenntnis erlangt hat (OLG. Königsberg 23. 4. 18 VA. 1919* 26 Nr. 1079). Die Frist, eine Ausschlußfrist, deren Berechnung sich aus §§ 187 Abs. 1, 188 Abs. 2, 193 BGB. ergibt, ist verlängerbar, nicht verkürzbar (§ 72).

14. 5. Der Erwerber kann ohne Einhaltung einer Kündigungsfrist (Abs. 2 S. 1) — im Gegensatz zu dem Versicherer (Abs. 1) —, also auf sofort kündigen. Aus seiner Berechtigung, auf sofort kündigen zu können, ist nicht zu folgern, daß er auch hierzu verpflichtet ist, oder anders ausgedrückt: er kann auch auf einen späteren Zeitpunkt, aber auf nicht später als für den Schluß der laufenden Versicherungsperiode kündigen (Petersen Z. 1921. 254, Ehrenberg ZVW. 1927. 553, 554; KG. 22. 10. 30 JR. 1930. 432, HansRGZ. A. 1930. 734, VA. 1931. 235 Nr. 2194; LG. I Berlin JR. 1929. 353; OLG. Köln 29. 5. 29 JR. 1929. 305). Die gegenteilige Auffassung (LG. Düsseldorf VA. 1917* 73 Nr. 1014; OLG. Königsberg 22. 4. 27 VA. 1928. 278 Nr. 1776, JR. 1927. 229; Ehrenzweig BuGeldwirtschaft 1926. 153, JR. 1931. 298 und Andere) findet im Gesetz keine Stütze, ist auch wirtschaftlich nicht berechtigt. Wenn der Versicherer nur mit Monatsfrist kündigen darf (Bem. 8), so ist hierfür die Erwägung maßgebend, daß dem Erwerber die Möglichkeit eröffnet werden muß, anderweitige Versicherung zu bekommen. Diesen Schutz braucht aber der Versicherer nicht für sich in Anspruch zu nehmen; überdies bringt eine befristete Kündigung wirtschaftlich für ihn keinen Nachteil

da er die Prämie für die laufende Versicherungsperiode erhält (Abs. 3). Allerdings kann eine befristete Kündigung seitens des Erwerbers dadurch praktisch illusorisch werden, daß der Versicherer von seinem Kündigungsrecht Gebrauch macht. — Die vertragliche Vereinbarung einer Kündigungsfrist ist zulässig.

IV. Die Kündigung des Versicherungsverhältnisses, auch wenn sie von seiten des Versicherers ausgesprochen wird, ist immer die Folge eines von dem anderen Teile herbeigeführten Ereignisses. Daher behält der Versicherer den Anspruch auf die Prämie für die zur Zeit der Beendigung des Versicherungsverhältnisses laufende Versicherungsperiode (Abs. 3). Da die Kündigung die Fortdauer des Versicherungsverhältnisses ausschließt, so bleibt in Abweichung von § 69 Abs. 2 ausschließlich Prämienschuldner der Veräußerer (anders Kramer JR. 1927. 341). Der Erwerber ist dem Versicherer gegenüber zu keiner Prämienzahlung verpflichtet, auch nicht für diejenige Zeit, während der er noch versichert gewesen ist. Will aber der Erwerber einen ihm zustehenden Versicherungsanspruch geltend machen, so muß er sich die Aufrechnung mit rückständigen Prämien oder mit sonstigen Forderungen des Versicherers gefallen lassen (Ehrenberg ZVW. 1927. 553, 554). In welchem Verhältnis untereinander Veräußerer und Erwerber die Prämie zu tragen haben, bleibt ihnen zu regeln überlassen (Bem. 20 zu § 69). Sind dem Versicherer von dem Veräußerer Prämien im voraus für mehrere Versicherungsperioden bezahlt, so sind die Prämien für spätere Versicherungsperioden dem Veräußerer zurückzugeben. Hat der Versicherer einen Prämienrabatt gewährt, so besteht ohne besondere Vereinbarung keine Verpflichtung des Veräußerers zur Nachzahlung des Prämienunterschiedes (Guckenheimer JR. 1930. 268; anders Lesser ebenda 229). 15.

V. § 70 ist zugunsten des Erwerbers zwingend (§ 72 S. 1). 16.

§ 71. Die Veräußerung ist dem Versicherer unverzüglich anzuzeigen. Wird die Anzeige weder von dem Erwerber noch von dem Veräußerer unverzüglich gemacht, so ist der Versicherer von der Verpflichtung zur Leistung frei, wenn der Versicherungsfall später als einen Monat nach dem Zeitpunkt eintritt, in welchem die Anzeige dem Versicherer hätte zugehen müssen.

Die Verpflichtung des Versicherers zur Leistung bleibt bestehen, wenn ihm die Veräußerung in dem Zeitpunkte bekannt war, in welchem ihm die Anzeige hätte zugehen müssen. Das Gleiche gilt, wenn zur Zeit des Eintritts des Versicherungsfalls die Frist für die Kündigung des Versicherers abgelaufen und eine Kündigung nicht erfolgt ist.

Schrifttum: Bem. 1 vor § 69. 1.

I. Solange der Versicherer keine Kenntnis von der Veräußerung hat, ist er nicht in der Lage, durch Kündigung das Erlöschen seiner Haftung herbeizuführen. Der Versicherer hat ein berechtigtes Interesse, möglichst bald diese 2.

Kenntnis zu erlangen. Daher muß ihm die Veräußerung angezeigt werden. Die besonderen Verhältnisse der Transportversicherung finden auch hier Berücksichtigung (§§ 142 S. 2, 143).

3. II. 1. Die Anzeigepflicht (Abs. 1 S. 1) ist eine Obliegenheit (Voraussetzung; Bem. 4 zu § 6), die vor Eintritt des Versicherungsfalls dem Versicherer gegenüber zu erfüllen ist.

4. 2. Anzeigepflichtig ist der Veräußerer oder der Erwerber, bei mehreren Veräußerern oder bei mehreren Erwerbern ein jeder von ihnen mit der Maßgabe, daß die Anzeige durch einen, wenn sie zur Kenntnis des Versicherers gelangt, ausreicht. Im Bereich der Beschränkungen der Vertragsfreiheit (AllgVorbem. 26, 28) kann nicht vereinbart werden, daß der Erwerber auch dann anzeigen muß, wenn der Veräußerer bereits angezeigt hat (§ 72 S. 1). Bei Zwangsversteigerung (Bem. 2 zu § 73) sind außer dem Ersteher auch der Vollstreckungsschuldner und der Vollstreckungsgläubiger anzeigepflichtig. Bei gesetzlicher oder rechtsgeschäftlicher Vertretung des Veräußerers oder des Erwerbers hat auch der Vertreter, bei Versicherung für fremde Rechnung auch der Versicherte anzuzeigen. Dritte, wie z. B. Pfandgläubiger, Hypothekengläubiger, sind nicht zur Anzeige verpflichtet und können auch im Bereich der Beschränkungen der Vertragsfreiheit jedenfalls nicht mit der Wirkung verpflichtet werden, daß die Folgen der Verletzung der Anzeigepflicht eintreten (§ 72 S. 1).

5. 3. Die Anzeige ist eine empfangsbedürftige, an sich formfreie Wissenserklärung. Willensmängel oder Mängel in der Geschäftsfähigkeit haben keinen Einfluß auf die Wirksamkeit der Anzeige. Infolgedessen entscheidet die Tatsache, ob die Veräußerung angezeigt ist oder nicht. Ob der Anzeigepflichtige aber für die Unterlassung der Anzeige verantwortlich ist, bestimmt sich nach den Grundsätzen der Schuldfähigkeit (Bem. 5 zu § 16).

6. 4. Die Anzeige ist von dem Anzeigepflichtigen zu erstatten. Wird die Anzeige von einem Nichtanzeigepflichtigen erstattet und gelangt sie zur Kenntnis des Versicherers, dann kann sich dieser auf die Verletzung der Anzeigepflicht nicht berufen.

7. 5. Die Anzeige ist gesetzlich formfrei, vertraglich wird regelmäßig Schriftlichkeit (§§ 126, 127 BGB.) gefordert (§ 72 S. 2). Wird trotz einer derartigen Abrede die Anzeige mündlich erstattet, so kann sich der Versicherer auf die Verletzung der Anzeigepflicht nicht berufen, wenn die Anzeige zu seiner Kenntnis gelangt.

8. 6. Die Anzeige ist an den Versicherer, bei mehreren Versicherern an einen jeden von ihnen, sofern nicht einer die Führung hat, an den Abschlußagenten (§ 45; Ausnahme § 47) oder an den sonstigen Vertreter des Versicherers zu richten. Der Vermittelungsagent ist zu ihrer Entgegennahme befugt (§ 43 Nr. 2; Ausnahme § 47).

9. 7. Die Anzeige ist unverzüglich (ohne schuldhaftes Zögern § 121 Abs. 1 BGB.) nach der Veräußerung (Bem. 2 ff. zu § 69) zu erstatten. Bei Veräußerung von Gebäuden beginnt im allgemeinen (Ausnahme: Bem. 8 zu § 69) die Frist mit der Benachrichtigung des Grundbuchamts von der Ein-

tragung (OLG. Königsberg 25. 11. 30 VA. 1932. 34 Nr. 2262). Vertraglich können Fristen vorgesehen werden.

8. Anzuzeigen ist die Veräußerung (Bem. 2ff. zu § 69). 10.
Nicht ausreichend ist die bloße Mitteilung, daß die versicherte Sache veräußert oder die versicherte Forderung abgetreten ist, sondern es ist notwendig, daß auch die Person des Erwerbers angegeben wird. Die Anzeige von der Veräußerung eines landwirtschaftlichen Grundstücks schließt regelmäßig die Mitteilung in sich, daß das Wirtschaftsinventar mit veräußert ist (RG. 9. 3. 20 JW. 1921. 33, VA. 1923* 50 Nr. 1274). Auf eine tatsächlich unrichtige Anzeige (die Veräußerung ist tatsächlich nicht erfolgt oder die Person des Erwerbers ist falsch angegeben) kann sich der gutgläubige Versicherer berufen. Der Veräußerer muß also Rechtsgeschäfte, die der Versicherer mit dem angeblichen Erwerber vornimmt, gegen sich gelten lassen. § 409 ist entsprechend anwendbar (Bem. 21 zu § 69). — Die Anzeige kann mit der Kündigung (§ 70 Abs. 2) verbunden werden.

9. Der Beweis für die frist- und formgerechte Anzeige liegt dem Ver- 11.
äußerer oder dem Erwerber ob; insbesondere muß bewiesen werden, daß die Anzeige unverzüglich und nicht später als einen Monat vor Eintritt des Versicherungsfalls erstattet worden ist (Kisch 329). — Die Kosten der Anzeige trägt der Anzeigepflichtige.

III. Wird die Anzeigepflicht nicht erfüllt, wird die Anzeige überhaupt nicht, 12.
nicht gehörig, nicht rechtzeitig erstattet, so treten verschiedene Wirkungen ein, je nachdem, ob die Nichterfüllung auf Verschulden oder nicht auf Verschulden beruht und wann der Versicherungsfall eintritt.

1. Ist die Anzeigepflicht von dem Veräußerer und von dem Erwerber un- 13.
verschuldet nicht oder nicht unverzüglich erfüllt, so sind gesetzlich Folgen nicht vorgesehen. Denkbar wäre, daß vertraglich gewisse Folgen eintreten, keinesfalls könnten es aber im Bereich der Beschränkungen der Vertragsfreiheit (AllgVorbem. 26, 28) Rücktritt oder Leistungsfreiheit des Versicherers sein (§ 6 Abs. 3).

Eine unverschuldete Verletzung soll beispielsweise vorliegen, wenn dem Anzeigepflichtigen nicht zugemutet werden kann, daß er seine Verpflichtung zur Anzeige bei einer Sicherungsübereignung kennt (Bem. 6 zu § 69).

2. a) Ist die Anzeigepflicht von dem Veräußerer und von dem Erwerber 14.
schuldhaft nicht, insbesondere nicht unverzüglich erfüllt, so treten besondere gesetzliche Folgen ein. Der Tatbestand verschuldeter Verletzung der Anzeigepflicht ist erst dann gegeben, wenn Erwerber und Veräußerer schuldhaft nicht gehörig angezeigt haben. Hat der Erwerber oder der Veräußerer gehörig angezeigt und ist die Anzeige zur Kenntnis des Versicherers gekommen, dann kann sich der Versicherer auf die schuldhafte Unterlassung der Anzeige durch den anderen nicht berufen (anders Kisch 325). Hat einer von beiden die Anzeigepflicht schuldhaft, der andere unverschuldet verletzt, so treten nur die Folgen unverschuldeter Verletzung ein (Bruck 584; anders RG. 16. 4. 29 JR. 1929. 184; Raiser 285). Hat der Veräußerer dem Erwerber gegenüber die Erstattung der Anzeige

übernommen und unterläßt der Erwerber im Vertrauen hierauf die Anzeige, so belastet den Erwerber die von dem Veräußerer unterlassene Anzeige nur dann, wenn der Veräußerer sein Wissensvertreter gewesen ist (Bem. 13 zu § 6). — Über die Haftung des Veräußerers oder Erwerbers für das Verhalten Dritter, deren sie sich bei Erfüllung der Anzeigepflicht bedienen, Bem. 13 zu § 6.

b) Die Folgen sind ähnliche wie bei Unterlassung der Anzeige von einer subjektiven Gefahrerhöhung (§ 25 Abs. 2 S. 2, Abs. 3).

15. α) Der Versicherer bleibt zur Leistung verpflichtet, wenn der Versicherungsfall innerhalb eines Monats, nachdem die Anzeige dem Versicherer hätte zugehen müssen, eintritt. Hätte er die Anzeige rechtzeitig erhalten und von seinem Kündigungsrecht Gebrauch gemacht, dann hätte er nur unter Einhaltung einer Frist von einem Monat kündigen können (§ 70 Abs. 1 S. 1), würde somit auch einen Versicherungsfall zu entschädigen haben, der innerhalb dieser Frist eintritt.

16. β) Der Versicherer wird leistungsfrei, wenn der Versicherungsfall später als einen Monat nach dem Zeitpunkt eintritt, in welchem die Anzeige ihm hätte zugehen müssen (Abs. 1 S. 2). Da die Leistungsfreiheit die Folge verschuldeter Anzeigepflichtverletzung ist, so braucht der Versicherer nicht zu beweisen, daß er gekündigt hätte, wenn er die Anzeige rechtzeitig erhalten haben würde, obschon er rechtlich ähnlich behandelt wird (§ 70 Abs. 1 S. 1). Dem Hypotheken- und dem ihm gleichgestellten (§ 106) Gläubiger gegenüber bleibt der Versicherer nach Maßgabe des § 100 Abs. 1 weiter zur Leistung verpflichtet. Besonderes gilt in der Hagelversicherung (§ 114 Abs. 2).

17. γ) Der Versicherer bleibt zur Leistung verpflichtet,

αα) wenn ihm die Veräußerung (Bem. 2 ff. zu § 69) in dem Zeitpunkt bekannt war, in welchem ihm die Anzeige hätte zugehen müssen (Abs. 2 S. 1). Der Versicherer hat kündigen können, aber nicht gekündigt. Auf welche Weise und durch wen der Versicherer Kenntnis erlangt, ist unerheblich. Kennenmüssen steht der Kenntnis nicht gleich, aber die arglistige Nichtkenntnisnahme. Die Kenntnis des Vermittelungsagenten ist der Kenntnis des Versicherers nicht gleichzusetzen (§ 44). Die Anzeigepflichtigen haben die Kenntnis des Versicherers zu beweisen (ROHG. Bd. 2. 142). Besonderes gilt in der Hagelversicherung (§ 114 Abs. 2).

ββ) wenn zur Zeit des Eintritts des Versicherungsfalls die Frist für die Kündigung des Versicherers abgelaufen und eine Kündigung nicht erfolgt ist (Abs. 2 S. 2). Unterläßt der Versicherer die Kündigung, dann muß er zur Leistung verpflichtet bleiben.

18. 3. Stellt die Nichterfüllung der Anzeigepflicht gleichzeitig den Tatbestand einer unerlaubten Handlung dar (§§ 823 Abs. 2, 826 BGB.), dann kann der Versicherer Schadensersatz fordern.

§ 72. Auf eine Bestimmung des Versicherungsvertrags, durch welche von den Vorschriften der §§ 69 bis 71 zum Nachteile des Erwerbers abgewichen wird, kann sich der Versicherer nicht berufen. Jedoch kann für die Kündigung, zu der nach § 70 Abs. 2 der Erwerber berechtigt ist, sowie für die Anzeige der Veräußerung die schriftliche Form bedungen werden.

Schrifttum: Bem. 1 vor § 69. 1.

I. Zum Nachteile des Erwerbers dürfen abweichende Bestimmungen nicht getroffen werden (S. 1).

1. Der Erwerber kann mit dem Versicherer vereinbaren, daß er in das Versicherungsverhältnis nicht eintritt. 2. Große Bedeutung hat ein derartiges Abkommen, das vor der Veräußerung getroffen werden müßte, nicht, da der Erwerber sofort mit oder nach der Veräußerung kündigen kann (§ 70 Abs. 2).

2. Der Erwerber kann mit dem Veräußerer vereinbaren, daß er in das Versicherungsverhältnis nicht eintritt. 3. Die Rechtsgültigkeit eines derartigen Abkommens kann nicht in Hinblick auf S. 1 in Zweifel gezogen werden, da der Nichteintritt des Erwerbers nicht auf dem Versicherungsvertrag, sondern auf einem Vertrag, der neben dem Versicherungsvertrag einherläuft, beruht. Auch die schlechtere Stellung des Versicherers kommt nicht in Betracht. Einmal um deswillen nicht, weil die Vorschriften über die Veräußerung der versicherten Sache Schutzvorschriften des Erwerbers, nicht des Versicherers sind, denn ohne diese Bestimmungen würde das Versicherungsverhältnis aufhören (§ 68 Abs. 2). Ferner kann der Versicherer nicht mehr verlangen als die Prämie für die Versicherungsperiode, in der die Veräußerung stattfindet (§ 70 Abs. 3). Einen Anspruch auf Fortsetzung des Versicherungsverhältnisses durch den Erwerber hat er nicht (§ 70 Abs. 2). Wie hier OLG. Hamburg 22. 6. 27 VA. 1928. 282 Nr. 1780, HansRZ. 1927. 821, JR. 1927. 279; Ritter 724; anders Kisch 338 und Andere.

3. Der Veräußerer kann mit dem Versicherer nicht vereinbaren, daß der Eintritt des Erwerbers in das Versicherungsverhältnis ausgeschlossen ist, denn eine 4. solche Vereinbarung verschlechtert die Stellung des Erwerbers, auf die er kraft Gesetzes Anspruch hat (S. 1). Daher kann der Veräußerer mit dem Versicherer insbesondere nicht vereinbaren, daß die Versicherung mit der Veräußerung erlischt, oder daß die Versicherung ruht, bis der Versicherer über die Genehmigung der Veräußerung entschieden hat, oder daß sich der Übergang der Versicherung erst mit dem Zugehen der Anzeige bei dem Erwerber vollzieht (Kisch 347). Ebensowenig können der Veräußerer und der Versicherer vereinbaren, daß sich die rechtliche Stellung des Erwerbers bei seinem Eintritt in das Versicherungsverhältnis verschlechtert im Vergleich mit der rechtlichen Stellung des Veräußerers, daß beispielsweise der Erwerber nur nach einer gewissen Zeit oder

nur mit Zustimmung der Hypothekengläubiger (OLG. Marienwerder 14. 1. 13 VA. 1913* 86 Nr. 752) kündigen darf, oder daß der Erwerber trotz Kündigung dem Versicherer gegenüber für die Prämie haftet, oder daß der Erwerber, wenn er nicht kündigt, dem Versicherer gegenüber auch für eine Prämie haftet, die auf eine vor der Veräußerung liegende Versicherungsperiode entfällt (§ 69 Abs. 2), oder daß der Versicherer auch nach Kenntnis von der Veräußerung berechtigt sein soll, alle Erklärungen und Leistungen dem Veräußerer gegenüber vorzunehmen (§ 69 Abs. 3).

5. Veräußerer und Versicherer können auch nicht vereinbaren, daß der Erwerber nicht kündigen darf. Das Kündigungsrecht ergibt sich aus allgemeinen Rechtsgrundsätzen (§ 305 BGB.) und unterliegt nicht den Vereinbarungen von Veräußerer und Versicherer (VA. 1914. 138; KG. 9. 6. 28 HansRGZ. A. 1928. 507, VA. 1929. 193 Nr. 1852; RG. 28. 5. 29 Bd. 124. 330). Da das Kündigungsrecht als solches nicht zu den Beschränkungen der Vertragsfreiheit gehört, kann es auch nicht ausgeschlossen werden bei der Betriebshaftpflichtversicherung (Bem. 16 zu § 151) und bei Versicherungen nach § 190 Abs. 2 (Bem. 6 zu § 192).

6. Dagegen sind Vereinbarungen, welche den Erwerber günstiger (z. B. Verlängerung der Kündigungsfrist) oder den Veräußerer ungünstiger (z. B. daß er dem Versicherer bis zum Ablauf des Versicherungsvertrags für die Prämie haftet) stellen, zulässig.

7. II. Zu S. 2: Bem. 2 zu § 31.

§ 73. Bei einer Zwangsversteigerung der versicherten Sache finden die Vorschriften der §§ 69 bis 72 entsprechende Anwendung.

1. Schrifttum: Bem. 1 vor § 69.

2. I. Die Zwangsversteigerung unbeweglicher Sachen ist keine Veräußerung, wird jedoch entsprechend behandelt. Das gleiche gilt bei der Zwangsversteigerung des versicherten Schiffes (§ 143 Abs. 3). Der Übergang der Versicherung vollzieht sich mit dem Zuschlag (RG. 23. 1. 29 JR. 1929. 82), sofern nicht der Beschluß im Beschwerdewege rechtskräftig aufgehoben wird (§ 90 ZVG.; RG. 13. 5. 04 VA. 1904. 182 Nr. 87). Die Wirkung des Zuschlags wird nicht beseitigt, wenn auf Antrag eines Beteiligten, der Befriedigung aus dem Bargebot zu erwarten hat, die Zwangsverwaltung angeordnet wird (§ 94 ZVG.; RG. 2. 2. 15 Bd. 86. 187, VA. 1915* 15 Nr. 862). — Bei Berechnung der Frist zur Ausübung des Kündigungsrechts tritt an Stelle des Erwerbs der Zuschlag, sofern nicht im Beschwerdewege der Beschluß rechtskräftig aufgehoben wird (RG. 2. 2. 15 Bd. 86. 187, VA. 1915* 15 Nr. 862; anders KG. 7. 7. 14 VA. 1914* 116 Nr. 852). Wenn der Eigentümer das Grundstück ersteht, entfällt das Kündigungsrecht (Lesser JR. 1929. 311). — Anzeigepflichtig ist auch der Vollstreckungsgläubiger (Bem. 4 zu § 71).

3. II. Die Zwangsvollstreckung in bewegliche Sachen ist entsprechend zu behandeln (Kisch 276). Der Ersteher tritt in das Versicherungsverhältnis

ein. Bei öffentlicher Versteigerung vollzieht sich der Eintritt mit der Übergabe (OLG. Celle 12. 11. 14 Annalen 1915. 107).

III. Keine entsprechende Behandlung finden die Zwangsenteignung, die Beschlagnahme, die militärische Requisition versicherter Pferde (Bem. 2 zu § 128), die Beschlagnahme von Kraftfahrzeugen usw. 4.

III. Versicherung für fremde Rechnung.

Vorbemerkungen vor §§ 74—80.

Schrifttum: Bruck 597 ff.; Kisch Bd. 3. 374; Ritter 733. 1.

I. 1. Die Versicherung für fremde Rechnung, ursprünglich nur eine Einrichtung der Seeversicherung, erweist sich in vielen Versicherungszweigen als ein dringendes Bedürfnis des Verkehrs. Sie liegt vor, wenn der Versicherungsnehmer im eigenen Namen das Interesse eines andern versichert. Auf diese Weise versichern Lagerhalter (§ 416 HGB.; vgl. auch Verordnung vom 28. August 1931, RGBl. I 477, § 10 Lagerordnung, § 20 Verordnung über Orderlagerscheine vom 16. Dezember 1931, RGBl. I 763), Frachtführer (§ 425 HGB.) die ihnen zur Beförderung oder Aufbewahrung anvertrauten Gegenstände, Kommissionäre (§ 383 HGB.) die ihnen zum Verkauf übergebenen oder von ihnen eingekauften Waren, Gastwirte (§ 701 BGB.) die bei ihnen eingebrachten Sachen ihrer Gäste, Färber, Kürschner, Goldschmiede, Banken die von den Kunden zur Aufbewahrung oder Verarbeitung übergebenen Gegenstände, die Dienstherrschaft zugleich mit ihrem Hausrat die Habe der Hausangestellten (§ 85), der Nießbraucher (§ 1045 BGB.), der Ehemann (§ 1374 BGB.). Weiterhin kommt die Versicherung für fremde Rechnung in der Haftpflichtversicherung (§ 151 Abs. 1) und auch außerhalb der Schadensversicherung in der Unfallversicherung (§ 179 Abs. 2) vor. 2.

2. Auch die Spediteure sind infolge der ihnen massenhaft anvertrauten Güter genötigt, Versicherung für fremde Rechnung zu nehmen.

a) Schrifttum: Schwartz, Die Allgemeinen Deutschen Spediteurbedingungen und die Speditionsversicherung, Berlin 1931.

b) Nach den Allgemeinen Deutschen Spediteurbedingungen in der Fassung vom 1. Juli 1930 (ADSp.) ist zu unterscheiden:

α) die Versicherung des Speditionsgutes (§§ 35—38 ADSp.), die gewöhnlich Transportversicherung ist, aber auch als Feuer- und Einbruchdiebstahlversicherung genommen werden kann. Der Spediteur ist zu dem Abschluß der Versicherung gesetzlich nicht verpflichtet (§§ 407 Abs. 2, 390 Abs. 2, 417 Abs. 1 HGB.); er ist vertraglich verpflichtet, soweit ein ausdrücklicher, schriftlicher Auftrag unter Angabe des Versicherungswerts und der zu deckenden Gefahren vorliegt (§ 35 a ADSp.; vgl. auch RG. 12. 2. 30 JR. 1930. 136). 3.

β) die Spediteurversicherung, die nach Maßgabe des als Anlage den ADSp. beigefügten Speditionsversicherungsscheins (SVS.) abgeschlossen wird. Versicherungsnehmer ist der Spediteur, der für fremde Rechnung versichert. Versichert ist der Auftraggeber oder derjenige, dem das versicherte Interesse zur Zeit des den Schaden verursachenden Ereignisses zugestanden hat 4.

(§ 1 SVS.). Die Versicherung, die auf Kosten des Auftraggebers erfolgt (§ 39 a ADSp.), deckt die Schäden, die dem Auftraggeber oder dem Interessenten durch den Spediteur oder Frachtführer bei der Ausführung des Speditions- oder sonstigen Verkehrsvertrags entstehen. Demgemäß haftet der Versicherer für alle Schäden, welche dem Versicherten erwachsen und wegen welcher der Spediteur auf Grund eines Verkehrsvertrags in Anspruch genommen werden könnte (§ 2 Abs. 1 SVS.). Ausgeschlossen sind vor allem alle Schäden, welche durch Transportversicherungsverträge gedeckt sind oder üblicherweise durch Transportversicherung gedeckt werden, es sei denn, daß eine ordnungsgemäß geschlossene Versicherung durch fehlerhafte Maßnahmen des Spediteurs unwirksam wird (§ 4 Nr. 1 SVS.). Der Umfang der Versicherung richtet sich nach den gesetzlichen Bestimmungen über die Haftung des Spediteurs aus einem Verkehrsvertrage. Der Versicherer verzichtet auf die Einwendungen, welche der Spediteur über Ausschluß und Minderung der Haftung erheben könnte (§ 3 Nr. 1 SVS.), und auf jeden Rückgriff gegen den Spediteur, es sei denn, daß der Schaden vorsätzlich herbeigeführt worden ist (§ 10 SVS.). Die Auszahlung der Geldleistung des Versicherers erfolgt an den Versicherten (§ 9 Nr. 4 SVS.). Die juristische Natur dieser Versicherung ist umstritten, keinesfalls ist sie Transportversicherung. Auch die Ansicht, daß sie eine Haftpflichtversicherung, wenn auch besonderer Art, sei (Bruck JW. 1927. 2786), läßt sich nicht aufrechterhalten. Richtig ist, daß sie eine Schadensversicherung besonderer Art ist, bei der eine Reihe von Beziehungen versichert ist.

5\. γ) die Rollfuhrversicherung, die nach Maßgabe des als Anlage den ADSp. beigefügten Rollfuhrversicherungsscheins (RVS.) abgeschlossen wird für Schäden an der Ware selbst, wenn diese bei der An- und Abrollung von Gütern im örtlichen Verkehr in Deutschland entstanden sind und der Spediteur oder sein Beauftragter hierfür in Anspruch genommen werden und gesetzlich in Anspruch genommen werden könnten, einschließlich der Schäden an der Ware, die während einer mit der An- oder Abrollung in unmittelbarem Zusammenhang stehenden Lagerung bis zur Höchstdauer von einer Woche entstehen.

6\. II. Die Versicherung für fremde Rechnung, ein besonders ausgestalteter Vertrag zugunsten eines Dritten, nämlich des Versicherten (über die verschiedenen Theorien Bruck 599 ff.), ist als Versicherungsvertrag, den der Versicherungsnehmer im eigenen Namen abschließt, insbesondere zu unterscheiden:

1\. von dem Versicherungsvertrag, bei dem das Interesse eines anderen versichert wird, aber der Abschluß durch einen Vertreter des anderen mit oder ohne Vertretungsmacht erfolgt. Es liegt also Versicherung eigenen Interesses vor (§ 783 Abs. 1 HGB.). So wenn die Bank, die den Ankauf eines Kraftwagens finanziert hat, die Versicherung des Kraftwagens für den Käufer abschließt, mag die Bank auch die Prämien bezahlen (RG. 8. 10. 30 JR. 1930. 435). Auf das Rechtsverhältnis zwischen Vertreter und Versicherungsnehmer finden §§ 164—181 BGB. Anwendung. Das Gesetz greift nur gelegentlich ein (§ 2 Abs. 3, § 19). Der Wille, im fremden Namen zu handeln, muß deutlich hervortreten (§ 74 Abs. 2).

2. von der Versicherung eigenen Interesses, bei der die Versicherungsleistung wirtschaftlich bestimmt ist für den Interessenten an einer für den Versicherungsnehmer fremden Sache. Derartige Versicherungen kommen namentlich vor bei Spediteuren, Lagerhaltern, Frachtführern, Be- und Verarbeitern von Sachen gegen den Haftpflichtanspruch des Eigentümers, den dieser wegen Beschädigung oder Vernichtung der Sache erheben kann. Da Versicherungsnehmer und Versicherter identisch sind, liegt Versicherung eigenen Interesses vor.

3. von der Lebens- oder Unfall-Versicherung, bei der der Anspruch aus der Versicherung von dem Versicherungsnehmer abgetreten oder einem Bezugsberechtigten zugewiesen ist (Bem. 2 ff. vor § 166), und von der Schadensversicherung, bei der der Anspruch auf die Versicherungsleistung einem Dritten zusteht, wie dem Zessionar, Pfandgläubiger, Vollstreckungsgläubiger, Nießbraucher (§ 1046 BGB.).

4. von der Lebens- oder Unfall-Versicherung, bei der sich der Versicherungsfall nicht in der Person des Versicherungsnehmers, sondern des anderen ereignet (§§ 159, 179 Abs. 2).

III. Die Versicherung für fremde Rechnung ist nicht in dem Sinne zu verstehen, daß der Versicherte stets die Kosten der Versicherung zu tragen hat, dem Versicherer gegenüber ist Prämienschuldner der Versicherungsnehmer, sondern der Ausdruck will sagen, daß der Dritte der Träger des Interesses, der Interessent, ist. Bei ihr stehen drei Parteien, Versicherer, Versicherungsnehmer, Versicherter, in eigentümlichen, wechselseitigen Rechtsbeziehungen. 7.

1. Der Versicherungsnehmer ist der Vertragsgegner des Versicherers. Mithin richten sich das Zustandekommen und der Inhalt des Vertrags nach den persönlichen Eigenschaften der Kontrahenten, insbesondere des Versicherungsnehmers, und nach den von ihnen getroffenen Vereinbarungen. Er hat alle Pflichten (Rechtspflichten und Obliegenheiten) zu erfüllen, aber alle Rechte aus dem Vertrag, abgesehen von dem Recht, die Aushändigung des Versicherungsscheins zu verlangen, stehen dem Versicherten zu (§ 75 Abs. 1). Dafür hat er unbeschränkte Verfügungsmacht über die Rechte (§ 76). 8.

2. Da der Versicherte nicht Vertragsgegner des Versicherers ist, so kann er grundsätzlich zur Erfüllung von Pflichten (Rechtspflichten und Obliegenheiten) nur verpflichtet sein, wenn er sie übernommen hat. Von der Erfüllung der Rechtspflichten ist er befreit. Dagegen ergibt sich aus der Rechtsnatur der Obliegenheit als Voraussetzung, daß der Versicherte die Obliegenheiten zu erfüllen hat, wenn er die Rechte aus dem Vertrag erwerben will. So hat er vor allem die Schadensanzeige zu erstatten (§ 33), Auskunft zu erteilen (§ 34), für Abwendung und Minderung des Schadens zu sorgen (§ 62). 9.

IV. In der Praxis werden die Schwierigkeiten, die aus der Stellung des Versicherungsnehmers und Versicherten zueinander und dem Versicherer gegenüber entstehen können, vermieden, indem die Allgemeinen Versicherungs- 10.

bedingungen besondere Regelungen treffen. So wird vielfach bestimmt, daß der Versicherungsnehmer auch ohne Besitz des Scheins in vollem Umfange verfügungsberechtigt bleibt, und daß der Besitz des Scheins dem Versicherten keinerlei Rechte gibt. Oftmals wird der Versicherungsnehmer ausschließlich oder der Versicherte neben dem Versicherungsnehmer für die Erfüllung aller Obliegenheiten verantwortlich gemacht (z. B. § 13 Abs. 3 AllgFeuerVersBdg.).

§ 74. Die Versicherung kann von demjenigen, welcher den Vertrag mit dem Versicherer schließt, im eigenen Namen für einen anderen, mit oder ohne Benennung der Person des Versicherten, genommen werden (Versicherung für fremde Rechnung).

Wird die Versicherung für einen anderen genommen, so ist, auch wenn der andere benannt wird, im Zweifel anzunehmen, daß der Vertragschließende nicht als Vertreter, sondern im eigenen Namen für fremde Rechnung handelt.

1\. Schrifttum: Bem. 1 vor § 74.

2\. I. Versicherung für fremde Rechnung ist gegeben, wenn die Versicherung von demjenigen, der den Vertrag mit dem Versicherer abschließt — dem Versicherungsnehmer —, im eigenen Namen für einen anderen — den Versicherten —, und zwar mit oder ohne seine Benennung, genommen wird (Abs. 1).

3\. 1. Versicherungsnehmer und Versicherer müssen einig darüber sein, daß fremdes Interesse versichert wird (OLG. Stuttgart 25. 10. 12 VA. 1913* 91 Nr. 755). Ob eine solche Einigung vorhanden ist, ist nötigenfalls aus den Umständen des einzelnen Falles zu ermitteln. Hinweise ergeben sich namentlich aus der Person des Versicherungsnehmers. Bei Versicherung durch einen Spediteur (RG. 12. 11. 30 JR. 1931. 9), Lagerhalter, Frachtführer, Kommissionär ist anzunehmen, daß sie nicht eigene, sondern fremde Interessen versichern. Bei einer Reisegepäckversicherung, die durch Lösung von Versicherungsmarken genommen wird, gilt das Interesse des Reisenden, dem das Gepäck gehört, nicht das Interesse desjenigen, der die Versicherungsmarke eingelöst hat, als versichert (RG. 25. 2. 22 HansRZ. 1922. 553). Versichert eine Bank Holz, so ist fremdes Eigentümerinteresse als versichert anzunehmen, denn Banken pflegen Holz nicht zu kaufen, sondern nur zu beleihen (OLG. Stettin 1. 3. 09 VA. 1909* 63 Nr. 465). Versichert der Mieter das von ihm gemietete Haus gegen Feuer, so kann das Interesse des Eigentümers versichert sein (OLG. Kolmar 3. 4. 12 VA. 1913* 37 Nr. 729, LZ. 1912. 949). Ob bei einem Versicherungsvertrag, den der Ehemann abschließt, die Interessen der Ehefrau versichert sind, hängt von der Fallgestaltung ab. Sprechen die Umstände nicht für die Versicherung der Interessen der Ehefrau, dann ist mangels Einigung über die Versicherung fremder Interessen kein Versicherungsvertrag zustande gekommen. Anders RG. 8. 4. 11 Bd. 76. 133: werden Sachen, die bei dem Güterstand der Verwaltung und Nutznießung zu dem eingebrachten Gut der Ehefrau gehören, von dem Ehemann versichert, so sind sie auch dann für die

Ehefrau als versichert zu erachten, wenn der Ehemann die Versicherung in dem eigenen Namen genommen und die Sachen als sein Eigentum bezeichnet hat; nach § 1381 BGB. erwirbt alsdann die Ehefrau den Anspruch auf die Versicherungssumme, es sei denn, daß der Ehemann den Willen hatte, den Anspruch für die Ehefrau nicht zu erwerben. Gegen diese Entscheidung mit Recht Josef LZ. 1912. 839. Anders auch RG. 5. 3. 13 VA. 1913* 125 Nr. 774, LZ. 1913. 632: wenn der in der Gütertrennung mit seiner Ehefrau lebende Ehemann Gebäude seiner Ehefrau versichert, indem er sich selbst als Eigentümer bezeichnet, so liegt eine Versicherung für Rechnung der Ehefrau vor. Über den Abschluß des Vertrags in dem Namen der Ehefrau OLG. Kassel 27. 11. 07 VA. 1909* 43 Nr. 450. Bedenklich auch OLG. Breslau 1. 7. 31 JR. 1931. 276: besteht das eingebrachte Gut der Ehefrau im Miteigentum an Grundstücken und dem Inventar einer Land- und Gastwirtschaft und bezeichnet sich der Ehegatte dem Versicherer gegenüber allein als Eigentümer, so soll Eigenversicherung des Ehegatten vorliegen. — In den Fällen der §§ 85, 151 Abs. 2 gilt die Versicherung von vornherein als für fremde Rechnung genommen. — Im Zweifel gilt die Versicherung als für eigene Rechnung genommen (Bem. 2 zu § 80; OLG. Königsberg 17. 12. 26 JR. 1927. 64; RG. 16. 4. 29 JR. 1929. 184).

2. Versicherungsnehmer und Versicherer müssen einig über die Person des Interessenten sein (Abs. 1). Der Versicherte kann benannt werden, oder er kann sich aus der versicherten Beziehung ergeben, etwa durch die Versicherung der Kunden eines Geschäfts (RG. 15. 5. 06 VA. 1906* 128 Nr. 265). Es kann aber auch dahingestellt bleiben, ob eigenes oder fremdes Interesse versichert ist (§ 80 Abs. 2). 4.

3. Versicherungsnehmer und Versicherer müssen einig über die Art der versicherten Beziehung und den Gegenstand, an den die versicherte Beziehung anknüpft, sein. 5.

II. Das Rechtsverhältnis zwischen Versicherungsnehmer und Versichertem kann auf mannigfachem Grunde, wie Auftrag, Geschäftsführung ohne Auftrag, Kommission, Fracht-, Lagervertrag usw. (Bem. 2 vor § 74), beruhen. Es könnte auch ganz fehlen. Gegebenenfalls bestimmt sich nach dem Innenverhältnis, ob der Versicherungsnehmer zu der Aushändigung des Versicherungsscheins an den Versicherten verpflichtet ist (§ 75 Abs. 1 S. 2), ob der Versicherungsnehmer dem Versicherten gegenüber und umgekehrt der Versicherte dem Versicherungsnehmer gegenüber zu der Verfügung über die Rechte aus der Versicherung zuzustimmen hat (§§ 75 Abs. 2, 76 Abs. 2) u. a. m. (Bruck 613). Versicherungsrechtlich ist es belanglos, nur § 77 greift ein. 6.

III. Wird die Versicherung für einen anderen genommen, dann ist im Zweifel Versicherung für fremde Rechnung anzunehmen, selbst wenn der andere benannt worden ist (Abs. 2). Der Zweifel ist ausgeschlossen, wenn der Vertragschließende ausdrücklich als Vertreter gehandelt hat oder solches aus den Umständen hervorgeht, so wenn der Prokurist in dieser Eigenschaft Versicherung nimmt (Ritter 742). 7.

§ 75. Bei der Versicherung für fremde Rechnung stehen die Rechte aus dem Versicherungsvertrage dem Versicherten zu. Die Aushändigung eines Versicherungsscheins kann jedoch nur der Versicherungsnehmer verlangen.

Der Versicherte kann ohne Zustimmung des Versicherungsnehmers über seine Rechte nur verfügen und diese Rechte nur gerichtlich geltend machen, wenn er im Besitz eines Versicherungsscheins ist.

1. Schrifttum: Bem. 1 vor § 74.

2. I. 1. Die Rechte aus der Versicherung für fremde Rechnung stehen, abgesehen von einer Ausnahme (Abs. 1 S. 2), dem Versicherten zu (Abs. 1 S. 1). Er erwirbt sie unmittelbar (§ 328 Abs. 1 BGB.), insbesondere ohne Abtretung seitens des Versicherungsnehmers (über das vorgesetzliche Recht RG. 6. 10. 94 Bd. 35. 48; OLG. Hamburg 10. 5. 89 Seuffert Bd. 45. 452 Nr. 269). Die Rechte umfassen außer dem Anspruch auf die Entschädigungsleistung den Anspruch auf alle sonstigen durch den Eintritt des Versicherungsfalls ausgelösten Leistungen des Versicherers, ferner den Anspruch auf Erteilung von Abschriften der Erklärungen des Versicherungsnehmers (§ 3 Abs. 3), auf Rückzahlung von Prämien im Falle der Aufhebung des Vertrags, auf Ersatz von Aufwendungen und Kosten, ferner hat der Versicherte auch grundsätzlich alle Gestaltungsrechte, z. B. das Recht auf Kündigung, auf Beseitigung von Über- und Doppelversicherung, auf Herabsetzung der Taxe, nicht aber das Widerspruchsrecht gegen den unrichtigen Versicherungsschein (Bruck Note 54 zu § 21). — Die Rechte gehören zu dem Vermögen des Versicherten, teilen daher dessen Schicksal. Sie sind Bestandteil seines Nachlasses, seines Konkurses, sie können von seinen Gläubigern gepfändet werden. Eingehender über die Pfändung Bruck 618 f.

3. 2. Der Versicherte kann den Erwerb der Rechte zurückweisen. Mit der Zurückweisung gelten die Rechte als nicht erworben (§ 333 BGB.). Die Zurückweisung, eine empfangsbedürftige, rechtsgestaltende Willenserklärung, muß dem Versicherer, seinem Abschlußagenten (§ 45; Ausnahme § 47) oder seinem sonstigen Vertreter, bei mehreren Versicherern einem jeden von ihnen, sofern nicht einer die Führung hat, zugehen. Die Zurückweisung ist jederzeit zwischen Vertragsabschluß und vor Annahme der Rechte zulässig. Weist der Versicherte die Rechte zurück, so erwirbt sie nicht der Versicherungsnehmer, denn diesem steht die versicherte Beziehung nicht zu. Obwohl der Versicherer somit keine Entschädigungsleistung zu bewirken hat, behält er den Anspruch auf Prämie, denn er hat die Gefahr getragen. Ob der Versicherte dem Versicherungsnehmer die von ihm verauslagten Prämien und Nebenkosten zu ersetzen hat, hängt von dem Rechtsverhältnis zwischen beiden ab.

4. 3. Mit Rücksicht auf die Rechtsfolgen, die sich nach Abs. 2 und § 76 Abs. 2 an den Besitz des Versicherungsscheins knüpfen, kann die Aushändigung des Versicherungsscheins nur der Versicherungs-

nehmer verlangen (Abs. 1 S. 2). Folglich ist auch nur der Versicherungsnehmer berechtigt, die Ausstellung einer Ersatzurkunde (§ 3) oder die Kraftloserklärung des Versicherungsscheins zu fordern. Der Versicherte kann auch nicht Aushändigung an den Versicherungsnehmer verlangen. Stellt der Versicherer dem Versicherten einen Versicherungsschein aus, so geschieht es auf eigene Verantwortung. Ob der Versicherte von dem Versicherungsnehmer die Aushändigung des Versicherungsscheins verlangen kann, hängt von dem Rechtsverhältnis zwischen beiden ab. Regelmäßig wird der Versicherungsnehmer zur Aushändigung nur gegen Erfüllung der ihm zustehenden Ansprüche auf Ersatz seiner Auslagen, insbesondere der Prämie, Provision usw., verpflichtet sein.

II. 1. Obwohl der Versicherte Träger der Rechte ist, kann er 5.
über sie nicht verfügen und sie nicht gerichtlich geltend machen (Abs. 2). Verfügen ist jede unmittelbare oder mittelbare Einwirkung auf die Versicherungsforderung, auch jede Ausübung der Rechte; die besondere Erwähnung der gerichtlichen Geltendmachung ist demnach unnötig (Ritter 749). Der Versicherte kann also keinerlei Rechte ausüben, aber sie können von seinen Gläubigern gepfändet werden und sie gehören zu seiner Konkursmasse. — Der Versicherte ist auch nicht zur Entgegennahme von Willenserklärungen, die sich auf den Versicherungsvertrag beziehen, befugt. Nur ausnahmsweise kann sich der Versicherer an den Versicherten halten, wenn keine Verfügung über Rechte aus dem Versicherungsvertrag in Frage kommt, so kann der Versicherer namentlich dem Versicherten Weisungen zu der Schadenabwendung und Minderung erteilen und von ihm Auskunft nach dem Eintritt des Versicherungsfalls verlangen.

2. Der Versicherte kann über die Rechte verfügen, sie gerichtlich 6.
geltend machen und zur Entgegennahme von Willenserklärungen befugt sein (Abs. 2),

a) wenn der Versicherungsnehmer zustimmt. Ob der Versicherungsnehmer dem Versicherten gegenüber zu der Zustimmung verpflichtet ist, richtet sich nach dem Rechtsverhältnis zwischen beiden. Die Zustimmung ist eine empfangsbedürftige, an sich formfreie Willenserklärung des Versicherungsnehmers, bei mehreren Versicherungsnehmern eines jeden von ihnen, bei Veräußerung der versicherten Sache (§ 69) vor der Veräußerung des Veräußerers, nachher des Erwerbers. Sie ist dem Versicherten oder dem Gegner des Geschäfts (§ 182 Abs. 1 BGB.; z. B. dem Pfandgläubiger, Zessionar) gegenüber abzugeben. Die Erklärung kann als Genehmigung jederzeit auch nach Vornahme der Verfügungshandlung des Versicherten abgegeben werden;

b) oder wenn der Versicherte im unmittelbaren oder mittelbaren Besitz des Versicherungsscheins ist (RG. 18. 10. 22 HansRZ. 1923. 214). Der Besitz des Versicherungsscheins ist auch dann entscheidend, wenn ihn der Versicherte ohne Zustimmung des Versicherungsnehmers erlangt hat (Ritter 753). — Vielfach ist vertraglich (so z. B. § 13 Abs. 2 AllgFeuerVersbdg.) vorgesehen, daß der Versicherte auch nicht über seine

Rechte verfügen kann, wenn er im Besitz des Versicherungsscheins ist. Alsdann hat der Versicherte auch nicht die Klagebefugnis (RG. 17. 5. 30 JR. 1930. 336).

7. 3. Verfügt der Versicherte ohne Zustimmung des Versicherungsnehmers oder ohne im Besitz des Versicherungsscheins zu sein, so ist die Verfügung gegenüber dem Versicherungsnehmer unwirksam. Der Versicherer muß also auf Verlangen des Versicherungsnehmers diesem die Entschädigung noch einmal zahlen und kann die Leistung von dem Versicherten zurückfordern (§§ 812 ff. BGB.).

§ 76. Der Versicherungsnehmer kann über die Rechte, welche dem Versicherten aus dem Versicherungsvertrage zustehen, im eigenen Namen verfügen.

Ist ein Versicherungsschein ausgestellt, so ist der Versicherungsnehmer ohne Zustimmung des Versicherten zur Annahme der Zahlung sowie zur Übertragung der Rechte des Versicherten nur befugt, wenn er im Besitze des Scheines ist.

Der Versicherer ist zur Zahlung an den Versicherungsnehmer nur verpflichtet, wenn dieser ihm gegenüber nachweist, daß der Versicherte seine Zustimmung zu der Versicherung erteilt hat.

1. Schrifttum: Bem. 1 vor § 74.

2. I. Das Verfügungsrecht, ein eigentümlich gestaltetes subjektives Recht (Risch 486), ermächtigt zu allen Vereinbarungen über Änderung und Verlängerung des Versicherungsvertrags, über den Gerichtsstand, zu dem Verlangen auf Beseitigung von Über- oder Doppel-Versicherung, zu der Ausübung aller sonstigen Gestaltungsrechte (Kündigung, Rücktritt usw.), zu allen Verfügungen über den Anspruch auf die geldliche Leistung des Versicherers, insbesondere zu seiner gerichtlichen Geltendmachung und dem Abschluß von Vergleichen (ROHG. Bd. 14. 122, 137), zum Erlaß, zur Aufrechnung, zur Anmeldung im Konkurse des Versicherers usw. — Der Verfügungsberechtigte ist auch passiv legitimiert: er kann alle Willenserklärungen des Versicherers, die sich auf den Versicherungsvertrag beziehen, entgegennehmen.

3. II. 1. Die Verfügung über die Rechte, die dem Versicherten aus dem Versicherungsvertrag zustehen, hat der Versicherungsnehmer (Abs. 1). Der Versicherte ist nicht befugt, dem Versicherungsnehmer das Verfügungsrecht mit Wirkung gegen Dritte zu entziehen. Inwieweit der Versicherungsnehmer dem Versicherten gegenüber verfügungsberechtigt ist, bestimmt sich nach dem Rechtsverhältnis zwischen beiden.

4. 2. Der Versicherungsnehmer kann auf sein Verfügungsrecht durch Erklärung dem Versicherer gegenüber verzichten. Alsdann geht das Verfügungsrecht auf den Versicherten über. Der Versicherungsnehmer kann aber nicht sein Verfügungsrecht verpfänden. Es kann nicht gepfändet und nicht abgetreten werden (§ 400 BGB.; RGZ. Bd. 130. 237, 242) und es gehört nicht zu seiner Konkursmasse. Das Verfügungsrecht ist von der Person des Versicherungsnehmers untrennbar.

III. 1. Das Verfügungsrecht des Versicherungsnehmers ist beschränkt. Er kann nur mit Zustimmung des Versicherten (Bem. 6 zu § 75) oder nur wenn er sich im Besitz des Versicherungsscheins befindet (Bem. 6 zu § 75), 5.

a) die Zahlung, d. h. eine geldliche Leistung des Versicherers, annehmen. Der Annahme der Zahlung steht die Entgegennahme anderer Erfüllungshandlungen, wie Aufrechnung (OLG. Hamburg 16. 3. 26 HansRZ. 1926. 593), Annahme an Zahlungs Statt, Hinterlegung, gleich;

b) die Rechte des Versicherten, d. h. den Anspruch auf die geldliche Leistung des Versicherers, ganz oder teilweise auf einen anderen übertragen. Der Übertragung steht die Verpfändung des Anspruchs gleich (RG. 18. 10. 22 HansRZ. 1923. 214).

Vielfach ist vertraglich (so z. B. § 13 Abs. 1 S. 2 AllgFeuerVersbdg.) vorgesehen, daß der Versicherungsnehmer ohne Zustimmung des Versicherten zur Annahme der Entschädigung sowie zur Übertragung der Rechte des Versicherten befugt ist, auch wenn er nicht im Besitz des Versicherungsscheins ist.

2. Ist kein Versicherungsschein ausgestellt, so kann der Versicherungsnehmer auch eine geldliche Leistung des Versicherers in Empfang nehmen und die Rechte des Versicherten übertragen, ohne dem Versicherer gegenüber des Einverständnisses des Versicherten zu bedürfen. Aber auch der Versicherte bleibt hierzu nach Maßgabe des § 75 Abs. 2 befugt. 6.

IV. 1. Da die Vorteile aus der Versicherung nicht dem Versicherungsnehmer zugute kommen dürfen, so kann eine Verpflichtung zur Leistung der Entschädigung ohne den Willen desjenigen, für dessen Rechnung die Versicherung genommen ist, nicht bestehen (Bgr.). Infolgedessen ist der Versicherer zur Zahlung an den Versicherungsnehmer nur verpflichtet, wenn dieser ihm gegenüber die Zustimmung des Versicherten zur Versicherung nachweist (Abs. 3). Ob der Versicherte zuzustimmen hat, richtet sich nach dem Rechtsverhältnis zwischen beiden. 7.

2. Die Zustimmung, eine empfangsbedürftige, an sich formfreie Willenserklärung, muß spätestens bei Empfangnahme der Zahlung vorliegen. Sie kann gegenüber dem Versicherer, seinem Abschlußagenten (§ 45; Ausnahme § 47), seinem sonstigen Vertreter, bei mehreren Versicherern einem jeden von ihnen, sofern nicht einer die Führung hat, erklärt werden. Der Vermittelungsagent ist zu ihrer Entgegennahme befugt (§ 43 Nr. 2; Ausnahme § 47). Ist die versicherte Sache veräußert (§ 69), so hat der Erwerber die Zustimmung zu erteilen. Läßt beim Übersendungskauf (§ 447 BGB.) der Verkäufer die Ware durch seine eigenen Leute zur Bahn befördern, so hat, falls der Gefahrübergang als Veräußerung angesehen wird (Bem. 2 zu § 69), der Käufer (nicht mehr der Verkäufer) zuzustimmen (RG. 19. 9. 19 Bd. 96. 258, VA. 1921* 83 Nr. 1169). Bei mehreren Versicherten hat jeder für sich zuzustimmen. Die Zustimmnug kann auch gegenüber dem Versicherungsnehmer erklärt werden. — Der Versicherungsnehmer hat zu beweisen, daß der Versicherte zugestimmt hat. 8.

9. 3. Der Zustimmung bedarf es nicht, wenn der Abschluß der Versicherung für fremde Rechnung auf gesetzlicher Vorschrift beruht (Kisch 500). Zahlt der Versicherer in irriger Annahme der Zustimmung, so kann er die Zahlung herausverlangen (§§ 812 ff. BGB.). Der Versicherer kann auf die Zustimmung verzichten. Solcher Verzicht ist zulässig, jedoch muß dem Versicherer der Beweis offenstehen, daß der Versicherungsnehmer die Entschädigung nicht herausgibt und es sich deshalb um eine versteckte Wettversicherung handelt (Ritter 759).

§ 77. Der Versicherungsnehmer ist nicht verpflichtet, dem Versicherten oder, falls über das Vermögen des Versicherten der Konkurs eröffnet ist, der Konkursmasse den Versicherungsschein auszuliefern, bevor er wegen der ihm gegen den Versicherten in bezug auf die versicherte Sache zustehenden Ansprüche befriedigt ist. Er kann sich für diese Ansprüche aus der Entschädigungsforderung gegen den Versicherer und nach der Einziehung der Forderung aus der Entschädigungssumme vor dem Versicherten und dessen Gläubigern befriedigen.

1. Schrifttum: Bruck 613 f.

2. I. Um dem Versicherungsnehmer für die ihm gegen den Versicherten zustehenden Forderungen Deckung zu gewähren, wird ihm ein Zurückbehaltungsrecht an dem Versicherungsschein (S. 1) und ein Recht auf vorzugsweise Befriedigung (S. 2) eingeräumt. — Beide Rechte werden dem Versicherungsnehmer für alle Ansprüche in bezug auf die versicherte Sache gewährt, also nicht bloß für Ansprüche, die durch den Abschluß des Versicherungsvertrags erwachsen (verauslagte Prämie, Provision, Steuer und sonstige Nebenkosten), sondern auch für alle Verwendungen auf die versicherte Sache (anders Ritter 760 unter Beschränkung auf Ansprüche aus demselben rechtlichen Verhältnis).

3. 1. Das Zurückbehaltungsrecht des Versicherungsnehmers an dem Versicherungsschein (S. 1) unterscheidet sich von dem Zurückbehaltungsrecht des § 273 BGB. dadurch, daß der Ersatzanspruch des Versicherungsnehmers noch nicht fällig sein muß, und ferner, daß der Versicherte die Zurückbehaltung nicht durch Sicherheitsleistung abzuwenden vermag. Der Versicherungsnehmer kann den Versicherungsschein zurückbehalten gegenüber dem Versicherten, ist über das Vermögen des Versicherten der Konkurs eröffnet, auch gegenüber der Konkursmasse und außerhalb des Konkurses gegenüber den Gläubigern des Versicherten, die dessen Anspruch auf Herausgabe des Versicherungsscheins haben pfänden und sich überweisen lassen.

2. Das Recht auf vorzugsweise Befriedigung (S. 2).

4. a) Außerhalb des Konkurses des Versicherten hat der Versicherungsnehmer keine Befriedigungsmöglichkeit, wenn der Versicherte zu der Einziehung der Entschädigungsforderung befugt ist (§ 75 Abs. 2) und sich

sein Gläubiger seinen Anspruch gegen den Versicherer hat pfänden und überweisen lassen. Das von dem Versicherten abgeleitete Recht des Vollstreckungsgläubigers vernichtet das Recht des Versicherungsnehmers (Bruck 614). — Der Versicherungsnehmer hat Anspruch auf vorzugsweise Befriedigung gegenüber dem Versicherten, wenn der Anspruch gegen den Versicherer von keinem anderen Gläubiger vorher gepfändet und ihm überwiesen ist. — Hat der Versicherungsnehmer dem Versicherten den Versicherungsschein ausgehändigt, so kann hierin ein Verzicht des Versicherungsnehmers auf Geltendmachung seines Vorzugsrechts liegen.

Ist der Versicherte zu der Einziehung der Entschädigungsforderung nicht 5. befugt (vgl. § 75 Abs. 2), so kann durch Pfändung und Überweisung seines Anspruchs das bessere Recht des Versicherungsnehmers nicht in Frage gestellt werden. Gehört der Versicherer zu den Gläubigern des Versicherten, dann geht das Vorzugsrecht des Versicherungsnehmers dem Aufrechnungsrecht des Versicherers (§ 78) vor. Der Versicherer kann also insoweit nicht aufrechnen, als sich der Versicherungsnehmer vorweg befriedigen kann (Bruck 614).

b) In dem Konkurs des Versicherten. Der Anspruch auf 6. die Entschädigungsleistung wird durch den Konkurs nicht berührt. Steht das Recht auf die Entschädigungsleistung dem Versicherungsnehmer zu, so kann er es ausüben und sich aus der Entschädigungsleistung vor den Konkursgläubigern befriedigen. Insoweit die Entschädigungsleistung seinen Anspruch übersteigt, fällt sie in die Konkursmasse. Auf Grund des Innenverhältnisses zwischen Versicherungsnehmer und Versichertem bestehende weitere Vorzugsrechte (z. B. §§ 397 ff., 410, 421, 440 ff. HGB.) bleiben unberührt. — Steht das Recht auf die Entschädigungsleistung dem Versicherten zu, so gehört es, belastet mit dem Recht auf vorzugsweise Befriedigung, zu der Konkursmasse des Versicherten. Jedenfalls muß der Versicherungsnehmer vor den übrigen Gläubigern befriedigt werden. Näheres bei Kisch 547 f.

§ 78. **Der Versicherer kann gegen die Entschädigungsforderung eine Forderung, die ihm gegen den Versicherungsnehmer zusteht, insoweit aufrechnen, als sie auf der für den Versicherten genommenen Versicherung beruht.**

Schrifttum: Bem. 1 vor § 74. 1.

I. Der Versicherer kann gegen die Entschädigungsforderung aufrechnen:

1. alle Forderungen an den Versicherten unbeschränkt, da 2. der Versicherte Träger des versicherten Interesses ist (§ 75 Abs. 1),

2. Forderungen an den Versicherungsnehmer, in- 3. soweit sie auf der für den Versicherten genommenen Versicherung beruhen, also namentlich Forderungen auf rückständige Prämien, Provisionen, Versicherungskosten.

II. Der Versicherer kann gegen die Entschädigungsforderung nicht auf- 4. rechnen Forderungen an den Versicherungsnehmer, insoweit sie nicht auf der für den Versicherten genommenen Versicherung beruhen, mag auch der Versicherungsnehmer die Entschädigungsforderung geltend machen, denn der Versicherungsnehmer macht nicht seine Forderung, sondern die Forderung des Versicherten geltend.

§ 79. Für das dem Versicherer im Falle der Verschweigung oder der unrichtigen Anzeige eines Gefahrumstandes zustehende Rücktrittsrecht kommt nicht nur die Kenntnis und die Arglist des Versicherungsnehmers, sondern auch die Kenntnis und die Arglist des Versicherten in Betracht. Der Einwand, daß die Anzeige eines erheblichen Umstandes ohne Verschulden unterblieben oder unrichtig gemacht ist, kann dem Versicherer nur entgegengesetzt werden, wenn weder dem Versicherungsnehmer noch dem Versicherten ein Verschulden zur Last fällt.

Ist die Versicherung so genommen, daß sie in einem vor der Schließung des Vertrags liegenden Zeitpunkte beginnt, so ist der Versicherer von der Verpflichtung zur Leistung frei, wenn der Versicherungsnehmer oder der Versicherte bei der Schließung weiß, daß der Versicherungsfall schon eingetreten ist.

Auf die Kenntnis des Versicherten kommt es nicht an, wenn der Vertrag ohne sein Wissen geschlossen worden ist oder eine rechtzeitige Benachrichtigung des Versicherungsnehmers nicht tunlich war.

Hat der Versicherungsnehmer den Vertrag ohne Auftrag des Versicherten geschlossen und bei der Schließung den Mangel des Auftrags dem Versicherer nicht angezeigt, so braucht dieser den Einwand, daß der Vertrag ohne Wissen des Versicherten geschlossen ist, nicht gegen sich gelten zu lassen.

1. Schrifttum: Bem. 1 vor § 74, Bem. 1 zu § 16 und zu § 2.

2. I. 1. Ist die Versicherung für fremde Rechnung mit Wissen des Versicherten abgeschlossen, dann muß der Versicherte alle ihm bekannten gefahrerheblichen Umstände entweder selbst dem Versicherer anzeigen oder dem Versicherungsnehmer zur Anzeige an den Versicherer mitteilen. Damit nicht die eigentümliche Art des Vertragsabschlusses durch den Versicherungsnehmer, der in erster Linie der vorvertraglichen Anzeigepflicht zu genügen hat (Bem. 4 zu § 16), vom Versicherten mißbraucht werden kann, um sich der eigenen Anzeigepflicht zu entziehen, werden kraft Gesetzes der Kenntnis und der Arglist des Versicherungsnehmers die Kenntnis und die Arglist des Versicherten gleichgestellt (Abs. 1 S. 1). Infolgedessen liegt eine unverschuldete Verletzung der vorvertraglichen Anzeigepflicht nur vor, wenn weder dem Versicherungsnehmer noch dem Versicherten ein Verschulden zur Last fällt (Abs. 1 S. 2).

3. 2. Bei einer Rückwärtsversicherung (§ 2) für fremde Rechnung ist der Versicherer von der Verpflichtung zur Leistung frei, wenn der

Versicherungsnehmer bei Abschluß des Vertrags weiß, daß der Versicherungsfall schon eingetreten ist (Bem. 6, 8 zu § 2), oder wenn der Versicherte diese Kenntnis hat (Abs. 2). Es muß somit der Versicherte die Kenntnis des Versicherungsnehmers wie auch seine eigene Kenntnis anzeigen.

II. Die Kenntnis des Versicherten ist bei Erfüllung der vorvertraglichen Anzeigepflicht (§§ 16 ff.) und bei Abschluß einer Rückwärtsversicherung (§ 2) nicht maßgebend,

1. wenn die Versicherung für fremde Rechnung ohne Wissen 4.
des Versicherten abgeschlossen worden ist (Abs. 3). Seine Kenntnis (Bem. 21 zu § 16), nicht sein Kennenmüssen, entscheidet. Hatte zur Zeit des Abschlusses der Rückwärtsversicherung der Versicherte, nicht der Versicherungsnehmer Kenntnis von dem schon erfolgten Eintritt des Versicherungsfalls, so kann sich der Versicherer hierauf nicht berufen. Über den maßgebenden Zeitpunkt Bem. 10 zu § 16; Bruck HansRZ. 1925. 177.

Ist die Versicherung für fremde Rechnung ohne Auftrag des Versicherten 5.
abgeschlossen, so wird hierdurch zwar die Gültigkeit der Versicherung für fremde Rechnung nicht mehr berührt (anders Art. 786 ADHGB.; RG. 29. 1. 87 Bd. 19. 207, 212), aber für den Versicherer kommt die Kenntnis des Versicherten in Betracht, wenn der Versicherungsnehmer, obschon er den Vertrag ohne Auftrag des Versicherten abgeschlossen hat, bei Abschluß den Mangel des Auftrags dem Versicherer nicht angezeigt hat (Abs. 4). Obwohl also der Vertrag ohne Wissen des Versicherten abgeschlossen worden ist, kommt es doch auf das Wissen des Versicherten an, der Versicherer kann von dem Vertrag wegen Verletzung der vorvertraglichen Anzeigepflicht zurücktreten (§§ 16, 17) oder er ist bei der Rückwärtsversicherung von der Verpflichtung zur Leistung frei (§ 2 Abs. 2 S. 2). — Ob der Auftrag stillschweigend zum Abschluß der Versicherung erteilt ist, richtet sich nach den Umständen des einzelnen Falles. Die Cif-Klausel schließt den Auftrag in sich. — Der mangelnde Auftrag ist anzeigepflichtig. Wird diese Anzeigepflicht schuldhaft nicht erfüllt, dann tritt die besondere Rechtsfolge ein, daß sich der Versicherer trotzdem auf das Wissen des Versicherten berufen kann. Hat er Kenntnis von dem Mangel des Auftrags auf andere Weise erlangt, so kann er sich auf das Wissen des Versicherten nicht berufen. §§ 16 Abs. 3, 17 Abs. 2 finden entsprechende Anwendung (Kisch 420; anders Ritter 771). Durch die Klausel „mit oder ohne Auftrag" wird die Anzeigepflicht hinsichtlich des mangelnden Auftrags aufgehoben.

2. Auf die Kenntnis des Versicherten kommt es ferner nicht an, wenn zwar 6.
die Versicherung für fremde Rechnung mit seinem Wissen abgeschlossen worden ist, aber eine rechtzeitige Benachrichtigung des Versicherungsnehmers nicht tunlich war (Abs. 3), etwa weil er sich räumlich weit entfernt von den Vertragsparteien aufhält (z. B. Versicherung von Gütern seitens eines Hamburger Exporteurs für einen Überseekunden). Offensichtlich ist von der Annahme ausgegangen, daß der Versicherte den Versicherungsnehmer, nicht den Versicherer kennt. Kann der Versicherte seine Kenntnis nicht mehr rechtzeitig dem Versicherungsnehmer übermitteln, dann

entscheidet die Unkenntnis des Versicherungsnehmers im Augenblick des Vertragsabschlusses. Nur für diesen besonderen, überaus seltenen Fall soll es auch auf die Kenntnis des Versicherten nicht ankommen, anderenfalls würde sich das unbefriedigende Resultat ergeben, daß die Kenntnis des Versicherten schadet, obwohl er weder den Versicherungsnehmer rechtzeitig benachrichtigen konnte, noch auch dem Versicherer anzuzeigen imstande war, da er diesen nicht kennt. Kennt der Versicherte den Versicherer, dann muß die Kenntnis des Versicherten im Zeitpunkt des Vertragsabschlusses maßgebend bleiben, auch wenn der Versicherte nicht mehr in der Lage war, den Versicherungsnehmer rechtzeitig zu benachrichtigen. Ist die rechtzeitige Benachrichtigung des Versicherungsnehmers nicht tunlich, und kann der Versicherte auch dem Versicherer keine Anzeige zukommen lassen, dann kann der Versicherer zwar die Folgen der Verletzung der Anzeigepflicht nicht geltend machen, aber § 41 ist entsprechend anzuwenden (Bem. 5 zu § 41; Bruck HansRZ. 1925. 177); bei einer Rückwärtsversicherung (§ 2) löst die Kenntnis des Versicherten von dem bereits erfolgten Eintritt des Versicherungsfalls keine Wirkung aus. — Wann eine rechtzeitige Benachrichtigung des Versicherungsnehmers tunlich ist, kann nach dem Vorbild des § 57 Abs. 3 S. 2 ADS. bestimmt werden. Hiernach „gilt eine Benachrichtigung nicht als rechtzeitig, wenn sie nicht so schnell, wie dies im ordnungsmäßigen Geschäftsgange tunlich ist, mindestens aber in derselben oder in ähnlicher Weise erfolgt wie die Übermittelung der Erklärung, welche den Auftrag zur Schließung des Vertrags enthält".

§ 80. Ergibt sich aus den Umständen nicht, daß die Versicherung für einen anderen genommen werden soll, so gilt sie als für eigene Rechnung genommen.

Ist die Versicherung für Rechnung „wen es angeht" genommen oder ist sonst aus dem Vertrage zu entnehmen, daß unbestimmt gelassen werden soll, ob eigenes oder fremdes Interesse versichert ist, so kommen die Vorschriften der §§ 75 bis 79 zur Anwendung, wenn sich ergibt, daß fremdes Interesse versichert ist.

1. Schrifttum (Abs. 2): Bruck 607 ff.; Hagens HansRZ. 1919. 49; Kisch IheringsJ. Bd. 63. 361, 397; Möller JR. 1928. 337; Ritter 56, 742.

2. I. Ob eine Versicherung für fremde Rechnung oder für eigene Rechnung abgeschlossen worden ist, ist nötigenfalls nach den allgemeinen Auslegungsgrundsätzen, vor allem nach dem zu erforschenden wirklichen Willen der Parteien zu ermitteln. Ein sicherer Hinweis für das Vorliegen einer Fremdversicherung ist die Bezeichnung eines Dritten als Versicherten. Aus der Art und Weise des Vertragsabschlusses kann sich dasselbe ergeben (Bem. 3 zu § 74). Ergibt sich aus den Umständen nicht, daß die Versicherung für einen anderen genommen werden soll, so gilt sie als für eigene Rechnung genommen (Abs. 1). Die Vermutung spricht für die Versicherung für eigene Rechnung (Bem. 3 zu § 74).

II. Bei Vertragsabschluß kann dahingestellt bleiben, ob eigenes oder fremdes Interesse versichert wird (Abs. 2). Üblich ist hierfür die Klausel „für Rechnung wen es angeht" oder „für eigene und/oder fremde Rechnung". — Über die vorvertragliche Anzeigepflicht Bem. 16 zu § 16.

1. Die Versicherung für Rechnung wen es angeht ist verkannt worden, weil 3. man meinte, daß das objektive Interesse versicherungsfähig sei (Bem. 7 vor § 51; RG. 11. 12. 84 Bd. 13. 99, 13. 6. 88 Bd. 23. 81, 25. 10. 16 Bd. 89. 34, 31. 1. 17 Bd. 89. 68). Es müssen sich bei ihr wie bei jeder Versicherung für fremde Rechnung Versicherungsnehmer und Versicherer einig sein über die Art des versicherten Interesses und über den Gegenstand, auf den sich das versicherte Interesse bezieht. Sie unterscheidet sich aber dadurch von der gewöhnlichen Versicherung für fremde Rechnung, daß bei Vertragsabschluß unbestimmt bleibt, wer tatsächlich der versicherte Interessent ist, ob die versicherte Beziehung dem Versicherungsnehmer oder einem Dritten zusteht oder zugestanden hat (Rückwärtsversicherung) oder zustehen wird (Versicherung künftig entstehender Interessen). Es bleibt subjektiv unbestimmt, wer der Interessent ist, objektiv steht die Person des Interessenten fest. Bei dem Beginn der Versicherung ist „ein individuell bestimmter, wenngleich nicht notwendig gekannter Versicherter vorhanden" (ROHG. Bd. 14. 122). Da bei Beginn der Versicherung unbestimmt bleibt, ob eigenes oder fremdes Interesse versichert ist, so ist die Versicherung wirksam, auch wenn sich später herausstellt, daß ein Dritter das versicherte Interesse nicht gehabt oder nicht erworben hat. Sie befreit von der Notwendigkeit des Abschlusses von zwei Verträgen, von denen einer wegen mangelnden Interesses unwirksam sein würde (RG. 11. 12. 84 Bd. 13. 99, 103). Sie ermöglicht die Versicherung des Interesses des Versicherungsnehmers oder des Interesses des Dritten in demselben Versicherungsvertrag. Insoweit sich erweist, daß fremdes Interesse versichert ist, finden die Grundsätze über die Versicherung für fremde Rechnung Anwendung; insoweit sich erweist, daß eigenes Interesse versichert ist, finden die Grundsätze über die Versicherung für eigene Rechnung Anwendung.

Wird die für Rechnung wen es angeht versicherte Sache veräußert, so tritt der Erwerber nach den Grundsätzen über die Veräußerung der versicherten Sache (§ 69) in das Versicherungsverhältnis ein (Ritter 744; anders Raiser 295). Es können also dem Erwerber alle Einwendungen aus dem Versicherungsverhältnis, die gegenüber dem Veräußerer zulässig sind, entgegengehalten werden. Über die „Spediteurklausel" Raiser 297.

2. Wird die für Rechnung wen es angeht versicherte Sache cif verkauft, 4. so bleibt der Verkäufer für eigene Rechnung versichert, solange er durch Eintritt des Versicherungsfalls wirtschaftlich wie ein Eigentümer geschädigt werden würde. Jede Einwirkung des Käufers während dieses Zeitraums, die sich als Verletzung einer Obliegenheit oder als Herbeiführung des Versicherungsfalls erweist, kann dem Verkäufer nur nach den Grundsätzen zugerechnet werden, nach denen er für das Verhalten Dritter aufzukommen hat (Bem. 11 ff. zu § 6, Bem. 8 ff. zu § 61). Von dem Augenblick an, in dem der Käufer einen Schaden zu tragen hätte, tritt dieser in das Versicherungsverhältnis ein. Nun ist zwar bei dem Cif-Verkauf die Person des Interessenten bei dem Beginn der Ver-

sicherung nicht bloß objektiv, sondern regelmäßig auch subjektiv gewiß. Die eigentümliche Rechtslage beider Parteien zwingt jedoch dazu, den Eintritt des Cif-Käufers als eines bei Beginn der Versicherung subjektiv ungewissen Interessenten auf diesen Zeitpunkt zurückzubeziehen. Bei dem Cif-Verkauf ist also der Verkäufer für eigenes Interesse bis zu dem angegebenen Zeitpunkt, von da ab der Käufer versichert. Jede Verletzung einer Obliegenheit oder die schuldhafte Herbeiführung des Versicherungsfalls seitens des Verkäufers nach diesem Zeitpunkt kann dem Käufer nur insoweit angerechnet werden, als er für das Verhalten Dritter aufzukommen hat.

Zweiter Titel.

Feuerversicherung.

Vorbemerkungen vor §§ 81—107.

1. 1. Schrifttum: Domizlaff-v. Liebig-Berliner, Die Allgemeinen Feuerversicherungsbedingungen, Berlin 1930; Raiser, Kommentar der Allgemeinen Feuerversicherungsbedingungen, Berlin 1930.

2. 2. Es behandeln § 81 den Antrag auf Abschluß des Feuerversicherungsvertrags, §§ 82—84 den Umfang der Haftung des Versicherers, § 85 die Versicherung für einen Inbegriff von Sachen, § 86 den Ersatzwert von Haushaltsgegenständen, Arbeitsgerätschaften und Maschinen, § 87 die taxierte Versicherung beweglicher Sachen, § 88 den Ersatzwert von Gebäuden, §§ 89, 90 die Versicherung entgehenden Gewinns, § 91 die Zahlungsfrist der Prämie bei der Gebäudeversicherung, § 92 die Schadensanzeigepflicht, § 93 das Veränderungsverbot, § 94 den Anspruch auf Verzinsung der Entschädigung und Abschlagszahlung, § 95 die Beschränkung der Haftung des Versicherers nach eingetretenem Versicherungsfall, § 96 das Kündigungsrecht der Parteien nach eingetretenem Versicherungsfall, § 97 die Wiederherstellungsklausel, § 98 die Abtretung der Forderung des Versicherungsnehmers auf die Entschädigungssumme bei der Wiederherstellungsklausel, § 99 die Stellung der Realgläubiger bei der Wiederherstellungsklausel, §§ 100—107 die Stellung der Realgläubiger bei der Gebäudeversicherung.

Über die Allgemeinen Feuerversicherungsbedingungen VA. 1931. 146, über die Zusatzbedingungen für Landwirtschaft VA. 1932. 142, über die Allgemeinen Sicherheitsvorschriften für Fabriken und gewerbliche Anlagen VA. 1911. 223, über die Bedingungen für die Landheimstättenversicherung VA. 1927. 149.

3. 3. Die Feuerversicherung kann nur von Aktiengesellschaften oder von Versicherungsvereinen auf Gegenseitigkeit betrieben werden (§ 7 Abs. 2 VAG.; Übergangsbestimmungen §§ 128—130 VAG.). Über die Rechtsverhältnisse bei öffentlichen Feuerversicherungsanstalten § 192.

4. 4. Die zu der Schadensversicherung (Bem. 5 zu § 1) gehörende Feuerversicherung ist die Versicherung eines bestimmten Interesses (Bem. 3 ff. vor § 51) an einer Sache oder an mehreren Sachen gegen die Gefahr eines Brandes,

einer Explosion, eines Blitzschlages oder gegen die Gefahr von einem oder von zwei dieser Ereignisse. Sie trennt sich in zwei Gruppen: in die Mobiliar- und in die Gebäude-Feuerversicherung.

5. a) Der Mobiliarfeuerversicherung ist eigentümlich, daß die Leistung des Versicherers auf Schäden beschränkt ist, die die versicherten Sachen in den Räumen treffen, die in dem Versicherungsschein angegeben sind (§ 4 Abs. 1 AllgFeuerVersbdg.) — Versicherungsort, räumlicher Geltungsbereich der Versicherung — (RG. 27. 1. 28 JW. 1928. 59, VA. 1929. 244 Nr. 1897). Der Vermittelungsagent ist nicht befugt, die Übertragung auf einen anderen Versicherungsort zu genehmigen (OLG. Hamm 22. 4. 26 JW. 1926. 170). Gilt ein Teil des Hausrats auch auf dem Hausboden als versichert (Bodenklausel), so kommt es für den Begriff des Hausbodens darauf an, wie ihn der Versicherungsnehmer nach den an seinem Wohnorte geltenden Anschauungen auffassen mußte (OLG. Düsseldorf 4. 6. 28 JW. 1928. 190; Mansardenzimmer als Hausboden KG. 9. 6. 20 VA. 1921* 62 Nr. 1155). Befindet sich die versicherte Sache außerhalb des Versicherungsorts, so haftet der Versicherer nicht (KG. 4. 6. 30 JW. 1930. 351), es sei denn, daß eine Außenversicherung genommen ist (KG. 15. 11. 22 HansRZ. 1923. 181). 5.

b) Ausnahmen von dem Grundsatz, daß die versicherten Sachen nur an dem Versicherungsort versichert sind, bestehen (§ 4 Abs. 2, 3 AllgFeuerVersbdg.)

α) für Hausrat (Bem. 2 zu § 85) und Arbeitsgerät bei Wohnungswechsel innerhalb des Deutschen Reichs, der Freien Stadt Danzig und des Memelgebietes. Wohnungswechsel liegt vor bei gänzlichem Aufgeben der bisherigen Wohnung unter gleichzeitigem Beziehen einer anderen Wohnung, nicht bei Mieten einer zweiten Wohnung unter Beibehaltung der ersten (RG. 19. 11. 20 HansRZ. 1921. 104). Wohnungswechsel liegt ferner vor bei Einlagern des Hausrats bei einem Spediteur oder in einem Lagerhaus (OLG. München 24. 11. 26 JW. 1927. 33, VA. 1931. 212 Nr. 2174). 6.

Die Versicherung bleibt bestehen und erstreckt sich auch auf die Zeit während des Umzugs (insofern ist die Feuerversicherung Transportversicherung). Der Versicherungsnehmer muß aber unverzüglich schriftlich dem Versicherer Anzeige erstatten; er hat der Anzeigepflicht genügt, wenn er innerhalb zwei Wochen nach Beendigung des Umzugs anzeigt. Verletzt er diese Pflicht, und ist mit dem Wohnungswechsel eine Gefahrerhöhung verbunden, so finden die §§ 28—30 Anwendung; jedoch ist der Versicherer zu einer Kündigung des Vertrags nicht berechtigt, da §§ 24, 27 keine Anwendung finden (Raiser 136; anders Scheunert Öffentlr. Versicherung 1932. 8).

β) bei Versicherung von Hausrat und Arbeitsgerät sind auch Sachen versichert, die sich vorübergehend außerhalb des Versicherungsorts in Europa befinden — zuschlagsfreie Außenversicherung — (VA. 1917. 114, 1923. 58). Die Entschädigung darf aber nach § 4 Abs. 3 AllgFeuerVersbdg. nicht mehr als 10 v. H. der Versicherungssumme für Hausrat und Arbeitsgerät zusammen, höchstens 3000 RM betragen. Es muß die ernste Absicht vorhanden sein, die 7.

außerhalb befindlichen Sachen wieder an den Versicherungsort zu bringen (OLG. Königsberg 28. 3. 30 Praxis des Versicherungsrechts 1930. 41), und die Verbringung muß objektiv möglich sein (Raiser 137). Im übrigen ist Tatfrage, wann Sachen als nur vorübergehend außerhalb des Versicherungsortes befindlich anzusehen sind (VA. 1927. 146). Es fallen nicht hierunter Gegenstände des Hausrats, die ein Schiffskapitän auf die Schiffsreise mitnimmt (OLG. Hamburg 5. 3. 09 Seuffert Bd. 65. 350 Nr. 186), es fallen hierunter Wäsche, die auf dem nicht mitversicherten Hausboden zum Trocknen aufgehängt wird (LG. I Berlin VA. 1911* 79 Nr. 611), Kleidungsstücke, die auf der Reise getragen werden (VA. 1915. 112; SasKiZ. 1927. 235), eine Aussteuer, die auf die Fahrt zum Abschluß eines Pachtvertrags einer Hökerei mitgenommen wird (OLG. Königsberg 10. 12. 29 VA. 1931. 214 Nr. 2175, LZ. 1930. 606). Bei Ermittelung des Ersatzwertes, namentlich im Hinblick auf das Vorliegen einer Unterversicherung, sind die zur Zeit des Versicherungsfalls vorübergehend außerhalb des Versicherungsortes befindlichen Gegenstände mit zu berücksichtigen (OLG. Hamburg 4. 1. 22 HansRZ. 1922. 277; RG. 15. 11. 22 HansRZ. 1923. 181; VA. 1918. 7), vorausgesetzt, daß für sie der Versicherer auch außerhalb des Versicherungsorts haftet (§ 3 Abs. 4 S. 2 AllgFeuerVersbdg.). Die bisher zweifelhafte Frage, ob die Außenversicherung als auf Erstes Risiko zu gelten hat (Bem. 7 zu § 56; LG. Berlin JW. 1920. 986; VA. 1923. 58; ZVW. 1921. 236, 259, 272, 297; Tasche Mitteilungen 1921. 178), ist nunmehr in § 4 Abs. 3 S. 3 AllgFeuerVersbdg. verneint, es sei denn, daß eine besondere Vereinbarung getroffen ist. Wird die Außenversicherung auf Erstes Risiko geschlossen, so wird die in § 4 Abs. 3 S. 2 erwähnte Entschädigung für die außenversicherten Sachen ermittelt, ohne daß die Bestimmungen über die Unterversicherung Anwendung finden (VA. 1932. 141).

8. γ) nach § 2 der Zusatzbedingungen für Landwirtschaft in Ansehung des lebenden und toten Inventars, der landwirtschaftlichen Vorräte und der Ernte.

9. Neben der zuschlagsfreien Außenversicherung findet sich die besonders vereinbarte Außenversicherung, die als selbständige oder als von der Innenversicherung abhängige Versicherung vorkommt (Raiser 138 ff.). Bestritten ist, ob die für die Außenversicherung regelmäßig vorgesehene Höchstsumme bei der abhängigen Außenversicherung nur als Haftungsgrenze (so mit Recht Döring ZVW. 1931. 346) oder als „Sonderversicherungssumme" (so Raiser 139) anzusehen ist.

10. 5. Die Feuerversicherung ist die Type für die Versicherung einer Beziehung an einer sich im Ruhezustand befindlichen Sache gegen eine Gefahr (Spezialität der Gefahr), wenn sie auch ausnahmsweise den Brandschaden deckt, den Hausrat und Arbeitsgerät während des Umzugs erleiden (noch weitergehend § 2 Abs. 2 Zusatzbedingungen für Landwirtschaft). Sie steht in scharfem Gegensatz zu der Transportversicherung (Bem. 6 vor § 129). Ihre Vorschriften finden vielfach entsprechende Anwendung bei der „kleineren Sachversicherung", zu der namentlich gehören:

a) die Einbruchdiebstahlversicherung (Allgemeine Versicherungsbedingungen Sammlung S. 118; VA. 1910. 79, 1922. 137), die

Versicherung von Fahrrädern gegen Diebstahl (Allgemeine Versicherungsbedingungen VA. 1932. 160), die Garderobeversicherung (Allgemeine Versicherungsbedingungen VA. 1921. 215, 1927. 176), die Transportversicherung ist, wenn die Garderobe auch außerhalb der Wohnung während Reisen des Trägers versichert ist (RFH. 27. 2. 25 VA. 1926. 169 Nr. 1514; bedenklich RFH. 27. 2. 25 VA. 1926. 170 Nr. 1515);

b) die Glasversicherung (Abraham ZVW. 1921. 503, Kersting JR. 1928. 177; Allgemeine Versicherungsbedingungen Sammlung S. 148; VA. 1910. 79, 1922. 139, 1924. 48, 1927. 152), über die Glasvorsorgeversicherung VA. 1928. 151;

c) die Versicherung gegen Wasserleitungsschäden (Kleeberg Z. 1912. 737; Allgemeine Versicherungsbedingungen Sammlung S. 156; VA. 1910. 79) — über die Hochwasserschädenversicherung VA. 1928. 159; sie ist als solche keine Transportversicherung (OLG. Düsseldorf 14. 3. 29 JR. 1929. 154) —, die Regenversicherung (Allgemeine Versicherungsbedingungen VA. 1928. 164);

d) die Maschinenversicherung (Werneburg, Maschinenfeuerversicherung und Maschinenbetriebsschädenversicherung, Berlin 1927; Allgemeine Versicherungsbedingungen für die Montageversicherung VA. 1932. 167). Ob die Montageversicherung, die auch Baurisikoversicherung genannt wird (§ 5 Abs. 1 Nr. 9 VStG.), aufsichtspflichtige Schadensversicherung oder aufsichtsfreie Transportversicherung ist (RFH. Bd. 15. 326; vgl. auch RG. 29. 11. 27 JR. 1928. 5), ist überaus zweifelhaft.

e) die Streikversicherung (Melzing Mitteilungen 1921. 202).

6. Mehrere Schadensversicherungszweige oder Schadensversicherungszweige **11.** und Personenversicherungszweige (auch mehrere Personenversicherungszweige, z. B. Lebens- und Unfallversicherung) können miteinander kombiniert werden. Der Unterschied gegenüber der Einheitversicherung (Bem. 15 vor § 129) besteht darin, daß die kombinierte Versicherung eine willkürliche Zusammenfassung verschiedenartiger Versicherungszweige ist, bei der regelmäßig auch so viele verschiedene Versicherungsbedingungen, als gegen Gefahren versichert wird, zugrunde gelegt werden. Infolgedessen müssen die Versicherungsbedingungen getrennt beurteilt werden (RG. 27. 1. 25 VA. 1926. 152 Nr. 1501; KG. 25. 11. 25 JR. 1926. 8). So kann bei der Kraftfahrzeugversicherung mit der Veräußerung des versicherten Autos zwar die Autokaskoversicherung übergehen, nicht aber die Unfall- und die Haftpflicht-Versicherung (OLG. München 30. 3. 27 HansRZ. 1927. 496, LZ. 1927. 867, JR. 1927. 247; OLG. Köln 19. 1. 31 VerkehrsrR. Bd. 10. 257; Stiefel HansRGZ. A. 1931. 585). Sind die Prämien getrennt nach den verschiedenen Gefahren berechnet, und wird die Prämie für die Versicherung gegen eine Gefahr nicht bezahlt, so bleibt hierdurch die Versicherung gegen die übrigen Gefahren unberührt (KG. 7. 7. 28 JR. 1928. 276, VA. 1930. 51 Nr. 1961, HansRGZ. A. 1928. 580). Die Kombinationen können auf Vertrag oder auf Gesetz beruhen.

a) Vertragliche Kombinationen sind beispielsweise: die Reise- **12.** versicherung (VA. 1922. 127), d. h. Transportversicherung für das Reisegepäck, Unfallversicherung des Reisenden, Haftpflichtversicherung des Versicherungsnehmers in seiner Eigenschaft als Reisender; die Kraftfahrzeugversicherung (VA. 1930. 120), d. h. Versicherung des Kraftwagens gegen Beschädigung und Verlust, Haftpflicht- und Unfall-Versicherung des Halters des Kraftwagens; die Verbindung von Feuer-, Einbruchdiebstahl-, Beraubungs-Versicherung mit oder ohne Einschluß der Aufruhrversicherung oder mit Einschluß der Haftpflicht- und/oder Unfall-Versicherung (VA. 1924. 42, 1926. 50, 1928. 147); die Gebäudeschadenversicherung (VA. 1926. 50; Allgemeine Versicherungsbedingungen für kombinierte Feuer- und Einbruchdiebstahl-Versicherung VA. 1926. 51, 1928. 147), d. h. Versicherung des Gebäudes gegen Feuer-, Einbruchdiebstahl-, Wasserleitungsschäden-, Sturm-, Aufruhr-, Glasbruch-Gefahr; die Maschinenversicherung (Allgemeine Versicherungsbedingungen VA. 1928. 160), d. h. Montage- und Garantie-Versicherung. Selbstverständlich sind weitere Kombinationen beliebig denkbar (Bruck 72).

13. b) Gesetzliche Kombinationen: §§ 128 Abs. 1, 129 Abs. 2 S. 2, 133 Abs. 1.

14. Eine besondere Art bildet die teils auf den Grundsätzen der Schadensversicherung, teils auf den Grundsätzen der Lebensversicherung beruhende Werterhaltungsversicherung (Haus-, Schiffs-Lebensversicherung usw.; Heymann-Ehrenberg-Blau AssJhrb. Bd. 45. I. 46; Allgemeine Versicherungsbedingungen für Gebäude- und Maschinen-Lebensversicherung VA. 1927. 158).

§ 81. Bei der Feuerversicherung erlischt ein dem Versicherer gemachter Antrag auf Schließung, Verlängerung oder Änderung des Vertrags, wenn er nicht binnen zwei Wochen angenommen wird. Die Vorschriften des § 149 des Bürgerlichen Gesetzbuchs *) bleiben unberührt.

Wird der Antrag einem Abwesenden gemacht, so beginnt die Frist mit der Absendung des Antrags.

Abweichende Bestimmungen sind nichtig. An die Stelle der Frist von zwei Wochen kann jedoch eine andere festbestimmte Frist gesetzt werden.

1. Schrifttum: Bem. 8 zu § 1.

2. I. 1. Für jeden Antrag des Versicherungsnehmers auf Abschluß, Verlängerung, Änderung, Wiederinkraftsetzung (RG. 24. 6. 27

*) § 149 BGB. Ist eine dem Antragenden verspätet zugegangene Annahmeerklärung dergestalt abgesendet worden, daß sie bei regelmäßiger Beförderung ihm rechtzeitig zugegangen sein würde, und mußte der Antragende dies erkennen, so hat er die Verspätung dem Annehmenden unverzüglich nach dem Empfange der Erklärung anzuzeigen, sofern es nicht schon vorher geschehen ist. Verzögert er die Absendung der Anzeige, so gilt die Annahme als nicht verspätet.

Bd. 117. 312, VA. 1928. 258 Nr. 1761, JW. 1927. 2801, JR. 1927. 221) eines Feuerversicherungsvertrags werden im Gegensatz zu der allgemeinen Regelung (Bem. 9 ff. zu § 1) zwei besondere Bestimmungen getroffen.

a) Die Annahmefrist (Bem. 17 zu § 1) ist im Interesse des Antragstellers auf zwei Wochen (Abs. 1 S. 1) oder auf eine andere kalendermäßig fest bestimmte Frist (Abs. 3) bemessen, sowohl wenn der Antrag an den abwesenden Versicherer, an den Abschlußagenten (§ 45; Ausnahme § 47) oder an seinen sonstigen Vertreter, als auch wenn er an den anwesenden Versicherer, Abschlußagenten, Vertreter gerichtet wird. Ausdrücklich (Abs. 1 S. 2) wird § 149 BGB. für anwendbar erklärt. 3.

b) Die Annahmefrist beginnt, damit der Antragsteller das Ende der Frist, bis zu deren Ablauf er gebunden ist, genau berechnen kann, wenn der Antrag einem abwesenden Versicherer, Abschlußagenten oder sonstigen Vertreter gemacht wird, nicht von dem Eingang des Antrags bei dem anderen Teile, sondern von der Absendung des Antrags an zu laufen, (Abs. 2). Wird der Antrag an einen Vermittelungsagenten gerichtet, so ist der Zeitpunkt maßgebend, in welchem der Antragsteller den Antrag an den Agenten absendet oder bei ihm abgibt (§ 43 Abs. 1 Nr. 1), nicht der Zeitpunkt der Übermittelung des Antrags an den Versicherer (OLG. Nürnberg 26. 3. 13 VA. 1913* 118, 120 Nr. 770). Es verkürzt sich mithin die Frist für den Versicherer. 4.

2. Die Fristbestimmung des § 81 gilt bei der Einbruchdiebstahl-, Glas-, Wasserleitungsschäden-Versicherung (VA. 1911. 19), aber auch bei den übrigen Versicherungszweigen, die zu der kleineren Sachversicherung gehören. 5.

II. Ist der Versicherer Antragsteller, so gilt nicht § 81, sondern § 147 Abs. 2 BGB. 6.

III. Abs. 1 und 2 gehören zu den absolut zwingenden Bestimmungen (AllgVorbem. 27, 28). Nur die Dauer der Frist könnte verkürzt oder verlängert werden, jedoch ist eine Verlängerung in den Allgemeinen Versicherungsbedingungen vom Reichsaufsichtsamt bisher nicht gestattet worden (VA. 1910. 90); immer muß sie aber kalendermäßig fest begrenzt sein. Wird davon abgegangen, so gilt die gesetzliche Frist, die Gültigkeit des Antrags selbst wird regelmäßig nicht berührt (§ 139 BGB.). 7.

§ 82. Der Versicherer haftet für den durch Brand, Explosion oder Blitzschlag entstehenden Schaden.

Schrifttum: Fick, Begriff der Feuerversicherung, Zürich 1918. 1.

I. 1. Der Feuerversicherer haftet für den durch Brand entstehenden Schaden. 2.

Schrifttum: Anschiringer Mitteilungen 1906. 153; Barth Mitteilungen 1912. 545; Bruck 636 f.; Domizlaff Z. 1911. 527; Ehrenzweig ÖffentlrVersicherung 1930. 209; v. Gierke ZHR. Bd. 71. 326; Helmer, Der Brandbegriff und die unechten Brandschäden in der deutschen Feuerversicherung, Berlin 1930; Herbers Mitteilungen 1909. 253; Kürsten Z. 1930. 263; Moldenhauer LZ. 1911. 584;

Pincus Z. 1910. 760; Schmitt Mitteilungen 1924. 162; Vorster Mitteilungen 1909. 201; Worms Z. 1910. 127.

3. a) Der versicherungsrechtliche Begriff des Brandes, der sich nicht mit dem strafrechtlichen deckt, obschon dieser vielfach auch für das Versicherungsrecht verwendet worden ist (RG. 11. 10. 07 JW. 1908. 168), ist bestritten. Gemäß der geschichtlichen Entwickelung der Feuerversicherung und der Verkehrsauffassung steht der Brand als eine Erscheinung mit Flammen- oder Glutbildung im Gegensatz zu Vorgängen, bei denen ohne solche ein Versengen, ein Verkohlen eintritt. Nach der Ansicht des Reichsaufsichtsamts (VA. 1910. 272), dem sich im wesentlichen v. Gierke a. a. O. anschließt, liegt ein durch Brand verursachter Schaden vor, wenn die zerstörende Gewalt des Feuers die Gefahr unabsehbarer, vom einzelnen nicht beherrschbarer Folgen in sich birgt. Hiernach ist das Aufflackern einer brennenden Kerze am Christbaum nicht als Brand aufzufassen (LG. Königsberg JR. 1928. 143).

§ 1 Abs. 2 S. 1 AllgFeuerVersbdg. versucht nunmehr alle Zweifel zu beseitigen: „Als Brand gilt ein Feuer, das ohne einen bestimmungsmäßigen Herd entstanden ist oder ihn verlassen hat und sich aus eigener Kraft auszubreiten vermag.“ Ein derartiges Feuer heißt Schadenfeuer. Ein bestimmungsmäßiger Herd ist „die Vorrichtung, die nach ihrer Anlage und Beschaffenheit dem Zwecke dient, Feuer zu erzeugen, zu entwickeln oder einzuhegen“ (Raiser 60). Wird eine Sache bestimmungswidrig auf einem bestimmungsmäßigen Herd beschädigt oder vernichtet, so besteht keine Ersatzpflicht (Raiser 61).

b) Nicht auf Brand zurückzuführen ist:

4. α) der Seng- oder Glimmschaden: Die Einwirkung der Hitze ist nicht stark genug, um den Gegenstand in offener Flamme oder in Glut zu verzehren, sondern besitzt nur die Kraft, ihn durch Glimmen zu beschädigen oder zu vernichten. Die bisherige Rechtsprechung schwankt. Als Brand aufgefaßt beispielsweise von LG. Breslau VA. 1910* 115 Nr. 565 b; LG. I Berlin VA. 1911* 72 Nr. 609 a, JR. 1929. 386; LG. Hamburg VA. 1911* 73 Nr. 609 b; LG. Stettin VA. 1916* 95 Nr. 961; als nicht entschädigungspflichtig aufgefaßt beispielsweise von AG. Neuß VA. 1910* 114 Nr. 565 a; AG. Braunschweig VA. 1910* 116 Nr. 565 c; AG. Berlin Mitte VA. 1927. 58 Nr. 1569, JR. 1929. 372; LG. I Berlin JR. 1927. 303. Nunmehr bestimmt § 1 Abs. 2 S. 2 AllgFeuerVersbdg.: Sengschäden, die nicht durch einen Brand entstanden sind, fallen nicht unter den Versicherungsschutz. Es sind also auch Sengschäden zu ersetzen, wenn sie die Folgen eines Brandes sind.

5. β) der Betriebsschaden (VA. 1916. 115): Schäden, die an den versicherten Sachen dadurch entstehen, daß sie einem Nutzfeuer oder der Wärme zur Bearbeitung oder zu sonstigen Zwecken ausgesetzt werden. Es werden beispielsweise beschädigt die Pfanne, Lebensmittel beim Kochen, beim Braten, Gegenstände beim Trocknen (Bgr.; KB. I 70, II 12), Wäsche beim Plätten, Glas durch Einwirkung von Leuchtkräften (Sprungschaden), Gegenstände durch Einwirkung von Rauch, Ruß (Rußschaden), Verbrennen eines Heizungskessels. Die Betriebsschäden sind nicht die Folge eines plötzlich und unvorhersehbar eintretenden

Ereignisses, sondern entstehen durch die absichtlich herbeigeführte Einwirkung des Feuers. Dagegen kann bei einem bestimmungswidrigen Gebrauch ein Brandschaden gegeben sein (RG. 7. 7. 23 VA. 1925. 137 Nr. 1421, JR. 1924. 65; anders *Raiser* 65). Nunmehr bestimmt § 1 Abs. 2 S. 2 AllgFeuerVersbdg.: Schäden, die an den versicherten Sachen dadurch entstehen, daß sie einem Nutzfeuer oder der Wärme zur Bearbeitung oder zu sonstigen Zwecken (z. B. zum Räuchern, Rösten, Kochen, Braten, Trocknen, Plätten) ausgesetzt werden, fallen nicht unter den Versicherungsschutz. Über besondere Betriebsschädenklauseln *Raiser* 66 ff.

γ) der *Sprung- und Rußschaden*, der nicht die Folge eines 6.
Brandes ist. Springen durch die Einwirkung eines Brandes Fensterscheiben, dann ist der Schaden zu ersetzen.

δ) der *Gärungsschaden* (Fermentationsschaden), der nur auf Grund 7.
besonderer Vereinbarung ersatzpflichtig ist (anders *Domizlaff-v. Liebig-Berliner* 35); führt aber der Zersetzungsprozeß zu einem Feuer in dem obengenannten Sinne, dann liegt ein Brand vor (ebenso *Raiser* 69).

c) Der *Umfang* des entstehenden Schadens *ist*, solange der Feuer- 8.
versicherung eine Franchiseklausel unbekannt ist, *unerheblich* („Bagatellschaden"). So kann ein entschädigungspflichtiger durch Brand verursachter Schaden viel geringfügiger (z. B. Brand einer minderwertigen Gardine) als ein nicht entschädigungspflichtiger Sengschaden (z. B. Beschädigung eines kostbaren Teppichs durch einen Zigarettenfunken) sein.

2. Der Feuerversicherer haftet für den durch *Explosion* entstehenden Schaden.

Schrifttum: *Henne* Z. 1910. 23, 1917. 573, 1925. 178; *Wolfram* Z. 1911. 225.

a) *Explosionen* im Sinne der Feuerversicherung *sind* vor allem 9.
(*Henne* 23 ff.): 1. Gasexplosionen, zu denen auch die Explosion von Petroleumlampen, die Kohlengasexplosion von Heizöfen (*Wullenweber* Mitteilungen 1924. 220) gehören; 2. Sprengstoffexplosionen, zu denen auch Explosionen von Zündhütchen und Schwarzpulver (OLG. Hamm 13. 4. 21 VA. 1922* 49 Nr. 1207) gehören. Über den Begriff des Sprengstoffs *Henne* Z. 1925. 178; 3. Staubexplosionen (*Henne* Z. 1929. 114); 4. Gefäßexplosionen; 5. Dampfkesselexplosionen (RG. 27. 10. 16 VA. 1917* 21 Nr. 981; OLG. Breslau 14. 5. 30 Praxis des Versicherungsrechts 1930. 65). — Über Explosionsklauseln in der Glasversicherung VA. 1929. 148.

b) *Keine Explosionen sind*: 1. Schwungradexplosionen (RG. 10.
3. 4. 17 VA. 1917* 67 Nr. 1008); 2. Zerstörungen durch den Druck von Flüssigkeiten, z. B. durch Wasserschlag; anders OLG. Kiel 20. 11. 23 Mitteilungen 1924. 47; 3. Zerstörungen, die der Inhalt von Behältern aller Art verursacht, ohne daß ein plötzlicher Spannungsausgleich innerhalb und außerhalb des Behälters stattfindet (*Raiser* 72; RG. 12. 1. 10 LZ. 1910. 303).

c) Die voraussichtliche Höhe des Schadens einer Explosion ist oftmals 11.
unmöglich zu übersehen (OLG. Hamm 22. 11. 07 VA. 1909* 39 Nr. 448).

Daher beschränkt § 1 Abs. 1 b AllgFeuerVersbdg. den Versicherungsschutz auf Explosion von Leuchtgas ohne Unterschied seiner Verwendung und von Beleuchtungskörpern, bei Versicherung von Wohngebäuden und Hausrat auf Explosionen aller Art. Als Leuchtgasexplosion ist eine Explosion aufzufassen, die infolge des Auslaufens von Benzin aus einer zerborstenen Lötlampe entsteht (RG. 26. 11. 30 JW. 1931. 27). Nach § 1 der Zusatzbedingungen für Landwirtschaft erstreckt sich die Haftung des Versicherers auch auf den Schaden durch Explosion der dem landwirtschaftlichen Betrieb dienenden Dampfkessel.

12. d) Für Trümmerschäden, die durch eine Explosion verursacht werden, ohne daß ein Brand ausgebrochen ist, haftet der Versicherer, sofern er überhaupt für den Explosionsschaden haftet. Ist ein Explosionsschaden gleichzeitig Brandschaden, dann ist er als Explosionsschaden zu behandeln (RG. 21. 10. 07 VA. 1908* 26 Nr. 366, LZ. 1908. 170, 29. 6. 20 Bd. 99. 280, VA. 1921* 58 Nr. 1152). Verursacht ein Brand einen Explosionsschaden, dann ist der Schaden, insoweit er nur Brandschaden ist, zu ersetzen. Die Abgrenzung zwischen Brand- und Explosionsschäden ist tatsächlich oftmals schwierig (Döring Mitteilungen 1917. 168, ZVW. 1917. 181). Über die Haftung für Schäden durch elektrische Starkstromleitungen VA. 1913. 119.

13. 3. Der Feuerversicherer haftet für den durch Blitzschlag entstehenden Schaden, auch wenn er kein Brandschaden ist. Demnach auch für Sengschäden, für Schäden, die durch den Luftdruck hervorgerufen werden, für den durch einen kalten Blitzschlag entstandenen Schaden (Bgr.; KB. II 11; OLG. Posen 1. 7. 19 VA. 1921* 24 Nr. 1132). — Über die „Überspannungsschäden" Bayr. Verwaltungsgerichtshof 16. 11. 25 VA. 1929. 253 Nr. 1908. — Die Abgrenzung der Blitz- von den Betriebs-Schäden ist schwierig; sie wird durch besondere Klauseln (Blitzschadenklausel und Kurzschlußklausel) erleichtert (Werneburg LZ. 1926. 734).

14. II. Da § 82 nicht zwingend ist, kann der Versicherer seine Haftung einengen oder erweitern. Er kann sie auf Brand-, Explosions-, Blitzschlagschäden einzeln oder in beliebiger Verbindung erstrecken.

§ 83. Im Falle eines Brandes hat der Versicherer den durch die Zerstörung oder die Beschädigung der versicherten Sachen entstehenden Schaden zu ersetzen, soweit die Zerstörung oder die Beschädigung auf der Einwirkung des Feuers beruht oder die unvermeidliche Folge des Brandereignisses ist. Der Versicherer hat auch den Schaden zu ersetzen, der bei dem Brande durch Löschen, Niederreißen oder Ausräumen verursacht wird; das Gleiche gilt von einem Schaden, der dadurch entsteht, daß versicherte Sachen bei dem Brande abhanden kommen.

Auf die Haftung des Versicherers für den durch Explosion oder Blitzschlag entstehenden Schaden finden diese Vorschriften entsprechende Anwendung.

Schrifttum: Bem. 1 vor § 81. 1.

I. Der Feuerversicherer hat den durch die Zerstörung oder die Beschädigung der versicherten Sache entstehenden Schaden zu ersetzen (S. 1; § 1 Abs. 3 AllgFeuerVersbdg.). Grundsätzlich knüpft die feuerversicherte Beziehung an die Sache als Substanz an, daher besteht der den Versicherungsnehmer treffende Schaden auch nur in der Vernichtung oder in der Verschlechterung der Substanz. Aber der Versicherer haftet nur, wenn ferner: 2.

1. der Schaden auf der Einwirkung des Feuers, der Explosion, des Blitzschlages (§ 82) beruht (Abs. 1 S. 1, Abs. 2). In § 1 Abs. 3 a AllgFeuerVersbdg. ist auf die „unmittelbare" Einwirkung abgestellt, ohne daß hierdurch jedoch ein sachlicher Unterschied herbeigeführt wird. Einwirkung oder unmittelbare Einwirkung des Feuers ist jede Einwirkung, die auf dem Feuer beruht, mag die Sache auch nicht von dem Feuer ergriffen worden sein. Daher hat der Versicherer den Schaden zu ersetzen, der an den Sachen beispielsweise durch die Hitze des Feuers, den Luftdruck der Explosion entsteht (Raiser 78 f.); 3.

2. der Schaden die unvermeidliche Folge des Brandes, der Explosion, des Blitzschlages (§ 82) ist (Abs. 1 S. 1, Abs. 2). Unvermeidlich ist wortgemäß die Folge, die sich aus dem Eintritt des Versicherungsfalls unabwendbar ergibt. Jedoch kann es hier nicht auf die Unabwendbarkeit ankommen wie in dem Rahmen der Abwendungs- und Minderungspflicht (§ 62), sondern entscheidend ist, ob der Schaden adäquat verknüpft mit dem Ereignis ist (Bruck 406, Raiser 80 und die dort Angeführten). Beispiele sind: durch Witterungseinflüsse (Schnee, Regen, Hagel) werden die versicherten Sachen während des Brandes oder der Aufräumungsarbeiten beschädigt, das versicherte Pferd scheut vor der Flamme, geht durch und verunglückt tödlich. Weitere Beispiele bei Raiser 80 f. Nach dem Gesetz ist unerheblich, ob der Brand, der Blitzschlag, die Explosion auf dem Grundstück, auf dem sich die versicherten Sachen befinden, oder auf einem angrenzenden Nachbargrundstück entsteht. Nach § 1 Abs. 3 b AllgFeuerVersbdg. muß jedoch das Ereignis auf dem Grundstück, auf dem sich die versicherten Sachen befinden, oder auf einem Nachbargrundstück eingetreten sein. Über den Schaden durch Bauverbote Bem. 7 zu § 97; 4.

3. der Schaden bei dem Brande, der Explosion, dem Blitzschlage (§ 82) durch Löschen, Niederreißen, Ausräumen verursacht wird (Abs. 1 S. 2, Abs. 2). Im allgemeinen gilt die Aufopferung von Sachen bei Eintritt des Versicherungsfalls als Aufwendung im Sinne der §§ 62, 63, in der Feuerversicherung ist die Aufopferung Versicherungsschaden. Müssen Teile des brennenden versicherten Gebäudes oder des von dem Brande bedrohten versicherten Gebäudes zur Bekämpfung des Feuers niedergelegt werden, so hat der Feuerversicherer diesen Schaden zu ersetzen. Ist infolge des Brandes des Gebäudes A die Niederlegung von Teilen des angrenzenden Nachbargebäudes B notwendig, so hat der Feuerversicherer des Gebäudes B den Schaden zu ersetzen. Ist bei dem Brande durch Löschen ein Schaden an versicherten Sachen entstanden, so hat ihn der Feuerversicherer zu ersetzen. Sind bei dem Brande Sachen, die sich auf dem angrenzenden Nachbar- 5.

grundstück befinden, durch Wasser beschädigt worden, um das drohende Übergreifen des Brandes zu verhindern, so hat der Feuerversicherer dieser Sachen den Schaden zu ersetzen (RG. 20. 5. 19 Wallmann Bd. 54. 169). Ist bei dem Brande durch Ausräumen ein Schaden an versicherten Sachen entstanden, so hat ihn der Feuerversicherer zu ersetzen. Sind bei dem Brande Sachen, die sich auf dem angrenzenden Nachbargrundstück befinden, ausgeräumt worden, um das drohende Übergreifen des Brandes zu verhindern, so hat der Feuerversicherer dieser Sachen den Schaden zu ersetzen. Der Versicherer haftet aber nur, insoweit versicherte Sachen durch Niederreißen, Löschen, Ausräumen beschädigt oder vernichtet sind. Der an nicht versicherten Sachen durch Löschen, Niederreißen, Ausräumen entstandene Schaden trifft den Versicherer nicht. Da der durch Löschen, Niederreißen, Ausräumen verursachte Schaden Versicherungsschaden ist, so ist auch die Abwendungs- und Minderungspflicht (§ 62) zu beobachten.

6. II. Der Feuerversicherer trägt kraft Gesetzes und kraft Vereinbarung (§ 1 Abs. 4 AllgFeuerVersbdg.) auch den Schaden, der dadurch entsteht, daß versicherte Sachen bei dem Brande, der Explosion, dem Blitzschlag (§ 82) abhanden kommen (Abs. 1 S. 2, Abs. 2). Abhanden gekommen ist eine Sache, wenn der unmittelbare Besitzer ohne seinen Willen oder ohne sein Zutun den Besitz verloren hat (RG. 21. 1. 21 Bd. 101. 225, JW. 1921. 1547, VA. 1922* 74 Nr. 1225). Das Abhandenkommen muß die Folge des Schadensereignisses oder seiner Bekämpfung sein.

7. III. Für einen weiteren Schaden, insbesondere für den durch Eintritt des Versicherungsfalls entgehenden Gewinn (§ 53), für Aufräumungskosten (Raiser 87), für Feuerlöschkosten haftet der Feuerversicherer nur bei ausdrücklicher Vereinbarung.

8. IV. § 83 ist nicht zwingend.

§ 84. Der Versicherer haftet nicht, wenn der Brand oder die Explosion durch ein Erdbeben oder durch Maßregeln verursacht wird, die im Kriege oder nach Erklärung des Kriegszustandes von einem militärischen Befehlshaber angeordnet worden sind.

1. Schrifttum: Bem. 1 vor § 81.

I. Der Feuerversicherer haftet kraft Gesetzes nicht, wenn der Brand (Bem. 3 ff. zu § 82) oder die Explosion (Bem. 9 f. zu § 82) verursacht wird:

2. 1. durch Erdbeben (VA. 1907. 93); über eine amerikanische Erdbebenklausel LG. Hamburg VA. 1907* 68 Nr. 322;

3. 2. durch Maßregeln, die im Kriege oder nach Erklärung des Kriegszustandes von einem militärischen Befehlshaber angeordnet worden sind (vgl. § 117 Nr. 2). Die Übernahme von Kriegsschäden ist von den privaten Feuerversicherern stets abgelehnt worden (Veröffentl. Heft 26. 75). Über den Begriff des Krieges OLG. Düsseldorf 4. 10. 20 VA. 1922* 20 Nr. 1184; RG. 19. 4. 21 VA. 1922* 48 Nr. 1206. Kriegszustand ist nicht die durch den Krieg im völkerrechtlichen Sinne geschaffene Lage, sondern der tatsächliche Kriegszustand (RG. 3. 7. 17

Bd. 90. 378). Die Maßregel kann von einem inländischen oder ausländischen Befehlshaber angeordnet sein (VA. 1917. 88; RG. 25. 1. 18 Bd. 92. 98, VA. 1918* 67 Nr. 1054, Wallmann Bd. 52. 1497). Ob der Brandschaden unmittelbar durch die Maßregel oder mittelbar durch Anordnungen militärischer Befehlshaber herbeigeführt ist, ist gleich, sofern im letzten Fall zwischen der Anordnung und dem Brandschaden ein ursächlicher Zusammenhang besteht (RG. 9. 7. 20 VA. 1921* 61 Nr. 1153, ZVW. 1920. 371, 15. 2. 21 JW. 1921. 1601, 19. 4. 21 JW. 1921. 836, 3. 11. 21 Bd 103. 136, 17. 3. 22 Masius 1922. 303; andererseits OLG. München 18. 6. 20 VA. 1921* 63 Nr. 1156 [mangelnder Kausalzusammenhang]). Schäden durch Bombardement sind Kriegsschäden (VA. 1911. 116); ob es auch Schäden sind, die durch feindliche Besatzungstruppen entstehen, ist zweifelhaft, eine Gefahrerhöhung (§§ 23 ff.) liegt jedenfalls vor (VA. 1921. 136). — Die Beweislast hat der Versicherer.

II. Von der Möglichkeit zur Abänderung des § 84 hat § 1 Abs. 7 AllgFeuerVersbdg. Gebrauch gemacht, indem er zunächst die Beweislast umgekehrt hat: der Versicherer haftet nur, wenn der Versicherungsnehmer nachweist, daß der Schaden mit den Schadensereignissen weder unmittelbar noch mittelbar in Zusammenhang steht. Die maßgebenden Schadensereignisse sind Kriegsereignisse jeder Art, Erdbeben und innere Unruhen. Über die Aufruhrversicherung im allgemeinen Luria Z. 1919. 271, Moldenhauer Mitteilungen 1919. 121, Prange ebenda 174, Blase (in der Einbruchdiebstahlversicherung) ZVW. 1920. 173, 182, über die verwendeten Versicherungsbedingungen VA. 1919. 6, 96, 167. — Innere Unruhen (Aufruhr im Sinne des Versicherungs-, nicht des Straf-Rechts) sind gegeben, wenn eine zusammengerottete Menschenmenge die öffentliche Ordnung und Sicherheit durch Gewalttaten gegen Personen oder Sachen verletzt, Vollstreckungsbeamten Widerstand leistet, Behörden oder Beamte an ihrer freien Amtsausübung hindert, sich gegen die Staatsregierung selbst wendet (RG. 28. 11. 19 Bd. 97. 206, VA. 1921* 20 Nr. 1129, 23. 12. 21 VA. 1923* 22 Nr. 1249, 11. 4. 22 VA. 1923* 55 Nr. 1279, 8. 6. 23 [bürgerliche Unruhen] Bd. 108. 188, VA. 1924* 83 Nr. 1337, HansRZ. 1923. 881, JW. 1925. 617; OLG. Hamburg 4. 7. 22 [bürgerliche Unruhen] HansRZ. 1922. 883; KG. 21. 4. 20 JW. 1921. 38; ferner OLG. Hamburg 17. 3. 08 VA. 1908* 106 Nr. 424, 27. 9. 10 HGZ. 1911. 52; RG. 28. 4. 09 VA. 1909* 66 Nr. 467, HGZ. 1909. 213. Leistet der Versicherer Entschädigung, so geht der Anspruch auf Grund des Reichsgesetzes vom 12. Mai 1920, RGBl. 914, auf ihn über (§ 67; Delius Mitteilungen 1921. 206; VA. 1922. 126). Über die Aufruhrversicherung als Transportversicherung Bem. 9 vor § 129. 4.

§ 85. Ist die Versicherung für einen Inbegriff von Sachen genommen, so erstreckt sie sich auf die Sachen der zur Familie des Versicherungsnehmers gehörenden sowie der in einem Dienstverhältnisse zu ihm stehenden Personen, sofern diese Personen in häuslicher Gemeinschaft mit dem Versicherungsnehmer leben. Die Versicherung gilt insoweit als für fremde Rechnung genommen.

1. Schrifttum: Bem. 1 vor § 81.

2. I. 1. Die Feuerversicherung des Haushalts oder Hausrats als Inbegriff (§ 54) umfaßt neben den dem Versicherungsnehmer gehörigen Sachen die seiner Familienangehörigen und Hausangestellten, sofern sie in häuslicher Gemeinschaft mit ihm leben (Bem. 8 zu § 67). Unter Hausrat sind alle zum Gebrauch in einem Privathaushalte für die Person des Versicherungsnehmers, seine Angehörigen und Arbeitnehmer dienenden Sachen sowie die Haushaltsvorräte anzusehen; als nicht zum Privathaushalt gehörig werden mangels besonderer Vereinbarung angesehen Sammlungen und Kraftfahrzeuge aller Art (VA. 1932, 141). Die Versicherung gilt, insoweit sie sich auf Sachen von Familienangehörigen und Hausangestellten erstreckt, für fremde Rechnung genommen (§§ 74 ff.), falls sich nicht aus den Umständen ergibt, daß sie für eigene Rechnung genommen worden ist (§ 80 Abs. 1). Ähnliche Gesichtspunkte sind bereits in dem vorgesetzlichen Recht maßgebend gewesen (OLG. Dresden Seuffert Bd. 22. 443 Nr. 290; ROHG. Seuffert Bd. 31. 92 Nr. 70; RG. 7. 3. 88 Bd. 20. 137, 16. 1. 92 Seuffert Bd. 47. 336 Nr. 226; KG. 3. 10. 05 VA. 1905* 111 Nr. 171, 15. 5. 06 VA. 1906* 128 Nr. 265; OLG. Cassel 27. 11. 07 VA. 1909* 43 Nr. 450).

3. 2. Nach § 2 Abs. 1 S. 2 AllgFeuerVersbdg. ist als Inbegriff auch Arbeitsgerät versicherbar. — Zu der Versicherung eines Inbegriffs gehören keinesfalls Bargeld, Wertpapiere, Urkunden, Gold- und Silberbarren, ungefaßte Edelsteine sowie ungefaßte echte Perlen; diese Wertsachen müssen stets besonders versichert werden (§ 2 Abs. 2 AllgFeuerVersbdg.).

4. II. § 85 ist nicht zwingend. Er findet bei der Versicherung gegen Einbruchdiebstahl (KG. 3. 10. 05 VA. 1905* 111 Nr. 171) und gegen Wasserleitungsschäden Anwendung.

§ 86. Als Versicherungswert gilt bei Haushalts- und sonstigen Gebrauchsgegenständen, bei Arbeitsgerätschaften und Maschinen derjenige Betrag, welcher erforderlich ist, um Sachen gleicher Art anzuschaffen, unter billiger Berücksichtigung des aus dem Unterschiede zwischen alt und neu sich ergebenden Minderwerts.

1. Schrifttum: Bem. 1 vor § 81; Bruck 513.

2. I. § 86 befaßt sich mit der Ermittelung des Ersatzwertes, d. h. des Wertes der versicherten Beziehung zur Zeit des Eintritts des Versicherungsfalls. Würde der Versicherte nur den Verkaufswert, den die beziehungsverknüpften Gegenstände zur Zeit des Eintritts des Versicherungsfalls haben, ersetzt erhalten, dann würde der Versicherungsschutz oftmals für ihn wertlos sein. Infolgedessen wird im Zweifel für maßgebend der Neuanschaffungswert unter billiger Berücksichtigung des sich aus dem Unterschiede zwischen alt und neu ergebenden Minderwerts erklärt. Hierdurch wird der Versicherte allerdings regelmäßig zu einer Geldaufwendung genötigt, die ihm sonst jedenfalls zurzeit erspart geblieben wäre. Sind die versicherten Sachen infolge des Einflusses der Mode oder neuer Erfindungen veraltet und in gleicher Art

nur mit besonderen Schwierigkeiten zu beschaffen, werden z. B. bestimmte Maschinen oder Möbel regelmäßig nicht mehr hergestellt, so ist als Neuanschaffungswert einzusetzen, was angemessenerweise für die als Ersatz dienenden Gegenstände aufzuwenden wäre. Ohne Einfluß auf die Wertermittelung ist die Eröffnung des Konkursverfahrens (OLG. Hamburg 31. 10. 14 VA. 1915* 28 Nr. 870; RG. 7. 5. 15 VA. 1915* 91 Nr. 905) oder ein früher abgeschlossener Zwangsvergleich (LG. Posen VA. 1907* 75 Nr. 325).

II. 1. Der *Neuanschaffungswert* (Wiederbeschaffungspreis) ist 3.
die Aufwendung, die notwendig ist, um gleichartige Gegenstände im mangelfreien, neuen Zustand zur Zeit und am Ort des Eintritts des Versicherungsfalls zu beschaffen. Es kommt somit nicht auf den Anschaffungspreis an, den der Versicherungsnehmer seinerzeit bezahlt hat (*Raiser* 102). Ob der Versicherungsnehmer die Absicht hat, sich einen Ersatzgegenstand anzuschaffen, bleibt sich gleich (vgl. RG. 7. 5. 15 JW. 1915. 790).

Der *Abzug für den Unterschied zwischen neu und alt* 4.
richtet sich nach dem Maße der Abnutzung, dem Alter, dem Wechsel der Mode, der Technik usw. Ob und welche buchmäßige Abschreibungen vorgenommen worden sind, ist gleichgültig (*Raiser* 103).

2. Der Neuanschaffungswert unter billiger Berücksichtigung des sich aus dem Unterschiede zwischen alt und neu ergebenden Minderwerts wird im Zweifel zugrunde gelegt bei der Versicherung von

a) *Haushalts- und sonstigen Gebrauchsgegenständen* 5.
(§ 3 Abs. 2 a AllgFeuerVersBdg.). Haushaltsgegenstände sind die zu den Zwecken des konkreten Haushalts dienenden Gegenstände (Bem. 2 zu § 85).

Werden *Kunstgegenstände* (z. B. alte Zinnsachen, alte Möbel, 6.
alte Perserteppiche) in einem Haushalte zu Haushaltszwecken verwendet, so kann kein Abzug auf Grund des Alters vorgenommen werden (KB. I 73). Derartige Gegenstände pflegen aber schon beim Abschlusse des Vertrags nicht als Haushalts-, sondern als Kunstgegenstände versichert zu werden. Der für sie in Betracht kommende versicherbare *Kunstwert* (objektive Liebhaberwert), d. h. der Wert, den ein bestimmter, wenn auch engerer Kreis von Personen aus besonderen Gründen beweglichen Sachen beimißt (VA. 1912. 9, 138; RG. 25. 2. 10 Bd. 73. 66, VA. 1910* 76 Nr. 539), ist von dem nicht versicherungsfähigen (§ 3 Abs. 3 AllgFeuerVersBdg.) *subjektiven Liebhaberwert* (persönlicher Liebhaberwert, Affektionswert), d. h. der auf rein persönlichen Beziehungen eines Einzelnen beruhenden Wertschätzung einer Sache, zu unterscheiden.

b) *Arbeitsgerätschaften.* 7.

c) *Maschinen.* Sind sie wesentliche Bestandteile eines Gebäudes 8.
(§ 94 BGB.; *Moral* ZVW. 1927. 270), so muß nach den Versicherungsbedingungen, nötigenfalls nach der Verkehrsauffassung entschieden werden, ob sie als bewegliche Gegenstände besonders versichert sind oder zur Gebäudeversicherung gehören. Kraftwagen sind Maschinen (RG. Strafsachen 20. 11. 11 JW. 1912. 425). Völlig ausrangierte Maschinen haben nur einen Schrottwert.

9. III. Da § 86 nicht zwingend ist, so können die Parteien der Berechnung des Ersatzwertes jeden anderen Maßstab zugrunde legen. Sie können insbesondere unter Außerachtlassung des Unterschiedes zwischen alt und neu vereinbaren, daß der Neuwert (Neuanschaffungswert) versichert ist. Die rechtliche Zulässigkeit der Neuwertversicherung, die bei der Gebäudeversicherung (§ 88) von größerer Bedeutung als bei der Mobiliarversicherung ist, ist vielfach zu Unrecht unter Hinweis auf das häufig mißverstandene Bereicherungsverbot (Bruck 438) bekämpft worden (VA. 1927. 149), aber schließlich nach einem Zwischenstadium, in dem die Neuwert-Versicherungssumme nur als Darlehen gezahlt wurde, das in Jahresraten zu tilgen ist (ZVW. 1927. 1067; Bedingungen für die Neuwertergänzungsversicherung: VA. 1932. 149), auch von den privaten Feuerversicherern anerkannt worden. Über die Sonderbedingungen für die Neuwertversicherung industrieller Anlagen VA. 1932. 150, von Wohngebäuden VA. 1932. 150, von Gebäuden gegen Wasserleitungsschäden VA. 1930. 145 von Gebäuden gegen Sturmschäden VA. 1930. 145. Versichert ist das Aufwandsinteresse, die Beziehung, welche den Aufwand zum Inhalt hat, der sich für den Versicherungsnehmer bei dem Eintritt des Versicherungsfalls durch die Spannung zwischen dem Zeitwert und dem Neuwert ergibt (Bruck 522). Über die Zulässigkeit der Neuwertversicherung namentlich Bruck 521, BuGeldwirtschaft 1926. 307, Ehrenzweig Mitteilungen 1925. 54, BuGeldwirtschaft 1925. 116, Riebesell BuGeldwirtschaft 1926. 405, 1927. 105. Über die Haftung des Neuwerts dem Hypothekengläubiger gegenüber Bem. 3 vor § 99. Über den Einfluß des Konkurses des Versicherungsnehmers auf die Neuwertversicherung Kisch VersPraxis 1931. 68, 83.

10. IV. Bei der Lückenhaftigkeit der gesetzlichen Vorschrift muß vertraglich der Ersatzwert von Sachen, die nicht unter § 86 fallen, vereinbart werden. Mangels einer derartigen Vereinbarung ist der gemeine Wert (RG. LZ. 1910. 402 Nr. 2, Bd. 96. 125, Bd. 98. 151) zugrunde zu legen (RG. 16. 10. 19 JW. 1920. 288, 28. 10. 19 Bd. 97. 44, VA. 1921* 18 Nr. 1128). Nach § 3 Abs. 2 AllgFeuerVersBdg. sind für den Ersatzwert maßgebend

11. 1. bei Waren, die der Versicherungsnehmer herstellt (in Arbeit befindlichen und fertigen Fabrikaten): die Kosten der Neuherstellung, soweit sie den Preis nicht überschreiten, der bei dem Verkauf erzielt worden wäre, abzüglich der an dem etwa noch nicht fertigen Erzeugnis ersparten Kosten.

12. 2. bei Waren, mit denen der Versicherungsnehmer handelt, bei Rohstoffen, die der Versicherungsnehmer für die Erzeugung von Waren beschafft hat, bei Naturerzeugnissen: der Wiederbeschaffungspreis, soweit er den Preis nicht überschreitet, der bei dem Verkauf erzielt worden wäre, abzüglich der an dem etwa noch nicht fertigen Erzeugnis ersparten Kosten.

13. Ist die Ware zur Zeit des Eintritts des Versicherungsfalls fest verkauft, aber dem Käufer noch nicht übergeben, so gilt nach der Verkaufspreisklausel (VA. 1912. 123; unzulässig bei vertretbaren Sachen VA. 1914. 49) der vereinbarte Verkaufspreis abzüglich der durch die Nichtlieferung etwa ersparten

Unkosten als Ersatzwert; der Versicherung der Substanz ist insoweit eine Gewinnversicherung angehängt (Bruck 516). — Einzelheiten der Wertsermittelung bei Kaiser 108 ff.

§ 87. Ist bei der Versicherung beweglicher Sachen eine Taxe vereinbart, so gilt die Taxe als der Wert, den das versicherte Interesse zur Zeit der Schließung des Vertrags hat, es sei denn, daß sie den wirklichen Versicherungswert in diesem Zeitpunkt erheblich übersteigt. Eine Vereinbarung, nach welcher die Taxe als der Wert gelten soll, den das versicherte Interesse zur Zeit des Eintritts des Versicherungsfalls hat, ist nichtig.

Schrifttum: Bem. 1 zu § 57. 1.

I. Nach § 57 S. 2 gilt die Taxe als der Wert, den das versicherte Interesse zur Zeit des Eintritts des Versicherungsfalls (Ersatzwert) hat, es sei denn, daß sie den wirklichen Versicherungswert in diesem Zeitpunkt erheblich übersteigt (Bem. 10 zu § 57). Diese Vorschrift findet in der Feuerversicherung nur bei der Versicherung unbeweglicher Sachen Anwendung, sofern nicht eine § 87 entsprechende Bestimmung getroffen ist. Bei der Versicherung beweglicher Sachen ist der Taxe eine geringe Bedeutung beigelegt. 2.

II. Die Taxe (Bem. 3 ff. zu § 57) beweglicher Sachen hat nur die Bedeutung, daß sie dem Versicherungsnehmer den Beweis des Versicherungswertes zur Zeit des formellen Versicherungsbeginns (Bem. 20 zu § 1) abnimmt, vorausgesetzt, daß sie nicht erheblich übersetzt ist. Dagegen ist ihr in Berücksichtigung des öffentlichen Interesses nicht die Kraft beigelegt, maßgebend auch für den Ersatzwert zu sein, wodurch die praktische Anwendung taxierter Policen in der Mobiliarfeuerversicherung sehr erheblich herabgemindert wird. Alle Veränderungen, die die versicherte bewegliche Sache seit Vertragsabschluß durch Abnutzung, besondere Umstände, Preisgestaltung erfahren hat, müssen infolgedessen Berücksichtigung finden. Behauptet der Versicherer derartige Veränderungen, dann kann der Versicherungsnehmer beweisen, daß die Verhältnisse bei Eintritt des Versicherungsfalls noch dieselben sind wie zur Zeit des Vertragsabschlusses (Bgr.) Behauptet der Versicherer, daß die Taxe schon den Wert der Sachen zu damaliger Zeit erheblich überstiegen hat, so liegt ihm hierfür der Beweis ob (Bgr.). — Sind Haushaltsgegenstände usw. (§ 86) taxiert versichert, dann tritt an die Stelle des Versicherungswertes zur Zeit des Vertragsabschlusses der Anschaffungswert, den in diesem Zeitpunkt Sachen gleicher Art unter billiger Berücksichtigung des sich damals aus dem Unterschied zwischen alt und neu ergebenden Minderwerts hatten. — Bei Unterversicherung (§ 56) gilt § 57 S. 3 (Bem. 13 zu § 57). — In der Industrieversicherung sind sogenannte Vortaxklauseln (Kaiser 122 f.) üblich, nach denen eine Taxe für Gebäude und Maschinen als Nachweis des Wertes zur Zeit der Taxaufnahme mit zeitlich beschränkter Gültigkeit anerkannt wird. 3.

4. III. § 87 ist absolut zwingend (S. 2; AllgVorbem. 27, 28). Vereinbarungen bei Vertragsabschluß, welche für die Abnutzung beweglicher Sachen eine fest bestimmte Quote festsetzen, sind zulässig, wenn der Versicherer, falls der sich hiernach ergebende Betrag den der wirklichen Sachlage entsprechenden erheblich übersteigt, nur den letzten zu ersetzen hat (VA. 1911. 116).

§ 88. Als Versicherungswert gilt bei Gebäuden der ortsübliche Bauwert unter Abzug eines dem Zustande des Gebäudes, insbesondere dem Alter und der Abnutzung entsprechenden Betrags.

1. Schrifttum: Bem. 1 zu § 86.

2. I. Als Ersatzwert von Gebäuden (Bem. 3 zu § 97) gilt der ortsübliche Bauwert, d. h. der Betrag, für welchen nach den ortsüblichen Preisen ein Bauwerk gleicher Art errichtet werden kann, unter Abzug eines dem Zustande des Gebäudes zur Zeit des Eintritts des Versicherungsfalls entsprechenden Betrags. Als wertmindernde Faktoren kommen namentlich Alter und Abnutzung (OLG. Düsseldorf 10. 12. 13 VA. 1914* 28 Nr. 797) in Betracht. Ist das Gebäude vor Eintritt des Versicherungsfalls schon dauernd entwertet gewesen, wie beispielsweise eine Mühle (OLG. Hamm 14. 2. 29 VA. 1930. 256 Nr. 2020), so ist dieser geringere Wert zu berücksichtigen, wobei es nicht darauf ankommt, ob die Entwertung vor oder nach Abschluß des Vertrags eingetreten ist (RG. 14. 1. 30 JR. 1930. 75, VA. 1930. 328 Nr. 2079, JW. 1930. 3088). Besteht das versicherte Besitztum aus Wohnhaus, Stall, Scheune und den zugehörigen Äckern, so sind Stall und Scheune dauernd entwertet, wenn die Äcker versteigert worden sind (OLG. Köln 14. 10. 30 JR. 1930. 421, VA. 1931. 268 Nr. 2224). Die Absicht, das Haus abbrechen zu lassen, ist ohne Einfluß auf die Wertermittelung (RG. 6. 6. 02 Seuffert Bd. 59. 402 Nr. 227, 29. 12. 05 VA. 1906* 21 Nr. 188), ebenso die Eröffnung des Konkursverfahrens (OLG. Hamburg 31. 10. 14 VA. 1915* 28 Nr. 870; RG. 7. 5. 15 VA. 1915* 91 Nr. 905) oder ein früher abgeschlossener Zwangsvergleich (LG. Posen VA. 1907* 75 Nr. 325).

3. II. § 88 ist nicht zwingend. So können bei taxiertem Versicherungswert bestimmte Abnutzungsquoten von vornherein vereinbart, so kann auch der Neuwert (Bem. 9 zu § 86) versichert werden. — Über die Gebäude-Baunotversicherung Riebesell Z. 1923. 285; VA. 1922. 133; über die Baulastversicherung VA. 1906. 57.

§ 89. Bei der Versicherung des durch den Eintritt des Versicherungsfalls entgehenden Gewinns kann eine Taxe nicht vereinbart werden.

Bestimmungen über die Berechnung des entgehenden Gewinns können mit Genehmigung der Aufsichtsbehörde in den Versicherungsbedingungen getroffen werden. Übersteigt das Ergebnis der Berechnung den der wirklichen Sachlage entsprechenden Betrag, so hat der Versicherer nur diesen Betrag zu ersetzen.

Schrifttum: Bem. 1 zu § 57. 1.

I. Die Versicherung entgehenden Gewinns (§ 53) ist auch in der Feuerversicherung zulässig. Die grundsätzlichen Bedenken, die in dem vorgesetzlichen Recht namentlich Preußens bestanden haben, sind beseitigt, aber die Versicherung unterliegt Beschränkungen (vgl. auch § 90). 2.

1. Um jeden Anreiz zur Herbeiführung des Versicherungsfalls auszuschließen, ist die Vereinbarung einer Taxe (§ 57) ausgeschlossen (Abs. 1), da sich die Höhe des dem Versicherungsnehmer durch einen Brand-, Explosions-, Blitzschlag-Schaden möglicherweise entgehenden Gewinns bei Abschluß des Vertrags nicht zuverlässig abschätzen, vielmehr erst aus den Verhältnissen zur Zeit des Eintritts des Versicherungsfalles ermitteln läßt, welchen Gewinn der Versicherungsnehmer ohne dieses Ereignis erzielt haben würde. Die rein ziffernmäßig im voraus getroffene Festsetzung der für den entgehenden Gewinn zu gewährenden Entschädigung, bei der auf den nachweislich erlittenen Schaden keine Rücksicht genommen wird, ist ungültig (VA. 1911. 117). 3.

2. Das Verbot der Taxe läßt aber Vereinbarungen über die Berechnung des entgehenden Gewinns zu (Abs. 2 S. 1). So z. B. eine Vereinbarung, wie bei dem durch den Stillstand einer Fabrik verursachten Schaden das bis zum Brande erzielte Geschäftsergebnis, die Zahl der zur Zeit des Brandes beschäftigten Arbeiter, die Marktpreise der Fabrikate, die Höhe der vorliegenden Aufträge berücksichtigt werden, und in welchem Umfange für die Ermittelung der erheblichen Tatsachen die Geschäftsbücher maßgebend sein sollen (Bgr.). Derartige Vereinbarungen sind gültig, wenn sie in aufsichtsbehördlich genehmigten Versicherungsbedingungen enthalten sind. Die Genehmigung hat ausnahmsweise rechtsbegründende Kraft (AllgVorbem. 14). Trotzdem braucht der Versicherer nur den der wirklichen Sachlage entsprechenden Betrag zu ersetzen, wenn dieser das Ergebnis der Berechnung übersteigt (Abs. 2 S. 2). Die Beweislast hat der Versicherer. 4.

II. § 89 ist absolut zwingend (AllgVorbem. 27, 28). Wird die Feuerversicherung als laufende Versicherung genommen (§ 187 Abs. 2), dann kann der entgehende Gewinn gegen Taxe versichert werden (RG. 8. 6. 28 VersPraxis 1928. 91). 5.

III. Die Versicherung entgehenden Gewinns kommt namentlich vor als: Mietverlustversicherung infolge von Brand, Blitzschlag, Explosion (Allgemeine Versicherungsbedingungen: VA. 1932. 146; Von Z. 1913. 186) oder infolge anderer Ursachen (VA. 1910. 121, 1911. 108); Betriebsunterbrechungversicherung (Allgemeine Versicherungsbedingungen: VA. 1932. 143; Domizlaff Z. 1912. 275, Hoppe Z. 1913. 749); Versicherung gegen Minderverwertbarkeit von Rohzucker der Raffinerien (Allgemeine Versicherungsbedingungen: VA. 1932. 147); des Preisunterschiedes bei der Rübenverwertung (Allgemeine Versicherungsbedingungen: VA. 1932. 148); Regenversicherung (Allgemeine Versicherungsbedingungen: VA. 1928. 164; Manes Z. 1927. 255). 6.

§ 90. Wer in Ansehung derselben Sache bei dem einen Versicherer für entgehenden Gewinn, bei einem anderen Versicherer für sonstigen Schaden Versicherung nimmt, hat jedem Versicherer von der anderen Versicherung unverzüglich Mitteilung zu machen.

In der Mitteilung ist der Versicherer, bei welchem die andere Versicherung genommen worden ist, zu bezeichnen und die Versicherungssumme anzugeben.

1. Schrifttum: Bem. 1 zu § 58.

2. I. Die bei mehrfacher Versicherung vorgesehene Mitteilungspflicht (§ 58) findet bei gleichzeitigem Bestehen einer Feuerversicherung unter Ausschluß des entgehenden Gewinns und einer Versicherung entgehenden Gewinns (§ 53) bei einem anderen Versicherer Anwendung. Über die Mitteilungspflicht, die Mitteilung und die Folgen der Verletzung der Mitteilungspflicht Bem. 9 ff. zu § 58. Wird die Mitteilung, die gewöhnlich schriftlich zu erstatten ist, nicht, nicht gehörig, nicht fristgemäß gemacht, so kann als Folge vereinbart werden, daß der Versicherer zum Rücktritt berechtigt oder von der Verpflichtung zur Leistung frei sein soll, wenn die Verletzung verschuldet ist (§ 6 Abs. 1, 3).

3. II. § 90 ist nicht zwingend.

§ 91. Bei der Gebäudeversicherung muß die im Falle einer nicht rechtzeitigen Zahlung der Prämie nach § 39 zu bestimmende Zahlungsfrist mindestens einen Monat betragen.

1. Schrifttum: Bem. 1 zu § 38.

2. I. Bei der Gebäudeversicherung ist die Zahlungsfrist (Bem. 20 β zu § 39) auf mindestens einen Monat festgesetzt, um auch den Hypotheken- und den ihnen gleichgestellten Gläubigern Gelegenheit zu geben, ihrerseits die Prämie zu zahlen und dadurch die Versicherung aufrechtzuerhalten (§§ 103, 105). Umfaßt eine Versicherung zugleich mit dem Gebäude auch bewegliche Gegenstände, so gilt für das ganze Versicherungsverhältnis die Monatsfrist. — Über die Berechnung der Frist Bem. 20 β zu § 39.

3. II. § 91 ist ebenso wie § 39 zugunsten des Versicherungsnehmers zwingend und rückwirkend (Art. 4 Nr. 4 EG.).

§ 92. Der Pflicht zur Anzeige des Versicherungsfalls wird genügt, wenn die Anzeige binnen zwei Tagen nach dem Eintritte des Versicherungsfalls erfolgt. Durch die Absendung der Anzeige wird die Frist gewahrt.

Auf eine Vereinbarung, durch welche die Dauer oder die Berechnung der Frist zum Nachteile des Versicherungsnehmers anders bestimmt ist, kann sich der Versicherer nicht berufen.

Schrifttum: Bem. 1 zu § 33. 1.

I. Die Schadensanzeigepflicht ist abgesehen von der Fristbestimmung wie in der Hagelversicherung (§ 110) geordnet. § 33 gilt neben § 92. 2.

II. 1. Die auf Gesetz beruhende Verpflichtung zur Schadensanzeige ist eine Obliegenheit (Voraussetzung; Bem. 4 zu § 6), die nach Eintritt des Versicherungsfalls dem Versicherer gegenüber zu erfüllen ist (§ 6 Abs. 2). 3.

2. Anzeigepflichtig ist der Versicherungsnehmer oder sein Rechtsnachfolger, bei mehreren Versicherungsnehmern ein jeder von ihnen, bei Versicherung für fremde Rechnung auch der Versicherte, wenn er Kenntnis hat. Bei Veräußerung der versicherten Sache (§ 69) hat der Veräußerer anzuzeigen, wenn der Versicherungsfall vor der Veräußerung eintritt, der Erwerber, wenn er nachher eintritt; läuft die Anzeigefrist noch bei Eintritt des Erwerbers in das Versicherungsverhältnis, so hat der Erwerber den vor der Veräußerung eingetretenen, von dem Veräußerer noch nicht angezeigten Versicherungsfall anzuzeigen. Steht das Recht auf die Leistung aus dem Versicherungsvertrag einem anderen allein zu, so liegt die Anzeigefrist dem anderen ob. Mithin kann anzeigepflichtig sein der Zessionar (OLG. München 22. 10. 24 JW. 1925. 656), der Pfandgläubiger, der Vollstreckungsgläubiger (anders Raiser 309). Steht das Recht mehreren zu, so hat ein jeder von ihnen anzuzeigen. 4.

3. Die Erfüllung der Anzeigepflicht ist an zwei Voraussetzungen geknüpft.

a) Der Eintritt des Versicherungsfalls. Versicherungsfall ist der Eintritt des Elementarereignisses (Brand, Blitz, Explosion usw.), nicht erst der hierdurch herbeigeführte Schaden (RG. 20. 1. 25 JW. 1925. 952; LG. Frankfurt a. M. JR. 1928. 263; OLG. Frankfurt 30. 1. 29 JR. 1929. 189). Der Vorgang, der namentlich bei einem Brand längere Zeit in Anspruch nehmen kann, läßt sich nicht zergliedern, sondern ist einheitlich zu behandeln (Schweighäuser HansRZ. 1919. 219; anders Josef LZ. 1910. 285, Z. 1911. 129). Der Versicherungsfall muß nach dem materiellen Versicherungsbeginn eingetreten sein. Der vor dem formellen Beginn eingetretene Versicherungsfall unterliegt der vorvertraglichen Anzeigepflicht (§§ 16 ff.). 5.

b) Die Kenntnis des Anzeigepflichtigen von dem Ereignis (§ 33 Abs. 1). Kennenmüssen steht der Kenntnis nicht gleich; doch darf sich der Anzeigepflichtige der Kenntnis nicht arglistig entziehen. An erster Stelle steht die Kenntnis des Versicherungsnehmers. Sind mehrere Versicherungsnehmer vorhanden, so schadet die Kenntnis des einen, wenn er die Anzeige nicht ordnungsgemäß, nicht unverzüglich erstattet, allen übrigen. Außer der Kenntnis des Versicherungsnehmers ist die Kenntnis des gesetzlichen, des rechtsgeschäftlich bestellten Vertreters, des Vertreters ohne Vertretungsmacht, bei Versicherung für fremde Rechnung auch die Kenntnis des Versicherten maßgebend. 6.

Die Kenntnis hat sich auf die eingetretene Tatsache und auf ihren Charakter als anzeigepflichtiges Ereignis zu erstrecken.

7. III. 1. Die Anzeige ist eine empfangsbedürftige, an sich formfreie Wissenserklärung. Willensmängel oder Mängel in der Geschäftsfähigkeit haben keinen Einfluß auf die Wirksamkeit der Anzeige. Mithin entscheidet die Tatsache, ob die Anzeige ordnungsgemäß erstattet ist oder nicht. Auch ein beschränkt Geschäftsfähiger oder ein Geschäftsunfähiger kann anzeigen. Ob er aber für eine unterlassene oder für eine nicht rechtzeitige oder für eine nicht ordnungsgemäße Anzeige verantwortlich ist, ist nach den Grundsätzen über die Schuldfähigkeit (§§ 827, 828 BGB.) zu entscheiden (Bem. 5 zu § 16).

8. 2. Die Anzeige ist von dem Anzeigepflichtigen zu erstatten. Bei mehreren Anzeigepflichtigen genügt die Anzeige durch einen von ihnen, wenn sie dem Versicherer zugeht (RG. 3. 5. 01 JW. 1901. 426). Die von einem Nichtanzeigepflichtigen ordnungsgemäß erstattete Anzeige erfüllt die Anzeigepflicht. Diese Folge ist allerdings ausdrücklich nur für einen ganz bestimmten Tatbestand vorgesehen (§ 33 Abs. 2). Es würde aber Treu und Glauben widersprechen, wenn sich der Versicherer auf die Verletzung der Anzeigepflicht berufen könnte, obschon er die Anzeige von einem Nichtanzeigepflichtigen erhalten hat (Bem. 8 zu § 33).

9. 3. Die Anzeige ist gesetzlich formfrei, vertraglich pflegt die Beobachtung einer bestimmten Form, meistens schriftliche Form, verlangt zu werden. Wird die Form nicht gewahrt, so kann sich der Versicherer auf die Verletzung der Anzeigepflicht nicht berufen, wenn er formwidrig rechtzeitig von dem Eintritt des Versicherungsfalls Kenntnis erlangt.

10. 4. Die Anzeige ist an den Versicherer, an den Abschlußagenten (§ 45; Ausnahme § 47) oder an seinen sonstigen Vertreter, bei mehreren Versicherern an einen jeden von ihnen, sofern nicht einer die Führung hat, zu richten. Der Vermittelungsagent ist zur Entgegennahme der Anzeige grundsätzlich (§ 43 Nr. 2; Ausnahme § 47) ermächtigt. Leitet der Agent die ihm zugegangene Anzeige an einen falschen Versicherer weiter, so kann sich der zuständige Versicherer hierauf nicht dem Anzeigepflichtigen gegenüber berufen (RG. 20. 6. 30 Praxis des Versicherungsrechts 1930. 75).

Nach § 14 Abs. 1 a AllgFeuerVersbdg. ist außerdem Anzeige an die Polizeibehörde zu machen. Ihr ist auch eine Aufstellung etwa abhanden gekommener Sachen innerhalb dreier Tage nach Feststellung ihres Verlustes einzureichen.

11. 5. Der Inhalt der Anzeige ist weder gesetzlich noch vertraglich geregelt, ergibt sich aber häufig durch Ausfüllung eines von dem Versicherer entworfenen Fragebogens.

12. 6. Ist der Empfänger der Anzeige anwesend, so ist die Anzeige in verständlicher Form zu machen, ist der Empfänger abwesend, so muß sie ihm zugegangen sein (§ 130 BGB.).

13. 7. Die Anzeige ist binnen zwei Tagen nach Eintritt des Versicherungsfalls zu erstatten (Abs. 1 S. 1); die Frist ist durch § 14 Abs. 1 a AllgFeuerVersbdg. auf drei Tage verlängert. Hiernach wird der Tag, an dem sich der Versicherungsfall ereignet, nicht mitgerechnet, die Frist endigt mit Ablauf des zweiten beziehungsweise dritten diesem Tage folgenden Tages.

Nach § 14 Abs. 1a AllgFeuerVersbdg. beginnt die Frist mit dem Zeitpunkt der Kenntniserlangung von dem „Schaden", d. h. dem Versicherungsfall (Raiser 310). — Die Fristberechnung ergibt sich aus §§ 187 Abs. 1, 188 Abs. 1, 193 BGB. Durch Absendung der Anzeige wird die Frist gewahrt (Abs. 1 S. 2). Innerhalb der zweitägigen oder der an ihre Stelle tretenden Frist braucht die Anzeige nicht unverzüglich erstattet zu werden. Nach Ablauf der Frist ist die Anzeige unverzüglich (ohne schuldhaftes Zögern § 121 Abs. 1 BGB.) nach Erlangung der Kenntnis zu machen (§ 33 Abs. 1). — Die Berechnung der Frist kann zum Nachteile des Versicherungsnehmers nicht geändert, also nicht verkürzt werden (Abs. 2). Eine Vereinbarung, durch die der Beginn der Frist auf einen früheren Zeitpunkt als den gesetzlichen verlegt wird, ist unwirksam.

8. Die Kosten für die Erfüllung der Anzeigepflicht hat der Versicherungs- 14. nehmer (Anspruchsberechtigte) zu tragen.

9. Der Versicherer hat zu beweisen, daß die Anzeigepflicht verletzt ist. 15.

IV. 1. Besondere Folgen sind an die Verletzung der Anzeigepflicht 16. gesetzlich nicht geknüpft. Solange die Anzeige nicht, nicht rechtzeitig, nicht ordnungsgemäß erstattet ist, braucht der Versicherer seine Entschädigungsleistung nicht zu bewirken, aber die Verweigerung seiner Leistung darf nicht schikanös (§ 226 BGB.) sein. — Stellt die Nichterfüllung oder die nicht gehörige Erfüllung der Anzeigepflicht zugleich den Tatbestand einer unerlaubten Handlung dar, so kann der Versicherer Schadensersatz verlangen (§§ 823 Abs. 2, 826 BGB.). — Die Höhe des Schadens hat der Versicherer zu beweisen.

Nach § 14 Abs. 2 AllgFeuerVersbdg. ist bei Verletzung der Schadensanzeige- 17. pflicht der Versicherer leistungsfrei, wenn der Versicherungsnehmer nicht nachweist, daß die Verletzung weder auf Vorsatz noch auf grober Fahrlässigkeit beruht. Hat sich der Anzeigepflichtige in Unkenntnis über seine Verpflichtung zur Anzeige befunden, so ist die Verletzung verschuldet (RG. 11. 4. 19 Bd. 95. 250, 255). Ob durch die Unterlassung oder durch die Verspätung der Anzeige dem Versicherer irgendein Nachteil entstanden ist, ist belanglos (RG. 17. 5. 12 VA. 1912* 120 Nr. 707, JW. 1912. 808, 10. 11. 25 VA. 1927. 82 Nr. 1547, JR. 1925. 327, 11. 5. 29 JR. 1929. 283, 11. 3. 30 Bd. 127. 367, 369, JR. 1930. 132, JW. 1930. 3617). Ob den Anzeigepflichtigen ein Verschulden trifft, wenn er die Anzeige nicht, nicht in der richtigen Form, nicht rechtzeitig, nicht ordnungsgemäß oder nicht an die richtige Adresse erstattet, hängt von der Mentalität des Anzeigepflichtigen ab (OLG. Kiel 24. 2. 27 VA. 1928. 223 Nr. 1787; Bem. 29 zu § 16). Ist die Verspätung der Anzeige durch die Unordnung im Betriebe des Versicherungsnehmers entstanden, so liegt eine grobfahrlässige Verletzung der Anzeigepflicht vor (KG. 1. 5. 29 JR. 1929. 244). Einem Hypotheken- und einem ihm gleichgestellten (§ 106) Gläubiger gegenüber bleibt der Versicherer zur Leistung verpflichtet (§ 101). Vgl. auch Bem. 15 zu § 33.

Ist die Schadensanzeige bei der Polizeibehörde unterblieben, so bleibt die 18. Leistungspflicht des Versicherers bestehen, jedoch kann er die Entschädigung verweigern, bis die Anzeige nachgeholt ist (§ 14 Abs. 2 S. 2 AllgFeuerVersbdg.).

Sind abhanden gekommene Sachen der Polizeibehörde nicht oder nicht rechtzeitig angezeigt, so kann die Entschädigung nur für diese Sachen verweigert werden (§ 14 Abs. 2 S. 3 ebenda).

19. 2. Eine Haftung des Anzeigepflichtigen für das Verhalten Dritter, deren er sich bei Erfüllung der Anzeigepflicht bedient, kommt unter dem Gesichtspunkt des § 278 BGB. nicht in Betracht, da die Anzeigepflicht eine Obliegenheit ist (Bem. 12 zu § 6; RG. 29. 1. 09 VA. 1909* 51 Nr. 455, JW. 1909. 198; KG. 20. 3. 20 VA. 1922* 46 Nr. 1204; OLG. Hamm 14. 1. 20 VA. 1922* 46 Nr. 1205). Über die Haftung für den Wissensvertreter und für den Boten Bem. 13 zu § 6. Vgl. auch Bem. 16 zu § 33.

20. 3. Insoweit die Folgen der Verletzung der Anzeigepflicht in der Leistungsfreiheit des Versicherers bestehen, können diese Folgen im Bereich der Beschränkungen der Vertragsfreiheit (AllgVorbem. 26, 28) nicht eintreten, wenn der Versicherer auf andere Weise von dem Eintritt des Versicherungsfalls rechtzeitig Kenntnis erhalten hat (§ 33 Abs. 2). Kennenmüssen steht der Kenntnis nicht gleich, ebensowenig die Kenntnis des Vermittelungsagenten der Kenntnis des Versicherers (§ 44), wohl aber arglistige Nichtkenntnisnahme. Bei mehreren Versicherern kommt es auf die Kenntnis eines jeden von ihnen an, sofern nicht einer die Führung hat. Worauf die Kenntnis beruht, ist gleich. Dem Versicherer kann insbesondere entgegengehalten werden, daß das Ereignis allgemein bekannt (OLG. Düsseldorf 12. 5. 24 HansRZ. 1924. 685), „börsennotorisch" ist. Erforderlich ist, daß der Versicherer zuverlässige Kenntnis von dem konkreten Vorgang erhalten hat (KV. I 83).

21. V. § 92 ist vorbehaltlich Abs. 2 nicht zwingend.

22. VI. Nach § 14 Abs. 1 c AllgFeuerVersbdg. liegen dem Versicherungsnehmer eine Reihe von Aufklärungspflichten ob. Er hat dem Versicherer, soweit es ihm billigerweise zugemutet werden kann, jede Untersuchung über Ursache und Höhe des Schadens und über den Umfang der Entschädigungspflicht zu gestatten, jede hierzu dienliche Auskunft, auf Verlangen zu Protokoll oder schriftlich, zu erteilen und Belege (Bem. 10 zu § 34) beizubringen. Auf Verlangen muß er ferner innerhalb angemessener Frist, die mindestens zwei Wochen betragen muß, ein von ihm unterschriebenes Verzeichnis der am Schadenstage vorhandenen, der vom Schaden betroffenen und der abhanden gekommenen Sachen, und zwar nach Möglichkeit unter Angabe ihres Wertes unmittelbar vor dem Schadenfall, auf seine Kosten vorlegen; bei Gebäudeschaden muß er auf Verlangen einen beglaubigten Grundbuchauszug auf seine Kosten beibringen. Auch die Folgen der Verletzung dieser Obliegenheiten sind dieselben wie bei der Verletzung der Schadensanzeigepflicht (Bem. 16; Einzelheiten bei Raiser 315 ff.).

23. VII. Ausnahmsweise liegt dem Versicherer eine Anzeigepflicht gegenüber dem Grundstückseigentümer ob, wenn das auf Grund eines Erbbaurechts errichtete Bauwerk gegen Feuer versichert ist und ihm der Eintritt des Versicherungsfalls angezeigt wird (Verordnung vom 15. Januar 1919, RGBl. 72, § 23).

§ 93. **Bis zur Feststellung des an einem Gebäude entstehenden Schadens darf der Versicherungsnehmer ohne Einwilligung des Versicherers nur solche Änderungen vornehmen, welche zur Erfüllung der ihm nach § 62 obliegenden Pflicht oder im öffentlichen Interesse geboten sind.**

Schrifttum: Bruck 360 ff. 1.

I. Dem Versicherungsnehmer ist ähnlich wie in der Hagelversicherung (§ 111) das Veränderungsverbot an Gebäuden, die von einem Schaden betroffen worden sind, auferlegt. Das Veränderungsverbot ist das Gegenstück zur Gefahrstandspflicht (§ 23): diese verbietet die Änderung der Gefahrslage bis zu dem Eintritt des Versicherungsfalls, jenes verbietet die Änderung der Gefahrslage nach dem Eintritt des Versicherungsfalls (Bruck 360; Kaiser 321 rechnet — merkwürdigerweise — das Veränderungsverbot zu den Aufklärungspflichten). 2.

II. 1. Das Veränderungsverbot ist eine Dauer-Obliegenheit (Voraussetzung; Bem. 4 zu § 6), die nach Eintritt des Versicherungsfalls bis zur endgültigen Feststellung des Schadens zu erfüllen ist (§ 6 Abs. 2). 3.

2. Es liegt ob dem Versicherungsnehmer, seinem Rechtsnachfolger, bei mehreren Versicherungsnehmern einem jeden von ihnen. Bei Veräußerung der versicherten Sache (§ 69) hat es auch der Erwerber zu beobachten, wenn die Schadensfeststellung des vor der Veräußerung eingetretenen Versicherungsfalls zur Zeit der Veräußerung noch nicht beendigt ist. Die Verletzung durch den Veräußerer vor der Veräußerung wirkt auch gegenüber dem Erwerber, da dieser in das Versicherungsverhältnis in der Lage eintritt, in der es sich zur Zeit der Veräußerung befindet. Die Verletzung durch den Veräußerer nach der Veräußerung kann dem Erwerber nur in dem Umfange angerechnet werden, in dem er für das Verhalten Dritter einzustehen hat. Bei Versicherung für fremde Rechnung hat auch der Versicherte das Veränderungsverbot zu beobachten. Bei Abtretung, Pfändung, Verpfändung des Anspruchs aus der Versicherung liegt die Beobachtung des Verbots nach wie vor dem Versicherungsnehmer ob, aber der Versicherer wird dem Zessionar, Pfandgläubiger, Vollstreckungsgläubiger entgegenhalten können, daß er wider Treu und Glauben die Obliegenheit nicht erfüllt hat. 4.

3. Das Veränderungsverbot besteht in der Verpflichtung, bis zur Feststellung des an dem versicherten Gebäude entstandenen Schadens keine Änderungen vorzunehmen. Von diesem Verbot bestehen ganz bestimmte Ausnahmen. 5.

a) Die Änderung ist zulässig, wenn der Versicherer einwilligt. Die Einwilligung (Bem. 18 zu § 23; zu unterscheiden von der Einwilligung nach § 182 BGB.), eine empfangsbedürftige, an sich formfreie, rechtsgestaltende Willenserklärung des Versicherers, des Abschlußagenten (§ 45; Ausnahme § 47) oder eines sonstigen Vertreters, kann ausdrücklich oder stillschweigend erteilt werden. Sind mehrere Versicherer vorhanden, so hat ein jeder einzuwilligen, sofern nicht einer von ihnen die Führung hat. Der Ver- 6.

mittelungsagent als solcher ist zur Erteilung der Einwilligung nicht befugt. Die Einwilligung ist, da sie rechtsgestaltenden Charakter hat, nicht widerrufbar, aber anfechtbar (§§ 119 ff. BGB.). Der Versicherungsnehmer muß ihr Vorliegen beweisen.

7. b) Die Änderungen sind zur Erfüllung der Schadenabwendungs- und Minderungspflicht (§ 62) notwendig. Die Beweislast hat der Versicherungsnehmer.

8. c) Die Änderungen sind im öffentlichen Interesse (feuerpolizeiliche Gründe) geboten. Die Beweislast hat der Versicherungsnehmer.

Erweitert sich durch die Änderung der Umfang des Schadens, so hat für ihn der Versicherer aufzukommen, sofern der Versicherungsnehmer zur Änderung befugt war (RG. 9. 3. 82 Bd. 6. 190). Bei Unterversicherung trägt ihn der Versicherer nur anteilsmäßig (§ 56).

9. III. 1. Die Nichterfüllung des Veränderungsverbots hat mangels besonderer Vereinbarung zur Folge, daß der hierdurch entstandene Schaden nicht zu Lasten des Versicherers geht. Der Versicherungsnehmer hat zu beweisen, daß der Umfang des Schadens durch die Änderungen nicht beeinflußt worden ist (Ritter 1095). Ist vereinbart, daß der Versicherer leistungsfrei oder zum Rücktritt berechtigt sein soll, so muß im Bereich der Beschränkungen der Vertragsfreiheit (AllgemVorbem. 26, 28) dem Versicherungsnehmer Vorsatz oder grobe Fahrlässigkeit zur Last fallen. Stellt die Nichterfüllung eine unerlaubte Handlung dar, so kann der Versicherer Schadensersatz verlangen (§§ 823, 826 Abs. 2 BGB.).

10. 2. Dem Versicherungsnehmer kann das Verhalten Dritter nicht angerechnet werden, insbesondere kommt eine Haftung im Rahmen des § 278 BGB. nicht in Betracht (Bem. 11 ff. zu § 6).

11. IV. § 93 ist nicht zwingend.

§ 94. Die Entschädigung ist nach dem Ablauf eines Monats seit der Anzeige des Versicherungsfalls mit vier vom Hundert für das Jahr zu verzinsen, soweit nicht aus besonderen Gründen eine weitergehende Zinspflicht besteht.

Ist der Schaden bis zum Ablauf eines Monats seit der Anzeige des Versicherungsfalls noch nicht vollständig festgestellt, so kann der Versicherungsnehmer in Anrechnung auf die Gesamtforderung die Zahlung des Betrags verlangen, den der Versicherer nach Lage der Sache mindestens zu zahlen hat.

Der Lauf der in den Abs. 1, 2 bezeichneten Fristen ist gehemmt, solange infolge eines Verschuldens des Versicherungsnehmers die Festsetzung des Schadens nicht erfolgen kann.

1. Schrifttum: Bem. 1 vor § 81.

2. I. Naturgemäß kann der Versicherer dem Versicherungsnehmer die Entschädigung zeitigstens auszahlen, wenn die Schadensfeststellung beendigt ist.

Die Einholung von Auskünften über die Ursache und den Umfang des eingetretenen Schadens, die Einforderung von Belegen und ihre Nachprüfung (§ 84) erfordern Zeit. Um die Nachteile, die hierdurch dem Versicherungsnehmer erwachsen können, zu mildern, gibt § 94, der auch für die Viehversicherung gilt (§ 124), dem Versicherungsnehmer zwei Rechte.

II. Der Versicherungsnehmer hat ohne Rücksicht darauf, wann die Entschädigung fällig ist, Anspruch auf Verzinsung (Abs. 1). Die Zinsen sind bis zu dem Tage der Zahlung der Entschädigung zu entrichten. 3.

1. Die Zinspflicht des Versicherers ist unabhängig von einer Mahnung seitens des Versicherungsnehmers, von der Fälligkeit der Entschädigung (Bem. 19), von dem Verzug des Versicherers, von einem sonstigen Verschulden des Versicherers, denn sie beruht auf gesetzlicher Vorschrift. So besteht die Zinspflicht auch dann, wenn die Auszahlung durch Ausbleiben der behördlichen Genehmigung verzögert wird (VA. 1911. 10) oder wenn nach der vereinbarten Wiederherstellungsklausel (§ 97) die Entschädigung nur ratenweise zu zahlen ist (VA. 1927. 148). 4.

2. Die Verzinsung beginnt mit dem Ablauf eines Monats seit dem Zugehen der Schadensanzeige bei dem Versicherer (§ 33). Die Berechnung der Frist ergibt sich aus §§ 187 Abs. 1, 188 Abs. 2, 3, 193 BGB.; über die Hemmung der Frist unten Bem. 16. Ist zu diesem Zeitpunkt die Höhe der Entschädigung noch nicht festgestellt und läßt sich auch nicht übersehen, welcher Betrag nach Lage der Sache mindestens zu zahlen sein wird, so sind die Zinsen auf diesen Zeitpunkt zurückzuberechnen. 5.

3. Die Höhe der gesetzlichen Zinsen beträgt 4 v. H. (§ 288 BGB.), ist der Versicherungsvertrag ein beiderseitiges Handelsgeschäft 5 v. H. (§ 352 HGB.; KG. 2. 7. 21 VA. 1923* 24 Nr. 1251; anders KB. I 76, II 14: in jedem Falle nur 4 v. H.; anders auch Kisch JR. 1929. 275). Um den gegenwärtigen wirtschaftlichen Verhältnissen Rechnung zu tragen, pflegt der Zinsfuß vertraglich festgesetzt zu werden auf 1 v. H. unter dem Diskontsatz derjenigen Zentralnotenbank, in deren Währung zu leisten ist, aber auf nicht höher als auf 6 v. H. und auf nicht weniger als auf 4 v. H. (VA. 1928. 146). So auch nunmehr § 18 Abs. 1 S. 2 AllgFeuerVersbdg. 6.

4. Befindet sich der Versicherungsnehmer im Annahmeverzug (§§ 293 ff. BGB.), dann braucht der Versicherer während des Verzugs keine Zinsen zu entrichten (§ 301 BGB.; Raiser 383; anders Hagen 54), so wenn der Versicherungsnehmer die Annahme der Entschädigung aus irgendeinem Grunde verweigert, wenn er bei Versicherung für fremde Rechnung nicht die Zustimmung des Versicherten zu der Versicherung nachweist (§ 76 Abs. 3), wenn bei Geltung der Wiederherstellungsklausel die bestimmungsgemäße Verwendung des Geldes nicht gesichert ist (§ 97) usw. 7.

5. Eine weitergehende Zinspflicht aus besonderen Rechtsgründen, wie Vertrag, Verzug (§ 288 BGB.; RG. 14. 11. 22 Bd. 105. 356, Mitteilungen 1923. 12; OLG. Düsseldorf 17. 3. 27 JW. 1927. 1705), Rechts- 8.

hängigkeit (§ 291 BGB.), bleibt vorbehalten. Die aus rechtlichen Gründen gewonnene Überzeugung des Versicherers, zur Zahlung nicht verpflichtet zu sein, schließt den Verzug an sich nicht aus, denn der Schuldner trägt im allgemeinen die Gefahr seines Irrtums über die Rechtslage (RGZ. Bd. 92. 379). Nur wenn dem Versicherer aus dem Bestreiten kein Vorwurf zu machen ist, ist wegen Fehlens eines Verschuldens kein Verzug gegeben (RGZ. Bd. 96. 313, 316, Bd. 118. 126). Dieselben Grundsätze gelten, wenn der Versicherer seine verspätete Zahlung mit einem Irrtum oder mit Zweifeln über Tatfragen zu entschuldigen versucht (RG. 18. 11. 30 JR. 1931. 5).

9. 6. Die Zinsen sind auch dann zu entrichten, wenn ihr Betrag zusammen mit der Entschädigungssumme die Versicherungssumme (§ 50) übersteigt (Bgr.).

10. III. Der Versicherungsnehmer hat Anspruch auf Abschlagszahlung, wenn bis zum Ablauf eines Monats seit dem Zugehen der Schadensanzeige bei dem Versicherer (§ 33) der Schaden noch nicht vollständig festgestellt ist (Abs. 2; § 18 Abs. 1 S. 1 AllgFeuerVersbdg.).

11. 1. Außer Zweifel muß sein, ob der Versicherer überhaupt zu leisten verpflichtet ist (VA. 1917. 122; RG. 26. 1. 17 Bd. 89. 351, VA. 1917* 65 Nr. 1007, Seuffert Bd. 72. 288 Nr. 176, 10. 4. 23 JR. 1924. 47); wird dies von ihm bestritten, so ist hierüber nötigenfalls im Prozeß zu entscheiden.

12. 2. Seit dem Zugehen der Schadensanzeige bei dem Versicherer muß mindestens ein Monat verstrichen sein, ohne daß der Schaden vollständig festgestellt worden ist. Die Berechnung der Frist ergibt sich aus §§ 187 Abs. 1, 188 Abs. 2, 3, 193 BGB.; über die Hemmung der Frist unten Bem. 16.

13. 3. Das Verlangen des Versicherungsnehmers, seines Rechtsnachfolgers, bei mehreren Versicherungsnehmern eines jeden von ihnen, bei Versicherung für fremde Rechnung auch des Versicherten (§ 75 Abs. 2; vgl. § 76 Abs. 3) auf Abschlagszahlung ist eine empfangsbedürftige, an sich formfreie Willenserklärung, die an den Versicherer, an den Abschlußagenten (§ 45; Ausnahme § 47) oder an seinen sonstigen Vertreter, bei mehreren Versicherern an einen jeden von ihnen, sofern nicht einer die Führung hat, zu richten ist. Der Vermittelungsagent ist zur Entgegennahme der Erklärung befugt (§ 43 Nr. 2; Ausnahme § 47).

14. 4. Die Mindesthöhe der Entschädigung ist nach Lage der Sache zu bestimmen, nicht etwa nach der subjektiven Auffassung des Versicherers (OLG. Hamm 26. 1. 17 JW. 1917. 474). Der Versicherer kann aber den Gegenbeweis antreten, daß der vom Versicherungsnehmer als Mindestentschädigung geforderte Betrag zu hoch gegriffen sei.

15. 5. Kommt der Versicherer mit der Abschlagszahlung in Verzug, so hat er dem Versicherungsnehmer (Anspruchsberechtigten) den entstandenen Schaden zu ersetzen (OLG. Hamburg 1. 12. 21 VA. 1923* 61 Nr. 1285, HansRZ. 1922. 198).

16. IV. 1. Der Lauf der Fristen (Bem. 5, 12) ist gehemmt, wenn der Versicherungsnehmer die Festsetzung des Schadens schuldhaft ver-

hindert hat (Abs. 3), so wenn er die Auskunftspflicht (§ 34) vorsätzlich oder fahrlässig nicht oder nicht vollständig erfüllt, wenn er vorsätzlich oder fahrlässig die Benennung eines Sachverständigen unterläßt (§ 64). Bei Versicherung für fremde Rechnung steht dem Verschulden des Versicherungsnehmers das des Versicherten gleich. Nach § 18 Abs. 1 S. 3 AllgFeuerVersbdg. ist der Lauf der Fristen gehemmt, solange infolge eines Verschuldens des Versicherungsnehmers die Ermittelung oder Zahlung der Entschädigung nicht erfolgen kann. Der Zeitraum der Hemmung wird in die Frist nicht eingerechnet. Den Beweis für das Verschulden des Versicherungsnehmers hat der Versicherer zu erbringen.

2. Keine Hemmung der Fristen, aber die Hinaus- 17.
schiebung der Zahlung tritt ein, wenn Zweifel über die Berechtigung des Versicherungsnehmers zum Zahlungsempfang bestehen, bis zur Beibringung der erforderlichen Nachweisung (§ 18 Abs. 2a AllgFeuerVersbdg.; z. B. die Nichtvorlegung des Grundbuchauszugs [Bem. 22 zu § 92] KG. 9. 10. 29 JR. 1929. 396). Die Zweifel können die Anspruchsberechtigung oder die Empfangsberechtigung betreffen, so wenn zweifelhaft ist, ob der Anspruch nicht wirksam abgetreten ist, oder wenn die Verwendung der Entschädigung zum Wiederaufbau (§ 97) nicht gesichert ist (Raiser 384 mit weiteren Beispielen). Eine Hinausschiebung der Zahlung tritt ferner ein, wenn eine polizeiliche oder strafgerichtliche Untersuchung aus Anlaß des Schadens gegen den Versicherungsnehmer eingeleitet ist, bis zur Erledigung dieser Untersuchung (§ 18 Abs. 2b AllgFeuerVersbdg.; Gerboth JR. 1927. 6). Der Einleitung einer Untersuchung gegen den Versicherungsnehmer steht bei der Versicherung für fremde Rechnung die Einleitung einer Untersuchung gegen den Versicherten gleich. Berechtigter Verdacht wegen Brandstiftung schließt Verzug des Versicherers aus (KG. 14. 3. 31 JR. 1931. 195).

V. § 94 ist nicht zwingend. Es könnte also bestimmt werden, daß eine weiter- 18.
gehende Zinspflicht als die in Abs. 1 vorgesehene ausgeschlossen sein, daß es also namentlich auch bei Verzug des Schuldners bei der allgemeinen Verzinsungspflicht sein Bewenden haben soll (KG. 2. 7. 21 VA. 1923* 24 Nr. 1251). Abs. 2 und 3 sind rückwirkend (Art. 4 Nr. 7 EG.).

VI. Die Fälligkeit der Entschädigung tritt nach § 18 19.
Abs. 1 S. 1 AllgFeuerVersbdg. einen Monat nach der vollständigen Feststellung der Entschädigung ein. Aber der Versicherer darf nicht unter allen Umständen bis zum Ablauf des Monats mit der Auszahlung warten, sondern er muß sie, wenn die Feststellung beendigt ist, unverzüglich bewirken, sofern er nicht Gefahr laufen will, in Verzug zu geraten (OLG. Hamburg 2. 7. 23 HansRZ. 1923. 839). — Die landesrechtlichen Vorschriften über die polizeiliche Überwachung der Auszahlung von Brandentschädigungen sind zwar aufrechterhalten (§ 154 Abs. 1 erster Halbsatz VAG.), aber fast überall tatsächlich (so z. B. in Preußen, Bayern, Braunschweig) oder stillschweigend außer Kraft gesetzt (König-Petersen 817). — Über die Fälligkeit der Entschädigung, wenn die Wiederherstellungsklausel vereinbart ist, Bem. zu § 97.

§ 95. Der Versicherer haftet nach dem Eintritt eines Versicherungsfalls für den durch einen späteren Versicherungsfall verursachten Schaden nur bis zur Höhe des Restbetrags der Versicherungssumme. Für die künftigen Versicherungsperioden gebührt ihm nur ein verhältnismäßiger Teil der Prämie.

1. Schrifttum: Bem. 1 vor § 81.

2. I. Bei Eintritt eines Teilschadens vermindert sich in der Schadensversicherung (§§ 112, 119; der Transportversicherung unbekannt) die Haftung des Versicherers.

3. II. 1. Voraussetzung für die Verminderung der Haftung des Versicherers ist, daß dieser infolge eines eingetretene, Teilschadens eine Entschädigung geleistet hat. Die Prämien, die er erhalten hat sind hiermit jedenfalls teilweise verbraucht, und er bedarf neuer Prämien, wenn er auch weiterhin in unverkürzter Höhe haften soll. Infolgedessen tritt die Verminderung der Haftung nicht ein, wenn der Versicherer keine Entschädigung zu zahlen gehabt hat, weil er aus irgendeinem Grunde hierzu nicht verpflichtet war, oder weil sie von dem Versicherungsnehmer nicht gefordert wurde. Sie tritt ferner nicht ein, wenn bei einer Rückwärtsversicherung (§ 2) der „Versicherungsfall" schon bei dem formellen Versicherungsbeginn eingetreten ist und beide Parteien schlechtgläubig sind oder nur der Versicherungsnehmer schlechtgläubig ist (Kisch Bd. 2. 143), im letzten Falle um deswillen nicht, weil der Versicherer in Ansehung dieses Versicherungsfalls leistungsfrei ist (§ 2 Abs. 2 S. 2).

4. 2. Die Verminderung der Haftung des Versicherers erfolgt automatisch (S. 1), ohne daß es irgendeiner Erklärung seitens des Versicherers oder des Einverständnisses des Versicherungsnehmers bedarf. Will der Versicherungsnehmer die Versicherung in früherer oder in anderer Höhe wiederherstellen, dann muß er eine Nachversicherung nehmen, die in jeder Beziehung dem Abschluß einer neuen Versicherung gleichsteht. Bei der Gebäudeversicherung wird oftmals vereinbart, daß sich mit Wiederherstellung des Gebäudes die Versicherungssumme von selbst auf den früheren Betrag erhöht.

5. 3. Die Verminderung der Haftung erfolgt vom Eintritt des Versicherungsfalls an (vorausgesetzt, daß der Versicherer eine Entschädigung leistet), um denjenigen Betrag, den der Versicherer tatsächlich geleistet hat. Bei Unterversicherung (§ 56) darf der Versicherer den Teil des Schadens, den der Versicherungsnehmer selbst zu tragen hat, nicht berücksichtigen. Auch insoweit der Versicherer über die Versicherungssumme hinaus haftet (§§ 63, 66), kann er den überschießenden Betrag nicht in Ansatz bringen, da nur das Verhältnis der Entschädigung zu der Versicherungssumme in Betracht kommt Sind mehrere Gegenstände einheitlich versichert, aber für jeden Gegenstand oder für eine Gruppe von ihnen eine Versicherungssumme vereinbart (Bem. 5 zu § 54), dann tritt die Minderung nur bei der Versicherungssumme für den Gegenstand oder für die Gruppe ein (Ehrenzweig 204, Raiser 435).

4. Obschon die Verminderung der Haftung des Versicherers mit dem Eintritt des Versicherungsfalls einsetzt (vorausgesetzt, daß der Versicherer eine Entschädigung leistet), kann die Herabsetzung der Prämie in dem Verhältnis der ursprünglichen zu der verminderten Versicherungssumme erst für die zukünftige Versicherungsperiode (§ 9) in Frage kommen (S. 2), da der Versicherer die Gefahr in der zur Zeit des Eintritts des Versicherungsfalls laufenden Versicherungsperiode in der vollen Höhe der Versicherungssumme getragen hat. Für weitere Versicherungsperioden vorausbezahlte Prämien sind gegebenenfalls unter Abzug eines angemessenen Betrags für Verwaltungskosten zurückzuerstatten. Jedoch kann das Gegenteil vereinbart werden. 6.

III. § 95 ist nicht zwingend. Nach § 19 Abs. 1 AllgFeuerVersbdg. vermindert sich die Versicherungssumme vom Schadenstage an für den Rest der Versicherungsperiode um den Betrag der Entschädigung. Für spätere Versicherungsperioden gelten wieder die ursprüngliche Versicherungssumme und Prämie, wenn sich nicht aus den Umständen ein anderes ergibt. 7.

§ 96. Nach dem Eintritt eines Versicherungsfalls ist jeder Teil berechtigt, das Versicherungsverhältnis zu kündigen.

Die Kündigung ist nur bis zum Ablauf eines Monats seit dem Abschlusse der Verhandlungen über die Entschädigung zulässig. Der Versicherer hat eine Kündigungsfrist von einem Monat einzuhalten. Der Versicherungsnehmer kann nicht für einen späteren Zeitpunkt als den Schluß der laufenden Versicherungsperiode kündigen.

Kündigt der Versicherungsnehmer, so gebührt dem Versicherer gleichwohl die Prämie für die laufende Versicherungsperiode. Kündigt der Versicherer, so gilt das Gleiche in Ansehung desjenigen Teiles der Prämie, welcher auf den dem Schaden entsprechenden Betrag der Versicherungssumme entfällt; von der auf den Restbetrag der Versicherungssumme entfallenden Prämie gebührt dem Versicherer nur der Teil, welcher der abgelaufenen Versicherungszeit entspricht.

Schrifttum: Bruck 680 ff.; Gottschalk JW. 1930. 24, 48; Bem. 1 vor § 81. 1.

I. Das der gesamten (RG. 27. 1. 25 VA. 1926. 152 Nr. 1501, HansRZ. 1925, 397) Schadensversicherung eigentümliche Kündigungsrecht nach Eintritt eines Versicherungsfalls (§§ 113, 158; der Transportversicherung unbekannt) findet seine Rechtfertigung darin, daß die Wahrnehmungen, zu welchen die Ermittelung und Feststellung des Schadens Anlaß geben, häufig bei dem einen oder anderen Teile oder bei beiden Teilen den begründeten Wunsch nach Aufhebung des Vertrags hervorrufen (Bgr.). 2.

II. 1. Die Voraussetzung für das Kündigungsrecht ist der Eintritt eines Versicherungsfalls (Abs. 1). Ist der Versicherungs- 3.

fall (Bem. 5 zu § 92) eingetreten, dann kann gekündigt werden, auch wenn der Versicherer jede Entschädigung ablehnt und sich der Versicherungsnehmer hierbei beruhigt oder wenn der Versicherungsnehmer auf die angebotene Entschädigung verzichtet (LG. Köln VA. 1929. 205 Nr. 1861) oder wenn der Versicherer die beanspruchte Entschädigung in voller Höhe bezahlt oder wenn der Versicherungsnehmer keine Entschädigung beansprucht (OLG. Hamburg 9. 11. 26 HGZ. 1927. 39, JR. 1927. 181). In dem letzten Fall ist nach § 19 Abs. 2 Satz 3 AllgFeuerVersBdg. die Kündigung nur zulässig, sofern der Versicherungsfall nicht länger als ein Jahr zurückliegt und die Kündigung spätestens einen Monat, nachdem die Partei von dem Versicherungsfall Kenntnis erlangt hat, erfolgt. In jedem Fall muß es sich um ein Ereignis handeln, für das der Versicherer nach Maßgabe des Vertrags zu haften hat (VA. 1916. 115; OLG. Düsseldorf 27. 9. 28 JR. 1929. 84), also kann auch ein Feuerversicherungsvertrag gekündigt werden, wenn ein Wasserschaden eingetreten ist, der sich als die unvermeidliche Folge eines Brandes, Blitzschlags oder einer Explosion erweist (KG. 12. 10. 29 JR. 1929. 396). Werden aus Räumlichkeiten, die nicht zu den gegen Einbruchdiebstahl versicherten gehören, Gegenstände entwendet, so kann nicht gekündigt werden (VA. 1921. 138), ebensowenig wenn feuerversicherte Gegenstände von einem versicherungsfreien Schaden (Seng-, Betriebsschaden) betroffen werden (VA. 1916. 115).

Ist der „Versicherungsfall" vor dem materiellen Beginn einer nicht für die Vergangenheit genommenen Versicherung eingetreten, so kann das Vertragsverhältnis nicht gekündigt werden, aber es greifen die Vorschriften über die vorvertragliche Anzeigepflicht (§§ 16 ff.) Platz, wenn der „Versicherungsfall" bis zu dem formellen Versicherungsbeginn eingetreten ist, außerdem gestaltet sich das Versicherungsverhältnis nach den Vorschriften über das nicht zur Entstehung gelangende oder das wegfallende Interesse um (§ 68 Abs. 2). Hat bei einer Rückwärtsversicherung (§ 2) der Versicherer gewußt, daß der Versicherungsfall eingetreten ist, und trotzdem den Vertrag abgeschlossen, dann ist hierin ein Verzicht auf sein Kündigungsrecht zu erblicken.

4. 2. Sind mehrere Gegenstände in einem Vertrage versichert, so kann, wenn der Versicherungsfall nur einen Teil betrifft, das Kündigungsrecht für das ganze Vertragsverhältnis ausgeübt werden. — Bestehen mehrere Feuerversicherungsverträge zwischen denselben Parteien, dann berechtigt vertraglich der Eintritt eines Versicherungsfalls zur Kündigung aller Verträge (§ 19 Abs. 2 S. 1 AllgFeuerVersBdg.).

5. 3. Nach § 19 Abs. 2 S. 1 AllgFeuerVersBdg. kann der Versicherungsnehmer nur dann kündigen, wenn er den Versicherungsfall in der vorgeschriebenen Frist und auch im übrigen ordnungsgemäß angezeigt hat.

6. 4. Eine Kündigung, die vor Erfüllung der Voraussetzung ausgesprochen wird, ist unwirksam und bleibt unwirksam, selbst wenn später die Voraussetzung eintritt (Gottschalk 25; anders OLG. Zweibrücken 19. 2. 29 Praxis des Versicherungsrechts 1929. 77).

II. 1. Die **Kündigung** ist eine rechtsgestaltende, empfangsbedürftige, an sich formfreie Willenserklärung, die dem Empfänger zugegangen sein muß (§ 130 BGB.). 7.

2. **Kündigungsberechtigt** ist der **Versicherer** (Abs. 1), sein Abschlußagent (§ 45; Ausnahme § 47), sein sonstiger Vertreter, bei mehreren Versicherern ein jeder von ihnen, sofern nicht einer die Führung hat. Nicht befugt ist der Vermittelungsagent als solcher. Kündigungsberechtigt ist auch der **Versicherungsnehmer** (Abs. 1), sein Rechtsnachfolger, sein gesetzlicher oder rechtsgeschäftlich bestellter Vertreter. Bei mehreren Versicherungsnehmern kann ein jeder von ihnen für seinen Teil kündigen. 8.

3. **Empfänger der Kündigungserklärung des Versicherers** ist der Versicherungsnehmer. Bei mehreren Versicherungsnehmern muß einem jeden von ihnen die Kündigungserklärung zugehen. — Nach dem Tode des Versicherungsnehmers ist seinen Erben zu kündigen, es sei denn, daß Vertretung des Nachlasses durch Testamentsvollstrecker, Nachlaßpfleger in Betracht kommt. — Ist der Versicherungsnehmer geschäftsunfähig oder beschränkt geschäftsfähig, so muß seinem gesetzlichen Vertreter gekündigt werden. Hat dieser seine Einwilligung zur Empfangnahme der Erklärung seitens des beschränkt Geschäftsfähigen erteilt, so wird die Kündigung in dem Zeitpunkte wirksam, in dem sie dem beschränkt Geschäftsfähigen zugeht (§ 131 BGB.). — Gehört die Versicherung zum eingebrachten Gut der Ehefrau, dann ist beiden Eheleuten zu kündigen (§ 1403 Abs. 2 BGB.), gehört sie zum Gesamtgut, dann reicht Kündigung gegenüber dem Ehemann aus. — Ist der Versicherungsnehmer im Konkurs, so ist die Kündigung an den Konkursverwalter zu richten, es sei denn, daß die Versicherung nicht zur Konkursmasse gehört. — Bei Veräußerung der versicherten Sache (§ 69) ist gegenüber dem Veräußerer zu kündigen, solange der Versicherer keine Kenntnis von der Veräußerung hat (§ 69 Abs. 3). — Bei Versicherung für fremde Rechnung ist dem Versicherungsnehmer zu kündigen, dem Versicherten nur, wenn er über seine Rechte verfügen kann (§ 75 Abs. 2). Ist die Forderung aus dem Versicherungsvertrag abgetreten, verpfändet oder gepfändet, so muß gegenüber dem Versicherungsnehmer gekündigt werden. — Nötigenfalls kann die Kündigungserklärung im Wege des § 10 oder durch öffentliche Zustellung (Bem. 16 zu § 10) übermittelt werden. 9.

Empfänger der Kündigungserklärung des Versicherungsnehmers ist der Versicherer, sein Abschlußagent (§ 45; Ausnahme § 47), sein sonstiger Vertreter, bei mehreren Versicherern ein jeder von ihnen, sofern nicht einer die Führung hat. Der Vermittelungsagent ist zur Entgegennahme der Kündigung berechtigt (§ 43 Nr. 2; Ausnahme § 47). 10.

4. Die Kündigung ist gesetzlich formfrei, kann aber vertraglich an eine bestimmte **Form** gebunden werden. Ist schriftliche Form vereinbart, so reicht faksimilierte (RG. 27. 2. 23 Bd. 106. 330, Mitteilungen 1924, 117, HansRZ. 1923. 413) oder gedruckte (RG. 25. 6. 29 VA. 1930. 292 Nr. 2046, JR. 1929. 260; anders OLG. Köln 21. 1. 27 HansRZ. 1927. 278, VA. 1928. 220 Nr. 1734) Namensunterschrift aus (Bem. 17 zu § 39). 11.

12. 5. Der Inhalt der Kündigung ergibt sich ohne weiteres; der Versicherer muß namentlich aus der Erklärung entnehmen können, zu welchem Zeitpunkt der Versicherungsnehmer kündigt. Ist die Kündigung der Versicherungsnehmers unvollständig (z. B. Fehlen der Genehmigung seitens des Hypothekengläubigers), so hat der Versicherer ihn rechtzeitig auf den Mangel aufmerksam zu machen (VA. 1906. 79, 1907. 119, 1916. 109; Vatke HansRZ. 1918. 365; OLG. Hamburg 3. 6. 09 VA. 1912* 79 Nr. 680).

13. 6. Die Ausübung des Kündigungsrechts ist nur zulässig bis zum Ablauf eines Monats seit dem Abschluß der Verhandlungen über die Entschädigung (Abs. 2 S. 1). Unter Abschluß der Verhandlungen ist die endgültige Erklärung des Versicherers, daß er eine Entschädigung in einer bestimmten Höhe zu leisten bereit ist oder daß er die Entschädigung ablehnt, zu verstehen (vgl. § 158 Abs. 1 S. 1). Schweigt der Versicherer vollständig, so ist nach den Umständen des einzelnen Falles zu beurteilen, ob und von wann ab sein Schweigen als Ablehnung zu gelten hat. Knüpft der Versicherungsnehmer nach Empfang eines endgültigen Bescheids neue Verhandlungen an und läßt sich der Versicherer auf sie von neuem ein, dann wird auch die Frist von neuem in Lauf gesetzt. Durch Erhebung der Feststellungs- oder Leistungsklage wird die Frist nicht unterbrochen. Vertraglich (§ 19 Abs. 2 S. 2 AllgFeuerVersbdg.) pflegt die einmonatige Frist auf eine Frist von zwei Wochen abgekürzt zu werden, die mit der Auszahlung (nicht schon mit dem Abschluß der Verhandlungen) oder Ablehnung beginnt (so auch nach den Allgemeinen Versicherungsbedingungen für Wasserleitungsschädenversicherung VA. 1928. 151). Die Berechnung der einmonatigen oder der vertraglich an ihre Stelle tretenden Ausschlußfrist ergibt sich aus §§ 187 Abs. 1, 188 Abs. 2, 3 193 BGB.

14. 7. Der Versicherer hat eine Kündigungsfrist von einem Monat einzuhalten (Abs. 2 S. 2); natürlich kann er auch auf später kündigen. Die Kündigungsfrist beginnt noch nicht mit Zahlung der ersten Rate, wenn zur Zeit ihrer Zahlung die Höhe des Gesamtschadens noch nicht festgestanden hat (OLG. Breslau 17. 5. 30 VA. 1931. 198 Nr. 2163, Praxis des Versicherungsrechts 1930. 84).

15. Der Versicherungsnehmer kann auf sofort, aber nicht für einen späteren Zeitpunkt als auf den Schluß der laufenden Versicherungsperiode kündigen (Abs. 2 S. 3). Da er somit die Möglichkeit hat, die Wirkung seiner Kündigung bis zu diesem letzten Zeitpunkt hinauszuschieben, so kann er sich den Versicherungsschutz so lange sichern, als er Prämie zu zahlen hat. Freilich kann ihm der Versicherer mit seiner Kündigung zuvorkommen. Laufende Versicherungsperiode (§ 9) ist die Versicherungsperiode, in der die Verhandlungen über die Entschädigung zum endgültigen Abschluß (Bem. 13) gelangen unter Berücksichtigung der sich aus der für Ausübung des Kündigungsrechts gesetzten Frist (Abs. 2 S. 1) ergebenden Verschiebung. Läuft die Versicherungsperiode vom 1. Januar bis 31. Dezember und sind die Verhandlungen am 30. November zum Abschluß gekommen, dann kann der Versicherungsnehmer auf jeden Tag des Dezember, spätestens auf den 31. Dezember, der Ver-

sicherer nur auf den 31. Dezember kündigen. Sind die Verhandlungen am 5. Dezember abgeschlossen, dann kann sich der Versicherer nach Maßgabe des Gesetzes bis zum 6. Januar überlegen, ob er kündigen will oder nicht; macht er von seinem Kündigungsrecht Gebrauch, dann kann er spätestens auf den 6. Februar kündigen. Der Versicherungsnehmer hat sich gleichfalls nach Maßgabe des Gesetzes bis zum 6. Januar zu entscheiden, ob er kündigen will; je nachdem, ob er im Dezember oder Januar kündigt, ist der späteste Zeitpunkt der 31. Dezember des zur Zeit des Abschlusses der Verhandlungen laufenden Jahres oder des nächsten Jahres. — Nach § 19 Abs. 2 S. 4 AllgFeuerVersbdg. tritt auch bei Kündigung durch den Versicherungsnehmer vertraglich das Ende der Versicherung mit dem Ablauf eines Monats nach der Kündigung ein.

8. Die von dem Versicherer oder von dem Versicherungsnehmer einmal 16.
getroffene Wahl des Endpunktes der Versicherung kann ohne Zustimmung der Gegenpartei nicht mehr geändert werden. In einer der gesetzlichen oder der vertraglichen Kündigungsfrist nicht entsprechenden Kündigung kann ein Angebot des Kündigenden auf Abänderung des Vertrags hinsichtlich der Kündigungsfristen liegen, das die Gegenseite durch ihr Schweigen zur Annahme bringen kann. Widerspricht die Gegenseite, so ist nicht die Kündigung wirkungslos, sondern es wird die gesetzlich oder vertraglich vorgesehene Kündigungsfrist in Lauf gesetzt (Gottschalk 49; anders OLG. Stuttgart 12. 4. 29 LZ. 1929. 1293). Während der Kündigungsfrist besteht die Haftung des Versicherers gegebenenfalls mit der sich aus § 95 ergebenden Beschränkung weiter.

9. Mit dem Zeitpunkt, zu dem gekündigt ist, hört die materielle 17.
Dauer der Versicherung (Bem. 4 zu § 7) auf. Einem Hypotheken- oder einem ihm gleichgestellten (§ 106) Gläubiger gegenüber wirkt die Kündigung nach Maßgabe des § 100. Das materielle Ende der Versicherung tritt mit dem Ablauf des letzten Tages ein; § 7 findet keine Anwendung (Bem. 6 zu § 7).

Das Schicksal der Prämie ist verschieden. Bei Kündigung 18.
durch den Versicherungsnehmer gebührt dem Versicherer unter Anwendung des Grundsatzes von der Unteilbarkeit der Prämie (Bem. 6 vor § 35) die volle Prämie für die laufende Versicherungsperiode (Abs. 3 S. 1). Laufende Versicherungsperiode (§ 9) ist diejenige, während der das Versicherungsverhältnis infolge der Kündigung sein Ende erreicht. — Bei Kündigung durch den Versicherer tritt eine Teilung der Prämie ein (Abs. 3 S. 2); § 95 ist zu berücksichtigen. Der Versicherer erhält für die ganze Dauer der laufenden Versicherungsperiode die Prämie insoweit, als sie auf den der Entschädigung entsprechenden Teil der Versicherungssumme entfällt, von der für den Restbetrag der Versicherungssumme geschuldeten Prämie kann er nur denjenigen Teil fordern, welcher der schon abgelaufenen Versicherungsdauer entspricht (s. auch § 9 Abs. 4 S. 2 AllgFeuerVersbdg.). Versicherungsperiode 1. Januar bis 31. Dezember; ein Haus ist für 100 000 RM zu einer Jahresprämie von 100 RM versichert; am 14. Juli 1910 wird das Haus von einem Brandschaden von 60 000 RM betroffen, der Versicherer kündigt zum 1. Oktober 1910. Der Versicherungsnehmer hat für 60 000 RM die volle Jahresprämie mit 60 RM, für 40 000 RM drei Viertel der Jahresprämie, also

30 RM, zu zahlen. Kündigt der Versicherer erst zum 1. Februar 1911, so erhält er außer 100 RM Prämie, die ihm nach § 95 für 1910 zusteht, ein Zwölftel der auf die Versicherungssumme von 40 000 RM entfallenden Jahresprämie, also 3,33 RM (Bgr.). Ist die Prämie für mehrere Jahre vorausgezahlt, so wird nach § 9 Abs. 4 S. 3 AllgFeuerVersbdg. der Betrag einbehalten, den der Versicherer bei Abschluß der Versicherung für die abgelaufene Zeit berechnet haben würde; der Mehrbetrag wird zurückerstattet (Beispiel bei Raiser 232 f.). — Bei beiderseitiger Kündigung gilt die Berechnung des S. 2.

10\. III. § 96 ist nicht zwingend. Das Kündigungsrecht kann für beide Parteien oder nur für eine Partei (RG. 27. 1. 25 VA. 1926. 152 Nr. 1501, HansRZ. 1925. 397) ausgeschlossen werden, es kann in seinen Voraussetzungen, seiner Durchführung abweichend vom Gesetz geordnet werden.

§ 97. Ist der Versicherer nach den Versicherungsbestimmungen nur verpflichtet, die Entschädigungssumme zur Wiederherstellung des versicherten Gebäudes zu zahlen, so kann der Versicherungsnehmer die Zahlung erst verlangen, wenn die bestimmungsmäßige Verwendung des Geldes gesichert ist.

1\. Schrifttum: Bruck 467 ff.; Kisch WuR. 1920. 1.

2\. I. Die Wiederherstellungsklausel stellt sich als Ausnahme gegenüber der Freiheit des Versicherten dar, die ihm zu zahlende Entschädigung nach Belieben verwenden zu können. Sie dient im Bereich der Gebäudeversicherung in erster Linie der Sicherung des Realkredits und beruht auf den Versicherungsbestimmungen (das Gesetz gebraucht diesen Ausdruck wie § 1130 BGB.), zu denen die in § 193 Abs. 1 vorbehaltenen Landesgesetze (RG. 13. 1. 31 Bd. 131. 149, JR. 1931. 52, VA. 1931. 266 Nr. 2222, JW. 1931. 3196) und die Versicherungsbedingungen gehören.

3\. II. Das Anwendungsgebiet der Wiederherstellungsklausel ist in dem Gesetz auf die Feuerversicherung von Gebäuden beschränkt. Was unter einem Gebäude zu verstehen ist, bestimmt sich nach den Vereinbarungen des Versicherungsvertrags, nötigenfalls nach der Verkehrsauffassung. Hiernach richtet sich auch die Entscheidung der Frage, wie in das Gebäude eingebaute Maschinen zu behandeln sind (RG. 21. 10. 08 Bd. 69. 316). Vertraglich kann die Wiederherstellungsklausel auch bei der Versicherung von beweglichen Sachen vereinbart werden, alsdann darf aber kein Zweifel darüber bestehen, daß die Entschädigung von der Wiederherstellung abhängig gemacht wird (RG. 21. 4. 28 JW. 1928. 1744).

4\. III. Die Wiederherstellungsklausel hat zum Inhalt, daß der Versicherungsnehmer die Zahlung der Entschädigung erst verlangen kann, wenn die bestimmungsmäßige Verwendung des Geldes gesichert ist. Die Klausel ändert nichts an dem Wesen der aus dem Versicherungsvertrag erwachsenden Forderung. Vor allem kann von dem Versicherer die Wiederherstellung nicht erzwungen werden, und der Versicherungsnehmer ist zur Rückzahlung der empfangenen Leistung nicht verpflichtet (§ 812 Abs. 1 BGB.), wenn die Wiederherstellung (der Wiederaufbau) unterbleibt (Kisch 4). Die Wiederherstellung ist eine Obliegenheit (Voraussetzung) für die Geltendmachung des Anspruchs auf die Entschädigungsleistung (Bruck 468; RG. 19. 6. 31 Bd. 133. 117, JR. 1931. 252, HansRGZ. A. 1931. 483, JW. 1931. 3189, VA. 1932. 229 Nr. 1 2304). Die Obliegenheit ist nach dem Eintritte des Versicherungsfalls zu erfüllen (§ 6 Abs. 2). Solange die Obliegenheit — Sicherstellung der bestimmungsmäßigen Verwendung des Geldes — nicht erfüllt ist, kann der Versicherer die Leistung verweigern, sofern die Nichterfüllung auf Vorsatz oder auf grober Fahrlässigkeit beruht (RG. 19. 6. 31 Bd. 133. 117, JW. 1931. 3189, VA. 1932. 229 Nr. 2304, JR. 1931. 252, HansRGZ. A. 1931. 483; Bruck Öffentlr. Versicherung 1931. 241. Anders Hagen JR. 1932. 33; Hellweg Öffentlr. Versicherung 1931. 217, JW. 1931. 3189; Moschel JW. 1931. 3190; teilweise auch Blanck JR. 1931. 285; Ehrenzweig Öffentlr. Versicherung 1931. 265, der auf die Fassung der Klauseln abstellt. Hiergegen Möller ebenda 1932. 33, der im übrigen in § 97 eine § 6 ausschließende Sonderregelung sieht oder eine Ersatzvereinbarung konstruiert). Der Versicherer braucht wie bei jeder anderen Obliegenheit nicht auf Erfüllung zu bestehen. Er kann auf ihre Einhaltung dem Versicherungsnehmer gegenüber verzichten und sich durch Auszahlung der Entschädigung von seiner Schuld ihm gegenüber, Hypotheken- und ihnen gleichgestellten Gläubigern (§ 106) gegenüber mit der sich aus § 99 ergebenden Einschränkung, befreien.

IV. 1. Zu der Erfüllung der Obliegenheit ist verpflichtet der Versicherungs- 5.
nehmer, sein Rechtsnachfolger, sein Zessionar (§ 98), bei mehreren Versicherungsnehmern ein jeder von ihnen. Bei Veräußerung des versicherten Grundstücks ist der Veräußerer verpflichtet, wenn er nicht die Entschädigungsforderung an den Erwerber abgetreten hat (§ 98). Ist jedoch der Erwerber dem Veräußerer gegenüber nicht zur Wiederherstellung verpflichtet, so wird es dem Veräußerer schwer möglich sein, die Obliegenheit zu erfüllen. Bei Versicherung für fremde Rechnung der Versicherungsnehmer oder der Versicherte je nachdem, wer die Verfügung über die Rechte hat (§§ 75 Abs. 2, 76 Abs. 2, 3).

2. Unter Wiederherstellung der versicherten Sache ist 6.
im Falle ihrer Beschädigung ihre Ausbesserung, im Falle ihrer Zerstörung ihr Wiederaufbau zu verstehen. In dem letzten Falle reicht aus, wenn gleichartige Sachen oder Sachen, die denselben wirtschaftlichen Zwecken dienen wie die abgebrannten, hergestellt werden (OLG. Marienwerder 8. 1. 07 VA. 1907* 73 Nr. 324).

Bestritten ist, wie stehengebliebene Baureste zu bewerten sind. 7.
In der Rechtsprechung (RG. 22. 12. 08 VA. 1909* 64 Nr. 466, JW. 1909. 132, 27. 5. 10 VA. 1910* 112 Nr. 563, Mitteilungen 1910. 411, 14. 5. 15 VA. 1915* 93 Nr. 906, JW. 1915. 788, LZ. 1915. 1451, 18. 1. 18 Bd. 92. 60, VA. 1918* 66 Nr. 1053, 14. 11. 22 Bd. 105. 356, Mitteilungen 1923. 12, VA. 1925. 134 Nr. 1419; OLG. Kolmar 12. 1. 12 VA. 1912* 118 Nr. 704) wird fast ausnahmslos die Ansicht vertreten, daß Bauverbote nicht als besondere Schadensursachen gelten, mithin der durch die Unmöglichkeit des Wiederaufbaus verursachte Schaden durch den Brand verursacht sei. Nach § 3 Abs. 1 S. 3 AllgFeuerVersbdg. bleiben behördliche Wiederaufbaubeschränkungen grundsätzlich

ohne Einfluß, soweit nichts anderes vereinbart ist. Die Baureste werden also nach ihrem vollen Bauwert, den sie bei Wiederaufbau hätten, und nicht nach ihrem Materialwert in Ansatz gebracht. Es ist möglich, daß hierin eine Umgehung des § 6 Abs. 2 erblickt werden wird (Bem. 4).

8. 3. Die Sicherung der bestimmungsmäßigen Verwendung des Geldes ist keine Sicherheitsleistung im Sinne des § 232 BGB. „Sichern" ist weniger als Sicherheitsleistung. Was als Sicherung genügt, kann gesetzlich (§ 193 Abs. 2) oder vertraglich festgelegt sein, nötigenfalls hat billiges Ermessen zu entscheiden. So wird die Inangriffnahme des Baus etwa durch Anfahren von Baumaterialien ausreichen und die Versicherungsforderung ratenweise je nach Fortschreiten des Baus fällig werden (RG. Bolze Bd. 14 Nr. 457), häufig wird auch ein Vertrauensmann bestellt, an den die Zahlungen erfolgen (Begr.). Unbedingt genügend ist die tatsächliche Verwendung der Versicherungssumme zur Tilgung von Bauschulden (OLG. Rostock 10. 7. 18 Seuffert Bd. 74. 311 Nr. 175). Dagegen ist der Abschluß des Bauvertrags allein keine ausreichende Sicherung (OLG. Kiel 29. 6. 03 Rspr. Bd. 8. 139).

9. V. 1. Da die Wiederherstellung eine Obliegenheit ist, die nach dem Eintritt des Versicherungsfalls zu erfüllen ist (§ 6 Abs. 2), so muß ihre Nichterfüllung auf Vorsatz oder auf grober Fahrlässigkeit beruhen, wenn sich der Versicherer auf sein Leistungsverweigerungsrecht mit Erfolg berufen will (Bem. 4). Wird aus polizeilichen oder aus anderen Gründen der Wiederaufbau des Gebäudes an derselben Stelle von einer Behörde (Kriegsamt KG. 28. 2. 23 VA. 1924* 76 Nr. 1331, Mitteilungen 1924. 166, JR. 1925. 89) untersagt oder kündigt der Fiskus als Eigentümer des Grund und Bodens vertragsgemäß die Platzbenutzung nach erfolgtem Brande (LG. Halle VA. 1911* 122 Nr. 637), so kann der Versicherer seine Zahlung nicht von der bestimmungsmäßigen Verwendung des Geldes zum Wiederaufbau abhängig machen (OLG. Marienwerder 8. 1. 07 VA. 1907* 73 Nr. 324; KG. 28. 2. 23 VA. 1924* 76 Nr. 1331, JR. 1925. 89, Mitteilungen 1924. 166).

10. 2. Dem Versicherungsnehmer kann das Verhalten Dritter nicht angerechnet werden, insbesondere kommt eine Haftung im Rahmen des § 278 BGB. nicht in Betracht (Bem. 11 ff. zu § 6).

11. VI. § 97 ist nicht zwingend. Vertraglich kann der Inhalt der Wiederherstellungsklausel anders festgelegt werden, z. B. in der Weise, daß von der festgestellten Entschädigung zunächst ein bestimmter Betrag, der Rest erst nach der Wiederherstellung gezahlt wird (OLG. Königsberg 11. 1. 29 VA. 1930. 254 Nr. 2018, JR. 1929. 302), oder in der Weise, daß der Versicherungsnehmer, der an der bisherigen Stelle aufbauen will, aber daran verhindert wird, nicht dem vorgesehenen Verlust von einem Drittel seines Entschädigungsanspruchs ausgesetzt ist, wenn er von der Möglichkeit des Wiederaufbaus an anderer Stelle des Ortsbezirks keinen Gebrauch macht (RG. 14. 1. 30 JR. 1930. 75, VA. 1930. 328 Nr. 2079), oder in der Weise, daß die Auszahlung in bestimmten Teilbeträgen zu bestimmten Zeitpunkten erfolgt (RG. 19. 6. 31 Bd. 133. 117, HansRGZ. A. 1931. 483, VA. 1932. 229 Nr. 2304, JR. 1931. 252, JW. 1931. 3189), oder

in der Weise, daß die Wiederherstellung innerhalb bestimmter Frist (OLG. Colmar 12. 6. 13 VA. 1913* 124 Nr. 773) zu erfolgen hat. Sind mehrere Versicherer beteiligt und hat einer von ihnen die Führung, so kann die Wiederherstellungsklausel des führenden Versicherers auch maßgebend für die übrigen Versicherer sein (RG. 3. 7. 28 JW. 1928. 3179). Die Wiederherstellung kann nur für den Fall hypothekarischer Belastung vorgesehen sein.

§ 98. Im Falle des § 97 kann die Forderung des Versicherungsnehmers auf die Entschädigungssumme vor der Wiederherstellung des Gebäudes nur an den Erwerber des Grundstücks oder an solche Gläubiger des Versicherungsnehmers übertragen werden, welche Arbeiten oder Lieferungen zur Wiederherstellung des Gebäudes übernommen oder bewirkt haben. Eine Übertragung an Gläubiger des Versicherungsnehmers, die bare Vorschüsse zur Wiederherstellung gegeben haben, ist wirksam, wenn die Verwendung der Vorschüsse zur Wiederherstellung erfolgt.

Schrifttum: Bruck 727 ff. 1.

I. 1. Bei einer Gebäudeversicherung mit Wiederherstellungsklausel (§ 97) 2.
ist namentlich im Interesse der Gläubiger des Versicherungsnehmers, die zur Wiederherstellung des Gebäudes Leistungen übernommen oder bewirkt haben (Bgr.), die Abtretung und Verpfändung (§ 1274 Abs. 2 BGB.) der Forderung auf die Entschädigungssumme seitens des Versicherungsnehmers vor der Wiederherstellung des Gebäudes nur an bestimmte Personen zulässig (vgl. § 15 über die beschränkte Zulässigkeit der Abtretung der Forderung aus gewissen Schadensversicherungsverträgen). Aber dieser Schutz ist ein sehr unvollkommener. Er versagt vor allem, wenn der Versicherungsnehmer das Geld von dem Versicherer erhebt und es zum Nachteile der Baugläubiger verausgabt.

II. 1. Die Abtretung und Verpfändung der Forderung sind gestattet:

a) an den Erwerber des Grundstücks (S. 1). Der Erwerber, 3.
der an Stelle des Veräußerers in das Versicherungsverhältnis eintritt, erwirbt an und für sich nur die Forderung aus künftigen, nicht auch aus vor der Veräußerung eingetretenen Versicherungsfällen (§ 69 Abs. 1). Seine Erwähnung hat nur den Sinn, daß eine an ihn erfolgende Abtretung auch den Baugläubigern gegenüber wirksam ist; seine Stellung gegenüber einem dritten Zessionar ist nicht die gleiche wie die eines Baugläubigers. Mithin muß der Erwerber sich gegenüber die Abtretung der Forderung an einen dritten Zessionar gelten lassen (Kisch 20);

b) an Gläubiger des Versicherungsnehmers, welche 4.
Arbeiten oder Lieferungen zur Wiederherstellung des Gebäudes übernommen oder bewirkt haben (S. 1). In Betracht kommen namentlich Bauhandwerker, Architekten, Baumeister, Baulieferanten;

5. c) an Gläubiger des Versicherungsnehmers, welche bare Vorschüsse zur Wiederherstellung gegeben haben, wenn die Verwendung der Vorschüsse zur Wiederherstellung erfolgt (S. 2). Der Beweis für die richtige Verwendung des Geldes liegt dem Zessionar ob.

6. 2. Eine Abtretung oder Verpfändung, die an andere Personen erfolgt, ist nach § 135 BGB. nur gegenüber den geschützten Personen unwirksam (RG. 25. 3. 19 Bd. 95. 207, VA. 1919* 61 Nr. 1102, JW. 1919. 678). In dem Umfang, in dem die Wiederherstellung des zerstörten Gebäudes erfolgt, verliert das Verbot seinen Zweck auch den geschützten Gläubigern gegenüber.

7. Konkurs des Versicherungsnehmers (Bruck 691 f.). Der Anspruch aus der Versicherung gehört zur Konkursmasse, denn die Wiederherstellungsklausel schließt die Abtretung und die Pfändung nicht absolut, sondern nur relativ aus. Ist der Versicherungsfall vor der Konkurseröffnung eingetreten und ist in diesem Zeitpunkt die Entschädigungsleistung des Versicherers noch nicht bewirkt, so ist das Veräußerungsverbot Konkursgläubigern gegenüber unwirksam (§ 13 KO.; anders Kisch VersPraxis 1931. 83). Soweit die geschützten Personen Massegläubiger werden, bleibt zu ihren Gunsten das Abtretungsverbot bestehen. Somit kann in diesem Falle der Konkursverwalter den Anspruch auf die Entschädigungsleistung des Versicherers nur an die geschützten Personen abtreten. Ist der Versicherungsfall nach der Konkurseröffnung eingetreten, so gehört der Anspruch aus der Versicherung zur Konkursmasse, denn das Versicherungsverhältnis läuft weiter. Das Abtretungsverbot für die geschützten Personen bleibt bestehen, da diese jedenfalls Massegläubiger sind.

8. 3. Da eine Forderung grundsätzlich nur insoweit gepfändet werden kann, als sie übertragbar ist (§ 851 Abs. 1 ZPO.), so gelten für die Pfändung die gleichen Beschränkungen (Bem. 3—5). Da eine Pfändung zugunsten anderer als der geschützten Personen nur diesen gegenüber unwirksam ist (§ 135 BGB.), so gilt die sich aus § 772 ZPO. ergebende Beschränkung. — Über die Beschlagnahme der Forderung in der Zwangsversteigerung und Zwangsverwaltung Bruck 760.

9. III. § 98 ist absolut zwingend (AllgVorbem. 27). Außerhalb der Gebäudeversicherung gelten die Beschränkungen des § 98 kraft Gesetzes nicht.

Vorbemerkungen vor §§ 99—107.

1. 1. Schrifttum: Bruck 743 ff.; Freymuth JR. 1928. 377; Hagen Bd. 2. 64; Schneider, Deutsches Versicherungshypothekenrecht, Kiel 1917; Werneburg Gruchot Bd. 61. 229.

2. 2. Die §§ 1127—1130 BGB. behandeln die Frage, inwieweit die Forderung gegen den Versicherer dem Hypothekengläubiger haftet, und unter welchen Voraussetzungen der Versicherer mit Wirkung gegen den Hypothekengläubiger an den Versicherungsnehmer (das BGB. spricht vom Versicherten) zu zahlen befugt ist. Abgesehen von § 99, der die gleiche Frage wie § 1130 BGB. ordnet,

befassen sich §§ 100—105 mit der Einwirkung der hypothekarischen Haftung auf das Versicherungsverhältnis und geben in Anknüpfung an Bestimmungen von Statuten und Versicherungsbedingungen dem Hypothekengläubiger ein selbständiges Recht gegen den Versicherer auch in Fällen, in denen der Versicherungsnehmer sein Recht verwirkt hat.

3. Die §§ 1127—1130 BGB. betreffen alle Versicherungen, nicht bloß die Feuer-, sondern z. B. auch die Hagel-, Sturm- und Wasserleitungsschäden-Versicherung. § 1127 gilt für alle Gegenstände, welche der Hypothek unterliegen, nicht nur für Grund und Boden und für die Bestandteile des Grundstücks, sondern unter Umständen auch für die vom Grundstücke getrennten Erzeugnisse und für seine Zubehörstücke (§§ 1120 ff. BGB.; Glas-, Vieh-Versicherung). Bei der Neuwertversicherung erstreckt sich die Hypothek auf die Versicherungsforderung auch insoweit, als der Unterschied zwischen Zeitwert und Neuwert ausmacht (Bruck 744). §§ 99—105 beziehen sich ebenso wie § 1128 BGB. nur auf die Versicherung von Gebäuden, § 1129 BGB. erstreckt sich auf die Versicherung anderer Gegenstände als Gebäude. Nach § 1128 BGB. braucht der Hypothekengläubiger keine besonderen Handlungen vorzunehmen; der Versicherer darf mit Wirkung gegen ihn die Versicherungssumme nur unter bestimmten Bedingungen an den Versicherungsnehmer zahlen. Nach §§ 1128 Abs. 2, 1282 Abs. 1 BGB. ist der Hypothekengläubiger nach Fälligkeit seines Anspruchs zur Einziehung der Versicherungsentschädigung befugt, ohne daß es zuvor ihrer Beschlagnahme zu seinen Gunsten bedarf. Das gleiche gilt für den Grundschuldgläubiger (§ 1192 BGB.; RG. 16. 10. 28 Bd. 122. 131, JR. 1928. 347, JW. 1928. 3177, VA. 1930. 35 Nr. 1947). Da nach § 1128 Abs. 2 BGB. auf die Forderung gegen den Versicherer, auf die sich die Hypothek erstreckt (§ 1127), die für eine verpfändete Forderung geltenden Vorschriften Anwendung finden, so kann der Versicherer nur nach Maßgabe des § 1281 BGB. leisten (OLG. Hamm 12. 1. 28 VA. 1929. 249 Nr. 1903). Nach § 1129 BGB. muß der Hypothekengläubiger zwecks Wahrung seiner Rechte die Versicherungssumme besonders beschlagnahmen; solange dieses nicht geschehen ist, kann sie vom Versicherer ohne weiteres an den Versicherungsnehmer ausgezahlt werden (KG. 12. 5. 28 JR. 1928. 215). Der § 1130 BGB. trifft für den Fall Bestimmungen, daß der Versicherer nur verpflichtet ist, die Versicherungssumme zur Wiederherstellung des versicherten Gegenstandes zu zahlen. Nach der Verordnung vom 28. August 1931 (RGBl. I. 477), § 9 I 2 Lagerordnung erstreckt sich das Pfandrecht des Lagerhalters (Deutsche Getreidehandelsgesellschaft) auf die Feuerversicherung. 3.

4. Die Bestimmungen der §§ 99—107 sind zwingend, gehören aber nicht zu den im Gesetz vorgesehenen Beschränkungen der Vertragsfreiheit, da der Hypothekengläubiger kraft Gesetzes ein selbständiges Recht gegen den Versicherer hat. Entgegenstehende Vereinbarungen des Versicherers mit dem Versicherungsnehmer wirken nicht gegen den Hypothekengläubiger, entgegenstehende Vereinbarungen des Versicherers mit dem Hypothekengläubiger nicht gegen den gutgläubigen Erwerber der Hypothek. Sie haben rückwirkende Kraft (Art. 4 Nr. 8 EG.). Übergangsbestimmungen, solange das Grundbuch nicht angelegt ist, in Art. 5 EG. 4.

5. 5. Noch über die gesetzlichen Bestimmungen hinaus gehen die Hypothekensicherungsscheine (Oertmann WuR. 1915. 73, Batke HansRZ. 1918. 365), die besondere Vereinbarungen zwischen dem Versicherer einerseits und dem Versicherungsnehmer und Hypothekengläubiger andererseits enthalten. So verlängern die Scheine die Haftung des § 100 auf drei Monate; sie setzen in allen Fällen die Anzeige des Versicherers voraus, der Hypothekengläubiger bekommt das Recht, nach Ablauf der dreimonatigen Frist auf eigene Kosten die Versicherung fortzusetzen (VA. 1915. 20), die Ausdehnung der Haftung auf Explosionsschäden zu verlangen u. a. m. Es bedarf keiner Neuausfertigung des Hypothekensicherungsscheins, wenn sich die in dem Schein angegebene Höhe der Hypothek ändert (VA. 1928. 149). Faksimilierte oder sonstige mechanische Unterschrift des Scheins reicht aus (VA. 1928. 150; Bem. 9 zu § 3). Bei Abtretung der Hypothek gehen die durch den Sicherungsschein begründeten Rechte auf den Zessionar über. — Muster von Hypothekensicherungsscheinen für Gebäude, für bewegliche Sachen, für Hypothek- und Verpfändungs-Anmeldung (§§ 1120—1122 BGB.) bei Raiser 405 ff.

§ 99. Im Falle des § 97 ist eine Zahlung, welche ohne die Sicherung der bestimmungsmäßigen Verwendung des Geldes geleistet wird, dem Hypothekengläubiger gegenüber nur wirksam, wenn ihm der Versicherer oder der Versicherungsnehmer angezeigt hat, daß ohne Sicherung geleistet werden soll, und seit dem Empfange der Anzeige ein Monat verstrichen ist.

Soweit die Entschädigungssumme nicht zu einer den Versicherungsbestimmungen entsprechenden Wiederherstellung verwendet werden soll, kann der Versicherer mit Wirkung gegen den Hypothekengläubiger erst zahlen, wenn er oder der Versicherungsnehmer die Absicht, von der bestimmungsmäßigen Verwendung abzuweichen, dem Hypothekengläubiger angezeigt hat und seit dem Empfange der Anzeige ein Monat verstrichen ist.

Die Vorschriften des § 1128 Abs. 1 Satz 2, 3 des Bürgerlichen Gesetzbuchs *) finden entsprechende Anwendung.

1. Schrifttum: Bem. 1 vor § 99.

2. I. Bei Gebäudeversicherungen mit Wiederherstellungsklausel kann der Versicherungsnehmer die Zahlung von dem Versicherer erst verlangen, wenn die bestimmungsmäßige Verwendung des Geldes gesichert ist (§ 97). Zahlt der Versicherer ohne diese Sicherung, oder soll die Entschädigung nicht zur Wiederherstellung verwendet werden, so

*) § 1128 Abs. 1 S. 2, 3 **BGB.** Der Hypothekengläubiger kann bis zum Ablaufe der Frist dem Versicherer gegenüber der Zahlung widersprechen. Die Anzeige darf unterbleiben, wenn sie untunlich ist; in diesem Falle wird der Monat von dem Zeitpunkt an berechnet, in welchem die Versicherungssumme fällig wird.

handelt er auf eigene Gefahr, oder er muß sich die Zustimmung sämtlicher Hypothekengläubiger verschaffen. § 99 gibt dem Versicherer in der Anzeige ein Mittel, um die mit der Einholung der Zustimmung verbundenen Weiterungen zu vermeiden.

II. 1. Die Anzeigepflicht ist eine gesetzlich dem Versicherer oder dem Versicherungsnehmer auferlegte Rechtspflicht im Sinne der §§ 241 ff. BGB. gegenüber dem Hypotheken- und dem ihm gleichgestellten (§ 106) Gläubiger. Sie ist keine Obliegenheit. Infolgedessen haften der Versicherer und der Versicherungsnehmer für Dritte (z. B. Agenten) im Rahmen des § 278 BGB. 3.

2. Anzeigepflichtig ist der Versicherer, bei mehreren Versicherern ein jeder von ihnen, sofern nicht einer die Führung hat. An Stelle des Versicherers ist auch der Versicherungsnehmer anzeigepflichtig, sein Rechtsnachfolger, bei mehreren Versicherungsnehmern ein jeder von ihnen. 4.

3. Voraussetzung für die Anzeigepflicht ist: der Versicherer will die Zahlung ohne Sicherung der bestimmungsmäßigen Verwendung des Geldes leisten (Abs. 1), oder die Entschädigung soll nicht zu einer den Versicherungsbedingungen entsprechenden Wiederherstellung verwendet werden (Abs. 2), etwa weil aus polizeilichen Gründen der Wiederaufbau untersagt wird (Bem. 9 zu § 97). 5.

III. 1. Die Anzeige ist eine empfangsbedürftige, an sich formfreie Willenserklärung, die dem Hypotheken- und dem ihm gleichgestellten (§ 106) Gläubiger zugegangen sein muß. Wer die Anzeige erstattet, ob sie von dem Versicherer oder von dem Versicherungsnehmer ausgeht, ist gleichgültig. Da es nur darauf ankommt, daß der Hypothekengläubiger von dem vertragswidrigen Verhalten des Versicherers Kenntnis erhält, so kann sich der Hypothekengläubiger auch der Kenntnis, die ihm von einem Dritten vermittelt wird, nicht entziehen. Entscheidend ist, daß der Hypothekengläubiger tatsächlich Kenntnis erhält. Der Beweis hierfür liegt dem Versicherer ob. 6.

2. Die Anzeige ist gesetzlich formfrei, wird aber vertraglich an eine bestimmte Form gebunden. Ist wie gewöhnlich schriftliche Form vereinbart, so reicht faksimilierte (RG. 27. 2. 23 Bd. 106. 330, Mitteilungen 1924. 117, HansRZ. 1923. 413) oder gedruckte (RG. 25. 6. 29 VA. 1930. 292 Nr. 2046, JR. 1929. 260; anders OLG. Köln 21. 1. 27 HansRZ. 1927. 278, VA. 1928. 220 Nr. 1734) Namensunterschrift aus (Bem. 17 zu § 39). 7.

3. Aus der Anzeige hat hervorzugehen, daß ohne Sicherung geleistet werden soll oder daß die Absicht besteht, von der bestimmungsmäßigen Verwendung des Geldes abzuweichen. 8.

4. Der Versicherer ist nicht sofort mit dem Zugehen der Anzeige bei dem Hypotheken- und dem ihm gleichgestellten (§ 106) Gläubiger zur vertragswidrigen Leistung berechtigt, sondern erst nach Ablauf eines Monats seit diesem Zeitpunkt. Über die Berechnung der Frist §§ 187 Abs. 1, 188 Abs. 2, 193 BGB. Das Schweigen des Hypothekengläubigers während des Monats gilt als Zustimmung; die Zahlung kann alsdann mit Wirkung gegenüber dem Hypothekengläubiger an den Ver- 9.

sicherungsnehmer erfolgen. Widerspricht ein Hypothekengläubiger, dann ist der Versicherer mit befreiender Wirkung gegenüber dem Hypothekengläubiger so lange nicht zu zahlen befugt (§ 1128 Abs. 1 S. 2 BGB.), als nicht der Widerspruch entweder dadurch beseitigt ist, daß von der vertragswidrigen Zahlung Abstand genommen wird, oder daß der Versicherungsnehmer den Hypothekengläubiger zur Zurücknahme seines Widerspruchs veranlaßt. Berücksichtigung verdient nur der Widerspruch, der vor Ablauf der Monatsfrist dem Versicherer, dem Abschlußagenten (§ 45; Ausnahme § 47) oder seinem sonstigen Vertreter, bei mehreren Versicherern einem jeden von ihnen, es sei denn, daß einer die Führung hat, zugegangen ist. Der Vermittelungsagent ist zu der Entgegennahme des Widerspruchs befugt (§ 43 Nr. 2; Ausnahme § 47). Ein Widerspruch, der nach Ablauf der Monatsfrist erklärt wird, ist wirkungslos.

10. 5. **Wird die Anzeige** dem Hypothekengläubiger **nicht erstattet** und erlangt er auch nicht auf andere Weise Kenntnis von dem beabsichtigten Vorgehen des Versicherers, dann ist die Zahlung an den Versicherungsnehmer dem Hypothekengläubiger gegenüber wirkungslos. Der Hypothekengläubiger kann von dem Versicherer die an den Versicherungsnehmer ausgezahlte Entschädigung insoweit noch einmal für sich fordern, als er auf sie als Hypothekengläubiger Beschlag legen könnte. Zu einer Zurückzahlung des empfangenen Betrages ist der Versicherungsnehmer weder dem Versicherer noch dem Hypothekengläubiger gegenüber verpflichtet.

11. 6. Von **Erstattung der Anzeige** sind Versicherer und Versicherungsnehmer **befreit**, wenn die Anzeige untunlich ist; alsdann beginnt die Monatsfrist mit Fälligkeit der Versicherungssumme (§ 1128 Abs. 1 S. 3 BGB.).

12. IV. Neben § 99 gilt die das Verhältnis des Versicherers zu dem Versicherungsnehmer regelnde Bestimmung des § 18 Abs. 3 AllgFeuerVersbdg., nach der die Zahlung der Entschädigung vorbehaltlos geleistet wird, soweit die zur Zeit des Eintritts des Versicherungsfalls eingetragenen Realgläubiger sich schriftlich einverstanden erklären oder selbst zur Empfangnahme der Entschädigung berechtigt sind (**Raiser** 394 f.).

§ 100. Hat im Falle der Gebäudeversicherung ein Hypothekengläubiger seine Hypothek dem Versicherer angemeldet, so wirkt eine Kündigung, ein Rücktritt oder eine sonstige Tatsache, welche die Beendigung des Versicherungsverhältnisses zur Folge hat, gegenüber dem Hypothekengläubiger erst mit dem Ablauf eines Monats, nachdem die Beendigung und, sofern diese noch nicht eingetreten war, der Zeitpunkt der Beendigung ihm durch den Versicherer mitgeteilt worden oder in anderer Weise zu seiner Kenntnis gelangt ist. Dies gilt jedoch nicht, wenn das Versicherungsverhältnis wegen nicht rechtzeitiger Prämienzahlung gekündigt oder durch den Konkurs des Versicherers beendigt wird.

Auf die Wirksamkeit einer Vereinbarung zwischen dem Versicherer und dem Versicherungsnehmer, durch welche die Versicherungssumme oder der Umfang der Gefahr, für die der Versicherer haftet, gemindert wird, finden diese Vorschriften entsprechende Anwendung.

Eine sich aus dem § 51 Abs. 2 oder dem § 59 Abs. 3 ergebende Nichtigkeit des Versicherungsvertrags kann gegenüber einem Hypothekengläubiger, der seine Hypothek dem Versicherer angemeldet hat, nicht geltend gemacht werden. Das Versicherungsverhältnis endigt jedoch ihm gegenüber mit dem Ablauf eines Monats, nachdem die Nichtigkeit ihm durch den Versicherer mitgeteilt worden oder in anderer Weise zu seiner Kenntnis gelangt ist.

Schrifttum: Bruck 746 ff.; Bem. 1 vor § 99. 1.

I. Schon bisher enthielten die Versicherungsbedingungen vielfach die Be- 2.
stimmung, daß der Versicherer, wenn dem Versicherungsnehmer durch eigene Schuld der Entschädigungsanspruch verlorengegangen ist, die Entschädigung soweit nötig zur Befriedigung der Hypothekengläubiger zu verwenden hat. Die Rechtsprechung nahm an, daß aus einer derartigen Vertragsbestimmung dem Hypothekengläubiger ein unmittelbarer Anspruch gegen den Versicherer erwächst (ROHG. Bd. 17. 66; RG. 17. 1. 83 Bd. 8. 169, 6. 11. 89 Bd. 25. 218). Hieran knüpfen §§ 100 und 101 an.

Zur Hebung des Grundkredits erhält bei einer Gebäudeversicherung der Hypotheken- und der ihm gleichgestellte (§ 106) Gläubiger eine über das BGB. hinausgehende Deckung gegen Nachteile, die der Wegfall der dem Versicherungsnehmer aus der Versicherung zustehenden Ansprüche für ihn zur Folge haben kann. Es soll ihm ermöglicht werden, vor dem materiellen Ende der Versicherung einen neuen Versicherungsvertrag abschließen zu können (Bgr.). Über die im vorgesetzlichen Recht besonders hierfür genommene Versicherung ROHG. Bd. 9. 2.

II. Die Begünstigung des Hypotheken- und des ihm gleichgestellten (§ 106) Gläubigers tritt nur unter zwei Voraussetzungen ein:

1. Der Eigentümer oder Eigenbesitzer (§ 872 BGB.) 3.
des Grundstücks muß eine Gebäudeversicherung genommen haben (§ 1127 BGB.). Ob Zubehör oder Bestandteile des Gebäudes mit oder besonders (Mobiliarfeuerversicherung) versichert sind, ist von Fall zu Fall zu entscheiden (RG. 26. 11. 09 JW. 1910. 71).

2. a) Die Hypothek muß dem Versicherer angemeldet 4.
worden sein (Gegensatz zu § 101), da die Einsichtnahme des Grundbuchs und seiner Akten dem Versicherer nicht zugemutet werden kann und sie auch nicht immer (§ 1154 BGB.) einwandfreie Auskunft über die Person des Gläubigers geben.

b) Die Anmeldung ist eine empfangsbedürftige, an sich formfreie, 5.
vertraglich regelmäßig der schriftlichen Form unterworfene Willenserklärung, durch die der Hypotheken- oder der ihm gleichgestellte (§ 106) Gläubiger, sein gesetzlicher oder rechtsgeschäftlich bestellter Vertreter seine Rechte gegenüber dem Versicherer wahrt.

6. c) *Empfänger* der Erklärung ist der Versicherer, sein Abschlußagent (§ 45; Ausnahme § 47) oder sein sonstiger Vertreter, bei mehreren Versicherern ein jeder von ihnen, sofern nicht einer die Führung hat. Der Vermittelungsagent ist zu ihrer Entgegennahme befugt (§ 43 Nr. 2; Ausnahme § 47). Da es nur darauf ankommt, daß der Versicherer ausdrücklich von dem Bestehen der Hypothek Kenntnis erlangt, so kann er sich der Kenntnis nicht entziehen, wenn die Anzeige nicht von dem Hypothekengläubiger oder seinem Vertreter, sondern von einem dritten Unbeteiligten erstattet wird (anders *Kaiser* 401).

7. d) Der Regel nach wird dem Versicherer *die bloße Anmeldung der Hypothek* genügen. Auf Verlangen muß ihm jedoch der Gläubiger in entsprechender Anwendung des § 1160 BGB. den Hypothekenbrief oder, wenn ein solcher nicht erteilt ist, die grundbuchamtlichen Nachweise seiner Berechtigung vorlegen. Bei Übergang der Hypothek ist die Anmeldung durch den neuen Gläubiger zu wiederholen, anderenfalls bleibt der frühere Gläubiger dem Versicherer gegenüber legitimiert. Selbstverständlich gilt auch hier der öffentliche Glaube des Grundbuchs und des Hypothekenbriefs (§§ 891, 893, 1155 BGB.).

8. e) *Solange die Anmeldung nicht erfolgt ist*, tritt auch nicht die verlängerte Haftung des Versicherers ein. Der Zeitpunkt der Anmeldung ist gleichgültig, sofern sie dem Versicherer vor dem Rücktritt, der Kündigung oder der sonstigen Aufhebungstatsache zugeht; bei einer Vereinbarung nach Abs. 2 ist maßgebend der Augenblick, in welchem die den Gefahrumfang oder die Versicherungssumme mindernde Vereinbarung getroffen wird, bei Nichtigkeit des Vertrags (Abs. 3) entscheidet der Augenblick, in dem sich der Versicherer auf die Nichtigkeit beruft. Erfolgt die Anmeldung nach diesem Zeitpunkt, dann können die bereits eingetretenen Wirkungen nicht mehr rückgängig gemacht werden.

9. f) *Der Versicherer kann* auf die Anmeldung *verzichten* und auch nicht angemeldeten Hypothekengläubigern Schutz gewähren.

III. Die *Begünstigung* des Hypotheken- und des ihm gleichgestellten (§ 106) Gläubigers *besteht darin*, daß ihm gegenüber bei gewissen Vorgängen die *Haftung des Versicherers* weiter *bestehen bleibt*.

10. 1. Die Vorgänge sind:

a) *Kündigung des Vertragsverhältnisses durch den Versicherer* (§§ 14, 24, 27, 41 Abs. 2, 70 Abs. 1, 96). Ausgenommen ist die Kündigung wegen nicht rechtzeitiger Prämienzahlung (Abs. 1 S. 2), weil der Hypothekengläubiger ausreichend durch §§ 103, 105 geschützt wird.

b) *Kündigung des Vertragsverhältnisses durch den Versicherungsnehmer* (§§ 30 Abs. 2, 70 Abs. 2, 96).

c) *Rücktritt des Versicherers* (§§ 6, 16, 17, 32) *oder des Versicherungsnehmers*.

d) *alle sonstigen Tatsachen, welche die Beendigung des Versicherungsverhältnisses zur Folge haben*, wie Ablauf der vereinbarten Versicherungsdauer, Eintritt einer auflösenden Bebingung, Anfechtung des Vertrags wegen arglistiger Täuschung z. B. nach § 22 (OLG. Hamburg 19. 10. 28 HansRGZ. A. 1928. 727, Seuffert Bd. 83. 52 Nr. 35; VA. 1915. 121; Bossert HansRZ. 1921. 139; dagegen Raiser 399, Schneider Z. 1916. 732). Ausgenommen ist die Beendigung des Versicherungsverhältnisses durch Konkurs des Versicherers (Abs. 1 S. 2), weil die Interessen des Hypothekengläubigers ausreichend durch § 13 wahrgenommen werden.

e) Vereinbarungen zwischen Versicherer und Versicherungsnehmer über die Herabsetzung der Versicherungssumme (Abs. 2), gleichgültig von welcher Vertragspartei sie verlangt wird (z. B. §§ 51 Abs. 1, 60 Abs. 1), oder über den Umfang der Gefahr, für die der Versicherer haftet (Abs. 2), so die Umwandlung einer auf Erstes Risiko genommenen Versicherung in eine gewöhnliche Versicherung, die Einführung einer Franchiseklausel, die Ausschließung bestimmter Gefahren (Blitz-, Explosions-Gefahr). Dagegen fällt hierunter nicht eine Verminderung der Haftung, die von selbst, z. B. durch Verringerung des Versicherungswertes, durch Leistung einer Teilentschädigung (§ 95), eintritt; hier schützen den Hypothekengläubiger die §§ 1127 ff. BGB., § 99. Ferner werden auch solche Vereinbarungen nicht getroffen, durch welche dem Versicherungsnehmer erhöhte Verpflichtungen auferlegt werden oder die Geltendmachung des Versicherungsanspruchs erschwert wird.

f) Betrügerische Über- (§ 51 Abs. 2) und Doppel- (§ 59 Abs. 3) Versicherung (Abs. 3). Obwohl der Versicherungsvertrag von vornherein nichtig ist, wird der Hypothekengläubiger geschützt.

2. Dem begünstigten Hypothekengläubiger gegenüber bleibt die Haftung 11.
des Versicherers weiterbestehen. Wie nach § 101 hat der Hypothekengläubiger während des Fortbestehens der Haftung entsprechend der reichsgerichtlichen Auffassung (RG. 5. 7. 21 Bd. 102. 350, JW. 1922. 221; Josef JW. 1922. 786) ein selbständiges aus dem abgeschlossenen Versicherungsvertrag entstammendes unmittelbares Recht, das nicht durch den Versicherungsnehmer beseitigt werden kann. Während des Fortbestehens der Haftung hat der Hypothekengläubiger keinerlei Verpflichtungen (Rechtspflichten oder Obliegenheiten) gegenüber dem Versicherer. Weder braucht er Prämie zu bezahlen, noch eine Gefahrerhöhung anzuzeigen, Anzeige vom Versicherungsfall zu machen, den Schaden abzuwenden oder zu mindern, Auskunft zu erteilen usw. Der Hypothekengläubiger ist keinen Einwendungen aus dem früheren Versicherungsvertrag ausgesetzt. Bedient sich der Versicherungsnehmer des Hypothekengläubigers zur Erfüllung der ihm, dem Versicherungsnehmer, auferlegten Obliegenheiten, dann ist die Frage, inwieweit dem Versicherungsnehmer das Verhalten des Hypothekengläubigers anzurechnen ist, wie stets zu entscheiden (Bem. 11 ff. zu § 6). Führt der Hypothekengläubiger den Versicherungsfall herbei (§ 61), dann ist ihm der besondere Schutz des § 101 aus allgemeinen rechtlichen Erwägungen zu verweigern (Bgr.). Ist der Versicherer dem Versicherungsnehmer zur Leistung verpflichtet, dann geht der Anspruch gegen den Hypothekengläubiger auf den Versicherer über (§ 67; Bossert HansRZ. 1921. 139).

12. IV. Der Versicherer hat aber die Möglichkeit, das **Fortbestehen seiner Haftung zeitlich zu beschränken**, wenn er dem Hypotheken- und dem ihm gleichgestellten (§ 106) Gläubiger die Beendigung des Versicherungsverhältnisses oder, sofern diese noch nicht eingetreten war, **den Zeitpunkt der Beendigung mitteilt** (Abs. 1 S. 1).

13. 1. Die **Mitteilungspflicht** ist keine Rechtspflicht im Sinne der §§ 241 ff. BGB., sondern ihre Erfüllung ist das Mittel, durch das der Versicherer seine Haftung zeitlich zu beschränken in der Lage ist.

14. 2. Die **Mitteilung** ist eine empfangsbedürftige, an sich formfreie Willenserklärung des Versicherers, bei mehreren Versicherern eines jeden von ihnen, sofern nicht einer die Führung hat. Die Mitteilung durch einen der Versicherer, wenn keiner die Führung hat, genügt, vorausgesetzt, daß die Mitteilung zur Kenntnis des Hypothekengläubigers gelangt.

15. 3. **Empfänger** der Mitteilung ist der Hypothekengläubiger; gegebenenfalls kann sie nach seiner letzten dem Versicherer bekannten Wohnung gerichtet werden (§ 104).

16. 4. **Aus der Mitteilung muß hervorgehen**, daß das Versicherungsverhältnis dem Versicherungsnehmer gegenüber beendigt ist, oder daß es zu einem bestimmten Zeitpunkt beendigt sein wird, oder daß die Versicherungssumme oder der Umfang der Gefahr gemindert worden ist. Einer kalendermäßigen Angabe des Zeitpunkts bedarf es nicht, wenn der Hypothekengläubiger imstande ist, den Zeitpunkt selbst berechnen zu können. Der Grund der Beendigung, des Rücktritts, der Kündigung usw. braucht nicht mitgeteilt zu werden.

17. 5. Die Mitteilung ist gesetzlich an keine **Form** gebunden. Vertraglich pflegt eine bestimmte Form, gewöhnlich schriftliche Form, vorgesehen zu werden (Bem. 7 zu § 99).

18. 6. **Wer die Mitteilung macht**, ist gleichgültig. Der Mitteilung seitens des Versicherers steht die Kenntnis (nicht das Kennenmüssen), die der Hypothekengläubiger anderweitig erlangt, gleich. Der Versicherer muß beweisen, daß der Hypothekengläubiger die Kenntnis erlangt hat.

19. 7. Von dem Zugehen der Mitteilung oder der Erlangung der Kenntnis an **haftet der Versicherer** dem Hypothekengläubiger **nur noch einen Monat**. Über die Berechnung der Frist §§ 187 Abs. 1, 188 Abs. 2, 3, 193 BGB. Einen Versicherungsfall, der während der Monatsfrist eintritt, hat der Versicherer dem Hypothekengläubiger, nicht dem Versicherungsnehmer nach Maßgabe des Versicherungsvertrags zu ersetzen. Mit Ablauf der Frist hört die Haftung des Versicherers auch gegenüber dem Hypothekengläubiger auf. Verzögert oder unterläßt der Versicherer die Mitteilung und erlangt der Hypothekengläubiger auch nicht anderweitig Kenntnis, so bleibt die Haftung des Versicherers weiterbestehen.

§ 101. Ist bei der Gebäudeversicherung der Versicherer wegen des Verhaltens des Versicherungsnehmers von der Verpflichtung zur Leistung frei, so bleibt gleichwohl seine Verpflichtung gegenüber einem Hypothekengläubiger bestehen, ohne Unterschied, ob die Hypothek angemeldet ist oder nicht. Das Gleiche gilt, wenn der Versicherer nach dem Eintritte des Versicherungsfalls von dem Vertrage zurücktritt.

Die Vorschrift des Abs. 1 Satz 1 findet keine Anwendung, wenn der Versicherer wegen nicht rechtzeitiger Prämienzahlung von der Verpflichtung zur Leistung frei ist.

Schrifttum: Bem. 1 vor § 100; Hellweg JW. 1928. 545; Wünschmann Mitteilungen 1915. 288, JW. 1928. 3157. 1.

I. Da nach Eintritt eines Versicherungsfalls der Gebäudeversicherer für den Regelfall, daß seine Haftung gegenüber dem Versicherungsnehmer bestehen geblieben ist, gemäß §§ 1127, 1128, 1130 BGB. verpflichtet ist, die Rechte des Hypothekengläubigers ohne Rücksicht auf eine vorgängige Anmeldung zu beachten, so wird die Lage des Versicherers nicht unbillig erschwert, wenn ihm eine gleiche Verpflichtung für die Fälle auferlegt wird, in denen der Versicherungsnehmer durch sein Verhalten den Entschädigungsanspruch verwirkt hat (Bgr.). Im Gegensatz zu § 100 ist nicht notwendig, daß die Hypothek angemeldet worden ist. Zugunsten des Versicherers gilt der öffentliche Glaube des Grundbuchs. 2.

II. Die Begünstigung des Hypotheken- und des ihm gleichgestellten (§ 106) Gläubigers tritt ein:

1. wenn der Versicherer wegen des Verhaltens des Versicherungsnehmers leistungsfrei ist (Abs. 1 S. 1). Also namentlich in den Fällen der §§ 2 Abs. 2 S. 2, 6, 12 Abs. 2 (RG. 17. 1. 83 Bd. 8. 169), 25 Abs. 1, 28, 32, 33, 61 (OLG. Breslau 12. 10. 20 JW. 1921. 756; RG. 5. 7. 21 Bd. 102. 350, JW. 1922. 221), 67 Abs. 1 S. 3, 71, aber auch wenn der Versicherer den Vertrag wegen arglistiger Täuschung anficht (§ 22; OLG. Hamburg 19. 10. 28 HansRGZ. A. 1928. 727, Seuffert Bd. 83. 52 Nr. 35). Ausgenommen ist nur, wenn der Versicherer wegen nicht rechtzeitiger Prämienzahlung (§§ 38 Abs. 1, 39 Abs. 1 S. 2) leistungsfrei ist (Abs. 2; vgl. §§ 103, 105), oder wenn die Befreiung des Versicheres ohne Rücksicht auf ein vertragswidriges Verhalten eintritt, z. B. wenn sich der Versicherer von gewissen Schäden, etwa Explosionsschäden, freigezeichnet hat oder bestimmte Abzüge zu machen berechtigt ist. 3.

2. wenn der Versicherer nach Eintritt des Versicherungsfalls von dem Vertrage zurücktritt (Abs. 1 S. 2), wobei der Rücktritt auf Gesetz (§ 21) oder Vertrag (§ 6) beruhen kann. Der Rücktritt fällt unter § 100 und § 101. 4.

3. wenn der Versicherungsnehmer oder der Versicherer gegen den Anspruch aus dem Versicherungsvertrage aufrechnen. 5.

III. 1. Die Begünstigung besteht darin, daß der Versicherer dem Hypotheken- und dem ihm gleichgestellten (§ 106) Gläubiger gegenüber zur Leistung verpflichtet bleibt. Der Anspruch des 6.

Hypothekengläubigers ist ein selbständiger, unmittelbarer (Bem. 11 zu § 100). Mehreren Hypothekengläubigern steht er nach Maßgabe ihrer Rangstellung zu. Kommt das Grundstück zur Zwangsversteigerung, so haben die Realgläubiger, deren Rechte nach dem Inhalt des Zuschlagsbeschlusses bestehen geblieben sind, nach Maßgabe ihres Ranges Anspruch auf die Entschädigungsleistung des Versicherers. Der erstausgefallene Realgläubiger kann daher den Anspruch nur erheben, wenn er die Zustimmung der vorhergehenden Realgläubiger beibringt, soweit deren Rechte bestehen geblieben sind (OLG. Königsberg 19. 5. 31 VA. 1932. 234 Nr. 2306). Der Versicherer zahlt mit befreiender Wirkung an den durch Buch und Brief legitimierten Gläubiger und erwirbt von ihm die Hypothek gemäß § 102. Ob die Hypothek vor oder nach dem vertragswidrigen Verhalten des Versicherungsnehmers bestellt worden ist, bleibt sich gleich; ist die Hypothek aber erst nach Eintritt des Versicherungsfalls bestellt, so wird ihr Gläubiger nicht mehr begünstigt. Die Höhe der Leistung des Versicherers wird durch die Höhe des eingetretenen Versicherungsschadens bestimmt, mithin gegenüber einem Grundschuldgläubiger durch die Belegung der Grundschuld zur Zeit des Eintritts des Versicherungsfalls und nicht durch den Nominalbetrag der Grundschuld (Bruck JW. 1929. 2057; anders RG. 16. 4. 29 VA. 1930. 243 Nr. 2008, JR. 1929. 199, JW. 1929. 1984 und ihm folgend OLG. Königsberg 19. 5. 31 VA. 1932. 234 Nr. 2306).

7. 2. Der Versicherungsnehmer kann keine Entschädigung von dem Versicherer fordern, auch nicht die Rechte des Hypothekengläubigers geltend machen (OLG. Kolmar 28. 10. 04 VA. 1905* 23 Nr. 102), anders wenn der Versicherungsnehmer den Hypothekengläubiger beerbt (RG. 19. 12. 05 Wallmann Bd. 40. 847), jedoch kann der Versicherer gegebenenfalls mit seinem Schadensersatzanspruch aufrechnen, denn die Schadensersatzpflicht des Versicherungsnehmers gegenüber dem Versicherer bleibt unberührt. Ist der Versicherer z. B. wegen Verletzung der vorvertraglichen Anzeigepflicht dem Versicherungsnehmer gegenüber leistungsfrei, während er dem Hypothekengläubiger haftet, so kann er von dem Versicherungsnehmer Ersatz des Schadens verlangen, der ihm durch das schuldhafte Verhalten des Versicherungsnehmers verursacht worden ist; dieser Schaden wird meistens in dem Mehrbetrage der Prämie bestehen, den der Versicherer bei richtiger Anzeige verlangt hätte (§ 41 Abs. 1). Weist der Versicherer jedoch nach, daß er bei richtiger Anzeige die Gefahr überhaupt nicht übernommen hätte (§ 41 Abs. 2), so wird dieser Schaden die dem Hypothekengläubiger gezahlte Entschädigung umfassen. Der Entschädigung treten die dem Versicherer durch die Versicherung entstandenen Auslagen (Provisionen, Abgabe an den Rückversicherer usw.) hinzu; die vereinnahmten Prämien können abgezogen werden. Das gleiche gilt, wenn der Versicherungsnehmer den Eintritt des Versicherungsfalls schuldhaft herbeigeführt hat; auch hier haftet er dem Versicherer auf Ersatz des Betrags, den dieser dem Hypothekengläubiger zahlen muß.

§ 102. Soweit der Versicherer auf Grund der Vorschriften der §§ 100, 101 den Hypothekengläubiger befriedigt, geht die Hypothek auf ihn über. Der Übergang kann nicht zum Nachteil

eines gleich- oder nachstehenden Hypothekengläubigers geltend gemacht werden, dem gegenüber die Verpflichtung des Versicherers zur Leistung bestehen geblieben ist.

Schrifttum: Bruck 672 f. 1.

2. Soweit der Versicherer den Hypotheken- und den ihm gleichgestellten (§ 106) Gläubiger befriedigt, erlischt dessen Forderung. Ist der Versicherer dem Versicherungsnehmer gegenüber von der Verpflichtung zur Leistung frei (§§ 100, 101), so liegt eine ungerechtfertigte Bereicherung des Versicherungsnehmers vor, wenn dieser auch persönlicher Schuldner war. Ist der Versicherungsnehmer nicht der persönliche Schuldner, so erlischt die Hypothek nicht, da der Gläubiger nicht aus dem Grundstück befriedigt wird (§ 1181 BGB.; RGZ. Bd. 56. 322), aber die Hypothek geht auf den Versicherungsnehmer als Grundstückseigentümer über (§ 1163 Abs. 1 S. 2 BGB.). Deshalb stellt § 102 den Versicherer ebenso wie § 1164 BGB. den persönlichen Schuldner, der von dem Eigentümer Ersatz verlangen kann. Als Ausgleich für die zugunsten des Hypothekengläubigers erweiterte Haftung geht die Hypothek in Höhe der Befriedigung des Hypothekengläubigers durch den Versicherer auf den Versicherer über (S. 1). Die Forderung, für welche die Hypothek bestellt ist, geht nicht auf den Versicherer über. An ihre Stelle tritt kraft Gesetzes der Bereicherungsanspruch oder der Schadensersatzanspruch des Versicherers gegen den Versicherungsnehmer (RG. 16. 4. 29 VA. 1930. 243 Nr. 2008, JR. 1929. 199, JW. 1929. 1984). Erreicht die Entschädigungsleistung des Versicherers nicht die Höhe der Hypothek, so bleibt diese in Höhe des Restbetrages für den bisherigen Hypothekengläubiger bestehen. Auf den Versicherer finden §§ 1144 ff. BGB. Anwendung; er kann Zug um Zug mit Zahlung der Entschädigung die Mitwirkung des Hypothekengläubigers zur Berichtigung des Grundbuchs oder die Übergabe der dazu erforderlichen Urkunden verlangen. Ist die Hypothek eine Gesamthypothek, so ist in entsprechender Anwendung des § 1174 BGB. anzunehmen, daß sie, soweit sie auf den Versicherer überhaupt übergeht, nur als Hypothek an dem Grundstück, auf dem sich das versicherte Gebäude befindet, bestehen bleibt, während sie an den übrigen Grundstücken erlischt; anders Gerboth JR. 1928. 225, Kürsten ebenda 274, letzterer mit bedenklicher Begründung. Ist die Hypothek im Zwangsversteigerungsverfahren erloschen, so verbleibt dem Versicherer nur noch sein nicht mehr dinglich gesicherter Bereicherungs- oder Schadensersatz-Anspruch gegen den Versicherungsnehmer (Bruck 673). 2.

3. Durch den Übergang der Hypothek auf den Versicherer wird das Vorrücken nachstehender und die Besserstellung gleichstehender Hypothekengläubiger verhindert. Hierin liegt eine Ungerechtigkeit für diejenigen Gläubiger, denen gegenüber die Verpflichtung des Versicherers zur Leistung bestehen geblieben ist. Daher tritt der Versicherer (S. 2) im Falle des § 101 hinter alle Hypothekengläubiger zurück, im Falle des § 100 nur hinter diejenigen, die ihre Hypothek angemeldet haben. Ist die Hypothek nur teilweise auf den Versicherer übergegangen, so gilt Entsprechendes. 3.

4. 4. Wenn nur zwecks Wiederherstellung (§ 97) gezahlt wird, findet § 102 keine Anwendung, der Gläubiger wird hier nicht befriedigt, vielmehr tritt an Stelle des untergegangenen Gebäudes, das für die Hypothek haftete, ein neues. Die Hypothek verbleibt dem Gläubiger (Bgr.).

§ 103. Bei der Gebäudeversicherung hat der Versicherer dem Hypothekengläubiger, der seine Hypothek angemeldet hat, unverzüglich Mitteilung zu machen, wenn dem Versicherungsnehmer nach den §§ 39, 91 für die Zahlung der Prämie eine Frist bestimmt wird. Das Gleiche gilt, wenn das Versicherungsverhältnis nach dem Ablaufe der Frist wegen unterbliebener Prämienzahlung gekündigt wird.

1. Schrifttum: Bem. 1 vor § 99, Bem. 1 zu § 38.

2. I. Bei der Gebäudeversicherung werden die Hypotheken- und die ihnen gleichgestellten (§ 106) Gläubiger in den Stand gesetzt, den Versicherungsnehmer (Prämienschuldner) zur Entrichtung einer Folgeprämie (§ 39) veranlassen oder selbst die Prämie zahlen oder gegebenenfalls für den Abschluß eines neuen Versicherungsvertrags Sorge tragen zu können, denn sie genießen nicht den Schutz des § 100 Abs. 1 S. 2 und § 101 Abs. 2. Zu diesem Zweck ist dem Versicherer eine Mitteilungspflicht auferlegt. — Bei Nichtentrichtung der ersten Prämie (§ 38) bedarf der Hypothekengläubiger keines besonderen gesetzlichen Schutzes, da er bei Hergabe der Hypothekenvaluta Vorsorge treffen kann, daß die Versicherung in Kraft gesetzt sein muß.

3. II. 1. Die Mitteilungspflicht ist eine gesetzlich dem Versicherer auferlegte Rechtspflicht im Sinne der §§ 241 ff. BGB. gegenüber dem Hypotheken- und dem ihm gleichgestellten (§ 106) Gläubiger. Sie ist keine Obliegenheit. Infolgedessen haftet der Versicherer für Dritte (z. B. Agenten) im Rahmen des § 278 BGB.

4. 2. Mitteilungspflichtig ist der Versicherer, bei mehreren Versicherern ein jeder von ihnen, sofern nicht einer die Führung hat.

5. 3. Voraussetzung für die Mitteilungspflicht ist a) daß der Hypotheken- oder der ihm gleichgestellte (§ 106) Gläubiger die Hypothek dem Versicherer angemeldet hat (Bem. 4 ff. zu § 100); b) daß der Versicherer dem Versicherungsnehmer eine Zahlungsfrist gesetzt hat (S. 1; Bem. 11 ff. zu § 39), oder daß er das Versicherungsverhältnis nach Ablauf der Zahlungsfrist wegen unterbliebener Prämienzahlung gekündigt hat (S. 2; Bem. 25 ff. zu § 39). Da es nur darauf ankommt, daß der Hypothekengläubiger von diesen Vorgängen Kenntnis erlangt, so kann er sich der Kenntnis nicht entziehen, wenn die Mitteilung nicht von dem Versicherer oder von seinem Erfüllungsgehilfen, sondern von einem dritten Unbeteiligten gemacht wird. Den Beweis für seine Kenntnis hat der Versicherer zu erbringen.

III. 1. Die **Mitteilung** ist eine empfangsbedürftige, an sich form- 6.
freie Willenserklärung des Versicherers, bei mehreren Versicherern eines jeden von ihnen, sofern nicht einer die Führung hat. Empfänger der Mitteilung ist der Hypotheken- und der ihm gleichgestellte (§ 106) Gläubiger, gegebenenfalls kann sie nach seiner letzten dem Versicherer bekannten Wohnung gerichtet werden (§ 104).

2. Der **Inhalt** der Mitteilung muß so gefaßt sein, daß der Empfänger 7.
aus ihr erkennen kann, wieviel Prämien geschuldet werden, wann die Zahlungsfrist abläuft und für wann das Versicherungsverhältnis gekündigt wird.

3. Die Mitteilung ist gesetzlich an keine **Form** gebunden, vertraglich 8.
pflegt eine bestimmte Form, gewöhnlich schriftliche Form, vorgesehen zu werden (Bem. 7 zu § 99).

4. Die Mitteilung ist **unverzüglich** (ohne schuldhaftes Zögern § 121 9.
Abs. 1 BGB.), nachdem dem Versicherungsnehmer die Zahlungsfrist gesetzt oder das Versicherungsverhältnis gekündigt ist, zu erstatten.

IV. Wird die Mitteilungspflicht **schuldhaft nicht, nicht ge-** 10.
hörig, nicht fristgemäß erfüllt, dann hat der Versicherer den hierdurch dem Hypotheken- und dem ihm gleichgestellten (§ 106) Gläubiger erwachsenen Schaden zu ersetzen. Der Schadensersatz kann in der den Versicherer nach Maßgabe des Versicherungsvertrags treffenden Entschädigung selbst bestehen, wenn der Hypothekengläubiger nachweist, daß er bei rechtzeitiger Mitteilung durch Zahlung der Prämie die Versicherung aufrechterhalten hätte.

§ 104. Hat der Hypothekengläubiger seine Wohnung geändert, die Änderung aber dem Versicherer nicht mitgeteilt, so genügt für eine Mitteilung der in den §§ 100, 103 bezeichneten Art die Absendung eines eingeschriebenen Briefes nach der letzten dem Versicherer bekannten Wohnung. Die Mitteilung wird in dem Zeitpunkte wirksam, in welchem sie ohne die Wohnungsänderung bei regelmäßiger Beförderung dem Hypothekengläubiger zugegangen sein würde.

Schrifttum: Bem. 1 zu § 10. 1.

I. **Die** allgemein dem Versicherungsnehmer auferlegte **Obliegenheit,** 2.
dem Versicherer jede Wohnungsänderung mitzuteilen (§ 10), **ist auf die Hypotheken-** und die ihnen gleichgestellten (§ 106) **Gläubiger insoweit ausgedehnt**, als der Versicherer für eine Mitteilung gemäß §§ 100, 103 sich des vereinfachten Verfahrens bedienen kann (Bem. 2 ff. zu § 10). Ist die Wohnung des Hypothekengläubigers aus dem Grundbuch ersichtlich, so kann sich der Versicherer an diese Angabe halten. Eine Verpflichtung des Versicherers, das Grundbuch auf etwaige Wohnungsangaben der Hypothekengläubiger einzusehen, besteht jedoch nicht. — Die Kosten der Einschreibesendung hat der Versicherer zu tragen. Es kann vertraglich vorgesehen sein, daß der Versicherer ihren Ersatz vom Versicherungsnehmer fordern darf. — Über die öffentliche Zustellung Bem. 16 zu § 10.

§ 105. Bei der Gebäudeversicherung darf der Versicherer, auch wenn der Versicherungsnehmer widerspricht, die von einem Hypothekengläubiger angebotene Prämienzahlung nicht ablehnen.

1. Schrifttum: Bem. 1 zu § 38.

2. I. Bei der Gebäudeversicherung wird abweichend von § 267 BGB. (Bem. 11 zu § 35) Vorsorge getroffen, daß der Hypotheken- und der ihm gleichgestellte (§ 106) Gläubiger stets in der Lage ist, durch eigene Prämienzahlung die Versicherung aufrechtzuerhalten. Gleichgültig ist hierbei, ob er die Hypothek dem Versicherer angemeldet hat oder nicht, und ob es sich um eine Erst-Prämie (§ 38) oder Folge-Prämie (§ 39) handelt. Die Mitteilung des Versicherers (§ 103) ermöglicht dem Hypothekengläubiger, von seinem Recht Gebrauch zu machen. Um die Rechte aus dem Versicherungsvertrag aufrechtzuerhalten, muß der Hypothekengläubiger die Prämie dem Versicherer tatsächlich so anbieten, wie sie zu bewirken ist (§ 294 BGB.). Da die Folgen der Nichtzahlung auch eintreten, wenn Zinsen oder Kosten nicht gezahlt werden, so ist der Hypothekengläubiger gleichfalls zur Entrichtung dieser Beträge allein oder neben der Prämie befugt.

§ 106. Ist das Grundstück mit einer Reallast, Grundschuld oder Rentenschuld belastet, so finden die Vorschriften der §§ 99 bis 105 entsprechende Anwendung.

1. Schrifttum: Bem. 1 vor § 99.

2. I. Der Hypothek wird versicherungsrechtlich die Reallast, Grundschuld, Rentenschuld gleichgestellt, ebenso wie auch §§ 1127 ff. BGB. nach § 1107 für die Reallast, § 1192 für die Grundschuld, § 1200 für die Rentenschuld gelten.

3. II. Auf den Nießbrauch sind die für die Hypothek gegebenen Vorschriften nicht ausgedehnt. Das Verhältnis des Versicherers zu dem Nießbraucher und dem Eigentümer wird ausschließlich im BGB. (§§ 1046, 1070, 1077 in Verbindung mit § 407) geregelt. Hiernach wird der Versicherer, welcher von dem Nießbrauch Kenntnis hat, durch die Leistung der Entschädigung nur befreit, wenn er an den Nießbraucher und den Eigentümer gemeinschaftlich zahlt, andererseits ist eine in Unkenntnis des Nießbrauchs an den Eigentümer erfolgte Zahlung dem Nießbraucher gegenüber wirksam. Ob die Versicherung vom Eigentümer oder nach § 1045 BGB. für diesen vom Nießbraucher genommen ist, begründet dabei keinen Unterschied (Bgr.).

§ 107. Die durch die Vorschriften der §§ 100 bis 106 begründeten Rechte können nicht zu Gunsten solcher Hypotheken, Grundschulden oder Rentenschulden geltend gemacht werden, die dem Versicherungsnehmer zustehen.

1. Schrifttum: Bem. 1 vor § 99.

2. I. Die in §§ 100—106 begründeten Rechte ruhen, wenn die Hypothek, Grund- oder Rentenschuld dem Versicherungs-

nehmer oder bei der Versicherung für fremde Rechnung dem Versicherten zusteht. Die Rechte, die der Versicherungsnehmer (der Versicherte) in dieser Eigenschaft verwirkt hat, können nicht für ihn als Hypothekengläubiger weiterbestehen. Dem Zweck der Bestimmung entspricht es, die Rechte nicht nur dann ruhen zu lassen, wenn sich die Identität des Hypotheken- und des ihm gleichgestellten Gläubigers mit dem Grundstückseigentümer grundbuchmäßig ergibt, sondern auch dann, wenn materiell die Identität gegeben ist, mag sie auch formell nicht vorhanden sein. Entscheidend ist die Rechtslage zur Zeit des Eintritts des Versicherungsfalls. Ist die Eigentümerhypothek usw. verpfändet, so hat der Pfandgläubiger nicht die Rechte des Hypothekengläubigers usw. gegen den Versicherer (Kaiser JR. 1930. 269; LG. Dortmund JR. 1930. 378). — Trennen sich die Rechte des Hypothekengläubigers usw. von den Rechten des Versicherungsnehmers (Versicherten), so leben sie wieder auf. Erwirbt der Versicherungsnehmer (der Versicherte) die Hypothek usw. nach Eintritt des Versicherungsfalls, z. B. beerbt er den Gläubiger, so kann er seine Rechte gegen den Versicherer aus der Hypothek usw. geltend machen. Ebenso ist hierzu berechtigt, wer die Hypothek vom Versicherungsnehmer erworben hat, jedoch nur dann, wenn sich der Erwerb vor Eintritt des Versicherungsfalls vollzogen hat.

II. Nicht erwähnt ist die Reallast; indessen wird § 107 auch bei ihr entsprechend anzuwenden sein, wenn für den Versicherungsnehmer, der nicht Eigentümer des Grundstücks zu sein braucht, eine Reallast an diesem besteht. 3.

Dritter Titel.

Hagelversicherung.

Vorbemerkungen vor §§ 108—115.

1. Schrifttum: Fratzscher, Landwirtschaftliche Versicherung, Berlin 1914; Hagen Bd. 2. 135; Rohrbeck, Der Hagelversicherungsvertrag, Leipzig 1909. 1.

2. Es behandeln § 108 den Umfang der Haftung des Versicherers, § 109 die Widerspruchsfrist, § 110 die Schadensanzeigepflicht, § 111 das Veränderungsverbot, § 112 die Beschränkung der Haftung des Versicherers nach eingetretenem Versicherungsfall, § 113 das Kündigungsrecht der Parteien nach eingetretenem Versicherungsfall, §§ 114, 115 den Einfluß der Veräußerung, Zwangsversteigerung, der Bestellung eines Nießbrauchs, der Verpachtung der versicherten Bodenerzeugnisse auf das Versicherungsverhältnis. 2.

Die Allgemeinen Versicherungsbedingungen sind abgedruckt in Sammlung S. 33; VA. 1909. 155.

3. Die Hagelversicherung kann nur von Aktiengesellschaften oder von Versicherungsvereinen auf Gegenseitigkeit betrieben werden (§ 7 Abs. 2 VAG.; Übergangsbestimmungen §§ 128—130 VAG.). Eine öffentlich-rechtliche Unternehmungsform besteht in Bayern (Bayerische Landes-Hagelversicherungs-Anstalt); vgl. Art. 2 EG. Auch eine Reihe von öffentlich-rechtlichen Feuerversicherungsanstalten betreibt die Hagelversicherung. 3.

4. 4. Die zu der Schadensversicherung (Bem. 5 zu § 1) gehörende **Hagelversicherung** ist die Versicherung eines bestimmten Interesses (Bem. 3 ff. vor § 51) an Bodenerzeugnissen gegen die Gefahr des Hagelschlags. Ob die Bodenerzeugnisse wesentliche (§ 94 BGB.) oder unwesentliche Bestandteile (§ 95 BGB.; Baumschulen RGZ. Bd. 66. 88) des Grund und Bodens oder ob sie schon von ihm getrennt sind, bleibt sich gleich. Hat die Trennung noch nicht stattgefunden, so ist unerheblich, ob sich die Bodenerzeugnisse erst als Saatkorn im Boden befinden (VA. 1913. 119). Grund und Boden als solcher ist niemals versichert.

Welche Bodenerzeugnisse (Korn, Feldfrüchte, Wein, Obst usw.) versichert sind, richtet sich nach dem Versicherungsvertrag. Werden im Betriebe der Landwirtschaft und Gärtnerei Versicherungen von Glasbedungen über Bodenerzeugnissen gegen Hagelschaden genommen, so liegt Glasversicherung vor, aber gewöhnlich pflegen derartige Versicherungen nach den Grundsätzen der Hagelversicherung behandelt zu werden (vgl. auch § 7 Abs. 3 VStG.).

5. 5. Der **Antrag** (Beitrittserklärung) auf Abschluß eines Hagelversicherungsvertrags gilt der Regel nach als angenommen, wenn er nicht innerhalb der in den Versicherungsbedingungen bestimmten Frist abgelehnt wird. Wird er auf mehrere Jahre gestellt oder verlängert sich die Versicherungsdauer stillschweigend (§ 8), so müssen von Jahr zu Jahr „Anträge" („besondere Versicherungsanträge für das laufende Jahr", „Deklaration", „Aussaatverzeichnis", „Jahresantrag", „Erneuerungsantrag") gestellt werden, durch die für jedes Jahr die Versicherungssumme erneut festgestellt wird (ROHG. Bd. 8. 364). Die Auffassung, daß der Antrag auf Abschluß eines Hagelversicherungsvertrags auf einen Vorvertrag (OLG. Marienwerder 4. 2. 13 VA. 1913* 85 Nr. 751) oder auf eine laufende Versicherung (§ 187 Abs. 2) gerichtet sei, ist abzulehnen (**Petersen** Z. 1917. 685, **Hagen** 146). Wird der neue Jahresantrag nicht eingereicht, dann gewähren die Versicherer trotzdem im gewissen Umfange „Vorausbedung" (KG. 28. 3. 11 VA. 1911* 113 Nr. 631), die keine Rückwärtsversicherung im Sinne des § 2 ist (so **Hagen** 147), da der Versicherungsvertrag bereits durch Annahme des (ersten) Antrags zustande gekommen ist. Die im Falle nicht rechtzeitiger Einreichung vorgesehene Verpflichtung zur Zahlung der letztjährigen Prämie ist keine Vertragsstrafe (§ 343 BGB.; OLG. Breslau 11. 11. 13 VA. 1914* 105 Nr. 846). — Die **vorvertragliche Anzeigepflicht** (§§ 16 ff.) ist Jahr für Jahr zu erfüllen.

6. 6. Die Aufbringung der **Prämien** erfolgt bei den Gegenseitigkeitsvereinen meistens nach dem Nachschußverfahren, bei dem im Frühjahr ein fest bestimmter Vorbeitrag zu zahlen ist, dem im Herbst der Nachschuß folgt, dessen Höhe vom Umfang der Schäden abhängt, die bei dem Verein angefallen sind. Das Umlageverfahren, bei dem ein „Legegeld" (Eintrittsgeld) vor dem materiellen Versicherungsbeginn (Bem. 2 zu § 38) zu zahlen und nach Schluß des Versicherungsjahrs der Beitrag zu entrichten ist, findet sich nur noch bei lokalen und bei wenigen größeren Gegenseitigkeitsvereinen. Die Aktiengesellschaften arbeiten mit festen Prämien ohne Nachschußverpflichtung.

§ 108. Bei der Hagelversicherung haftet der Versicherer für den Schaden, der an den versicherten Bodenerzeugnissen durch die Einwirkung des Hagelschlags entsteht.

Schrifttum: Bem. 1 vor § 108. 1.

I. 1. Die Haftung des Hagelversicherers ist auf den Ersatz 2.
des Schadens beschränkt, der an den versicherten Bodenerzeugnissen durch Einwirkung des Hagelschlags entsteht. Der Umfang seiner Entschädigungspflicht kann sich den Zwecken der Hagelversicherung entsprechend nicht bloß bestimmen nach dem Substanzwert der Bodenerzeugnisse zur Zeit der Einwirkung des Hagelschlags, sondern es muß auch der Wert berücksichtigt werden, den die Bodenerzeugnisse zur Zeit ihrer Aberntung gehabt hätten. Insoweit liegt bei der Hagelversicherung eine Bruttoertragsversicherung vor (anders Hagen 142, Rohrbeck 85). — Zur Vermeidung von Schwierigkeiten, die bei der Schadensermittelung leicht entstehen können, dient das Recht des Versicherers zur Verminderung der Versicherungssumme auf den tatsächlichen Ertragswert, oder es wird der Versicherungssumme die Bedeutung einer Taxe (§ 57) beigelegt. — Schäden, die in einem gewissen Verhältnis zum Gesamtbetrage der vom Hagel betroffenen Fläche nur einen geringen Umfang haben (Bagatellschäden), werden nicht vergütet.

2. Die Abschätzung des Schadens erfolgt nach § 64 (formelle 3.
Taxe, Obmannstaxe; v. Mark Z. 1909. 239), sofern nicht vorher ein Vergleich (einfache Taxe) zwischen den Parteien stattfindet.

II. § 108 ist nicht zwingend. 4.

§ 109. Bei der Hagelversicherung braucht die Frist, die nach § 5 Satz 1 dem Versicherungsnehmer für die Erhebung eines Widerspruchs gegen die Richtigkeit des Versicherungsscheins zu gewähren ist, nur eine Woche zu betragen.

Schrifttum: Bem. 1 zu § 5. 1.

I. Die Abkürzung der Widerspruchsfrist von einem Monat 2
auf eine Woche (§ 5 S. 1) beruht auf der Erwägung, daß bei der Hagelversicherung, bei welcher sich der Vertragsabschluß der Hauptsache nach auf die kurze und für den Versicherer gefahrvolle Zeit vom 15. Mai bis 15. Juni zusammendrängt, die baldige Herstellung einer gesicherten Rechtslage für den Versicherer von besonderer Bedeutung ist, um ihn vor Benachteiligungen durch den Versicherungsnehmer zu schützen (RB. I 82 ff.; Bgr.). Im übrigen Bem. 2 ff. zu § 5.

II. § 109 ist in dem Bereich der Beschränkungen der Vertragsfreiheit (Allg. 3.
Vorbem. 26, 28) relativ zwingend.

§ 110. Der Pflicht zur Anzeige des Versicherungsfalls wird genügt, wenn die Anzeige binnen vier Tagen nach dem Eintritte des Versicherungsfalls erfolgt. Durch die Absendung der Anzeige wird die Frist gewahrt.

Auf eine Vereinbarung, durch welche die Dauer oder die Berechnung der Frist zum Nachteile des Versicherungsnehmers anders bestimmt ist, kann sich der Versicherer nicht berufen.

1. Schrifttum: Bem. 1 zu § 33.

2. I. Die Schadensanzeigepflicht (§ 33) ist, abgesehen von der Fristbestimmung, wie in der Feuerversicherung (§ 92) geordnet. § 33 gilt neben § 110.

3. II. 1. Die auf Gesetz beruhende Verpflichtung zur Schadensanzeige ist eine Obliegenheit (Voraussetzung; Bem. 4 zu § 6), die nach Eintritt des Versicherungsfalls dem Versicherer gegenüber zu erfüllen ist (§ 6 Abs. 2).

4. 2. Anzeigepflichtig ist der Versicherungsnehmer oder sein Rechtsnachfolger, bei mehreren Versicherungsnehmern ein jeder von ihnen, bei Versicherung für fremde Rechnung auch der Versicherte, wenn er Kenntnis hat. Bei Veräußerung der versicherten Bodenerzeugnisse (§ 114) hat der Veräußerer anzuzeigen, wenn der Versicherungsfall vor der Veräußerung eintritt, der Erwerber, wenn er nachher eintritt; läuft die Anzeigefrist noch bei Eintritt des Erwerbers in das Versicherungsverhältnis, so hat der Erwerber den vor der Veräußerung eingetretenen, von dem Veräußerer noch nicht angezeigten Versicherungsfall anzuzeigen. Steht das Recht auf die Leistung aus dem Versicherungsvertrag einem anderen allein zu, so liegt die Anzeigepflicht dem anderen ob. Mithin kann anzeigepflichtig sein der Zessionar (OLG. München 22. 10. 24 JW. 1925. 656), der Pfandgläubiger, der Vollstreckungsgläubiger. Steht das Recht mehreren zu, so hat ein jeder von ihnen anzuzeigen.

3. Die Erfüllung der Anzeigepflicht ist an zwei Voraussetzungen geknüpft.

5. a) Der Eintritt des Versicherungsfalls. Versicherungsfall ist die durch Einwirkung des Hagelschlags verursachte Beschädigung der versicherten Bodenerzeugnisse, der sogenannte Anschlag. Der Anschlag grenzt im Zweifel Hagelschäden von Schäden durch andere Witterungseinflüsse (Frost, Windbruch, Schlagregen) oder durch Schmarotzerpflanzen (Meltau u. a.) oder durch Insekten ab. Der Versicherungsfall muß nach dem materiellen Versicherungsbeginn eingetreten sein. Der vor dem formellen Beginn eingetretene Versicherungsfall unterliegt der vorvertraglichen Anzeigepflicht (§§ 16 ff.).

6. b) Die Kenntnis des Anzeigepflichtigen von dem Ereignis (§ 33 Abs. 1). Kennenmüssen steht der Kenntnis nicht gleich; doch darf sich der Anzeigepflichtige der Kenntnis nicht arglistig entziehen. An erster Stelle steht die Kenntnis des Versicherungsnehmers. Sind mehrere Versicherungsnehmer vorhanden, so schadet die Kenntnis des einen, wenn er die Anzeige nicht unverzüglich erstattet, allen übrigen. Außer der Kenntnis des Versicherungsnehmers ist die Kenntnis des gesetzlichen, des rechtsgeschäftlich bestellten Vertreters, des Vertreters ohne Vertretungsmacht, bei Versicherung für fremde Rechnung auch die Kenntnis des Versicherten maßgebend.

Die Kenntnis hat sich auf die eingetretene Tatsache und auf ihren Charakter als anzeigepflichtiges Ereignis zu erstrecken.

III. 1. Die Anzeige ist eine empfangsbedürftige, an sich formfreie 7.
Wissenserklärung. Willensmängel oder Mängel in der Geschäftsfähigkeit haben keinen Einfluß auf die Wirksamkeit der Anzeige. Mithin entscheidet die Tatsache, ob die Anzeige ordnungsgemäß erstattet ist oder nicht. Auch ein beschränkt Geschäftsfähiger oder ein Geschäftsunfähiger kann anzeigen. Ob er aber für eine unterlassene oder für eine nicht rechtzeitige oder für eine nicht ordnungsgemäße Anzeige verantwortlich ist, ist nach den Grundsätzen über die Schuldfähigkeit (§§ 827, 828 BGB.) zu entscheiden (Bem. 5 zu § 16).

2. Die Anzeige ist von dem Anzeigepflichtigen zu erstatten. Bei 8.
mehreren Anzeigepflichtigen genügt die Anzeige durch einen von ihnen, wenn sie dem Versicherer zugeht (RG. 3. 5. 01 JW. 1901. 426). Die von einem Nichtanzeigepflichtigen ordnungsgemäß erstattete Anzeige erfüllt die Anzeigepflicht. Diese Folge ist allerdings ausdrücklich nur für einen ganz bestimmten Tatbestand vorgesehen (§ 33 Abs. 2). Es würde aber Treu und Glauben widersprechen, wenn sich der Versicherer auf die Verletzung der Anzeigepflicht berufen könnte, obschon er die Anzeige von einem Nichtanzeigepflichtigen erhalten hat (Bem. 8 zu § 33).

3. Die Anzeige ist gesetzlich formfrei, vertraglich pflegt eine bestimmte 9.
Form, meistens schriftliche Form (eingeschriebener Brief) oder telegraphische Anzeige, vereinbart zu werden. Wird die Form nicht gewahrt, so kann sich der Versicherer auf die Verletzung der Anzeigepflicht nicht berufen, wenn er in anderer Weise rechtzeitig von dem Eintritt des Versicherungsfalls Kenntnis erlangt.

4. Die Anzeige ist an den Versicherer, an den Abschlußagenten 10.
(§ 45; Ausnahme § 47) oder an seinen sonstigen Vertreter, bei mehreren Versicherern an einen jeden von ihnen, sofern nicht einer die Führung hat, zu richten. Der Vermittelungsagent ist zur Entgegennahme der Anzeige (§ 43 Nr. 2; Ausnahme § 47) ermächtigt. Leitet der Agent die ihm zugegangene Anzeige an einen falschen Versicherer weiter, so kann sich der zuständige Versicherer hierauf nicht dem Anzeigepflichtigen gegenüber berufen (RG. 20. 6. 30 Praxis des Versicherungsrechts 1930. 75).

5. Der Inhalt der Anzeige ist weder gesetzlich noch vertraglich geregelt, 11.
ergibt sich aber häufig durch Ausfüllung eines von dem Versicherer entworfenen Fragebogens.

6. Ist der Empfänger der Anzeige anwesend, so ist die Anzeige in ver- 12.
ständlicher Form zu machen, ist der Empfänger abwesend, so muß sie ihm zugegangen sein (§ 130 BGB.).

7. Die Anzeige ist binnen vier Tagen nach Eintritt des 13.
Versicherungsfalls zu erstatten (Abs. 1 S. 1). Die Fristberechnung ergibt sich aus §§ 187 Abs. 1, 188 Abs. 1, 193 BGB. Hiernach wird der Tag selbst, an dem sich der Hagelschlag ereignet, nicht mitgerechnet, die Frist endigt mit Ablauf des vierten diesem Tage folgenden Tages. Durch Absendung der Anzeige wird die Frist gewahrt (Abs. 1 S. 2). Innerhalb der viertägigen oder der an ihre Stelle tretenden Frist braucht die Anzeige nicht unverzüglich erstattet zu werden. Nach Ablauf der Frist ist die Anzeige unverzüglich (ohne schuldhaftes

Zögern § 121 Abs. 1 BGB.) nach Erlangung der Kenntnis zu machen (§ 33 Abs. 1). — Die Berechnung der Frist kann zum Nachteile des Versicherungsnehmers nicht geändert, also nicht verkürzt werden (Abs. 2).

14. 8. Die Kosten für die Erfüllung der Anzeigepflicht hat der Versicherungsnehmer (Anspruchsberechtigte) zu tragen.

15. 9. Der Versicherer hat zu beweisen, daß die Anzeigepflicht verletzt ist.

16. IV. 1. Besondere Folgen sind an die Verletzung der Anzeigepflicht gesetzlich nicht geknüpft. Solange die Anzeige nicht, nicht rechtzeitig, nicht ordnungsgemäß erstattet ist, hat der Versicherer seine Entschädigungsleistung nicht zu bewirken, aber die Verweigerung seiner Leistung darf nicht schikanös (§ 226 BGB.) sein. Stellt die Nichterfüllung oder die nicht gehörige Erfüllung der Anzeigepflicht zugleich den Tatbestand einer unerlaubten Handlung dar, so kann der Versicherer Schadensersatz verlangen (§§ 823 Abs. 2, 826 BGB.). Die Höhe des Schadens hat der Versicherer zu beweisen.

17. Ist der Versicherer nach Maßgabe der in Betracht kommenden Versicherungsbedingungen leistungsfrei, wenn die Anzeige nicht, nicht rechtzeitig oder nicht ordnungsgemäß erstattet wird, so kann diese Folge nur eintreten, wenn die Nichterfüllung auf Vorsatz oder grober Fahrlässigkeit beruht (§ 6 Abs. 2, 3). Hat sich der Anzeigepflichtige in Unkenntnis über seine Verpflichtung zur Anzeige befunden, so ist die Verletzung verschuldet (RG. 11. 4. 19 Bd. 95. 250, 255). Ob durch die Unterlassung oder durch die Verspätung der Anzeige dem Versicherer irgendein Nachteil entstanden ist, ist belanglos, sofern nicht vertraglich anderes vorgesehen sein sollte. Ob den Anzeigepflichtigen ein Verschulden trifft, wenn er die Anzeige nicht, nicht rechtzeitig, nicht ordnungsgemäß, nicht in der richtigen Form oder nicht an die richtige Adresse erstattet, hängt von der Mentalität des Anzeigepflichtigen ab (OLG. Kiel 24. 2. 27 VA. 1928. 223 Nr. 1737; Bem. 32 zu § 16). Ist die Verspätung der Anzeige durch die Unordnung im Betriebe des Versicherungsnehmers entstanden, so liegt eine grobfahrlässige Verletzung der Anzeigepflicht vor (RG. 1. 5. 29 JR. 1929. 244).

18. 2. Eine Haftung des Anzeigepflichtigen für das Verhalten Dritter, deren er sich bei Erfüllung der Anzeigepflicht bedient, kommt unter dem Gesichtspunkt des § 278 BGB. nicht in Betracht, da die Anzeigepflicht eine Obliegenheit ist (Bem. 12 zu § 6; RG. 29. 1. 09 VA. 1909* 51 Nr. 455, JW. 1909. 198; RG. 20. 3. 20 VA. 1922* 46 Nr. 1204; OLG. Hamm 14. 1. 20 VA. 1922* 46 Nr. 1205). Über die Haftung für den Wissensvertreter und für den Boten Bem. 13 zu § 6. Vgl. auch Bem. 16 zu § 33.

19. 3. Insoweit die Folgen der Verletzung der Anzeigepflicht in der Leistungsfreiheit des Versicherers bestehen, können diese Folgen im Bereich der Beschränkungen der Vertragsfreiheit (AllgVorbem. 26, 28) nicht eintreten, wenn der Versicherer auf andere Weise von dem Eintritt des Versicherungsfalls rechtzeitig Kenntnis erhalten hat (§ 33 Abs. 2). Kennenmüssen steht der Kenntnis nicht gleich, ebensowenig die Kenntnis des Vermittelungsagenten der Kenntnis des Versicherers (§ 44), wohl aber arglistige

Nichtkenntnisnahme. Bei mehreren Versicherern kommt es auf die Kenntnis eines jeden von ihnen an, sofern nicht einer die Führung hat. Worauf die Kenntnis beruht, ist gleich. Erforderlich ist, daß der Versicherer zuverlässige Kenntnis von dem konkreten Vorgang erhalten hat (KB. I. 83).

V. § 110 ist vorbehaltlich Abs. 2 nicht zwingend. 20.

§ 111. **Bis zur Feststellung des Schadens darf der Versicherungsnehmer an den von dem Hagelschlage betroffenen Bodenerzeugnissen ohne Einwilligung des Versicherers nur solche Änderungen vornehmen, welche nach den Regeln einer ordnungsmäßigen Wirtschaft nicht aufgeschoben werden können.**

Schrifttum: Bruck 360 ff. 1.

I. Dem Versicherungsnehmer ist ähnlich wie in der Feuerversicherung (§ 93) 2. das Veränderungsverbot an Bodenerzeugnissen, die von einem Hagelschlag betroffen worden sind, auferlegt. Das Veränderungsverbot ist das Gegenstück zu der Gefahrstandspflicht (§ 23): diese verbietet die Änderung der Gefahrslage bis zu dem Eintritt des Versicherungsfalls, jenes verbietet die Änderung der Gefahrslage nach dem Eintritt des Versicherungsfalls (Bruck 360).

II. 1. Das Veränderungsverbot ist eine Dauer-Obliegenheit 3. (Voraussetzung; Bem. 4 zu § 6), die nach Eintritt des Versicherungsfalls bis zur endgültigen Feststellung des Schadens zu erfüllen ist (§ 6 Abs. 2).

2. Es liegt ob dem Versicherungsnehmer, seinem Rechtsnachfolger, 4. bei mehreren Versicherungsnehmern einem jeden von ihnen. Bei Veräußerung der versicherten Bodenerzeugnisse (§ 114) hat es auch der Erwerber zu beobachten, wenn die Schadensfeststellung eines vor der Veräußerung eingetretenen Versicherungsfalls zur Zeit der Veräußerung noch nicht beendigt ist. Die Verletzung durch den Veräußerer vor der Veräußerung wirkt auch gegenüber dem Erwerber, da dieser in das Versicherungsverhältnis in der Lage eintritt, in der es sich zur Zeit der Veräußerung befindet. Die Verletzung durch den Veräußerer nach der Veräußerung kann dem Erwerber nur in dem Umfange angerechnet werden, in dem er für das Verhalten Dritter einzustehen hat. Bei Versicherung für fremde Rechnung hat auch der Versicherte das Veränderungsverbot zu beobachten. Bei Abtretung, Verpfändung, Pfändung des Anspruchs aus der Versicherung liegt die Beobachtung des Verbots nach wie vor dem Versicherungsnehmer ob, aber der Versicherer wird dem Zessionar, Pfandgläubiger, Vollstreckungsgläubiger entgegenhalten können, daß er wider Treu und Glauben die Obliegenheit nicht erfüllt hat.

3. Das Veränderungsverbot besteht in der Verpflichtung, bis zur Fest- 5. stellung des an den versicherten Bodenerzeugnissen entstandenen Schadens keine Änderung vorzunehmen. Von diesem Verbot bestehen ganz bestimmte Ausnahmen.

a) Die Änderung ist zulässig, wenn der Versicherer 6. einwilligt. Die Einwilligung (Bem. 18 zu § 23; zu unterscheiden von der Einwilligung nach § 182 BGB.), eine empfangsbedürftige, an sich formfreie, rechtsgestaltende Willenserklärung des Versicherers, des Abschlußagenten (§ 45; Ausnahme § 47) oder seines sonstigen Vertreters, kann ausdrücklich oder stillschweigend erteilt werden. Sind mehrere Versicherer vorhanden, so hat ein jeder einzuwilligen, sofern nicht einer die Führung hat. Der Vermittelungsagent als solcher ist zur Erteilung der Einwilligung nicht befugt. Die Einwilligung ist, da sie rechtsgestaltenden Charakter hat, nicht widerrufbar, aber anfechtbar (§§ 119 ff. BGB.). Der Versicherer hat auf die Art und Weise der Wirtschaftsführung des Versicherungsnehmers Rücksicht zu nehmen (Grauer Z. 1913. 306). Der Versicherungsnehmer muß das Vorliegen der Einwilligung beweisen.

7. b) Die Änderungen sind nach den Regeln einer ordnungsmäßigen Wirtschaft nicht aufschiebbar. Der Beweis für die Unaufschiebbarkeit der vorzunehmenden Arbeiten liegt dem Versicherungsnehmer ob. Die Versicherungsbedingungen können den Versicherungsstehmer verpflichten, unter allen Umständen Probestücke von bestimmter Art und Größe in unverändertem Zustande zu belassen (Bgr.).

Erweitert sich durch die Änderung der Umfang des Schadens, so hat für ihn der Versicherer aufzukommen, sofern der Versicherungsnehmer zur Änderung befugt war. Bei Unterversicherung trägt ihn der Versicherer nur anteilsmäßig (§ 56).

8. III. 1. Die Nichterfüllung des Veränderungsverbots hat mangels besonderer Vereinbarung zur Folge, daß der hierdurch entstandene Schaden nicht zu Lasten des Versicherers geht. Der Versicherungsnehmer hat zu beweisen, daß der Umfang des Schadens durch die Änderungen nicht beeinflußt worden ist (Ritter 1095). Ist vereinbart, daß der Versicherer leistungsfrei oder zum Rücktritt berechtigt sein soll, so muß im Bereich der Beschränkungen der Vertragsfreiheit (AllgVorbem. 26, 28) dem Versicherungsnehmer Vorsatz oder grobe Fahrlässigkeit zur Last fallen. Stellt die Nichterfüllung eine unerlaubte Handlung dar, so kann der Versicherer Schadenersatz verlangen (§§ 823, 826 BGB.).

9. 2. Dem Versicherungsnehmer kann das Verhalten Dritter nicht angerechnet werden, insbesondere kommt eine Haftung im Rahmen des § 278 BGB. nicht in Betracht (Bem. 11 ff. zu § 6).

10. IV. § 111 ist nicht zwingend.

11. V. Im Rahmen der Abwendungs- und Minderungspflicht (§ 62) pflegt der Versicherungsnehmer vertraglich verpflichtet zu werden, bei Hülsenfrüchten, Rübensamen, Tabak, Handelsgewächsen alle für die Pflege und Fortentwicklung der beschädigten Erzeugnisse dienlichen Arbeiten und Aufwendungen zu machen. Die Kosten werden in Abweichung von § 63 nie von dem Versicherer ersetzt (VA. 1909. 156).

§ 112. Tritt nach dem Eintritt eines Versicherungsfalls in derselben Versicherungsperiode ein neuer Versicherungsfall ein, so haftet der Versicherer für den dadurch verursachten Schaden nur bis zur Höhe des Restbetrags der Versicherungssumme.

Schrifttum: Bem. 1 vor § 108. 1.

I. Bei Eintritt eines Teilschadens vermindert sich 2.
in der Schadensversicherung (§§ 95, 119; der Transportversicherung unbekannt) die Haftung des Versicherers.

II. 1. Voraussetzungen für die Verminderung der Haftung des Versicherers sind,

a) daß der Versicherer infolge eines eingetretenen Teilschadens eine Ent- 3.
schädigung geleistet hat. Die Prämien, die er erhalten hat, sind hiermit jedenfalls teilweise verbraucht und er bedarf neuer Prämien, wenn er auch weiterhin in unverkürzter Höhe haften soll. Infolgedessen tritt die Verminderung der Haftung nicht ein, wenn der Versicherer keine Entschädigung zu zahlen gehabt hat, weil er aus irgendeinem Grunde hierzu nicht verpflichtet war oder weil sie von dem Versicherungsnehmer nicht gefordert wurde;

b) daß in derselben Versicherungsperiode (§ 9) ein neuer Versicherungsfall 4.
(Bem. 5 zu § 110) eintritt. Bei einer für mehrere Jahre genommenen Hagelversicherung mindert der in dem einen Jahre entstandene Schaden die Haftung des Versicherers für den in einem späteren Jahre eintretenden Schaden nicht; die Hagelversicherung soll für jedes Erntejahr dem Versicherungsnehmer volle Deckung gewähren (Bgr.).

2. Die Verminderung der Haftung des Versicherers erfolgt auto- 5.
matisch, ohne daß es irgendeiner Erklärung seitens des Versicherers oder des Einverständnisses des Versicherungsnehmers bedarf. Will der Versicherungsnehmer die Versicherung auch noch für die laufende Versicherungsperiode in früherer oder in anderer Höhe wiederherstellen, dann muß er eine Nachversicherung nehmen, die in jeder Beziehung dem Abschluß einer neuen Versicherung gleichsteht.

3. Die Verminderung der Haftung erfolgt vom Eintritt des 6.
Versicherungsfalls an (vorausgesetzt, daß der Versicherer eine Entschädigung leistet) um denjenigen Betrag, den der Versicherer tatsächlich geleistet hat. Bei Unterversicherung (§ 56) darf der Versicherer den Teil des Schadens, den der Versicherungsnehmer selbst zu tragen hat, nicht berücksichtigen. — Die Herabsetzung der Prämie kommt im Gegensatz zu §§ 95 S. 2, 119 S. 2 nach dem Grundsatz von ihrer Unteilbarkeit (Bem. 6 vor § 35) nicht in Frage.

III. § 112 ist nicht zwingend. 7.

§ 113. Nach dem Eintritt eines Versicherungsfalls ist jeder Teil berechtigt, das Versicherungsverhältnis zu kündigen, der Versicherer nur für den Schluß der Versicherungsperiode, in welcher der Versicherungsfall eingetreten ist, der Versicherungsnehmer spätestens für diesen Zeitpunkt. Kündigt der Versicherungsnehmer für einen früheren Zeitpunkt, so gebührt dem Versicherer gleichwohl die Prämie für die laufende Versicherungsperiode.

1. Schrifttum: Bruck 680 ff.

2. I. Das der gesamten (RG. 27. 1. 25 VA. 1926. 152 Nr. 1501, HansRZ. 1925. 397) Schadensversicherung eigentümliche Kündigungsrecht nach Eintritt eines Versicherungsfalls (§§ 96, 158; der Transportversicherung unbekannt) erfährt mit Berücksichtigung der der Hagelversicherung eigentümlichen Verhältnisse Abweichungen. Über die Gründe für das Kündigungsrecht Bem. 2 zu § 96.

3. II. 1. Der Versicherungsnehmer kann auf jeden Zeitpunkt innerhalb der zur Zeit des Eintritts des Versicherungsfalls laufenden Versicherungsperiode (§ 9), niemals aber später als auf den Schluß dieser Periode kündigen. Der Versicherer kann immer nur auf den Schluß dieser Periode kündigen. Eine Frist zur Ausübung des Kündigungsrechts (vgl. § 96 Abs. 2 S. 1) ist gesetzlich nicht vorgeschrieben. Über die Voraussetzungen des Kündigungsrechts und die Kündigung Bem. 3, 7 ff. zu § 96; über den Begriff des Versicherungsfalls Bem. 5 zu § 110.

4. 2. Mit dem Zeitpunkt, zu dem gekündigt ist, hört die materielle Versicherungsdauer (Bem. 4 zu § 7) auf. Das Schicksal der Prämie ist verschieden. Erfolgt die Kündigung für den Schluß der Versicherungsperiode, so verbleibt dem Versicherer ohne weiteres die Prämie; erfolgt die Kündigung seitens des Versicherungsnehmers zu einem früheren Zeitpunkt, so behält der Versicherer nach dem Grundsatz von der Unteilbarkeit der Prämie (Bem. 6 vor § 35) die Prämie für die laufende Versicherungsperiode.

5. III. § 113 ist nicht zwingend; das Kündigungsrecht ist vielfach vertraglich ausgeschlossen (VA. 1909. 156).

§ 114. Im Falle der Veräußerung oder der Zwangsversteigerung der versicherten Bodenerzeugnisse kann der Versicherer dem Erwerber das Versicherungsverhältnis nur für den Schluß der Versicherungsperiode kündigen, in welcher er von dem Eigentumsübergange Kenntnis erlangt; die im § 70 Abs. 1 vorgesehenen Beschränkungen des Kündigungsrechts finden keine Anwendung.

Wird der Eigentumsübergang dem Versicherer nicht rechtzeitig angezeigt, so ist der Versicherer, wenn der Versicherungsfall nach dem Schlusse der Versicherungsperiode eintritt, in welcher ihm die Anzeige hätte zugehen müssen, von der Verpflichtung zur Leistung frei. Die Verpflichtung bleibt jedoch bestehen, wenn der Versicherer von dem Eigentumswechsel so früh Kenntnis erlangt hat, daß er zum Schlusse der Versicherungsperiode kündigen konnte.

Auf eine Vereinbarung, durch welche von diesen Vorschriften zum Nachteile des Erwerbers abgewichen wird, kann sich der Versicherer nicht berufen.

Schrifttum: Bartmann LZ. 1913. 832; Pfeiffer JW. 1930. 1.
144; Rohrbeck Z. 1913. 438; Bem. 1 vor § 69.

I. Die allgemeinen Vorschriften über die Veräußerung der ver- 2.
sicherten Sache (§§ 69—73) gelten wie im vorgesetzlichen Recht (RG. 9. 3. 95 Bd. 35. 176) grundsätzlich für die Hagelversicherung, sind aber in den §§ 114, 115 abgewandelt.

II. Über den Begriff der Veräußerung Bem. 2 ff. zu § 69. Die 3.
Veräußerung oder Zwangsversteigerung der versicherten Bodenerzeugnisse kann nach (anders Rohrbeck 440) oder vor ihrer Trennung vom Grundstück in Frage kommen, ohne daß das Grundstück mitveräußert wird. Die Veräußerung ungetrennter Bodenerzeugnisse tritt ein, wenn Auflassung und Besitzübergabe des Grundstücks zusammenfallen, oder mit der Übergabe, die vor der Auflassung stattfindet, wenn der Erwerber die Bodenerzeugnisse bereits beziehen darf (OLG. Königsberg 23. 6. 14 Rspr. Bd. 32. 213; RG. 25. 2. 13 VA. 1913* 83 Nr. 750, 5. 3. 14 Rspr. Bd. 33. 267). — Um Erwerbern entgegenzukommen, die unselbständige Parzellen zu ihrer eigenen Wirtschaft hinzukaufen, unterscheiden die Versicherer zwischen Aufteilungen, durch welche selbständige Güter entstehen, und Aufteilungen, bei denen die Parzellen in schon bestehende Güter aufgenommen werden. In dem ersten Falle tritt der Erwerber in den Vertrag ein, in dem zweiten soll er mit Schluß der laufenden Versicherungsperiode aus dem Versicherungsverhältnis entlassen werden (VA. 1913. 119).

III. 1. Die Kündigung des Versicherers ist im Gegensatz 4.
zu § 70 Abs. 1 mit Rücksicht auf die Eigentümlichkeit der Hagelversicherung nur auf den Schluß der Versicherungsperiode zulässig, in der er von der Veräußerung Kenntnis erlangt. Bei Ausübung des Kündigungsrechts ist der Versicherer an keine Frist gebunden (Abs. 1). Über Einzelheiten des Kündigungsrechts Bem. 3 ff. zu § 70.

2. Das Kündigungsrecht des Erwerbers und die Regelung 5.
der Prämienschuld bestimmen sich nach § 70 Abs. 2, 3 (OLG. Königsberg 23. 4. 18 VA. 1919* 26 Nr. 1079; Bem. 9 ff. zu § 70). Aus § 115 ergibt sich, daß der Erwerber kündigen kann, sobald er mit der Fruchtziehungsberechtigung das versicherte Interesse erlangt hat, ohne daß es auf den Eigentumsübergang ankommen kann (RG. 4.10.30 JW. 1930. 436). Der Veräußerer kann zur Entrichtung einer Vertragsstrafe verpflichtet sein, wenn der Erwerber das Vertragsverhältnis kündigt (OLG. Dresden 27. 1. 11 VA. 1911* 112 Nr. 630).

IV. 1. Die Veräußerung ist dem Versicherer unverzüglich an- 6.
zuzeigen (§ 71 Abs. 1; Bem. 3 ff. zu § 71). Wird die Anzeige verschuldet (Bem. 14 zu § 71) nicht rechtzeitig erstattet, so ist in Abweichung von § 71 Abs. 1 S. 2 der Versicherer leistungsfrei, wenn der Versicherungsfall nach Schluß der Versicherungsperiode eintritt, in welcher dem Versicherer die Anzeige hätte zugehen müssen (Abs. 2 S. 1).

2. Die Verpflichtung des Versicherers zur Leistung bleibt 7.
in Abweichung von § 71 Abs. 2 bestehen, wenn der Versicherer von der

Veräußerung so früh anderweitig Kenntnis erlangt hat, daß er zum Schluß der Versicherungsperiode kündigen konnte (Abs. 2 S. 2). Bei Beurteilung der Frage, ob der Versicherer noch rechtzeitig hätte kündigen können, ist auf die Erfordernisse eines geordneten Geschäftsbetriebs Rücksicht zu nehmen. Der Veräußerer oder Erwerber kann sich z. B. nicht darauf berufen, daß er am vorletzten Tage der Versicherungsperiode dem Agenten Mitteilung gemacht hat. — Stellt die Nichterfüllung der Anzeigepflicht gleichzeitig den Tatbestand einer unerlaubten Handlung dar (§§ 823 Abs. 2, 826 BGB.), dann kann der Versicherer Schadensersatz fordern.

8. V. § 114 ist zugunsten des Erwerbers zwingend (Abs. 3).

§ 115. **Erwirbt jemand auf Grund eines Nießbrauchs, eines Pachtvertrags oder eines ähnlichen Verhältnisses die Berechtigung, die versicherten Bodenerzeugnisse zu beziehen, so finden die im Falle einer Veräußerung oder Zwangsversteigerung der Bodenerzeugnisse geltenden Vorschriften entsprechende Anwendung.**

1. Schrifttum: Josef OeZ. Bd. 9. 515; Bem. 1 vor § 69.

2. I. Der Veräußerung oder Zwangsversteigerung der versicherten Bodenerzeugnisse werden ähnlich wie in § 151 Abs. 2 gleichgestellt der Erwerb der Berechtigung zum Bezug der versicherten Bodenerzeugnisse — vorausgesetzt, daß eine rechtswirksame Vereinbarung zustande gekommen ist (LG. I Berlin JR. 1930. 87) — auf Grund

3. 1. eines Nießbrauchs (§§ 1030 ff. BGB.);

4. 2. eines Pachtvertrags. Der neue Pächter tritt in den Versicherungsvertrag ohne Rücksicht darauf ein, ob er den früheren Pachtvertrag übernimmt oder mit dem Verpächter einen selbständigen Pachtvertrag abschließt und ob das Fruchtziehungsrecht eine Zeitlang dem Verpächter selbst zugestanden hat (RG. 12. 7. 30 JR. 1930. 402, VA. 1931. 209 Nr. 2171);

5. 3. eines ähnlichen Verhältnisses. Ein solches kann durch das eheliche Güterrecht gegeben sein oder es kann vorliegen, wenn bei Grundstückskäufen das gekaufte Land noch nicht aufgelassen, der Erwerber jedoch bereits zur Fruchtziehung vertraglich berechtigt ist (RG. 26. 4. 30 JR. 1930. 254, VA. 1931. 39 Nr. 2126).

6. II. Die Einrichtung der Zwangsverwaltung ist nicht nach § 115 zu beurteilen, da der Zwangsverwalter die Nutzungsbefugnis nicht erwirbt, sondern von dem Gericht verliehen erhält, ferner nutzt er nicht für sich, sondern für andere (Keup LZ. 1912. 737, Petersen Z. 1917. 689; OLG. Marienwerder 1. 7. 11 VA. 1912* 75 Nr. 677). Bei Zwangsverwaltung und Konkurseröffnung pflegt der Versicherer das Recht zur Kündigung des Versicherungsvertrags unter Einhaltung einer Frist von einem Monat zu erhalten (§ 14).

Vierter Titel.

Viehversicherung.

Vorbemerkungen vor §§ 116—128.

1. Schrifttum: Ehrlich Z. 1907. 244; Fratzscher, Landwirt- 1.
schaftliche Versicherung, Berlin 1914; Hagen Bd. 2. 163, Z. 1919. 131, JherJ.
Bd. 69. 169.

2. Es behandeln §§ 116, 117 den Umfang der Haftung des Versicherers, 2.
§ 118 den Übergang von Gewährleistungsansprüchen auf den Versicherer, § 119 die Beschränkung der Haftung des Versicherers nach eingetretenem Versicherungsfall, § 120 das Recht des Versicherers auf Besichtigung und Untersuchung, § 121 die Schadensanzeigepflicht, §§ 122, 123 die Verpflichtungen des Versicherungsnehmers bei Erkrankung oder Unfall, § 124 den Anspruch auf Verzinsung der Entschädigung und Abschlagszahlung, § 125 die vorsätzliche oder grobfahrlässige schwere Mißhandlung oder Vernachlässigung des versicherten Tieres durch den Versicherungsnehmer, § 126 die Nottötung, § 127 den Einfluß der Beendigung des Versicherungsverhältnisses auf die Haftung des Versicherers, § 128 den Einfluß der Veräußerung des versicherten Tieres auf das Versicherungsverhältnis.

Über die Allgemeinen Versicherungsbedingungen für die Viehlebensversicherung VA. 1909. 39, Mustersatzungen von Viehversicherungsvereinen und Schlachtviehversicherungsvereinen VA. 1909. 31, 55, 66, Zusatzbedingungen in der Aufruhrversicherung VA. 1921. 201.

3. Die Viehversicherung kann in jeder Unternehmungsform betrieben werden 3.
(§ 7 Abs. 2 VAG.), solange nicht von der in § 149 Nr. 1 VAG. eröffneten Möglichkeit Gebrauch gemacht wird, was bisher nicht geschehen ist. Auch öffentlich-rechtliche Unternehmungsformen kommen vor, so z. B. in Baden, Bayern.

4. Die zu der Schadensversicherung (Bem. 5 zu § 1) gehörende Vieh- 4.
versicherung trennt sich in zwei Hauptgruppen: in die *Viehlebensversicherung*, d. h. die Versicherung von Verlusten am lebenden Tier, und in die *Schlachtviehversicherung*, d. h. die Versicherung von Schäden, welche dem Versicherungsnehmer nach der Schlachtung eines ihm gehörenden Tieres dadurch entstehen, daß das Fleisch des Tieres amtlich beanstandet wird (Untauglichkeit, bedingte Tauglichkeit, Minderwertigkeit). *Viehversicherung im Sinne des Gesetzes ist nur die Viehlebensversicherung.*

5. Die *Viehlebensversicherung* kommt in verschiedenen 5.
Arten vor: als *Operationsversicherung* gegen Verluste bei notwendigen Operationen, insbesondere bei Impfungen, Kastrationen (RG. 1. 5. 26 JR. 1926. 165); als *Weideversicherung* gegen Unfälle auf der Weide; als *Trächtigkeitsversicherung* (VA. 1928. 142); als *Viehtransportversicherung* (OLG. Hamburg 5. 2. 24 Seuffert Bd. 78. 305 Nr. 186) gegen Unfälle bei Transporten oder auf Ausstellungen;

als *Versicherung von Renn- und Edelpferden*, als *Weideversicherung* gegen Diebstahl (VA. 1916. 103, 1919. 102; RG. 8. 2. 16 Bd. 88. 78, VA. 1917* 16 Nr. 978). Die Viehtransportversicherung kann je nach der Parteivereinbarung aufsichtspflichtige Viehlebensversicherung (VA. 1914. 193) oder aufsichtsfreie Transportversicherung (OLG. Hamburg 26. 1. 23 HansRZ. 1923. 411, VA. 1924* 102 Nr. 1359; VA. 1928. 142) sein. — Die Versicherung von Vieh gegen Feuersgefahr wird als Feuerversicherung versteuert, sofern sie nicht mit einer sonstigen Viehversicherung verbunden ist (§ 7 Abs. 2 VStG.).

6. 6. Die gesetzlich nicht geregelte *Schlachtviehversicherung* richtet sich nach den allgemeinen für Schadensversicherungen geltenden Bestimmungen, insoweit nicht §§ 116 ff. zur entsprechenden Anwendung gelangen. Üblicherweise werden eine Reihe von Schäden ausgenommen, so insbesondere der Schaden, der infolge von Krankheit oder von Verletzung, welche bereits offensichtlich vorhanden oder bekannt war, oder durch Verabfolgung von Medikamenten vor der Schlachtung entstanden ist.

7. 7. Die *Viehlebensversicherung ist* die Versicherung eines bestimmten Interesses (Bem. 3 ff. vor § 51) an Viehstücken gegen grundsätzlich alle Gefahren, denen Leben und Gesundheit des Viehs ausgesetzt sind. Insofern gilt für die Viehlebensversicherung der die Transportversicherung (Bem. 6 vor § 129) beherrschende Grundsatz von der Totalität der Gefahren (RG. 8. 2. 16 Bd. 88. 78, VA. 1917* 16 Nr. 978). Der Schaden besteht bei der Viehlebensversicherung regelmäßig in dem Tode des versicherten Tieres (§ 116 Abs. 1 S. 1), daneben sind auch Versicherungen für den Schaden üblich, der durch eine Krankheit oder einen Unfall verursacht ist, ohne daß der Tod des Tieres eintritt (§ 116 Abs. 2), vor allem Versicherungen von Pferden gegen Wertminderungen.

8. 8. Oftmals wird *eine Herde* als Inbegriff (§ 54) versichert. Gehört zu dem Inbegriff ein *auf Probe gekauftes Tier*, so beginnt die Versicherung erst mit Ablauf der Probezeit (OLG. Kolmar 4. 12. 03 VA. 1904. 74 Nr. 50; LG. Mühlhausen VA. 1907* 61 Nr. 316).

9. 9. Die *Verpflichtung zur Nachversicherung*, wenn der Versicherungsnehmer die Stückzahl einer bestimmten Tiergattung während der Versicherungsdauer erhöht, besteht nur bei Neuanschaffungen, nicht bei natürlichem Zuwachs (OLG. Köln 11. 6. 04 VA. 1906* 108 Nr. 251; OLG. Hamm 19. 3. 28 VA. 1929. 241 Nr. 1895). Die Verletzung dieser Pflicht ist nicht der Nichtanzeige eines gefahrerhöhenden Umstandes (OLG. München 23. 12. 16 VA. 1917* 18 Nr. 979) gleichzustellen, sondern eine besondere Obliegenheit (§ 6), deren Nichterfüllung Verwirkung nach sich ziehen kann (RG. 21. 2. 20 VA. 1921* 54 Nr. 1149; OLG. Stuttgart 20. 6. 29 VA. 1930. 237 Nr. 2003, JR. 1929. 352. Verfehlt OLG. Zweibrücken 4. 7. 28 VA. 1930. 233 Nr. 2000, das § 32 anwendet). Bei jeder Nachversicherung ist die vorvertragliche Anzeigepflicht (§ 16) zu erfüllen (RG. 3. 3. 11 Bd. 76. 12, VA. 1911* 63 Nr. 605). Über Inkrafttreten der Leistungspflicht bei Nachversicherung *Petersen* Z. 1918. 281.

10. Über Versicherung nach Gattungen (Fohlenversicherung) RG. 20. 2. 06 VA. 1906* 109 Nr. 252, über die Bedeutung der Ohrmarken für den Beweis der Versicherung RG. 31. 10. 05 VA. 1905* 109 Nr. 169. 10.

§ 116. Bei der Viehversicherung haftet der Versicherer für den Schaden, der durch den Tod des versicherten Tieres entsteht. Wird der Tod durch eine Krankheit oder einen Unfall herbeigeführt, so gilt als Betrag des Schadens der Wert, den das Tier unmittelbar vor Eintritt der Erkrankung oder des Unfalls gehabt hat.

Die Versicherung kann auch für den Schaden genommen werden, der durch eine Krankheit oder einen Unfall entsteht, ohne daß der Tod des Tieres eintritt.

Schrifttum: Bem. 1 vor § 116. 1.

I. 1. Der Regel nach wird die Versicherung für den Schaden genommen, der durch den Tod des versicherten Tieres entsteht (Abs. 1 S. 1). Wodurch der Tod verursacht wird (Unfall, Erkrankung, Altersschwäche usw.), kann für die Bemessung des Ersatzwertes beachtlich sein, bleibt aber im übrigen außer Betracht. Der Tod („Umstehen") darf nicht durch Schlachtung herbeigeführt sein; tritt der Tod in der vertraglich vorgesehenen Karenzfrist ein, so ist der Versicherer leistungsfrei (RG. 10. 11. 08 VA. 1909* 36 Nr. 445). 2.

2. Wird dem Ersatzwert des versicherten Interesses (Bem. 3 zu § 52) der Wert des Tieres im Augenblick seines Todes zugrunde gelegt, so wird der Versicherungsnehmer oftmals unzulänglich entschädigt. Daher ist, wenn der Tod durch Krankheit oder durch Unfall herbeigeführt ist, der Gesundwert des Tieres zu ersetzen, also der Wert, den das Tier in dem Augenblick gehabt hat, der dem Eintritt der Krankheit oder des Unfalls unmittelbar vorausgegangen ist (Abs. 1 S. 2). Ob der Unfall oder die Erkrankung den Tod herbeigeführt hat, ist nach den allgemeinen Grundsätzen über den ursächlichen Zusammenhang (Bem. 3 zu § 55) zu beurteilen. Ist der Wert des Tieres schon vorher, z. B. durch eine nicht tödlich verlaufene Krankheit, vermindert gewesen, so wird nur dieser geringere Wert ersetzt. Von der Entschädigungssumme kann ein „Mindesterlös" für den Kadaver versicherter Tiere abgezogen werden (VA. 1910. 35). 3.

II. Die Versicherung kann auch als Minderwertversicherung genommen werden (Abs. 2). Früher war diese Versicherungsart auf den Minderwert beschränkt, welcher durch Huf- oder Beinleiden an den versicherten Tieren entsteht, nunmehr ist sie auf alle Krankheiten und Unfälle ausgedehnt. Eine dauernde Unbrauchbarkeit eines versicherten Pferdes liegt auch dann vor, wenn bei unheilbarer Krankheit Besserung durch künstlichen Eingriff möglich ist, der Betrieb des Versicherungsnehmers aber vollwertiges Material erfordert (OLG. Düsseldorf 27. 10. 27, VA. 1929. 36 Nr. 1815). Die Höhe der von dem Versicherer zu bewirkenden Geldleistung berechnet sich nach dem Wert des Tieres zur Zeit der Erkrankung oder des Unfalls. 4.

5. III. § 116 ist auch hinsichtlich der Wertberechnung nicht zwingend. Der Wert kann taxiert (§ 57) werden (VA. 1923. 75), die jeweilige Versicherungssumme kann als Ersatzwert gelten (VA. 1922. 131), Durchschnittswerte (die gesamte Versicherungssumme der Tiergattung wird durch die Stückzahl der versicherten Tiere der Gattung geteilt) können vereinbart sein.

§ 117. Die Versicherung umfaßt nicht:

1. den infolge einer Seuche oder Krankheit entstehenden Schaden, soweit dem Versicherungsnehmer nach gesetzlicher Vorschrift ein Anspruch auf eine Entschädigung aus öffentlichen Mitteln zusteht oder zustehen würde, wenn der Anspruch nicht durch eine Zuwiderhandlung gegen seuchenpolizeiliche Vorschriften verwirkt worden wäre;
2. den Schaden, welcher durch Maßregeln verursacht wird, die im Kriege oder nach der Erklärung des Kriegszustandes von einem militärischen Befehlshaber angeordnet worden sind.

1. Schrifttum: Bem. 1 vor § 116.

2. I. Ziffer 1. a) Von nicht unerheblicher Einwirkung auf die Viehlebensversicherung ist das Viehseuchengesetz vom 26. Juni 1909, RGBl. 519. Zur wirksamen Bekämpfung ansteckender Tierkrankheiten wird nach ihm den Besitzern solcher Tiere, die gewissen Seuchen erliegen oder als seuchenverdächtig getötet werden müssen, Entschädigung aus öffentlichen Mitteln zugesichert, sofern die vorgeschriebene Anzeige rechtzeitig erstattet wird. Dieser Tatsache wird dadurch Rechnung getragen, daß dem Versicherungsnehmer eine Entschädigung insoweit nicht gewährt wird, als ihm auf Grund des Viehseuchengesetzes Entschädigungsansprüche zustehen oder unter gewissen Voraussetzungen zugestanden hätten. Da hier der Versicherungsnehmer seinen Entschädigungsanspruch anderweitig geltend machen kann, so liegt für die Haftung des Versicherers kein Bedürfnis vor. „Andererseits würde die gewissenhafte Befolgung der seuchenpolizeilichen Bestimmungen gefährdet werden, wenn das Gesetz dem Versicherungsnehmer in denjenigen Fällen, in welchen ihm das öffentliche Recht wegen Verletzung dieser Bestimmungen die Entschädigung versagt, auf Grund des Versicherungsvertrags einen Ersatzanspruch gewährte" (Bgr.). Der Versicherer ist auch dann nicht zur Leistung verpflichtet, wenn der Anspruch des Versicherungsnehmers auf Entschädigung aus öffentlichen Mitteln nicht verwirklicht wird, z. B. wenn der Versicherungsnehmer ihn verjähren läßt. Beschränkt sich die Entschädigung, welche aus öffentlichen Mitteln gewährt wird, auf einen Bruchteil des Schadens, oder ergibt sich aus irgendeinem Grunde ein Unterschied zwischen dem wirklichen Schaden und der Entschädigung aus öffentlichen Mitteln, so kann für diese Unterschiede („soweit") Versicherung genommen werden (OLG. Posen 16. 4. 14 VA. 1914* 111 Nr. 849). Nachträgliche Feststellung eines Seuchenverdachtes bei einem geschlachteten Tier begründet keine Entschädigungspflicht des Staates,

und somit bleibt der Versicherer leistungspflichtig (OLG. Hamm 10. 5. 26 JW. 1926. 317).

b) Das Pferdegeld, das den Offizieren aus Anlaß des Haltens von Pferden bar oder durch Anrechnung auf die zur Beschaffung der Pferde erhobenen Vorschüsse gezahlt wird, ist ebensowenig wie die Entschädigungen, die die Militärverwaltung den Offizieren für in pferdegeldberechtigten Rationsstellen befindliche Pferde zahlt, eine Entschädigung aus öffentlichen Mitteln. Infolgedessen darf das Pferdegeld von den Versicherern nicht auf den von ihnen den Offizieren zu leistenden Schadensersatz angerechnet werden (VA. 1912. 49). 3.

Ziffer 2. Der Ausschluß der Haftung des Versicherers für den Fall des Krieges entspricht der auf die Feuerversicherung bezüglichen Vorschrift des § 84 (Bem. 3 zu § 84). Tod des versicherten Tieres infolge beschränkter Haferfütterung während des Krieges fällt nicht hierunter (KG. 22. 6. 18 VA. 1919* 30 Nr. 1081; OLG. Marienwerder 14. 2. 19 VA. 1919* 59 Nr. 1100). 4.

II. § 117 ist nicht zwingend. Oftmals werden vertraglich auch Schäden ausgenommen, die die Tiere durch Alter, Abnutzung, Blitz, Explosion, Überschwemmung, Verschüttung, Erdbeben usw. erleiden. 5.

§ 118. Steht dem Versicherungsnehmer ein Anspruch auf Gewährleistung wegen eines Mangels des versicherten Tieres gegen einen Dritten zu, so geht der Anspruch auf den Versicherer über, soweit dieser dem Versicherungsnehmer den Schaden ersetzt. Der Übergang kann nicht zum Nachteile des Versicherungsnehmers geltend gemacht werden. Geht ein Anspruch auf Gewährleistung durch Verschulden des Versicherungsnehmers verloren, so wird der Versicherer von seiner Ersatzpflicht insoweit frei, als er aus dem Anspruch Ersatz hätte erlangen können.

Schrifttum: Drube JW. 1925. 22; Bem. 1 zu § 67. 1.

I. 1. Da bei Viehmängeln, von Ausnahmen abgesehen (z. B. Schadensersatz wegen Fehlens zugesicherter Eigenschaften, wegen Arglist § 463 BGB.), nur Wandelung in Betracht kommt (§ 487 Abs. 1 BGB.), diese aber nicht auf Ersatz des Schadens gerichtet ist, so bedarf § 67 für die Viehlebensversicherung einer Ergänzung, wenn die Ersatzleistung des Versicherers nicht dem Veräußerer zugute kommen oder zu einer Bereicherung des Versicherungsnehmers führen soll (Bgr.). Außerdem bedurfte es einer besonderen Bestimmung, weil als Ersatzwert des versicherten Tieres nach § 116 Abs. 1 S. 2 nicht sein Wert zu der Zeit des Eintritts des Versicherungsfalls, sondern der Wert gilt, den es unmittelbar vor dem Eintritt der Erkrankung oder des Unfalls gehabt hat (Bruck 668). Der dem Versicherungsnehmer zustehende Gewährleistungsanspruch geht auf den Versicherer über, soweit dieser dem Versicherungsnehmer den Schaden ersetzt (S. 1). Das Recht auf Wandelung haben Versicherer und Versicherungsnehmer gemeinschaftlich, falls teilweiser Ersatz geleistet worden ist. §§ 481 ff. BGB. gelten für Pferde, Esel, Maulesel, Maultiere, Rindvieh, Schafe 2.

und Schweine; für andere Tiere (Hunde, Ziegen, Geflügel usw.) bleibt es bei den allgemeinen Vorschriften der §§ 459 ff. BGB., aber auch hier greift § 118 durch. Die Beweislast trägt der Versicherer.

3. 2. Der Übergang kann nicht zum Nachteile des Versicherungsnehmers geltend gemacht werden (S. 2; Bem. 17 zu § 67). Der Anspruch des Versicherungsnehmers auf Ersatz der in § 488 BGB. bezeichneten Kosten hat also den Vorrang vor dem auf den Versicherer übergegangenen Ersatzanspruch.

4. 3. Die Stellung des Versicherers in Ansehung des Ersatzanspruchs darf nicht willkürlich von dem Versicherungsnehmer beeinträchtigt werden, der Versicherungsnehmer darf insbesondere seinen schon entstandenen Anspruch gegen den Dritten nicht durch sein Verhalten gefährden. Im Gegensatz zu § 67 Abs. 1 S. 3 kommt nicht nur ein positives Handeln (Bem. 19 zu § 67) in Betracht, sondern es reicht auch ein passives Verhalten aus („geht verloren" im Gegensatz zu „gibt auf"; KG. 2. 3. 21 VA. 1923* 6 Nr. 1233). Der Versicherer wird ferner leistungsfrei, wenn der Versicherungsnehmer auf den Gewährleistungsanspruch verzichtet oder wenn er die Anzeige- (§ 485 BGB.) oder Verjährungs- (§§ 477, 490 BGB.) Frist nicht wahrt. — Die Beweislast trägt der Versicherer.

5. 4. Über das Verhältnis des § 118 zu § 128 Abs. 1 Bem. 4 zu § 128.

6. II. § 118 ist nicht zwingend.

§ 119. Der Versicherer haftet nach dem Eintritt eines Versicherungsfalls für den durch einen späteren Versicherungsfall verursachten Schaden nur bis zur Höhe des Restbetrags der Versicherungssumme. Für die künftigen Versicherungsperioden gebührt ihm nur ein verhältnismäßiger Teil der Prämie.

1. Schrifttum: Bem. 1 vor § 116.

2. I. Bei Eintritt eines Teilschadens vermindert sich in der Schadensversicherung (§§ 95, 112; der Transportversicherung unbekannt) die Haftung des Versicherers.

3. II. 1. Voraussetzung für die Verminderung der Haftung des Versicherers ist, daß dieser infolge eines eingetretenen Teilschadens eine Entschädigung geleistet hat. Die Prämien, die er erhalten hat, sind hiermit jedenfalls teilweise verbraucht, und er bedarf neuer Prämien, wenn er auch weiterhin in unverkürzter Höhe haften soll. Infolgedessen tritt die Verminderung der Haftung nicht ein, wenn der Versicherer keine Entschädigung zu zahlen gehabt hat, weil er aus irgendeinem Grunde hierzu nicht verpflichtet war oder weil sie von dem Versicherungsnehmer nicht gefordert wurde.

4. 2. Die Verminderung der Haftung des Versicherers erfolgt automatisch (S. 1), ohne daß es irgendeiner Erklärung seitens des Versicherers oder des Einverständnisses des Versicherungsnehmers bedarf. Will der Versicherungsnehmer die Versicherung in früherer oder in anderer Höhe wieder-

herstellen, dann muß er eine Nachversicherung nehmen, die in jeder Beziehung dem Abschluß einer neuen Versicherung gleichsteht.

3. Die Verminderung der Haftung erfolgt vom Eintritt des Versicherungsfalls an (vorausgesetzt, daß der Versicherer eine Entschädigung leistet) um denjenigen Betrag, den der Versicherer tatsächlich geleistet hat. Bei Unterversicherung (§ 56) darf der Versicherer den Teil des Schadens, den der Versicherungsnehmer selbst zu tragen hat, nicht berücksichtigen. 5.

4. Obschon die Verminderung der Haftung des Versicherers mit dem Eintritt des Versicherungsfalls einsetzt, vorausgesetzt daß der Versicherer eine Entschädigung leistet, kann die Herabsetzung der Prämie in dem Verhältnis der ursprünglichen zu der verminderten Versicherungssumme erst für die zukünftige Versicherungsperiode (§ 9) in Frage kommen (S. 2), da der Versicherer die Gefahr in der zur Zeit des Eintritts des Versicherungsfalls laufenden Versicherungsperiode in der vollen Höhe der Versicherungssumme getragen hat. Für weitere Versicherungsperioden vorausbezahlte Prämien sind gegebenenfalls unter Abzug eines angemessenen Betrages für Verwaltungskosten zurückzuerstatten. Jedoch kann das Gegenteil vereinbart werden. 6.

III. § 119 ist nicht zwingend. 7.

IV. Das in §§ 96, 113, 158 vorgesehene Kündigungsrecht nach Eintritt eines Versicherungsfalls ist der Viehversicherung unbekannt. 8.

§ 120. Der Versicherer ist befugt, jederzeit auf seine Kosten eine Besichtigung und Untersuchung der versicherten Tiere vorzunehmen.

Schrifttum: Bem. 1 vor § 116. 1.

I. Der Versicherer darf sein Recht zur Besichtigung und Untersuchung des versicherten Tieres nur innerhalb der durch die Rücksicht auf Treu und Glauben gezogenen Grenzen ausüben, insbesondere trotz des Wortes „jederzeit“ nicht zur Unzeit (§ 242 BGB.). Er kann seinen Anspruch im Klagewege (gegebenenfalls durch einstweilige Verfügung) durchsetzen. Besichtigung und Untersuchung können durch den Versicherer selbst, seine Angestellten, Beauftragte (Tierärzte usw.) vorgenommen werden. 2.

II. § 120 ist nicht zwingend. 3.

§ 121. Außer dem Tode ist auch jede erhebliche Erkrankung sowie jeder erhebliche Unfall eines versicherten Tieres dem Versicherer unverzüglich anzuzeigen. Auf die Anzeige der Erkrankung oder des Unfalls finden, auch wenn die Versicherung nur gegen den Schaden genommen ist, der durch den Tod des Tieres entsteht, die für die Anzeige des Versicherungsfalls geltenden Vorschriften entsprechende Anwendung.

1. Schrifttum: Bem. 1 zu § 33.

2. I. Die Schadensanzeigepflicht (§ 33) ist mit Rücksicht auf § 116 Abs. 1 S. 2 inhaltlich erweitert. § 33 gilt neben § 121 (RG. 2. 11. 18 VA. 1921* 16 Nr. 1127, 15. 5. 26 JR. 1926. 187, VA. 1927. 275 Nr. 1631; OLG. Braunschweig 1. 2. 21 VA. 1923* 48 Nr. 1272).

3. II. 1. Die auf Gesetz beruhende Verpflichtung zur Schadensanzeige ist eine Obliegenheit (Voraussetzung; Bem. 4 zu § 6), die nach Eintritt des Versicherungsfalls und des ihm gleichgestellten Ereignisses dem Versicherer gegenüber zu erfüllen ist (§ 6 Abs. 2; RG. 15. 5. 26 JR. 1926. 187, VA. 1927. 275 Nr. 1631; Gottschalk JR. 1926. 205).

4. 2. Anzeigepflichtig ist der Versicherungsnehmer oder sein Rechtsnachfolger, bei mehreren Versicherungsnehmern ein jeder von ihnen, bei Versicherung für fremde Rechnung auch der Versicherte, wenn er Kenntnis hat. Bei Veräußerung des versicherten Tieres (§ 128 Abs. 2) hat der Veräußerer anzuzeigen, wenn der Versicherungsfall vor der Veräußerung eintritt, der Erwerber, wenn er nachher eintritt; läuft die Anzeigefrist noch bei Eintritt des Erwerbers in das Versicherungsverhältnis, so hat der Erwerber den vor der Veräußerung eingetretenen, von dem Veräußerer noch nicht angezeigten Versicherungsfall anzuzeigen. Steht das Recht auf die Leistung aus dem Versicherungsvertrag einem anderen allein zu, so liegt die Anzeigepflicht dem anderen ob. Mithin kann anzeigepflichtig sein der Zessionar (OLG. München 22. 10. 24 JW. 1925. 656), der Pfandgläubiger, der Vollstreckungsgläubiger. Steht das Recht mehreren zu, so hat ein jeder von ihnen anzuzeigen.

3. Die Erfüllung der Anzeigepflicht ist an zwei Voraussetzungen geknüpft.

a) Der Eintritt des Versicherungsfalls. Er muß nach dem materiellen Beginn der Versicherung eingetreten sein. Der vor dem formellen Beginn eingetretene Versicherungsfall unterliegt der vorvertraglichen Anzeigepflicht (§§ 16 ff.).

5. α) Versicherungsfall ist bei Versicherung gegen Tod (§ 116 Abs. 1) der Eintritt dieses Ereignisses (OLG. Bamberg 7. 12. 23 VA. 1926. 143 Nr. 1492). Da der Versicherer den Wert des Tieres zu vergüten hat, den es unmittelbar vor Eintritt der Erkrankung oder des Unfalls gehabt hat (§ 116 Abs. 1 S. 2), so muß er auch diese Tatsache, welche den Tod zur Folge haben kann, erfahren. Mithin sind außer dem Tod anzuzeigen jede erhebliche Erkrankung und jeder erhebliche Unfall des versicherten Tieres (S. 1). Ob eine Erkrankung und ein Unfall erheblich (Richter JR. 1927. 188) ist, hängt von den Umständen des einzelnen Falles ab. Erheblich ist eine Erkrankung, wenn sie einer sachgemäßen Behandlung bedarf, um den Eintritt des Todes des Tieres zu verhindern (OLG. Breslau 17. 1. 29 VA. 1930. 235 Nr. 2001). Die Lahmheit des versicherten Tieres ist nicht ohne weiteres eine erhebliche Erkrankung (RG. 7. 7. 26 JR. 1926. 234), so namentlich wenn sie nicht sofort erkennbar ist (RG. 3. 3. 28 JR. 1928. 109; anders OG. Danzig 1. 2. 27 JR. 1928. 224), ebensowenig eine bloße Unpäßlichkeit (OLG. Zweibrücken 17. 11. 03 VA. 1906* 66 Nr. 222), Müdigkeit (OLG. Bamberg 26. 4. 27 JR. 1927. 264),

ebensowenig jede Hufwunde (RG. 9. 1. 29 JR. 1929. 82), wohl aber Kolik (RG. 19. 10. 27 VA. 1929. 32 Nr. 1811; OLG. Breslau 17. 1. 29 VA. 1930. 235 Nr. 2001), Räude (OLG. Celle 9. 12. 26 JR. 1927. 67).

β) Bei einer Minderwertversicherung (§ 116 Abs. 2) tritt der Versicherungs- 6.
fall in dem Zeitpunkt ein, in dem das versicherte Tier dauernd zu seiner bestimmten Verwendungsart unbrauchbar wird (RG. 7. 12. 26 JR. 1927. 11), wobei der Nachweis dauernder Unbrauchbarkeit als erbracht gilt, wenn das Tier auch bei mindestens zwei Monate lang fortgesetzter tierärztlicher Behandlung nicht wieder gebrauchsfähig wird und die notwendigen Behandlungs- und Fütterungskosten den vierten oder fünften Teil der Versicherungssumme übersteigen (VA. 1910. 35, 88, 91). Dauernde Unbrauchbarkeit des versicherten Pferdes liegt beispielsweise vor, wenn es lahmt (OLG. Hamm 28. 4. 30 VA. 1931. 209 Nr. 2172, JR. 1931. 136).

b) Die Kenntnis des Anzeigepflichtigen von dem Ereignis 7.
(§ 33 Abs. 1). Kennenmüssen steht der Kenntnis nicht gleich. An erster Stelle steht die Kenntnis des Versicherungsnehmers. Sind mehrere Versicherungsnehmer vorhanden, so schadet die Kenntnis des einen, wenn er die Anzeige nicht unverzüglich erstattet, allen übrigen. Außer der Kenntnis des Versicherungsnehmers ist die Kenntnis des gesetzlichen, des rechtsgeschäftlich bestellten Vertreters, des Vertreters ohne Vertretungsmacht, bei Versicherung für fremde Rechnung auch die Kenntnis des Versicherten maßgebend.

Die Kenntnis hat sich auf die eingetretene Tatsache und auf ihren Charakter als anzeigepflichtiges Ereignis zu erstrecken.

III. 1. Die Anzeige ist eine empfangsbedürftige, an sich formfreie 8.
Wissenserklärung. Willensmängel oder Mängel in der Geschäftsfähigkeit haben keinen Einfluß auf die Wirksamkeit der Anzeige. Mithin entscheidet die Tatsache, ob die Anzeige ordnungsgemäß erstattet ist oder nicht. Auch ein beschränkt Geschäftsfähiger oder ein Geschäftsunfähiger kann anzeigen. Ob er aber für eine unterlassene oder für eine nicht rechtzeitige oder für eine nicht ordnungsgemäße Anzeige verantwortlich ist, ist nach den Grundsätzen über die Schuldfähigkeit (§§ 827, 828 BGB.) zu entscheiden (Bem. 5 zu § 16).

2. Die Anzeige ist von dem Anzeigepflichtigen zu erstatten. 9.
Bei mehreren Anzeigepflichtigen genügt die Anzeige durch einen von ihnen, wenn sie dem Versicherer zugeht (RG. 3. 5. 01 JW. 1901. 426). Die von einem Nichtanzeigepflichtigen ordnungsgemäß erstattete Anzeige erfüllt die Anzeigepflicht. Diese Folge ist allerdings ausdrücklich nur für einen ganz bestimmten Tatbestand vorgesehen (§ 33 Abs. 2). Es würde aber Treu und Glauben widersprechen, wenn sich der Versicherer auf die Verletzung der Anzeigepflicht berufen könnte, obschon er die Anzeige von einem Nichtanzeigepflichtigen erhalten hat (Bem. 8 zu § 33).

3. Die Anzeige ist gesetzlich formfrei. Vertraglich pflegt die Beobachtung 10.
einer bestimmten Form, meistens schriftliche Form oder telegraphische Anzeige, vereinbart zu werden. Wird die Form nicht gewahrt, so kann sich der Versicherer auf die Verletzung der Anzeigepflicht nicht berufen, wenn er in anderer Weise rechtzeitig von dem Eintritt des Versicherungsfalls Kenntnis erlangt.

11. 4. Die Anzeige ist an den Versicherer, an den Abschlußagenten (§ 45; Ausnahme § 47) oder an seinen sonstigen Vertreter, bei mehreren Versicherern an einen jeden von ihnen, sofern nicht einer die Führung hat, zu richten. Der Vermittelungsagent ist zur Entgegennahme der Anzeige (§ 43 Nr. 2; Ausnahme § 47; RG. 14. 3. 22 VA. 1923* 46 Nr. 1270; OLG. Hamm 9. 2. 21 AV. 1923* 48 Nr. 1273) ermächtigt. Leitet der Agent die ihm zugegangene Anzeige an einen falschen Versicherer weiter, so kann sich der zuständige Versicherer hierauf nicht dem Anzeigepflichtigen gegenüber berufen (RG. 20. 6. 30 Praxis des Versicherungsrechts 1930. 75).

12. 5. Der Inhalt der Anzeige ist weder gesetzlich noch vertraglich geregelt, ergibt sich aber häufig durch Ausfüllung eines von dem Versicherer entworfenen Fragebogens.

13. 6. Ist der Empfänger der Anzeige anwesend, so ist die Anzeige in verständlicher Form zu machen, ist der Empfänger abwesend, so muß sie ihm zugegangen sein (§ 130 BGB.).

14. 7. Die Anzeige ist unverzüglich (ohne schuldhaftes Zögern § 121 Abs. 1 BGB.) nach Erlangung der Kenntnis zu erstatten (§ 33 Abs. 1; KG. 7. 7. 26 JR. 1926. 234). Die Absendung der Anzeige muß auch hier die Frist wahren, obschon es an einer den §§ 92 Abs. 1 S. 2, 110 Abs. 1 S. 2 entsprechenden Bestimmung fehlt (OLG. Hamburg 19. 2. 12 VA. 1912* 113 Nr. 699). Vertraglich kann eine besondere Frist vereinbart werden (KG. 4. 12. 26 JR. 1927. 50, VA. 1928. 36 Nr. 1687).

15. 8. Die Kosten für die Erfüllung der Anzeigepflicht hat der Versicherungsnehmer (Anspruchsberechtigte) zu tragen.

16. 9. Der Versicherer hat zu beweisen, daß die Anzeigepflicht verletzt ist.

17. IV. 1. Besondere Folgen sind an die Verletzung der Anzeigepflicht gesetzlich nicht geknüpft. Solange die Anzeige nicht, nicht rechtzeitig, nicht ordnungsgemäß erstattet ist, hat der Versicherer seine Entschädigung nicht zu bewirken, aber die Verweigerung der Leistung darf nicht schikanös (§ 226 BGB.) sein. — Stellt die Nichterfüllung oder die nicht gehörige Erfüllung der Anzeigepflicht zugleich den Tatbestand einer unerlaubten Handlung dar, so kann der Versicherer Schadensersatz verlangen (§§ 823 Abs. 2, 826 BGB.). Die Höhe des Schadens hat der Versicherer zu beweisen.

18. Ist der Versicherer nach Maßgabe der in Betracht kommenden Versicherungsbedingungen leistungsfrei, wenn die Anzeige nicht, nicht rechtzeitig oder nicht ordnungsgemäß erstattet wird, so kann diese Folge nur eintreten, wenn die Nichterfüllung auf Vorsatz oder auf grober Fahrlässigkeit beruht (§ 6 Abs. 2, 3; OLG. Braunschweig 1. 2. 21 VA. 1923* 48 Nr. 1272). Ob den Anzeigepflichtigen ein Verschulden trifft, wenn er die Anzeige nicht, nicht rechtzeitig, nicht ordnungsgemäß, nicht in der richtigen Form oder nicht an die richtige Adresse erstattet, hängt von der Mentalität des Anzeigepflichtigen ab (OLG. Kiel 24. 2. 27 VA. 1928. 223 Nr. 1737; Bem. 32 zu § 16). Den Anzeigepflichtigen trifft kein Verschulden, wenn er die Erheblichkeit der Erkrankung oder des Unfalls nicht erkannt hat (OLG. Celle 15. 5. 26 VA. 1927. 280

Nr. 1635; OLG. Düsseldorf 2. 12. 26 JR. 1927. 32; OLG. Hamm 17. 3. 27 VA. 1928. 251 Nr. 1755; RG. 30. 11. 28 JR. 1929. 15), wenn die Fristüberschreitung als entschuldigt anzusehen ist (KG. 24. 5. 12 VA. 1912* 112 Nr. 698, 20. 3. 20 VA. 1922* 46 Nr. 1204; OLG. Frankfurt 7. 10. 20 VA. 1923* 47 Nr. 1271; OLG. Hamm 9. 2. 21 VA. 1923* 48 Nr. 1273). Hat sich der Anzeigepflichtige in Unkenntnis über seine Verpflichtung zur Anzeige befunden, so ist die Verletzung verschuldet (RG. 11. 4. 19 Bd. 95. 250, 255, 18. 6. 20 Wallmann Bd. 55. 153; OLG. Rostock 18. 1. 26 VA. 1927. 51 Nr. 1561; OLG. Oldenburg 13. 3. 26 VA. 1927. 277 Nr. 1633). Ist die Verspätung der Anzeige durch die Unordnung im Betriebe des Versicherungsnehmers entstanden, so liegt eine grobfahrlässige Verletzung der Anzeigepflicht vor (KG. 1. 5. 29 JR. 1929. 244). Ob durch die Unterlassung oder durch die Verspätung der Anzeige dem Versicherer irgendein Nachteil entstanden ist, ist belanglos, sofern nicht vertraglich anderes vorgesehen ist. — Das vorbehaltlose Einverständnis des Versicherers mit einer Behandlung des versicherten Tieres kann einen Verzicht auf die Rechte aus verspäteter Schadensanzeige darstellen (OLG. Rostock 10. 10. 27 VA. 1929. 241 Nr. 1894).

2. Eine Haftung des Anzeigepflichtigen für das Ver- 19.
halten Dritter, deren er sich bei Erfüllung der Anzeigepflicht bedient, kommt unter dem Gesichtspunkt des § 278 BGB. nicht in Betracht, da die Anzeigepflicht eine Obliegenheit ist (KG. 20. 3. 20 VA. 1922* 46 Nr. 1204; OLG. Hamm 14. 1. 20 VA. 1922* 46 Nr. 1205; anders OLG. München 23. 7. 27 JR. 1927. 294). Über die Haftung für den Wissensvertreter und für den Boten Bem. 13 zu § 6. Vgl. auch Bem. 16 zu § 33.

3. Insoweit die Folgen der Verletzung der Anzeigepflicht in der Leistungs- 20.
freiheit des Versicherers bestehen, können diese Folgen im Bereich der Beschränkungen der Vertragsfreiheit (AllgemVorbem. 26, 28) nicht eintreten, wenn der Versicherer auf andere Weise von dem Eintritt des Versicherungsfalls rechtzeitig Kenntnis erhalten hat (§ 33 Abs. 2). Kennenmüssen steht der Kenntnis nicht gleich, ebensowenig die Kenntnis des Vermittelungsagenten der Kenntnis des Versicherers (§ 44), wohl aber arglistige Nichtkenntnisnahme. Bei mehreren Versicherern kommt es auf die Kenntnis eines jeden von ihnen an, sofern nicht einer die Führung hat. Worauf die Kenntnis beruht, ist gleich. Erforderlich ist, daß der Versicherer zuverlässige Kenntnis von dem konkreten Vorgang erhalten hat (KB. I 83).

V. § 121 ist nicht zwingend. 21.

VI. Im Rahmen der Auskunftspflicht (§ 34) pflegt der Ver- 22.
sicherungsnehmer zur Einreichung von Krankheits-, Sektionsberichten und zu anderen Auskünften verpflichtet zu werden. Bei Nichtbenutzung der Vordrucke kann keine Verwirkung des Anspruchs eintreten, wenn der Versicherer auf anderem Wege die gewünschte Auskunft erhält (VA. 1909. 160). Ihre Nichteinsendung kann durch das Verhalten des Versicherers entschuldigt sein (OLG. Hamm 14. 6. 10 VA. 1911* 66 Nr. 606; nicht entschuldigte verspätete Einsendung OLG. Zweibrücken 31. 1. 12 VA. 1913* 34 Nr. 728; OLG. Jena 7. 11. 19 VA. 1921* 55 Nr. 1150).

§ 122. Erkrankt das versicherte Tier oder erleidet es einen Unfall, so hat der Versicherungsnehmer, sofern nicht die Erkrankung oder der Unfall unerheblich ist, unverzüglich einen Tierarzt oder, wenn dies untunlich ist, einen Sachkundigen zuzuziehen.

1. Schrifttum: Bem. 1 zu § 62; Bem. 1 vor § 116.

2. I. In Ausführung der allgemeinen Abwendungs- und Minderungspflicht (§ 62) ist dem Versicherungsnehmer die besondere Verpflichtung auferlegt, unter Umständen einen Tierarzt oder Sachkundigen zuzuziehen.

3. II. 1. Die auf Gesetz beruhende Verpflichtung zur Zuziehung eines Tierarztes oder eines Sachkundigen ist eine Obliegenheit (Voraussetzung; Bem. 4 zu § 6), die nach Eintritt des Versicherungsfalls oder des ihm gleichgestellten Ereignisses dem Versicherer gegenüber zu erfüllen ist (§ 6 Abs. 2; RG. 15. 10. 20 JW. 1921. 106, VA. 1922* 19 Nr. 1183).

4. 2. Zur Zuziehung verpflichtet ist der Versicherungsnehmer, auch bei der Versicherung für fremde Rechnung, sein Rechtsnachfolger, bei mehreren Versicherungsnehmern ein jeder von ihnen.

3. Die Erfüllung der Zuziehungspflicht ist an zwei Voraussetzungen geknüpft.

5. a) Das versicherte Tier muß erheblich erkrankt sein oder einen erheblichen Unfall erlitten haben. Über den Begriff der erheblichen Erkrankung und des erheblichen Unfalls Bem. 5 zu § 121.

6. b) Die Kenntnis des Zuziehungspflichtigen von der Erheblichkeit der Erkrankung oder des Unfalls. Kennenmüssen steht der Kenntnis nicht gleich. An erster Stelle steht die Kenntnis des Versicherungsnehmers. Sind mehrere Versicherungsnehmer vorhanden, so schadet die Kenntnis des einen, wenn er die Zuziehung nicht unverzüglich anordnet, allen übrigen. Außer der Kenntnis des Versicherungsnehmers ist die Kenntnis des gesetzlichen, des rechtsgeschäftlich bestellten Vertreters, des Vertreters ohne Vertretungsmacht, bei Versicherung für fremde Rechnung auch die Kenntnis des Versicherten maßgebend.

Die Kenntnis hat sich auf den Eintritt der Erkrankung oder des Unfalls und auf ihren Charakter als erhebliche Erkrankung oder als erheblicher Unfall zu erstrecken. Ist sich der Zuziehungspflichtige dessen nicht bewußt, dann kann ihm die Verletzung nicht zugerechnet werden.

7. 4. Der Versicherer hat die Erheblichkeit der Erkrankung oder des Unfalls zu beweisen.

8. III. 1. Die Verpflichtung besteht in der Zuziehung eines Tierarztes oder, wenn untunlich, eines Sachkundigen. Oftmals wird vertraglich die Zuziehung von zwei Sachkundigen gefordert.

9. 2. Der Tierarzt oder der Sachkundige ist von dem Versicherungsnehmer zuzuziehen. „Als sachkundig darf der Versicherungsnehmer jeden

ansehen, von dem sich ein verständiges Urteil über die zur Abwendung weiteren Schadens dienlichen Maßregeln erwarten läßt" (Bgr.). Selbst die Zuziehung nicht sachkundiger Personen braucht kein Verschulden des Versicherungsnehmers darzustellen (KG. 19. 10. 15 VA. 1916* 55 Nr. 937). Ob die Zuziehung eines Tierarztes untunlich ist, richtet sich nach den Umständen des einzelnen Falles. Sie gilt im allgemeinen als untunlich, wenn ein Tierarzt weder an dem Orte selbst, an dem das Tier erkrankt oder verunglückt ist, noch in einer Entfernung von 15 Kilometern wohnt.

3. Die Zuziehung hat *unverzüglich* (ohne schuldhaftes Zögern § 121 10.
Abs. 1 BGB.), nachdem der Versicherungsnehmer Kenntnis von der Erkrankung oder dem Unfall erlangt hat, zu erfolgen.

4. Der *Versicherungsnehmer* ist verpflichtet, gewissenhaft *nach* 11.
Anordnung des Arztes oder Sachkundigen zu verfahren. In der Nichterfüllung der Anordnung kann eine schwere Vernachlässigung im Sinn des § 125 S. 1 liegen.

5. Die *Kosten* trägt vorbehaltlich § 123 Abs. 2 der Versicherungsnehmer. — 12.
Der Versicherer hat die Verletzung der Zuziehungspflicht zu *beweisen*.

IV. 1. *Die Nichtzuziehung* eines Tierarztes oder eines Sach- 13.
kundigen ist eine schwere Vernachlässigung (§ 125 S. 2), die das Freiwerden des Versicherers von der Leistungspflicht zur Folge hat, wenn der Versicherungsnehmer vorsätzlich oder grobfahrlässig gehandelt hat (§ 125 S. 1).

2. Eine *Haftung des Versicherungsnehmers* für das 14.
Verhalten Dritter, deren er sich bei Erfüllung der Zuziehungspflicht bedient, kommt unter dem Gesichtspunkt des § 278 BGB. nicht in Betracht, da die Zuziehungspflicht eine Obliegenheit ist. Der Versicherungsnehmer haftet nur für sein eigenes Verhalten, er haftet insbesondere nicht für seinen gesetzlichen Vertreter oder für den rechtsgeschäftlich bestellten Vertreter oder für einen Vertreter ohne Vertretungsmacht (Bem. 15 zu § 6). — Der Versicherungsnehmer haftet auch nicht für den zugezogenen Arzt oder Sachkundigen, wenn dieser die Ausstellung des Krankheitsberichtes oder Sektionsberichtes verzögert, da die Tätigkeit des Tierartes oder des Sachkundigen nur von diesem, nicht von dem Versicherungsnehmer auszuüben ist (RG. 29. 11. 09 Bd. 72. 219, 1. 10. 10 Bd. 74. 163, 166, 15. 10. 20 JW. 1921. 106, VA. 1922* 19 Nr. 1183; OLG. Hamm 25. 2. 10 VA. 1911* 115 Nr. 632; OLG. Düsseldorf 2. 12. 26 JR. 1927. 32; OLG. Stuttgart 10. 2. 27 Seuffert Bd. 81. 244 Nr. 150; OLG. Kiel 7. 12. 25 VA. 1927. 47 Nr. 1559; KG. 3. 7. 26 JR. 1926. 235). Ebensowenig haftet der Versicherungsnehmer für einen wissenschaftlichen Irrtum des Arztes (KG. 2. 7. 09 VA. 1910* 31 Nr. 512).

V. § 122 ist nicht zwingend. 15.

§ 123. Die Kosten der Fütterung und der Pflege, sowie die Kosten der tierärztlichen Untersuchung und Behandlung gehören nicht zu den nach § 63 von dem Versicherer zu erstattenden Aufwendungen.

Die Kosten der ersten tierärztlichen Untersuchung bei Erkrankung eines versicherten Tieres haben der Versicherungsnehmer und der Versicherer zu gleichen Teilen zu tragen.

1. Schrifttum: Bem. 1 vor § 116.

2. I. § 123 gibt eine einschränkende Begriffsbestimmung der Aufwendungen, im übrigen finden die Vorschriften des § 63 für alle Aufwendungen, die nicht unter § 123 fallen, Anwendung. Abgesehen von den Kosten der ersten tierärztlichen Untersuchung bei Erkrankung des Tieres, die der Versicherer zur Hälfte trägt (Abs. 2), sofern nicht die Versicherungsbedingungen weitere Einschränkungen vornehmen, belasten die Kosten der Fütterung, Pflege, tierärztlichen Untersuchungen und Behandlung den Versicherungsnehmer (Abs. 1) ohne Rücksicht darauf, ob sie erfolgreich oder erfolglos sind. Der Ersatzanspruch könnte auch nicht auf § 677 BGB. gestützt werden (KG. 1. 4. 10 Praxis Bd. 3. 177). Kann eine langwierige Behandlung des Tieres dem Versicherungsnehmer nicht zugemutet werden, dann hat ihre Kosten der Versicherer zu tragen, wenn er die Behandlung fordert (KG. 19. 10. 08 VA. 1909* 62 Nr. 464).

3. II. § 123 ist nicht zwingend. Der Versicherungsnehmer kann vertraglich verpflichtet sein, die Kosten der ersten tierärztlichen Untersuchung in vollem Umfange allein zu tragen (KG. 28. 5. 30 JR. 1930. 337).

§ 124. Die Verzinsung der Entschädigungsforderung sowie das Recht des Versicherungsnehmers auf eine Abschlagszahlung bestimmt sich nach § 94.

1. Schrifttum: Bem. 1 vor § 116.

2. I. Vgl. Bem. zu § 94, über die Anzeige des Versicherungsfalls Bem. 5, 6 zu § 121.

3. II. § 124 ist nicht zwingend. Die Bestimmung über die Verpflichtung des Versicherers zu einer Abschlagszahlung hat rückwirkende Kraft (Art. 4 Nr. 7 EG.).

§ 125. Hat der Versicherungsnehmer vorsätzlich oder aus grober Fahrlässigkeit das Tier schwer mißhandelt oder schwer vernachlässigt, so ist der Versicherer von der Verpflichtung zur Leistung frei, es sei denn, daß der Schaden nicht durch die Mißhandlung oder die Vernachlässigung entstanden ist. Als schwere Vernachlässigung gilt es insbesondere, wenn bei einer Erkrankung oder einem Unfalle die Zuziehung eines Tierarztes oder eines Sachkundigen der Vorschrift des § 122 zuwider unterlassen worden ist.

1. Schrifttum: Bem. 1 zu § 61; Bem. 1 vor § 116.

2. I. Der allgemeine Grundsatz der Schadensversicherung, nach dem der Versicherer leistungsfrei ist, wenn der Versicherungsnehmer den Versicherungsfall vorsätzlich oder durch grobe Fahrlässigkeit herbeiführt (§ 61), gilt auch für die Viehlebensversicherung. Trotz vorsätzlicher Herbeiführung des Versicherungsfalls muß die Leistungspflicht des Versicherers

bestehen bleiben, wenn der Versicherungsnehmer einem Gebote der Menschlichkeit gefolgt ist (Bem. 5 zu § 126).

II. 1. Der Versicherer ist auch leistungsfrei, wenn der Versicherungsnehmer vorsätzlich oder grobfahrlässig das Tier schwer mißhandelt oder schwer vernachlässigt hat und durch die Mißhandlung oder Vernachlässigung der Schaden entstanden ist (S. 1). Was als schwere Mißhandlung oder als schwere Vernachlässigung gilt, ist im Einzelfall unter Würdigung aller in Betracht kommenden Umstände zu entscheiden. Liegen jedoch die Voraussetzungen des S. 2 vor, so ist ohne weiteres bereits auf Grund des Gesetzes eine schwere Vernachlässigung anzunehmen. Der Regel nach wird als solche auch mangelhafte Fütterung, Übergabe des Tieres zur Pflege oder Obhut an eine von vornherein untaugliche Person zu gelten haben (Bgr.). 3.

2. Der Beweis für die Handlungsweise des Versicherungsnehmers liegt dem Versicherer ob (OLG. Marienwerder 14. 2. 19 VA. 1919* 59 Nr. 1100); es genügt der Nachweis, daß die Zuziehung eines Arztes oder Sachkundigen entgegen § 122 unterblieben ist (Drube Z. 1923. 64). 4.

3. Über die rechtliche Natur des dem Versicherungsnehmer auferlegten Verhaltens Bem. 4 zu § 61; über die Haftung des Versicherungsnehmers für das Verhalten Dritter Bem. 8 ff. zu § 61. In den Versicherungsbedingungen pflegt dem Verhalten des Versicherungsnehmers ausdrücklich das Verhalten der mit ihm in häuslicher Gemeinschaft lebenden Familienangehörigen oder Angestellten, denen das Tier anvertraut ist, gleichgestellt zu werden, es sei denn, daß er bei Auswahl der Angestellten und bei Überwachung die verkehrserforderliche Sorgfalt beobachtet hat. 5.

III. § 125 ist nicht zwingend (Bem. 20 zu § 61). 6.

§ 126. Der Versicherungsnehmer darf eine Nottötung nur mit Einwilligung des Versicherers vornehmen, es sei denn, daß die Erklärung des Versicherers nicht abgewartet werden kann. Ist durch das Gutachten des Tierarztes oder, falls die Zuziehung eines Tierarztes untunlich ist, zweier Sachkundigen vor der Tötung festgestellt, daß die Tötung notwendig ist und die Erklärung des Versicherers nicht abgewartet werden kann, so muß der Versicherer die Feststellung gegen sich gelten lassen.

Ist der Vorschrift des Abs. 1 Satz 1 zuwider eine Nottötung erfolgt, so ist der Versicherer von der Verpflichtung zur Leistung frei.

Schrifttum: Bem. 1 vor § 116; Pfeiffer JR. 1929. 46. 1.

I. Die Nottötung ist an und für sich die vorsätzliche Herbeiführung des Versicherungsfalls, insoweit Versicherung nach § 116 Abs. 1 genommen ist, sie erfährt aber eine besondere Behandlung. 2.

II. 1. Nottötung ist die durch Notlage notwendig werdende Tötung des versicherten Tieres. Eine gesetzliche Definition der Notschlachtung findet sich in dem Reichsgesetz betr. Schlachtvieh und Fleischbeschau vom 3. Juni 1900 § 1 Abs. 3. 3.

4. 2. Die Nottötung darf grundsätzlich nur mit Einwilligung des Versicherers vorgenommen werden (Abs. 1 S. 1). Die Einwilligung ist eine empfangsbedürftige, an sich formfreie Willenserklärung des Versicherers, des Abschlußagenten (§ 45; Ausnahme § 47) oder seines sonstigen Vertreters, bei mehreren Versicherern eines jeden von ihnen, sofern nicht einer die Führung hat. Der Vermittelungsagent als solcher ist zur Erteilung der Einwilligung nicht befugt, jedoch kann der Versicherungsnehmer entschuldigt sein, wenn er irrtümlich seine Befugnis als gegeben annimmt (OLG. Kiel 7. 12. 25 VA. 1927. 47 Nr. 1559). Die Einwilligung wird nicht zu einem Rechtsgeschäft (§ 182 BGB.), sondern zu einem tatsächlichen Vorgang erteilt. In dem Schweigen des Versicherers auf die Mitteilung, daß das Tier notgetötet werden wird, kann Zustimmung liegen. Wird sie in Kenntnis der bereits erfolgten Nottötung erteilt, so wirkt sie auf die Zeit der Vornahme der Nottötung zurück. Die Einwilligung ist, da sie rechtsgestaltenden Charakter hat, nicht widerrufbar, aber anfechtbar (§§ 119 ff. BGB.). Sie kann nötigenfalls im Rechtswege gefordert werden (einstweilige Verfügung). Vor der Tötung ist Klage auf deren Genehmigung, nicht auf Entschädigung zulässig (LG. Neuwied VA. 1904. 36 Nr. 31; KG. 3. 9. 29, 16. 10. 29 JR. 1930. 62). Der Versicherer ist beispielsweise zur Einwilligung verpflichtet, wenn das versicherte Rennpferd unheilbar erkrankt ist und infolgedessen für Renn-, Zucht-, Arbeitszwecke unbrauchbar ist (KG. 16. 10. 29 JR. 1930. 62).

3. a) Die Nottötung darf ohne Einwilligung des Versicherers vorgenommen werden:

5. α) wenn die Erklärung des Versicherers nicht abgewartet werden kann (Abs. 1 S. 1). Dies wird namentlich dann der Fall sein, „wenn einerseits der Zustand des Tieres eine Wiederherstellung nicht mehr erwarten läßt, andererseits die sofortige Tötung das einzige Mittel bietet, den Schlachtwert des Tieres noch nutzbar zu machen oder den Geboten der Menschlichkeit entsprechend die Leiden des Tieres abzukürzen" (Bgr.), so bei Knochenbrüchen und sonstigen schweren Verletzungen, unüberwindlichen Geburtshindernissen, Aufblähen nach Aufnahme von grünem Futter usw.;

6. β) wenn das ablehnende Verhalten des Versicherers wider Treu und Glauben verstößt (KG. 3. 5. 10 VA. 1910* 103 Nr. 556; OLG. Königsberg 29. 10. 26 JR. 1927. 81, VA. 1928. 39 Nr. 1690; OLG. Köln 4. 10. 29 VA. 1930. 324 Nr. 2076);

7. γ) wenn die zuständige Behörde die Tötung anordnet.

8. b) Der Versicherungsnehmer hat die Umstände zu beweisen, welche die Nottötung erforderten und ihn hinderten, die Einwilligung des Versicherers einzuholen. Die Beweisführung ist erleichtert, wenn er sich auf das Gutachten eines Tierarztes oder von zwei (gegensätzlich zu §§ 122, 125 im Hinblick auf die Folgen) Sachkundigen berufen kann, aus dem sich ergibt, daß die Tötung notwendig war und die Erklärung des Versicherers nicht abgewartet werden konnte (Abs. 1 S. 2). Die Form des Gutachtens ist nicht bestimmt; schriftliche Festlegung ist ratsam. Erweist sich das Gutachten später bei der Sektion als unrichtig, die Tötung war unnötig, so ist der Versicherungsnehmer hierfür nicht

verantwortlich (KG. 2. 7. 09 VA. 1910* 31 Nr. 512), es sei denn, daß er selbst gegen Treu und Glauben verstoßen hat.

4. Ist die Nottötung mit Einwilligung des Versicherers vorgenommen oder braucht seine Erklärung nicht abgewartet zu werden, so ist der **Versicherer zu der** sich aus dem Versicherungsvertrag ergebenden geldlichen **Leistung verpflichtet**, anderenfalls ist er leistungsfrei (Abs. 2). Bei verzögerter Einwilligung zur Nottötung wird der Versicherer nicht leistungsfrei (KG. 1. 5. 26 VA. 1927. 274 Nr. 1630), desgleichen wird er nicht leistungsfrei, wenn er unberechtigt die Nottötung verweigert (OLG. Königsberg 29. 10. 26 JR. 1927. 81, VA. 1928. 39 Nr. 1690). 9.

5. Die **Kosten** der Nottötung und der Beseitigung des Kadavers hat vertraglich gewöhnlich der Versicherungsnehmer zu übernehmen. 10.

6. Über die juristische Konstruktion des dem Versicherungsnehmer auferlegten Verhaltens und über die Haftung für das Verhalten Dritter Bem. 4, 8 ff. zu § 61. 11.

III. § 126 ist nicht zwingend. 12.

§ 127. Endigt das Versicherungsverhältnis, nachdem das versicherte Tier erkrankt ist oder einen Unfall erlitten hat, so hat die Beendigung auf die Haftung des Versicherers keinen Einfluß, wenn die Erkrankung oder der Unfall den Tod binnen zwei Wochen nach der Beendigung herbeiführt.

Schrifttum: Bem. 1 vor § 116. 1.

I. 1. An und für sich ist bei einer Versicherung gemäß § 116 Abs. 1 der Versicherungsfall erst mit dem Zeitpunkt des Todes gegeben. Die ungerechtfertigte Härte für den Versicherungsnehmer, wenn zwar der Tod des versicherten Tieres nach dem Ende der Versicherung eintritt, aber durch ein in die materielle Versicherungsdauer fallendes Ereignis (Erkrankung, Unfall) verursacht ist, wird dadurch vermieden, daß **der Tod als auf den Beginn der Erkrankung oder den Zeitpunkt des Unfalls zurückverlegt gedacht wird**. Die verlängerte Haftung tritt auch gegenüber einer vertraglich getroffenen Bestimmung über das materielle Ende der Versicherung (Bem. 4 zu § 7) ein (OLG. Hamm 4. 10. 22 VA. 1924* 70 Nr. 1325; unentschieden KG. 1. 5. 26 JR. 1926. 165). Zur Zahlung der Prämie für die Zeit der verlängerten Haftung ist der Versicherungsnehmer nicht verpflichtet, dagegen muß er während dieses Zeitraums alle Obliegenheiten weiter erfüllen. — Die **Beweislast** für den Zusammenhang zwischen dem nach Beendigung der materiellen Versicherungsdauer eingetretenen Tod und der während der Dauer erfolgten Erkrankung usw. liegt dem Versicherungsnehmer ob. — **Führt die Erkrankung** oder der Unfall, und zwar unabhängig von der Dauer der Gewährfrist, **nicht binnen zwei Wochen** nach dem materiellen Ende der Versicherung **zum Tode**, so haftet der Versicherer nicht. Über die Berechnung der Frist §§ 187 Abs. 1, 188 Abs. 2, 193 BGB. 2.

2. Der kurzen Ausdehnung der Haftung des Versicherers über die Zeit der Beendigung der Versicherung hinaus entspricht die übliche **Karenzzeit** 3.

(mündliche Vereinbarung RG. 18. 1. 07 VA. 1907* 61 Nr. 317) bei Beginn der Versicherung (RG. 15. 5. 26 JR. 1926. 187).

4. II. § 127 ist nicht zwingend. Die verlängerte Haftung kann ausgeschlossen werden. Sie findet bei kurzfristigen Versicherungen, wie Versicherungen für die Dauer eines Rennens, einer Ausstellung, eines Transportes, bei denen von der Vereinbarung einer Karenzfrist Abstand genommen wird (Bem. 3), keine Anwendung (Drube Wallmann Bd. 54. 801, ZVW. 1922. 431, JR. 1927. 270; unrichtig OLG. Königsberg 29. 10. 26 JR. 1927. 81, VA. 1928. 39 Nr. 1690). Auch bei der Minderwertversicherung (§ 116 Abs. 2) wird § 127 nicht angewendet (Rudloff JR. 1928. 81).

§ 128. Wird ein versichertes Tier veräußert, so endigt in Ansehung dieses Tieres das Versicherungsverhältnis; dem Versicherer gebührt gleichwohl die Prämie, jedoch nicht über die laufende Versicherungsperiode hinaus. Tritt vor dem Schlusse der laufenden Versicherungsperiode oder binnen zwei Wochen nach der Veräußerung infolge eines Hauptmangels der Tod des Tieres ein, so bleibt der Versicherer dem Versicherungsnehmer insoweit haftbar, als dieser dem Erwerber kraft Gesetzes zur Gewährleistung verpflichtet ist.

Geht das Eigentum an dem Inventar eines Grundstücks mit dem Eigentum oder dem Besitze des Grundstücks auf einen anderen über, so behält es in Ansehung der zum Inventare gehörenden Tiere bei den Vorschriften der §§ 69 bis 73 sein Bewenden.

1. Schrifttum: Bem. 1 vor § 69, Bem. 1 vor § 116.

2. I. 1. Der allgemeine Grundsatz der Schadensversicherung, nach dem bei Veräußerung der versicherten Sache die Versicherung auf den Erwerber übergeht (§ 69), wird mit Rücksicht auf das subjektive Risiko (Behandlung des Tieres durch den jeweiligen Eigentümer) nicht zur Anwendung gebracht: mit Veräußerung des versicherten Tieres endigt das Versicherungsverhältnis (Abs. 1 S. 1). Über den Begriff der Veräußerung Bem. 2 ff. zu § 69. Der Veräußerung stehen die Zwangsvollstreckung (§ 73), bei Versicherung nach Durchschnittswerten das Ausscheiden aus dem versicherten Viehbestande gleich. Die zwangsweise Enteignung von Pferden ist keine Veräußerung (LG. Erfurt VA. 1915*46 Nr. 882, aber mit unzutreffender Begründung; Petersen Z. 1919. 267; anders Josef Z. 1919. 61). Ebensowenig ist eine Veräußerung gegeben, wenn sich die versicherte Einzelfirma in eine Kommanditgesellschaft umwandelt (LG. Leipzig VA. 1931. 210 Nr. 2173). Von einer Anwendung des § 127 kann keine Rede sein (Petersen Z. 1918. 282; unrichtig OLG. Karlsruhe 6. 3. 14 VA. 1914* 108 Nr. 848, LZ. 1914. 1230). Über die Leihe des versicherten Pferdes OLG. Bamberg 26. 4. 27 JR. 1927. 264.

3. 2. Trotz Beendigung des Versicherungsverhältnisses verbleibt entsprechend dem Grundsatz von der Unteilbarkeit der Prämie (Bem. 6 vor § 35) dem Versicherer die Prämie (Abs. 1 S. 1) in Ansehung des

veräußerten Tieres für die zur Zeit der Veräußerung laufende Versicherungsperiode (§ 9); infolgedessen wird auch an einer etwa bestehenden Nachschußpflicht nichts geändert.

3. Trotz Beendigung des Versicherungsverhältnisses bleibt die Haftung des Versicherers dem Versicherungsnehmer (nicht dem Erwerber) gegenüber aufrechterhalten (Abs. 1 S. 2; Drube JR. 1925. 22): a) wenn das versicherte Tier zu den in § 481 BGB. bezeichneten gehört und b) wenn es infolge eines Hauptmangels (§ 482 BGB.; Kaiserliche Verordnung vom 27. März 1899) stirbt und c) insoweit der Versicherungsnehmer (Veräußerer) von dem Erwerber auf Gewährleistung (Wandelung, Schadensersatz, Lieferung eines mangelfreien Tieres) begründeterweise in Anspruch genommen wird. — Steht dem Versicherungsnehmer für ein von ihm erworbenes Tier ein Gewährleistungsanspruch zu, so geht dieser auf den Versicherer über, soweit er dem Versicherungsnehmer den Schaden ersetzt (§ 118). Bei Veräußerung im Wege der Zwangsvollstreckung entfällt der Anspruch auf Gewährleistung (§ 806 ZPO.), mithin auch die Haftung des Versicherers. — Es kann vorkommen, daß der Versicherer zwei Tiere entschädigen muß, obwohl er nur für ein Tier die Prämie erhalten hat, indem er einmal wegen eines Hauptmangels bezüglich des veräußerten Tieres und dann für das von dem Versicherungsnehmer für das veräußerte Tier neu eingestellte, aber gleichfalls verendete Tier in Anspruch genommen wird. 4.

4. Die Regelung des Abs. 1 greift auch dann Platz, wenn die Folgen einer nicht tödlichen Erkrankung versichert sind und der Erwerber nach der Veräußerung, aber noch innerhalb der laufenden Versicherungsperiode Ansprüche wegen eines Hauptmangels erhebt. 5.

II. Geht das Eigentum an dem Inventar eines Grundstücks (§ 586 BGB.) durch Veräußerung, Zwangsvollstreckung mit dem Eigentum des Grundstücks oder mit dem Besitz desselben, z. B. bei Verpachtung, über, so tritt der Erwerber in Ansehung der zum Inventare gehörenden Tiere nach Maßgabe der §§ 69 bis 73 in das Versicherungsverhältnis ein (Abs. 2). Das Grundstück braucht kein landwirtschaftliches zu sein. Die Bestimmung ist entsprechend anzuwenden, wenn ein Geschäftsbetrieb mit Inventar, zu dem Tiere gehören (z. B. eine Brauerei), übergeht. Übernimmt der Pächter des Grundstücks das Inventar zum Schätzungswerte gemäß §§ 587 bis 589 BGB., so geht das Versicherungsverhältnis auf den Pächter über, obwohl der Verpächter Eigentümer des Inventars bleibt, denn es ist die Interessenlage, nicht die materielle Rechtslage entscheidend (Bem. 2 zu § 69; anders Kaiser 274). 6.

III. Abs. 2 ist zugunsten des Erwerbers zwingend (§ 72), während Abs. 1 sowohl zugunsten (z. B. das Versicherungsverhältnis endigt erst, wenn das versicherte Tier aus dem Gewahrsam des Versicherungsnehmers ausscheidet [OLG. Hamm 16. 6. 14 VA. 1915* 28 Nr. 869]; durch Fortgabe des Tieres [Pferdes] zur Pflege auf dem Lande wird der Gewahrsam nicht aufgegeben [KG. 16. 1. 12 VA. 1912* 109 Nr. 696]) wie zuungunsten des Versicherungsnehmers abgeändert werden kann. 7.

Fünfter Titel.

Transportversicherung.

Vorbemerkungen vor §§ 129—148.

1. 1. Schrifttum: Hagen Bd. 2. 204; Ritter, Recht der Seeversicherung, Hamburg 1922, 1924.

2. 2. Es behandeln § 129 die Haftung des Transportversicherers im allgemeinen, § 130 die Herbeiführung des Versicherungsfalls, § 131 den Ausschluß der Haftung des Güterversicherers, § 132 den Ausschluß der Haftung des Schiffsversicherers, § 133 die Haftung für Beiträge zur großen Haverei, §§ 134—136 die materielle Dauer der Güterversicherung, § 137 die Änderung der Beförderungsart, §§ 138, 139 die materielle Dauer der Schiffsversicherung, § 140 den Versicherungswert der Güter, § 141 den Versicherungswert des Schiffes, § 142 den Ausschluß des Kündigungsrechts bei der Güterversicherung, § 143 die Beschränkung des Kündigungsrechts bei der Schiffsversicherung, § 144 die Haftung des Versicherers bei Aufwendungen und bei mehreren Versicherungsfällen, § 145 den Abandon des Versicherers, § 146 die Schadensanzeigepflicht, § 147 die durchstehende Versicherung, § 148 den Übergang des Ersatzanspruchs gegen Dritte auf den Versicherer. — Die ausführlicheren Bestimmungen des Seeversicherungsrechts können, soweit angängig, zur Ergänzung herangezogen werden (RG. 15. 2. 19 Bd. 95. 80, 10. 2. 25 Seuffert Bd. 79. 115 Nr. 71).

3. 3. Die Transportversicherung ist aufsichtsfrei und kann in jeder Form betrieben werden; wird sie von einem Versicherungsverein auf Gegenseitigkeit betrieben, so ist sie aufsichtspflichtig (§ 148 Abs. 1 VAG.). Obschon die Kraftfahrzeugversicherung und die Fahrradversicherung aufsichtspflichtig sind, sind sie nicht als Transportversicherung — im Sinne des VAG. — anzusehen (§ 148 Abs. 2 VAG.). Über Mustersatzungen kleinerer Kaskoversicherungsvereine VA. 1909. 244.

4. 4. Die Beschränkungen der Vertragsfreiheit (AllgVorbem. 25 ff.) bleiben bei der Transportversicherung von Gütern außer Anwendung (§ 187 Abs. 1), bei der Transportversicherung von Schiffen gelten die Beschränkungen der Vertragsfreiheit, insoweit sie nicht gemäß § 188 außer Kraft gesetzt werden, was bisher nicht geschehen ist.

5. 5. Die zu der Schadensversicherung gehörende (Bem. 5 zu § 1) Transportversicherung im Sinne des Gesetzes (anders im Sinne des HGB. § 363 Abs. 2) steht im Gegensatz zu der nicht im Gesetz (§ 186), sondern im HGB. §§ 778 ff. geregelten Seeversicherung (Bem. 1 zu § 186).

6. 6. Der sich aus den gesetzlichen Bestimmungen klar abhebende Begriff der Transportversicherung ist insbesondere durch zwei Merkmale bestimmt. Im Gegensatz zu allen sonstigen Schadensversicherungszweigen des Gesetzes (ausgenommen die Viehversicherung Bem. 7 vor § 116), die sich auf dem Prinzip der Spezialität der Gefahr aufbauen, ist ihr der Versicherungsschutz gegen alle Gefahren (Bem. 1 zu § 129), Prinzip

der Universalität der Gefahr, charakteristisch. Die rein verbale Auslegung der Transportversicherung als Versicherung während der Fortbewegung, durch die sie sich von allen übrigen Schadensversicherungszweigen unterscheidet (Bem. 10 vor § 81), reicht nicht aus, wie sich auch aus ihrer materiellen Versicherungsdauer (§§ 134—139) ergibt. In den Versicherungsschutz sind neben der Zeit der Fortbewegung auch Zeiten der Bewegungsbereitschaft einbezogen. Unter der Bewegungsbereitschaft sind Zeiten der Ruhe zu verstehen, die im engen Zusammenhang mit der Bewegung ihr vorausgehen, sie unterbrechen oder ihr folgen. Somit ist Transportversicherung Versicherung eines bestimmten Interesses gegen grundsätzlich alle Gefahren während der Bewegung und Bewegungsbereitschaft, wobei es, was Gruner ZVW. 1921. 541 verkannt hat, selbstverständlich auf die Umstände des einzelnen Falls ankommt, ob Bewegungsbereitschaft vorliegt (Bruck HansRZ. 1921. 241, 523, 1922. 1, Hagen HansRGZ. A. 1928. 139, Mittelstein HansRZ. 1922. 699; OLG. Köln 16. 6. 26 JW. 1927. 190, JR. 1926. 222, VA. 1928. 67 Nr. 1712; OLG. Königsberg 7. 12. 28 JR. 1929. 70 und viele Andere. Ähnlich Gierke, Begriff der Transportversicherung, Berlin 1910, S. 35 f. und ihm folgend RG. 15. 11. 19 VA. 1921* 33 Nr. 1136; Pauly HansRZ. 1923. 877, Ritter 19, 87).

7. Daß jede Lagerversicherung, die sich auf länger als sechs 7.
Wochen erstreckt, aufhören muß, Transportversicherung zu sein (VA. 1922. 3, 80, 1923. 68), läßt sich dem Gesetz nicht entnehmen und entspricht auch nicht der Verkehrsentwickelung (Bruck HansRZ. 1921. 523). Natürlich ist eine „Lagerversicherung", bei der auf dem Trockenboden befindliche Wäsche gegen Diebstahl versichert wird (VA. 1928. 158), ebensowenig Transportversicherung wie die nach besonderen Versicherungsbedingungen von der Transportversicherung getrennt genommene Versicherung gegen Einbruchdiebstähle während der Lagerung auf dem Transport (RG. 11. 4. 23 VA. 1925. 155 Nr. 1435).

8. Die Reiselagerversicherung ist (unbestritten) Trans- 8.
portversicherung (RFH. 29. 3. 27 ZVW. 1927. 401, VA. 1929. 66 Nr. 1840; Kluckhohn ZVW. 1927. 675). Über die zeitliche Grenze des Versicherungsschutzes RG. 11. 2. 31 JW. 1931. 1977, VA. 1932. 241 Nr. 2312, RG. 20. 11. 31 JR. 1931. 386.

9. Die selbständig betriebene Aufruhrversicherung ist der Regel 9.
nach keine Transportversicherung (RG. 3./17. 10. 22 VA. 1923. 71 Fußnote, 22. 12. 22 HansRZ. 1923. 449).

10. Die gesetzlichen Vorschriften befassen sich nur mit der Versicherung eines Interesses am Schiff (Kaskoversicherung) oder eines Interesses an Gütern.

a) Ein Schiff ist ein einen Hohlraum darstellendes Fahrzeug gewisser 10.
Größe (Gegensatz: Boot), das sich auf dem Wasser bewegt oder bewegt werden soll. Mit dem Schiff sind seine Bestandteile und sein Zubehör (z. B. das Beiboot) versichert. Kein Schiff ist eine schwimmende Badeanstalt, Bojen, Pontons, ein schwimmendes Restaurant (anders anscheinend RG. 18. 6. 24 JR. 1925.

135). — Über die Montage- (Baurisiko-) Versicherung Bem. 10d vor § 81, über die Schiffslebensversicherung Bruck Schiffahrt-Jahrbuch 1924. 583.

11. Als Transportmittel kommen ferner in Betracht Landfahrzeuge wie Fuhrwerke, Zweiräder, Eisenbahnwagen, Möbelwagen (VA. 1908, 20) usw., vor allem aber Kraftwagen (Bem. 16).

12. b) Als Güter kommen in Betracht: Massengüter (Kohlen, Kartoffeln, Getreide, Heu, Stroh, Holz, Bretter, Erden usw.), Stückgüter (Vieh, Kisten, Ballen, Fässer, Maschinen, Reisegepäck [zum Begriff RG. 31. 1. 23 JR. 1924. 39], Handgepäck usw.). Über die laufende Güterversicherung Bem. 5 ff. zu § 187. Auch Transportmittel (z. B. ein Auto) können gelegentlich als Güter versichert werden.

Ob die Juwelen- und Pelzsachenversicherung als Transportversicherung anzusehen ist, ist bestritten. Das Reichsaufsichtsamt bejaht die Frage (VA. 1912. 136); ebenso RG. 20. 2. 29 JR. 1929. 188, 30. 4. 30 VA. 1931. 177 Nr. 2143, HansRGZ. A. 1930. 427. Anders RG. 30. 10. 31 Bd. 134. 133, JR. 1931. 385: von einem Transport könne man nicht sprechen, wenn die Gegenstände am Körper ihres Inhabers zum Zwecke des Zurschautragens wie Juwelen oder zum Zwecke des Warmhaltens wie Pelzsachen auf Reisen mitgeführt werden; außerdem behalte der Versicherungsnehmer die Aufsicht über diese Sachen, selbst wenn er sie auf Reisen mit sich führt. Anders auch RFH. 27. 2. 25 Bd. 15. 326 in steuerrechtlicher Hinsicht.

13. 11. Nicht besonders geregelt sind im Gegensatz zu der Seeversicherung die Versicherung von imaginärem Gewinn, Provision, Fracht, Überfahrtsgeldern (z. B. auf Flußdampfern). Für diese Versicherungsarten bleibt in Anlehnung an die gesetzlichen Vorschriften die vertragliche Regelung vorbehalten, die je nach dem, ob sich die Versicherung auf Güter oder auf das Schiff bezieht, den Beschränkungen der Vertragsfreiheit nicht unterliegt (§ 187 Abs. 1) oder unterliegt (§ 188). Es fehlt zwar im Gegensatz zu der Seeversicherung (vgl. § 820 Abs. 2 Nr. 3 HGB.) auch an einer Bestimmung, nach der der Transportversicherer die Arrestgefahr trägt, jedoch kann die Nichtabwendung der Arrestierung eine positive Vertragsverletzung sein, die den Versicherer zum Schadensersatz verpflichtet (RG. 6. 5. 31 JR. 1931. 305, VA. 1932. 201 Nr. 2281).

14. 12. Die Luftfahrtversicherung (Döring Veröffentlichungen Heft 42; Frenzl AssJhrb. Bd. 45 I 146). Besondere versicherungsrechtliche Rechtssätze haben sich bisher nicht herausgebildet. Ob seeversicherungsrechtliche oder transportversicherungsrechtliche Grundsätze zur Anwendung zu bringen sind, hängt von den vertraglichen Abmachungen ab. Sie nur den allgemeinen Grundsätzen der Schadensversicherung zu unterstellen (Döring 69), liegt keine Veranlassung vor. Über die obligatorische Haftpflichtversicherung Luftverkehrsgesetz vom 1. August 1922, RGBl. I 681, § 29.

15. 13. Die Einheitversicherung (Berliner JR. 1931. 249; Bruck 69 ff.; Freudling Z. 1927. 281; Hagen HansRGZ. A. 1928. 139) ist die durch einen Vertrag herbeigeführte Versicherung von Rohstoffen oder anderen Sachen während ihres Transportes von dem Ursprungsort oder

von dem Kunden zu dem Fabrikations- oder Bearbeitungsort, ferner während des Fabrikations- und Bearbeitungsprozesses, und schließlich auch während des Transportes des Fabrikats oder der bearbeiteten Sache von dem Fabrikations- oder Bearbeitungsort bis zu dem Abnehmer oder Kunden gegen grundsätzlich alle Gefahren. Als Ersatzwert gilt der jeweilige Tageswert der Ware, bei fertigen bereits verkauften Waren der Verkaufspreis. Die Prämie wird nach dem Umsatz berechnet, den der Versicherungsnehmer in bestimmten Zeitabschnitten aufzugeben hat. Die Einheitversicherung kann, muß aber nicht laufende Versicherung sein, was im Hinblick auf § 187 Abs. 2 bedeutsam wird. Nach Berliner 250 ist die Einheitversicherung stets laufende Versicherung. Das Reichsaufsichtsamt ist der Ansicht, daß die Einheitversicherung ein eigener aufsichtspflichtiger Versicherungszweig ist (VA. 1922. 80, 84, 1923. 68). Dieser Ansicht steht entgegen, daß sie beide Merkmale der Transportversicherung aufweist. Über die Wäschereipolice VA. 1925. 58, über die Textilwarenpolice VA. 1925. 59, über die Allgemeinen Versicherungsbedingungen VA. 1932. 152 (Berliner ZVW. 1930. 873).

14. Die Autokasko-(Kraftwagen-) Versicherung, die mit 16. der Haftpflicht- und der Unfall-Versicherung zu der „Kraftfahrzeugversicherung" (Allgemeine Versicherungsbedingungen: VA. 1930. 120; Stiefel, Kraftfahrzeugversicherung, Berlin 1931) kombiniert zu werden pflegt, ist Transportversicherung (Stiefel 172 ff.). Die gegenteilige Ansicht des Reichsaufsichtsamts (VA. 1907. 17, 102, 1908. 17, 96, 154) ist von keiner Seite geteilt (ZVW. 1908. 20, 95, 413), auch vom RG. 8. 2. 10 Bd. 72. 418, VA. 1910* 77 Nr. 540, 5. 2. 15 Bd. 86. 215, VA. 1915* 35 Nr. 873 verworfen worden. Durch § 148 Abs. 2 VAG. ist trotzdem die Beaufsichtigung der Kraftfahrzeugversicherung und der Fahrradversicherung vorgesehen. Natürlich kann diese Bestimmung nur Geltung im Bereich des VAG. haben (Stiefel 176). An und für sich bestünde also die Möglichkeit, die Vorschriften des Gesetzes über die Transportversicherung zur Anwendung zu bringen. Tatsächlich besteht hierfür aber nur eine geringe Möglichkeit.

a) Keine Anwendung finden: 17.

α) §§ 129 Abs. 2 S. 2 (Autohaftpflichtversicherung). Der Versicherer bleibt leistungspflichtig, wenn der von dem Versicherungsnehmer ordnungsgemäß bestellte Führer die Lenkung einem anderen ohne Wissen des Versicherungsnehmers überläßt, selbst wenn der andere keinen Führerschein besitzt (OLG. Karlsruhe 16. 5. 28 JR. 1928. 283, HansRGZ. A. 1928. 413, VA. 1929. 238 Nr. 1893) oder wenn ein nicht mit Führerschein versehener Dritter das Fahrzeug geführt hat und der Versicherungsnehmer entschuldbarerweise annehmen konnte, daß der Dritte den erforderlichen Führerschein besitzt (RG. 12. 2. 29 VA. 1930. 219 Nr. 1986).

β) § 130 S. 2 (Gottschalk JR. 1926. 143, 1928. 169, Helm JR. 1926. 292; OLG. Hamm 26. 11. 28 JR. 1929. 72; KG. 29. 3. 30 VA. 1931. 46 Nr. 2133, HansRGZ. A. 1930. 365; OLG. Königsberg 24. 1. 30 JR. 1930. 357. Anders Durst JR. 1929. 184, Pfeiffer JR. 1926. 63, 1928. 115, 195).

γ) §§ 133, 138, 139, 141 Abs. 2, 143, 147.

δ) Überaus bestritten ist die Frage, ob § 130 S. 1 Anwendung findet (Zusammenstellung von Schrifttum und Rechtsprechung bei Stiefel 176 ff.). RG. 13. 3. 31 Bd. 132. 208, JW. 1931. 104, JR. 1931. 104, VA. 1932. 37 Nr. 2265 hat entschieden, daß § 130 S. 1 keine Anwendung findet, vielmehr § 61 anzuwenden ist. Damit hat der Streit seine endgültige Erledigung gefunden. Es fragt sich, ob nunmehr auch die Nichtanwendung der übrigen in Betracht kommenden Bestimmungen der Transportversicherung angenommen werden wird (dafür Stiefel 179). Von großer praktischer Bedeutung ist die Frage nicht.

18. b) Anwendung können finden:

α) § 129 Abs. 2 S. 1. Jedoch ist auch bei der Schiffskaskoversicherung keine Rede davon, daß der Versicherer tatsächlich alle Gefahren trägt. Auch bei der Autokaskoversicherung entscheidet über den Umfang der Gefahrtragung der einzelne Versicherungsvertrag.

β) §§ 132 (Bem. 3 zu § 132), 141 Abs. 1, 144, 145, 146, 148.

19. c) Über den Begriff des Unfalls Schweighäuser JR. 1927. 283, Becker ebenda 343, RG. 26. 9. 31 HansRGZ. A. 1932. 25; über den Begriff der Entgeltlichkeit der Fahrt RG. 4. 5. 28 JR. 1928. 183, VA. 1929. 227 Nr. 1882; über den Begriff der erforderlichen Wiederherstellungskosten RG. 27. 4. 28 JR. 1928. 184, JW. 1928. 1744, HansRGZ. A. 1928. 341; über Unfälle bei „Schwarzfahrten" RG. 18. 12. 26 JR. 1927. 48, HansRZ. 1927. 131; OLG. Dresden 20. 5. 30 VA. 1931. 221 Nr. 2182; OLG. Hamm 22. 10. 30 VA. 1931. 258 Nr. 2214; OLG. Hamburg 25. 11. 30 VA. 1931. 259 Nr. 2215.

§ 129. Bei der Versicherung von Gütern gegen die Gefahren der Beförderung zu Lande oder auf Binnengewässern trägt der Versicherer alle Gefahren, denen die Güter während der Dauer der Versicherung ausgesetzt sind.

Bei der Versicherung eines Schiffes gegen die Gefahren der Binnenschiffahrt trägt der Versicherer alle Gefahren, denen das Schiff während der Dauer der Versicherung ausgesetzt ist. Der Versicherer haftet auch für den Schaden, den der Versicherungsnehmer infolge eines Zusammenstoßes von Schiffen dadurch erleidet, daß er den einem Dritten zugefügten Schaden zu ersetzen hat.

1. I. 1. Der Transportversicherer trägt ebenso wie der Seeversicherer (§§ 820 HGB., 28 ADS.) alle Gefahren, und zwar bei der Güterversicherung alle Gefahren der Beförderung zu Lande oder auf Binnengewässern (Abs. 1) und bei der Versicherung eines Schiffes alle Gefahren der Binnenschiffahrt (Abs. 2), in beiden Fällen unter der selbstverständlichen Beschränkung, daß sich die Gefahr während der materiellen Dauer der Versicherung (§§ 134—139) verwirklicht hat. Eine bei-

spielsweise Aufzählung von Gefahrereignissen wie in der Seeversicherung ist unterblieben. Der Grundsatz, daß der Transportversicherer alle Gefahren trägt, gilt aber nur begrifflich, tatsächlich kann er durch Vereinbarung mit dem Versicherungsnehmer die Versicherung auf eine Gefahr (z. B. auf die Feuersgefahr OLG. Hamburg 13. 4. 17 VA. 1917* 71 Nr. 1012) oder auf einzelne Gefahren beschränken. Die ausgeschlossenen Gefahren müssen namentlich aufgezählt sein oder sich aus den sonstigen Vereinbarungen ergeben. Die Klausel „gegen alle Gefahren mit alleiniger Ausnahme der Kriegsgefahr" deckt auch die Streikgefahr (OLG. Hamburg 30. 9. 25 HansRZ. 1925. 937). Außerdem hat das Gesetz selbst die Haftung des Versicherers in einigen Fällen ausgeschlossen (§§ 131 Abs. 2, 132, 137).

2. Der Transportversicherer trägt aber nur alle oder bestimmte Gefahren, 2.
die durch Beförderung zu Lande oder auf Binnengewässern oder durch die Binnenschiffahrt verursacht werden. Die sich deckenden Begriffe Binnengewässer und Binnenschiffahrt stehen im Gegensatz zu See und Seeschiffahrt, deren Begriffe der Bekanntmachung vom 10. November 1899, Reichszentralbl. 380, zu entnehmen sind. Die Ursache des Schadens muß sachlich im Betriebe der Binnenschiffahrt liegen, mag sich auch seine Auswirkung außerhalb des Bereiches der Binnenschiffahrt zeigen (RG. 6. 5. 22 HansRZ. 1922. 767).

II. 1. Der Transportversicherer trägt nach Maßgabe des 3.
Vertrags (§ 1) den Substanzschaden, den die versicherten Güter oder das versicherte Schiff infolge ihrer Beförderung zu Lande oder auf Binnengewässern erleiden. Nur ausnahmsweise ist seine Haftung auch auf die sogenannten mittelbaren Schäden (Bem. 11 d zu § 49) ausgedehnt, so auf einen durch eine ungewöhnliche Reiseverzögerung entstehenden Schaden (§ 131 Abs. 2, 2. Halbs.), auf die vom Versicherungsnehmer zu entrichtenden Beiträge zur großen Haverei (§ 133 Abs. 1), auf die Kosten der Umladung, einstweiligen Lagerung und Weiterbeförderung der Güter bei Aufgabe der Reise (§ 137 Abs. 3).

2. Der Transportversicherer trägt vor allem auch den sogenannten mittel- 4.
baren Kollisionsschaden (Abs. 2 S. 2; vgl. auch §§ 820 Abs. 2 Nr. 7 HGB., 78 Abs. 1 ADS.; Bruck 421 ff.; Möller JR. 1930. 289 ff., WuR. 1931. 49 ff.). Für die Schadensersatzpflicht sind § 92 BSchG., §§ 734 bis 739 HGB. maßgebend.

a) Die Haftung für mittelbaren Kollisionsschaden gehört an und für sich 5.
der Haftpflichtversicherung an (RG. 14. 11. 04 Bd. 59. 158), wird aber von jeher von dem Transport- (und See-) Versicherer aus Zweckmäßigkeitsgründen getragen. Das schließt nicht aus, daß Grundsätze der Haftpflichtversicherung entsprechend zur Anwendung kommen (zustimmend Ritter 982; vgl. RG. 28. 11. 96 Bd. 38. 55). Freilich bietet sich hierfür nur wenig Raum. Zur Anwendung kommt § 154 (RG. 6. 5. 31 JR. 1931. 305), § 155 Abs. 2. — Die Kosten des Rechtsstreits mit dem Dritten (Geschädigten) gehören zwar nicht zu dem mittelbaren Kollisionsschaden im engeren Sinne, wohl aber als Aufwendungsschaden zu dem mittelbaren Kollisionsschaden im weiteren Sinne.

Ihr Ersatz durch den Versicherer bestimmt sich daher nach den Grundsätzen über den Aufwendungsschaden (RG. 28. 11. 96 Bd. 38. 55). Wird der Anspruch des Dritten abgewiesen, erwachsen aber trotzdem dem Versicherungsnehmer Kosten, so muß sie der Versicherer im Rahmen des ihn treffenden Aufwendungsschadens ersetzen (Bruck 422).

6. b) Der mittelbare Kollisionsschaden ist auf den Zusammenstoß von Schiffen beschränkt. Es muß eine körperliche Berührung (OLG. Hamburg 6. 7. 27 HansRZ. 1927. 778) von mindestens zwei Schiffen vorgekommen sein, von denen eins das versicherte ist, oder der Zusammenstoß muß von dem versicherten Schiff verursacht sein. Es reicht nicht aus, wenn das versicherte Schiff gegen einen festen (Pier, Hafenmauer, Brücke) oder einen schwimmenden Gegenstand, der kein Schiff ist (Ponton, Tonnen u. a.), anrennt (RG. 8. 5. 95 Bd. 35. 113). Oftmals wird durch Vereinbarung die Haftung des Versicherers auf jeden Zusammenstoß des Schiffes mit einem anderen schwimmenden Gegenstand ausgedehnt.

7. c) Obschon die Haftung für den mittelbaren Kollisionsschaden den Grundsätzen der Haftpflichtversicherung untersteht, drängt doch häufig das stärkere Transportrecht das Haftpflichtversicherungsrecht zurück. So auch hinsichtlich der Frage, wann der Versicherungsfall als eingetreten anzunehmen ist. Er ist schon mit der Kollision, nicht erst mit der Erhebung des Anspruchs seitens des Dritten eingetreten (RG. 8. 10. 13 Bd. 83. 166, 169).

8. d) Der Dritte ist jeder außer dem Versicherungsnehmer und bei der Versicherung für fremde Rechnung außer dem Versicherten, vor allem der Eigentümer des beschädigten Schiffes, die Eigentümer der auf den Schiffen befindlichen (beschädigten) Güter, Personen, die sich auf den Schiffen befinden und bei dem Zusammenstoß Schaden erleiden usw. Stoßen zwei oder mehrere Schiffe desselben Versicherungsnehmers zusammen, so entfällt der Schadensersatzanspruch (RG. 2. 12. 99 Bd. 45. 50, 28. 5. 02 Bd. 51. 362), sofern nicht die Haftung des Versicherers ausdrücklich („Schwesterschiffklausel") vereinbart ist. Über die „Hinterhangsklausel" Bem. 5 zu § 58; über Kollisionsklauseln Deutsche VersPresse 1928. 727.

9. e) Der Kollisionsschaden ist auf Schiff und Fracht zu verteilen (§§ 3, 4 Nr. 3 BSchG.) und von dem Schiffs- und Frachtversicherer anteilig, d. h. nach dem Werte des Schiffes nach der Kollision und der Bruttofracht der versicherten Reise (§ 104 BSchG.), zu tragen (RG. 2. 12. 96 Bd. 38. 60).

10. f) Die Haftung für den aus einem Schiffszusammenstoß erwachsenen unmittelbaren Schaden bleibt unberührt.

§ 130. Der Versicherer haftet nicht für einen Schaden, der von dem Versicherungsnehmer vorsätzlich oder fahrlässig verursacht wird. Er hat jedoch den von dem Versicherungsnehmer durch eine fehlerhafte Führung des Schiffes verursachten Schaden zu ersetzen, es sei denn, daß dem Versicherungsnehmer eine bösliche Handlungsweise zur Last fällt.

Schrifttum: Bem. 1 zu § 61. 1.

I. Der allgemeine Grundsatz der Schadensversicherung, nach dem der Versicherer leistungsfrei ist, wenn der Versicherungsnehmer den Versicherungsfall vorsätzlich oder grobfahrlässig herbeiführt (§ 61), wird für die Transportversicherung in Übereinstimmung mit §§ 821 Nr. 4 HGB., 33 Abs. 1 S. 1, 2 ADS. in zwei Beziehungen abgewandelt. 2.

II. Der Versicherungsnehmer (Bem. 7 zu § 61) darf den Versicherungsfall bzw. den Schaden, wie § 130 ohne materielle Änderung gegenüber § 61 sagt, nicht vorsätzlich (Bem. 14 zu § 61) oder fahrlässig verursachen (S. 1). Fahrlässig handelt, wer die im Verkehr erforderliche Sorgfalt außer acht läßt (§ 276 Abs. 1 S. 2 BGB.). Der Versicherungsnehmer hat für die Sorgfalt eines ordentlichen Kaufmanns einzustehen, wenn der Versicherungsvertrag auf seiner Seite ein Handelsgeschäft ist (§ 347 Abs. 1 HGB.). Wird das versicherte Schiff außergewöhnlichen Gefahren ausgesetzt, dann kann hierin eine schuldhafte Verursachung des eingetretenen Schadens liegen (RG. 3. 10. 96 Bd. 38. 1, 6). Wird das versicherte Fahrzeug ohne Begleitmann gelassen, dann braucht der Versicherungsnehmer nicht fahrlässig gehandelt zu haben (KG. 30. 3. 20 JR. 1924. 82, 29. 10. 24 HansRZ. 1925. 235, JR. 1924. 82). 3.

Bei vorsätzlicher oder fahrlässiger Verursachung ist der Versicherer leistungsfrei bzw. haftet nicht für den Schaden, wie § 130 ohne materielle Änderung gegenüber § 61 sagt. Der Versicherer braucht somit dem Versicherungsnehmer nicht den Schaden zu ersetzen, den dieser durch schuldhafte Verursachung des Versicherungsfalls angerichtet hat.

Über die rechtliche Natur des dem Versicherungsnehmer auferlegten Verhaltens, die Haftung für das Verhalten Dritter Bem. 4, 8 ff. zu § 61, über den ursächlichen Zusammenhang Bem. 3 zu § 55.

III. 1. Der Versicherer haftet für den Schaden, den der Versicherungsnehmer durch eine fehlerhafte Führung seines eigenen oder fremden Schiffes verursacht (S. 2). Fehlerhafte Führung (der Ausdruck entstammt § 4 Abs. 2 S. 2 BSchG.) oder nautisches Verschulden bezieht sich im Gegensatz zu dem administrativen Verschulden auf alle nautischen Maßregeln der Führung und des technischen Betriebs der Schiffahrt, die während der auszuführenden Schiffsreise von dem Schiffer selbst oder auch von den sonstigen Angestellten vorzunehmen sind (RG. 15. 11. 09 Bd. 72. 171, VA. 1910* 41 Nr. 520), so wenn das Schiff an einer gefährlichen Stelle festgemacht oder nicht sachgemäß vertäut wird (RG. 20. 4. 21 Bd. 102. 111). Über administratives Verschulden Fricke ZVW. 1931. 483. Aber nur dann haftet der Versicherer für den durch nautisches Verschulden angerichteten Schaden, wenn der Versicherungsnehmer das Schiff (sein eigenes oder fremdes) selbst führt. 4.

2. Die Haftung des Versicherers ist aufgehoben bei böslicher Handlungsweise des Versicherungsnehmers (S. 2). Böswilligkeit umfaßt außer Vorsatz auch solche Fälle frevelhaften Leichtsinns, in welchen sich der Handelnde der schadenbringenden Folgen seines Verhaltens bewußt ist und dennoch von diesem nicht absteht (ROHG. Bd. 1. 159, 5.

Bd. 3. 119, Bd. 8. 326, 429, Bd. 9. 302, Bd. 12. 430, Bd. 13. 319, Bd. 17. 301; RGZ. Bd. 1. 22). Für die Handlungsweise seiner Schiffsmannschaft als solcher braucht der Versicherungsnehmer nicht aufzukommen, der Versicherer bleibt zur Leistung verpflichtet (RG. 20. 4. 21 Bd. 102. 111, HansRZ. 1921. 493). Über Haftung für Schäden, die durch Verschulden der Angestellten der versicherten Unternehmung entstehen, KG. 11. 2. 20 VA. 1921* 89 Nr. 1173.

6. 3. Der Versicherer muß beweisen, daß der Versicherungsnehmer den Schaden schuldhaft verursacht hat, daß die fehlerhafte Führung des Schiffes böswillig war.

§ 131. Bei der Versicherung von Gütern haftet der Versicherer nicht für einen Schaden, der von dem Absender oder dem Empfänger in dieser Eigenschaft vorsätzlich oder fahrlässig verursacht wird.

Das Gleiche gilt von einem Schaden, der durch die natürliche Beschaffenheit der Güter, namentlich durch inneren Verderb, Schwinden, gewöhnliche Leckage, sowie durch mangelhafte Verpackung der Güter oder durch Ratten oder Mäuse verursacht wird; ist jedoch die Reise durch einen Unfall, für den der Versicherer haftet, ungewöhnlich verzögert worden, so fällt der Schaden dem Versicherer insoweit zur Last, als er infolge der Verzögerung eingetreten ist.

1. Schrifttum: Bruck 380 ff.; Bem. 1 zu § 61.

2. I. Der Versicherungsnehmer hat für das Verhalten Dritter nicht einzustehen (Bem. 8 ff. zu § 61). Ausnahmsweise muß er kraft ausdrücklicher Bestimmung das schuldhafte Verhalten von Absender und Empfänger versicherter Güter gegen sich gelten lassen (Abs. 1; vgl. auch §§ 821 Nr. 5 HGB., 33 Abs. 2 ADS.).

3. 1. Der Güter-Versicherer haftet also nicht für einen Schaden, der von dem Absender oder dem Empfänger als solchem verursacht ist. Absender ist derjenige, der dem Frachtführer die Güter zur Beförderung übergibt; Empfänger ist derjenige, an den das Gut abgeliefert werden soll (§ 426 Abs. 2 Nr. 3 HGB.). Aber diese Begriffsbestimmungen reichen nicht aus. Absender und Empfänger im Sinne des § 131 sind die Personen, die das versicherte Gut dem Frachtführer für den Versicherungsnehmer übergeben oder von dem Frachtführer für den Versicherungsnehmer in Empfang nehmen. Es kommt weniger auf ihre Eigenschaft im Rahmen des Frachtvertrags als auf ihre Mitwirkung bei Ausführung des Versicherungsvertrags an (übereinstimmend Ritter 566). Versendet A eine versicherte Bücherkiste, dann ist A Absender; wird die Kiste durch den Diener des A dem Frachtführer ausgehändigt, dann muß A für das schuldhafte Verhalten seines Dieners eintreten.

2. In zeitlicher Hinsicht kommen nur Schäden in Betracht, die 4.
sich zwischen der Annahme durch den Frachtführer und der Ablieferung an den Empfänger ereignet haben (§ 134). Der Absender läßt beispielsweise versicherte Güter schuldhafterweise mit feuergefährlichen Gütern verladen, infolgedessen ereignet sich unterwegs ein Unfall, oder er sorgt nicht für sachgemäße Verpackung der Güter, oder der Empfänger greift in den Transport ein, um die spätere Beraubung der Sendung vorzubereiten (RG. 20. 2. 26 VA. 1927. 304 Nr. 1655). Dagegen scheidet ein Verschulden des Empfängers, das erst eintritt, nachdem der Empfang sich völlig abgewickelt hat, aus (OLG. Hamburg 8. 5. 28 HansRGZ. B. 1928. 483). Beispiel für Beschädigung durch den Empfänger, aber nicht durch den Empfänger als solchen RG. 22. 10. 27 Bd. 118. 254, JR. 1928. 119.

3. Absender oder Empfänger als solche müssen vorsätzlich oder 5.
fahrlässig den Schaden verursacht haben. Bei mehreren Absendern oder Empfängern reicht das Verschulden eines von ihnen aus (RG. 20. 2. 26 VA. 1927. 304 Nr. 1655).

II. Der Güter-Versicherer haftet ferner nicht für 6.
einen Schaden, der durch die natürliche Beschaffenheit der Güter verursacht ist (Abs. 2 erster Halbsatz; vgl. auch §§ 21 Nr. 3 HGB., 86 Abs. 1 ADS.). Es ist objektiv und subjektiv gewiß oder mindestens sehr wahrscheinlich, daß derartige Schäden eintreten, ungewiß ist aber, in welchem Ausmaße sie eintreten. Es liegt daher an sich eine versicherungsfähige Gefahr vor, von deren Tragung der Versicherer kraft Gesetzes befreit wird.

1. Ein Schaden ist auf die natürliche Beschaffenheit der 7.
Güter zurückzuführen, wenn er auch ohne Transport eingetreten wäre oder die unausbleibliche Folge des Transportes ist. Auch Selbstentzündung (Kohlen) ist eine Folge der natürlichen Beschaffenheit. Auch der Dauerbruch einer stählernen Achse des versicherten Wagens ist den aus ihrer natürlichen Beschaffenheit sich ergebenden Schäden zuzurechnen (RG. 30. 6. 31 JR. 1931. 239, VA. 1932. 241 Nr. 2311, VerkehrsrR. Bd. 10. 499; anders RG. 3. 5. 30 JR. 1930. 301). Was unter Schäden aus natürlicher Beschaffenheit zu verstehen ist, wird durch Beispiele erläutert. Innerer Verderb beispielsweise von Früchten oder von sonstigen Lebensmitteln oder von sonstigen leichtverderblichen Gütern; Schwinden, d. h. der Verlust an Gewicht oder Substanz; gewöhnliche Leckage: die Abgrenzung der gewöhnlichen von der außergewöhnlichen Leckage (RG. 20. 1. 04 Bd. 56, 400; OLG. Hamburg 20. 6. 03 VA. 1904. 40 Nr. 34) pflegt durch besondere Vereinbarungen festgelegt zu werden; mangelhafte Verpackung: ob eine Verpackung notwendig, insbesondere mangelhaft ist, entscheidet sich von Fall zu Fall nach Maßgabe der Beförderungsmöglichkeiten und den Bedürfnissen des Verkehrs; nicht unbedingt entscheidend sind die Anschauungen des Handels oder sonstiger Verkehrskreise (vgl. § 62 EVO.). Über die Bedeutung der Rostklausel RG. 26. 2. 27 VA. 1928. 268 Nr. 1768. Wird infolge eines Unfalls,

für den der Versicherer haftet, erst der Witterung die Möglichkeit der Einwirkung auf das vermöge seiner Natur für Witterungseinflüsse empfängliche Gut gegeben, so ist der Versicherer zur Leistung verpflichtet (RG. 27. 4. 29 JR. 1929. 248).

8. 2. Der Güterversicherer haftet an und für sich nicht für einen Schaden des Versicherungsnehmers, den er durch eine ungewöhnliche Verzögerung der Reise erleidet. Ausnahmsweise haftet er für ihn, soweit die Verzögerung auf einem Unfall beruht, für den der Versicherer haftet (Abs. 2 zweiter Halbsatz; vgl. auch § 821 Nr. 3 HGB., anders nach §§ 28, 86 ADS.). Haftet der Versicherer für inneren Verderb der Güter (Fische), dann kann er ersatzpflichtig sein, wenn der Verderb durch Verzögerung der Reise verursacht ist (RG. 22. 11. 24 Bd. 109. 230, VA. 1926. 151 Nr. 1500; JR. 1925. 132).

§ 132. Bei der Versicherung eines Schiffes haftet der Versicherer nicht für einen Schaden, der daraus entsteht, daß das Schiff in einem nicht fahrtüchtigen Zustand oder nicht gehörig ausgerüstet oder bemannt die Reise antritt.

Das Gleiche gilt von einem Schaden, der nur eine Folge der Abnutzung des Schiffes im gewöhnlichen Gebrauch ist oder nur durch Alter, Fäulnis oder Wurmfraß verursacht wird.

1. Schrifttum: Bruck 376 ff.

2. I. Der Schiffs-Versicherer haftet nicht für einen Schaden, der durch Fahruntüchtigkeit oder durch nicht gehörige Ausrüstung oder Bemannung des Schiffs entsteht (Abs. 1; vgl. auch §§ 821 Nr. 1 Abs. 1 HGB., 58 Abs. 1 ADS.).

3. 1. Der Begriff der Fahrtüchtigkeit ergibt sich aus § 8 BSchG. Nicht fahrtüchtig ist das Schiff beispielsweise bei ungenügender Bemannung (RG. 6. 5. 22 HansRZ. 1922. 767), oder wenn es bereits festgemacht ist (RG. 20. 4. 21 Bd. 102. 111), wenn die Peilröhre zugebaut ist (RG. 21. 2. 25 HGZ. 1925. 97), wenn die Schute leck ist (RG. 20. 4. 21 VersPost 1922. 44), wenn das Schiff unrichtig beladen (RG. 21. 1. 28 Bd. 120. 39, VA. 1929. 255 Nr. 1909, JR. 1928. 72, JW. 1928. 1731; OLG. Kiel 10. 5. 27 VA. 1928. 280 Nr. 1778; RG. 12. 5. 28 HansRGZ. B. 1928. 547 [Schute]) oder fehlerhaft gebaut ist. Über die gehörige Bemannung eines geschleppten Bootes RG. 22. 6. 27 VA. 1928. 275 Nr. 1773. Entscheidend ist relative, nicht absolute Fahrtüchtigkeit. Nicht berücksichtigt ist die Vorschrift des HGB., nach welcher der Versicherer einen Schaden nicht zu ersetzen hat, der daraus entsteht, daß das Schiff ohne die gehörigen Papiere in See gesandt ist, weil ihre Mitnahme im Binnenschiffahrtsverkehr unerheblich ist, gegebenenfalls nach § 130 S. 1 bewertet werden kann (Bgr.). — Der Fahrtüchtigkeit des Schiffs entspricht die Betriebstüchtigkeit des Pontons (LG. I Berlin JR. 1928. 124), in der Autokaskoversicherung die ordentliche Ausrüstung des Autos, insbesondere

seine Lenkung durch einen mit einem gehörigen Führerschein versehenen Führer (RG. 19. 9. 24 Bd. 108. 385). Über die Haftung des Versicherungsnehmers, wenn der Führer einen gefälschten Führerschein hat, OLG. Karlsruhe 18. 6. 30 BA. 1931. 204 Nr. 2167.

2. Die Fahrtüchtigkeit muß bei Antritt der Reise vorhanden sein. Antritt der Reise ist nicht gleichbedeutend mit dem Beginn der Versicherung (Bruck 379). Eine vertragliche Bestimmung, nach der der Versicherer nicht haftet, wenn der Schaden daraus entstanden ist, daß das Schiff während der Reise nicht fahrtüchtig war, ist im Hinblick auf § 187 Abs. 1 unzulässig. Die zwingenden Vorschriften über die Gefahrstandspflicht (§§ 23—31) würden hierdurch zuungunsten des Versicherungsnehmers abgeändert werden. Das ist übersehen von RG. 20. 4. 21 Bd. 102. 111, 113. 4.

3. Die Fahrtüchtigkeit bewirkt einen Beschaffenheitsschaden des Schiffs. Es kommt weder auf das Wissen oder den Willen des Versicherungsnehmers (RG. 27. 11. 26 Bd. 115. 67, 9. 7. 27 Bd. 118. 13) noch darauf an, ob die Schiffsbesatzung Schuld hat oder nicht (RG. 9. 7. 27 Bd. 118. 13, HansRGZ. B. 1928. 35, 21. 1. 28 Bd. 120. 39, JW. 1928. 1731). Der Versicherer haftet selbst dann nicht, wenn die Fahruntüchtigkeit auch bei Anwendung größter Sorgfalt nicht erkennbar war (OLG. Kiel 10. 5. 27 HansRZ. 1927. 673, BA. 1928. 280 Nr. 1778). 5.

4. Der eingetretene Schaden muß auf der Fahruntüchtigkeit beruhen. Ist ein Schaden entstanden, ohne daß ein äußeres Ereignis nachweisbar mitgewirkt hat, so kann nicht angenommen werden, daß der Schaden durch Fahruntüchtigkeit oder einen gleichgestellten Umstand eingetreten ist (anders nach § 58 Abs. 2 ADS.). — Der Güter-Versicherer kann sich seinem Versicherungsnehmer gegenüber nicht auf die fehlende Fahrtüchtigkeit berufen, es sei denn, daß der Versicherungsnehmer die vorvertragliche Anzeigepflicht verletzt hat (RG. 26. 10. 81 Bd. 7. 1, 7). 6.

II. Der Schiffs-Versicherer haftet nicht für einen Schaden der in Abs. 2 (vgl. auch §§ 821 Nr. 2 HGB., 59 ADS.) genannten Art. Abnutzung durch Alter, Fäulnis oder Wurmfraß ist Abnutzung im gewöhnlichen Gebrauch. 7.

III. Der Versicherer hat die Fahruntüchtigkeit oder das Vorliegen eines anderen Umstandes, der seine Haftung ausschließt, zu beweisen; er hat ferner zu beweisen, daß hierdurch der Schaden verursacht worden ist (OAG. Lübeck Seuffert Bd. 19. 412 Nr. 266; RG. 5. 12. 08 Bd. 70. 94, 8. 4. 14 Bd. 84. 382). 8.

§ 133. Die Versicherung gegen die Gefahren der Binnenschiffahrt umfaßt die Beiträge zur großen Haverei. Sind ausschließlich Güter des Schiffseigners verladen, so umfaßt die Versicherung auch die Aufopferungen, welche zur großen Haverei gehören würden, wenn das Eigentum an den Gütern einem anderen zustände.

Die Vorschriften der §§ 835 bis 839 des Handelsgesetzbuchs *) finden entsprechende Anwendung. Eine vom Schiffer aufgestellte Dispache ist für den Versicherer nur verbindlich, wenn er der Aufstellung durch den Schiffer zugestimmt hat.

1. Schrifttum: Bruck 425 ff.

2. I. Die Transportversicherung umfaßt wie die Seeversicherung (§§ 834 Nr. 1 HGB., 29 Abs. 1 ADS.) als sogenannten mittelbaren Schaden die Beiträge zur großen Haverei. Über die Regelung der großen Haverei §§ 78 ff. BSchG. Keine große Haverei liegt vor, wenn sich der Versicherer selbständig entschließt, Schiff und Ladung zu heben (OLG. Königsberg 19. 4. 29 HansRGZ. A. 1929. 414).

3. 1. Die Haftung für die Beiträge zur großen Haverei gehört an und für sich der Haftpflichtversicherung an, wird aber von jeher von dem Transport- (und See-) Versicherer getragen. Für eine entsprechende Anwendung der Grundsätze der Haftpflichtversicherung ist kaum eine Möglichkeit vorhanden.

4. 2. Obschon die Haftung für die Beiträge zur großen Haverei den Grundsätzen des Haftpflichtversicherungsrechts untersteht, drängt vielfach das stärkere Transportrecht das Haftpflichtversicherungsrecht zurück. So auch hinsichtlich der Frage, wann der Versicherungsfall als eingetreten anzunehmen ist. Der Versicherungsfall ist nicht erst eingetreten, wenn der Versicherungsnehmer den Beitrag entrichtet hat oder entrichten muß, sondern bereits wenn der Havariegrosse-Schaden und die Beitragspflicht entstanden sind.

---

*) **§ 835 HGB.** In Ansehung der Beiträge zur großen Haverei und der nach den Grundsätzen der großen Haverei zu beurteilenden Beiträge bestimmen sich die Verpflichtungen des Versicherers nach der am gehörigen Orte im Inland oder im Ausland, im Einklange mit dem am Orte der Aufmachung geltenden Rechte aufgemachten Dispache. Insbesondere ist der Versicherte, der einen zur großen Haverei gehörenden Schaden erlitten hat, nicht berechtigt, von dem Versicherer mehr als den Betrag zu fordern, zu welchem der Schaden in der Dispache berechnet ist; andererseits haftet der Versicherer für diesen ganzen Betrag, ohne daß namentlich der Versicherungswert maßgebend ist.

Auch kann der Versicherte, wenn der Schaden nach dem am Orte der Aufmachung geltenden Rechte als große Haverei nicht anzusehen ist, den Ersatz des Schadens von dem Versicherer nicht aus dem Grunde fordern, weil der Schaden nach einem anderen Rechte, insbesondere nach dem Rechte des Versicherungsorts, große Haverei sei.

§ 836. Der Versicherer haftet jedoch für die im § 835 erwähnten Beiträge nicht, soweit sie sich auf einen Unfall gründen, für den der Versicherer nach dem Versicherungsvertrage nicht haftet.

§ 837. Ist die Dispache von einer durch Gesetz oder Gebrauch dazu berufenen Person aufgemacht worden, so kann der Versicherer sie wegen Nichtübereinstimmung mit dem am Orte der Aufmachung geltenden Rechte und der

3. Ersatzpflichtig sind der Beitrag, den der Versicherungsnehmer selbst zu tragen und den er dem Havariegenossen zu entrichten hat. Die ersatzpflichtigen Beiträge sind von dem Versicherer von Schiff und Ladung (nicht auch von dem Frachtversicherer wie in der Seeversicherung; über die Berücksichtigung der Fracht Dithmers JR. 1931. 220) anteilsmäßig zu ersetzen. — Die besondere Haverei (§ 78 Abs. 3 BSchG.) trifft selbstverständlich den Versicherer nach Maßgabe des Versicherungsvertrags. 5.

4. Es ist keine große Haverei an und für sich möglich, wenn die an Bord befindlichen Güter sämtlich dem Schiffseigner gehören, aber es wird angenommen, als ob große Haverei vorliegen würde (Abs. 1 S. 2; vgl. auch §§ 834 Nr. 2 HGB., 29 Abs. 2 ADS.). Der Schaden wird unter Schiff und Ladung verteilt, was von Bedeutung ist, wenn beide bei verschiedenen (OLG. Königsberg 19. 4. 29 HansRGZ. A. 1929. 414) Versicherern versichert oder Schiff oder Ladung ganz oder teilweise unversichert sind (Bgr.). Bei Unterversicherung hat der Versicherer den Schaden nur nach dem Verhältnis der Versicherungssumme zum Versicherungswerte zu ersetzen (§ 56). 6.

5. Der Umfang der Entschädigungsleistung des Versicherers wird durch die Dispache bestimmt, für die §§ 835—839 HGB. entsprechend gelten (Abs. 2 S. 1; Bruck 452 ff.). Nur in einer Beziehung wird hiervon abgewichen: gegensätzlich zu § 87 BSchG. ist die Dispache des Schiffers für den Versicherer nur verbindlich, wenn er der Aufstellung durch den Schiffer zugestimmt hat (Abs. 2 S. 2). Der Versicherer der Ladung ist zum Widerspruch gegen die Dispache nicht befugt (OLG. Königsberg 16. 2. 09 BA. 1909* 67 Nr. 468). 7.

---

dadurch bewirkten Benachteiligung des Versicherten nicht anfechten, es sei denn, daß der Versicherte durch mangelhafte Wahrnehmung seiner Rechte die Benachteiligung verschuldet hat.

Dem Versicherer liegt jedoch ob, die Ansprüche gegen die zu seinem Nachteile Begünstigten dem Versicherer abzutreten.

Dagegen ist der Versicherer befugt, in allen Fällen die Dispache dem Versicherten gegenüber insoweit anzufechten, als ein von dem Versicherten selbst erlittener Schaden, für den ihm nach dem am Orte der Aufmachung der Dispache geltenden Rechte eine Vergütung nicht gebührt hätte, gleichwohl als große Haverei behandelt worden ist.

§ 838. Wegen eines von dem Versicherten erlittenen, zur großen Haverei gehörenden oder nach den Grundsätzen der letzteren zu beurteilenden Schadens haftet der Versicherer, wenn die Einleitung des die Feststellung und Verteilung des Schadens bezweckenden ordnungsmäßigen Verfahrens stattgefunden hat, in Ansehung der Beiträge, welche dem Versicherten zu entrichten sind, nur insoweit, als der Versicherte die ihm gebührende Vergütung auch im Rechtswege, sofern er diesen füglich betreten konnte, nicht erhalten hat.

§ 839. Ist die Einleitung des Verfahrens ohne Verschulden des Versicherten unterblieben, so kann er den Versicherer wegen des ganzen Schadens nach Maßgabe des Versicherungsvertrags unmittelbar in Anspruch nehmen.

§ 134. Die Versicherung von Gütern erstreckt sich auf die ganze Dauer der versicherten Reise.

Die Versicherung beginnt mit dem Zeitpunkt, in welchem die Güter von dem Frachtführer zur Beförderung oder, wenn die Beförderung nicht sofort erfolgen kann, zur einstweiligen Verwahrung angenommen werden. Sie endigt mit dem Zeitpunkt, in welchem die Güter dem Empfänger am Ablieferungsort abgeliefert oder, wenn sich ein Ablieferungshindernis ergibt, rechtmäßig hinterlegt oder verkauft werden.

1. Schrifttum: Bem. 1 zu § 7.

2. I. §§ 134—137 befassen sich mit der materiellen Dauer (Bem. 4 zu § 7) der Güter-Versicherung.

3. II. Daß sich die Versicherung von Gütern auf die ganze Dauer der versicherten Reise erstreckt (Abs. 1), ist selbstverständlich. Es soll aber klargestellt werden, daß die Versicherung durch einen Aufenthalt, den die Beförderung erleidet, nicht unterbrochen wird (Bgr.); so haftet der Versicherer für Beraubung der versicherten Güter während einer durch Streik veranlaßten Lagerung auf einer Zwischenstation (OLG. Köln 5. 7. 22 JW. 1922. 1730). Es gilt weder für die Güter-Zeitversicherung noch für die Kasko-Versicherung (§ 129 Abs. 2 S. 1) etwas anderes.

III. Der materielle Beginn (Bem. 2 zu § 38) der Güter-Reiseversicherung (Abs. 2 S. 1; vgl. auch § 88 Abs. 2 S. 1 ADS.; anders § 824 Abs. 1 HGB.) ist:

4. 1. der Zeitpunkt, in welchem die Güter von dem Frachtführer (Spediteur § 412 HGB.) zur Beförderung angenommen werden (Abs. 2 S. 1), d. h. aus dem Gewahrsam des Versicherungsnehmers in den Gewahrsam des Frachtführers übergehen (Bgr.). — Bei Versicherung „von Haus zu Haus" beginnt die Versicherung, wenn die Güter zwecks Beförderung von ihrem bisherigen Aufbewahrungsort entfernt werden (vgl. § 124 Abs. 1 ADS.; Fricke HansRZ. 1925. 761);

5. 2. wenn die Beförderung nicht sofort erfolgen kann, der Zeitpunkt, in welchem die Güter von dem Frachtführer (Spediteur § 412 HGB.) zur einstweiligen Verwahrung angenommen werden (Abs. 2 S. 1). Wann eine Verwahrung einstweilig ist, ist nach den Verkehrsverhältnissen zu beurteilen (vgl. § 88 Abs. 2 S. 3 ADS.). Wird dieser Zeitraum überschritten, ohne daß die Verkehrslage hierzu zwingt, so hört die Versicherung nicht auf, Transportversicherung zu sein, da der materielle Beginn nach freiem Belieben bestimmt werden kann (RG. 19. 4. 93 Bd. 31. 48). Im übrigen über die juristische Natur der Lagerversicherung Bem. 7 vor § 129.

IV. Das materielle Ende (Bem. 4 zu § 7) der Güter-Reiseversicherung (Abs. 2 S. 2; vgl. auch § 88 Abs. 3 S. 1 ADS.; anders § 824 Abs. 1 HGB.) ist:

6. 1. der Zeitpunkt, in welchem die Güter dem Empfänger am Ablieferungsorte abgeliefert (§ 429 HGB.) werden (Abs. 2 S. 2). Ablieferung ist der Akt des Frachtführers, durch den er nach be-

endetem Transport den Gewahrsam des Gutes mit ausdrücklicher oder stillschweigender Zustimmung des Empfängers wieder aufgibt und dem Empfänger den Gewahrsam verschafft (ROHG. Bd. 2. 252, 264; RG. 21. 9. 95 Seuffert Bd. 51. 441 Nr. 284). Für den Schaden, der durch anweisungswidrige Aushändigung der versicherten Sendung entsteht, hat der Versicherer aufzukommen (OLG. Dresden 10. 3. 11 VA. 1911* 85 Nr. 615). Einseitige Aufgabe des Gewahrsams ist keine Ablieferung, ebensowenig Zurverfügungstellung des Gutes, Benachrichtigung des Empfängers von seiner Ankunft, Erklärung der Löschbereitschaft (ROHG. Bd. 14. 294; Ritter 1050). Erhält der Frachtführer die Weisung, das Gut an einen Dritten abzuliefern, so gilt nunmehr dieser als Empfänger, und die Versicherung endigt mit der Ablieferung des Gutes an ihn. Jedoch kann durch die Bezeichnung eines anderen Empfängers die Haftung des Versicherers nicht auf eine Reise erstreckt werden, für welche die Versicherung nicht genommen ist. Die Versicherung endigt deshalb, sobald die Güter, um in die Hände eines solchen Empfängers zu gelangen, von dem ursprünglichen Bestimmungsorte nach einem anderen Orte weiterbefördert werden; ebensowenig haftet der Versicherer, wenn sich der Absender die Güter wieder zusenden läßt, für die Rückbeförderung (Bgr.), wenn ein Frachtverhältnis mit einem neuen Frachtführer, Spediteur usw. begründet wird (ROHG. Bd. 14. 293). — Ablieferungsort ist der Ort, an dem die Güter an den Empfänger abgeliefert werden (Ritter 1051); vgl. auch §§ 76 Abs. 3, 78 Abs. 1 EVO.). — Bei Versicherung „von Haus zu Haus" endigt die Versicherung mit dem Zeitpunkt, in dem die Güter am Ablieferungsort an die Stelle gebracht werden, die der Empfänger zu ihrer Aufbewahrung bestimmt (vgl. § 124 Abs. 2 ADS.);

2. wenn sich ein Ablieferungshindernis ergibt, der Zeitpunkt, in 7.
welchem die Güter rechtmäßig hinterlegt oder verkauft werden (Abs. 2 S. 2). Über Ablieferungshindernisse §§ 437, 601, 603, 604 HGB., 52 ff. BSchG., 81 EVO. Ein Ablieferungshindernis ist namentlich gegeben, wenn der Empfänger die Annahme verweigert (RG. 14. 3. 85 Bd. 14. 5, 8).

V. Die materielle Dauer der Güter-Reiseversicherung ver- 8.
längert sich gegebenenfalls durch Benutzung von Leichterfahrzeugen (§ 136).

§ 135. Unter die Versicherung gegen die Gefahren der Beförderung von Gütern auf Eisenbahnen fällt auch die Beförderung zur Eisenbahn sowie die Beförderung von der Eisenbahn an den Empfänger, wenn sie durch die Eisenbahnverwaltung oder unter ihrer Verantwortlichkeit erfolgt.

I. Auch bei Beförderung der Güter nicht durch Schiff, sondern auf der 1.
Eisenbahn bestimmen sich Beginn und Ende der materiellen Dauer der Versicherung nach § 134. Jedoch wird auch die Beförderung der Güter von dem Absender zur Bahn oder von der Bahn zum Empfänger durch die Versicherung gedeckt, sofern die Beförderung durch die Eisenbahnverwaltung oder unter ihrer Verantwortlichkeit erfolgt (§ 78 EVO.).

§ 136. Sind Güter gegen die Gefahren der Beförderung auf Binnengewässern versichert, so trägt der Versicherer die Gefahr der Benutzung von Leichterfahrzeugen bei der Verladung oder der Ausladung, wenn die Benutzung ortsüblich ist.

1. I. 1. Die Einbeziehung der Zeitdauer, in der Leichterfahrzeuge bei Verladung oder Ausladung benutzt zu werden pflegen, in die materielle Dauer der Güter-Versicherung entspricht §§ 824 Abs. 3 HGB., 89 ADS.

2. 2. Als Leichter ist jedes Schiff anzusehen, das den Transport des versicherten Gutes vom Lande nach dem zur Ausführung des Transportes bestimmten Schiffe oder umgekehrt besorgt (RG. 30. 6. 06 Bd. 64. 23, VA. 1907* 80 Nr. 330). — Die Versicherung beginnt, sofern die Güter nicht vorher von dem Frachtführer zur Beförderung angenommen worden sind, in dem Augenblick, in dem sie auf das Leichterfahrzeug verladen werden, sie endigt, wenn sie das Leichterfahrzeug verlassen.

§ 137. Werden die versicherten Güter in anderer Art als mit dem Schiffe befördert, mit welchem sie nach dem Versicherungsvertrage befördert werden sollen, so haftet der Versicherer nicht.

Werden jedoch die Güter nach dem Beginne der Versicherung infolge eines Unfalls, für den der Versicherer haftet, mit einem anderen als dem im Versicherungsvertrage bestimmten Schiffe oder zu Lande befördert, so fällt die Beförderung unter die Versicherung. Das Gleiche gilt, wenn nach dem Beginne der Versicherung ohne Zustimmung des Versicherungsnehmers die Beförderung geändert oder die Reise des Schiffes aufgegeben wird.

Die Versicherung umfaßt in den Fällen des Abs. 2 die Kosten der Umladung und der einstweiligen Lagerung sowie die Mehrkosten der Weiterbeförderung.

1. I. Die Rechtsfolgen, welche die Änderung der Beförderungsart von versicherten Gütern auslöst, stimmen mit §§ 816, 828 Abs. 2, 829 HGB., 95 ADS. überein.

2. II. Wird entgegen der vertraglichen Festlegung eines bestimmten Schiffes als Beförderungsmittel versicherter Güter eine andersartige Beförderung der Güter vorgenommen, so ist der Versicherer, mag die Beförderungsart vor oder nach dem materiellen Beginn der Versicherung (Bem. 4, 5 zu § 134) geändert werden, leistungsfrei (Abs. 1). Erfolgt die andersartige Beförderung vor Beginn der Versicherung, dann braucht der Versicherungsnehmer keine Prämie, nur eine Geschäftsgebühr zu zahlen (§ 68 Abs. 1), erfolgt sie nach Beginn der Versicherung, so gebührt dem Versicherer die Prämie für die laufende Versicherungsperiode (§ 68 Abs. 2; Ritter 1104).

Ist im Vertrag kein bestimmtes Schiff oder sind mehrere Schiffe wahlweise vorgesehen (so vielfach bei laufender Versicherung § 187 Abs. 2), so kann von einer Anwendung des Abs. 1 keine Rede sein.

III. 1. Die Haftung des Versicherers bleibt aus Billigkeitsgründen trotz Änderung der Beförderungsart bestehen (Abs. 2):

a) wenn die Güter nach Beginn der Versicherung (Bem. 4, 5 zu § 134) infolge eines Unfalls, für den der Versicherer haftet, mit einem anderen als dem im Versicherungsvertrag bestimmten Schiffe oder zu Lande befördert werden (Abs. 2 S. 1). — Über den Begriff des Unfalls Bem. 5 zu § 146. Ein Unfall, für den der Versicherer haftet, ist gleichbedeutend mit dem Versicherungsfall; 3.

b) wenn nach Beginn der Versicherung (Bem. 4, 5 zu § 134) ohne Zustimmung des Versicherungsnehmers die Beförderung geändert wird (Abs. 2 S. 1). Die Rechtslage ist ähnlich der der Gefahrerhöhung, infolgedessen bedeutet die Zustimmung nichts anderes als Gestatten im Sinne des § 23 (Bem. 18 zu § 23; Ritter 1110). Kann der Versicherungsnehmer die andersartige Beförderung nicht verhindern, so bleibt die Versicherung in Kraft. „Gestatten" kann der Versicherungsnehmer bereits bei Abschluß des Frachtvertrags, daß die Beförderung geändert wird; 4.

c) wenn nach Beginn der Versicherung (Bem. 4, 5 zu § 134) ohne Zustimmung des Versicherungsnehmers die Reise des Schiffs aufgegeben wird (Abs. 2 S. 2). 5.

2. Für die Kosten der Umladung, einstweiligen Lagerung und die Mehrkosten der Weiterbeförderung, welche in den Fällen a—c entstehen, haftet der Versicherer (Abs. 3; sogenannte mittelbare Schäden; Bem. 8 zu § 129), jedoch nicht über die Versicherungssumme hinaus. Liegt Unterversicherung vor, so treffen diese Kosten den Versicherer nur zu einem verhältnismäßigen Teile (Bgr.). 6.

§ 138. Die Versicherung eines Schiffes beginnt, wenn sie für eine Reise genommen ist, mit dem Zeitpunkt, in welchem mit der Einnahme der Ladung angefangen wird, oder, wenn keine Ladung einzunehmen ist, mit der Abfahrt. Sie endigt mit dem Zeitpunkt, in welchem die Löschung der Ladung am Bestimmungsorte beendigt ist, oder, wenn keine Ladung zu löschen ist, mit der Ankunft am Bestimmungsorte. Wird die Löschung von dem Versicherungsnehmer ungebührlich verzögert, so endigt die Versicherung mit dem Zeitpunkt, in welchem die Löschung beendigt sein würde, falls die Verzögerung nicht stattgefunden hätte.

Wird vor der Beendigung der Löschung für eine neue Reise Ladung eingenommen, so endigt die Versicherung mit dem Zeitpunkt, in welchem mit der Einnahme angefangen wird.

Wird nach dem Beginne der Versicherung die versicherte Reise aufgegeben, so tritt in Ansehung der Beendigung der Versicherung der Ort, wo die Reise aufhört, an die Stelle des Bestimmungsorts.

Schrifttum: Bem. 1 zu § 7. 1.

I. §§ 138, 139 befassen sich mit der materiellen Dauer (Bem. 4 2.
zu § 7) der Schiffs-Versicherung. § 138, der sich auf die Schiffs-

Reiseversicherung bezieht, stimmt im wesentlichen mit §§ 823 HGB., 66 ADS. überein.

II. Der materielle Beginn (Bem. 2 zu § 38) der Schiffs-Reiseversicherung ist (S. 1):

3. 1. der Zeitpunkt, in welchem mit der Einnahme der Ladung (Güter) an dem Orte, von dem aus das Schiff die versicherte Reise antritt, angefangen wird (Abs. 1 S. 1). Die Einnahme von Ballast würde der Einnahme von Ladung regelmäßig gleichstehen; jedoch ist die Fahrt mit Ballast für Binnenschiffe ohne praktische Bedeutung. Gefahr einer Zureise in Ballast trägt der Versicherer nur, wenn auch die Zureise versichert ist (RG. 2. 6. 08 VA. 1908* 107 Nr. 425). Wird die Einnahme erheblich verzögert, so kann hierin eine Gefahrerhöhung (§ 23) liegen;

4. 2. wenn keine Ladung einzunehmen ist, die Abfahrt des Schiffes von dem Ort aus, von dem es die versicherte Reise antritt (Abs. 1 S. 1).

III. Das materielle Ende (Bem. 4 zu § 7) der Schiffs-Reiseversicherung ist (S. 2, 3, Abs. 2):

5. 1. der Zeitpunkt, in welchem die Löschung der Ladung (Güter) am Bestimmungsort beendigt ist (Abs. 1 S. 2). Hat der Versicherungsnehmer ein Wahlrecht unter mehreren Bestimmungsorten, so ist der Ort, den er wählt, Bestimmungsort;

6. 2. wenn keine Ladung zu löschen ist, die Ankunft am Bestimmungsort (Abs. 1 S. 2). Das Schiff ist an dem Bestimmungsort angekommen, wenn es dort am gehörigen Ort die Anker hat fallen lassen oder befestigt ist (vgl. § 66 S. 2 ADS.);

7. 3. wenn die Löschung von dem Versicherungsnehmer ungebührlich verzögert wird, der Zeitpunkt, in welchem die Löschung beendigt sein würde, falls die Verzögerung nicht stattgefunden hätte (Abs. 1 S. 2). Die rechtzeitige Löschung ist eine Obliegenheit des Versicherungsnehmers (Bem. 4 zu § 6); über die Haftung für das Verhalten Dritter Bem. 11 ff. zu § 6. Ungebührlich ist die durch die Umstände nicht gerechtfertigte Verzögerung (vgl. auch §§ 48 ff. BSchG.);

8. 4. wenn vor Beendigung der Löschung für eine neue Reise Ladung eingenommen wird, der Zeitpunkt, in welchem mit der Einnahme angefangen wird (Abs. 2). Unerheblich ist, ob das Schiff für die neue Reise versichert ist oder nicht. Die in einem Zwischenhafen eingenommene Ladung ist ohne Einfluß auf das Ende der Versicherung.

9. IV. Gibt der Versicherungsnehmer nach dem Beginn der Versicherung (Bem. 3, 4) die versicherte Reise auf, so tritt in Ansehung des Endes der Versicherung (Bem. 5 ff.) der Ort, wo die Reise aufhört, an die Stelle des Bestimmungsorts (Abs. 3). Der Versicherungsnehmer gibt die Reise auf, wenn er seinen Willen, sie nicht fortzusetzen, in irgendeiner Weise kundtut. Das Verhalten des Kapitäns hat er nicht zu vertreten. Ob die Aufgabe der Reise erzwungen (z. B. Kriegsgefahr) oder freiwillig ist, ist unerheblich.

§ 139. Ist ein auf Zeit versichertes Schiff bei dem Ablaufe der vereinbarten Versicherungszeit unterwegs, so gilt das Versicherungsverhältnis als verlängert bis zur Ankunft des Schiffes am nächsten Bestimmungsort und, falls an diesem gelöscht wird, bis zu dem nach § 138 für die Beendigung der Versicherung maßgebenden Zeitpunkte. Der Versicherungsnehmer kann die Verlängerung, solange das Schiff noch nicht unterwegs ist, durch eine gegenüber dem Versicherer abzugebende Erklärung ausschließen.

I. Die in § 139 getroffene Regelung eines besonderen Falles der Verlängerung einer Zeit-Versicherung eines Schiffes dient den Interessen des Versicherungsnehmers, der für ein unterwegs befindliches Schiff nur schwer Deckung bekommt, namentlich wenn es überfällig ist, und erleichtert den Nachweis, ob ein Schaden unter die eine oder andere Versicherung fällt. Die Regelung entspricht im wesentlichen §§ 831 HGB., 68 S. 1, 2 ADS. 1.

II. 1. Das Schiff befindet sich unterwegs, wenn es abgefahren ist (§ 138). Es ist nicht notwendig, daß das Schiff in Fahrt ist. 2.

2. Das trotz Ablauf der Versicherungsdauer verlängerte Versicherungsverhältnis endigt nach Maßgabe des § 138 (Bem. 5 ff. zu § 138), jedoch tritt an die Stelle „des" Bestimmungsortes der nächste Bestimmungsort, wenn mehrere Bestimmungsorte in Frage kommen (S. 1). 3.

3. Daß die Prämie bei Verlängerung der Versicherung weiterzuentrichten ist, versteht sich von selbst (Bgr.). 4.

III. Die Verlängerung kann ausgeschlossen werden (S. 2) durch eine Erklärung des Versicherungsnehmers, bei mehreren Versicherungsnehmern durch Erklärung eines jeden von ihnen mit Wirkung auch für die übrigen. Die Erklärung ist eine an sich formfreie, empfangsbedürftige Willenserklärung. Erklärungsempfänger ist der Versicherer, Abschlußagent (§ 45; Ausnahme § 47) oder sein sonstiger Vertreter, bei mehreren Versicherern ein jeder von ihnen, sofern nicht einer die Führung hat. Der Vermittelungsagent ist zu ihrer Entgegennahme befugt (§ 43 Nr. 2; Ausnahme § 47). Die Erklärung muß dem Versicherer zugehen, bevor das Schiff unterwegs ist. Wird die Erklärung rechtzeitig abgegeben, dann hört die Versicherung mit Ablauf der Versicherungsdauer auf. 5.

§ 140. Als Versicherungswert der Güter gilt der gemeine Handelswert und in dessen Ermangelung der gemeine Wert, den die Güter am Orte der Absendung in dem Zeitpunkte haben, welcher nach den §§ 134 bis 136 für den Beginn der Versicherung maßgebend ist, unter Hinzurechnung der Versicherungskosten sowie derjenigen Kosten, welche bis zur Annahme der Güter durch den Frachtführer entstehen.

Der sich nach Abs. 1 ergebende Wert der Güter gilt auch bei dem Eintritte des Versicherungsfalls als Versicherungswert.

Haben die Güter eine Beschädigung erlitten, so ist bei der Berechnung des Schadens festzustellen, in welchem Verhältnisse der Handelswert oder gemeine Wert, den die Güter im unbeschädigten Zustand am Ablieferungsorte haben würden, zu dem Werte steht, den sie dort im beschädigten Zustande haben; ein diesem Verhältnis entsprechender Bruchteil des Versicherungswerts gilt als Betrag des Schadens.

1. Schrifttum: Bem. 1 zu § 52.

2. I. Nach allgemeinen Grundsätzen käme als Ersatzwert der Güter an sich der Wert in Betracht, den die Güter zur Zeit und am Orte des Versicherungsfalls haben (§ 52). Zur Erleichterung der Wertsermittelung wird ebenso wie in der Seeversicherung (§§ 799 HGB., 90 Abs. 1 ADS.) auf den Wert der Güter am Ort und zur Zeit ihrer Absendung (vgl. auch § 141 Abs. 1 S. 1) abgestellt.

3. II. 1. Versicherungswert der Güter (Abs. 1) ist („gilt" ist ein irreführender Ausdruck, vgl. auch § 141 Abs. 1) der gemeine Handelswert, d. h. der Wert, den Güter gleicher Art und Beschaffenheit im kaufmännischen Verkehr haben (§ 430 Abs. 1 HGB.). In seiner Ermangelung kommt der gemeine Wert der Güter in Betracht, d. h. der Wert, zu dem Güter gleicher Art und Beschaffenheit verkäuflich sind. In beiden Fällen ist maßgebend der Wert am Absendungsort und der Zeitpunkt des materiellen Beginns der Versicherung (§§ 134—136). Der Wert erhöht sich um die Kosten der Versicherung und um die Kosten, welche bis zur Annahme der Güter durch den Frachtführer entstehen. Von dem Betrage des sich hieraus ergebenden Wertes hängt es also namentlich ab, ob Überversicherung (§ 51) oder ob Unterversicherung (§ 56) vorliegt. Soll als Versicherungswert der gemeine Handelswert am Bestimmungsort gelten, so bedarf es besonderer Vereinbarung (RG. 29. 9. 28 VA. 1930. 45 Nr. 1957).

4. 2. Die Bemessung des Versicherungswerts kann auch durch Taxe (§ 57) erfolgen.

5. 3. Im Gegensatz zu dem Grundsatz der Schadensversicherung (§ 55), nach dem der Ersatzwert zu vergüten ist, ist (vgl. auch § 141 Abs. 1 S. 2) der Versicherungswert auch der Ersatzwert (Abs. 2; vgl. auch § 90 Abs. 2 ADS.). Änderungen des Versicherungswertes während der Dauer der Versicherung bleiben somit ohne Einfluß.

6. III. 1. Liegt Vollwertversicherung vor, so hat bei Totalverlust der versicherten Güter der Versicherer die Versicherungssumme in voller Höhe, bei Teilverlust den entsprechenden Betrag (vgl. auch § 876 HGB.) zu ersetzen. Bei Unterversicherung (§ 56) bestimmt sich die Leistung nach dem Verhältnis der Versicherungssumme zu dem Versicherungswert. Totalverlust einer versicherten, mit Fellen angefüllten Kiste ist gegeben, wenn die Kiste ausgeraubt, aber äußerlich unversehrt ist (RG. 4. 10. 24 HansRZ. 1925. 237).

7. 2. Bei Beschädigung der Güter wird die Ersatzleistung des Versicherers nach dem §§ 875 Abs. 3 HGB., 93 Abs. 1 ADS. nachgebildeten Wert-

verhältnis berechnet (Abs. 3). Die Ermittelung erfolgt in der Weise, daß dem Handels- bzw. gemeinen Wert der Güter im unbeschädigten Zustand am Ablieferungsort (Gesundwert) ihr Wert im beschädigten Zustand am Ablieferungsort (Schadenswert) gegenübergestellt wird. Der diesem Verhältnis entsprechende Teil des Werts gilt als Betrag des Schadens. Ihn hat grundsätzlich der Versicherer zu bezahlen, sofern nicht Unterversicherung vorliegt. Über die Ermittelung der Werte können vertraglich nähere Anordnungen getroffen werden. Liegt Teilbeschädigung (Beschädigung oder Verlust von einzelnen Bestandteilen oder Zubehörstücken) vor, so kann grundsätzlich Entschädigung nur für diese Teile oder Zubehörstücke verlangt werden (vgl. § 94 ADS.).

§ 141. Als Versicherungswert des Schiffes gilt der Wert, den das Schiff bei dem Beginne der Versicherung hat. Dieser Wert gilt auch bei dem Eintritte des Versicherungsfalls als Versicherungswert.

Bei einer Beschädigung des Schiffes gelten, falls das Schiff ausbesserungsfähig ist, die nach den §§ 709, 710 des Handelsgesetzbuchs*) zu berechnenden Ausbesserungskosten als Betrag des Schadens.

---

*) § 709 HGB. Der an dem Schiffe oder dem Zubehör des Schiffes entstandene, zur großen Haverei gehörige Schaden ist, wenn die Ausbesserung während der Reise erfolgt, am Orte der Ausbesserung und vor dieser, sonst an dem Orte, wo die Reise endet, durch Sachverständige zu ermitteln und zu schätzen. Die Taxe muß die Veranschlagung der erforderlichen Ausbesserungskosten enthalten. Sie ist, wenn während der Reise ausgebessert wird, für die Schadensberechnung insoweit maßgebend, als nicht die Ausführungskosten unter den Anschlagssummen bleiben. War die Aufnahme einer Taxe nicht ausführbar, so entscheidet der Betrag der auf die erforderlichen Ausbesserungen wirklich verwendeten Kosten.

Soweit die Ausbesserung nicht während der Reise geschieht, ist die Abschätzung für die Schadensberechnung ausschließlich maßgebend.

§ 710. Der nach Maßgabe des § 709 ermittelte volle Betrag der Ausbesserungskosten bestimmt die zu leistende Vergütung, wenn das Schiff zur Zeit der Beschädigung noch nicht ein volles Jahr zu Wasser war.

Dasselbe gilt von der Vergütung für einzelne Teile des Schiffes, namentlich für die Metallhaut, sowie für einzelne Teile des Zubehörs, wenn solche Teile noch nicht ein volles Jahr in Gebrauch waren.

In den übrigen Fällen wird von dem vollen Betrage wegen des Unterschieds zwischen alt und neu ein Dritteil, bei den Ankerketten ein Sechsteil, bei den Ankern jedoch nichts abgezogen.

Von dem vollen Betrage kommen ferner in Abzug der volle Erlös oder Wert der noch vorhandenen alten Stücke, welche durch neue ersetzt sind oder zu ersetzen sind.

Findet ein solcher Abzug und zugleich der Abzug wegen des Unterschieds zwischen alt und neu statt, so ist zuerst dieser letztere und sodann von dem verbleibenden Betrage der andere Abzug zu machen.

1. Schrifttum: Bem. 1 zu § 52.

2. I. 1. Wie bei der Güterversicherung (§ 140 Abs. 1) kommt es bei der Kaskoversicherung auf den Versicherungswert des Schiffs bei dem materiellen Beginn der Versicherung (§ 138) an (Abs. 1 S. 1; vgl. auch §§ 795 Abs. 1 HGB., 70 Abs. 1 S. 1 ADS.). Vereinbarungen über einen anderen Wert, z. B. den Wert zur Zeit des Eintritts des Versicherungsfalls oder den Verkaufswert, sind zulässig. Meistenteils wird der Wert taxiert (§ 57); über Ermittelung des Wertes im Schadensfalle durch Sachverständige RG. 28. 5. 21 Bd. 102. 208. Bei stillschweigender Verlängerung der Versicherung (§ 8) ist maßgebend der Wert bei Beginn der ursprünglichen Versicherung (RG. 3. 2. 26 Bd. 112. 384, JR. 1926. 64, JW. 1926. 1439, VA. 1926. 63 Nr. 1572).

3. 2. Wie bei der Güterversicherung (§ 140 Abs. 2) ist entgegen § 55 der Versicherungswert auch der Ersatzwert (Abs. 1 S. 2; vgl. auch §§ 795 Abs. 1 HGB., 70 Abs. 2 ADS.).

4. II. 1. Liegt Vollwertversicherung vor, so hat der Versicherer bei Totalverlust die Versicherungssumme in voller Höhe, bei Unterversicherung anteilsmäßig (§ 56) zu zahlen; in beiden Fällen wird der etwaige Erlös aus dem Verkauf des Wracks oder der geborgenen Gegenstände abgezogen. Ein Schiff, das nicht mehr ausgebessert werden kann, gilt als total verloren, ebenso wenn es dem Versicherungsnehmer ohne Aussicht auf Wiedererlangung entzogen, insbesondere unrettbar gesunken ist. — Bei der Autokaskoversicherung ist beispielsweise Totalverlust eingetreten, wenn das in eine Schlucht gestürzte Auto nicht geborgen werden kann (OLG. Hamm 20. 2. 30 Praxis des Versicherungsrechts 1930. 47). Ist vertraglich vorgesehen, daß Totalschaden vorliegt, wenn die Höhe der Wiederherstellungskosten in einem gewissen Verhältnis zum Zeitwert des versicherten Autos steht, so können hierunter nur die tatsächlichen Wiederherstellungskosten, d. h. die Kosten verstanden werden, welche von dem Versicherungsnehmer tatsächlich aufgewendet werden müssen, um das Fahrzeug wieder instand zu setzen. Ein Abzug „neu für alt" findet nur statt, wenn es ausdrücklich im Gesetz oder in dem Versicherungsvertrag bestimmt ist (OLG. Düsseldorf 3. 10. 29 JR. 1930. 283, HansRGZ. A. 1930. 283; OLG. Hamburg 11. 7. 30 HansRGZ. A. 1930. 576).

5. 2. Bei ausbesserungsfähigen Schiffen gelten die Ausbesserungskosten als Betrag des Schadens (Abs. 2; vgl. auch §§ 872 HGB., 75 ADS.). Inwieweit dieser Schaden von dem Versicherer zu erstatten oder von dem Versicherungsnehmer zu tragen ist, bestimmt sich nach dem Verhältnisse des Versicherungswerts des Schiffes zu der Versicherungssumme. Nach §§ 709, 710 HGB., 85 BSchG. sind die Ausbesserungskosten durch Sachverständige am Orte der Ausbesserung oder am Orte der Beendigung der Reise zu schätzen; ist die Aufnahme einer Taxe nicht ausführbar, so entscheidet der Betrag der für die Ausbesserung wirklich verwendeten Kosten. Der so ermittelte volle Betrag der Ausbesserungskosten gilt als Schaden, wenn das Schiff zur Zeit des Unfalls noch nicht ein volles Jahr zu Wasser war. Dasselbe gilt von einzelnen Teilen des Schiffes, wenn diese noch nicht ein volles Jahr in

Gebrauch waren. Im übrigen sind abzuziehen: 1. der Unterschied zwischen alt und neu ($^1/_3$ der Ausbesserungskosten, $^1/_6$ bei den Ankerketten, nichts bei den Ankern), 2. der volle Erlös oder Wert der noch vorhandenen alten Stücke, welche durch neue ersetzt oder zu ersetzen sind. Finden beide Abzüge statt, so ist zunächst der Abzug zu 2, von dem Restbetrage der zu 1 zu machen. Vereinbarungen über andere Berechnungen des Schadens sind zulässig. Der Anspruch des Versicherungsnehmers ist nicht davon abhängig, daß die Ausbesserung tatsächlich ausgeführt wird (Bruck 470).

§ 142. Bei der Versicherung von Gütern ist der Versicherer nicht berechtigt, das Versicherungsverhältnis wegen einer unabhängig von dem Willen des Versicherungsnehmers eingetretenen Erhöhung der Gefahr oder wegen einer Veräußerung der versicherten Güter zu kündigen. Der Versicherungsnehmer ist nicht verpflichtet, eine solche Gefahrerhöhung oder eine Veräußerung dem Versicherer anzuzeigen.

Schrifttum: Bem. 1 zu § 23, Bem. 1 vor § 69. 1.

I. Bei der Güter-Versicherung wird das Kündigungsrecht des Versicherers wegen einer objektiven Gefahrerhöhung (§ 27 Abs. 1) oder wegen Veräußerung (§ 70 Abs. 1) aufgehoben (S. 1). Damit wird auch die Anzeigepflicht des Versicherungsnehmers (§§ 27 Abs. 2, 28, 71) gegenstandslos (S. 2). Der Veräußerung steht die Zwangsversteigerung gleich (§ 73). Gleichgültig ist es, ob die Güter-Versicherung auf Zeit oder für eine bestimmte Reise genommen ist. Selbstverständlich gilt § 142 nur, insoweit der Versicherer überhaupt haftet; ist z. B. das Kriegsrisiko nicht mit übernommen, so kann nicht bei Ausbruch eines Krieges der Versicherer gemäß § 142 haftbar gemacht werden. 2.

II. Die übrigen Vorschriften über Gefahrerhöhung (§§ 23—26, 29—31) und Veräußerung (§§ 69, 70 Abs. 2, 3, 72, 73) finden Anwendung. 3.

§ 143. Wird bei der Versicherung eines Schiffes das Versicherungsverhältnis, während das Schiff unterwegs ist, von dem Versicherer wegen einer unabhängig von dem Willen des Versicherungsnehmers eingetretenen Erhöhung der Gefahr oder wegen Veräußerung des Schiffes gekündigt, so wirkt die Kündigung nicht vor Beendigung der Reise. Tritt während des bezeichneten Zeitraums ein Versicherungsfall ein, so wird die Verpflichtung des Versicherers zur Leistung nicht dadurch berührt, daß die Anzeige der Gefahrerhöhung oder der Veräußerung unterblieben ist.

Ist die Verpflichtung zur Anzeige schon vor dem Beginne der Reise verletzt, so finden die Vorschriften des Abs. 1 nur Anwendung, wenn die Gefahrerhöhung oder die Veräußerung dem Versicherer vor dem Beginne der Reise bekanntgeworden ist.

Bei einer Zwangsversteigerung des versicherten Schiffes finden die Vorschriften über die Veräußerung entsprechende Anwendung.

1\. Schrifttum: Bem. 1 zu § 23, Bem. 1 vor § 69.

2\. I. 1. Bei der Schiffs-Versicherung ist das Kündigungsrecht des Versicherers wegen einer objektiven Gefahrerhöhung (§ 27 Abs. 1) oder wegen Veräußerung (§ 70 Abs. 1) nicht wie bei der Güter-Versicherung (§ 142) ganz aufgehoben, sondern nur zeitlich in seiner Wirkung auf die Beendigung der Reise beschränkt (Abs. 1 S. 1). Voraussetzung ist, daß die Gefahrerhöhung oder die Veräußerung, der die Zwangsversteigerung gleichsteht (Abs. 3), erfolgt, während das Schiff unterwegs ist, d. h. solange die Versicherung nach §§ 138, 139 dauert (Bem. 2 zu § 139). Das Kündigungsrecht bleibt von Bedeutung, wenn das Schiff für mehrere Reisen versichert ist oder wenn nach Vertragsabschluß, aber vor Antritt der Reise eine Gefahrerhöhung eintritt oder eine Veräußerung erfolgt (Bgr.).

3\. 2. Wird die Anzeige von der Gefahrerhöhung oder von der Veräußerung nicht unverzüglich gemacht, so ist der Versicherer leistungsfrei, wenn der Versicherungsfall später als einen Monat nach dem Zeitpunkt eintritt, in welchem die Anzeige dem Versicherer hätte zugehen müssen (§§ 28 Abs. 1, 71 Abs. 1). Da der hier vorgesehene Wegfall der Haftung des Versicherers mit seinem Kündigungsrecht im Zusammenhang steht, so ergibt sich, daß, insoweit als nach S. 1 der Kündigung des Versicherers die Wirkung versagt ist, auch für die Befreiung des Versicherers von der Verpflichtung zur Leistung kein Raum ist (Bgr.). Der Versicherer bleibt mithin leistungspflichtig, auch wenn die Anzeige unterblieben ist (Abs. 1 S. 2).

4\. 3. Die Beschränkung des Kündigungsrechts und die Aufrechterhaltung der Haftung des Versicherers trotz unterbliebener Anzeige treten nur ein, wenn dem Versicherer bis zum Beginn der Reise die Gefahrerhöhung oder die Veräußerung bekanntgeworden ist (Abs. 2). Wäre der Versicherer in der Lage gewesen, vor Antritt der Reise zu kündigen, so würde das Versicherungsverhältnis mit dem Ablauf der einmonatigen Kündigungsfrist ohne Rücksicht darauf, ob alsdann die Reise beendigt ist oder nicht, erlöschen sein. Dem Versicherungsnehmer steht der Gegenbeweis offen, daß dem Versicherer die Gefahrerhöhung oder die Veräußerung vor Beginn der Reise durch Anzeige des Versicherungsnehmers oder auf anderem Wege bekanntgeworden ist. Jedoch kann nur eine solche Kenntnis in Betracht kommen, die so rechtzeitig erlangt ist, daß der Versicherer noch vor Beginn der Reise kündigen konnte (Bgr.).

5\. 4. Die übrigen Vorschriften über Gefahrerhöhung und Veräußerung (Bem. 3 zu § 142) finden Anwendung.

6\. II. Für die Veräußerung von Schiffsparten kommen die Einschränkungen des § 143 nicht in Betracht; es verbleibt bei den allgemeinen Vorschriften der §§ 69—73.

§ 144. Aufwendungen, die der Versicherungsnehmer gemäß § 62 zur Abwendung oder Minderung des Schadens macht, fallen, soweit der Versicherungsnehmer sie für geboten halten durfte, dem Versicherer ohne Rücksicht darauf zur Last, ob sie zusammen mit der übrigen Entschädigung die Versicherungssumme übersteigen.

Sind Aufwendungen zur Abwendung oder Minderung oder zur Ermittelung und Feststellung eines Schadens oder zur Wiederherstellung oder Ausbesserung der durch einen Versicherungsfall beschädigten Sache gemacht oder Beiträge zur großen Haverei geleistet oder ist eine persönliche Verpflichtung des Versicherungsnehmers zur Entrichtung solcher Beiträge entstanden, so haftet der Versicherer für den Schaden, der durch einen späteren Versicherungsfall verursacht wird, ohne Rücksicht auf die ihm zur Last fallenden früheren Aufwendungen und Beiträge.

Schrifttum: Bem. 1 zu §§ 62, 63. 1.

I. Die Versicherungssumme ist nicht ausnahmslos (Bem. 2 zu § 50) die 2.
äußerste Grenzlinie für die geldliche Leistung des Versicherers. Während der Schadensversicherer im allgemeinen nur Aufwendungen, die in Gemäßheit der von ihm gegebenen Weisungen gemacht worden sind, auch insoweit zu ersetzen hat, als sie zusammen mit der übrigen Entschädigung die Versicherungssumme übersteigen (Bem. 7 zu § 63), haftet der Transportversicherer in erweitertem Umfange. Über die rechtliche Natur des Aufwendungsschadens, die Arten der Aufwendungen, den Anspruchsberechtigten Bem. 2 ff. zu § 63.

II. Der Transportversicherer haftet über die Versicherungssumme hinaus:

1. für Aufwendungen zur Abwendung oder Minderung des Schadens 3.
(§ 62), soweit der Versicherungsnehmer sie für geboten halten durfte (Abs. 1; vgl. auch §§ 834 Nr. 3, 4, 840 Abs. 2 HGB., 37 Abs. 2 ADS.). Bei Unterversicherung werden die den Versicherer belastenden Kosten nach dem in §§ 56, 57 angegebenen Verhältnisse geteilt, § 63 Abs. 2 findet entsprechende Anwendung (anders KG. 6. 5. 22 HansRZ. 1922. 767). — Für Ermittelungs- und Feststellungskosten haftet auch der Transportversicherer nur bis zur Höhe der Versicherungssumme (anders nach § 37 Abs. 3 ADS.), bei Unterversicherung nur anteilsmäßig (§ 66);

2. für Aufwendungen zur Abwendung oder Minderung eines 4.
Schadens (§ 62) oder zur Ermittelung und Feststellung eines Schadens (§ 66) ohne Rücksicht darauf, ob der Versicherer für den Schaden, der durch einen späteren Versicherungsfall verursacht wird, zu haften hat (Abs. 2; vgl. auch §§ 840 Abs. 3 HGB., 37 Abs. 3 ADS.);

3. für Aufwendungen zur Wiederherstellung oder 5.
Ausbesserung der durch jeden Versicherungsfall beschädigten Sache (Abs. 2; vgl. auch §§ 840 Abs. 3 HGB., 37 Abs. 3 ADS.).

Im übrigen Bereich der Schadensversicherung haftet der Versicherer, wenn keine Nachversicherung genommen ist, nur für den Restbetrag der Versicherungssumme (§§ 95, 112, 119);

6. 4. für Beiträge, die zur großen Haverei geleistet sind oder zu deren Entrichtung eine persönliche Verpflichtung des Versicherungsnehmers entstanden ist (Abs. 2; vgl. auch §§ 840 Abs. 3 HGB., 37 Abs. 3 ADS.). Eine persönliche Verpflichtung zur Entrichtung von Havereibeiträgen wird nach § 90 Abs. 2 BSchG. nur für den Empfänger beitragspflichtiger Güter, wenn ihm bei deren Annahme die Beitragspflicht bekannt war, und nur in Höhe des aus den Gütern zu erzielen gewesenen Beitrags begründet.

7. III. Die Beschränkung der Haftung des Seeversicherers auf die Versicherungssumme, wenn der Versicherer auch für indirekten Kollisionsschaden haftet (§ 129 Abs. 2 S. 2), ist der Transportversicherung im Gegensatz zu der vertraglichen Seeversicherung unbekannt. Über den Abandon des Versicherers § 145.

§ 145. Der Versicherer ist nach dem Eintritt eines Versicherungsfalls berechtigt, sich durch Zahlung der Versicherungssumme von allen weiteren Verbindlichkeiten zu befreien. Der Versicherer bleibt jedoch zum Ersatze der Kosten verpflichtet, welche zur Abwendung oder Minderung des Schadens oder zur Wiederherstellung oder Ausbesserung der versicherten Sache verwendet worden sind, bevor seine Erklärung, daß er sich durch Zahlung der Versicherungssumme befreien wolle, dem Versicherungsnehmer zugegangen ist.

1. Schrifttum: Bruck 417 ff.

2. I. Zum Schutz gegen die Ausdehnung der Haftung des Versicherers (§ 144) dient der Abandon des Transportversicherers, der im wesentlichen übereinstimmend mit §§ 841 HGB., 38 Abs. 1 ADS. geregelt ist. — Der Abandon des Versicherungsnehmers ist der Transportversicherung unbekannt. Über den Abandon des Haftpflichtversicherers Bem. 10 zu § 150.

3. II. 1. Der Abandon des Versicherers ist die Erklärung des Versicherers nach Eintritt des Versicherungsfalls gegenüber dem Versicherungsnehmer, sich durch Zahlung der Versicherungssumme von allen weiteren Verbindlichkeiten, die in Zukunft aus dem Versicherungsverhältnis entstehen können, befreien zu wollen.

4. 2. Die Abandonerklärung ist eine an sich formfreie, rechtsgestaltende, empfangsbedürftige Willenserklärung. Die Erklärung kann wegen Irrtums, Betrugs angefochten werden; Irrtum über die Höhe des Rettungsaufwandes ist Irrtum im Beweggrund (Kisch WuR. 1916. 302).

5. 3. Erklärungsberechtigter ist der Versicherer, der Abschlußagent (§ 45; Ausnahme § 47) oder sein sonstiger Vertreter, wenn mehrere

Versicherer vorhanden sind, ein jeder von ihnen, sofern nicht einer die Führung hat.

4. Erklärungsempfänger ist der Versicherungsnehmer, sein Rechtsnachfolger, 6.
gesetzlicher oder rechtsgeschäftlich bestellter Vertreter, bei mehreren Versicherungsnehmern ein jeder (Miteigentümer) oder einer von ihnen (Gesamthandseigentümer), bei Versicherung für fremde Rechnung auch der Versicherte, wenn die Voraussetzungen des § 75 Abs. 2 erfüllt sind, bei Veräußerung der versicherten Sache der Erwerber, sobald der Versicherer von der Veräußerung Kenntnis erlangt hat (§ 69 Abs. 3), bei Abtretung, Verpfändung, Pfändung des Versicherungsanspruchs der Zessionar, Pfandgläubiger, Vollstreckungsgläubiger. Da das Recht ein Gestaltungsrecht ist, so bedarf es keiner Annahme, insbesondere keines Einverständnisses seitens des Erklärungsempfängers. Auch gegen seinen Willen treten die Folgen der Erklärung ein.

5. Voraussetzung ist, daß ein Versicherungsfall eingetreten ist; der 7.
Eintritt eines Unfalls (§ 146) reicht nicht aus.

6. Aus der Erklärung hat hervorzugehen, daß sich der Versicherer durch 8.
Zahlung der Versicherungssumme von allen weiteren Verbindlichkeiten befreien will (S. 1).

7. Eine Frist zur Abgabe der Erklärung ist nicht vorgesehen; 9.
verzögerte Abgabe erweitert jedoch unter Umständen die Haftung des Versicherers (Bem. 13).

III. Die Folgen des Abandons bestehen darin,

1. daß der Versicherer die Versicherungssumme zu zahlen, wenn keine vor- 10.
gesehen ist, den Versicherungswert zu ersetzen hat. Grundsätzlich ist die ganze Versicherungssumme zu zahlen, der ganze Versicherungswert zu ersetzen, liegt Überversicherung vor, nur der Betrag des Versicherungswerts; ist ein Teil der versicherten Sachen bereits der vom Versicherer zu tragenden Gefahr entzogen, so vermindert sich die Leistung des Versicherers um den auf jenen Teil entfallenden Betrag (vgl. auch § 841 Abs. 2 HGB.). Durch die Zahlung erwirbt der Versicherer keinen Anspruch auf die versicherten Sachen (vgl. auch § 841 Abs. 3 HGB.), aber es geht auf ihn der Schadensersatzanspruch gegen Dritte (§§ 67, 148) über;

2. daß der Versicherer von allen künftigen Verbindlichkeiten, der Zahlung 11.
der Versicherungssumme, des Ersatzes von Abwendungs-, Minderungskosten, von Kosten zur Wiederherstellung oder Ausbesserung der versicherten Sache, zur Ermittelung und Feststellung eines Schadens befreit ist;

3. daß für die Zukunft eine Doppelversicherung beseitigt wird, jedoch sind 12.
die Versicherer für den Versicherungsfall, der die Veranlassung für den Abandon gibt, ausgleichspflichtig (Ritter 628).

IV. Trotz der Erklärung bleibt der Versicherer verpflichtet, 13.
die Kosten der Abwendung oder Minderung des Schadens, der Wiederherstellung oder Ausbesserung der versicherten Sache, die verwendet worden sind, bevor seine Erklärung dem Erklärungsempfänger zugegangen ist (S. 2), zu ersetzen. Die Erklärung wirkt somit nur für die Zukunft.

§ 146. Bei der Versicherung gegen die Gefahren der Binnenschiffahrt hat der Versicherungsnehmer jeden Unfall, der das Schiff oder die Ladung trifft, auch wenn dadurch ein Entschädigungsanspruch für ihn nicht begründet wird, dem Versicherer unverzüglich anzuzeigen, sofern der Unfall für die von dem Versicherer zu tragende Gefahr von Erheblichkeit ist.

1. Schrifttum: Bem. 1 zu § 33, Bem. 1 vor § 129.

2. I. Die Schadensanzeigepflicht (§ 33) ist inhaltlich erweitert. § 33 gilt neben § 146.

3. II. 1. Die auf Gesetz beruhende Verpflichtung zur Schadensanzeige ist eine Obliegenheit (Voraussetzung; Bem. 4 zu § 6), die nach Eintritt des Versicherungsfalls und des ihm gleichgestellten Ereignisses dem Versicherer gegenüber zu erfüllen ist (§ 6 Abs. 2).

4. 2. Anzeigepflichtig ist der Versicherungsnehmer oder sein Rechtsnachfolger, bei mehreren Versicherungsnehmern ein jeder von ihnen, bei Versicherung für fremde Rechnung auch der Versicherte, wenn er Kenntnis hat. Bei Veräußerung der versicherten Sache (§ 69) hat der Veräußerer anzuzeigen, wenn der Versicherungsfall vor der Veräußerung eintritt, der Erwerber, wenn er nachher eintritt; läuft die Anzeigefrist noch bei Eintritt des Erwerbers in das Versicherungsverhältnis, so hat der Erwerber den vor der Veräußerung eingetretenen, von dem Veräußerer noch nicht angezeigten Versicherungsfall anzuzeigen. Steht das Recht auf die Leistung aus dem Versicherungsvertrag einem anderen allein zu, so liegt die Anzeigepflicht dem anderen ob. Mithin kann anzeigepflichtig sein der Zessionar (OLG. München 22. 10. 24 JW. 1925. 656), der Pfandgläubiger, der Vollstreckungsgläubiger. Steht das Recht mehreren zu, so hat ein jeder von ihnen anzuzeigen.

3. Die Erfüllung der Anzeigepflicht ist an zwei Voraussetzungen geknüpft.

5. a) Der Eintritt des Versicherungsfalls oder, wie das Gesetz hier in Anlehnung an das HGB. (z. B. § 811 und an anderen Stellen) ohne materielle Änderung sagt, des Unfalls. Anzeigepflichtig ist auch ein Ereignis, durch das kein Entschädigungsanspruch begründet wird, sofern es für die von dem Versicherer zu tragende Gefahr von Erheblichkeit ist. Der Transportversicherer hat ein Interesse, auch von derartigen Ereignissen Kenntnis zu erlangen, da sich möglicherweise aus ihnen seine Ersatzpflicht entwickeln kann. Die anzeigepflichtige Tatsache muß nach dem materiellen Versicherungsbeginn eingetreten sein. Ist sie vor dem formellen Versicherungsbeginn eingetreten, dann unterliegt sie der vorvertraglichen Anzeigepflicht (§§ 16 ff.).

6. b) Die Kenntnis des Anzeigepflichtigen (§ 33 Abs. 1) von dem Unfall. Kennenmüssen steht der Kenntnis nicht gleich; doch darf sich der Anzeigepflichtige der Kenntnis nicht arglistig entziehen. An erster Stelle steht die Kenntnis des Versicherungsnehmers. Sind mehrere Versicherungsnehmer vorhanden, so schadet die Kenntnis des einen, wenn er die Anzeige nicht

unverzüglich erstattet, allen übrigen. Außer der Kenntnis des Versicherungsnehmers ist die Kenntnis des gesetzlichen, des rechtsgeschäftlich bestellten Vertreters, des Vertreters ohne Vertretungsmacht, bei Versicherung für fremde Rechnung auch die Kenntnis des Versicherten maßgebend.

III. 1. Die Anzeige ist eine empfangsbedürftige, an sich formfreie Wissenserklärung. Willensmängel oder Mängel in der Geschäftsfähigkeit haben keinen Einfluß auf die Wirksamkeit der Anzeige. Mithin entscheidet die Tatsache, ob die Anzeige ordnungsgemäß erstattet ist oder nicht. Auch ein beschränkt Geschäftsfähiger oder ein Geschäftsunfähiger kann anzeigen. Ob er aber für eine unterlassene oder für eine nicht rechtzeitige oder für eine nicht ordnungsgemäße Anzeige verantwortlich ist, ist nach den Grundsätzen über die Schuldfähigkeit (§§ 827, 828 BGB.) zu entscheiden (Bem. 5 zu § 16). 7.

2. Die Anzeige ist von dem Anzeigepflichtigen zu erstatten. Bei mehreren Anzeigepflichtigen genügt die Anzeige durch einen von ihnen, wenn sie dem Versicherer zugeht (RG. 3. 5. 01 JW. 1901. 426). Die von einem Nichtanzeigepflichtigen ordnungsgemäß erstattete Anzeige erfüllt die Anzeigepflicht. Diese Folge ist allerdings ausdrücklich nur für einen ganz bestimmten Tatbestand vorgesehen (§ 33 Abs. 2). Es würde aber Treu und Glauben widersprechen, wenn sich der Versicherer auf die Verletzung der Anzeigepflicht berufen könnte, obschon er die Anzeige von einem Nichtanzeigepflichtigen erhalten hat (Bem. 8 zu § 33). 8.

3. Die Anzeige ist gesetzlich formfrei, vertraglich pflegt eine bestimmte Form verlangt zu werden. Wird die Form nicht gewahrt, so kann sich der Versicherer auf die Verletzung der Anzeigepflicht nicht berufen, wenn er in anderer Weise rechtzeitig von der anzeigepflichtigen Tatsache Kenntnis erlangt. 9.

4. Die Anzeige ist an den Versicherer, an den Abschlußagenten (§ 45; Ausnahme § 47) oder an seinen sonstigen Vertreter, bei mehreren Versicherern an einen jeden von ihnen, sofern nicht einer die Führung hat, zu richten. Der Vermittelungsagent ist zur Entgegennahme der Anzeige grundsätzlich (§ 43 Nr. 2; Ausnahme § 47) ermächtigt. Leitet der Agent die ihm zugegangene Anzeige an einen falschen Versicherer weiter, so kann sich der zuständige Versicherer hierauf nicht dem Anzeigepflichtigen gegenüber berufen (RG. 20. 6. 30 Praxis des Versicherungsrechts 1930. 75). 10.

5. Der Inhalt der Anzeige ist weder gesetzlich noch vertraglich geregelt, ergibt sich aber häufig durch Ausfüllung eines von dem Versicherer entworfenen Fragebogens. 11.

6. Ist der Empfänger der Anzeige anwesend, so ist die Anzeige in verständlicher Form zu machen, ist der Empfänger abwesend, so muß sie ihm zugegangen sein (§ 130 BGB.). 12.

7. Die Anzeige ist unverzüglich (ohne schuldhaftes Zögern § 121 Abs. 1 BGB.) nach Erlangung der Kenntnis zu erstatten. Vertraglich kann eine bestimmte Anzeigefrist vorgesehen werden, deren Berechnung sich alsdann aus §§ 187 Abs. 1, 188 Abs. 1, 193 BGB. ergibt. Innerhalb der vertraglich vorgesehenen Frist braucht die Anzeige nicht unverzüglich erstattet zu werden. 13.

14. 8. Die Kosten für die Erfüllung der Anzeigepflicht hat der Versicherungsnehmer zu tragen.

15. 9. Der Versicherer hat zu beweisen, daß die Anzeigepflicht verletzt ist.

16. IV. 1. Besondere Folgen sind an die Verletzung der Anzeigepflicht gesetzlich nicht geknüpft. Solange die Anzeige nicht, nicht rechtzeitig, nicht ordnungsgemäß erstattet ist, braucht der Versicherer seine geldliche Leistung nicht zu bewirken, aber die Verweigerung darf nicht schikanös sein (§ 226 BGB.). — Stellt die Nichterfüllung oder die nicht gehörige Erfüllung der Anzeigepflicht zugleich den Tatbestand einer unerlaubten Handlung dar, so kann der Versicherer Schadensersatz verlangen (§§ 823 Abs. 2, 826 BGB.). Die Höhe des Schadens hat der Versicherer zu beweisen.

17. Ist der Versicherer nach Maßgabe der in Betracht kommenden Versicherungsbedingungen leistungsfrei, wenn die Anzeigepflicht verletzt ist, so kann diese Folge in der Güter-Versicherung ohne Rücksicht darauf, ob den Anzeigepflichtigen ein Verschulden trifft oder nicht, in der Schiffs-Versicherung nur eintreten, wenn die Nichterfüllung auf Vorsatz oder grober Fahrlässigkeit beruht (§§ 6 Abs. 2, 3, 187 Abs. 1, 188). Hat sich der Anzeigepflichtige in Unkenntnis über seine Verpflichtung zur Anzeige befunden, so ist die Verletzung verschuldet. Ob durch die Unterlassung oder durch die Verspätung der Anzeige dem Versicherer irgendein Nachteil entstanden ist, ist belanglos, sofern nicht anderes vertraglich vorgesehen sein sollte. Ob den Anzeigepflichtigen ein Verschulden trifft, wenn er die Anzeige nicht, nicht rechtzeitig, nicht ordnungsgemäß, nicht in der richtigen Form oder nicht an die richtige Adresse erstattet, hängt von der Mentalität des Anzeigepflichtigen ab (Bem. 32 zu § 16). Ist die Verspätung der Anzeige durch die Unordnung im Betriebe des Versicherungsnehmers entstanden, so liegt eine grobfahrlässige Verletzung der Anzeigepflicht vor (RG. 1. 5. 29 JR. 1929. 244).

18. 2. Eine Haftung des Anzeigepflichtigen für das Verhalten Dritter, deren er sich bei Erfüllung der Anzeigepflicht bedient, kommt unter dem Gesichtspunkt des § 278 BGB. nicht in Betracht, da die Anzeigepflicht eine Obliegenheit ist (Bem. 12 zu § 6). Über die Haftung für den Wissensvertreter und für den Boten Bem. 13 zu § 6. Vgl. auch Bem. 16 zu § 33.

19. 3. Insoweit die Folgen der Verletzung der Anzeigepflicht bei der Schiffs-Versicherung in der Leistungsfreiheit des Versicherers bestehen, können diese Folgen nicht eintreten, wenn der Versicherer auf andere Weise von der anzeigepflichtigen Tatsache rechtzeitig Kenntnis erhalten hat (§ 33 Abs. 2). Kennenmüssen steht der Kenntnis nicht gleich, ebensowenig die Kenntnis des Vermittelungsagenten der Kenntnis des Versicherers (§ 44), wohl aber arglistige Nichtkenntnisnahme. Bei mehreren Versicherern kommt es auf die Kenntnis eines jeden von ihnen an, sofern nicht einer die Führung hat. Worauf die Kenntnis beruht, ist gleich. Dem Versicherer kann insbesondere entgegengehalten werden, daß das Ereignis allgemein bekannt (börsennotorisch) ist. Erforderlich ist, daß der Versicherer zuverlässige Kenntnis von dem konkreten Vorgang erhalten hat (KB. I 83).

§ 147. Ist die Versicherung für eine Reise genommen, die teils zur See, teils auf Binnengewässern oder zu Lande ausgeführt wird, so finden auf die Versicherung, auch soweit sie die Reise auf Binnengewässern oder zu Lande betrifft, die Vorschriften des Handelsgesetzbuchs über die Seeversicherung entsprechende Anwendung. Unberührt bleiben die Vorschriften des § 133 Abs. 2 Satz 2, des § 134 Abs. 2 und des § 135 über die Dispache des Schiffers, über den Beginn und das Ende der Versicherung sowie über die Haftung des Versicherers für die Beförderung zu und von der Eisenbahn.

I. Bei Versicherung einer Reise, die teils zur See, teils zu Lande, teils auf Binnengewässern ausgeführt wird, müßten an und für sich teils die Bestimmungen des HGB. (der ADS.), teils die Bestimmungen des Gesetzes zur Anwendung gebracht werden. Im Interesse einer übersichtlichen Rechtslage, namentlich zur Beseitigung der Zweifel, ob ein Versicherungsfall während der Seereise oder des Binnentransportes eingetreten ist, und in Übereinstimmung mit der Rechtsentwicklung des Frachtrechts (Durchfrachtvertrag, Durchkonnossement) ist die grundsätzlich (S. 2) einheitliche Behandlung der durchstehenden, durchgehenden Versicherung (durchstehende, durchgehende Police) nach Seeversicherungsrecht festgelegt (S. 1), mag es sich um Versicherung von Gütern oder Schiffen (z. B. Seeleichter Ritter 1345), um Reise- oder Zeit-Versicherung (Ritter 1346) handeln. 1.

II. Inwieweit die Anwendung der seeversicherungsrechtlichen Vorschriften (§§ 778 ff. HGB., ADS.) auf die Binnenreise unmittelbar oder nur entsprechend erfolgen kann, muß im Einzelfall geprüft werden (ROHG. Bd. 13. 138 „frei von Beschädigung außer im Strandungsfall"; OLG. Hamburg 17. 3. 08 VA. 1908* 106 Nr. 424; RG. 28. 4. 09 VA. 1909* 66 Nr. 467 „nur für Seegefahr"; OLG. Hamburg 13. 1. 11 VA. 1911* 82 Nr. 614 „Ozeanfracht"). Über unmittelbare und entsprechende Anwendung der ADS. Ritter 1339 f. Eine Folge der Anwendung seeversicherungsrechtlicher Vorschriften ist, daß bei Versicherung von Schiffen die Beschränkungen der Vertragsfreiheit (§§ 187 Abs. 1, 188) nicht berücksichtigt zu werden brauchen. Über Versicherung „im durchstehenden Risiko von Haus zu Haus" (Wirkung einer Beschränkung der Haftpflicht des Spediteurs) RG. 7. 5. 19 VA. 1919* 80 Nr. 1114. 2.

III. Das Recht der Transportversicherung wird aber nicht völlig zugunsten der Seeversicherung zurückgedrängt, sondern bleibt unberührt (S. 2):

1. Bei großer Haverei ist eine vom Schiffer aufgestellte Dispache für den Versicherer nur verbindlich, wenn er der Aufstellung durch den Schiffer zugestimmt hat (§ 133 Abs. 2 S. 2; Bem. 7 zu § 133). 3.

2. Beginn und Ende der Güter-Reiseversicherung bestimmen sich abweichend von § 824 HGB. nach § 134 Abs. 2; gegenüber § 88 Abs. 2, 3 ADS. ist dieser Vorbehalt im wesentlichen gegenstandslos. 4.

5. 3. Mit eingeschlossen in die Versicherung ist die Beförderung von Gütern zur Eisenbahn sowie die Beförderung von Gütern von der Eisenbahn an den Empfänger, wenn die Beförderung durch die Eisenbahnverwaltung oder unter ihrer Verantwortlichkeit erfolgt (§ 135). Mithin findet (besonders wichtig für den Stückgutverkehr Ritter 1342) § 824 HGB. keine Anwendung und § 88 Abs. 2, 3 ADS. erhält zum mindesten eine authentische Interpretation.

§ 148. Die Vorschrift des § 67 Abs. 1 Satz 2 findet auf die Transportversicherung keine Anwendung.

1. Schrifttum: Bem. 1 zu § 67.

2. I. Nach § 67 Abs. 1 S. 1 gehen Ansprüche auf Ersatz des Schadens, die dem Versicherungsnehmer gegen einen Dritten zustehen, insoweit auf den Versicherer über, als dieser dem Versicherungsnehmer den Schaden ersetzt, aber dieser Übergang kann nicht zum Nachteil des Versicherungsnehmers geltend gemacht werden (S. 2). Diese Einschränkung paßt nicht für die Transportversicherung (ebenso nicht für die Seeversicherung § 45 ADS.), da bei ihr Ersatzansprüche gegen Dritte eine nicht unbedeutende Rolle spielen und schon für die Prämienberechnung von Einfluß sind (KB. I 96) — ein häufiger Anwendungsfall sind die Ansprüche aus Schiffszusammenstößen §§ 92 ff. BSchG. — und da ferner teilweise Selbstversicherung in nicht unerheblichem Umfange vereinbart zu werden pflegt.

Sechster Titel.

Haftpflichtversicherung.

Vorbemerkungen vor §§ 149—158.

1. 1. Schrifttum: Hagen Bd. 2. 267; Herzfelder-Katsch, Haftpflichtversicherung, Berlin 1932.

2. 2. Es behandeln § 149 den Gegenstand der Haftpflichtversicherung, § 150 die Haftung des Versicherers für Aufwendungen, § 151 die Versicherung eines geschäftlichen Betriebes, § 152 die Herbeiführung des Versicherungsfalls, § 153 die Schadensanzeigepflicht, § 154 den Zeitpunkt der Fälligkeit der Leistung, § 155 die Leistung des Versicherers bei Rentenzahlung des Versicherungsnehmers, § 156 das Recht des Versicherungsnehmers zur unmittelbaren Zahlung an den Dritten, § 157 die Stellung des Dritten im Konkurse des Versicherungsnehmers, § 158 das Kündigungsrecht der Parteien nach eingetretenem Versicherungsfall.
Über die Allgemeinen Versicherungsbedingungen VA. 1922. 120, 1931. 130, 1932. 134.

3. 3. Die Haftpflichtversicherung kann nur von Aktiengesellschaften oder von Versicherungsvereinen auf Gegenseitigkeit betrieben werden (§ 7 Abs. 2 VAG.; Übergangsbestimmungen §§ 128—130 VAG.). — Über die auf Grund der RVO. errichteten Haftpflichtversicherungsgenossenschaften Bem. 4 zu § 190.

4. 4. Unter Haftpflichtversicherung, die sich wie die Unfallversicherung erst im Anschluß an das Reichshaftpflichtgesetz vom 7. Juni 1871 zu einem selbständigen

(Ansätze finden sich beispielsweise in der Seeversicherung) Versicherungszweig entwickelt hat, versteht man die Versicherung gegen einen Vermögensschaden, der dem Versicherungsnehmer dadurch erwächst, daß er einem Dritten haftpflichtig wird. Hieraus ist aber natürlich nicht zu folgern, daß sich Haftpflichtversicherung und Haftpflicht decken. Es hängt von dem Umfang des im einzelnen Falle gewährten Versicherungsschutzes ab, ob die Tatsache, auf Grund deren der Versicherungsnehmer einem Dritten verantwortlich wird, unter den Versicherungsvertrag fällt. Die Haftpflicht kann eine gesetzliche oder vertragliche sein. Über den Umfang der Haftpflichtversicherung Bem. 2 ff. zu § 149.

5. Die Haftpflichtversicherung ist Schadensversicherung, und zwar gehört sie mit der Rückversicherung (Bem. 4 zu § 186) zu der Gruppe von Versicherungen, bei denen sich das versicherte Interesse auf das ganze Vermögen bezieht (Bem. 5a zu § 1). Ihre Charakterisierung als Rechtsschutzversicherung (Georgii, Die Haftpflichtversicherung, Stuttgart 1904) im Gegensatz zu der Schadensversicherung ist tatsächlich und rechtlich unzutreffend, denn sie umfaßt auch die Befriedigung begründeter Ansprüche. Der auf dem Haftpflichtversicherungsvertrag beruhende Anspruch des Versicherungsnehmers gegen den Versicherer ist gerichtet auf Befreiung des Versicherungsnehmers von dem Angriff des Dritten durch Gewährung von Rechtsschutz, nach Befriedigung des Dritten oder Anerkennung oder Feststellung seines Anspruchs auf Befreiung des Vermögens des Versicherungsnehmers von der ihm auferlegten Verpflichtung (Leibl AssJhrb. Bd. 19 I 125, Flechtheim LZ. 1908. 801, 1910. 896; RG. 5. 2. 09 Bd. 70. 257, VA. 1909* 58 Nr. 462, 2. 7. 09 Bd. 71. 363, 28. 1. 13 Bd. 81. 250, 7. 11. 14 Bd. 86. 1). 5.

6. Obschon die Haftpflichtversicherung Schadensversicherung ist, sind zahlreiche Vorschriften des allgemeinen Teils (§§ 49 ff.) unanwendbar, da die Gefahr der Belastung mit dem Anspruch eines Dritten nicht einem bestimmten Gegenstand oder bestimmten Gegenständen, sondern dem gesamten Vermögen, und zwar grundsätzlich in unbegrenztem Umfang, droht. Nur ausnahmsweise ist die Gefährdung begrenzt (Bruck 505). Der Haftpflichtversicherung ist daher ein Versicherungswert unbekannt. Sie kennt auch keine Überversicherung (§ 51), keine Versicherung entgehenden Gewinns (§ 53; OLG. Hamburg 23. 10. 18 VA. 1921* 13 Nr. 1124, HansRZ. 1919. 196, Seuffert Bd. 74. 82 Nr. 50), keine taxierte Versicherung (§ 57). 6.

Auch die Vorschriften über die Unterversicherung (§ 56) können grundsätzlich nicht zur Anwendung kommen (Begr. zu §§ 149, 150; Ehrenberg Z. 1923. 261). Bei einer Haftpflichtversicherung ohne Versicherungssumme ist Unterversicherung begrifflich ausgeschlossen, bei einer Haftpflichtversicherung mit Versicherungssumme kann die Versicherungssumme keinen künstlichen Versicherungswert schaffen, auf dessen Spannungsverhältnis zu der Versicherungssumme es entscheidend ankäme. Mithin wirkt die Versicherungssumme auf Erstes Risiko (OLG. Stettin 25. 1. 26 VA. 1927. 43 Nr. 1556, JR. 1926. 58; RG. 10. 3. 25 Bd. 110. 256, 260). Ist die Haftpflicht des Versicherungsnehmers auf bestimmte Vermögenswerte oder auf bestimmte Summen 7.

beschränkt, dann können die Grundsätze über die Unterversicherung entsprechend angewendet werden.

8. Die Vorschriften über die Doppelversicherung (§§ 59, 60) finden mangels eines Versicherungswerts keine Anwendung. Um eine mehrfache Entschädigung zu vermeiden, wenn der Versicherungsnehmer gegen dieselbe Haftpflichtgefahr bei mehreren Versicherern versichert ist, werden von den Versicherern verschiedene Wege verfolgt (anteilsmäßige Regulierung, Prioritätsprinzip; VA. 1929. 129).

9. Die Vorschriften über die Veräußerung der versicherten Sache (§§ 69 ff.) finden, abgesehen von der Haftpflichtversicherung eines Betriebes (§ 151 Abs. 2), keine Anwendung, da sie von dem versicherten Interesse an einem bestimmten Gut ausgehen. Selbst wenn sich jemand in seiner Eigenschaft als Eigentümer einer bestimmten Sache (Auto, Tier, Haus, Fahrrad usw.) versichert, ist die Sache das Mittel, durch das ein Haftpflichtanspruch erzeugt werden kann, nicht das beziehungsverknüpfte Gut (RG. 1. 4. 25 VA. 1926. 136 Nr. 1486; OLG. München 30. 3. 27 VA. 1928. 276 Nr. 1774, HansRZ. 1927. 496, JR. 1927. 247; OLG. Düsseldorf 16. 6. 30 VA. 1931. 222 Nr. 2183; OLG. Köln 19. 1. 31 JR. 1931. 109. Anders OLG. Stuttgart 26. 4. 27 VA. 1928. 279 Nr. 1777, JR. 1927. 262; OLG. Jena 19. 11. 29 VA. 1930. 320 Nr. 2072, JW. 1930. 3646. Vgl. auch Pfeiffer JR. 1930. 1, Gerlach ebenda 3, Kramer ebenda 73).

10. 7. Das Bestehen einer Haftpflichtversicherung ist keine Eigenschaft im Sinne des § 119 Abs. 2 BGB. des Versicherungsnehmers (RG. 15. 6. 20 VA. 1922* 41 Nr. 1200).

11. 8. Ein reichsgesetzlicher Haftpflichtversicherungszwang besteht nur für Luftfahrzeughalter nach dem Luftverkehrsgesetz vom 1. August 1922, RGBl. I 681 (VA. 1929. 133) und der Verordnung über den Luftverkehr vom 19. Juli 1930, RGBl. I 363. Für Kraftfahrzeughalter besteht bisher ein solcher Zwang gegebenenfalls nur auf Grund örtlicher Polizeiverordnungen und hinsichtlich der dem öffentlichen Verkehr dienenden Kraftfahrzeuge (VA. 1930. 119).

§ 149. **Bei der Haftpflichtversicherung ist der Versicherer verpflichtet, dem Versicherungsnehmer die Leistung zu ersetzen, die dieser auf Grund seiner Verantwortlichkeit für eine während der Versicherungszeit eintretende Tatsache an einen Dritten zu bewirken hat.**

1. Schrifttum: Bem. 1 vor § 149.

I. Sachliche Begrenzung.

2. 1. Sachlich unbegrenzt wird die Haftpflichtversicherung niemals übernommen. Die Beschränkung liegt darin, daß der Versicherungsnehmer grundsätzlich nur gegen Personenschäden und gegen Sachschäden versichert wird, wobei unter Personenschäden der Tod, die Verletzung oder Gesundheitsschädigung von Menschen, unter Sachschäden die Beschädigung

oder Vernichtung von Sachen verstanden wird. Jedoch kann der Versicherungsschutz durch besondere Vereinbarung ausgedehnt werden auf Vermögensschäden, das sind solche Schäden, die weder Personenschäden noch Sachschäden sind, noch sich aus solchen — von dem Versicherungsnehmer oder einer Person, für die er einzutreten hat, verursachten — Schäden herleiten, die sich als Folgen eines bei der Ausübung beruflicher Tätigkeit von dem Versicherungsnehmer selbst oder einer Person, für die er einzutreten hat, begangenen Verstoßes erweisen (Allgemeine Versicherungsbedingungen: VA. 1931. 130). Auf die Versicherung wegen Abhandenkommens von Sachen (Garderobenversicherung, Gastwirtversicherung aus §§ 701 ff. BGB. u. a.) finden die Bestimmungen über Sachschaden Anwendung. In jedem Fall tritt der Versicherungsschutz nur ein für die Folgen auf Grund gesetzlicher Haftpflichtbestimmungen privatrechtlichen Inhalts.

2. Soll sich der Versicherungsschutz auch auf Haftpflichtansprüche, soweit 3.
sie auf Grund Vertrags oder besonderer Zusagen über den Umfang der gesetzlichen Haftpflicht des Versicherungsnehmers hinausgehen, erstrecken, so bedarf es einer ausdrücklichen Vereinbarung (§ 4 I 1 AllgHaftpflichtVersbdg.; RG. 31. 1. 11 Bd. 75. 173, VA. 1911* 29 Nr. 583, 7. 11. 14 Bd. 86. 1, 1. 3. 18 VA. 1918* 54 Nr. 1046, 8. 3. 21 VA. 1922* 44 Nr. 1203). Über die Frage, ob die Ansprüche aus § 670 BGB. zu diesen Ansprüchen gehören, gehen die Ansichten auseinander. Dafür Falke JR. 1931. 34; dagegen Kramer JR. 1927. 104, 1931. 51.

3. Nichtversicherbar sind die Folgen strafbarer Handlung, denn 4.
in der Übernahme einer Geldstrafe durch den Versicherer liegt eine strafbare Begünstigung (§ 257 StGB.; RGStrafsachen 21. 9. 97 Bd. 30. 232). Ferner sind unversicherbar die Kosten der Strafvollstreckung (VA. 1912. 116), die Deckung von Zollstrafen (VA. 1916. 168, 1917. 101), die Ansprüche von Gemeinden aus dem Tumultschadengesetz (VA. 1921. 209). Versicherbar sind Frachtzuschläge gemäß der EVO., da sie nicht Geldstrafen, sondern privatrechtliche Vertragsstrafen (RGZ. Bd. 47. 33) sind (VA. 1918. 98), Bußen, wenn auch über sie der Strafrichter erkennt, Ausgleichsansprüche (§§ 421, 840 BGB.; RG. 18. 2. 16 VA. 1916* 49 Nr. 935). Über Prozeßkostenschutzversicherung VA. 1929. 129.

4. Die Gefahrtragung des Versicherers ist durch zahlreiche 5
Ausschlußklauseln beschränkt. Wie bei jeder objektiven Risikobeschränkung braucht nicht untersucht zu werden, ob die Schaffung der dem Versicherer vorteilhaften Gefahrslage dem Versicherungsnehmer als Verschulden anzurechnen ist oder nicht. Ereignisse, die außerhalb der von dem Versicherer übernommenen Gefahrtragung liegen, berühren diese keinesfalls (Bruck 368). Auf diese Weise kann die Haftpflichtversicherung im einzelnen Falle stark an Wert für den Versicherungsnehmer verlieren. Infolgedessen ist der Versicherungsnehmer ausdrücklich bei der Antragstellung hierauf nach Anweisung des Reichsaufsichtsamts hinzuweisen.

6. a) Keine Haftung für Obhuts-Schäden, das sind Schäden an fremden Sachen, welche sich in Benutzung, Gewahrsam oder Obhut des Versicherungsnehmers, seiner Angestellten, Arbeiter, Bediensteten, Bevollmächtigten oder Beauftragten befunden haben oder bezüglich welcher der Versicherungsnehmer zur Zeit der Beschädigung die Gefahr trug (§ 4 I Ziffer 6 a AllgHaftpflichtVersbdg.; VA. 1922. 13, 1923. 53, 1929. 128).

Der Versicherungsnehmer hat in seiner Obhut nur solche Sachen, über die er tatsächlich verfügen kann, so daß er das Nötige zum Schutz der Sachen veranlassen kann; er muß zu den Sachen in einer nahen räumlichen Beziehung stehen und es muß ihm nach der Verkehrsauffassung die Sorge für die Sachen obliegen (KG. 3. 6. 31 HansRGZ. A. 1931. 486, JR. 1931. 302, VA. 1932. 217 Nr. 2295). Unter Gefahr ist nicht die versicherungsrechtliche, sondern die allgemein bürgerlichrechtliche Gefahr zu verstehen (KG. ebenda); der maßgebende Zeitpunkt ist die „Zeit der Beschädigung".

RG. 14. 12. 17 Bd. 91. 324 hat einen Obhut-Schaden angenommen, als der Versicherungsnehmer eine Mammutpumpenanlage zu liefern und in einen Brunnenschacht einzubauen hatte und hierbei der Brunnen beschädigt wurde; OLG. Düsseldorf 23. 2. 22 VA. 1923* 44 Nr. 1268 als ein Abbruchsunternehmer mehrere Eisenbinder, die er abbrechen sollte, zu Boden stürzen ließ; OLG. Kiel 10. 4. 22 VA. 1923* 45 Nr. 1269 bei Beschädigung von Fensterscheiben bei Glaserarbeiten; KG. 4. 4. 25 VA. 1926. 139 Nr. 1489 bei Beschädigung einer Fahrstuhlanlage und anschließender Gebäudeteile bei einer Fahrstuhlreparatur; OLG. Nürnberg 12. 3. 30 VA. 1931. 33 Nr. 2122 als zum Transport einer von dem Versicherungsnehmer in seinem Anwesen verwendeten Dreschmaschine der Angestellte des Versicherungsnehmers ein fremdes zur Verfügung gestelltes Pferd verwendet und dieses Pferd hierbei zu Schaden kommt; OLG. Naumburg 21. 10. 30 VA. 1931. 257 Nr. 2213 wenn eine Scheune zur Einstellung eines Autos überlassen und diese durch Funken aus dem Auspuffrohr beschädigt wird; KG. 24. 6. 31 JR. 1931. 340 wenn dem Versicherungsnehmer Kabelverlegungsarbeiten übertragen werden und sein Arbeiter hierbei Kurzschluß verursacht. Dagegen hat das RG. 16. 12. 19 VA. 1921* 12 Nr. 1123 angenommen, daß keine Obhut des versicherten Schmiedes mehr besteht, wenn das von ihm beschlagene Pferd durch den Kutscher des Pferdeeigentümers von dem Beschlagplatz weggeführt und an dem hierzu bestimmten Ring angebunden wird.

7. b) Keine Haftung für Schäden an Sachen aus Anlaß ihrer Beförderung, Bearbeitung oder einer sonstigen Tätigkeit an oder mit ihnen, bei unbeweglichen Sachen für Schäden an dem Teile, der Gegenstand der Arbeit bzw. Tätigkeit war, oder an einem nahe mit ihm zusammenhängenden Teile der unbeweglichen Sache (§ 4 I Ziffer 6 b AllgHaftpflichtVersbdg.). Beispiel: VA. 1929. 128; OLG. Nürnberg 24. 1. 30 VA. 1931. 30 Nr. 2117, 26. 2. 30 JR. 1931. 108; OLG. Düsseldorf 30. 1. 30 VA. 1931. 30 Nr. 2118.

8. c) Keine Haftung für Schäden, die an den von dem Versicherungsnehmer (oder in seinem Auftrag oder für seine Rechnung von Dritten) hergestellten oder gelieferten Arbeiten oder Sachen infolge einer in der Herstellung oder Lieferung liegenden Ursache entstehen (§ 4 II Ziffer 5 AllgHaftpflichtVersbdg.). —

Allgemeine Versicherungsbedingungen für die (Maschinen-) Garantie-Versicherung (Haftung aus Sachmängeln): VA. 1932. 172.

d) Keine Haftung für Haftpflichtansprüche aus Schadenfällen von Angehörigen des Versicherungsnehmers, für gegenseitige Ansprüche zwischen mehreren Versicherungsnehmern des gleichen Versicherungsvertrags, bei Geschäftsunfähigen oder beschränkt geschäftsfähigen Personen von gesetzlichen Vertretern, bei Gesellschaften und juristischen Personen Ansprüche von Mitgliedern des Vorstandes, von Geschäftsführern und Liquidatoren, ferner von persönlich haftenden Teilhabern und Gesellschaftern sowie deren Angehörigen (§ 4 II Ziffer 2 AllgHaftpflichtVersbdg. mit Bestimmung des Begriffs der Angehörigen). Die Klausel verstößt nicht gegen die guten Sitten (OLG. München 12. 3. 31 VA. 1932. 30 Nr. 2259). — Über Verwandtenklausel VA. 1922. 118, 123, 1928. 135, 1929. 127, 1930. 118. Die Klausel ist auch anwendbar gegenüber Rückgriffsansprüchen der Berufsgenossenschaft gemäß §§ 903, 1042 RVO. (RG. 27. 6. 30 VA. 1931. 193 Nr. 2156, JR. 1930. 271; OLG. Stuttgart 3. 10. 29 JR. 1929. 399, HansRGZ. A. 1930. 147, JW. 1930. 3651; OLG. Breslau 31. 5. 30 VA. 1931. 200 Nr. 2165 und andere. Anders OLG. Nürnberg 2. 5. 28 VA. 1929. 234 Nr. 1890). 9.

e) Keine Haftung für Sachschaden, welcher entsteht durch allmähliche Einwirkung der Temperatur, von Gas, Dämpfen oder Feuchtigkeit, von Niederschlägen (Rauch, Ruß, Staub u. dgl.), Abwässer, ferner durch Schwammbildung, Senkungen von Grundstücken (auch eines darauf errichteten Werkes oder eines Teiles eines solchen), durch Erdrutschungen, Erschütterungen infolge Rammarbeiten, durch Überschwemmungen stehender oder fließender Gewässer sowie aus Flurschaden durch Weidevieh und aus Wildschaden (§ 4 I Ziffer 5 AllgHaftpflichtVersbdg.). Beispiele: OLG. Breslau 5. 4. 30 VA. 1931. 37 Nr. 2125, 15. 10. 30 VA. 1931. 256 Nr. 2212. 10.

f) Keine Haftung für Schäden — Sportklausel — infolge Teilnahme an Pferde-, Rad- oder Kraftfahrzeug-Rennen, Box- oder Ringkämpfen sowie den Vorbereitungen (§ 4 I Ziffer 4 AllgHaftpflichtVersbdg.). 11.

Über weitere Ausschlußklauseln § 4 AllgHaftpflichtVersbdg.; Bem. 5 zu § 152.

II. Persönliche Begrenzung.

1. Ist die Versicherung von dem Versicherungsnehmer in bestimmter Eigenschaft genommen, dann deckt die Haftpflichtversicherung nicht Ansprüche, die gegen ihn in anderer Eigenschaft erwachsen. So umfaßt die Haftpflichtversicherung als Grundstückseigentümer nicht auch die Haftpflicht als Tierhalter (RG. 20. 11. 06 VA. 1907* 26 Nr. 289), die Haftpflichtversicherung als Rechtsanwalt nicht auch die Haftpflicht als Vermögensverwalter (LG. Dresden VA. 1908* 24 Nr. 365; RG. 29. 1. 09 VA. 1909* 56 Nr. 460) oder als Treuhänder (anders OLG. Kiel 1. 5. 31 HansRGZ. A. 1931. 605), die Haftpflichtversicherung als Landwirt nicht auch die Haftpflicht als Waffenbesitzer (OLG. Zweibrücken 6. 5. 13 VA. 1914* 14 Nr. 788), die Haftpflichtversicherung als Halter eines Jagdhundes nicht auch die Benutzung des Hundes als Wachthund (KG. 23. 11. 26 VA. 1928. 30 Nr. 1683). Bei Zusammentreffen 12.

einer versicherten mit einer nichtversicherten Tätigkeit entscheidet die überwiegende Tätigkeit (RG. 23. 4. 09 VA. 1909* 94 Nr. 482).

13. 2. Zur Vermeidung der sich aus der scharfen Trennung der verschiedenen Eigenschaften des Versicherungsnehmers ergebenden Schwierigkeiten dient die Vorsorgeversicherung, durch die sich der Versicherungsnehmer gegen Gefahren, die nach dem formellen Versicherungsbeginn (Bem. 20 zu § 1) neu entstehen können, versichert. Das Eigentümliche der Vorsorgeversicherung besteht darin, daß der Versicherungsschutz sofort mit Eintritt einer neuen Gefahrslage beginnt, ohne daß es einer besonderen Anzeige bedarf, jedoch muß der Versicherungsnehmer binnen einer bestimmten Frist jede neu eingetretene Gefahrslage anzeigen, anderenfalls der Versicherungsschutz rückwirkend vom Gefahreintritt ab fortfällt. Besonders schwere Gefahren (z. B. Betrieb von Bahnen, Theatern, Kinos, Besitz und Lenken von Fahrzeugen aller Art, Ausübung der Jagd usw.) sind ausgeschlossen (§ 2 AllgHaftpflichtVersbdg.). Der Eintritt der neuen Gefahrslage muß von einer gewissen Dauer sein und darf sich nicht in einem seiner Natur nach gelegentlichen und vereinzelten Akt erschöpfen (KG. 18. 6. 15 VA. 1915* 86 Nr. 901).

III. Zeitliche Begrenzung.

14. 1. Die Entschädigungspflicht des Versicherers ist nicht nur dann begründet, wenn der geschädigte Dritte seinen Haftpflichtanspruch gegen den Versicherungsnehmer während der materiellen Versicherungsdauer erhebt (Bem. 5 zu § 153), sondern bereits auch dann, wenn während der materiellen Versicherungsdauer die Tatsache eintritt, die den Personen- oder den Sach-Schaden auslöst (§ 1 Abs. 1 AllgHaftpflichtVersbdg.). Bei Rückwärtsversicherung (§ 2) kann sich diese Tatsache vor dem formellen Versicherungsbeginn abgespielt haben.

15. 2. Oftmals wird vereinbart, daß der Versicherungsfall auch nach Ablauf der materiellen Versicherungsdauer, aber innerhalb einer bestimmten, gewöhnlich ein Jahr betragenden Frist dem Versicherer anzumelden ist (Spätschaden). Die Frist darf ihren Lauf nicht nehmen vom Ende des Jahres, in dem die Tatsache, auf welcher die Verantwortlichkeit des Versicherungsnehmers beruht, sich ereignet hat, sondern muß ihn vom Ende der Vertragsdauer an nehmen (VA. 1908. 150, 1909. 181). Der Versicherer haftet auch für später angezeigte Versicherungsfälle, wenn eine Anschlußversicherung genommen ist, die unter gewissen Voraussetzungen Versicherungsschutz ohne Zeitbeschränkung gewährt (VA. 1908. 85).

IV. Quantitative Begrenzung.

16. 1. Die Entschädigungspflicht des Versicherers bestimmt sich ihrem Umfange nach durch die Leistung, die dem Versicherungsnehmer gegenüber dem Dritten obliegt. Das bedeutet aber nur, daß der Versicherer vorbehaltlich § 150 niemals mehr zu leisten hat, als der Versicherungsnehmer seinem Haftpflichtgläubiger leisten muß. Ob er weniger zu leisten berechtigt ist, richtet sich nach der Abmachung zwischen Versicherer und Versicherungsnehmer. Bei der Übernahme mancher Risiken wird aber dem Versicherungsnehmer eine auch der Höhe nach vereinbarte Selbstbeteiligung auferlegt (VA. 1906. 60, 1923. 53, 1931. 129).

2. a) Ist eine Versicherungssumme (ein Höchstbetrag) vereinbart, so ersetzt der Versicherer die dem Versicherungsnehmer obliegende Leistung bis zu diesem Betrage. Über den Abandon des Versicherers Bem. 10 zu § 150. 17.

Die Versicherungssumme (§ 50) bedeutet die vertragsmäßige Haftungsgrenze des Versicherers, und zwar bei jedem Schadensereignis. Mehrere zeitlich zusammenhängende Schäden aus derselben Ursache oder mehrere Schäden aus Lieferungen der gleichen mangelhaften Waren gelten als ein Schadensereignis (§ 3 II Ziffer 2 AllgHaftpflichtVersbdg.). Die Versicherungssumme ist auch dann die Höchstgrenze, wenn sich der Versicherungsschutz auf mehrere entschädigungspflichtige Personen erstreckt (§ 3 II Ziffer 2 AllgHaftpflichtVersbdg.). Sind der Halter des Autos und der jeweilige Führer des Autos zu den gesetzlichen Haftungssummen versichert und richtet das Auto einen Schaden an, für den beide haften, so leistet der Versicherer nicht mehr als einmal die Versicherungssumme.

b) Ist keine Versicherungssumme vereinbart, dann hat der Versicherer unbeschränkt dem Versicherungsnehmer die Leistung zu ersetzen, die er dem Dritten zu bewirken hat. Selbstbeteiligung (Bem. 16) ist häufig. 18.

3. Nur gegen Ansprüche Dritter an den Versicherungsnehmer wird Versicherungsschutz gewährt. Hat jemand für sich und seine Angestellten Versicherung genommen, so kann er sich nicht wegen des Schadens, den er durch Schuld eines Angestellten erleidet, an den Versicherer halten. Über die „Verwandtenklausel“ Bem. 9. 19.

4. Die Leistung des Versicherers besteht

a) in der Prüfung der Haftpflichtfrage (§ 3 II Ziffer 1 AllgHaftpflichtVersbdg.). 20.

b) in dem Ersatz der Entschädigung, welche der Versicherungsnehmer auf Grund eines von dem Versicherer abgegebenen oder genehmigten Anerkenntnisses, eines von ihm geschlossenen oder genehmigten Vergleichs oder einer richterlichen Entscheidung zu zahlen hat (§ 3 II Ziffer 1 AllgHaftpflichtVersbdg.). Die richterliche Entscheidung, ob der Versicherungsnehmer dem Dritten ersatzpflichtig ist, ist aller Regel nach in einem Prozeß zwischen Versicherungsnehmer und Dritten zu treffen (RG. 22. 3. 04 VA. 1904. 130 Nr. 85). Es können aber die Umstände so liegen, daß sich der Prozeß zwischen Versicherer und Versicherungsnehmer abspielt (RG. 27. 4. 26 JW. 1927. 583, VA. 1927. 266 Nr. 1625). 21.

c) in der Abwehr unberechtigter Ansprüche. Zu diesem Zweck hat der Versicherungsnehmer die Prozeßführung dem Versicherer zu überlassen, dem von dem Versicherer bestellten oder bezeichneten Anwalt Vollmacht und alle von diesem oder dem Versicherer für nötig erachteten Aufklärungen zu geben; der Versicherungsnehmer hat gegen Zahlungsbefehle oder Verfügungen von Verwaltungsbehörden auf Schadensersatz, ohne die Weisung des Versicherers abzuwarten, fristgemäß Widerspruch zu erheben oder die erforder- 22.

lichen Rechtsbehelfe zu ergreifen (§ 5 Ziffer 3 AllgHaftpflichtVersbdg.). Diese Verpflichtungen des Versicherungsnehmers sind wie die Schadenabwendungs- und Minderungspflicht (§ 62) Obliegenheiten, die dem Versicherer gegenüber nach Eintritt des Versicherungsfalls zu erfüllen sind (§ 6 Abs. 2). Infolgedessen kann der Versicherer wegen ihrer Verletzung nur leistungsfrei werden, wenn die Verletzung auf Vorsatz (RG. 14. 1. 21 Bd. 101. 213, 216, 4. 12. 23 VA. 1925. 132 Nr. 1416) oder grober Fahrlässigkeit (RG. 10. 12. 20 VA. 1922* 42 Nr. 1201; KG. 1. 4. 25 VA. 1926. 138 Nr. 1488) beruht. Lehnt der Versicherer dem Versicherungsnehmer gegenüber seine Leistungspflicht ab, so kann er sich in dem Prozeß mit dem Dritten durch einen von ihm selbst ausgesuchten Anwalt vertreten lassen (OLG. Hamburg 10. 4. 31 HansRGZ. A. 1931. 486). Der Einwand des Versicherungsnehmers, er habe kein Interesse an dem Prozeß mit dem Dritten, versagt gegenüber dem Versicherer (RG. 22. 3. 04 VA. 1904. 180 Nr. 85). Der Versicherer führt den Prozeß für den Versicherungsnehmer (Lang WuR. 1920. 94, Silberschmidt Z. 1924. 304; OLG. Breslau 28. 6. 30 VA. 1931. 206 Nr. 2169). Hierbei kann dem Versicherungsnehmer nicht eine Prozeßführung zugemutet werden, die dem Anstand oder den guten Sitten widerspricht (Bem. 13 zu § 154; z. B. Erhebung schikanöser Einwendungen, Einlegung aussichtsloser Rechtsmittel), andererseits darf der Versicherungsnehmer die Prozeßführung des Versicherers nicht vereiteln oder durchkreuzen. Hiervon kann keine Rede sein, wenn der Versicherungsnehmer mit dem ihm befreundeten Verletzten (Dritten) auch während des Prozesses über dessen Verlauf spricht, sogar dessen Obsiegen wünscht (KG. 21. 3. 31 JR. 1931. 197, VA. 1932. 23 Nr. 2251). Im Prozeß des Dritten gegen den Versicherungsnehmer ist der Versicherer zur Verweigerung des Zeugnisses berechtigt (OLG. Darmstadt 30. 12. 13 Z. 1915. 354; OLG. Karlsruhe 15. 4. 14 VA. 1915* 24 Nr. 867; Eichbaum LZ. 1912. 446). Hatte der Versicherer die Möglichkeit der Mitverwirkung im Prozeß des Geschädigten gegen den Versicherungsnehmer, so kann der Versicherer nach rechtskräftiger Verurteilung des Versicherungsnehmers nicht einwenden, der Prozeß sei unzutreffend entschieden (OLG. Jena 21. 10. 30 JW. 1930. 3647).

§ 150. Die Versicherung umfaßt die gerichtlichen und außergerichtlichen Kosten, die durch die Verteidigung gegen den von einem Dritten geltend gemachten Anspruch entstehen, soweit die Aufwendung der Kosten den Umständen nach geboten ist. Dies gilt auch dann, wenn sich der Anspruch als unbegründet erweist. Der Versicherer hat die Kosten auf Verlangen des Versicherungsnehmers vorzuschießen.

Ist eine Versicherungssumme bestimmt, so hat der Versicherer Kosten, die in einem auf seine Veranlassung geführten Rechtsstreit entstehen, auch insoweit zu ersetzen, als sie zusammen mit der übrigen Entschädigung die Versicherungssumme übersteigen. Das Gleiche gilt von Zinsen, die der Versicherungsnehmer infolge einer vom

Versicherer veranlaßten Verzögerung der Befriedigung des Dritten diesem zu entrichten hat.

Ist dem Versicherungsnehmer nachgelassen, die Vollstreckung einer gerichtlichen Entscheidung durch Sicherheitsleistung oder Hinterlegung abzuwenden, so hat auf sein Verlangen der Versicherer die Sicherheitsleistung oder Hinterlegung zu bewirken. Diese Verpflichtung besteht nicht über den Betrag der Versicherungssumme hinaus; haftet der Versicherer nach Abs. 2 für einen höheren Betrag, so tritt der Versicherungssumme der Mehrbetrag hinzu. Der Versicherer ist von der Verpflichtung frei, wenn er den Anspruch des Dritten dem Versicherungsnehmer gegenüber als begründet anerkennt.

Schrifttum: Bem. 1 zu §§ 62, 63; Bem. 1 vor § 149. 1.

I. 1. In der Haftpflichtversicherung sind unter den Aufwendungen, 2. die den Versicherer belasten (§ 63), von besonderer Bedeutung die Kosten, die dem Versicherungsnehmer durch die Verteidigung gegen den von einem Dritten geltend gemachten Anspruch, mag dieser begründet oder unbegründet sein, entstehen. Der Versicherer hat sie insoweit zu ersetzen, als sie den Umständen nach geboten sind (Abs. 1 S. 1, 2; vgl. §§ 91 ff. ZPO.). Daß der Versicherer die Maßnahmen, durch welche die Kosten entstanden sind, angeordnet oder sich mit ihnen einverstanden erklärt hat, ist nicht erforderlich, da der Versicherungsnehmer ihren Ersatz verlangen kann, sofern er beweist, daß sie den Umständen nach geboten waren, aber da tatsächlich der Versicherer die Abwehr des Anspruchs des Dritten zu übernehmen pflegt (Bem. 22 zu § 149), so werden jedenfalls die gerichtlichen Kosten ohne weiteres von dem Versicherer zu ersetzen sein. Die Verteidigung umfaßt jede Art der Abwehr, also nicht nur einen über den Anspruch geführten Rechtsstreit (Erwirkung einer einstweiligen Verfügung RG. 9. 3. 15 VA. 1915* 42 Nr. 879), sondern, wenn der Dritte im Strafverfahren die Zuerkennung einer Buße verlangt, auch die hierauf entfallenden Kosten des Strafverfahrens. Nach § 3 II Ziffer 1 AllgHaftpflichtVersbdg. übernimmt der Versicherer auch die gesetzlichen oder von ihm vereinbarten Kosten eines mit seiner Zustimmung bestellten Verteidigers, falls gegen den Versicherungsnehmer wegen eines Ereignisses, das einen Haftpflichtanspruch im Gefolge haben kann, ein Strafverfahren eingeleitet wird; auch die durch eine Nebenklage erwachsenen notwendigen Kosten, wenn sich der Geschädigte der öffentlichen Klage als Nebenkläger anschließt, werden von dem Versicherer erstattet.

2. Außergerichtliche Kosten können durch Prüfung und Fest- 3. stellung des Tatbestandes entstehen, auf Grund dessen der Versicherungsnehmer haftpflichtig gemacht wird, z. B. Kosten für Beschaffung von Situationsplänen, Skizzen, Photographien, oder der Ausfall, welchen der Stillstand eines Betriebes zwecks Feststellung des Tatbestandes verursacht.

4. 3. Auf Verlangen des Versicherungsnehmers hat der Versicherer die Kosten vorzuschießen (Abs. 1 S. 3; Bem. 8 zu § 63). Prozeßkostenvorschuß kann der Versicherungsnehmer auch dann verlangen, wenn er selbst einen Anwalt annehmen mußte, weil der Versicherer seine Leistungspflicht abgelehnt hat (OLG. Hamburg 10. 4. 31 HansRGZ. A. 1931. 486).

5. II. 1. Ist keine Versicherungssumme vereinbart, dann hat der Versicherer die gerichtlichen und außergerichtlichen Kosten der Verteidigung des Versicherungsnehmers insoweit zu ersetzen, als sie den Umständen nach geboten sind, ohne Rücksicht darauf, ob sich der Anspruch als begründet oder unbegründet erweist (Abs. 1 S. 1, 2), erst recht, wenn der Rechtsstreit auf Veranlassung des Versicherers geführt worden ist.

6. 2. a) Ist eine Versicherungssumme vereinbart, dann trägt der Versicherer die Kosten des auf seine Veranlassung geführten Rechtsstreits auch insoweit, als sie zusammen mit der übrigen Entschädigung die Versicherungssumme übersteigen (Abs. 2 S. 1; § 63 Abs. 1 S. 2). Der Rechtsstreit gilt auch dann als auf Veranlassung des Versicherers geführt, wenn dieser sich nachträglich mit der Führung einverstanden erklärt. RG. 14. 5. 29 Bd. 124. 235, VA. 1930. 221 Nr. 1988, JR. 1929. 219, JW. 1929. 2058 ist der Ansicht, daß die Verpflichtung des Versicherers zur Befreiung des Versicherungsnehmers von dem Anspruch des Dritten keinen Vorrang vor seiner Verpflichtung zur Tragung der Prozeßkosten hat, und kommt infolgedessen zu dem durchaus unbefriedigenden (Kast JR. 1929. 297; vgl. auch Bem. 9) Ergebnis, daß die ganze dem Versicherer obliegende Geldleistung nur durch den Ersatz der Prozeßkosten aufgebraucht werden kann, ohne daß für den geschädigten Dritten etwas übrigbleibt.

7. Der Versicherer haftet ferner über die Versicherungssumme hinaus für die Zinsen, die der Versicherungsnehmer infolge einer vom Versicherer veranlaßten Verzögerung der Befriedigung des Dritten diesem zu entrichten hat (Abs. 2 S. 2), aber nicht für andere Nebenforderungen oder Geldentwertung (RG. 10. 3. 25 Bd. 110. 256, JR. 1925. 103, VA. 1925. 130 Nr. 1415 f, JW. 1925. 1481, 16. 6. 25 JW. 1925. 1989).

8. b) Bei Selbstbeteiligung des Versicherungsnehmers hat der Versicherer nur anteilsmäßig die gerichtlichen und die außergerichtlichen Kosten und Zinsen zu tragen.

9. c) Übersteigt der Haftpflichtanspruch die Versicherungssumme, dann liegt keine Unterversicherung im Sinne von § 56 vor (Bem. 7 vor § 149). Es fragt sich aber, ob § 63 Abs. 2 zur entsprechenden Anwendung zu bringen ist, wie Ehrenberg Z. 1923. 261, 264 annimmt und § 3 III Ziffer 1 AllgHaftpflichtVersbdg. ausdrücklich dadurch bestimmt, daß der Versicherer die Prozeßkosten nur im Verhältnis der Versicherungssumme zur Gesamthöhe der Ansprüche trägt. Ist aber keine Vereinbarung getroffen, dann entscheidet die juristische Natur der Abwehr, insbesondere Prozeßkosten als Versicherungsschaden im weiteren Sinne. Die Abwehrkosten stellen zwar nicht den Versicherungsschaden dar, gehören aber zu dem Schaden, der mit dem Ver-

sicherungsfall im Zusammenhang steht und von dem Versicherer zu ersetzen ist. Hieraus folgt, daß die Aufwendungen rechtlich das Schicksal der Entschädigungsleistung teilen, soweit nicht Abweichendes bestimmt oder vereinbart ist (Bem. 2 zu § 63). Da bei der Haftpflichtversicherung Unterversicherung ausgeschlossen ist, findet § 63 Abs. 2 keine Anwendung und der Versicherer hat mithin die Abwehr, insbesondere Prozeßkosten, in voller Höhe insoweit zu tragen, als sie zur Abwendung des Haftpflichtanspruchs bis zur Höhe der Versicherungssumme entstanden sind. Dies Ergebnis entspricht auch durchaus der Billigkeit, anderenfalls würde die Beteiligung des Versicherers an der Aufbringung der Kosten um so geringer werden, als der erhobene Anspruch die Versicherungssumme übersteigt. Die Abwehrkosten des weitergehenden Anspruches des Dritten fallen dem Versicherer ebensowenig zur Last, wie er auch nicht die Rettungskosten für unversicherte Sachen zu tragen hat (vgl. auch Bem. 6).

d) Da der Versicherer über die Versicherungssumme hinaus Aufwendungen 10
in unbegrenzter Höhe zu erstatten hat, sofern der Haftpflichtanspruch die Versicherungssumme nicht übersteigt, hat der Versicherer nach § 3 III Ziffer 1 AllgHaftpflichtVersbdg. ähnlich wie der Transportversicherer (§ 145) das Recht zu abandonnieren, d. h. sich durch Zahlung der Versicherungssumme und seines der Versicherungssumme entsprechenden Anteils an den bis dahin erwachsenen Kosten von weiteren Leistungen zu befreien (Bem. 3 ff. zu § 145).

III. 1. Wird in dem Rechtsstreit zwischen dem Versicherungsnehmer und 11
dem Dritten (Haftpflichtgläubiger) eine gegen den ersten erlassene Entscheidung für vorläufig vollstreckbar erklärt, so kann ihm gemäß § 713 Abs. 2 ZPO. auf seinen Antrag nachgelassen werden, durch Sicherheitsleistung oder Hinterlegung die Vollstreckung abzuwenden. Auf Verlangen des Versicherungsnehmers hat der Versicherer die Sicherheitsleistung oder Hinterlegung zu bewirken (Abs. 3 S. 1; § 3 II Ziffer 1 AllgHaftpflichtVersbdg.; OLG. Kolmar 26. 3. 12 VA. 1912* 108 Nr. 695). Das Verlangen ist eine an sich formfreie Willenserklärung des Versicherungsnehmers, seines Rechtsnachfolgers, seines gesetzlichen oder rechtsgeschäftlich bestellten Vertreters, die dem Versicherer, seinem Abschlußagenten oder seinem sonstigen Vertreter zugegangen sein muß; zu ihrer Empfangnahme ist der Vermittelungsagent (§ 43 Nr. 2; Ausnahme § 47) befugt. Nach § 3 II Ziffer 1 AllgHaftpflichtVersbdg. ist die Sicherheitsleistung auch ohne Verlangen zu bewirken. Die Verpflichtung des Versicherers zur Sicherheitsleistung und Hinterlegung findet ihre natürliche Grenze in der Versicherungssumme (Abs. 3 S. 2 erster Halbsatz). Über die Versicherungssumme hinaus kann dem Versicherer die Verpflichtung zur Sicherheitsleistung oder Hinterlegung nur in Höhe desjenigen Betrages auferlegt werden, für den er unter den Voraussetzungen des Abs. 2 wegen der Kosten und Zinsen ohne Rücksicht auf die Höhe der Versicherungssumme haftet (Abs. 3 S. 2 zweiter Halbsatz).

2. Erkennt der Versicherer den Anspruch des Dritten 12
dem Versicherungsnehmer gegenüber als begründet an, so ist er von der Verpflichtung zur Sicherheitsleistung oder Hinterlegung befreit (Abs. 3 S. 3).

IV. § 150 ist nicht zwingend. 13

§ 151. Ist die Versicherung für die Haftpflicht aus einem geschäftlichen Betriebe des Versicherungsnehmers genommen, so erstreckt sie sich auf die Haftpflicht der Vertreter des Versicherungsnehmers sowie auf die Haftpflicht solcher Personen, welche er zur Leitung oder Beaufsichtigung des Betriebs oder eines Teiles des Betriebs angestellt hat. Die Versicherung gilt insoweit als für fremde Rechnung genommen.

Wird im Falle des Abs. 1 das Unternehmen an einen Dritten veräußert oder auf Grund eines Nießbrauchs, eines Pachtvertrags oder eines ähnlichen Verhältnisses von einem Dritten übernommen, so tritt an Stelle des Versicherungsnehmers der Dritte in die während der Dauer seiner Berechtigung sich aus dem Versicherungsverhältnis ergebenden Rechte und Pflichten ein. Die Vorschriften des § 69 Abs. 2, 3 und der §§ 70, 71 finden entsprechende Anwendung.

1. Schrifttum: Bem. 1 vor § 74, Bem. 1 vor § 69.

2. I. Die Betriebshaftpflichtversicherung dient der Versicherung derjenigen Personen, welche an Stelle des Unternehmers oder zusammen mit ihm die Leitung und Beaufsichtigung des Betriebes führen. Zur Vermeidung von Verwickelungen, wenn nur die persönliche Verantwortlichkeit des Unternehmers unter Versicherungsschutz gebracht ist, wird, sofern nicht eine besondere Vereinbarung getroffen ist, die Haftpflichtversicherung auf einen bestimmten Personenkreis ausgedehnt (Abs. 1).

3. 1. Geschäftliche Betriebe sind landwirtschaftliche, industrielle, kaufmännische Unternehmungen aller Art, Taxameterbetriebe, Betriebe von Rechtsanwälten, Ingenieuren, Architekten usw., nicht oder jedenfalls nur unter einschränkenden Voraussetzungen die Verwaltung eines Hauses (KG. 1. 4. 25 JR. 1925. 199, VA. 1926. 136 Nr. 1486; Ehrenberg ZVW. 1927. 229). Es kommt nicht darauf an, ob ein Gewinn erzielt werden soll; so ist z. B. auch eine Universitätsklinik ein geschäftlicher Betrieb.

4. 2. Der Personenkreis, auf den sich die Haftpflichtversicherung des Unternehmers erstreckt, umfaßt seine Vertreter und die Personen, welche er zur Leitung oder Beaufsichtigung des Betriebes oder eines Teiles des Betriebes angestellt hat (Abs. 1 S. 1). Vertreter ist nicht im juristisch-technischen Sinne zu verstehen, es kommt weniger auf die Vertretungsmacht als darauf an, daß der Betreffende zivilrechtlich verantwortlich ist. Nur nach Lage des Einzelfalls kann beurteilt werden, ob jemand zur Vertretung des Unternehmers oder zur Leitung oder Beaufsichtigung des Betriebes oder eines Teiles des Betriebes bestellt ist (OLG. Köln 6. 3. 23 VA. 1924* 64 Nr. 1321). Der Betreffende muß die Verantwortung für den Teil des Betriebes tragen, in dem sich der Haftpflichtfall abgespielt hat. Auch der Sohn des Unternehmers eines landwirtschaftlichen Betriebes gehört zu den versicherten Vertretern (VA. 1928. 169). Ist z. B. eine Brauerei als Tierhalterin versichert, dann erstreckt sich die

Haftpflichtversicherung nicht auf den Maschinenmeister, dem die Beaufsichtigung der Pferde und Fuhrwerke nicht obliegt. Im übrigen pflegt bei den Verhandlungen über den Abschluß der Versicherung der Personenkreis bestimmt abgegrenzt zu werden.

3. Insoweit sich die Haftpflichtversicherung des Unternehmers auch auf andere Personen seines Betriebes erstreckt, gilt sie als für fremde Rechnung (§§ 74 ff.) genommen (Abs. 1 S. 2; Obermayer AssJhrb. Bd. 39/40 I 83). Der Versicherungsschein wird regelmäßig im Besitz des Unternehmers (Versicherungsnehmers) sein, so daß eine Verfügung des Versicherten nicht in Betracht kommt (§ 75 Abs. 2). Aber auch wenn der Angestellte (Versicherte) den Versicherungsschein besitzt, wird durch § 8 Ziffer 1 AllgHaftpflichtVersbdg. die Ausübung der Rechte ausschließlich dem Versicherungsnehmer zugewiesen. Für Erfüllung der Obliegenheiten pflegen zur Abschneidung aller Zweifel Versicherungsnehmer und Versicherter ausdrücklich verantwortlich gemacht zu werden (RG. 14. 1. 21 VA. 1923* 15 Nr. 1242, JW. 1921. 633). Ansprüche des Versicherungsnehmers selbst und der in Bem. 9 zu § 149 genannten Personen gegen die Versicherten sind von der Versicherung ausgeschlossen (§ 8 Ziffer 2 AllgHaftpflichtVersbdg.). Über die Zwangsvollstreckung in den Anspruch des Versicherten Ewald HansRGZ. A. 1931. 473. 5.

4. Abs. 1 ist nicht zwingend. 6.

II. Der Übergang des Betriebes von dem versicherten Unternehmer auf einen Dritten hat nach den Grundsätzen über die Veräußerung der versicherten Sache den Eintritt des Dritten in die während der Dauer seiner Berechtigung sich aus dem Versicherungsverhältnis ergebenden Rechte und Pflichten zur Folge (Abs. 2). 7.

1. Das Versicherungsverhältnis geht über bei Veräußerung (Bem. 2 ff. zu § 69) des Betriebes an einen Dritten. Da die Haftpflichtgefahr mit dem Unternehmen als solchem verbunden ist, so wird es als Sondervermögen des Unternehmers aufgefaßt, das Gegenstand eines besonderen Haftpflichtinteresses sein kann (Bruck 573). Mit dem Übergang des Unternehmens kann sich daher der Eintritt des neuen Unternehmers in das versicherte Haftpflichtinteresse des früheren Unternehmers vollziehen. Hierbei ist nicht erforderlich, daß unmittelbare Rechtsbeziehungen zwischen Veräußerer und Erwerber bestehen (die Wortfassung des Abs. 2 weist hierauf hin, da die Worte in § 69 Abs. 1 „von dem Versicherungsnehmer" fehlen), die Veräußerung braucht nicht von dem Versicherungsnehmer selbst vorgenommen zu werden, sondern es entscheidet, ob der Betrieb unverändert tatsächlich und wirtschaftlich übergegangen ist. Veräußerung des versicherten Betriebes durch den Nachlaßpfleger ist ebenso zu behandeln wie Veräußerung durch den verstorbenen Versicherungsnehmer (Capitain JR. 1931. 313). Erfährt der Betrieb eine Änderung (Zerstückelung des landwirtschaftlichen Betriebes LG. Göttingen VA. 1916* 88 Nr. 955) oder tritt ein Mitpächter neben dem seitherigen Pächter ein (RG. 17. 2. 14 VA. 1914* 99 Nr. 844), so geht die Versicherung nicht über. 8.

9. 2. Der Veräußerung wird ähnlich wie in § 115 die Übernahme des Unternehmens auf Grund gewisser Tatbestände gleichgestellt, vorausgesetzt, daß eine rechtswirksame Vereinbarung zustande gekommen ist (LG. I Berlin JR. 1930. 87), und zwar

10. a) die Übernahme des Unternehmens auf Grund eines Nießbrauchs (§§ 1030 ff. BGB.),

11. b) die Übernahme des Unternehmens auf Grund eines Pachtvertrags. Daher geht die Versicherung beispielsweise über bei Neuverpachtung des Hotels (KG. 3. 11. 17 VA. 1918* 34 Nr. 1032), des Theaters (KG. 19. 9. 28 JR. 1928. 334; Tamm JR. 1928. 346, Pfeiffer ebenda 383), der Waschanstalt (KG. 21. 6. 22 JR. 1924. 66); bei Übernahme der Wirtschaft durch einen neuen Zäpfler (LG. Frankenthal VA. 1914* 16 Nr. 789; anders LG. Aurich VA. 1914* 16 Nr. 790), durch einen neuen Pächter (LG. Stolp VA. 1919* 59 Nr. 1099; AG. Ludwigshafen JR. 1929. 356), schließlich wohl auch durch den Eigentümer (den bisherigen Verpächter) selbst (OLG. Zweibrücken 22. 5. 17 Wallmann Bd. 52. 17; Plaas JR. 1929. 198, 258, 317; anders Pfeiffer JR. 1929. 212, 278).

12. c) die Übernahme des Unternehmens auf Grund eines ähnlichen Verhältnisses. Ein solches kann durch das eheliche Güterrecht gegeben sein oder es kann vorliegen, wenn der Dritte bereits die Verantwortung für den Betrieb übernommen hat, mag auch im übrigen der Übernahmevertrag noch nicht perfekt sein.

13. 3. Der Veräußerung ist nicht gleichgestellt die Zwangsversteigerung (LG. Kiel VA. 1914* 18 Nr. 791; teilweise anders Capitain JR. 1931. 233).

14. 4. Ein Nachtrag zum Versicherungsschein bei Übergang der Versicherung braucht nicht ausgestellt zu werden (VA. 1913. 121). — Doppelversicherung infolge von Besitzwechsel soll nach Möglichkeit freiwillig von den Versicherern beseitigt werden (VA. 1918. 96).

15. 5. Von den allgemeinen Vorschriften über die Veräußerung der versicherten Sache (§§ 69—73) finden entsprechende Anwendung:

a) § 69 Abs. 2 über die Haftung des Veräußerers und Erwerbers als Gesamtschuldner für die Prämie, welche auf die zur Zeit des Eintritts des Erwerbers in das Versicherungsverhältnis laufende Versicherungsperiode entfällt (Bem. 20 zu § 69);

b) § 69 Abs. 3 über die Bedeutung der Kenntnis des Versicherers von der Veräußerung (Bem. 21 zu § 69);

c) § 70 über das Kündigungsrecht des Versicherers und des Erwerbers. Kündigt der Versicherer dem Erwerber das Versicherungsverhältnis, dann kann nicht der Versicherungsschutz für den Erwerber dadurch herbeigeführt werden, daß der Versicherungsnehmer seine Rechte aus der Versicherung an den Erwerber abtritt (KG. 11. 11. 22 HansRZ. 1923. 725);

d) § 71 über die Anzeige der Veräußerung.

6. Keine Anwendung findet § 72; infolgedessen sind abweichende Vereinbarungen zum Nachteile des Erwerbers zulässig. Das Kündigungsrecht des Erwerbers kann jedoch durch Vereinbarung zwischen Versicherer und Veräußerer nicht ausgeschlossen werden (Petersen LZ. 1914. 366. Anders KG. 2. 5. 13 ZVW. 1913. 432; OLG. Stettin 27. 10. 13 VA. 1914* 20 Nr. 792; Bem. 5 zu § 72). 16.

7. Abs. 2 hat rückwirkende Kraft (LG. Neuruppin VA. 1913* 31 Nr. 726; Schweighäuser HansRZ. 1918. 498). 17.

§ 152. Der Versicherer haftet nicht, wenn der Versicherungsnehmer vorsätzlich den Eintritt der Tatsache, für die er dem Dritten verantwortlich ist, widerrechtlich herbeigeführt hat.

Schrifttum: Bem. 1 zu § 61; Kisch ZVH. 1930. 284. 1.

I. Von dem allgemeinen Grundsatz der Schadensversicherung (§ 61) wird dadurch abgewichen, daß nur die vorsätzliche, nicht auch die grobfahrlässige Handlungsweise des Versicherungsnehmers die Haftung des Versicherers ausschließt. Die Haftpflichtversicherung soll dem Versicherungsnehmer Deckung namentlich auch gegen solche Ansprüche Dritter gewähren, die darauf beruhen, daß der Versicherungsnehmer die im Verkehr erforderliche Sorgfalt außer acht gelassen hat. 2.

II. 1. Die Leistungsfreiheit des Versicherers bedeutet, daß der Versicherer den Versicherungsnehmer von dem Anspruch des Dritten nicht zu befreien, daß er also keine geldliche Leistung zu bewirken hat. Der Vertrag als solcher bleibt bestehen — vorbehaltlich des Kündigungsrechts (§ 158) —, vor allem bleibt der Prämienschuldner weiter zur Entrichtung der Prämie verpflichtet. 3.

2. Der Versicherungsnehmer muß den Eintritt der Tatsache, für die er dem Dritten verantwortlich ist, vorsätzlich und widerrechtlich herbeigeführt haben. Über die rechtliche Konstruktion im allgemeinen Bem. 3, 4 zu § 61. 4.

a) Der Versicherungsnehmer darf nicht schuldhaft gehandelt haben, bei mehreren Versicherungsnehmern keiner von ihnen. Die Herbeiführung durch einen wirkt zum Nachteil aller übrigen. Bei Veräußerung des Unternehmens (§ 151 Abs. 2) tritt der Dritte in die Rechtsstellung des Versicherungsnehmers gegenüber dem Versicherer ein, darf somit den Eintritt der Tatsache nicht vorsätzlich widerrechtlich herbeiführen. Führt der Veräußerer die Tatsache nach der Veräußerung oder führt der Erwerber die Tatsache vor der Veräußerung h·rbei, so ist das Verhalten des Veräußerers dem Erwerber gegenüber bezw. das Verhalten des Erwerbers dem Veräußerer gegenüber nur insoweit anzurechnen, als sie für das Verhalten Dritter aufzukommen haben. Bei Versicherung für fremde Rechnung (§ 151 Abs. 1) darf weder der Versicherungsnehmer noch der Versicherte den Eintritt der Tatsache herbeiführen (Bem. 7 zu § 61). Über die Haftung des Versicherungsnehmers für das Ver- 5.

halten Dritter Bem. 8 ff. zu § 61. Nach § 4 II Ziffer 1 S. 1 AllgHaftpflichtVersBdg. (in der Fassung von VA. 1932. 134; Köhler ZVW. 1931. 791 ff.) bleiben ausgeschlossen von der Versicherung Versicherungsansprüche aller Personen, die den Schaden vorsätzlich oder durch Mißachtung der zum Schutze von Leben, Gesundheit und Eigentum erlassenen Vorschriften grobfahrlässig herbeigeführt haben.

6. b) Schuldhaft handelt derjenige, der den Eintritt der Tatsache vorsätzlich widerrechtlich herbeiführt. Der Vorsatz hat die schadenstiftende Wirkung der Handlung zu umfassen, der Täter muß das Bewußtsein gehabt haben, daß durch sein Verhalten ein Dritter einen Schaden erleiden wird oder doch wenigstens bei gewöhnlichem Verlauf der Dinge geschädigt werden kann, er muß schließlich das Bewußtsein der Rechtswidrigkeit haben (RGZ. Bd. 84. 194). Nicht erforderlich ist, daß der Täter die Art und den Umfang der konkreten Schadenswirkungen vorausgesehen hat, es genügt, wenn er das Bewußtsein hat, sein Verhalten könne einem Dritten irgendwelchen Schaden verursachen (RG. 15. 3. 10 VA. 1910* 70 Nr. 534, 20. 4. 17 VA. 1917* 60 Nr. 1005, 27. 6. 30 JR. 1930. 270, HansRGZ. A. 1930. 665, JW. 1930. 3627, VA. 1931. 192 Nr. 2155; E. Leo JW. 1931. 874; OLG. Hamm 1. 5. 30 JR. 1930. 356). Eventualdolus reicht aus (OLG. Breslau 13. 2. 08 VA. 1908* 92 Nr. 413; OLG. Hamm 1. 5. 30 JR. 1930. 356). In § 4 II Ziffer 1 S. 2 AllgHaftpflichtVersBdg. wird bei Lieferung oder Herstellung von Waren, Erzeugnissen oder Arbeiten die Kenntnis von der Mangelhaftigkeit oder Schädlichkeit der Waren usw. dem Vorsatz gleichgestellt.

7. c) Der Täter muß widerrechtlich gehandelt haben, also nicht in Notwehr, im Notstand, in berechtigter Selbsthilfe. Rechtswidrig braucht aber nur die Tatsache zu sein, für welche der Versicherungsnehmer verantwortlich ist; hingegen tritt eine Befreiung des Versicherers nicht schon dann ein, wenn die Entstehung der Haftpflicht auf einer irgendwie rechtswidrigen Handlung des Versicherungsnehmers beruht, z. B. wenn dieser beim Gehen auf einer Wiese, deren Betreten verboten ist, mit seinem Stocke versehentlich einen Menschen verletzt. Die Allgemeinen Versicherungsbedingungen sehen von dem Erfordernis der Widerrechtlichkeit ab, da eine zwar vorsätzliche, aber nicht widerrechtliche Handlungsweise niemals zum Schadensersatz verpflichtet (Bem. 5).

8. d) Über den Kausalzusammenhang Bem. 3 zu § 55. Prima-facie-Beweis ist zulässig (RG. 27. 6. 30 JR. 1930. 270, HansRGZ. A. 1930. 665, JW. 1930. 3627, VA. 1931. 192 Nr. 2155).

9. III. § 152 ist nicht zwingend. Der Versicherer kann seine Leistungspflicht auch bei grobfahrlässiger Herbeiführung des Schadens ausschließen, z. B. wenn dem haftpflichtversicherten Halter eines Kraftwagens wegen grober Fahrlässigkeit der Führerschein entzogen wird (RG. 26. 6. 31 JR. 1931. 239). Der Einschluß der Haftung bei vorsätzlicher Herbeiführung des Versicherungsfalls verstößt nicht immer gegen die guten Sitten, so z. B. die Übernahme der Haftung aus der vorsätzlichen Tötung wildernder Hunde durch Jagdberechtigte (VA. 1929. 129). Zulässig ist ferner, daß der Versicherer sich zur Leistung verpflichtet, auch wenn

die Tatsache einem Verbotsgesetz widerstreitet, so wenn Hausbesitzer, Fabrikunternehmer usw. sich für die aus Zuwiderhandlung gegen außerstrafrechtliche Polizeivorschriften entspringende Haftpflicht versichern. Vgl. auch Bem. 4 zu § 149.

§ 153. Der Pflicht zur Anzeige des Versicherungsfalls wird genügt, wenn die Anzeige innerhalb einer Woche erfolgt; die Frist beginnt mit dem Zeitpunkt, in welchem der Dritte seinen Anspruch gegenüber dem Versicherungsnehmer geltend macht. Durch die Absendung der Anzeige wird die Frist gewahrt. Wird der Versicherungsnehmer zu einer gerichtlichen Verhandlung über den Anspruch geladen, so hat er, wenngleich die Frist noch läuft, die Anzeige unverzüglich nach Empfang der Ladung zu machen.

Auf eine Vereinbarung, durch welche die Dauer oder die Berechnung der Frist zum Nachteile des Versicherungsnehmers anders bestimmt ist, kann sich der Versicherer nicht berufen.

Schrifttum: Bem. 1 zu § 33, Bem. 1 vor § 149. 1.

I. Die Schadensanzeigepflicht ist hinsichtlich der Fristbestimmung anders als in den übrigen Versicherungszweigen (§§ 92, 110, 121, 146) geordnet. § 33 gilt neben § 153. 2.

II. 1. Die auf Gesetz beruhende Verpflichtung zur Schadensanzeige ist eine Obliegenheit (Voraussetzung; Bem. 4 zu § 6), die nach Eintritt des Versicherungsfalls dem Versicherer gegenüber zu erfüllen ist (§ 6 Abs. 2). 3.

2. Anzeigepflichtig ist der Versicherungsnehmer oder sein Rechtsnachfolger, bei mehreren Versicherungsnehmern ein jeder von ihnen, bei Versicherung für fremde Rechnung (§ 151 Abs. 1) hat auch der Versicherte anzuzeigen, wenn er Kenntnis hat. Bei Veräußerung des versicherten Unternehmers (§ 151 Abs. 2) hat der Veräußerer anzuzeigen, wenn das anzeigepflichtige Ereignis vor der Veräußerung eintritt, der Erwerber, wenn es nachher eintritt; läuft die Anzeigefrist noch bei Eintritt des Erwerbers in das Versicherungsverhältnis, so hat der Erwerber das vor der Veräußerung eingetretene, von dem Veräußerer noch nicht angezeigte anzeigepflichtige Ereignis anzuzeigen. Nicht zur Anzeige verpflichtet ist der Dritte (Haftpflichtgläubiger; RG. 19. 1. 17 VA. 1918* 23 Nr. 1028). 4.

3. Die Erfüllung der Anzeigepflicht ist an zwei Voraussetzungen geknüpft:

a) Der Eintritt des Versicherungsfalls. Der Versicherungsfall ist nicht bereits der Eintritt der Tatsache, für die der Versicherungsnehmer dem Dritten verantwortlich ist (so alle diejenigen, welche es nicht für notwendig halten, daß die Gefahrverwirklichung einen Bedarf verursacht), sondern erst die Geltendmachung des Anspruchs seitens des Dritten gegenüber dem Versicherungsnehmer. Solange 5.

der Dritte keinen Anspruch erhebt, ist ein Bedarf, d. h. die Belastung des Vermögens des Versicherungsnehmers mit der Forderung eines Dritten, nicht entstanden. Die Gleichstellung des unberechtigten Anspruchs mit dem berechtigten ergibt sich aus der Rechtsschutzfunktion der Haftpflichtversicherung (Bruck 641 f.; RG. 18. 6. 26 Bd. 114. 117, JW. 1927. 173, VA. 1928. 28 Nr. 1681, JR. 1926. 206, HansRZ. 1926. 596; KG. 15. 10. 30 JR. 1930. 433; OLG. Stettin 5. 6. 30 VA. 1931. 201 Nr. 2166; OLG. Kolmar 15. 10. 15 VA. 1916* 20 Nr. 910; OLG. Köln 23. 12. 25 VA. 1927. 271 Nr. 1627; OLG. Oldenburg 29. 2. 28 VA. 1930. 26 Nr. 1939). Unter Geltendmachung des Anspruchs ist jede Erklärung zu verstehen, durch die von dem Versicherungsnehmer ernsthaft eine Leistung gefordert wird (KG. 15. 10. 30 JR. 1930. 433), sofern deren Ersatz durch den Versicherer überhaupt in Frage kommen kann. Die bloße Drohung mit der Geltendmachung des Anspruchs genügt nicht (OLG. Stettin 5. 6. 30 VA. 1931. 201 Nr. 2166). Gerichtliche Geltendmachung wird nicht gefordert (KG. 12. 11. 24 JR. 1924. 83). Aber selbstverständlich ist die Zustellung der Klageschrift des Dritten (KG. 22. 12. 28 JR. 1929. 64, 29. 1. 30 JR. 1930. 210; OLG. Stettin 5. 6. 30 VA. 1931. 201 Nr. 2166), der von dem Dritten erhobenen Widerklage (KG. 29. 11. 30 JR. 1931. 28, VA. 1931. 255 Nr. 2211), die Ladung zu einem Beweissicherungsverfahren (§§ 485 ff. ZPO.) anzeigepflichtig. Nicht anzeigepflichtig ist die Ladung des Versicherungsnehmers als Zeuge. Armenrechtsgesuche des Dritten können anzeigepflichtig sein (KG. 24. 4. 18 VA. 1919* 25 Nr. 1078). Der Versicherungsfall muß nach dem materiellen Beginn der Versicherung eingetreten sein. Ist er vor dem formellen Versicherungsbeginn eingetreten, dann unterliegt er unter Umständen der vorvertraglichen Anzeigepflicht (§§ 16 ff.).

6. Vertraglich ist hinsichtlich der Schadensanzeigepflicht dem Versicherungsfall in dem entwickelten Sinne gleichgestellt (§ 5 Ziffer 2 Abs. 2 AllgHaftpflichtVersbdg.) die Einleitung jedes polizeilichen oder strafgerichtlichen Verfahrens. Eine polizeiliche Vernehmung braucht noch nicht als Einleitung eines Strafverfahrens aufgefaßt werden zu müssen (KG. 5. 6. 29 JR. 1929. 300 [Pfeiffer JR. 1929. 392, 1930. 6; anders Guckenheimer JR. 1929. 377, 413]; OLG. Hamm 20. 10. 30 JR. 1931. 135 [Stiefel ZVW. 1931. 539]). Anzeigepflichtig ist jede gerichtliche Ladung (OLG. Hamburg 25. 10. 16 VA. 1917* 13 Nr. 976), die Zustellung eines Strafbefehls (OLG. Stuttgart 18. 11. 30 JR. 1931. 59), die Ladung zu einem Strafverfahren, wenn Anspruch auf Buße erhoben wird (RG. 17. 3. 16 VA. 1916* 47 Nr. 934).

7. b) Die Kenntnis des Anzeigepflichtigen von dem anzeigepflichtigen Ereignis (RG. 18. 6. 26 Bd. 114. 117, JW. 1927. 173, VA. 1928. 28 Nr. 1681, JR. 1926. 206, HansRZ. 1926. 596; OLG. Nürnberg 3. 11. 27 VA. 1929. 232 Nr. 1888). Kennenmüssen steht der Kenntnis nicht gleich. An erster Stelle steht die Kenntnis des Versicherungsnehmers. Sind mehrere Versicherungsnehmer vorhanden, so schadet die Kenntnis des einen, wenn er die Anzeige nicht, nicht ordnungsgemäß, nicht unverzüglich erstattet, allen übrigen. Außer der Kenntnis des Versicherungsnehmers ist die Kenntnis des gesetzlichen, des rechtsgeschäftlich bestellten Vertreters, des Vertreters ohne

Vertretungsmacht, bei Versicherung für fremde Rechnung auch die Kenntnis des Versicherten maßgebend.

III. 1. Die Anzeige ist eine empfangsbedürftige Wissenserklärung. 8.
Willensmängel oder Mängel in der Geschäftsfähigkeit haben keinen Einfluß auf die Wirksamkeit der Anzeige. Mithin entscheidet die Tatsache, ob die Anzeige ordnungsgemäß erstattet ist oder nicht. Auch ein beschränkt Geschäftsfähiger oder ein Geschäftsunfähiger kann anzeigen. Ob er für eine unterlassene oder für eine nicht rechtzeitige oder für eine nicht ordnungsgemäße Anzeige verantwortlich ist, ist nach den Grundsätzen über die Schuldfähigkeit (§§ 827, 828 BGB.) zu entscheiden (Bem. 5 zu § 16).

2. Die Anzeige ist von dem Anzeigepflichtigen zu erstatten. Bei 9.
mehreren Anzeigepflichtigen genügt die Anzeige durch einen von ihnen, wenn sie dem Versicherer zugeht (RG. 3. 5. 01 JW. 1901. 426). Die von einem Nichtanzeigepflichtigen ordnungsgemäß erstattete Anzeige erfüllt die Anzeigepflicht. Diese Folge ist allerdings ausdrücklich nur für einen ganz bestimmten Tatbestand vorgesehen (§ 33 Abs. 2). Es würde aber Treu und Glauben widersprechen, wenn sich der Versicherer auf die Verletzung der Anzeigepflicht berufen könnte, obschon er die Anzeige von einem Nichtanzeigepflichtigen erhalten hat.

3. Die Anzeige ist gesetzlich formfrei, vertraglich pflegt Anzeige durch ein- 10.
geschriebenen Brief (§ 5 Ziffer 1 AllgHaftpflichtVersbdg.) verlangt zu werden. Wird die Form nicht gewahrt, so kann sich der Versicherer auf die Verletzung der Anzeigepflicht nicht berufen, wenn er in anderer Weise rechtzeitig von der anzeigepflichtigen Tatsache Kenntnis erlangt.

4. Die Anzeige ist an den Versicherer, an den Abschlußagenten 11.
(§ 45; Ausnahme § 47) oder an seinen sonstigen Vertreter, bei mehreren Versicherern an einen jeden von ihnen, sofern nicht einer die Führung hat, zu richten. Der Vermittelungsagent ist zur Entgegennahme der Anzeige grundsätzlich (§ 43 Nr. 2; Ausnahme § 47) ermächtigt. Leitet der Agent die ihm zugegangene Anzeige an einen falschen Versicherer weiter, so kann sich der zuständige Versicherer hierauf nicht dem Anzeigepflichtigen gegenüber berufen (RG. 20. 6. 30 Praxis des Versicherungsrechts 1930. 75).

5. Der Inhalt der Anzeige ist weder gesetzlich noch vertraglich geregelt, 12.
ergibt sich aber häufig durch Ausfüllung eines von dem Versicherer entworfenen Fragebogens.

6. Ist der Empfänger der Anzeige anwesend, so ist die Anzeige in ver- 13.
ständlicher Form zu machen, ist der Empfänger abwesend, so muß sie ihm zugegangen sein (§ 130 BGB.).

7. Die Anzeige ist binnen einer Woche nach dem Zeitpunkt, 14.
in welchem der Dritte seinen Anspruch gegenüber dem Versicherungsnehmer geltend macht, zu erstatten (Abs. 1 S. 1; § 5 Ziffer 1 AllgHaftpflichtVersbdg.). Die Frist kann vertraglich verlängert, nicht verkürzt werden (Abs. 2). Die Fristberechnung ergibt sich aus §§ 187 Abs. 1, 188 Abs. 1, 193 BGB. Durch Absendung der Anzeige wird die Frist gewahrt (Abs. 1 S. 2). Innerhalb der einwöchigen oder der an ihre Stelle tretenden vertraglich geregelten Frist braucht die Anzeige nicht unverzüglich erstattet zu werden. Nach Ablauf der Frist, und

wenn der Versicherungsnehmer zu einer gerichtlichen Verhandlung über den Anspruch geladen ist, auch während des Laufs der Frist, ist die Anzeige unverzüglich (ohne schuldhaftes Zögern § 121 Abs. 1 BGB.) nach Erlangung der Kenntnis oder nach Empfang der Ladung zu erstatten (Abs. 1 S. 3). Ladung zu einer gerichtlichen Verhandlung ist vor allem Zustellung der Klageschrift (RG. 22. 12. 28 JR. 1929. 64; OLG. Stettin 5. 6. 30 VA. 1931. 201 Nr. 2166), Ladung zu einem Beweissicherungsverfahren (§§ 485 ff. ZPO.), Ladung zu einem Strafverfahren nur, wenn Anspruch auf Buße erhoben wird (RG. 17. 3. 16 VA. 1916* 47 Nr. 934, LZ. 1916. 1190; anders Pfund LZ. 1916. 1358). Die Berechnung der Frist kann zum Nachteil des Versicherungsnehmers nicht geändert werden (Abs. 2).

15. 8. Die Kosten für die Erfüllung der Anzeigepflicht hat der Versicherungsnehmer zu tragen.

16. 9. Der Versicherer hat zu beweisen, daß die Anzeigepflicht verletzt ist.

17. IV. 1. Besondere Folgen sind an die Verletzung der Anzeigepflicht nicht geknüpft. Solange die Anzeige nicht ordnungsgemäß erstattet ist, kann der Versicherer dem Versicherungsnehmer namentlich keinen Rechtsschutz gewähren, aber die Verweigerung darf nicht schikanös (§ 226 BGB.) sein. — Hat der Anzeigepflichtige durch die nicht ordnungsgemäße Erstattung der Anzeige dem Versicherer einen Schaden zugefügt (§§ 823 Abs. 2, 826 BGB.), so hat er ihm diesen zu ersetzen. Die Höhe des Schadens hat der Versicherer zu beweisen.

18. Nach § 6 AllgHaftpflichtVersBdg. ist der Versicherer bei vorsätzlicher oder grobfahrlässiger Verletzung der Schadensanzeigepflicht leistungsfrei (vgl. auch § 6 Abs. 2). Hat sich der Anzeigepflichtige in Unkenntnis über seine Verpflichtung zur Anzeige befunden, so ist die Verletzung verschuldet (RG. 11. 4. 19 Bd. 95. 250, 255). Ob durch die Unterlassung oder durch die Verspätung der Anzeige dem Versicherer irgendein Nachteil entstanden ist, ist belanglos, sofern nicht vertraglich anderes vorgesehen sein sollte. Ob den Anzeigepflichtigen ein Verschulden trifft, wenn er die Anzeige nicht, nicht rechtzeitig, nicht ordnungsgemäß, nicht in der richtigen Form oder nicht an die richtige Adresse erstattet, hängt von der Mentalität des Anzeigepflichtigen ab (Bem. 32 zu § 16). Ist die Verspätung der Anzeige durch die Unordnung im Betriebe des Versicherungsnehmers entstanden, so liegt grobfahrlässige Verletzung der Anzeigepflicht vor (RG. 1. 5. 29 JR. 1929. 244). Ob grobe Fahrlässigkeit anzunehmen ist, hängt natürlich von den Umständen des einzelnen Falles ab. So braucht die Überschreitung der Anzeigefrist nicht grobfahrlässig zu sein (RG. 18. 6. 29 VA. 1930. 224 Nr. 1990), sie kann aber auf grober Fahrlässigkeit beruhen (OLG. Stettin 5. 6. 30 VA. 1931. 201 Nr. 2166). Grobe Fahrlässigkeit liegt vor, wenn der Versicherungsnehmer den Versicherer über die ihm zugestellte Ladung zum Termin und über das ihm zugestellte Versäumnisurteil nicht unterrichtet und sich auch selbst weder um den Termin noch um das Versäumnisurteil kümmert (RG. 16. 4. 30 JR. 1930. 300); wenn der Versicherungsnehmer Abschrift des Armenrechtsgesuchs, Klage und Terminladung dem Versicherer nicht mitteilt (RG. 22. 12. 28 JR. 1929. 64, 15. 10. 30 JR. 1930. 433).

2. Eine Haftung des Anzeigepflichtigen für das Verhalten Dritter, 19.
deren er sich bei Erfüllung der Anzeigepflicht bedient, kommt unter dem Gesichtspunkt des § 278 BGB. nicht in Betracht, da die Anzeigepflicht eine Obliegenheit ist (Bem. 12 zu § 6). Über die Haftung für den Wissensvertreter und für den Boten Bem. 13 zu § 6. Vgl. auch Bem. 16 zu § 33.

3. Insoweit die Folgen der Verletzung der Anzeigepflicht in der Leistungsfreiheit des Versicherers bestehen, können diese Folgen 20.
nicht eintreten, wenn der Versicherer auf andere Weise von der anzeigepflichtigen Tatsache rechtzeitig Kenntnis erhalten hat (§ 33 Abs. 2; RG. 1. 4. 25 JW. 1925. 162). Kennenmüssen steht der Kenntnis nicht gleich, ebensowenig die Kenntnis des Vermittelungsagenten der Kenntnis des Versicherers (§ 44), wohl aber arglistige Nichtkenntnisnahme. Worauf die Kenntnis beruht, ist gleich. Die Kenntnis des Versicherers von dem Eintritt eines Ereignisses, das möglicherweise eine Haftpflicht des Versicherungsnehmers begründet, ist noch nicht als eine genügende Kenntnis von dem Eintritt des Versicherungsfalls anzusehen (OLG. Stettin 5. 6. 30 VA. 1931. 201 Nr. 2166).

V. § 153 ist vorbehaltlich Abs. 2 nicht zwingend. 21.

§ 154. Der Versicherer hat die Entschädigung binnen zwei Wochen von dem Zeitpunkt an zu leisten, in welchem der Dritte von dem Versicherungsnehmer befriedigt oder der Anspruch des Dritten durch rechtskräftiges Urteil, durch Anerkenntnis oder Vergleich festgestellt worden ist. Soweit gemäß § 150 Kosten zu ersetzen sind, ist die Entschädigung binnen zwei Wochen von der Mitteilung der Berechnung an zu leisten.

Auf eine Vereinbarung, nach welcher der Versicherer von der Verpflichtung zur Leistung frei sein soll, wenn ohne seine Einwilligung der Versicherungsnehmer den Dritten befriedigt oder dessen Anspruch anerkennt, kann sich der Versicherer nicht berufen, falls nach den Umständen der Versicherungsnehmer die Befriedigung oder die Anerkennung nicht ohne offenbare Unbilligkeit verweigern konnte.

Schrifttum: Bem. 1 vor § 149. 1.

I. 1. Der Zeitpunkt für die Entschädigungsleistung des Versicherers kann nicht eher liegen, als bis der Dritte von 2.
dem Versicherungsnehmer befriedigt oder der Anspruch des Dritten durch rechtskräftiges Urteil, Anerkenntnis oder Vergleich festgestellt worden ist, denn vorher hat auch der Versicherungsnehmer seinerseits keine Leistung zu bewirken. Der Versicherer erhält eine mit diesen Tatsachen beginnende Frist von zwei Wochen zur Leistung der Entschädigung (Abs. 1 S. 1). Voraussetzung ist, daß der Versicherungsnehmer diese Tatsachen dem Versicherer unverzüglich mitteilt, sofern er nicht bereits Kenntnis von ihnen hat, was regelmäßig der Fall ist. Insoweit der Versicherer Kosten zu ersetzen hat (§ 150), beginnt die zweiwöchige Frist mit der Mitteilung ihrer Berechnung (Abs. 1 S. 2),

also mit der Vorlegung des gerichtlichen Kostenfestsetzungsbeschlusses oder der Belege über anderweitig entstandene Kosten. Solange der Versicherer keine Kenntnis hat, beginnt die Frist nicht zu laufen. Die Berechnung der Frist ergibt sich aus §§ 187 Abs. 1, 188 Abs. 2, 193 BGB. Erst mit Ablauf der Frist ist die Leistung des Versicherers fällig (Bem. 7 zu § 49).

3. 2. Der Versicherer kann die bereits gezahlte Entschädigung zurückfordern, wenn und insoweit der Dritte dem Versicherungsnehmer seine Schuld erläßt. — Der Versicherer kann die Zahlung verweigern, wenn ausreichende Gründe für die Annahme vorhanden sind, daß der Dritte seinen Anspruch nicht verwirklichen wird. — Eine teilweiser Erlaß hat gegebenenfalls dem Versicherer und dem Versicherungsnehmer gleichmäßig zugute zu kommen.

4. 3. Da Abs. 1 nicht zwingend ist, so kann vertraglich der Zeitpunkt für die Entschädigungsleistung anders bestimmt, insbesondere die zweiwöchige Frist auch verlängert werden. Es könnte auch vereinbart werden, daß der Versicherer bereits auf Grund eines noch nicht rechtskräftigen Urteils zur Leistung an den Dritten verpflichtet sein soll.

5. II. Der Versicherer kann sich für den Fall keine Leistungsfreiheit ausbedingen, daß der Versicherungsnehmer ohne seine Einwilligung den Haftpflichtanspruch ganz oder teilweise oder vergleichsweise anerkennt oder befriedigt, falls der Versicherungsnehmer nach den Umständen die Befriedigung oder die Anerkennung nicht ohne offenbare Unbilligkeit verweigern konnte (Abs. 2; § 5 Ziffer 4 AllgHaftpflichtVersbdg.). Der Zweck einer derartigen Vereinbarung ist, zu verhüten, daß der Versicherungsnehmer durch eigenmächtige Maßnahmen der bezeichneten Art die Rechtslage des Versicherers gegenüber dem Anspruch des Dritten erschwert.

6. 1. Eine derartige Vereinbarung enthält eine Obliegenheit (Voraussetzung; Bem. 4 zu § 6), die nach Eintritt des Versicherungsfalls dem Versicherer gegenüber zu erfüllen ist (§ 6 Abs. 2, 3; RG. 17. 2. 31 JW. 1931. 89, BA. 1932. 20 Nr. 2248).

7. a) Die Erfüllung der Obliegenheit liegt ob dem Versicherungsnehmer oder seinem Rechtsnachfolger, bei mehreren Versicherungsnehmern einem jeden von ihnen, bei Versicherung für fremde Rechnung (§ 151 Abs. 1) auch dem Versicherten. Bei Veräußerung des versicherten Unternehmens (§ 151 Abs. 2) hat der Veräußerer, wenn der Versicherungsfall vor der Veräußerung, der Erwerber, wenn der Versicherungsfall nach der Veräußerung eintritt, das bestimmte Verhalten zu beobachten; das Verhalten des Veräußerers nach der Veräußerung hat der Erwerber und das Verhalten des Erwerbers vor der Veräußerung hat der Veräußerer nur insoweit zu vertreten, als sie für das Verhalten Dritter einzustehen haben.

8. b) Die Verletzung der Obliegenheit erfolgt durch Befriedigung des Dritten oder durch Anerkennung seines Anspruchs seitens des Versicherungsnehmers ohne Einwilligung des Versicherers.

9. α) Die Anerkennung des Anspruchs des Dritten ist jedes Verhalten des Versicherungsnehmers dem Dritten gegenüber, aus dem

sich das Bewußtsein des Versicherungsnehmers von dem Bestehen des Haftpflichtanspruchs ergibt (RGZ. Bd. 73. 131; OLG. Düsseldorf 20. 6. 29 JR. 1929. 322). Keine Anerkennung ist angenommen worden, wenn der das Auto des Versicherungsnehmers fahrende Prokurist des Versicherungsnehmers die alleinige Schuld an dem Zusammenstoß des Autos mit einem anderen Auto übernimmt (OLG. Nürnberg 14. 5. 30 JR. 1930. 320; RG. 17. 2. 31 JR. 1931. 89, VA. 1932. 20 Nr. 2248); wenn der Versicherungsnehmer dem Anwalt des Dritten schreibt, daß es selbstverständlich für ihn sei, für den Schaden in Höhe seiner gesetzlichen Verpflichtungen aufzukommen (KG. 5. 7. 30 JR. 1930. 401, VA. 1931. 194 Nr. 2159); wenn der Versicherungsnehmer den Dritten auffordert, seine Ansprüche, die er zu haben glaubt, namhaft zu machen (KG. 5. 11. 30 JR. 1931. 29). Die Anerkennung muß vor Prozeßbeginn erfolgt sein (OLG. Frankfurt 15. 1. 31 JR. 1931. 260). — Die Anerkennung kann nur gegenüber dem Dritten erfolgen; die Anerkennung einem anderen gegenüber, z. B. einem Krankenhaus oder einem Arzt, ist insofern belanglos, als sich der Versicherer auf sie nicht berufen kann (OLG. Düsseldorf 21. 5. 28 JR. 1928. 190, 2. 7. 31 VA. 1932. 225 Nr. 2301).

β) Die Befriedigung des Dritten oder die Anerkennung seines Anspruchs muß ohne Einwilligung des Versicherers erfolgen. Die Einwilligung ist eine empfangsbedürftige, an sich formfreie Willenserklärung des Versicherers, des Abschlußagenten (§ 45; Ausnahme § 47) oder seines sonstigen Vertreters, bei mehreren Versicherern eines jeden von ihnen, sofern nicht einer die Führung hat. Der Vermittelungsagent als solcher ist zur Erteilung der Einwilligung nicht befugt. 10.

2. a) Die Verletzung der Obliegenheit hat zur Folge, daß der Versicherer leistungsfrei ist, wenn die Verletzung auf Vorsatz oder grober Fahrlässigkeit des Versicherungsnehmers beruht (§ 6 Abs. 2). Unerheblich ist, ob durch die Verletzung tatsächlich dem Versicherer irgendein Nachteil entstanden ist. Ob den Versicherungsnehmer ein Verschulden trifft, hängt von den Umständen des einzelnen Falles ab. — Stellt die Verletzung zugleich den Tatbestand einer unerlaubten Handlung dar, so kann der Versicherer Schadensersatz verlangen (§§ 823 Abs. 2, 826 BGB.). — In § 5 Ziffer 4 AllgHaftpflichtVersBdg. ist ausdrücklich festgelegt, daß durch irrtümliche Annahme des Vorliegens einer gesetzlichen Haftpflicht oder der Richtigkeit der erhobenen Ansprüche oder der behaupteten Tatsachen der Versicherungsnehmer nicht entschuldigt wird. 11.

b) Eine Haftung des Versicherungsnehmers für das Verhalten Dritter kommt unter dem Gesichtspunkt des § 278 BGB. nicht in Betracht (RG. 17. 2. 31 JR. 1931. 89, VA. 1932. 20 Nr. 2248). Der Versicherungsnehmer haftet nur für sein eigenes Verhalten, er haftet insbesondere nicht für seinen gesetzlichen Vertreter oder für den rechtsgeschäftlich bestellten Vertreter oder für einen Vertreter ohne Vertretungsmacht (Bem. 15 zu § 6). 12.

3. Die Leistungsfreiheit des Versicherers tritt nicht ein, wenn nach den Umständen des einzelnen Falles der Versicherungsnehmer die Befriedigung oder die Anerkennung nicht ohne offenbare Unbilligkeit verweigern konnte. Die Begründung führt als Beispiel an, daß der Versicherungsnehmer 13.

bei Führung des Automobils in offenbar schuldhafter Weise eine bedürftige Person überfährt. Aber auch hier müssen alle Umstände erst völlig feststehen, z. B. der Mangel mitwirkenden eigenen Verschuldens des Verletzten, die Höhe des Schadens und der ursächliche Zusammenhang (OLG. Düsseldorf 31. 12. 26 VA. 1929. 27 Nr. 1808). Der Versicherer muß dem Versicherungsnehmer ein Verhalten zumuten, das nach allgemeiner Anschauung dem Anstand und den guten Sitten nicht entspricht. Den Beweis hat der Versicherungsnehmer zu erbringen. Eine offenbare Unbilligkeit ist angenommen worden, wenn das Einlegen des Einspruchs gegen den Strafbefehl nach Sachlage unbillig ist (OLG. Stuttgart 13. 5. 29 JW. 1930. 3650, bestätigt von RG. 29. 9. 31 Praxis des Versicherungsrechts 1931. 83, HansRGZ. A. 1931. 664); wenn trotz offenbarem Begründetsein des Haftpflichtanspruchs von dem Versicherungsnehmer verlangt wird, daß er die Aufrechnung des Dritten mit dem Haftpflichtanspruch nicht anerkenne (OLG. Stettin 26. 5. 30 VA. 1931. 199 Nr. 2164). Eine offenbare Unbilligkeit ist nicht angenommen worden, wenn der Versicherer verlangt, daß bei der Prozeßführung mit dem Dritten eine objektiv richtige Tatsachenschilderung erfolge (OLG. Frankfurt 15. 1. 31 JR. 1931. 260).

14. 4. Abs. 2 ist relativ zwingend.

§ 155. Ist der Versicherungsnehmer dem Dritten zur Gewährung einer Rente verpflichtet, so kann er, wenn die Versicherungssumme den Kapitalwert der Rente nicht erreicht, nur einen verhältnismäßigen Teil der Rente verlangen.

Hat der Versicherungsnehmer für die von ihm geschuldete Rente dem Dritten kraft Gesetzes Sicherheit zu leisten, so erstreckt sich die Verpflichtung des Versicherers auf die Leistung der Sicherheit.

1. Schrifttum: Bem. 1 vor § 149.

2. I. 1. Die auf Vertrag oder Gesetz (§§ 843 ff. BGB., § 7 Reichshaftpflichtgesetz, §§ 7 ff. des Reichsgesetzes über den Verkehr mit Kraftfahrzeugen, §§ 19 ff. des Luftverkehrsgesetzes, §§ 1 ff. des Reichstumultschadengesetzes u. a.) beruhende Verpflichtung des Versicherungsnehmers zur Entrichtung einer Rente an den Dritten (Haftpflichtgläubiger) hat für den Versicherer zur Folge, daß er nicht eine einmalige Leistung, sondern wiederkehrende Leistungen zu bewirken hat. Infolgedessen hat der Versicherungsnehmer auch dauernd für Minderung und Abwendung des Schadens besorgt zu sein (§ 62), so namentlich, wenn der Rentenempfänger Erhöhung der Rente fordert (§ 323 ZPO.). Sobald Minderung oder Aufhebung der Rente möglich erscheint, hat der Versicherungsnehmer im Interesse des Versicherers Klage zu erheben oder sich mit der Klageerhebung durch den Versicherer einverstanden zu erklären (§ 5 Ziffer 5 AllgHaftpflichtVersbdg.). — Gerät der Versicherungsnehmer in Konkurs, dann wandelt sich der Rentenanspruch mit Konkurseröffnung endgültig in eine Kapitalforderung um (§§ 69, 70 KO.), die der Versicherer nach Maßgabe seines Vertrags zu befriedigen hat (RG. 13. 2. 18 VA. 1918* 36 Nr. 1033; RG. 21. 6. 18 Bd. 93. 209, VA. 1919* 22 Nr. 1077).

2. Haftet der Versicherer nur bis zu einem Höchstbetrag (Versicherungssumme), so ist der Kapitalwert der Rente zu ermitteln. Gewöhnlich erfolgt die Ermittelung auf Grund der vom Statistischen Reichsamt aufgestellten allgemeinen deutschen Sterbetafel für die Jahre 1924 bis 1926 (Sonderheft zu „Wirtschaft und Statistik" Nr. 5, 1929) und eines Zinsfußes von jährlich 4 v. H. (§ 3 III Ziffer 2 S. 2 AllgHaftpflichtVersbdg.; VA. 1932. 135). Ergibt sich, daß der Kapitalwert die Versicherungssumme oder den nach Abzug etwaiger sonstiger Leistungen aus demselben Versicherungsfall noch verbleibenden Restbetrag der Versicherungssumme übersteigt, so wird die zu leistende Rente verhältnismäßig (d. h. im Verhältnis der Versicherungssumme bezw. ihres Restbetrages zum Kapitalwert der Rente) erstattet (Abs. 1; § 3 III Ziffer 2 S. 1 AllgHaftpflichtVersbdg.). Über den maßgebenden Zeitpunkt für die Berechnung des Kapitalwertes VA. 1918. 179, 1919. 86. Dieses Verfahren ist im Interesse der Beteiligten besser, als wenn der Versicherer die volle Rente so lange zahlt, bis seine Zahlungen zuzüglich der Zinsen den Betrag der Versicherungssumme erreicht haben, mit Erschöpfung der Versicherungssumme aber von allen weiteren Leistungen frei wird (Bgr.). Beträgt beispielsweise die Versicherungssumme 20 000 RM, die Rente, welche der Versicherungsnehmer zu leisten hat, 2000 RM und ihr Kapitalwert 40 000 RM, so hat der Versicherer jährlich 1000 RM Rente zu zahlen und braucht auch bei einem frühzeitigen Tode des Dritten dem Versicherungsnehmer nicht die von diesem dem Dritten gemachten Leistungen bis zur Erschöpfung der Versicherungssumme zu ersetzen. Über die Berechnung von Angehörigenrente RG. 16. 11. 20 Bd. 100. 224. — Für die Rentenzahlung hat der Versicherer ein Deckungskapital zurückzustellen, auf das §§ 65 ff. VAG. entsprechend angewendet werden (VA. 1904. 113, 1906. 27; Vierte Verordnung zur Durchführung des Art. I der Dritten Steuernotverordnung vom 28. August 1924, RGBl. I 694, Art. I § 1). Vgl. vor Bem. 18 zu § 13. 3.

3. Hat der Versicherungsnehmer für eine aus einem Versicherungsfall geschuldete Rente kraft Gesetzes Sicherheit zu leisten, so hat der Versicherer diese Sicherheit an seiner Stelle zu bewirken (Abs. 2; §§ 232 ff. BGB.). Unter besonderen Umständen wird die Haftung des Versicherers als genügender Ersatz einer besonderen Sicherheitsleistung gelten können. Die gleiche Verpflichtung liegt dem Versicherer ob, wenn dem Versicherungsnehmer die Abwendung der Vollstreckung einer gerichtlichen Entscheidung durch Sicherheitsleistung oder Hinterlegung nachgelassen ist. — Haftet der Versicherer nur bis zu einem Höchstbetrag (Versicherungssumme), so ist die Beschränkung auch für die Verpflichtung des Versicherers zur Sicherheitsleistung maßgebend und dieser nicht verpflichtet, für eine jenen Betrag überschreitende Rente Sicherheit zu leisten (Bgr.). 4.

II. § 155 ist nicht zwingend. 5.

§ 156. Der Versicherer ist berechtigt, die dem Versicherungsnehmer gebührende Entschädigung, soweit der Versicherungsnehmer dem Dritten zur Leistung verpflichtet ist, diesem zu entrichten. Vor der Zahlung an den Dritten hat der Versicherer dem Versicherungsnehmer Mitteilung zu machen. Auf Verlangen des Versicherungsnehmers ist der Versicherer verpflichtet, die Zahlung an den Dritten zu bewirken.

1. Schrifttum: Bem. 1 vor § 149; Schünemann HansRZ. 1923. 637.

2. I. Zwischen Versicherer und Drittem besteht an sich keinerlei Rechtsverhältnis. Eine Feststellungsklage des Dritten gegen den Versicherer, daß der Versicherungsnehmer einen Anspruch gegen den Versicherer hat, ist unzulässig (OLG. Hamburg 12. 3. 09 VA. 1909* 93 Nr. 481). Der Dritte kann unmittelbare Leistung an sich ebensowenig fordern wie Befreiung des Versicherungsnehmers von seiner Schuld durch den Versicherer. Jedoch ist der Umstand, daß die Versicherung zu dem Zwecke genommen ist, die Mittel für die Befriedigung des Dritten zu beschaffen, und daß dieser ein erhebliches Interesse an dem Bestehen der Versicherung besitzt, nicht ohne Einfluß.

3. II. Obschon zwischen Versicherer und Drittem kein Rechtsverhältnis besteht, hat der Versicherer das Recht, die im Ergebnisse für den Dritten bestimmte Leistung, gegebenenfalls unter Abzug der geschuldeten Prämie (Ehrenberg ZVW. 1927. 553, 554), nicht aber nach Aufrechnung mit anderen Forderungen, z. B. mit einer Forderung, die er sich von seinem Agenten hat abtreten lassen, dem Dritten unmittelbar zukommen zu lassen (S. 1). Macht er von diesem Recht Gebrauch und will hierbei vermeiden, daß er dem Versicherungsnehmer schadensersatzpflichtig wird, so muß er vor der Zahlung an den Dritten dem Versicherungsnehmer eine Mitteilung zukommen lassen (S. 2).

4. 1. Die Mitteilungspflicht ist eine Rechtspflicht (Bruck ZVW. 1927. 12), keine Obliegenheit (so Schünemann 642). Infolgedessen haftet der Versicherer für das Verhalten Dritter, deren er sich bei Erfüllung der Mitteilungspflicht bedient, gemäß § 278 BGB.

5. 2. Die Mitteilung ist eine empfangsbedürftige, an sich formfreie Willenserklärung des Versicherers, seines Abschlußagenten (§ 45; Ausnahme § 47) oder seines sonstigen Vertreters, bei mehreren Versicherern eines jeden von ihnen, sofern nicht einer die Führung hat. Die Mitteilung durch einen der Versicherer, wenn keiner die Führung hat, genügt, vorausgesetzt, daß die Mitteilung zur Kenntnis des Versicherungsnehmers gelangt.

6. 3. Empfänger der Mitteilung ist der Versicherungsnehmer, sein Rechtsnachfolger, sein gesetzlicher oder rechtsgeschäftlich bestellter Vertreter. Gegebenenfalls kann die Mitteilung nach der letzten dem Versicherer bekannten Wohnung des Versicherers gerichtet werden (§ 10). Über öffentliche Zustellung Bem. 16 zu § 10.

7. 4. Aus der Mitteilung hat hervorzugehen, daß der Versicherer an den Dritten zu zahlen beabsichtigt.

8. 5. Die Mitteilung ist gesetzlich an keine Form gebunden, vertraglich könnte eine bestimmte Form vorgesehen werden.

9. 6. Die Mitteilung hat so rechtzeitig zu erfolgen, daß der Versicherungsnehmer widersprechen kann. Der Widerspruch ist eine empfangs-

bedürftige, an sich formfreie Willenserklärung des Versicherungsnehmers, seines Rechtsnachfolgers, seines gesetzlichen oder rechtsgeschäftlich bestellten Vertreters, die dem Versicherer, dem Abschlußagenten (§ 45; Ausnahme § 47) oder seinem sonstigen Vertreter zugehen muß; zu ihrer Empfangnahme ist der Vermittelungsagent befugt (§ 43 Nr. 2; Ausnahme § 47).

7. Widerspricht der Versicherungsnehmer innerhalb an- 10.
gemessener Frist nicht, so kann der Versicherer mit Wirkung für und gegen den Versicherungsnehmer an den Dritten zahlen. Widerspricht der Versicherungsnehmer rechtzeitig und hat der Versicherer an den Dritten noch nicht gezahlt, dann kann der Versicherer nicht mehr mit Wirkung für und gegen den Versicherungsnehmer an den Dritten zahlen. Zahlt er trotzdem, so kann zwar der Dritte, insoweit er von dem Versicherer befriedigt ist, keinen Anspruch gegen den Versicherungsnehmer erheben, aber der Versicherungsnehmer kann von dem Versicherer Schadensersatz fordern, wenn er beweist, daß er die Forderung des Dritten, z. B. durch Aufrechnung, zu tilgen in der Lage gewesen wäre. Zum Ersatz des dem Versicherungsnehmer erwachsenden Schadens ist der Versicherer auch dann verpflichtet, wenn er die Mitteilung unterläßt oder so verspätet macht, daß der Versicherungsnehmer nicht mehr zu widersprechen vermag.

8. Auch wenn der Versicherungsnehmer widerspricht, kann der Dritte 11.
die angebotene oder vollzogene Leistung nicht ablehnen. Nimmt er die Leistung nicht an, so kommt er dem Versicherungsnehmer gegenüber in Annahmeverzug; nimmt er die Leistung an, so verfügt er über seine Forderung gegen den Versicherungsnehmer zu dessen Gunsten (Schünemann 643, 644).

9. Auf die Mitteilung kann verzichtet werden. — Bei Renten- 12.
zahlungen kann die Mitteilung ein für allemal erfolgen (Bgr.).

II. Der Versicherer hat auf Verlangen des Versicherungsnehmers die Pflicht, die Zahlung an den Dritten zu bewirken (S. 3).

1. Das Verlangen des Versicherungsnehmers ist eine an sich 13.
formfreie Willenserklärung des Versicherungsnehmers, seines Rechtsnachfolgers, seines gesetzlichen oder rechtsgeschäftlich bestellten Vertreters, die dem Versicherer, seinem Abschlußagenten, seinem sonstigen Vertreter zugegangen sein muß; zu ihrer Empfangnahme ist der Vermittelungsagent (§ 43 Nr. 2; Ausnahme § 47) befugt.

2. Das Verlangen ist zu stellen, ehe der Versicherer an den Versicherungs- 14.
nehmer geleistet oder Vorkehrungen zur Leistung an ihn getroffen hat. Es kann nach Maßgabe des § 185 BGB. widerrufen werden.

3. Der Dritte erlangt einen unmittelbaren An- 15.
spruch gegen den Versicherer (§ 328 BGB.; OLG. Köln 12. 1. 28 JW. 1928. 1417; anders OLG. München 9. 11. 31 HansRGZ. A. 1932. 27). Leistet der Versicherer dem gestellten Verlangen zuwider nicht an den Dritten, sondern an den Versicherungsnehmer, so kann dieser, ohne in Annahmeverzug zu kommen, die Leistung zurückweisen oder sie dem Dritten übermitteln und Ersatz der hierfür aufgewendeten Kosten von dem Versicherer verlangen.

16. III. Der Dritte wird auf Grund einer an ihn bewirkten Leistung (S. 1, 3) nicht zum Vertragsgegner des Versicherers. Daher kann der Versicherer nicht mit einer eigenen Forderung gegen ihn aufrechnen. Leistet der Versicherer an den Dritten und wird später in einem Prozesse zwischen dem nur teilweise versicherten Versicherungsnehmer und dem Dritten des letzteren Anspruch zurückgewiesen, so kann der Versicherer seine Leistung von dem Dritten zurückfordern. Bei Vereinigung des Versicherungsnehmers mit dem Dritten im Wege der Gesamtrechtsnachfolge bleibt der Anspruch gegen den Versicherer unberührt (KG. 5. 3. 24 JW. 1925. 275).

17. IV. § 156 ist nicht zwingend.

§ 157. Ist über das Vermögen des Versicherungsnehmers der Konkurs eröffnet, so kann der Dritte wegen des ihm gegen den Versicherungsnehmer zustehenden Anspruchs abgesonderte Befriedigung aus der Entschädigungsforderung des Versicherungsnehmers verlangen.

1. Schrifttum: Bruck 702 ff.; Plath ZVW. 1931. 901.

2. I. Auch in dem Konkurse des Versicherungsnehmers findet der wirtschaftliche Zweck der Haftpflichtversicherung zugunsten des Dritten Berücksichtigung. Würde die von dem Versicherer zu leistende Entschädigung in die Konkursmasse fallen, so würde der ersatzberechtigte Dritte geschädigt und den übrigen Gläubigern ein Vorteil zugewendet, der nicht für sie bestimmt ist (Bgr.). Über den Einfluß des Konkurses auf das Versicherungsverhältnis im allgemeinen § 14.

3. II. 1. Der Anspruch des Versicherungsnehmers (Gemeinschuldners) gegen den Versicherer auf Befreiung von dem Anspruch des Dritten gehört zu der Konkursmasse d s Versicherungsnehmers. Unter Würdigung des wirtschaftlichen Zwecks der Haftpflichtversicherung erhält der Dritte ein Recht auf abgesonderte Befriedigung aus der Entschädigungsforderung des Versicherungsnehmers gegen den Versicherer. Der Anspruch gegen den Versicherer gehört also nur belastet mit dem Absonderungsrecht des Dritten zur Konkursmasse des Versicherungsnehmers. Insoweit ist mithin die Verfügungsgewalt des Konkursverwalters beschränkt.

4. 2. Das Absonderungsrecht des Dritten besteht ohne Rücksicht darauf, ob der Versicherungsfall (Bem. 5 zu § 153) vor oder nach Konkurseröffnung eingetreten ist (Karpf LZ. 1924. 804; anders Schünemann LZ. 1923. 445). Ist der Versicherungsfall nach der Konkurseröffnung eingetreten, so gehört der Anspruch des Gemeinschuldners gegen den Versicherer dann nicht zur Konkursmasse, wenn die Tatsache, für die der Versicherungsnehmer dem Dritten verantwortlich ist, in den dem Gemeinschuldner überlassenen Bereich eigener Tätigkeit gehört. Der Dritte hat dann weder eine Konkurs- noch eine Masse-Forderung (Bruck 703 f.).

5. 3. Hat der Versicherer vor Eröffnung des Konkurses die Entschädigungssumme dem Versicherungsnehmer gezahlt, so besteht kein Ab-

sonderungsrecht des Dritten. Der Dritte ist gewöhnlicher Konkursgläubiger. Ist die Leistung des Versicherers in die Konkursmasse geflossen, dann hat der Dritte einen Masseanspruch (§ 59 Nr. 3 KO.) und unter Umständen auch einen Schadensersatzanspruch gegen den Konkursverwalter (§§ 59 Nr. 1, 82 KO.).

4. Das Absonderungsrecht des Dritten entsteht nur, wenn der Versicherungsnehmer noch eine Forderung gegen den Versicherer auf Entschädigungsleistung oder auf Ersatz von Aufwendungen (§ 63) hat. Das Absonderungsrecht des Dritten ergänzt den Katalog der Absonderungsrechte in §§ 48, 49 KO. Die Ausgestaltung und Geltendmachung seines Rechtes sind nicht geregelt. Unzweifelhaft hat er wie jeder Absonderungsberechtigte außerhalb des Konkurses vorzugehen (§ 4 Abs. 2 KO.). In entsprechender Anwendung des § 1282 BGB. ist er zur unmittelbaren Einziehung der seinem Schuldner (Versicherungsnehmer) gegen den Versicherer zustehenden Entschädigungsforderung berechtigt (RG. 21. 6. 18 Bd. 93. 209, VA. 1919* 22 Nr. 1077). Nach § 64 KO. kann der Dritte aus der Konkursmasse nur für den Betrag verhältnismäßige Befriedigung verlangen, zu welchem er auf abgesonderte Befriedigung verzichtet, oder insoweit der Versicherer infolge der Versicherungssumme nicht einzustehen hat. Ein Zwangsvergleich berührt das Absonderungsrecht des Dritten nicht (§ 193 KO.; Berthold LZ. 1911. 451; anders Meurer LZ. 1912. 59). Sein Anspruch geht auf Einziehung der Entschädigungsforderung und Auszahlung der Versicherungsleistung an sich selbst; aus dem Befreiungsanspruch wird ein Anspruch auf Zahlung (RG. 28. 1. 13 Bd. 81. 250). Der Konkursverwalter ist befugt, aber nicht verpflichtet, durch Vorgehen gegen den Versicherer dem Dritten zu Hilfe zu kommen (RG. 5. 2. 09 Bd. 70. 257, 2. 7. 09 Bd. 71. 363, 28. 1. 13 Bd. 81. 250). — Ist der Anspruch des Dritten gegen den Versicherungsnehmer noch streitig, so kann der Dritte sein Absonderungsrecht noch nicht geltend machen (OLG. Karlsruhe 28. 5. 31 HansRGZ. A. 1931. 664). 6.

5. § 157 ist als eine dem öffentlichen Recht angehörige Bestimmung absolut zwingend (AllgVorbem. 27). Über die rückwirkende Kraft Berthold LZ. 1911. 921; anders List LZ. 1912. 588. 7.

III. Bei der Haftpflichtversicherung für fremde Rechnung (§ 151 Abs. 1) gehört der Anspruch auf Befreiung nicht zur Konkursmasse der Versicherungsnehmers (§ 75 Abs. 1), mithin hat der Dritte kein Absonderungsrecht, möglicherweise ein Aussonderungsrecht (§ 43 KO.). In dem Konkurse des Versicherten ist es anders. 8.

IV. § 157 gilt auch für den Nachlaßkonkurs des Versicherungsnehmers, denn die Interessenlage ist entsprechend wie bei dem Konkurs über das Vermögen des lebenden Versicherungsnehmers. Das gleiche gilt, wenn dem Erben des Versicherungsnehmers die Beschränkung seiner Haftung auf den Nachlaß vorbehalten ist. Diese Haftungsbeschränkung begrenzt nicht etwa die Verpflichtung des Versicherers auf den Wert des Nachlasses (Rech JW. 1930. 377). — Auf Tatbestände sonstigen Vermögensverfalls, die nicht zur Konkurseröffnung führen, ist § 157 selbst nicht entsprechend anwendbar. — Es kann auch keine Rede davon sein, in § 157 den Niederschlag eines allgemeinen Rechtsgedankens zu sehen, der sogar außerhalb des Versicherungsrechts zur Anwendung 9.

kommen kann (anders Hamburger Schiedsgericht 18. 6. 31 HansRGZ. A. 1931. 604).

10. V. 1. Außerhalb des Konkurses des Versicherungsnehmers hat der Dritte (Haftpflichtgläubiger) grundsätzlich keine bevorzugte Stellung vor den übrigen Gläubigern des Versicherungsnehmers. Der Versicherungsnehmer kann aber seinen Anspruch aus der Versicherung an den Dritten abtreten oder verpfänden. Durch die Abtretung wird der Versicherer Schuldner des Dritten in der Weise, daß dieser von ihm die Entschädigungsleistung fordern kann. Es tritt also dieselbe Wirkung ein, wie wenn der Versicherer mit Zustimmung des Dritten die Schuld des Versicherungsnehmers an dessen Stelle übernommen hat (RG. 12. 1. 26 VA. 1927. 265 Nr. 1624). § 8 Ziffer 3 Allg. HaftpflichtVersbdg. macht Abtretung und Verpfändung vor endgültiger Feststellung des Haftpflichtanspruchs von der Genehmigung des Versicherers abhängig (OLG. Köln 8. 10. 31 JR. 1931. 376). Auch die Pfändung des Versicherungsanspruchs durch den Dritten ist zulässig (KG. 4. 3. 31 VA. 1932. 23 Nr. 2250). Über Verfügungen des Versicherungsnehmers über den Versicherungsanspruch, durch die der Dritte benachteiligt wird, Petersen HansRZ. 1918. 218; RG. 17. 10. 16 Wallmann Bd. 51. 521.

11. 2. Der Versicherungsanspruch des Versicherungsnehmers kann nicht von jedem beliebigen Gläubiger des Versicherungsnehmers gepfändet oder an ihn abgetreten (KG. 11. 11. 22 HansRZ. 1923. 725) oder verpfändet werden. Eine Ausnahme besteht nur zugunsten des Dritten (OLG. Stettin 24. 10. 18 VA. 1921* 14 Nr. 1125; Blumhardt LZ. 1913. 907; eingehender bei Bruck 720 ff.). — Über die Aufrechnungsbefugnis des Versicherers gegenüber dem Versicherungsnehmer Bem. 3 zu § 156.

§ 158. Hat nach dem Eintritt eines Versicherungsfalls der Versicherer dem Versicherungsnehmer gegenüber seine Verpflichtung zur Leistung der Entschädigung anerkannt oder die Leistung der fälligen Entschädigung verweigert, so ist jeder Teil berechtigt, das Versicherungsverhältnis zu kündigen. Das Gleiche gilt, wenn der Versicherer dem Versicherungsnehmer die Weisung erteilt, es über den Anspruch des Dritten zum Rechtsstreite kommen zu lassen.

Die Kündigung ist nur innerhalb eines Monats seit der Anerkennung der Entschädigungspflicht oder der Verweigerung der Entschädigung oder seit der Rechtskraft des im Rechtsstreite mit dem Dritten ergangenen Urteils zulässig. Der Versicherer hat eine Kündigungsfrist von einem Monat einzuhalten. Der Versicherungsnehmer kann nicht für einen späteren Zeitpunkt als den Schluß der laufenden Versicherungsperiode kündigen.

Kündigt der Versicherungsnehmer, so gebührt dem Versicherer gleichwohl die Prämie für die laufende Versicherungsperiode. Kündigt der Versicherer, so gebührt ihm nur derjenige Teil der Prämie, welcher der abgelaufenen Versicherungszeit entspricht.

Schrifttum: Bruck 680 ff.; Plaas JW. 1930. 5. 1.

I. Das der gesamten (RG. 27. 1. 25 VA. 1926. 152 Nr. 1501, HansRZ. 1925. 397) Schadensversicherung eigentümliche Kündigungsrecht nach Eintritt eines Versicherungsfalls (§§ 96, 113; der Transportversicherung unbekannt) erfährt mit Berücksichtigung der der Haftpflichtversicherung eigentümlichen Verhältnisse Abweichungen. — Über seine Anwendung in der Unfallversicherung Bem. 23 zu § 182. 2.

II. 1. Die Voraussetzungen des Kündigungsrechtes sind (Abs. 1):

a) Der Eintritt des Versicherungsfalls (Bem. 5 zu § 153). Der Versicherungsfall ist nicht eingetreten, wenn der Versicherer nach Maßgabe seines Vertrags nicht verpflichtet ist, dem Versicherungsnehmer die Leistung zu ersetzen, die dieser auf Grund seiner Verantwortlichkeit einem Dritten zu bewirken hat, so z. B. wenn jemand nur als Jäger gegen Haftpflicht versichert ist und er meldet einen Haftpflichtschaden an, der ihn als Hausbesitzer betroffen hat. 3.

b) Der Versicherer muß nach dem Eintritt des Versicherungsfalls dem Versicherungsnehmer gegenüber seine Verpflichtung zur Leistung der Entschädigung anerkennen. Anerkennen ist nicht im prozessualen, sondern in weiterem Sinne zu verstehen. Auch durch eine vergleichsweise Leistung einer Entschädigung kann der Versicherer anerkennen (AG. Ettlingen VA. 1914 20 Nr. 793; 1913. 121). Im übrigen kommt es auf die Umstände des einzelnen Falles an (Petersen Z. 1915. 356). — Zeigt der Versicherungsnehmer den Versicherungsfall überhaupt nicht an und beansprucht keine Entschädigung, dann kann der Versicherer weder anerkennen noch ablehnen, infolgedessen kann er auch nicht kündigen. Hat der Versicherungsnehmer Anspruch auf Entschädigung erhoben, so verbleibt dem Versicherer das Kündigungsrecht, auch wenn der Versicherungsnehmer seinen Anspruch später wieder fallen läßt; 4.

oder der Versicherer muß die Leistung der fälligen Entschädigung verweigern (OLG. Hamm 19. 5. 30 JW. 1931. 43);

oder der Versicherer muß den Versicherungsnehmer anweisen, es über den Anspruch des Dritten zum Rechtsstreit kommen zu lassen.

2. Abweichende Vereinbarungen über die Voraussetzungen des Kündigungsrechts sind zulässig. Nach § 10 II Ziffer 1 AllgHaftpflichtVersbdg. kann das Versicherungsverhältnis nach Eintritt eines Versicherungsfalls gekündigt werden, wenn eine Zahlung auf Grund eines Versicherungsfalls geleistet oder der Haftpflichtanspruch rechtshängig geworden ist oder der Versicherer die Leistung der fälligen Entschädigung verweigert hat. 5.

III. 1. Die Kündigung ist eine rechtsgestaltende, empfangsbedürftige, an sich formfreie Willenserklärung, die dem Empfänger zugegangen sein muß (§ 130 BGB.). 6.

2. Kündigungsberechtigt ist der Versicherer (Abs. 1), sein Abschlußagent (§ 45; Ausnahme § 47), sein sonstiger Vertreter, bei mehreren Versicherern ein jeder von ihnen, sofern nicht einer die Führung hat. Nicht befugt ist der Vermittelungsagent als solcher. Kündigungsberechtigt ist aber 7.

auch der Versicherungsnehmer (Abs. 1), sein gesetzlicher oder rechtsgeschäftlich bestellter Vertreter, sein Rechtsnachfolger. Bei mehreren Versicherungsnehmern kann ein jeder von ihnen für seinen Teil kündigen.

8. 3. Empfänger der Kündigungserklärung des Versicherers ist der Versicherungsnehmer, bei mehreren Versicherungsnehmern muß einem jeden von ihnen die Kündigungserklärung zugehen. — Nach dem Tode des Versicherungsnehmers ist seinen Erben zu kündigen, es sei denn, daß Vertretung des Nachlasses durch Testamentsvollstrecker, Nachlaßpfleger in Betracht kommt. — Ist der Versicherungsnehmer geschäftsunfähig oder beschränkt geschäftsfähig, so muß seinem gesetzlichen Vertreter gekündigt werden. Hat dieser seine Einwilligung zur Empfangnahme der Erklärung seitens des beschränkt Geschäftsfähigen erteilt, so wird die Kündigung in dem Zeitpunkt wirksam, in dem sie dem beschränkt Geschäftsfähigen zugeht (§ 131 BGB.). — Gehört die Versicherung zum eingebrachten Gut der Ehefrau, dann ist beiden Eheleuten zu kündigen (§ 1403 Abs. 2 BGB.), gehört sie zum Gesamtgut, dann reicht eine Kündigung gegenüber dem Ehemann aus. — Ist der Versicherungsnehmer im Konkurs, so ist die Kündigung an den Konkursverwalter zu richten, es sei denn, daß die Versicherung nicht zur Konkursmasse gehört. — Bei Veräußerung des versicherten Betriebes (§ 151 Abs. 2) ist gegenüber dem Veräußerer zu kündigen, solange der Versicherer keine Kenntnis von der Veräußerung hat (§ 69 Abs. 3). — Bei Versicherung für fremde Rechnung (§ 151 Abs. 1) ist dem Versicherungsnehmer zu kündigen, dem Versicherten nur, wenn er über seine Rechte verfügen kann (§ 75 Abs. 2). — Nötigenfalls kann die Kündigungserklärung im Wege des § 10 oder durch öffentliche Zustellung (Bem. 16 zu § 10) übermittelt werden.

9. Empfänger der Kündigungserklärung des Versicherungsnehmers ist der Versicherer, sein Abschlußagent (§ 45; Ausnahme § 47), sein sonstiger Vertreter, bei mehreren Versicherern ein jeder von ihnen, sofern nicht einer die Führung hat. Der Vermittelungsagent ist zur Entgegennahme der Kündigung berechtigt (§ 43 Nr. 2; Ausnahme § 47).

10. 4. Die Kündigung ist gesetzlich formfrei, kann aber vertraglich an eine bestimmte Form gebunden werden. Ist, wie gewöhnlich, schriftliche Form vereinbart, so reicht faksimilierte (RG. 27. 2. 23 Bd. 106. 330, Mitteilungen 1924. 117, HansRZ. 1923. 418) oder gedruckte (RG. 25. 6. 29 VA. 1930. 292 Nr. 2046, JR. 1929. 260; anders OLG. Köln 21. 1. 27 HansRZ. 1927. 278, VA. 1928. 220 Nr. 1734) Namensunterschrift aus (Bem. 17 zu § 39).

11. 5. Der Inhalt der Kündigung ergibt sich ohne weiteres. Es muß namentlich aus der Erklärung hervorgehen, zu welchem Zeitpunkt gekündigt wird.

12. 6. Die Ausübung des Kündigungsrechtes ist nur zulässig bis zum Ablauf eines Monats seit den Vorgängen, deren Eintritt als Voraussetzung für die Ausübung des Kündigungsrechtes aufgestellt ist (Bem. 3 ff.), also der Anerkennung der Entschädigungspflicht oder der Verweigerung der Leistung oder der Rechtskraft des im Rechtsstreit mit dem Dritten ergangenen Urteils (Abs. 2 S. 1). Nach § 10 II Ziffer 2 AllgHaftpflichtVersBdg. ist die Kündigung nur zulässig spätestens einen Monat, nachdem die Zahlung geleistet oder der

Rechtsstreit durch Klagerücknahme, Anerkenntnis oder Vergleich beigelegt oder das Urteil rechtskräftig geworden ist. Schweigt der Versicherer vollständig, so ist nach den Umständen des einzelnen Falles zu beurteilen, ob und von wann ab sein Schweigen als Ablehnung zu gelten hat. Knüpft der Versicherungsnehmer nach Empfang eines endgültigen Bescheids neue Verhandlungen an und läßt sich der Versicherer auf sie von neuem ein, dann wird auch die Frist von neuem in Lauf gesetzt. Die Berechnung der einmonatigen Ausschlußfrist ergibt sich aus §§ 187 Abs. 1, 188 Abs. 2, 3, 193 BGB.

7. Der Versicherer hat eine Kündigungsfrist von einem 13. Monat einzuhalten (Abs. 2 S. 2); natürlich kann er auch auf später kündigen.

8. Der Versicherungsnehmer kann auf sofort, aber nicht 14. für einen späteren Zeitpunkt als auf den Schluß der laufenden Versicherungsperiode kündigen (Abs. 2 S. 3). Laufende Versicherungsperiode (§ 9) ist die Versicherungsperiode, in der der Vorgang, der als Voraussetzung für die Ausübung des Kündigungsrechtes aufgestellt ist, eintritt. Durch § 10 II Ziffer 2 AllgHaftpflichtVersBdg. wird dem Versicherungsnehmer Kündigung nur auf sofort gestattet.

Die von dem Versicherer und/oder dem Versicherungsnehmer einmal getroffene Wahl des Endpunktes der Versicherung kann ohne Zustimmung der Gegenpartei nicht mehr geändert werden. — Während der Kündigungsfrist besteht die Haftung des Versicherers weiter.

9. Mit dem Zeitpunkt, zu dem gekündigt ist, hört die materielle 15. Dauer der Versicherung (Bem. 4 zu § 7) auf. Das materielle Ende der Versicherung tritt mit dem Ablauf des letzten Tages ein; § 7 findet keine Anwendung (Bem. 7 zu § 7). Das Schicksal der Prämie ist verschieden. Bei Kündigung durch den Versicherungsnehmer gebührt dem Versicherer unter Anwendung des Grundsatzes von der Unteilbarkeit der Prämie (Bem. 6 vor § 35) die volle Prämie für die laufende Versicherungsperiode (Abs. 3 S. 1). Laufende Versicherungsperiode (§ 9) ist diejenige, während der das Versicherungsverhältnis infolge der Kündigung sein Ende erreicht. — Bei Kündigung durch den Versicherer gebührt ihm die Prämie nur pro rata temporis (Abs. 3 S. 2). Die Verteilung der Prämie auf den Entschädigungsbetrag und den Restbetrag der Versicherungssumme (vgl. § 96 Abs. 3 S. 2) läßt sich in der Haftpflichtversicherung nicht durchführen (Bgr.). — Bei beiderseitiger Kündigung gilt die Berechnung nach S. 2.

IV. § 158 ist nicht zwingend. Das Kündigungsrecht kann für beide Par- 16. teien oder nur für eine Partei ausgeschlossen, es kann in seinen Voraussetzungen, seiner Durchführung abweichend vom Gesetz geordnet werden.

Dritter Abschnitt.

Lebensversicherung.

Vorbemerkungen vor §§ 159—178.

1. 1. Schrifttum: Bruck-Dörstling, Das Recht des Lebensversicherungsvertrages, Mannheim 1924.

2. 2. Es behandeln § 159 die Versicherung auf die Person eines anderen, § 160 das Recht auf Vornahme einer ärztlichen Untersuchung, §§ 161—163 Eigentümlichkeiten der vorvertraglichen Anzeigepflicht, § 164 den Begriff der Gefahrerhöhung, § 165 das Kündigungsrecht des Versicherungsnehmers, §§ 166—168 die Bezugsberechtigung, §§ 169, 170 die Herbeiführung des Versicherungsfalles, § 171 die Schadensanzeigepflicht, § 172 die Beschränkung der Vertragsfreiheit, §§ 173—177 die Umwandlung der Versicherung in eine prämienfreie und die Rückvergütung, § 178 die Beschränkungen der Vertragsfreiheit.

Über die Allgemeinen Versicherungsbedingungen für die Todesfallversicherung VA. 1909. 92.

3. 3. Die Lebensversicherung kann nur von Aktiengesellschaften oder von Versicherungsvereinen auf Gegenseitigkeit betrieben werden (§ 7 Abs. 2 VAG.; Übergangsbestimmungen in §§ 128—130 VAG.). Den gleichzeitigen Betrieb der Lebensversicherung und der großen Schadensversicherung durch denselben Versicherer hat das Reichsaufsichtsamt in ständiger Verwaltungsübung nicht zugelassen (VA. 1904. 91, 1908. 78); über einen Abänderungsvorschlag Gruner LZ. 1918. 121. Dagegen ist ausnahmsweise der gemeinsame Betrieb mit der kleinen Schadensversicherung gestattet worden VA. 1905. 34.

4. 4. Der zu der Personenversicherung gehörenden (Bem. 7 zu § 1) Lebensversicherung im Sinne des Gesetzes ist charakteristisch, daß die Leistung mindestens des einen Teils nach Höhe und/oder Zeitpunkt von ungewissen Umständen abhängt, wobei die ungewissen Umstände in der Dauer des menschlichen Lebens bestehen. Keine Lebensversicherung, überhaupt keine Versicherung, ist die Sparversicherung, wenn sie auch von Lebensversicherungsunternehmungen betrieben wird (VA. 1908. 84, 1913. 96; RG. 29. 4. 98 JW. 1898. 404; die spätere falsche Auffassung des Reichsaufsichtsamts VA. 1916. 100, gegen sie namentlich Dörstling HansRZ. 1918. 688, ist von dem Reichsaufsichtsamt wieder aufgegeben VA. 1921. 95).

Das VAG. (§ 7 Abs. 3) rechnet zur Lebensversicherung auch die Invaliditäts-, Alters-, Witwen-, Waisen-, Aussteuer- und Wehrdienst-Versicherung, gleichviel ob auf Kapital oder Renten, und stellt der Lebensversicherung vielfach die Krankenversicherung gleich (§§ 12, 79 VAG.).

5. 5. Die mannigfachen Arten der Lebensversicherung trennen sich in drei Hauptgruppen:

a) in die reine Erlebensfallversicherung, bei der die Geldleistung des Versicherers nur fällig wird, wenn der Versicherte einen bestimmten Zeitpunkt erlebt. Zu ihr gehören die Aussteuer-, Rentenversicherung in allen ihren Formen. Die reine Erlebensfallversicherung hat ihre praktische Bedeutung zurzeit fast ganz verloren. Bei der Überlebensrentenversicherung ist die Geldleistung des Versicherers davon abhängig, daß der Rentenberechtigte den Versicherten überlebt; die Rentenzahlung beginnt mit dem Tode des Versicherten und endigt mit dem Tode des Rentenberechtigten.

b) in die *reine Todesfallversicherung*, die in folgenden Arten vorkommt:

α) *Gewöhnliche Todesfallversicherung*: die Geldleistung des Versicherers ist bei dem Tode des Versicherten fällig; laufende Prämien sind bis zum Tode des Versicherten oder eine bestimmte Zeitdauer hindurch zu entrichten.

β) *Todesfall-Risikoversicherung* (temporäre Versicherung): die Geldleistung des Versicherers ist nur fällig, wenn der Tod des Versicherten innerhalb des festgesetzten Zeitraumes eintritt; laufende Prämien sind bis zum Tode des Versicherten, längstens bis zum Ablauf des Zeitraumes zu entrichten. Über die Umwandlung in eine gewöhnliche Todesfall- oder gemischte Versicherung VA. 1908. 79.

c) in die *gemischte Versicherung*:

α) *Alternative Versicherung*: die Geldleistung des Versicherers ist bei Erreichung eines bestimmten Zeitpunktes oder bei früher eintretendem Tode des Versicherten fällig; laufende Prämien sind bis zum Tode des Versicherten oder eine bestimmte Zeit lang zu entrichten.

β) *Versicherung mit festem Auszahlungstermin* (Termfix-Versicherung): die Geldleistung des Versicherers ist an einem vertraglich fest bestimmten Zeitpunkte ohne Rücksicht darauf fällig, ob der Versicherte diesen Zeitpunkt erlebt oder nicht, laufende Prämien sind bis zum Tode des Versicherten zu entrichten. Über ihre rechtliche Eigentümlichkeit AllgVorbem. 36.

6. Innerhalb des Kreises *der Kapitalversicherungen für den Todesfall* liegt eine Gruppe von Versicherungsarten, die eine 6.
Eigentümlichkeit der Lebensversicherung bildet. „Es sind das Versicherungen, die dem Versicherungsnehmer von vornherein die Gewißheit bieten, daß das Ereignis, an welches durch den Vertrag die Leistung des Versicherers geknüpft ist, sich verwirklicht, daß also der Vertrag, wenn nicht etwa aus besonderen Gründen die Haftung des Versicherers überhaupt erlischt, stets zu jener Leistung führt" (Bgr.). Zu diesen *Versicherungen mit unbedingter Leistungspflicht* gehören die gewöhnliche Todesfallversicherung und die gemischte Versicherung. Bei den Versicherungen mit unbedingter Leistungspflicht muß dem Versicherungsnehmer eine Verfügung über das aus seinen Prämienzahlungen vom Versicherer gebildete Deckungskapital gewährt werden. Dieses Verfügungsrecht tritt in dem Kündigungsrecht auch bei einmaliger Prämienzahlung (§ 165 Abs. 2) und in der Rückvergütung (§§ 176, 177) in die Erscheinung.

Den Gegensatz bilden Versicherungsarten, bei denen ungewiß ist, ob der Versicherer überhaupt leisten muß. Versicherungen mit bedingter Leistungspflicht sind gegeben bei der Todesfall-Risikoversicherung, bei der Überlebensversicherung, bei der eine bestimmte von mehreren Personen die andere überleben muß, und bei allen reinen Erlebensfallversicherungen ohne Rückgewähr der Prämien beim Tode des Versicherten (VA. 1910. 95).

7. 7. Abtretung der Ansprüche aus der Lebensversicherung.

a) Schrifttum: Blumhardt JR. 1927. 189; Bruck 720 ff.; Bruck-Dörstling 232 ff.; Gottschalk HansRGZ. A. 1928. 7 ff.

b) Der Anspruch aus der Lebensversicherung ist ganz oder teilweise abtretbar, sofern nicht (was nicht üblich ist) die Abtretung durch Vereinbarung zwischen Versicherer und Versicherungsnehmer ausgeschlossen ist (§ 399 BGB.). Über die abtretbaren Ansprüche im allgemeinen Bem. 12 zu § 49.

c) Zedent ist der Versicherungsnehmer, auch wenn eine widerrufliche Bezugsberechtigung begründet ist. Besteht eine unwiderrufliche Bezugsberechtigung, dann hat die Abtretung seitens des Versicherungsnehmers an einen anderen als den Bezugsberechtigten selbst keinen praktischen Wert.

d) Die Abtretung ist an und für sich formfrei; schlüssige Handlungen reichen aus, so unter Umständen Übergabe des Versicherungsscheins (RG. 19. 4. 07 JW. 1907. 329). Vertraglich kann eine besondere Form für die Abtretung vereinbart werden. Im Zweifel hat die der Form ermangelnde Abtretung Nichtigkeit zur Folge (§ 125 S. 2 BGB.). Die in § 16 Abs. 1 Allg. TodesfallVersbdg. vorgesehene Verpflichtung zu der Anzeige der Abtretung an den Versicherer durch den bisherigen Verfügungsberechtigten ist keine Form, von deren Beobachtung die dingliche Wirkung der Abtretung abhängt, sondern die dem Versicherer nicht angezeigte Abtretung ist ihm gegenüber unwirksam (Bruck-Dörstling 240). Der Versicherer kann jedoch die Abtretung auch ohne Anzeige sich gegenüber gelten lassen (KG. 25. 9. 26 JR. 1926. 310).

e) Absolut unwirksam ist die Abtretung des Anspruchs aus einer Todesfallversicherung, wenn die Erklärung des Versicherungsnehmers nicht schriftlich erfolgt. § 159 Abs. 2 S. 1 findet Anwendung, da durch die Abtretung des Anspruchs aus einer Versicherung auf das eigene Leben des Versicherungsnehmers eine Versicherung auf das Leben eines anderen wird. Die in § 16 Abs. 1 Allg. TodesfallVersbdg. bereits vorgesehene Anzeige der Abtretung an den Versicherer erübrigt eine nochmalige schriftliche Abtretungserklärung des Versicherungsnehmers. Erfolgt jedoch die Abtretung seitens eines Verfügungsberechtigten, der nicht zugleich der Versicherte ist, so ist neben der schriftlichen Anzeige der Abtretung an den Versicherer auch die schriftliche Einwilligung des Versicherten notwendig (§ 16 Abs. 2 AllgTodesfallVersbdg.).

f) Über das Rechtsverhältnis zwischen dem Zessionar und dem Versicherer, zwischen dem Zessionar und dem Zedenten und zwischen dem Versicherungsnehmer und dem Versicherer Bruck 729 ff.

8. Verpfändung der Ansprüche aus der Lebensversicherung. 8.

a) Schrifttum: Bruck 733 ff.; Bruck-Dörstling 241 ff.

b) Verpfändbar sind die abtretbaren Rechte (Bem. 12 zu § 49).

c) Zu der Verpfändung befugt ist, wer zur Abtretung befugt ist. Der Versicherungsnehmer ist auch dann noch befugt, wenn eine widerrufliche Bezugsberechtigung begründet ist. Bei unwiderruflicher Bezugsberechtigung bedarf es der Zustimmung des Bezugsberechtigten; alsdann gehen die Rechte des Pfandgläubigers den Rechten des Bezugsberechtigten vor (RG. 4. 6. 09 VA. 1910* 10 Nr. 496). Ohne Zustimmung des unwiderruflich Bezugsberechtigten ist die Verpfändung gegenstandslos.

d) Der Verpfändungsvertrag ist an und für sich formfrei; das Verpfändungsgeschäft vollendet sich erst durch Anzeige an den Versicherer (§ 1280 BGB.). Die Anzeige muß nach § 16 Abs. 1 AllgTodesfallVersbdg. schriftlich erfolgen. Ist die Versicherung weder auf das Leben des Verpfänders noch auf das Leben des Pfandgläubigers, sondern auf das Leben eines Dritten abgeschlossen, so muß der Versicherte seine schriftliche Einwilligung erteilen (§ 16 Abs. 2 AllgTodesfallVersbdg.). Das ergibt sich auch durch sinngemäße Anwendung des § 159 Abs. 2 S. 1.

e) Über die durch die Verpfändung geschaffene Rechtslage im allgemeinen Bruck 737 ff. Nach Eintritt der Pfandreife ist ausschließlich der Pfandgläubiger berechtigt, die fällig gewordene Versicherungssumme einzuziehen, soweit sie zu seiner Befriedigung erforderlich ist (§ 1282 Abs. 1 BGB.). Zur Kündigung der noch nicht fälligen Versicherungsforderung ist der Pfandgläubiger nicht berechtigt (§ 1282 Abs. 2 BGB.), jedoch kann er sich dieses Recht verschaffen, wenn er sich die Versicherungsforderung vom Verpfänder an Zahlungsstatt abtreten läßt, wozu dieser nach Eintritt der Pfandreife gesetzlich verpflichtet ist (§ 1282 Abs. 1 S. 3 BGB.).

9. Pfändung der Ansprüche aus der Lebensversicherung. 9.

a) Schrifttum: Bruck 750 ff.; Bruck-Dörstling 252 ff.

b) Die Rechte des Versicherungsnehmers sind nicht höchstpersönlich, unterliegen daher grundsätzlich dem Zugriff seiner Gläubiger (RG. 23. 3. 91 Seuffert Bd. 47. 333 Nr. 225, 8. 4. 07 VA. 1908* 14 Nr. 357, LZ. 1907. 437; KG. 13. 3. 08 VA. 1908* 49 Nr. 381; LG. Berlin VA. 1910* 13 Nr. 497; OLG. Celle 22. 3. 12 VA. 1913* 15 Nr. 718; OLG. Stettin 18. 11. 12 VA. 1913* 16 Nr. 719; Bruck-Dörstling 88, Kirchmann LZ. 1912. 621. Anders Toop JR. 1926. 125). Unpfändbar sind die Ansprüche an Sterbekassen (Bem. 7 zu § 189).

c) Der Pfändung der Forderung auf die Versicherungssumme steht das Bedenken aus § 159 Abs. 2 S. 1 entgegen (Grimm HansRGZ. A. 1930. 257, 264). Pfändbar ist vor allem der Anspruch auf die Rückvergütung (über die Rechtslage, wenn eine Bezugsberechtigung besteht, Bem. 6 vor § 166). Über die Beschränkung der Pfändung § 77 Abs. 2 VAG. Das Kündigungsrecht (§ 165) kann nur zusammen mit dem Recht auf die Rückvergütung gepfändet werden.

d) Das Verfahren richtet sich nach §§ 828 ff. ZPO. Mit Zustellung des Pfändungsbeschlusses an den Versicherer gilt die Pfändung als bewirkt. Der Vollstreckungsgläubiger erlangt hierdurch ein Pfandrecht an der Forderung und somit grundsätzlich dieselbe Rechtsstellung wie der Pfandgläubiger, aber es bedarf noch eines gerichtlichen Überweisungsbeschlusses zur Einziehung der Forderung. Er ist nicht befugt zum Widerruf einer Bezugsberechtigung, er müßte sich dieses Recht besonders pfänden und überweisen lassen (Gößmann Z. 1909. 375). In der Pfändung selbst ist ein Widerruf der Bezugsberechtigung nicht enthalten. Unterläßt der Pfändungspfandgläubiger den Widerruf, so erwirbt der Bezugsberechtigte mit dem Tode des Versicherungsnehmers das Bezugsrecht unbeschwert mit dem Pfandrecht (RG. 25. 2. 30 Bd. 127. 269, VA. 1931. 10 Nr. 2104, JW. 1930. 3628, JR. 1930. 129). Der Vollstreckungsgläubiger ist ferner nicht befugt zur Kündigung und somit zur Erhebung der Rückvergütung, zur Umwandlung der prämienpflichtigen in eine prämienfreie Versicherung; er bedarf gleichfalls eines ihn hierzu ermächtigenden Pfändungs- und Überweisungsbeschlusses. Das Verfügungsrecht steht nach wie vor dem Versicherungsnehmer zu, jedoch darf er keine Verfügungen treffen, die das Recht des Vollstreckungsgläubigers beeinträchtigen, daher kann er zwar die Person des Bezugsberechtigten ändern, aber eine widerrufliche Bezugsberechtigung in eine unwiderrufliche nur mit der Maßgabe umgestalten, daß diese im Range dem Vollstreckungsgläubiger nachgeht. Bei Fälligkeit der Forderung müssen Versicherungsnehmer und Vollstreckungsgläubiger gemeinsam handeln; jeder kann allein nur Hinterlegung fordern. Eine Zahlung, die der Versicherer nach erfolgter Zustellung des Pfändungsbeschlusses ohne Kenntnis von ihr leistet, hat befreiende Wirkung, sofern er beweist, daß ihm die Pfändung tatsächlich unbekannt gewesen ist, weil sie, ordnungsgemäßen Geschäftsbetrieb vorausgesetzt, noch nicht aktenmäßig zur Kenntnis des mit der Auszahlung befugten Büros gelangt war (RGZ. Bd. 87. 416; § 407 BGB.).

Überweisung an Zahlungsstatt kann nur verlangt werden, insoweit ein Rückvergütungswert („Nennwert") vorhanden ist.

Durch Überweisung zur Einziehung erlangt der Vollstreckungsgläubiger nicht die Rechte eines Zessionars, sondern nur die Befugnis zur Einziehung der gepfändeten Forderung. Er kann somit eine widerrufliche Bezugsberechtigung widerrufen, die fällig gewordene Versicherungssumme allein in Empfang nehmen, aber nicht die Versicherung kündigen, umwandeln, beleihen. Hierzu bedarf er eines besonderen Überweisungsbeschlusses, sofern nicht alle Rechte des Versicherungsnehmers von ihm gepfändet und ihm überwiesen sind.

An Stelle der Überweisung kann eine andere Art der Verwertung der gepfändeten Versicherungsforderung zugelassen werden (§ 844 ZPO.), so die öffentliche Versteigerung. Ist die Übertragung der Versicherungsforderung nur mit Einwilligung des Versicherten zulässig (so § 16 Abs. 2 Allg. TodesfallVersbdg.), so muß der Versicherte mit der öffentlichen Versteigerung einverstanden sein. Der Ersteher erwirbt die gepfändete Forderung; stirbt der

Versicherte, so gehört ihm die Versicherungssumme (RG. 3. 4. 14 LZ. 1914. 1808).

e) Über die durch die Pfändung und Überweisung geschaffene Rechtslage Bruck 755 ff.

10. Krankenversicherung. 10.

a) Schrifttum: Bruck 645 und die dort Angeführten; Manes Z. 1930. 373; Prochownik JW. 1930. 3599; Ressel JR. 1932. 55; Schmidt JW. 1930. 3598.

b) Die Krankenversicherung ist die Versicherung, bei der sich der Versicherer zu gewissen Leistungen im Falle der Krankheit des Versicherungsnehmers verpflichtet. Der Regel nach pflegt auch ein sich in mäßigen Grenzen haltendes Sterbegeld gezahlt zu werden. Je nachdem, ob die Leistungen des Versicherers im voraus fest vereinbart sind (§ 1 Abs. 1 S. 2) oder ob der Versicherer nach dem Eintritt des Versicherungsfalls dem Versicherungsnehmer nur den dadurch verursachten Vermögensschaden nach Maßgabe des Vertrags zu ersetzen hat (§ 1 Abs. 1 S. 1), wird die Krankenversicherung nach dem System der abstrakten oder nach dem der konkreten Bedarfsdeckung betrieben (Bem. 2 zu § 1). Häufig ist in demselben Versicherungsverhältnis die eine Gruppe von Leistungen dem einen, die andere Gruppe dem anderen System unterstellt. Die Leistungen, denen der sozialen Krankenversicherung angenähert, bestehen in ärztlicher Behandlung, in Gewährung von Arzneien, von Heilmitteln (eine endgültige Prothese ist kein Heil- oder Hilfsmittel, sondern der abschließende Teil der Heilbehandlung [KG. 25. 6. 30 JR. 1930. 371]), in Übernahme der Kosten von Krankenhausbehandlung, von Operationen, in Wochenhilfe und in Sterbegeld.

c) Abgesehen von der Wochenhilfe und dem Sterbegeld, ist der Versicherungsfall die Krankheit. Ist der Begriff vertraglich nicht festgelegt, so kann zweifelhaft sein, wie er versicherungsrechtlich zu verstehen ist. Die Entscheidung der Frage ist um so bedeutsamer, weil gewöhnlich für Krankheiten, die bei dem materiellen Versicherungsbeginn bestehen oder vor dem Ablauf der Wartezeit eintreten, regelmäßig keine Leistung gewährt wird. Hierbei kann nicht ohne weiteres von der sozialen Krankenversicherung ausgegangen werden. So OLG. Köln 31. 12. 27 JR. 1928. 64, JW. 1928. 1755, VA. 1929. 23 Nr. 1804, 7. 11. 28 JR. 1929. 267.

Der Begriff der Krankheit ist nach objektiven, nicht nach subjektiven Gesichtspunkten zu bestimmen (Manes 382). Es ist nicht entscheidend, ob sich der Versicherungsnehmer krank fühlt, sondern ob objektive Merkmale körperlicher Unregelmäßigkeiten vorhanden sind. Auch bei der Krankenversicherung ist von der Gefahr als einem objektiv ungewissen Ereignisse auszugehen. Solange jedoch kein Bedarf für den Versicherungsnehmer durch ärztliche oder durch ähnliche Leistungen entsteht, ist der Versicherungsfall noch nicht eingetreten (KG. 12. 7. 30 VA. 1931. 183 Nr. 2150, JR. 1930. 401). Auf dem Standpunkt der objektiven Theorie stehen: KG. 11. 5. 29 JR. 1929. 264, VA. 1930. 306 Nr. 2059, 29. 6. 29 JR. 1929. 299, 24. 9. 30 JR. 1930. 420; OLG. Düsseldorf 6. 10. 27 VA. 1929. 22 Nr. 1803, JR. 1927. 315, 4. 6. 28 VA. 1929. 255 Nr. 1880, JR. 1928. 261, 27. 1. 30 JR. 1930. 86, 27. 2. 30 JR.

1930. 190, 23. 10. 30 VA. 1931. 245 Nr. 2203; OLG. München 15. 11. 29 VA. 1930. 306 Nr. 2060; OLG. Karlsruhe 19. 2. 30 JR. 1930. 189, VA. 1931. 23 Nr. 2111; OLG. Köln 7. 11. 28 JR. 1929. 267, VA. 1930. 19 Nr. 1932, 26. 11. 30 JR. 1931. 47, VA. 1931. 246 Nr. 2204, 3. 1. 31 JR. 1931. 57, 106, 4. 3. 31 JW. 1931. 1503; OLG. Frankfurt 11. 12. 30 JR. 1931. 47. Auf dem Standpunkt der subjektiven Theorie stehen: OLG. Frankfurt 19. 6. 29 JW. 1929. 2289, JR. 1929. 334, 11. 2. 31 JR. 1931. 261; OLG. München 15. 11. 29 JW. 1931. 1503, VA. 1930. 306 Nr. 2060. — Tabes dorsalis ist eine neue Krankheit, wenn sie auch die Folge einer früheren Syphilis ist (RG. 26. 4. 30 JR. 1930. 238). Erkrankung der linken Niere ist eine neue Krankheit gegenüber der früheren Erkrankung der rechten Niere (RG. 25. 11. 31 JR. 1932. 27). Paralyse ist keine eigene Erkrankung gegenüber der Lues (RG. 11. 11. 31 JR. 1932. 28). — Die mitversicherte Ehefrau braucht kein unmittelbares Forderungsrecht zu haben (OLG. Düsseldorf 18. 12. 30 JR. 1931. 106, VA. 1931. 247 Nr. 2205). — Erwerbsunfähigkeit liegt auch dann vor, wenn die Arbeitsunfähigkeit auf Neurose zurückzuführen ist (RG. 14. 6. 30 JR. 1930. 371).

§ 159. Die Lebensversicherung kann auf die Person des Versicherungsnehmers oder eines anderen genommen werden.

Wird die Versicherung für den Fall des Todes eines anderen genommen, so ist zur Gültigkeit des Vertrags die schriftliche Einwilligung des anderen erforderlich. Ist der andere geschäftsunfähig oder in der Geschäftsfähigkeit beschränkt und steht die Vertretung in den seine Person betreffenden Angelegenheiten dem Versicherungsnehmer zu, so kann dieser den anderen bei der Erteilung der Einwilligung nicht vertreten.

Nimmt der Vater oder die Mutter die Versicherung auf die Person eines minderjährigen Kindes, so bedarf es der Einwilligung des Kindes nur, wenn nach dem Vertrage der Versicherer auch bei Eintritt des Todes vor der Vollendung des siebenten Lebensjahrs zur Leistung verpflichtet sein soll und die für diesen Fall vereinbarte Leistung den Betrag der gewöhnlichen Beerdigungskosten übersteigt. Hat für solche Versicherungen die Aufsichtsbehörde einen bestimmten Höchstbetrag festgesetzt, so ist dieser an Stelle des Betrags der gewöhnlichen Beerdigungskosten maßgebend.

1. Schrifttum: Bruck 164 ff.; Bruck-Dörstling 15 ff.

2. I. Die Lebensversicherung kann wie die Unfallversicherung (§ 179 Abs. 1) auf die eigene Person des Versicherungsnehmers oder auf die Person eines anderen (Fremdversicherung) genommen werden (Abs. 1). Der andere ist der Versicherte im Gegensatz zu dem Versicherungsnehmer, dem Vertragsgegner des Versicherers; bei der Versicherung auf die eigene Person ist der Versicherungsnehmer zugleich auch der Versicherte.

Die Fremdversicherung setzt voraus, daß sich der Versicherungsfall in der Person des anderen ereignet, ohne daß auch dem anderen ein Anspruch auf die Geldleistung des Versicherers zustehen muß; der Anspruch verbleibt dem Versicherungsnehmer oder dem Bezugsberechtigten (§§ 166 ff.). Sie ist zu unterscheiden von dem Vertragsabschluß durch gesetzlichen oder rechtsgeschäftlich bestellten Vertreter im Namen und auf die Person des Vertretenen. Unterschreibt jemand nicht mit seinem Namen, sondern mit dem Namen des Versicherungsnehmers (Versicherten) den Antrag — hierzu kann er ermächtigt sein (RG. 3. 12. 26 JW. 1927. 10, VA. 1928. 6 Nr. 1663; RGZ. Bd. 74. 69) —, so liegt Versicherung auf die eigene Person des Versicherungsnehmers vor.

II. Die Fremdversicherung kann sein:

1. Erlebensfallversicherung: die Geldleistung des Versicherers ist fällig, wenn der Versicherte ein bestimmtes Ereignis (z. B. der Vater versichert sich gegen die Kosten der Studienzeit seines Sohnes) oder einen bestimmten Zeitpunkt erlebt. Sie ist unbeschränkt zulässig; es bestehen keine besonderen gesetzlichen Bestimmungen. 3.

2. Todesfallversicherung: die Geldleistung des Versicherers ist bei dem Tode des Versicherten fällig. Die rechtliche Wirksamkeit dieser Versicherungsart ist nicht durch das Vorhandensein eines berechtigten wirtschaftlichen Interesses des Versicherungsnehmers (Versicherung auf das Leben des Schuldners durch den Gläubiger; Versicherung auf das Leben des Sozius) oder bestimmter verwandtschaftlicher Beziehungen zwischen Versicherungsnehmer und Versicherten bedingt (Bruck, Das Interesse als Zentralbegriff, Wien 1931). 4.

a) Dagegen ist grundsätzlich die Einwilligung des Versicherten erforderlich (Abs. 2 S. 1). Seine schriftliche (§ 126 BGB.) Einwilligung muß im Zeitpunkt des formellen Versicherungsbeginns (Bem. 20 zu § 1) vorliegen, anderenfalls der Vertrag nichtig ist (RG. Bolze Bd. 7. 234; LG. Zwickau VA. 1928. 26 Nr. 1679). Sie kann gegenüber dem Versicherer oder dem Versicherungsnehmer erklärt werden. Bei kollektivistischer Versicherung von Vereins- oder Verbandsmitgliedern durch den Verein oder den Verband genügt eine Bestimmung in der Satzung nur, wenn das Mitglied die Satzung schriftlich anerkannt hat (VA. 1929. 166). Die Einwilligung ist ausdrücklich zu erteilen, eine allgemeine Vollmacht reicht nicht aus (OLG. Königsberg 6. 5. 19 Seuffert Bd. 75. 127 Nr. 75). 5.

b) Ist der Versicherte außerstande, seine Interessen selbst wahrzunehmen, so ist nach allgemeinen Rechtsgrundsätzen (§§ 105 ff. BGB.) die Mitwirkung seines gesetzlichen Vertreters notwendig. Dabei muß aber der an sich zur Vertretung bei der Einwilligung Berufene von der Vertretung ausgeschlossen sein, falls er selbst als Versicherungsnehmer beteiligt ist. Um jeden Zweifel, ob dieser Ausschluß und folgeweise die Notwendigkeit der Mitwirkung eines Pflegers schon durch §§ 181, 1630, 1686, 1795 BGB. sichergestellt ist, auszuschließen, ist ausdrücklich die Vertretungsmacht des Versicherungsnehmers aufgehoben (Abs. 2 S. 2), was von besonderer Bedeutung bei der Kindertodesfallversicherung ist (VA. 1907. 76). Es bedarf also der 6.

behördlichen Bestellung eines (Verhinderungs-) Pflegers (§ 1909 BGB.), dem die Erteilung der Einwilligung zusteht. Vormundschaftsgerichtliche Genehmigung des einzelnen Versicherungsvertrags ist nicht erforderlich.

7. c) Über weitere Bestimmungen zum Schutze des Versicherten §§ 170 Abs. 1, 176 Abs. 2 S. 2, 178; nach § 16 Abs. 2 AllgTodesfallVersbdg. bedarf es ferner der schriftlichen Einwilligung des Versicherten zu jeder Verfügung über die Rechte aus der Versicherung, insbesondere zur Abtretung und Verpfändung der Rechte (Bem. 7, 8 vor § 150). Eine Verfügung ist auch die Änderung des Bezugsberechtigten, nicht aber die Entnahme einer Vorauszahlung. Auch durch die Inhaberklausel (Bem. 13 zu § 3), die nur das Rechtsverhältnis zwischen Inhaber und Versicherer, nicht zwischen Versicherer und Versichertem regelt, kann der Inhaber ohne schriftliches Einverständnis des Versicherten nicht über die Rechte verfügen, sie insbesondere nicht abtreten und verpfänden.

8. b) Der Einwilligung des Minderjährigen bedarf es nicht und damit auch nicht der Bestellung eines Pflegers, wenn zwei Voraussetzungen erfüllt sind (Abs. 3):

α) Die Versicherung muß von Vater oder Mutter für den Fall des Todes ihres minderjährigen Kindes genommen sein. Diese Erleichterung tritt aber nur ein, wenn Vater oder Mutter, nicht wenn Stief-, Groß-Eltern oder der Vormund die Versicherung nehmen. Dagegen sind den leiblichen Eltern die Adoptiveltern gleichzustellen. Mit Rücksicht auf die Tendenz der Vorschrift ist zu fordern, daß Vater oder Mutter die Sorge für die Person des Kindes zusteht. Es bedarf daher der Einwilligung des Minderjährigen (Bestellung eines Pflegers) bei Verwirkung der elterlichen Gewalt (§§ 1680, 1686 BGB.), nicht aber, wenn die Mutter des unehelichen Kindes Versicherung auf das Leben des Kindes nimmt, oder wenn die elterliche Gewalt der ehelichen Mutter wegen eigener Minderjährigkeit ruht (§§ 1707, 1696 BGB.).

β) Die Versicherungssumme darf für den Fall, daß das versicherte Kind vor vollendetem siebenten Lebensjahr stirbt, nicht über die gewöhnlichen Beerdigungskosten hinausgehen (Abs. 3 S. 1). Die Vorschrift entspringt der Befürchtung, daß die Kindertodesfallversicherung zu verbrecherischen Spekulationen mißbraucht werden könnte (Bgr.). Bei Zuwiderhandlung tritt Nichtigkeit des Vertrags, nicht nur Herabsetzung der Versicherungssumme auf den Betrag der Beerdigungskosten, ein. Hat die Aufsichtsbehörde einen bestimmten Höchstbetrag als den gewöhnlichen Beerdigungskosten entsprechend erklärt (Abs. 3 S. 2), so hat die Festsetzung rechtsbegründende Kraft (AllgVorbem. 14). Von dem Reichsaufsichtsamt sind folgende Höchstbeträge zugelassen worden: 100 RM für das erste bis dritte Lebensjahr, 200 RM für das vierte und fünfte, 300 RM für das sechste und siebente Lebensjahr (VA. 1928. 128), 5000 RM für Kinder zwischen 7 und 14 Jahren (VA. 1925. 66). Ist für den Fall des Ablebens des Kindes die Zurückerstattung der Beiträge vorgesehen, so ist die Gewährung einer mäßigen Verzinsung der eingezahlten Beiträge neben der Rückgewähr der Beiträge nicht beanstandet worden, auch wenn die Rückgewähr nebst den Zinsen den für das

Sterbegeld festgesetzten Höchstbetrag übersteigt. Dagegen ist beanstandet worden, wenn der über die gezahlten Begräbniskosten von der Versicherungssumme verbleibende Überschuß erst nach Ablauf der vereinbarten Versicherungsdauer an die gesetzlichen Erben des versichert gewesenen Kindes ausgezahlt wird, da die betagte, aber unbedingte Forderung an den Versicherer sofort veräußerbar ist. Um eine Vereitelung der Absicht des Gesetzes durch Versicherung des Kindes bei mehreren Versicherern zu verhindern, ist eine besondere Frage in den Antragsschein aufzunehmen und unter Umständen eine Kürzung der Versicherungssumme herbeizuführen (VA. 1907. 76, 1909. 163, 1910. 17, 93). Daß im ersten Lebensjahr ein Sterbegeld überhaupt nicht gezahlt werden soll, kann nicht gefordert werden (OVG. 19. 2. 12 VA. 1912* 95 Nr. 686).

§ 160. Durch die Vereinbarung, daß derjenige, auf dessen Person eine Versicherung genommen werden soll, sich zuvor einer ärztlichen Untersuchung zu unterwerfen hat, wird ein Recht des Versicherers, die Vornahme der Untersuchung zu verlangen, nicht begründet.

Schrifttum: Bruck 157 ff. 1.

I. Vertrauensärztliche Untersuchung wird vielfach bei 2.
der Todesfallversicherung gefordert. Daß sich derjenige, auf dessen Person die Versicherung genommen werden soll, der ärztlichen Untersuchung unterwerfen muß, hat man auch früher nicht angenommen. Hingegen ist in dem vorgesetzlichen Recht vielfach üblich gewesen, von dem Versicherungsnehmer oder dem Versicherten, welcher der von ihm bei Antragstellung übernommenen Verpflichtung auf Vornahme einer vertrauensärztlichen Untersuchung nicht nachkommt, eine Vertragsstrafe zu verlangen, welche gewöhnlich in dem einfachen Betrage einer Jahresprämie oder in einem Bruchteile der vom Versicherer zu bewirkenden Kapitalleistung bestand; war die Vertragsstrafe zu hoch, so konnte sie von dem Gericht in Anwendung des § 343 BGB. herabgesetzt werden (OLG. Hamm 16. 10. 08 VA. 1909* 47 Nr. 452). Jedoch ist gelegentlich eine derartige Abmachung auch als Vergütung für die bisherige Tätigkeit des Versicherers aufgefaßt worden.

II. 1. Das geltende Recht versagt dem Versprechen, 3.
sich ärztlich untersuchen zu lassen, die Anerkennung und bewirkt hiermit, daß auch die für den Fall seiner Nichterfüllung getroffene Vereinbarung einer Vertragsstrafe unwirksam ist (§ 344 BGB.). Nach der bisherigen Meinung des Reichsaufsichtsamts soll es dem Geist der zwingenden Bestimmung des § 160 sogar widersprechen, wenn für den Fall der Weigerung, sich einer ärztlichen Untersuchung zu unterziehen, die Versicherung ohne ärztliche Untersuchung genommen werden muß (VA. 1913. 122); eine derartige Vereinbarung habe den Charakter einer Vertragsstrafe (VA. 1923. 43). Dieser zu weit gehenden Auffassung konnte nicht zugestimmt werden. Sie ist nunmehr von dem Reichsaufsichtsamt aufgegeben worden (VA. 1930. 160). Nur die ärztliche Untersuchung ist nicht erzwingbar, wohl aber kann sich der Versicherungs-

nehmer hilfsweise zum Abschluß einer Versicherung ohne ärztliche Untersuchung verpflichten.

4. 2. Aus der Unverbindlichkeit der Abrede auf Vornahme einer Untersuchung folgt, daß der Versicherer weder dem Versicherungsnehmer, noch dem zu Untersuchenden, noch dem Vermittelungsagenten (LG. II Berlin VA. 1931. 185 Nr. 2152), noch einem sonstigen Dritten schadensersatzpflichtig werden kann, wenn er die Untersuchung überhaupt nicht oder verspätet vornehmen läßt.

5. 3. Wird die Untersuchung nicht vorgenommen, so kann der Versicherer Ersatz seiner bisherigen Auslagen nur ausnahmsweise fordern, so wenn ein besonderes Abkommen hierüber zwischen den Parteien zustande gekommen ist. Das Reichsaufsichtsamt gestattet die Aufnahme einer solchen Verpflichtung in den Antragschein nur, wenn die Allgemeinen Versicherungsbedingungen hierzu die Möglichkeit geben (VA. 1910. 93, 1911. 90).

6. 4. Für körperliche Verletzungen gelegentlich der Untersuchung durch den Vertrauensarzt hat der Versicherer aufzukommen (OLG. Köln 8. 7. 05 VA. 1906* 99 Nr. 245, 16. 2. 07 VA. 1907* 57 Nr. 313; RG. 14. 2. 08 VA. 1908* 58 Nr. 388, 1. 10. 12 Wallmann Bd. 47. 489).

7. 5. Über die strafrechtliche Ahndung bei Täuschung von Versicherungsgesellschaften §§ 277—279 StGB.

8. 6. Die Wirksamkeit des Versicherungsantrags wird nicht dadurch berührt, daß der Versicherungsnehmer (Versicherte) den anläßlich der ärztlichen Untersuchung auszufüllenden Fragebogen nicht unterschreibt; ebenso ist für das Zustandekommen des Vertrags belanglos, wenn die ärztliche Untersuchung nicht sorgfältig vorgenommen ist (RG. 27. 11. 29 JW. 1930. 33).

9. III. Außer der untersuchenden (und begutachtenden) Tätigkeit von Ärzten kommen die Ärzte ferner zur Entgegennahme von Erklärungen auf bestimmte Fragen in Betracht. In dieser Beziehung ist die Stellung der Ärzte im wesentlichen die gleiche wie die des Agenten (Bem. 12 ff. zu § 43). Legt der Arzt unklare Fragen des Versicherers aus oder erteilt sachverständige Auskunft, so muß der Versicherer hierfür aufkommen (RG. 9. 5. 02 Praxis Bd. 1. 64, 11. 6. 12 LZ. 1912. 777, 6. 10. 16 Wallmann Bd. 51. 1465). Ist der Vertrauensarzt des Versicherers zugleich auch der Hausarzt des Versicherten, so liegt kein Verschulden des Versicherten vor, wenn er die Erteilung der Antworten dem Arzt überläßt.

10. IV. 1. Der die Untersuchung vornehmende Vertrauensarzt ist selbstverständlich von seiner Schweigepflicht gegenüber dem Versicherer, nicht auch dritten Personen, entbunden; bei Verletzung: § 823 Abs. 2 BGB., § 300 StGB.

11. 2. Sonstige Ärzte (Hausärzte) müssen ausdrücklich von ihrer Schweigepflicht entbunden werden. Die Entbindung von der Schweigepflicht ist eine Obliegenheit (OLG. Köln 22. 2. 28 JW. 1928. 284, VA. 1929. 221 Nr. 1874). Es genügt die Ermächtigung an den Versicherer zur Einholung von Auskünften (RG. 19. 6. 18 VA. 1919* 53 Nr. 1096). Die Ermächtigung kann nicht zurückgenommen werden. Das Ermächtigen ist ein höchstpersönliches Recht; es geht nicht

auf die Erben über (Schläger LZ. 1928. 1046, 1048). Über Gesundheitsverhältnisse von Angehörigen kann nur mit ihrer Ermächtigung Auskunft erteilt werden (Bauchwitz Z. 1912. 198). Über den Inhalt der Ermächtigung, die zeitlich begrenzt sein soll, VA. 1920. 3, 84, über die Auskunft über die Todesursache und den Verlauf der letzten Krankheit Bruck-Dörstling 52. Kraft Gesetzes ist die Schweigepflicht aufgehoben in § 9 des Gesetzes zur Bekämpfung der Geschlechtskrankheiten.

3. Über den Einfluß der Einholung ärztlicher Zeugnisse und Auskünfte auf die Dauer der Annahmefrist Bem. 17 zu § 1. 12.

V. Die Mitteilungsverbände der Lebens- und Unfallversicherer sind nicht zu beanstanden, wenn die Versicherungsnehmer ausdrücklich zur Nachfrage und Auskunftserteilung ermächtigen, aber die Versicherer dürfen die Auskünfte nicht an Dritte weitergeben (VA. 1911. 88), worunter jeder andere als Lebens- oder Unfallversicherer zu verstehen ist (VA. 1913. 85). 13.

VI. Versicherungen ohne vertrauensärztliche Untersuchung sind nur beschränkt gestattet (VA. 1926. 29). 14.

§ 161. Wird die Versicherung auf die Person eines anderen als des Versicherungsnehmers genommen, so kann vereinbart werden, daß in Ansehung des Rechtes des Versicherers, wegen Verletzung der dem Versicherungsnehmer bei der Schließung des Vertrags obliegenden Anzeigepflicht von dem Vertrage zurückzutreten, die Kenntnis und das Verhalten des anderen der Kenntnis oder dem Verhalten des Versicherungsnehmers gleichstehen soll.

Schrifttum: Bem. 1 zu § 16. 1.

I. 1. §§ 16—21 geben dem Versicherer nur Rechte, wenn der Versicherungs- 2. nehmer die vorvertragliche Anzeigepflicht verletzt hat. Bei der Fremdversicherung (vgl. § 179 Abs. 4) kann vereinbart werden, daß auch die Kenntnis und das Verhalten des Versicherten den Versicherer befugt, vom Vertrage zurückzutreten (Bem. 22 zu § 16). Von dieser Möglichkeit wird stets Gebrauch gemacht (§ 7 Abs. 1 AllgTodesfallVersbdg.). Auch das arglistige Verhalten des Versicherten wird immer dem arglistigen Verhalten des Versicherungsnehmers gleichgestellt (§ 7 Abs. 4 AllgTodesfallVersbdg.; Bem. 27, 28 zu § 16). — Entsprechende Anwendung bei Gefahrerhöhungen (§ 164) wäre möglich.

2. Ob sich der Versicherer auf die Kenntnis des Bezugs- 3. berechtigten von der Verletzung der Anzeigepflicht durch den Versicherungsnehmer berufen kann, hängt von den Umständen des einzelnen Falles ab. Kannte der Bezugsberechtigte die arglistige Täuschung oder mußte er sie kennen, so kann der Versicherer ihm gegenüber anfechten. Sind mehrere Bezugsberechtigte vorhanden, so wirkt die Anfechtung nur gegenüber demjenigen, der die Täuschung kannte oder kennen mußte (§ 123 Abs. 2 S. 2 BGB.).

II. § 161 ist nicht zwingend. 4.

§ 162. Ist das Alter desjenigen, auf dessen Person die Versicherung genommen werden soll, unrichtig angegeben worden und infolge der unrichtigen Angabe die Prämie zu niedrig bestimmt, so mindert sich die Leistung des Versicherers nach dem Verhältnis, in welchem die dem wirklichen Alter entsprechende Prämie zu der vereinbarten Prämie steht. Das Recht, wegen Verletzung der Anzeigepflicht von dem Vertrage zurückzutreten, steht dem Versicherer nur zu, wenn das wirkliche Alter außerhalb der Grenzen liegt, welche durch den Geschäftsplan für den Abschluß von Verträgen festgesetzt sind.

1. Schrifttum: Bem. 1 zu § 16.

2. I. Das Lebensalter desjenigen, auf dessen Person die Versicherung genommen ist (Versicherter), ist einer der wichtigsten Faktoren, nach denen sich Leistung und Gegenleistung bestimmen; das Verhältnis beider zueinander läßt sich, wenn das Alter feststeht, mit Hilfe der technischen Unterlagen, deren sich der Versicherer bedient, ermitteln. Eine falsche Altersangabe kann zur Folge haben, daß die Prämie zu hoch oder zu niedrig bestimmt wird. An sich könnte der Versicherer bei schuldhafter Verletzung der Anzeigepflicht zurücktreten (§ 17), bei unverschuldeter Verletzung die entsprechende höhere Prämie nachfordern (§ 41). § 162 gibt eine Sondervorschrift, wenn infolge falscher Altersangabe eine zu niedrige Prämie berechnet worden ist.

3. II. 1. Ist infolge falscher Altersangabe die Prämie zu niedrig bemessen, so könnte die Richtigstellung des Fehlers durch entsprechende Erhöhung der Prämie und Nachzahlung des entsprechenden Prämienunterschiedes nebst Zinsen, oder durch entsprechende Kürzung der Versicherungssumme oder Rente, oder durch Verbindung beider Verfahren, oder durch Umrechnung der Versicherungsdauer (z. B. Verschiebung des Auszahlungstermins vom 50. auf das 55. Lebensjahr) erfolgen. S. 1 entscheidet sich zwingend (§ 172) für Verminderung der Geldleistung des Versicherers in dem Verhältnis, in welchem die dem wirklichen Alter entsprechende Tarifprämie zu der vereinbarten Tarifprämie steht. Nach § 12 Abs. 3 AllgTodesfallVersBdg. wird die Versicherungssumme gemäß dem Prämienunterschied unter Abrundung auf den nächstniedrigeren durch 10 ohne Rest teilbaren Betrag herabgesetzt. Das Recht des Versicherers, die Minderung geltend zu machen, ist nicht von dem Verschulden des Anzeigepflichtigen abhängig, ebensowenig ist es zeitlich beschränkt. Der Versicherer kann daher auch noch nach Auszahlung der Versicherungssumme, der Rückvergütung usw. das zuviel Geleistete zurückfordern, sofern die fünfjährige Verjährungsfrist (§ 12 Abs. 1) nicht abgelaufen ist. Der Berechnung sind nicht die jeweiligen, sondern die bei dem formellen Versicherungsbeginn (Bem. 20 zu § 1) in Geltung gewesenen Tarife zugrunde zu legen. Maßgebend ist die Tarifprämie; ein auf sie gewährter Rabatt oder ein Risikozuschlag bleiben außer Ansatz.

4. 2. Ist infolge falscher Altersangabe die Prämie zu hoch bemessen, so ist der Versicherer nach §§ 812 ff. BGB. zur Herabsetzung der

zukünftigen Prämien und zur Herausgabe des Unterschiedes der beiden Deckungskapitalien (ungerechtfertigte Bereicherung) verpflichtet. Auf Anregung des Reichsaufsichtsamts (VA. 1910. 93) ist eine diese Rechtsfolgen ausdrücklich angebende Bestimmung in § 12 Abs. 3 AllgTodesfallVersbdg. aufgenommen worden.

3. Liegt das wirkliche Lebensalter des Versicherten außerhalb der durch den Geschäftsplan des Versicherers gezogenen Grenzen, so ist davon auszugehen, daß der Versicherer bei Kenntnis des wirklichen Alters den Vertrag nicht abgeschlossen haben würde. Infolgedessen bekommt der Versicherer neben dem Minderungsrechte (S. 1) das sich aus den allgemeinen Vorschriften der §§ 16—21 ergebende Rücktrittsrecht (S. 2). Seine Ausübung setzt im Gegensatz zu der des Minderungsrechtes Verschulden des Anzeigepflichtigen voraus. Trotz Rücktritt verbleibt dem Versicherer die Prämie nach § 40 Abs. 1, er ist jedoch zur Erstattung der Rückvergütung nach §§ 176, 177 verpflichtet. Die Rückvergütung wird aus der Versicherungssumme berechnet, die dem wirklichen Lebensalter entspricht. Liegt kein Verschulden des Anzeigepflichtigen vor, so kann der Versicherer unter Einhaltung einer Kündigungsfrist von einem Monat (§ 41 Abs. 2) innerhalb des sich nach § 41 Abs. 3 S. 2 bestimmenden Zeitraums kündigen. Von dem Minderungsrecht wird der Versicherer Gebrauch machen, wenn er wegen mangelnden Verschuldens des Anzeigepflichtigen (§§ 16 Abs. 3, 17 Abs. 2) oder wegen Zeitablaufs (§§ 20 Abs. 1, 163) nicht zurücktreten kann. — Der Begriff des Geschäftsplans ergibt sich aus §§ 5, 11 VAG. Ob der Versicherer für ein bestimmtes Eintrittsalter Versicherungen abschließt, ist regelmäßig aus seinen Tarifen zu ersehen. Sollte es an einem hierüber Bestimmung treffenden Geschäftsplane fehlen, so ist auf die sonstigen für den Geschäftsbetrieb maßgebenden Grundsätze zurückzugehen. 5.

III. Die sich aus der unrichtigen Altersangabe des Versicherten ergebenden besonderen Rechtsfolgen schließen im allgemeinen die Geltendmachung sonstiger Rechte seitens beider Vertragsteile aus, so können insbesondere weder Versicherer noch Versicherungsnehmer wegen Irrtums anfechten (RG. 21. 12. 09 VA. 1910* 7 Nr. 494). Anfechtung wegen arglistiger Täuschung bleibt möglich (§ 22; § 123 BGB.). 6.

IV. § 162 ist zugunsten des Versicherungsnehmers zwingend (§ 172). 7.

§ 163. Wegen einer Verletzung der dem Versicherungsnehmer bei der Schließung des Vertrags obliegenden Anzeigepflicht kann der Versicherer von dem Vertrage nicht mehr zurücktreten, wenn seit der Schließung zehn Jahre verstrichen sind. Das Rücktrittsrecht bleibt bestehen, wenn die Anzeigepflicht arglistig verletzt worden ist.

Schrifttum: Bem. 1 zu § 16. 1.

I. Da es in der Lebensversicherung für den Versicherer abgesehen von dem Lebensalter fast nur auf den Gesundheitszustand desjenigen ankommt, auf dessen Person die Versicherung genommen ist, so pflegt eine Verletzung der vorvertraglichen Anzeigepflicht im Laufe der Zeit 2.

ihre Bedeutung zu verlieren (Bgr.). Je älter der Versicherte wird, desto mehr erweist der nicht oder nicht richtig angezeigte Umstand seine Unerheblichkeit.

3. II. 1. Wegen Verletzung der vorvertraglichen Anzeigepflicht kann der Versicherer nicht zurücktreten, wenn seit dem formellen Versicherungsbeginn eines neuen, abgeänderten oder wieder in Kraft gesetzten Vertrags (Bem. 20 zu § 1) zehn Jahre verstrichen sind (S. 1). Diese Frist pflegt von den Versicherern herabgesetzt zu werden, so auf drei Jahre von § 7 Abs. 2c AllgTodesfallVersbdg., oftmals wird auch diese Frist noch verkürzt. Die Frist, deren Berechnung sich aus §§ 187 Abs. 1, 188 Abs. 2, 193 BGB. ergibt, ist eine gesetzliche oder vertragliche Ausschlußfrist. Innerhalb der Frist muß die Rücktrittserklärung dem Rücktrittsempfänger ohne Rücksicht darauf zugegangen sein, wann der Versicherungsfall eingetreten ist. Nach Ablauf der Frist kann der Versicherer nicht mehr zurücktreten (RG. 5. 5. 11 LZ. 1911. 942), auch nicht wegen Irrtums anfechten (RG. 21. 12. 09 VA. 1910* 7 Nr. 494; JW. 1910. 155). Für die Frage, inwieweit eine Verletzung der Anzeigepflicht vorliegt, ist auch das Verhalten desjenigen, auf dessen Person die Versicherung genommen worden ist, überall da von Bedeutung, wo gemäß § 161 vereinbart worden ist, daß sein Verhalten dem des Versicherungsnehmers gleichstehen soll.

4. 2. Nach Ablauf der zehnjährigen oder der an ihre Stelle tretenden vereinbarten kürzeren Frist bleibt der Versicherer zum Rücktritt befugt, wenn die Anzeigepflicht arglistig verletzt ist (S. 2; § 22; §§ 123 BGB., 7 Abs. 4 AllgTodesfallVersbdg.; Bem. 27 zu § 16). Infolgedessen ist die Bezeichnung „unanfechtbare Versicherung, Police“ (RG. 29. 10. 89 Bd. 25. 169; Fuld HansRZ. 1918. 587) bedenklich.

5. III. § 163 ist zugunsten des Versicherungsnehmers zwingend (§ 172). Die zehnjährige Frist kann nicht verlängert werden. Dagegen könnte der Versicherer auf das Rücktrittsrecht bei Verletzung der vorvertraglichen Anzeigepflicht verzichten oder sich das Rücktrittsrecht nur für den Fall arglistiger Verletzung vorbehalten (VA. 1910. 94).

§ 164. Als Erhöhung der Gefahr gilt nur eine solche Änderung der Gefahrumstände, welche nach ausdrücklicher Vereinbarung als Gefahrerhöhung angesehen werden soll; die Erklärung des Versicherungsnehmers bedarf der schriftlichen Form.

Eine Erhöhung der Gefahr kann der Versicherer nicht mehr geltend machen, wenn seit der Erhöhung zehn Jahre verstrichen sind. Der Versicherer bleibt jedoch zur Geltendmachung befugt, wenn die Pflicht, seine Einwilligung einzuholen oder ihm Anzeige zu machen, arglistig verletzt worden ist.

1. Schrifttum: Bem. 1 zu § 23.

2. I. Nach vorgesetzlichem Recht sollte zwar der Anspruch auf die Geldleistung des Versicherers von dem Versicherten nicht durch ängstliche Verkümmerung jeder Freiheit seines Verhaltens erkauft werden müssen (RG. 4. 5. 87 Bd. 18. 142,

18. 6. 95 Gruchot Bd. 39. 995), aber Verwirkung trat ein, wenn sich der Versicherte der Gefährlichkeit seiner Handlungsweise bewußt war (RG. 20. 1. 05 VA. 1905* 49 Nr. 119 [Trunksucht]).

II. 1. Das Gesetz (Abs. 1) geht davon aus, daß eine Änderung der Umstände, die nach den allgemeinen Vorschriften der §§ 23—29 an sich eine Gefahrerhöhung bilden würde, als solche gleichwohl nur in Betracht kommt, soweit es ausdrücklich vereinbart ist. Der schriftlichen Zustimmung des Versicherungsnehmers — Schriftlichkeit wird mit Rücksicht auf die Tragweite der Erklärung verlangt — wird auch dann genügt, wenn die diesbezüglichen Bestimmungen in die Allgemeinen Versicherungsbedingungen aufgenommen sind, denen sich der Versicherungsnehmer schriftlich unterwirft. 3.

2. Von der durch § 164 eröffneten Möglichkeit pflegt kein Gebrauch gemacht zu werden. Besondere Risiken, wie Kriegs-, Klima-, Berufs-, Verkehrs-Gefahr (VA. 1927. 124), werden von vornherein gar nicht oder nur mit bestimmter Begrenzung übernommen (Ausschlußklauseln); oftmals ist der Aufenthalt in allen Teilen der Erde ohne jede Beschränkung gestattet („Weltpolice"; VA. 1909. 159, 165, 1910. 94; § 9 AllgTodesfallVersbdg.). 4.

3. Keinesfalls darf der Versicherer die Gefahrerhöhung mehr geltend machen, wenn seit der Erhöhung zehn (vgl. auch § 163) Jahre verstrichen sind; nur bei arglistiger (Bem. 27 zu § 16) Verletzung der Pflicht, die Einwilligung des Versicherers einzuholen oder ihm Anzeige zu machen, bleibt der Versicherer zur Geltendmachung befugt (Abs. 2). 5.

III. § 164 ist zugunsten des Versicherungsnehmers zwingend (§ 172). Für die Erlebensfallversicherung ist § 164 ganz bedeutungslos. § 164 gilt nach § 10 Abs. 2 Gesetz vom 20. Dezember 1911, RGBl. 985, für Krankenversicherungsvereine (VA. 1913. 117). 6.

§ 165. Sind laufende Prämien zu entrichten, so kann der Versicherungsnehmer das Versicherungsverhältnis jederzeit für den Schluß der laufenden Versicherungsperiode kündigen.

Ist eine Kapitalversicherung für den Todesfall in der Art genommen, daß der Eintritt der Verpflichtung des Versicherers zur Zahlung des vereinbarten Kapitals gewiß ist, so steht das Kündigungsrecht dem Versicherungsnehmer auch dann zu, wenn die Prämie in einer einmaligen Zahlung besteht.

Schrifttum: Bruck 256 ff. 1.

I. Von jeher hat in der Lebensversicherung der Grundsatz gegolten, daß der Versicherungsnehmer nicht gezwungen werden kann, den Vertrag durchzuhalten, denn die für den Abschluß und die Fortsetzung einer Lebensversicherung ausschlaggebenden Umstände, vor allem die eigene Leistungsfähigkeit und die persönlichen Beziehungen zu anderen, sind in besonderem Maße einem Wechsel unterworfen (Bgr.). Daher wird dem Versicherungsnehmer selbst bei Verpflichtung zu mehrjähriger Prämienzahlung ein Kündigungsrecht gewährt. 2.

3. II. 1. Die Voraussetzungen des Kündigungsrechtes sind verschieden: jeder Lebensversicherungsvertrag ist kündbar, wenn laufende Prämien (Bem. 4 vor § 35) zu entrichten sind (Abs. 1). Kapitalversicherungen für den Todesfall mit unbedingter Leistungspflicht des Versicherers (Bem. 6 vor § 159) sind bei laufender Prämienzahlung und bei einmaliger Prämienzahlung (Bem. 4 vor § 35) kündbar (Abs. 2). Somit sind nicht kündbar Lebensversicherungsverträge mit bedingter Leistungspflicht des Versicherers, wenn eine einmalige Prämie zu entrichten ist; jedoch kann auch für diese Versicherungsart das Kündigungsrecht vertraglich vorgesehen werden (Besserstellung des Versicherungsnehmers § 172). Bei Tarifen mit monatlicher Prämienzahlung kann vereinbart werden, daß der Versicherungsnehmer erst nach Zahlung der ersten zwölf Monatsprämien zu kündigen in der Lage ist; für die ersten zwölf Monate gilt das Jahr, später der Monat als Versicherungsperiode (VA. 1931. 166).

4. 2. Kündigungsberechtigter ist der Versicherungsnehmer, nicht der Prämienschuldner als solcher, bei mehreren Versicherungsnehmern im Zweifel ein jeder von ihnen hinsichtlich seines Anteils (§ 420 BGB.), liegt Gesamtgläubigerschaft vor (§ 428 BGB.) alle gemeinschaftlich. Mit dem Tode des oder der Versicherungsnehmer geht bei der Fremdversicherung das Kündigungsrecht auf die Rechtsnachfolger über. Der Zessionar ist zur Kündigung berechtigt, kann jedoch dem Zedenten gegenüber zur Unterlassung der Kündigung verpflichtet sein (RG. 8. 4. 07 LZ. 1907. 437). Der Pfandgläubiger ist zur Kündigung nicht befugt; der Versicherungsnehmer ist aber an die Zustimmung des oder der Pfandgläubiger gebunden (§ 1276 BGB.). Der Vollstreckungsgläubiger kann nur auf Grund eines ihn hierzu ermächtigenden Pfändungs- und Überweisungsbeschlusses kündigen. Nicht kündigungsberechtigt sind der Versicherte, der nicht zugleich der Versicherungsnehmer ist, und der Bezugsberechtigte.

5. 3. Der an und für sich kündbare Vertrag kann auch nur teilweise gekündigt werden; jede über die Grenzen des § 226 BGB. hinausgehende Beschränkung verbietet § 172.

6. III. 1. Die Kündigung ist eine rechtsgestaltende, an und für sich formfreie, empfangsbedürftige Willenserklärung.

7. 2. Sie kann jederzeit, spätestens am letzten Tage der jeweils laufenden Versicherungsperiode (§ 9), erfolgen, also auch vor dem materiellen Versicherungsbeginn (Bem. 2 zu § 38) und noch während des Laufes der letzten Versicherungsperiode. Eine Kündigung vor oder gleichzeitig mit dem Antrag auf Abschluß des Vertrags gilt als Widerruf des Antrags, eine nach Antragstellung, aber vor dem formellen Versicherungsbeginn (Bem. 20 zu § 1) oder dem materiellen Beginn erfolgte Kündigung wirkt zum Schluß der ersten Versicherungsperiode, sofern nicht sofortige Wirkung besonders vereinbart ist. Bei Versicherungen mit festem Auszahlungstermin (Bem. 5 vor § 159) kann auch zwischen dem Tode des Versicherten und dem Fälligkeitstage der Versicherungssumme gekündigt werden. Bei der mit der Lebensversicherung verbundenen Invaliditätszusatzversicherung wird oftmals die selbständige Kündigung nur der Zusatz-

versicherung für die letzten vier bis fünf Jahre vertraglich ausgeschlossen, weil gegen ihren Ablaufstermin hin die Prämienreserven dieser Zusatzversicherung negativ werden (VA. 1910. 94).

3. Empfänger der Kündigungserklärung ist der Versicherer; zu ihrer 8.
Entgegennahme ist der Vermittelungsagent befugt (§ 43 Nr. 2; Ausnahme § 47).

4. Die Kündigung muß eindeutig erklärt werden; das Unterlassen 9.
rechtzeitiger Prämienzahlung genügt nicht. — Widerruf der Kündigung ist nach § 130 BGB. zulässig.

5. Die Kündigung ist formfrei, wird aber regelmäßig an die schriftliche 10.
Form gebunden (§ 172 S. 2; Bem. 10 zu § 158).

6. Die Kündigung wirkt zeitlich ohne weiteres für den Schluß der 11.
laufenden Versicherungsperiode, und zwar ohne Unterschied, ob laufende Prämien oder eine einmalige Prämie zu entrichten sind, oder ob es sich um eine prämienfreie Versicherung (§§ 174, 175) handelt. Ihre Wirkung kann auf einen späteren Zeitpunkt, aber immer nur auf den Schluß einer Versicherungsperiode vorgesehen werden. Sondervereinbarungen über einen beliebigen anderen Zeitpunkt sind zulässig. Über die Regelung in § 5 Abs. 1 AllgTodesfallVersbdg. Bruck-Dörstling 103.

7. Die sachlichen Wirkungen der Kündigung: 12.

a) In jedem Fall hört die materielle Versicherungsdauer (Bem. 4 zu § 7) in dem Zeitpunkt, in dem die Kündigung wirksam wird, auf. Der Versicherungsnehmer kann aus Gründen, die in der Person des Versicherers liegen, später nicht mehr zurücktreten (RG. 19. 6. 17 LZ. 1917. 1347).

b) Bei Versicherungen mit laufender Prämienzahlung geht der Anspruch des Versicherers auf Prämienzahlung mit Schluß der zur Zeit des Wirksamwerdens der Kündigung laufenden Versicherungsperiode unter. Die bis dahin fällig gewordenen oder fällig werdenden Prämien hat der Prämienschuldner noch zu zahlen.

c) Bei Versicherungen mit unbedingter Leistungspflicht des Versicherers (Bem. 6 vor § 159) bietet die Kündigung zugleich das Mittel, das Verfügungsrecht über den aus den Prämienzahlungen gebildeten Rückvergütungswert zur Geltung zu bringen (§§ 173, 176—178).

IV. § 165 ist zugunsten des Versicherungsnehmers zwingend (§ 172). Dörst- 13.
ling HansRGZ. A. 1930. 77 unterscheidet nach dem Zweck der Kündigungserschwerung. Wird die Vereinbarung nur zu dem Zweck der Erhaltung des Versicherungsbestandes getroffen, dann sei sie unwirksam, so z. B. könne nicht ausbedungen werden, daß, wenn der Versicherer dem Versicherungsnehmer ein hypothekarisch gesichertes Darlehn gewährt hat, die Darlehnsforderung sofort fällig und eine Konventionalstrafe zu entrichten sei, falls der Versicherungsnehmer von dem Kündigungsrecht des § 165 Gebrauch mache. Dagegen solle die Vereinbarung rechtswirksam sein, wenn sie nur den Zweck verfolgt, den Lebensversicherer in seiner Eigenschaft als Kreditgeber zu schützen.

Vorbemerkungen vor §§ 166—168.

1. 1. Schrifttum: Bruck 459; Bruck-Dörstling 211; Kühlmorgen, Lebensversicherung zugunsten Dritter, Leipzig 1927; W. und H. Silberschmidt JR. 1930. 341.

2. I. Die §§ 166—168, die nach § 180 auch für die Unfallversicherung gelten, haben nicht die Bedeutung zwingender Bestimmungen, sondern bieten durch Vereinbarung der Parteien abänderbare Rechtssätze und Auslegungsregeln.

II. Dem Gesetz ist die sich aus § 15 AllgTodesfallVersbdg. ergebende Unterscheidung zwischen widerruflicher und unwiderruflicher Bezugsberechtigung unbekannt. Seine §§ 166—168 beziehen sich nur auf die widerrufliche Bezugsberechtigung.

3. A. 1. Die widerrufliche Bezugsberechtigung, d. h. die Befugnis des Versicherungsnehmers, einen Bezugsberechtigten zu bezeichnen, eine vorhandene Bezeichnung zu ändern oder zu widerrufen, ist ein Gestaltungsrecht, das nicht höchstpersönlich ist (RG. 13. 2. 14 VA. 1914* 78 Nr. 831, LZ. 1914. 955, 25. 2. 30 Bd. 127. 269, VA. 1931. 10 Nr. 2104, JW. 1930. 3628, JR. 1930. 129).

4. 2. Träger der Befugnis ist der Versicherungsnehmer. Sind mehrere Versicherungsnehmer vorhanden, so ist im Zweifel ein jeder von ihnen hinsichtlich seines Anteils befugt (§ 420 BGB.), bei Gesamtgläubigerschaft (§ 428 BGB.) muß die Befugnis gemeinsam ausgeübt werden. Ist der Träger minderjährig, so bedarf er zum Widerruf der Bezugsberechtigung nicht der Genehmigung des gesetzlichen Vertreters (§ 107 BGB.), wohl aber zur Neubezeichnung oder Änderung (ausgenommen im Falle des § 332 BGB.). Ist eine Ehefrau Trägerin, so ist sie bei Gütertrennung unbeschränkt in der Ausübung der Befugnis, bei Verwaltungs- und Nutznießungsgemeinschaft und bei Zugehörigkeit der Versicherung zum eingebrachten Gut bedarf sie der ehemännlichen Einwilligung (§ 1398 BGB.). Diese ist nicht erforderlich, wenn die Bezugsberechtigung für den Todesfall eines der beiden Ehegatten erfolgt, da im Zeitpunkt des Wirksamwerdens der Verfügung (Tod des Ehegatten) die Ehe bereits aufgelöst ist, also nicht mehr über eingebrachtes Gut verfügt wird. Der Ehemann kann bei einer zum Vermögen der Ehefrau gehörenden Versicherung nur mit Zustimmung der Ehefrau die Bezugsberechtigung treffen, ändern, widerrufen (§ 1375 BGB.).

5. Ist die Versicherungsforderung teilweise abgetreten, so kann der Versicherungsnehmer nur noch insoweit einen Bezugsberechtigten bezeichnen, als die Forderung nicht abgetreten ist. Der Zessionar kann, insoweit ihm die Forderung zusteht, einen Bezugsberechtigten bezeichnen, diese Bezeichnung ändern, insbesondere widerrufen. Wird die Forderung auf den Versicherungsnehmer zurückübertragen, dann muß die Bezugsberechtigung von neuem begründet werden (teilweise anders Dörstling ZVW. 1915. 213).

6. Ist die Versicherungsforderung verpfändet, so kann der Versicherungsnehmer eine Bezugsberechtigung nur insoweit noch bestellen, als hierdurch nicht das Recht des Pfandgläubigers beeinträchtigt wird. In der Mitteilung von

der Verpfändung, die dem Versicherer zugehen muß (§ 1280 BGB.), liegt der stillschweigende Widerruf der Bezugsberechtigung (vgl. RG. 25. 2. 30 Bd. 127. 269, 272, BA. 1931. 10 Nr. 2104, JW. 1930. 3628, JR. 1930. 129).

Ist die Versicherungsforderung **gepfändet**, so muß der Vollstreckungsgläubiger die Bezugsberechtigung widerrufen, wenn die Aussicht des Bezugsberechtigten auf den Erwerb des Anspruchs auf die Versicherungsforderung gegenstandslos werden soll. In der Pfändung selbst ist der Widerruf der Bezugsberechtigung nicht enthalten (RG. 25. 2. 30 Bd. 127. 269 und an den angeführten Stellen). 7.

In dem **Konkurse** über das Vermögen des Trägers der Befugnis geht seine Ausübung auf den Konkursverwalter über, der die angeordnete Bezugsberechtigung widerrufen kann (RG. 13. 2. 14 BA. 1914* 78 Nr. 831, LZ. 1914. 955). 8.

3. Die Bezeichnung der Bezugsberechtigung, die Änderung, insbesondere der Widerruf einer vorhandenen Bezugsberechtigung kann für die **ganze Versicherungssumme oder für einen Teil von ihr** vorgenommen werden. Bei **gemischten Versicherungen** (Bem. 5 vor § 159) kann die Bezugsberechtigung (Änderung, Widerruf) auf den Todesfall des Versicherten (Versicherungsnehmers) beschränkt bleiben, so daß sich der Versicherungsnehmer für den Erlebensfall das Empfangsrecht der Geldleistung des Versicherers vorbehält. Durch die Bezeichnung eines unwiderruflichen Bezugsberechtigten für den Todesfall verliert der Versicherungsnehmer die Verfügung über seine Rechte, insoweit sie das Recht des unwiderruflich Bezugsberechtigten durchkreuzen. Er behält nur das Recht, einen anderen Bezugsberechtigten für den Erlebensfall bezeichnen zu können. Auch eine Verpfändung oder Zwangsvollstreckung ist nutzlos, solange nicht feststeht, ob im Todes- oder Erlebensfall gezahlt werden wird. 9.

4. Die Bezeichnung (Änderung, Widerruf) der Bezugsberechtigung ist (so ausdrücklich § 15 Abs. 1 S. 1 AllgTodesfallVersbdg.) an und für sich eine empfangsbedürftige Willenserklärung, die dem Versicherer gegenüber zu erklären ist (§ 328 BGB.). Nach der herrschenden Ansicht ist die Bezugsberechtigung ein Vertrag zugunsten eines Dritten: aus dem Lebensversicherungsvertrag zu eigenen Gunsten wird ein Lebensversicherungsvertrag zu fremden Gunsten. Es ist kein Begriffsmerkmal des Vertrags zugunsten eines Dritten, daß der Dritte das ihm zugedachte Recht sofort erwerben muß, sondern der Rechtserwerb kann auch befristet und/oder bedingt sein. 10.

Bei den Verträgen zugunsten Dritter ist im allgemeinen das Verlangen, daß eine Leistung an einen Dritten gefordert wird, eine Vertragsbedingung, die der Schuldner nach freiem Belieben annehmen oder ablehnen kann. Der Begründung (Änderung, Widerruf) einer Bezugsberechtigung kann und darf der Versicherer nicht widersprechen, da er kein berechtigtes Interesse für seinen ablehnenden Standpunkt haben kann. Es bleibt sich für ihn ganz gleich, an wen er die ihm obliegende Geldleistung auskehrt. Auch aus § 166 geht hervor, daß es der Zustimmung des Versicherers — allerdings nur im Zweifel — nicht bedarf. Es handelt sich somit um einen eigentümlich gestalteten „Vertrag“:

der Versicherer ist zu der Annahme der Offerte des Versicherungsnehmers (die Leistung an einen Dritten zu bewirken oder die Leistung an einen anderen Dritten zu bewirken unter Widerruf des Rechtes des ersten Dritten oder die Leistung wieder an den Versicherungsnehmer zu bewirken unter Widerruf der Bezugsberechtigung) verpflichtet. Solche „Verträge", bei denen der eine Teil sich von vornherein zu der Annahme von Offerten des anderen Teils verpflichtet („Offertverträge"), kommen im Versicherungsrecht häufiger, so insbesondere bei der laufenden einseitig obligatorischen Rückversicherung, vor (vgl. auch RGZ. Bd. 121. 30, Leipziger Schiedsgericht 8. 11. 30 HansRGZ. A. 1931. 101). Wenn aber der Vertragsgegner, der Versicherer, von vornherein gebunden ist, die Offerte des Versicherungsnehmers anzunehmen, so entspricht es der Ökonomie des Rechts, auch eine nicht empfangsbedürftige Willenserklärung als ausreichend anzusehen (OLG. Hamburg 13. 7. 31 HansRGZ. A. 1931. 597; vgl. auch § 332 BGB.). Die Bezeichnung (Änderung, Widerruf) der Bezugsberechtigung dem Versicherer gegenüber hat nur Legitimationsbedeutung. Der Versicherer will nach Eintritt des Versicherungsfalls wissen, an wen er zu zahlen hat, ein Zweck, der auch durch die Inhaberklausel (Bem. 13 zu § 3) bereits erreicht wird; außerdem kann der Versicherer notfalls hinterlegen (§ 372 S. 2 BGB.). Kann man bei einem Offertvertrag auf den Zugang der Entschließung des Vertragsgegners (des Versicherungsnehmers) verzichten, so kann man nicht auf die Kundgebung der Entschließung des Vertragsgegners verzichten (RGZ. Bd. 121. 36). Mithin reicht es aus, wenn der Wille des Versicherungsnehmers (Bestellung, Änderung, Widerruf der Bezugsberechtigung) klar zum Ausdruck gelangt ist. Es ist aber nicht notwendig, daß sein Wille gerade dem Versicherer gegenüber erklärt sein muß. Zu demselben Ergebnis, daß die Benennung und der Widerruf der Bezugsberechtigung keine empfangsbedürftigen Willenserklärungen sind, kommen auch W. und H. Silberschmidt, jedoch mit ganz anderer Begründung.

11. 5. Die widerrufliche Bezugsberechtigung ist eine der Voraussetzungen für den Erwerb des Anspruchs auf die Geldleistung des Versicherers durch den Dritten; als weitere Voraussetzung muß der Eintritt des Versicherungsfalles hinzukommen.

12. 6. Solange der Versicherungsfall noch nicht eingetreten ist, hat der Bezugsberechtigte nur eine Anwartschaft ähnlich wie der Vermächtnisnehmer vor Eintritt des Erbfalles. Infolgedessen kann der Bezugsberechtigte über sein „Recht" nicht verfügen (OLG. Dresden 18. 2. 10 Seuffert Bd. 65. 317 Nr. 165), er kann es nicht abtreten, verpfänden usw., es kann von seinen Gläubigern nicht gepfändet werden, auch in steuerlicher Hinsicht gehört es nicht zu seinem Vermögen (Reichsabgabenordnung § 147). Stirbt der Bezugsberechtigte vor Eintritt des Versicherungsfalles, oder wird das Recht von ihm aus einem sonstigen Grunde nicht erworben, so gilt § 168. Auch nach der Bezeichnung des Bezugsberechtigten behält der Versicherungsnehmer die unumschränkte Verfügungsmacht über die Forderung (OLG. München 4. 3. 16 Rspr. Bd. 32. 224): er kann die Bezeichnung ändern, widerrufen, die Forderung abtreten, verpfänden, das Widerrufsrecht kann gepfändet werden (RG. 13. 2. 14 VA. 1914* 78 Nr. 831,

LZ. 1914. 955, 25. 2. 30 Bd. 127. 269 und an den angeführten Stellen), ohne daß der Bezugsberechtigte irgendwelche Rechte hat.

Der Versicherer braucht sich vor Eintritt des Versicherungsfalles um die widerrufliche Bezugsberechtigung nicht zu kümmern, insbesondere ist er nicht verpflichtet, den Bezugsberechtigten zu mahnen, zu kündigen.

7. Mit Eintritt des Versicherungsfalles wird aus der 13.
Anwartschaft des Bezugsberechtigten ein Recht auf die Geldleistung des Versicherers, und zwar erwirbt der Bezugsberechtigte das Recht unmittelbar gegen den Versicherer. Seine Ansprüche richten sich nicht gegen den Nachlaß des Versicherungsnehmers (§ 330 BGB.; RG. 3. 6. 02 Bd. 51. 403, 4. 6. 09 Bd. 71. 324, 8. 10. 12 Bd. 80. 175, 20. 11. 19 Recht 1920 Nr. 606). Das Recht wächst dem Bezugsberechtigten auch ohne Kenntnis zu, ohne daß es irgendeiner Erklärung seinerseits bedarf. Obschon der Erwerb des Bezugsberechtigten originär ist, entstammt das Recht aus dem zwischen Versicherungsnehmer und Versicherer abgeschlossenen Versicherungsvertrag. Infolgedessen kann der Versicherer Einwendungen aus dem Vertrage auch dem Bezugsberechtigten gegenüber geltend machen (§ 334 BGB.), mithin kann er namentlich wegen Verletzung der vorvertraglichen Anzeigepflicht zurücktreten, ferner das Zurückbehaltungsrecht geltend machen (OLG. Hamburg 14. 5. 12 Rspr. Bd. 28. 161), mit Prämienforderungen an den Versicherungsnehmer — selbstverständlich auch mit Prämienforderungen an den Bezugsberechtigten selbst, die dieser als Gesamtrechtsnachfolger des Versicherungsnehmers zu erfüllen hat — aufrechnen. Dagegen kann der Versicherer dem Bezugsberechtigten gegenüber nicht aufrechnen mit einer Prämienforderung, die dem Versicherer gegenüber dem Versicherungsnehmer aus einem anderen Versicherungsvertrag zusteht (Ehrenberg JW. 1927. 553). Hat der Versicherer auf Grund eines nichtigen Vertrages an den Bezugsberechtigten eine Leistung bewirkt, dann ist sie nach § 813 BGB. zurückforderbar (RG. 27. 4. 15 Warneyer 1915 Nr. 163).

B. 1. Die unwiderrufliche Bezugsberechtigung, d. h. 14.
der sofortige Rechtserwerb des Bezugsberechtigten unter Wegfall des Widerrufs- und Änderungsrechtes des Versicherungsnehmers, ist von dem Versicherungsnehmer (Bem. 4) und dem Versicherer zu vereinbaren (Bem. 10). Es kommt weniger auf die Unwiderruflichkeit als auf den sofortigen Rechtserwerb an. § 15 Abs. 1 S. 4 AllgTodesfallVersBdg. fordert die auf Antrag des Versicherungsnehmers vorzunehmende Vermerknahme auf dem Versicherungsschein (Bruck-Dörstling 225).

2. Ist die Bezugsberechtigung unwiderruflich, dann kann der Versicherungs- 15.
nehmer nicht mehr Leistung an sich, sondern nur noch an den Bezugsberechtigten verlangen. Der Versicherungsnehmer ist nicht mehr imstande — es sei denn an den Bezugsberechtigten selbst — die Rechte aus dem Vertrage abzutreten, zu verpfänden; diese können von den Gläubigern des Versicherungsnehmers nicht gepfändet werden, sie gehören nicht in seine Konkursmasse (RG. 19. 12. 92 Seuffert Bd. 48. 452 Nr. 284, 13. 2. 14 VA. 1914* 78 Nr. 831; KG. 11. 7. 11 VA. 1911* 94 Nr. 619). Stirbt der Bezugsberechtigte vor Eintritt des Versicherungsfalles, dann treten seine Erben an seine Stelle (RG. 18. 12. 91 Seuffert

Bd. 48. 206 Nr. 128). Der Versicherungsnehmer bleibt aber nach wie vor Vertragspartei, er kann alle Gestaltungsrechte (mit Ausnahme der Bezeichnung eines Bezugsberechtigten) ausüben, wie kündigen (§ 165), umwandeln (§ 174), Vorauszahlung (Bem. 12 zu § 176) fordern, nur ihm gegenüber kann der Versicherer mahnen, kündigen, zurücktreten, anfechten. Wird durch Ausübung der Gestaltungsrechte eine Geldleistung des Versicherers (Rückvergütung § 176, Vorauszahlung) fällig, dann ist zu ihrer Entgegennahme nicht der Versicherungsnehmer, sondern der Bezugsberechtigte befugt. — Die Rechtsstellung des Bezugsberechtigten ist die gleiche wie die des widerruflich Bezugsberechtigten nach Eintritt des Versicherungsfalles (Bem. 13). Er kann seine Rechte abtreten, verpfänden, sie können von seinen Gläubigern gepfändet, zur Konkursmasse gezogen werden.

Der Versicherer hat alle Geldleistungen dem Bezugsberechtigten gegenüber zu bewirken, sofern er nicht von der Inhaberklausel (Bem. 13 zu § 3) Gebrauch macht.

16. III. Innerhalb und außerhalb des Konkursverfahrens über das Vermögen des Versicherungsnehmers unterliegt namentlich die Bezeichnung eines Bezugsberechtigten der Anfechtung. Die Bezeichnung eines Bezugsberechtigten stellt sich gewöhnlich als unentgeltliche Verfügung dar (RG. 25. 3. 30 Bd. 128. 187, VA. 1931. 11 Nr. 2105, JR. 1930. 167). Ist die Bezugsberechtigung widerruflich und der Versicherungsfall noch nicht eingetreten, so hat der Konkursverwalter die Möglichkeit, durch ihren Widerruf die Wirkungen der Bezugsberechtigung wieder aufzuheben (Bem. 8). Ist die Bezugsberechtigung unwiderruflich, so ist sie bei Erfüllung der Voraussetzungen der §§ 31, 32 KO. bzw. § 3 Nr. 1, 3, 4 des Anfechtungsgesetzes anfechtbar. Die Anfechtung nach § 31 KO., § 3 Nr. 1 Anfechtungsgesetz ist in jedem Fall zulässig. In den übrigen Fällen ist die Anfechtung, abgesehen von den sonstigen Voraussetzungen, nur zulässig, wenn die Bezugsberechtigung erst nach Abschluß des Versicherungsvertrags vorgenommen worden ist, mag sie auch bereits bei Vertragsabschluß vorbehalten worden sein (RG. 10. 11. 05 Bd. 62. 46, 24. 5. 07 Bd. 66. 158, VA. 1908* 10 Nr. 356; OLG. Stuttgart 30. 6. 05 VA. 1907* 42 Nr. 301; OLG. Hamburg 1. 11. 15 VA. 1916* 8 Nr. 912); anfechtbar kann auch die Umstellung einer widerruflichen in eine unwiderrufliche Bezugsberechtigung sein. Nicht anfechtbar ist die namentliche Änderung des Bezugsberechtigten. Der Umfang der Konkursmasse vermindert sich, da der Bezugsberechtigte die Geldleistung des Versicherers nach dem Eintritt des Versicherungsfalls erhielte. Durch die Anfechtung des Konkursverwalters wird der Bezugsberechtigte zur Rückgabe des Empfangenen an die Konkursmasse verpflichtet (§ 37 KO.). Das bedeutet, daß der Bezugsberechtigte den bereits empfangenen Geldbetrag zurückzugeben oder auf seine Rechte zugunsten der Konkursmasse zu verzichten hat.

§ 166. Bei einer Kapitalversicherung ist im Zweifel anzunehmen, daß dem Versicherungsnehmer die Befugnis vorbehalten ist, ohne Zustimmung des Versicherers einen Dritten als Bezugsberechtigten zu bezeichnen sowie an die Stelle des so bezeichneten Dritten einen anderen zu setzen. Die Befugnis des Versicherungsnehmers, an die Stelle des bezugsberechtigten Dritten einen anderen zu setzen, gilt im Zweifel auch dann als vorbehalten, wenn die Bezeichnung des Dritten im Vertrag erfolgt ist.

Schrifttum: Bem. 1 vor § 166. 1.

I. 1. Nach der Auslegungsregel des § 166 hat der Versicherungsnehmer einer Kapitalversicherung (auf den Todes- oder den Erlebensfall, auf die Person des Versicherungsnehmers oder eines anderen) jederzeit die Möglichkeit, einen Dritten widerruflich als Bezugsberechtigten zu bezeichnen, die Bezeichnung dieses Dritten zurückzunehmen und entweder einen anderen Dritten an dessen Stelle zu setzen (S. 1) oder — was entsprechend anzunehmen sein wird — überhaupt keine Verfügung mehr über die Bezugsberechtigung zu treffen. Im Zweifel gilt der Versicherungsnehmer selbst dann als berechtigt, an die Stelle des Bezugsberechtigten einen anderen zu setzen, wenn der Versicherungsvertrag von vornherein bereits zugunsten eines bestimmten Dritten abgeschlossen ist (S. 2). Zur Ausübung seines Rechtes bedarf der Versicherungsnehmer im Zweifel nicht der Zustimmung des Versicherers. 2.

2. Inhaltlich muß die Erklärung so gehalten sein, daß sie den Willen des Versicherungsnehmers, eine Bezugsberechtigung zu begründen, zu widerrufen, zu ändern, erkennen läßt. In der Angabe des Antrags „Versorgung der Hinterbliebenen" liegt keine Bezeichnung eines Bezugsberechtigten (OLG. Düsseldorf 13. 2. 11 VA. 1911* 90 Nr. 617; anders RG. 13. 10. 11 VA. 1913* 11 Nr. 716). 3.

3. Vgl. Bem. 9 ff. vor § 166. 4.

§ 167. Soll bei einer Kapitalversicherung die Leistung des Versicherers nach dem Tode des Versicherungsnehmers erfolgen und ist die Zahlung an die Erben ohne nähere Bestimmung bedungen, so sind im Zweifel diejenigen, welche zur Zeit des Todes als Erben berufen sind, nach dem Verhältnis ihrer Erbteile bezugsberechtigt. Eine Ausschlagung der Erbschaft hat auf die Berechtigung keinen Einfluß.

Ist der Fiskus als Erbe berufen, so steht ihm ein Bezugsrecht im Sinne des Abs. 1 Satz 1 nicht zu.

Schrifttum: Bem. 1 vor § 166. 1.

I. Die Bezeichnung des widerruflich Bezugsberechtigten erfolgt oftmals in weitem zeitlichen Abstand von dem Augenblick, in dem die Bezugsberechtigung ihre Wirkung äußern soll. Da sich in der Zwischenzeit vielerlei ändern kann, so entstehen leicht Zweifel über die Person desjenigen, dem die Versicherungssumme zufallen soll. Zur Beseitigung der Zweifel gibt § 167 Aus- 2.

legungsregeln für Kapitalversicherungen auf den Todesfall. Auf sie ist zurückzugreifen, sofern nicht der Wille des Versicherungsnehmers irgendwie auf andere Weise zu ermitteln ist. Insbesondere können in Betracht kommen: Erklärungen gegenüber dem Agenten (RG. 11. 5. 00 JW. 1900. 496), die Tatsache der bevorstehenden Verheiratung, Äußerungen gegenüber Verwandten (RG. 13. 10. 11 VA. 1913* 11 Nr. 716), Umstände, die außerhalb des Versicherungsvertrags liegen (RG. 19. 11. 09 JW. 1910. 72). Der Versicherer muß den Willen des Versicherungsnehmers gelten lassen (RG. 5. 1. 06 Bd. 62. 259, VA. 1906* 47 Nr. 206). Lassen sich die Zweifel nicht einwandfrei beseitigen, dann ist der Versicherer zur Hinterlegung befugt (§§ 372 ff. BGB.), zumal er nicht wissen kann, welches Material zur Auslegung noch beigebracht werden wird (RG. 15. 6. 11 VA. 1911* 92 Nr. 618; RG. 7. 12. 21 VA. 1923* 10 Nr. 1238).

3. II. 1. Hat der Versicherungsnehmer die Zahlung der Versicherungssumme an die Erben ohne nähere Bestimmung bedungen, so nahm die Rechtsprechung auf Grund des vorgesetzlichen Rechtes an, daß die Erben aus dem Nachlasse die Versicherungssumme erwerben; diese konnte also von den Nachlaßgläubigern beansprucht und zur Nachlaßkonkursmasse gezogen werden (RG. 26. 1. 94 Bd. 32. 162). Nur in besonders liegenden Fällen, wenn beispielsweise die Bezeichnung lautete „an die legitimierten Erben des Versicherten unter Ausschluß der Nachlaßgläubiger und des Fiskus" (RG. 5. 1. 06 Bd. 62. 259, VA. 1906* 47 Nr. 206; OLG. Kassel 29. 6. 06 VA. 1906* 106 Nr. 249), gelangte man zu der gegenteiligen Auslegung (RG. Bolze Bd. 10 Nr. 515). Die Versicherung „zugunsten der Familie", „der Hinterbliebenen" wurde anders behandelt. Die Familienangehörigen als solche galten als bezugsberechtigt (ObLG. München 11. 6. 01 Seuffert Bd. 56. 446 Nr. 248). Später trat ein Wechsel in der Rechtsprechung ein. Man erklärte es als Auslegungsfrage, ob die Erben als Universalrechtsnachfolger oder als Dritte, durch ihre Berufung als Erben nur der Person nach näher bestimmt, gemeint seien (RG. 5. 1. 06 Bd. 62. 259, VA. 1906* 47 Nr. 206, 19. 11. 09 VA. 1910* 9 Nr. 495).

Das Gesetz (Abs. 1 S. 1) nimmt im Zweifel als Willen des Versicherungsnehmers an, daß der Anspruch auf die Versicherungssumme keinen Bestandteil des Nachlasses bildet, sondern den betreffenden Personen unmittelbar als Bezugsberechtigten zustehen soll, infolgedessen fällt der Anspruch nicht in den Nachlaß, ist den Nachlaßgläubigern entzogen und gehört bei Nachlaßkonkurs nicht zur Konkursmasse. Kommen mehrere Erben in Betracht, so sollen diejenigen bezugsberechtigt sein, die zur Zeit des Todes als Erben berufen sind, und zwar nach Verhältnis ihrer Erbteile (Abs. 1 S. 1; § 2066 S. 1 BGB.). Welche Personen berufene Erben sind, bestimmt sich nach BGB.; der nach § 2344 BGB. Erbunwürdige wird durch den an seiner Stelle berufenen Erben ersetzt (Bgr.). An und für sich würde daher auch § 1953 BGB. zur Anwendung zu bringen sein. Man kann jedoch annehmen, daß die sich hieraus ergebende Folge mit dem mutmaßlichen Willen des Versicherungsnehmers nicht im Einklange steht (Bgr.); sie müßte besonders vereinbart werden, anderenfalls hat die Ausschlagung der Erbschaft, etwa wegen Überschuldung, auf die Bezugsberechtigung keinen Einfluß (Abs. 1 S. 2). Dieselben Auslegungsregeln haben zu gelten, wenn die Erbfolge testamentarisch bestimmt ist; die Quote des Erbrechtes bestimmt den Anteil des einzelnen Bezugsberechtigten.

Nächste Erben bezeichnen Witwe und Kinder (RG. 19. 11. 09 VA. 1910* 9 Nr. 495), ebenso auch Hinterbliebene, Angehörige, Familie (RG. 29. 2. 04 Recht 1904 Nr. 2594; OLG. Stuttgart 17. 3. 08 Rspr. Bd. 16. 371). Unter „Kindern" sind im Zweifelsfalle nicht Abkömmlinge entfernteren Grades zu verstehen (OLG. Nürnberg 8. 10. 30 JR. 1931. 44, VA. 1931. 251 Nr. 2208). Hat der Versicherungsnehmer seine Rechtsnachfolger bezeichnet, so ist anzunehmen, daß die Versicherungssumme zum Nachlaß gehört (RG. 15. 6. 11 VA. 1911* 92 Nr. 618; ObLG. München 8. 1. 15 Rspr. Bd. 33. 232; OLG. Hamburg 22. 6. 06 VA. 1906* 89 Nr. 237; OLG. Darmstadt 22. 12. 15 Rspr. Bd. 33. 232), nicht bei Fürsorge für die eventuellen Hinterbliebenen (RG. 13. 10. 11 VA. 1913* 11 Nr. 716). Ist die Ehefrau als bezugsberechtigt bezeichnet, so gilt bei Wiederverheiratung nach dem Tode der ersten Frau oder bei Scheidung die zweite als bezugsberechtigt (RG. Bolze Bd. 4 Nr. 782, Bd. 8 Nr. 521; § 2077 BGB.). Die Bezeichnung des Inhabers, Überbringers, Präsentanten des Versicherungsscheins als bezugsberechtigt bedeutet nichts anderes, als daß der Versicherer berechtigt, aber nicht verpflichtet ist, an den Inhaber des Scheins zu leisten (§ 4 Abs. 1), im übrigen ist die Bezeichnung gegenstandslos (anders Wien ObGH. Seuffert Bd. 43. 447 Nr. 292). 4.

2. Ist der Fiskus als Erbe berufen, dann hat er ähnlich wie in §§ 2104, 2149 BGB. kein Bezugsrecht im Sinne des Abs. 1, sondern er erwirbt die Versicherungsleistung immer nur als Bestandteil des Nachlasses (Abs. 2). Das Gegenteil könnte vereinbart sein, z. B. wenn der Fiskus als Testamentserbe berufen ist. Dem Fiskus stehen nach landesgesetzlicher Vorschrift Körperschaften, Stiftungen oder Anstalten des öffentlichen Rechtes gleich (Art. 138 EGBGB.). 5.

III. Über die rückwirkende Kraft des § 167 Dörstling Masius 1919. 157. 6.

§ 168. Wird bei einer Kapitalversicherung das Recht auf die Leistung des Versicherers von dem bezugsberechtigten Dritten nicht erworben, so steht es dem Versicherungsnehmer zu.

Schrifttum: Bem. 1 vor § 166. 1.

I. § 168, der wie § 166 für Kapitalversicherungen jeder Art gilt, entscheidet die Frage, wem das Recht auf die Leistung des Versicherers zufällt, wenn es der widerruflich Bezugsberechtigte zurückweist (§ 333 BGB.) oder aus irgendeinem anderen Grunde nicht erwirbt. 2.

1. Zurückweisung kann bei widerruflicher Bezugsberechtigung nur nach Eintritt des Versicherungsfalles in Frage kommen, da der Bezugsberechtigte vorher noch kein Recht hat. Die Zurückweisung muß gegenüber dem Versicherer erklärt werden; sie ist so lange möglich, als nicht der 3.

Bezugsberechtigte das Recht ausdrücklich dem Versicherer gegenüber oder durch schlüssige Handlungen angenommen hat. — Bei unwiderruflicher Bezugsberechtigung kann der Bezugsberechtigte auch vor Eintritt des Versicherungsfalls das Recht zurückweisen.

4. 2. Nichterwerb des Rechtes tritt bei widerruflicher Bezugsberechtigung ein, wenn der Bezugsberechtigte vor Eintritt des Versicherungsfalles stirbt, oder wenn vor diesem Zeitpunkt die bezugsberechtigte Ehefrau, Braut infolge Scheidung der Ehe, Auflösung der Verlobung aus der familienrechtlichen Stellung ausscheidet (gegebenenfalls tritt die zur Zeit des Versicherungsfalles vorhandene Ehefrau, Braut an ihre Stelle). — Bei unwiderruflicher Bezugsberechtigung geht das Recht des vor eingetretenem Versicherungsfall verstorbenen Bezugsberechtigten auf seine Erben über, es verbleibt der Ehefrau, Braut trotz Scheidung der Ehe oder Auflösung der Verlobung.

5. 3. Ist der Bezugsberechtigte bei Eintritt des Versicherungsfalles noch nicht geboren, so behält der Nasciturus das Recht in jedem Falle bei unwiderruflicher Bezugsberechtigung, aber auch bei widerruflicher Bezugsberechtigung kann ihm der Erbe des Versicherungsnehmers das Recht nur entziehen, wenn die Befugnis dazu vorbehalten worden ist (§ 331 Abs. 2 BGB.). — Wird der widerruflich oder unwiderruflich Bezugsberechtigte nicht geboren, oder ist der Tatbestand des § 170 Abs. 2 gegeben, dann fällt das Recht an den Versicherungsnehmer bzw. in seinen Nachlaß.

§ 169. Bei einer Versicherung für den Todesfall ist der Versicherer von der Verpflichtung zur Leistung frei, wenn derjenige, auf dessen Person die Versicherung genommen ist, Selbstmord begangen hat. Die Verpflichtung des Versicherers bleibt bestehen, wenn die Tat in einem die freie Willensbestimmung ausschließenden Zustande krankhafter Störung der Geistestätigkeit begangen worden ist.

1. Schrifttum: Bruck 656 ff.; Bruck-Dörstling 155.

2. I. Mit dem Selbstmorde führt der Versicherungsnehmer, wenn auf sein Leben die Versicherung genommen ist, oder der Versicherte (bei der Fremdversicherung; Bem. 2 zu § 159) den Versicherungsfall vorsätzlich herbei; es ist nur schlüssig, daß alsdann der Versicherer leistungsfrei wird. Über die rechtliche Natur des dem Versicherten auferlegten Verhaltens Bem. 4 zu § 61.

3. II. 1. Selbstmord ist jede mit Absicht ausgeführte unmittelbare Tötung der eigenen Person, also nicht Tötung durch eigene Unvorsichtigkeit (RG. 4. 5. 87 Bd. 18. 142). Der Tötung steht der Versuch mit tötlichem Ausgange gleich. Als Selbstmord gilt die auf gemeinsamem Entschlusse beruhende Selbsttötung mehrerer Personen selbst dann, wenn nur eine von ihnen handelt (der Ehemann tötet zunächst die versicherte Ehefrau, dann sich selbst; RG. Bolze Bd. 8 Nr. 523). Ebenso ist als Selbstmord im Sinne des § 169 (Bem. 4 zu § 170) aufzufassen,

wenn der zum Selbstmord Entschlossene sich von einem anderen töten läßt (§ 216 StGB.; RB. I. 126).

2. Der Versicherer hat zu beweisen, daß Selbstmord vorliegt. 4.
Der Beweis gilt als erbracht, wenn sich der Selbstmord oder die gleichgestellte Handlung auch nur als höchstwahrscheinlich nachweisen läßt (RG. 14. 1. 85 Bd. 15. 338, 14. 3. 11 LZ. 1911. 558; OLG. Jena 5. 10. 08 Praxis Bd. 3. 221). Der Nachweis von dolus eventualis, d. h. Bewußtsein der Möglichkeit der Todesfolge etwa beim Sprung aus dem Fenster, genügt nicht (KG. 5. 3. 30 JR. 1930. 206). Dem Ansprucherhebenden steht, selbst wenn der Versicherer die Wahrscheinlichkeit nachgewiesen hat, der Gegenbeweis offen.

3. Bei Selbstmord des Versicherungsnehmers bzw. bei Fremdversicherung 5.
des Versicherten ist der Versicherer leistungsfrei. Sind die Voraussetzungen der §§ 173, 176, 177 erfüllt, so hat er die Rückvergütung an den zu erstatten, dem der Anspruch auf die Versicherungssumme zustehen würde, wenn sie fällig geworden wäre. Regelmäßig pflegt aber vertraglich vorgesehen zu sein, daß der Versicherer zur Leistung der Versicherungssumme verpflichtet bleibt, wenn der Selbstmord begangen wird, nachdem die Versicherung bereits eine gewisse Zeit (Wartezeit), die ein bis zwei Jahre beträgt, bestanden hat, wobei bei einer Nachversicherung im Zweifel die Dauer der Vorversicherung einzurechnen ist (OLG. Frankfurt 3. 11. 25 VA. 1927. 29 Nr. 1545). Das Reichsaufsichtsamt hat in ständiger Übung aus berechtigten Gründen daran festgehalten, daß die Wartezeit mindestens ein Jahr betragen muß, um vorsätzliche Schädigung des Versicherers auszuschließen. Nur ganz ausnahmsweise hat es gestattet, daß von jeder Wartezeit Abstand genommen wird (VA. 1928. 126). Es gestattet ferner, daß bei Selbstmord im ersten Versicherungsjahr ein Teil der Versicherungssumme zur Auszahlung gelangt (VA. 1929. 113). Über das Selbstmordrisiko im allgemeinen VA. 1932. 98; Moldenhauer VersPraxis 1931. 109. — Nach § 10 Abs. 2 AllgTodesfallVersbdg. beläuft sich die Wartezeit auf zwei Jahre (VA. 1903. 111, 1906. 59, 1907. 119, 1913. 94, 1915. 124); sie beginnt mit dem Ausstellungstage des Versicherungsscheins.

III. 1. Bei Selbsttötung ist der Versicherer zur Zahlung 6.
der Versicherungssumme verpflichtet ohne Rücksicht auf den Zeitpunkt der Selbsttötung. Selbsttötung ist gegeben, wenn der Versicherungsnehmer bzw. bei Fremdversicherung der Versicherte die Tat in einem die freie Willensbestimmung ausschließenden Zustande krankhafter Störung der Geistestätigkeit begangen hat (S. 2; § 104 Nr. 2 BGB.). Es genügt, daß die Störung nur eine ihrer Natur nach vorübergehende war. Oftmals werden vertraglich schwere körperliche Leiden der Geisteskrankheit gleichgestellt.

2. Der Anspruchsberechtigte hat zu beweisen, daß Un- 7.
zurechnungsfähigkeit im Augenblick der Tat vorlag (RG. 30. 6. 03 Praxis Bd. 2. 279; OLG. Hamm 5. 12. 27 JR. 1928. 174; KG. 21. 9. 27 JR. 1927. 347, 6. 7. 29 JR. 1929. 330). Es genügt, daß nach den Erfahrungen der Wissenschaft aus den Umständen auf das Vorliegen der Willensunfreiheit geschlossen werden kann (KG. 4. 5. 29 JR. 1929. 246).

8. IV. § 169, der mit der bisherigen Praxis der Gerichte übereinstimmt (ROHG. Bd. 18. 210; RG. 8. 4. 81 Bd. 4. 156; OLG. Celle 3. 3. 97 Seuffert Bd. 53. 88 Nr. 45), ist zugunsten des Versicherungsnehmers zwingend (§ 172).

9. V. Das Gesetz ordnet die übrigen Fälle nicht, in denen der Versicherungsnehmer (der Versicherte) infolge eines ihm zuzurechnenden Verhaltens sein Leben verliert, so infolge Zweikampfes, der Verurteilung zur Todesstrafe (ROHG. Bd. 14. 435), der Tötung im Raufhandel oder bei Gelegenheit einer vorsätzlich verübten rechtswidrigen Handlung (z. B. der Versicherungsnehmer wird beim Wildern erschossen). Insoweit herrscht Vertragsfreiheit. Gewöhnlich übernehmen die Versicherer die Verpflichtung zur Leistung bei Zweikampf (vorbehaltlich der Bestimmung in § 170 Abs. 1); Vollstreckung der Todesstrafe bildet keine Ausnahme mehr (VA. 1909. 165). Ist nichts vereinbart, so ist der Versicherer nicht frei.

§ 170. Ist die Versicherung für den Fall des Todes eines anderen als des Versicherungsnehmers genommen, so ist der Versicherer von der Verpflichtung zur Leistung frei, wenn der Versicherungsnehmer vorsätzlich durch eine widerrechtliche Handlung den Tod des anderen herbeiführt.

Ist bei einer Versicherung für den Todesfall ein Dritter als Bezugsberechtigter bezeichnet, so gilt die Bezeichnung als nicht erfolgt, wenn der Dritte vorsätzlich durch eine widerrechtliche Handlung den Tod desjenigen, auf dessen Person die Versicherung genommen ist, herbeiführt.

1. Schrifttum: Bruck-Dörstling 171; Bem. 1 zu § 61.

2. I. Der Gefahr eines Mißbrauches der auf den Tod eines anderen genommenen Versicherung zu unerlaubten Zwecken (§ 159 Abs. 2 S. 1) wird dadurch entgegengewirkt, daß der Versicherer leistungsfrei ist, wenn der Versicherungsnehmer vorsätzlich und widerrechtlich den Tod des anderen herbeiführt.

3. 1. Nach dem Wortlaut des Abs. 1 ist nur der Tatbestand erfaßt, wenn die Versicherung auf das Leben eines anderen genommen wird, dem Sinne nach muß ebenso behandelt werden, wenn der Versicherungsnehmer die Rechte aus einer auf sein eigenes Leben abgeschlossenen Versicherung abtritt, verpfändet oder die Rechte gepfändet werden und der Zessionar, Pfandgläubiger oder Vollstreckungsgläubiger den Versicherungsnehmer vorsätzlich widerrechtlich tötet.

4. 2. Die Tötung muß vorsätzlich erfolgt sein. Grobe Fahrlässigkeit genügt nicht; es kann aber auch für diesen Fall die Befreiung des Versicherers vereinbart werden. Der Vorsatz hat sich nach dem klaren Wortlaut sowohl auf die widerrechtliche Handlung als auch auf die Herbeiführung des Todes zu erstrecken. Vorsätzliche Körperverletzung mit tötlichem Ausgang erfüllt den Tatbestand nicht; vertraglich kann auch dieser Tatbestand einbezogen werden. Die Handlung muß ferner widerrechtlich sein. Tötung in Notwehr befreit den Versicherer nicht. Hiervon kann das Gegenteil nicht vereinbart werden.

Die Tötung auf eigenes Verlangen des anderen (§ 216 StGB.) fällt unter § 170 und unter § 169. Demnach liegt vorsätzliche, widerrechtliche Tötung in den Fällen der §§ 206, 211, 212, 216 StGB. vor. Anstifter, Gehilfen, überhaupt alle an dem Verbrechen Beteiligten stehen dem Täter gleich; die strafrechtlichen Begriffe sind nicht maßgebend.

3. Bei vorsätzlicher und widerrechtlicher Tötung des Versicherten durch 5.
den Versicherungsnehmer ist jeder Anspruch gegen den Versicherer erloschen; auch zur Herausgabe der Rückvergütung ist der Versicherer nicht verpflichtet (§ 176 Abs. 2). Steht dem Täter die Forderung nur teilweise zu (teilweise Abtretung, Verpfändung usw.), so bleibt im übrigen der Versicherer leistungspflichtig.

4. Abs. 1 ist absolut zwingend (AllgVorbem. 27). Gegenteilige Abreden 6.
verstoßen gegen die guten Sitten (§ 138 BGB.).

II. Ein der Erbunwürdigkeit der §§ 2339 ff. BGB. entsprechendes Institut 7.
hat das Versicherungsrecht nicht ausgebildet. Den einzigen Ansatz enthält Abs. 2 (§ 181 Abs. 2).

1. Ist ein Dritter widerruflich oder unwiderruflich als Bezugs- 8.
berechtigter bezeichnet, so wird der Versicherungsnehmer oder der andere, auf dessen Person die Todesfallversicherung genommen ist, gegen eine Lebensgefährdung durch den Bezugsberechtigten geschützt. Es tritt dieselbe Rechtslage ein, wie wenn ein Bezugsberechtigter überhaupt nicht bezeichnet wäre. Der von dem Täter verwirkte Anspruch fällt dem Versicherungsnehmer bzw. seinen Rechtsnachfolgern zu, sofern nicht der Versicherungsnehmer eine andere Verfügung getroffen haben sollte (RG. 25. 5. 27 JW. 1927. 226).

2. Abs. 2 ist absolut zwingend (AllgVorbem. 27). Gegenteilige Abreden 9.
verstoßen gegen die guten Sitten (§ 138 BGB.).

III. Von einer gesetzlichen Regelung der Frage, welchen Einfluß es auf 10.
den Anspruch aus der Versicherung hat, wenn der Tod des Versicherungsnehmers (Versicherten) von einem Nichtbezugsberechtigen herbeigeführt wird, ist abgesehen. Treffen die Versicherungsbedingungen keine besonderen Bestimmungen, und hat der Täter den Anspruch als Erbe oder als Vermächtnisnehmer erworben, so steht seiner Geltendmachung § 242 BGB. entgegen.

IV. Muß der Versicherer bei Tötung des Versicherten durch einen anderen 11.
als den Versicherungsnehmer die Versicherungssumme auszahlen, so kann er nach § 826 BGB. (unrichtig OLG. München 22. 10. 24 JW. 1925. 656, das § 823 angewendet) Schadensersatz von dem Tötenden verlangen. Hat er nur die Rückvergütung auszuzahlen gehabt, dann entfällt jeder Schadensersatzanspruch, da er hierzu stets verpflichtet wäre.

§ 171. Eine Anzeige von dem Eintritte des Versicherungsfalls ist dem Versicherer nur zu machen, wenn der Tod als Versicherungsfall bestimmt ist. Der Anzeigepflicht wird genügt, wenn die Anzeige binnen drei Tagen nach dem Eintritte des Versicherungsfalls erfolgt; durch die Absendung der Anzeige wird die Frist gewahrt.

Steht das Recht auf die Leistung einem anderen als dem Versicherungsnehmer zu, so liegt die Anzeigepflicht dem anderen ob; das Gleiche gilt von der Pflicht zur Auskunft und zur Beschaffung von Belegen.

1. Schrifttum: Bruck-Dörstling 158; Bem. 1 zu § 33.

2. I. Die Schadensanzeigepflicht hat bei der Lebensversicherung praktische Bedeutung nur, wenn der Tod den Versicherungsfall bildet. Ist der Versicherungsfall das Erleben eines bestimmten Zeitpunktes oder der Eintritt eines bestimmten Ereignisses, so ist es für den Versicherer gleichgültig, wann er hiervon erfährt (Bgr.); jedoch kann eine Anzeigepflicht vorgesehen werden, deren Ausgestaltung der freien Parteivereinbarung überlassen ist, da § 172 nicht entgegensteht. § 33 gilt neben § 171.

3. II. 1. Die auf Gesetz beruhende Verpflichtung zur Schadensanzeige ist eine Obliegenheit (Voraussetzung; Bem. 4 zu § 6), die nach Eintritt des Versicherungsfalls dem Versicherer gegenüber zu erfüllen ist (§ 6 Abs. 2).

4. 2. Anzeigepflichtig ist der Versicherungsnehmer oder sein Rechtsnachfolger und, wenn das Recht auf die Leistung aus dem Versicherungsvertrag einem anderen zusteht (Bezugsberechtigter, Zessionar [OLG. München 22. 10. 24 JW. 1925. 656], Pfandgläubiger, Vollstreckungsgläubiger), dieser andere (Abs. 2). Dem anderen liegt nicht neben, sondern an Stelle des Versicherungsnehmers die Anzeigepflicht ob, vorausgesetzt daß der andere das alleinige Recht auf die Leistung hat. Steht das Recht auf die Leistung mehreren zu, so hat ein jeder von ihnen anzuzeigen. Der Versicherungsnehmer ist mangels ausdrücklicher Vereinbarung nicht verpflichtet, dem anderen Mitteilung von dem Vorhandensein einer Versicherung zu machen (OLG. Celle 29. 4. 13 VA. 1913* 112 Nr. 766; unrichtig OLG. Breslau 21. 5. 08 VA. 1908* 80 Nr. 400; zweifelnd RG. 11. 4. 19 VA. 1919* 55 Nr. 1098).

3. Die Erfüllung der Anzeigepflicht ist an drei Voraussetzungen geknüpft.

5. a) Der Eintritt des Versicherungsfalls. Versicherungsfall ist der Tod desjenigen, auf den die Versicherung genommen ist (Versicherter). Ungewißheit über sein Schicksal, Verschollenheit, Vermutung des Todes reichen nicht aus (OLG. Celle 17. 12. 20 VA. 1922* 17 Nr. 1182). Auf die Todesursache kommt es nicht an; auch Selbstmord und Selbsttötung (§ 169) sind anzuzeigen. Der Versicherungsfall muß nach dem materiellen Versicherungsbeginn eingetreten sein. Ist er vorher eingetreten, so tritt die Versicherung nicht in Kraft (Bem. 10 zu § 16).

6. b) Die Kenntnis des Anzeigepflichtigen von dem Eintritt des Versicherungsfalls (§ 33 Abs. 1). Kennenmüssen steht der Kenntnis nicht gleich; doch darf sich der Anzeigepflichtige der Kenntnis nicht arglistig entziehen. Sind mehrere Anzeigepflichtige vorhanden, so schadet die Kenntnis des einen, wenn er die Anzeige nicht ordnungsgemäß erstattet, allen übrigen.

Die Kenntnis muß sich auf den eingetretenen Tod und auf die Todesursache erstrecken (§ 11 Abs. 1 AllgTodesfallVersbdg.).

c) Die Kenntnis des Anzeigepflichtigen von dem Vorhandensein der Versicherung und der Anspruchsberechtigung (ROHG. Bd. 1. 108; RG. JW. 1902. 151). Kenntnis von der Anzeigepflicht ist nicht erforderlich (OLG. Braunschweig 13. 7. 20 LZ. 1921. 274). — Eine Verpflichtung, vor dem Tode des erkrankten Versicherungsnehmers (Versicherten) Erkundigungen einzuziehen, besteht nicht (RG. 2. 12. 13 VA. 1914* 41 Nr. 805). 7.

III. 1. Die Anzeige ist eine empfangsbedürftige, an sich formfreie Wissenserklärung. Willensmängel oder Mängel in der Geschäftsfähigkeit haben keinen Einfluß auf die Wirksamkeit der Anzeige. Mithin entscheidet die Tatsache, ob die Anzeige ordnungsgemäß erstattet ist oder nicht. Auch ein beschränkt Geschäftsfähiger oder ein Geschäftsunfähiger kann anzeigen. Ob er aber für eine unterlassene oder für eine nicht rechtzeitige Anzeige verantwortlich ist, ist nach den Grundsätzen über die Schuldfähigkeit (§§ 827, 828 BGB.) zu entscheiden (Bem. 5 zu § 16). 8.

2. Die Anzeige ist von dem Anzeigepflichtigen zu erstatten. Bei mehreren Anzeigepflichtigen genügt die Erstattung der Anzeige durch einen von ihnen, sofern der Versicherer Kenntnis von dem eingetretenen Tode erlangt (RG. 3. 5. 01 JW. 1901. 426). Die von einem Nichtanzeigepflichtigen ordnungsgemäß erstattete Anzeige erfüllt die Anzeigepflicht. Diese Folge ist allerdings ausdrücklich nur für einen ganz bestimmten Tatbestand vorgesehen (§ 33 Abs. 2). Es würde aber Treu und Glauben widersprechen, wenn sich der Versicherer auf die Verletzung der Anzeigepflicht berufen könnte, obschon er die Anzeige von einem Nichtanzeigepflichtigen ordnungsgemäß erhalten hat (Bem. 8 zu § 33). 9.

3. Die Anzeige ist gesetzlich formfrei, vertraglich pflegt die Beobachtung der schriftlichen Form oder Anzeige durch eingeschriebenen Brief verlangt zu werden. Wird die Form nicht gewahrt, so kann sich der Versicherer auf die Verletzung der Anzeigepflicht nicht berufen, wenn er in anderer Weise rechtzeitig von dem Eintritt des Versicherungsfalls Kenntnis erlangt. 10.

4. Die Anzeige ist an den Versicherer zu richten; der Vermittelungsagent ist zu ihrer Entgegennahme grundsätzlich befugt (§ 43 Nr. 2; Ausnahme § 47). Leitet der Agent die ihm zugegangene Anzeige an einen falschen Versicherer weiter, so kann sich der zuständige Versicherer hierauf nicht dem Anzeigepflichtigen gegenüber berufen (RG. 20. 6. 30 Praxis des Versicherungsrechts 1930. 75). 11.

5. Aus der Anzeige hat hervorzugehen, daß der Versicherungsnehmer (Versicherte) verstorben ist; außerdem wird Mitteilung der Todesursache im § 11 Abs. 1 AllgTodesfallVersbdg. gefordert. 12.

6. Die Anzeige ist binnen drei Tagen nach Eintritt des Versicherungsfalls zu erstatten (Abs. 1 S. 2); die Frist kann vertraglich verlängert, nicht verkürzt werden (§ 172). Die Fristberechnung ergibt sich aus §§ 187 Abs. 1, 188 Abs. 1, 193 BGB. Hiernach wird der Todestag selbst nicht mitgerechnet, die Frist endigt mit dem Ablauf des dritten dem Todestage folgenden Tages. Durch Absendung der Anzeige wird die Frist gewahrt (Abs. 1 S. 2). Innerhalb der dreitägigen oder der an ihre Stelle tretenden Frist braucht 13.

die Anzeige nicht unverzüglich erstattet zu werden. Nach Ablauf der Frist ist die Anzeige unverzüglich (ohne schuldhaftes Zögern § 121 Abs. 1 BGB.) nach Erlangung der Kenntnis zu machen (§ 33 Abs. 1).

14. 7. Die Kosten für die Erfüllung der Anzeigepflicht belasten den Anspruchserhebenden.

15. 8. Der Versicherer hat zu beweisen, daß die Anzeigepflicht verletzt ist.

16. IV. 1. Die Folgen der Verletzung der Anzeigepflicht sind gesetzlich nicht geregelt. Sind sie auch nicht vertraglich geregelt, so ist der Versicherer berechtigt, die Auszahlung der Versicherungssumme so lange zu verweigern, bis die Anzeige ordnungsgemäß erstattet ist, aber die Verweigerung seiner Leistung darf nicht schikanös sein (§ 226 BGB.; OLG. München 22. 10. 24 JW. 1925. 656).

17. 2. Sehen die Allgemeinen Versicherungsbedingungen vor, daß der Versicherer leistungsfrei ist, wenn die Anzeigepflicht verletzt ist, so kann diese Folge nur eintreten, wenn die Nichterfüllung auf Vorsatz oder grober Fahrlässigkeit beruht (§ 6 Abs. 2, 3) und der Versicherer nicht auf andere Weise von dem Eintritt des Versicherungsfalls rechtzeitig Kenntnis hat (§ 33 Abs. 2). Kennenmüssen steht der Kenntnis nicht gleich, ebensowenig die Kenntnis des Vermittelungsagenten der Kenntnis des Versicherers (§ 44), wohl aber arglistige Nichtkenntnisnahme. Worauf die Kenntnis beruht, ist gleich. Dem Versicherer kann insbesondere entgegengehalten werden, daß der Tod des Versicherten allgemein bekannt ist. Erforderlich ist jedoch, daß der Versicherer zuverlässige Kenntnis von dem konkreten Vorgang erlangt hat. Ob den Anzeigepflichtigen ein Verschulden bei Verletzung der Anzeigepflicht trifft, hängt von der Mentalität des Anzeigepflichtigen ab. Hat sich der Anzeigepflichtige in Unkenntnis über seine Verpflichtung zur Anzeige befunden, so ist die Verletzung verschuldet (RG. 11. 4. 19 Bd. 95. 250, 255).

18. 3. Stellt die Nichterfüllung der Anzeigepflicht den Tatbestand einer unerlaubten Handlung dar, soll z. B. durch das absichtliche Hinauszögern eine strafbare Handlung verschleiert werden, so kann der Versicherer Schadensersatz verlangen (§§ 823 Abs. 2, 826 BGB.). Die Höhe des Schadens hat der Versicherer zu beweisen.

19. 4. Eine Haftung des Anzeigepflichtigen für das Verhalten Dritter, deren er sich bei Erfüllung der Anzeigepflicht bedient, kommt unter dem Gesichtspunkt des § 278 BGB. nicht in Betracht, da die Anzeigepflicht eine Obliegenheit ist (Bem. 12 zu § 6). Über die Haftung für den Wissensvertreter und für den Boten Bem. 13 zu § 6. Vgl. auch Bem. 16 zu § 33.

20. V. Abs. 1 S. 2 ist relativ zwingend zugunsten des Versicherungsnehmers (§ 172).

21. VI. Über die im Rahmen der Auskunftspflicht (§ 34) vertraglich vorgesehene weitergehende Verpflichtung zur Einreichung der amtlichen Sterbeurkunde, eines ärztlichen Attestes über den Verlauf der letzten Krankheit, nötigenfalls zur Erstattung weiterer Auskünfte und Nachweise, und über das Recht des Versicherers zur Besichtigung und Sektion der Leiche Bruck-Dörstling 163 ff.

§ 172. Auf eine Vereinbarung, durch welche von den Vorschriften der §§ 162 bis 165, 169 oder des § 171 Abs. 1 Satz 2 zum Nachteile des Versicherungsnehmers abgewichen wird, kann sich der Versicherer nicht berufen. Jedoch kann für die Kündigung, zu der nach § 165 der Versicherungsnehmer berechtigt ist, die schriftliche Form bedungen werden.

1. Über relativ zwingende Bestimmungen AllgVorbem. 26; zu S. 2 1.
Bem. 2 zu § 31.

Vorbemerkungen vor §§ 173—178.

1. Schrifttum: Bruck 394 ff.; Bruck-Dörstling 82 ff.; 1.
Bem. 1 vor § 35.

I. Die Umwandlung der Versicherung in eine prämienfreie (§§ 174, 175), 2.
der Anspruch auf die Rückvergütung (§ 176) und die im Gesetz nicht geregelte
Vorauszahlung (Bem. 12 zu § 176) stehen im engen Zusammenhang mit der
Prämienreserve oder mit dem gleichbedeutenden Deckungskapital (Deckungsstock).

1. Das Deckungskapital ist die aus den jeweils eingehenden Prä- 3.
mien gebildete Rücklage, deren der Lebensversicherer bedarf, um die verfügbaren
Beträge seiner künftigen Einnahmen auf die Höhe der zu erwartenden Versicherungsansprüche zu ergänzen (Bgr. § 173; Bgr. § 56 VAG.). Bei keiner Versicherungsart der Lebensversicherung kann auf die Bildung des Deckungskapitals verzichtet werden, sofern die technische Versicherungsdauer ein Jahr überschreitet. Auch bei der Todesfall-Risikoversicherung (Bem. 5 vor § 159) ist die Bildung notwendig; die gegenteilige vom Reichsaufsichtsamt vertretene Auffassung (VA. 1910. 101, unentschieden VA. 1913. 37) scheitert an der klaren Bestimmung des § 173, die ausnahmslos die Umwandlungsfähigkeit vorsieht. Mithin können grundsätzlich Todesfall-Risikoversicherungen umgewandelt werden.

2. Zum Deckungskapital einer bestimmten Versicherung ge- 4.
hören nur solche Rücklagen, die der Versicherer geschäftsplanmäßig für die zukünftigen Geldleistungen aus der Versicherung bereitzustellen verpflichtet ist, also nicht Risiko-, Gewinn-, Schadens-Reserven, Prämienüberträge. Über die Unterschiede zwischen Deckungskapital und Prämienreservefonds und die sich hieraus ergebenden Folgerungen für Versicherungen in nichtdeutscher Valuta Bruck-Dörstling 85.

3. Über die Berechnung des Deckungskapitals hat der Geschäftsplan 5.
des Unternehmens (§§ 5, 11 VAG.) Auskunft zu geben. — Bei Änderung der Rechnungsgrundlagen vertritt das Reichsaufsichtsamt den Standpunkt, daß der Versicherer die Wahl hat, ob er die zur Zeit des Vertragsabschlusses oder die zur Zeit der Umwandlung oder der Rückvergütung maßgebenden Rechnungsgrundlagen zur Anwendung bringen will, nur muß klar zum Ausdruck gelangen, wofür er sich entschieden hat (VA. 1909. 166).

4. Aus den Versicherungsbedingungen hat hervorzugehen, auf welchen 6.
Zeitpunkt das der Umwandlung oder der Rückvergütung zugrunde

zu legende Deckungskapital zu berechnen ist, und ob und inwieweit über diesen Zeitpunkt hinaus entrichtete Prämien zurückzuerstatten sind (VA.1909.165). Die Angaben über die Umwandlungswerte oder Rückvergütungen sollen allgemeinverständlich sein (VA. 1909. 166, 1929. 114).

7. II. Der Anspruch des Versicherungsnehmers auf das Deckungskapital beruht auf Gesetz. Abgesehen von dem Konkurse des Versicherers (§ 77 VAG.) bestehen nur obligatorische Ansprüche. Das Recht auf das Deckungskapital besteht nicht neben dem Recht auf die Versicherungssumme, sondern es ist nur eine andere Erscheinungsform dieses Rechts (RG. 4. 11. 02 Masius 1903. 425). Daraus folgt, daß das Recht auf das Deckungskapital dieselbe juristische Natur hat wie das Recht auf die Versicherungssumme, insbesondere sind beide nicht höchstpersönlich (Bem. 7 vor § 159).

§ 173. Hat das Versicherungsverhältnis mindestens drei Jahre bestanden und ist die Prämie für diesen Zeitraum bezahlt, so gelten die besonderen Vorschriften der §§ 174 bis 176.

1. Schrifttum: Bem. 1 vor § 173.

2. I. Die Wirkung der Rechte des Versicherungsnehmers auf Umwandlung und Rückvergütung ist an eine doppelte Voraussetzung geknüpft: das Versicherungsverhältnis muß mindestens drei Jahre bestanden haben und die Prämie muß für diesen Zeitraum bezahlt sein. Es genügt also weder die Zahlung der dritten Jahresprämie, vielmehr muß das dritte Versicherungsjahr abgelaufen sein, noch genügt allein der Ablauf des Zeitraums, wenn noch eine Prämienrate rückständig oder gestundet ist. Daher reicht es auch nicht aus, wenn die Verpflichtung zur Zahlung der Prämien nur durch Urteil festgestellt ist, ohne daß Bezahlung erfolgt ist (RG. 31. 3. 28 VA. 1929. 216 Nr. 1870, JR. 1928. 138). Gezahlt ist die Prämie auch bei Zahlung durch Vorauszahlung (Bem. 12 zu § 176). Die dreijährige Frist steht dem Versicherungsnehmer auch dann entgegen, wenn nachweislich die Kosten des Abschlusses der Versicherung bereits in kürzerer Zeit gedeckt sind. Jedoch hat das Reichsaufsichtsamt bei Erlebensfallversicherung verlangt, daß bereits nach zweijährigem Bestehen Rückvergütung (Abgangsvergütung) gewährt wird. Es hat ferner mehrfach mit Erfolg angeregt, bei rückkaufsfähigen Versicherungen bereits nach einem Jahre eine bare Abgangsvergütung zu geben, falls die Versicherung mangels Prämienzahlung verfällt (VA. 1910. 96). Bei Versicherungen mit unbedingter Leistungspflicht des Versicherers, für die eine einmalige Prämie entrichtet ist, wird Rückvergütung auch dann gewährt, wenn die Versicherung noch nicht drei Jahre bestanden hat (§ 177).

3. II. § 173 ist zugunsten des Versicherungsnehmers zwingend (§ 178); jedoch kann nach Maßgabe des § 189 von der Anwendung der §§ 173—178 Abstand genommen werden. Oftmals findet eine Besserstellung des Versicherungsnehmers insofern statt, als bei Umwandlung (§ 174) nicht gefordert wird, daß auch das Versicherungsverhältnis mindestens drei Jahre bestanden haben muß (§ 4 Abs. 1 AllgTodesfallVersbdg.).

§ 174. Der Versicherungsnehmer kann jederzeit für den Schluß der laufenden Versicherungsperiode die Umwandlung der Versicherung in eine prämienfreie Versicherung verlangen.

Wird die Umwandlung verlangt, so tritt mit dem bezeichneten Zeitpunkt an die Stelle des vereinbarten Kapital- oder Rentenbetrags der Betrag, der sich für das Alter desjenigen, auf dessen Person die Versicherung genommen ist, als Leistung des Versicherers ergibt, wenn die auf die Versicherung entfallende Prämienreserve als einmalige Prämie angesehen wird.

Die Prämienreserve ist für den Schluß der laufenden Versicherungsperiode zu berechnen. Prämienrückstände werden von dem Betrage der Prämienreserve abgesetzt.

Der Versicherer ist zu einem angemessenen Abzuge berechtigt. Ist für den Abzug mit Genehmigung der Aufsichtsbehörde in den Versicherungsbedingungen ein bestimmter Betrag festgesetzt, so gilt dieser als angemessen.

Schrifttum: Bruck 258 ff. 1.

I. Die Umwandlung der prämienpflichtigen in eine prämienfreie Versicherung befreit wie die Kündigung (§ 165) den Prämienschuldner von weiteren Prämienzahlungen; bei der Umwandlung bleibt die Leistungspflicht des Versicherers, wenn auch quantitativ geschmälert, bestehen, während das Versicherungsverhältnis durch Kündigung sein Ende findet und unter Umständen die Rückvergütung fällig wird. Die Umwandlung wird auf Antrag vorgenommen (§ 174) oder tritt kraft Gesetzes ein (§ 175). 2.

II. 1. Die Befugnis zur Antragstellung auf Umwandlung ist ein unverjährbares Gestaltungsrecht, das nicht höchstpersönlich ist (Bem. 9 vor § 159). 3.

2. Der Antrag kann nur gestellt werden: 4.

a) wenn die Entrichtung mindestens noch einer Jahresprämie aussteht, die Versicherung also nicht bereits prämienfrei ist. Hiernach ist Umwandlung nicht möglich bei Versicherung mit einmaliger Prämienzahlung und bei Versicherung mit abgekürzter Prämienzahlung nach Ablauf der Prämienzahlungsdauer;

b) wenn zur Zeit der Umwandlung der Tatbestand des § 173 erfüllt ist;

c) wenn zur Zeit der Umwandlung ein Deckungskapital (Bem. 3 vor § 173) vorhanden ist. Ist das Deckungskapital negativ oder null oder ist es durch Verrechnung von Prämienrückständen, Vorauszahlung (Bem. 12 zu § 176) usw. verbraucht, so kann Umwandlung nicht in Frage kommen.

3. Umwandlungsberechtigt ist der Versicherungsnehmer, nicht der Prämienschuldner als solcher, bei mehreren Versicherungsnehmern im Zweifel ein jeder hinsichtlich seines Anteils (§ 420 BGB.), bei Gesamtgläubigerschaft (§ 428 BGB.) alle gemeinschaftlich, nach dem Tode des oder der Versicherungsnehmer die Rechtsnachfolger, der Zessionar, auch wenn die Verpflichtung zur Prämienzahlung dem Zedenten obliegt. Der Pfandgläubiger kann nicht um- 5.

wandeln, aber der Versicherungsnehmer kann seiner Zustimmung bedürfen (Bruck 741). Der Vollstreckungsgläubiger erlangt die Befugnis zum Umwandeln nur durch einen ihn hierzu ermächtigenden Pfändungs- und Überweisungsbeschluß.

6. 4. Ebenso wie bei der Kündigung (Bem. 5 zu § 165) ist eine teilweise Umwandlung zulässig.

7. III. 1. Der Antrag auf Umwandlung, eine empfangsbedürftige, rechtsgestaltende Willenserklärung, kann jederzeit gestellt werden, wirkt aber zeitigstens auf Schluß der dritten Versicherungsperiode (Abs. 1; Bruck JW. 1931. 361 f. gegen Ehrenzweig JW. 1931. 297, 299). Der technische Vorgang der Umwandlung vollzieht sich also erst nach Erfüllung der Voraussetzungen des § 173, mag auch der Antrag schon vorher gestellt sein. Ein nach Beginn der letzten Versicherungsperiode gestellter Antrag ist gegenstandslos.

8. 2. Antragsteller ist der Umwandlungsberechtigte. Für den beschränkt Geschäftsfähigen hat der gesetzliche Vertreter den Antrag zu stellen. Vormund oder Pfleger bedürfen der Genehmigung des Gegenvormundes oder des Vormundschaftsgerichts (§ 1812 BGB.). Die Unwirksamkeit des Antrags eines Minderjährigen und des ihm Gleichgestellten ergibt sich aus § 111 BGB. Die Ehefrau ist zur alleinigen Antragstellung befugt, wenn Gütertrennung besteht oder die Versicherung zum Vorbehaltsgut gehört; gehört sie zum eingebrachten Gut, dann bedarf die Ehefrau der Einwilligung des Ehemannes (§ 1398 BGB.); aber auch der Ehemann bedarf der Zustimmung der Ehefrau (§ 1375 BGB.).

9. 3. Der Antrag ist an den Versicherer zu richten. Der Vermittelungsagent ist zu seiner Entgegennahme grundsätzlich befugt (§ 43 Nr. 1; Ausnahme § 47); ein ihm eingereichter Antrag wird in dem Augenblick wirksam, in dem er ihm zugeht.

10. 4. Der Antrag kann formlos gestellt werden; jede Formvorschrift verstößt als Erschwerung für den Versicherungsnehmer gegen § 178 S. 1.

11. 5. Inhaltlich muß klar ersichtlich sein, ob der Versicherungsnehmer kündigen (§ 165) oder umwandeln will. Im Zweifel ist das letzte als die weniger einschneidende Maßnahme anzunehmen.

12. 6. Mit dem Zugehen des ordnungsgemäß gestellten Antrags bei dem Versicherer wandelt sich die Versicherung um, ohne daß es einer anderen Mitwirkung des Versicherers bedarf als der Ermittelung des rechnungsmäßigen Vorgangs. Die Umwandlung vollzieht sich stets zum Schluß der laufenden, d. h. der beim Zugehen des Antrags bei dem Versicherer laufenden Versicherungsperiode. Bis zu diesem Zeitpunkt besteht die Versicherung unverändert fort.

13. IV. 1. Die Umwandlung ist ein technischer Vorgang. Mit dem Schluß der laufenden Versicherungsperiode tritt an Stelle des vereinbarten Kapital- oder Rentenbetrages der Betrag, der sich für das Alter des Versicherten (Versicherungsnehmers) als Leistung ergibt, wenn das auf die Versicherung entfallende Deckungskapital als einmalige Prämie angesehen wird (Abs. 2). Von diesem Deckungskapital kann der Versicherer (oftmals wird hierauf verzichtet)

einen angemessenen Abzug machen (Abs. 4 S. 1). Der Abzug ist gerechtfertigt, weil der Versicherer, wenn das Versicherungsverhältnis frühzeitig sein Ende erreicht, in den bis dahin erhaltenen Prämien noch keinen vollen Ersatz für die Abschlußkosten der Versicherung gefunden haben kann, und weil weiterhin das Deckungskapital der einzelnen Versicherung auf Grund einer Durchschnittsrechnung für den gesamten Versicherungsbestand festgestellt ist, durch das Ausscheiden also die Gefahr des Versicherers vergrößert wird, daß sich der Gesamtbestand der Versicherungen in einer die Leistungsfähigkeit des Unternehmens beeinträchtigenden Weise verschlechtert und sich damit die Durchschnittsrechnung zu seinen Ungunsten als unrichtig erweist (Bgr.). Wie rechnerisch der Abzug vorzunehmen ist, ist gesetzlich nicht bestimmt. Der Abzug hat sich in den Grenzen des Angemessenen zu halten. Wird bei der Umwandlung das auf die Versicherung entfallende Deckungskapital nicht als Netto-, sondern als Brutto-Prämie in Ansatz gebracht, so pflegt der Abzug geringer zu sein. Eine Abmachung, durch welche der Betrag des Abzugs im voraus festgesetzt wird, bindet den Versicherungsnehmer, wenn sie von der Aufsichtsbehörde genehmigt ist, die Genehmigung hat rechtsbegründende Kraft (Abs. 4 S. 2; AllgVorbem. 14); über die vom Reichsaufsichtsamt zugelassenen Abzüge VA. 1910. 95. Ferner sind Prämienrückstände, geschuldete Vorschüsse, Vorschußzinsen, Versicherungssteuern usw. abzuziehen (Abs. 3 S. 2). Da die Umwandlung für den Schluß der Versicherungsperiode erfolgt, so ist nicht bloß das Alter, das der Versicherte (Versicherungsnehmer) in diesem Zeitpunkt erreicht hat, maßgebend, sondern auch das Deckungskapital muß für diesen Zeitpunkt berechnet werden (Abs. 3 S. 1). Die Prämie ist also bis zu diesem Zeitpunkt als gezahlt anzunehmen; bare Zahlung rückständiger Prämien kann, sobald umgewandelt ist, nicht mehr gefordert werden.

2. Nach vollzogener Umwandlung kann der Versicherer den Versicherungsschein berichtigen, da sich seine geldliche Verpflichtung vermindert hat. Zu diesem Behuf ist der Versicherungsschein vorzulegen. Ist hierzu der Versicherungsnehmer nicht imstande, so kann öffentlich beglaubigtes Anerkenntnis, daß die Schuld teilweise erloschen ist, verlangt werden (§ 371 BGB.). 14.

3. Der Versicherer ist nicht verpflichtet, die umgewandelte Versicherung auf Antrag zurückzuwandeln. 15.

V. § 174 ist zugunsten des Versicherungsnehmers zwingend (§ 178); über zulässige Abweichungen § 178 S. 2. Über rückwirkende Kraft Bem. 4 zu Art. 3 EG. 16.

§ 175. Kündigt der Versicherer das Versicherungsverhältnis nach § 39, so wandelt sich mit der Kündigung die Versicherung in eine prämienfreie Versicherung um. Auf die Umwandlung finden die Vorschriften des § 174 Abs. 2 bis 4 Anwendung.

Im Falle des § 39 Abs. 1 Satz 2 ist der Versicherer zu der Leistung verpflichtet, die ihm obliegen würde, wenn sich mit dem Eintritte des Versicherungsfalls die Versicherung in eine prämienfreie Versicherung umgewandelt hätte.

Die im § 39 vorgesehene Bestimmung einer Zahlungsfrist muß einen Hinweis auf die eintretende Umwandlung der Versicherung enthalten.

1. Schrifttum: Bem. 1 zu § 174.

I. Die Umwandlung der prämienpflichtigen Versicherung in eine prämienfreie Versicherung tritt kraft Gesetzes (über die gewillkürte Umwandlung § 174) unter zwei Voraussetzungen ein:

2. 1. Ist der Versicherer nach Maßgabe des § 39 Abs. 1 S. 3 wegen Nichtbezahlung einer Folge-Prämie zur Kündigung des Versicherungsverhältnisses befugt (Bem. 25 ff. zu § 39), und sind die Voraussetzungen des § 173 erfüllt, so wandelt sich mit der Kündigung die Versicherung in eine prämienfreie um (Abs. 1). Jeder andere Grund, der den Versicherer zur Aufhebung des Vertragsverhältnisses berechtigt, scheidet aus.

Die Umwandlung, die sich im übrigen wie bei der gewillkürten vollzieht (Abs. 1 S. 2; Bem. 13 zu § 174), erfolgt auf den Zeitpunkt, in dem die besondere Kündigungserklärung dem Kündigungsempfänger zugeht, wenn auf sofort gekündigt wird, oder auf den Ablauf der Zahlungsfrist, wenn zusammen mit der Mahnung gekündigt wird, oder auf den Ablauf der besonders gesetzten Kündigungsfrist. Über die abweichende Regelung in den AllgTodesfallVersbdg. Bruck-Dörstling 76 f.

Die Umwandlung ist auflösend bedingt; sie wird beseitigt, wenn die Zahlung des geschuldeten Betrages innerhalb eines Monats nach Ablauf der Zahlungsfrist nachgeholt wird und der Versicherungsfall noch nicht eingetreten ist (§ 39 Abs. 1 S. 5).

3. 2. Ist wegen nicht rechtzeitiger Bezahlung einer Folge-Prämie das Mahnverfahren eingeleitet und tritt der Versicherungsfall nach Ablauf der Zahlungsfrist ein, so bleibt der Versicherer — in Abweichung von der allgemeinen Regel (§ 39 Abs. 1 S. 2) — zu der Leistung verpflichtet, die ihm obliegen würde, wenn sich mit dem Eintritt des Versicherungsfalls die Versicherung in eine prämienfreie Versicherung umgewandelt hätte (Abs. 2).

4. II. Da nach § 39 Abs. 2 die Mahnung die Rechtsfolgen anzugeben hat, die mit dem Ablauf der Frist verbunden sind (Bem. 20 zu § 39), so muß sie auch einen Hinweis auf die eintretende Umwandlung enthalten (Abs. 3).

5. III. § 175 ist zugunsten des Versicherungsnehmers zwingend (§ 178); über zulässige Abweichungen § 178 S. 2. Über rückwirkende Kraft Bem. 4 zu Art. 3 EG.

§ 176. Wird eine Kapitalversicherung für den Todesfall, die in der Art genommen ist, daß der Eintritt der Verpflichtung des Versicherers zur Zahlung des vereinbarten Kapitals gewiß ist, durch Rücktritt oder Kündigung aufgehoben, so hat der Versicherer den Betrag der auf die Versicherung entfallenden Prämienreserve zu erstatten.

Das Gleiche gilt bei einer Versicherung der im Abs. 1 bezeichneten Art auch dann, wenn nach dem Eintritte des Versicherungsfalls der Versicherer von der Verpflichtung zur Zahlung des vereinbarten Kapitals frei ist. Im Falle des § 170 Abs. 1 ist jedoch der Versicherer zur Erstattung der Prämienreserve nicht verpflichtet.

Bei der Ermittelung des zu erstattenden Betrags ist die Prämienreserve für den Schluß der Versicherungsperiode zu berechnen, in deren Laufe das Versicherungsverhältnis endigt.

Der Versicherer ist zu einem angemessenen Abzuge berechtigt. Ist für den Abzug mit Genehmigung der Aufsichtsbehörde in den Versicherungsbedingungen ein bestimmter Betrag festgesetzt, so gilt dieser als angemessen.

Schrifttum: Bruck 398 ff. 1.

I. Ist schon bei Abschluß des Versicherungsvertrags gewiß, daß das Er- 2.
eignis, von dessen Eintritt die Entstehung des Anspruchs auf die Versicherungssumme abhängt, eintreten wird, so kann die Prämienreserve (das Deckungskapital) von vornherein nur die Bestimmung haben, der Befriedigung dieses Anspruchs zu dienen. Der Versicherer macht also auf Kosten des Berechtigten einen wirtschaftlich nicht gerechtfertigten Gewinn, wenn er in Fällen, in denen er entgegen dem regelmäßigen Verlauf eines derartigen Versicherungsverhältnisses aus besonderen Gründen von der Verpflichtung zur Leistung frei wird, die vermittels der Zahlungen des Versicherungsnehmers gebildete Prämienreserve (Deckungskapital) einfach für sich behalten darf (Bgr.). Infolgedessen ist es sachlich durchaus berechtigt, wenn der Versicherer bei einer gewissen Gruppe von Lebensversicherungen zur Herausgabe der Rückvergütung (auch Rückgewähr, Abgangsvergütung, Rückkaufswert genannt) verpflichtet ist. Während durch Umwandlung das Versicherungsverhältnis allerdings mit verändertem Inhalt aufrechterhalten bleibt, erlischt mit Herausgabe der Rückvergütung das Versicherungsverhältnis. Über die rechtliche Natur des Anspruchs auf Rückvergütung Bruck 398 f.

II. Der Anspruch auf Rückvergütung besteht (Abs. 1, 2): 3.

a) bei Kapitalversicherungen auf den Todesfall mit unbedingter Leistungspflicht des Versicherers (Abs. 1; Bem. 6 vor § 159). Nach der Ansicht des Reichsaufsichtsamts (VA. 1932. 102) soll auch bei Versicherungen mit festem Auszahlungstermin, selbst wenn ausdrückliche Vertragsbestimmungen fehlen, der Anspruch auf Rückvergütung bestehen. Über den Rückkauf bei kombinierten Versicherungsformen VA. 1932. 103;

b) wenn eine einmalige Prämie entrichtet ist, wobei es nicht darauf ankommt, wie lange das Versicherungsverhältnis besteht (§ 177), oder wenn das Versicherungsverhältnis mindestens drei Jahre bestanden hat und für diesen Zeitraum die laufende Prämie entrichtet ist (§ 173). Wenn auch der Anspruch auf Rückvergütung erst fällig wird, wenn die Voraussetzungen des § 173 erfüllt sind, so kann doch schon bei Beginn der dritten Versicherungsperiode und bei

Entrichtung der für diesen Zeitraum fälligen Prämie das Vertragsverhältnis von dem Versicherungsnehmer gekündigt werden, um am Schlusse der Versicherungsperiode die Fälligkeit der Rückvergütung herbeizuführen (Bruck JR. 1931. 361 f. gegen Ehrenzweig JR. 1931. 297, 299);

c) wenn ein Deckungskapital vorhanden ist (Bem. 4 zu § 174).

III. 1. Die Rückvergütung ist zu gewähren:

4. a) wenn der Versicherer vom Vertrag zurücktritt (Abs. 1). Vgl. z. B. §§ 6, 16 Abs. 2, 17 Abs. 1, 18 Abs. 2, 30, 32, 162, 163.

5. b) wenn das Vertragsverhältnis von einer der Parteien gekündigt wird (Abs. 1). Vgl. z. B. §§ 14, 24, 27, 30, 39, 41 Abs. 2, 165.

6. c) wenn ein Tatbestand eingetreten ist, der den Versicherer nach Eintritt des Versicherungsfalls von der Verpflichtung zur Zahlung des vereinbarten Kapitals befreit (Abs. 2 S. 1). Vgl. z. B. §§ 6, 12 Abs. 2, 25, 28, 32, 33, 38, 39, 169; einzige Ausnahme Abs. 2 S. 2: § 170 Abs. 1.

7. Der Versicherer ist auch bei Anfechtung des Vertrags wegen arglistiger Täuschung des Versicherungsnehmers (§ 22) zur Auszahlung der Rückvergütung verpflichtet; eine entgegenstehende Vertragsbestimmung ist im Rückblick auf § 178 S. 1 unverbindlich. Anders RG. 21. 11. 30 Bd. 130. 271, JW. 1931. 518, JR. 1930. 427, VA. 1931. 242 Nr. 2200 bei rein verbaler Auslegung des Gesetzes unter Verkennung des sich aus der Natur der Prämienreserve ergebenden Sinns und der Wirkung der Anfechtung (Bem. 7 zu § 22; Bruck JW. 1931. 518). Ficht der Versicherer vor Eintritt des Versicherungsfalls den Vertrag wegen arglistiger Täuschung an, so kann zwar Abs. 2 S. 1 keine Anwendung finden, wohl aber im Hinblick auf die gleiche Interessenlage Abs. 1. Jedoch erstreckt sich die zwingende Kraft des § 178 S. 1 nicht auf den entsprechenden Tatbestand der Anfechtung. Daher kann sich der Versicherer für diesen Fall ausbedingen, daß er die Prämien behalten darf. Ficht er an, bevor die Voraussetzungen des § 173 oder § 176 erfüllt sind, so ist die Vereinbarung ganz unbedenklich. Ficht er später an, so kann er sich die Zurückbehaltung der Sparprämienanteile als Vertragsstrafe nach § 342 BGB. (RGZ. Bd. 68. 42) ausbedingen. Ob die Vertragsstrafe herabsetzbar ist (§§ 343 BGB., 348 HGB.), ist Tatfrage (Bruck JW. 1931. 518).

8. 2. Die Rückvergütung kann teilweise verlangt werden, wenn das Versicherungsverhältnis nur teilweise zur Aufhebung gelangt (z. B. §§ 30, 165).

9. IV. Bei der Ermittelung der Rückvergütung ist das Deckungskapital für den Schluß der Versicherungsperiode (§ 9) zu berechnen, in deren Laufe das Versicherungsverhältnis endigt (Abs. 3; vgl. § 174 Abs. 3 S. 1). Von dem sich hiernach ergebenden Deckungskapital kann der Versicherer einen angemessenen Abzug machen (Abs. 4; Bem. 13 zu § 174); über zulässige Abzüge VA. 1910. 96. Vielfach wird bestimmt, daß sich der Abzug vermindert, je länger die Versicherung bestanden hat. Die Rückvergütung bei Todesfallversicherungen mit Vorbehalt der Ermäßigung der Versicherungssumme darf nicht wesentlich niedriger festgesetzt werden als bei sonstigen Todesfallversicherungen (VA. 1910. 36). Werden bei Berechnung des Deckungskapitals die wirk-

lichen Abschlußkosten berücksichtigt (Verordnung vom 29. April 1920, RGBl. 1433), so beträgt die Rückvergütung 95 bis 100 v. H. des rechnungsmäßigen Deckungskapitals unter Abzug einer Geschäftsgebühr (VA. 1922. 89, 1923. 45). Prämienrückstände, geschuldete Vorschüsse, Vorschußzinsen, Versicherungssteuern usw. sind abzusetzen.

V. Die Rückvergütung ist fällig mit Schluß der Versicherungsperiode 10.
(§ 9), in deren Laufe das Versicherungsverhältnis endigt. Sie kann jedoch schon vorher ausgezahlt werden unter Aufrechterhaltung der Versicherung bis zum Schluß der Versicherungsperiode und Abzug eines Diskonts (§ 5 Abs. 6 Allg. TodesfallVersbdg.). Gewöhnlich wird die Rückvergütung sofort ohne Zinsabzug ausgezahlt und hiermit das Versicherungsverhältnis zum Erlöschen gebracht.

VI. § 176 ist zugunsten des Versicherungsnehmers zwingend (§ 178); über 11.
zulässige Abweichungen § 178 S. 2. Der Versicherer kann nicht das Recht auf Rückvergütung ausschließen, durch andere Befugnisse des Versicherungsnehmers (Umwandlung, Vorauszahlung) ersetzen, die Auszahlung von dem Ablauf einer bestimmten Frist (über die Bedeutung dieser Frist für das frühere Recht RG. 12. 5. 08 VA. 1908* 76 Nr. 396) abhängig machen. Über die rückwirkende Kraft Bem. 4 zu Art. 3.

VII. Die im Gesetz nicht geregelten Vorauszahlungen (Police- 12.
darlehen) sind Vorschüsse, die der Versicherer dem Versicherungsnehmer auf Grund der bei ihm abgeschlossenen Versicherung bis zur Höhe des Rückvergütungswertes leistet. Werden sie nach Maßgabe der Allgemeinen Versicherungsbedingungen gewährt, so sind sie fähig, als Anlagewerte für den Prämienreservefonds zu dienen (§ 68 Nr. 3 VAG.). Voraussetzung für eine Vorauszahlung ist das Vorhandensein einer Rückvergütung, die auch ihre Höhe begrenzt. Es besteht ein Recht, keine Pflicht zu ihrer Rückzahlung, jedoch ist der empfangene Betrag zu verzinsen (Vorauszahlungsprämie). Eingehender bei Bruck-Dörstling 110.

§ 177. Ist bei einer Versicherung der im § 176 Abs. 1 bezeichneten Art eine einmalige Prämie entrichtet, so gelten die Vorschriften des § 176 auch dann, wenn das Versicherungsverhältnis noch nicht drei Jahre bestanden hat.

Schrifttum: Bem. 1 vor § 176. 1.

I. Abweichung von § 173 (Bem. 2 zu § 173); vgl. § 165 Abs. 2. Die Vor- 2.
schrift ist zugunsten des Versicherungsnehmers zwingend (§ 178).

§ 178. Auf eine Vereinbarung, durch welche von den Vorschriften der §§ 173 bis 177 zum Nachteile des Versicherungsnehmers abgewichen wird, kann sich der Versicherer nicht berufen. In den Versicherungsbedingungen kann jedoch mit Genehmigung der Aufsichtsbehörde eine andere als die in den §§ 174, 175 vorgesehene Art der Umwandlung in eine prämienfreie Versicherung sowie eine andere als die im § 176 vorgesehene Berechnung des zu erstattenden Betrags bestimmt werden.

1. Schrifttum: Bem. 1 vor § 173.

2. I. Dem Versicherungsnehmer ist jede Vereinbarung, die ihm weniger als in §§ 173—177 vorgesehen gewährt oder unter Ausschluß von Umwandlung und Rückvergütung andere Befugnisse vorsieht, nachteilig (über relativ zwingende Bestimmungen AllgVorbem. 26).

3. II. Eine Abweichung von §§ 173—177 ist nur unter den beiden Voraussetzungen — Bestimmung in den Allgemeinen Versicherungsbedingungen und Genehmigung der Aufsichtsbehörde — und hinsichtlich zweier Beziehungen zulässig. Jedoch darf hierdurch die Gesamtheit der Versicherungsnehmer nicht ungünstiger gestellt werden, als wenn gemäß §§ 174, 175, 176 verfahren würde.

1. Es kann eine andere als die in §§ 174, 175 geregelte Art der Umwandlung gestattet werden. Gebräuchlich ist vor allem ein Verfahren, nach dem bei Umwandlung die Ermittelung des Betrags der prämienfreien Versicherung so erfolgt, daß die Versicherungssumme in dem Verhältnisse der Anzahl der bereits gezahlten Prämien zu der Anzahl der für die gesamte Versicherungsdauer zu zahlenden Prämien gemindert wird (Bgr.). Die Umwandlung braucht nicht für das Ende der laufenden, sondern kann für das der abgelaufenen Versicherungsperiode oder für den Zeitpunkt, bis zu dem Prämien bezahlt waren, berechnet werden (VA. 1910. 94). Häufig ist auch die Umwandlung in der Form der automatischen Verlängerung. Bei ihr wird das vorhandene Deckungskapital bis zu seiner Erschöpfung benutzt, um aus ihm die Weiterzahlung der Prämie zu leisten, so daß die Versicherung in voller Höhe eine gewisse Zeit lang weiterbesteht, um dann ganz zu erlöschen. Während aber nach der Umwandlung dem Versicherungsnehmer nicht das Recht zusteht, ohne Zustimmung des Versicherers die ursprüngliche Versicherung wieder in der früheren Weise herzustellen, hat er diese Befugnis, falls eine selbsttätige Verlängerung der Versicherung in Frage steht, im Zweifel jederzeit, solange das Deckungskapital noch nicht zur Prämienzahlung verbraucht und damit die Versicherung erloschen ist.

2. Es kann die Berechnung der Rückvergütung nach anderen Methoden als nach der des § 176 erfolgen. Sie kann z. B. bei Zahlung der Prämie in unterjährlichen Raten bis zu dem Tage berechnet werden, bis zu welchem die Prämie gezahlt ist (durch Interpolation der ganzjährlichen Reserven). Sie kann, namentlich (§ 5 Abs. 5 AllgTodesfallVersbdg.) wenn von der laufenden Versicherungsperiode erst ein kurzer Zeitraum, z. B. noch nicht mehr als ein Monat, verflossen ist, für den Schluß der vorangegangenen Versicherungsperiode berechnet werden (VA. 1910. 94, 99). Ferner kann als Maßstab für die Berechnung des zu erstattenden Betrags die Summe der eingezahlten Prämien dienen.

4. III. Über Rückwirkung des § 178 RG. 23. 12. 19 Bd. 97 323.

Vierter Abschnitt.

Unfallversicherung.

Vorbemerkungen vor §§ 179—185.

1. Schrifttum: Hagen Bd. 2. 498. 1.

2. Es behandeln § 179 die Unfallversicherung auf die Person eines anderen, § 180 die Bezugsberechtigung, § 181 die Herbeiführung des Versicherungsfalls, § 182 die Schadensanzeigepflicht, § 183 die Abwendungs- und Minderungspflicht, § 184 das Sachverständigenverfahren, § 185 die Ermittelungs- und Feststellungskosten. 2.

Über die Allgemeinen Versicherungsbedingungen VA. 1921. 102, 1930. 115.

3. Die Unfallversicherung kann nur von Aktiengesellschaften oder von Versicherungsvereinen auf Gegenseitigkeit betrieben werden (§ 7 Abs. 2 VAG.; Übergangsbestimmungen §§ 128—130 VAG.). 3.

4. Die Unfallversicherung, die sich wie die Haftpflichtversicherung erst im Anschluß an das Reichshaftpflichtgesetz vom 7. Juni 1871 zu einem selbständigen Versicherungszweig entwickelt hat, will den wirtschaftlichen Nachteil ersetzen, der aus einem den Versicherten treffenden Unfall ihm oder seinen Hinterbliebenen erwächst. Sie gehört mit der Lebensversicherung (§§ 159 ff.) zu der Personenversicherung (Bem. 7 zu § 1), wird aber gewöhnlich nach Art der Schadensversicherung betrieben, das bedeutet, daß sich die Geldleistung des Versicherers nach dem Maß der durch den Unfall herbeigeführten Einbuße an Arbeitsfähigkeit abstuft, während, wenn sie nach Art der Lebensversicherung (§ 12 VAG.) betrieben wird, die Geldleistung des Versicherers von dem Nachweis eines Schadens nicht abhängt (RG. 22. 9. 11 VA. 1912* 31 Nr. 653). Ob die Unfallversicherung nach dieser oder nach jener Art betrieben wird, hat sich aus den Versicherungsbedingungen zu ergeben. Auch wenn sie nach der Art der Schadensversicherung betrieben wird, ist ihr ein Versicherungswert unbekannt. Infolgedessen kommen für die Unfallversicherung namentlich nicht zur Anwendung §§ 51 (RG. 17. 3. 08 VA. 1908* 52 Nr. 383, 23. 10. 00 JW. 1900. 804), 56, 57, 59, 60 (OLG. Hamm 12. 7. 28 VA. 1930. 27 Nr. 1940, JR. 1929. 126). — Bei Unfallversicherung mit Prämienrückgewähr liegt eine Verbindung der Unfallversicherung mit einer Zusatzversicherung vor, die lebensversicherungsähnlichen Charakter hat (VA. 1910. 248, 1923. 9, 51; hiergegen Hagen 507). Über Unfallversicherung in Verbindung mit Versicherung gegen sonstige Invaliditätsgefahr VA. 1923. 51; über Unfallversicherung von Abonnenten AllgVorbem. 32. 4.

5. Der Begriff des Unfalls (Bruck 643 ff., Pfeiffer JR. 1927. 236) entzieht sich gesetzlicher Festlegung. Er ist in der Unfallversicherung ein anderer als in der Transportversicherung (anders RG. 25. 11. 24 Bd. 109. 238, VA. 1925. 148 Nr. 1430, JW. 1925. 254). § 2 I AllgUnfallVersbdg. bestimmt: „Ein Unfall liegt vor, wenn der Versicherte durch ein plötzlich von außen auf seinen Körper wirkendes Er- 5.

eignis unfreiwilig eine Gesundheitsschädigung erleidet." Hiernach sind folgende Begriffsmerkmale entscheidend:

6. a) Plötzlichkeit. Der Vorgang darf sich nicht wie bei der Krankheit allmählich entwickeln (z. B. Wundlaufen [anders wenn eine Blutvergiftung herbeigeführt wird RG. 10. 5. 18 VA. 1918* 53 Nr. 1045], Wundreiten, Schwielenbildung), sondern muß plötzlich eintreten. Der Begriff des Plötzlichen erschöpft sich nicht in dem Begriff der Schnelligkeit, sondern von besonderer Bedeutung ist das Moment des Unerwarteten, Nichtvoraussehbaren, Unentrinnbaren (RG. 2. 6. 11 VA. 1911* 103 Nr. 624, 21. 1. 13 VA. 1913* 58 Nr. 739). Auch ein Vorgang, der sich innerhalb eines zeitlich bestimmbaren, verhältnismäßig kurzen Zeitraums abspielt, ist plötzlich (KG. 20. 12. 07 VA. 1908* 54 Nr. 385; RG. 21. 11. 19 Bd. 97. 189, JW. 1921. 33; OLG. Hamburg 23. 3. 27 HansRZ. 1927. 533). Die Plötzlichkeit bezieht sich auf die Einwirkung selbst, nicht auf den Eintritt des Erfolgs (OLG. Stuttgart 19. 4. 12 LZ. 1912. 572; RG. 28. 2. 13 VA. 1913* 57 Nr. 738, 25. 2. 14 LZ. 1914. 1203). — Es kann vertraglich bestimmt werden, daß der Versicherer nur zur Leistung verpflichtet ist, wenn die Folgen des Unfalls innerhalb bestimmter Frist eintreten (OLG. Breslau 13. 5. 31 HansRGZ. A. 1931. 487, JR. 1931. 306, VA. 1932. 221 Nr. 2298).

7. b) Das Ereignis muß von außen auf den Körper des Versicherten einwirken. Die Gesundheitsschädigung darf nicht durch einen rein innerlichen, organischen Vorgang im Körper, sondern muß durch ein Ereignis, das sich außerhalb des Körpers vollzieht und seine äußere oder innere Beschädigung zur Folge hat (RG. 18. 10. 21 VA. 1923* 17 Nr. 1244, JW. 1922. 98), verursacht sein. Nach § 2 II 1 a AllgUnfallVersbdg. gelten ausdrücklich als Unfälle durch plötzliche Kraftanstrengung hervorgerufene Verrenkungen, Zerrungen (KG. 17. 12. 19 VA. 1921* 9 Nr. 1120, 6. 2. 24 VA. 1925. 133 Nr. 1417), Zerreißungen (RG. 28. 2. 13 VA. 1913* 57 Nr. 738). Kein von außen wirkendes Ereignis: Erstickungstod infolge Verschluckens (KG. 5. 11. 30 JR. 1931. 10).

8. c) Die Gesundheitsschädigung muß unfreiwillig sein. Unfreiwillig ist eine Gesundheitsschädigung, die herbeigeführt ist durch Einwirken von Wassermassen (KG. 3. 3. 26 HansRZ. 1926. 376); durch Abspringen von einem in Bewegung befindlichen Zuge (OLG. Hamm 25. 4. 27 JR. 1927. 261); durch Jagdunfall (OLG. Hamburg 2. 11. 27 VA. 1929. 231 Nr. 1887); durch Eindringen von Wasser in die Luftwege und Atmungsorgane beim Schwimmen (OLG. Köln 29. 5. 29 JR. 1929. 321, VA. 1931. 28 Nr. 2116, bestätigt von RG. 17. 1. 30 JR. 1930. 77, VA. 1931. 29 Nr. 2116, Seuffert Bd. 84. 144 Nr. 86); durch Waschen mit Sublimatlösung (OLG. Dresden 14. 7. 30 JR. 1931. 77). Unfreiwillig ist nicht die Gesundheitsschädigung, die vermeidlich (z. B. Vornahme einer unnötigen Operation [OLG. Köln 27. 6. 28 JR. 1928. 282]) oder die schuldhaft herbeigeführt ist (§ 181). Ausdrücklich ausgeschlossen werden in § 3 Nr. 3 AllgUnfallVersbdg. Beschädigungen des Versicherten bei Heilmaßnahmen und Eingriffen, die er an seinem Körper vornimmt oder vornehmen läßt, soweit die Heilmaßnahmen oder Eingriffe nicht durch einen

Versicherungsfall veranlaßt waren; das Schneiden von Nägeln, Hühneraugen, Hornhaut gilt nicht als solcher Eingriff.

Die AllgUnfallVersbdg. bemühen sich, den Begriff des Unfalls durch ausdrückliche Feststellungen weiter zu klären.

Es gelten als Unfälle: Wundinfektionen, bei denen der Ansteckungsstoff durch eine Unfallverletzung in den Körper gelangt ist (§ 2 II 1 b AllgUnfallVersbdg.). Über Infektionsklauseln OLG. Hamburg 7. 6. 13 VA. 1913* 113 Nr. 767; RG. 14. 3. 22 VA. 1923* 42 Nr. 1267, 5. 2. 32 JR. 1932. 75. 9.

Es gelten nicht als Unfälle (§ 2 II 2 AllgUnfallVersbdg.): Vergiftungen (OLG. Königsberg 6. 10. 11 VA. 1912* 29 Nr. 651; OLG. Nürnberg 4. 5. 28 JR. 1928. 191). Vergiftung ist kein Unfall, wenn sie das erste Glied der den Tod bedingenden Ursachenreihe bildet (RG. 20. 12. 29 JR. 1930. 53, VA. 1930. 311 Nr. 2064). Bestritten ist, ob Tod durch Kohlenoxydgas als Vergiftung im Sinne der Allgemeinen Versicherungsbedingungen aufzufassen ist. Dafür KG. 11. 6. 27 JR. 1927. 245, VA. 1928. 246 Nr. 1752, HansRGZ. A. 1928. 106; RG. 10. 1. 28 Bd. 120. 18, JR. 1928. 42, VA. 1929. 25 Nr. 1806, JW. 1928. 556, HansRGZ. A. 1928. 157; Anonym JR. 1927. 329. Dagegen Kramer JR. 1927. 269, 343, 1928. 56; VA. 1927. 136), Malaria, Flecktyphus, sonstige Infektionskrankheiten (sind Infektionskrankheiten nur mitwirkende Ursachen für die Unfallfolgen, so ist die Gefahrtragung des Versicherers nicht aufgehoben [OLG. Hamm 25. 11. 29 JR. 1930. 67]), Gewerbekrankheiten, Erkrankungen infolge psychischer Einwirkung (Knallgeräusche beim Telephonieren KG. 23. 1. 14 VA. 1914* 7 Nr. 784; RG. 9. 6. 14 VA. 1914* 95 Nr. 842, 21. 12. 15 VA. 1916* 10 Nr. 913), ferner nicht Gesundheitsschädigungen durch Licht-, Temperatur-, Witterungseinflüsse, und schließlich nicht Gesundheitsschädigungen durch Röntgen- (LG. Frankfurt a. M. JR. 1931. 78), Radium- und ähnliche Strahlen. Beweispflichtig für das Vorliegen der Ausschlußklauseln ist der Versicherer; es reicht Prima-facie-Beweis aus (KG. 2. 5. 31 JR. 1931. 270). — Nach der „Neurose-Klausel" des § 7 Nr. 4 AllgUnfallVersbdg. (über ihre frühere Fassung VA. 1911. 34) wird eine Entschädigung für psychische und nervöse Störungen, durch welche im Anschluß an einen Unfall die Arbeitsfähigkeit beeinträchtigt ist, nur gewährt, wenn und soweit diese Störungen auf eine durch den Unfall verursachte organische Erkrankung des Nervensystems oder auf eine im Anschluß an den Unfall neuentstandene Epilepsie zurückzuführen sind (über ihre Auslegung VA. 1921. 99). Über den ursächlichen Zusammenhang bei Unfallneurose: OLG. Frankfurt 23. 7. 30 JR. 1931. 46; RG. 9. 2. 31 JR. 1931. 71, 11. 1. 32 JR. 1932. 59; OLG. Düsseldorf 13. 4. 31 JR. 1931. 242; OLG. Karlsruhe 29. 4. 31 JR. 1931. 277. 10.

6. Der Versicherung, die sich auf alle Unfälle erstreckt, steht die Versicherung gegenüber, die sich auf Unfälle beschränkt, die sich bei einer bestimmten Beschäftigung oder Betätigung (Unfall im Dienst, im Betriebe) oder während eines bestimmten Zustandes (Reise-, Eisenbahn-, Dampfschiff-Fahrt) ereignen. Als Verkehrsmittel im Sinne 11.

der Verkehrsunfallversicherung ist nicht ein Klepperfaltboot anzusehen (KG. 13. 10. 28 JR. 1928. 374, HansRGZ. A. 1928. 732, VA. 1930. 22 Nr. 1935; RG. 31. 5. 29 Bd. 125. 7, JR. 1930. 239, VA. 1930. 222 Nr. 1989). Über den Begriff des „dem öffentlichen oder privaten Personenverkehr dienenden Verkehrsmittels" RG. 29. 1. 29 VA. 1930. 216 Nr. 1983. Bei der Versicherung gegen alle Unfälle werden gewisse Sondergefahren ausgenommen, jedoch können durch die der Haftpflichtversicherung nachgebildete Vorsorgeversicherung (Bem. 13 zu § 149) auch diese Gefahren in den Versicherungsschutz einbezogen werden (§ 4 II AllgUnfallVersbdg.). Über den Ausschluß von Kunstflügen (beweispflichtig ist der Versicherer) KG. 19. 10. 29 VA. 1930. 312 Nr. 2065, JR. 1930. 58; RG. 5. 7. 29 VA. 1930. 308 Nr. 2061.

12. 7. Die Leistungen des Versicherers (§§ 1, 6 ff. AllgUnfallVersbdg.) bestimmen sich nach den für den Fall der vorübergehenden Arbeitsunfähigkeit, der dauernden Arbeitsunfähigkeit (Invalidität) und des Todes je besonders zu vereinbarenden Höchstbeträgen (Tagegeld, Invaliditätssumme, Todesfallsumme). Bei Beeinträchtigung der Arbeitsfähigkeit wird längstens auf ein Jahr vom Unfalltage für die Dauer der ärztlichen Behandlung ein nach dem Grad der Beeinträchtigung (Gliedertaxe) abgestuftes Tagegeld gewährt. Ergibt sich innerhalb eines Jahres vom Unfalltage an gerechnet, daß eine dauernde Beeinträchtigung der Arbeitsfähigkeit zurückbleibt, so wird Invalidenrente nach dem Invaliditätsgrad (Gliedertaxe) gezahlt. Ist die Arbeitsfähigkeit überhaupt nicht beeinträchtigt worden, so werden die notwendigen Kosten der ärztlichen Behandlung äußerstens in Höhe des Tagegeldes ersetzt. Haben zur Herbeiführung der Gesundheitsschädigung oder des Todes neben dem Unfall Krankheiten (nicht eine bloße Empfänglichkeit VA. 1921. 98; KG. 13. 3. 26 VA. 1927. 258 Nr. 1621; z. B. eine vorhandene Herzschwäche bei Tod durch Ertrinken: OLG. Celle 23. 1. 31 JR. 1931. 277) oder Gebrechen mitgewirkt, so wird die Versicherungsleistung im Verhältnis des auf diese Mitwirkung entfallenden Anteils gekürzt; der Anteil bleibt unberücksichtigt, wenn er weniger als 25 v. H. beträgt. War der Versicherte schon vor Eintritt des Unfalls in seiner Arbeitsfähigkeit dauernd beeinträchtigt, so wird dieser Zustand bei der Entschädigung berücksichtigt.

13. 8. Abtretung und Verpfändung der Ansprüche aus der Unfallversicherung.

a) Schrifttum: Bruck 720; Bühring VuGeldwirtschaft 1925. 201.

b) Die Abtretung und Verpfändung der Ansprüche ist vor ihrer endgültigen Feststellung nur mit ausdrücklicher Zustimmung des Versicherers zulässig (§ 399 BGB.; § 16 Nr. 3 AllgUnfallVersbdg.). Die ausdrückliche Zustimmung bedarf keiner besonderen Form, vor allem nicht der Schriftform, sie muß jedoch bestimmt zum Ausdruck gelangt sein (OLG. Stuttgart 10. 4. 20 VA. 1923* 18 Nr. 1245). Eine Abtretung ohne Zustimmung des Versicherers ist nur dem Versicherer gegenüber unwirksam. Bei Versicherung für fremde Rechnung bedarf es nicht der Zustimmung des Versicherers, wenn die Rechte vertraglich dem Versicherungsnehmer zustehen und von diesem an den Versicherten abgetreten werden (OLG. Stuttgart 2. 2. 23 VA. 1924* 61 Nr. 1319).

9. Konkurs des Versicherungsnehmers. 14.

a) Schrifttum: Bruck 690; Grimm HansRGZ. A. 1930. 257.

b) Der Anspruch des Versicherungsnehmers aus einer Versicherung gegen Unfälle, die ihm selbst zustoßen, gehört nicht zu seiner Konkursmasse, insoweit es sich um höchstpersönliche Leistungen wie ärztliche Behandlung, Heilmittel und ähnliches handelt (§§ 399 erster Halbsatz BGB., 851 Abs. 1 ZPO.). Im übrigen ist zu unterscheiden: Ist der Versicherungsfall vor der Konkurseröffnung eingetreten, so gehört der Anspruch auf die Geldleistung zu der Konkursmasse. Ist der Versicherungsfall nach der Konkurseröffnung eingetreten, dann gehört der Anspruch auf die Geldleistung ohne schriftliche Einwilligung des Versicherungsnehmers nicht zu der Konkursmasse, denn die konkursrechtliche Beschlagnahme ohne Einwilligung würde auf eine Versicherung gegen Unfälle, die einem anderen zustoßen, hinauslaufen (§ 179 Abs. 3). Anders, aber sehr bedenklich RG. 20. 6. 02 Bd. 52. 49, 53; Anonym JR. 1929. 197.

§ 179. Die Unfallversicherung kann gegen Unfälle, die dem Versicherungsnehmer oder gegen Unfälle, die einem anderen zustoßen, genommen werden.

Eine Versicherung gegen Unfälle, die einem anderen zustoßen, gilt im Zweifel als für Rechnung des anderen genommen. Die Vorschriften der §§ 75 bis 79 finden entsprechende Anwendung.

Wird eine Versicherung gegen Unfälle, die einem anderen zustoßen, von dem Versicherungsnehmer für eigene Rechnung genommen, so ist zur Gültigkeit des Vertrags die schriftliche Einwilligung des anderen erforderlich. Ist der andere geschäftsunfähig oder in der Geschäftsfähigkeit beschränkt und steht die Vertretung in den seine Person betreffenden Angelegenheiten dem Versicherungsnehmer zu, so kann dieser den anderen bei der Erteilung der Einwilligung nicht vertreten.

Im Falle des Abs. 3 kann vereinbart werden, daß in Ansehung des Rechtes des Versicherers, wegen Verletzung der dem Versicherungsnehmer bei der Schließung des Vertrags obliegenden Anzeigepflicht von dem Vertrage zurückzutreten, die Kenntnis und das Verhalten des anderen der Kenntnis oder dem Verhalten des Versicherungsnehmers gleichstehen soll.

Schrifttum: Bem. 1 vor § 179, Bem. 1 zu § 159. 1.

I. Die Unfallversicherung kann wie die Lebensversicherung (§ 159 Abs. 1) 2.
gegen Unfälle, die dem Versicherungsnehmer, oder gegen Unfälle, die einem anderen zustoßen (Fremdversicherung) genommen werden (Abs. 1). Der andere ist der Versicherte im Gegensatz zu dem Versicherungsnehmer, dem Vertragsgegner des Versicherers (unrichtig RG. 10. 2. 05 Bd. 60. 141, 143). Bei der Versicherung gegen Unfälle, die dem Versicherungsnehmer selbst zustoßen, ist der Versicherungsnehmer zugleich der Versicherte.

3. II. 1. Die Fremdversicherung setzt voraus, daß sich der Versicherungsfall in der Person des anderen ereignet, ohne daß auch dem anderen ein Anspruch auf die geldliche oder geldeswerte Leistung des Versicherers zustehen muß. Der Anspruch verbleibt dem Versicherungsnehmer, wenn er die Versicherung für eigene Rechnung nimmt (Abs. 3), oder dem Bezugsberechtigten (§ 180), er steht dem Versicherten selbst zu, wenn die Versicherung für fremde Rechnung genommen ist (Abs. 2). — Die Fremdversicherung ist zu unterscheiden von dem Vertragsabschluß durch gesetzlichen oder rechtsgeschäftlich bestellten Vertreter im Namen und auf die Person des Vertretenen (VA. 1913. 103; Bem. 2 zu § 159).

4. 2. Die Fremdversicherung kommt vor: als Einzelversicherung — Versicherung gegen Unfälle, die einer bestimmten Person, z. B. einem Kinde, einem Schüler (VA. 1911. 36), zustoßen —; als Kollektivversicherung — Versicherung gegen Unfälle, die anderen Personen zustoßen, mit oder ohne Namensangabe der anderen, z. B. es werden namentlich aufgeführte Personen gegen Unfälle versichert, wobei die Versicherungssummen verschieden sein können, oder es werden, was häufiger ist, z. B. alle Mitglieder eines Vereins, alle Schüler einer Schule, alle Besucher des Universitätsgebäudes, alle Angestellten und Arbeiter eines Betriebs, alle Besitzer eines Autos (LG. Hamburg HansRGZ. A. 1929. 155; OLG. Hamburg 3. 5. 29 HansRGZ. A. 1929. 611) versichert, wobei die Versicherungssumme für jeden Versicherten die gleiche sein muß —; als Pauschalversicherung — Versicherung gegen Unfälle, die anderen Personen zustoßen, wobei jeder Versicherte nur einen Teilbetrag der Pauschal-Versicherungssumme erhält. — Bei der Insassenunfallversicherung im Rahmen einer Kraftfahrzeugversicherung sind die berechtigten Insassen des Kraftwagens versichert, wobei der Insasse im Gegensatz zu dem Fahrgast steht. Dagegen liegt eine reine Fahrgastversicherung vor, wenn der Chauffeursitz als solcher ohne Rücksicht darauf, wer ihn einnimmt, von dem Versicherungsschutz ausgenommen ist (RG. 2. 10. 29 JR. 1929. 369; RG. 30. 5. 30 VA. 1931. 191 Nr. 2154).

5. 3. Die Fremdversicherung gilt im Zweifel als für fremde Rechnung genommen (Abs. 2), wenn sich nicht die gegenteilige Auffassung aus den Umständen, insbesondere aus dem Versicherungsvertrag, ergibt. Es bedarf einer ausdrücklichen Anweisung über die entsprechende Anwendung der Grundsätze über die Versicherung für fremde Rechnung, weil diese in der Schadensversicherung geordnet und von dem der Unfallversicherung unbekannten Begriff des versicherten Interesses ausgeht.

6. a) Zur Entrichtung der Prämie und zur Erfüllung sämtlicher Obliegenheiten (z. B. Besichtigung und Sektion der Leiche des Versicherten RG. 22. 5. 17 VA. 1917* 53 Nr. 999, JW. 1917. 766) ist nur der Versicherungsnehmer verpflichtet, so ausdrücklich auch § 16 Nr. 1 AllgUnfallVersBdg. Aber auch der Versicherte muß die Obliegenheiten erfüllen (Bem. 9 vor § 74), so hat er eine eingetretene Gefahrerhöhung, den eingetretenen Versicherungsfall anzuzeigen (RG. 11. 4. 19 Bd. 95. 250, VA. 1919* 55 Nr. 1098; OLG. Königsberg 9. 12. 30 JR. 1931. 60, VA. 1931. 254 Nr. 2210).

b) Die **Rechte** aus der Versicherung stehen zwar dem Versicherten zu 7.
(§ 75 Abs. 1 S. 1), aber die Verfügung über sie hat der Versicherungsnehmer, wenn er sich im Besitz des Versicherungsscheins befindet (§§ 75 Abs. 2, 76 Abs. 2). Daher kann er auch die Entschädigungszahlung des Versicherers annehmen (§ 76 Abs. 2), jedoch kann der Versicherer den Nachweis der Zustimmung des Versicherten zu der Versicherung verlangen (§ 76 Abs. 3). Der Versicherer kann auf die Zustimmung des Versicherten verzichten. Ein derartiger Verzicht nimmt jedoch dem Versicherer nicht das Recht, zu beweisen, daß der Versicherungsnehmer die Entschädigungsleistung nicht an den Versicherten herausgibt. Auf diese Weise wird eine Umgehung des Abs. 3 vermieden. Eine Verpflichtung des Versicherungsnehmers zur Herausgabe der Entschädigungsleistung an den Versicherten oder an dessen Rechtsnachfolger oder an den Bezugsberechtigten kann sich ergeben aus dem Rechtsverhältnis zwischen Versicherungsnehmer und Versichertem (z. B. Dienstvertrag) oder aus dem Zweck der genommenen Versicherung. Ebenso auch die Auffassung des vorgesetzlichen Rechts (ROHG. Bd. 23. 158; RG. 1. 7. 84 Bd. 12. 317; OLG. Stuttgart 18. 4. 06 VA. 1908* 16 Nr. 358). — Steht die Ausübung der Rechte wie nach § 16 Nr. 1 AllgUnfallVersBdg. ausschließlich dem Versicherungsnehmer zu, dann ist ein Verzicht des Versicherten auf die Entschädigungsleistung ohne Zustimmung des Versicherungsnehmers unwirksam (RG. 14. 6. 18 VA. 1919* 20 Nr. 1076). — Die Schwierigkeiten, die daraus erwachsen, daß auch der Versicherte verfügungsberechtigt sein kann (§ 75 Abs. 2) und daß der Versicherungsnehmer der Zustimmung des Versicherten bedarf (§ 76 Abs. 2), werden dadurch vermieden, daß nach § 16 Nr. 1 AllgUnfallVersBdg. die Ausübung der Rechte aus dem Vertrag ausschließlich dem Versicherungsnehmer zusteht.

4. a) Wird die Fremdversicherung von dem Versicherungsnehmer **für** 8.
eigene Rechnung genommen, d. h. soll der Anspruch auf die Leistung des Versicherers dem Versicherungsnehmer selbst zustehen, so liegen die Verhältnisse ganz ähnlich wie bei der Lebensversicherung, die für den Fall des Todes eines anderen als des Versicherungsnehmers genommen ist (§ 159 Abs. 2). Demgemäß ist auch die gesetzliche Regelung dieselbe (Abs. 3; § 159 Abs. 2; Bem. 5 ff. zu § 159).

b) Ist **der andere beschränkt geschäftsfähig oder** 9.
geschäftsunfähig, so ist die Mitwirkung eines zu bestellenden Pflegers notwendig (Abs. 2 S. 2; Bem. 6 zu § 159). Hierdurch entstehen Weiterungen, die sich vermeiden lassen, wenn die Unfallversicherung nicht als Lebensversicherung, sondern nach der Art der Schadensversicherung betrieben wird. Der andere bedarf nämlich nur eines Schutzes, wenn sein Leben und seine Gesundheit Gegenstand einer spekulativen Versicherung sind, wenn eine im voraus vereinbarte Leistung zugesichert wird. Wird jedoch dem Versicherungsnehmer der Nachweis auferlegt, daß ihm durch den Unfall des anderen, z. B. des Kindes, ein Schaden in bestimmter Höhe erwachsen ist, wird somit die Art der Schadensversicherung gewählt, so ist die Einwilligung des anderen nicht notwendig. Auf diese Weise wird tatsächlich die Unfallversicherung von Kindern betrieben (VA. 1919. 11, 97).

10. c) §§ 16—21 geben dem Versicherer nur Rechte, wenn der Versicherungsnehmer selbst die vorvertragliche Anzeigepflicht verletzt hat. Bei der Fremdversicherung kann vereinbart werden, daß auch die Kenntnis und das Verhalten des Versicherten den Versicherer befugen, vom Vertrage zurückzutreten (Abs. 4; vgl. § 161). Von dieser Möglichkeit wird stets Gebrauch gemacht. Auch das arglistige Verhalten des Versicherten wird dem arglistigen Verhalten des Versicherungsnehmers gleichgestellt. — Inwieweit es auf die Kenntnis des Bezugsberechtigten ankommt Bem. 3 zu § 161.

§ 180. Ist als Leistung des Versicherers die Zahlung eines Kapitals vereinbart, so gelten die Vorschriften der §§ 166 bis 168.

1. Schrifttum: Bem. 1 vor § 166; Bühring VW. 1925. 99.

2. I. Die Bezeichnung eines Bezugsberechtigten ist rechtlich bei der Versicherung gegen Unfälle, die dem Versicherungsnehmer oder einem anderen zustoßen, zulässig und wird alsdann nach den Grundsätzen der Lebensversicherung (§§ 166—168) behandelt, spielt aber praktisch eine geringere Rolle, weil das die Versicherungsleistung auslösende Ereignis (Unfall) ungewiß ist. — Soll im Todesfall die Leistung des Versicherers an die Erben fallen, dann gehört die Leistung nicht zum Nachlaß (OLG. Cassel 29. 6. 06 VA. 1906* 106 Nr. 249). Hat der Versicherer statt an die bezugsberechtigte Tochter an ihren Vater gezahlt, so kann er gegenüber dem Anspruch der Tochter nicht mit dem ihr von dem Vater abgetretenen Anspruch auf Ersatz von verauslagten Krankenhaus- und sonstigen Kosten für die Tochter aufrechnen, wenn eine Verpflichtung der Tochter zur Übernahme dieser Kosten nicht bestand (RG. 3. 5. 30 JR. 1930. 315). — Über den Wegfall der Bezugsberechtigung bei vorsätzlicher widerrechtlicher Herbeiführung des Versicherungsfalls § 181 Abs. 2.

§ 181. Der Versicherer ist von der Verpflichtung zur Leistung frei, wenn der von dem Unfalle Betroffene den Unfall vorsätzlich herbeigeführt hat. Das Gleiche gilt, wenn im Falle des § 179 Abs. 3 der Versicherungsnehmer vorsätzlich durch eine widerrechtliche Handlung den Unfall herbeigeführt hat.

Ist ein Dritter als Bezugsberechtigter bezeichnet, so gilt die Bezeichnung als nicht erfolgt, wenn der Dritte vorsätzlich durch eine widerrechtliche Handlung den Unfall herbeiführt.

1. Schrifttum: Bem. 1 zu § 61.

2. I. Die schuldhafte Herbeiführung des Unfalls durch den von dem Unfall Betroffenen (Versicherten) hat ebenso wie der Selbstmord in der Lebensversicherung (§ 169) zur Folge, daß der Versicherer leistungsfrei wird (Abs. 1 S. 1), ein Ergebnis, das sich bereits aus dem Begriff des Unfalls (Bem. 8 vor § 179) herleiten läßt, da kein unfreiwilliges Ereignis vorliegt. Über die rechtliche Natur des dem Versicherten auferlegten Verhaltens Bem. 4 zu § 61.

1. Die Leistungsfreiheit des Versicherers tritt ein, wenn 3.
der Versicherte, mag es sich um eine Versicherung für eigene Rechnung oder um eine Versicherung für fremde Rechnung (§ 179 Abs. 2) handeln, den Unfall vorsätzlich herbeiführt. Leistungsfreiheit bedeutet, daß der Versicherer die durch den Unfall an und für sich ausgelöste Leistung nicht zu bewirken hat. Der Vertrag als solcher bleibt bestehen, sofern er nicht durch den Tod des Versicherten gegenstandslos geworden ist, vor allem bleibt der Prämienschuldner weiter zur Entrichtung der Prämie verpflichtet. Bleibt der Vertrag weiter bestehen, dann wird bei einem späteren Unfall, den der Versicherte erleidet, die durch den früheren Unfall bereits verursachte Invalidität berücksichtigt.

2. Der Versicherte darf den Unfall nicht vorsätzlich herbeiführen. 4.
Worin im einzelnen die Handlung des Versicherten besteht, ist Tatfrage. Aber unter allen Umständen muß sie eine positive Handlung sein. Das Unterlassen einer Handlung, die den Eintritt des Unfalls verhindert hätte, kann zwar für den Eintritt des Versicherungsfalls kausal sein, aber versicherungsrechtlich ist zwischen der positiven Herbeiführung des Versicherungsfalls und der Abwendungs- und Minderungspflicht (§ 62) zu unterscheiden. — Über den Kausalzusammenhang Bem. 3 zu § 55.

3. Der Versicherte darf den Unfall nicht vorsätzlich herbeiführen. Der 5.
Vorsatz muß auf die Herbeiführung des Unfalls gerichtet sein, wobei es aber unerheblich ist, ob der beabsichtigte Erfolg auch tatsächlich eintritt (anstatt einen Finger zu beschädigen, wird das Knie beschädigt). Der vorsätzlich herbeigeführte Unfall kann auch in Selbstmord oder Selbstverstümmelung bestehen. Die im Zustand der Unzurechnungsfähigkeit begangene Selbsttötung oder Selbstverstümmelung fällt an und für sich unter die Versicherung, wird aber in § 3 Nr. 4 AllgUnfallVersBdg. ausdrücklich ausgeschlossen. Körperverletzungen oder Tötungen infolge Zweikampfs sind keine Unfälle im Sinne von § 3 Nr. 2 Allg. UnfallVersBdg., da ausgeschlossen sind alle Unfälle, die der Versicherte erleidet bei der Ausführung oder dem Versuche von Verbrechen oder Vergehen (z. B. bei Raufhändeln: OLG. Karlsruhe 25. 2. 31 JR. 1931. 105), ferner durch bürgerliche Unruhen, es sei denn, daß er ohne Verschulden oder kraft seines Berufs oder bei Bemühungen zur Rettung von Personen in den Gefahrenbereich gekommen ist.

4. Vertraglich (Bem. 8) kann die Leistungsfreiheit auch bei grober 6.
Fahrlässigkeit des Versicherten vorgesehen sein. Grobe Fahrlässigkeit ist angenommen worden bei Nichtbeachtung von Unfallverhütungsvorschriften (OLG. Düsseldorf 20. 10. 30 VA. 1931. 252 Nr. 2209); wenn in dem Schlafraum nicht nachgesehen wird, ob die Gashähne geschlossen sind (OLG. Düsseldorf 20. 10. 29 VA. 1930. 317 Nr. 2096). Grobe Fahrlässigkeit ist verneint worden bei Nichtschließung des Haupthahnes der Wohnung (OLG. Düsseldorf 12. 3. 31 VA. 1932. 29 Nr. 2258, JR. 1931. 307); bei Abspringen von dem langsam fahrenden Autobus (KG. 29. 10. 30 JR. 1931. 9); bei Baden an Stellen, vor denen die Polizei warnt (OLG. Köln 22. 12. 30 JR. 1931. 61); bei Baden zur Nachtzeit (OLG. Königsberg 14. 3. 30 JR. 1931. 107). — Über den Begriff des Raufhandels als die Haftung des Versicherers ausschließenden Unfall: OLG. Nürnberg 21. 5. 31 JR. 1931. 293.

7. 5. Der Beweis für die vorsätzliche Herbeiführung des Unfalls liegt dem Versicherer ob. Der Beweis gilt als erbracht, wenn sich die vorsätzliche Handlung als höchst wahrscheinlich nachweisen läßt (RG. 30. 9. 04 VA. 1905* 13 Nr. 96, 13. 3. 08 VA. 1908* 56 Nr. 386, 17. 12. 12 VA. 1913* 55 Nr. 737, 27. 6. 30 JW. 1930. 3400; KG. 9. 2. 06 VA. 1906* 10 Nr. 179, 12. 4. 30 JR. 1930. 239; OLG. Köln 8. 6. 09 VA. 1910* 93 Nr. 549; OLG. Breslau 12. 6. 12 VA. 1912* 102 Nr. 690; OLG. Hamm 28. 10. 29 JR. 1930. 87, VA. 1930. 318 Nr. 2071).

8. 6. § 181 ist nicht zwingend. Es kann daher die Leistungsfreiheit des Versicherers auch bei nicht vorsätzlicher Herbeiführung des Versicherungsfalls vorgesehen sein (Bem. 6) oder es kann die Beweislast anders (Bem. 7) geregelt werden (RG. 16. 4. 29 JR. 1929. 186).

9. II. 1. Bei der Versicherung für eigene Rechnung gegen Unfälle, die einem anderen zustoßen (§ 179 Abs. 3), hat die vorsätzliche widerrechtliche Herbeiführung des Unfalls durch den Versicherungsnehmer zur Folge, daß der Versicherer leistungsfrei wird (Abs. 1 S. 2; Bem. 2 ff. zu § 170).

10. 2. Führt der Versicherungsnehmer bei Versicherung für fremde Rechnung den Unfall des anderen herbei (§ 179 Abs. 2), so ist der Versicherer gleichfalls leistungsfrei (Bem. 7 zu § 61).

11. III. Die vorsätzliche, widerrechtliche Herbeiführung des Unfalls durch den Bezugsberechtigten bewirkt, daß die Bezeichnung als nicht erfolgt gilt (Abs. 2; Bem. 7 ff. zu § 170). Über die Frage, ob die Eltern der versicherten Ehefrau bezugsberechtigt sind, wenn der Ehemann den Tod der Versicherten vorsätzlich herbeigeführt hat, OLG. Nürnberg 13. 3. 31 VA. 1932. 32 Nr. 2260, JR. 1931. 326.

§ 182. Die Pflicht zur Anzeige des Versicherungsfalls liegt, wenn das Recht auf die Leistung einem bezugsberechtigten Dritten zusteht, diesem ob; das Gleiche gilt von der Pflicht zur Auskunft und zur Beschaffung von Belegen.

1. Schrifttum: Bem. 1 zu § 33.

2. I. Die Schadensanzeigepflicht hat entsprechend § 171 Abs. 2 eine besondere gesetzliche Regelung nur insofern gefunden, als der Bezugsberechtigte zur Anzeige, Auskunft und Beschaffung von Belegen verpflichtet wird. § 33 gilt neben § 182.

3. II. 1. Die auf Gesetz beruhende Verpflichtung zur Schadensanzeige ist eine Obliegenheit (Voraussetzung; Bem. 4 zu § 6), die nach Eintritt des Versicherungsfalls dem Versicherer gegenüber zu erfüllen ist (§ 6 Abs. 2).

4. 2. Anzeigepflichtig ist der Versicherungsnehmer oder sein Rechtsnachfolger, bei mehreren Versicherungsnehmern ein jeder von ihnen, bei Versicherung für fremde Rechnung (§ 179 Abs. 2) hat auch der Versicherte anzuzeigen, wenn er Kenntnis hat. Steht das Recht auf die Leistung aus dem Versicherungs-

vertrag einem bezugsberechtigten Dritten zu, so liegt ihm die Anzeigepflicht ob. Dem Bezugsberechtigten liegt nicht neben, sondern an Stelle des Versicherungsnehmers die Anzeigepflicht ob, vorausgesetzt, daß der Bezugsberechtigte das alleinige Recht auf die Leistung hat. Sind mehrere Bezugsberechtigte vorhanden, so hat ein jeder von ihnen anzuzeigen. Trotz der von § 171 Abs. 2 abweichenden Wortfassung muß auch der Zessionar, Pfandgläubiger, Vollstreckungsgläubiger anzeigeberechtigt (RG. 5. 6. 90 Bd. 26. 61) und anzeigepflichtig sein.

3. Die Erfüllung der Anzeigepflicht ist an zwei Voraussetzungen geknüpft:

a) Der Eintritt des Versicherungsfalls. Versicherungsfall 5.
ist der Unfall des Versicherungsnehmers (Bem. 5 ff. vor § 179).

b) Die Kenntnis des Anzeigepflichtigen von dem Eintritt 6.
des Versicherungsfalls (§ 33 Abs. 1). Kennenmüssen steht der Kenntnis nicht gleich; doch darf sich der Anzeigepflichtige der Kenntnis nicht arglistig entziehen. Sind mehrere Anzeigepflichtige vorhanden, so schadet die Kenntnis des einen, wenn er die Anzeige nicht ordnungsgemäß erstattet, allen übrigen.

Die Kenntnis hat sich auf die eingetretene Tatsache und auf ihren Charakter als Unfall zu erstrecken. Diese Kenntnis ist vorhanden, wenn der Anzeigepflichtige bei verständiger Würdigung aller Umstände mit der Möglichkeit einer Beschädigung rechnen muß (RG. 11. 11. 04 BA. 1905* 12 Nr. 95, 23. 11. 06 BA. 1907* 47 Nr. 304, 19. 11. 09 BA. 1910* 91 Nr. 548, JW. 1910. 33, 1. 4. 10 BA. 1910* 62 Nr. 528, 30. 3. 20 BA. 1921* 46 Nr. 1144, 23. 11. 20 BA. 1923* 14 Nr. 1241; OLG. Breslau 21. 6. 06 BA. 1906* 96 Nr. 242, 13. 5. 31 JR. 1931. 306; OLG. Köln 11. 4. 07 BA. 1907* 93 Nr. 339; KG. 19. 5. 08 BA. 1908* 84 Nr. 406; OLG. Naumburg 14. 11. 30 Praxis des Versicherungsrechts 1931. 10). Ist sich der Anzeigepflichtige nicht bewußt, daß ein Unfall eingetreten ist, dann kann ihm die Verletzung der Anzeigepflicht nicht zugerechnet werden. — Dagegen ist die Kenntnis von der Anzeigepflicht nicht erforderlich (OLG. Braunschweig 13. 7. 20 LZ. 1921. 274).

III. 1. Die Anzeige ist eine empfangsbedürftige, an sich formfreie 7.
Wissenserklärung. Willensmängel oder Mängel in der Geschäftsfähigkeit haben keinen Einfluß auf die Wirksamkeit der Anzeige. Mithin entscheidet die Tatsache, ob die Anzeige ordnungsgemäß erstattet ist oder nicht. Auch ein beschränkt Geschäftsfähiger oder ein Geschäftsunfähiger kann anzeigen. Ob er aber für eine unterlassene oder für eine nicht rechtzeitige Anzeige verantwortlich ist, ist nach den Grundsätzen über die Schuldfähigkeit (§§ 827, 828 BGB.) zu entscheiden (Bem. 5 zu § 16).

2. Die Anzeige ist von dem Anzeigepflichtigen zu erstatten. 8.
Bei mehreren Anzeigepflichtigen genügt die Erstattung der Anzeige durch einen von ihnen, wenn sie dem Versicherer zugeht (RG. 3. 5. 01 JW. 1901. 426). Die von einem Nichtanzeigepflichtigen ordnungsgemäß erstattete Anzeige erfüllt die Anzeigepflicht (KG. 3. 5. 30 JR. 1930. 315). Diese Folge ist allerdings ausdrücklich nur für einen ganz bestimmten Tatbestand vorgesehen (§ 33 Abs. 2). Es würde aber Treu und Glauben widersprechen, wenn sich der Versicherer auf

die Verletzung der Anzeigepflicht berufen könnte, obschon er die Anzeige von einem Nichtanzeigepflichtigen erhalten hat (Bem. 8 zu § 33).

9. 3. Die Anzeige ist gesetzlich formfrei, vertraglich pflegt die Beobachtung einer bestimmten Form, regelmäßig die schriftliche Form, verlangt zu werden. Hat der Unfall den Tod zur Folge, so ist nach § 9 Nr. 2 AllgUnfallVersbdg. telegraphische Anzeige zu erstatten. Wird die Form nicht gewahrt, so kann sich der Versicherer auf die Verletzung der Anzeigepflicht nicht berufen, wenn er in anderer Weise rechtzeitig von dem Eintritt des Versicherungsfalls Kenntnis erlangt (anders anscheinend OLG. Celle 11. 7. 30 JR. 1930. 320, VA. 1931. 207 Nr. 2170).

10. 4. Die Anzeige ist an den Versicherer, an den Abschlußagenten (§ 45; Ausnahme § 47) oder an seinen sonstigen Vertreter zu richten. Der Vermittelungsagent ist zur Entgegennahme der Anzeige grundsätzlich (§ 43 Nr. 2; Ausnahme § 47) ermächtigt. Nimmt er die Anzeige entgegen, ohne den Anzeigenden über den Mangel seiner Vertretungsmacht zu belehren, so kann die Anzeige als ordnungsgemäß erstattet betrachtet werden (OLG. Celle 17. 12. 20 VA. 1922* 17 Nr. 1182; RG. 7. 10. 21 VA. 1923* 16 Nr. 1243). Leitet der Agent die ihm zugegangene Anzeige an einen falschen Versicherer weiter, so kann sich der zuständige Versicherer hierauf nicht dem Anzeigepflichtigen gegenüber berufen (RG. 20. 6. 30 Praxis des Versicherungsrechts 1930. 75). Oftmals wird in dem Versicherungsschein eine bestimmte Generalagentur als ausschließlich zur Empfangnahme berechtigt bezeichnet. Telegraphische Anzeigen sind stets an den Versicherer selbst zu richten.

11. 5. Der Inhalt der Anzeige ist weder gesetzlich noch vertraglich geregelt, ergibt sich aber häufig durch Ausfüllung eines von dem Versicherer entworfenen Fragebogens (Bem. 22).

12. 6. Ist der Empfänger der Anzeige anwesend, so ist die Anzeige in verständlicher Form zu machen, ist der Empfänger abwesend, so muß sie ihm zugegangen sein (§ 130 BGB.).

13. 7. Die Anzeige ist innerhalb der regelmäßig vertraglich bestimmten Frist nach Eintritt des Versicherungsfalls zu erstatten. Nach § 9 Nr. 2 AllgUnfallVersbdg. ist, wenn der Unfall den Tod zur Folge hat, Anzeige binnen 24 Stunden, und zwar auch dann, wenn der Unfall bereits gemeldet sein sollte, zu erstatten (OLG. Stuttgart 29. 11. 27 VA. 1929. 29 Nr. 1809). Die Berechnung der Frist bestimmt sich nach §§ 187 Abs. 1, 188 Abs. 1, 193 BGB. (RG. 4. 12. 26 HansRZ. 1927. 97). Hiernach wird der Tag selbst, an dem sich der Unfall ereignete, nicht mitgerechnet. Die Absendung der Anzeige wahrt die Frist. Innerhalb der Frist braucht die Anzeige nicht unverzüglich erstattet zu werden. Nach Ablauf der Frist ist die Anzeige unverzüglich (ohne schuldhaftes Zögern § 121 Abs. 1 BGB.) nach Erlangung der Kenntnis zu machen (§ 33 Abs. 1).

14. 8. Die Kosten für die Erfüllung der Anzeigepflicht hat der Versicherungsnehmer (Anspruchsberechtigte) zu tragen.

15. 9. Der Versicherer hat zu beweisen, daß die Anzeigepflicht verletzt ist. — Liegt nach der vertraglichen Regelung dem Versicherungsnehmer die

Beweislast dafür ob, daß er den von ihm behaupteten Unfall erlitten hat, so muß — wenn zwar grundsätzlich auch bei dem Vorhandensein einer tatsächlichen Verletzung allzustrenge Anforderungen für den Nachweis eines Unfalls nicht gestellt zu werden brauchen, weil sich in der Regel niemand selbst verletzt — an die Beweisführung dann ein strengerer Maßstab angelegt werden, wenn erhebliche Verdachtsgründe dafür bestehen, daß sich der Verletzte die Verletzungen freiwillig beigebracht hat. (OLG. Breslau 14. 10. 31 JR. 1932. 13).

IV. 1. Besondere Folgen sind an die Verletzung der Anzeigepflicht gesetzlich nicht geknüpft. Sind sie auch nicht vertraglich geregelt, so ist der Versicherer berechtigt, die ihm obliegende Leistung so lange zu verweigern, bis die Anzeige ordnungsgemäß erstattet ist. Aber die Verweigerung seiner Leistung darf nicht schikanös (§ 226 BGB.) sein. 16.

2. Ist der Versicherer nach Maßgabe der in Betracht kommenden Versicherungsbedingungen leistungsfrei, so nach § 10 AllgUnfallVersbdg., wenn die Anzeige nicht rechtzeitig oder nicht ordnungsgemäß erstattet wird, so kann diese Folge nur eintreten, wenn die Nichterfüllung auf Vorsatz oder auf grober Fahrlässigkeit beruht (§ 6 Abs. 2, 3). Beispiele: RG. 21. 12. 06 VA. 1907* 21 Nr. 285, 24. 4. 08 VA. 1908* 80 Nr. 401, 29. 1. 09 VA. 1909* 51 Nr. 455, JW. 1909. 198 (schriftliche statt telegraphische Anzeige); RG. 16. 6. 08 Bd. 69. 175, VA. 1908* 81 Nr. 402 (Versäumung rechtzeitiger Anzeige infolge besonderer Umstände); RG. 13. 12. 12 VA. 1913* 24 Nr. 722 (ist der Versicherte verpflichtet, seinen Angehörigen von der Versicherung Mitteilung zu machen?); RG. 6. 12. 12 VA. 1913* 114 Nr. 768 (völlig unterbliebene Anzeige); RG. 18. 11. 13 VA. 1914* 40 Nr. 804, 2. 12. 13 VA. 1914* 41 Nr. 805, 29. 6. 15 JW. 1915. 1020; OLG. Hamm 5. 5. 11 VA. 1912* 64 Nr. 671 (verspätete Anzeige); OLG. Hamburg 7. 5. 13 VA. 1914* 9 Nr. 785 (entschuldigte Fristüberschreitung wegen unklarer Bedingungen); RG. 28. 11. 17 VA. 1918* 21 Nr. 1027 (entschuldigte Unterlassung der telegraphischen Anzeige); OLG. Karlsruhe 18. 12. 29 VA. 1930. 322 Nr. 2074; OLG. Naumburg 14. 11. 30 Praxis des Versicherungsrechts 1931. 10 (grobfahrlässige, durch nichts entschuldigte Verspätung der Anzeige); OLG. Celle 11. 7. 30 JR. 1930. 320, VA. 1931. 207 Nr. 2170 (Verwendung einer einfachen Postkarte statt eines eingeschriebenen Briefes keine grobe Fahrlässigkeit); OLG. Breslau 13. 5. 31 JR. 1931. 306, VA. 1932. 221 Nr. 2298 (Versäumung der Anzeigefrist wegen mangelnder Aufklärung seitens des Arztes über die ernste Natur des Unfalls). Hat sich der Anzeigepflichtige in Unkenntnis über seine Verpflichtung zur Anzeige befunden, so ist die Verletzung verschuldet (RG. 11. 4. 19 Bd. 95. 250, 255). Ob durch die Unterlassung oder durch die Verspätung der Anzeige dem Versicherer irgendein Nachteil entstanden ist, ist belanglos, sofern nicht vertraglich anderes vorgesehen sein sollte (vgl. § 10 AllgUnfallVersbdg.). Ob den Anzeigepflichtigen ein Verschulden bei Verletzung der Anzeigepflicht trifft, hängt von der Mentalität des Anzeigepflichtigen ab. Die Unmöglichkeit rechtzeitiger Zustellung der rechtzeitig eingegangenen Anzeige hat der Versicherer zu vertreten (RG. 4. 12. 26 HansRZ. 1927. 97). 17.

18. 3. Stellt die Nichterfüllung der Anzeigepflicht den Tatbestand einer unerlaubten Handlung dar, so kann der Versicherer Schadensersatz verlangen (§§ 823 Abs. 2, 826 BGB.). Die Höhe des Schadens hat der Versicherer zu beweisen.

19. 4. Eine Haftung des Anzeigepflichtigen für das Verhalten Dritter, deren er sich bei Erfüllung der Anzeigepflicht bedient, kommt unter dem Gesichtspunkt des § 278 BGB. nicht in Betracht, da die Anzeigepflicht eine Obliegenheit ist (Bem. 12 zu § 6; RG. 21. 12. 05 Bd. 62. 190, VA. 1906* 98 Nr. 244, 2. 12. 13 VA. 1914* 41 Nr. 805). Über die Haftung für den Wissensvertreter und für den Boten Bem. 13 zu § 6. Vgl. auch Bem. 16 zu § 33.

20. 5. Insoweit die Folgen der Verletzung der Anzeigepflicht in der Leistungsfreiheit des Versicherers bestehen, können diese Folgen nicht eintreten, wenn der Versicherer auf andere Weise von dem Eintritt des Versicherungsfalls rechtzeitig Kenntnis erhalten hat (§ 33 Abs. 2). Kennenmüssen steht der Kenntnis nicht gleich, ebensowenig die Kenntnis des Vermittelungsagenten der Kenntnis des Versicherers (§ 44), wohl aber arglistige Nichtkenntnisnahme. Worauf die Kenntnis beruht, ist gleich. Dem Versicherer kann insbesondere entgegengehalten werden, daß das Ereignis allgemein bekannt ist. Erforderlich ist aber, daß der Versicherer zuverlässige Kenntnis von dem konkreten Vorgang erhalten hat.

21. V. § 182 ist nicht zwingend.

22. VI. Im Rahmen der Auskunftspflicht (§ 34) wird der Versicherungsnehmer vertraglich verpflichtet, dem Versicherer eine Unfallanzeige nach besonderem Vordruck (genügende Auskunft auch ohne Benutzung des Vordrucks führt nicht zur Verwirkung des Anspruchs RG. 13. 11. 03 VA. 1904. 71 Nr. 48; VA. 1909. 160) zu erstatten, den behandelnden Arzt zum Bericht zu veranlassen, Hausärzte von ihrer Schweigepflicht zu entbinden (Bem. 11 zu § 160); der Verletzte hat sich ferner, wenn möglich, einer vertrauensärztlichen Untersuchung zu unterziehen. Der Versicherer hat das Recht, Besichtigung und Sektion der Leiche zu fordern (RG. 10. 7. 03 VA. 1905* 18 Nr. 98, 19. 1. 06 Wallmann Bd. 40. 1053); der Erbe ist verpflichtet, diese Obliegenheit zu erfüllen (KG. 2. 5. 31 HansRGZ. A. 1931. 487). Bei vorsätzlicher oder grobfahrlässiger Nichterfüllung kann die Leistungsfreiheit des Versicherers eintreten (RG. 12. 12. 13 VA. 1914* 11 Nr. 786). Unter Umständen kann der Versicherer aus einer nur beschränkt zugelassenen Sektion keine Rechte herleiten (KG. 2. 5. 31 JR. 1931. 270).

23. VII. Der gesetzlich geregelten Unfallversicherung ist als Personenversicherung das der Schadensversicherung eigentümliche Kündigungsrecht (§§ 96, 113, 158) unbekannt. Da aber die Unfallversicherung nach der Art der Schadensversicherung betrieben wird, so sieht § 18 II Nr. 2 AllgUnfallVersBdg. ein Kündigungsrecht vor, das im wesentlichen dem in der Haftpflichtversicherung (§ 158) nachgebildet ist. Die Frist zur Kündigung beginnt erst, wenn der Gesamtbetrag der Leistung des Versicherers feststeht (OLG. Breslau 17. 5. 30 VA. 1931. 198 Nr. 2163).

§ 183. Der Versicherungsnehmer hat für die Abwendung und Minderung der Folgen des Unfalls nach Möglichkeit zu sorgen und dabei die Weisungen des Versicherers zu befolgen, soweit ihm nicht etwas unbilliges zugemutet wird. Auf eine Vereinbarung, durch welche von dieser Vorschrift zum Nachteile des Versicherungsnehmers abgewichen wird, kann sich der Versicherer nicht berufen.

Schrifttum: Bem. 1 zu § 62; Fürth ZVW. 1930. 337. 1.

I. 1. Die in § 62 im allgemeinen geregelte Abwendungs- und 2. Minderungspflicht findet die durch die besonderen Verhältnisse der Unfallversicherung gebotene Schranke. Über die Rechtsnatur der Abwendungs- und Minderungspflicht, ihre Voraussetzung, die Weisungen des Versicherers, die Folgen der Nichterfüllung Bem. 3, 5, 7, 11 zu § 62.

2. Der Inhalt der Abwendungs- und Minderungspflicht pflegt ver- 3. traglich näher umgrenzt zu werden (§ 9 Nr. 3 AllgUnfallVersbdg.). Der Versicherte hat alle zur Heilung nötigen Schritte zu tun, insbesondere einen Arzt (Zahnarzt VA. 1918. 178) hinzuzuziehen, für Fortdauer der ärztlichen Behandlung und für angemessene Krankenpflege zu sorgen. Er hat so zu handeln, wie „es bei gleicher Gesundheitsstörung ein verständiger Mensch tun würde, der nicht in der Lage ist, die Vermögensnachteile, die ihm bei Fortdauer der Krankheit erwachsen, auf einen anderen abzuwälzen" (RG. 13. 2. 05 Bd. 60. 147). Aus diesem Grundsatz folgt, daß die ärztlichen Anordnungen, z. B. hinsichtlich der Massage, Wundbehandlung, befolgt werden müssen, daß der Versicherer den Verlauf des Heilungsverfahrens überwachen und auf dasselbe einwirken kann.

3. Der Versicherer kann insbesondere die Einweisung des Ver- 4. letzten in eine Heilanstalt verlangen, soweit diesem nicht etwas Unbilliges zugemutet wird. Die Maßregel muß also durch die Sachlage gerechtfertigt sein und ihre Befolgung von dem Versicherten unter Berücksichtigung seiner Familien- und sonstigen Verhältnisse billigerweise verlangt werden können (RG. 22. 10. 01 JW. 1901. 849). Unbilliges wird ihm zugemutet, wenn er mit der ihm verbleibenden Geldentschädigung seine Familie nicht erhalten kann (OLG. Kolmar 3. 11. 05 VA. 1906* 16 Nr. 184); wenn er an wichtigen Maßnahmen verhindert wird (Unterbrechung einer Kur OLG. Breslau 23. 3. 06 VA. 1906* 60 Nr. 216; RG. 15. 3. 07 VA. 1907* 54 Nr. 310); wenn er trotz schweren Nervenleidens sich der Krankenhausbehandlung unterziehen soll (OLG. Hamm 13. 1. 05 VA. 1906* 102 Nr. 247); wenn die Krankenhausbehandlung nicht unbedingt erforderlich ist (OLG. Zweibrücken 13. 11. 06 VA. 1907* 18 Nr. 283); wenn sie gefordert und gleichzeitig hierbei zum Ausdruck gebracht wird, daß der Versicherer keine weitere Geldleistung übernimmt (RG. 13. 6. 11 VA. 1912* 34 Nr. 655); wenn die Operation in erster Linie den Interessen des Versicherers (Beseitigung oder zum mindesten Minderung der Erwerbsunfähigkeit des Versicherungsnehmers) entspricht (RG. 16. 11. 29 VA. 1930. 302 Nr. 2055); ferner RG. 26. 4. 04 Wallmann Bd. 38. 1792, 30. 12. 04 Wallmann Bd. 39. 1087. Andererseits darf der Versicherungsnehmer einer klinischen Be-

handlung keinen ungebührlichen Widerstand leisten (RG. 1. 11. 05 VA. 1905* 104 Nr. 166) oder sie ablehnen, weil er wünscht, nur von bestimmten Ärzten behandelt zu werden (RG. 13. 2. 05 Bd. 60. 147).

5. 4. Ob der Versicherungsnehmer sich einer Operation (über ihren Begriff RG. 23. 4. 09 VA. 1909* 53 Nr. 457; Röntgenbestrahlung ist keine Operation RG. 21. 11. 19 Bd. 97. 189, VA. 1921* 42 Nr. 1142; ebensowenig ist die Einrichtung eines Knochenbruchs eine Operation [OLG. Frankfurt 9. 7. 30 JR. 1930. 318]) unterziehen muß, kann nur von Fall zu Fall entschieden werden. Bei Entscheidung der Frage ist davon auszugehen, daß der Versicherungsnehmer alle zur Heilung oder Besserung seiner Krankheit sich bietenden Mittel der medizinischen Wissenschaft benutzen, daß er sich operieren lassen muß, wenn er sich auch ohne rechtliche Bindung als vernünftiger Mensch unter Abwägung aller Umstände zur Vornahme der Operation entschließt, sich die Operation als gefahrlos erweist, nicht mit nennenswerten Schmerzen verbunden ist und eine beträchtliche Besserung erwarten läßt, und daß schließlich die Ärzte über die Rätlichkeit des Eingriffs derselben Meinung sind (RG. 30. 1. 91 Seuffert Bd. 46. 294 Nr. 189, 13. 2. 05 Bd. 60. 147, 27. 2. 06 VA. 1906* 61 Nr. 218, 3. 4. 06 VA. 1906* 60 Nr. 217, 20. 11. 11 VA. 1912* 67 Nr. 673, 27. 6. 13 Bd. 83. 14, 25. 6. 17 LZ. 1918. 153, 12. 7. 30 JW. 1931. 1463; OLG. Königsberg 16. 2. 12 VA. 1913* 59 Nr. 740).

6. 5. Den Beweis für die Notwendigkeit, Möglichkeit und den voraussichtlichen Erfolg der ärztlichen (klinischen) Behandlung hat der Versicherer zu erbringen, die Gründe, die hiergegen sprechen, sind von dem Versicherungsnehmer zu beweisen.

7. 6. Der Versicherer haftet für eine dem Versicherungsnehmer gelegentlich einer Untersuchung durch einen Vertrauensarzt zugefügte körperliche Beschädigung (RG. 14. 2. 08 Bd. 68. 108, VA. 1908* 58 Nr. 388). Über die Haftung für Kunstfehler Elster JR. 1930. 409.

8. II. § 183 ist zugunsten des Versicherungsnehmers zwingend (S. 2) und hat rückwirkende Kraft (Art. 4 Nr. 9 EG.)

§ 184. Sollen nach dem Vertrag einzelne Voraussetzungen des Anspruchs aus der Versicherung oder das Maß der durch den Unfall herbeigeführten Einbuße an Erwerbsfähigkeit durch Sachverständige festgestellt werden, so ist die getroffene Feststellung nicht verbindlich, wenn sie offenbar von der wirklichen Sachlage erheblich abweicht. Die Feststellung erfolgt in diesem Falle durch Urteil. Das Gleiche gilt, wenn die Sachverständigen die Feststellung nicht treffen können oder wollen oder sie verzögern.

Sind nach dem Vertrage die Sachverständigen durch das Gericht zu ernennen, so finden auf die Ernennung die Vorschriften des § 64 Abs. 2 entsprechende Anwendung.

Eine Vereinbarung, durch welche von der Vorschrift des Abs. 1 Satz 1 abgewichen wird, ist nichtig.

Schrifttum: Bem. 1 zu § 64; Anonym JR. 1929. 361. 1.

I. § 184 regelt das Verfahren vor der Ärztekommission. Er stimmt sachlich mit § 64 überein. Über das Sachverständigenverfahren im allgemeinen und über die sofortige Anstrengung der Leistungsklage Bem. 2 ff. zu § 64. Die Leistungsklage ist erst zulässig nach Abgabe des Gutachtens seitens der Ärztekommission oder wenn sich dieses Gutachten nicht beschaffen läßt (RG. 11. 1. 30 VA. 1931. 194 Nr. 2157). 2.

II. Das Recht zur Beantragung einer Kommissionsentscheidung steht beiden Parteien zu. Nach § 12 Abs. 2b AllgUnfallVersbdg. hat der Versicherungsnehmer innerhalb zweier Monate, nachdem ihm die Erklärung des Versicherers zugegangen ist, Widerspruch zu erheben und binnen eines Monats nach Erhebung des Widerspruchs eine Kommissionsentscheidung zu beantragen, anderenfalls weitergehende Ansprüche, als sie von dem Versicherer anerkannt sind, ausgeschlossen sind. 3.

III. Die Zuständigkeit der Ärztekommission (der Sachverständigen) kann sich auf die Feststellung einzelner Voraussetzungen des Anspruchs aus der Versicherung und auf das Maß der durch den Unfall herbeigeführten Einbuße an Erwerbsfähigkeit erstrecken. Nach § 12 Abs. 2a AllgUnfallVersbdg. entscheidet die Kommission über „Art und Umfang der Unfallfolgen", d. i. die durch den Unfall hervorgerufene Gesundheitsbeschädigung, und „ob und in welchem Umfange der eingetretene Schaden auf den Versicherungsfall zurückzuführen ist". Die Zulässigkeit einer derartigen Verabredung ist rechtlich bedenkenfrei (RG. 27. 10. 99 Bd. 45. 350, JW. 1902. 636). — Für alle sonstigen Streitigkeiten, namentlich über die Frage, ob überhaupt eine Leistungspflicht des Versicherers besteht, bleiben die ordentlichen Gerichte zuständig (OLG. Köln 23. 5. 03 VA. 1903. 148 Nr. 16). So kann das Gericht, trotzdem die Kommission die ihr unterbreiteten Fragen zugunsten des Versicherungsnehmers bejaht, zu einer Ablehnung des Anspruchs gelangen (OLG. Kolmar 30. 6. 05 VA. 1905* 103 Nr. 165). 4.

IV. Die Zusammensetzung der Ärztekommission ist vertraglich zu regeln. Die Regelung muß die Unparteilichkeit und die Unabhängigkeit der Kommission garantieren. Nach § 13 I AllgUnfallVersbdg. setzt sie sich regelmäßig aus zwei Ärzten, von denen jede Partei einen benennt, und aus dem Obmann (dem nach dem Wohnort des Verletzten zuständigen beamteten Arzt oder einem auf Verlangen [RG. 27. 11. 03 Rspr. Bd. 8. 172] einer Partei von dem Versicherer zu benennenden Leiter einer öffentlichen Heilanstalt, Lehrer an einer deutschen Hochschule) zusammen. Lehnt der Versicherungsnehmer den von dem Versicherer benannten Obmann ab, so wird er von dem Vorsitzenden der für den letzten inländischen Wohnort des Versicherten, hat der Versicherte keinen inländischen Wohnort, von der für den Sitz des Versicherers zuständigen Ärztekammer ernannt. Benennt eine Partei ihr Kommissionsmitglied nicht binnen zwei Wochen, nachdem sie von der anderen Partei hierzu aufgefordert ist, so erfolgt die Ernennung dieses Mitgliedes gleichfalls durch den Vorsitzenden der zuständigen Ärztekammer. Der Vertrauensarzt des Versicherers, der bereits ein Gutachten für ihn abgegeben hat, kann Kommissionsmitglied, aber nicht 5.

Obmann sein. Zum Obmann taugt nur eine am Streit bisher nicht beteiligte, durchaus unbefangene Person (RG. 6. 12. 04 VA. 1905* 10 Nr. 93, JW. 1905. 90, 12. 6. 08 VA. 1908* 87 Nr. 408). Über Ausscheiden und Ablehnung von Kommissionsmitgliedern Bem. 8, 9 zu § 64.

6. V. Das Verfahren ist gesetzlich nicht geregelt. Ist auch vertraglich keine Regelung vorgesehen, dann müssen die Kommissionsmitglieder nach eigenem pflichtgemäßen Ermessen bestimmen, wie sie vorgehen wollen (Bem. 10 zu § 64). — Bei groben Verstößen gegen allgemeine Rechtsregeln, z. B. ein Geisteskranker hat keinen Vertreter (RG. 3. 3. 05 VA. 1905* 63 Nr. 131) oder die Kommissionsmitglieder geben getrennt, nicht gemeinsam ihr Gutachten ab (RG. 27. 5. 10 VA. 1910* 97 Nr. 551), ist das Verfahren nichtig. — Nach § 13 II AllgUnfallVersbdg. hat der Versicherer, sobald die Kommission zusammengesetzt ist, unter Einsendung der Akten den Obmann um die Durchführung des Verfahrens zu ersuchen. Der Obmann bestimmt im Einvernehmen mit den beiden Kommissionsmitgliedern Ort und Zeit des Zusammentritts und gibt hiervon den Parteien mindestens eine Woche vor dem Tage des Termins Nachricht. Bei der Wahl des Tagungsortes ist billige Rücksicht auf das körperliche Befinden des Versicherten und auf Vermeidung unverhältnismäßig hoher Reisekosten zu nehmen (VA. 1910. 89). Der Obmann kann sich wegen weiterer Aufklärung des Sachverhalts an die Parteien wenden. In der Sitzung ist der Verletzte soweit tunlich zu hören und erforderlichenfalls zu untersuchen. Wenn er trotz rechtzeitiger Ladung nicht erscheint, aber sein Ausbleiben rechtzeitig und genügend entschuldigt hat, so ist ein neuer Termin anzuberaumen. Erscheint er auch dann nicht, dann kann die Kommission auf Grund der Akten entscheiden. Die Entscheidung ist schriftlich zu begründen und vom Obmann zu beurkunden.

7. VI. Die Feststellung der Ärztekommission ist unverbindlich, wenn sie von der wirklichen Sachlage offenbar erheblich abweicht (Abs. 1 S. 1; Bem. 11 ff. zu § 64). Offenbare Unbilligkeit liegt auch dann vor, wenn die Ärztekommission zu Unrecht annimmt, daß der Verunglückte vor dem Unfall durch Ertrinken besonderen körperlichen Anstrengungen ausgesetzt war (KG. 26. 4. 30 Praxis des Versicherungsrechts 1930. 46). Der offenbaren Unbilligkeit wird gleichgestellt, wenn die Kommission die Feststellung nicht treffen kann (OLG. Stettin 11. 12. 13 VA. 1914* 13 Nr. 787) oder will oder verzögert (Abs. 1 S. 3). Übereinstimmung aller Sachverständigen bei ihrer Entscheidung ist nicht erforderlich; es genügt ein Mehrheitsbeschluß, hierfür spricht die Einsetzung einer dreigliedrigen Kommission (OLG. Königsberg 8. 5. 31 JR. 1931. 292, VA. 1932. 219 Nr. 2297).

8. VII. Beide Parteien können die Feststellung der Kommission anfechten, indem sie gerichtliche Entscheidung verlangen (Abs. 1 S. 2, 3; Bem. 15 zu § 64).

9. VIII. Die Verteilung der Kosten des Verfahrens erfolgt in § 13 III AllgUnfallVersbdg. in der Weise, daß, wenn die Entscheidung der Kommission für den Versicherten günstiger ist als das vor ihrem Zusammentritt erfolgte Angebot des Versicherers, die Kosten von dem Versicherer zu tragen sind; anderenfalls werden sie dem Versicherungsnehmer auferlegt, und zwar bis zum Betrage

von 250 RM., wenn er selbst, bis zum Betrage von 75 RM, wenn der Versicherer die Kommissionsentscheidung beantragt hat. Den Mehrbetrag hat in beiden Fällen der Versicherer zu tragen.

IX. Abs. 1 S. 1 ist absolut zwingend (AllgVorbem. 27). Die Vorschriften 10.
des § 184 haben rückwirkende Kraft (Art. 4 Nr. 6 EG.).

§ 185. Der Versicherer hat dem Versicherungsnehmer die Kosten, welche durch die Ermittelung und Feststellung des Unfalls sowie des Umfanges der Leistungspflicht des Versicherers entstehen, insoweit zu erstatten, als ihre Aufwendung den Umständen nach geboten war.

I. § 185 gibt den für die Schadensversicherung in § 66 Abs. 1 ausgesprochenen 1.
Grundsatz sachlich wieder. Die nähere Regelung der Kostenverteilung erfolgt vertraglich. Nach § 8 AllgUnfallVersbdg. übernimmt der Versicherer alle notwendigen Kosten, die durch die vertrauensärztliche Untersuchung des Verletzten, die von dem Versicherer ausgeübte ärztliche Kontrolle, die durch die ärztlichen Anordnungen verursacht werden, ferner die Kosten der von dem Versicherer zugezogenen oder befragten Ärzte und in gewissem Umfange auch die Kosten für die zur Begründung des Versicherungsanspruchs erforderlichen ärztlichen Zeugnisse, endlich auch die Kosten der von dem Versicherer angeordneten Besichtigung und Öffnung der Leiche. Über die Verteilung der Kosten der Ärztekommission Bem. 9 zu § 184.

II. § 185 ist nicht zwingend. 2.

Fünfter Abschnitt.

Schlußvorschriften.

§ 186. Die Vorschriften dieses Gesetzes finden auf die Seeversicherung und auf die Rückversicherung keine Anwendung.

Den Vorschriften des Gesetzes unterliegen nicht:

I. die Seeversicherung, die in §§ 778—900, 905 HGB. gesetzlich, 1.
in den ADS. vertraglich geregelt ist,

II. die Rückversicherung.

1. Schrifttum: Bruck 76ff.; Herrmannsdorfer, Wesen 2.
und Behandlung der Rückversicherung, München 1924; Ritter 143.

2. Die Rechtsverhältnisse zwischen Erst- und Rück- 3.
versicherer (Retrozessionar) sind typisch ausgebildet. Es kommen vor: die Einzel- (Spezial-) Rückversicherung, die laufende (General-) Rückversicherung, die Quoten-, Exzedenten-, Quotenexzedenten-, Schadenexzedenten-Versicherung sein kann. Die laufende Rückversicherung kann für beide Vertrags-

parteien fakultativ (freibleibend) oder für den Erstversicherer fakultativ und für den Rückversicherer obligatorisch oder umgekehrt für den Erstversicherer obligatorisch und für den Rückversicherer fakultativ sein.

4. 3. *Rückversicherung* ist „Versicherung der von dem Versicherer übernommenen Gefahr“ (§ 779 Abs. 1 HGB.). Sie ist keine Gesellschaft oder ein gesellschaftsähnliches Verhältnis, wie vorübergehend irrtümlich angenommen worden ist (RG. 16. 11. 87 Bd. 20. 42, 13. 1. 97 Bd. 38. 206, 25. 9. 97 Bd. 39. 194, 199, 8. 6. 03 Bd. 55. 86, 90 [unentschieden]), wenn auch zwischen Erstversicherer und Rückversicherer ein partiarisches Verhältnis besteht, sondern *Versicherung* (ROHG. Bd. 5. 163; RG. 15. 1. 81 Bd. 4. 13), und zwar Schadensversicherung. In der Schadensversicherung gehört sie mit der Haftpflichtversicherung (Bem. 5 vor § 149; anders *Ehrenzweig* JR. 1931. 300, der sie auffaßt als Schadensversicherung „höheren Grades, die über allen Zweigen der Erstversicherung, Schadensversicherung und Summenversicherung schwebt“) zu der Gruppe von Versicherungen, bei denen sich das versicherte Interesse auf das ganze Vermögen bezieht (Bem. 5 a zu § 1); auch für die Lebensrückversicherung gilt nichts anderes (unrichtig *Hall* Z. 1914. 408).

5. 4. Eine besondere gesetzliche *Regelung* hat die (Binnen-)Rückversicherung nicht erhalten, durch Erledigung des Vorbehalts in Art. 75 EGBGB. sind auch die landesrechtlichen Vorschriften (z. B. §§ 2016 ff. ALR. II. 8) außer Kraft getreten (KB. I 132; Bgr.). Gewöhnlich liegen der Rückversicherung die Versicherungsbedingungen der Erst-Versicherung zugrunde, im übrigen muß bei jeder einzelnen Bestimmung des Gesetzes geprüft werden, inwieweit ihre entsprechende Anwendung in dem Verhältnis zwischen Erst-Versicherer und Rückversicherer zulässig ist.

§ 187. Die in diesem Gesetze vorgesehenen Beschränkungen der Vertragsfreiheit bleiben bei der Transportversicherung von Gütern, bei der Kreditversicherung, der Versicherung gegen Kursverluste und der Versicherung gegen Arbeitslosigkeit außer Anwendung.

Das Gleiche gilt von einer Schadensversicherung, die in der Weise genommen wird, daß die versicherten Interessen bei der Schließung des Vertrags nur der Gattung nach bezeichnet und erst nach ihrer Entstehung dem Versicherer einzeln aufgegeben werden (laufende Versicherung).

Den *Beschränkungen der Vertragsfreiheit* (AllgVorbem. 28) unterliegen nicht:

1. I. Die *Transportversicherung von Gütern* oder, wie das Gesetz an anderer Stelle ausführlicher sagt, die Versicherung von Gütern gegen die Gefahren der Beförderung zu Lande oder auf Binnengewässern (§ 129 Abs. 1). Güter sind im Gegensatz zu Transportmitteln zu verstehen (sofern nicht die Transportmittel selbst als Güter befördert werden), daher unterliegt die Versicherung von Transportmitteln den Beschränkungen der Vertragsfreiheit

(RG. 5. 2. 15 Bd. 86. 215, VA. 1915* 35 Nr. 873). Über die Beschränkungen der Vertragsfreiheit könnten auch bei der Versicherung von Schiffen ganz oder teilweise außer Anwendung gesetzt werden (§ 188). Bei der Güter-Transportversicherung finden somit keine Anwendung z. B. § 11 (KG. 6. 6. 25 JW. 1925. 255), § 12 Abs. 2 (KG. 28. 1. 22 HansRZ. 1922. 341).

II. Die Kreditversicherung, d. h. die Versicherung gegen Vermögensverluste, die der Versicherungsnehmer infolge Zahlungsunfähigkeit seines Schuldners erleidet. Sie deckt gewöhnlich Waren-, seltener Finanz-, Miet-, Pachtkredite; auch die Garantie- und Kautionsversicherung sind der Kreditversicherung zuzuzählen. Über Finanzkreditversicherung VA. 1927. 153. Über Exportkreditversicherung VA. 1927. 154, über die Allgemeinen Versicherungsbedingungen für Abteilung A VA. 1931. 159, für Abteilung B VA. 1928. 153, über die Fassung des Bündelversicherungsvertrags VA. 1932. 163. 2.

III. Die Versicherung gegen Kursverluste, d. h. die Versicherung des Versicherungsnehmers gegen den Vermögensschaden, der ihm dadurch erwächst, daß Wertpapiere mit einem den Kurswert nicht erreichenden Betrag zur Auslosung gelangen. Sie ist aufsichtsfrei nach Maßgabe des § 148 VAG. 3.

IV. Die Versicherung gegen Arbeitslosigkeit. Sie wird als private Versicherung nicht betrieben. 4.

V. Die laufende Versicherung.

1. Schrifttum: Durst HansRZ. 1919. 566; Ehrenberg Z. 1903. 203; Moldenhauer Z. 1901. 19, 141; Ritter 1135; Weygand, Grundzüge der Kundenversicherung, Berlin 1914. 5.

2. Die im einzelnen gesetzlich (vgl. die eingehende Regelung in §§ 97, 98 ADS.) nicht geregelte laufende Versicherung, auch Generalversicherung genannt, beherrscht die kaufmännische Gütertransportversicherung und Rückversicherung (Bem. 2 ff. zu § 186) und findet auch in der Feuerversicherung Anwendung. Sie kommt in dem binnenländischen Betrieb der Transportversicherung vor als Pauschalversicherung, deren Eigentümlichkeit darin besteht, daß für eine bestimmte Zeit gewisse Güter gegen Transportgefahren versichert sind, wobei die Haftung des Versicherers auf einen bestimmten Maximalbetrag für das Transportmittel (Eisenbahn, Schiff, Fuhre, Boten usw.) oder auf einen Umsatz während eines bestimmten Zeitraums (Tages-, Jahresmaximum usw.) beschränkt ist oder auf sämtliche Bezüge ausgedehnt wird, oder als Abschreibeversicherung, bei der die Prämie nach der Abschreibesumme berechnet wird, ohne daß eine Rückvergütung der Prämien stattfindet, wenn die Abschreibesumme innerhalb der formellen Versicherungsdauer (Bem. 2 zu § 7) nicht abgeschrieben ist, während in dem hanseſtädtischen Verkehr die laufende Versicherung nach § 97 ADS. Verwendung findet. 6.

3. Das Maximum (verwirrend auch Schadensmaximum im Gegensatz zu Versicherungsmaximum genannt, wobei unter Versicherungsmaximum Versicherungssumme, unter Schadensmaximum Versicherung auf Erstes Risiko verstanden werden soll) zieht wie die Versicherungssumme die äußerste Grenze für die Entschädigungsleistung des Versicherers. Infolgedessen findet § 56 An- 7.

wendung, wenn z. B. der Lagerbestand das Maximum übersteigt. Die Nichtanwendung der Vorschrift des § 56 ist nur möglich, wenn Versicherung auf Erstes Risiko vereinbart ist oder als vereinbart zu gelten hat, was nur in dem Bereich der Einbruchdiebstahlversicherung (Bem. 7 zu § 56) anzunehmen ist (Ehrenberg JW. 1927. 791, Z. 1928. 349, 354, Hagen Z. 1928. 213, HansRGZ. A. 1928. 139, 149, Schurgast JR. 1928. 131; KG. 14. 10. 25 VA. 1927. 65 Nr. 1573. Anders RG. 25. 11. 27 VA. 1929. 47 Nr. 1824, RG. 25. 11. 27 JR. 1928. 7, VA. 1929. 49 Nr. 1825, JW. 1928. 791, 1737, 27. 1. 28 JW. 1928. 3174, JR. 1928. 59; KG. 24. 2. 24 VA. 1926. 158 Nr. 1505, 1. 6. 27 JR. 1927. 258; Martin VersPraxis 1928. 65). Rettungskosten sind gleichfalls nur anteilsmäßig zu vergüten (OLG. Hamm 3. 6. 29 VA. 1930. 267 Nr. 2027; anders RG. 18. 3. 30 VA. 1931. 45 Nr. 2132, JW. 1930. 3621, JR. 1930. 152).

8. 4. Die laufende Versicherung ist Versicherung künftig entstehender Interessen, wenigstens der Hauptsache nach, denn sie deckt auch diejenigen Interessen, die bei dem materiellen Versicherungsbeginn (Bem. 2 zu § 38) bereits vorhanden sind. Infolgedessen können bei dem formellen Versicherungsbeginn die versicherten Interessen nicht individuell, sondern nur generell bezeichnet werden, und ihre Aufgabe (Deklaration) kann erst nach ihrer Entstehung erfolgen.

9. 5. Der Abschluß einer laufenden Versicherung ist nicht der Abschluß eines Vorvertrags, dem der endgültige Vertrag erst mit Entstehung des versicherten Interesses oder seiner Aufgabe nachfolgt (RG. 10. 2. 94 HGZ. 1894. 83, 23. 6. 99 Bd. 44. 31), sondern der Abschluß eines Versicherungsvertrags über gegenwärtige und der Hauptsache nach über künftig entstehende Interessen (RG. 28. 2. 17 Bd. 90. 5; Ritter 1139). Die Aufgabe hat deklaratorische, nicht konstitutive Bedeutung. Mithin muß namentlich die vorvertragliche Anzeigepflicht (§ 16) bis zu dem formellen Versicherungsbeginn, nicht bei der Deklaration erfüllt sein (RG. 3. 3. 11 Bd. 76. 12; anders KG. 22. 12. 26 HansRZ. 1927. 277).

10. 6. Die Deklaration (Aufgabe) ist keine Obliegenheit (§ 6), sondern eine einklagbare Rechtspflicht (RG. 15. 5. 12 HGZ. 1912. 238; OLG. Hamburg 17. 11. 16 HGZ. 1918. 147 und an anderen Stellen). Der Versicherungsnehmer haftet infolgedessen für seinen Erfüllungsgehilfen (§ 278 BGB.). Die Unterlassung oder die Verzögerung der Deklaration löst nur dann Leistungsfreiheit des Versicherers aus, wenn diese Folge ausdrücklich vorgesehen ist. Der Versicherer kann Ersatz des Schadens verlangen, der ihm durch Unterlassung oder Verzögerung entstanden ist, weil er z. B. den Abschluß einer Rückversicherung unterlassen hat. Der Versicherer kann auch dann einen Schadensersatzanspruch haben, wenn der Versicherungsnehmer z. B. durch Fusion seines Werkes nicht mehr in der Lage ist, versicherte Interessen zur Entstehung zu bringen (OLG. Stettin 24. 10. 27 VA. 1929. 63 Nr. 1837; RG. 27. 4. 28 HansRGZ. A. 1928. 344, JR. 1928. 186, JW. 1928. 1744, VA. 1929. 257 Nr. 1911; Hochgräber ZVW. 1928. 594, Mielke JR. 1928. 32, Pottien VersPraxis 1928. 27).

§ 188. Durch Kaiserliche Verordnung kann mit Zustimmung des Bundesrats bestimmt werden, daß bei den im zweiten, dritten und vierten Abschnitte nicht besonders geregelten Versicherungszweigen, auch soweit sie nicht unter den § 187 fallen, sowie bei der Versicherung von Schiffen gegen die Gefahren der Binnenschiffahrt die in diesem Gesetze vorgesehenen Beschränkungen der Vertragsfreiheit ganz oder zum Teil außer Anwendung bleiben.

I. Die Beschränkungen der Vertragsfreiheit (AllgVorbem. 28) können im Wege der Verordnung ganz oder teilweise außer Anwendung gesetzt werden:

1. um die fortschreitende Entwicklung des Versicherungswesens nicht zu hemmen für Versicherungszweige, die nicht als Feuer-, Hagel-, Vieh-, Transport-, Haftpflicht-, Lebens-, Unfall-Versicherung anzusprechen sind, auch soweit sie nicht unter § 187 fallen. Nicht geregelte Schadensversicherungszweige sind beispielsweise die Schlachtvieh-, Glas-, Boykott- (VA. 1906. 57), Streik- (VA. 1907. 103) Versicherung, die Versicherung gegen Sturmschäden (VA. 1932. 175), Wasserschäden usw.; 1.

2. für die Versicherung von Schiffen gegen die Gefahren der Binnenschiffahrt. 2.

II. Eine derartige Verordnung ist bisher nicht erlassen worden. 3.

§ 189. Die Vorschriften der §§ 38, 39, 42 über die nicht rechtzeitige Zahlung einer Prämie und die Vorschriften der §§ 173 bis 178 über die Gewährung einer prämienfreien Versicherung und die Erstattung der Prämienreserve finden, soweit mit Genehmigung der Aufsichtsbehörde in den Versicherungsbedingungen abweichende Bestimmungen getroffen sind, keine Anwendung:

1. auf Versicherungen, die bei einem Vereine genommen werden, der als kleinerer Verein im Sinne des § 53 des Gesetzes über die privaten Versicherungsunternehmungen vom 12. Mai 1901 (Reichs-Gesetzbl. S. 139) anerkannt ist;
2. auf die Sterbegeldversicherung, die Volksversicherung sowie auf sonstige Arten der Lebensversicherung mit kleineren Beträgen.

Sind für Versicherungen mit kleineren Beträgen im Sinne des Abs. 1 Nr. 2 mit Genehmigung der Aufsichtsbehörde abweichende Bestimmungen getroffen, so kann deren Gültigkeit nicht unter Berufung darauf angefochten werden, daß es sich nicht um Versicherungen mit kleineren Beträgen handle.

I. Das VAG. trägt der Sonderstellung der kleineren Versicherungsunternehmungen durch eine vereinfachte Organisation (§ 53) und dadurch Rechnung, daß Abweichungen von den allgemeinen Vorschriften über die Zulassung, Geschäftsführung und Rechnungslegung gestattet werden (§ 157). 1.

2. II. 1. Im Rahmen des Gesetzes können Abweichungen nur in ganz bestimmten Richtungen zugelassen werden. Andere als die durch § 189 gestatteten Abweichungen sind unzulässig und würden auch durch aufsichtsbehördliche Genehmigung keine Rechtswirksamkeit erlangen. Die Abweichungen können betreffen:

3. a) die Wirkungen der Versäumung von Prämienzahlungen (§§ 38, 39, 42). Die Abweichungen kommen für alle Versicherungszweige in Betracht.

Es kann also z. B. in Abweichung von § 38 Abs. 2 vorgesehen werden, daß der Versicherungsvertrag im Falle des Unterbleibens einer Prämienzahlung, die vor oder bei dem Versicherungsbeginn zu erfolgen hat, ohne Kündigung erlischt, oder es kann in Abweichung von § 39 bestimmt werden, daß die Versicherung nach Gewährung einer Respektfrist ohne weiteres, also ohne Kündigung, aufhört. Es kann ferner vereinbart werden, daß nicht gemahnt zu werden braucht, damit die qualifizierten Verzugsfolgen (§ 39) eintreten.

Das Reichsaufsichtsamt hat früher bei wöchentlicher Prämienzahlung gewöhnlich Wegfall der Mahnung und der Kündigung gestattet, so daß die Versicherung unter Verfall der geleisteten Beträge vorbehaltlich gewisser Rechte erlischt, jedoch muß die Frist, innerhalb der die Prämien bedingungsgemäß zu entrichten sind, reichlich bemessen sein. Bei monatlicher Prämienzahlung hat es der Regel nach nur Mahnung, nicht auch Kündigung verlangt und genehmigt, daß die Mahnung mittels eines als Drucksache versendbaren Formulars erfolgt, und daß die Nachfrist nicht vom Tage des Eingangs, sondern vom Tage der Absendung an läuft (VA. 1909. 168, 1910. 101, 1912. 109). Gegenwärtig (VA. 1932. 100) fordert es bei Versicherungssummen von 2000 RM an Mahnung unter Wahrung der Vorschriften in § 39 in Briefform, bei Versicherungssummen unter 2000 RM läßt es auch Mahnung durch Drucksache, bei Versicherungssummen unter 500 RM auch mündliche Mahnung (durch den Einheber) zu.

4. b) die Umwandlung der Versicherung in eine prämienfreie und Erstattung der Rückvergütung (§§ 173—178). Diese Abweichungen kommen nur bei der Lebensversicherung in Betracht.

Die Bestimmungen der §§ 173 ff. setzen das Vorhandensein einer individuellen Prämienreserve voraus, eine Voraussetzung, die bei kleineren Vereinen oftmals nicht erfüllt ist (§ 157 VAG.). Ferner ist, selbst wenn technisch richtig abgestufte Beiträge erhoben werden und auch im übrigen der Aufbau des Vereins den Anforderungen der Technik entspricht, die Berechnung der Prämienreserve nur möglich, wenn die Unternehmungen ständig mathematische Sachverständige zu Rate ziehen. Es ist daher die Möglichkeit vorgesehen, daß die Versicherungsbedingungen oder die Satzungen abweichende Vorschriften enthalten. So kann beispielsweise bestimmt werden, daß beim Austritte des Mitgliedes aus dem Verein sämtliche Beiträge dem Verein verbleiben (LG. Essen VA. 1908* 69 Nr. 395; OLG. Hamm 30. 11. 10 VA. 1911* 44 Nr. 594; RG. 24. 10. 11 VA. 1912* 14 Nr. 647; OLG. Hamburg 23. 12. 11 VA. 1912* 21 Nr. 648), oder daß nur die ordentlichen Beiträge zurückbezahlt werden (LG. Dresden

BA. 1908* 45 Nr. 378). Es kann die dreijährige Frist des § 173 verlängert werden. Es kann von der Umwandlungsmöglichkeit abgesehen werden, wenn ausreichende Rückgewähr vorgesehen ist, oder umgekehrt (BA. 1910. 102; daselbst auch über die Gewährung von Policedarlehen).

2. Die von dem Gesetz abweichende Vereinbarung darf 5.
nicht von Fall zu Fall getroffen werden, sondern sie muß in genehmigten Allgemeinen Versicherungsbedingungen enthalten sein. Es kommt nur darauf an, ob materiell Versicherungsbedingungen vorliegen, nicht auf die hiervon etwa verschiedene Bezeichnung (Satzung, Regulativ u. dgl.). Zweifelhaft ist die Rechtslage, wenn die Versicherungsbedingungen weder Bestimmungen über den Rückkauf und die Umwandlung enthalten, noch sie ausdrücklich ausschließen (BA. 1932. 103).

3. Die Abweichungen dürfen nur zugelassen werden:

a) bei kleineren Versicherungsvereinen auf Gegenseitig- 6.
keit (Abs. 1 Ziff. 1; § 53 VAG.). Sie finden also, soweit überhaupt möglich, Anwendung beispielsweise bei kleineren Kaskoversicherungsvereinen, Viehversicherungsvereinen, hauptsächlich aber auf dem Gebiete der kleineren Lebensversicherung. Versicherungsvereine, die Leistungen in den Grenzen des § 508 RVO. und ein Sterbegeld von höchstens 300 RM gewähren, sind kleinere Vereine, sofern die Aufsichtsbehörde auf ihren Antrag nichts anderes bestimmt (Gesetz vom 20. Dezember 1911 § 6 Abs. 1; Bem. 2 zu § 190). Die Zuständigkeit zur Anerkennung als kleinerer Verein entscheidet sich nach §§ 3, 4 VAG., das Verfahren nach §§ 93 ff. VAG. Bis zur Anerkennung und nach deren Wiederaufhebung gilt § 189 für die Vereine nicht. Ob die aufsichtsbehördliche Anerkennung als kleinerer Verein zu Recht ergangen ist, kann auch nach der Richtung der Zuständigkeit hin nicht nachgeprüft werden. Die Entscheidung der Aufsichtsbehörde bindet die Gerichte und Verwaltungsbehörden (§§ 2, 53 Abs. 4 VAG.).

b) bei der Sterbegeldversicherung (Abs. 1 Nr. 1). Sie 7.
ist kein fest bestimmter juristischer Begriff. Jede Versicherung kleinerer Beträge auf den Todesfall kann hierunter verstanden werden. Im allgemeinen rechnet man die bei kleineren Vereinen (Sterbekassen) genommene Versicherung hierzu. Der Zweck der Sterbekassen geht dahin, im Falle des Todes des Versicherten eine Summe zu gewähren, die den Angehörigen über die mit dem Todesfall für sie verbundenen Ausgaben hinweghelfen soll (LG. Görlitz BA. 1910* 14 Nr. 498) ohne Rücksicht darauf, ob durch die Zugehörigkeit zu mehreren Sterbekassen der Erfolg eintritt, daß die Sterbegelder die Beerdigungskosten übersteigen (OLG. Kolmar 13. 7. 10 BA. 1912* 98 Nr. 687). Zum Begriff LG. Cleve BA. 1905* 47 Nr. 117; OVG. 7. 1. 09 BA. 1909* 3 Nr. 426; Behrend LZ. 1907. 390, Moser Z. 1914. 379; §§ 394 BGB., 850 Nr. 4 ZPO.

c) bei der Volksversicherung (Abs. 1 Nr. 1). Auch sie ist kein 8.
fest bestimmter juristischer Begriff. Man versteht hierunter gewöhnlich Versicherungen kleinerer Summen auf den Todes- und Erlebens-Fall, bei denen keine ärztliche Untersuchung stattfindet, und bei denen die jährliche Prämie in

kleinen Teilbeträgen gewöhnlich in Wochen-, höchstens in Monatsraten gezahlt wird (VA. 1921. 218). Die von der Aufsichtsbehörde festzusetzende Höchstsumme darf auch nicht durch mehrfache Versicherungsnahme bei einem und demselben Versicherer überschritten werden (VA. 1910. 101). Für diese Versicherung, die auf die minderbemittelten Stände berechnet ist, bestehen bei den Lebensversicherungsgesellschaften besondere geschäftliche Einrichtungen, namentlich was die Form der Beitragserhebung anlangt (Aushändigung oder Einkleben von Marken, Einziehung der Beiträge durch Einheber [§ 37]). Über die Beitragserhebung außerhalb der Inkassoorganisation VA. 1911. 93, über das Geschäftsgebaren und die Buchführung VA. 1911. 94.

9. d) bei sonstigen Arten der Lebensversicherung mit kleineren Beträgen (Abs. 1 Nr. 2). Was hierunter zu verstehen ist, ist nicht völlig klar. Es darf angenommen werden, daß die Erleichterung des § 189 nur soweit Platz greifen soll, als die gesetzgeberischen Gründe, die Rücksicht auf den einfacheren Betrieb solcher Versicherungen oder auf die besonderen geschäftlichen Einrichtungen (Bgr.) auch anderweitig zutreffen. Notwendig ist, daß es sich um kleinere Beträge als Versicherungs-Summen oder -Renten handelt, wobei die Grenze nicht absolut, sondern nach der Eigenart der Versicherung, insbesondere nach den Bevölkerungskreisen, für welche die Versicherungsart berechnet ist, zu bemessen ist. In Betracht kommen insbesondere die Versicherungen bei Fabrik-, Betriebs-, Haus-, Seemanns- und ähnlichen Kassen. Jedenfalls muß es sich immer um Lebensversicherung handeln. Die Erleichterung ist zugestanden worden der Kupon-Lebenspolice (VA. 1924. 54; Bem. 10 zu § 3), versagt worden der Volksunfallversicherung (VA. 1913. 86).

10. 4. Die von der Aufsichtsbehörde bei dem Betrieb der Versicherungen mit kleineren Beträgen (Bem. 7—9) erteilte Genehmigung hinsichtlich der Nichtanwendung gewisser Vorschriften (Bem. 3, 4) hat rechtsbegründende Kraft (Abs. 2; AllgVorbem. 14).

11. III. § 189 hat nach Art. 4 Nr. 4 EG. (Bem. 7 zu Art. 4) rückwirkende Kraft.

§ 190. **Die Vorschriften dieses Gesetzes finden keine Anwendung auf Versicherungsverhältnisse, die *) bei den auf Grund der Gewerbeordnung von Innungen oder Innungsverbänden errichteten Unterstützungskassen begründet werden. Das Gleiche gilt von Versicherungsverhältnissen, die bei Berufsgenossenschaften gemäß § 23 des Gesetzes, betreffend die Abänderung der Unfallversicherungsgesetze, vom 30. Juni 1900 (Reichs-Gesetzbl. S. 335) begründet werden.**

1. I. § 190 betrifft ähnlich wie § 155 VAG. die auf Grund besonderer reichsgesetzlicher Vorschriften errichteten Versiche-

*) Die Worte „bei den auf Grund des Gesetzes über die eingeschriebenen Hilfskassen (RGBl. 1876 S. 125, 1884 S. 54)" sind durch das Gesetz vom 20. Dezember 1911, RGBl. 985, § 10 Abs. 1 in Wegfall gekommen.

rungseinrichtungen. Das Gesetz bleibt für sie an sich außer Anwendung. Die Versicherungsverhältnisse werden, soweit die betreffenden Gesetze nicht zwingende Vorschriften enthalten, durch die Satzungen geregelt. Fehlt es an Bestimmungen und handelt es sich darum, den vernünftigen Parteiwillen nach allgemeinen Anschauungen des Verkehrs festzustellen, so steht nichts im Wege, die im Gesetz niedergelegten Rechtsgrundsätze entsprechend zur Anwendung zu bringen.

II. Die Sonderstellung der eingeschriebenen Hilfskassen ist durch § 10 des Gesetzes vom 20. Dezember 1911, RGBl. 985, das am 1. Juni 1912 in Kraft getreten ist (Verordnung vom 13. Mai 1912, RGBl. 309), beseitigt. § 10 Abs. 2—4 des genannten Gesetzes bestimmen: 2.

„Auf die Versicherungsvereine auf Gegenseitigkeit, die zum Betriebe der Versicherung ihrer Mitglieder gegen Krankheit befugt sind, und auf diese Mitglieder finden von den Vorschriften des Gesetzes über den Versicherungsvertrag nur die §§ 1—22, 31—48, 164, 188, 189, 194 Anwendung, auf Vereine, die ein Sterbegeld von mehr als 300 RM gewähren, außerdem auch die §§ 159, 173—178.

Auf eine Vereinbarung, durch die von den Vorschriften des § 164 des Gesetzes über den Versicherungsvertrag zum Nachteile des Versicherungsnehmers abgewichen wird, kann sich der Versicherer nicht berufen.

Art. 3, Art. 4 Nr. 1—5 und Art. 6 des Einführungsgesetzes zum Gesetz über den Versicherungsvertrag finden auf die Versicherungsunternehmungen entsprechende Anwendung, die beim Inkrafttreten dieses Gesetzes auf Grund des Gesetzes über die eingeschriebenen Hilfskassen zum Geschäftsbetriebe befugt sind."

Die nicht erwähnten Bestimmungen des Gesetzes finden keine Anwendung, so namentlich auch nicht §§ 58, 59 (Vesper SaslIZ. 1927. 96).

III. Über die von Innungen oder Innungsverbänden errichteten Unterstützungskassen §§ 81 b Ziffer 3, 85 Abs. 1, 87 a Abs. 2, 98 Abs. 3, 100 l, 100 n Abs. 1, 100 t Abs. 4, 100 u, 104 i GewO. Die Kassen der Innungsausschüsse sind absichtlich nicht genannt (Reger Bd. 24. 205, Bd. 26. 97). 3.

IV. An die Stelle des § 23 des Gesetzes vom 30. Juni 1900 sind §§ 843—847 RVO. getreten (Art. 104 EGRVO.). Hiernach können die Berufsgenossenschaften unter anderem einrichten a) eine Versicherung gegen Haftpflicht für die Unternehmer und die ihnen in der Haftpflicht Gleichstehenden, b) Rentenzuschuß- und Ruhegeldkassen oder eine besondere Versicherung gegen Unfälle für Mitglieder der Genossenschaft, Versicherte, Genossenschaftsangestellte sowie für die Angehörigen dieser Personen. 4.

§ 191. Unberührt bleiben die landesgesetzlichen Vorschriften über Versicherungsverhältnisse, die bei den im § 75 Abs. 4 des Krankenversicherungsgesetzes bezeichneten auf Grund landesrechtlicher Vorschriften errichteten Hilfskassen oder bei den auf Grund berggesetzlicher Vorschriften errichteten Knappschaftskassen begründet werden.

1. I. Über die Versicherungsverhältnisse bei den Hilfskassen Bem. 2 zu § 190. Die auf Grund landesrechtlicher Vorschriften errichteten Hilfskassen stehen den eingeschriebenen Hilfskassen auch insofern nicht gleich, als sie als Ersatzkassen im Sinne des § 503 RVO. nicht zugelassen werden können. Die ihnen auf Grund des § 75a Krankenversicherungsgesetz erteilte Bescheinigung ist spätestens mit dem 30. Juni 1914 (Verordnung vom 5. Juli 1912, RGBl. 439) erloschen.

2. II. Die Versicherungsverhältnisse bei Knappschaftskassen sind durch das Reichsknappschaftsgesetz vom 23. Juni 1923, RGBl. I 431, in der Fassung vom 1. Juli 1926, RGBl. I 369, geregelt.

§ 192. Unberührt bleiben die landesgesetzlichen Vorschriften über Versicherungsverhältnisse, die bei einer nach Landesrecht errichteten öffentlichen Anstalt unmittelbar kraft Gesetzes entstehen, sowie über Versicherungen, die bei einer solchen Anstalt infolge eines gesetzlichen Zwanges genommen werden.

Auf sonstige Versicherungen, die bei einer nach Landesrecht errichteten öffentlichen Anstalt genommen werden, finden die in diesem Gesetze vorgesehenen Beschränkungen der Vertragsfreiheit sowie die Vorschriften über die Versicherungsagenten keine Anwendung.

Wird eine Versicherungsunternehmung von dem Reichsaufsichtsamte für Privatversicherung*) oder von der nach den §§ 2, 3 des Gesetzes über die privaten Versicherungsunternehmungen vom 12. Mai 1901 (Reichs-Gesetzbl. S. 139) zuständigen Landesbehörde als öffentliche Anstalt im Sinne des § 119 des genannten Gesetzes anerkannt, so gilt sie auch im Sinne dieses Gesetzes als öffentliche Anstalt.**)

1. Schrifttum: Hellweg WuR. 1921. 1.

2. I. 1. Der Begriff der öffentlichen Anstalt (Dorn, Festgabe für Manes, 26 Anm. 18) kann nicht anders als in § 89 BGB., § 151 VAG. verstanden werden. Es kommt darauf an, ob die Anstalt in die öffentlich-rechtliche Organisation eingegliedert ist (RG. Strafsachen Bd. 40. 297). Ein einzelnes bestimmtes Merkmal wie Zwangsmitgliedschaft, Ausschluß des Rechtsweges, Vorzugsrecht vor anderen Gläubigern ist nicht entscheidend, sondern maßgebend ist die gesamte Ausgestaltung der Anstalt (VA. 1903. 104). Es kommt darauf an, ob sie nach dem Landesrecht ihres Sitzes als öffentliche zu gelten hat. Zum

*) Bekanntmachung des Reichswirtschaftsministeriums vom 17. Mai 1919, RGBl. S. 322.

**) §§ 2, 3, 119 entsprechen §§ 3, 4, 151 des Gesetzes über die Beaufsichtigung der privaten Versicherungsunternehmungen und Bausparkassen vom 6. Juni 1931, RGBl. I 315.

Teil sind die Verfassungen dieser Anstalten als Gesetz anzusehen (RGZ. Bd. 13. 215, Bd. 28. 300, Bd. 52. 234). Die Anstalten sind eigene juristische Personen oder Einrichtungen öffentlicher Korporationen, z. B. des Landes, der Landschaft, der Stadt.

Von besonderer Bedeutung sind die Feuerversicherungsanstalten, die entweder mit Versicherungszwang — die Gebäudeeigentümer sind zur Versicherung ihrer Gebäude bei der Anstalt verpflichtet — oder mit Versicherungsmonopol — die Versicherungsnahme ist freiwillig; wird Versicherung genommen, so muß sie mit der zuständigen Anstalt abgeschlossen werden — oder mit Versicherungszwang und mit Versicherungsmonopol ausgestattet sind, oder ohne Versicherungszwang und Versicherungsmonopol im freien Wettbewerb stehen. — Für die preußischen Anstalten gilt das Gesetz vom 25. Juli 1910, GS. 241, dem die übrigen Landesgesetze im wesentlichen gleichen. Der Versicherungszwang ist in Preußen zum größten Teil aufgehoben und nur als Annahmezwang mit den sich aus § 10 des Gesetzes vom 25. Juli 1910 ergebenden Einschränkungen bestehen geblieben.

2. Die aufsichtsbehördliche Anerkennung als öffentliche Anstalt ist für die privatrechtliche Beurteilung maßgebend und bindet die Gerichte und Verwaltungsbehörden (Abs. 3; § 2 VAG.). Solange eine solche Entscheidung nicht erfolgt ist, steht die Prüfung der Frage dem Richter zu. Er braucht die aufsichtsbehördliche Entscheidung nicht abzuwarten; § 148 ZPO. ist nicht anwendbar. Anders, wenn ein Verfahren vor der Aufsichtsbehörde schwebt. Die Anerkennung einer öffentlichen Anstalt erfolgt, indem die Aufsichtsbehörde ihre Zuständigkeit verneint; weder eine Form noch ein bestimmtes Verfahren sind vorgeschrieben. Es reicht aus, daß die Aufsichtsbehörde in bestimmter Form ausspricht, daß sie mit Rücksicht auf § 151 VAG. zur Beaufsichtigung nicht berufen sei; die Entscheidung braucht nicht an die Anstalt gerichtet zu sein. Die Entscheidung kann vom Reichsaufsichtsamt oder von derjenigen Landesbehörde getroffen werden, die nach §§ 3, 4 VAG. zur Beaufsichtigung zuständig wäre, wenn die Anstalt als private Versicherungsunternehmung anzusehen wäre, nicht von der zur Beaufsichtigung der öffentlichen Anstalt berufenen Landesbehörde. — Nach § 35 des preußischen Gesetzes vom 25. Juli 1910 steht die Entscheidung der Frage, ob eine beim Inkrafttreten dieses Gesetzes bestehende Unternehmung als öffentliche Feuerversicherungsanstalt anzusehen ist, dem Minister des Innern zu. Es ist somit die Möglichkeit gegeben, daß die Aufsichtsbehörde anders entscheidet als der Minister. An einer gemeinsamen Oberinstanz fehlt es. 3.

II. Unberührt von der reichsgesetzlichen Regelung bleiben zwei Gruppen von Versicherungsverhältnissen bei einer nach Landesrecht errichteten öffentlichen Anstalt: Versicherungsverhältnisse, die kraft Gesetzes entstehen, und Versicherungen, die infolge eines gesetzlichen Zwanges genommen werden (Abs. 1). Ob das Rechtsverhältnis des Versicherungsnehmers zu der Anstalt privatrechtlich oder öffentlich-rechtlich ist, ist bestritten (Damm Mit- 4.

teilungen 1910. 403, Weyberg ebenda 1911. 139; ROHG. Bd. 9. 132; RG. 26. 2. 01 Bd. 48. 332, 3. 2. 04 Bd. 56. 389). Es ist bei den Anstalten verschieden zu beurteilen. Bei der Hamburger Feuerkasse liegt ein öffentlich-rechtliches Verhältnis vor (Hamburger Verwaltungsgericht 6. 9. 26 HansRZ. 1927. 193; Morstein-Marx HansRZ. 1927. 642). Ist ein öffentlich-rechtliches Verhältnis anzunehmen, dann werden die Rechte der Realgläubiger hierdurch nicht berührt.

1. Das Versicherungsverhältnis entsteht unmittelbar kraft Gesetzes, wenn z. B. die Versicherung alle in einem bestimmten Bezirke belegenen Gebäude umfaßt, mit Errichtung des Baues von selbst. Über den Beginn der Versicherung Jacobi WuR. 1920. 90.

2. Der Versicherungszwang ist meistens so ausgestaltet, daß die Versicherung bei einer bestimmten Anstalt genommen werden muß.

5. III. 1. Für die bei einer nach Landesrecht errichteten öffentlichen Anstalt genommenen freiwilligen Versicherungen (Abs. 2) gilt Reichsrecht und damit dieses Gesetz, und zwar auch dann, wenn die Anstalt in einem bestimmten Gebiet ein Monopol besitzt oder wenn für sie ein Annahmezwang besteht (Bgr.). Somit ist möglich, daß auf eine und dieselbe Versicherung doppeltes Recht anzuwenden ist, z. B. wenn Gebäude und Mobilien zusammen versichert werden und nur für jene Versicherungszwang besteht. Soweit Reichsrecht gilt, sind die öffentlichen Anstalten von den Beschränkungen der Vertragsfreiheit (AllgVorbem. 28) befreit. Außerdem gelten nicht die §§ 43—48. Ein Rechtsstreit gehört vor die bürgerlichen Gerichte.

6. 2. Da sich das Kündigungsrecht des Erwerbers der veräußerten Sache (§ 70) aus allgemeinen Rechtsgrundsätzen ergibt (§ 305 BGB.), so gehört das Kündigungsrecht als solches nicht zu dem Komplex von Vorschriften, die Gegenstand der Vereinbarung zwischen Versicherer und Versicherungsnehmer sein können. Infolgedessen kann das Kündigungsrecht auch von öffentlichen Feuerversicherungsanstalten nicht ausgeschlossen werden (Cohn LZ. 1912. 443, Könige LZ. 1912. 748, Kürsten JR. 1930. 305, Matthaes JR. 1931. 281, Petersen Z. 1914. 136, Reybt JR. 1931. 87, Schneider WuR. 1912. 167; LG. I Berlin JW. 1928. 3198 (Bruck), JR. 1928. 249; LG. Hannover JR. 1930. 174, 193; LG. Kiel JR. 1930. 175; KG. 9. 6. 28 JR. 1928. 231, HansRGZ. A. 1928. 507; OLG. Naumburg 31. 3. 31 JR. 1931. 177; OLG. Stettin 20. 10. 30 JR. 1931. 12, VA. 1931. 236 Nr. 2195; unentschieden RG. 28. 5. 29 VA. 1930. 200 Nr. 1970. Anders Frey JR. 1931. 201, Hellweg Mitteilungen 1916. 243, Hirsch Mitteilungen 1913. 2, Kisch Bd. 3. 345 Anm. 1, Ruttke Mitteilungen 1906. 205, 209; LG. Halle Mitteilungen 1912. 497; LG. Münster ebenda 1916. 272; LG. I Berlin ZVW. 1915. 313; LG. Dortmund VuGeldwirtschaft 1928 Beilage zu Heft 3; OLG. Celle 3. 6. 30 JR. 1930. 302, VA. 1931. 215 Nr. 2176, 19. 5. 31 Praxis des Versicherungsrechts 1931. 70, VA. 1932. 236 Nr. 2307; OLG. Kiel 12. 11. 30 VA. 1931. 236 Nr. 2195).

§ 193. Unberührt bleiben die landesgesetzlichen Vorschriften, nach welchen der Versicherer verpflichtet ist, die Entschädigungssumme nur zur Wiederherstellung des versicherten Gegenstandes zu zahlen.

Die Landesgesetze können bestimmen, in welcher Weise im Falle des § 97 die Verwendung des Geldes zu sichern ist.

Schrifttum: Bem. 1 zu § 97; Schneider Mitteilungen 1911. 293. 1.

I. 1. Vorbehalten bleiben die landesgesetzlichen Bestimmungen über die Verwendung der Entschädigungssumme zur Wiederherstellung des versicherten Gegenstandes (§ 97; Art. 110 EGBGB.). In Betracht kommen Anhalt Gesetz vom 26. 3. 1911, Baden Gesetz vom 26. 10. 1912, Mecklenburg-Schwerin Gesetz vom 29. 10. 1909, Thüringen Gesetz vom 20. 12. 1922 und andere. 2.

2. Die landesgesetzliche Regelung erfaßt das Verhältnis zwischen Versicherer und Versicherungsnehmer und zwischen Versicherer und Hypothekengläubiger; die Hypothekengläubiger müssen diese Vorschriften gegen sich gelten lassen (RG. 13. 1. 31 Bd. 131. 149, JR. 1931. 53, VA. 1931. 266 Nr. 2222, JW. 1931. 3196). 3.

§ 194. In bürgerlichen Rechtsstreitigkeiten, in welchen durch Klage oder Widerklage ein Anspruch aus einem den Vorschriften dieses Gesetzes unterliegenden Versicherungsverhältnisse geltend gemacht ist, wird die Verhandlung und Entscheidung letzter Instanz im Sinne des § 8 des Einführungsgesetzes zum Gerichtsverfassungsgesetze dem Reichsgericht überwiesen.

I. Ähnliche Bestimmung wie in Art. 6 EGBGB. Aus ihr ergibt sich die ausschließliche Zuständigkeit des Reichsgerichts als oberste Instanz für Versicherungsrechtsstreitigkeiten, vorbehaltlich der Bestimmungen in §§ 186 ff. und Art. 2 EG. 1.

Einführungsgesetz
zu dem
Gesetz über den Versicherungsvertrag.

Artikel 1.

Das Gesetz über den Versicherungsvertrag tritt an einem durch Kaiserliche Verordnung mit Zustimmung des Bundesrats festzusetzenden Tage, spätestens am 1. Januar 1910, in Kraft.

1. I. Da eine Kaiserliche Verordnung nicht ergangen ist, ist das Gesetz am 1. Januar 1910 in Kraft getreten.

Artikel 2.

Die Vorschriften des Gesetzes über den Versicherungsvertrag und dieses Gesetzes erlangen im Königreiche Bayern für das Immobiliarversicherungswesen nur mit Zustimmung der Königlich Bayerischen Regierung Geltung. Die erfolgte Zustimmung wird vom Reichskanzler im Reichs-Gesetzblatte bekanntgemacht.

1. I. 1. Nach dem Vorbehalte in Nr. IV des Schlußprotokolls zu dem Vertrage vom 23. November 1870 betr. den Beitritt Bayerns zur Verfassung des Deutschen Bundes (Bundes-Gesetzbl. 1871. 23) ist „in Anbetracht der in Bayern bestehenden besonderen Verhältnisse bezüglich des Immobiliarversicherungswesens und des engen Zusammenhanges derselben mit dem Hypothekenkreditwesen" das Immobiliarversicherungswesen in Bayern der Zuständigkeit der Reichsgesetzgebung entzogen. Der Grund für diesen Vorbehalt (vgl. auch § 158 Abs. 4 VAG.) ist allerdings mit der reichsgesetzlichen Regelung des Hypothekenrechts weggefallen. Trotzdem besteht der Vorbehalt weiter. Die Vorschriften über das Immobiliarversicherungswesen können von Bayern nur ganz oder gar nicht, nicht teilweise, auch nicht unter Abänderungen angenommen werden. Solange sie für Bayern nicht in Kraft gesetzt sind, gilt bayerisches Landesrecht.

2. 2. Die Tragweite des Vorbehaltes war anfänglich bestritten (Brüning Veröffentlichungen Heft 2. 120, Gierke Z. 1904. 341). Nach ständiger Verwaltungsübung (VA. 1904. 123) wird unter Immobiliarversicherung verstanden die Feuer-, Hagel- (Bayer. Rpfl. Z. 1913. 426), Glas-Versicherung, die Versicherung gegen Wasserleitungs-, Sturm-, Maschinen-Schäden von Gegenständen, auf welche sich die hypothekarische Haftung erstreckt.

Artikel 3.

Wird ein zur Zeit des Inkrafttretens des Gesetzes über den Versicherungsvertrag bestehendes Versicherungsverhältnis nicht nach dem Inkrafttreten für den ersten Termin gekündigt, für den beide Teile nach den bisherigen Gesetzen zur Kündigung berechtigt sind, so finden von diesem Termin an die Vorschriften des Gesetzes über den Versicherungsvertrag Anwendung.

Schrifttum: Veröffentlichungen Heft 14; Gerhard Z. 1907. 277; Hecht Z. 1908. 301; Honig Mitteilungen 1920. 156. 1.

I. An sich bleiben für bestehende Versicherungsverhältnisse die bisherigen Gesetze in Kraft (Art. 170 EGBGB.). Dabei kommt nicht nur der Inhalt der Gesetze selbst in Betracht, vielmehr sind an erster Stelle die auf Grund dieser Gesetze gültig getroffenen Vereinbarungen, also namentlich die Allgemeinen Versicherungsbedingungen, entscheidend. In den Artikeln 3—6 werden jedoch von diesem Grundsatz Ausnahmen vorgesehen. 2.

II. 1. Art. 3 schließt sich an Art. 171 EGBGB. an. Die freiwillige Fortsetzung des Versicherungsverhältnisses unter der Herrschaft des neuen Rechts gilt als der Ausdruck des Willens, sich dem neuen Recht unterwerfen zu wollen (Bgr.). Art. 3 findet aber nur Anwendung, wenn beide Parteien zur Kündigung berechtigt waren, nicht bei einseitigem Kündigungsrecht (RGZ. Bd. 53. 170). Es sind deshalb die laufenden Lebensversicherungsverträge durchweg, daneben auch die Verträge in anderen Versicherungszweigen, z. B. in der lebenslänglichen Unfall- und Haftpflichtversicherung, der Anwendung des neuen Rechts entzogen, da bei ihnen der Versicherer nicht kündigen kann. Da ferner Art. 3 nur das regelmäßige Kündigungsrecht oder Erlöschen der Versicherung betrifft, so kommen nicht in Betracht: außerordentliche Kündigungsrechte, z. B. wegen Gefahrerhöhung, Veräußerung, Nichtzahlung der Prämie nach Eintritt eines Schadensfalles, Rücktrittsrechte, Verwirkungsklauseln. Dagegen bewirkt die Unterlassung der nach § 8 beiderseits zustehenden Kündigung für den ersten unter der Herrschaft des Gesetzes zulässigen Termin, daß von da ab die Vorschriften des Gesetzes gelten, und daß nunmehr die stillschweigende Verlängerung nur auf ein Jahr wirksam ist (KB. I 169; Bem. 9 zu § 8). 3.

2. Das alte Versicherungsverhältnis gilt im Sinne des Art. 3 als fortbestehend, und der Abschluß eines neuen Vertrags ist auch dann nicht anzunehmen, wenn die Versicherung nach ihrem Ruhen lediglich auf einseitigen Antrag des Versicherungsnehmers wieder in Kraft gesetzt werden muß, wenn sie mit dem Erwerber der versicherten Sache fortgesetzt, wenn die Lebensversicherung in eine prämienfreie umgewandelt wird. Zweifel, ob das alte Versicherungsverhältnis maßgebend ist, sind denkbar, wenn eine erloschene Versicherung nur auf Grund neuer Parteivereinbarungen, z. B. in der Lebensversicherung nach erneuter Prüfung des Gesundheitszustandes, wieder in Kraft gesetzt zu werden braucht. Auf den wiederhergestellten Vertrag sind die Vorschriften des Gesetzes zur Anwendung zu bringen (RG. 23. 12. 19 Bd. 97. 323, BA. 1921* 39 Nr. 1139). 4.

5. 3. Soweit für ein Versicherungsverhältnis von einem bestimmten Zeitpunkt an das neue Recht gilt, bleiben trotzdem die Allgemeinen und Besonderen Versicherungsbedingungen maßgebend, soweit sie nicht zwingenden Vorschriften des Gesetzes zuwiderlaufen (RG. 23. 12. 19 Bd. 97. 323, VA. 1921* 39 Nr. 1139). Die Rechtsfolgen der vor jenem Zeitpunkt eingetretenen Tatsachen (z. B. Konkurs des Versicherers, Unterlassung einer Prämienzahlung, Abschluß einer Doppelversicherung, Eintritt des Versicherungsfalles) sind ausschließlich nach altem Rechte zu beurteilen; auch das zwingende Recht des Gesetzes kann hier nicht einwirken.

Artikel 4.

Auf ein zur Zeit des Inkrafttretens des Gesetzes über den Versicherungsvertrag bestehendes Versicherungsverhältnis finden von dieser Zeit an die folgenden Vorschriften des Gesetzes Anwendung:

1. die Vorschriften des § 3 Abs. 2 bis 4 und des § 4 Abs. 2 über den Versicherungsschein und über das Recht des Versicherungsnehmers, Abschriften der von ihm abgegebenen Erklärungen zu verlangen;
2. die Vorschriften des § 11 und des § 12 Abs. 2 über die Fälligkeit der Leistung des Versicherers und die Verwirkung eines nicht rechtzeitig geltend gemachten Anspruchs sowie die Vorschrift des § 12 Abs. 3, soweit sie sich auf die Verwirkung des Anspruchs bezieht;
3. die Vorschriften des § 13 über den Konkurs des Versicherers;
4. die Vorschriften der §§ 39, 91 über die nicht rechtzeitige Zahlung einer nach dem Beginne der Versicherung zu entrichtenden Prämie sowie die Vorschriften der §§ 40, 42, 189, soweit sie sich auf die nicht rechtzeitige Zahlung einer solchen Prämie beziehen;
5. die Vorschriften über die Befugnisse der Versicherungsagenten;
6. die Vorschriften der §§ 64, 184 über die Mitwirkung von Sachverständigen bei der Feststellung der Leistung des Versicherers;
7. die Vorschriften des § 94 Abs. 2, 3 und des § 124 über die Verpflichtung des Versicherers zu einer Abschlagszahlung;
8. die für Hypotheken und andere Rechte an Grundstücken geltenden Vorschriften der §§ 99 bis 107;
9. die Vorschriften des § 183 über die Verpflichtung des Versicherungsnehmers, für die Abwendung und Minderung der Folgen des Unfalls zu sorgen.

1. I. Das Gesetz enthält eine ganze Reihe von Vorschriften zum Schutze des Versicherungsnehmers, die sich zur sofortigen Anwendung auch gegenüber früher entstandenen Versicherungsverhältnissen eignen, ohne daß durch eine solche Anwendung berechtigte Interessen des Versicherers verletzt werden. Einigen Vor-

schriften rückwirkende Kraft beizulegen, ist um so mehr angezeigt, als die Voraussetzung (Art. 3), unter der für ein bereits bestehendes Versicherungsverhältnis sämtliche Vorschriften des Gesetzes Geltung erlangen, oft erst spät oder überhaupt nicht eintreten wird. Die rückwirkende Kraft der Vorschriften beginnt aber erst von dem Inkrafttreten des Gesetzes an; die Wirkung von Tatsachen, die in eine frühere Zeit fallen, richtet sich nach altem Recht. Weiter bleiben die unter der Herrschaft des alten Rechts getroffenen Bedingungen insoweit auch gegenüber Art. 4 in Geltung, als sie nicht zwingenden Vorschriften des Gesetzes widersprechen (Bgr.; Bem. 5 zu Art. 3). Von den in Art. 4 aufgeführten Vorschriften haben zwingenden Charakter §§ 11, 12 Abs. 2 und 3, 13, 39, 40, 47, 64 Abs. 1 S. 1, 91, 99—107, 183, 184 Abs. 1 S. 1, haben dispositiven Charakter §§ 3 Abs. 2—4, 4 Abs. 2, 43—46, 94 Abs. 2 und 3, 124, 189. Die zwingenden Vorschriften verdrängen also entgegenstehende Versicherungsbedingungen, die dispositiven Vorschriften finden nur Anwendung, wenn die Bedingungen die Frage nicht regeln.

II. Zu Nr. 1. Da § 3 Abs. 1 nicht erwähnt ist, kann die nachträgliche 2. Ausstellung des Versicherungsscheins nicht verlangt werden. Das in § 3 Abs. 2 dem Versicherungsnehmer gewährte Recht besteht erst, wenn sich der Verlust der Urkunde nach dem Inkrafttreten des Gesetzes ereignet hat.

Zu Nr. 2. Die rückwirkende Kraft des § 11 kann nicht auf Fälle ausgedehnt 3. werden, in denen das Schadensereignis vor dem 1. Januar 1910 eingetreten ist, denn „der Entschädigungsanspruch ist kein Bestandteil des bestehenden Versicherungsverhältnisses, sondern ein neben dem Versicherungsverhältnisse bestehender selbständiger Anspruch, der zwar aus dem Versicherungsverhältnis als seiner rechtlichen Grundlage entsprungen, dann aber, nachdem er einmal entstanden ist, ein von diesem durchaus unabhängiges Dasein führt“ (Petersen Z. 1913. 253; anders OLG. Posen 27. 3. 11 VA. 1911* 123 Nr. 638). Es ist daher auch nicht zutreffend, daß in einem derartigen Falle ein Anspruch auf Verzugszinsen seit dem 1. Januar 1910 besteht (RG. 16. 1. 12 Bd. 78. 410, VA. 1912* 79 Nr. 679).

§ 12 Abs. 2 ist nur insoweit anwendbar, als nicht am 1. Januar 1910 die 4. Ausschlußfrist schon lief; sie verlängert sich dann auch nicht etwa auf sechs Monate (OLG. München 29. 11. 12 LZ. 1913. 575, Wallmann Bd. 47. 953; RG. 9. 7. 12 VA. 1912* 103 Nr. 691).

Zu Nr. 3. Die Anwendung des § 13 ist ausgeschlossen, wenn das Konkurs- 5. verfahren schon vor dem 1. Januar 1910 eröffnet worden war. §§ 40 Abs. 3, 42 kommen hier nicht in Betracht, da sie nach Nr. 4 nur Anwendung finden, soweit sie sich auf die nicht rechtzeitige Zahlung der Prämie beziehen.

Zu Nr. 4. Auch für die vor dem 1. Januar 1910 abgeschlossenen Verträge 6. gelten seit diesem Tage die Vorschriften der §§ 39, 91 über die nicht rechtzeitige Zahlung von Prämien; es muß somit gemahnt und gekündigt werden. Sind in den Allgemeinen Versicherungsbedingungen für den Versicherungsnehmer günstigere Vereinbarungen, z. B. hinsichtlich der Gewährung einer Respektfrist, der Höhe der Mahngebühr, getroffen gewesen, so bleiben diese in Kraft (§ 42);

es darf also die Mahnung des Versicherungsnehmers und die Auferlegung der hierdurch entstehenden Kosten erst nach Ablauf der Respektfrist erfolgen (VA. 1909. 242, 1911. 115, 221, 1912. 137). War die Respekt- oder Stundungsfrist am 1. Januar 1910 noch nicht abgelaufen, so muß nochmals ausdrücklich eine Zahlungsfrist nach § 39 gesetzt werden (OLG. Naumburg 3. 2. 11 VA. 1911* 43 Nr. 593; KG. 6. 12. 10 VA. 1911* 95 Nr. 620).

7. Durch die rückwirkende Kraft des § 189 sind die Aufsichtsbehörden in der Lage, Abweichungen von den §§ 39, 42 auch für die am 1. Januar 1910 laufenden Verträge zuzulassen. Das Reichsaufsichtsamt hat jedoch diese Abweichungen nur gestattet, wenn nicht die dem Vertrage zugrunde liegenden Bedingungen günstigere für den Versicherungsnehmer waren (VA. 1910. 102, 169).

8. Zu Nr. 5. Mit dem Inkrafttreten des Gesetzes haben die Versicherungsagenten die ihnen in §§ 43—47 zugewiesene Rechtsstellung. Vorher von ihnen und ihnen gegenüber vorgenommene Rechtshandlungen sind in ihrer Wirkung nach altem Rechte zu beurteilen. Soweit nach §§ 44, 45 die Kenntnis des Agenten von Erheblichkeit ist, tritt das neue Recht in Wirkung, auch wenn noch vor seinem Inkrafttreten der Agent die Kenntnis erlangt hat. Beschränkungen der Vertretungsmacht, die der Versicherungsnehmer nach § 47 nicht gegen sich gelten zu lassen brauchte, behalten ihre Wirksamkeit, wenn diese beim Inkrafttreten des Gesetzes gegeben waren.

9. Ob § 48 rückwirkende Kraft hat, ist bestritten. Die Frage ist zu bejahen mit Rücksicht auf den öffentlich-rechtlichen Charakter der Bestimmung (OLG. Düsseldorf 22. 5. 12 VA. 1912* 83 Nr. 681; KG. 14. 2. 13 VA. 1913* 6 Nr. 713; OLG. Breslau 13. 5. 14 VA. 1915* 3 Nr. 855).

10. Zu Nr. 6. §§ 64, 184 gelten nur, wenn sich nicht beim Inkrafttreten des Gesetzes der Versicherungsfall bereits ereignet hatte.

11. Zu Nr. 7. Falls der Versicherungsfall vor dem 1. Januar 1910 eingetreten ist, gilt altes Recht.

12. Zu Nr. 8. Soweit dem Versicherer gegenüber einem Hypothekengläubiger obligatorische Rechte zustehen, werden diese nicht berührt, da die §§ 99—107 nur Rechte behandeln, die den Realberechtigten auf Grund ihres dinglichen Rechtes zustehen (Bgr.) Im übrigen ist § 99 nicht anwendbar, wenn der Versicherungsfall schon eingetreten ist, §§ 100 ff. sind es nicht, wenn die Kündigung, der Rücktritt usw. bereits erfolgt sind, § 102 kann nicht zugunsten des Versicherers gelten, soweit dadurch Hypothekengläubiger benachteiligt werden, die dem Versicherer gegenüber bei Inkrafttreten des Gesetzes schon (gemäß §§ 1127 ff. BGB.) berechtigt waren, es sei denn, daß ihr Wille, sich dem neuen Rechte zu unterwerfen, erhellt, z. B. durch Anmeldung der Hypothek.

13. Zu Nr. 9. § 183 gilt nur für die nach Inkrafttreten des Gesetzes erlittenen Unfälle.

14. III. Ob über den Rahmen des Art. 4 hinaus noch andere Bestimmungen des Gesetzes rückwirkende Kraft haben, ist bestritten. Man wird eine solche annehmen können, wenn es sich um öffentlich-rechtliche Bestimmungen wie in § 15, § 48 (Bem. 5 zu § 48) handelt. Vgl. Bem. 5 zu Art. 3.

Artikel 5.

Die Rechte, welche einem Hypothekengläubiger oder einem anderen, für den ein Recht an einem Grundstücke begründet ist, gegenüber dem Versicherer zustehen, bestimmen sich, bis das Grundbuch für das belastete Grundstück als angelegt anzusehen ist, nach den bisherigen Gesetzen.

I. Art. 5 geht auf Art. 189 EGBGB. zurück. Über die den Realberechtigten zustehenden Rechte §§ 99—107. 1.

Artikel 6.

Die Vorschriften des Gesetzes über den Versicherungsvertrag, welche die Verjährung der Ansprüche aus dem Vertrage betreffen, finden auf die vor dem Inkrafttreten des Gesetzes entstandenen, noch nicht verjährten Ansprüche Anwendung. Der Beginn sowie die Hemmung und die Unterbrechung der Verjährung bestimmen sich jedoch für die Zeit vor dem Inkrafttreten nach den bisherigen Gesetzen.

Ist die Verjährungsfrist nach dem Gesetz über den Versicherungsvertrag kürzer als nach den bisherigen Gesetzen, so wird die kürzere Frist von dem Inkrafttreten des Gesetzes über den Versicherungsvertrag an berechnet. Läuft jedoch die in den bisherigen Gesetzen bestimmte längere Frist früher als die in dem Gesetz über den Versicherungsvertrag bestimmte kürzere Frist ab, so ist die Verjährung mit dem Ablaufe der längeren Frist vollendet.

I. Abs. 1 schließt sich an Art. 169 Abs. 1 EGBGB. an. Als Vorschriften über die Verjährung kommen nur § 12 Abs. 1, 3 in Betracht. Die gesetzlichen Verjährungsvorschriften finden Anwendung, wenn der Vertrag vor dem Inkrafttreten des Gesetzes abgeschlossen, aber unter seiner Herrschaft verlängert ist (OLG. Hamburg 29. 11. 18 VA. 1919* 31 Nr. 1082), und selbstverständlich auch für Ansprüche, die nach dem Inkrafttreten des Gesetzes auf Grund eines vor diesem Zeitpunkt abgeschlossenen Versicherungsvertrags entstehen (Bgr.). 1.

II. Abs. 2 schließt sich an Art. 169 Abs. 2 EGBGB. an. Im allgemeinen galt bisher für Versicherungsansprüche die gewöhnliche dreißigjährige Frist. 2.

Sachregister.

Angefertigt von Dr. H. Möller, wissenschaftlichem Hilfsarbeiter am Seminar für Versicherungswissenschaft der Hamburgischen Universität.

Abkürzungen:

V.	Versicherung, Versicherungs-
V.er	Versicherer
V.mer	Versicherungsnehmer
V.ter	Versicherter
vt.	versichert

Anmerkungen:

AllgVorbem.^{3} . .	Allgemeine Vorbemerkungen, Bemerkung 3
1^{5}	Bemerkung 5 zu § 1 VVG.
35 V^{3}	Vorbemerkung 3 vor § 35 VVG.
EG. 1^{5}	Bemerkung 5 zu Art. 1 EGVVG.

A.

G.

J.

J (j).

K.

L.

M.

N.

O.

P.

U.

Berichtigungen.

S. 42 Anm. 14 vierte Zeile am Ende:
Hinter Vertrags ist die Klammer zu schließen.

S. 253:
Anm. 8: Statt a) = α).
Anm. 9: Statt b) = β).
Anm. 10: Statt c) = γ).

Otto Walter, Buchdruckerei, Berlin S 14

Nachweis wichtiger Gesetzesausgaben

mit und ohne Erläuterungen, größerer und kleinerer Kommentare, Lehrbücher, Sammelwerke, Entscheidungssammlungen, Zeitschriften

Verlag Walter de Gruyter & Co., Berlin W 10 und Leipzig

März 1932

Inhaltsverzeichnis

BGB nebst Einführungsgesetz. 16. Aufl. **Geb. 2.80**

Die billige Textausgabe der bewährten Guttentagschen Sammlung Deutscher Reichsgesetze

I. Allgemeines, Sammelwerke.

Handwörterbuch der Rechtswissenschaft (HdR). Unter Mitberatung von Reichsgerichtspräsident Dr. Dr. E. Bumke, Reichsgerichtsrat Dr. L. Busch, Oberreichsanwalt Prof. Dr. Dr. L. Ebermayer, Geh.-Rat Professor Dr. Dr. Fr. Endemann, Geh. Justizrat Professor Dr. Dr. E. Heymann, Senatspräsident am Reichsgericht Dr. O. Strecker, Präsident des Bayerischen Obersten Landesgerichts Staatsrat Dr. K. v. Unzner †, herausgegeben von Dr. jur. **Fritz Stier-Somlo**, o. Professor an der Universität Köln, und Dr. jur. **Alexander Elster**, Berlin. 6 Bände. Lexikon-Oktav. 1926/29.

In Halbleder geb. RM. 304.—

Hierzu erschien Ende 1931 ein Ergänzungsband, der nicht weniger als 228 Stichworte enthält . . . RM. 37.—, in Halbleder geb. RM. 43.—

„Es zeigt sich doch jetzt immer mehr, daß Ihr Handwörterbuch ein ganz großer Wurf war. Wie ich höre, wird es auch in der Praxis in steigendem Maße benutzt."
Professor Dr. Nipperdey, Köln.

Die Reichsgerichtspraxis im deutschen Rechtsleben. Festgabe der juristischen Fakultäten zum 50jährigen Bestehen des Reichsgerichts (1. Oktober 1929), unter Mitwirkung der Professoren Gerhard Anschütz, Heidelberg, Ernst Heymann, Berlin, Theodor Kipp, Berlin, Wilhelm Kisch, München, Alfred Schultze, Leipzig, Heinrich Siber, Leipzig, herausgegeben von Otto Schreiber, weiland Professor in Königsberg i. Pr. Groß-Oktav. 1929.

Geh. RM. 110.—, in Halbfranz geb. RM. 134.—

I. Band: Öffentliches Recht. II. Band: Zivil- und Handelsrecht. III. Band: Zivil- und Handelsrecht (Fortsetzung). IV. Band: Handels- und Wirtschaftsrecht. V. Band: Strafrecht und Strafprozeß. VI. Band: Zivilprozeßrecht.
Die Bände werden einzeln abgegeben.

Mit dieser umfangreichen Festgabe wird eine große, systematisch geordnete Reihe hervorragender Monographien veröffentlicht, die durchweg besonders wichtige und schwierige Fragen aus allen Teilen des Rechts behandeln.

Fünfzig Jahre Reichsgericht am 1. Oktober 1929. Von Dr. **Adolf Lobe**, Senatspräsident am Reichsgericht i. R., M. d. R. unter Mitarbeit von Mitgliedern und Beamten des Reichsgerichts, der Reichsanwaltschaft und der Rechtsanwaltschaft am Reichsgericht. Mit 14 Porträts und 15 Abbildungen. Lexikon-Oktav. VI, 436 Seiten. 1929.

RM. 20.—, in Halbfranz RM. 24.—

Von den beiden Festschriften „Lobe, Fünfzig Jahre Reichsgericht" und der Festgabe der juristischen Fakultäten gibt die vorliegende ein Bild der organisatorischen Gestaltung des Reichsgerichts und seiner Einrichtungen, in deren Schutz sich seine Aufgaben und seine Arbeit gestalten. Ausführlicher Prospekt mit Inhaltsverzeichnis kostenlos.

Bürgerliches Rechtslexikon. (Nach dem Bürgerlichen Gesetzbuch, dem Handelsgesetzbuch und sonstigen Reichs- und Landesgesetzen.) Von **E. Christiani**, weil. Amtsgerichtsrat. Vierte, durchgearbeitete und verbesserte Auflage von Dr. **Alexander Elster**, Rechtsanwalt Dr. **Hugo Hoormann**, Amtsgerichtsrat **Georg Krause**, Lexikon-Oktav. IV, 474 Seiten. 1930 . . Geb. RM. 15.—

Christianis „Bürgerliches Rechtslexikon" erscheint nach seinen großen Erfolgen vor dem Kriege nunmehr in vierter Auflage. Die besondere Art der Stichwortaufteilung und die verständliche Darstellung haben es in alle Kreise gelangen lassen, die stets eine Gelegenheit zu zuverlässiger Rechtsbelehrung haben müssen.

Hedemann, J. W., Einführung in die Rechtswissenschaft. Zweite, erweiterte und umgestaltete Auflage. Oktav XXII, 566 Seiten. 1927. (Lehrbücher und Grundrisse der Rechtswissenschaft Bd. IX.)
RM. 14.—, geb. RM. 16.—

„. . . Das Buch Hedemanns, welches die Aufgabe einer Einführung am reichsten und umfassendsten auffaßt und löst . . ." Juristische Wochenschrift.

Wegner, Arthur, Einführung in die Rechtswissenschaft.
I. Band: Aufbau des Rechtes, geschichtlich und systematisch. Rechtswissenschaftliche Arbeitsweise. Bürgerliches Recht. Handelsrecht. Arbeitsrecht. 144 Seiten. 1931. (Sammlung Göschen Bd. 1047.) . . . Geb. RM. 1.80
II. Band: Drei Bücher Öffentliches Recht: Staat, Völkergemeinschaft, Kirche. 140 Seiten. 1931. (Sammlung Göschen Bd. 1048.)
Geb. RM. 1.80

Schröder, Richard, und Künßberg, F., Lehrbuch der deutschen Rechtsgeschichte. Siebente Auflage. Groß-Oktav. Mit einer Abbildung im Text und einem Bildnis. 1932 . . . . Im Druck.

Dieses bekannte Lehrbuch hat sich seit langen Jahren bestens bewährt.

Fehr, Hans, Deutsche Rechtsgeschichte. Zweite, verbesserte und ergänzte Auflage. Oktav. 416 Seiten. 1925. (Lehrbücher und Grundrisse der Rechtswissenschaft Bd. X.) . . . . RM. 13.—, geb. RM. 14.50

Das Buch gibt eine plastische Darstellung der deutschen Rechtsgeschichte, die eine Anhäufung von Stoff ausdrücklich vermeidet, vielmehr das Schwergewicht auf eine mehr ideengeschichtliche Behandlung des Gegenstandes legt.

Schröder, Richard, und Glitsch, Heinrich, Deutsche Rechtsgeschichte. Zweite Auflage. Neudruck.
I. Bis zum Ende des Mittelalters. 160 Seiten. 1929. (Sammlung Göschen Bd. 621.) . . . . Geb. RM. 1.80
II. Die Neuzeit. 90 Seiten. 1929. (Sammlung Göschen Bd. 664.)
Geb. RM. 1.80

Eine gemeinverständliche kurze Darstellung der deutschen Rechtsgeschichte.

Giese, Friedrich, Preußische Rechtsgeschichte. Übersicht über die Rechtsentwicklung der preußischen Monarchie und ihrer Landesteile. Ein Lehrbuch für Studierende. Groß-Oktav. 256 Seiten. 1920.
RM. 5.—, geb. RM. 6.50

„Das Buch ist nicht ein, sondern das (bisher fehlende) Lehrbuch der preußischen Rechtsgeschichte." Dr. Karl Strupp im „Verwaltungsarchiv".

von Mayr, Robert, Römische Rechtsgeschichte. I. Buch. Die Zeit des Volksrechtes. 1. Hälfte: Das öffentliche Recht. 150 Seiten. 1912. (Sammlung Göschen Bd. 577.) . . . . Geb. RM. 1.80

2. Hälfte: Das Privatrecht. 117 Seiten. 1912. (Sammlung Göschen Bd. 578.) . . . . Geb. RM. 1.80

II. Buch: Die Zeit des Amts- und Verkehrsrechtes. 1. Hälfte: Das öffentliche Recht. 158 Seiten. 1912. (Sammlung Göschen Bd. 645.) Geb. RM. 1.80

2. Hälfte: Das Privatrecht I. 122 Seiten. 1913. (Sammlung Göschen Bd. 646.) . . . . Geb. RM. 1.80

Das Privatrecht II. 150 Seiten. 1913. (Sammlung Göschen Bd. 647.) Geb. RM. 1.80

III. Buch. Die Zeit des Reichs- und Volksrechtes. 111 Seiten. 1913. (Sammlung Göschen Bd. 648.) . . . . Geb. RM. 1.80

IV. Buch. Die Zeit der Orientalisierung des römischen Rechtes. 155 Seiten 1913. (Sammlung Göschen Bd. 697.) . . . . Geb. RM. 1.80

Schott, Richard, Hilfsbüchlein für die Vorlesungen über Institutionen, Geschichte und Zivilprozeß des römischen Rechts. Oktav. 42 Seiten. 1931. RM. 1.60

„Ein Büchlein, das sehr brauchbares Material bietet. Kein Lehrbuch, kein Grundriß, sondern eine gut aufgebaute und juristisch klar durchgearbeitete Sammlung von Belegstellen und Quellen zur Erleichterung des Studiums des römischen Rechts. . ." Der Referendar.

Endemann, Friedrich, Grundriß des römischen Privatrechts. Oktav. X, 256 und 30 Seiten. 1925. (Lehrbücher und Grundrisse der Rechtswissenschaft Bd. XII.) . . . . RM. 9.—, geb. RM. 10.50

„. . . Die Sprache ist einfach, klar, leicht und verständlich. Anmerkungen, die so oft in anderen Werken stören, sind ganz vermieden. . . So hat Endemann ein nach jeder Richtung hochstehendes Werk geschaffen." Der junge Rechtsgelehrte.

Stammler, Rudolf, Aufgaben aus dem römischen Recht. Der „Institutionenübungen für Anfänger" vierte Auflage. Oktav. IV, 92 Seiten. Mit Figuren im Text. 1919 . . . . Geb. RM. 5.—

Zum selbständigen Einarbeiten in das System des römischen Privatrechts.

Stammler, Rudolf, Lehrbuch der Rechtsphilosophie. Dritte, vermehrte Auflage. Groß-Oktav. XVI, 396 Seiten. 1928. RM. 13.—, geb. RM. 15.—

„. . . Ein Werk aus einem Gusse, ein herbes Werk von größter wissenschaftlicher Strenge, eine Schule, durch die jeder gehen muß, der mit den rechtsphilosophischen Problemen der Gegenwart ringt." Schweizerische Juristenzeitung.

Stammler, Rudolf, Rechts- und Staatstheorien der Neuzeit. Leitsätze zu Vorlesungen. Zweite, vermehrte und verbesserte Auflage. Oktav. IV, 116 Seiten. 1925 . . . . RM. 3.50, geb. RM. 4.50

Ein unentbehrlicher Führer durch die Rechts- und Staatstheorien der Neuzeit.

Stammler, Rudolf, Wirtschaft und Recht nach der materialistischen Geschichtsauffassung. Eine sozialphilosophische Untersuchung. Fünfte, durch einen Nachtrag ergänzte Auflage. Oktav. VIII, 704 Seiten. 1924. RM. 14.—, geb. RM. 16.—

„Das Werk Stammlers darf den Ruhm in Anspruch nehmen, unter allen Büchern, die in der letzten Zeit auf dem hier in Betracht kommenden Gebiet erschienen sind, die stärkste Wirkung hervorgebracht zu haben." Historische Zeitschrift.

Friedrichs, Karl, Der Allgemeine Teil des Rechts. Eine Darstellung der gemeinsamen Lehren des öffentlichen und des privaten Rechts. Groß-Oktav. X, 306 Seiten. 1927. . . . . RM. 12.—, geb. RM. 13.50

„Eine solche Arbeit fehlte bisher in der juristischen Literatur. Friedrichs ist wie kein anderer berufen, eine grundlegende Arbeit über dieses Gebiet zu schreiben." Mitteilungen des Preuß. Richtervereins.

Maas, Georg, und Magnus, Julius, Abkürzungsverzeichnis der Rechtssprache. Abkürzungen der Bezeichnungen von Rechtsquellen, Behörden, Entscheidungen usw. des deutschen und österreichischen Rechts. Oktav. IV, 140 Seiten. 1929. RM. 4.—

„Bis jetzt fehlte eine Zusammenstellung, die in zuverlässiger Weise die gebräuchlichsten Abkürzungen wiedergab. Diese Lücke füllt das neue Buch in glücklicher Weise aus." Der junge Rechtsgelehrte.

II. Bürgerliches Recht

1. Bürgerliches Gesetzbuch

Lehmann, Heinrich, Allgemeiner Teil des Bürgerlichen Gesetzbuches. Dritte, vermehrte und verbesserte Auflage (9. bis 12. Tausend). Oktav. XIV, 439 Seiten. 1928. (Lehrbücher und Grundrisse der Rechtswissenschaft Bd. I.) RM. 12.—, geb. RM. 13.50

„Es liegt ein großer pädagogischer Wert in diesem Buch. Es wird sich unter den Studenten rasch großer Beliebtheit erfreuen." Das Recht.

Leonhard, R., Der Allgemeine Teil des Bürgerlichen Gesetzbuches in seinem Einflusse auf die Fortentwicklung der Rechtswissenschaft. Groß-Oktav. XVI, 537 Seiten. 1900. (Recht des Bürgerlichen Gesetzbuches in Einzeldarstellungen Nr. X.) . . . . RM. 10.—

Die Sammlung „Recht des Bürgerlichen Gesetzbuches" umfaßt systematische Darstellungen des BGB. aus der Feder erster Juristen der Wissenschaft und Praxis.

Oertmann, Paul, Allgemeiner Teil des Bürgerlichen Gesetzbuches.

I. Einleitung. Lehre von den Personen und von den Sachen. Dritte, verbesserte Auflage. 136 Seiten. 1926. (Sammlung Göschen Bd. 477.) Geb. RM. 1.80

II. Erwerb und Verlust, Geltenmachung und Schutz der Rechte. Dritte, verbesserte Auflage. 147 Seiten. 1928. (Sammlung Göschen Bd. 448.) Geb. RM. 1.80

Nach der die Vorgeschichte des BGB. und einzelne für seine Bedeutung und Anwendung wichtige Hauptfragen behandelnden Einleitung bespricht der Verfasser die Lehre von den Personen und von den Sachen. Er verarbeitet den Inhalt der einzelnen Gesetzesparagraphen wissenschaftlich und erörtert dabei auch mehrfach Fragen, die im BGB. selbst nicht geregelt, höchstens gestreift werden.

Plancks Kommentar zum Bürgerlichen Gesetzbuch nebst Einführungsgesetz. Bisher herausgegeben von E. Strohal. Bearbeitet von E. Brodmann, L. Busch, J. Ebbecke, F. Flad, M. Greiff, K. Gunkel, P. Knoke, M. Landois, A. Lobe, Fr. Oegg, H. Siber, O. Strecker, K. von Unzner. Vierte, völlig neubearbeitete Auflage. Lexikon-Oktav. Bisher sind erschienen:

I. Band: Allgemeiner Teil. 606 Seiten. 1913. RM. 15.—, geb. RM. 17.—

II. Band, 1. Hälfte: Recht der Schuldverhältnisse. (Allgemeiner Teil.) 640 Seiten. 1914 . . . . RM. 15.—, geb. RM. 17.—

II. Band, 2. Hälfte: Recht der Schuldverhältnisse. (Besonderer Teil.) 1296 Seiten. 1928 . . . . RM. 49.—, geb. RM. 52.—

III. Band: Sachenrecht. 5. Auflage. 1. Lieferung: Einleitung und §§ 854 bis 902. 321 Seiten. 1931 . . . . RM. 14.—

IV. Band: Familienrecht. 1. Hälfte §§ 1297—1588. 701 Seiten. 1928. RM. 26.—, geb. RM. 28.—

V. Band: Erbrecht. Vierte, völlig neubearbeitete Auflage. Groß-Oktav. XII, 1136 Seiten. 1930 . . . . RM. 51.—, geb. RM. 54.—

„Für jeden Praktiker, der tiefer in den Rechtsstoff eindringen muß, um die zur Entscheidung stehende Frage zu prüfen, ist Plancks Kommentar immer ein zuverlässiger Ratgeber und seine Erläuterung und Meinung von hohem Wert und Gewicht, stets sorgfältiger Beachtung wert."

Zentralblatt für freiwillige Gerichtsbarkeit.

Das Bürgerliche Gesetzbuch mit besonderer Berücksichtigung der Rechtsprechung des Reichsgerichts. Erläutert von Dr. Busch, Erler, Dr. Lobe, Michaelis, Oegg, Sayn, Schliewen und Seyffarth, Reichsgerichtsräten und Senatspräsidenten am Reichsgericht. Siebente, unveränderte Auflage. 5 Bände §§ 1—2385. Lexikon-Oktav. 3182 Seiten. 1928.

In Halbleder geb. RM. 150.—

I. Band: Allgemeiner Teil. Recht der Schuldverhältnisse I. (Allgemeiner Teil.) — II. Band: Recht der Schuldverhältnisse II. (Einzelne Schuldverhältnisse.) — III. Band: Sachenrecht. — IV. Band: Familienrecht. — V. Band: Erbrecht. Alphabetisches Sachverzeichnis.

(Das Werk wird nur komplett abgegeben.)

„Eine neue Auflage dieses für die Praxis wertvollsten Kommentars ist ein Ereignis für die Juristenwelt."

Blätter für die Rechtspflege im Bezirk des Kammergerichts.

Achilles-Greiff, Bürgerliches Gesetzbuch nebst Einführungsgesetz. Mit Einleitung, Anmerkungen und Sachregister. Nach dem Tode des ersten Herausgebers Dr. A. Achilles in Verbindung mit J. Altstötter, Oberamtsrichter in Sonthofen, O. Meyer, Oberlandsgerichtspräsident in Celle, Dr. J. Kieckebusch, Land- und Amtsgerichtsrat in Kassel, Dr. O. Strecker, Senatspräsident am Reichsgericht i. R. in Leipzig, herausgegeben von Dr. M. Greiff, Wirkl. Geh. Oberjustizrat, Oberlandesgerichtspräsident i. R. in Berlin. Dreizehnte, vermehrte und verbesserte Auflage. Mit Erläuterungen der Verordnung über das Erbbaurecht, des Gesetzes über die religiöse Kindererziehung und des Gesetzes für Jugendwohlfahrt. Groß-Oktav. XXIII, 1304 Seiten. 1930. (Guttentagsche Sammlung Deutscher Reichsgesetze Bd. 38/39.) Geb. RM. 24.—, in Halbleder geb. RM. 26.—

„Das ausgezeichnete Buch, das einer weiteren Empfehlung kaum bedarf, wird seine führende Stellung unter den Handausgaben ohne Zweifel behaupten."

Juristische Rundschau.

Bürgerliches Gesetzbuch nebst Einführungsgesetz. Vom 18. August 1896 mit Berücksichtigung der bis zum 1. Januar 1928 ergangenen Abänderungen. Textausgabe mit ausführlichem Sachregister. Sechzehnte Auflage (61. bis 66. Tausend). Taschenformat. 758 Seiten. 1928. (Guttentagsche Sammlung von Textausgaben ohne Anmerkungen mit Sachregister.)

Geb. RM. 2.80

Die vorliegende Ausgabe zeichnet sich durch Vollständigkeit und besondere Ausführlichkeit des Sachregisters aus.

Schulz, F. H., **Bürgerliches Gesetzbuch und Einführungsgesetz.** Taschenformat. Zweite, unveränderte Auflage. XI, 664 Seiten. 1931. Geb. RM. 5.— (Lehrausgaben Deutscher Gesetze Bd. I.)

Dieser Band bringt auch die Bezeichnung der entsprechenden römisch-rechtlichen bzw. gemeinrechtlichen Institute and verwirklicht damit einen Gedanken, der eigentlich wohl schon vor dreißig Jahren hätte ausgeführt werden sollen.

Lindemann, Otto, **Ausführungsgesetz zum Bürgerlichen Gesetzbuche** vom 20. September 1899 nebst einem Anhang: Verordnung zur Ausführung des Bürgerlichen Gesetzbuchs vom 16. November 1899. Nach dem Tode des früheren Herausgebers Kammergerichtsrat Dr. P. Siméon, erläutert von Geh. Oberjustizrat Otto Lindemann, Ministerialdirektor im Pr. Justizministerium. Vierte Auflage. Taschenformat. 208 Seiten 1930. (Guttentagsche Sammlung Preußischer Gesetze Bd. 23.) . . . Geb. RM. 5.—

„. . . Der Praxis ist aber mit einer solchen Ausgabe besonders gedient . . . die sich Aufklärung über die Tragweite und die Bedeutung einer Vorschrift des Preuß. AGBGB. verschaffen wollen, finden in Lindemanns Ausführungen einen nie versagenden Führer.“ Der junge Rechtsgelehrte.

Juristischer Anschauungsstoff. Herausgegeben von Helmut Kühl, o. Prof. d. Rechte a. d. Universität Göttingen.

Heft 1:

Kühl, H., **Bürgerliches Recht und Arbeitsrecht.** Groß-Oktav. VIII, 148 Seiten. 1931. RM. 4.—

In der Sammlung „Juristischer Anschauungsstoff“ werden für den Gebrauch im akademischen Unterricht Urkunden aus der Rechtspraxis zusammengestellt. So bringt das erste Heft 140 typische Beispiele für fast jedes Rechtsinstitut des BGB. und des Arbeitsrechts (Registereintragungen, Geschäftsbedingungen, Tarifverträge, Satzungen usf.). Die Anordnung folgt dem Gang des Gesetzes. Die gewählten Beispiele sind für die Praxis kennzeichnend. Sie gewähren einen Einblick in das lebendige Recht und zeigen die Abwandlung des Gesetzes durch die Wirtschaft.

Schück, Richard, **Zivilrechtspraktikum.** Zum Selbststudium und zum Lehrgebrauch. Vierte, vermehrte Auflage. Herausgegeben von Gustav Schreiber. Groß-Oktav. 160 Seiten. 1930 . . . . . Geb. RM. 6.—

Das „Schücksche Zivilrechtspraktikum“ bringt in einem billigen Band über 600 Fälle aus allen fünf Büchern des BGB. and dem Einführungsgesetz. Es hat sich seit seinem Erscheinen durch seine praktische Auswahl überall durchgesetzt und durch drei hohe Auflagen hindurch bewährt. Die vorliegende vierte Auflage weist eine Anzahl Ergänzungen auf, die aber durch die besondere Art ihrer Einordnung den Gebrauch mehrerer Auflagen nebeneinander nicht stören.

von der Mosel, Heinrich, **Lösungen** zu dem von Kammergerichtsrat Dr. Richard Schück herausgegebenen **Zivilrechtspraktikum.** Nach dem Bürgerlichen Gesetzbuch bearbeitet für Studierende und Referendare. Fünfte Auflage. Groß-Oktav. 227 Seiten. 1931 . . RM. 6.—, kart. RM. 6.50

Die Lösungen behandeln fast alle in dem Praktikum enthaltenen Fälle.

v. Schwerin, Cl., Frhr., **Grundzüge des deutschen Privatrechts.** Zweite Auflage. Oktav. XII, 342 Seiten. 1928. (Lehrbücher und Grundrisse der Rechtswissenschaft Bd. XIII.) . . RM. 9.50, geb. RM. 11.—

„Was dem Studenten not tut, ist ein kurzgefaßtes Handbuch. . . . Ein ausgezeichnetes Hilfsmittel dieser Art ist das vorliegende Buch.“
Zeitschrift für Rechtspflege in Bayern.

Wegner, Arthur, **Jugendrecht.** Ein Lehrbuch zur Einführung. Oktav. IV, 219 Seiten. 1929 . . . . RM. 6.—, geb. RM. 7.50

Schuldverhältnisse insbesondere

Hedemann, Justus Wilh., Schuldrecht des Bürgerlichen Gesetzbuches. Zweite, vermehrte u. verbesserte Auflage. Oktav. XXIV, 503 Seiten. 1931. (Lehrbücher und Grundrisse der Rechtswissenschaft Bd. II.) RM. 14.50, geb. RM. 16.—

„Die Schrift bietet die beste mir bekannte Einführung in das schwierige Recht der Schuldverhältnisse." Staats- und Selbstverwaltung.

Oertmann, Paul, Schuldrecht. (BGB. II.)
I. Allgemeine Lehren. Dritte, verbesserte Auflage. 142 Seiten. 1927. (Sammlung Göschen Bd. 323.) . . . . Geb. RM. 1.80
II. Die einzelnen Schuldverhältnisse. Dritte, verbesserte Auflage. 159 Seiten. 1929. (Sammlung Göschen Bd. 324.) . . . . . Geb. RM. 1.80

„In knapper Form und gemeinverständlicher Ausdrucksweise ist ein vorzüglicher Überblick über den Stoff gegeben." Leipziger Zeitschrift für deutsches Recht.

Meyer, Georg, Das Recht der Beschlagnahme von Lohn, Gehalt und Diensteinkommen. Auf Grund des Reichsgesetzes vom 21. Juni 1869, der Verordnung über Lohnpfändung vom 25. Juni 1919 nebst Abänderungen und der Zivilprozeßordnung dargestellt. Siebente, vermehrte Auflage. Taschenformat. 174 Seiten. 1930. (Guttentagsche Sammlung Deutscher Reichsgesetze Bd. 55.) . . . . Geb. RM. 4.50

Meyers Werk über das Lohnbeschlagnahmerecht ist in seiner nunmehr vorliegenden siebenten Auflage durch alles das ergänzt worden, was die Entwicklung der letzten Zeit gebracht hat, so z. B. vor allem die Rechtsprechung des Reichsarbeitsgerichts. Darüber hinaus aber sind dementsprechend mehrere Kapitel umgearbeitet oder überhaupt neugeschrieben worden. Die Frage des Steuervorrechts bei Lohnbeschlagnahmen ist ausführlich behandelt.

Seligsohn, Franz, Kommentar zum Haftpflichtgesetz. Zweite Auflage. Groß-Oktav. 360 Seiten. 1930 . . . . RM. 12.—, geb. RM. 13.50

„Das reiche Material hat der Verfasser mit logischer Schärfe und in knapper Form bearbeitet und damit ein mustergültiges Werk geschaffen, das für die meist veralteten Kommentare zum Reichshaftpflichtgesetz einen wertvollen Ersatz bietet." Blätter für Rechtspflege im Bezirk des Kammergerichts.

Krieg, O., Mietrecht und Wohnungsmangelgesetzgebung im Reiche, in Preußen und in Berlin, einschließlich Hauszinssteuer, Kostenwesen und Rechtsentscheidungen des Kammergerichts und des Obersten Landesgerichts. Zusammengestellt und mit ausführlichem Schlagwortregister versehen. Vierte Auflage. Taschenformat. XII, 594 Seiten. 1928. (Guttentagsche Sammlung Deutscher Reichsgesetze Bd. 156.) . . . . Geb. RM. 10.—

„Eine solche Ausgabe zu besitzen, ist wertvoll. Diese Ausgabe verdient schon wegen ihrer Vollständigkeit besondere Beachtung. Ein vortreffliches Sachregister ist beigegeben." Juristische Wochenschrift.

Bloch, Arthur, Pulvermacher, Ralph, Wohnungswirtschaft. (Siehe „Die vierte Notverordnung" Seite 12.)

Stölzle, Hans, Viehkauf nach Bürgerlichem Gesetzbuch und ausländischem Recht. Verordnung, betreffend die Hauptmängel und Gewährfristen beim Viehhandel. Von Eugen Fröhner. Sechste, vermehrte und wesentlich verbesserte Auflage. Taschenformat. 699 Seiten. 1926. (Guttentagsche Sammlung Deutscher Reichsgesetze Bd. 50.) . . . . Geb. RM. 15.—

„Das Buch ist Juristen wie Laien als lichtvoller Ratgeber in allen Fragen nur auf das wärmste zu empfehlen." Deutsche Juristen-Zeitung.

Crisolli, Karl-August, Das Reichsgesetz, betreffend die Abzahlungsgeschäfte vom 16. Mai 1894. Mit Einleitung, Anmerkungen und Sachregister, unter Mitwirkung von Julius Crisolli. Vierte, völlig umgearbeitete Auflage des Werkes von Hoffmann-Wilke. Taschenformat. 413 Seiten. 1931. (Guttentagsche Sammlung Deutscher Reichsgesetze Bd. 34.) . Geb. RM. 8.—

„Der Vorzug dieses Buches, das schon in seiner Anordnung und in seinem Gesamtaufbau mustergültig ist, liegt ganz besonders darin, daß es alle einschlägigen Fragen kritisch behandelt und zu ihnen erschöpfend Stellung nimmt. Der Verfasser hat die ihm aus der Zeit, den wirtschaftlichen und den weiter entwickelten Rechtsverhältnissen heraus gegebenen Möglichkeiten voll ausgenutzt, er hat zu allen einschlägigen Fragen der Rechtsprechung, die gerade in den letzten Jahren nicht unerheblicher Wandlung unterworfen war, Stellung genommen und auch unter Anführung und Namhaftmachung der entsprechenden Entscheidungen das von ihm benutzte Material voll ausgewertet und der Öffentlichkeit durch dieses Buch zur Verfügung gestellt.“ Die Teilzahlung.

Göppert, H., Gesetz, betreffend die gemeinsamen Rechte der Besitzer von Schuldverschreibungen. Zweite Auflage, bearbeitet von E. Trendelenburg. Taschenformat. 156 Seiten. 1915. (Guttentagsche Sammlung Deutscher Reichsgesetze Bd. 52.) . . . . Geb. RM. 1.50

Kruse, Fr. Vinding, Das Eigentumsrecht. Aus dem Dänischen übersetzt von Knud Larsen. Groß-Oktav. XXIII, 881 Seiten. 1931 . Geb. RM. 25.—

Der Verfasser sieht das Eigentumsrecht nicht als ein Rechtsgebiet neben beliebigen anderen an, ihm ist es die Grundlage aller bisherigen Gemeinwesen und so von zentraler Bedeutung für Rechts- und Sozialwissenschaft. Der Begründung dieser Auffassung und einer tiefschürfenden Bestimmung des Begriffs des Eigentumsrechts dient ein Hauptteil des Werkes. In der Folge geht der Verfasser über zu einer Kritik an den gegenwärtig leitenden sozialwissenschaftlichen Ideen, denen er in ihren Umrissen eine Sozialwissenschaft der Zukunft gegenüberstellt. Seine Erkenntnisse gewinnt der Autor nicht nur aus seinem engeren Arbeitsgebiet, der Rechtswissenschaft, und aus deren spezifisch skandinavischer Ausprägung. Gerade der Vergleich mit der Rechtslehre anderer Nationen und die Zusammenfassung der Resultate aller beteiligten wissenschaftlichen Disziplinen geben den Darlegungen besonderes Gewicht.

Beiträge zum ausländischen und internationalen Privatrecht, herausgegeben vom Institut für ausländisches und internationales Privatrecht.

Heft 1:
Nußbaum, Arthur, Vertraglicher Schutz gegen Schwankungen des Geldwertes. Goldklauseln und andere Abreden zur Minderung des Valutarisikos. Groß-Oktav. 95 Seiten. 1928 . . . . RM. 5.—

Heft 2:
Wolff, John, Die Haftung des Verkäufers einer fremden beweglichen Sache in den Vereinigten Staaten von Amerika in Vergleichung mit dem deutschen bürgerlichen Recht. Groß-Oktav. 84 Seiten. 1930. . . . . RM. 4.—

Heft 3:
Friedmann, Wolfgang, Die Bereicherungshaftung im anglo-amerikanischen Rechtskreis in Vergleichung mit dem deutschen bürgerlichen Recht. Groß-Oktav. 148 Seiten. 1930 . . . . RM. 7.—

Heft 4:
Raiser, Ludwig, Die Wirkungen der Wechselerklärungen im internationalen Privatrecht. Groß-Oktav. 124 Seiten. 1931 . . . . RM. 9.—

Heft 5:
Die Struktur des vertraglichen Schuldverhältnisses im anglo-amerikanischen Recht. Von Dr. Max Rheinstein, Privatdozent an der Universität Berlin, Referent am Institut für ausländisches und internationales Privatrecht. Oktav. 256 Seiten. 1932 . . . . RM. 17.—

Sachenrecht insbesondere

Hedemann, Justus Wilh., Sachenrecht des Bürgerlichen Gesetzbuches. Oktav. XXXII, 507 Seiten. 1924. (Lehrbücher und Grundrisse der Rechtswissenschaft Bd. III.) . . . . RM. 12.—, geb. RM. 13.50

„Ein trotz seiner Kürze ausgezeichnetes und inhaltreiches Lehrbuch, nicht nur für den Studierenden, sondern auch für ältere Juristen. Die Arbeit ist wissenschaftlich tiefgründig und doch gemeinverständlich geschrieben."
Zeitschrift des Deutschen Notarvereins.

Kretzschmar, F., Sachenrecht.
I. Allgemeine Lehren. Besitz und Eigentum. Zweite, verbesserte Auflage. 142 Seiten. 1922. (Sammlung Göschen Bd. 480.) Geb. RM. 1.80
II. Begrenzte Rechte. 144 Seiten. 1923. (Sammlung Göschen Bd. 481.) Geb. RM. 1.80

Diese Bändchen bieten die Grundzüge des Sachenrechts in gedrängter und klarer Form.

Lenzen, Georg, Das Deutsche Pfandleihrecht. Kommentar zum preußischen Pfandleihgesetz unter Berücksichtigung der außerpreußischen Gesetze. Oktav. XXVI, 266 Seiten. 1929 . . . . Geb. RM. 20.—

„Diese zusammenfassende Darstellung ist die erste ihrer Art und sehr verdienstlich. Das Buch regt zu allerhand Fragen an." *Juristische Wochenschrift.*

Günther, Hermann, Erbbaurecht. Taschenformat. 167 Seiten. 1919. (Guttentagsche Sammlung Deutscher Reichsgesetze Bd. 135.) . . Geb. RM. 2.—

„Günther ist ausführlich, ohne weitschweifig zu sein; ausgezeichnete Vorbemerkungen geben eine vorzügliche Übersicht und wahren den Zusammenhang. Überall ist der bisherige Rechtszustand, der ja für absehbare Zeit seine Bedeutung behält, mit in das Bereich der Betrachtungen gezogen. Der Praxis wird das Werk von hervorragendem Nutzen sein."
Beiträge zur Erläuterung des deutschen Rechts.

Arnheim, Hugo, Grundbuchordnung. Kommentar zur Grundbuchordnung für das Deutsche Reich nebst den für Preußen erlassenen Ausführungsbestimmungen. Zweite, völlig neubearbeitete Auflage. Lexikon-Oktav. 959 Seiten. 1913 . . . . RM. 15.—

„Der Band weist außerordentliche Gründlichkeit, Klarheit und Übersichtlichkeit auf. Man kann wohl sagen, daß kaum eine Frage auftauchen wird, die nicht wenigstens berührt wäre; die bisher zutage getretenen Fragen aber sind sämtlich in der eingehendsten Weise erörtert."
Zentralblatt für freiwillige Gerichtsbarkeit.

Fischer, Otto, und Fischer, Norbert, Grundbuchordnung für das Deutsche Reich nebst den preußischen Ausführungsbestimmungen. Neunte, durchgearbeitete und ergänzte Auflage. Taschenformat. 322 Seiten. 1927. (Guttentagsche Sammlung Deutscher Reichsgesetze Bd. 42.) . . . . . Geb. RM. 5.—

„Eine der vortrefflichen alteingeführten Handausgaben der Guttentagschen Sammlung, bei der schon die Auflagenziffer für die Brauchbarkeit in der Praxis spricht. Nach wie vor ist das Buch ein vortrefflicher Wegweiser und Berater."
Juristische Wochenschrift.

Ricks, Gerhard, Die Grundbuchpraxis. Ein Handbuch für den täglichen Gebrauch in Grundbuchsachen. Achte Auflage. Groß-Oktav. XII, 412 Seiten. 1929 . . . . RM. 12.—, geb. RM. 14.—

„Das Buch hat einen Anspruch darauf, in der Praxis geradezu verschlungen zu werden. Es ist aus der täglichen Praxis heraus für die Praxis lebensfrisch und unterhaltend geschrieben." *Mitteilg. a. d. Württemb. Notariats-Praxis.*

Friedlaender, Martin, Hypothekenbeschaffung für Wohn- und Geschäftshäuser. Handbuch für die Praxis der Grundstückswirtschaft. Groß-Oktav. VIII, 151 Seiten. 1929 . . . . RM. 6.—, geb. RM. 7.50

„Das Buch gibt einen außerordentlich praktischen Überblick über alle Fragen der Hypothekenbeschaffung. Die anschauliche Art der Zergliederung und die gründliche Darlegung des Statuts sichern dem Buch eine weite Verbreitung."
Deutsche Sparkassen-Zeitung.

Familienrecht, Erbrecht

Lehmann, Heinrich, Familienrecht des Bürgerlichen Gesetzbuches einschließlich Jugendfürsorgerecht. Oktav. XII, 352 Seiten. 1926. (Lehrbücher und Grundrisse der Rechtswissenschaft Bd. IV.) . . RM. 11.—, geb. RM. 12.50

„Die Schilderung Lehmanns ist überall anregend und fesselnd. Das Werk kann allen Rechtsstudenten und Referendaren zur Anschaffung dringend empfohlen werden." *Der junge Rechtsgelehrte.*

Titze, Heinrich, Familienrecht. (BGB. IV.) 169 Seiten. Neudruck. 1924. (Sammlung Göschen Bd. 305.) . . . . Geb. RM. 1.80

Endemann, Fr., Erbrecht. Oktav. XII, 166 Seiten. 1923. (Lehrbücher und Grundrisse der Rechtswissenschaft Bd. V.) . . RM. 3.—, geb. RM. 4.50

„Dieser Leitfaden behandelt den spröden Stoff des schwierigen Erbrechts in meisterhafter, fesselnder Darstellung."
Zeitschrift des Bundes Deutscher Justizamtmänner.

v. Blume, Wilh., Erbrecht. (BGB. V.)
I. Einleitung. Die Grundlagen des Erbrechts. 75 Seiten. 1913. (Sammlung Göschen Bd. 659.) . . . . Geb. RM. 1.80
II. Die Nachlaßbeteiligten. Mit 23 Figuren. 131 Seiten. 1913. (Sammlung Göschen Bd. 660.) . . . . Geb. RM. 1.80

Plancks Kommentar zum Bürgerlichen Gesetzbuch nebst Einführungsgesetz. V. Band: Erbrecht. Vierte, völlig neubearbeitete Auflage. Groß-Oktav. XII, 1136 Seiten. 1930 . . . . RM. 51.—, geb. RM. 54.— (Siehe auch Seite 5.)

Riesenfeld, S., Die Erbenhaftung nach dem Bürgerlichen Gesetzbuch. Groß-Oktav. 2 Bände. 1916 . . . . RM. 15.—, geb. RM. 18.—
I. Band: Die Grundsätze der Haftung. XII, 461 Seiten.
II. Band: Das Inventar und die Mittel der Haftungsbeschränkung. VIII, 455 Seiten.

„Ein hervorragendes Werk, das in allen Teilen die vollständige Beherrschung des schwierigen Stoffes erkennen läßt und sich dabei durch klare und gemeinverständliche Darstellung auszeichnet." *Sächsisches Archiv für Rechtspflege.*

Aufwertung

Michaelis, Richard, Das Aufwertungsrecht nach den Aufwertungsgesetzen und nach allgemeinem bürgerlichen Rechte. Kommentar zu den Gesetzen vom 16. Juli 1925 über die Aufwertung von Hypotheken und anderen Ansprüchen und über die Ablösung öffentlicher Anleihen sowie systematische Darstellung des Aufwertungsrechts außerhalb dieser Gesetze. Zweite, gänzlich umgearbeitete Auflage des Kommentars zur Dritten Steuernotverordnung vom 14. Februar 1924 (Aufwertung). Mit einer Fristentabelle

„Die Litthauer-Mossesche Ausgabe des Handelsgesetzbuches hat bei allen Praktikern seit langem den wohlbegründeten Ruf größter Zuverlässigkeit und übersichtlicher Anordnung, die mit möglichster Knappheit des Ausdrucks gepaart sind. Das Buch ist ein zuverlässiger Führer durch das immer schwieriger werdende Gebiet des Handelsrechts.“ *Vossische Zeitung.*

Handelsgesetzbuch nebst Einführungsgesetz vom 10. Mai 1897, unter Berücksichtigung der bis 15. Juni 1930 ergangenen Novellen. Textausgabe mit Sachregister. Zwölfte Auflage. 370 Seiten. 1930. (Guttentagsche Sammlung von Textausgaben ohne Anmerkungen mit Sachregister.)
Geb. RM. 3.50

Die handliche Ausgabe enthält den genauen Gesetzestext mit einem das Zurechtfinden sehr erleichternden Sachregister.

Baum, G., Das vertragliche Wettbewerbsverbot (Konkurrenzklausel). Nebst Kommentar zum Gesetze vom 10. Juni 1914. Taschenformat. XII, 231 Seiten. 1914. (Guttentagsche Sammlung Deutscher Reichsgesetze Bd. 115.)
Geb. RM. 3.—

Gesellschaften

Brodmann, Erich, Aktienrecht. Kommentar. Groß-Oktav. XII, 580 Seiten. 1928. (Gewerbe- und Industrie-Kommentar Bd. IV.)
RM. 28.—, geb. RM. 30.—

„Mit unvergleichlichem Geschick hat der Verfasser Großartiges geleistet — Brodmann ist Trumpf!“ *Zeitschrift für Aktiengesellschaften.*

Brodmann, Erich, Die Sanierung unseres Aktienwesens. Groß-Oktav. 46 Seiten. 1931 . . . . RM. 3.—

Entwurf eines Gesetzes über Aktiengesellschaften und Kommanditgesellschaften auf Aktien sowie Entwurf eines Einführungsgesetzes nebst erläuternden Bemerkungen. Veröffentlicht durch das **Reichsjustizministerium.** Lexikon-Oktav. 132 Seiten. 1930 . . . . RM. 3.—

Pinner, Albert, Aktiennovelle und Bankenaufsicht. Verordnung vom 19. 9. 1931. Textausgabe mit Einführung in die Aktiennovelle. Taschenformat. 101 Seiten. 1931. (Guttentagsche Sammlung Deutscher Reichsgesetze Bd. 179.) . . . . Geb. RM. 1.80

Das eindringliche und zuverlässige Orientierungsbuch über die Neuregelung des Aktienwesens führt schnell in die wichtigen Hauptfragen ein. Der Herausgeber ist als hervorragender Kenner des Aktienrechts und Mitarbeiter an Staubs berühmtem HGB.-Kommentar der Fachwelt bekannt.

Hachenburg, Max, Kommentar zum Gesetz, betr. die Gesellschaften mit beschränkter Haftung. (Früher **Staub-Hachenburg.**) Fünfte Auflage unter Mitarbeit von Fritz Bing und Walter Schmidt. 2 Bände.
RM. 43.—, geb. RM. 47.—

I. Band: §§ 1—34. Groß-Oktav. VI, 527 Seiten. 1926.

II. Band: §§ 35—84. Groß-Oktav. II, 452 Seiten. 1927.

„Was Hachenburg in seinen Neubearbeitungen aus diesem Buche gemacht hat, ist erstaunlich. Sein reiches juristisches Wissen, sein überlegener und kritischer Verstand, seine vorzügliche Gestaltungskraft und seine nur wenigen Juristen eigene vielseitige Auslegungskunst haben etwas Großes, Unvergleichliches geschaffen. Man findet selten ein literarisches Werk, in welchem Rechtsgelehrsamkeit und praktisches Können vereint einem Spezialgesetz so zugute kamen wie hier.“
Zeitschrift für Aktiengesellschaften.

Brodmann, Erich, Gesetz, betr. die Gesellschaften mit beschränkter Haftung. Kommentar. 2. Auflage. Groß-Oktav. VIII, 304 Seiten. 1930. (Gewerbe- und Industrie-Kommentar Bd. I.) . . . . RM. 16.—, geb. RM. 18.—

„Übersichtliche, klare Anordnung der Erläuterungen, tiefes Eindringen in die Einzelheiten des Gesetzes unter steter Berücksichtigung des Wirtschaftslebens, erschöpfende Wiedergabe der Rechtsprechung, namentlich des Reichsgerichts, sind die besonderen Vorzüge des Werkes, das damit ein unentbehrliches Rüstzeug werden wird." Badische Rechtspraxis.

Parisius, Ludolf, und Crüger, Hans, Das Reichsgesetz, betr. die Gesellschaften mit beschränkter Haftung. Textausgabe mit Anmerkungen und Sachregister. Achtzehnte Auflage, bearbeitet von Adolf Crecelius und Fritz Citron. Taschenformat. 244 Seiten. 1929. (Guttentagsche Sammlung Deutscher Reichsgesetze Bd. 32.) . . . . Geb. RM. 3.50

„Die äußerst sachkundig erläuterte Ausgabe wird von den interessierten Kreisen freudig begrüßt werden. Wir können das Bändchen der bekannten Sammlung bestens empfehlen." Badische Wirtschafts-Zeitung.

Starke, Arthur, Offene Handelsgesellschaften. Kommanditgesellschaften und stille Gesellschaften von der Errichtung bis zur Auflösung. Nebst Vertrags- und Anmeldeformularen und mit Berücksichtigung des Steuerrechts. Oktav. XIV, 167 Seiten. 1928 . . . . RM. 5.—

Eine systematische Darstellung für Studium und Praxis.

Wechselordnung und Scheckrecht

Staubs Kommentar zur Wechselordnung. Fortgesetzt von J. Stranz und M. Stranz. Zwölfte Auflage, bearbeitet von M. Stranz und Martin Stranz. Groß-Oktav. 432 Seiten. 1929. RM. 16.—, geb. RM. 18.—

„Staub-Stranz ist der Kommentar zur Wechselordnung. Auch die jüngste Auflage des Kommentars gibt einen echten Staub-Stranz. Weiterer Kommentar dazu ist überflüssig." Juristische Wochenschrift.

Stranz, J., und Stranz, M., Wechselordnung in der Fassung der Bekanntmachung vom 3. Juni 1908. Kommentar. Dreizehnte, der Neubearbeitung sechste Auflage. Taschenformat. 419 Seiten. 1930. (Guttentagsche Sammlung Deutscher Reichsgesetze Bd. 5.) . . . Geb. RM. 7.—

Diese Ausgabe enthält nicht etwa nur Hinweise und kurze Erläuterungen, sondern ist ihrer ganzen Anlage nach ein verkürzter Kommentar; außer der Wechselordnung bringt sie auch die bekannten Nebengesetze: sie umfaßt also das gesamte Wechselrecht.

Wechselordnung in der Fassung der Bekanntmachung vom 3. Juni 1908 (RGBl. S. 326ff.). Mit einem Anhang, enthaltend den Wechselprozeß und Nebengesetze. Textausgabe mit Einleitung und Sachregister. Taschenformat. 102 Seiten. 1928. (Guttentagsche Sammlung von Textausgaben ohne Anmerkungen.) . . . . Geb. RM. 1.50

Vorteilhafte Anordnung, ein zuverlässiges Sachregister, das das Gesetz erschließt, Handlichkeit und sauberer Druck zeichnen auch die neue Auflage der Wechselordnung aus, deren Einleitung den letzten Stand dieser Materie erfaßt und deren Anhang „Nebengesetze" bis auf die letzte Zeit ergänzt ist.

Michaelis, Richard, Scheckgesetz mit allen einschlägigen Nebengesetzen, den ausländischen Gesetzen und dem Deutschen Postscheckgesetz mit Postscheckordnung. Kommentar. Groß-Oktav. VII, 339 Seiten. 1927. (Gewerbe- und Industrie-Kommentar Bd. II.) . . . . RM. 16.—, geb. RM. 18.—

„Wenn irgendein Buch, so entspricht dieses einem Bedürfnis." Berliner Tageblatt.

Der Eigentumsvorbehalt in Wirtschaft und Recht. Herausgegeben von der Industrie- und Handelskammer zu Berlin. Oktav. 280 Seiten. 1931. RM. 4.—, geb. RM. 5.—

Die Industrie- und Handelskammer zu Berlin bringt in diesem Buche zum Thema „Kreditsicherung durch Eigentumsvorbehalt" eine geschlossene Reihe von Kapiteln erster Autoritäten bei, in denen diese zum Eigentumsvorbehalt von allen Gesichtspunkten (z. B. seiner Bedeutung in der Industrie, im Großhandel, im Einzelhandel, im Bankverkehr, im internationalen Verkehr, im Konkursverfahren, im Steuerrecht, im Strafrecht, seiner zweckmäßigsten Formulierung usw.) ausführlich Stellung nehmen. Seiner Zweckbestimmung nach ist dieses Buch gleicherweise nach der praktischen wie nach der wissenschaftlichen Seite hin orientiert.

Schiffahrtsrecht

Schaps, Georg, Das deutsche Seerecht. Kommentar zum vierten Buche des Handelsgesetzbuches (als Ergänzung zu Staub's Kommentar) nebst Erläuterungen zu den seerechtlichen Nebengesetzen. Zweite, vollständig umgearbeitete Auflage herausgegeben von Max Mittelstein † und Julius Sebba.

I. Band. (Handelsgesetzbuch: Viertes Buch.) Groß-Oktav. VIII, 1041 Seiten. 1921 . . . . RM. 25.—, geb. RM. 28.—

II. Band. (Seerechtliche Nebengesetze mit Nachtrag zur Ergänzung des I. Bandes nach dem Stand von 1929.) Bearbeitet von J. Sebba. XVI, 1108 Seiten. 1929 . . . . RM. 52.—, geb. RM. 55.—

„Die alte, auf der Staubschen Kommentierungsmethode beruhende Auflage erfreute sich mit Recht schon großen Ansehens. In diesen bewährten Bahnen leistet die zweite Auflage an Vollständigkeit, Übersichtlichkeit und Genauigkeit das Höchste, was Wissenschaft und Praxis nur wünschen können." Juristische Wochenschrift.

Brandis, Otto, Das deutsche Seerecht (mit Ausschluß des Seeversicherungsrechts.) I. Allgem. Lehren: Personen und Sachen des Seerechts. 130 Seiten. 1908. II. Die einzelnen seerechtlichen Schuldverhältnisse: Verträge des Seerechts und außervertragliche Haftung. 156 Seiten. 1908. (Sammlung Göschen Bd. 386/87.) . . . . Geb. je RM. 1.80

Knitschky-Rudorff, Seegesetzgebung. 6. Auflage von J. Sebba. . Im Druck

Sieveking, Gustav, Das deutsche Seeversicherungsrecht. Kommentar zum zehnten Abschnitt des vierten Buches des Handelsgesetzbuches. Lexikon-Oktav. 218 Seiten. 1912 . . . . RM. 5.—, geb. RM. 6.80

„Der Kommentar ruht auf einer vortrefflichen Grundlage und zeigt sich auch in seinem Inhalte dieser Grundlage durchaus würdig. Er ersetzt ein Lehrbuch und kann daher auch zur Einführung in das Seeversicherungsrecht empfohlen werden." Leipziger Zeitschrift für deutsches Recht.

Allgemeine Deutsche Seeversicherungs-Bedingungen. Im Jahre 1919 herausgegeben von den deutschen Seeversicherern nach Beratung mit deutschen Handelskammern und Fachverbänden unter Vorsitz der Handelskammer Hamburg. 21.—23. Tausend. 56 Seiten. 1931 . . . . . RM. 2.—

General Rules of Marine. Insurance 1919 adopted by the German Underwriters. Authorised Translation by Dr. Alfred Sieveking, larger in Hamburg. 64 Seiten. 1920 . . . . RM. 3.—

Materialien zu den Allgemeinen Deutschen Seeversicherungs-Bedingungen. Im Auftrag der vereinigten Handelskammern herausgegeben von Prof. Dr. E. Bruck. Groß-Oktav. 2 Bände. 678 Seiten. 1920 . . RM. 10.—

v. Liebig, Eugen, Die Transportversicherung. Teil I: Die Seeversicherung. Systematische Darstellung des Seeversicherungswesens. Groß-Oktav. VIII, 226 Seiten. 1914 . . . . RM. 5.—

Bene, F., Der Begriff des Versicherungsfalles in der Seeversicherung. (Hamburger Rechtsstudien, herausgegeben von Mitgliedern der Rechts- und Staatswissenschaftlichen Fakultät der Hamburgischen Universität, Heft 1.) Groß-Oktav. 75 Seiten. 1928 . . . . RM. 4.50

Elkan, H. H., Die Bedeutung des Interesses für die Veräußerung der versicherten Sache. (Hamburger Rechtsstudien, herausgegeben von Mitgliedern der Rechts- und Staatswissenschaftlichen Fakultät der Hamburgischen Universität, Heft 2.) Oktav. 58 Seiten. 1928 . . . . RM. 4.—

Makower, H., Gesetze, betreffend die privatrechtlichen Verhältnisse der Binnenschiffahrt und der Flößerei. Nach den Materialien erläutert. Sechste, vermehrte Auflage, bearbeitet von E. Loewe. Taschenformat. 458 Seiten. 1923. (Guttentagsche Sammlung Deutscher Reichsgesetze Bd. 36.)
Geb. RM. 4.—

„Das vorzüglich bearbeitete Buch dürfte mit seinen klaren und verständlichen Erläuterungen für jeden, der in irgendeiner Weise mit der Binnenschiffahrt und der Flößerei zu tun hat, ein nie versagender Ratgeber sein." Schiffbau.

Sebba, Jul., Seewasserstraßenordnung. (Polizeiverordnung zur Regelung des Verkehrs auf den deutschen Seewasserstraßen vom 31. März 1927.) Mit Nachtrag, enthaltend die Änderungen vom 31. März 1928 und vom 20. März 1930. Taschenformat. 493 Seiten. 1928. (Guttentagsche Sammlung Deutscher Reichsgesetze Nr. 171.) . . . . Geb. RM. 8.50

Die vorliegende Ausgabe ist für die an dem Gesetz interessierten beiden Fachgruppen, die der Nautiker und der Juristen, von gleich großer Bedeutung. Diese Verbindung zweier Kenntnisgebiete gibt dem vorliegenden Kommentar seine besondere Note und seinen großen Wert.

Genossenschaften

Parisius, Ludolf, Crüger, Hans, Crecelius, Adolf, und Citron, Fritz, Reichsgesetz, betreffend die Erwerbs- und Wirtschaftsgenossenschaften. Kommentar zum praktischen Gebrauch für Juristen und Genossenschaften und ihre Mitglieder. Zwölfte, neubearbeitete Auflage. 1932. Groß-Oktav.
RM. 28.—, geb. RM. 30.—

„Crüger beherrscht wie kein anderer Theorie und Praxis des Genossenschaftswesens, auch nach der wissenschaftlichen Seite hin." Juristische Wochenschrift.

Parisius, Ludolf, und Crüger, Hans, Das Reichsgesetz, betreffend die Erwerbs- und Wirtschaftsgenossenschaften. Textausgabe mit Anmerkungen und Sachregister. Zwanzigste, neubearbeitete und erweiterte Auflage von Hans Crüger, Adolf Crecelius und Fritz Citron. Taschenformat. 297 Seiten 1930. (Guttentagsche Sammlung Deutscher Reichsgesetze Bd. 29.) . . . . Geb. RM. 4.—

„In knapper und klarer Form werden alle die gesetzlichen Bestimmungen abgehandelt und alles zum Verständnis unbedingt Erforderliche in den Anmerkungen beigebracht. Das Werk kann nur empfohlen werden."
Ministerialblatt f. d. Preuß. innere Verwaltung.

Verschiedenes

Schreiber, Otto, Handelsrechtliche Nebengesetze. Taschenformat. VIII, 1002 Seiten. 1926. (Guttentagsche Sammlung Deutscher Reichsgesetze Bd. 162.)
Geb. RM. 14.—

„Die Sammlung ist ein unentbehrliches Hilfsmittel für den Praktiker. Die Zusammenstellung ist sehr zuverlässig; auch das Sachregister von Kleffel verdient volle Anerkennung.“ *Zentralblatt für Handelsrecht.*

Staffel, W., Verordnung gegen Mißbrauch wirtschaftlicher Machtstellungen vom 2. November 1923. Kommentar. Oktav. 108 Seiten. 1927. (Guttentagsche Sammlung Deutscher Reichsgesetze Bd. 167.) . . Geb. RM. 3.50

„Die für das Wirtschaftsrecht so wichtige Kartellverordnung findet hier eine eingehende Kommentierung. Die Erläuterungen werden daher um so unentbehrlicher für die wirtschaftliche Praxis auf diesem Gebiete sein.“ *Industrie- und Handelszeitung.*

Lusensky, F., Gesetz über die Handelskammern. Taschenformat. (Guttentagsche Sammlung Preußischer Gesetze Bd. 21.) Neue Auflage in Vorbereitung.

„Das Buch ist ein vortrefflicher Berater aller derer, die in der Handelskammerorganisation sind, oder zu ihr in Beziehung stehen. Es kann warm empfohlen werden.“ *Zeitschrift für Polizei- und Verwaltungsbeamte.*

Göppert-Seydel, Hypothekenbankgesetz vom 13. Juli 1899 (mit den Änderungen durch die Gesetze vom 14. Juli 1923, vom 26. Januar 1926 und 21. Dezember 1927). Textausgabe mit Einleitung, Anmerkungen und Sachregister. Dritte Auflage, bearbeitet von Dr. **Martin Friedlaender.** Taschenformat. VIII, 202 Seiten. 1929. (Guttentagsche Sammlung Deutscher Reichsgesetze Nr. 51.) . . . . RM. 5.—

„. . . In seiner neuen Gestalt ist der Kommentar eine vollständige, bis ins einzelne gehende, auf den neuesten Stand geführte Bearbeitung und Erläuterung des Gesetzes, die über alle einschlägigen Fragen erschöpfende Auskunft gibt.“ *Berliner Tageblatt.*

Behlert, Heinz, Der Konnossement-Teilschein. Groß-Oktav. 79 Seiten. 1930. (Hamburger Rechtsstudien Heft 5.) . . . . RM. 5.—

Die Schrift löst die Frage, ob ein Konnossement-Teilschein dem Konnossement gleichzusetzen ist, unter Zugrundelegung der Hamburger Verhältnisse und unter Berücksichtigung der Rechtsprechung, der Lehre und des ausländischen Rechtes.

Lion, Robert, Reine Konnossemente gegen Revers. Groß-Oktav. 78 Seiten. 1930. (Hamburger Rechtsstudien Heft 7.) . . . . RM. 5.—

Die Abhandlung beginnt mit einer ausführlichen Darstellung der Entwicklung, Anwendung und Funktion des Konnossementsreverses. Es folgt eine Untersuchung der rechtlichen Probleme, die sich bemüht, die wirtschaftlichen Interessen aller Beteiligten gegeneinander abzuwägen; eine eingehende Übersicht über die Rechtsprechung ist mit ihr verbunden. Den Abschluß bildet eine Darstellung und Würdigung der zahlreichen Reformvorschläge. Wirtschaft und Recht des Auslandes sind in weitestgehendem Umfange berücksichtigt.

Bank und Börse

Koch, R., und Schacht, Hjalmar, Die Reichsgesetzgebung über das Münz- und Notenbankwesen. Textausgabe mit Anmerkungen und Sachregister. Siebente, völlig neubearbeitete Auflage. Taschenformat. XVIII, 617 Seiten. 1925. (Guttentagsche Sammlung Deutscher Reichsgesetze Bd. 26.) Geb. RM. 14.—

„Dieser Kommentar zeichnet sich durch Vollständigkeit und Reichhaltigkeit aus und bietet außerdem in der Einleitung einen vortrefflichen Überblick über die Entwicklung des deutschen Noten- und Geldwesens während der letzten Jahrzehnte.“ *Monatsschrift für Handelsrecht und Bankwesen.*

Nußbaum, Arthur, Bank- und Börsenrecht. Eine Sammlung von Gesetzen und Geschäftsbedingungen. Taschenformat. XII, 622 Seiten. 1927. (Guttentagsche Sammlung Deutscher Reichsgesetze Bd. 169.) . Geb. RM. 11.—

Die vorliegende Sammlung der verstreuten bank- und börsenrechtlichen Vorschriften fehlte bisher in der kaufmännischen und juristischen Bankpraxis ebenso wie im handelsrechtlichen und betriebswirtschaftlichen Unterricht. Ihr Erscheinen wurde daher vielseitig begrüßt. Die Sammlung berücksichtigt auch die dem freien Verkehr entstammenden Rechtsbildungen.

Kommentar zum Börsengesetz. Im Auftrage des Centralverbandes des Deutschen Bank- und Bankiergewerbes (E. V.) bearbeitet von H. Rehm, H. Trumpler, Heinrich Dove, Ernst Neukamp, R. Schmidt-Ernsthausen, James Breit. Mit einem Vorwort von J. Rießer. Lexikon-Oktav. VIII, 464 Seiten. 1909. . . . . . . RM. 12,—, geb. RM. 13.50

„Einen so guten Kommentar zum Börsengesetz hat es noch nie gegeben. Wer sich darein vertieft, wird reiche Belehrung daraus schöpfen über das Börsenwesen im allgemeinen und über seine Rechtsübung und Rechtssprechung im besonderen.“ Sächsisches Archiv für Rechtspflege.

Hemptenmacher, Th., Börsengesetz. Dritte Auflage von O. Meyer. Taschenformat. XXIII, 373 Seiten. 1915. (Guttentagsche Sammlung Deutscher Reichsgesetze Bd. 41.) . . . . Geb. RM. 3.50

„Das Bändchen bringt neben einem kurzen Überblick und einem vorteilhaft erweiterten Anhang das Börsengesetz nebst Ausführungsbestimmungen. Alles in allem schließt sich auch dieses Bändchen wieder den übrigen Textausgaben der wegen ihrer unbedingten und erschöpfenden Sachlichkeit bekannten Guttentagschen Sammlung Deutscher Reichsgesetze würdig an.“ Bayrische Handelszeitung.

Lusensky, F., Gesetz, betreffend die Pflichten der Kaufleute bei Aufbewahrung fremder Wertpapiere (Depotgesetz). (Guttentagsche Sammlung Deutscher Reichsgesetze Bd. 40.) . . . . Neue Auflage in Bearbeitung.

„Die beste Bearbeitung des sogenannten Depotgesetzes.“ Zeitschrift für Aktiengesellschaften.

Frohner, G., Aktiensonderdepot und Legitimationsübertragung. (Hamburger Rechtsstudien, herausgegeben von Mitgliedern der Rechts- und Staatswissenschaftlichen Fakultät der Hamburgischen Universität, Heft 3.) Groß-Oktav. VII, 114 Seiten. 1929 . . . . RM. 7.—

Schwerin, Frh. Cl. von, Recht der Wertpapiere (einschließlich Wechsel- und Scheckverkehr). Oktav. X, 234 Seiten. 1924. (Lehrbücher und Grundrisse der Rechtswissenschaft Bd. 7.) . . . . RM. 7.—, geb. RM. 8.50

„Das Buch löst seine Aufgabe, den Studierenden eine Einführung in die Materie des Wertpapierrechts zu geben, ausgezeichnet, vor allem deshalb, weil es eine gute theoretische Fundierung mit einer dem Lehrzweck entsprechenden Darstellung des praktischen Rechts und der Rechtstatsachen verbindet.“ Deutsche Juristenzeitung.

Hollaender, Adolf, Preis- und Zinssenkung. (Siehe „Die vierte Notverordnung“ Seite 12.)

Zeitgemäße Bankrechtsfragen, Festgabe der Rechtsabteilung der Disconto-Gesellschaft zum 70. Geburtstage des Herrn Dr. jur. Arthur Salomonsohn. Quart. 126 Seiten. 1929 . . . . . RM. 8.—, geb. RM. 10.—

„Der Band enthält 8 vorzügliche Aufsätze. Die Verfasser befassen sich mit Problemen, die in der Rechtsabteilung einer Großbank oft zur Debatte stehen und deren endgültige Klärung ein praktisches Bedürfnis ist.“ Wirtschaftl. Nachrichten.

Verhandlungen des VII. allgemeinen deutschen Bankiertages. Köln, 9.—11. September 1928, auf Grund stenographischer Berichte. Groß-Oktav. 436 Seiten. 1928 . . . . RM. 10.—

Bank-Archiv. Zeitschrift für Bank- und Börsenwesen. Unter Mitwirkung von hervorragenden Fachmännern herausgegeben von Geh. Justizrat Prof. Dr. Rießer, Berlin. Schriftleitung: Rechtsanwalt Otto Bernstein, geschäftsführendes Mitglied des Zentralverbandes des Deutschen Bank- und Bankiergewerbes. Quart. Jährlich 24 Nummern. XXXI. Jahrgang. 1931/32 . . . . Pro Halbjahr RM. 12.—

III. Grenzgebiete des Bürgerlichen Rechts

1. Privat- und Sozialversicherung

Koenige, Heinrich, und **Petersen**, A., **Gesetz über die privaten Versicherungsunternehmungen** vom 12. Mai 1901. Textausgabe mit Anmerkungen und Sachregister. Dritte, umgearbeitete Auflage. Taschenformat. 856 Seiten. 1927. (Guttentagsche Sammlung Deutscher Reichsgesetze Bd. 62.)
Geb. RM. 20.—

„Für Theorie und Praxis der Privatversicherung wird das Werk zu einem unentbehrlichen Hilfsmittel." *Deutsche Versicherten-Zeitung.*

Ergänzt durch:

Koenige, Heinrich, **Petersen**, A. und **Wirth**, K., **Gesetz über die Beaufsichtigung der privaten Versicherungsunternehmungen und Bausparkassen** vom 6. Juni 1931. Textausgabe, enthaltend den vollständigen, geltenden Gesetzestext sowie Erläuterungen zu den neuen, auf dem Gesetz vom 30. März 1931 beruhenden Vorschriften. Nachtrag zu Koenige-Petersen, Private Versicherungsunternehmungen, dritte Auflage (Bd. 62 der Sammlung). Taschenformat. 238 Seiten. 1931. (Guttentagsche Sammlung Deutscher Reichsgesetze Bd. 62a.) . . . . Geb. RM. 6.—

Die vorliegende Ausgabe enthält den vollständigen Gesetzestext, nicht nur die geänderten und zugefügten Paragraphen. Sie erläutert jedoch nur die in der Neuschöpfung des Gesetzes geänderten Bestimmungen, während hinsichtlich der unverändert gebliebenen gesetzlichen Vorschriften auf den Kommentar von Koenige-Petersen verwiesen wird.

Bruck, E., **Reichsgesetz über den Versicherungsvertrag** nebst dem zugehörigen Einführungsgesetz vom 30. Mai 1908. Sechste, vollkommen neubearbeitete Auflage. Taschenformat. 708 Seiten. 1929. (Guttentagsche Sammlung Deutscher Reichsgesetze Bd. 83.) . . . . Geb. RM. 14.—

„Die Vorzüge, welche die früheren Auflagen schon zeigten, die Fülle des Gebotenen, die Beherrschung des Stoffes, die anschauliche und doch knappe Sprache, und dies alles in dem engen Rahmen einer Textausgabe, kleinen Handausgabe mit Anmerkungen, sind auch dieser vierten Auflage in hohem Maße eigen." *Mitteilungen für die öffentlichen Feuerversicherungs-Anstalten.*

Moldenhauer, Paul, **Das Versicherungswesen.**
I. Allgemeine Versicherungslehre. Vierte Auflage. 152 Seiten. 1925. (Sammlung Göschen Bd. 262.) . . . . Geb. RM. 1.80
II. Die einzelnen Versicherungszweige. Zweite Auflage. 130 Seiten. 1923. (Sammlung Göschen Bd. 636.) . . . . Geb. RM. 1.80

„Das Buch ist für jeden, der sich mit dem Versicherungswesen und seinen Zweigen vertraut machen will, ein trefflicher Führer." *Versicherungspost.*

Veröffentlichungen des Reichs-Aufsichtsamts für Privatversicherung. Groß-Oktav. 30. Jahrgang. . . . . . . Pro Band RM. 40.— bis RM. 50.—

Gesamtregister zu den Veröffentlichungen des Reichs-Aufsichtsamts für Privatversicherung. 1912—1926. 184 Seiten. 1928 . . . . . . RM. 14.—

Versicherungsstatistik für 1902 über die unter Reichsaufsicht stehenden Unternehmungen. Herausgegeben vom Reichsaufsichtsamt für Privatversicherung. Lexikon-Oktav. LXXVII, 384 Seiten. 1905 . . . . RM. 10.—

— für 1903 bis 1917 . . . . Je Jahrgang RM. 10.—

— für 1928 bis 1929 . . . . RM. 24.—

— für 1930 . . . . RM. 13.—

v. Liebig, Eugen, Das deutsche Feuerversicherungswesen. Groß-Oktav. 211 Seiten. 1911 . . . . RM. 5.—

„In einer außerordentlich klaren Darstellung gibt der Verfasser einen geschichtlichen Überblick von den Gilden an bis zum gegenwärtigen Stand der Feuerversicherung in Deutschland. Das Buch ist in so flüssiger, schöner Sprache geschrieben, daß auch der Anfänger und selbst der Laie durch die fesselnde Darstellung leicht einen tiefen Einblick in das Wesen der Feuerversicherung gewinnen wird." Archiv für Versicherungswirtschaft.

Weygand, J., Die Grundzüge der Kundenversicherung. (Generalversicherung der Speditions- und Lagergüter.) Mit einer Einleitung über das Interesse als Element der Sachversicherung. Groß-Oktav 162 Seiten. 1914. RM. 4.—

„Das interessante Werk bietet namentlich für Juristen wertvolle Hinweise zur Rechtsbehandlung der Kundenversicherungsfrage." Archiv für Gewerbepolitik und Volkswirtschaft.

Berliner, Ludwig, und Pfaffenberger, Ernst, Aufwertung von Versicherungsansprüchen mit Durchführungsbestimmungen.

I. Teil. Oktav. 235 Seiten. 1926. Mit Nachtrag. (Guttentagsche Sammlung Deutscher Reichsgesetze Bd. 164.) . . . . Geb. RM. 6.50

II. Teil: Sach- und Transportversicherung; Unfall- und Haftpflichtversicherung. Oktav. 112 Seiten. 1926. (Guttentagsche Sammlung Deutscher Reichsgesetze Bd. 164a.) . . . . Geb. RM. 3.50

„Ein bedeutsamer Kommentar, durch den die gesetzlichen Bestimmungen von der juristischen und versicherungstechnischen Seite aus eingehend erläutert werden. In seinem straffen, systematischen Aufbau, der Geschlossenheit der Darstellung muß man das Buch als ein Standardwerk für das gesamte versicherungsrechtliche Aufwertungsgebiet bezeichnen.

Ein unentbehrlicher Ratgeber in allen interessierten Kreisen." Versicherungs-Post, Berlin.

Tsirintanis, Alexander, Die Order-Polize. Groß-Oktav. 95 Seiten. 1930 (Hamburger Rechtsstudien Heft 6.) . . . . RM. 6.—

Der Verfasser behandelt die Frage, inwieweit das Versicherungsrecht, um den heutigen Verkehrsbedürfnissen zu entsprechen, die Orderklausel und das Indossament verwerten kann. Nach einer Darstellung und kritischen Würdigung der Ergebnisse aus der Anorderstellung des Versicherungsscheins in anderen Ländern, insbesondere in Frankreich, versucht der Verfasser die rechtlichen und wirtschaftlichen Folgen aus der Ausstellung von Order-Polizen darzulegen. In einem besonderen Teil wird die Order-Polize mit anderen, auf denselben wirtschaftlichen Erfolg gerichteten Rechtsinstituten, namentlich der Versicherung für Rechnung wen es angeht, verglichen und die vorhandenen Unterschiede gestreift.

Embden, Helmuth, Versicherung für Rechnung wen es angeht. Groß-Oktav. VIII, 39 Seiten. 1930. (Hamburger Rechtsstudien Heft 8.) RM. 3.—

Im ersten Teil wird der versicherungsrechtliche Interessenbegriff im streng individualistischen Sinne präzisiert. Im Hauptteil versucht dann der Verfasser, die universelle Vertragsform der Versicherung für Rechnung wen es angeht in Einklang mit einer so engen Auffassung des Interessenbegriffs zu bringen.

Lippmann, Karl, Die Reichsversicherungsordnung nebst dem Einführungsgesetze, den wichtigsten Ausführungsvorschriften, den ergänzenden Gesetzen und Verordnungen sowie den Verordnungen über das Verfahren. **Nach dem Stande vom 8. Dezember 1931.** Textausgabe mit Anmerkungen, Einleitung (Übersicht über den Inhalt der Reichsversicherungsordnung) und Sachregister. Taschenformat. XVI, 767 Seiten. 1932. (Guttentagsche Sammlung Deutscher Reichsgesetze, Kommentare und erläuterte Textausgaben, Bd. 161.) . . . . Geb. RM. 18.—

„Das Buch dürfte sich in der Bibliothek eines jeden finden, der sich mit der Reichsversicherungsordnung befaßt. Es gehört zu den praktisch wertvollsten.“ Deutsche Allgemeine Zeitung.

Lippmann, Karl, Sozialversicherung und Fürsorge. (Siehe „Die vierte Notverordnung" Seite 12.)

Reuß, Max, und Hense, Fritz. Das Reichsknappschaftsgesetz vom 1. Juli 1926 nebst Einführungsgesetz. 2. Aufl. Taschenformat. XVI. 640 Seiten. 1926. (Guttentagsche Sammlung Deutscher Reichsgesetze Bd. 155.) Mit Nachtrag 1931. Geb. RM. 12.—

„Die Herausgabe des Gesetzes bedarf keiner besonderen Empfehlung. Das Buch kann allen, die auf dem Gebiete des Knappschaftswesens tätig sind, aufs wärmste empfohlen werden.“ Zeitschrift für Bergrecht.

Angestelltenversicherungsgesetz vom 28. Mai 1924. Zweite Auflage. Taschenformat. 143 Seiten. 1927. Mit Nachtrag. (Guttentagsche Sammlung Deutscher Reichsgesetze. Textausgaben ohne Anmerkungen.) . . Geb. RM. 2.50

Manes, Alfred, Sozialversicherung. 7., ergänzte Aufl. 1928. Kl.-Oktav. 139 Seiten. (Sammlung Göschen Bd. 267.) . . . . Geb. RM. 1.80

„Es gibt keine andere Darstellung der geltenden Sozialversicherung, die in solch erfreulicher Kürze und Sachlichkeit durch die annähernd 2400 Paragraphen führt.“ Hanseatische Rechts- und Gerichts-Zeitschrift.

Schmeißer, Herbert, Das Gesetz über Arbeitsvermittlung und Arbeitslosenversicherung in der Fassung der Notverordnung vom 1. Dezember 1930. 2 Bände. Taschenformat.
Band I. XVI, 639 Seiten. 1931 . . . . Geb. RM. 15.—
Band II erscheint voraussichtlich im Sommer 1932.
(Guttentagsche Sammlung Deutscher Reichsgesetze Bd. 165.)

Der auf diesem Gebiet besonders sachkundige Verfasser bringt mit diesem Werk einen Kommentar zum gesamten Arbeitsvermittlungs- und Arbeitslosenrecht, das im Laufe der Jahre umfangreichen Änderungen unterworfen war und so unübersichtlich geworden ist, daß eine straffe, übersichtliche und allgemeinverständliche Kommentierung für den Fach- und Nichtfachmann immer dringlicher wird. Der Verfasser berücksichtigt das gesamte einschlägige Material: Rechtsprechung der Arbeitsgerichte, der Spruchbehörden, der Arbeitslosenversicherung und der Beschluß- und Spruchbehörden der RVO. Die grundsätzlichen Entscheidungen des Spruchsenats für die Arbeitslosenversicherung sind bis Ende Januar 1931 verarbeitet, ferner die Begründung zu den Gesetzentwürfen und die Verhandlungen der gesetzgebenden Körperschaften. — Auch die vielen Ausführungsbestimmungen sind erläutert.

2. Arbeitsrecht

Depène, Hans, Das Arbeitsgerichtsgesetz. Taschenformat. (Guttentagsche Sammlung Deutscher Reichsgesetze Bd. 168.) 2. Auflage in Bearbeitung.

Arbeitsrechtliche Spruchsammlung. Beiträge zum Deutschen Handwerksblatt. Pro Quartal RM. 0.90

Entscheidungen des Reichsarbeitsgerichts. Herausgegeben von den Mitgliedern des Reichsarbeitsgerichts. Oktav.
Band I. 1928. Band II. 1928/29. Band III. 1929. Band IV. 1929/30. Band V und VI. 1930. Band VII. 1931. Band VIII. 1931.
Je RM. 6.50, geb. RM. 8.—

Günther, Adolf, und **Schneider**, Richard, **Arbeiterschutz und Arbeitsrecht.** Zweite Auflage. Taschenformat.
I. Teil: **Arbeitszeitschutz.** Das Arbeitszeitnotgesetz und die übrige arbeitszeitrechtliche Gesetzgebung des Reichs seit dem 9. November 1918. 386 Seiten. 1927 . . . . Geb. RM. 7.50

„Der Kommentar umfaßt die gesamte arbeitszeitrechtliche Gesetzgebung von der Staatsumwälzung bis zur Gegenwart.“ Die Wirtschaftsgenossenschaft.

II. Teil: **Gesetz über die Beschäftigung Schwerbeschädigter** nebst den einschlägigen gesetzlichen Bestimmungen. 404 Seiten. 1928. (Guttentagsche Sammlung Deutscher Reichsgesetze Bd. 138a/138c.) . . Geb. RM. 8.—

„Das Buch stellt nicht nur beim Studium des Gesetzes ein wertvolles Hilfsmittel dar, sondern ist auch für den Handgebrauch des Arbeitsrechtspraktikers unentbehrlich.“ Berliner Wohlfahrtsblatt.

IV. Teil: **Betriebsstillegungsverordnung.** 240 Seiten. 1929. (Guttentagsche Sammlung Deutscher Reichsgesetze. Bd. 138d.) . . . . Geb. RM. 6.50

Kohlsing, Theodor, **Arbeitsrechtliche Vorschriften.** (Siehe „Die vierte Notverordnung“ Seite 12.)

Warneyer, Otto, **Betriebsrätegesetz** vom 4. Februar 1920 nebst der Wahlordnung zum Betriebsrätegesetz, dem Aufsichtsratsgesetz samt Wahlordnung und den Ausführungsverordnungen des Reichs und der Länder. Auf der Grundlage der Güntherschen Textausgabe mit Anmerkungen erläutert unter besonderer Berücksichtigung der Rechtsprechung des Reichsgerichts und des Reichsarbeitsgerichts. Zweite Auflage. Taschenformat. 235 Seiten. 1931. (Guttentagsche Sammlung Deutscher Reichsgesetze Bd. 138b.) . . . . Geb. RM. 5.—

Diese Handausgabe ist ihrer Anlage nach ein verkürzter Kommentar, der die Entwicklung des Gesetzes, der Rechtsprechung — vor allem des Reichsarbeitsgerichts! — und der einschlägigen Literatur bis Ende 1930 berücksichtigt. Die übersichtliche Anordnung sowie die Prägnanz und Leichtigkeit der Sprache ermöglichen allen Interessenten bequemste Auswertung.

v. **Ungern-Sternberg, Die Auflösung und Fusion von Berufsvereinen** und ihre arbeitsrechtliche Bedeutung. Oktav. IV, 52 Seiten. 1931.
RM. 3.50

Für laufende Tarifverträge ebenso wie für Schlichtungsverfahren haben Auflösung und Fusion von Gewerkschaften bzw. Arbeitgeberverbänden erhebliche Bedeutung. Deshalb lohnt eine zusammenfassende Durchforschung und Darstellung der Materie wohl. An Hand von Literatur und Rechtsprechung werden alle Zweifelsfragen hier geklärt. Die Schrift bringt den Beteiligten wertvolle Unterlagen für die Praxis.

Tilly, Dr. Helmuth Tezerclas von, **Internationales Arbeitsrecht.** Unter besonderer Berücksichtigung der Internationalen Arbeitsorganisation. 120 Seiten. 1924. (Sammlung Göschen Bd. 882.) . . . . Geb. RM. 1.80

Es ist das erste Werk, das in klarer, kurzer und allen leicht verständlicher Weise das gesamte grundlegende Tatsachenmaterial — und zwar nur dieses — auf dem umfassenden Gebiete des internationalen Arbeiterschutzes von dessen ersten Anfängen bis in die neueste Zeit bietet.

3. Gewerberecht

Hiller, Fr., und Luppe, H., Gewerbeordnung für das Deutsche Reich nebst Kinderschutzgesetz und Hausarbeitsgesetz sowie den für das Reich und Preußen erlassenen Ausführungsbestimmungen. Einundzwanzigste, veränderte Auflage. (143. bis 148. Tausend.) Taschenformat. 931 Seiten. 1928. Mit Nachtrag vom 11. 2. 1929. (Guttentagsche Sammlung Deutscher Reichsgesetze Bd. 6.) . . . . Geb. RM. 11.—

„Ein Wort der Empfehlung für dieses Buch zu sagen, erübrigt sich. Hervorgehoben sei, daß diese Auflage alle Vorzüge der früheren Auflagen in sich schließt. Die zahlreichen neuen Gesetze sind erschöpfend berücksichtigt." Zeitschrift des Deutschen Notarvereins.

Gewerbeordnung für das Deutsche Reich nebst Gaststättengesetz, Kinderschutzgesetz und Hausarbeitsgesetz. Textausgabe mit Einleitung und Sachregister. Taschenformat. IV, 200 Seiten. 1932. (Gutentagsche Sammlung von Textausgaben ohne Anmerkungen mit Sachregister . . . . . Geb. RM. 3.40

Brassert, H., Allgemeines Berggesetz für die preußischen Staaten mit Kommentar. Zweite Auflage, bearbeitet von Hans Gottschalk. Groß-Oktav. XXIX, 1291 Seiten. 1914. . . . . RM. 27.—, geb. RM. 30.—

Sonnenfeld, Hugo, Die reichsrechtlichen Bestimmungen, betreffend den Handel mit Drogen und Giften. Dritte, veränderte Auflage. Taschenformat. 435 Seiten. 1926. (Guttentagsche Sammlung Deutscher Reichsgesetze Bd. 64.). . . . . Geb. RM. 12.—

„Die Arbeit gehört einem Spezialgebiet an, mit dem nicht jeder Jurist zu tun hat. Wird er einmal genötigt, sich auf dieses Gebiet zu begeben, so ist er um so dankbarer für eine Arbeit, die sofort den Eindruck größter Sachkunde und vollständiger Materialsammlung macht, und deren Führung man sich unbedenklich anvertrauen kann." Vossische Zeitung.

Friedrichs, Karl, Gaststättengesetz vom 28. April 1930 mit den Durchführungs- und Ausführungsverordnungen des Reichs und Preußens. Taschenformat. VIII, 144 Seiten. 1930. (Guttentagsche Sammlung Deutscher Reichsgesetze, Textausgabe mit Erläuterungen und Sachregister, Band 176.) Geb. RM. 3.50

Das Gaststättengesetz in seiner neuen Fassung mit ausführlichen Erläuterungen. Der Verfasser hat zur vollständigen und zuverlässigen Erläuterung alles herangezogen, was aus der bisherigen Rechtsprechung und den einschlägigen Reichstagsdrucksachen verwertbar ist; die Durch- und Ausführungsverordnungen für das Reich und Preußen sind wörtlich abgedruckt und, soweit notwendig, erläutert.

Lebbin, Georg, Nahrungsmittelgesetze mit Erläuterungen. Zweite, stark vermehrte Auflage in zwei Bänden.

I. Band: Das Lebensmittelgesetz vom 5. Juli 1927 mit Nebengesetzen (Margarine, Fleisch, Milch, Süßstoff, Essigsäure usw.). Erläutert von G. Lebbin und R. Gießner. Taschenformat. XVI, 419 Seiten. 1928. Geb. RM. 8.50

II. Band: Getränkegesetze und Getränkesteuergesetze (Wein, Bier, Branntwein, Mineralwasser). Unter Mitarbeit von Rechtsanwalt Dr. Kniebe. Taschenformat. XII, 400 Seiten. 1926. (Guttentagsche Sammlung Deutscher Reichsgesetze Bd. 54 b.) . . . . Geb. RM. 10.—

„Das Werk ist für unsere Leser und überhaupt die ganze Fachwelt der Getränkeindustrie unentbehrlich, muß doch jedermann mit den einschlägigen Gesetzesbestimmungen sich soweit wie irgend möglich vertraut machen, wenn er nicht in Nachteile geraten will. Die Anschaffung des Buches kann bestens empfohlen werden." Branntweinmonopol.

Voß, Werner, Die reichs- und landesrechtlichen Bestimmungen auf dem Gebiete des Gesundheitswesens. Taschenformat 608 Seiten. 1929. (Guttentagsche Sammlung Deutscher Reichsgesetze Bd. 172.) . . . Geb. RM. 11.—

„*Das Buch wird seiner Aufgabe, fast den gesamten Gesetzesstoff in einem einzigen kleinen Bande in die Hand zu geben, gewiß gerecht und wird sich schnell als unentbehrliches Hilfsmittel für jeden erweisen, der öfter mit dem Gesundheitswesen zu tun hat.*" *Reichsverwaltungsblatt.*

4. Geistig-gewerblicher Rechtsschutz

Elster, Alexander, Urheber- und Erfinder-, Warenzeichen- und Wettbewerbsrecht. (Gewerblicher Rechtsschutz.) Zweite, stark erweiterte und völlig umgearbeitete Auflage. Mit Abdruck der Gesetzestexte. Oktav. XII, 611 Seiten 1928. Mit Nachtrag 1931. (Lehrbücher und Grundrisse der Rechtswissenschaft Bd. VIII.) . . . . RM. 18.—, geb. RM. 19.50

„*Seit Kohler und Osterrieth endlich wieder das langentbehrte Lehrbuch. Hier unternimmt ein wahrhaft selbständiger und ideenreicher Kopf den Versuch, eine wirkliche Synthese zu schaffen.*" *Juristische Rundschau.*

Neuberg, J., Der internationale gewerbliche Rechtsschutz. 2. Auflage. 128 Seiten. 1923. (Sammlung Göschen Bd. 271.) . . . . Geb. RM. 1.80

Daude, Paul, Die Reichsgesetze über das Urheberrecht an Werken der Literatur und der Tonkunst und das Verlagsrecht vom 19. Juni 1901 in der Fassung des Gesetzes vom 22. Mai 1910 zur Ausführung der revidierten Berner Übereinkunft. Oktav. VIII, 293 Seiten. 1910. . . RM. 6.—

„*Der Zusammenhang der erläuterten Gesetze mit dem Strafgesetzbuch, dem Bürgerlichen Gesetzbuch und anderen Gesetzen ist in leichtverständlicher Weise praktisch dargestellt. Es wird vorzügliche Dienste leisten.*" *Deutsche Literatur-Zeitung.*

Lindemann, O., Gesetz, betr. das Urheberrecht an Werken der Literatur und der Tonkunst. Vierte Auflage. Taschenformat. 171 Seiten. 1921. (Guttentagsche Sammlung Deutscher Reichsgesetze Bd. 60.) . Geb. RM. 1.80

„*Die Arbeit ist nicht bloß eine Gesetzesausgabe, sondern ein wertvoller Kommentar des Gesetzes. Das Werk sei jedermann auf das beste empfohlen.*" *Juristische Wochenschrift.*

Fuld, Ludwig, Gesetz, betr. das Urheberrecht an Werken der bildenden Künste und der Photographie. Zweite Auflage. Taschenformat. 192 Seiten. 1925. (Guttentagsche Sammlung Deutscher Reichsgesetze Bd. 81.) Geb. RM. 6.—

„*Der zwar kleine, aber inhaltreiche und daher sehr beliebte Kommentar von Fuld erscheint in zweiter, völlig neubearbeiteter Auflage. Überall ist dem Stande der heutigen Rechtsprechung und wissenschaftlichen Auffassungen Rechnung getragen. In einem Anhang sind die einschlägigen internationalen Übereinkommen abgedruckt. Alle Interessenten werden mit Freuden die neue Auflage begrüßen.*" *Danziger Juristische Monatsschrift.*

Reininger, G., Der Schutz des Urheberrechts im deutschen Rundfunk. Oktav. 88 Seiten. 1929 . . . . RM. 4.—

„*Eine interessante, zeitgemäße, namentlich auch für geistige Neuschöpfer wichtige Studie.*" *Badische Rechtspraxis.*

Andritzky, Christoph, Die Rechtsstellung des Drehbuchautors. Oktav. XI, 80 Seiten. 1931 . . . . RM. 3.50

Andritzky äußert sich zu den Streitfragen um die Urheberschaft am Film. Er trennt scharf zwischen künstlerischer Leistung und künstlerisch-urheberischer Schöpfung und kommt zu der These: Der Filmurheber ist der Urheber des kurbelfertigen Drehbuches. — Die Verhältnisse beim Tonfilm sind, soweit dies möglich erschien, berücksichtigt.

Heinitz, Ernst, und Marwitz, Bruno, Das Reichsgesetz über das Verlagsrecht. Textausgabe mit Einleitung, Anmerkungen und Sachregister. Dritte Auflage. Taschenformat. 136 Seiten. 1922. (Guttentagsche Sammlung Deutscher Reichsgesetze Bd. 61.) . . . . Geb. RM. 1.60

„*Dieser kurze Kommentar ist durch seine knappen, das Wichtige klar vortragenden Darlegungen dazu berufen, eine Lücke auszufüllen, die sich für den Praktiker des Verlagsrechts seit Jahren ergab. Man darf deshalb das Erscheinen dieser neuen Auflage aus der Feder des Spezialisten des Verlagsrechts mit größter Freude begrüßen.*“ *Börsenblatt für den Deutschen Buchhandel.*

Elster, A., Das deutsche Urheber- und Verlagsrecht. 128 Seiten. 1923. (Sammlung Göschen Bd. 863.) . . . . Geb. RM. 1.80

„*Erstaunlich ist, wie Elster diese beiden so viel umstrittenen Gesetze auf so engem Raum in vortrefflicher Weise zur Darstellung gebracht hat.*“ *Deutscher Journalistenspiegel.*

Heymann, E., Die zeitliche Begrenzung des Urheberrechts. Oktav. 74 Seiten. 1927. (Sitzungsberichte der Preußischen Akademie der Wissenschaften zu Berlin.) . . . . RM. 5.—

Pietzcker, Eduard, Patentgesetz und Gebrauchsmusterschutzgesetz. Kommentar unter Berücksichtigung der vorgeschlagenen und weiter beantragten Abänderungen des Patentgesetzes. Erster Halbband: §§ 1—12 PatG. Groß-Oktav. 427 Seiten. 1929. (Gewerbe- und Industrie-Kommentar Bd. V, 1.) RM. 26.—, geb. RM. 28.—

„*Die überall zutage tretende geistige Leistung macht Pietzckers Kommentar für jeden, der sich mit diesem Rechtsgebiet zu beschäftigen hat, zum unentbehrlichen Rüstzeug.*“ *Markenschutz und Wettbewerb.*

Seligsohn, Arnold, Patentgesetz und Gesetz, betr. den Schutz von Gebrauchsmustern. Siebente Auflage. Oktav. 1932 . . . . . . Im Druck.

„*Die Vorzüge des Buches sind bekannt. Klare, leichtfaßliche Sprache, wissenschaftliche Vertiefung, dabei starke Betonung der Praxis, lückenlose Behandlung aller Probleme sind die Vorzüge, die den Seligsohnschen Kommentar zum unentbehrlichen Rüstzeug jedes im gewerblichen Rechtsschutz Tätigen gemacht haben.*“ *Mitteilungen vom Verband Deutscher Patentanwälte.*

Lutter, R., Patentgesetz. Nebst Ausführungsbestimmungen, völkerrechtlichen Verträgen und Patentanwaltsgesetz, unter eingehender Berücksichtigung der Rechtsprechung des Reichsgerichts und der Praxis des Reichspatentamts. Neunte Auflage. Taschenformat. XV, 467 Seiten. 1928. (Guttentagsche Sammlung Deutscher Reichsgesetze Bd. 22.) . . . Geb. RM. 10.—

„*Der jetzige Verfasser hat einen völlig neuen Kommentar geschaffen, der in seiner Knappheit und Sparsamkeit dem ursprünglichen Zweck gerecht wird, aber an wissenschaftlicher Durcharbeitung und Gründlichkeit die vorangegangenen Auflagen weit überragt.*“ *Gewerblicher Rechtsschutz und Urheberrecht*

Elster, A., Das deutsche Erfinderrecht. (Patent- und Musterschutzrecht.) 118 Seiten. 1924. (Sammlung Göschen Bd. 891.) . . . . . Geb. RM. 1.80

„*Die Aufgabe, einen Überblick über das deutsche Erfinderrecht zu geben, ist im Rahmen der kurzen Erörterungen mit viel Geschick gelöst. Deshalb wird das Büchlein auch bei allen Gruppen der am Patentrecht interessierten Personen seine Freunde finden.*“ *Gewerblicher Rechtsschutz und Urheberrecht.*

Seligsohn, Jul., Geheimnis und Erfindungsbesitz. Groß-Oktav. 147 Seiten. 1921 . . . . RM. 3.—

Pinner-Elster, Gesetz gegen den unlauteren Wettbewerb. Achte, sehr vermehrte und umgestaltete Auflage. Taschenformat. 254 Seiten. 1927. (Guttentagsche Sammlung Deutscher Reichsgesetze Bd. 37.) . Geb. RM. 5.—

„*Das Buch ist mehr als eine bloße ‚Textausgabe mit Anmerkungen‘, nämlich ein richtiger Kommentar, und wird in der Praxis ausgezeichnete Dienste tun.*“ *Senatspräsident am Reichsgericht Dr. Lobe, Leipzig, i. d. Jurist. Wochenschrift.*

Wassermann, Martin, Der unlautere Wettbewerb nach deutschem Recht. I. Generalklausel, Reklameauswüchse, Ausverkaufswesen, Angestelltenbestechung. 160 Seiten. 1911. II. Kreditschädigung, Firmen- und Namenmißbrauch, Verrat von Geheimnissen, Ausländerschutz. 151 Seiten. 1911. (Sammlung Göschen Bd. 339 u. 535.) . . . . Geb. je RM. 1.80

Wolff, F., und Crisolli, K.-A., Das Recht der Reklame. Lexikon-Oktav. 424 Seiten. 1929 . . . . RM. 20.—, geb. RM. 22.—

„. . . Mit großer Umsicht ist ein umfänglicher Stoff gesammelt und in gründlicher Arbeit juristisch durchdrungen und dargestellt. Das Buch ist wohl in erster Reihe für Juristen bestimmt, aber auch für wirtschaftliche Kreise und Reklamefachleute wertvoll und jedenfalls für die Beschäftigung mit diesem Sondergebiet ein zuverlässiges Hilfsmittel." Flad i. d. „Juristischen Rundschau".

Hagens, Alfred, Warenzeichenrecht. Kommentar. Groß-Oktav. VIII, 408 Seiten. 1927. (Gewerbe- und Industrie-Kommentar Bd. III.) RM. 22.—, geb. RM. 24.—

„Eine ausführliche Darstellung, die zeigt, daß der Verfasser das gesamte Fachschrifttum und die reichhaltige Rechtsprechung restlos beherrscht. Ich habe gefunden, daß nicht ein einziger Fall von Bedeutung fehlt." Markenschutz und Wettbewerb.

Seligsohn, Arnold, Gesetz zum Schutz der Warenbezeichnungen. Dritte Auflage, bearbeitet in Gemeinschaft mit Martin Seligsohn in Berlin. Groß-Oktav. IV, 416 Seiten. 1925. . . . . . RM. 15.—, geb. RM. 16.50

„Der Kommentar zeigt alle Vorzüge des in der Wissenschaft und Praxis des gewerblichen Rechtsschutzes gleich ausgezeichneten Juristen: volle theoretische und praktische Beherrschung des Stoffes, klare Darstellungsgabe, sorgsame Behandlung und treffsicheres Urteil." Badische Rechtspraxis

Freund, G. S., Magnus, Julius, und Jüngel, Friedrich, Das deutsche Warenzeichenrecht. Sechste, neubearbeitete Auflage. Teil I: Die internationalen Verträge. VI, 247 Seiten. Mit 4 Tafeln. 1924. (Guttentagsche Sammlung Deutscher Reichsgesetze Bd. 87a.) . . . . Geb. RM. 9.—

„Das ganze Werk mit seiner Fülle von Gesetzen, Verordnungen, Verträgen, Bekanntmachungen bildet eine Quellensammlung für das internationale deutsche Zeichenrecht, ohne die man fortan nicht mehr auskommen kann." Gewerblicher Rechtsschutz und Urheberrecht.

Teil II. Deutsches Recht. . . . . Im Druck

Born, A., Reichspreßgesetz vom 7. Mai 1874 in der jetzt geltenden Fassung nebst den einschlägigen Bestimmungen der Reichsverfassung, des Reichsstrafgesetzbuchs, der Gewerbeordnung usw. Mit Kommentar und Sachregister. Vierte, veränderte Auflage. Taschenformat. 234 Seiten. 1931. (Guttentagsche Sammlung Deutscher Reichsgesetze Bd. 53.) . . Geb. RM. 4.—

Dieser Band bringt eine sehr reichhaltige Kommentierung des Stoffes, die um so wertvoller ist, als den Entscheidungen der Wortlaut der Urteilsbegründungen beigefügt ist. Die einschlägigen Bestimmungen sind aufgeführt, eingehend besprochen und in Beziehung zueinander gebracht worden. Als Nachschlagewerk in Zweifelsfällen wird die nach dem neuesten Stande (Notverordnungen!) bearbeitete 4. Auflage von großem Nutzen sein.

IV. Zivilprozeß

Fischer, Otto, Lehrbuch des deutschen Zivilprozeß- und Konkursrechts. Groß-Oktav. XII, 488 Seiten. 1918 . . . . . . RM. 8.—, geb. RM. 10.—

Kisch, Wilh., Deutsches Zivilprozeßrecht.

I. Band. Vierte, verbesserte Auflage. 115 Seiten. 1929. (Sammlung Göschen Bd. 428.) . . . . Geb. RM. 1.80

II. Band. Vierte, verbesserte Auflage. 168 Seiten. 1929. (Sammlung Göschen Bd. 429.) . . . . Geb. RM. 1.80

III. Band. Vierte, verbesserte Auflage. 148 Seiten. 1929 (Sammlung Göschen Bd. 430.) . . . . Geb. RM. 1.80

Diese Auflage wird jedem, der sich auf gemeinverständliche Weise über unser geltendes Zivilgerichtswesen unterrichten will, gute Dienste leisten, und kann namentlich den Studierenden des Rechts als Einführung bestens empfohlen werden.

Sydow, R., Busch, L., und Krantz, W., Zivilprozeßordnung und Gerichtsverfassungsgesetz nebst Anhang, enthaltend Entlastungsgesetze und die Notverordnung vom 1. Dezember 1930. Handkommentar unter besonderer Berücksichtigung der Entscheidungen oberster Gerichte. Begonnen von Dr. R. Sydow. Fortgeführt von Dr. L. Busch, Reichsgerichtsrat i. R., demnächst mit Dr. W. Krantz, Landgerichtsdirektor. Neubearbeitete, zwanzigste Auflage. Zwei Bände. Groß-Oktav. VIII, VIII und 1540 Seiten. 1930. (de Gruytersche Sammlung Deutscher Gesetze, Handkommentare.) . . . . Geb. RM. 33.—

Nachtrag, enthaltend die durch den VI. Abschnitt der Dritten Verordnung des Reichspräsidenten vom 6. Oktober 1931 eingetretenen Änderungen und die Fortsetzung der Erläuterungen der ZPO. und des GVG. Groß-Oktav. 94 Seiten. 1932 . . . . RM. 2.50

„Auch innerlich ist der ausgezeichnete Handkommentar von Sydow-Busch-Krantz verändert. Es sind viele veraltete Entscheidungen ausgemerzt und dafür die Erläuterungen durch eingehendere Darlegungen zweckmäßig erweitert worden. An der Grundlage des Buches wurde nichts geändert, die Druckanordnung ist noch übersichtlicher als bisher. So wird das Buch seine alten Freunde behalten und ohne Zweifel viele neue hinzuerwerben." Leipziger Zeitschrift für deutsches Recht.

Rosenberg, L., Zivilprozeßgesetzgebung. Taschenformat. 580 Seiten. 1930. (Lehrausgaben Deutscher Gesetze Bd. II.) Geb. RM. 8.—

„Diese neuartige Ausgabe der ZPO. der ‚Lehrausgaben Deutscher Gesetze' ist ein Beispiel für die besondere Nützlichkeit einer solchen Ausgabe. Die Besonderheiten dieser handlichen und erschöpfenden Ausgabe der Zivilprozeßgesetzgebung bestehen in der sachlichen Ordnung des umfassenden Stoffes, in der Hervorhebung von besonders Wesentlichem durch Sperrdruck und vor allem aber darin, daß den einzelnen Paragraphen in systematischer Weise Oberschriften vorausgeschickt sind, die die hier besonders wichtige Aufgabe erfüllen, den Aufbau des Gesetzes und den Zusammenhang der einzelnen Vorschriften klar erkennen zu lassen." Juristische Wochenschrift.

Zivilprozeßordnung mit Gerichtsverfassungsgesetz und Einführungsgesetzen in der Fassung der Bekanntmachung vom 13. Mai 1924 mit den bis 1. April 1929 ergangenen Abänderungen. Textausgabe mit Sachregister. Taschenformat. 440 Seiten. 1929. (Guttentagsche Sammlung von Textausgaben ohne Anmerkungen.) . . . . Geb. RM. 3.50

Die handliche Ausgabe enthält den genannten Gesetzestext mit einem das Zurechtfinden sehr erleichternden Sachregister.

Der neue Entwurf einer Zivilprozeßordnung. Veröffentlicht durch das Reichsjustizministerium. Lexikon-Oktav. 561 Seiten mit 2 Paragraphen-Verzeichnissen. 1931 . . . . RM. 10.—, geb. RM. 12.—

Sydow, R., Busch, L., und Krantz, W., Gerichtsverfassungsgesetz mit Einführungsgesetz. Unter besonderer Berücksichtigung der Entscheidungen des Reichsgerichts. Zehnte Auflage. Taschenformat. 347 Seiten. 1925. (Guttentagsche Sammlung Deutscher Reichsgesetze Bd. 14.) Geb. RM. 6.—

„Das Buch bedarf keiner Empfehlung, es empfiehlt sich selbst durch die Fülle dessen, was es bietet. Gesetzgebung und Rechtsprechung sind bis in die neueste Zeit berücksichtigt." Leipziger Zeitschrift für Deutsches Recht.

Rausnitz, Julius, **Gebührenordnung für Notare** vom 28. Oktober 1922 (GS. 404) nebst den einschlägigen Vorschriften des Preußischen Gerichtskostengesetzes vom 28. Oktober 1922 (GS. 363), beide in der Fassung der Gesetze vom 12. April 1923 (GS. 107), 18. Dezember 1923 (GS. 556) und der Verordnung vom 28. Juni 1924 (GS. 573). Sechste, umgearbeitete Auflage. Oktav. 158 Seiten. 1925. (Guttentagsche Sammlung Preußischer Gesetze Bd. 4.) . . . . Geb. RM. 7.—

„Der in seiner äußeren Form sehr handlich und gut ausgestaltete Kommentar kann nur auf das wärmste empfohlen werden. Er wird sehr bald ein unentbehrlicher, weil nie versagender Ratgeber werden, der die Berufsarbeit sehr erleichtern wird.“ Juristische Wochenschrift.

Sydow, R., **Busch**, L., und **Krieg**, O., **Die Deutsche Gebührenordnung für Rechtsanwälte**, das Gesetz, betreffend die Erstattung von Rechtsanwaltsgebühren in Armensachen, und die Preußische Landesgebührenordnung mit Erläuterungen. Auf der Grundlage der Sydow-Busch'schen Textausgabe mit Anmerkungen in dreizehnter Auflage unter Mitaufnahme des Gesetzes über die Erstattung in Armensachen neubearbeitet. Taschenformat 496 Seiten. 1929. (Guttentagsche Sammlung Deutscher Reichsgesetze Bd. 17.) Geb. RM. 9.—

„Die Erläuterung der Gebührenordnung bietet besonders Wertvolles. Sie steht schon lange unter den Anmerkungsausgaben mit an erster Stelle. Und das mit Recht.“ Zeitschrift des Bundes Deutscher Justizamtmänner.

Isaac, Martin, **Leitfaden für Handelsrichter**. Oktav. 132 Seiten. 1932. RM. 4.—

Der Handelsrichter hat Rechte und Pflichten eines gelehrten Richters, ohne, wie es das Gesetz vorschreibt, geringste juristische Ausbildung. Die sich bei der Tätigkeit ergebenden Schwierigkeiten soll dieses Bändchen klären. Alles, was aus dem Prozeßrecht, vornehmlich aber der Prozeßtechnik von Interesse ist, wird in klarer Briefform dargestellt.

Sydow, R., **Busch**, L., und **Krieg**, O., **Deutsches Gerichtskostengesetz nebst Gebührenordnung** für Gerichtsvollzieher und für Zeugen und Sachverständige in den neuesten Fassungen. Auf der Grundlage der Sydow-Busch'schen Textausgabe mit Anmerkungen neubearbeitet in elfter Auflage. Taschenformat. XI, 433 Seiten. 1928. (Guttentagsche Sammlung Deutscher Reichsgesetze Bd. 15.) . . . . Geb. RM. 7.50

„Die neue Auflage bietet unter gründlicher Berücksichtigung der gesamten einschlägigen Rechtsprechung eine zeitgemäße, übersichtliche und erschöpfende Erläuterung des Gesetzes. Für den täglichen Gebrauch in der Praxis erscheint diese Textausgabe mit Anmerkungen als unentbehrlich.“ Dr. Natter in der „Württembergischen Zeitschrift für Rechtspflege“.

Lindemann, Otto, **Preußisches Gerichtskostengesetz** (neueste Fassung). Nach dem Tode des früheren Herausgebers P. Siméon erläutert. Achte, völlig umgearbeitete Auflage. Taschenformat. 439 Seiten. 1928. (Guttentagsche Sammlung Preußischer Gesetze Bd. 17.) . . . . Geb. RM. 8.—

„Die achte Auflage dieser bekannten Ausgabe des Preußischen Gerichtskostengesetzes ist entsprechend den bedeutsamen Änderungen der letzten Jahre völlig umgearbeitet. Die gesamte Rechtsprechung wurde eingehend berücksichtigt, so daß hier eine Erläuterung vorliegt, die Zuverlässigkeit und Vollständigkeit in sich verbindet.“ Mitteilungen des Preußischen Richtervereins.

Freiwillige Gerichtsbarkeit

Jastrow, Hermann, und **Günther**, Hermann, **Die Gesetze des Reiches und Preußens über die freiwillige Gerichtsbarkeit.** Textausgabe mit Einleitung, Anmerkungen und Sachregister. Siebente, vermehrte Auflage. Taschenformat. 548 Seiten. 1928. (Guttentagsche Sammlung Deutscher Reichsgesetze Bd. 46.) . . . . Geb. RM. 9.—

„Die Anmerkungen unterrichten in zuverlässiger Weise über die wichtigste Rechtsprechung des Reichsgerichts und der deutschen Oberlandesgerichte auf dem Gebiete der freiwilligen Gerichtsbarkeit. Ein ausführliches Sachregister erhöht die Brauchbarkeit des bewährten Buches, das auch in der neuen Auflage seinen Zweck auf das beste erfüllen wird.“ Juristische Wochenschrift.

Die Gesetze des Reiches und Preußens über die freiwillige Gerichtsbarkeit. Textausgabe mit Sachregister. Taschenformat. 168 Seiten. 1930. (Guttentagsche Sammlung von Textausgaben ohne Anmerkungen mit Sachregister.) RM. 3.—

Das Buch enthält in der bekannten Art der Guttentagschen Gesetzesausgaben außer dem „Gesetz über die Angelegenheiten der freiwilligen Gerichtsbarkeit“ alle in dieses Gebiet fallenden sonstigen Gesetze, Ausführungsbestimmungen, Abkommen, Verordnungen usw. in absolut zuverlässigem Abdruck und ein das Zurechtfinden sehr erleichterndes Sachregister.

Szkolny, Felix, und **Kober**, Leopold, **Das Notariatrecht**, unter besonderer Berücksichtigung des materiellen Rechts und des Steuer- und Stempelrechts erläutert. Oktav. 236 Seiten. 1926. (Guttentagsche Sammlung Deutscher Reichsgesetze Bd. 163.) . . . . Geb. RM. 8.50

„Die Darlegung des materiellen Rechts, soweit es in der täglichen Anwendung den Notar hauptsächlich beschäftigt. Es wird die Beurkundung einzelner Rechtsgeschäfte und anderer Rechtsvorgänge behandelt. Die Ausführungen verwerten die neueste Lehre und Rechtsprechung eingehend, die Darstellung ist leicht faßlich und klar, einzelne Muster vervollkommnen das anschauliche Bild.“ Zeitschrift des Deutschen Notarvereins.

Szkolny, Felix, **Die Belehrungspflicht des Notars.** Oktav. 52 Seiten. 1927. RM. 2.—

„Ein trotz seines geringen Umfanges sehr nützliches Buch, für das wir dem Verfasser Dank wissen müssen.“ Zeitschrift des Deutschen Notarvereins.

Konkursordnung und Zwangsvollstreckung

Jaeger, Ernst, **Kommentar zur Konkursordnung** und den Einführungsgesetzen. Mit einem Anhang, enthaltend das Anfechtungsgesetz, die Vergleichsordnung, Auszüge aus den Kostengesetzen, Ausführungsgesetze und Geschäftsordnungen. Sechste und siebente, neubearbeitete Auflage. Groß-Oktav. Der Umfang des Gesamtwerkes umfaßt etwa 100 Bogen. Die Ausgabe erfolgt in Lieferungen. . . . . Gesamtpreis etwa RM. 80.—

Erster Band: §§ 1—46. XXVIII, 828 Seiten. 1928—1931. RM. 49.—, geb. RM. 54.—

Zweiter Band: Wird im Laufe des Jahres 1932 abgeschlossen vorliegen. (Der Kauf des ersten Bandes verpflichtet zum Bezug des zweiten Bandes.)

„. . . Kurz gesagt: das Buch ist das unübertreffliche Standardwerk, der Kommentar zur Konkursordnung.“ Deutsche Richterzeitung.

Jaeger, Ernst, **Lehrbuch des Konkursrechts.** Achte, erweiterte Auflage des Grundrisses zur Vorlesung über Konkursrecht. Groß-Oktav. 253 Seiten. 1932. Geb. RM. 15.—

Sydow, R., Busch, L., und Krieg, O., Konkursordnung und Anfechtungsgesetz mit Erläuterungen. Auf der Grundlage der Sydow-Busch'schen Textausgabe mit Anmerkungen in fünfzehnter Auflage unter Mitaufnahme der Vergleichsordnung neubearbeitet. Taschenformat. 816 Seiten. 1929. (Guttentagsche Sammlung Deutscher Reichsgesetze Bd. 13.)
Geb. RM. 12.—

„Die Erläuterungsbücher von Sydow-Busch sind als Kommentare mittleren Umfanges seit vielen Jahren in der Juristenwelt rühmlichst bekannt."
Juristische Rundschau.

Fischer, K., und Schäfer, L., Die Gesetzgebung, betr. die Zwangsvollstreckung in das unbewegliche Vermögen im Reiche und in Preußen. Bearbeitet von J. Krech und O. Fischer. Zweite Auflage. Lexikon-Oktav. XVI, 728 Seiten. 1910 . . . . RM. 15.—, geb. RM. 18.—

„Unter den zahlreichen Bearbeitungen des Zwangsvollstreckungsgesetzes ist der Kommentar von Fischer und Schäfer wohl der wissenschaftlich bedeutendste. Überall sind die Erläuterungen systematisch, manchmal geradezu lehrbuchartig aufgebaut, die leitenden Gedanken treten trotz der Fülle der behandelten Einzelfragen klar und deutlich hervor." Zeitschrift für Rechtspflege in Bayern.

Krech, J., und Fischer, O., Die Gesetzgebung, betr. die Zwangsvollstreckung in das unbewegliche Vermögen im Reiche und in Preußen. Textausgabe mit Einleitung, Anmerkungen und Sachregister. Zehnte Auflage, bearbeitet von O. Fischer. Taschenformat. 266 Seiten. 1929. (Guttentagsche Sammlung Deutscher Reichsgesetze Bd. 43.) . . . . Geb. RM. 5.—

„Einer besonderen Empfehlung dieser handlichen Ausgabe, deren Hauptteil das Gesetz über die Zwangsversteigerung und Zwangsverwaltung bildet, bedarf es nicht. Gesetzgebung, Rechtsprechung und Rechtslehre sind bis zur Gegenwart berücksichtigt." Sächsisches Archiv für Rechtspflege.

Kretzschmar, F., Die Zwangsversteigerung und die Zwangsverwaltung. 110 Seiten. 1911. (Sammlung Göschen Bd. 523.) . . . . . Geb. RM. 1.80

Crisolli, Karl-August, Maßnahmen auf dem Gebiete der Zwangsvollstreckung. (Siehe „Die vierte Notverordnung" Seite 12.)

Hunke, W., Offenbarungseid und Haft im Zivilprozeß. Taschenformat. 1930. (Guttentagsche Sammlung Deutscher Reichsgesetze Bd. 177.) . RM. 4.—

Dieser Band bietet eine ganz auf die Praxis zugeschnittene Erläuterung der das Offenbarungseidsverfahren betreffenden Paragraphen der ZPO. und gibt in einem allgemeinen Teil zuverlässig Auskunft über die sich auf diesem Gebiete ergebenden Streit- und Zweifelsfragen. Die Rechtsprechung der höheren Gerichte und die Literatur ist berücksichtigt worden.

V. Strafrecht und Strafprozeß

Strafgesetzbuch

Ebermayer, Ludwig, Lobe, Adolf und Rosenberg, Werner, Das Reichsstrafgesetzbuch, Leipziger Kommentar mit besonderer Berücksichtigung der Rechtsprechung des Reichsgerichts. Vierte, vermehrte und verbesserte Auflage. Lexikon-Oktav. X, 1282 Seiten. 1929.
RM. 56.—, in Halbleder geb. RM. 63.—

„Zusammenfassend wird man sagen müssen, daß der Kommentar nun wohl endgültig an die Spitze der großen Kommentare zum StGB. getreten ist."
Zeitschrift für Rechtspflege in Bayern.

Kohlrausch, Eduard, Strafgesetzbuch für das Deutsche Reich mit Nebengesetzen, Anmerkungen und Sachregister. Früher von Dr. Fr. v. Liszt † u. Dr. E. Delaquis. Dreißigste Auflage. Taschenformat. XII, 520, 48 Seiten. 1932. (Guttentagsche Sammlung Deutscher Reichsgesetze Bd. 2.) Geb. RM. 8.—

Entwurf eines Allgemeinen Deutschen Strafgesetzbuchs nach den Beschlüssen des Deutschen Reichstagsausschusses und den Deutschen und Österreichischen Strafrechtskonferenzen. Ergänzung zu Kohlrausch, Strafgesetzbuch. 29. Auflage. Zweite Ausgabe. Taschenformat. 162 Seiten. 1930. RM. 1.60

Liszt, Fr. v., Lehrbuch des Deutschen Strafrechts. Sechsundzwanzigste, vollkommen neubearbeitete Auflage (49.—51. Tausend) von Dr. E. Schmidt, Professor der Rechte in Hamburg. Erster Band: Einleitung und Allgemeiner Teil. Oktav. 496 Seiten. 1932 . RM. 13.—, geb. RM. 15.— Zweiter Band. Erscheint im Sommer 1932.

„Das Lisztsche Lehrbuch wird sich auch in dieser neuen Bearbeitung seinen ersten Platz und seinen Weltruf bewahren." Zeitschrift des Deutschen Notarvereins.

Gerland, H. B., Das deutsche Reichsstrafrecht. Oktav. 600 Seiten. 1922. (Lehrbücher und Grundrisse der Rechtswissenschaft Bd. XVI.) RM. 10.—, geb. RM. 11.50

„Durch knappe, geradezu klassische Kürze zeigende Darstellung gelang es Gerland, auf engem Raume eine ungeheure Fülle des Stoffes zu bieten und auf jede Frage Antwort zu geben." Juristische Wochenschrift.

Gerland, H., Der Entwurf 1925. Allgemeiner Teil. Kritische Bemerkungen. Oktav. 96 Seiten. 1925 . . . . RM. 5.—

„Eine außerordentlich interessante Abhandlung. Die Schrift stellt ein fast unentbehrliches Hilfsmittel für jeden dar, der sich mit den einschlägigen Fragen zu beschäftigen hat." Mitteilungen des Preußischen Richtervereins.

Aschrott, P. F., u. Kohlrausch, Ed., Reform des Strafrechts. Kritische Besprechung des Amtlichen Entwurfs eines Allgemeinen Deutschen Strafgesetzbuchs. Auf Veranlassung der Deutschen Landesgruppe der Internationalen Kriminalistischen Vereinigung unter Mitwirkung erster Fachgenossen herausgegeben. Gr.-Oktav. V, 415 S. 1926. . . . . RM. 18.—

„Die gestellte Aufgabe ist glänzend gelöst. Kaum ein Punkt ist übersehen worden, der die Kritik herausfordert. — Niemand, der an der endgültigen Gestaltung unseres Strafrechts Anteil nimmt, darf an dieser Sammelkritik achtlos vorübergehen." Geh. Hofrat Prof. Dr. v. Lilienthal in der „Deutschen Juristen-Zeitung".

Sammlung außerdeutscher Strafgesetzbücher in deutscher Übersetzung. Herausgegeben von den Schriftleitungen der Zeitschrift für die ges. Strafrechtswissenschaft u. d. Mitteilungen der Internationalen Kriminalistischen Vereinigung. Nr. 1—43. 1881—1914 . . . . Preise auf Anfrage.

Nr. 44:

Japanische Strafgesetze. I. Schwurgerichtsordnung vom 18. April 1923 und strafrechtliche Nebengesetze. Übersetzt von Hyoichiro Kusano, Reichsgerichtsrat in Tokio, Tadao Sugiura, Oberlandesgerichtsrat in Sapporo, und Dr. jur. Fritz Bartelt in Berlin.

II. Strafvollzugsgesetz vom 28. März 1908 nebst Ausführungsverordnung vom 16. Juni 1908. Übersetzt von Dr. jur. Toshita Tokiwa, Gerichtsassessor in Tokio, und Dr. jur. Werner Gentz, Justizrat beim Strafvollzugsamt in Kiel. Groß-Oktav. 55 Seiten. 1927 . . . . . RM. 3.—

Nr. 45:

Die Auslieferungsgesetze Norwegens, Schwedens und Finnlands. Mit einer systematischen Darstellung der Grundzüge des nordischen Auslieferungsrechts im Hinblick auf den Erlaß eines deutschen Auslieferungsgesetzes. Von Dr. jur. Ernst Wolgast, Privatdozent in Königsberg i. Pr. Groß-Oktav. VIII, 487 Seiten. 1928 . . . . RM. 20.—

Nr. 46:

Das Türkische Strafgesetzbuch vom 1. März 1926. Gesetz Nr. 765. (Türkisches Gesetzblatt Nr. 320 vom 13. März 1926.) Das Ausführungsgesetz zum Türkischen Strafgesetzbuch vom 26. April 1926. Deutsche Übersetzung von Dr. K. Ziemke. Groß-Oktav. 138 S. 1927 . . . . . . RM. 5.—

Nr. 47:

Entwurf eines griechischen Strafgesetzbuches. Übersetzt und eingeleitet von Demetrius G. Venturas, Rechtsanwalt in Korfu, Griechenland. Groß-Oktav. 123 Seiten. 1928 . . . . RM. 7.—

Nr. 48:

Italienischer Vorentwurf zu einem neuen Strafgesetzbuch. (Progetto di un nuove codice penale.) In deutscher Übersetzung von Dr. K. Bunge, Landgerichtsrat in Berlin. Groß-Oktav. XXXII, 244 Seiten. 1928. RM. 10.—

Nr. 49:

Strafgesetzbuch (Ugolownyj Kodex) **der Russischen Sozialistischen Föderativen Sowjet-Republik** (R.S.F.S.R.) vom 22. November 1926, übersetzt von Dr. Wilhelm Gallas, Gerichtsassessor in Berlin. Groß-Oktav. 68 Seiten. 1930 . . . . RM. 4.—

Lindemann, Otto, Sammlung der wichtigsten preußischen Strafgesetze. Zweite Auflage. Taschenformat. 372 Seiten. 1912. (Guttentagsche Sammlung Preußischer Gesetze Bd. 34.) . . . . Geb. RM. 3.50

„Die durch mehrere wichtige Gesetze erweiterte zweite Auflage dieses unentbehrlichen Ergänzungsbandes zu den in Einzelausgaben erschienenen Preußischen Gesetzen ist durch die Wiedergabe der noch geltenden vereinzelten alten Strafvorschriften nebst trefflich unterrichtenden Vorbemerkungen und Erläuterungen besonders wertvoll. Nur mittels einer solchen ausgezeichneten Sammlung ist es möglich, auch die zerstreuten Gebiete des Strafrechts völlig zu beherrschen.“ Deutsche Juristen-Zeitung.

Franstädter, Werner, Deutsches Auslieferungsgesetz vom 23. Dezember 1929 und andere neuere Vorschriften der Rechtshilfe in Strafsachen einschließlich der Auslieferung. Textausgabe mit Einleitung, Erläuterungen und Sachregister. Taschenformat. 143 Seiten. 1930. (Guttentagsche Sammlung Deutscher Reichsgesetze Bd. 86.) . . . . Geb. RM. 4.—

Das Auslieferungsgesetz hat durch die Neufassung vom 23. 12. 1929 eine starke Umgestaltung erfahren, die zur Herausgabe der vorliegenden Neubearbeitung geführt hat. Diese enthält eine ausführliche Erläuterung der neuen Bestimmungen sowie einen Abdruck der wichtigsten Verträge und Vorschriften und ermöglicht einen vollständigen Überblick über den gegenwärtigen Stand des deutschen Auslieferungsrechtes.

Lindemann, Otto, Polizeiverordnungen in Preußen. Zweite Auflage. Taschenformat. 189 Seiten. 1912. (Guttentagsche Sammlung Preußischer Gesetze Bd. 36.) . . . . Geb. RM. 2.50

Abhandlungen des Kriminalistischen Instituts an der Universität Berlin. Herausgegeben von Dr. **Franz von Liszt**, o. Professor der Rechte. Sonderverzeichnis kostenlos. Vierte Folge, I. Band.

Heft 1:

Dannenberg, Herbert, **Liberalismus und Strafrecht im 19. Jahrhundert** unter Zugrundelegung der Lehren Karl Georg von Waechters. Oktav. IV, 66 Seiten. 1925 . . . . RM. 3.—

Heft 2:

Tarnowski, Hans, **Die systematische Bedeutung der adäquaten Kausalitätstheorie für den Aufbau des Verbrechensbegriffs.** Oktav. X, 340 Seiten. 1927 . . . . RM. 18.—

Heft 3:

Ehrlich, Lore, **Der Verrat von Betriebsgeheimnissen nach englischem und nordamerikanischem Recht.** Oktav. VIII, 75 Seiten. 1930 . . RM. 4.—

Heft 4:

Kuttner, Stephan, **Die juristische Natur der falschen Beweisaussage.** Ein Beitrag zur Geschichte und Systematik der Eidesdelikte, zugleich zur Frage einer Beschränkung der Strafbarkeit auf erhebliche falsche Aussagen. Oktav. VI, 76 Seiten. 1931 . . . . RM. 6.—

Vierte Folge, II. Band.

Heft 1:

Gallas, Wilhelm, **Kriminalpolitik und Strafrechtssystematik** unter besonderer Berücksichtigung des sowjetrussischen Rechts. Oktav. VIII, 88 Seiten. 1931 . . . . RM. 5.—

Heft 2:

Goldschmidt, Werner, **Das Bewußtsein der Rechtswidrigkeit** entwickelt an der Lehre vom Hausfriedensbruch. Oktav XI, 51 Seiten. 1931.
RM. 4.—

Heft 3:

Hoefer, Friedrich, **Bewährungsfrist vor dem Urteil.** Oktav. 90 Seiten. 1931.
RM. 4.—

Heindl, Robert, **System und Praxis der Daktyloskopie** und der sonstigen technischen Methoden der Kriminalpolizei. Dritte, neubearbeitete und vermehrte Auflage. 900 Abbildungen im Text und 21 Bildertafeln. 780 Seiten. Groß-Oktav. 1927 . . . . RM. 36.—, geb. RM. 40.—

„Ein Werk, mit dem wohl für geraume Zeit die Literatur dieses Gebiets ihren krönenden Abschluß gefunden haben dürfte. — Es darf erwartet werden, daß jeder Richter, Rechtsanwalt und Verteidiger sich dieses vorzüglichen Werkes bedient." Deutsche Juristenzeitung.

Kleine kriminalistische Bücherei.

Band 1:

Schneickert, Hans, **Die strafrechtlichen Aufgaben der Polizei.** Für den Polizeiunterricht und Polizeipraxis. Taschenformat. 182 Seiten. 1921.
RM. 2.—

Band 2:

Philipp, Lothar, **Beobachtungs- und Ermittlungspraxis im Polizei- und Detektivdienst.** Taschenformat. 180 Seiten. 1923 . . . . . RM. 2.—

„Alles in allem: ein Buch, für den Fachmann lesenswert, für den Anfänger ein guter Leitfaden, für den Laien interessant."
Zeitschrift für gerichtliche Schriftvergleichung.

Band 3:

Manteuffel, H. v., **Falschspieler,** Formen und Technik des Spielbetruges, nebst einem Anhange: Der Spielprofessor und sein angeblich sicheres System beim Spiele gegen eine öffentliche Roulettebank. Taschenformat. 90 Seiten. 1923 . . . . RM. 2.—

„Gerade heutzutage, wo die Spielleidenschaft so weite Kreise zieht, ist es von besonderem Reiz, diese klare, flüssige und lehrreiche Darstellung zu verfolgen."

Band 4:

Schneickert, Hans, **Kriminalistische Spurensicherung.** Sammlung dienstlicher Anweisungen und sachverständiger Ratschläge für den Dienstgebrauch und für Polizeischulen. Zweite, vermehrte und verbesserte Auflage. Taschenformat. 96 Seiten. Mit 2 Abbildungen. 1925 . . . . Geb. RM. 3.—

„Alle Einzelheiten werden hervorgehoben und als möglicherweise wichtige Beweismomente in einem vielarmigen System zusammengefaßt. In der Durchführung seiner Aufgabe hat der Verfasser tatsächlich alles berücksichtigt, was für das Beweisverfahren von Bedeutung ist und sein könnte."
Archiv für Kriminologie.

Band 5:

Rehfeld, P., **Gerichtsärztliche Tatbestandsfeststellungen** im Dienste der Polizei. Ein Leitfaden für Polizei- und Kriminalbeamte. Taschenformat. 133 Seiten. 1927 . . . . Geb. RM. 3.50

„Die Bearbeitung gibt eine geschlossene, einheitliche Behandlung des Stoffgebietes durch einen Arzt, wie sie anderweitig in der kriminalistischen Literatur nicht vorhanden ist."
Deutsches Polizeiarchiv.

Gallas, Wilhelm, **Schutz des inneren Friedens.** (Siehe „Die vierte Notverordnung" Seite 12.)

Strafprozeßordnung

Kohlrausch, Eduard, **Strafprozeßordnung** und Gerichtsverfassungsgesetz. Textausgabe mit Einleitung, Anmerkungen und Nebengesetzen. In Verbindung mit Dr. Hermann Mannheim, Landgerichtsrat und Professor in Berlin, bearbeitet von Dr. Eduard Kohlrausch, Professor der Rechte in Berlin. Zweiundzwanzigste Auflage (101. bis 104. Tausend). Taschenformat. XI, 510 Seiten. 1930. (Guttentagsche Sammlung Deutscher Reichsgesetze Bd. 12.) . . . . RM. 7.50

„Das Buch ist nicht nur für den Praktiker, der sich rasch unterrichten will, sondern auch für den Studierenden, zumal wenn ihm die wirtschaftlichen Verhältnisse die Anschaffung umfangreicher Kommentare nicht ermöglichen, von größtem Wert."
Oberreichsanwalt Dr. Ebermayer in der „Juristischen Wochenschrift".

Feisenberger, Albert, **Strafprozeßordnung und Gerichtsverfassungsgesetz.** Handkommentar. Groß-Oktav. IX, 517 Seiten. 1926. Mit Nachtrag. 1927. (de Gruyterſche Sammlung Deutscher Gesetze. Handkommentare.)
Geb. RM. 17.—

„Eine glänzende Arbeit, die bald in der Hand jedes Strafrichters und Rechtsanwalts sein wird. Geradezu vorbildlich ist der Handkommentar für den Umfang der Heranziehung der Rechtsprechung. Alles Wesentliche ist berücksichtigt.“
Danziger Juristische Monatsschrift.

Beling, E., **Deutsches Reichsstrafprozeßrecht** mit Einschluß des Strafgerichtsverfassungsrechts. Oktav. XIV, 568 Seiten. 1928. (Lehrbücher und Grundrisse der Rechtswissenschaft Bd. XVII.) . RM. 15.—, geb. RM. 16.50

„... Der Doppelzweck, den B. verfolgte, ist in hervorragender Weise erfüllt. Es liegt vor uns ein nicht nur für den jungen Juristen wertvolles Lernbuch, sondern auch für den Praktiker ein gehaltvolles Lehrbuch, das mit seinen scharfsinnigen Erörterungen das Verständnis des Prozeßrechts vertieft und neue Anregungen in Fülle gibt.“ *Leipziger Zeitschrift für deutsches Recht.*

Rosenfeld, E. H., **Deutsches Strafprozeßrecht.** 2 Bände. 128 und 148 Seiten. 1926. (Sammlung Göschen Bd. 938/939.) . . . . . Geb. je RM. 1.80

„Eine wissenschaftlich hochstehende, auf einem knappen Raum zusammengedrängte, klar und originell geschriebene Einführung in den deutschen Strafprozeß.“ *Schweizer. Zeitschrift für Strafrecht.*

Löwe, F., und **Rosenberg**, Werner, **Die Strafprozeßordnung für das Deutsche Reich** vom 22. März 1924 nebst dem Gerichtsverfassungsgesetz. Kommentar. Achtzehnte, neubearbeitete Auflage. Lexikon-Oktav. 1332 Seiten. 1929.
RM. 44.—, in Halbleder geb. RM. 50.—

„Der Löwesche Kommentar hat sich in Wissenschaft und Rechtsprechung eine so hervorragende Stellung erworben, daß er zum unentbehrlichen Ratgeber für Theoretiker und Praktiker geworden ist. Der Kommentar steht nach wie vor an erster Stelle und ist ein Meisterwerk in der Kunst einer klaren, übersichtlichen und erschöpfenden Darstellung dieses außerordentlich spröden Stoffes.“
Zeitschrift des deutschen Notarvereins.

Feisenberger, Albert, **Strafprozeßordnung und Gerichtsverfassungsgesetz**, in alter und neuer Fassung synoptisch gegenübergestellt. Mit ausführlichem Sachregister. Taschenformat. 265 Seiten. 1924. Mit Nachtrag. 1927. (Guttentagsche Sammlung Deutscher Reichsgesetze Bd. 158.)
Geb. RM. 4.50

„Die Ausgabe ist für die Praxis auf längere Zeit unentbehrlich. Die synoptische Darstellung erleichtert die Arbeit und schützt vor Gedächtnisfehlern.“

Aschrott, P. F., **Die Reform des Strafprozesses.** Kritische Besprechungen der von der Kommission für die Reform des Strafprozesses gemachten Vorschläge. Auf Veranlassung der Internationalen Kriminalistischen Vereinigung, Gruppe Deutsches Reich. Groß-Oktav. XII, 120 und 784 Seiten. 1906 . . . . RM. 12.—

Beiträge zur Reform des Strafprozesses. Herausgegeben von Dr. Franz **Abides**, Dr. P. F. **Aschrott**, Dr. K. **von Lilienthal**, Dr. Fr. **von Liszt**. 2 Bände. Groß-Oktav.

I. Band, Heft 1—6. 1908 . . . . RM. 9.70
II. Band, Heft 1—5. 1909 . . . . RM. 15.10

Boehringer, Margrit, Die Eidesreform im Strafprozeß und Strafrecht. Oktav. 203 Seiten. 1931 . . . . RM. 10.—

In der vorliegenden Arbeit wird versucht, einen möglichst vollständigen Überblick über die Grundfragen und die komplizierten Einzelfragen der Reform des Strafprozesses im Beeidigungsverfahren und dem damit unmittelbar zusammenhängenden Teil der Eidesreform im Strafrecht zu geben.

Hierbei wurde ein wesentlicher Bestandteil der Aufgabe in der Systematisierung dieser meist so unübersichtlich und durcheinanderlaufend behandelten Probleme gesehen und weiter versucht, durch möglichst vollständige Literaturangabe und Behandlung ein sachliches Urteil zu ermöglichen.

Frede, L., u. Grünhut, M., Reform des Strafvollzuges. Kritische Beiträge zu dem Amtlichen Entwurf eines Strafvollzugsgesetzes. Oktav. VII, 264 Seiten. 1927 . . . . RM. 10.—

Die in dem vorliegenden Buch zusammengefaßten Beiträge üben nicht nur eine Einzelkritik an den Bestimmungen des Entwurfs, sondern dienen zugleich unter dem Gesichtspunkt der gegenwärtigen gesetzgeberischen Aufgabe der wissenschaftlichen Grundlegung des ganzen Strafvollzugsproblems.

VI. Öffentliches Recht

1. Staats- und Völkerrecht

Fischbach, O. G., Allgemeine Staatslehre. Zweite Auflage. 136 Seiten. 1928. (Sammlung Göschen Bd. 358.) . . . . Geb. RM. 1.80

„Das Buch darf einer breiten Öffentlichkeit als ausgezeichnete Einführung, den Fachgenossen aber, jung und alt, als Musterbeispiel wissenschaftlichen Bemühens um die denkbar beste Leistung anempfohlen werden, wie man ihm heute nicht allzuhäufig mehr begegnet.“ Reichsverwaltungsblatt.

Fischbach, O. G., Allgemeines Staatsrecht.
I. Teil. 139 Seiten. 1923. (Sammlung Göschen Bd. 415.) Geb. RM. 1.80
II. Teil. 151 Seiten. 1923. (Sammlung Göschen Bd. 416.) Geb. RM. 1.80

Diese Bearbeitung bringt nicht bloß einen leicht faßlichen gemeinverständlichen Überblick über alle Zweige des Staatsrechtes, sondern auch in den einzelnen Partien viele gründliche wissenschaftliche Erörterungen der einschlagenden Probleme und kritischen Beleuchtung der verschiedenen Rechtsansichten.

Stier-Somlo, Fritz, Deutsches Reichs- und Landesstaatsrecht I. Oktav. XVI, 726 Seiten. 1924. (Lehrbücher und Grundrisse der Rechtswissenschaft Bd. XVIII.) . . . . RM. 16.50, geb. RM. 18.—

„. . . Von den zurzeit vorhandenen größeren Lehrbüchern des Reichsstaatsrechts das geeignetste.“ Juristische Wochenschrift.

Stier-Somlo, Fritz, Reichsstaatsrecht. I. Grundbegriffe des Staatsrechts. Verfassungsgeschichte vom Ende des 18. Jahrhunderts bis zur Reichsverfassung vom 11. August 1919. 108 Seiten. 1927. (Sammlung Göschen Bd. 967.) Geb. RM. 1.80

II. Das geltende Reichsstaatsrecht. 114 Seiten. 1927. (Sammlung Göschen Bd. 968.) . . . . Geb. RM. 1.80

Stier-Somlo, Fritz, Preußisches Staatsrecht. Zweite Auflage. 136 Seiten. 1927. (Sammlung Göschen Bd. 298.) . . . . Geb. RM. 1.80

„Die drei schmalen Bändchen werden nicht allein als wünschenswertes Orientierungsmittel für den Laien und den angehenden Juristen zu begrüßen sein, sondern auch dem im praktischen Berufsleben stehenden Juristen Anregung und Belehrung bieten.“ Juristische Wochenschrift.

Die Verfassung des Deutschen Reichs vom 11. August 1919 **mit den wichtigsten Nebengesetzen.** Textausgabe mit Einleitung und Sachregister. Dritte Auflage. Taschenformat. 104 Seiten. 1931. (Guttentagsche Sammlung von Textausgaben ohne Anmerkungen mit Sachregister.) . . RM. 1.—

Die handliche Ausgabe enthält den genauen Gesetzestext mit einem das Zurechtfinden sehr erleichternden Sachregister. Soweit der Text nach der Veröffentlichung vom 14. August 1919 Änderungen oder Ergänzungen erfahren hat, ist dies berücksichtigt worden. Die Ausgabe entspricht dem letzten Stand. Anschließend an den Text der Reichsverfassung sind einige besonders wichtige Nebengesetze abgedruckt.

Bühler, Ottmar, **Staatsrechtliche Gesetze** des Reiches und Preußens nebst **Gewerbeordnung und Gaststättengesetz.** Textausgabe mit einführenden Bemerkungen, Paragraphenüberschriften und Sachregister. Taschenformat. XI, 748 Seiten. 1931. (Lehrausgaben Deutscher Gesetze, Bd. 3a.) Geb. RM. 9.—

Arndt, Adolf, **Die Verfassung des Deutschen Reiches.** Dritte Auflage. Taschenformat. 1927. (Guttentagsche Sammlung Deutscher Reichsgesetze Bd. 137.) . . . . RM. 8.—

„Für alle, die sich auf dem schwierigen Gebiet der Reichsverfassung orientieren wollen, liegt hier ein vorzügliches Nachschlagewerk von gediegener Wissenschaftlichkeit vor.“ *Staats- und Selbstverwaltung.*

Stier-Somlo, Fritz, **Kommentar zur Verfassung des Freistaates Preußen.** Groß-Oktav. 319 Seiten. 1921 . . . . Geb. RM. 3.—

„Die Darstellung ist flüssig und knapp und ist als treffliche Orientierung über das neue Verfassungswerk, eine Orientierung, die ihre notwendige Ergänzung in dem vorzüglichen Kommentar Stier-Somlos findet, sehr zu empfehlen.“ *Zeitschrift für öffentliches Recht.*

Arndt, Adolf, **Die Verfassung des Freistaats Preußen** vom 30. November 1920. Mit Einleitung, vollständigem Kommentar, Landeswahlgesetz und Sachregister. Taschenformat. 158 Seiten. 1921. (Guttentagsche Sammlung Preußischer Gesetze Bd. 1.) . . . . Geb. RM. 2.—

„Die Einleitung ist eine vortreffliche staatsrechtliche Abhandlung, die unter Berücksichtigung und Verwertung der einschlägigen Literatur in die Entstehungsgeschichte und in die Bedeutung der Verfassungsurkunde einführt. Der Kommentar wird denjenigen, die sich mit den einzelnen Bestimmungen der Verfassung vertraut machen wollen, ein willkommener Ratgeber sein.“ *Zeitschrift für Polizei- und Verwaltungsbeamte.*

Veröffentlichungen der Vereinigung deutscher Staatsrechtslehrer.

Heft 1: Der deutsche Föderalismus. Oktav. 1924 . . . . RM. 5.—

Heft 2: Der Schutz des öffentlichen Rechts. Oktav. 1925 . . RM. 12.—

Heft 3: Die Gleichheit vor dem Gesetz. Der Einfluß des Steuerrechts auf die Begriffsbildung des öffentlichen Rechts. Oktav. 1927 . . RM. 7.—

Heft 4: Das Recht der freien Meinungsäußerung. — Der Begriff des Gesetzes in der Reichsverfassung. Oktav. 1928 . . . . . RM. 10.—

Heft 5: Wesen und Entwicklung der Staatsgerichtsbarkeit. — Überprüfung von Verwaltungsakten durch die ordentlichen Gerichte. Oktav. 1929. RM. 12.—

Heft 6: Bundesstaatliche und gliedstaatliche Rechtsordnung. Verwaltungsrecht der öffentlichen Anstalt. Berichte von Fritz Fleiner, Josef Lukas, Lutz Richter und Arnold Köttgen. Verhandlungen der Tagung der deutschen Staatsrechtslehrer zu Frankfurt a. M. am 25. und 26. April 1929. Mit einem Auszug aus der Aussprache. Oktav. IV, 166 Seiten. 1929. RM. 9.—

Heft 7: Entwicklung und Reform des Beamtenrechts. — Die Reform des Wahlrechts. Berichte von Hans Gerber, Adolf Merkl, Heinrich Pohl und Gerhard Leibholz. Verhandlungen der Tagung der Deutschen Staatsrechtslehrer zu Halle am 28. und 29. Oktober 1931. Mit einem Auszug aus der Aussprache. Oktav. IV, 212 Seiten. 1932 . . . . RM. 12.—

Sehling, Emil, Kirchenrecht. Zweite Auflage.

I. Teil. Einleitung. Quellen, Verfassung und Verwaltung der katholischen Kirche. Anhang: Die griechisch-orthodoxe Kirche. 119 Seiten. 1922. (Sammlung Göschen Bd. 377.) . . . . Geb. RM. 1.80

II. Teil: Das evangelische Kirchenrecht. Die Stellung des Staates zur Kirche und das Verhältnis der Religionsgesellschaften zueinander. 87 Seiten. 1927. (Sammlung Göschen Bd. 954.) . . . . Geb. RM. 1.80

Edler v. Hoffmann, H., Deutsches Kolonialrecht. 150 Seiten. 1907. (Sammlung Göschen Bd. 318.) . . . . Geb. RM. 1.80

Delius, H., Die Beamtenhaftpflichtgesetze des Reiches und der Länder. Vierte, vermehrte und vollkommen neubearbeitete Auflage. Taschenformat. 384 Seiten. 1929. (Guttentagsche Sammlung Deutscher Reichsgesetze Bd. 94.) Geb. RM. 10.—

„Mit der Neubearbeitung der Deliusschen Beamtenhaftpflichtgesetze, welche den neuesten Stand der Rechtsprechung und Gesetzgebung lückenlos wiedergibt, wird einem dringenden Bedürfnis abgeholfen. Das Buch wird überall mit Freuden begrüßt werden und jedem Ratsuchenden ein zuverlässiger Führer sein."
Juristische Wochenschrift.

Wörterbuch des Völkerrechts und der Diplomatie. Begonnen von Professor Dr. Julius **Hatschek** †. Fortgesetzt und herausgegeben von Dr. Karl **Strupp**, Professor an der Universität Frankfurt a. M., Associé de l'institut de droit international, membre de l'Académie Diplomatique Internationale. Lexikon-Oktav.

Band I: Aachen—Lynchfall. VI, 860 Seiten. 1924.
RM. 35.—, in Halbleder geb. RM. 40.—

Band II: Maas—Utschiali. 779 Seiten. 1925.
RM. 35.—, in Halbleder geb. RM. 40.—

Band III (Schluß): Vasallenstaaten—Zwangsverschickung. Ferner Anhang: Abessinien—Weltgerichtshof; Sachverzeichnis und Mitarbeiterregister. II, 1316 Seiten. 1929 . . . RM. 62.—, in Halbleder geb. RM. 67.—

„Der Vorsprung, den entsprechende Werke in französischem Sprachgewande bisher hatten, ist nunmehr in Deutschland eingeholt. Die Form der alphabetischen Zergliederung des Stoffes ermöglicht eine breitere Behandlung der Einzelfälle, die im internationalen Rechtsleben nicht selten von größerer Bedeutung als vorzeitig aufgestellte Abstraktionen sind." *Zeitschrift für Völkerrecht.*

Anzilotti, D., Lehrbuch des Völkerrechts. Übersetzt und herausgegeben vom Institut für ausländisches öffentliches Recht und Völkerrecht, Berlin. I. Band. Groß-Oktav. 444 Seiten. 1929 . RM. 19.—, geb. RM. 20.—

Mit der Herausgabe der Übersetzung dieses Lehrbuches des berühmten Völkerrechtlers ist das Institut für ausländisches öffentliches Recht und Völkerrecht einem in Deutschland außerordentlich fühlbaren Bedürfnis entgegengekommen. Das Buch ist nicht schlechthin eine Übersetzung der italienischen Originalausausgabe, sondern berücksichtigt auch die gesamte Rechtsprechung und Literatur der letzten Zeit und stellt somit das zurzeit modernste Lehrbuch des Völkerrechts überhaupt dar.

Niemeyer, Theodor, Völkerrecht. 168 Seiten. 1925. (Sammlung Göschen Bd. 865.) . . . . Geb. RM. 1.80

Dieses Bändchen gibt in gedrängter Form eine vollständige Übersicht über das Völkerrecht.

Beiträge zum ausländischen öffentlichen Recht und Völkerrecht. Herausgegeben im Auftrage des Instituts für ausländisches öffentliches Recht und Völkerrecht in Berlin in Gemeinschaft mit Friedrich Glum, Ludwig Kaas, Rudolf Smend, Heinrich Triepel von **Viktor Bruns.** Groß-Oktav.

Eine Sammlung einschlägiger wissenschaftlicher Abhandlungen, Materialsammlungen, Übersetzungen besonders wertvoller ausländischer Werke u. a.

Heft 1:
Triepel, H., Staatsrecht und Politik. Rede beim Antritt des Rektorats der Friedrich-Wilhelms-Universität zu Berlin am 15. Oktober 1926. 40 Seiten. 1927 . . . . RM. 2.—

Heft 2:
Schmitt, Carl, Volksentscheid und Volksbegehren. Ein Beitrag zur Auslegung der Weimarer Verfassung und zur Lehre von der unmittelbaren Demokratie. 54 Seiten. 1927 . . . . RM. 2.60

Heft 3:
Heck, K., Der Aufbau des britischen Reiches. (Der Verhandlungsbericht der Reichskonferenz von 1926.) 152 Seiten. 1927 . . . . . . RM. 6.—

Heft 4:
Heller, H., Die Souveränität. Ein Beitrag zur Theorie des Staats- und Völkerrechts. 177 Seiten. 1927 . . . . RM. 8.50

Heft 5:
Grentrup, Theodor, Die Missionsfreiheit nach den Bestimmungen des geltenden Völkerrechts. 112 Seiten. 1928 . . . . RM. 5.50

Heft 6:
Robinson, Jakob, Das Minoritätenproblem und seine Literatur. Kritische Einführung in die Quellen und die Literatur der europäischen Nationalitätenfrage der Nachkriegszeit, unter besonderer Berücksichtigung des völkerrechtlichen Minderheitenschutzes.

Allgemeiner Teil. 265 Seiten. 1928 . . . . RM. 9.—

Heft 7:
Bilfinger, Karl, Der Reichssparkommissar. 68 Seiten. 1928 . RM. 3.60

Heft 8:
Bumiller, J. M., Die völkerrechtliche Stellung der fremden Truppen im Saargebiet. 156 Seiten. 1928 . . . . RM. 9.—

Heft 9:
Das Recht des Ausnahmezustands im Auslande (Frankreich, Belgien, Niederlande, Italien, England, Irland). 296 Seiten. 1928 . RM. 14.—

Heft 10:
Gerland, B., Die Beziehungen zwischen dem Parlament und den Gerichten in England. Eine rechtsvergleichende Studie. 137 Seiten. 1928. RM. 8.—

Heft 11:
Leibholz, Gerhard, Zu den Problemen des fascistischen Verfassungsrechts. Akademische Antrittsvorlesung. 112 Seiten. 1928 . . . . RM. 5.—

Heft 12:
Glum, Friedrich, Der deutsche und der französische Reichswirtschaftsrat. Ein Beitrag zu dem Problem der Repräsentation der Wirtschaft im Staat. 188 Seiten. 1929 . . . . RM. 9.—

Heft 13:
Leibholz, Gerhard, Das Wesen der Repräsentation unter besonderer Berücksichtigung des Repräsentativsystems. Ein Beitrag zur allgemeinen Staats- und Verfassungslehre. Groß-Oktav. 214 Seiten. 1929 . . . RM. 14.—

Heft 14:
Schenk, Graf v. Stauffenberg, B., Die Rechtsstellung der russischen Handelsvertretungen. Oktav. 95 Seiten. 1930 . . . . RM. 6.—

Heft 15:
Hsü Dau-Lin, Die Verfassungswandlung. Oktav. 182 Seiten. 1932. RM. 6.—

Heft 16:
Menzel, Kurt, Das deutsche Vorkriegsvermögen in Rußland und der deutsche Entschädigungsvorbehalt. Eine Übersicht, zugleich über die Entschädigungsbemühungen der anderen Staaten. Oktav. IV, 236 Seiten. 1931. RM. 9.—

Heft 17:
Kaufmann, Erich, Zur Problematik des Volkswillens. Oktav. 19 Seiten. 1931 . . . . RM. 1.50

Kraus, H., Internationale Schiedssprechung. Eine Sammlung der für das Deutsche Reich verbindlichen Verträge und Vertragsbestimmungen, die sich auf internationale Gerichtsbarkeit, Schiedsgerichtsbarkeit, sowie Vergleichsverfahren beziehen, nebst den dazugehörigen deutschen Regierungsdenkschriften. Taschenformat. XXXVI, 348 Seiten. 1929. (Guttentagsche Sammlung Deutscher Reichsgesetze Bd. 174.) . . . Geb. RM. 10.—

„Die vorliegende Dokumentensammlung füllt eine Lücke aus, da es bisher schwer war, alle schiedsrichterlichen Verpflichtungen des Deutschen Reiches auf einmal einzusehen.“ *Friedenswarte.*

Strupp, Karl, Das Werk von Locarno. Eine völkerrechtlich-politische Studie. Oktav. 180 Seiten. 1926 . . . . RM. 10.—

„Die lückenlose Mitteilung aller für das Verständnis und die Auslegung wichtiger Urkunden macht das aktuelle Buch zu einem außerordentlich wertvollen Mittel der Erkenntnis des Inhalts und der Tragweite dieser grundlegenden Staatsverträge.“ *D. A. Z.*

Sering, Max, Deutschland unter dem Dawes-Plan. Entstehung, Rechtsgrundlagen, wirtschaftliche Wirkungen der Reparationslasten. Oktav. VIII, 237 Seiten. 1928 . . . . RM. 10.—

„Nicht nur dem Juristen und Volkswirtschaftler, sondern auch dem Laien verständlich, gibt das Werk einem jeden wertvollen Einblick in Deutschlands wirtschaftspolitische Abhängigkeit, die sich bis in die kleinsten Betriebe hineinzieht, die jedes einzelne Glied des deutschen Volkes betrifft.“ *Prakt. Rundschau.*

2. Verwaltungsrecht

a) Reichsrecht

Bühler, O., Verwaltungsgesetze des Reiches und Preußens. Taschenformat. XI, 682 Seiten. 1930. Mit Nachtrag 1931 . . . . . Geb. RM. 11.— (Lehrausgaben Deutscher Gesetze Bd. III.)

Außer den preußischen Verwaltungsgesetzen bringt der vorliegende Band als erster auch die immer wichtiger werdenden Verwaltungsgesetze des Reichs. Durch Weglassung aller für den Unterricht überflüssigen Gesetze, Weglassung auch unwichtigerer Bestimmungen in den oft sehr weitschweifigen Verwaltungsgesetzen (wobei aber der Inhalt weggelassener Bestimmungen jeweils kurz angedeutet ist) ist es ermöglicht worden, auch hier einen Band erstehen zu lassen, der nicht schon durch seinen Umfang abschreckt.

Fischbach, O. G., Das Reichsbeamtengesetz vom 31. März 1873 in der Fassung der Bekanntmachung vom 18. Mai 1907 mit allen Abänderungen und Ergänzungen. Taschenformat. 311 Seiten. 1930. (Guttentagsche Sammlung Deutscher Reichsgesetze Bd. 82.) . . . . Geb. RM. 6.—

Die vorliegende Erläuterung des Beamtengesetzes durch den bekannten Staatsrechtlehrer kommt einem besonderen Bedürfnis der Praxis entgegen, die z. Zt. eine den neuesten Fortschritten der Wissenschaft und Rechtsprechung entsprechende Handausgabe sehr entbehrt. Bemerkenswert ist, daß auch verwandte Gesetze und Verordnungen der einheitlichen Erläuterung unterzogen wurden, so daß dieses Buch für die Praxis ein der Sache wie der Erläuterungsart wichtiges Hilfsmittel darstellt.

Blume, E., und **Weirauch, W., Die Eisenbahn-Verkehrsordnung** vom 16. Mai 1928 mit Allgemeinen Ausführungsbestimmungen sowie dem Internationalen Übereinkommen über den Eisenbahnfrachtverkehr vom 30. Mai 1925 und dem Internationalen Übereinkommen über den Eisenbahn-Personen- und Gepäckverkehr vom 12. Juni 1925. Textausgabe mit Anmerkungen. Vierte Auflage. Taschenformat. X, 482 Seiten. 1928. (Guttentagsche Sammlung Deutscher Reichsgesetze Bd. 91.) . . . . Geb. RM. 9.—

„Ein treffliches Hilfsbuch für alle, die sich mit dem Eisenbahnverkehrsrecht theoretisch und praktisch zu beschäftigen haben. Der Kommentar wird besonders auch den Gerichten und den Anwälten gute Dienste leisten, da die Ausführungsbestimmungen zur Eisenbahnverkehrsordnung, die vollständig abgedruckt werden, sonst nur in den Tarifen veröffentlicht werden, die in den Kreisen der Juristen weniger bekannt sind. Allen, die es angeht, kann daher die Anschaffung der neuen Auflage dringend empfohlen werden.“ Juristische Wochenschrift.

Fischer, D., und **Staedler, E., Die deutsche Post- und Telegraphengesetzgebung.** Teil I: **Postrecht** (mit Ausschluß des internationalen Rechts). Siebente Auflage. 47*, 586 Seiten. 1929. (Guttentagsche Sammlung Deutscher Reichsgesetze Bd. 7.) . . . . Geb. RM. 15.—

„Die Texte sind mit großer Sorgfalt und mit dem Streben nach einschlägiger Vollständigkeit zusammengestellt. Eine Verbesserung gegenüber den früheren Auflagen bedeutet der der Sammlung neu vorangestellte systematische Abriß des geltenden Postrechts.“ Württembergische Industrie.

Teil II: **Telegraphen- und Fernsprechrecht** (mit Ausschluß des internationalen Rechts). Taschenformat. 495 Seiten. 1930. (Guttentagsche Sammlung Deutscher Reichsgesetze Band 7a.) . . . . RM. 13.—

Wie im ersten Teil, so werden auch hier die Erläuterungen unter die folgenden Gesichtspunkte gestellt: 1. Die wechselseitige juristische und tatsächliche Berührung zwischen den sehr zersplitterten Rechtsquellen. 2. Die rechtsgeschichtlichen Zusammenhänge, die zur kritischen Beurteilung des Gegenstandes unerläßlich sind. 3. Die öffentlich-rechtliche Eigenschaft des gesamten Rechtsstoffes. Rechtsprechung und Literatur sind bis in die letzte Zeit berücksichtigt.

Sebba, Julius, Seewasserstraßenordnung. (Polizeiverordnung zur Regelung des Verkehrs auf den deutschen Seewasserstraßen vom 31. März 1927.) Taschenformat. 493 Seiten. 1928. (Guttentagsche Sammlung Deutscher Reichsgesetze Bd. 171.) . . . . Geb. RM. 8.50

„... Es bedarf hierbei wohl nicht der besonderen Hervorhebung, daß die Kommentierungsmethode des rühmlichst bekannten Neu-Herausgebers von Schaps, Seerecht, auch in dem vorliegenden Werke eine knappe und doch gründliche geworden ist.“ Verkehrsrechtliche Praxis.

Busse, Rudolf, Luftrecht einschließlich Luftverkehrsgesetz und Pariser Luftverkehrsabkommen. Taschenformat. XVIII, 448 Seiten. 1928. (Guttentagsche Sammlung Deutscher Reichsgesetze Bd. 170.) . . Geb. RM. 10.—

Das vorliegende Buch sucht in einem nationalen und internationalen Teil einen klaren Überblick über das gesamte Luftrecht zu geben; der neueste Stand der Rechtsprechung ist hierbei berücksichtigt. Den erläuterten Gesetzesabkommenstexten ist eine systematische Einführung in das gesamte Luftrecht mit seinen vielseitigen Rechtsdisziplinen vorausgeschickt.

Vollmann, Kurt, Die Straßenverkehrsordnungen nebst den einschlägigen Nebenbestimmungen. Taschenformat. 312 Seiten. 1929. (Guttentagsche Sammlung Deutscher Reichsgesetze Bd. 175.) . . . . . Geb. RM. 7.—

„Das übersichtliche Werkchen, das uns eine schnelle Information über auftauchende Rechtsfragen auf diesem besonderen Verkehrsgebiete verschafft, kann Polizeibeamten, Gerichten, Anwälten, Fahrwerksbesitzern, Kraftfahrern und Radfahrern zur Anschaffung empfohlen werden.“ Verkehrsrechtl. Rundschau.

Holzapfel, W., Die Siedlungsgesetzgebung im Reich und in Preußen. 347 Seiten. 1920. (Guttentagsche Sammlung Deutscher Reichsgesetze Bd. 140.) Geb. RM. 3.—

„Die zur Ausführung jener Gesetze bestimmten Behörden und auch die literarische Forschung werden dem Verfasser für seine mühevolle Arbeit Anerkennung zollen.“ Archiv für öffentliches Recht.

Behrend, Ernst, und Stranz-Hurwitz, Helene, Sammlung von Wohlfahrtsgesetzen des Deutschen Reichs und Preußens nebst den allgemeinen Wohlfahrtsgesetzen von Sachsen, Thüringen, Hamburg, Mecklenburg-Schwerin und -Strelitz, Oldenburg, Lippe und Lübeck.

Teil I: Taschenformat. 560 Seiten. 1923 . . . . Geb. RM. 5.—
Teil II: Nebst Ausführungsgesetzen sämtlicher Länder zum Reichsjugendwohlfahrtsgesetz. Taschenformat. XVI, 551 Seiten. 1925. (Guttentagsche Sammlung Deutscher Reichsgesetze Bd. 152 und 152a.) Geb. RM. 9.—
Teil I und II zus. RM. 12.—

„Die kurzen, alles Wesentliche zusammenfassenden Einleitungen zu den einzelnen Gesetzen sind mit außerordentlicher Sachkunde und Klarheit geschrieben; sie genügen zusammen mit den Literaturangaben völlig für den Praktiker, um die Gesetzestexte richtig handhaben zu können. Das Werk ist für alle in der Wohlfahrtspflege Arbeitenden unentbehrlich und sehr praktisch.“ Nachrichtendienst des Deutschen Vereins für öffentliche Fürsorge.

Wegner, Arthur, Jugendrecht. Ein Lehrbuch zur Einführung. Oktav. IX, 219 Seiten. 1929 . . . . RM. 6.—, geb. RM. 7.50

Drewes, Paul, und Sandré, Emil, Das Reichsgesetz für Jugendwohlfahrt vom 9. Juli 1922 und **Jugendgerichtsgesetz** vom 16. Februar 1923 nebst Nebengesetzen. Zweite Auflage. Taschenformat. XVI, 496 Seiten. 1928. (Guttentagsche Sammlung Deutscher Reichsgesetze Bd. 154.) Geb. RM. 11.—

„Eine sehr handliche Gesetzesausgabe. Sie bietet in ausführlichen geschichtlichen und rechtlichen Vorbemerkungen und Einleitungen wertvolles Material zur Einführung in den Willen und Geist beider Gesetze und gibt in knappen, aber ausreichenden Erläuterungsbemerkungen zu den einzelnen Bestimmungen dem Praktiker die erforderlichen Unterlagen zur richtigen Anwendung. Das Werk dürfte sich in der Praxis beliebt machen." *Blätter für öffentliche Fürsorge.*

Sandré, Emil, **Verordnung über die Fürsorgepflicht.** Vom 14. Februar 1924. Mit Einschluß der für die Durchführung dieser Verordnung in Frage kommenden reichs- und landesgesetzlichen Bestimmungen. Taschenformat. 342 Seiten. 1925. (Guttentagsche Sammlung Deutscher Reichsgesetze Bd. 160.) Geb. RM. 6.—

„Die Zusammenstellung der bis in die jüngste Zeit ergangenen gesetzlichen Bestimmungen, die in Beziehung zur Fürsorgepflichtverordnung stehen, gibt der Sandréschen Arbeit ihre besondere Bedeutung. Die Anmerkungen sind zahlreich und zeichnen sich durch einen feinen, klaren Stil aus. Das Buch ist übersichtlich geordnet und leicht zu handhaben." *Schleswig-Holsteinische Wohlfahrtsblätter.*

Szczesny, Viktor, **Das Lichtspielgesetz** vom 12. Mai 1920 mit der Ausführungsverordnung. Einleitung, Gebührenordnung und Sachregister. Taschenformat. 106 Seiten. 1920. (Guttentagsche Sammlung Deutscher Reichsgesetze Bd. 147.) . . . . Geb. RM. 1.50

„Das neue Lichtspielgesetz hat hier eine ausführliche Kommentierung gefunden. Das Buch kann bei der gründlichen Behandlung des Stoffes als ein geeignetes Hilfsmittel für die Praxis bezeichnet werden." *Preußische Gemeinde-Zeitung.*

Wündisch, Ernst, **Das Gesetz über Schußwaffen und Munition** vom 12. April 1928 (RGBl. I S. 143) nebst der Ausführungsverordnung der Reichsregierung vom 13. Juli 1928 (RGBl. I S. 198) und dem Preußischen Erlaß zur Durchführung des Gesetzes vom 7. September 1928 (MBliV. S. 925). Taschenformat. 139 Seiten. 1928. (Guttentagsche Sammlung Deutscher Reichsgesetze Bd. 173.) . . . . Geb. RM. 5.—

Durch das Gesetz über Schußwaffen und Munition vom 12. April 1928 sind auf diesem für die Öffentlichkeit so wichtigen Gebiet neue Rechtsverhältnisse geschaffen worden, für die die Praxis exakte Erläuterungen wünscht. Eine solche Erläuterung stellt das vorliegende Buch dar, das, von einem auf diesem Gebiet besonders erfahrenen Sachkenner bearbeitet, eine absolut zuverlässige Darstellung der neuen Bestimmungen enthält. Außer dem Gesetzestext sind die für die Praxis wichtigen Ausführungsbestimmungen des Reiches und Preußens abgedruckt. Auf Übersichtlichkeit, Leichtverständlichkeit und Vollständigkeit der Erläuterungen, die die Hauptvorzüge der Guttentagschen Sammlung sind, wurde auch bei diesem Gesetze Wert gelegt.

Fraustädter, W., und Kreutzberger, M., **Das deutsche Ausländerrecht.** Die Bestimmungen des Reichsrechts und preußischen Landesrechts. Textausgabe mit Erläuterungen und Sachregister. Taschenformat. 396 Seiten. 1927. (Guttentagsche Sammlung Deutscher Reichsgesetze Bd. 166.) Geb. RM. 9.—

„Eine höchst begrüßenswerte Veranstaltung, aus dem Bedürfnis der Praxis hervorgegangen und mit vollendetem Sachverständnis unternommen. Sowohl die Vollständigkeit der mannigfach verstreuten gesetzlichen Bestimmungen als deren Anordnung, Registrierung und Erläuterung durch Ausführungsbestimmungen, Gerichtsentscheidungen, Verwaltungspraxis ist vortrefflich."
Niemeyers Zeitschrift für internationales Recht.

Voß, Werner, **Die reichs- und landesrechtlichen Bestimmungen auf dem Gebiete des Gesundheitswesens.** Zusammengestellt und mit Anmerkungen versehen. Taschenformat. 608 Seiten. 1929. (Guttentagsche Sammlung Deutscher Reichsgesetze Bd. 172.) . . . . Geb. RM. 11.—

„Der Band enthält eine Sammlung der Gesetze, Verordnungen und Bestimmungen auf dem Gebiete des Gesundheitswesens, wie sie in dieser Vollständigkeit sonst nicht besteht. Dadurch erst ist ein zuverlässiger und rascher Überblick über die einschlägigen weit verstreuten Bestimmungen gewährleistet."
Württ. Zeitschr. f. Rechtspflege.

Hippel, W. von, Reichsviehseuchengesetz vom 25. Juni 1909 nebst Ausführungsvorschriften und dem preußischen Ausführungsgesetz. Zweite Auflage. Taschenformat. 486 Seiten. 1913. (Guttentagsche Sammlung Deutscher Reichsgesetze Bd. 103.) . . . . Geb. RM. 4.—

Borberger, L. von, Vogelschutzgesetz vom 30. Mai 1908 nebst den das Flugwild betreffenden Bestimmungen der Preußischen Jagdordnung. Taschenformat. 57 Seiten. 1909. (Guttentagsche Sammlung Deutscher Reichsgesetze Bd. 89.) . . . . Geb. RM. 1.—

b) Landesrecht

Bitter, von, Handwörterbuch der Preußischen Verwaltung. Dritte, vollständig umgearbeitete Auflage. Unter Mitwirkung zahlreicher hoher Reichs- und preußischer Staatsbeamten herausgegeben von Dr. Bill Drews, Staatsminister a. D., Präsident des Pr. Oberverwaltungsgerichts, und Dr. Franz Hoffmann, Wirklicher Geheimer Oberregierungsrat, Berlin. Lexikon-Oktav. 1928 . . . . RM. 120.—, in Halbleder geb. RM. 132.—

Erster Band, 1. Halbband: Abbaugerechtigkeiten—Fleisch- und Viehagenten. 552 Seiten.

2. Halbband: Fleischvergiftung—Kyffhäuserbund. Seite 553 bis 1134 und IX Seiten.

Zweiter Band: Lackfabriken—Zwischenkredit. VII, 1220 Seiten. (Im Verlage der Firmen: Walter de Gruyter & Co., Berlin; Carl Heymanns Verlag, Berlin; Roßberg'sche Verlagsbuchhandlung, Leipzig.)

Das zentrale Werk der Praxis des Verwaltungsrechts.

Reichelt, H., Verwaltungsgesetzbuch für Preußen. Systematische Zusammenstellung der wichtigsten Verwaltungsgesetze und Verordnungen für Praxis und Unterrichtszwecke. Lexikon-Oktav. VII, 1302 Seiten. 1914.
Geb. RM. 7.60

„Das Buch ist sehr wertvoll, dem Praktiker unentbehrlich und leistet demjenigen, der sich auf eine Prüfung vorbereitet, vorzügliche Dienste. Allen Verwaltungsbehörden wird das Buch warm empfohlen."
Preußische Verwaltungs- und Finanz-Zeitung.

Friedrichs, K., Die Gesetzgebung über die allgemeine Landesverwaltung und Zuständigkeit der Verwaltungs- und Verwaltungsgerichtsbehörden. Dritte, durchgesehene Auflage. Taschenformat. XXIII, 295 Seiten. 1927. (Guttentagsche Sammlung Preußischer Gesetze Bd. 42.) . . . Geb. RM. 5.—

„Der Wert dieser Arbeit liegt darin, daß er eine erschöpfende und klare Übersicht über das tatsächlich geltende Verwaltungsrecht bringt. Das Werk ist ein vorzügliches und nie versagendes Hilfsmittel." Gesetz und Recht.

Pfafferoth, Carl, Preußische Beamtengesetzgebung. Fünfte Auflage. XIV, 280 Seiten. 1916. (Guttentagsche Sammlung Preußischer Gesetze Bd. 2.)
Geb. RM. 2.40

Dultzig, Eugen von, Das preußische Disziplinargesetz für die nichtrichterlichen Beamten. Taschenformat. XIV, 364 Seiten. 1914. (Guttentagsche Sammlung Preußischer Gesetze Bd. 51.) . . . . Geb. RM. 4.20

„Der Verfasser kennt das Disziplinarrecht aus eigener Tätigkeit und aus langer Erfahrung. Diese hat er zu einem praktischen Nachschlagebuch für alle praktischen Fragen des Disziplinarrechts ausgestaltet. Bei tunlichster Kürze sind doch recht erschöpfende, klare und anschauliche Erläuterungen entstanden, die das Verständnis und die Anwendung des Disziplinarrechts in zweckmäßiger Weise erleichtern. Das Büchlein verdient volle Beachtung."
Zeitschrift für Polizei- und Verwaltungsbeamte.

Hagemann, Rudolf, Hinterlegungsordnung vom 21. April 1913. Taschenformat. 175 Seiten. 1914. (Guttentagsche Sammlung Preußischer Gesetze Bd. 53.) . . . . Geb. RM. 2.20

„Das in der vorteilhaft bekannten Guttentagschen Sammlung erschienene Buch darf als ein Hilfsmittel zu dem nicht immer ganz einfachen Verständnis der neuen Hinterlegungsvorschriften bestens empfohlen werden; es ist klar, übersichtlich und ausführlich." Zentralblatt für freiwillige Gerichtsbarkeit.

Aschrott, P. F., Gesetz über die Fürsorgeerziehung Minderjähriger. Vom 2. Juli 1900. Nebst Ausführungsanweisungen. Dritte Auflage. Taschenformat. 374 Seiten. 1917. (Guttentagsche Sammlung Preußischer Gesetze Bd. 28.) . . . . Geb. RM. 2.80

„Das Buch gewährt nicht nur einen klaren Einblick in die gegenwärtige Gestaltung der Fürsorgeerziehung in Preußen, sondern es gibt auch über die Zweifelsfragen, welche bei der Auslegung des technisch ziemlich unvollkommenen Fürsorgeerziehungsgesetzes in besonders reicher Fülle auftauchen, durchweg eine erschöpfende und zutreffende Auskunft." Das Recht.

Marcks, A., Gesetz, betr. die Unterhaltung der öffentlichen Volksschulen. Taschenformat. 194 Seiten. 1906. (Guttentagsche Sammlung Preußischer Gesetze Bd. 39.) . . . . Geb. RM. 1.80

„Das handliche Büchlein wird, von sachkundiger Seite herrührend und praktisch angelegt, Verwaltungsbeamten, Schulvorständen, Lehrern beim Gebrauch gute Dienste leisten." Schulblatt der Provinz Brandenburg.

Ledermann, W., und Brühl, L., Die Städteordnung für die sechs östlichen Provinzen Preußens. Zweite Auflage. Taschenformat. 593 Seiten. 1913. (Guttentagsche Sammlung Preußischer Gesetze Bd. 32.) . Geb. RM. 6.—

„Der Kommentar, eine hervorragende Arbeit, ist von der Kritik und der Praxis so einmütig günstig aufgenommen worden, daß er auch in seiner zweiten durch Gesetzgebung, Literatur und Rechtsprechung der letzten zehn Jahre bereicherten Ausgabe keiner weiteren Empfehlung bedarf." Kommunale Praxis.

Wölbling, P., Bildung der neuen Stadtgemeinde Berlin. Zweite Auflage. Taschenformat. 114 Seiten. 1920. (Guttentagsche Sammlung Preußischer Gesetze Bd. 59.) . . . . Geb. RM. 1.40

„Die Ebenmäßigkeit mit den Kommentaren anderer Gesetze der Guttentagschen Sammlung erringt der Verfasser durch seine strenge Sachlichkeit. Damit muß seinem Werk die Beachtung bei der Durchführung des Gesetzes und bleibender Wert gesichert erscheinen." Soziale Praxis.

Caro, H., Gesetz, betr. Austritt aus der Landeskirche, vom 14. Mai 1873. Taschenformat. 190 Seiten. 1911. (Guttentagsche Sammlung Preußischer Gesetze Bd. 46.) . . . . Geb. RM. 2.40

„Ein sehr praktisches Buch, das in den Anmerkungen zum Wortlaut des Gesetzes eine reiche Fülle von Material bietet für alle möglichen Fragen, die mit Aus- und Obertritt zusammenhängen. Das genau gearbeitete Inhaltsverzeichnis ermöglicht bei gelegentlicher Benutzung ein leichtes Auffinden des Nötigen."
Deutsch-Protestantische Bücherschau.

Meyer, O., Gesetz betr. die Anlegung und Veränderung von Straßen und Plätzen in Städten und ländlichen Ortschaften. Taschenformat. 211 Seiten. 1913. (Guttentagsche Sammlung Preußischer Gesetze Bd. 50.) . RM. 3.—

Strauß-Torney, Hugo von, und **Saß**, Carl, früher **Friedrichs**, R., **Gesetz betr. Anlegung und Veränderung von Straßen und Plätzen** in Städten und ländlichen Ortschaften. (Straßen- und Baufluchtengesetz.) Kommentar. Sechste Auflage. Groß-Oktav. 211 Seiten. 1920. Mit Nachtrag, 1932.
RM. 9.—, geb. RM. 10.50

„Das Werk zeigt eine Reichhaltigkeit und Vollständigkeit, die sonst wenigen Kommentaren eigen ist, und übertrifft hierin noch weit die früheren Auflagen. Besonders erwähnenswert ist die geschickte Anordnung der Erläuterungen und das praktische Inhaltsverzeichnis." Wochenschrift des Architektenvereins zu Berlin.

Saß, **Enteignung auf dem Gebiete des Städtebaues** nach der dritten Notverordnung Kapitel III (zweite Verordnung des Reichspräsidenten zur Sicherung von Wirtschaft und Finanzen) vom 5. Juni 1931. Nachtrag zum Straßen- und Baufluchtengesetz von v. Strauß und Torney und Saß, 6. Aufl. RM. 1.—

Heine, H., **Die preußischen Baupolizeigesetze** nebst den sonstigen einschlägigen Reichs- und Landesgesetzen. Taschenformat. 404 Seiten. 1928. (Guttentagsche Sammlung Preußischer Gesetze Bd. 64.) . . . . Geb. RM. 8.—

Diesem Band ist die Aufgabe gestellt, die in erster Linie in Betracht kommenden Gesetze und sonstigen Vorschriften und die im Zusammenhang hiermit entstehenden Rechtsfragen in übersichtlicher Weise zusammenzufassen und zu erörtern. Die Rechtsprechung des Oberverwaltungsgerichts und anderer Gerichte ist hierbei berücksichtigt worden.

Goldschmidt, O., **Gesetze gegen die Verunstaltung landschaftlich hervorragender Gegenden** mit Ausführungsanweisungen. Taschenformat. 152 Seiten. 1912. (Guttentagsche Sammlung Preußischer Gesetze Bd. 49.) Geb. RM. 2.40

„Der Kommentar bietet eine sachgemäße, sorgfältige und erschöpfende Erläuterung der einzelnen gesetzlichen Bestimmungen. Er wird als ein durch Vollständigkeit und Zuverlässigkeit ausgezeichnetes Hilfsmittel jedem Freunde des Heimatschutzes ein willkommener Ratgeber sein." Jahrbuch des Heimatschutzes.

Stier-Somlo, Fritz, **Polizeiverwaltungsgesetz** vom 1. Juni 1931 und **Gesetz zur Aufhebung veralteter Polizei- und Strafgesetze** vom 23. Mai 1931. Mit den **Ausführungsbestimmungen** vom 1. Oktober 1931 und einschlägigen Gesetzen. Taschenformat. 447 Seiten. 1932. (Guttentagsche Sammlung Preußischer Gesetze, Nr. 65.) . . . . Geb. RM. 8.50

Ein Kommentar, der unter Verzicht auf Nebensächlichkeiten eine sachkundige und zuverlässige Erläuterung des neuen Rechts bietet. Der bekannte Staatsrechtlehrer gibt eine eingehende Darstellung des neuen Gesetzes und erläutert unter Heranziehung amtlicher Materialien sowie der Literatur und des älteren Rechts jede einzelne Bestimmung des neuen Gesetzes, dabei immer von dem Gesichtspunkt ausgehend, ein für die Praxis und die Anwendung des neuen Gesetzes brauchbares Hilfsmittel zu bieten.

Wulff, G., und **Herold**, F., **Wassergesetz** vom 7. April 1913. Mit Einleitung, Erläuterungen und Sachregister. Zweite, umgearbeitete Auflage von G. Wulff. Taschenformat. XVI, 665 Seiten. 1928. (Guttentagsche Sammlung Preußischer Gesetze Bd. 52.) . . . . Geb. RM. 12.—

„Gründlichkeit und treffsichere Kürze bilden einen besonderen Vorzug des Werkes." Ministerialblatt f. d. preuß. innere Verwaltung.

Holtgreven, A., und **Wolff**, Th., **Das Wildschadengesetz** vom 11. Juli 1891. Kommentar. Vierte, vermehrte und verbesserte Auflage. Oktav. VIII, 216 Seiten. 1902 . . . . RM. 4.—

„Dieses Werkchen will einerseits die juristisch zweifelhaften Punkte des Wildschadengesetzes wissenschaftlich erörtern und klarstellen und andererseits allen denjenigen, welche bei der Handhabung dieses Gesetzes in irgendeiner Weise, sei es als Private, Beamte, Grundbesitzer oder als Jagdberechtigte, beteiligt sind, ein praktischer Berater sein." Allgemeine Forst- und Jagdzeitung.

Born, A., Das preußische Fischereigesetz vom 11. Mai 1916 in der geltenden Fassung. Taschenformat. 428 Seiten. 1928. (Guttentagsche Sammlung Preußischer Gesetze Nr. 62.) . . . . Geb. RM. 7.50

Die Ausgabe bietet eine bis jetzt fehlende neue Darstellung des Fischereigesetzes, in der vor allem die neue Rechtsprechung eingehend verwertet ist. Außer dem Fischereigesetz, das eine ausführliche Erläuterung gefunden hat, sind die wichtigen Ausführungsverordnungen und im Anhang die einschlägigen Bestimmungen anderer für die Anwendung des Fischereigesetzes in Frage kommenden Gesetze berücksichtigt.

Born, A., Die preußischen Jagdgesetze in ihrer geltenden Fassung. Mit Erläuterungen versehen. Taschenformat. 433 Seiten. 1928. (Guttentagsche Sammlung Preußischer Gesetze Nr. 63.) . . . . Geb. RM. 8.—

„Das Buch kann zur Belehrung und Handgebrauch den Gerichten, Landratsämtern, Gemeinden und Forstbehörden sowie allen jagdlich interessierten Personen warm empfohlen werden." *Leipziger Ztsch. f. dtsch. Recht.*

Kunze, F., Das Jagdscheingesetz. Zweite Auflage. Taschenformat. 157 Seiten. 1899. (Guttentagsche Sammlung Preußischer Gesetze Bd. 19.) Geb. RM. 2.—

„Die eingehenden Anmerkungen und die im Titel hervorgehobenen Beigaben machen den kleinen Kommentar zu einem vortrefflichen, in der Praxis schwer entbehrlichen Hilfsmittel zur Auslegung des Gesetzes." *Zeitschrift für die gesamte Strafrechtswissenschaft.*

Holzapfel, W., Umlegungsordnung. Taschenformat. 144 Seiten. 1921. (Guttentagsche Sammlung Preußischer Gesetze Bd. 60.) . . . . . . RM. 1.80

„Holzapfel, der hervorragende Kenner der Auseinandersetzungsgesetze, erläutert die Vorschriften der Umlegungsordnung in seiner scharfsinnigen Art in durchaus erschöpfender Weise und gibt in diesen Erläuterungen ein außerordentlich anschauliches Bild von der Umlegung der Grundstücke. Das Buch ist auch für Laien leicht und gut verständlich und kann jedem, der für die Umlegung Interesse hat, zur Benutzung angelegentlich empfohlen werden." *Preußisches Verwaltungsblatt.*

Holzapfel, W., Gesetz über Landeskulturbehörden. Taschenformat. 176 Seiten. 1919. (Guttentagsche Sammlung Preußischer Gesetze Bd. 57.) Geb. RM. 2.—

„Der Titel gibt den Inhalt des Werkchens vollständig an, hinzuzufügen ist aber, daß die Erläuterung, die umfangreich und eingehend ist und der praktischen Handhabung des Gesetzes Schritt für Schritt folgt, aus der Feder eines Mannes herrührt, der durch seine sachliche Qualifikation als gründlicher Kenner der Materie für eine zuverlässige Führung die größte Gewähr bietet. Dankenswert ist die Gründlichkeit der im bescheidenen Rahmen geleisteten Arbeit." *Verwaltungs-Archiv.*

Kollenscher, M., Rechtsverhältnisse der Juden in Preußen. Taschenformat. VIII, 199 Seiten. 1910. (Guttentagsche Sammlung Preußischer Gesetze Bd. 45.) . . . . RM. 2.40

„Eine zusammenfassende, erschöpfende Darstellung der in den verschiedenen Quellen zerstreuten zahlreichen Judengesetze und Verordnungen. Jede Synagogengemeinde und jeder, der sich mit jüdischen Angelegenheiten beschäftigt, müßten dieses Buch besitzen." *Jüdische Rundschau.*

3. Steuerrecht

Kieberl, A., Reichsabgabenordnung vom 13. Dezember 1919 nebst Einführungsverordnung vom 18. Dezember 1919 und Übergangsverordnung vom 11. Oktober 1921. Textausgabe mit Anmerkungen und ausführlichem Sachregister. Zweite, neubearbeitete Auflage. Taschenformat. 1927. (Guttentagsche Sammlung Deutscher Reichsgesetze Bd. 143.) Mit folgendem Nachtrag geb. RM. 12.—

„*Die Darstellung ist leicht verständlich und klar. Das Sachregister ist gründlich bearbeitet. Jedenfalls wird das Buch, das einen mit der praktischen Handhabung der RAbgO. vertrauten Verfasser erkennen läßt, nicht nur den Steuerbeamten, sondern auch dem rechtsuchenden Publikum und seinen Beratern ein willkommener guter Führer auf diesem Gebiet sein.*" *Juristische Wochenschrift.*

Nieberl, A., Die Änderungen der Reichsabgabenordnung durch die Verordnung vom 1. Dezember 1930. Taschenformat. 127 Seiten. 1931. RM. 2.—

Heilborn, Theodor, Sicherung der Haushalte. (Siehe „Vierte Notverordnung" Seite 12.)

Hollaender, Adolf, Einkommensteuergesetz und Körperschaftsteuergesetz nebst den zugehörigen Aus- und Durchführungsbestimmungen, Verordnungen und Erlassen. Taschenformat. XXXIX, 697 Seiten. 1926. Mit Nachtrag 1928. (Guttentagsche Sammlung Deutscher Reichsgesetze Bd. 151.) Geb. RM. 24.—

„*Das auf die Bedürfnisse der Praxis abgestellte und ihnen gerecht werdende Buch wird jedem gute Dienste leisten, der sich handelnd oder leitend auf dem äußerst unsicheren, ohne Hilfsmittel überhaupt nicht begehbaren Boden der heutigen Einkommensteuer zurechtfinden muß.*" *Juristische Rundschau.*

Pick, Reichsbewertungsgesetz. Textausgabe mit Anmerkungen. In Bearbeitung.

Schachian, Herbert, **Erbschaftsteuergesetz,** Fassung vom 25. Juni 1931, mit Anmerkungen. Fünfte Auflage. Oktav. 77 Seiten. 1931 . . RM. 2.50

„*Eine vollständige Darstellung des Erbschaftssteuerrechts und der zugrunde liegenden bürgerlich-rechtlichen Vorschriften des Erbrechts. Als wissenschaftliche und praktische Leistung steht der klar und scharf geschriebene Kommentar in vorderster Reihe unter seinen Rivalen; er ist als Wegweiser besonders zu empfehlen.*" *Juristische Wochenschrift.*

Hoffmann, U., Die preußischen Erbschaftsteuergesetze. Taschenformat. 561 Seiten. 1905. (Guttentagsche Sammlung Preußischer Gesetze Bd. 20.) RM. 3.—

Lindemann, Otto, Umsatzsteuergesetz (neueste Fassung) mit Ausführungsbestimmungen. Vierte, vermehrte und verbesserte Auflage. Taschenformat. 518 Seiten. 1926. (Guttentagsche Sammlung Deutscher Reichsgesetze Bd. 132.) . . . . Geb. RM. 10.—

„*Es handelt sich um einen ausführlichen, gediegenen und klar abgefaßten Kommentar, der den weiteren Vorzug besitzt, auf dem laufenden zu sein. Das Werk kann allen Interessenten nur warm empfohlen werden.*"
Industrie- und Handelszeitung.

Lindemann, Otto, Grunderwerbsteuergesetz (neueste Fassung) mit den Ausführungsbestimmungen. Zweite, völlig umgearbeitete Auflage. Taschenformat. 186 Seiten. 1926. Mit Nachtrag 1927. (Guttentagsche Sammlung Deutscher Reichsgesetze Bd. 139.) . . . . Geb. RM. 4.—

„*Das Buch wird manchem in den mannigfachen Streitfragen des in der Praxis sehr einschneidenden Gesetzes ein willkommener Ratgeber sein. Die Erläuterungen zeichnen sich durch Klarheit und Gemeinverständlichkeit im besten Sinne aus.*"
Württembergische Industrie.

Hagelberg, E., und Krämer, L., Grunderwerbsteuergesetz vom 12. September 1919 (RGBl. S. 1617) in der Fassung des Gesetzes vom 11. März 1927 (RGBl. I S. 72) nebst Einleitung, Sachregister und Ausführungsbestimmungen und der einschlägigen Vorschriften des Finanzausgleichs-Steuermilderungsgesetzes und Steuerstrafrechts. Für die Praxis erläutert. Zweite, völlig umgearbeitete und erweiterte Auflage. Groß-Oktav. 355 Seiten. 1928 . . . . Geb. RM. 15.—

„Die verhältnismäßige Kürze ihrer Erläuterungen bei großer Vollständigkeit ist zu rühmen. Das Buch ist nicht nur für den Juristen, sondern auch für den gebildeten Laien, namentlich Grundstücksmakler und Hausbesitzer, von großem, praktischem Wert.“ *Zeitschrift d. Deutsch. Notarvereins.*

Hagelberg, E., und **Krämer,** L., **Wertzuwachssteuerrecht.** Kommentar. Groß-Oktav. 256 Seiten. 1929 . . . . RM. 12.—, geb. RM. 13.50

Die Verfasser kommentieren die neue Wertzuwachssteuerordnung für Berlin und die preußische Mustersteuerordnung. Ihr Buch ist ein Leitfaden für die Steuerpflichtigen und ihre Rechtsberater und die mit der Wertzuwachssteuer befaßten Behörden. Es stellt die rechtliche und wirtschaftliche Bedeutung der Bestimmungen klar. Die Rechtsprechung des Preußischen Oberverwaltungsgerichts wurde erschöpfend berücksichtigt. Auch Spezialfragen wie die Aufwertung und das Schwarzkaufwesen wurden behandelt.

Hoepker, Heinrich, **Die Industriebelastungsgesetze** vom 30. August 1924 nebst den Durchführungsbestimmungen zum Gesetz über die Industriebelastung. Taschenformat. XV, 200 Seiten. 1925. Mit Nachträgen. (Guttentagsche Sammlung Deutscher Reichsgesetze Bd. 159.) . . . . . Geb. RM. 4.—

„Die Anmerkungen sind erschöpfend und führen den Leser mit Geschick in die schwierige und neue Materie ein. Rechtsanwälte sowie Kaufleute, für welche die Industriebelastung in Frage kommt, werden das mit einem guten Sachregister ausgestattete Werk mit gleichem Nutzen gebrauchen!“ *Industrie- und Handels-Zeitung.*

von Lympius, W., und **von Elbe,** K., **Das Kommunalabgabengesetz und das Kreis- und Provinzialabgabengesetz.** Dargestellt in der Rechtsprechung des Oberverwaltungsgerichts. Groß-Oktav. X, 440 Seiten. 1930.
RM. 22.50, geb. RM. 24.—

„Man muß es als einen besonders glücklichen Gedanken bezeichnen, wenn die Verfasser die gesamte Rechtsprechung des OVG., ja auch die nichtveröffentlichten Entscheidungen auszugsweise in einer Form wiedergegeben haben, die in hohem Grade die Arbeit der Praxis wie auch der Wissenschaft erleichtert. Wenn dieses Werk in hervorragendem Maße geglückt ist, so ist es wohl in erster Linie darauf zurückzuführen, daß beide Verfasser als Mitglieder des OVG. zu den Berufensten in der Abfassung einer solchen Arbeit gehören.“ *Reichsverwaltungsblatt.*

Eiffler, Kurt, **Staatliche Verwaltungsgebühren.** Gesetz über staatliche Verwaltungsgebühren vom 29. September 1923 nebst Gebührenordnungen und Ausführungsbestimmungen. Taschenformat. 192 Seiten. Mit Nachtrag. 1925. (Guttentagsche Sammlung Preußischer Gesetze Bd. 61.)
Geb. RM. 6.—

„Das Buch ist für alle preußischen staatlichen und kommunalen Behörden unentbehrlich.“ *Deutsches Beamtenarchiv.*

Loeck, P., und **Eiffler,** K., **Preußisches Stempelsteuergesetz** mit den gesamten Ausführungsbestimmungen. Unter besonderer Berücksichtigung der Entscheidungen der Verwaltungsbehörden und der Gerichte herausgegeben. Zehnte, neubearbeitete Auflage. Taschenformat. 476 Seiten. 1928. (Guttentagsche Sammlung Preußischer Gesetze Bd. 18.) Geb. RM. 13.—

„Die zahlreichen Auflagen zeugen für die Güte und praktische Brauchbarkeit des Buches, das durch den von Eiffler hinzugefügten Anhang auf den gegenwärtigen Rechtsstand gebracht ist.“ *Finanz-Ministerialblatt.*

Lebbin, Georg, **Nahrungsmittelgesetze** mit Erläuterungen. Zweite, stark vermehrte Auflage in zwei Bänden.

Zweiter Band: **Getränkegesetze und Getränkesteuergesetze** (Wein, Bier, Branntwein, Mineralwasser). Unter Mitarbeit von Rechtsanwalt Dr. Kniebe. Taschenformat. XII, 400 Seiten. 1926. (Guttentagsche Sammlung Deutscher Reichsgesetze Bd. 54b.) . . . . Geb. RM. 10.—

„Die wichtigsten Gesetze sind eingehend kommentiert und so vollständig ergänzt, daß die Sammlung als unentbehrliches Hilfsmittel, wie es in dieser Art bislang noch fehlte, für den Sachbearbeiter bei Behörden und Verbänden sowohl als auch für den Kaufmann der Branche zu begrüßen ist.“
Württembergische Wirtschafts-Zeitschrift.

Wündisch, Friedrich, Das Tabaksteuergesetz vom 12. September 1919 nebst den Ausführungsbestimmungen vom 26. Februar 1920. Taschenformat. 286 Seiten. 1920. Mit Nachtrag 1925. (Guttentagsche Sammlung Deutscher Reichsgesetze Bd. 146.) . . . . Geb. RM. 4.—

„Endlich ein Kommentar zum Tabaksteuergesetz! Die Ausgabe kommt den Wünschen der Praxis nach einer erschöpfenden Darstellung des neuen Gesetzes in umfassender Weise entgegen. Das Buch bildet eine ausgezeichnete Informationsquelle für alle Fragen, die in der Praxis vorkommen.“ Deutsche Tabak-Zeitung.

VII. Entscheidungs-Sammlungen und Zeitschriften

Entscheidungen des Reichsarbeitsgerichts. Herausgegeben von den Mitgliedern des Reichsarbeitsgerichts. Oktav.

Band I. 1928. Band II. 1928/29. Band III. 1929. Band IV. 1929/30. Band V und VI. 1930. Band VII. 1931. Band VIII. 1931.
Je RM. 6.50, geb. RM. 8.—

Entscheidungen des Reichsgerichts. Herausgegeben von den Mitgliedern des Gerichtshofes u. d. Reichsanwaltschaft. Oktav. (2 Sammlungen.)

1. **Entscheidungen in Zivilsachen.** (Werden in Heften im Umfange von etwa 5 bis 6 Bogen sowie in vollständigen Bänden, geheftet und gebunden, ausgegeben. Jährlich 4 Bände.) 1.—133. Band.
Je RM. 6.50, geb. RM. 8.—

Generalregister zum hundertelften bis hundertzwanzigsten Bande der von den Mitgliedern des Gerichtshofes und der Reichsanwaltschaft herausgegebenen **Entscheidungen des Reichsgerichts in Zivilsachen.** Bearbeitet von **Hans Triebel.** Oktav. XXIII, 509 Seiten. 1929.
RM. 15.—, in Halbleder RM. 18.—

Durch die umfassenden Register über je 10 Bände der amtlichen Sammlung von Reichsgerichtsentscheidungen wird das in dieser enthaltene umfängliche reiche Material der praktischen Benutzung erst voll erschlossen. Die Register verarbeiten das Material in 1. einem systematischen Register (mit einer dazugehörigen alphabetischen Übersicht), 2. einem alphabetischen Register, 3. einem Quellenregister, 4. einer chronologischen Übersicht, 5. einer Zusammenstellung der Entscheidungen nach Oberlandesgerichtsbezirken. Damit ist der höchste Grad von Sicherheit und Schnelligkeit für die Benutzung der Entscheidungssammlung erreicht.

2. **Entscheidungen in Strafsachen.** (Werden in Heften im Umfange von 5 bis 6 Bogen sowie in vollständigen Bänden, geheftet und gebunden, ausgegeben, jährlich 1 Band.) 1.—65. Band. Je RM. 6.50, geb. RM. 8.—

Generalregister zum sechsundfünfzigsten bis fünfundsechzigsten Bande der von den Mitgliedern des Reichsgerichts und der Reichsanwaltschaft herausgegebenen **Entscheidungen des Reichsgerichts in Strafrachen.** Bearbeitet von Hans **Gündel.** Oktav. 458 Seiten. 1932 . . . . In Halbleder geb. RM. 16.—

Schiedsgericht für Oberschlesien. Trybunal Rozjemczy dla Górnego Slaska. Amtliche Sammlung von Entscheidungen des Schiedsgerichts für Oberschlesien, veröffentlicht gemäß der Bestimmung des Art. 592 des Genfer Abkommens vom 15. Mai 1922. Zbiór urzędowy orzeczeń Trybunału Rozjemczego dla Górnego Śląska ogłoszony wedle postanowienia art. 592 Konwencji Genewskiej z dnia 15 maja 1922 r. Oktav. Band I. Tom. I. Nr. 1/4. 129 Seiten. 1929 . . . . Pro Band RM. 12.—

Diese amtliche Sammlung veröffentlicht Entscheidungen des Schiedsgerichts für Oberschlesien, soweit sie von grundsätzlicher Bedeutung sind, in deutscher und polnischer Sprache. Die veröffentlichten Entscheidungen sind insofern für alle Gerichte und Verwaltungsbehörden von besonderer Bedeutung, als sie für sie bindend sind und jede Abweichung dem Schiedsgericht zur Entscheidung vorzulegen ist.

Zeitschrift für die gesamte Strafrechtswissenschaft. Gegründet von Fr. von **Liszt** und A. **Dochow.** Unter ständiger Mitarbeiterschaft hervorragender Fachmänner herausgegeben von Prof. Dr. **R. von Lilienthal,** Prof. Dr. Ed. **Kohlrausch** und Prof. Dr. W. **Gleispach.** Der Jahrgang besteht aus 8—9 Heften. Quart.

Bd. 1—43. 1881—1922. Je RM. 15.—. Bd. 44. 1922. RM. 25.—. Bd. 45. 1924. RM. 21.—. Bd. 46—49. 1925—1929. Je RM. 30.—. Bd. 50. 1929/30. Bd. 51. 1931. Je RM. 36.—. Bd. 52. 1932. RM. 32.—

Juristische Rundschau. Herausgegeben von Otto **Lindemann,** Ministerialdirektor, Geh. Oberjustizrat, Berlin, Dr. Friedrich **Flad,** Senatspräsident beim Reichsgericht, Leipzig, Fritz **Hartung,** Reichsgerichtsrat, Leipzig, und

Höchstrichterliche Rechtsprechung. Herausgegeben von Eugen **Friedrichs,** Senatspräsident, Breslau, Dr. Albert **Feisenberger,** Reichsanwalt, Leipzig. — Erscheint am 1. und 15. jeden Monats.

Jahrgang 1932. . . . Vierteljährlich RM. 7.50, Einzelheft RM. 1.50
Beilage „Höchstrichterliche Rechtsprechung" einzeln vierteljährlich RM. 5.—

Zeitschrift für ausländisches öffentliches Recht und Völkerrecht. Im Auftrage des Instituts für ausländisches öffentliches Recht und Völkerrecht herausgegeben von Dr. **Viktor Bruns,** Professor an der Universität Berlin, Leiter des Instituts. Lexikon-Oktav.

Band I, Teil 1: Abhandlungen. XXVIII, 657 Seiten. 1929. RM. 43.—
Band I, Teil 2: Urkunden. XVI, 858 Seiten. 1929 . . . RM. 54.—
Band II, Teil 1/2: Abhandlungen und Urkunden. 368 Seiten. 1930. RM. 45.—
Band II, Nr. 3/4. 822 Seiten. 1932 . . . . RM. 60.—

Der neuen Zeitschrift für ausländisches öffentliches Recht und Völkerrecht ist es als Aufgabe gesetzt, die wichtigsten, die Wissenschaft und die Praxis beschäftigenden Probleme des Völkerrechts und des außerstaatlichen öffentlichen Rechts zu behandeln. Sie wird zu all diesen Fragen eingehend Stellung nehmen und über alle wichtigen Gebiete im In- und Ausland eingehend berichten. Der 1. Jahrgang der Zeitschrift wird in zwei Bänden herausgegeben; künftig erfolgt das Erscheinen vierteljährlich.

Zeitschrift für ausländisches und internationales Privatrecht. Herausgegeben in Gemeinschaft mit Ernst **Heymann,** Heinrich **Titze,** Martin **Wolff,** ordentliche Professoren an der Universität Berlin, wissenschaftliche Berater des Instituts, Max **Pagenstecher,** o. Professor an der Universität Hamburg, Franz **Schlegelberger,** Ministerialdirektor im Reichsjustizministerium, Honorarprofessor an der Universität Berlin, von Ernst **Rabel,** o. Professor an der Universität Berlin, Direktor des Instituts. Jährlich 6 Hefte im Umfang von etwa 65 Bogen. Preis des fünften Jahrganges RM. 54.—

Sonderhefte: **Die deutsche Rechtsprechung auf dem Gebiete des internationalen Privatrechts in den Jahren 1926 und 1927.** 1928. RM. 8.—

do. **im Jahre 1928.** 1930 . . . . RM. 11.—
do. **im Jahre 1929.** 1931 . . . . RM. 12.50

Zeitschrift für Bergrecht. Bis zu seinem Tode herausgegeben von dem Wirkl. Geh. Rat, Berghauptmann a. D. Dr. jur. H. Brassert. Redigiert und herausgegeben von den rechtskundigen Ministerialräten der Bergabteilung des Preußischen Ministeriums für Handel und Gewerbe. Jährlich ein Band von mehreren Heften. Die Hefte erscheinen in zwangloser Folge. 1928/29. RM. 20.—, Jahrgang 71. 1931/32. RM. 20.—, Jahrgang 71. 1930. RM. 20.—

Zeitschrift für Bergrecht. Register für Jahrgang 37—40 . . . RM. 14.—

Zeitschrift für das gesamte Luftrecht (ZLR.). Herausgegeben von weiland Dr. jur. Otto **Schreiber.** Erscheint in Bänden zu je vier Heften.

Band I. 1926/28 . . . . RM. 50.—, geb. RM. 55.—

Band II, Heft 1 . . . . RM. 10.—

Bank-Archiv. Zeitschrift für Bank- und Börsenwesen. Unter Mitwirkung von hervorragenden Fachmännern herausgegeben von Geh. Justizrat Prof. Dr. **Rießer,** Berlin. Schriftleitung: Rechtsanwalt Otto **Bernstein,** geschäftsführendes Mitglied des Centralverbandes des Deutschen Bank- und Bankiergewerbes. Quart. Jährlich 24 Nummern. XXXI. Jahrgang. 1931/32. Pro Halbjahr RM. 12.—

Veröffentlichungen des Reichs-Aufsichtsamts für Privatversicherung. Groß-Oktav. XXX. Jahrgang. Heft 1—3 . . . . RM. 21.—
Jahrgang 1—29 . . . . Preise auf Anfrage.

Staub's Kommentar zum Handelsgesetzbuch

Nachtrag

zur 12. und 13. Auflage, enthaltend

die Vorschriften der Verordnung über Aktienrecht

vom 19. September 1931. Verfaßt unter Mitarbeit von Dr. **Walter Schmidt** und Dr. **Heinz Pinner**, Rechtsanwälte in Berlin, von Dr. h. c. **Albert Pinner**, Justizrat in Berlin.

Groß-Oktav. 256 Seiten. 1932. RM. 10.—, geb. 12.—

Der Ergänzungsband enthält unter Auswertung aller vorhandenen Literatur und der vorliegenden Erfahrungen eine ausführliche und vollständige Kommentierung des durch die Aktiennovelle vom 19. September 1931 geänderten Rechts. Erläutert wurden nicht nur die neuen Bestimmungen. Soweit Paragraphen nur zum Teil geändert sind, wurden die Gesamtvorschriften berücksichtigt. Ferner wurden alle die Fragen behandelt, die sich aus der Einwirkung der neuen auf andere nicht ausdrücklich geänderte Vorschriften ergeben. Die Durchführungsverordnungen vom 15. und 23. Dezember 1931 wurden mit Anmerkungen im Anhang gebracht. Mit dem Erscheinen des Nachtragsbandes gibt Staub's Kommentar zum HGB. wieder eine einheitliche Darstellung des zur Zeit geltenden Rechts. Der Nachtragsband ist so angelegt, daß er auch als selbständige Erläuterung der neuen aktienrechtlichen Bestimmungen verwendet werden kann.

Nachtrag zur 20. Auflage

Sydow-Busch-Krantz, ZPO

und Gerichtsverfassungsgesetz. Enthaltend die durch den VI. Abschnitt der Dritten Verordnung des Reichspräsidenten vom 6. Oktober 1931 eingetretenen Änderungen und die Fortsetzung der Erläuterungen der ZPO. und des GVG.

Oktav. 94 Seiten. 1932. RM. 2.50

Der Ergänzungsband knüpft an die Ende 1930 erschienene 20. Auflage des Werkes an. Er bringt Text und Erläuterungen zu den einschlägigen Vorschriften der Dritten Notverordnung, die in der Hauptsache Vereinfachung und Ersparnisse im Gerichtsverfahren betreffen und im zweiten Kapitel Bestimmungen über Sondergerichte bringen. Daran anschließend enthält der Ergänzungsband die inzwischen notwendig gewordene Fortsetzung der Erläuterungen der Zivilprozeßordnung und des Gerichtsverfassungsgesetzes. Der Handkommentar wird mit diesem Ergänzungsband auf den Stand von Ende 1931 gebracht.

Walter de Gruyter & Co., Berlin W 10, Genthiner Str. 38

Jaeger,
Kommentar zur Konkursordnung

Mit einem Anhang, enthaltend das Anfechtungsgesetz, Auszüge aus den Kostengesetzen, Ausführungsgesetze und Geschäftsordnungen. Von Dr. **Ernst Jaeger**, Professor der Rechte zu Leipzig. Sechste und siebente, neubearbeitete Auflage.

Erster Band: §§ 1—46. Lex.-Oktav. 1931. XXVIII, 828 Seiten. RM 49.—, in Halbleder 54.—

Zweiter Band: Erscheint im Laufe des Jahres 1932.

Zwei Urteile:

„Das Buch ist das unübertreffliche Standardwerk — der Kommentar zur Konkursordnung."

Deutsche Richterzeitung

„Für die Wissenschaft und die Wirtschaft ist das Buch unentbehrlich. Es gibt keines, das ihm zur Seite gestellt werden könnte."

Konkurs- u. Treuhandwesen

Sonderprospekt steht kostenlos zur Verfügung.

Walter de Gruyter & Co., Berlin W 10, Genthiner Str. 38

Die Vierte Notverordnung

(Vierte Verordnung des Reichspräsidenten zur Sicherung von Wirtschaft und Finanzen und zum Schutze des inneren Friedens. Vom 8. Dezember 1931). **Erläuterte Textausgabe** mit Durchführungsverordnungen. Taschenformat. 1932. XVI, 364 Seiten. Geb. RM 6.—

(Guttentagsche Sammlung Deutscher Reichsgesetze Nr. 180)

Inhaltsübersicht:

Einleitung. Von Dr. jur. A. Elster / Preis- und Zinssenkung. Von RA. Dr. A. Hollaender / Wohnungswirtschaft. Von den RAen. am KG. Dr. A. Bloch und Dr. R. Pulvermacher / Maßnahmen auf dem Gebiete der Zwangsvollstreckung. Von Ger.-Ass. Dr. K.-A. Crisolli / Sonstige wirtschaftliche Maßnahmen. Von RA. Th Heilborn / Sozialversicherung und Fürsorge. Von Dir. im Reichsversicherungsamt Dr. K. Lippmann / Arbeitsrechtliche Vorschriften. Von Amtsgerichtsrat Dr. Th. Rohlfing / Sicherung der Haushalte. Von RA. Th. Heilborn / Schutz des inneren Friedens. Von Ger.-Ass. Dr. W. Gallas / Schlußbestimmung / Sachregister.

Die zum Teil schwerverständlichen Bestimmungen dieser vierten Notverordnung sind von Fachmännern der betreffenden Einzelgebiete erläutert — kurz, aber sorgfältig und selbständig unter Berücksichtigung der besonderen Bedürfnisse für die Praxis. Nicht nur alle Wirtschaftskreise, sondern jeder, den die betreffenden Bestimmungen angehen, muß diese erläuterte Ausgabe besitzen.

Walter de Gruyter & Co., Berlin W 10, Genthiner Str. 38

FSC
www.fsc.org
MIX
Papier | Fördert gute Waldnutzung
FSC® C083411

Kolibri 360 GmbH
Ferdinand-Jühlke-Straße 7
99095 Erfurt, Deutschland
produktsicherheit@kolibri360.de